CÓDIGO CIVIL
COMENTADO
E ANOTADO

Durante o processo de edição desta obra, foram tomados todos os cuidados para assegurar a publicação de informações técnicas, precisas e atualizadas conforme lei, normas e regras de órgãos de classe aplicáveis à matéria, incluindo códigos de ética, bem como sobre práticas geralmente aceitas pela comunidade acadêmica e/ou técnica, segundo a experiência do autor da obra, pesquisa científica e dados existentes até a data da publicação. As linhas de pesquisa ou de argumentação do autor, assim como suas opiniões, não são necessariamente as da Editora, de modo que esta não pode ser responsabilizada por quaisquer erros ou omissões desta obra que sirvam de apoio à prática profissional do leitor.

Do mesmo modo, foram empregados todos os esforços para garantir a proteção dos direitos de autor envolvidos na obra, inclusive quanto às obras de terceiros e imagens e ilustrações aqui reproduzidas. Caso algum autor se sinta prejudicado, favor entrar em contato com a Editora.

Finalmente, cabe orientar o leitor que a citação de passagens da obra com o objetivo de debate ou exemplificação ou ainda a reprodução de pequenos trechos da obra para uso privado, sem intuito comercial e desde que não prejudique a normal exploração da obra, são, por um lado, permitidas pela Lei de Direitos Autorais, art. 46, incisos II e III. Por outro, a mesma Lei de Direitos Autorais, no art. 29, incisos I, VI e VII, proíbe a reprodução parcial ou integral desta obra, sem prévia autorização, para uso coletivo, bem como o compartilhamento indiscriminado de cópias não autorizadas, inclusive em grupos de grande audiência em redes sociais e aplicativos de mensagens instantâneas. Essa prática prejudica a normal exploração da obra pelo seu autor, ameaçando a edição técnica e universitária de livros científicos e didáticos e a produção de novas obras de qualquer autor.

Luiz Fernando do Vale de Almeida Guilherme

CÓDIGO CIVIL
COMENTADO E ANOTADO

3ª EDIÇÃO
revisada e atualizada

© Editora Manole Ltda., 2022, por meio de contrato com o autor.

PRODUÇÃO EDITORIAL Ana Cristina Garcia
CAPA Ricardo Yoshiaki Nitta Rodrigues
PROJETO GRÁFICO Departamento Editorial da Editora Manole
ORGANIZAÇÃO Editoria Jurídica da Editora Manole
DIAGRAMAÇÃO Fabricando Ideias Design Editorial

CIP-BRASIL. CATALOGAÇÃO NA PUBLICAÇÃO
SINDICATO NACIONAL DOS EDITORES DE LIVROS, RJ

Guilherme, Luiz Fernando do Vale de Almeida
Código civil: comentado e anotado / Luiz Fernando do Vale de Almeida Guilherme. – 3. ed. – Santana de Parnaíba [SP]: Manole, 2022.

Inclui bibliografia e índice
ISBN 9786555768176

1. Brasil. [Código civil (2002)]. 2. Direito civil - Brasil. I. Título.

22-76354   CDU-347(81)

Meri Gleice Rodrigues de Souza - Bibliotecária - CRB-7/6439

Todos os direitos reservados. Nenhuma parte deste livro poderá ser reproduzida, por qualquer processo, sem a permissão expressa dos editores. É proibida a reprodução por fotocópia.

A Editora Manole é filiada à ABDR – Associação Brasileira de Direitos Reprográficos.

1ª edição – 2013; 2ª edição – 2017; 3ª edição – 2022
Data de fechamento da edição: 10.03.2022

Editora Manole Ltda.
Alameda América, 876 – Tamboré
06543-315 – Santana de Parnaíba – SP – Brasil
Tel.: (11) 4196-6000
www.manole.com.br | https://atendimento.manole.com.br

Impresso no Brasil
Printed in Brazil

SUMÁRIO

Apresentação à 3ª edição VII
Sobre o autor IX
Lista de abreviaturas e siglas XI
Índice sistemático XIII
Lei de Introdução às Normas do Direito Brasileiro – Decreto-lei n. 4.657,
  de 04 de setembro de 1942 1
Exposição de Motivos do Código Civil 7
Código Civil – Lei n. 10.406, de 10 de janeiro de 2002 37
Índice alfabético-remissivo 1039

Conteúdo complementar

Este livro possui conteúdo complementar disponibilizado em plataforma digital exclusiva. Para ingressar no ambiente virtual, utilize o QR Code abaixo e, em seu cadastro, digite o voucher:

ccc3ed

O prazo para acesso a esse material limita-se à vigência desta edição.

APRESENTAÇÃO À 3ª EDIÇÃO

É com imenso prazer que apresento este trabalho, por dois grandes motivos: o primeiro foi a mudança de editora por ocasião da publicação da segunda edição, que contou com uma revisão mais minuciosa e detalhada chefiada por Sônia Midori, a quem agradeço pelos inúmeros telefonemas e *e-mails* enviados; o segundo foi a modificação dos comentários, que contam agora com nova jurisprudência e tabelas que ajudarão o operador do Direito a entender melhor nosso trabalho, além da incorporação de normas como o Código de Processo Civil de 2015, Estatuto do Idoso, Estatuto da Pessoa com Deficiência, alteração da Lei de Arbitragem, bem como vários novos paradigmas que alteraram a sistemática jurídica brasileira nos últimos anos.

Vale dizer que o Projeto deste Código começou a ser analisado na década de 1960 (século XX), por isso tantas alterações sofridas, inclusive, por Medida Provisória e Leis Ordinárias.

Foram tratados temas como filiação oriunda da biotecnologia, inseminação artificial, união estável virtual, *sugar daddy*, família homoafetiva, questões intersexuais, questões de revisão contratual, utilização de material genético, questões relativas ao projeto do Estatuto das Famílias, além de outros temas como os trazidos pela Lei Geral de Proteção de Dados (LGPD), que tem como base os direitos de personalidade (arts. 11 a 21 do CC; *vide* GUILHERME, Luiz Fernando do Vale de Almeida. *Manual de proteção de dados – LGPD comentada*, São Paulo: Almedina, 2021).

Todas essas problemáticas devem ser analisadas e solucionadas pelo Poder Judiciário seguindo o modelo francês, no qual o Código Civil deles, de 1804, está válido até o presente momento. O STF e o CNJ têm vislumbrado essas questões e trazido resoluções para o sistema jurídico nacional.

Agradeço aos meus colegas do escritório Almeida Guilherme Advogados Associados, sem os quais esse sonho não seria realidade.

São Paulo, abril de 2022.
Luiz Fernando do Vale de Almeida Guilherme

SOBRE O AUTOR

Advogado no Brasil e em Portugal. Bacharel em Direito, Mestre e Doutor pela Pontifícia Universidade Católica de São Paulo – PUC/SP. Especialista pela UPT – Portugal e pela Universidad de Salamanca – Espanha, onde também é Pós-Doutor e Professor Visitante. Membro Efetivo de várias comissões da OAB no Brasil, do Instituto dos Advogados de São Paulo (IASP), do Instituto dos Advogados do Distrito Federal (IADF), do Instituto dos Advogados do Brasil (IAB). Faz parte do Instituto de Direito Privado (IDP), do Instituto Brasileiro de Direito Civil (IBDCivil), do Conpedi, do Instituto de Direito de Família (IBDFam), do Instituto Disruptive Law, do Instituto de Estudos Jurídicos Aplicados (IEJA) e do Comitê Brasileiro de Arbitragem (CBAr). Professor convidado do curso de pós-graduação nas Faculdades de Direito da Universidade Presbiteriana Mackenzie (UPM), da PUC/SP (Cogeae), da Fundação Armando Alvares Penteado (FAAP), da Escola Paulista da Magistratura (EPM), da Universidade Federal do Mato Grosso (UFMT), do Ebradi, da Uninove e do Complexo Educacional Damásio de Jesus. Professor do curso de graduação da Universidade Presbiteriana Mackenzie. Professor do Mestrado Profissional do Cedes. Autor de diversos artigos e livros jurídicos, entre eles: *Manual de direito civil*, 5. ed., *Comentários à Lei de Locações – Lei n. 8.245, de 18.10.1991*, 2. ed., e *Manual dos MESCS: meios extrajudiciais de solução de conflitos*, 2. ed., todos pela Editora Manole. Recebeu a Láurea do Mérito Docente pela OAB-SP.

LISTA DE ABREVIATURAS E SIGLAS

Ação resc.: ação rescisória

ADCT: Ato das Disposições Constitucionais Transitórias

ADIn: Ação direta de inconstitucionalidade

ADPF: Arguição de descumprimento de preceito fundamental

Ag. Reg.: agravo regimental

AI: agravo de instrumento

Ap.: apelação

Câm.: Câmara

Câm. de Dir. Com.: Câmara de Direito Comercial

Câm. de Dir. Priv.: Câmara de Direito Privado

Câm. de Dir. Públ.: Câmara de Direito Público

c/c: combinado com

CC: Código Civil

CC/1916: Código Civil de 1916 (Lei n. 3.071/16)

CC/2002: Código Civil de 2002 (Lei n. 10.406/2002)

CC n.: conflito de competência n.

CCom: Código Comercial (Lei n. 556/1850)

CDC: Código de Defesa do Consumidor (Lei n. 8.078/90)

CEJ: Centro de Estudos Judiciários

CF: Constituição Federal

CJF: Conselho da Justiça Federal

CLT: Consolidação das Leis do Trabalho (DL n. 5.452/43)

CPC/39: Código de Processo Civil de 1939 (DL n. 1.608/39)

CPC/73: Código de Processo Civil de 1973 (Lei n. 5.869/73)

CPC/2015: Código de Processo Civil de 2015 (Lei n. 13.105/2015)

CPM: Código Penal Militar (DL n. 1.001/69)

CPP: Código de Processo Penal (DL n. 3.689/41)

CPPM: Código de Processo Penal Militar (DL n. 1.002/69)

CR: Constituição da República

CSMSP: Conselho Superior da Magistratura do Estado de São Paulo

CTB: Código de Trânsito Brasileiro (Lei n. 9.503/97)

CTN: Código Tributário Nacional (Lei n. 5.172/66)

c/ rev.: com revisão

DEJT: *Diário eletrônico da Justiça do Trabalho*

Des.: desembargador

DJ: *Diário da Justiça*

DJe: *Diário da Justiça eletrônico*

DL: decreto-lei

DNRC: Departamento Nacional de Registro do Comércio

DOU: *Diário Oficial da União*

EAOAB: Estatuto da Advocacia e da OAB (Lei n. 8.906/94)

EC: Emenda Constitucional

ECA: Estatuto da Criança e do Adolescente (Lei n. 8.069/90)

EIRELI: empresa individual de responsabilidade limitada

Emb. de diverg.: embargos de divergência

Emb. decl.: embargos declaratórios

Emb. infring.: embargos infringentes

EPP: empresa de pequeno porte

EREsp: embargos de divergência no recurso especial

HC: *habeas corpus*

IN: instrução normativa

IPTU: Imposto Predial e Territorial Urbano

j.: julgado

JEC: Juizado Especial Cível

JECC: Juizados Especiais Cíveis e Criminais

LC: lei complementar

LINDB: Lei de introdução às normas do Direito Brasileiro (DL n. 4.657/42)

Loman: Lei Orgânica da Magistratura Nacional (LC n. 35/79)

Lomp: Lei Orgânica do Ministério Público (Lei n. 8.625/93)

LRP: Lei de Registros Públicos (Lei n. 6.015/73)

LUG: Lei Uniforme de Genebra (Decreto n. 57.663/66)

MC: medida cautelar

ME: microempresa

MEI: microempresário individual

Min.: Ministro(a)

MP: Ministério Público

MP n.: Medida Provisória n.

MS: mandado de segurança

n.: número

ONU: Organização das Nações Unidas

p.: página

PL: projeto de lei

Proc.: processo

Prov.: provimento

r.: referido(a)

R.: Região

RE: recurso extraordinário

Rec.: recurso

Rec. inom.: recurso inominado

Reex. necess.: Reexame necessário

rel.: relator(a)

Repem: Registro Público de Empresas Mercantis

Res.: resolução

REsp: recurso especial

RFB: Receita Federal do Brasil

RO: recurso ordinário

RR: recurso de revista

S.: seção

S.A.: sociedades anônimas

SE: sentença estrangeira

SEC: sentença estrangeira contestada

segs.: seguintes

s/ rev.: sem revisão

STF: Supremo Tribunal Federal

STJ: Superior Tribunal de Justiça

T.: turma

TAC: Tribunal de Alçada Civil

TACSP: Tribunal de Alçada Civil de São Paulo

T. Crim.: turma criminal

T. Espec.: turma especializada

T. Rec. Cível: Turma(s) Recursal(is) Cível(is)

TFR: Tribunal Federal de Recursos

TJMG: Tribunal de Justiça de Minas Gerais

TJRS: Tribunal de Justiça do Rio Grande do Sul

T. Rec.: turma recursal

TST: Tribunal Superior do Trabalho

v.: *vide*

v. g.: *verbi gratia*

v.m.: voto da maioria

v.u.: votação unânime

ÍNDICE SISTEMÁTICO

PARTE GERAL

LIVRO I
DAS PESSOAS

Título I
Das Pessoas Naturais

Capítulo I – Da Personalidade e da Capacidade – arts. 1º a 10 37

Capítulo II – Dos Direitos da Personalidade – arts. 11 a 21.. 50

Capítulo III – Da Ausência – arts. 22 a 39 61

Seção I – Da Curadoria dos Bens do Ausente – arts. 22 a 25 61

Seção II – Da Sucessão Provisória – arts. 26 a 36 62

Seção III – Da Sucessão Definitiva – arts. 37 a 39 67

Título II
Das Pessoas Jurídicas

Capítulo I – Disposições Gerais – arts. 40 a 52 . 68

Capítulo II – Das Associações – arts. 53 a 61 81

Capítulo III – Das Fundações – arts. 62 a 69 88

Título III
Do Domicílio

Arts. 70 a 78... 93

LIVRO II
DOS BENS

Título Único
Das Diferentes Classes de Bens

Capítulo I – Dos Bens Considerados em Si Mesmos – arts. 79 a 91 102

Seção I – Dos Bens Imóveis – arts. 79 a 81 .. 102

Seção II – Dos Bens Móveis – arts. 82 a 84.. 104

Seção III – Dos Bens Fungíveis e Consumíveis – arts. 85 e 86 106

Seção IV – Dos Bens Divisíveis – arts. 87 e 88 107

Seção V – Dos Bens Singulares e Coletivos – arts. 89 a 91 108

Capítulo II – Dos Bens Reciprocamente Considerados – arts. 92 a 97..................................... 109

Capítulo III – Dos Bens Públicos – arts. 98 a 103 113

LIVRO III
DOS FATOS JURÍDICOS

Título I
Do Negócio Jurídico

Capítulo I – Disposições Gerais – arts. 104 a 114 120

Capítulo II – Da Representação – arts. 115 a 120 125

Capítulo III – Da Condição, do Termo e do Encargo – arts. 121 a 137................................ 129

Capítulo IV – Dos Defeitos do Negócio Jurídico – arts. 138 a 165.. 133

Seção I – Do Erro ou Ignorância – arts. 138 a 144 133

Seção II – Do Dolo – arts. 145 a 150 135

Seção III – Da Coação – arts. 151 a 155....... 137

Seção IV – Do Estado de Perigo – art. 156 .. 138

Seção V – Da Lesão – art. 157 139

Seção VI – Da Fraude contra Credores – arts. 158 a 165... 139

XIII

Capítulo V – Da Invalidade do Negócio Jurídico – arts. 166 a 184 141

Título II
Dos Atos Jurídicos Lícitos

Art. 185 147

Título III
Dos Atos Ilícitos

Arts. 186 a 188 147

Título IV
Da Prescrição e da Decadência

Capítulo I – Da Prescrição – arts. 189 a 206-A149

Seção I – Disposições Gerais – arts. 189 a 196 149

Seção II – Das Causas que Impedem ou Suspendem a Prescrição – arts. 197 a 201 151

Seção III – Das Causas que Interrompem a Prescrição – arts. 202 a 204 152

Seção IV – Dos Prazos da Prescrição – arts. 205 a 206-A 153

Capítulo II – Da Decadência – arts. 207 a 211 .. 158

Título V
Da Prova

Arts. 212 a 232 160

PARTE ESPECIAL

LIVRO I
DO DIREITO DAS OBRIGAÇÕES

Título I
Das Modalidades das Obrigações

Capítulo I – Das Obrigações de Dar – arts. 233 a 246 168

Seção I – Das Obrigações de Dar Coisa Certa – arts. 233 a 242 168

Seção II – Das Obrigações de Dar Coisa Incerta – arts. 243 a 246 173

Capítulo II – Das Obrigações de Fazer – arts. 247 a 249 174

Capítulo III – Das Obrigações de Não Fazer – arts. 250 e 251 176

Capítulo IV – Das Obrigações Alternativas – arts. 252 a 256 176

Capítulo V – Das Obrigações Divisíveis e Indivisíveis – arts. 257 a 263 179

Capítulo VI – Das Obrigações Solidárias – arts. 264 a 285 182

Seção I – Disposições Gerais – arts. 264 a 266 182

Seção II – Da Solidariedade Ativa – arts. 267 a 274 184

Seção III – Da Solidariedade Passiva – arts. 275 a 285 186

Título II
Da Transmissão das Obrigações

Capítulo I – Da Cessão de Crédito – arts. 286 a 298 194

Capítulo II – Da Assunção de Dívida – arts. 299 a 303 203

Título III
Do Adimplemento e Extinção das Obrigações

Capítulo I – Do Pagamento – arts. 304 a 333 .. 205

Seção I – De Quem Deve Pagar – arts. 304 a 307 205

Seção II – Daqueles a Quem se Deve Pagar – arts. 308 a 312 208

Seção III – Do Objeto do Pagamento e sua Prova – arts. 313 a 326 210

Seção IV – Do Lugar do Pagamento – arts. 327 a 330 218

Seção V – Do Tempo do Pagamento – arts. 331 a 333 220

Capítulo II – Do Pagamento em Consignação – arts. 334 a 345 221

Capítulo III – Do Pagamento com Sub-Rogação – arts. 346 a 351 227

Capítulo IV – Da Imputação do Pagamento – arts. 352 a 355 230

Capítulo V – Da Dação em Pagamento – arts. 356 a 359 232

Capítulo VI – Da Novação – arts. 360 a 367 234

Capítulo VII – Da Compensação – arts. 368 a 380 238

Capítulo VIII – Da Confusão – arts. 381 a 384 .. 243

Capítulo IX – Da Remissão das Dívidas – arts. 385 a 388 244

Título IV
Do Inadimplemento das Obrigações

Capítulo I – Disposições Gerais – arts. 389 a 393 246

Capítulo II – Da Mora – arts. 394 a 401 250

Capítulo III – Das Perdas e Danos – arts. 402 a 405 255

Capítulo IV – Dos Juros Legais – arts. 406 e 407 259

Capítulo V – Da Cláusula Penal – arts. 408 a 416 262

Capítulo VI – Das Arras ou Sinal – arts. 417 a 420 267

Título V
Dos Contratos em Geral

Capítulo I – Disposições Gerais – arts. 421 a 471 274

Seção I – Preliminares – arts. 421 a 426 274

Seção II – Da Formação dos Contratos – arts. 427 a 435 283

Seção III – Da Estipulação em Favor de Terceiro – arts. 436 a 438 289

Seção IV – Da Promessa de Fato de Terceiro – arts. 439 e 440 290

Seção V – Dos Vícios Redibitórios – arts. 441 a 446.. 291

Seção VI – Da Evicção – arts. 447 a 457....... 295

Seção VII – Dos Contratos Aleatórios – arts. 458 a 461 299

Seção VIII – Do Contrato Preliminar – arts. 462 a 466 301

Seção IX – Do Contrato com Pessoa a Declarar – arts. 467 a 471 303

Capítulo II – Da Extinção do Contrato – arts. 472 a 480 304

Seção I – Do Distrato – arts. 472 e 473......... 304

Seção II – Da Cláusula Resolutiva – arts. 474 e 475... 306

Seção III – Da Exceção de Contrato não Cumprido – arts. 476 e 477....................... 308

Seção IV – Da Resolução por Onerosidade Excessiva – arts. 478 a 480 309

Título VI
Das Várias Espécies de Contrato

Capítulo I – Da Compra e Venda – arts. 481 a 532 312

Seção I – Disposições Gerais – arts. 481 a 504 312

Seção II – Das Cláusulas Especiais à Compra e Venda – arts. 505 a 532.................................... 325

Subseção I – Da Retrovenda – arts. 505 a 508.. 325

Subseção II – Da Venda a Contento e da Sujeita a Prova – arts. 509 a 512 327

Subseção III – Da Preempção ou Preferência – arts. 513 a 520... 328

Subseção IV – Da Venda com Reserva de Domínio – arts. 521 a 528....................... 331

Subseção V – Da Venda sobre Documentos – arts. 529 a 532 334

Capítulo II – Da Troca ou Permuta – art. 533 ... 335

Capítulo III – Do Contrato Estimatório – arts. 534 a 537 336

Capítulo IV – Da Doação – arts. 538 a 564...... 338

Seção I – Disposições Gerais – arts. 538 a 554 338

Seção II – Da Revogação da Doação – arts. 555 a 564 344

Capítulo V – Da Locação de Coisas – arts. 565 a 578 347

Capítulo VI – Do Empréstimo – arts. 579 a 592 357

Seção I – Do Comodato – arts. 579 a 585.... 357

Seção II – Do Mútuo – arts. 586 a 592 360

Capítulo VII – Da Prestação de Serviço – arts. 593 a 609 363

Capítulo VIII – Da Empreitada – arts. 610 a 626 370

Capítulo IX – Do Depósito – arts. 627 a 652 ... 377

Seção I – Do Depósito Voluntário – arts. 627 a 646 377

Seção II – Do Depósito Necessário – arts. 647 a 652 388

Capítulo X – Do Mandato – arts. 653 a 692..... 390

Seção I – Disposições Gerais – arts. 653 a 666 390

Seção II – Das Obrigações do Mandatário – arts. 667 a 674 398

Seção III – Das Obrigações do Mandante – arts. 675 a 681 400

Seção IV – Da Extinção do Mandato – arts. 682 a 691 404

Seção V – Do Mandato Judicial – art. 692 .. 409

Capítulo XI – Da Comissão – arts. 693 a 709 .. 410

Capítulo XII – Da Agência e Distribuição – arts. 710 a 721 415

Capítulo XIII – Da Corretagem – arts. 722 a 729 419

Capítulo XIV – Do Transporte – arts. 730 a 756 423

Seção I – Disposições Gerais – arts. 730 a 733 423

Seção II – Do Transporte de Pessoas – arts. 734 a 742 426

Seção III – Do Transporte de Coisas – arts. 743 a 756 432

Capítulo XV – Do Seguro – arts. 757 a 802 439

Seção I – Disposições Gerais – arts. 757 a 777 439

Seção II – Do Seguro de Dano – arts. 778 a 788 451

XV

Seção III – Do Seguro de Pessoa – arts. 789 a 802 458

Capítulo XVI – Da Constituição de Renda – arts. 803 a 813 467

Capítulo XVII – Do Jogo e da Aposta – arts. 814 a 817 470

Capítulo XVIII – Da Fiança – arts. 818 a 839 472

Seção I – Disposições Gerais – arts. 818 a 826 472

Seção II – Dos Efeitos da Fiança – arts. 827 a 836 475

Seção III – Da Extinção da Fiança – arts. 837 a 839 480

Capítulo XIX – Da Transação – arts. 840 a 850 482

Capítulo XX – Do Compromisso – arts. 851 a 853 487

Título VII
Dos Atos Unilaterais

Capítulo I – Da Promessa de Recompensa – arts. 854 a 860 488

Capítulo II – Da Gestão de Negócios – arts. 861 a 875 490

Capítulo III – Do Pagamento Indevido – arts. 876 a 883 494

Capítulo IV – Do Enriquecimento Sem Causa – arts. 884 a 886 498

Título VIII
Dos Títulos de Crédito

Capítulo I – Disposições Gerais – arts. 887 a 903 500

Capítulo II – Do Título ao Portador – arts. 904 a 909 509

Capítulo III – Do Título à Ordem – arts. 910 a 920 511

Capítulo IV – Do Título Nominativo – arts. 921 a 926 516

Título IX
Da Responsabilidade Civil

Capítulo I – Da Obrigação de Indenizar – arts. 927 a 943 519

Capítulo II – Da Indenização – arts. 944 a 954 534

Título X
Das Preferências
e Privilégios Creditórios

Arts. 955 a 965 542

LIVRO II
DO DIREITO DE EMPRESA

Título I
Do Empresário

Capítulo I – Da Caracterização e da Inscrição – arts. 966 a 971 547

Capítulo II – Da Capacidade – arts. 972 a 980 552

Título I-A
Da Empresa Individual
de Responsabilidade Limitada

Art. 980-A 557

Título II
Da Sociedade

Capítulo Único – Disposições Gerais – arts. 981 a 985 557

Subtítulo I
Da Sociedade Não Personificada

Capítulo I – Da Sociedade em Comum – arts. 986 a 990 562

Capítulo II – Da Sociedade em Conta de Participação – arts. 991 a 996 565

Subtítulo II
Da Sociedade Personificada

Capítulo I – Da Sociedade Simples – arts. 997 a 1.038 568

Seção I – Do Contrato Social – arts. 997 a 1.000 568

Seção II – Dos Direitos e Obrigações dos Sócios – arts. 1.001 a 1.009 571

Seção III – Da Administração – arts. 1.010 a 1.021 575

Seção IV – Das Relações com Terceiros – arts. 1.022 a 1.027 581

Seção V – Da Resolução da Sociedade em Relação a um Sócio – arts. 1.028 a 1.032 584

Seção VI – Da Dissolução – arts. 1.033 a 1.038 588

Capítulo II – Da Sociedade em Nome Coletivo – arts. 1.039 a 1.044 591

Capítulo III – Da Sociedade em Comandita Simples – arts. 1.045 a 1.051 593

Capítulo IV – Da Sociedade Limitada – arts. 1.052 a 1.087 596

Seção I – Disposições Preliminares – arts. 1.052 a 1.054 596

Seção II – Das Quotas – arts. 1.055 a 1.059 598

Seção III – Da Administração – arts. 1.060 a 1.065............................600

Seção IV – Do Conselho Fiscal – arts. 1.066 a 1.070............................603

Seção V – Das Deliberações dos Sócios – arts. 1.071 a 1.080-A........................605

Seção VI – Do Aumento e da Redução do Capital – arts. 1.081 a 1.084...............612

Seção VII – Da Resolução da Sociedade em Relação a Sócios Minoritários – arts. 1.085 e 1.086............................614

Seção VIII – Da Dissolução – art. 1.087.......615

Capítulo V – Da Sociedade Anônima – arts. 1.088 e 1.089............................615

Seção Única – Da Caracterização – arts. 1.088 e 1.089............................615

Capítulo VI – Da Sociedade em Comandita por Ações – arts. 1.090 a 1.092.............616

Capítulo VII – Da Sociedade Cooperativa – arts. 1.093 a 1.096........................617

Capítulo VIII – Das Sociedades Coligadas – arts. 1.097 a 1.101........................620

Capítulo IX – Da Liquidação da Sociedade – arts. 1.102 a 1.112........................621

Capítulo X – Da Transformação, da Incorporação, da Fusão e da Cisão das Sociedades – arts. 1.113 a 1.122........................626

Capítulo XI – Da Sociedade Dependente de Autorização – arts. 1.123 a 1.141.............630

Seção I – Disposições Gerais – arts. 1.123 a 1.125............................630

Seção II – Da Sociedade Nacional – arts. 1.126 a 1.133............................631

Seção III – Da Sociedade Estrangeira – arts. 1.134 a 1.141........................633

Título III
Do Estabelecimento

Capítulo Único – Disposições Gerais – arts. 1.142 a 1.149............................636

Título IV
Dos Institutos Complementares

Capítulo I – Do Registro – arts. 1.150 a 1.154 ..642

Capítulo II – Do Nome Empresarial – arts. 1.155 a 1.168............................645

Capítulo III – Dos Prepostos – arts. 1.169 a 1.178............................650

Seção I – Disposições Gerais – arts. 1.169 a 1.171............................650

Seção II – Do Gerente – arts. 1.172 a 1.176...651

Seção III – Do Contabilista e Outros Auxiliares – arts. 1.177 e 1.178.............652

Capítulo IV – Da Escrituração – arts. 1.179 a 1.195............................653

LIVRO III
DO DIREITO DAS COISAS

Título I
Da Posse

Capítulo I – Da Posse e sua Classificação – arts. 1.196 a 1.203........................663

Capítulo II – Da Aquisição da Posse – arts. 1.204 a 1.209........................669

Capítulo III – Dos Efeitos da Posse – arts. 1.210 a 1.222........................672

Capítulo IV – Da Perda da Posse – arts. 1.223 e 1.224........................678

Título II
Dos Direitos Reais

Capítulo Único – Disposições Gerais – arts. 1.225 a 1.227........................679

Título III
Da Propriedade

Capítulo I – Da Propriedade em Geral – arts. 1.228 a 1.237........................681

Seção I – Disposições Preliminares – arts. 1.228 a 1.232........................681

Seção II – Da Descoberta – arts. 1.233 a 1.237............................685

Capítulo II – Da Aquisição da Propriedade Imóvel – arts. 1.238 a 1.259...............686

Seção I – Da Usucapião – arts. 1.238 a 1.244 686

Seção II – Da Aquisição pelo Registro do Título – arts. 1.245 a 1.247.............696

Seção III – Da Aquisição por Acessão – arts. 1.248 a 1.259........................697

Subseção I – Das Ilhas – art. 1.249...........698

Subseção II – Da Aluvião – art. 1.250......698

Subseção III – Da Avulsão – art. 1.251.....699

Subseção IV – Do Álveo Abandonado – art. 1.252............................699

Subseção V – Das Construções e Plantações – arts. 1.253 a 1.259............................700

Capítulo III – Da Aquisição da Propriedade Móvel – arts. 1.260 a 1.274.............704

Seção I – Da Usucapião – arts. 1.260 a 1.262............................704

Seção II – Da Ocupação – art. 1.263.............706

Seção III – Do Achado do Tesouro – arts. 1.264 a 1.266............................706

XVII

Seção IV – Da Tradição – arts. 1.267 e 1.268 707

Seção V – Da Especificação – arts. 1.269 a 1.271 708

Seção VI – Da Confusão, da Comissão e da Adjunção – arts. 1.272 a 1.274 709

Capítulo IV – Da Perda da Propriedade – arts. 1.275 e 1.276 710

Capítulo V – Dos Direitos de Vizinhança – arts. 1.277 a 1.313 712

Seção I – Do Uso Anormal da Propriedade – arts. 1.277 a 1.281 712

Seção II – Das Árvores Limítrofes – arts. 1.282 a 1.284 714

Seção III – Da Passagem Forçada – art. 1.285 714

Seção IV – Da Passagem de Cabos e Tubulações – arts. 1.286 e 1.287 715

Seção V – Das Águas – arts. 1.288 a 1.296 ... 716

Seção VI – Dos Limites entre Prédios e do Direito de Tapagem – arts. 1.297 e 1.298 .. 719

Seção VII – Do Direito de Construir – arts. 1.299 a 1.313 720

Capítulo VI – Do Condomínio Geral – arts. 1.314 a 1.330 725

Seção I – Do Condomínio Voluntário – arts. 1.314 a 1.326 725

Subseção I – Dos Direitos e Deveres dos Condôminos – arts. 1.314 a 1.322 725

Subseção II – Da Administração do Condomínio – arts. 1.323 a 1.326 730

Seção II – Do Condomínio Necessário – arts. 1.327 a 1.330 732

Capítulo VII – Do Condomínio Edilício – arts. 1.331 a 1.358-A 733

Seção I – Disposições Gerais – arts. 1.331 a 1.346 733

Seção II – Da Administração do Condomínio – arts. 1.347 a 1.356 741

Seção III – Da Extinção do Condomínio – arts. 1.357 e 1.358 747

Seção IV – Do Condomínio de Lotes - art. 1.358-A 748

Capítulo VII-A – Do Condomínio em Multipropriedade – arts. 1.358-B a 1.358-U 749

Seção I – Disposições Gerais – arts. 1.358-B a 1.358-E 749

Seção II – Da Instituição da Multipropriedade – arts. 1.358-F a 1.358-H 750

Seção III – Dos Direitos e das Obrigações do Multiproprietário – arts. 1.358-I a 1.358-K 751

Seção IV – Da Transferência da Multipropriedade – art. 1.358-L 754

Seção V – Da Administração da Multipropriedade – arts. 1.358-M e 1.358-N 754

Seção VI – Disposições Específicas Relativas às Unidades Autônomas de Condomínios Edilícios – arts. 1.358-O a 1.358-U 756

Capítulo VIII – Da Propriedade Resolúvel – arts. 1.359 e 1.360 760

Capítulo IX – Da Propriedade Fiduciária – arts. 1.361 a 1.368-B 762

Capítulo X – Do Fundo de Investimento – arts. 1.368-C a 1.368-F 766

Título IV
Da Superfície

Arts. 1.369 a 1.377 768

Título V
Das Servidões

Capítulo I – Da Constituição das Servidões – arts. 1.378 e 1.379 771

Capítulo II – Do Exercício das Servidões – arts. 1.380 a 1.386 773

Capítulo III – Da Extinção das Servidões – arts. 1.387 a 1.389 775

Título VI
Do Usufruto

Capítulo I – Disposições Gerais – arts. 1.390 a 1.393 777

Capítulo II – Dos Direitos do Usufrutuário – arts. 1.394 a 1.399 779

Capítulo III – Dos Deveres do Usufrutuário – arts. 1.400 a 1.409 780

Capítulo IV – Da Extinção do Usufruto – arts. 1.410 e 1.411 783

Título VII
Do Uso

Arts. 1.412 e 1.413 784

Título VIII
Da Habitação

Arts. 1.414 a 1.416 785

Título IX
Do Direito do Promitente Comprador

Arts. 1.417 e 1.418 785

Título X
Do Penhor, da Hipoteca e da Anticrese

Capítulo I – Disposições Gerais – arts. 1.419 a 1.430 787

Capítulo II – Do Penhor – arts. 1.431 a 1.472 792

Seção I – Da Constituição do Penhor –
arts. 1.431 e 1.432 792

Seção II – Dos Direitos do Credor Pignoratício
– arts. 1.433 e 1.434 792

Seção III – Das Obrigações do Credor
Pignoratício – art. 1.435 793

Seção IV – Da Extinção do Penhor – arts.
1.436 e 1.437 794

Seção V – Do Penhor Rural – arts. 1.438 a
1.446 795

Subseção I – Disposições Gerais – arts.
1.438 a 1.441 795

Subseção II – Do Penhor Agrícola – arts.
1.442 e 1.443 796

Subseção III – Do Penhor Pecuário – arts.
1.444 a 1.446 797

Seção VI – Do Penhor Industrial e Mercantil –
arts. 1.447 a 1.450 798

Seção VII – Do Penhor de Direitos
e Títulos de Crédito – arts. 1.451
a 1.460 799

Seção VIII – Do Penhor de Veículos – arts.
1.461 a 1.466 803

Seção IX – Do Penhor Legal – arts. 1.467 a
1.472 804

Capítulo III – Da Hipoteca – arts. 1.473
a 1.505 806

Seção I – Disposições Gerais – arts. 1.473
a 1.488 806

Seção II – Da Hipoteca Legal – arts. 1.489
a 1.491 812

Seção III – Do Registro da Hipoteca – arts.
1.492 a 1.498 813

Seção IV – Da Extinção da Hipoteca – arts.
1.499 a 1.501 815

Seção V – Da Hipoteca de Vias Férreas – arts.
1.502 a 1.505 816

Capítulo IV – Da Anticrese – arts. 1.506 a
1.510 817

TÍTULO XI
Da Laje

Arts. 1.510-A a 1.510-E 819

LIVRO IV
DO DIREITO DE FAMÍLIA

Título I
Do Direito Pessoal

Subtítulo I
Do Casamento

Capítulo I – Disposições Gerais – arts. 1.511 a
1.516 824

Capítulo II – Da Capacidade para o Casamento –
arts. 1.517 a 1.520 826

Capítulo III – Dos Impedimentos – arts. 1.521 e
1.522 828

Capítulo IV – Das Causas Suspensivas – arts.
1.523 e 1.524 829

Capítulo V – Do Processo de Habilitação para o
Casamento – arts. 1.525 a 1.532 830

Capítulo VI – Da Celebração do Casamento –
arts. 1.533 a 1.542 833

Capítulo VII – Das Provas do Casamento – arts.
1.543 a 1.547 837

Capítulo VIII – Da Invalidade do Casamento –
arts. 1.548 a 1.564 839

Capítulo IX – Da Eficácia do Casamento – arts.
1.565 a 1.570 845

Capítulo X – Da Dissolução da Sociedade e do
Vínculo Conjugal – arts. 1.571 a 1.582 848

Capítulo XI – Da Proteção da Pessoa dos Filhos –
arts. 1.583 a 1.590 855

Subtítulo II
Das Relações de Parentesco

Capítulo I – Disposições Gerais – arts. 1.591
a 1.595 860

Capítulo II – Da Filiação – arts. 1.596 a 1.606... 863

Capítulo III – Do Reconhecimento dos Filhos –
arts. 1.607 a 1.617 869

Capítulo IV – Da Adoção – arts. 1.618 a
1.629 873

Capítulo V – Do Poder Familiar – arts. 1.630
a 1.638 874

Seção I – Disposições Gerais – arts. 1.630
a 1.633 874

Seção II – Do Exercício do Poder Familiar –
art. 1.634 875

Seção III – Da Suspensão e Extinção do Poder
Familiar – arts. 1.635 a 1.638 876

Título II
Do Direito Patrimonial

Subtítulo I
Do Regime de Bens
entre os Cônjuges

Capítulo I – Disposições Gerais – arts. 1.639
a 1.652 881

Capítulo II – Do Pacto Antenupcial – arts.
1.653 a 1.657 889

Capítulo III – Do Regime de Comunhão Parcial
– arts. 1.658 a 1.666 890

XIX

Capítulo IV – Do Regime de Comunhão Universal – arts. 1.667 a 1.671 894

Capítulo V – Do Regime de Participação Final nos Aquestos – arts. 1.672 a 1.686.................897

Capítulo VI – Do Regime de Separação de Bens – arts. 1.687 e 1.688 901

Subtítulo II
Do Usufruto e da Administração dos Bens de Filhos Menores

Arts. 1.689 a 1.693 901

Subtítulo III
Dos Alimentos

Arts. 1.694 a 1.710 903

Subtítulo IV
Do Bem de Família

Arts. 1.711 a 1.722 911

Título III
Da União Estável

Arts. 1.723 a 1.727 915

Título IV
Da Tutela, da Curatela e da Tomada de Decisão Apoiada

Capítulo I – Da Tutela – arts. 1.728 a 1.766 917

Seção I – Dos Tutores – arts. 1.728 a 1.734..917

Seção II – Dos Incapazes de Exercer a Tutela – art. 1.735 920

Seção III – Da Escusa dos Tutores – arts. 1.736 a 1.739...............................921

Seção IV – Do Exercício da Tutela – arts. 1.740 a 1.752...............................922

Seção V – Dos Bens do Tutelado – arts. 1.753 e 1.754...............................926

Seção VI – Da Prestação de Contas – arts. 1.755 a 1.762...............................927

Seção VII – Da Cessação da Tutela – arts. 1.763 a 1.766...............................929

Capítulo II – Da Curatela – arts. 1.767 a 1.783 930

Seção I – Dos Interditos – arts. 1.767 a 1.778..930

Seção II – Da Curatela do Nascituro e do Enfermo ou Portador de Deficiência Física – arts. 1.779 e 1.780 933

Seção III – Do Exercício da Curatela – arts. 1.781 a 1.783..................................934

Capítulo III – Da Tomada de Decisão Apoiada – art. 1.783-A..935

LIVRO V
DO DIREITO DAS SUCESSÕES

Título I
Da Sucessão em Geral

Capítulo I – Disposições Gerais – arts. 1.784 a 1.790..937

Capítulo II – Da Herança e de sua Administração – arts. 1.791 a 1.797..............................943

Capítulo III – Da Vocação Hereditária – arts. 1.798 a 1.803..948

Capítulo IV – Da Aceitação e Renúncia da Herança – arts. 1.804 a 1.813 952

Capítulo V – Dos Excluídos da Sucessão – arts. 1.814 a 1.818..956

Capítulo VI – Da Herança Jacente – arts. 1.819 a 1.823 959

Capítulo VII – Da Petição de Herança – arts. 1.824 a 1.828..961

Título II
Da Sucessão Legítima

Capítulo I – Da Ordem da Vocação Hereditária – arts. 1.829 a 1.844..............................962

Capítulo II – Dos Herdeiros Necessários – arts. 1.845 a 1.850..968

Capítulo III – Do Direito de Representação – arts. 1.851 a 1.856..............................971

Título III
Da Sucessão Testamentária

Capítulo I – Do Testamento em Geral – arts. 1.857 a 1.859..972

Capítulo II – Da Capacidade de Testar – arts. 1.860 e 1.861..974

Capítulo III – Das Formas Ordinárias do Testamento – arts. 1.862 a 1.880...................974

Seção I – Disposições Gerais – arts. 1.862 e 1.863..974

Seção II – Do Testamento Público – arts. 1.864 a 1.867..975

Seção III – Do Testamento Cerrado – arts. 1.868 a 1.875..976

Seção IV – Do Testamento Particular – arts. 1.876 a 1.880..979

Capítulo IV – Dos Codicilos – arts. 1.881 a 1.885..980

Capítulo V – Dos Testamentos Especiais – arts. 1.886 a 1.896..982

Seção I – Disposições Gerais – arts. 1.886 e 1.887..982

Seção II – Do Testamento Marítimo e do Testamento Aeronáutico – arts. 1.888 a 1.892 982

Seção III – Do Testamento Militar – arts. 1.893 a 1.896 983

Capítulo VI – Das Disposições Testamentárias – arts. 1.897 a 1.911 985

Capítulo VII – Dos Legados – arts. 1.912 a 1.940 989

Seção I – Disposições Gerais – arts. 1.912 a 1.922 989

Seção II – Dos Efeitos do Legado e do seu Pagamento – arts. 1.923 a 1.938 992

Seção III – Da Caducidade dos Legados – arts. 1.939 e 1.940 996

Capítulo VIII – Do Direito de Acrescer entre Herdeiros e Legatários – arts. 1.941 a 1.946 .. 997

Capítulo IX – Das Substituições – arts. 1.947 a 1.960 999

Seção I – Da Substituição Vulgar e da Recíproca – arts. 1.947 a 1.950 999

Seção II – Da Substituição Fideicomissária – arts. 1.951 a 1.960 1000

Capítulo X – Da Deserdação – arts. 1.961 a 1.965 1003

Capítulo XI – Da Redução das Disposições Testamentárias – arts. 1.966 a 1.968 1004

Capítulo XII – Da Revogação do Testamento – arts. 1.969 a 1.972 1006

Capítulo XIII – Do Rompimento do Testamento – arts. 1.973 a 1.975 1007

Capítulo XIV – Do Testamenteiro – arts. 1.976 a 1.990 1008

Título IV
Do Inventário e da Partilha

Capítulo I – Do Inventário – art. 1.991 1012

Capítulo II – Dos Sonegados – arts. 1.992 a 1.996 1013

Capítulo III – Do Pagamento das Dívidas – arts. 1.997 a 2.001 1015

Capítulo IV – Da Colação – arts. 2.002 a 2.012 1016

Capítulo V – Da Partilha – arts. 2.013 a 2.022 1021

Capítulo VI – Da Garantia dos Quinhões Hereditários – arts. 2.023 a 2.026 1024

Capítulo VII – Da Anulação da Partilha – art. 2.027 1025

LIVRO COMPLEMENTAR
DAS DISPOSIÇÕES FINAIS E TRANSITÓRIAS

Arts. 2.028 a 2.046 1026

DECRETO-LEI N. 4.657, DE 04 DE SETEMBRO DE 1942

Lei de Introdução às normas do Direito Brasileiro.
Ementa com redação dada pela Lei n. 12.376, 30.12.2010.

O PRESIDENTE DA REPÚBLICA, usando da atribuição que lhe confere o art. 180 da Constituição, decreta:

Art. 1º Salvo disposição contrária, a lei começa a vigorar em todo o País 45 (quarenta e cinco) dias depois de oficialmente publicada.

➥ Veja art. 62, §§ 3º, 4º, 6º e 7º, CF.

➥ Veja arts. 101 a 104, CTN.

§ 1º Nos Estados estrangeiros, a obrigatoriedade da lei brasileira, quando admitida, se inicia 3 (três) meses depois de oficialmente publicada.

§ 2º *(Revogado pela Lei n. 12.036, de 01.10.2009.)*

§ 3º Se, antes de entrar a lei em vigor, ocorrer nova publicação de seu texto, destinada a correção, o prazo deste artigo e dos parágrafos anteriores começará a correr da nova publicação.

§ 4º As correções a texto de lei já em vigor consideram-se lei nova.

Art. 2º Não se destinando à vigência temporária, a lei terá vigor até que outra a modifique ou revogue.

§ 1º A lei posterior revoga a anterior quando expressamente o declare, quando seja com ela incompatível ou quando regule inteiramente a matéria de que tratava a lei anterior.

§ 2º A lei nova, que estabeleça disposições gerais ou especiais a par das já existentes, não revoga nem modifica a lei anterior.

§ 3º Salvo disposição em contrário, a lei revogada não se restaura por ter a lei revogadora perdido a vigência.

Art. 3º Ninguém se escusa de cumprir a lei, alegando que não a conhece.

Art. 4º Quando a lei for omissa, o juiz decidirá o caso de acordo com a analogia, os costumes e os princípios gerais de direito.

Art. 5º Na aplicação da lei, o juiz atenderá aos fins sociais a que ela se dirige e às exigências do bem comum.

Art. 6º A Lei em vigor terá efeito imediato e geral, respeitados o ato jurídico perfeito, o direito adquirido e a coisa julgada.

Caput com redação dada pela Lei n. 3.238, de 01.08.1957.

➥ Veja art. 5º, XXXVI, CF.

➥ Veja art. 1.577, CC.

§ 1º Reputa-se ato jurídico perfeito o já consumado segundo a lei vigente ao tempo em que se efetuou.

Parágrafo acrescentado pela Lei n. 3.238, de 01.08.1957.

§ 2º Consideram-se adquiridos assim os direitos que o seu titular, ou alguém por ele, possa exercer, como aqueles cujo começo do exercício tenha termo prefixo, ou condição preestabelecida inalterável, a arbítrio de outrem.

Parágrafo acrescentado pela Lei n. 3.238, de 01.08.1957.

§ 3º Chama-se coisa julgada ou caso julgado a decisão judicial de que já não caiba recurso.

Parágrafo acrescentado pela Lei n. 3.238, de 01.08.1957.

Art. 7º A lei do país em que for domiciliada a pessoa determina as regras sobre o começo e o fim da personalidade, o nome, a capacidade e os direitos de família.

➟ Veja arts. 1º a 8º, 11 a 21, 70 a 78 e 1.511 a 1.783, CC.

§ 1º Realizando-se o casamento no Brasil, será aplicada a lei brasileira quanto aos impedimentos dirimentes e às formalidades da celebração.

➟ Veja arts. 1.521 e 1.533 a 1.542, CC.

§ 2º O casamento de estrangeiros poderá celebrar-se perante autoridades diplomáticas ou consulares do país de ambos os nubentes.

Parágrafo com redação dada pela Lei n. 3.238, de 01.08.1957.

§ 3º Tendo os nubentes domicílio diverso, regerá os casos de invalidade do matrimônio a lei do primeiro domicílio conjugal.

➟ Veja arts. 1.548 a 1.564, CC.

§ 4º O regime de bens, legal ou convencional, obedece à lei do país em que tiverem os nubentes domicílios, e, se este for diverso, à do primeiro domicílio conjugal.

➟ Veja arts. 1.639, 1.640 e 1.653, CC.

§ 5º O estrangeiro casado, que se naturalizar brasileiro, pode, mediante expressa anuência de seu cônjuge, requerer ao juiz, no ato de entrega do decreto de naturalização, se apostile ao mesmo a adoção do regime de comunhão parcial de bens, respeitados os direitos de terceiros e dada esta adoção ao competente registro.

Parágrafo com redação dada pela Lei n. 6.515, de 26.12.1977.

➟ Veja arts. 1.658 a 1.666, CC.

§ 6º O divórcio realizado no estrangeiro, se um ou ambos os cônjuges forem brasileiros, só será reconhecido no Brasil depois de 1 (um) ano da data da sentença, salvo se houver sido antecedida de separação judicial por igual prazo, caso em que a homologação produzirá efeito imediato, obedecidas as condições estabelecidas para a eficácia das sentenças estrangeiras no país. O Superior Tribunal de Justiça, na forma de seu regimento interno, poderá reexaminar, a requerimento do interessado, decisões já proferidas em pedidos de homologação de sentenças estrangeiras de divórcio de brasileiros, a fim de que passem a produzir todos os efeitos legais.

Parágrafo com redação dada pela Lei n. 12.036, de 01.10.2009.

➟ Veja arts. 1.571 e segs., CC.

➟ Veja arts. 960, § 2º, e 961, CPC/2015.

§ 7º Salvo o caso de abandono, o domicílio do chefe da família estende-se ao outro cônjuge e aos filhos não emancipados, e o do tutor ou curador aos incapazes sob sua guarda.

➟ Veja arts. 226, § 5º, e 227, § 6º, CF.

➟ Veja art. 76, CC.

§ 8º Quando a pessoa não tiver domicílio, considerar-se-á domiciliada no lugar de sua residência ou naquele em que se encontre.

➟ Veja arts. 70 a 73, CC.

➟ Veja art. 46, § 3º, CPC/2015.

Art. 8º Para qualificar os bens e regular as relações a eles concernentes, aplicar-se-á a lei do país em que estiverem situados.

➟ Veja Lei n. 8.617, de 04.01.1993.

§ 1º Aplicar-se-á a lei do país em que for domiciliado o proprietário, quanto aos bens móveis que ele trouxer ou se destinarem a transporte para outros lugares.

§ 2º O penhor regula-se pela lei do domicílio que tiver a pessoa, em cuja posse se encontre a coisa apenhada.

➟ Veja arts. 1.431 e segs., CC.

Art. 9º Para qualificar e reger as obrigações, aplicar-se-á a lei do país em que se constituírem.

§ 1º Destinando-se a obrigação a ser executada no Brasil e dependendo de forma essencial, será esta observada, admitidas as peculiaridades da lei estrangeira quanto aos requisitos extrínsecos do ato.

➟ Veja DL n. 857, de 11.09.1969.

§ 2º A obrigação resultante do contrato reputa-se constituída no lugar em que residir o proponente.

➟ Veja art. 435, CC.

Art. 10. A sucessão por morte ou por ausência obedece à lei do país em que era domiciliado o defunto ou o desaparecido, qualquer que seja a natureza e a situação dos bens.

➥ Veja arts. 26 a 39 e 1.784 a 1.990, CC.

§ 1º A sucessão de bens de estrangeiros, situados no País, será regulada pela lei brasileira em benefício do cônjuge ou dos filhos brasileiros, ou de quem os represente, sempre que não lhes seja mais favorável a lei pessoal do *de cujus.*

Parágrafo com redação dada pela Lei n. 9.047, de 18.05.1995.

➥ Veja art. 5º, XXXI, CF.

➥ Veja arts. 1.851 a 1.856, CC.

➥ Veja art. 17 do DL n. 3.200, de 19.04.1941.

§ 2º A lei do domicílio do herdeiro ou legatário regula a capacidade para suceder.

➥ Veja arts. 1.787 e 1.798 a 1.803, CC.

Art. 11. As organizações destinadas a fins de interesse coletivo, como as sociedades e as fundações, obedecem à lei do Estado em que se constituírem.

➥ Veja arts. 62 a 69 e 981 a 1.141, CC.

➥ Veja art. 75, § 3º, CPC/2015.

§ 1º Não poderão, entretanto, ter no Brasil filiais, agências ou estabelecimentos antes de serem os atos constitutivos aprovados pelo Governo brasileiro, ficando sujeitas à lei brasileira.

➥ Veja arts. 1.134 a 1.141 e 1.150 a 1.154, CC.

➥ Veja art. 21, parágrafo único, CPC/2015.

➥ Veja Decreto n. 24.643, de 10.07.1934.

➥ Veja DL n. 2.980, de 24.01.1941.

➥ Veja art. 74, DL n. 73, de 21.11.1966.

➥ Veja DL n. 227, de 28.02.1967.

➥ Veja art. 32, II, *c*, Lei n. 8.934, de 18.11.1994.

§ 2º Os governos estrangeiros, bem como as organizações de qualquer natureza, que eles tenham constituído, dirijam ou hajam investido de funções públicas, não poderão adquirir no Brasil bens imóveis ou suscetíveis de desapropriação.

➥ Veja art. 23, I, CPC/2015.

§ 3º Os governos estrangeiros podem adquirir a propriedade dos prédios necessários à sede dos representantes diplomáticos ou dos agentes consulares.

Art. 12. É competente a autoridade judiciária brasileira, quando for o réu domiciliado no Brasil ou aqui tiver de ser cumprida a obrigação.

§ 1º Só à autoridade judiciária brasileira compete conhecer das ações relativas a imóveis situados no Brasil.

➥ Veja art. 23, I, CPC/2015.

§ 2º A autoridade judiciária brasileira cumprirá, concedido o *exequatur* e segundo a forma estabelecida pela lei brasileira, as diligências deprecadas por autoridade estrangeira competente, observando a lei desta, quanto ao objeto das diligências.

➥ Veja arts. 105, I, *i*, e 109, X, CF.

➥ Veja arts. 21, 23, 36, 46, § 3º, 47, 268, 256, § 1º, e 377, CPC/2015.

Art. 13. A prova dos fatos ocorridos em país estrangeiro rege-se pela lei que nele vigorar, quanto ao ônus e aos meios de produzir-se, não admitindo os tribunais brasileiros provas que a lei brasileira desconheça.

➥ Veja arts. 109 e 212 a 232, CC.

➥ Veja arts. 369, 373, 374 e 376, CPC/2015.

➥ Veja art. 32, LRP.

Art. 14. Não conhecendo a lei estrangeira, poderá o juiz exigir de quem a invoca prova do texto e da vigência.

➥ Veja art. 376, CPC/2015.

Art. 15. Será executada no Brasil a sentença proferida no estrangeiro, que reúna os seguintes requisitos:

a) haver sido proferida por juiz competente;

b) terem sido as partes citadas ou haver-se legalmente verificado a revelia;

c) ter passado em julgado e estar revestida das formalidades necessárias para a execução no lugar em que foi proferida;

d) estar traduzida por intérprete autorizado;

e) ter sido homologada pelo Supremo Tribunal Federal.

➥ Veja art. 105, I, *i*, CF, sobre a competência para homologar sentenças estrangeiras pelo STJ.

Parágrafo único. *(Revogado pela Lei n. 12.036, de 01.10.2009.)*

Art. 16. Quando, nos termos dos artigos precedentes, se houver de aplicar a lei estrangeira, ter-se-á em vista a disposição desta, sem considerar-se qualquer remissão por ela feita a outra lei.

Art. 17. As leis, atos e sentenças de outro país, bem como quaisquer declarações de vontade, não terão eficácia no Brasil, quando ofenderem a soberania nacional, a ordem pública e os bons costumes.

➡ Veja art. 781, do CPP.

Art. 18. Tratando-se de brasileiros, são competentes as autoridades consulares brasileiras para lhes celebrar o casamento e os mais atos de Registro Civil e de tabelionato, inclusive o registro de nascimento e de óbito dos filhos de brasileiro ou brasileira nascidos no país da sede do Consulado.

Caput com redação dada pela Lei n. 3.238, de 01.08.1957.

➡ Veja art. 12, I, c, CF.

➡ Veja art. 32, LRP.

§ 1º As autoridades consulares brasileiras também poderão celebrar a separação consensual e o divórcio consensual de brasileiros, não havendo filhos menores ou incapazes do casal e observados os requisitos legais quanto aos prazos, devendo constar da respectiva escritura pública as disposições relativas à descrição e à partilha dos bens comuns e à pensão alimentícia e, ainda, ao acordo quanto à retomada pelo cônjuge de seu nome de solteiro ou à manutenção do nome adotado quando se deu o casamento.

Parágrafo acrescentado pela Lei n. 12.874, de 29.10.2013.

§ 2º É indispensável a assistência de advogado, devidamente constituído, que se dará mediante a subscrição de petição, juntamente com ambas as partes, ou com apenas uma delas, caso a outra constitua advogado próprio, não se fazendo necessário que a assinatura do advogado conste da escritura pública.

Parágrafo acrescentado pela Lei n. 12.874, de 29.10.2013.

Art. 19. Reputam-se válidos todos os atos indicados no artigo anterior e celebrados pelos cônsules brasileiros na vigência do Decreto-lei n. 4.657, de 04 de setembro de 1942, desde que satisfaçam todos os requisitos legais.

Caput acrescentado pela Lei n. 3.238, de 01.08.1957.

Parágrafo único. No caso em que a celebração desses atos tiver sido recusada pelas autoridades consulares, com fundamento no art. 18 do mesmo Decreto-lei, ao interessado é facultado renovar o pedido dentre em 90 (noventa) dias contados da data da publicação desta Lei.

Parágrafo acrescentado pela Lei n. 3.238, de 01.08.1957.

Art. 20. Nas esferas administrativa, controladora e judicial, não se decidirá com base em valores jurídicos abstratos sem que sejam consideradas as consequências práticas da decisão.

Caput acrescentado pela Lei n. 13.655, de 25.04.2018.

Parágrafo único. A motivação demonstrará a necessidade e a adequação da medida imposta ou da invalidação de ato, contrato, ajuste, processo ou norma administrativa, inclusive em face das possíveis alternativas.

Parágrafo acrescentado pela Lei n. 13.655, de 25.04.2018.

Art. 21. A decisão que, nas esferas administrativa, controladora ou judicial, decretar a invalidação de ato, contrato, ajuste, processo ou norma administrativa deverá indicar de modo expresso suas consequências jurídicas e administrativas.

Caput acrescentado pela Lei n. 13.655, de 25.04.2018.

Parágrafo único. A decisão a que se refere o *caput* deste artigo deverá, quando for o caso, indicar as condições para que a regularização ocorra de modo proporcional e equânime e sem prejuízo aos interesses gerais, não se podendo impor aos sujeitos atingidos ônus ou perdas que, em função das peculiaridades do caso, sejam anormais ou excessivos.

Parágrafo acrescentado pela Lei n. 13.655, de 25.04.2018.

Art. 22. Na interpretação de normas sobre gestão pública, serão considerados os obstáculos e as dificuldades reais do gestor e as exigências das políticas públicas a seu cargo, sem prejuízo dos direitos dos administrados.

Caput acrescentado pela Lei n. 13.655, de 25.04.2018.

§ 1º Em decisão sobre regularidade de conduta ou validade de ato, contrato, ajuste, processo ou norma administrativa, serão consideradas as circunstâncias práticas que houverem imposto, limitado ou condicionado a ação do agente.

Parágrafo acrescentado pela Lei n. 13.655, de 25.04.2018.

§ 2º Na aplicação de sanções, serão consideradas a natureza e a gravidade da infração cometida, os danos que dela provierem para a administração pública, as circunstâncias agravantes ou atenuantes e os antecedentes do agente.

Parágrafo acrescentado pela Lei n. 13.655, de 25.04.2018.

§ 3º As sanções aplicadas ao agente serão levadas em conta na dosimetria das demais sanções de mesma natureza e relativas ao mesmo fato.

Parágrafo acrescentado pela Lei n. 13.655, de 25.04.2018.

Art. 23. A decisão administrativa, controladora ou judicial que estabelecer interpretação ou orientação nova sobre norma de conteúdo indeterminado, impondo novo dever ou novo condicionamento de direito, deverá prever regime de transição quando indispensável para que o novo dever ou condicionamento de direito seja cumprido de modo proporcional, equânime e eficiente e sem prejuízo aos interesses gerais.

Caput acrescentado pela Lei n. 13.655, de 25.04.2018.

Parágrafo único. (*Vetado.*)

Art. 24. A revisão, nas esferas administrativa, controladora ou judicial, quanto à validade de ato, contrato, ajuste, processo ou norma administrativa cuja produção já se houver completado levará em conta as orientações gerais da época, sendo vedado que, com base em mudança posterior de orientação geral, se declarem inválidas situações plenamente constituídas.

Caput acrescentado pela Lei n. 13.655, de 25.04.2018.

Parágrafo único. Consideram-se orientações gerais as interpretações e especificações contidas em atos públicos de caráter geral ou em jurisprudência judicial ou administrativa majoritária, e ainda as adotadas por prática administrativa reiterada e de amplo conhecimento público.

Parágrafo acrescentado pela Lei n. 13.655, de 25.04.2018.

Art. 25. (*Vetado.*)

Art. 26. Para eliminar irregularidade, incerteza jurídica ou situação contenciosa na aplicação do direito público, inclusive no caso de expedição de licença, a autoridade administrativa poderá, após oitiva do órgão jurídico e, quando for o caso, após realização de consulta pública, e presentes razões de relevante interesse geral, celebrar compromisso com os interessados, observada a legislação aplicável, o qual só produzirá efeitos a partir de sua publicação oficial.

Caput acrescentado pela Lei n. 13.655, de 25.04.2018.

§ 1º O compromisso referido no *caput* deste artigo:

Parágrafo acrescentado pela Lei n. 13.655, de 25.04.2018.

I – buscará solução jurídica proporcional, equânime, eficiente e compatível com os interesses gerais;

Inciso acrescentado pela Lei n. 13.655, de 25.04.2018.

II – (*Vetado.*)

Inciso acrescentado pela Lei n. 13.655, de 25.04.2018.

III – não poderá conferir desoneração permanente de dever ou condicionamento de direito reconhecidos por orientação geral;

Inciso acrescentado pela Lei n. 13.655, de 25.04.2018.

IV – deverá prever com clareza as obrigações das partes, o prazo para seu cumprimento e as sanções aplicáveis em caso de descumprimento.

Inciso acrescentado pela Lei n. 13.655, de 25.04.2018.

§ 2º (*Vetado.*)

Art. 27. A decisão do processo, nas esferas administrativa, controladora ou judicial, poderá impor compensação por benefícios indevidos ou prejuízos anormais ou injustos resultantes do processo ou da conduta dos envolvidos.

Caput acrescentado pela Lei n. 13.655, de 25.04.2018.

§ 1º A decisão sobre a compensação será motivada, ouvidas previamente as partes sobre seu cabimento, sua forma e, se for o caso, seu valor.

Parágrafo acrescentado pela Lei n. 13.655, de 25.04.2018.

§ 2º Para prevenir ou regular a compensação, poderá ser celebrado compromisso processual entre os envolvidos.

Parágrafo acrescentado pela Lei n. 13.655, de 25.04.2018.

Art. 28. O agente público responderá pessoalmente por suas decisões ou opiniões técnicas em caso de dolo ou erro grosseiro.

Caput acrescentado pela Lei n. 13.655, de 25.04.2018.

§ 1º (*Vetado*.)

§ 2º (*Vetado*.)

§ 3º (*Vetado*.)

Art. 29. Em qualquer órgão ou Poder, a edição de atos normativos por autoridade administrativa, salvo os de mera organização interna, poderá ser precedida de consulta pública para manifestação de interessados, preferencialmente por meio eletrônico, a qual será considerada na decisão.

Caput acrescentado pela Lei n. 13.655, de 25.04.2018.

§ 1º A convocação conterá a minuta do ato normativo e fixará o prazo e demais condições da consulta pública, observadas as normas legais e regulamentares específicas, se houver.

Parágrafo acrescentado pela Lei n. 13.655, de 25.04.2018.

§ 2º (*Vetado*.)

Art. 30. As autoridades públicas devem atuar para aumentar a segurança jurídica na aplicação das normas, inclusive por meio de regulamentos, súmulas administrativas e respostas a consultas.

Caput acrescentado pela Lei n. 13.655, de 25.04.2018.

Parágrafo único. Os instrumentos previstos no *caput* deste artigo terão caráter vinculante em relação ao órgão ou entidade a que se destinam, até ulterior revisão.

Parágrafo acrescentado pela Lei n. 13.655, de 25.04.2018.

Rio de Janeiro, 04 de setembro de 1942; 121º da Independência e 54º da República.

GETÚLIO VARGAS

EXPOSIÇÃO DE MOTIVOS DO CÓDIGO CIVIL

MENSAGEM N. 160, DE 10 DE JUNHO DE 1975

EXCELENTÍSSIMOS SENHORES MEMBROS DO CONGRESSO NACIONAL:

Nos termos do art. 56 da Constituição, tenho a honra de submeter à elevada deliberação de Vossas Excelências, acompanhado de Exposições de Motivos do Senhor Ministro de Estado da Justiça e do Supervisor da Comissão Elaboradora e Revisora do Código Civil, o anexo projeto de lei que institui o Código Civil.

Brasília, em 10 de junho de 1975.
ERNESTO GEISEL

EXPOSIÇÃO DE MOTIVOS DO SENHOR
MINISTRO DE ESTADO DA JUSTIÇA

Brasília, em 06 de junho de 1975.

Excelentíssimo Senhor Presidente da República.

Tenho a honra de encaminhar a Vossa Excelência o Projeto do Código Civil, cujo anteprojeto é de autoria dos Professores Miguel Reale, na qualidade de Supervisor, José Carlos Moreira Alves, Agostinho de Arruda Alvim, Sylvio Marcondes, Ebert Chamoun, Clóvis do Couto e Silva e Torquato Castro, que elaboraram, respectivamente, a matéria relativa à Parte Geral, Direito das Obrigações, Atividade Negocial, Direito das Coisas, Direito de Família e Direito das Sucessões, tendo o professor Moreira Alves acumulado, durante certo tempo, as funções de Coordenador da Comissão de Estudos Legislativos.

Como resulta da minuciosa Exposição de Motivos, com a qual o Professor Miguel Reale fundamenta e justifica a obra realizada, obedeceu esta a plano previamente aprovado por este Ministério, de conformidade com as seguintes diretrizes:

"a) Compreensão do Código Civil como *lei básica, mas não global,* do Direito Privado, conservando-se em seu âmbito, por conseguinte, o Direito das Obrigações, sem distinção entre obrigações civis e mercantis, consoante diretriz já consagrada, nesse ponto, desde o Anteprojeto do Código de Obrigações de 1941, e reiterada no Projeto de 1965.

b) Considerar elemento integrante do próprio Código Civil a parte legislativa concernente às atividades negociais ou empresárias em geral, como desdobramento natural do Direito das Obrigações, salvo as matérias que reclamam disciplina especial autônoma, tais como as de falência, letra de câmbio, e outras que a pesquisa doutrinária ou os imperativos da política legislativa assim o exijam.

c) Manter, não obstante as alterações essenciais supraindicadas, a estrutura do Código ora em vigor, por considerar-se inconveniente, consoante opinião dominante dos juristas pátrios, a supressão da Parte Geral, tanto do ponto de vista dos valores dogmáticos, quanto das necessidades práticas, sem prejuízo, é claro, da atualização de seus dispositivos, para ajustá-los aos imperativos de nossa época, bem como às novas exigências da Ciência Jurídica.

d) Redistribuir a matéria do Código Civil vigente, de conformidade com os ensinamentos que atualmente presidem a sistemática civil.

e) Preservar, sempre que possível, a redação da atual Lei Civil, por se não justificar a mudança de seu texto, a não ser como decorrência de alterações de fundo, ou em virtude das variações semânticas ocorridas no decorrer de mais de meio século de vigência.

f) Atualizar, todavia, o Código vigente, não só para superar os pressupostos individualistas que condicionaram a sua elaboração, mas também para dotá-lo de institutos novos, reclamados pela sociedade atual, nos domínios das atividades empresárias e nos demais setores da vida privada.

g) Aproveitar, na revisão do Código de 1916, como era de se esperar de trabalho científico ditado pelos ditames do interesse público, as valiosas contribuições anteriores em matéria legislativa, tais como os Anteprojetos de Código das Obrigações, de 1941 e de 1965, este revisto pela douta Comissão constituída pelos ilustres juristas Orosimbo Nonato, Presidente, Caio Mário da Silva Pereira, Relator-Geral, Sylvio Marcondes, Orlando Gomes, Theophilo de Azevedo Santos e Nehemias Gueiros; e o Anteprojeto de Código Civil, de 1963, de autoria do Prof. Orlando Gomes.

h) Dispensar igual atenção aos estudos e críticas que tais proposições suscitaram, a fim de ter-se um quadro, o mais completo possível, das ideias dominantes no País, sobre o assunto.

i) Não dar guarida no Código senão aos institutos e soluções normativas já dotados de certa sedimentação e estabilidade, deixando para a *legislação aditiva* a disciplina de questões ainda objeto de fortes dúvidas e contrastes, em virtude de mutações sociais em curso, ou na dependência de mais claras colocações doutrinárias, ou ainda quando fossem previsíveis alterações sucessivas para adaptações da lei à experiência social e econômica.

j) Eliminar do Código Civil quaisquer regras de ordem processual, a não ser quando intimamente ligadas ao direito material, de tal modo que a supressão delas lhe pudesse mutilar o significado.

l) Incluir na sistemática do Código, com as revisões indispensáveis, a matéria contida em leis especiais promulgadas após 1916.

m) Acolher os modelos jurídicos validamente elaborados pela jurisprudência construtiva de nossos tribunais, mas fixar normas para superar certas situações conflitivas, que de longa data comprometem a unidade e a coerência de nossa vida jurídica.

n) Dispensa de formalidades excessivamente onerosas, como, por exemplo, a notificação judicial, onde e quando possível obter-se o mesmo resultado com economia natural de meios, ou dispensar-se a escritura pública, se bastante documento particular devidamente registrado.

o) Consultar entidades públicas e privadas, representativas dos diversos círculos de atividades e interesses objeto da disciplina normativa, a fim de que o Anteprojeto, além de se apoiar nos entendimentos legislativos, doutrinários e jurisprudenciais, tanto nacionais como alienígenas, refletisse os anseios legítimos da experiência social brasileira, em função de nossas peculiares circunstâncias.

p) Dar ao Anteprojeto antes um sentido operacional do que conceitual, procurando configurar os modelos jurídicos à luz do princípio da *realizabilidade*, em função das forças sociais operantes no País, para atuarem como instrumentos de paz social e de desenvolvimento."

Observo, ainda, que o Projeto muito embora discipline as sociedades empresárias no livro referente à Atividade Negocial, não abrange as *sociedades anônimas*, pois estas, de conformidade com a determinação de Vossa Excelência, serão objeto de lei especial.

Constituída em maio de 1969, a "Comissão Revisora e Elaboradora do Código Civil", após vários meses de pesquisas e sucessivas reuniões, entregou ao então Ministro da Justiça, Prof. Alfredo Buzaid, o primeiro texto do Anteprojeto, solicitando que fosse publicado a fim de serem recebidas sugestões e emendas de todos os interessados.

Sobre esse primeiro anteprojeto, publicado em 7 de agosto de 1972, manifestaram-se não somente as principais corporações jurídicas do país, tribunais, instituições e universidades, mas também entidades representativas das diversas categorias profissionais, com a publicação de livros e artigos em jornais e revistas especializadas.

Conferências e simpósios foram, outrossim, realizados, em vários Estados, sobre a reforma programada, sendo as respectivas conclusões objeto da mais cuidadosa análise por parte da Comissão. Valendo-se de todo esse precioso material, a Comissão voltou a reunir-se por diversas vezes, fiel ao seu propósito de elaborar um Anteprojeto correspondente às reais aspirações da sociedade brasileira, graças à manifestação dos diferentes círculos jurídicos, e de quantos se interessaram pelo aperfeiçoamento de nossa legislação civil.

De tais estudos resultou novo Anteprojeto, publicado em 18 de junho de 1974, abrangendo grande número de emendas e alterações que a Comissão houve por bem acolher, assim como outras de sua iniciativa, decorrentes de investigação própria. Em virtude dessa segunda publicação, novas sugestões e emendas foram analisadas pela Comissão, daí resultando o texto final, que, no dizer de seus autores, transcende as pessoas dos que o elaboraram, tão fundamental e fecunda foi a troca de ideias e experiências com os mais distintos setores da comunidade brasileira.

A exposição feita evidencia, Senhor Presidente, que o projeto ora submetido à alta apreciação de Vossa Excelência é fruto de longos e dedicados estudos, refletindo a opinião dominante nos meios jurídicos nacionais, além de se basear na experiência das categorias sociais a que os preceitos se destinam. Trata-se, em suma, de diploma legal marcado pela compreensão direta de nossos problemas socioeconômicos, e não de sistematização de dispositivos ditada por meras preferências teóricas.

É de longa data, Senhor Presidente, que vem sendo reclamada a atualização do Código Civil de 1916, elaborado numa época em que o Brasil mal amanhecia para o surto de desenvolvimento que hoje o caracteriza, e quando ainda prevaleciam, na tela do Direito, princípios individualistas que não mais se harmonizam com as aspirações do mundo contemporâneo, não apenas no domínio das atividades empresariais, mas também no que se refere à organização da família, ao uso da propriedade ou ao direito das sucessões.

O Projeto, além de conter novos institutos e modelos jurídicos, exigidos pelo atual desenvolvimento do País, caracteriza-se pelo equilíbrio de suas opções, visto ter-se tido sempre em mira a conciliação dos valores da tradição com os imperativos do progresso, os interesses dos particulares com as exigências do bem comum.

De outro lado, promulgado que foi o novo Código de Processo Civil, torna-se ainda mais imperiosa a atualização da lei substantiva, cuja inadequação aos problemas atuais vem sendo apontada como uma das causas mais relevantes da crise da Justiça.

Com o Projeto do Código Civil, a Política legislativa, traçada pelo Governo de Vossa Excelência, atinge o seu ponto culminante, por tratar-se, efetivamente, do diploma legal básico, cuja reforma condiciona todas as demais. Aproveito a oportunidade para renovar a Vossa Excelência protestos de profundo respeito.

ARMANDO FALCÃO – Ministro da Justiça

EXPOSIÇÃO DE MOTIVOS DO SUPERVISOR DA COMISSÃO REVISORA E ELABORADORA DO CÓDIGO CIVIL

Ao Excelentíssimo Senhor
Doutor Armando Falcão
DD. Ministro de Estado da Justiça
Brasília
Senhor Ministro

Na qualidade de Supervisor da "Comissão Revisora e Elaboradora do Código Civil", cabe-me a honra de submeter à consideração de Vossa Excelência o Anteprojeto de Código Civil, elaborado com inestimável colaboração dos Professores José Carlos Moreira Alves (Parte Geral), Agostinho de Arruda Alvim (Direito das Obrigações), Sylvio Marcondes (Atividade Negocial), Ebert Vianna Chamoun (Direito das Coisas), Clóvis do Couto e Silva (Direito de Família) e Torquato Castro (Direito das Sucessões).

Não obstante já conhecidas as diretrizes fundamentais do Anteprojeto, através das Exposições de Motivos redigidas pelo signatário e demais membros da Comissão, não será demais, como remate final dos trabalhos iniciados há quase seis anos, a 23 de maio de 1969, recapitular os seus pontos essenciais, com os aditamentos indispensáveis ao pleno esclarecimento da matéria.

Ao fazê-lo, Senhor Ministro, posso afirmar que, pela forma como se desenvolveram os estudos, com base em reiteradas pesquisas próprias, mas também graças às preciosas sugestões e críticas que nos chegaram de todos os quadrantes do País, a obra ora apresentada transcende a pessoa de seus autores, o que me permite apreciá-la com a indispensável objetividade.

Preferimos, os integrantes da Comissão, agir em sintonia com a comunidade brasileira, corrigindo e completando os Anteprojetos anteriores, publicados no *Diário Oficial da União*, respectivamente, de 7 de agosto de 1972 e 18 de junho de 1974, por uma razão essencial de probidade científica, a qual se identifica com o natural propósito de bem servir ao povo.

NECESSIDADE DA ATUALIZAÇÃO DO CÓDIGO CIVIL

1. Não é de hoje que vem sendo reclamada a reforma da Lei Civil em vigor, como decorrência das profundas alterações havidas no plano dos fatos e das ideias, tanto em razão do progresso tecnológico como em virtude da nova dimensão adquirida pelos valores da solidariedade social.

A exigência de atualização dos preceitos legais foi notada, preliminarmente, no campo das relações de natureza negocial, como o demonstra a elaboração de um projeto autônomo de "Código de Obrigações", há mais de trinta anos, da autoria dos eminentes jurisconsultos Hahnemann Guimarães, Philadelpho Azevedo e Orosimbo Nonato. Essa iniciativa não vingou, entre outros motivos, por ter-se reconhecido que se impunha a revisão global de nossa legislação civil, visto não ser menos sentida a sua inadequação no que se refere às demais partes das relações sociais por ela disciplinadas.

É a razão pela qual o problema foi retomado, em 1963, tendo sido, então, preferida a elaboração de dois Códigos, um Código Civil – destinado a reger tão somente as relações de propriedade, família e sucessões – e um Código de Obrigações, para integrar em unidade sistemática assim as relações civis como as mercantis.

Não obstante os altos méritos dos juristas que foram incumbidos dessa tarefa, não logrou boa acolhida a ideia de dois Códigos distintos, merecendo, todavia, aplausos o propósito de unificação do Direito das Obrigações, que, como será logo mais salientado, constitui verdadeira vocação da experiência jurídica brasileira. Abandonada a linha da reforma que vinha sendo seguida, não foi posta de lado, mas antes passou a ser insistentemente pedida a atualização do Código Civil vigente, tais e tantos são os prejuízos causados ao País por um sistema legal não mais adequado a uma sociedade que já superou a fase de estrutura prevalecentemente agrária para assumir as formas e os processos próprios do desenvolvimento científico e industrial que caracteriza o nosso tempo.

Não vai nessa afirmação qualquer desdouro para a obra gigantesca de Clóvis Beviláqua, cuja capacidade de legislador não será nunca por demais enaltecida. Ocorre, todavia, que o Código de 1916 foi concebido e aperfeiçoado a partir de 1899, coincidindo a sua feitura com os últimos reflexos de um ciclo histórico marcado, no plano político e jurídico, por acendrado individualismo.

2. As dificuldades e os riscos inerentes ao projeto de um Código sentiu-os profundamente o preclaro Clóvis Beviláqua, ao assumir sobre os ombros a responsabilidade de seu monumental trabalho, que ele prudentemente situou "no ponto de confluência das duas forças de cujo equilíbrio depende a solidez das construções sociais: a conservação e a inovação, as tradições nacionais e as teorias das escolas, o elemento estável que já se adaptou ao caráter e ao modo de sentir de nosso povo, a maneira pela qual ele estabelece e procura resolver os agros problemas da vida e o elemento progressivo insuflado pela doutrina científica". E ainda advertia o Mestre: "Mas, por isso mesmo que o Direito evolui, o legislador tem necessidade de harmonizar os dois princípios divergentes (o que se amarra ao passado e o que propende para o futuro), para acomodar a lei e as novas formas de relações e para assumir discretamente a atitude de educador de sua nação, guiando cautelosamente a evolução que se acusa no horizonte".

Outra não pode ser a atitude do codificador, dada a natureza essencialmente ambivalente de sua missão, que consiste em afundar raízes no passado para melhor se alçar na visão do porvir. Não é menos verdade, porém, que o nosso tempo se mostra mais propício a vislumbrar as linhas do futuro do que o de CLÓVIS, quando ainda o planeta não fora sacudido pela tormenta de duas guerras universais e pelo impacto dos conflitos ideológicos.

Muito embora sejamos partícipes de uma "sociedade em mudança", já fizemos, no Brasil, a nossa opção pelo sistema e o estilo de vida mais condizentes com as nossas aspirações e os valores de nossa formação histórica. Se reconhecemos os imperativos de uma Democracia Social, repudiamos todas as formas de coletivismo ou estatalismo absorventes e totalitários. Essa firme diretriz não só nos oferece condições adequadas à colocação dos problemas básicos de nossa vida civil, como nos impõe o dever de assegurar, nesse sentido, a linha de nosso desenvolvimento.

Superado de vez o individualismo, que condicionara as fontes inspiradoras do Código vigente, reconhecendo-se cada vez mais que o Direito é social em sua origem e em seu destino, impondo a correlação concreta e dinâmica dos valores coletivos com os individuais, para que a pessoa humana seja preservada sem privilégios e exclusivismos, numa ordem global de comum participação, não pode ser julgada temerária, mas antes urgente e indispensável, a renovação dos Códigos atuais, como uma das mais nobres e corajosas metas de governo.

Por outro lado, os que têm se manifestado sobre a chamada "crise da Justiça" reconhecem que uma das causas desta advém do obsoletismo de muitas normas legais vigentes, quer pela inadequação de seu conteúdo à realidade social contemporânea, quer pelo vincado sentido formalista que as inspira, multiplicando as áreas e os motivos dos conflitos de interesse.

Acresce que, tendo sido antecipada a promulgação do novo Código de Processo Civil, mais ainda se impõe a pronta reforma da lei substantiva, tal a complementariedade que liga um processo normativo ao outro. Nem se diga que nossa época é pouco propícia à obra codificadora, tantas e tamanhas são as forças que atuam neste mundo em contínua transformação, pois, a prevalecer tal entendimento, só restaria ao jurista o papel melancólico de acompanhar passivamente o processo histórico, limitando-se a interferir, intermitentemente, com leis esparsas e extravagantes. Ao contrário do que se assoalha, a codificação, como uma das expressões máximas da cultura de um povo, não constitui balanço ou arremate de batalhas vencidas, mas pode e deve ser instrumento de afirmação de valores nas épocas de crise.

Mesmo porque, tal como a história no-lo comprova, há codificações, como a de Justiniano, elaboradas no crepúsculo de uma civilização, enquanto que outras, como o Código Civil de Napoleão, correspondem ao momento ascensional de um ciclo de cultura.

O que importa é ter olhos atentos ao futuro, sem o temor do futuro breve ou longo que possa ter a obra realizada. Códigos definitivos e intocáveis não os há, nem haveria vantagem em tê-los, pois a sua imobilidade significaria a perda do que há de mais profundo no ser do homem, que é o seu desejo perene de perfectibilidade.

Um Código não é, em verdade, algo de estático ou cristalizado, destinado a embaraçar caminhos, a travar iniciativas, a provocar paradas ou retrocessos: põe-se antes como sistema de soluções normativas e de modelos informadores de experiência vivida de uma Nação, a fim de que ela, graças à visão atualizada do conjunto, possa com segurança prosseguir em sua caminhada.

DIRETRIZES FUNDAMENTAIS

4. Penso, Senhor Ministro, ter sido acertado o processo de estudo e pesquisa firmado em nossas reuniões iniciais, no sentido de se proceder à revisão por etapas, a primeira das quais consistiu na feitura de projetos parciais, acordados os princípios fundamentais a que deveria obedecer o futuro Código a saber:

a) Compreensão do Código Civil como *lei básica, mas não global*, do Direito Privado, conservando-se em seu âmbito, por conseguinte, o Direito das Obrigações, sem distinção entre obrigações civis e mercantis, consoante diretriz já consagrada, nesse ponto, desde o Anteprojeto do Código de Obrigações de 1941, e reiterada no Projeto de 1965.

b) Considerar elemento integrante do próprio Código Civil a parte legislativa concernente às atividades negociais ou empresárias em geral, como desdobramento natural do Direito das Obrigações, salvo as matérias que reclamam disciplina especial autônoma, tais como as de falência, letra de câmbio, e outras que a pesquisa doutrinária ou os imperativos da política legislativa assim o exijam.

c) Manter, não obstante as alterações essenciais supra indicadas, a estrutura do Código ora em vigor, por considerar-se inconveniente, consoante opinião dominante dos juristas pátrios, a supressão da Parte Geral, tanto do ponto de vista dos valores dogmáticos, quanto das necessidades práticas, sem prejuízo, é claro, da atualização de seus dispositivos, para ajustá-los aos imperativos de nossa época, bem como às novas exigências da Ciência Jurídica.

d) Redistribuir a matéria do Código Civil vigente, de conformidade com os ensinamentos que atualmente presidem a sistemática civil.

e) Preservar, sempre que possível, a redação da atual Lei Civil, por se não justificar a mudança de seu texto, a não ser como decorrência de alterações de fundo, ou em virtude das variações semânticas ocorridas no decorrer de mais de meio século de vigência.

f) Atualizar, todavia, o Código vigente, não só para superar os pressupostos individualistas que condicionaram a sua elaboração, mas também para dotá-lo de institutos novos, reclamados pela sociedade atual, nos domínios das atividades empresárias e nos demais setores da vida privada.

g) Aproveitar, na revisão do Código de 1916, como era de se esperar de trabalho científico ditado pelos ditames do interesse público, as valiosas contribuições anteriores em matéria legislativa, tais como os Anteprojetos de Código de Obrigações, de 1941 e de 1965, este revisto pela douta Comissão constituída pelos ilustres juristas Orosimbo Nonato, Presidente, Caio Mário da Silva Pereira, Relator-Geral, Sylvio Marcondes, Orlando Gomes, Theophilo de Azevedo Santos e Nehemias Gueiros; e o Anteprojeto de Código Civil, de 1963, de autoria do Prof. Orlando Gomes.

h) Dispensar igual atenção aos estudos e críticas que tais proposições suscitaram, a fim de ter-se um quadro, o mais completo possível, das ideias dominantes no País, sobre o assunto.

i) Não dar guarida no Código senão aos institutos e soluções normativas já dotados de certa sedimentação e estabilidade, deixando para a *legislação aditiva* a disciplina de questões ainda objeto de fortes dúvidas e contrastes, em virtude de mutações sociais em curso, ou na dependência de mais claras colocações doutrinárias, ou ainda quando fossem previsíveis alterações sucessivas para adaptações da lei à experiência social e econômica.

j) Eliminar do Código Civil quaisquer regras de ordem processual, a não ser quando intimamente ligadas ao direito material, de tal modo que a supressão delas lhe pudesse mutilar o significado.

l) Incluir na sistemática do Código, com as revisões indispensáveis, a matéria contida em leis especiais promulgadas após 1916.

m) Acolher os modelos jurídicos validamente elaborados pela jurisprudência construtiva de nossos tribunais, mas fixar normas para superar certas situações conflitivas, que de longa data comprometem a unidade e a coerência de nossa vida jurídica.

n) Dispensa de formalidades excessivamente onerosas, como, por exemplo, a notificação judicial, onde e quando possível obter-se o mesmo resultado com economia natural de meios, ou dispensar-se a escritura pública, se bastante documento particular devidamente registrado.

o) Consultar entidades públicas e privadas, representativas dos diversos círculos de atividades e interesses, objeto da disciplina normativa, a fim de que o Anteprojeto, além de se apoiar nos entendimentos legislativos, doutrinários e jurisprudenciais, tanto nacionais como alienígenas, refletisse os anseios legítimos da experiência social brasileira, em função de nossas peculiares circunstâncias.

p) Dar ao Anteprojeto antes um sentido operacional do que conceitual, procurando configurar os modelos jurídicos à luz do princípio da *realizabilidade*, em função das forças sociais operantes no País, para atuarem como instrumentos de paz social e de desenvolvimento.

ORIENTAÇÃO METODOLÓGICA

5. Posso afirmar, com tranquilidade, que a elaboração do Anteprojeto de Código Civil obedeceu a um processo até certo ponto inédito, marcado pela aderência aos problemas concretos da sociedade brasileira, segundo um plano preestabelecido de sucessivos pronunciamentos por parte das pessoas e categorias sociais a que a nova lei se destina. Essa linha metodológica tornou-se mais nítida à medida que vieram sendo desenvolvidos os trabalhos, o que confirma, no campo das ciências humanas, o acerto epistemológico de que, na pesquisa científica, é o contato direto e efetivo com a realidade que gera as técnicas e os métodos mais adequados à sua compreensão.

Não é demais recordar que, após assentes as diretrizes fundamentais supralembradas, e os necessários encontros preliminares, cada um dos membros da Comissão projetou a parte que lhe havia sido atribuída. Na qualidade de Supervisor coube-me, depois, integrar em unidade sistemática os trabalhos recebidos.

Não podia, penso eu, ser de outra forma. Já vai longe o tempo das legislações confiadas a Solon ou Licurgo solitários, tão diversos e complexos são os problemas de nosso tempo. Se se quer um Código Civil que seja expressão dos valores da comunidade, mister é o concurso de representantes dos distintos "campos de interesse", num intercâmbio fecundo de ideias. Para tanto, todavia, requer-se espírito científico, despido de preconceitos e vaidades, pronto a reconhecer falhas e equívocos, mas sempre atento para discernir o que representa apenas pretensões conflitantes com as necessidades coletivas.

6. Foi com base nos anteprojetos parciais e nas sugestões recebidas de outras fontes que elaborei a *primeira ordenação sistemática* da matéria, de conformidade com o texto do Anteprojeto que apresentei ao então Ministro da Justiça, Prof. Alfredo Buzaid, a 9 de novembro de 1970. No ofício, com que encaminhei esse trabalho, constam as modificações ou acréscimos que entendi necessário introduzir nos anteprojetos iniciais, solicitando que o resultado de meus estudos fosse objeto da apreciação dos demais membros da Comissão.

Essa unificação, inclusive no tocante à linguagem, tinha, é claro, valor provisório, tendo por escopo fornecer a primeira e indispensável visão de conjunto, o que importou a eliminação de normas porventura conflitantes, bem como a elaboração de outras destinadas a assegurar ao Código o sentido de *"socialidade"* e *"concreção"*, os dois princípios que *fundamentalmente* informam e legitimam a obra programada.

Não se compreende, nem se admite, em nossos dias, legislação que, em virtude da insuperável natureza abstrata das regras de direito, não abra prudente campo à ação construtiva da jurisprudência, ou deixe de prever, em sua aplicação, valores éticos, como os de boa-fé e equidade.

Saliento que, já a essa altura, além dos subsídios tradicionais oriundos de corporações jurídicas, vinha somar-se um fator relevante, representado pelas manifestações de múltiplas entidades empresárias, públicas e privadas, bem como de integrantes de todos os círculos sociais, o que passou a dar ao Projeto um sentido diverso, que, para empregarmos expressões correntes ajustadas ao caso, traduziu "verdadeiro diálogo com as forças vivas da nacionalidade".

7. Enviado o primeiro texto global do Anteprojeto aos meus ilustres colaboradores, procederam eles à sua revisão, sem ficarem adstritos às partes que inicialmente lhes haviam sido confiadas. Ponto alto desse trabalho de crítica objetiva deu-se na reunião do Campos do Jordão, em fins de dezembro de 1970, quando foram examinados, um a um, os artigos do primeiro Anteprojeto, ao qual foram oferecidas múltiplas emendas de conteúdo e de redação. A proposição foi, porém, aceita em sua estrutura sistemática, e no que se refere às principais alterações por mim sugeridas.

Após esse encontro, pode-se dizer que o trabalho se concentrou no reexame meticuloso das emendas oferecidas e das sugestões recebidas, de cuja análise resultou o texto do Anteprojeto publicado pela Imprensa Nacional em 1972. Não é demais acrescentar que esse estudo implicou alterações em um ou outro ponto do sistema, consoante será salientado a seguir.

Cabe repetir que, no trabalho inicial, valemo-nos todos não só dos Anteprojetos anteriores, como já foi lembrado, mas também do material recebido do Ministério da Justiça, contendo sugestões provenientes de entidades oficiais e particulares, de professores e advogados, sem se olvidar o pronunciamento do homem comum, interessado na elaboração de uma lei que, acima de todas, lhe diz respeito. Friso a importância dessas contribuições anônimas, que trouxeram à Comissão material do mais alto significado para juristas empenhados na mais delicada das tarefas, qual seja a de encontrar modelos adequados à multifária e surpreendente condição humana.

Ficava, desse modo, firmada esta diretriz que foi das mais fecundas: a de aliar os ensinamentos da doutrina e da jurisprudência ao "direito vivido" pelas diversas categorias profissionais. Não se cuidou, por conseguinte, de compor um Código tão somente à vista de outros códigos, num florilégio normativo resultante de preferências pessoais, mas sim de apurar e aferir a linha legal mais conveniente e própria, em função dos fatores operantes na realidade nacional.

8. Obediente a essa diretriz metodológica essencial, a Comissão propôs ao Governo da República que se editasse o Anteprojeto, tal como se deu em agosto de 1972, isto é, três anos e meio após o início de nossos trabalhos. Tão grande foi o interesse por essa publicação que, esgotada a edição oficial, surpreendeu-nos a cooperação espontânea de uma empresa privada, a "Saraiva Livreiros Editores", que possibilitou fosse o texto amplamente divulgado em todo o País.

A esta altura, merece especial referência, Senhor Ministro, como sinal de atenção dispensada a nosso trabalho, a admirável iniciativa do *Senado Federal*, através de sua Subsecretaria de Edições Técnicas, publicando o texto do Anteprojeto de 1972, em precioso cotejo com as disposições correspondentes do Código Civil em vigor e dos Anteprojetos anteriores, com oportunas remissões a Códigos alienígenas.

Essa publicação, na qual figuram as Exposições de Motivos iniciais dos membros da Comissão Revisora e Elaboradora do Código Civil, além de outros seus estudos complementares, constituirá inestimável subsídio para nossos parlamentares quando lhes couber o exame da matéria.

Era natural que o Anteprojeto de 1972 suscitasse inúmeras sugestões e críticas, as quais abrangeram todos os seus livros, sem que houvesse, todavia, objeção de maior monta quanto à estruturação dada à matéria, merecedora que foi, ao contrário, de gerais aplausos.

Não cabe, nos limites desta exposição, referir, uma a uma, as numerosas emendas recebidas, objeto da mais cuidadosa análise, nem falar nas modificações e acréscimos que constituíram, por assim dizer, o resultado de "autocrítica" por parte da própria Comissão, representando talvez cerca de metade das modificações introduzidas no texto.

Por outro lado, inclusive por motivos de ordem sistemática, mais perceptíveis por quem se acha empenhado na reelaboração global do ordenamento, as emendas, mesmo quando válidas quanto ao conteúdo, tiveram que passar pelo crivo da natural adaptação. Outras vezes, a crítica ao texto era procedente, mas inaceitável a proposta substitutiva, o que levou a Comissão a oferecer outras soluções, superando ou corrigindo sua posição inicial.

Sobretudo no que se refere à redação, adotou-se o critério de rever o texto toda vez que das manifestações recebidas se pudesse inferir a existência de lacuna ou obscuridade. Lembro tais fatos para demostrar com que isenção procuramos proceder, dando ao primeiro Anteprojeto o "valor de uma hipótese de trabalho", para seguirmos a sábia lição metodológica traçada por Claude Bernard.

Para confirmar ainda mais o caráter "experiencial" da obra legislativa em curso, foi o texto, devidamente revisto, republicado em junho de 1974, para nova manifestação dos círculos culturais do País, o que promoveu o aparecimento de livros, artigos em revistas especializadas e jornais, bem como a realização, em todo País, de ciclos de conferências e seminários, dos quais participaram, com entusiasmo, os membros da Comissão. Nem faltaram lisonjeiros pronunciamentos no exterior, não só quanto à estrutura do Projeto como no concernente a várias de suas inovações.

Novas sugestões e emendas; novo trabalho de paciente reexame, elaboradas que foram cerca de 300 emendas, de fundo ou de forma, com as quais a Comissão dá por concluída sua tarefa, com a apresentação a Vossa Excelência do Anteprojeto de Código Civil anexo, o qual, repito, transcende a pessoa de seus autores, tão significativa foi a colaboração dos meios sociais, científicos e econômicos, que nos honraram com as suas ponderações e críticas construtivas.

Se o Direito é, antes de tudo, fruto da experiência, bem se pode afirmar que o nosso trabalho traz a marca dessa orientação metodológica essencial.

ESTRUTURA E ESPÍRITO DO ANTEPROJETO

10. As considerações expendidas já elucidam, de certo modo, quais as linhas dominantes da codificação proposta, mas a matéria, por sua relevância, reclama esclarecimentos complementares.

Em primeiro lugar, cabe observar que, ao contrário do que poderia parecer, não nos subordinamos a teses abstratas, visando a elaborar, sob a denominação de "Código Civil", um "Código de Direito Privado", o qual, se possível fora, seria de discutível utilidade ou conveniência.

Na realidade, o que se realizou, no âmbito do Código Civil, foi a unidade do Direito das Obrigações, de conformidade com a linha de pensamento prevalecente na Ciência Jurídica pátria, desde Teixeira de Freitas e Inglez de Sousa até os já referidos Anteprojetos de Código das Obrigações de 1941 e 1964.

Essa unificação seria imperfeita ou claudicante se não a integrassem preceitos que disciplinam, de maneira geral, os títulos de crédito e as atividades negociais. Note-se que me refiro aos títulos de crédito em geral, pois no Anteprojeto não figuram senão as regras básicas comuns a todas as categorias de títulos de crédito, como tipos formais que são do Direito obrigacional. Os títulos cambiais constituem espécie desse gênero, e, quer por suas implicações de caráter internacional, como o atesta a Lei comum de Genebra, quer pela especificidade e variabilidade de seus dispositivos, melhor é que sejam disciplinados por lei aditiva. Lembro tal fato como exemplo de orientação por nós seguida, acorde com uma das diretrizes fundamentais supra discriminadas.

Pela mesma razão, embora de início prevalecesse opinião diversa, foi transferido para a legislação especial o problema das sociedades anônimas, assim como já quedara fora do Código toda matéria de natureza falimentar. Não há, pois, que falar em unificação do Direito Privado a não ser em suas matrizes, isto é, com referência aos institutos básicos, pois nada impede que do tronco comum se alonguem e se desdobrem, sem se desprenderem, ramos normativos específicos, que, com aquelas matrizes, continuam a compor o sistema científico do Direito Civil ou Comercial. Como foi dito com relação ao Código Civil italiano de 1942, a unificação do Direito Civil e do Direito Comercial, no campo das obrigações, é de alcance legislativo, e não doutrinário, sem afetar a autonomia daquelas disciplinas. No caso do Anteprojeto ora apresentado, tal autonomia ainda mais se preserva, pela adoção da "técnica da legislação aditiva", onde e quando julgada conveniente.

Não é demais advertir, consoante acentua Sylvio Marcondes, na Exposição de Motivos que acompanha o Anteprojeto de 1974, a unidade do Direito obrigacional já é uma realidade no Brasil, no plano prático, pois o Código Comercial de 1850 preceitua, em seu art. 121, que, salvo as restrições estabelecidas, "as regras e disposições do Direito Civil para os contratos em geral são aplicáveis aos contratos mercantis". Com o advento do Código Civil de 1916, dava-se prosseguimento à mesma linha unificadora, pela aplicação de seus preceitos às atividades negociais, sempre que não houvesse normas de natureza específica.

11. Restrito o plano unificador à matéria obrigacional e seus corolários imediatos, não havia que cuidar, como não se cuidou, de normas gerais sobre a vigência das leis e sua eficácia no espaço e no tempo, tanto no Direito Interno como no Direito Internacional, matéria esta objeto da chamada Lei de Introdução ao Código Civil, mas que, consoante ensinamento inesquecível de Teixeira de Freitas, melhor corresponde a uma Lei Geral, na qual se contenham os dispositivos do Direito Internacional Privado, o que tudo demonstra que não nos tentou veleidade de traçar um "Código de Direito Privado".

12. Pois bem, se o Anteprojeto coincide, em parte, com os modelos suíço e italiano no que tange à unificação das obrigações, a sua ordenação da matéria obedece a orientação própria inconfundível, vinculada às mais gloriosas tradições de nosso Direito. Deve-se, com efeito, recordar que, mais de quatro décadas antes do Código Civil alemão de 1900, o mais genial de nossos jurisconsultos, Teixeira de Freitas, já firmara a tese de uma Parte Geral como elemento básico da sistemática do Direito privado. Obedece a esse critério a *Consolidação das Leis Civis*, de autoria daquele ínclito jurista, consoante texto aprovado pelo Governo Imperial de 1858. Não abandonam essa orientação as edições seguintes da Consolidação, as de 1865 e 1875, figurando, com roupagens científico-doutrinárias do mais alto alcance, no malogrado *Esboço* de Código Civil, ponto culminante na Dogmática Jurídica nacional.

Se lembrarmos que os Anteprojetos de Código Civil dos eminentes juristas Felicio dos Santos, de 1881, e Coelho Rodrigues, de 1893, conservam a Parte Geral no plano ordenador da matéria; e se, sobretudo, tivermos presente que a Parte Geral compõe e governa o sistema do Código Civil vigente, graças à lúcida colocação dos problemas feita por Clóvis Beviláqua, facilmente se compreende por qual motivo a ideia de abandonar tão conspícuo valor de nossa tradição jurídica não favorecia a reforma programada em 1963/64.

Ora, basta a existência de uma Parte Geral para desfazer a increpação de que teríamos seguido o modelo italiano de 1942, o qual a não possui. Além do mais, no Código Civil peninsular figura toda a disciplina do Direito do Trabalho, que não integra o nosso Anteprojeto, por tratar-se prevalecentemente de matéria de Direito público, equacionável segundo outros ditames e parâmetros.

Pode dizer-se, por conseguinte, que a estrutura do Anteprojeto corresponde a um plano original, como desdobramento de uma diretriz que caracteriza e enobrece a experiência jurídica pátria, tanto no que se refere à Parte Geral, seguida de cinco livros especiais, como no concernente ao tratamento unitário dos institutos mais consolidados do Direito das Obrigações.

13. Não procede a alegação de que uma Parte Geral, como a do Código Civil alemão, ou do nosso, de 1916, não representa mais que uma experiência acadêmica de distínguos conceituais, como fruto tardio da pandectística do século passado. Quando a Parte Geral, além de fixar as linhas ordenadoras do sistema, firma os princípios ético-jurídicos essenciais, ela se torna instrumento indispensável e sobremaneira fecundo na tela da hermenêutica e da aplicação do Direito. Essa função positiva ainda mais se confirma quando a orientação legislativa obedece a imperativos de *socialidade* e *concreção*, tal como se dá no presente Anteprojeto.

Não é sem motivos que reitero esses dois princípios, essencialmente complementares, pois o grande risco de tão reclamada *socialização do Direito* consiste na perda dos valores particulares dos indivíduos e dos grupos; e o risco não menor da *concretude jurídica* reside na abstração e olvido de características transpessoais ou comuns aos atos humanos, sendo indispensável, ao contrário, que o *individual ou o concreto* se balance e se dinamize com o *serial ou o coletivo*, numa unidade superior de sentido ético.

Tal compreensão dinâmica do que deva ser um Código implica uma atitude de natureza operacional, sem quebra do rigor conceitual, no sentido de se preferir sempre configurar os modelos jurídicos com amplitude de repertório, de modo a possibilitar a sua adaptação às esperadas mudanças sociais, graças ao trabalho criador da Hermenêutica, que nenhum jurista bem informado há de considerar tarefa passiva e subordinada. Daí o cuidado em salvaguardar, nas distintas partes do Código, o sentido plástico e operacional das normas, conforme inicialmente assente como pressuposto metodológico comum, fazendo-se, para tal fim, as modificações e acréscimos que o confronto dos textos revela.

O que se tem em vista é, em suma, uma estrutura normativa concreta, isto é, destituída de qualquer apego a meros valores formais e abstratos. Esse objetivo de concretude impõe soluções que deixam margem ao juiz e à doutrina, com frequente apelo a conceitos integradores da compreensão ética, tal como os de boa-fé, equidade, probidade, finalidade social do direito, equivalência de prestações etc., o que talvez não seja do agrado dos partidários de uma concepção mecânica ou naturalística do Direito, mas este é incompatível com leis rígidas de tipo físico-matemático. A "exigência de concreção" surge exatamente da contingência insuperável de permanente adequação dos modelos jurídicos aos fatos sociais *in fieri*.

A estrutura do Código – e já se percebeu que quando emprego o termo estrutura não me refiro ao arcabouço extrínseco de suas normas, mas às normas mesmas na sua íntima e complementar unidade, ou à sua forma substancial e global – essa estrutura é, por conseguinte, baseada no propósito que anima a Ciência do Direito, tal como se configura em nossos dias, isto é, como ciência de experiência social concreta.

O PROBLEMA DA LINGUAGEM

14. O problema da linguagem do Anteprojeto preocupou, desde o início, os membros da Comissão, lembrados de que, quando da elaboração do Código de 1916, tais questões prevaleceram, como com sutil ironia foi sublinhado por Clóvis, numa preferência pela forma, "em detrimento da matéria jurídica".

Embora seja belo ideal a ser atingido – o da composição dos valores formais com os da técnica jurídica –, nem sempre será possível atendê-lo, não se podendo deixar de dar preferência, vez por outra, à linguagem do jurista, sempre vinculada a exigências inamovíveis de certeza e segurança.

Essa dificuldade cresce de ponto se se lembrar que o Anteprojeto conserva, imutáveis, centenas de dispositivos do Código Civil de 1916, onde o gênio de Rui Barbosa esculpiu as configurações normativas segundo impecável estrutura idiomática. Coube-nos a tarefa ingrata de não destoar desse contexto, mas sem certos preciosismos inadmissíveis em nosso tempo.

O problema da linguagem é inseparável do conteúdo essencial daquilo que se quer comunicar, quando não se visa apenas a informar, mas também a fornecer modelos e diretivas de ação. A linguagem de um Código não se dirige a meros espectadores, mas se destina antes aos protagonistas prováveis da conduta regulada.

Como o comportamento deles implicará sanções premiais ou punitivas, mister é que a beleza formal dos preceitos não comprometa a clareza e precisão daquilo que se enuncia e se exige.

Com essa compreensão da linguagem jurídica – e, consoante a atual Epistemologia, toda ciência é, no fundo, a sua própria e irrenunciável linguagem –, ver-se-á que, apesar de nosso propósito de elaborar uma legislação dotada de efetivo valor operacional, não descuidamos da forma. Procuramos, em última análise, preservar a beleza formal do Código de 1916, modelo insuperável da vernaculidade, reconhecendo que uma lei bela já é meio caminho andado para a comunicação da Justiça.

15. Intimamente ligado ao problema da linguagem é o da manutenção, no Anteprojeto, como já foi salientado, de centenas de artigos do Código Civil vigente. Ao contrário do que poderia parecer, a um juízo superficial, o Código de 1916, não obstante ter mais de meio século de vigência, conserva intactas, no fundo e na forma, soluções dotadas de vitalidade atual, que seria erro substituir, só para atender ao desejo de uma redação "modernizada".

A modernidade de um preceito não depende tão somente da linguagem empregada, a não ser quando ocorreram mutações semânticas, alterando a acepção original. Em casos que tais impunha-se a atualização do texto, e ela foi feita com critério e prudência. Fazer alteração numa regra jurídica, por longo tempo trabalhada pela doutrina e pela jurisprudência, só se justifica quando postos em evidência os seus equívocos e deficiências, inclusive de ordem verbal, ou então, quando não mais compatíveis com as necessidades sociais presentes. De outra forma, a alteração gratuita das palavras poderia induzir, erroneamente, o intérprete a buscar um sentido novo que não estava nos propósitos do legislador.

Quanto às remissões de uns artigos a outros do Anteprojeto, preferiu-se fazê-lo tão somente quando a compreensão do dispositivo o impunha, e não apenas em virtude da correlação da matéria. O problema das remissões é mais denso de consequências do que à primeira vista parece, inclusive quando se tem por fim determinar o sentido pleno dos dispositivos, correlacionando-os logicamente com os de conotação complementar. Se o significado de um dispositivo legal depende da totalidade do ordenamento, essa exigência hermenêutica cresce de ponto, particularizando-se, quando o próprio legislador se refere a outros preceitos para a integração normativa. É a razão pela qual o legislador deve vincular, com a devida parcimônia, um artigo a outros, deixando essa tarefa à dinâmica criadora da doutrina, à luz dos fatos e valores emergentes.

Cumpre, por fim, ressaltar que, não obstante seus méritos expressionais, justamente louvados por sua correção e beleza de linguagem, não é menos certo, todavia, que o Código atual carece, às vezes, de rigor técnico-conceitual, sobretudo se examinado à luz das mais recentes conquistas da Teoria Geral do Direito.

Forçoso foi, por conseguinte, introduzir na sistemática do Código algumas distinções básicas, como, por exemplo, entre validade e eficácia dos atos jurídicos; resolução e rescisão dos contratos; ou entre ratificação e confirmação, e outros mais, que não são de mero alcance doutrinário, e muito menos acadêmico, por envolverem antes consequências práticas, sobretudo para mais segura interpretação e aplicação dos preceitos.

Ao terminar estas referências ao problema da linguagem, quero deixar assinalada a valiosa colaboração do Prof. José Carlos Moreira Alves, ao realizarmos a revisão final dos textos, visando à unidade expressional compatível com a diversidade das questões abrangidas pelo Código.

PARTE GERAL

16. Sendo esta Exposição de Motivos de caráter complementar, à vista das que constam dos Anteprojetos de 1972 e 1974, às quais peço vênia para me reportar, vou limitar-me a fixar os pontos capitais que distinguem a Parte Geral do Anteprojeto, em confronto com a legislação vigente. Mais do que em qualquer outra parte do Código, vale, nesta, a verdade de que, em matéria de Direito Civil, as reformas mais aparatosas nem sempre são as mais ricas consequências. É lícito dizer-se, parafraseando antiga parêmia, que uma pequena alteração normativa *maximas inducit consequentias juris*. Basta, com efeito, a dispensa de uma simples formalidade para favorecer o curso dos negócios e contribuir ao desafogo do foro; a simples conversão de um ato jurídico nulo em anulável é suficiente para alterar-se todo o sentido do ordenamento.

Por outro lado, atendendo aos já apontados imperativos técnicos da linguagem do Direito, é sobretudo na Parte Geral que, além de serem fixados os ângulos e parâmetros do sistema, se elegem os termos adequados às distintas configurações jurídicas, o que implicou rigorosa atualização do Código atual, onde não raro se empregam, indiscriminadamente, palavras que devem ter sentido técnico unívoco.

Tal orientação importou, desde logo, uma tomada de posição que se reflete no corpo todo do Projeto, quanto à delicada, mas não despicienda, necessidade de distinguir-se entre *valida-*

de e *eficácia* dos atos jurídicos em geral, e dos negócios jurídicos em particular. Na terminologia do Anteprojeto, por validade se entende o complexo de requisitos ou valores formais que determina a vigência de um ato, por representar o seu elemento constitutivo, dada a sua conformação com uma norma jurídica em vigor, seja ela imperativa ou dispositiva. Já a *eficácia* dos atos se refere à produção dos efeitos, que podem existir ou não, sem prejuízo da validade, sendo certo que a incapacidade de produzir efeitos pode ser coeva da ocorrência do ato ou da estipulação do negócio, ou sobrevir em virtude de fatos e valores emergentes.

Quem analisar com cuidado a Parte Geral poderá notar o zelo e rigor com que se procurou determinar a matéria relativa à validade e eficácia dos atos e negócios jurídicos, assim como a pertinente aos valores da pessoa e dos bens.

17. Relembradas essas diretrizes de ordem geral, será bastante focalizar alguns pontos mais relevantes da reforma, abstração feita de aperfeiçoamentos outros de ordem técnica ou dogmática, já apreciados por Moreira Alves em exposições anteriores.

a) Substancial foi a alteração operada no concernente ao tormentoso *problema da capacidade* da pessoa física ou natural, tão conhecidos são os contrastes da doutrina e da jurisprudência na busca de critérios distintivos válidos entre incapacidade absoluta e relativa. Após sucessivas revisões chegou-se, a final, a uma posição fundada nos subsídios mais recentes da Psiquiatria e da Psicologia, distinguindo-se entre "enfermidade ou retardamento mental" e "fraqueza da mente", determinando aquela a incapacidade absoluta, e esta a relativa.

b) Ainda no concernente ao mesmo tema, reconhece-se a incapacidade absoluta dos que, ainda por causa transitória, não possam exprimir sua vontade, ao mesmo tempo em que se declaram relativamente capazes, não apenas os surdos-mudos, mas todos "os excepcionais sem desenvolvimento mental completo".

c) Todo um capítulo novo foi dedicado aos *Direitos da personalidade*, visando à sua salvaguarda, sob múltiplos aspectos, desde a proteção dispensada ao nome e à imagem até o direito de se dispor do próprio corpo para fins científicos ou altruísticos. Tratando-se de matéria de per si complexa e de significação ética essencial, foi preferido o enunciado de poucas normas dotadas de rigor e clareza, cujos objetivos permitirão os naturais desenvolvimentos da doutrina e jurisprudência.

d) Como continuidade lógica das questões atinentes à pessoa, cuidou-se de regrar, na Parte Geral, a *ausência*, adotando-se critérios mais condizentes com as facilidades de comunicação e informação próprias de nosso tempo.

e) Tratamento novo foi dado ao tema *pessoas jurídicas*, um dos pontos em que o Código Civil atual se revela lacunoso e vacilante. Fundamental, por sua repercussão em todo sistema, é uma precisa distinção entre as pessoas jurídicas de fins não econômicos (associações e fundações) e as de escopo econômico (sociedade simples e sociedade empresária), aplicando-se a estas, no que couber, as disposições concernentes às associações. Revisto também foi todo capítulo relativo às fundações, restringindo-se sua destinação a fins religiosos, morais, culturais, ou de assistência.

f) Daí as regras disciplinadoras da vida associativa em geral, com disposições especiais sobre as causas e a forma de *exclusão de associados*, bem como quanto à *repressão do uso indevido da personalidade jurídica*, quando esta for desviada de seus objetivos socioeconômicos para a prática de atos ilícitos, ou abusivos.

g) Foram reformulados os dispositivos concernentes às *pessoas jurídicas de Direito Público* interno, inclusive para atender à situação dos Territórios, aos quais se não pode recusar aquela qualidade, quando a possuem os municípios que os integram. Os Territórios não são unidades político-administrativas dotadas de autonomia, mas devem ser considerados pessoas jurídicas de Direito Público, dada a extensão que tal conceito adquiriu no mundo contemporâneo, com o aparecimento de entidades outras como as autarquias, fundações de Direito Público etc.

h) Mais precisa discriminação dos *bens públicos*, cuja imprescritibilidade foi mantida, inclusive quanto aos dominicais, mas com significativa ressalva do disposto em leis especiais, destinadas a salvaguardar os interesses da Fazenda, mas sem prejuízo de determinadas situações privadas merecedoras de amparo.

i) Atualização das normas referentes aos fatos jurídicos, dando-se preferência à disciplina dos *negócios jurídicos*, com mais rigorosa determinação de sua constituição, de seus defeitos e de sua invalidade, fixadas, desse modo, as bases sobre que se assenta toda a parte relativa ao Direito das Obrigações. Nesse, como em outros pontos, procura-se obedecer a uma clara distinção entre validade e eficácia dos atos jurídicos, evitando-se os equívocos em que se enreda a Dogmática Jurídica que presidiu à feitura do Código de 1916.

j) As disposições relativas *à lesão enorme*, para considerar-se anulável o negócio jurídico pelo qual uma pessoa, sob premente necessidade, ou por inexperiência, se obriga a prestação manifestamente desproporcional ao valor da prestação oposta.

l) Correlação mais harmônica entre a disciplina dos atos ilícitos e a parte do Direito das Obrigações pertinente à "responsabilidade civil".

m) Maior distinção, sem perda do sentido de sua complementariedade, entre as normas pertinentes à *representação* e ao *mandato*, as deste transferidas para o Livro do Direito da Obrigações.

n) Foi atualizada, de maneira geral, a terminologia do Código vigente, a começar pelo superamento da obsoleta sinonímia entre "juridicidade" e "licitude", por ser pacífico, na atual Teoria Geral do Direito, sobretudo a partir de Hans Kelsen, a tese de que não podem deixar de ser considerados "jurídicos" os atos que, embora ilícitos, produzem efeitos jurídicos (cf. as considerações expendidas, sobre esse e outros problemas técnico-dogmáticos nas Exposições de Motivos de Moreira Alves e do signatário, publicadas com o Anteprojeto de 1974).

o) Relevante alteração se fez no tocante ao *instituto da simulação*, que passa a acarretar a nulidade do negócio jurídico simulado, subsistindo o dissimulado, se válido for na substância e na forma.

p) Atendendo a justas ponderações, foi suprida relevante lacuna quanto à falta de determinação normativa da *"escritura pública"*, até agora regida por usos e costumes, que remontam às Ordenações do Reino, completados por disposições regulamentares. No Projeto foram compendiados os requisitos essenciais desse instrumento, a que os Códigos e as leis se referem, sem que houvessem sido claramente fixadas as suas exigências formais, como meio fundamental de prova.

18. Menção à parte merece o tratamento dado aos problemas da *prescrição* e *decadência*, que, anos a fio, a doutrina e a jurisprudência tentaram em vão distinguir, sendo adotadas, às vezes, num mesmo Tribunal, teses conflitantes, com grave dano para a Justiça e assombro das partes.

Prescrição e decadência não se extremam segundo rigorosos critérios lógico-formais, dependendo sua distinção, não raro, de motivos de conveniência e utilidade social, reconhecidos pela Política legislativa. Para por cobro a uma situação deveras desconcertante, optou a Comissão por uma fórmula que espanca quaisquer dúvidas. *Prazos de prescrição*, no sistema do Projeto, passam a ser, apenas e exclusivamente, os taxativamente discriminados na Parte Geral, Título IV, Capítulo I, sendo de *decadência* todos os demais, estabelecidos, em cada caso, isto é, como complemento de cada artigo que rege a matéria, tanto na Parte Geral como na Especial.

19. Ainda a propósito da prescrição, há um problema terminológico digno de especial ressalte. Trata-se de saber se prescreve a *ação* ou a *pretensão*. Após amadurecidos estudos, preferiu-se a segunda solução, por ser considerada a mais condizente com o Direito Processual contemporâneo, que de há muito superou a teoria da ação como simples projeção de direitos subjetivos.

É claro que nas questões terminológicas pode haver certa margem de escolha opcional, mas o indispensável, num sistema de leis, é que, eleita uma via, se mantenha fidelidade ao sentido técnico e unívoco atribuído às palavras, o que se procurou satisfazer nas demais seções do Anteprojeto.

20. Finalmente, não posso deixar sem reparo a manutenção no Código Civil dos dispositivos referentes às pessoas e bens públicos. Não há razão para considerar incabível a disciplina dessa matéria no âmbito da Lei Civil. Não se trata de apego a uma concepção privatista do Direito Administrativo, que está bem longe das conhecidas posições do autor desta Exposição, mas reflete, antes de mais nada, a compreensão da Filosofia e Teoria Geral do Direito contemporâneo, as quais mantêm a distinção entre direito Público e Privado como duas perspectivas ordenadoras da experiência jurídica, considerando-os distintos, mas substancialmente complementares e até mesmo dinamicamente reversíveis, e não duas categorias absolutas e estanques. Abstração feita, porém, desse pressuposto de ordem teórica, há que considerar outras razões não menos relevantes, que me limito a sumariar.

A permanência dessa matéria no Código Civil, além de obedecer à linha tradicional de nosso Direito, explica-se:

1) Por ser grande número dos princípios e normas fixados na Parte Geral de larga aplicação nos domínios do Direito Público, em geral, e Administrativo, em particular, como o reconhece, entre tantos outros, o mestre Guido Zanobini, um dos mais ardorosos defensores da autonomia dogmática de sua disciplina (cf. *Novissimo Digesto Italiano*, v. V, p. 788).

2) Por melhor se determinarem os conceitos de personalidade e bens públicos e privados, quando postos em confronto uns com os outros, dada a sua natural polaridade.

3) Por inexistir um Código de Direito Administrativo, ainda de incerta elaboração, sendo o Código Civil, sabidamente, a lei comum, que fixa os lineamentos lógico-normativos da experiência jurídica.

4) Por resultarem da disciplina feita várias consequências relevantes na sistemática do Código, a começar pela atribuição ao Território, erigido à dignidade de pessoa jurídica, de uma série de direitos antes conferidos à União.

5) Por serem aplicáveis as normas do Código Civil às entidades constituídas pelo Poder Público em função ou para os fins de seus serviços, sempre que a lei que as instituir não lhes der ordenação especial, o que se harmoniza com o que determina o art. 170, § 2º, da Constituição de 1969, segundo o qual "na exploração, pelo Estado, da atividade econômica, as empresas públicas e as sociedades de economia mista reger-se-ão pelas normas aplicáveis às empresas privadas".

PARTE ESPECIAL

LIVRO I
DO DIREITO DAS OBRIGAÇÕES

21. Mantida, em linhas gerais, a sistematização da matéria proposta pelo ilustre Professor Agostinho Alvim, e por ele tão minuciosa e objetivamente fundamentada, apresenta a redação final do Projeto algumas modificações, resultantes da orientação seguida nas demais partes do sistema, bem como para acentuar a atendimento às já apontadas exigências de socialidade e concreção, em consonância com o imperativo da função social do contrato, *ad instar* do que se dá com o direito de propriedade.

Outras alterações resultaram do estudo de sugestões recebidas de órgãos representativos de diversos "campos de interesse", como se dá, por exemplo, quanto ao contrato de empreitada. As reivindicações dos construtores foram atendidas, sem se deixar de salvaguardar, concomitantemente, os direitos dos proprietários. Este é, dentre muitos, um exemplo de como se procurou sempre compor os imperativos do bem individual com os do bem comum. Observo, outrossim, que, em mais de um passo, o Projeto final integra em seu contexto algumas proposições normativas constantes dos Anteprojetos de Código das Obrigações, de 1941 e 1965, às vezes sem lhes alterar a redação, assim como adota outras soluções inspiradas nas mais recentes codificações ou reformas legislativas estrangeiras aplicáveis às nossas circunstâncias.

Não me posso alongar nas razões determinantes das modificações ou acréscimos propostos à legislação vigente, neste como nos demais Livros do Anteprojeto, mas elas se explicam graças ao simples cotejo dos textos. Limito-me, pois, a lembrar os pontos fundamentais, sem ser necessário fazer referências minuciosas às *novas figuras contratuais* que vieram enriquecer o Direito das Obrigações, como os contratos de comissão, de agência e distribuição, corretagem, incorporação edilícia, transporte etc., aos quais foram dadas soluções inspiradas na experiência doutrinária e jurisprudencial brasileira, indo-se além dos conhecidos modelos das mais recentes codificações. Demonstração cabal de nosso cuidado em dotar o País de institutos reclamados pelo estado atual de nosso desenvolvimento está no fato de, ainda agora, já em terceira revisão do texto, acrescentarmos um conjunto de normas disciplinando "o contrato sobre documentos" de grande relevância sobretudo no comércio marítimo.

Por outro lado, firme consciência ética da realidade socioeconômicas norteia a revisão das regras gerais sobre a formação dos contratos e a garantia de sua execução equitativa, bem como as regras sobre resolução dos negócios jurídicos em virtude de *onerosidade excessiva*, às quais vários dispositivos expressamente se reportam, dando a medida do propósito de conferir aos contratos estrutura e finalidade sociais. É um dos tantos exemplos de atendimento da "socialidade" do Direito.

Além disso, entendeu-se conveniente dar diversa configuração aos contratos aleatórios, nos quais não se prevê apenas a entrega de coisas futuras, mas toda e qualquer prestação que, por sua natureza ou convenção, possa importar risco, explicável em função da estrutura do negócio jurídico. O mesmo se diga quanto aos contratos preliminares ou os estipulados com pessoa a declarar.

22. Nesse contexto, bastará, por conseguinte, lembrar alguns outros pontos fundamentais, a saber:

a) Conservar a *sistemática atual*, pela disciplina das obrigações, a partir da discriminação de suas modalidades, uma das mais elegantes contribuições do direito pátrio, não obstante indispensáveis complementos e retificações, desprezando-se a referência inicial ao sempre controvertido problema das fontes, e também em razão do já disciplinado na Parte Geral.

b) Harmonizar a matéria relativa ao *inadimplemento das obrigações* (Título IV do Livro I) com os demais artigos do Projeto que firmam novas diretrizes ético-sociais em matéria de responsabilidade civil.

c) Tornar explícito, como princípio condicionador de todo o processo hermenêutico, que a *liberdade de contratar* só pode ser exercida em consonância com os fins sociais do contrato, implicando os valores primordiais da boa-fé e da probidade. Trata-se de preceito fundamental, dispensável talvez sob o enfoque de uma estreita compreensão positivista do Direito, mas essencial à adequação das normas particulares à concreção ética da experiência jurídica.

d) Atualizar e reordenar as disposições gerais concernentes à *compra e venda*, mantendo, sempre que possível, neste como em outros pontos do Projeto, uma rigorosa distinção entre *validade* e *eficácia* dos negócios jurídicos. No tocante à questão do preço, foi dada, por exemplo, maior flexibilidade aos preceitos, prevendo-se, tal como ocorre no plano do Direito Administrativo, a sua fixação mediante parâmetros.

Não é indispensável que o preço seja sempre predeterminado, bastando que seja garantidamente determinável, de conformidade com crescentes exigências da vida contemporânea. Tal modo de ver se impõe, aliás, pela unidade da disciplina das atividades privadas, assente como base da codificação.

e) Prever, além da venda à vista de amostras, a que se realiza em função de *protótipos* e *modelos.*

f) Conferir ao *juiz poder moderador*, no que se refere às penalidades resultantes do inadimplemento dos contratos, como, por exemplo, nos de locação, sempre que julgar excessiva a exigência do locador.

g) Incluir normas sobre *contratos de adesão*, visando a garantir o aderente perante o ofertante, dotado de vantagens que sua posição superior lhe propicia.

h) Disciplinar a *locação de serviços* de maneira autônoma, em confronto com as regras pertinentes ao Direito do Trabalho, prevendo-se, entre outros, os casos em que se deverá considerar exigível a retribuição devida a quem prestar os serviços, embora sem título de habilitação, com benefício real para a outra parte.

i) No capítulo relativo à *empreitada*, estabelecer disposições mais adequadas às exigências tecnológicas hodiernas, de modo a atender às finalidades sociais do contrato e às relações de equilíbrio que devem existir entre o dono da obra, o projetista e o construtor, tais como revelado pela experiência dos últimos anos.

Por outro lado, os contratos de construção põem problemas novos, como os concernentes aos direitos e deveres do *projetista*, distintos dos do construtor, superando-se, desse modo, sentida lacuna do Código atual. Também neste capítulo, como nos demais, foi dada especial atenção aos casos de excessiva onerosidade, prevendo-se regras capazes de restabelecer o equilíbrio dos interesses em conflito, segundo critérios práticos para a sua solução. Embora se pudesse considerar tal matéria implícita nos preceitos relativos à "resolução dos contratos por onerosidade excessiva", atendeu-se a algumas particularidades da matéria no âmbito do negócio de empreitada.

j) Dar novo tratamento ao *contrato de seguros* claramente distinto em *"seguro de pessoa"* e *"seguro de dano"*, tendo sido aproveitadas, nesse ponto, as sugestões oferecidas pelo Prof. Fabio Konder Comparato, conforme estudo anexado ao citado ofício de 9 de novembro de 1970. Nesse, como nos demais casos, procura o projeto preservar a situação do segurado, sem prejuízo da certeza e segurança indispensáveis a tal tipo de negócio.

l) Disciplinar o *contrato de transporte* que tem existido entre nós como simples contrato inominado, com base em normas esparsas. A solução normativa oferecida resulta dessa experiência, à luz dos modelos vigentes em outros países, com precisa distinção entre *transporte de pessoas* e *transporte de coisas.*

m) Disciplinar, com a devida amplitude e precisão, a matéria relativa ao contrato de *incorporação de edifícios* em condomínio, que se preferiu denominar contrato de "incorporação edilícia", discriminando as responsabilidades do incorporador, do construtor e de quantos participam do referido negócio.

n) Adotar as disposições sobre *contratos bancários,* salvo modificação de redação e alguns elementos complementares, constantes do Projeto de Código de Obrigações de 1965.

o) Dar à disciplina geral dos *títulos de crédito* um tratamento mais amplo, conforme sugestões oferecidas pelo Professor Mauro Brandão Lopes, cujo anteprojeto e respectiva Exposição de motivos foram anexados ao ofício supra referido.

p) Novo enfoque dado à matéria de *responsabilidade civil*, não só pela amplitude dispensada ao conceito de dano, para abranger o *dano moral*, mas também por se procurar situar, com o devido equilíbrio, o problema da *responsabilidade objetiva*.

q) Disciplina da *venda com reserva de domínio*, cuja regulamentação no Código de Processo Civil mistura textos de direito substantivo com os de direito adjetivo.

r) Alteração substancial no Título pertinente aos *atos unilaterais*, por entender-se, consoante sistematização proposta por Agostinho Alvim, que entre as obrigações originárias da declaração unilateral da vontade devem figurar a gestão de negócios, o pagamento indevido e o enriquecimento sem causa.

s) Aceitação da *revalorização da moeda* nas dívidas de valor, mas proibição de cláusulas de correção monetária nos demais casos, com expressa ressalva, porém, da validade da estipulação que prevê aumentos progressivos no caso de serem sucessivas as prestações.

t) Reformulação do *contrato com pessoa a nomear*, para dar-lhe maior aplicação e amplitude, enquanto que, no Anteprojeto anterior, ficara preso, segundo o modelo do Código Civil italiano de 1942, ao fato de já existir a pessoa no ato de conclusão do contrato.

u) Limitação do poder de denúncia unilateral dos contratos por tempo indeterminado, quando exigidos da outra parte investimentos de vulto, pressupondo ela poder dispor de prazo razoável, compatível com as despesas feitas. Esta sugestão, por mim feita e acolhida pela Comissão, é um dos tantos exemplos da preocupação que tivemos no sentido de coarctar os abusos do poder econômico.

v) Inclusão, entre os casos de *preempção* ou *preferência*, de norma aplicável quando o Poder Público não der à coisa expropriada o destino para que se desapropriou, ou não for utilizada em obras ou serviços públicos.

x) Reformulação do contrato de *agência* e *distribuição* para atender à lei especial que disciplina a matéria sob o título impróprio de "representação comercial". As ponderações feitas pelos interessados foram levadas na devida conta, o que vem, mais uma vez, confirmar a diretriz seguida no sentido de se procurar sempre a solução normativa mais adequada aos distintos campos de atividade, conciliando-se os interesses das categorias profissionais com as exigências da coletividade.

y) A idênticos propósitos obedeceu a revisão do *contrato de transporte*, que também não pode dispensar a existência de lei especial, em virtude de problemas conexos de Direito Administrativo ou Tributário. Isto não obstante, a Comissão acolheu várias sugestões recebidas, visando a dar maior certeza a esse tipo de contrato, de modo a amparar os interesses dos transportadores e os dos usuários.

z) E, finalmente, para dar mais um exemplo do cunho de "socialidade" ou "justiça social" que presidiu a elaboração do Projeto, em todas as suas fases, destaco a nova redação do preceito que fixa a medida das *indenizações*: "Se houver excessiva desproporção entre a gravidade da culpa e o dano, poderá o juiz reduzir, equitativamente, a indenização".

23. O método de submeter os Anteprojetos à aferição pública, ouvidas as categorias profissionais, possibilitou a revisão dos textos "in concreto", assim como revelou imperfeições e lacunas no que se refere a determinados problemas postos pela unificação do Direito das Obrigações.

Verificada a inexistência de disposições capazes de atender a certos aspectos da atividade negocial, houve sugestões no sentido de se acrescentarem regras especiais sobre mandato ou depósito mercantis, como tipos autônomos de contrato, a fim de satisfazer a exigências da vida comercial ou empresária. Examinando detidamente a matéria, cheguei à conclusão, compartilhada pelos demais companheiros de trabalho, de que o que se impunha era antes a revisão daqueles e outros institutos, enriquecendo-se o Anteprojeto com normas capazes de resolver questões que não podem, efetivamente, deixar de ser contempladas, uma vez fixada a diretriz unificadora do Direito das Obrigações.

A essa luz, o *mandato* ou *depósito* passaram a ser disciplinados sob o duplo aspecto de sua gratuidade ou onerosidade, segundo sejam exercidos ou não em virtude de atividade profissional e para fins de lucro. Nessa obra integradora ainda se revelaram, por sinal, de plena atualidade as disposições do nosso Código de Comércio de 1850.

O mesmo se diga quanto aos preceitos que, no Projeto definitivo, vieram disciplinar a questão do *lugar da tradição da coisa vendida*. Desse modo, em função dos ditames da experiência, completou-se a obra de integração das relações obrigacionais, sem perda de seu sentido unitário e de suas naturais distinções.

LIVRO II
DA ATIVIDADE NEGOCIAL

24. Como já foi ponderado, do corpo do Direito das Obrigações se desdobra, sem solução de continuidade, a disciplina da Atividade Negocial. Naquele se regram os negócios jurídicos; nesta se ordena a atividade enquanto se estrutura para exercício habitual de negócios. Uma das formas dessa organização é representada pela *empresa*, quando tem por escopo a produção ou a circulação de bens ou de serviços.

Apesar, porém, da relevância reconhecida à atividade empresarial, esta não abrange outras formas habituais de *atividade negocial*, cujas peculiaridades o Anteprojeto teve o cuidado de preservar, como se dá nos casos:

1) do *pequeno empresário*, caracterizado pela natureza artesanal da atividade, ou a predominância do trabalho próprio, ou de familiares, em relação ao capital.

2) dos que exercem *profissão intelectual* de natureza científica, literária, ou artística, ainda que se organizem para tal fim.

3) do *empresário rural*, ao qual, porém, se faculta a inscrição no Registro das Empresas, para se subordinar às normas que regem a atividade empresária como tal.

4) da *sociedade simples*, cujo escopo é a realização de operações econômicas de natureza não empresarial. Como tal, não se vincula ao Registro das Empresas, mas sim ao Registro Civil das Pessoas Jurídicas. Note-se, outrossim, que uma atividade de fins econômicos, mas não empresária, não se subordina às normas relativas ao "empresário", ainda que se constitua segundo uma das formas previstas para a "sociedade empresária", salvo se por ações.

Como se depreende do exposto, na empresa, no sentido jurídico deste termo, reúnem-se e compõem-se três fatores, em unidade indecomponível: a habitualidade no exercício de negócios, que visem à produção ou à circulação de bens ou de serviços; o escopo de lucro ou o resultado econômico; a organização ou estrutura estável dessa atividade.

Não será demais advertir, para dissipar dúvidas e ter-se melhor entendimento da matéria, que, na sistemática do Anteprojeto, *empresa* e *estabelecimento* são dois conceitos diversos, embora essencialmente vinculados, distinguindo-se ambos do empresário ou sociedade empresária que são "os titulares da empresa".

Em linhas gerais, pode dizer-se que a empresa é, consoante acepção dominante na doutrina, "a unidade econômica de produção", ou "a atividade econômica unitariamente estruturada para a produção ou a circulação de bens ou serviços".

A empresa, desse modo conceituada, abrange, para a consecução de seus fins, um ou mais "estabelecimentos", os quais são complexos de bens ou "bens coletivos" que se caracterizam por sua unidade de destinação, podendo, de per si, ser objeto unitário de direitos e de negócios jurídicos. Destarte, o tormentoso e jamais claramente determinado conceito de "ato de comércio", é substituído pelo de empresa, assim como a categoria de "fundo de comércio" cede lugar à de "estabelecimento". Consoante justa ponderação de Renê Savatier, a noção de "fundo de comércio" é uma concepção jurídica envelhecida e superada, substituída com vantagem pelo conceito de estabelecimento, "que é o corpo de um organismo vivo", "todo o conjunto patrimonial organicamente grupado para a produção" (*La théorie des obligations*, Paris, 1967, p. 124).

Disciplina especial recebem, no Projeto, os "titulares da empresa", que podem ser tanto uma pessoa física (*o empresário*) como uma pessoa jurídica (*a sociedade empresária*). Fixados esses pressupostos para a disciplina de todos os tipos de sociedade, fica superada de vez a categoria imprópria, ora vigente, de "sociedade *civil* de fins econômicos", pois, no âmbito do Código Civil unificado, são *civis* tanto as associações como as sociedades, qualquer que seja a forma destas. Distinguem-se apenas as sociedades em *simples* ou *empresárias*, de conformidade com o objetivo econômico que tenham em vista e o modo de seu exercício.

25. Reportando-me à ampla exposição feita pelo ilustre Professor Sylvio Marcondes, bastará, penso eu, para ter-se uma ideia geral do Anteprojeto – objetivo que me move neste trabalho –, salientar mais os seguintes tópicos:

a) Revisão dos *tipos tradicionais de sociedade*, para configurá-los com melhor técnica, em função das características que a atividade negocial, em geral, e a empresária, em particular, assume no mundo contemporâneo.

b) Fixação dos *princípios* que governam todas as formas de vida societária, em complementariedade ao já estabelecido, na Parte Geral, quanto às associações.

c) Com a instituição da *sociedade simples*, cria-se um modelo jurídico capaz de dar abrigo ao amplo espectro das atividades de fins econômicos não empresariais, com disposições de valor supletivo para todos os tipos de sociedade.

d) Minucioso tratamento dispensado à *sociedade limitada*, destinada a desempenhar função cada vez mais relevante no setor empresarial, sobretudo em virtude das transformações por que vêm passando as sociedades anônimas, a ponto de requererem estas a edição de lei especial, por sua direta vinculação com a política financeira do País.

Nessa linha de ideia, foi revista a matéria, prevendo-se a constituição de entidades de maior porte do que as atualmente existentes, facultando-se-lhes a constituição de órgãos complementares de administração, como o Conselho Fiscal, com responsabilidades expressas, sendo fixados com mais amplitude os poderes da assembleia dos sócios.

e) Fixação, em termos gerais, das normas caracterizadoras das *sociedades anônimas e das cooperativas*, para ressalva de sua integração no sistema do Código Civil, embora disciplinadas em lei especial.

f) Capítulo próprio destinado ao delicado e momentoso problema das *sociedades ligadas*, distintas em controladas, filiadas e de simples participação, correspondendo a cada uma dessas categorias estatuições e exigências diversas, sobretudo no que se refere à obrigação ou não de publicação de balanços consolidados, patrimonial e de resultado econômico.

g) Normas atualizadas sobre o processo de *liquidação das sociedades*, para pôr termo às delongas e erosões que caracterizam, hoje em dia, essa fase sempre crítica, quando não tormentosa, da vida societária.

h) Idem quanto aos processos de *transformação, incorporação e fusão* das sociedades.

i) Disciplina das sociedades dependentes de *autorização*, quer nacionais, quer estrangeiras, com o que se preenche grave lacuna na legislação vigente.

j) Determinação das notas distintivas do *"estabelecimento"*, que, como já foi frisado, representa o instrumento ou meio de ação da empresa.

l) Disposições especiais estabelecendo, com a devida prudência, as exigências mínimas a que estão obrigados todos os empresários e sociedades empresárias em sua escrituração.

m) Atualização, nesse sentido, do *sistema de contabilidade*, com a permissão de processos mecanizados ou eletrônicos, o que foi alvo de referências economiásticas por autores estrangeiros que trataram do assunto.

n) Elaboração de outros institutos complementares sobre *Registro, Nome* e *Preposição*, de modo a assegurar o pleno desenvolvimento de nossa vida empresarial.

LIVRO III
DO DIREITO DAS COISAS

26. Demonstração cabal da objetividade crítica, com que sempre procurou se conduzir na feitura do Anteprojeto, deu-a a Comissão ao restabelecer o art. 485 do Código Civil atual em matéria de posse, não só para atender às objeções suscitadas pelo novo texto proposto, mas também para salvaguardar o cabedal da valiosa construção doutrinária e jurisprudencial resultante de mais de meio século de aplicação.

Nos demais pontos foi mantida, porém, a orientação do Anteprojeto, o qual efetivamente dá contornos mais precisos e práticos a várias disposições sobre posse, inspirando-se na experiência das últimas décadas.

A atualização do Direito das Coisas não é assunto opcional, em termos de mera perfectibilidade teórica, mas sim imperativo de ordem social e econômica, que decorre do novo conceito constitucional de propriedade e da função que a esta se atribui na sociedade hodierna.

Por essa razão, o Anteprojeto, tanto sob o ponto de vista técnico, quanto pelo conteúdo de seus preceitos, inspira-se na compreensão solidária dos valores individuais e coletivos, que, longe de se conflitarem, devem se completar e se dinamizar reciprocamente, correspondendo, assim, ao desenvolvimento da sociedade brasileira, bem como às exigências da Ciência Jurídica contemporânea.

Bastará, nesse sentido, atentar para o que o Anteprojeto dispõe sobre o exercício do direito de propriedade; o usucapião; os direitos de vizinhança, ou os limites traçados aos direitos dos credores hipotecários ou pignoratícios, para verificar-se como é possível satisfazer aos superiores interesses coletivos com salvaguarda dos direitos individuais.

27. Em complemento às considerações expendidas pelo ilustre professor Ebert Vianna Chamoun, nas publicações anteriores, vou focalizar apenas alguns aspectos mais salientes da reforma:

a) Em primeiro lugar, a substancial alteração feita na enumeração taxativa dos direitos reais, entre eles se incluindo a superfície e o direito do promitente comprador do imóvel.

b) O reconhecimento do direito de propriedade, que deve ser exercido em consonância com as suas finalidades econômicas e sociais e de tal modo que sejam preservados, de conformidade com o estabelecido em lei especial, a flora, a fauna, as belezas naturais e o equilíbrio ecológico, bem como evitada a poluição do ar e das águas.

São defesos os atos que não trazem ao proprietário qualquer comodidade, ou utilidade, e sejam animados pela intenção de prejudicar outrem.

c) O proprietário também pode ser privado da coisa se o imóvel reivindicando consistir em extensa área, na posse ininterrupta e de boa-fé, por mais de cinco anos, de considerável número de pessoas, e estas nela houverem realizado, em conjunto ou separadamente, obras e serviços considerados pelo juiz de interesse social e econômico relevante. Nesse caso o juiz fixará a justa indenização devida ao proprietário. Pago o preço, valerá a sentença como título para transcrição do imóvel em nome dos possuidores. Trata-se, como se vê, de inovação do mais alto alcance, inspirada no sentido social do direito de propriedade, implicando não só novo conceito desta, mas também *novo conceito de posse*, que se poderia qualificar como sendo de *posse-trabalho*, expressão pela primeira vez por mim empregada, em 1943, em parecer sobre projeto de decreto-lei relativo às terras devolutas do Estado de São Paulo, quando membro de seu "Conselho Administrativo".

Na realidade, a lei deve outorgar especial proteção à posse que se traduz em trabalho criador, quer este se corporifique na construção de uma residência, quer se concretize em investimentos de caráter produtivo ou cultural. Não há como situar no mesmo plano a posse, como simples poder manifestado sobre uma coisa, "como se" fora atividade do proprietário, com a "posse qualificada", enriquecida pelos valores do trabalho. Este conceito fundante de "posse-trabalho" justifica e legitima que, ao invés de reaver a coisa, dada a relevância dos interesse sociais em jogo, o titular da propriedade reivindicanda receba, em dinheiro, o seu pleno e justo valor, tal como determina a Constituição.

Vale notar que, nessa hipótese, abre-se, nos domínios do Direito, uma via nova de desapropriação que se não deve considerar prerrogativa exclusiva dos Poderes Executivo ou Legislativo. Não há razão plausível para recusar ao Poder Judiciário o exercício do poder expropriatório em casos concretos, como o que se contém na espécie analisada.

d) As mesmas razões determinantes do dispositivo supramencionado levaram a Comissão a reduzir para quinze anos o *usucapião extraordinário* se, durante esse tempo, o possuidor, houver pago os impostos relativos ao prédio, construindo no mesmo a sua morada ou realizando obras ou serviços de caráter produtivo. Pareceu mais conforme aos ditames sociais situar o problema em termos de *"posse trabalho"*, que se manifesta através de obras e serviços realizados pelo possuidor. O mero pagamento de tributos, máxime num país com áreas tão ralamente povoadas, poderia propiciar direitos a quem se não encontre em situação efetivamente merecedora do amparo legal.

e) O mesmo se diga no concernente ao dispositivo que reduz a cinco anos o *usucapião fundado em justo título* e boa-fé, quando o imóvel houver sido adquirido onerosamente, com base em transcrição constante do registro de imóveis.

f) Por ter-se reconhecido o Território como pessoa jurídica de Direito Público interno, passam os *imóveis urbanos abandonados* a caber aos respectivos Municípios, tal como se dá quando estes integram os Estados. Exceção a essa regra geral é relativa a *imóvel rústico abandonado*, pois, nesse caso, é natural que seja destinado à União para fins de política agrária.

g) A fim de dirimir dúvidas que têm causado graves danos, outorga-se ao proprietário do solo o direito de *explorar recursos minerais* de reduzido valor, independente de autorização *in casu*, salvo o disposto em lei especial.

h) Tendo sido firmado o princípio da enumeração taxativa dos direitos reais foi mister atender à chamada "concessão de uso", tal como já se acha em vigor, *ex vi* do Decreto-lei n. 271, de 28 de fevereiro de 1967, que dispõe sobre loteamento urbano.

Trata-se de inovação recente de legislação pátria, mas com larga e benéfica aplicação. Como a lei estende a "concessão de uso" às relações entre particulares, não pode o Projeto deixar de contemplar a espécie. Consoante justa ponderação de José Carlos de Moreira Alves, a "migração" desse modelo jurídico, que passou da esfera do Direito Administrativo para a do Direito Privado, veio restabelecer, sob novo enfoque, o antigo instituto da *superfície*.

i) Na mesma linha de ideias, foram reexaminadas algumas questões pertinentes ao *direito de vizinhança*, encontrando-se nova solução para o delicado problema das construções erguidas em terreno limítrofe, caso em que é mister conciliar o direito do proprietário, que sofreu a invasão, com o valor intrínseco do que se edificou. Pelas normas adotadas, o acréscimo, resultante da utilização da área ocupada, passa, em determinadas hipóteses, a ser computado no cálculo da indenização devida, distinguindo-se, outrossim, entre invasão de boa ou de má fé. Pode dizer-se que, desse modo, se faz um "balanço de bens", compondo-se o direito individual de propriedade com o valor econômico do que se construiu.

j) Fundamentais foram também as alterações introduzidas no instituto que no Projeto recebeu o nome de "condomínio edilício". Este termo mereceu reparos, apodado que foi de "barbarismo inútil", quando, na realidade, vem de puríssima fonte latina, e é o que melhor corresponde à natureza do instituto, mal caracterizado pelas expressões "condomínio horizontal", "condomínio especial", ou "condomínio em edifício". Na realidade, é um condomínio que se constitui, objetivamente, *como resultado do ato de edificação*, sendo, por tais motivos, denominado "edilício". Esta palavra vem de *aedilici (um)*, que não se refere apenas ao edil, consoante foi alegado, mas, como ensina o Mestre F. R. Santos Saraiva, também às suas atribuições, dentre as quais sobrelevava a de fiscalizar as construções públicas e particulares.

A doutrina tem salientado que a disciplina dessa espécie de condomínio surgiu, de início, vinculada à pessoa dos condôminos (*concepção subjetiva*) dando-se ênfase ao que há de comum no edifício, para, depois, evoluir no sentido de uma *concepção objetiva*, na qual prevalece o valor da *unidade autônoma*, em virtude da qual o condomínio se instaura, numa relação de meio a fim. Donde ser necessário distinguir, de maneira objetiva, entre os atos de *instituição* e os de *constituição* do condomínio, tal como se configura no Projeto. Para expressar essa nova realidade institucional é que se emprega o termo "condomínio edilício", designação que se tornou de uso corrente na linguagem jurídica italiana, que, consoante lição de Rui Barbosa, é a que mais guarda relação com a nossa. Esta, como outras questões de linguagem, devem ser resolvidas em função das necessidades técnicas da Ciência Jurídica, e não apenas à luz de critérios puramente gramaticais.

Ainda no concernente a essa matéria, apesar de expressa remissão à lei especial, entendeu-se de bom alvitre incluir no Código alguns dispositivos regrando os direitos e deveres dos condôminos, bem como a competência das assembleias e dos síndicos.

l) De grande alcance prático é o instituto da *propriedade fiduciária*, disciplinado consoante proposta feita pelo Prof. José Carlos Moreira Alves, que acolheu sugestões recebidas do Banco Central do Brasil e analisou cuidadosamente ponderações feitas por entidades de classe. Passou a ser considerada constituída a propriedade fiduciária com o arquivamento, no Registro de Títulos e Documentos do domicílio do devedor, do contrato celebrado por instrumento público ou particular, que lhe serve de título. Note-se que, em se tratando de veículos, além desse registro, exige-se o arquivamento do contrato na repartição competente para o licenciamento, fazendo-se a anotação no certificado de propriedade.

Os demais artigos, embora de maneira sucinta, compõem o essencial para a caracterização da propriedade fiduciária, de modo a permitir sua aplicação diversificada e garantida no mundo dos negócios.

m) A igual exigência de certeza jurídica obedece a disposição segundo a qual o *penhor de veículos* se constitui mediante instrumento público ou particular, também inscrito no Registro de Títulos e Documentos, com a devida anotação no certificado de propriedade.

n) Relativamente à proposta feita no sentido de se incluir no Código a normação das *letras hipotecárias*, entendeu a Comissão preferível deixar o assunto para *lei aditiva*, tal como está previsto no Projeto. O mesmo deverá ocorrer, aliás, com as cédulas rurais pignoratícias, ou as de penhor industrial ou mercantil.

o) Foi mantida entre os direitos reais de garantia a *anticrese*, mas devidamente atualizada e suscetível de servir como modelo jurídico de aplicação prática.

p) Atualizado foi o *instituto da hipoteca*, acolhendo-se valiosas propostas feitas pelo Prof. Clovis do Couto e Silva, consoante por mim lembrado na Exposição que acompanha o Anteprojeto de 1972.

q) Finalmente, não se manteve o instituto da *enfiteuse* no que se refere aos bens particulares.

LIVRO IV
DO DIREITO DE FAMÍLIA

28. A Comissão Revisora e Elaboradora do Código Civil, como já se terá notado, não obstante o seu constante empenho em adequar a lei civil às exigências de nosso tempo, sempre preferiu preservar a estrutura da ora em vigor, enriquecendo os seus títulos com novos institutos e figuras. No caso, porém, do Direito de Família, deu-se razão ao Professor Couto e Silva no sentido de se destinar um Título para reger o *direito pessoal*, e outro para disciplina do *direito patrimonial* de família. Na realidade é esse o Livro do Código atual que mais se ressente de falta de harmonia sistemática, nem sempre se sucedendo os capítulos segundo rigoroso desdobramento lógico. Todavia, os dispositivos referentes à tutela e à curatela compõem um Título à parte, tal a correlação que, nesses institutos, existe entre os aspectos pessoais e patrimoniais.

29. No que se refere ao conteúdo dos dispositivos, como era de se esperar, a parte relativa ao Direito de Família foi a que mais suscitou divergências e críticas, resultantes, quase sempre, de falha interpretação dos textos, inclusive pelo vezo de se analisar um artigo sem situá-lo na totalidade do sistema.

Observe-se, desde logo, que algumas disposições foram alvo de críticas antagônicas, uns entendendo que a Comissão assumira uma posição retrógrada, mesmo em confronto com a legislação vigente, enquanto que outros a condenavam por desmedidos excessos...

Tais contradições da crítica ocorreram especialmente no que se refere à posição dos cônjuges, parecendo aos tradicionalistas um grave erro o abandono da natural preeminência que deveria ser assegurada ao marido, a cobro de qualquer contrasteação; em franco contraste, pois, com os defensores da absoluta igualdade entre os esposos, a ponto de condenarem quaisquer disposições tendentes a proteger a mulher no seio da família.

Entre esses dois extremos situa-se o Anteprojeto, que põe termo ao "poder marital", pois não se pode dizer que este subsista só pelo fato de caber ao marido a direção da sociedade conjugal, visto como ele só poderá exercer com a colaboração da mulher, no interesse do casal e do filho.

Além do mais, essa direção sofre limitações expressas, conforme resulta da análise conjunta das seguintes diretivas:

1) As questões essenciais são decididas em comum, sendo sempre necessária a colaboração da mulher na direção da sociedade conjugal. A mulher, em suma, deixa de ser simples colaboradora e companheira –consoante posição que lhe atribui a lei vigente – para passar a ter "poder de decisão", conjuntamente com o esposo.

2) Prevalecem as decisões tomadas pelo marido, em havendo divergência, mas fica ressalvada à mulher a faculdade de recorrer ao juiz, desde que não se trate de matéria personalíssima.

3) O domicílio do casal é escolhido por ambos os cônjuges, e não apenas pelo marido, como dispõe o Código atual, que se limita a conferir à mulher a faculdade de recorrer ao juiz, no caso de deliberação que a prejudique, de conformidade com a redação dada ao seu art. 233 pela Lei n. 4.121, de 27 de agosto de 1962, que dispõe sobre a situação jurídica da mulher casada.

4) Pode a mulher, assim como o marido, ausentar-se do domicílio conjugal para atender a encargos públicos, ao exercício de sua profissão, ou a interesses particulares relevantes.

5) O exercício do pátrio poder compete a ambos os cônjuges, com a mesma configuração jurídica consagrada pela lei atual.

6) Cabe à mulher, como norma geral, a administração dos bens próprios. Posta essa questão nos seus devidos termos, outras alterações introduzidas no Livro IV merecem referência,

a começar pelas duas omissões que efetivamente não se justificavam, uma no tocante à proibição de casamento do adúltero com o seu corréu por tal condenado; a outra relativa à possibilidade de dispensa de prazo para que possa a viúva contrair novas núpcias, em se verificando ocorrência de gravidez.

30. Abstração feita dessas duas lacunas, que resultaram de lapso na transposição de artigos, parece-me bastante salientar mais alguns pontos, pois não caberia repetir o que se acha minuciosamente exposto na Exposição de Motivos Complementar do Prof. Clovis do Couto e Silva, ao Anteprojeto de 1974:

a) As normas sobre o registro civil do *casamento religioso*, de conformidade com o que dispõe a Constituição, com os corolários indispensáveis para se por termo aos abusos que ora se praticam.

b) Nova disciplina dada à matéria de *invalidade do casamento*. Segundo a nova sistemática, que corresponde melhor à natureza das coisas, além de ser *nulo de pleno direito* o casamento realizado com infringência de qualquer impedimento, tal como já o declara o Código atual (arts. 183, I a VII, e 207), também o será quando contraído pelo enfermo mental sem o necessário discernimento para os atos da vida civil. Todas as demais hipóteses passam a constituir *motivo de anulação*, como se dá no caso de falta de idade mínima para casar; se o casamento for do incapaz de consentir ou manifestar, de modo inequívoco, o consentimento; ou se incompetente a autoridade celebrante.

c) Considerar *erro essencial*, quanto à pessoa do outro cônjuge, a ignorância, anterior ao casamento, de doença mental grave, incurável e que, por sua natureza, torne insuportável a vida em comum ao cônjuge enganado, caso em que o casamento pode ser anulado.

d) Elevação para quatro anos do prazo de decadência para anulação do casamento em virtude de *coação*.

e) Revisão dos preceitos pertinentes à contestação, pelo marido, da *legitimidade do filho* nascido de sua mulher, ajustando-os à jurisprudência dominante.

f) Direito reconhecido à mulher de retomar seu *nome de solteira*, se condenado o marido na ação de desquite.

g) Previsão da hipótese de *separação ininterrupta do casal*, por mais de cinco anos, para equipará-la ao desquite, tão somente para fim de reconhecimento dos filhos adulterinos.

h) Se não houver acordo entre os pais no tocante à autorização para o *casamento de filho menor de vinte e um anos*, prevalecerá a opinião do pai, ressalvado à mãe o direito de recorrer ao juiz para solução de divergência em questões essenciais, *ad instar* do que já dispõe o Projeto sobre a direção da sociedade conjugal, ou o exercício do pátrio poder.

i) Exigência de ação direta para *decretação da nulidade do casamento*.

j) A obrigação de ambos os cônjuges, quando casados no regime de separação, de *contribuir para as despesas do casal* na proporção dos rendimentos de seu trabalho e de seus bens, salvo estipulação em contrário no pacto antenupcial.

l) Nova disciplina do *instituto da adoção*, distinta em "adoção plena" e "adoção restrita", de sorte a permitir atendimento de situações distintas, prevendo-se, no primeiro caso, a plena integração do adotado na família do adotante.

m) Homologação pelo juiz da escritura que institui a *adoção restrita*, reconhecendo-se que a dispensa de homologação poderia dar lugar a abusos.

n) Estabelecer, como regime legal, o da *comunhão parcial com comunhão de aquestos*, de conformidade com o que vinha sendo insistentemente reclamado pela doutrina. Facilita-se, todavia, a adoção do regime da comunhão universal mediante simples declaração dos nubentes, no ato de casar, desde que devidamente tomada por termo.

o) Sob a denominação de "regime de participação final nos aquestos", para distingui-lo do regime de comunhão parcial, que implica aquela participação desde a celebração do casamento, prevê-se um novo regime de bens que poderá atender a situações especiais, tal como se verifica nas Nações que vão atingindo maior grau de desenvolvimento, sendo frequente o caso de ambos os cônjuges exercerem atividades empresariais distintas.

p) Disciplina da *prestação de alimentos* segundo novo espírito, abandonando o rígido critério da mera garantia de meios de subsistência.

q) Manter a instituição do *bem de família*, mas de modo a torná-lo suscetível de realizar efetivamente a alta função social que o inspira, inclusive de uma forma que, a meu ver, substitui, com vantagem, as soluções até agora oferecidas no Brasil ou no estrangeiro, prevendo-se a formação de um patrimônio separado cuja renda se destine a efetiva salvaguarda da família.

r) Revisão das normas relativas à *tutela*, a fim de melhor disciplinar a competência do tutor, tornando-a mais condizente com a realidade.

s) Nova discriminação dos casos de *curatela*, em consonância com a disposição da Parte Geral sobre incapacidade relativa, acrescentando-se a hipótese de curatela do enfermo ou portador de deficiência física.

t) Transferência para lei especial da disciplina das *relações patrimoniais entre concubinos*, a fim de que possam ser considerados outros aspectos da questão, inclusive em termos de sociedade de fato, consoante vem sendo elaborado pela jurisprudência.

31. Antes de concluir estas notas sobre Direito de Família, cabe lembrar que se estranhou houvesse sido previsto um "regime de participação final dos aquestos", não correspondente a nenhum modelo alienígena. Trata-se, efetivamente, de contribuição original, que tem alguns pontos de contato com o estabelecido pela Lei que entrou em vigor em Quebec, em julho de 1970. Na Exposição de Motivos ministerial que precede este documento legal, é dito que esse novo regime "quer expressar uma realidade profunda: dois seres, que se unem pelo casamento, contribuem, através dos dias, cada um a seu modo, em forma diferente, à acumulação, salvaguarda e acréscimo do patrimônio familiar. Parece, portanto, justo e equitativo que, ao terminar a associação conjugal, os cônjuges possam, na ausência de convenções expressas em contrário, dividir em dois o que houverem adquirido juntos". Não obstante a diferença entre os dois modelos, tais palavras servem de fundamento ao que se disciplina no Anteprojeto.

Essa e outras contribuições, sem se olvidar as de natureza sistemática, como a rigorosa distinção do Direito de Família em *pessoal* e *patrimonial*, demonstram que o Livro IV do Anteprojeto foi elaborado não só com ciência, mas também com plena consciência do valor social e espiritual da instituição da família, que constitui a base inamovível dos valores mais altos da comunidade.

LIVRO V
DO DIREITO DAS SUCESSÕES

32. As modificações operadas no Direito de Família implicaram correspondentes alterações no Direito das Sucessões, cujos dispositivos foram também revistos para atender a lacuna e deficiência do Código Civil atual, apontadas pela doutrina e a jurisprudência.

Com a adoção do regime legal de separação parcial com comunhão de aquestos, entendeu a Comissão que especial atenção devia ser dada aos direitos do cônjuge supérstite em matéria sucessória. Seria, com efeito, injustificado passar do regime da comunhão universal, que importa a comunicação de todos os bens presentes e futuros dos cônjuges, para o regime da comunhão parcial, sem se atribuir ao cônjuge supérstite o direito de concorrer com descendentes e ascendentes. Para tal fim, passou o *cônjuge* a ser considerado *herdeiro necessário*, com

Exposição de Motivos do Código Civil

todas as cautelas e limitações compreensíveis em questão tão delicada e relevante, a qual comporta diversas hipóteses que exigiram tratamento legal distinto.

Por outro lado, havia necessidade de superar-se o individualismo que norteia a legislação vigente em matéria de *direito de testar*, excluindo-se a possibilidade de ser livremente imposta a cláusula de inalienabilidade à legítima. É, todavia, permitida essa cláusula se houver *justa causa* devidamente expressa no testamento. Aliás, a exigência de justa causa, em tais casos, era da tradição do Direito pátrio, antes do sistema do Código vigente.

33. Relembrados esses pontos capitais, reporto-me à Exposição de Motivos do ilustre Professor Torquato Castro, limitando-me a salientar mais os seguintes aspectos não menos relevantes da reforma:

a) Mais precisa determinação do valor da *aceitação* e da *renúncia* da herança.

b) Legitimação para suceder, no tocante ao *nasciturus conceptus* e *nondum conceptus*, estabelecendo-se prazo razoável para a consolidação da herança.

c) Disciplina da herança, enquanto indivisível, extremando-se as normas materiais das de natureza processual.

d) Maior amparo aos *filhos ilegítimos*, aos quais tocarão dois terços da herança cabível a cada um dos legítimos.

e) Novas normas no que se refere à *situação do filho adotivo* e do adotado, conforme se trate de adoção plena ou restrita, quer em relação aos seus ascendentes naturais, quer no tocante à pessoa do adotante.

f) Reexame das disposições relativas ao *problema da colação* e redução das liberalidades feitas em vida pelo autor da herança, em virtude do princípio da intangibilidade da legítima dos herdeiros necessários.

g) Simplificação, em geral, dos *atos de testar*, sem perda, todavia, dos valores de certeza e segurança.

h) Melhor sistematização dos preceitos concernentes ao *direito de acrescer* entre herdeiros e legatários.

i) A declaração de que o *testamento* é ato personalíssimo, suscetível de ser revogado a qualquer tempo, numa fórmula concisa que evita a tão discutida definição contida no Código Civil vigente.

j) Revisão das disposições relativas ao *testamento cerrado*, para admitir possa ser feito por outra pessoa, a rogo do testador.

l) Manter os preceitos do Código atual relativos aos requisitos essenciais do *testamento particular*, mas declarando que, para a sua confirmação, serão suficientes duas testemunhas contestes.

m) Revisão do instituto do *fideicomisso*, inclusive prevendo-se o caso de sua conversão em *usufruto*.

n) O novo tratamento dado à *arrecadação de herança jacente*, bem como à declaração de sua vacância, para atender ao disposto no novo Código de Processo Civil.

DISPOSIÇÕES FINAIS E TRANSITÓRIAS

34. Breve referência desejo fazer a esta parte final do Projeto na qual, de maneira concisa, evitando-se enumeração casuística, se estabelecem as normas que devem presidir a passagem da antiga para a nova lei. Nesse sentido, foi considerado de bom alvitre ressaltar a vigência das leis especiais relativas à locação de prédios urbanos, bem como a das disposições de natureza processual, administrativa ou penal, constantes de leis, cujos preceitos de natureza civil hajam sido incorporados ao novo Código.

Por outro lado, declarou-se proibida a constituição de enfiteuses e subenfiteuses, regendo-se as ainda existentes pelas disposições do antigo Código, até que por outra forma se discipline a matéria.

35. São essas, Senhor Ministro, as considerações complementares com que submeto à alta apreciação de Vossa Excelência o texto revisto do Anteprojeto, esperando que o Governo da República haja por bem submetê-lo à alta apreciação do Congresso Nacional.

Ao fazer a entrega deste trabalho de equipe, ao qual foram incorporadas valiosas contribuições oriundas das mais variadas fontes do sentir e do saber da comunidade brasileira, conforta-me, bem como aos demais companheiros, a consciência de termos agido com serena objetividade, procurando harmonizar, de maneira concreta e dinâmica, as ideias universais do Direito com as que distinguem e dignificam a cultura nacional; os princípios teóricos com as exigências de ordem prática; a salvaguarda dos valores do indivíduo e da pessoa com os imperativos da solidariedade social; os progressos da ciência e da técnica com os bens que se preservam ao calor da tradição.

Quero, por fim, consignar os agradecimentos dos membros da Comissão Elaboradora e Revisora do Código Civil ao ilustre Presidente Ernesto Geisel e a Vossa Excelência, por nos terem confirmado na incumbência anteriormente recebida, de elaborar a lei básica das relações privadas, numa demonstração de confiança que constitui a melhor paga de quase seis anos de tão grandes preocupações quanto de aturados estudos e pesquisas.

Muito cordialmente
São Paulo, 16 de janeiro de 1975.
MIGUEL REALE – Supervisor da Comissão Elaboradora e Revisora do Código Civil.

(Mensagem retirada no Código Civil publicado pela Imprensa Oficial do Estado de São Paulo, a pedido da Assembleia Legislativa do Estado.)

LEI N. 10.406,
DE 10 DE JANEIRO DE 2002

Institui o Código Civil.

O PRESIDENTE DA REPÚBLICA:
Faço saber que o CONGRESSO NACIONAL decreta e eu sanciono a seguinte Lei:

PARTE GERAL
LIVRO I
DAS PESSOAS

TÍTULO I
DAS PESSOAS NATURAIS

CAPÍTULO I
DA PERSONALIDADE E DA CAPACIDADE

Art. 1º Toda pessoa é capaz de direitos e deveres na ordem civil.

➡ Veja art. 2º do CC/1916.
➡ Veja arts. 3º a 5º e 11 a 21 do CC/2002.
➡ Veja art. 70 do CPC/2015.

Capacidade de direito x capacidade de fato. Toda pessoa possui capacidade de direito, pois é capaz de adquirir direitos e contrair obrigações; entretanto, nem todas as pessoas possuem a capacidade de fato, que é a de praticar, por si só, os atos da vida civil, validamente. A capacidade de fato é um tema muito complexo, pois, à primeira vista, parece estar relacionada apenas à maioridade civil e à saúde mental, o que não se faz verdade.

Art. 2º A personalidade civil da pessoa começa do nascimento com vida; mas a lei põe a salvo, desde a concepção, os direitos do nascituro.

➡ Veja art. 4º do CC/1916.

Arts. 2º e 3º — Almeida Guilherme

➤ Veja arts. 5º, 115 a 120, 166, I, 542, 1.542, 1.597, 1.598, 1.609, parágrafo único, 1.690, *caput*, 1.779, I, 1.800 e 1.952 do CC/2002.
➤ Veja arts. 50, 71, 178, II, e 896 do CPC/2015.
➤ Veja arts. 124 e 128 do CP.
➤ Veja art. 7º, *caput*, do DL n. 4.657/42 (Lei de introdução às normas do Direito Brasileiro).
➤ Veja arts. 50 a 66 da Lei n. 6.015/73 (Lei de Registros Públicos).
➤ Veja arts. 7º a 10 e 228 a 229 da Lei n. 8.069/90 (Estatuto da Criança e do Adolescente).

O direito da personalidade, de que trata este artigo, é um direito indisponível garantido constitucionalmente. Fazem parte dos direitos da personalidade o respeito, a dignidade da pessoa humana, o direito ao nome e à filiação e outros tantos.

A questão que impera é: a partir de que momento o feto é considerado nascituro, para que seus direitos sejam resguardados? A resposta é obtida na ciência. Diversas correntes são utilizadas para delimitar o exato momento em que um embrião se torna um ser capaz de adquirir direitos e deveres no mundo civil. Hodiernamente, é considerado nascituro no momento da nidação, que nada mais é que o acoplamento do embrião fecundado na parede uterina, porém trata-se de expectativa de direito que só virá a ser efetivado no momento em que o embrião nascer com vida.

▪ Enunciado n. 1 da I Jornada de Direito Civil: "A proteção que o Código defere ao nascituro alcança o natimorto no que concerne aos direitos da personalidade, tais como nome, imagem e sepultura".

▪ Enunciado n. 2 da I Jornada de Direito Civil: "Sem prejuízo dos direitos da personalidade nele assegurados, o art. 2º do Código Civil não é sede adequada para questões emergentes da reprogenética humana, que deve ser objeto de um estatuto próprio".

Art. 3º São absolutamente incapazes de exercer pessoalmente os atos da vida civil os menores de 16 (dezesseis) anos.
Caput com redação dada pela Lei n. 13.146, de 06.07.2015.
I a III – (*Revogados pela Lei n. 13.146, de 06.07.2015.*)

➤ Veja art. 5º do CC/1916.
➤ Veja arts. 5º, 22 a 25, 76, 105, 115 a 120, 166, I, 198, I, 288, I e II, 471, 543, 1.634, V, 1.690, 1.728 a 1.766, 1.767, I a V, e 1.781 do CC/2002.
➤ Veja arts. 71, 72 e 447, § 1º, do CPC/2015.
➤ Veja arts. 402 a 410 da CLT.
➤ Veja arts. 60 a 69 da Lei n. 8.069/90 (Estatuto da Criança e do Adolescente).
➤ Veja art. 30, § 5º, do DL n. 891/38 (aprova a Lei de Fiscalização de Entorpecentes).
➤ Veja Lei n. 10.216/2001 (proteção e os direitos das pessoas portadoras de transtornos mentais).
➤ Veja Lei n. 11.343/2006 (entorpecentes).
➤ Veja Lei n. 13.146/2015 (Estatuto das Pessoas com Deficiência).

Incapacidade absoluta. Para que o ato praticado possua validade, deve ser praticado por pessoa com capacidade para tanto. A incapacidade absoluta coíbe a pessoa de exercer os atos da vida civil por si só; sendo considerados nulos os atos praticados pelo incapaz, a não ser quando ele for representado por pessoa competente (arts. 3º e 166 do CC e arts. 70 e 71 do CPC).

Os menores de 16 anos só poderão exercer os atos quando legalmente representados por pai, mãe ou tutor.

■ Apelação. Nulidade de fiança em contrato bancário, cumulado com indenização e tutela antecipada para retirada de restrição creditícia. Contrato bancário firmado com fiador menor de idade. Inscrição indevida. Sentença de procedência. Inconformismo da casa bancária. Arguição de ardil do genitor do próprio autor que firmou o contrato com a garantia de fiador que sabia incapaz. Cabimento em parte. Autor fiador absolutamente incapaz na data em que firmado o contrato. Art. 3º, I, do CC/2002. Nulidade da fiança reconhecida. Indenização, no entanto, indevida. Fiança prestada também pelos genitores do autor. Ato jurídico celebrado com a assistência dos genitores. Recurso parcialmente provido. Recurso adesivo. Pleito de majoração da verba indenizatória e alteração do momento de incidência dos juros de mora. Descabimento. Provimento do recurso principal que prejudica o adesivo. Recurso adesivo improvido. (TJSP, Ap. n. 0002130-33.2012.8.26.0360/Mococa, 24ª Câm. de Dir. Priv., rel. Erson de Oliveira, *DJe* 29.05.2014, p. 1.366)

■ Enunciado n. 138 da III Jornada de Direito Civil: "A vontade dos absolutamente incapazes, na hipótese do inciso I do art. 3º, é juridicamente relevante na concretização de situações existenciais a eles concernentes, desde que demonstrem discernimento bastante para tanto".

Art. 4º São incapazes, relativamente a certos atos ou à maneira de os exercer:
Caput com redação dada pela Lei n. 13.146, de 06.07.2015.
I – os maiores de dezesseis e menores de dezoito anos;
II – os ébrios habituais e os viciados em tóxico;
Inciso com redação dada pela Lei n. 13.146, de 06.07.2015.
III – aqueles que, por causa transitória ou permanente, não puderem exprimir sua vontade;
Inciso com redação dada pela Lei n. 13.146, de 06.07.2015.
IV – os pródigos.
Parágrafo único. A capacidade dos indígenas será regulada por legislação especial.
Parágrafo com redação dada pela Lei n. 13.146, de 06.07.2015.

➡ Veja art. 6º do CC/1916.
➡ Veja arts. 5º, parágrafo único, 171, I, 180, 666, 1.634, V, 1.642, VI, 1.647, 1.649, 1.651, 1690, 1.747, 1.767, I a V, e 1.777 do CC/2002.
➡ Veja arts. 71, 72, 74 e 447, § 1º, do CPC/2015.
➡ Veja arts. 34, 50, parágrafo único, e 52 do CPP.
➡ Veja art. 793 da CLT.
➡ Veja arts. 231 e 232 da CF.
➡ Veja arts. 2º, 36, 42, 50, 104 e 142 da Lei n. 8.069/90 (Estatuto da Criança e do Adolescente).
➡ Veja art. 30, § 5º, do DL n. 891/38 (aprova a Lei de Fiscalização de Entorpecentes).
➡ Veja art. 73 da Lei n. 4.375/64 (serviço militar).
➡ Veja Lei n. 6.001/73 (Estatuto do Índio).
➡ Veja Decreto n. 78.992/76 (regulamenta a Lei n. 6.368/76).
➡ Veja Lei n. 10.216/2001 (proteção e direitos das pessoas portadoras de distúrbios mentais).
➡ Veja Lei n. 10.409/2002 (prevenção, tratamento, fiscalização, controle e repressão à produção, ao uso e ao tráfico ilícitos de produtos, substâncias ou drogas ilícitas).
➡ Veja art. 50, § 2º, da Lei n. 6.015/73 (Lei de Registros Públicos).

Art. 4º   Almeida Guilherme

➤ Veja Decreto n. 1.141/94 (ações de proteção ambiental, saúde e apoio às atividades produtivas para as comunidades indígenas).
➤ Veja Decreto n. 4.645/2003 (Estatuto da Funai).
➤ Veja Lei n. 11.343/2006 (entorpecentes).
➤ Veja Lei n. 13.146/2015 (Estatuto das Pessoas com Deficiência).

Incapacidade relativa. As pessoas relativamente incapazes podem praticar atos da vida civil desde que assistidas por quem a lei determinar. Os atos praticados pelos relativamente capazes são anuláveis (art. 171, I, do CC e arts. 70 e 71 do CPC), caso não sejam assistidos pela pessoa competente. No que concerne aos **ébrios habituais** e aos **viciados em tóxicos**, a limitação em sua capacidade deverá ser determinada pelo juiz. Ressalvando-se a importância do interrogatório do interditando.

Quanto à restrição mental, o magistrado deve analisar caso a caso, determinando se a limitação mental é parcial ou total.

Pródigo (art. 4º, IV, do CC) é aquele que gasta desmedidamente. A sua qualificação pode passar de relativa para absolutamente incapaz (art. 1.782 do CC).

Quanto aos **indígenas**, por um lado, essa restrição cessa se a pessoa se integrar à sociedade. Por outro lado, o presente diploma manteve a linha do antigo ao determinar que a sua capacidade fosse regulada por legislação especial, a qual, atualmente, é o Estatuto do Índio (Lei n. 6.001/73).

Com a nova Lei n. 13.146/2015, a incapacidade absoluta e relativa não se presume, devendo ser avaliada caso a caso.

A Lei n. 13.146/2015, que entrou em vigor em 03.01.2016, representou um marco na abordagem social e jurídica tanto do portador de deficiência física como mental.

Anteriormente, a Lei n. 10.216/2001, conhecida como Lei da Reforma Psiquiátrica, lançou uma luz inicial sobre a matéria. Assegurou aos deficientes mentais os direitos de raça, cor, credo, orientação sexual, família, entre outros, contudo estabelecendo medidas protetivas e assistencialistas aos portadores de transtornos mentais.

A Lei n. 13.146/2015 assume uma abordagem diferente, com foco na liberdade do portador de transtorno de deficiência mental. Regulamentando a Convenção de Nova York, da qual o Brasil é signatário, visa à promoção da autonomia individual, liberdade e acessibilidade. Alterou importantes dispositivos do Código Civil, em especial no tocante à capacidade, à curatela e criou o instituto da tomada de decisão apoiada, entre outros aspectos. Contudo, devemos destacar que não foi criado regime de transição para os deficientes atualmente considerados incapazes e já curatelados. Além disso, com a entrada em vigor do novo Código de Processo Civil, sofrerá relevantes alterações, como se demonstrará no quadro a seguir.

■ Prestação de serviços. TV a cabo. Declaratória de nulidade do contrato, indenizatória e sustação de protesto. Improcedência. Contratação feita por relativamente incapaz. Art. 4º, I, do CC. Ato convalidado por sua genitora, ao efetuar o pagamento do boleto enviado pela ré. Revelia. Presunção relativa de veracidade dos fatos narrados na inicial. CPC, art. 319. Vício de representação processual sanado. Justiça gratuita. Provimento, em parte, à apelação. (TJSP, Ap. n. 0109086-16.2008.8.26.0004/São Paulo, 11ª Câm. de Dir. Priv., rel. Gil Coelho, *DJe* 19.05.2014, p. 1.125)

Código Civil comentado e anotado

QUADRO COMPARATIVO – PRINCIPAIS ALTERAÇÕES

	Legislação anterior	Alterações do Estatuto da Pessoa com Deficiência (Lei n. 13.146/2015)	Alterações do CPC (Lei n. 13.105/2015)	Observações
Capacidade	O art. 3º do CC dispunha que aqueles que por enfermidade ou deficiência mental não tivessem o necessário discernimento para prática dos atos da vida civil (inciso II) e os que não pudessem exprimir sua vontade, mesmo por causa transitória (inciso III), eram absolutamente incapazes. Já o art. 4º tratava dos relativamente incapazes, incluindo-se aqueles que por deficiência mental tivessem o discernimento reduzido (inciso II, final) e aqueles excepcionais, sem desenvolvimento mental completo (inciso III)	Aqueles que não podem exprimir a vontade por causa transitória passam a ser considerados relativamente incapazes. O inciso II do art. 3º foi revogado. Foi dada nova redação ao art. 4º, suprimindo aqueles que por deficiência mental tem seu discernimento reduzido e os excepcionais do rol dos relativamente incapazes		Embora no plano civil, a regra passe a ser a capacidade do deficiente mental (a ser avaliada caso a caso), para o direito penal, continuam a ser inimputáveis (art. 26 do CP)
Prescrição e decadência	Não correm contra os deficientes, *a priori* considerados incapazes	Como a regra é a capacidade limitada, correm prescrição e decadência contra os deficientes mentais		
Obrigação de indenizar	O incapaz responde subsidiariamente com seus próprios bens, nos termos do art. 928 do CC	Não mais prevalece regra da subsidiariedade: deficiente mental responde diretamente com seus bens		
Curatela	Portadores de deficiência mental, em regra, eram submetidos ao instituto da curatela	Curatela passa a ter caráter excepcional (art. 84 do Estatuto) e compreende apenas aspectos patrimoniais e negociais, conservando--se a autonomia do deficiente no que tange a seu próprio corpo, sexualidade, matrimônio, educação, saúde e voto. O juiz é apoiado por equipe multidisciplinar na decisão. O juiz deve levar em conta a vontade e a preferência do interditando na escolha do curador (1.772 do CC)	Extingue a equipe multidisciplinar, mas o juiz pode contar com o auxílio de especialista (art. 751 do CPC). Art. 1.772 do CC foi revogado (preferência do interditando para escolher curador)	

(continua)

(continuação)

	Legislação anterior	Alterações do Estatuto da Pessoa com Deficiência (Lei n. 13.146/2015)	Alterações do CPC (Lei n. 13.105/2015)	Observações
Legitimados para requerimento da interdição	Art. 1.768 do CC (antiga redação): pais ou tutores, cônjuge ou qualquer parente, MP	Incluído inciso IV no art. 1.768 do CC: próprio deficiente como legitimado	Com a entrada em vigor do CPC, o art. 1.768 foi revogado, criando-se uma lacuna jurídica quanto ao pedido formulado pelo próprio interessado, não previsto no rol dos legitimados do CPC para requerer a interdição (art. 747 do CPC)	
Testemunho	Os que por enfermidade ou retardamento mental não tivessem discernimento para os atos da vida civil não eram admitidos como testemunha (art. 228, II, do CC, redação antiga).	Revogou inciso II e inseriu § 2º no art. 228 do CC: deficientes podem ser admitidos como testemunha, em igualdade de condições com as demais pessoas, assegurados todos os recursos de tecnologia assistiva		
Direito de família	Casamento daquele que não pudesse manifestar sua vontade era considerado nulo	O portador de deficiência mental em idade núbil poderá contrair matrimônio ou união estável, constituindo família, expressando sua vontade diretamente ou por meio de responsável ou curador (art. 1.550, § 2º, do CC). Poderá também exercer a guarda e adoção, como adotando ou adotante em igualdade com as demais pessoas (art. 6º, VI, do Estatuto)		

(continua)

Código Civil comentado e anotado

Art. 4º

(continuação)

	Legislação anterior	Alterações do Estatuto da Pessoa com Deficiência (Lei n. 13.146/2015)	Alterações do CPC (Lei n. 13.105/2015)	Observações
Sufrágio		O art. 76 do Estatuto passa a assegurar o direito de votar e ser votado, garantindo a acessibilidade no local de votação, bem como a possibilidade de o deficiente ser assistido por pessoa de sua escolha no momento do voto. Garante-se também a acessibilidade ao conteúdo de propagandas e debates eleitorais, por exemplo, intérprete de libras		
Tomada de decisão apoiada		O deficiente elege duas pessoas idôneas de sua confiança para auxílio nas decisões sobre atos da vida civil. O pedido é iniciativa do portador de deficiência mental, que estipula os limites de atuação dos apoiadores. A decisão de deferimento da tomada de decisão apoiada é do juiz, auxiliado por equipe multidisciplinar, após oitiva do MP e das pessoas que prestarão apoio. A decisão dentro dos limites estipulados terá validade e efeitos sobre terceiros. Havendo divergência de opiniões em negócio jurídico com risco relevante, a decisão cabe ao juiz, ouvido o MP. O apoiador pode ser afastado pelo juiz em caso de negligência ou de agir em contrariedade aos interesses do apoiado, bem como solicitar voluntariamente sua exclusão. O apoiado pode solicitar a qualquer tempo o término do acordo de decisão apoiada. É cabível a prestação de contas, nos mesmos moldes da curatela		

(continua)

Art. 4º

(continuação)

	Legislação anterior	Alterações do Estatuto da Pessoa com Deficiência (Lei n. 13.146/2015)	Alterações do CPC (Lei n. 13.105/2015)	Observações
Planos de saúde		Conforme o art. 20 do Estatuto, as operadoras de planos de saúde são obrigadas a garantir às pessoas com deficiência, no mínimo, todos os serviços e produtos ofertados aos demais clientes. É vedada a cobrança de valores diferentes em razão da condição de deficiente		
Programa de reabilitação		O art. 36 do Estatuto prevê que o poder público deverá implementar programa de habilitação e reabilitação profissional, com os recursos necessários para atender a todos os portadores de deficiência. Pode também ocorrer em empresas, por meio de celebração de relação empregatícia		
Emprego		É vedada qualquer discriminação do deficiente mental nas relações de emprego, bem como prova de aptidão plena. Os ambientes de trabalho e cursos de formação devem garantir plena acessibilidade e inclusão aos deficientes (arts. 34 e 35 do Estatuto)		
Cadastro Nacional de Inclusão da Pessoa com Deficiência		Visa a formar registro público eletrônico das pessoas com deficiência, bem como de barreiras que dificultem o exercício de direitos (arts. 92 e 93 do Estatuto). Será devido pagamento de auxílio-inclusão para portadores de deficiência moderada a grave nos termos da lei (art. 94 do Estatuto)		

Art. 5º A menoridade cessa aos dezoito anos completos, quando a pessoa fica habilitada à prática de todos os atos da vida civil.

Parágrafo único. Cessará, para os menores, a incapacidade:

I – pela concessão dos pais, ou de um deles na falta do outro, mediante instrumento público, independentemente de homologação judicial, ou por sentença do juiz, ouvido o tutor, se o menor tiver dezesseis anos completos;

II – pelo casamento;

III – pelo exercício de emprego público efetivo;

IV – pela colação de grau em curso de ensino superior;

V – pelo estabelecimento civil ou comercial, ou pela existência de relação de emprego, desde que, em função deles, o menor com dezesseis anos completos tenha economia própria.

➡ Veja art. 9º do CC/1916.
➡ Veja arts. 9º, II, 666, 1.635, II, e 1.763 do CC.
➡ Veja art. 725 do CPC/2015.
➡ Veja arts. 27, 65, I, e 115 do CP.
➡ Veja arts. 15, 34, 40, parágrafo único, 52, 262, 449, e 564, III, *c*, do CPP.
➡ Veja arts. 3º e 792 da CLT.
➡ Veja art. 73 da Lei n. 4.357/64 (serviço militar).
➡ Veja art. 148, parágrafo único, *e*, da Lei n. 8.069/90 (Estatuto da Criança e do Adolescente).
➡ Veja art. 5º, V, da Lei n. 8.112/90 (regime jurídico único dos servidores públicos civis da União).
➡ Veja arts. 1º e 13 da Lei n. 9.307/96 (arbitragem).

A *maioridade* só pode ser atingida aos dezoito anos, diferentemente da cessação da incapacidade, que pode ocorrer aos dezesseis anos pela *emancipação*. A primeira hipótese de emancipação se dá pela concessão dos pais, ou de um deles, na falta do outro, por meio de um instrumento público, ao menor que tiver dezesseis anos completos. A emancipação adquirida pela concessão dos pais ou por sentença judicial é denominada de voluntária a advinda da lei é classificada como legal. Esta pode advir com o casamento. Ressalte-se, por fim, que a emancipação, após concedida, não pode ser revogada por nenhum título. A interpretação do art. 5º deve ocorrer em conjunto com os arts. 3º e 4º para saber se a pessoa é capaz. Uma questão polêmica que surge a respeito do tema ocorre com o fim do casamento; questiona-se se o menor torna-se incapaz novamente ou não. Para Caio Mário e Washington de Barros, o menor não volta a ser incapaz, mas para Pontes de Miranda, sim. Há, ainda, a possibilidade de a pessoa tornar-se capaz se a causa que determinou a incapacidade finalizar.

▪ Enunciado n. 3 da I Jornada de Direito Civil: "A redução do limite etário para a definição da capacidade civil aos dezoito anos não altera o disposto no art. 16, I, da Lei n. 8.213/91, que regula específica situação de dependência econômica para fins previdenciários e outras situações similares de proteção, previstas em legislação especial".

▪ Enunciado n. 397 da V Jornada de Direito Civil: "A emancipação por concessão dos pais ou por sentença do juiz está sujeita a desconstituição por vício de vontade".

▪ Enunciado n. 530 da VI Jornada de Direito Civil: "A emancipação, por si só, não elide a incidência do Estatuto da Criança e do Adolescente".

Arts. 5º e 6º

■ Agravo de instrumento. Ação de guarda cumulada com pedido de alimentos. Menor púbere. A genitora, que está exercendo a guarda fática do filho, é parte legítima para pleitear alimentos em favor deste em nome próprio, em ação de guarda, em decorrência do poder familiar exercido, nos termos do art. 1.690, CCB. Ausente qualquer causa de cessação da incapacidade civil, dentre as elencadas no art. 5º do CCB, sendo a obrigação do alimentante decorrente do dever de sustento da prole durante a menoridade (art. 1.566, IV, do CCB), é juridicamente impossível o pedido de não pagamento de pensão ao filho menor, pois a ninguém é dado livrar-se de um dever absoluto. Considerando que o agravante, além do agravado, possui outros três filhos menores, adequada a fixação da pensão em 10% de sua renda líquida. Rejeitada a preliminar, deram provimento. Unânime. (TJRS, AI n. 70.058.712.365, 8ª Câm. Cível, rel. Des. Luiz Felipe Brasil Santos, j. 22.05.2014)

■ Apelação cível. Obrigação de fazer. Menor de 18 anos. Aprovação em vestibular. Matrícula. Curso supletivo. Possibilidade. Sucumbência. Inversão do ônus. Princípio da causalidade. Em que pese o art. 38, § 1º, II, da Lei n. 9.394/96 (Lei de Diretrizes e Bases da Educação Nacional) autorizar a realização de exames supletivos no nível de conclusão do ensino médio para os maiores de 18 anos, conforme reiterada jurisprudência deste Tribunal de Justiça, logrando o autor, faltando alguns meses para completar a maioridade, demonstrar capacidade intelectual a lhe conferir aptidão para progredir no sistema de ensino, alcançando o ensino superior para o qual foi aprovado em exame vestibular, bem como já ter cumprido metade da 3ª série do ensino médio à época do ajuizamento da ação, tem direito de se matricular em curso supletivo e de realizar os testes para a obtenção do certificado respectivo. Não se pode olvidar que o CC, em seu art. 5º, IV, autoriza a colação de grau em curso de ensino superior aos relativamente incapazes. Assim, pode-se concluir pela possibilidade do aluno dedicado, mesmo não contando com 18 anos de idade, poder se matricular neste mesmo curso superior. Pelo princípio da causalidade, aquele que deu causa à propositura da ação deve arcar com os honorários advocatícios e despesas processuais daí decorrentes. Apelação conhecida e parcialmente provida. (TJDFT, Ap. Cível n. 20130111060798, rel. Des. Ana Cantarino, *DJe* 17.06.2014, p. 182)

Art. 6º A existência da pessoa natural termina com a morte; presume-se esta, quanto aos ausentes, nos casos em que a lei autoriza a abertura de sucessão definitiva.

➡ Veja art. 10 do CC/1916.
➡ Veja arts. 22 a 39 do CC/2002.
➡ Veja arts. 94 a 96, 103 a 106, 744 e 745 do CPC/2015.
➡ Veja art. 107, I, do CP.
➡ Veja art. 62 do CPP.
➡ Veja arts. 88 e 89 da Lei n. 6.015/73 (Lei de Registros Públicos).

A extinção da pessoa natural pode ocorrer por morte real (art. 6º, *caput*, do CC), morte civil (art. 1.816 do CC), morte presumida (arts. 6º, 2ª parte, 7º, 22 e segs. e 37 e segs. do CC) ou morte simultânea ou comoriência (art. 8º do CC).

É necessário que se determine o momento em que ocorreu a morte e que se faça prova dela, por meio da certidão de óbito ou da sentença judicial.

Este Código Civil exclui os ausentes do rol dos absolutamente incapazes, considerada razão de inexistência da pessoa natural.

Ausente. É toda pessoa que some sem deixar pistas. A incapacidade do agente somente será declarada por sentença judicial, podendo qualquer interessado requerê-la. Se não existirem representantes nem procuradores, o juiz nomeará curador para administrar os bens do ausente.

Código Civil comentado e anotado   Arts. 6º e 7º

■ Súmula n. 331 do STF: "É legítima a incidência do Imposto de Transmissão *causa mortis* no inventário por morte presumida".

■ Apelação. Dano moral. Apontamento nos órgãos de proteção ao crédito após falecimento por débito
indevido. I – Possibilidade de tutela da honra de pessoa falecida por seus herdeiros, por lesão ocorrida após a sua morte, decorrente de negativação indevida de seu nome, efetuada após o falecimento.
II – Nos termos dos arts. 2º e 6º do CC, a personalidade civil da pessoa inicia com o nascimento com
vida e termina com a morte. Os chamados direitos personalíssimos extrapatrimoniais ligados à personalidade do indivíduo, por exemplo, a honra, a imagem, a intimidade, o recato, a integridade física, entre outros, conhecidos também como direitos subjetivos absolutos, cessam com a morte e não se trans-
ferem aos sucessores do falecido. Embora a morte do titular implique a extinção dos direitos da
personalidade, alguns dos interesses resguardados permanecem sob tutela, como ocorre, por exemplo,
com a imagem, o nome, a autoria, a sepultura e o cadáver do falecido. III – Tanto é assim que o parágrafo único do art. 12 do CC confere legitimidade ao cônjuge e aos parentes, que seriam os efetivamente afetados pela lesão de tais interesses após a morte do titular, para que possam impedir a lesão ou
demandar reparação por seus efeitos. IV – Em que pese o grau de subjetivismo que envolve o tema da
fixação da indenização, o fato de indevidamente permanecer o apontamento por mais de 6 (seis) meses, por débito indevido, é fato que, por si só, gera direito a indenização. Valor arbitrado R$ 14.000,00
(catorze mil reais). Recurso provido. (TJSP, Ap. n. 0009464-48.2009.8.26.0482/Presidente Prudente, 20ª
Câm. de Dir. Priv., rel. Maria Lúcia Pizzotti, *DJe* 23.06.2014, p. 1.465)

Art. 7º Pode ser declarada a morte presumida, sem decretação de ausência:
I – se for extremamente provável a morte de quem estava em perigo de vida;
II – se alguém, desaparecido em campanha ou feito prisioneiro, não for encontrado até
dois anos após o término da guerra.
Parágrafo único. A declaração da morte presumida, nesses casos, somente poderá ser
requerida depois de esgotadas as buscas e averiguações, devendo a sentença fixar a data pro-
vável do falecimento.

➥ Artigo sem correspondência no CC/1916.
➥ Veja arts. 22 a 39 do CC.
➥ Veja DL n. 5.782/43 (morte presumida de servidor público).
➥ Veja DL n. 6.239/44 (morte presumida de militar da aeronáutica).
➥ Veja art. 88 da Lei n. 6.015/73 (Lei de Registros Públicos).
➥ Veja Lei n. 9.140/95 (reconhece como mortas as pessoas desaparecidas entre 1961 a 1979).

A hodierna legislação traz a possibilidade da declaração da morte presumida sem a decretação da ausência, nos casos em que for muito provável que a pessoa tenha falecido, e caberá ao magistrado fixar a data da morte na sentença. Não se deve confundir as formas indiretas de morte, que advêm com a sentença, enumeradas no art. 7º, com a ausência, na qual
existe certeza apenas do desaparecimento da pessoa. A possibilidade da declaração da morte
presumida sem a decretação da ausência vem para tentar solucionar inúmeros problemas que
podem surgir com o aparecimento do presumido morto, porque a decretação da ausência é a
fase inicial das sucessões provisória e definitiva.

■ Declaração de ausência. Hipótese em que parte do corpo da desaparecida (uma perna) foi encontrada boiando no rio Tietê. Interesse de agir que não se identifica na espécie. Possibilidade de se decla-

Arts. 7º a 9º — Almeida Guilherme

rar a morte presumida independentemente de prévia decretação de ausência. Art. 7º, I, do CC. Recurso desprovido. (TJSP, Ap. n. 0002576-63.2011.8.26.0136/Cerqueira César, 7ª Câm. de Dir. Priv., rel. Ferreira da Cruz, *DJe* 31.01.2014, p. 1.630)

Art. 8º Se dois ou mais indivíduos falecerem na mesma ocasião, não se podendo averiguar se algum dos comorientes precedeu aos outros, presumir-se-ão simultaneamente mortos.

➡ Veja art. 11 do CC/1916.

Comoriência. Presume-se um falecimento em conjunto quando, diante de uma catástrofe, um acidente ou uma situação de coincidência, não se puder determinar a ordem em que as pessoas faleceram. A consequência disso é que os comorientes não herdam entre si; ou seja, não há transmissão de bens. Mesmo existindo um estado de dúvida sobre quem morreu primeiro, a comoriência é reconhecida.

■ Acidente de trânsito. Ação de reparação de danos materiais e morais. Ilegitimidade ativa dos autores para pleitear os danos materiais. Culpa dos réus não comprovada que justificasse o dever de indenizar os alegados danos morais. Tendo em vista que pretendem os autores a reparação dos danos materiais ocasionados no veículo envolvido no acidente, que alegam que era de propriedade do padrasto falecido, não possuem eles qualquer direito de indenização, pois não são herdeiros do de cujus. Embora sejam eles herdeiros da mãe, também falecida no acidente, verifica-se que ela nada herdou diante da comoriência constatada (art. 8º do CC/2002). Ilegitimidade ativa reconhecida. Alegação trazida na exordial de culpa dos réus pelo acidente não demonstrada de forma cabal, a justificar a obrigação de indenizar os alegados danos morais. Ônus da prova dos autores (art. 333, I, CPC). Recurso desprovido. (TJSP, Ap. n. 0002699-36.2009.8.26.0361/Mogi das Cruzes, 27ª Câm. de Dir. Priv., rel. Gilberto Leme, *DJe* 15.01.2014, p. 970)

■ Arrolamento. Falecimento simultâneo de mãe e filho. Existência de um estado de dúvida sobre quem morreu primeiro. Comoriência reconhecida. Aplicação do art. 11 do CC (1916). Recurso não provido. (TJSP, AI n. 107.108-4/São José do Rio Preto, 6ª Câm. de Dir. Priv., rel. Des. Mohamed Amaro, j. 22.04.1999, v.u.)

Art. 9º Serão registrados em registro público:
I – os nascimentos, casamentos e óbitos;
II – a emancipação por outorga dos pais ou por sentença do juiz;
III – a interdição por incapacidade absoluta ou relativa;
IV – a sentença declaratória de ausência e de morte presumida.

➡ Veja art. 12 do CC/1916.
➡ Veja arts. 5º, parágrafo único, 1.512, 1.516, 1.543 e 1.604 do CC/2002.
➡ Veja arts. 241 a 243 do CP.
➡ Veja art. 18 do DL n. 4.657/42 (Lei de introdução às normas do Direito Brasileiro).
➡ Veja Lei n. 3.674/60 (rito sumaríssimo para retificações no registro civil).
➡ Veja arts. 12 e 13 da Lei n. 6.001/73 (Estatuto do Índio).
➡ Veja Lei n. 6.015/73 (Lei de Registros Públicos).

Registro do nascimento. É obrigatório o registro de nascimento ocorrido em território nacional, dentro do prazo prescricional de quinze dias, conforme regulamentado pela Lei de Registros Públicos (art. 52).

Registro do natimorto e morte na ocasião do parto. O entendimento de Nery e Nery Jr. (p. 167-8) é que em ambos os casos deve ser feito o assento com os elementos que couberem, fazendo-se remissão, porém, do óbito (*vide* art. 53 da Lei de Registros Públicos).

Casamento. *Vide* arts. 1.511 e segs. do CC e art. 226, §§ 1º e 2º, da CF.

Emancipação. Tanto as sentenças como a concessão de emancipação devem ser registradas em cartório do 1º ofício ou da 1ª subdivisão judiciária de cada comarca (art. 89 da Lei de Registros Públicos).

Interdição. Deve ser levada ao cartório do 1º ofício ou da 1ª subdivisão judiciária de cada comarca. *Vide* arts. 33, 90 e 91 da Lei de Registros Públicos.

Ausência. *Vide* art. 94 da Lei de Registros Públicos.

Óbito. *Vide* arts. 79, 80, 81, 83 e 88, parágrafo único, da Lei de Registros Públicos.

Observação: atente-se às mudanças trazidas pela Resolução CNJ n. 35/2007 na aplicação da Lei n. 11.441/2007 sobre serviços notariais e de registro e às alterações trazidas pelas Resoluções CNJ ns. 120/2010 e 179/2013, que ampliam e simplificam as formas de divórcio, inventário e partilha.

Art. 10. Far-se-á averbação em registro público:

I – das sentenças que decretarem a nulidade ou anulação do casamento, o divórcio, a separação judicial e o restabelecimento da sociedade conjugal;

II – dos atos judiciais ou extrajudiciais que declararem ou reconhecerem a filiação;

III – (*Revogado pela Lei n. 12.010, de 03.08.2009.*)

➡ Veja art. 12 do CC/1916.

➡ Veja arts. 1.571, II, III e V, 1.607, 1.617, 1.618 e 1.629 do CC.

➡ Veja art. 226, §§ 5º e 6º, da CF.

➡ Veja Lei n. 883/49 (reconhecimentos de filhos legítimos).

➡ Veja arts. 29, VII e § 1º, *a* a *f*, 100, 101 e 102 da Lei n. 6.015/73 (Lei de Registros Públicos).

➡ Veja Lei n. 6.515/77 (Lei do Divórcio).

➡ Veja arts. 26 e 27 da Lei n. 8.069/90 (Estatuto da Criança e do Adolescente).

➡ Veja art. 1º da Lei n. 8.560/92 (investigação de paternidade).

➡ Veja Lei n. 12.010/2009 (atualiza o instituto da adoção).

Averbação é a ação de anotar à margem de assento existente ato jurídico que modifica, altera, cancela e/ou restabelece, no caso em tela: (i) das sentenças que decretarem a nulidade ou anulação do casamento, o divórcio, a separação judicial e o restabelecimento da sociedade conjugal; (ii) dos atos judiciais ou extrajudiciais que declararem ou reconhecerem a filiação; (iii) dos atos judiciais ou extrajudiciais de adoção.

■ Enunciado n. 272 da IV Jornada de Direito Civil: "Não é admitida em nosso ordenamento jurídico a adoção por ato extrajudicial, sendo indispensável a atuação jurisdicional, inclusive para a adoção de maiores de dezoito anos".

■ Enunciado n. 273 da IV Jornada de Direito Civil: "Tanto na adoção bilateral quanto na unilateral, quando não se preserva o vínculo com qualquer dos genitores originários, deverá ser averbado o cancelamento do registro originário de nascimento do adotado, lavrando-se novo registro. Sendo unilateral a adoção, e sempre que se preserve o vínculo originário com um dos genitores, deverá ser averbada a substituição do nome do pai ou da mãe natural pelo nome do pai ou da mãe adotivos".

CAPÍTULO II
DOS DIREITOS DA PERSONALIDADE

Art. 11. Com exceção dos casos previstos em lei, os direitos da personalidade são intransmissíveis e irrenunciáveis, não podendo o seu exercício sofrer limitação voluntária.

➡ Artigo sem correspondência no CC/1916.
➡ Veja art. 52 do CC/2002.
➡ Veja arts. 1º, III, 3º, IV, e 5º, V, VI, IX, X e XII, da CF.
➡ Veja arts. 1º a 85 da Lei n. 8.069/90 (Estatuto da Criança e do Adolescente).

Os direitos da personalidade são caracterizados como: *absolutos,* porque são de tal ordem que devem ser observados e respeitados por todos; *extrapatrimoniais,* pois não se reduzem a dimensionamento de interesses, nem a avaliações econômicas; *imprescritíveis,* no sentido de que o exercício do direito pode se dar a qualquer momento na preservação de sua esfera de integridade, física ou moral; *indisponíveis,* já que o titular não pode se privar de seus direitos da personalidade, o que é muito mais do que intransmissibilidade ou inalienabilidade. Quanto à *intransmissibilidade,* importa salientar que, por ser inerente à pessoa, não se admite a transmissão nem *causa mortis.* Outrossim, são *vitalícios,* pois integrados à vida do titular; e *necessários, uma vez que não* se admite a ausência de nenhum deles para o desenvolvimento da própria vida.

Ademais, os direitos da personalidade podem, ainda, ser divididos em: direito à integridade física, no qual se destacam o direito à vida, sobre o corpo e ao cadáver; e em direitos à integridade moral, abrangendo o direito à honra, à liberdade, à privacidade e em uma esfera mais estreita à intimidade, à imagem, ao nome e aos direitos morais sobre as criações pela inteligência.

Princípio do afeto. O princípio da afetividade atende a todas as manifestações da família, tendo como principal objetivo protegê-la e tendo o afeto sua maior preocupação. A Desembargadora Maria Berenice Dias defende que o afeto merece ser visto como uma realidade digna de tutela. O caso do reconhecimento das relações homoafetivas é um exemplo claro do quanto este princípio merece importância.

■ Enunciado n. 4 da I Jornada de Direito Civil: "O exercício dos direitos da personalidade pode sofrer limitação voluntária, desde que não seja permanente nem geral".

■ Enunciado n. 139 da III Jornada de Direito Civil: "Os direitos da personalidade podem sofrer limitações, ainda que não especificamente previstas em lei, não podendo ser exercidos com abuso de direito de seu titular, contrariamente à boa-fé objetiva e aos bons costumes".

■ Enunciado n. 274 da IV Jornada de Direito Civil: "Os direitos da personalidade, regulados de maneira não exaustiva pelo Código Civil, são expressões da cláusula geral de tutela da pessoa humana, contida no art. 1º, III, da Constituição (princípio da dignidade da pessoa humana). Em caso de colisão entre eles, como nenhum pode sobrelevar os demais, deve-se aplicar a técnica da ponderação".

Código Civil comentado e anotado

Arts. 11 e 12

■ Enunciado n. 531 da VI Jornada de Direito Civil: "A tutela da dignidade da pessoa humana na sociedade da informação inclui o direito ao esquecimento".

■ Enunciado n. 532 da VI Jornada de Direito Civil: "É permitida a disposição gratuita do próprio corpo com objetivos exclusivamente científicos, nos termos dos arts. 11 e 13 do Código Civil".

■ Apelação cível. Acidente de trânsito. Danos materiais. Apuração em liquidação de sentença por arbitramento. Idoneidade dos orçamentos afastada. Incompatibilidade entre o valor apresentado e as avarias existentes no veículo. Lucros cessantes. Não comprovação. Dano moral. Inexistência. Recurso desprovido. Fundando-se o caso dos autos na Teoria da Responsabilidade Civil Extracontratual (subjetiva), é indispensável a demonstração de culpa da parte requerida para a caracterização do ato ilícito. Aquela, em sentido restrito, configura-se como sendo negligência, imprudência ou imperícia em relação a direito alheio. Diante da demonstração de que os orçamentos apresentados pelo autor não constituem prova idônea dos danos materiais decorrentes do acidente, deve a apuração do *quantum debeatur* ser realizada em liquidação de sentença por arbitramento. Para a caracterização do dano moral, é indispensável a ocorrência de ofensa a algum dos direitos da personalidade do indivíduo. Esses direitos são aqueles inerentes à pessoa humana e caracterizam-se por serem intransmissíveis, irrenunciáveis e não sofrerem limitação voluntária, salvo restritas exceções legais (art. 11, CC/2002). A título de exemplificação, são direitos da personalidade aqueles referentes à imagem, ao nome, à honra subjetiva e objetiva, à integridade física e psicológica. Em casos análogos, nos quais não há prova de que o evento danoso tenha causado ofensa à integridade física da vítima ou lhe causado abalo psicológico significativo, esta Corte tem afastado a pretensão indenizatória, entendendo tratar-se de mero aborrecimento do cotidiano. Os lucros cessantes deveriam ser robustamente comprovados e, se a autora não cuidou de produzir prova nesse sentido, deve ser reformada a sentença, julgando-se improcedente o referido pedido. Recurso desprovido. (TJMG, Ap. Cível n. 1.0439.07.074648-2/001, 17ª Câm. Cível, rel. Eduardo Mariné da Cunha, *DJe* 01.04.2014)

Art. 12. Pode-se exigir que cesse a ameaça, ou a lesão, a direito da personalidade, e reclamar perdas e danos, sem prejuízo de outras sanções previstas em lei.
Parágrafo único. Em se tratando de morto, terá legitimação para requerer a medida prevista neste artigo o cônjuge sobrevivente, ou qualquer parente em linha reta, ou colateral até o quarto grau.

➥ Artigo sem correspondência no CC/1916.
➥ Veja arts. 20, parágrafo único, 186, 402 a 405, 927, 935, 943 a 954, 1.591 e 1.592 do CC/2002.
➥ Veja arts. 5º, X, LXVIII, LXIX e LXXI, e 142, § 2º, da CF.
➥ Veja arts. 138, § 2º, 150 a 154 e 208 do CP.
➥ Veja arts. 282 a 284, 408, §§ 1º a 3º, 647 e 648 do CPP.
➥ Veja art. 6º, VI, da Lei n. 8.078/90 (Código de Defesa do Consumidor).
➥ Veja Lei n. 9.057/97 (*habeas data*).
➥ Veja Lei n. 12.016/2009 (mandado de segurança).

O art. 12 cuida das sanções requeridas pelo ofendido em razão de ameaça ou lesão a direito da personalidade. Essa sanção deve ser feita por meio de medidas cautelares que suspendam os atos que ameacem ou desrespeitem a integridade físico-psíquica, intelectual e moral, movendo-se, em seguida, uma ação que irá declarar ou negar a existência da lesão, que poderá ser cumulada com ação ordinária de perdas e danos a fim de ressarcir danos morais e patrimoniais. "Novidade aqui é a regra do artigo 12, que assegura, de maneira ampla, a tutela inibitória, mediante a possibilidade de utilização do respectivo interdito, para impedir ou fazer cessar a agressão, possibilidade sobre a qual vacilava a jurisprudência, sobretudo quando estava em jogo a proibição de notícia veiculada na mídia e se contrapunha o argumento da intolerabilidade de censura prévia" (PASCHOAL, 2004, p. 4-9).

■ Enunciado n. 5 da I Jornada de Direito Civil: "Arts. 12 e 20: 1) as disposições do art. 12 têm caráter geral e aplicam-se, inclusive, às situações previstas no art. 20, excepcionados os casos expressos de legitimidade para requerer as medidas nele estabelecidas; 2) as disposições do art. 20 do novo Código Civil têm a finalidade específica de regrar a projeção dos bens personalíssimos nas situações nele enumeradas. Com exceção dos casos expressos de legitimação que se conformem com a tipificação preconizada nessa norma, a ela podem ser aplicadas subsidiariamente as regras instituídas no art. 12".

■ Enunciado n. 140 da III Jornada de Direito Civil: "A primeira parte do art. 12 do Código Civil refere-se às técnicas de tutela específica, aplicáveis de ofício, enunciadas no art. 461 do Código de Processo Civil, devendo ser interpretada com resultado extensivo".

■ Enunciado n. 275 da IV Jornada de Direito Civil: "O rol dos legitimados de que tratam os arts. 12, parágrafo único, e 20, parágrafo único, do Código Civil também compreende o companheiro".

■ Enunciado n. 398 da V Jornada de Direito Civil: "As medidas previstas no art. 12, parágrafo único, do Código Civil podem ser invocadas por qualquer uma das pessoas ali mencionadas de forma concorrente e autônoma".

■ Enunciado n. 399 da V Jornada de Direito Civil: "Os poderes conferidos aos legitimados para a tutela *post mortem* dos direitos da personalidade, nos termos dos arts. 12, parágrafo único, e 20, parágrafo único, do CC, não compreendem a faculdade de limitação voluntária".

■ Enunciado n. 400 da V Jornada de Direito Civil: "Os parágrafos únicos dos arts. 12 e 20 asseguram legitimidade, por direito próprio, aos parentes, cônjuge ou companheiro para a tutela contra a lesão perpetrada *post mortem*".

■ Inscrição indevida no cadastro de inadimplentes. Fato e inscrição ocorridos após o falecimento daquele que teve o nome inscrito. Art. 12, parágrafo único, do CC. Evidente a ilegitimidade do espólio para pleitear ressarcimento de dano moral em razão de ofensa à honra e ao nome do falecido. Rejeitam-se embargos infringentes. (TJSP, Emb. Infring. n. 9132212-51.2008.8.26.0000/Osasco, 9ª Câm. de Dir. Priv., rel. Antonio Vilenilson, *DJe* 13.03.2014, p. 1.021)

Art. 13. Salvo por exigência médica, é defeso o ato de disposição do próprio corpo, quando importar diminuição permanente da integridade física, ou contrariar os bons costumes.

Parágrafo único. O ato previsto neste artigo será admitido para fins de transplante, na forma estabelecida em lei especial.

➥ Artigo sem correspondência no CC/1916.
➥ Veja art. 199, § 4º, da CF.
➥ Veja art. 9º da Lei n. 9.434/97 (transplante de órgãos).
➥ Veja Decreto n. 2.268/97 (regulamenta a Lei n. 9.434/97).

Código Civil comentado e anotado

Art. 13

Estão vedados todos os atos de disposição do corpo mediante contraprestação pecuniária, porém é possível a doação voluntária, feita por escrito e na presença de testemunhas, por pessoa civilmente capaz, de tecidos, órgãos e partes do próprio corpo vivo para efetivação de transplante ou tratamento, se comprovada a necessidade terapêutica do receptor, desde que não contrarie os bons costumes, nem traga risco para a integridade física do doador, nem comprometa suas aptidões vitais, nem lhe provoque deformação ou mutilação, pois não se pode exigir que alguém se sacrifique em benefício de terceiro (art. 9º, §§ 3º a 7º, da Lei n. 9.434/97).

Com ressalva ao direito desportivo, os contratos firmados com os jogadores possuem um vínculo trabalhista, o que não caracteriza ato de disposição do próprio corpo.

▪ Enunciado n. 6 da I Jornada de Direito Civil: "A expressão 'exigência médica' contida no art. 13 refere-se tanto ao bem-estar físico quanto ao bem-estar psíquico do disponente".

▪ Enunciado n. 276 da IV Jornada de Direito Civil: "O art. 13 do Código Civil, ao permitir a disposição do próprio corpo por exigência médica, autoriza as cirurgias de transgenitalização, em conformidade com os procedimentos estabelecidos pelo Conselho Federal de Medicina, e a consequente alteração do prenome e do sexo no Registro Civil".

▪ Enunciado n. 401 da V Jornada de Direito Civil: "Não contraria os bons costumes a cessão gratuita de direitos de uso de material biológico para fins de pesquisa científica, desde que a manifestação de vontade tenha sido livre e esclarecida e puder ser revogada a qualquer tempo, conforme as normas éticas que regem a pesquisa científica e o respeito aos direitos fundamentais".

▪ Veja no art. 11 o Enunciado n. 532 da VI Jornada de Direito Civil.

▪ Deformidade física. Uso de talidomida no início da gestação. Direito da personalidade. Imprescritibilidade. Reparação de danos. Critério legal civil e processual civil. Ação indenizatória por danos materiais e morais. Deformidade física causada à autora por medicamento ingerido por sua mãe no início da gestação. Talidomida. Focomelia. Encurtamento em terço médio do braço esquerdo. Sentença que declara a prescrição da pretensão, julgando improcedente o pedido. Apelação. Preliminares não reiteradas pela ré. Reconhecida indenizabilidade de danos causados por fato de produto farmacológico, decorrente não apenas do CDC e da CF, mas da anterior doutrina cível, remontando ao *neminem laedere*. Controvérsia quanto à prescrição de pretensão fundada em violação de direito da personalidade. Categoria jurídica na qual se enquadra o direito à integridade física. Arts. 11 e 13, do CC. Lesividade material e moral das deformidades decorrentes do uso de talidomida que é reconhecida pelas Leis ns. 7.070/82 e 12.190/2010. Fato que compromete a capacidade laboral e atinge a dignidade daquele que o suporta, mercê da violação permanente de sua integridade física. Imprescritibilidade dos direitos da personalidade, a incidir neste caso. Possibilidade de exigir-se a cessação da lesão a qualquer tempo, ou, em já não sendo possível tal tutela, que se indenize os danos. Quanto à pretensão indenizatória por danos materiais, é de se afirmar a prescrição da pretensão a haver as parcelas vencidas mais de 20 anos antes da propositura da ação. Sistematicidade da proteção aos direitos da personalidade que se afere da jurisprudência, que afirma a imprescritibilidade das pretensões indenizatórias das vítimas de tortura durante a ditadura militar, assim como a afirma nos casos de direitos morais do autor de obra intelectual ou artística (art. 24, I, Lei n. 9.610/98). A imprescritibilidade se afirma também em vista do reconhecimento normativo (Lei n. 12.190/2010) da lesividade patrimonial e extrapatrimonial das lesões à integridade física decorrentes do uso da talidomida. *Jus superveniens* que deve ser considerado no julgamento. Fato constitutivo do direito amparado em prova documental. Relatórios médicos. E em fotografias, não contrariada pela ré, que, por sua vez, renunciou expressamente à produção das provas pe-

Arts. 13 a 15   Almeida Guilherme

las quais protestara na contestação. Nexo de causalidade entre o uso de talidomida e deformidades tais como a apresentada pela autora que é bem estabelecido em pesquisas, subsumindo-se à categoria de fato notório. Art. 334, I, CPC. Dano moral que se evidencia pela lesão ao direito à integridade física e pelo conteúdo da Lei n. 12.190/2010, que assim reconhece. Reparações a serem fixadas pelos critérios dessa lei e da Lei n. 7.070/82. Apelo a que se dá provimento para, afastando a prejudicial de prescrição, condenar a ré a pagar à autora indenização por danos materiais e morais, além das custas, taxa judiciária e honorários de sucumbência de R$ 15.000,00, com base no art. 20, § 4º, do CPC. (TJRJ, Ap. Cível n. 0040604-44.2009.8.19.0014, 3ª Câm. Cível, rel. Des. Luiz Fernando de Carvalho, *DJe* 08.08.2013, p. 126)

Art. 14. É válida, com objetivo científico, ou altruístico, a disposição gratuita do próprio corpo, no todo ou em parte, para depois da morte.

Parágrafo único. O ato de disposição pode ser livremente revogado a qualquer tempo.

➡ Artigo sem correspondência no CC/1916.
➡ Veja art. 199 da CF.
➡ Veja Lei n. 8.501/92 (utilização de cadáver não reclamado para fins de estudos ou pesquisas científicas).
➡ Veja art. 1º da Lei n. 9.434/97 (transplante de órgãos).
➡ Veja Decreto n. 2.268/97 (regulamenta a Lei n. 9.434/97).

É aceita a disposição para depois da morte do corpo de forma integral ou de parte dele, sendo, porém, tal ato de disposição revogável. A normativa que trata de transplante de tecidos e partes do corpo humano e a Lei n. 9.434/97 que condiciona ainda a retirada de órgão ao diagnóstico de morte encefálica averiguada e registrada por dois médicos que não coincidam com aqueles pertencentes à equipe que proceda o transplante. Diga-se que a autorização para a retirada do material do corpo pode ser feita pelo próprio doador não sendo necessária forma especial para tanto. Se não houver, porém, autorização do doador, essa poderá ser realizada por meio do cônjuge. Se se tratar de incapaz, a referida autorização deverá advir por ambos os pais ou pelos representantes legais. Por último, após a remoção do material do cadáver, esse deverá ser entregue de forma dignamente recomposta à família.

■ Enunciado n. 277 da IV Jornada de Direito Civil: "O art. 14 do Código Civil, ao afirmar a validade da disposição gratuita do próprio corpo, com objetivo científico ou altruístico, para depois da morte, determinou que a manifestação expressa do doador de órgãos em vida prevalece sobre a vontade dos familiares, portanto, a aplicação do art. 4º da Lei n. 9.434/97 ficou restrita à hipótese de silêncio do potencial doador".

■ Enunciado n. 402 da V Jornada de Direito Civil: "O art. 14, parágrafo único, do Código Civil, fundado no consentimento informado, não dispensa o consentimento dos adolescentes para a doação de medula óssea prevista no art. 9º, § 6º, da Lei n. 9.434/97 por aplicação analógica dos arts. 28, § 2º (alterado pela Lei n. 12.010/2009), e 45, § 2º, do ECA".

Art. 15. Ninguém pode ser constrangido a submeter-se, com risco de vida, a tratamento médico ou a intervenção cirúrgica.

Código Civil comentado e anotado   Arts. 15 e 16

➡ Artigo sem correspondência no CC/1916.
➡ Veja art. 5º, II e III, da CF.

O profissional da saúde deve respeitar a vontade do paciente, ou de seu representante, se incapaz. Portanto, deve haver consentimento livre e informado. Imprescindível será a informação detalhada sobre seu estado de saúde e o tratamento a ser seguido, para que tome decisão sobre a terapia a ser utilizada. O profissional da saúde deve desenvolver seu trabalho com o consentimento do paciente ou da família, a fim de resguardar a própria dignidade da pessoa humana (art. 1º, III, da CF).

■ Enunciado n. 403 da V Jornada de Direito Civil: "O direito à inviolabilidade de consciência e de crença, previsto no art. 5º, VI, da Constituição Federal, aplica-se também à pessoa que se nega a tratamento médico, inclusive transfusão de sangue, com ou sem risco de morte, em razão do tratamento ou da falta dele, desde que observados os seguintes critérios: a) capacidade civil plena, excluído o suprimento pelo representante ou assistente; b) manifestação de vontade livre, consciente e informada; e c) oposição que diga respeito exclusivamente à própria pessoa do declarante".

■ Enunciado n. 533 da VI Jornada de Direito Civil: "O paciente plenamente capaz poderá deliberar sobre todos os aspectos concernentes a tratamento médico que possa lhe causar risco de vida, seja imediato ou mediato, salvo as situações de emergência ou no curso de procedimentos médicos cirúrgicos que não possam ser interrompidos".

■ Indenização por dano material, moral e estético. Cirurgia reparadora de mamas e abdômen. Cicatrizes queloideanas. Cirurgia reparadora e estética. Obrigação de resultado quanto à parcela estética. A autora realizou cirurgias consecutivas, na tentativa de minimizar as lesões deixadas pelos procedimentos anteriores. Falta de comprovação de que o cirurgião tenha adotado o método menos invasivo existente à época. Predisposição do tecido cutâneo à cicatriz queloideana, por simples constatação das marcas se repetirem nas diversas cirurgias. Dever de informação quanto ao risco do procedimento não alcançar o resultado pretendido não comprovado. Art. 15 do CC. Responsabilidade subjetiva configurada. Arts. 14 § 3º, do CDC, e 186 do CC. Dano moral arbitrado em valor excessivo, reduzindo-se para R$ 30.000,00, em conformidade com os parâmetros doutrinários e legais. Sentença de procedência. Recurso parcialmente provido. (TJSP, Ap. n. 0163540-56.2002.8.26.0100/São Paulo, 5ª Câm. de Dir. Priv., rel. Fábio Podestá, *DJe* 02.10.2013, p. 907)

Art. 16. Toda pessoa tem direito ao nome, nele compreendidos o prenome e o sobrenome.

➡ Artigo sem correspondência no CC/1916.
➡ Veja arts. 1.565, § 1º, 1.571, § 2º, 1.578 e 1.627 do CC/2002.
➡ Veja art. 227, § 6º, da CF.
➡ Veja arts. 4º, 54, 55, 59 e 60 da Lei n. 6.015/73 (Lei de Registros Públicos).

A pessoa natural individualiza-se pelo *nome*, pelo *estado* e pelo *domicílio* (arts. 70 a 78 do CC).

O *nome* é o sinal exterior pelo qual se designa e se individualiza. Deve-se destacar que o nome é um direito da personalidade (arts. 11 a 21 do CC), sendo inalienável e imprescritível (art. 11 do CC).

55

Há três elementos que integram o nome: o *prenome*, que é o nome próprio (p. ex.: João); o sobrenome, *patronímico* ou apelido de família (p. ex.: Silva); e o *agnome*, para diferenciar pessoas com o mesmo nome dentro da mesma família (p. ex.: Júnior, Filho, Neto). Em relação ao nome, faz-se mister destacar, também, o *apelido* ou alcunha (p. ex.: Zezão). Quanto ao *prenome*, cumpre ressaltar que, apesar dele ser de livre escolha dos pais, a lei proíbe nomes vexatórios e que exponham a pessoa ao ridículo.

O município de São Paulo publicou o Decreto n. 51.180, de 14.01.2010, que dispõe sobre a utilização do nome social de travestis e transexuais em todos os registros municipais relativos aos serviços públicos sob sua responsabilidade (art. 1º), além de garantir o reconhecimento de seu nome social perante a sociedade.

■ Agravo de instrumento. Retificação de registro. Mudança de sexo. Ausência de cirurgia de transgenitalização. Constada e comprovada a condição de transgênero, inclusive já com alteração do nome deferida e efetivada, mostra-se viável deferir a alteração do sexo, mesmo sem a realização da cirurgia de transgenitalização. Enunciados ns. 42 e 43 da 1ª Jornada de Direito da Saúde promovida pelo CNJ. Precedentes. Deram provimento. (TJRS, AI n. 70.060.459.930, 8ª Câm. Cível, rel. Rui Portanova, j. 21.08.2014)

■ Apelação cível. Registro civil. Ação de retificação de registro civil. Pedido de supressão do patronímico paterno. Descabimento, no caso. Direito personalíssimo ao nome. 1. Nos termos no art. 16 do CC, o nome da pessoa, nele compreendido o prenome e o sobrenome, se constitui direito personalíssimo, corolário do princípio da dignidade da pessoa humana. Por tais razões, inobstante o disposto na Lei de Registros Públicos acerca da alteração do nome, no sentido de não se admitir a prejudicialidade aos apelidos de família, o Col. STJ tem reconhecido, em casos excepcionais, a possibilidade de alteração de nome, inclusive com supressão de apelidos de família, desde que haja motivação justa e plausível. Para tanto, conforme o art. 56 da LRP, o interessado poderá requerer a alteração de seu nome após atingir a maioridade. 2. No caso dos autos, entretanto, não há como se chancelar a pretendida supressão de patronímico paterno, haja vista que os requerentes são menores impúberes, contando apenas 10 e 11 anos de idade, e certamente não possuem discernimento e maturidade suficientes para compreender a extensão e a magnitude do ato de excluir o sobrenome que identifica um dos seus troncos familiares. Se for o caso, poderão eles, após o implemento da maioridade, pleitear motivadamente a alteração de seu nome. O que não se pode fazer é ceifar prematuramente o direito personalíssimo ao nome, de titularidade dos infantes. Negaram provimento. Unânime. (TJRS, Ap. Cível n. 70.057.954.653, 8ª Câm. Cível, rel. Des. Luiz Felipe Brasil Santos, j. 13.03.2014)

■ Registro civil. Mudança de prenome. Em virtude da ausência de dispositivo legal para situações em que o pai registra a filha com prenome diverso daquele combinado com a mãe, cabe ao magistrado construir uma resposta jurisdicional que se harmonize com os valores constitucionalmente prestigiados. Ficou comprovado por documentos e testemunhos que a autora-apelante deveria ter sido registrada com o prenome mencionado na inicial. Os genitores estão de acordo com o pleito de retificação, cujo acolhimento não trará prejuízo a terceiros. Sentença reformada. Recurso provido. (TJSP, Ap. n. 0002418-14.2009.8.26.0189/São Paulo, 10ª Câm. de Dir. Priv., rel. Roberto Maia, j. 11.02.2014)

Art. 17. O nome da pessoa não pode ser empregado por outrem em publicações ou representações que a exponham ao desprezo público, ainda quando não haja intenção difamatória.

➡ Artigo sem correspondência no CC/1916.
➡ Veja art. 5º, X, da CF.

Código Civil comentado e anotado   Arts. 17 a 19

➡ Veja arts. 20 a 22, 25, 49 e 56 da Lei n. 5.250/67 (liberdade de manifestação de pensamento de informação).

O art. 17 é estruturado pelo direito à honra objetiva. O nome da pessoa não pode ser empregado por outrem em publicações ou representações que a exponham ao desprezo público, ainda quando não haja intenção difamatória, conforme dispõe o art. 17 do CC, artigo este estruturado pelo direito à honra objetiva. O direito ao nome é personalíssimo e indisponível, por isso, sem autorização, não se pode usar o nome alheio em propaganda comercial, por exemplo.

Protege-se, juridicamente, o pseudônimo adotado para fins de atividades lícitas usados por literatos e artistas, tendo em vista a importância de que goza, por identificá-los no mundo das letras e das artes, mesmo que não tenham alcançado a notoriedade.

■ Súmula n. 221 do STJ: "São civilmente responsáveis pelo ressarcimento de dano, decorrente de publicação pela imprensa, tanto o autor de escrito quanto o proprietário do veículo de divulgação".

■ Responsabilidade civil. Festa escolar. Inserção de nome de professora por alunos em convite. Danos morais. Inocorrência. Arguição de violação das regras dos arts. 17 e 18 do CC. Improcedência. Uso indevido do nome não configurado. Inexistência de exposição ao desprezo público ou de propaganda comercial. Sensibilidade exacerbada ou exagero. Sentença correta. Fundamentos ratificados (art. 252 do Regimento Interno). Apelação não provida. (TJSP, Ap. n. 0003255-66.2010.8.26.0405/Osasco, 2ª Câm. de Dir. Priv., rel. Guilherme Santini Teodoro, *DJe* 16.06.2014, p. 1.339)

Art. 18. Sem autorização, não se pode usar o nome alheio em propaganda comercial.

➡ Artigo sem correspondência no CC/1916.

O direito ao nome é indisponível, por isso, sem autorização, não se pode usar o nome alheio em propaganda comercial (*vide* art. 1º, III, da CF e art. 11 do CC), inclusive não se pode expor o nome de uma pessoa em nenhuma propaganda sem sua autorização sob pena de responsabilidade civil pelo ato ilícito realizado (art. 186 e/ou art. 187 c/c o art. 927, *caput*, do CC).

O nome da pessoa. É graças à permanência e à fixidez do nome que se pode imputar a um indivíduo, hoje, as consequências de fatos que ocorreram anteriormente "e para se vislumbrar a importância do nome na vida civil, suponha-se uma sociedade sem nome, uma sociedade em que o nome possa ser alterado a cada passo". Portanto, o art. 18 preserva que não se veicule no meio de imprensa nome alheio em propaganda comercial. O Conselho Nacional de Autorregulamentação Publicitária (Conar) tem atribuição administrativa para cuidar disso.

■ Enunciado n. 278 da IV Jornada de Direito Civil: "A publicidade que venha a divulgar, sem autorização, qualidades inerentes a determinada pessoa, ainda que sem mencionar seu nome, mas sendo capaz de identificá-la, constitui violação a direito da personalidade".

Art. 19. O pseudônimo adotado para atividades lícitas goza da proteção que se dá ao nome.

➡ Artigo sem correspondência no CC/1916.

Arts. 19 e 20 — Almeida Guilherme

Protege-se juridicamente o pseudônimo adotado para fins de atividades lícitas usado por literatos e artistas, tendo em vista a importância de que goza, por identificá-los no mundo das letras e das artes, mesmo que não tenham alcançado a notoriedade. O art. 19 advém do mesmo direito do art. 17 do CC.

■ Ação de obrigação de não fazer cumulada com pedido indenizatório. Uso do nome artístico. Dupla sertaneja "Ataíde e Alexandre". Manutenção da nomenclatura antiga, após a substituição do cantor Ataíde pelo correquerido. Expressão que, na verdade, é o sobrenome do autor e está ligada às pessoas e à imagem dos dois integrantes originais da dupla, gozando da proteção dada ao nome (CC, art. 19). Controvérsia que ultrapassa a questão marcaria. Contrato de cessão garantindo o uso do nome de fantasia pela gravadora, independente dos componentes. Irrelevância. Cláusula que perde a validade diante da proteção aos direitos da personalidade e dos consumidores. Prova de que a projeção de lucro por longos anos é incompatível com a nova dupla formada, devendo-se ao enraizamento preconizado pelo cofundador. Abstenção determinada. Responsabilidade dos corréus pelos danos materiais e morais decorrentes do uso indevido da expressão "Ataíde". Sentença mantida por seus próprios fundamentos. Recursos improvidos. (TJSP, Ap. n. 9219808-10.2007.8.26.0000/São Paulo, 8ª Câm. de Dir. Priv., rel. Pedro de Alcântara da Silva Leme Filho, *DJe* 17.02.2014, p. 1.245)

Art. 20. Salvo se autorizadas, ou se necessárias à administração da justiça ou à manutenção da ordem pública, a divulgação de escritos, a transmissão da palavra, ou a publicação, a exposição ou a utilização da imagem de uma pessoa poderão ser proibidas, a seu requerimento e sem prejuízo da indenização que couber, se lhe atingirem a honra, a boa fama ou a respeitabilidade, ou se se destinarem a fins comerciais.

Parágrafo único. Em se tratando de morto ou de ausente, são partes legítimas para requerer essa proteção o cônjuge, os ascendentes ou os descendentes.

➡ Artigo sem correspondência no CC/1916.
➡ Veja arts. 12, parágrafo único, 22 a 25, 186 a 188, 943 e 953 do CC/2002.
➡ Veja art. 5º, V e X, da CF.
➡ Veja Lei n. 5.250/67 (liberdade de manifestação de pensamento e de informação).
➡ Veja arts. 143 e 247 da Lei n. 8.069/90 (Estatuto da Criança e do Adolescente).
➡ Veja Lei n. 9.610/98 (direitos autorais).

O art. 20 trata da tutela do direito à imagem e dos direitos a ela conexos: direitos de interpretação, à imagem e autoral, dano à imagem. O direito à imagem possui limitações. Nos casos em que se trata de pessoa notória, referir-se a exercício de cargo público, procura-se atender a administração ou serviço da justiça ou de polícia, de garantia da segurança pública nacional, atender o interesse público, necessidade de resguardar a saúde pública ou a figura obtida for tão somente parte do cenário, dispensa-se a anuência para divulgação da imagem.

No caso de biografias, a matéria sempre foi cercada de polêmica. Por um lado, os biografados alegavam a exposição de sua intimidade e vida privada, de outro ficava em xeque o direito constitucional à liberdade de expressão, flagrantemente violado por censuras prévias e proibição de circulação de determinadas obras. Recentemente, o STF no julgamento da ADIn n. 4.815 deu interpretação conforme a Constituição sem redução de texto aos arts. 20 e 21 do CC de forma a declarar inexigível o consentimento do biografado ou de coadjuvantes, ou ainda de familiares no caso de falecidos, relativo a obras biográficas literárias ou audiovisuais (STF, ADIn n. 4.815/DF, rel. Min. Carmen Lucia, *DJe* 16.02.2016).

Código Civil comentado e anotado

Arts. 20 e 21

▪ Súmula n. 221 do STJ: "São civilmente responsáveis pelo ressarcimento de dano, decorrente de publicação pela imprensa, tanto o autor do escrito quanto o proprietário do veículo de divulgação".

▪ Veja no art. 12 os Enunciados ns. 5 da I Jornada de Direito Civil, 275 da IV Jornada de Direito Civil, 399 e 400 da V Jornada de Direito Civil.

▪ Enunciado n. 279 da IV Jornada de Direito Civil: "A proteção à imagem deve ser ponderada com outros interesses constitucionalmente tutelados, especialmente em face do direito de amplo acesso à informação e da liberdade de imprensa. Em caso de colisão, levar-se-á em conta a notoriedade do retratado e dos fatos abordados, bem como a veracidade destes e, ainda, as características de sua utilização (comercial, informativa, biográfica), privilegiando-se medidas que não restrinjam a divulgação de informações".

▪ Direito civil. Recurso especial. Ação de reparação de danos materiais cumulada com compensação por danos morais. Utilização de imagem após a extinto contrato de cessão de uso. Dano moral *in re ipsa*. Artigos analisados: 11, 20 e 398 do CC. 1. Ação de reparação de danos materiais cumulada com compensação por danos morais ajuizada em 14.02.2008. Recurso especial concluso ao Gabinete em 13.08.2012. 2. Demanda em que se discute a existência de dano moral puro decorrente da utilização de imagem com fins comerciais após a extinção de contrato de cessão em razão do advento do termo contratual. 3. Dispensa-se a comprovação de dor e sofrimento, sempre que demonstrada a ocorrência de ofensa injusta à dignidade da pessoa humana. 4. A violação do direito à imagem, decorrente de sua utilização para fins comerciais sem a prévia autorização, caracteriza dano moral *in re ipsa* a ser compensado (Súmula n. 403 do STJ). 5. Em se tratando de responsabilidade extracontratual, os juros de mora contam-se desde a data do evento danoso, nos termos da Súmula n. 54 do STJ, sejam os danos materiais ou morais. 6. Recurso especial provido. (STJ, REsp n. 1.337.961, 3ª T., rel. Min. Nancy Andrighi, *DJe* 03.06.2014, p. 1.496)

Art. 21. A vida privada da pessoa natural é inviolável, e o juiz, a requerimento do interessado, adotará as providências necessárias para impedir ou fazer cessar ato contrário a esta norma.

➡ Artigo sem correspondência no CC/1916.
➡ Veja art. 1.513 do CC/2002.
➡ Veja arts. 5º, X, e 226, § 7º, da CF.

Intimidade e privacidade não se confundem. Enquanto a intimidade diz respeito a aspectos internos do indivíduo, por exemplo, os segredos, a privacidade volta-se a questões relacionadas com o mundo externo do indivíduo, como na escolha do modo de viver, dos hábitos, entre outros. O direito à vida privada da pessoa possui interesse jurídico e tem por escopo resguardar o seu titular, permitindo que ele possa impedir ou fazer cessar invasão dentro de sua esfera íntima, e usando para sua defesa as ações constitucionais, como: mandado de injunção, *habeas data*, *habeas corpus*, mandado de segurança, cautelares inominadas e ação de responsabilidade civil por dano moral e patrimonial (Súmula n. 37 do STJ).

Ademais, importante incremento legislativo se deu no ano de 2018, com a Lei n. 13.709/2018, intitulada Lei Geral de Proteção de Dados (LGPD). A LGPD, diante da tecnologia e avanço digital – tem como bem jurídico o maior bem imaterial do planeta: "os dados pessoais", ou seja, qualquer informação da pessoa natural identificável ou identificada deve ser autorizada pela pessoa física, já que a lei traz uma nova cultura em prol de direitos de personalidade (arts. 11 a 21 do CC, principalmente o art. 11: "Com exceção dos casos previstos em lei, os direitos da personalidade são intransmissíveis e irrenunciáveis, não podendo o seu exercício sofrer limitação voluntária") e dos direitos humanos em prol da dignidade da pessoa (art. 1º, III, da CF, cláusula pétrea em conformidade com o art. 60, § 4º, IV, da CF).

Em locais em que muitas vezes as pessoas acham insignificantes os dados que disponibilizam, estes, muitas vezes, agrupados, confrontados, analisados, estudados em conjunto podem ser utilizados para distorcer democracias, trazer graves ameaças a direitos fundamentais existentes e ainda gerar ideologias racistas e de segregação.

Em contrapartida, os dados pessoais que são estereótipos do próprio direito de personalidade da pessoa humana não podem ser utilizados, também, em prol de empresas para capitanear a tendência de consumo da coletividade ou da sociedade. Esses dados sensíveis têm de ser delimitados pela vontade das pessoas em autorizar ou não, seja pelo simples uso, seja pelo seu valor.

A lei privilegia a prevenção pautada na liberdade das pessoas naturais, mas deve-se lembrar que esses direitos – ou melhor, essa nova cultura de direitos trazida pela LGPD – devem ser assistidos e delimitados pelos direitos da personalidade já trazidos pelo Código Civil de 2002 dentro daquela estrutura principiológica do Direito Civil em que eticidade e socialidade fazem parte da interpretação da norma jurídica.

Os dados pessoais, dados sensíveis das pessoas humanas, são intransmissíveis e irrenunciáveis, devendo sempre ser autorizada sua permissão, já que, como sombra do direito de personalidade, não pode meramente sofrer limitação voluntária sem explicações do porquê se dá ou não essa permissão. O Poder Judiciário, a doutrina e os órgãos de fiscalização trazidos pela LGPD devem sempre se ater a isso para resguardar direito inerente às pessoas naturais. Mesmo assim, qualquer utilização equivocada deve ser pautada em perdas e danos, sendo legítimo a requerer tal medida o cônjuge sobrevivente, ou qualquer parente em linha reta, ou colateral até o quarto grau, por analogia do parágrafo único do art. 12 do CC, sendo lembrado que: "a vida privada da pessoa natural é inviolável, e o juiz, a requerimento do interessado, adotará as providências necessárias para impedir ou fazer cessar ato contrário a esta norma" (art. 21 do CC).

- Enunciado n. 404 da V Jornada de Direito Civil: "A tutela da privacidade da pessoa humana compreende os controles espacial, contextual e temporal dos próprios dados, sendo necessário seu expresso consentimento para tratamento de informações que versem especialmente sobre o estado de saúde, a condição sexual, a origem racial ou étnica, as convicções religiosas, filosóficas e políticas".

- Enunciado n. 405 da V Jornada de Direito Civil: "As informações genéticas são parte da vida privada e não podem ser utilizadas para fins diversos daqueles que motivaram seu armazenamento, registro ou uso, salvo com autorização do titular".

- Tutela inibitória. Interesse processual. Existência. A ação inibitória é adequada para proteção de direitos da personalidade. Aplicação dos arts. 5º, XXXV, da CF, 12 e 21, do CC, e 287 e 461, do CPC. Necessidade de, caso a caso, verificar risco concreto de futura violação do direito, possibilidade de cumprimento específico da obrigação e ausência de dano excessivo. Preliminar rejeitada. Direitos da personalidade. Privacidade e intimidade. Obrigação de não fazer. Tutela inibitória. Pretensão de filho para compelir sua mãe a abster-se de com ele tentar manter contato físico, telefônico, eletrônico ou de

Código Civil comentado e anotado

Arts. 21 a 23

qualquer natureza. Arguições de perseguição obsessiva e violação de intimidade e privacidade. Insubsistência. Provas que não indicam grave e dolosa violação de direitos fundamentais. Mensagens basicamente circunscritas ao restabelecimento de contato entre mãe e filho, prejudicado após a separação dos pais do autor, à expressão de amor materno e a pedidos de conversa, perdão ou segunda chance. Caso, ademais, de falta de delimitação da extensão e profundidade dos deveres de abstenção que o autor pretende impor à ré, o que implica em impossibilidade de cumprimento específico da obrigação e dano excessivo à esfera jurídica da ré. Curso, também, de ação indenizatória aparentemente fundada nos mesmos fatos. Ação improcedente. Sentença reformada. Apelação da ré provida. Recurso do autor prejudicado. (TJSP, Ap. n. 0186933-29.2010.8.26.0100/São Paulo, 2ª Câm. de Dir. Priv., rel. Guilherme Santini Teodoro, *DJe* 18.02.2014, p. 1.256)

CAPÍTULO III
DA AUSÊNCIA

Seção I
Da Curadoria dos Bens do Ausente

Art. 22. Desaparecendo uma pessoa do seu domicílio sem dela haver notícia, se não houver deixado representante ou procurador a quem caiba administrar-lhe os bens, o juiz, a requerimento de qualquer interessado ou do Ministério Público, declarará a ausência, e nomear-lhe-á curador.

➡ Veja art. 463 do CC/1916.
➡ Veja arts. 6º, 7º, 9º, IV, 198, II, 335, III, 428, II e III, 1.728, I, e 1.759 do CC/2002.
➡ Veja arts. 49, 72, parágrafo único, 242, § 1º, 543, 544, IV, 671, I, 744 e 745 do CPC/2015.
➡ Veja arts. 29, VI, e 94 da Lei n. 6.015/73 (Lei de Registros Públicos).
➡ Veja art. 94, III, *f*, da Lei n. 11.101/2005 (Lei de Recuperação e Falência).

Averiguando o desaparecimento de uma pessoa de seu domicílio (arts. 70 a 78 do CC), sem que haja notícia sobre seu paradeiro, e sem deixar representante ou procurador, para que possa administrar seus bens, o juiz, a requerimento de qualquer interessado, podendo ser parente ou não, ou ainda do Ministério Público, declarará a ausência e, em seguida, designará um curador, apenas se houver bens para serem administrados.

Art. 23. Também se declarará a ausência, e se nomeará curador, quando o ausente deixar mandatário que não queira ou não possa exercer ou continuar o mandato, ou se os seus poderes forem insuficientes.

➡ Veja art. 464 do CC/1916.
➡ Veja arts. 653 e 682 do CC/2002.
➡ Veja art. 744 do CPC/2015.

Na hipótese de alguém desaparecer de seu domicílio deixando representante (art. 115 do CC), não se pode impor o comando do art. 22 do CC. Nomear-se-á o curador quando o au-

Arts. 23 a 26 — Almeida Guilherme

sente deixar mandatário que não queira ou não possa exercer ou continuar o mandato ou se seus poderes forem insuficientes para dar continuidade à administração do patrimônio.

Art. 24. O juiz, que nomear o curador, fixar-lhe-á os poderes e obrigações, conforme as circunstâncias, observando, no que for aplicável, o disposto a respeito dos tutores e curadores.

- ➡ Veja art. 465 do CC/1916.
- ➡ Veja arts. 1.728 a 1.783-A do CC/2002.
- ➡ Veja arts. 739, § 1º, e 759 a 763 do CPC/2015.
- ➡ Veja art. 201 da Lei n. 8.069/90 (Estatuto da Criança e do Adolescente).

O juiz deverá aplicar à nomeação do curador as normas do direito de família (arts. 1.728 a 1.783-A do CC), de acordo com os próprios parâmetros pautados no princípio da aplicabilidade. Em linhas gerais, como bem observa o Professor Carlos Eduardo Nicoletti Camillo: "compete ao curador a guarda, conservação e administração dos bens pertencentes ao ausente de modo a evitar que se deteriorem, extraviem ou se percam" (CAMILLO, Carlos Eduardo et al. *Comentários ao Código Civil.* São Paulo, RT, 2006, p. 98).

Art. 25. O cônjuge do ausente, sempre que não esteja separado judicialmente, ou de fato por mais de dois anos antes da declaração da ausência, será o seu legítimo curador.
§ 1º Em falta do cônjuge, a curadoria dos bens do ausente incumbe aos pais ou aos descendentes, nesta ordem, não havendo impedimento que os iniba de exercer o cargo.
§ 2º Entre os descendentes, os mais próximos precedem os mais remotos.
§ 3º Na falta das pessoas mencionadas, compete ao juiz a escolha do curador.

- ➡ Veja arts. 466 a 468 do CC/1916.
- ➡ Veja arts. 1.570, 1.651, 1.775 e 1.783-A do CC/2002.
- ➡ Veja art. 744 do CPC/2015.

O cônjuge do ausente será o legítimo curador, desde que não esteja separado judicialmente ou de fato por mais de dois anos, já que assim poderia constituir outra entidade familiar no período. Não havendo cônjuge, ou nos dois casos do *caput* do art. 25, a curadoria dos bens do ausente incumbe aos pais ou aos descendentes, não havendo nenhum impedimento para que eles exerçam o cargo. Na falta desses, os descendentes sendo que os mais próximos precedem os mais remotos e, por fim, aplicar-se-á o art. 24 com as regras estabelecidas nos arts. 1.728 a 1.783-A do CC.

Seção II
Da Sucessão Provisória

Art. 26. Decorrido um ano da arrecadação dos bens do ausente, ou, se ele deixou representante ou procurador, em se passando três anos, poderão os interessados requerer que se declare a ausência e se abra provisoriamente a sucessão.

- ➡ Veja art. 469 do CC/1916.
- ➡ Veja art. 28, § 1º, do CC/2002.

Código Civil comentado e anotado   Arts. 26 a 28

➡ Veja art. 5º, XXXI, da CF.
➡ Veja arts. 744 e 745 do CPC/2015.
➡ Veja art. 104, parágrafo único, da Lei n. 6.015/73 (Lei de Registros Públicos).

O bem jurídico que se preserva neste disposto é prevenir o eventual e esperado retorno de quem desapareceu de sorte que ele possa ter esse bem quando reaparecer. Portanto, a sucessão provisória é uma forma de antecipar a sucessão, sem delinear definitivamente o destino do patrimônio do desaparecido. Com a abertura da sucessão provisória, cessa a curatela dos bens do ausente. O art. 745 do CPC dispõe sobre a cessação da curadoria: I – pelo comparecimento do ausente, do seu procurador ou de quem o represente; II – pela certeza da morte do ausente; e III – pela sucessão provisória.

Art. 27. Para o efeito previsto no artigo anterior, somente se consideram interessados:
I – o cônjuge não separado judicialmente;
II – os herdeiros presumidos, legítimos ou testamentários;
III – os que tiverem sobre os bens do ausente direito dependente de sua morte;
IV – os credores de obrigações vencidas e não pagas.

➡ Veja art. 470 do CC/1916.
➡ Veja arts. 28, § 1º, e 1.951 do CC/2002.
➡ Veja art. 745 do CPC/2015.

Os interessados são: I – o cônjuge não separado judicialmente; II – os herdeiros presumidos, legítimos ou testamentários; III – os que tiverem sobre os bens do ausente direito dependente de sua morte; IV – os credores de obrigações vencidas e não pagas (*vide* art. 745, §§ 1º e 4º, do CPC).

Do herdeiro esquecido na sucessão provisória. O herdeiro esquecido na sucessão provisória terá vinte anos a partir da abertura da sucessão provisória para pleitear seu quinhão.

Da sucessão definitiva. A sucessão definitiva poderá ser requerida a qualquer tempo se o ausente for encontrado morto ou se o ausente contar oitenta anos e houver decorrido cinco anos de suas últimas notícias. Se aberta a sucessão definitiva da presumida morte e ele voltar, aplicam-se, por analogia, as normas da sucessão definitiva do ausente (também presumido morto).

Art. 28. A sentença que determinar a abertura da sucessão provisória só produzirá efeito cento e oitenta dias depois de publicada pela imprensa; mas, logo que passe em julgado, proceder-se-á à abertura do testamento, se houver, e ao inventário e partilha dos bens, como se o ausente fosse falecido.
§ 1º Findo o prazo a que se refere o art. 26, e não havendo interessados na sucessão provisória, cumpre ao Ministério Público requerê-la ao juízo competente.
§ 2º Não comparecendo herdeiro ou interessado para requerer o inventário até trinta dias depois de passar em julgado a sentença que mandar abrir a sucessão provisória, proceder-se-á à arrecadação dos bens do ausente pela forma estabelecida nos arts. 1.819 a 1.823.

➡ Veja art. 471 do CC/1916.
➡ Veja art. 745 do CPC/2015.

Arts. 28 a 31 — Almeida Guilherme

➡ Veja art. 104, parágrafo único, da Lei n. 6.015/73 (Lei de Registros Públicos).

Encerrando o prazo legal de um ano, se os legitimados dispostos no art. 27 deixarem transcorrer ou não houver interesse na sucessão provisória (art. 26 do CC), competirá ao Ministério Público requerê-la.

Da sentença. A sentença que determinar a abertura da sucessão provisória produzirá efeitos somente 180 dias após a publicação pela imprensa (art. 28, *caput*, do CC). Após trânsito em julgado, ter-se-á a abertura do testamento, caso haja, e o inventário e a partilha dos bens serão processados como se o ausente fosse falecido.

Art. 29. Antes da partilha, o juiz, quando julgar conveniente, ordenará a conversão dos bens móveis, sujeitos a deterioração ou a extravio, em imóveis ou em títulos garantidos pela União.

➡ Veja art. 472 do CC/1916.
➡ Veja art. 33 do CC/2002.
➡ Veja art. 730 do CPC/2015.

Para garantir os bens móveis que podem se deteriorar, o juiz pode ordenar a conversão deles em bens imóveis e/ou títulos da União, porém antes da partilha.

Art. 30. Os herdeiros, para se imitirem na posse dos bens do ausente, darão garantias da restituição deles, mediante penhores ou hipotecas equivalentes aos quinhões respectivos.

§ 1º Aquele que tiver direito à posse provisória, mas não puder prestar a garantia exigida neste artigo, será excluído, mantendo-se os bens que lhe deviam caber sob a administração do curador, ou de outro herdeiro designado pelo juiz, e que preste essa garantia.

§ 2º Os ascendentes, os descendentes e o cônjuge, uma vez provada a sua qualidade de herdeiros, poderão, independentemente de garantia, entrar na posse dos bens do ausente.

➡ Veja arts. 473 e 474 do CC/1916.
➡ Veja arts. 34, 1.431 a 1.472 (penhor) e 1.473 a 1.505 (hipoteca).

Presume-se que os herdeiros zelarão pelos quinhões recebidos a título provisório, exceto ascendente, descendente e ou cônjuge; os demais herdeiros deverão dar garantia de sua devolução, ante a precariedade de seu direito; aquele que não prestar garantia será excluído da imissão; mantendo-se os bens que lhe deviam caber sob a administração do curador ou de outro herdeiro designado pelo juiz que presta garantia.

Art. 31. Os imóveis do ausente só se poderão alienar, não sendo por desapropriação, ou hipotecar, quando o ordene o juiz, para lhes evitar a ruína.

➡ Veja art. 475 do CC/1916.

Os imóveis do ausente (os arrecadados e os convertidos – art. 29 do CC) não poderão ser alienados, salvo em caso de desapropriação, ou hipotecados quando ordenado pelo magistrado para evitar a ruína, garantindo o patrimônio do ausente, no caso de seu retorno.

■ Ação anulatória. Ação anulatória de arrematação judicial. Executado declarado ausente. Alegação de violação do direito preferencial de arrematação do sucessor provisório e de inalienabilidade da parte ideal pertencente ao ausente. Sucessão provisória que não foi requerida pelos interessados. Herdeiro que não figura como sucessor. Nulidade da arrematação inexistente. Imóvel do ausente que pode ser arrematado em expropriação forçada. Inteligência do art. 31 do CC. Sentença mantida. Recurso desprovido. (TJSP, Ap. n. 0000450-13.2011.8.26.0242/Igarapava, 3ª Câm. de Dir. Priv., rel. Alexandre Marcondes, *DJe* 22.05.2014, p. 973)

Art. 32. Empossados nos bens, os sucessores provisórios ficarão representando ativa e passivamente o ausente, de modo que contra eles correrão as ações pendentes e as que de futuro àquele forem movidas.

➡ Veja art. 476 do CC/1916.

Os sucessores provisórios ficarão responsáveis pela gestão do patrimônio do ausente no caso de os bens serem impessoais, seja pelo passivo como pelo ativo patrimonial.

Art. 33. O descendente, ascendente ou cônjuge que for sucessor provisório do ausente, fará seus todos os frutos e rendimentos dos bens que a este couberem; os outros sucessores, porém, deverão capitalizar metade desses frutos e rendimentos, segundo o disposto no art. 29, de acordo com o representante do Ministério Público, e prestar anualmente contas ao juiz competente.

Parágrafo único. Se o ausente aparecer, e ficar provado que a ausência foi voluntária e injustificada, perderá ele, em favor do sucessor, sua parte nos frutos e rendimentos.

➡ Veja art. 477 do CC/1916.

O art. 33 dispõe sobre o direito aos frutos e aos rendimentos dos bens do ausente. A professora Maria Helena Diniz entende que: "se o sucessor provisório do ausente for seu descendente, ascendente ou cônjuge, terá a propriedade de todos os frutos e rendimentos dos bens que a este couberem, podendo deles dispor, como quiser, visto serem herdeiros necessários do desaparecido (arts. 1.829, I a III, e 1.845 do CC)" (DINIZ, 2009, p. 77).

Se se tratar de outros sucessores que não aqueles enumerados no art. 33, deverão capitalizar metade dos frutos e dos rendimentos produzidos pelo quinhão recebido, ou seja, converter a metade desses rendimentos e frutos, se sujeitos a deterioração ou extravio, em imóveis ou títulos garantidos pela União (art. 29 do CC), a fim de garantir sua ulterior e possível restituição ao ausente. Tal capitalização deverá ser feita de acordo com o Ministério Público, que, além de determinar qual o melhor emprego da metade daqueles rendimentos, deverá fiscalizá-lo.

Art. 34. O excluído, segundo o art. 30, da posse provisória poderá, justificando falta de meios, requerer lhe seja entregue metade dos rendimentos do quinhão que lhe tocaria.

➡ Veja art. 478 do CC/1916.

O art. 34 retrata o direito do excluído da posse provisória. A Professora Maria Helena Diniz entende que: "o sucessor provisório que não pôde entrar na posse de seu quinhão, por não ter oferecido a garantia legal, poderá justificar-se provando a falta de recursos, requerendo, judicialmente, que lhe seja entregue metade dos frutos e rendimentos produzidos pela parte que lhe caberia e que foi retida, para poder fazer frente à sua subsistência" (DINIZ, 2009, p. 78).

Art. 35. Se durante a posse provisória se provar a época exata do falecimento do ausente, considerar-se-á, nessa data, aberta a sucessão em favor dos herdeiros, que o eram àquele tempo.

➡ Veja art. 479 do CC/1916.
➡ Veja art. 1.784 do CC/2002.
➡ Veja art. 745 do CPC/2015.

Prova da data certa da morte do ausente. Conforme prevê Maria Helena Diniz: "se se provar cabalmente durante a sucessão provisória a data certa da morte do ausente, o direito à herança retroagirá àquela época; logo, considerar-se-á, a partir de então, aberta a sucessão em prol dos herdeiros (art. 1.784 do CC) que legal e comprovadamente o eram àquele tempo. Com isso, a sucessão provisória converter-se-á em definitiva (art. 745, § 3º, do CPC)" (DINIZ, 2009, p. 78). O meio de provar está estabelecido no art. 212 do CC.

Art. 36. Se o ausente aparecer, ou se lhe provar a existência, depois de estabelecida a posse provisória, cessarão para logo as vantagens dos sucessores nela imitidos, ficando, todavia, obrigados a tomar as medidas assecuratórias precisas, até a entrega dos bens a seu dono.

➡ Veja art. 480 do CC/1916.

Regressando o ausente ou enviando notícias suas, cessarão para os sucessores provisórios todas as vantagens (art. 745 do CPC), ficando obrigados a tomar medidas assecuratórias até a devolução dos bens a seu dono, conservando-os e preservando-os, sob pena de perdas e danos.

Sucessores provisórios como herdeiros presuntivos. Os sucessores provisórios são herdeiros presuntivos, uma vez que administram patrimônio supostamente seu; o real proprietário é o ausente, cabendo-lhe, também, a posse dos bens, bem como os seus frutos e seus rendimentos, ou seja, o produto da capitalização ordenada pelo art. 33 do Código Civil. O sucessor provisório, com o retorno do ausente, deverá prestar contas dos bens e de seus acrescidos, devolvendo-os, assim como, se for o caso, os sub-rogados, se não mais existirem.

Código Civil comentado e anotado   Arts. 37 a 39

Seção III
Da Sucessão Definitiva

Art. 37. Dez anos depois de passada em julgado a sentença que concede a abertura da sucessão provisória, poderão os interessados requerer a sucessão definitiva e o levantamento das cauções prestadas.

➡ Veja art. 481 do CC/1916.
➡ Veja art. 6º do CC/2002.
➡ Veja art. 745 do CPC/2015.

O novo Código reduziu de vinte para dez anos (*vide* art. 2.028 do CC) o prazo para o requerimento da sucessão definitiva a ser contado da data da sentença de abertura da sucessão provisória (art. 1.167, II).

Efeitos da abertura da sucessão definitiva. Segundo Maria Helena Diniz, com a sucessão definitiva, os sucessores: "a) passarão a ter a propriedade resolúvel dos bens recebidos; b) perceberão os frutos e rendimentos desses bens, podendo utilizá-los como quiser; c) poderão alienar onerosa ou gratuitamente tais bens; e d) poderão requerer o levantamento das cauções (garantias hipotecárias ou pignoratícias) prestadas" (DINIZ, 2009, p. 79).

▪ Súmula n. 331 do STF: "É legítima a incidência do imposto de transmissão *causa mortis* no inventário por morte presumida".

Art. 38. Pode-se requerer a sucessão definitiva, também, provando-se que o ausente conta oitenta anos de idade, e que de cinco datam as últimas notícias dele.

➡ Veja art. 482 do CC/1916.
➡ Veja art. 6º do CC/2002.
➡ Veja art. 745 do CPC/2015.

Poder-se-á abrir a sucessão definitiva de ausente com 80 anos no caso de se provar sua idade e que de cinco datam as suas últimas notícias (art. 745 do CPC).

▪ Agravo de instrumento. Ação declaratória de ausência. Decisão que determina a abertura de sucessão provisória. Insurgência. Cabimento. Desaparecido que hoje contaria com mais de um século de vida e está ausente há mais de 60 anos. Inteligência do art. 38 do CC. Art. 1.167, III, CPC. Possibilidade de abertura de sucessão definitiva. Requisitos presentes. Decisão reformada. Recurso provido. (TJSP, AI n. 2039621-19.2013.8.26.0000/São Paulo, 7ª Câm. de Dir. Priv., rel. Walter Barone, *DJe* 12.03.2014, p. 1.125)

Art. 39. Regressando o ausente nos dez anos seguintes à abertura da sucessão definitiva, ou algum de seus descendentes ou ascendentes, aquele ou estes haverão só os bens existentes no estado em que se acharem, os sub-rogados em seu lugar, ou o preço que os herdeiros e demais interessados houverem recebido pelos bens alienados depois daquele tempo.

Parágrafo único. Se, nos dez anos a que se refere este artigo, o ausente não regressar, e nenhum interessado promover a sucessão definitiva, os bens arrecadados passarão ao domínio do Município ou do Distrito Federal, se localizados nas respectivas circunscrições, incorporando-se ao domínio da União, quando situados em território federal.

➥ Veja art. 483 do CC/1916.
➥ Veja arts. 1.822 e 1.844 do CC/2002.
➥ Veja art. 745 do CPC/2015.
➥ Veja DL n. 8.207/45.

A sucessão definitiva se consolida após dez anos de sua abertura. Regressando ausente ou seu herdeiro necessário, eles poderão requerer ao juiz a devolução dos bens no estado em que se encontrarem, os sub-rogados em seu lugar ou o preço que os herdeiros ou interessados receberam pelos alienados depois daquele tempo (art. 745, § 4º, do CPC), respeitando-se, assim, os direitos de terceiro.

Declaração da vacância dos bens do ausente. Se, nos dez anos a que se refere o *caput* do art. 39, o ausente não retornar, e nenhum interessado requerer a sucessão definitiva, os bens serão arrecadados como vagos, passando sua propriedade plena ao município ou Distrito Federal, se situados nas respectivas circunscrições, ou à União, se localizados em território federal. A União, o município e o Distrito Federal ficarão obrigados a aplicar tais bens em fundações destinadas ao ensino (Decreto-lei n. 8.207/45, art. 3º).

TÍTULO II
DAS PESSOAS JURÍDICAS

CAPÍTULO I
DISPOSIÇÕES GERAIS

Art. 40. As pessoas jurídicas são de direito público, interno ou externo, e de direito privado.

➥ Veja art. 13 do CC/1916.

Pela definição do dicionário Houaiss, pessoa jurídica é uma "entidade ou associação legalmente reconhecida e autorizada a funcionar", ou seja, um sujeito de direitos e obrigações a quem a lei concedeu personalidade jurídica. É a unidade de pessoas naturais ou de patrimônios que visa à obtenção de certas finalidades, reconhecida pela ordem jurídica como sujeito de direitos e obrigações.

Classificação da pessoa jurídica quanto à sua função e à sua capacidade:

A) De *direito público externo* (art. 42 do CC), regulamentadas pelo direito internacional público, abrangendo: nações estrangeiras, Santa Sé e organismos internacionais (ONU, OEA, Unesco, FAO etc.).

B) De *direito público interno* de administração direta (art. 41, I a III, do CC): União, estados, Distrito Federal, territórios e municípios legalmente constituídos; e de administração indireta (art. 41, IV e V, do CC): órgãos descentralizados, criados por lei, com personalidade jurídica própria para o exercício de atividades de interesse público.

Código Civil comentado e anotado

Arts. 40 e 41

C) De *direito privado*, instituídas por iniciativas de particulares, conforme o art. 44, I a III, que se dividem em: associações, sociedades simples e empresárias, fundações particulares e, ainda, partidos políticos e, a partir de janeiro de 2012, empresa individual de responsabilidade limitada.

■ Embargos de declaração. Processual civil. Constitucional. Ação de obrigação de fazer e dano material. Cerceamento de defesa afastado. Responsabilidade civil do ente municipal. Prequestionamento. Rediscussão da matéria. Ausência de omissão, obscuridade ou contradição na decisão embargada. 1. Não há qualquer omissão, obscuridade ou contradição na decisão embargada. Na verdade, o embargante está pretendendo rediscutir a questão, o que não se admite em sede de embargos declaratórios. 2. As questões em tela foram devidamente enfrentadas e os fundamentos da decisão são suficientes para dar suporte e motivação ao entendimento firmado pelo então relator do recurso, que analisou os artigos suscitados pelo embargante, concluindo inicialmente que não há que se falar em cerceamento do direito de defesa, uma vez que o magistrado singular entendeu que as provas constantes dos autos foram suficientes a formação de sua convicção. 3. No mérito, o arcabouço probatório aos autos juntados corroboram com a tese do autor/embargado. 4. O Município do Cabo de Santo Agostinho deve, sim, promover a reparação do imóvel do embargado na forma estabelecida na sentença singular, uma vez que o ente municipal não conseguiu elidir sua responsabilidade no evento que provocou os danos no imóvel em questão. 5. Os arts. 40 a 43 do CC estabelecem regras quanto à responsabilidade das pessoas jurídicas de direito público. 6. No caso vertente, verifica-se que houve o dano (as fissuras no imóvel do autor), o nexo causal entre a conduta/omissão da administração e o dano material ocorrido com o autor/embargado. 7. Para fins de prequestionamento, o acolhimento dos embargos de declaração pressupõe a existência de alguns dos vícios descritos no art. 535 do CPC (omissão, contradição ou obscuridade), o que não é o caso dos autos. 8. Embargos de declaração improvidos. Decisão unânime. (TJPE, Emb. Decl. Ap. n. 0005630-68.2008.8.17.0370, 1ª Câm. de Dir. Públ., rel. Des. Conv. Josué Antônio Fonseca de Sena, *DJe* 27.09.2013, p. 1.108)

Art. 41. São pessoas jurídicas de direito público interno:
I – a União;
II – os Estados, o Distrito Federal e os Territórios;
III – os Municípios;
IV – as autarquias, inclusive as associações públicas;
Inciso com redação dada pela Lei n. 11.107, de 06.04.2005.
V – as demais entidades de caráter público criadas por lei.
Parágrafo único. Salvo disposição em contrário, as pessoas jurídicas de direito público, a que se tenha dado estrutura de direito privado, regem-se, no que couber, quanto ao seu funcionamento, pelas normas deste Código.

➥ Veja art. 14 do CC/1916.
➥ Veja arts. 8º e 17, § 2º, da CF.
➥ Veja art. 75, I e II, do CPC/2015.
➥ Veja art. 20 da Lei n. 4.717/65 (ação popular).
➥ Veja art. 5º do DL n. 200/67 (autarquias).

Subdividem-se estas em: (i) pessoas jurídicas de direito público externo (ONU, Nações Estrangeiras, Santa Sé), (ii) pessoas jurídicas de direito público interno de administração di-

Arts. 41 a 43 — Almeida Guilherme

reta (União, Estados, Municípios e Distrito Federal) e (iii) de administração indireta (autarquias e fundações públicas).

O início da existência legal da pessoa jurídica de direito público decorre de fatos históricos, de criação constitucional, de lei ou de tratados internacionais.

- Enunciado n. 141 da III Jornada de Direito Civil: "Art. 41: A remissão do art. 41, parágrafo único, do CC às "pessoas jurídicas de direito público, a que se tenha dado estrutura de direito privado", diz respeito às fundações públicas e aos entes de fiscalização do exercício profissional".

- Ação de cobrança. Ilegitimidade passiva da câmara municipal. Ausência de personalidade jurídica para defesa de interesse de cunho patrimonial. Aplicação do art. 41 do CC. A Câmara Municipal é um órgão do Poder Legislativo que possui legitimidade tão somente para defesa de seus interesses e prerrogativas institucionais, ou seja, os relacionados ao funcionamento, autonomia e independência do órgão. Sentença mantida. Recurso desprovido. (TJSP, RN n. 4000992-91.2013.8.26.0597/Sertãozinho, 2ª Câm. de Dir. Públ., rel. Vera Angrisani, *DJe* 07.05.2014, p. 1.441)

- Apelação cível. Ação anulatória. Infração ambiental referente à supressão de vegetação em APP. Ação ajuizada contra a secretaria do meio ambiente, órgão da administração pública, que não detém personalidade jurídica. Indeferimento da inicial. Possibilidade de prosseguimento da ação contra a Fazenda do Estado de São Paulo. A pessoa jurídica é o ente estadual que se encontra claramente identificado na inicial do art. 41, II, do CC. Aplicação do princípio da instrumentalidade das formas. Sentença reformada. Recurso provido. (TJSP, Ap. n. 0011539-90.2011.8.26.0126/Caraguatatuba, 2ª Câm. Res. MA, rel. Eutálio Porto, *DJe* 31.03.2014, p. 1.617)

Art. 42. São pessoas jurídicas de direito público externo os Estados estrangeiros e todas as pessoas que forem regidas pelo direito internacional público.

➡ Artigo sem correspondência no CC/1916.

Pessoas jurídicas de direito público externo são regulamentadas pelo direito internacional público, abrangendo: nações estrangeiras, Santa Sé e organismos internacionais (ONU, OEA, Unesco, FAO etc.).

Art. 43. As pessoas jurídicas de direito público interno são civilmente responsáveis por atos dos seus agentes que nessa qualidade causem danos a terceiros, ressalvado direito regressivo contra os causadores do dano, se houver, por parte destes, culpa ou dolo.

➡ Veja art. 15 do CC/1916.
➡ Veja arts. 186 e 927 a 954 do CC/2002.
➡ Veja art. 37, § 6º, *d*, da CF.
➡ Veja art. 125 do CPC/2015.
➡ Veja art. 6º, § 2º, da Lei n. 4.898/65 (abuso de autoridade).
➡ Veja arts. 121 a 126 da Lei n. 8.112/90 (regime jurídico único dos servidores públicos civis da União).
➡ Veja Lei n. 4.619/65 (ação regressiva da União contra seus agentes).
➡ Veja Lei n. 10.309/2001 (responsabilidade civil da União, perante terceiros, no caso de atentados terroristas ou atos de guerra).

Código Civil comentado e anotado   Arts. 43 e 44

➥ Veja Lei n. 10.744/2003 (responsabilidade civil da União, perante terceiros por atentados terroristas, atos de guerra ou eventos correlatos, contra aeronaves brasileiras).

As pessoas jurídicas de direito público interno de administração direta (União, estados, municípios e Distrito Federal) e de administração indireta (autarquias e fundações públicas) são diretamente responsáveis pelos atos praticados por seus agentes (art. 37, § 6º, da CF), ressalvado direito regressivo contra os causadores do dano, se houver, por parte destes, culpa ou dolo.

■ Responsabilidade civil do Estado. Indenização. Acidente de trânsito envolvendo veículo de propriedade do município. Culpa do condutor do veículo oficial. Verba devida. Inteligência do art. 37, § 6º, da CF. (TJMG, Ap. n. 202.214-3/00, 4ª Câm., j. 07.03.2002)

Art. 44. São pessoas jurídicas de direito privado:
I – as associações;
II – as sociedades;
III – as fundações;
IV – as organizações religiosas;
Inciso acrescentado pela Lei n. 10.825, de 22.12.2003.
V – os partidos políticos;
Inciso acrescentado pela Lei n. 10.825, de 22.12.2003.
VI – (*Revogado pela Medida Provisória n. 1.085, de 27.12.2021.*)
O texto anterior dispunha: "VI – as empresas individuais de responsabilidade limitada.
Inciso acrescentado pela Lei n. 12.441, de 11.07.2011".
§ 1º São livres a criação, a organização, a estruturação interna e o funcionamento das organizações religiosas, sendo vedado ao poder público negar-lhes reconhecimento ou registro dos atos constitutivos e necessários ao seu funcionamento.
Parágrafo acrescentado pela Lei n. 10.825, de 22.12.2003.
§ 2º As disposições concernentes às associações aplicam-se subsidiariamente às sociedades que são objeto do Livro II da Parte Especial deste Código.
Antigo parágrafo único renumerado pela Lei n. 10.825, de 22.12.2003.
§ 3º Os partidos políticos serão organizados e funcionarão conforme o disposto em lei específica.
Parágrafo acrescentado pela Lei n. 10.825, de 22.12.2003.

➥ Veja art. 16 do CC/1916.
➥ Veja arts. 53 a 69, 981 a 1.141 e 2.031 a 2.034 do CC/2002.
➥ Veja arts. 5º, XVII a XXI, 17 e 173, §§ 1º a 3º, da CF.
➥ Veja arts. 764 e 765 do CPC/2015.
➥ Veja art. 11 do DL n. 4.657/42 (Lei de introdução às normas do Direito Brasileiro).
➥ Veja art. 5º do DL n. 200/67 (organização da administração federal).
➥ Veja art. 1º da Lei n. 9.096/95 (partidos políticos).

Compreendem (art. 44 do CC): (i) associações: não têm fim lucrativo, mas tão somente religioso, moral, cultural ou recreativo; (ii) fundações: universalidade de bens destinados a determinado fim, estipulado por seu fundador, e que a ordem jurídica reconhece como pessoa jurídica; (iii) sociedades civis: grupos de pessoas que visam ao lucro com a atividade da pessoa jurídica formada; e, ainda, (iv) sociedades comerciais ou empresariais: como nas sociedades civis, também visam ao lucro, mas se diferenciam porque praticam atos de comércio; (v) organizações religiosas: entidades dedicadas a determinada religião ou fé, que contam com imunidade tributária; (vi) partidos políticos: pessoa destinada à guarida da democracia representativa mediante a defesa de um ideal político e convicções comuns.

- Enunciado n. 142 da III Jornada de Direito Civil. "Os partidos políticos, os sindicatos e as associações religiosas possuem natureza associativa, aplicando-se-lhes o Código Civil".

- Enunciado n. 143 da III Jornada de Direito Civil: "A liberdade de funcionamento das organizações religiosas não afasta o controle de legalidade e legitimidade constitucional de seu registro, nem a possibilidade de reexame pelo Judiciário da compatibilidade de seus atos com a lei e com seus estatutos".

- Enunciado n. 144 da III Jornada de Direito Civil: "A relação das pessoas jurídicas de Direito Privado, constante do art. 44, incisos I a V, do Código Civil, não é exaustiva".

- Enunciado n. 280 da IV Jornada de Direito Civil: "Por força do art. 44, § 2º, consideram-se aplicáveis às sociedades reguladas pelo Livro II da Parte Especial, exceto às limitadas, os arts. 57 e 60, nos seguintes termos: a) Em havendo previsão contratual, é possível aos sócios deliberar a exclusão de sócio por justa causa, pela via extrajudicial, cabendo ao contrato disciplinar o procedimento de exclusão, assegurado o direito de defesa, por aplicação analógica do art. 1.085; b) As deliberações sociais poderão ser convocadas pela iniciativa de sócios que representem 1/5 (um quinto) do capital social, na omissão do contrato. A mesma regra aplica-se na hipótese de criação, pelo contrato, de outros órgãos de deliberação colegiada".

- Indenização por danos morais. Condomínio. Inviabilidade de aplicação analógica do art. 44 do CC. Ente despersonalizado que não pode sofrer danos morais. Jurisprudência deste Eg. TJSP. Recurso improvido. (TJSP, Ap. n. 0057679-56.2012.8.26.0577 /São José dos Campos, 4ª Câm. de Dir. Priv., rel. Maia da Cunha, *DJe* 27.02.2014, p. 1.425)

- Locação comercial. Locador pessoa jurídica. Pessoa física. Ilegitimidade. Ação de cobrança de aluguéis e acessórios. Tendo a ação de cobrança de aluguéis e acessórios, multa rescisória e danos no imóvel sido proposta por quem não tenha legitimidade processual para tanto, ou seja, pessoa física diversa da locadora, uma pessoa jurídica cujos estatutos estão devidamente registrados, assim, passível de direitos e ações (CC, art. 44, II), resta caracterizada a ilegitimidade *ad causam* da autora/apelante. Ação de cobrança de aluguéis extinta sem julgamento de mérito por ilegitimidade ativa *ad causam*, no que tange ao pedido de cobrança de aluguéis, e improcedente em relação ao pedido de ressarcimento. Recurso improvido. (TJSP, Ap. n. 0002932-41.2012.8.26.0001/São Paulo, 35ª Câm. de Dir. Priv., rel. Clóvis Castelo, *DJe* 17.10.2013, p. 1.225)

Art. 45. Começa a existência legal das pessoas jurídicas de direito privado com a inscrição do ato constitutivo no respectivo registro, precedida, quando necessário, de autorização ou aprovação do Poder Executivo, averbando-se no registro todas as alterações por que passar o ato constitutivo.

Parágrafo único. Decai em três anos o direito de anular a constituição das pessoas jurídicas de direito privado, por defeito do ato respectivo, contado o prazo da publicação de sua inscrição no registro.

Código Civil comentado e anotado   Arts. 45 e 46

➡ Veja art. 18 do CC/1916.
➡ Veja arts. 207 a 211, 985, 988, 999, parágrafo único, 1.000, 1.012, 1.134, 1.135 e 1.150 a 1.154 do CC/2002.
➡ Veja Decreto n. 916/1890 (cria o registro de firmas ou razões comerciais).
➡ Veja Lei n. 4.503/64 (institui o Cadastro Geral de Pessoas Jurídicas no Ministério da Fazenda).
➡ Veja arts. 114 a 126 da Lei n. 6.015/73 (Lei de Registros Públicos).
➡ Veja arts. 7º a 11 da Lei n. 9.096/95 (partidos políticos).
➡ Veja art. 241, §§ 1º a 3º, do Decreto n. 3.000/99 (regulamenta a tributação, fiscalização, arrecadação e administração do imposto sobre a Renda de proventos de qualquer natureza).
➡ Veja DL n. 9.085/46 (registro civil de pessoas jurídicas).
➡ Veja Lei n. 6.139/79 (matrícula e registro de imóveis rurais).
➡ Veja Lei n. 7.433/85 (requisitos para lavratura de escrituras públicas).
➡ Veja Decreto n. 93.240/86 (regulamenta a Lei n. 7.433/85).
➡ Veja Decreto n. 1.800/96 (regulamenta a Lei n. 8.934/94).
➡ Veja Lei n. 9.279/96 (Código de Propriedade Industrial).

A constituição da pessoa jurídica de direito privado passa por duas etapas. A primeira fase (ato constitutivo) decorre de uma manifestação da vontade de criar uma entidade diversa de seus membros. A primeira fase compreende dois elementos: o material e o formal. Há pessoas jurídicas que necessitam de autorização especial do governo, como as seguradoras e as administradoras de consórcio. A segunda fase é a do Registro Público. O registro do contrato da sociedade comercial é feito na Junta Comercial de cada estado da Federação. As outras pessoas jurídicas devem efetuar seus registros no Cartório de Registro Civil das Pessoas Jurídicas.

■ Agravo regimental no agravo. Citação. Teoria da aparência. Prequestionamento. Imperativo legal. 1. Não examinada a matéria objeto do Recurso Especial pela instância *a quo*, mesmo com a oposição dos embargos de declaração, incide o Enunciado n. 211 da Súmula do STJ. 2. O art. 45, CC, não constitui imperativo legal apto a desconstituir os fundamentos declinados no acórdão recorrido. No caso, aplica-se o Enunciado n. 284 da Súmula do STF. 3. Agravo regimental improvido. (STJ, Ag. Reg. no Ag. REsp n. 326.510, 3ª T., rel. Min. Sidnei Beneti, *DJe* 29.08.2013, p. 1.104)

Art. 46. O registro declarará:
    I – a denominação, os fins, a sede, o tempo de duração e o fundo social, quando houver;
    II – o nome e a individualização dos fundadores ou instituidores, e dos diretores;
    III – o modo por que se administra e representa, ativa e passivamente, judicial e extrajudicialmente;
    IV – se o ato constitutivo é reformável no tocante à administração, e de que modo;
    V – se os membros respondem, ou não, subsidiariamente, pelas obrigações sociais;
    VI – as condições de extinção da pessoa jurídica e o destino do seu patrimônio, nesse caso.

➡ Veja art. 19 do CC/1916.
➡ Veja arts. 998, 1.000, 1.033 e 1.150 do CC/2002.
➡ Veja arts. 120 e 121 da Lei n. 6.015/73 (Lei de Registros Públicos).

Somente com o registro, ter-se-á a aquisição da personalidade jurídica. Para tanto, o registro declarará, tendo em vista o requisito formal da aquisição da personalidade da Pessoa

73

Jurídica: I – a denominação, os fins, a sede, o tempo de duração e o fundo social, quando houver; II – o nome e a individualização dos fundadores ou instituidores e dos diretores; III – o modo por que se administra e representa, ativa e passivamente, judicial e extrajudicialmente; IV – se o ato constitutivo é reformável no tocante à administração e de que modo; V – se os membros respondem, ou não, subsidiariamente, pelas obrigações sociais; e, ainda, VI – as condições de extinção da pessoa jurídica e o destino do seu patrimônio, nesse caso.

Art. 47. Obrigam a pessoa jurídica os atos dos administradores, exercidos nos limites de seus poderes definidos no ato constitutivo.

➥ Veja art. 17 do CC/1916.
➥ Veja arts. 43, 989, 997, VI, e 1.010 a 1.021 do CC/2002.
➥ Veja art. 75 do CPC/2015.
➥ Veja art. 37 do CPP.

Os atos dos administradores serão pautados estritamente conforme a lei que os dá validade, ou seja, os atos constitutivos da sociedade. Portanto a pessoa jurídica e seus administradores deverão se pautar pelos atos que a constituíram. O art. 17 do Código Civil de 1916 corresponde à interpretação do art. 47 cumulado com o art. 46, III, do CC.

■ Enunciado n. 145 da III Jornada de Direito Civil: "O art. 47 não afasta a aplicação da teoria da aparência".

■ Apelação cível. Ação declaratória de nulidade contratual e inexigibilidade de créditos c/c indenização. Contrato de comercialização de espaço publicitário para mídia impressa e virtual. Firmado via fax. Relação de consumo. Dever de informação. Assinatura por quem não detém poderes de representação. Regras de experiência comum. Nulidade. Indenização por dano moral e repetição de indébito. Indevidos. 1. Tratando-se de relação de consumo, é imperioso o dever do fornecedor/prestador de informar, de maneira clara e ostensiva, as qualidades do produto ou serviços oferecidos no mercado, possibilitando ao consumidor ponderar sobre suas vantagens e desvantagens e, diante de tais informações, optar pela contratação ou não (arts. 6º, III, e 54, § 3º, do CDC). 2. Considerando a informalidade e, sobretudo, a fragilidade da contratação, com a dispensa, por parte da fornecedora do serviço de publicidade, dos cuidados mínimos para pactuação e, ainda, observando que o contrato foi assinado por quem não detém poderes de representação da pessoa jurídica apontada como contratante (art. 47, CC), há de se declarar a invalidade do negócio jurídico, sendo, portanto, inexigíveis os valores cobrados em decorrência dele. 3. Havendo mero aborrecimento e descontentamento, não há falar em reparação civil por danos morais. 4. A repetição em dobro de indébito, previsto no art. 42, parágrafo único, do CDC, pressupõe, além da cobrança extrajudicial indevida de dívida decorrente de contrato de consumo e do engano injustificável por parte do fornecedor ou prestador, o efetivo pagamento do indébito pelo consumidor, hipótese esta não verificada no caso em apreço. Apelação conhecida e parcialmente provida. (TJGO, Ap. Cível n. 201.293.067.709, 5ª Câm. Cível, rel. Des. Alan S. de Sena Conceição, *DJe* 16.01.2014, p. 229)

Art. 48. Se a pessoa jurídica tiver administração coletiva, as decisões se tomarão pela maioria de votos dos presentes, salvo se o ato constitutivo dispuser de modo diverso.
Parágrafo único. Decai em três anos o direito de anular as decisões a que se refere este artigo, quando violarem a lei ou estatuto, ou forem eivadas de erro, dolo, simulação ou fraude.

Código Civil comentado e anotado   Arts. 48 a 49

➡ Artigo sem correspondência no CC/1916.
➡ Veja arts. 167, 178 e 1.010 a 1.014 do CC/2002.

Os atos constitutivos da pessoa jurídica, leia-se, estatuto social ou contrato social, deverão conter regras claras sobre a administração da pessoa jurídica, ou seja, os sócios, por terem liberdade de contratar, poderão dispor sobre o modo de administração da sociedade. No caso de administração coletiva, ou seja, mais de um administrador, ela será exercida pelo número da maioria dos votos presentes. O parágrafo único traz o prazo decadencial de três anos para desconstituir as decisões dos administradores quando elas forem eivadas de vício de consentimento. Importante se faz notar que o parágrafo único do art. 48 dispõe de prazo decadencial diferente dos quatro anos apresentado no art. 178 do Código Civil.

O art. 167 do Código Civil entende que o vício social da simulação é nulo, já o art. 48, parágrafo único, entende ser a simulação anulável com prazo decadencial de três anos.

■ Agravo regimental em recurso de apelação. Ação declaratória de nulidade de escritura pública de compra e venda cumulada com indenização por danos materiais. Extinção do processo com resolução de mérito. Decadência. Alegada violação ao estatuto. Incidência da regra prevista no parágrafo único do art. 48 do CC. Recurso não provido. O prazo decadencial para anular as decisões coletivas das pessoas jurídicas tomadas em assembleia, quando violadoras de lei ou do estatuto, é de 3 (três) anos, conforme disposto no parágrafo único do art. 48 do CC. Pronunciada a decadência, resolve-se o mérito, nos termos do art. 269, IV, do CPC. Recurso não provido. (TJMS, Ag. Reg. n. 0800167-81.2013.8.12.0013/50000, 2ª Câm. Cível, rel. Juíza Vilson Bertelli, *DJe* 02.08.2013)

Art. 48-A. As pessoas jurídicas de direito privado, sem prejuízo do previsto em legislação especial e em seus atos constitutivos, poderão realizar suas assembleias gerais por meios eletrônicos, inclusive para os fins do disposto no art. 59, respeitados os direitos previstos de participação e de manifestação.
Artigo com redação dada pela Medida Provisória n. 1.085, de 27.12.2021.

Incluído pela Lei n. 14.195, de 26.08.2021, e com redação alterada por Medida Provisória, o disposto busca se mostrar em consonância com o dinamismo da vida em sociedade no período hodierno, oferecendo às pessoas jurídicas de direito privado a possibilidade de realização de assembleias gerais em modalidade eletrônica, forma esta que ganhou espaço no cotidiano das pessoas, sobretudo após os reflexos advindos da pandemia de Covid-19. Vale dizer, porém, que o permissivo para a realização de assembleias em meio eletrônico fica sob a condição de respeitar o ato constitutivo da pessoa jurídica ou eventual legislação especial, que poderá refutar a hipótese.

Art. 49. Se a administração da pessoa jurídica vier a faltar, o juiz, a requerimento de qualquer interessado, nomear-lhe-á administrador provisório.

➡ Artigo sem correspondência no CC/1916.
➡ Veja art. 614 do CPC/2015.

No caso de a pessoa jurídica não ter pessoa legítima para assinar seus negócios jurídicos, em prol da própria função social da empresa, o Estado deverá indicar administrador via Poder Judiciário.

Art. 49-A. A pessoa jurídica não se confunde com os seus sócios, associados, instituidores ou administradores.
Artigo acrescentado pela Lei n. 13.874, de 20.09.2019.
Parágrafo único. A autonomia patrimonial das pessoas jurídicas é um instrumento lícito de alocação e segregação de riscos, estabelecido pela lei com a finalidade de estimular empreendimentos, para a geração de empregos, tributo, renda e inovação em benefício de todos.

Alteração recém-introduzida no Código Civil consiste na inclusão do art. 49-A, proveniente da Medida Provisória n. 881/2019 (MP da Liberdade Econômica), convertida na Lei Federal n. 13.874/2019. O novo regramento consagra ideário já comum ao direito privado que faz não se confundir a pessoa jurídica com a pessoa de seus sócios, associados, instituidores ou administradores em razão do fato de que a pessoa jurídica, ao ser criada, passa a ter personalidade jurídica própria, com independência e autonomia em relação a seus integrantes.

Art. 50. Em caso de abuso da personalidade jurídica, caracterizado pelo desvio de finalidade ou pela confusão patrimonial, pode o juiz, a requerimento da parte, ou do Ministério Público quando lhe couber intervir no processo, desconsiderá-la para que os efeitos de certas e determinadas relações de obrigações sejam estendidos aos bens particulares de administradores ou de sócios da pessoa jurídica beneficiados direta ou indiretamente pelo abuso.
Caput com redação dada pela Lei n. 13.874, de 20.09.2019.
§ 1º Para os fins do disposto neste artigo, desvio de finalidade é a utilização da pessoa jurídica com o propósito de lesar credores e para a prática de atos ilícitos de qualquer natureza.
Parágrafo acrescentado pela Lei n. 13.874, de 20.09.2019.
§ 2º Entende-se por confusão patrimonial a ausência de separação de fato entre os patrimônios, caracterizada por:
I – cumprimento repetitivo pela sociedade de obrigações do sócio ou do administrador ou vice-versa;
II – transferência de ativos ou de passivos sem efetivas contraprestações, exceto os de valor proporcionalmente insignificante; e
III – outros atos de descumprimento da autonomia patrimonial.
Parágrafo acrescentado pela Lei n. 13.874, de 20.09.2019.
§ 3º O disposto no *caput* e nos §§ 1º e 2º deste artigo também se aplica à extensão das obrigações de sócios ou de administradores à pessoa jurídica.
Parágrafo acrescentado pela Lei n. 13.874, de 20.09.2019.
§ 4º A mera existência de grupo econômico sem a presença dos requisitos de que trata o *caput* deste artigo não autoriza a desconsideração da personalidade da pessoa jurídica.
Parágrafo acrescentado pela Lei n. 13.874, de 20.09.2019.
§ 5º Não constitui desvio de finalidade a mera expansão ou a alteração da finalidade original da atividade econômica específica da pessoa jurídica.
Parágrafo acrescentado pela Lei n. 13.874, de 20.09.2019.

Código Civil comentado e anotado   Art. 50

➤ Artigo sem correspondência no CC/1916.
➤ Veja art. 795 do CPC/2015.
➤ Veja art. 135 da CTN.
➤ Veja art. 2º da CLT.
➤ Veja art. 28 da Lei n. 8.078/90 (Código de Defesa do Consumidor).

A despersonalização da pessoa jurídica, também denominada de teoria da desconsideração ou penetração, tem por finalidade impedir que sócios, administradores, gerentes e/ou representantes legais, encobertados pela independência pessoal e patrimonial entre a pessoa jurídica e os entes que a compunham, pratiquem abusos, atividades escusas e fraudulentas. Assim, o instituto está previsto nos arts. 50 do CC e 28 da Lei n. 8.078/90, facultando ao juiz desconsiderar a autonomia jurídica da sociedade para adentrar no patrimônio dos sócios em casos comprovados de fraude que causem prejuízos ou danos a terceiros.

Agora, importa dizer que o diploma civilista sofreu importante alteração, na mesma toada que implementou o art. 49-A, para introduzir, também, novos regramentos a partir de parágrafos e incisos ao mesmo art. 50. Com isso, a partir da introdução do § 1º, teve-se a preocupação de melhor conceituar o que de fato consiste como interpretação para a locução "desvio de finalidade", para fazer constar que se trata da pessoa jurídica que, com o propósito de lesar credores e, concomitantemente, praticando atos ilícitos de qualquer natureza, desvia a finalidade essencial da pessoa jurídica.

Depois, no § 2º, ficou conceituada a confusão patrimonial, como sendo (i) a ausência de separação de fato entre o patrimônio, que fica caracterizada pelo cumprimento repetitivo pela sociedade de obrigações do sócio ou do administrador ou vice-versa; (ii) pela transferência de ativos ou de passivos sem efetivas contraprestações, exceto os de valor insignificante; e (iii) outros atos de descumprimento da autonomia contratual. Embora novamente tenha se visto o esforço no sentido de elucidar uma terminologia tão relevante na apuração da desconsideração da personalidade jurídica, conceituando uma de suas condicionantes, percebe-se que houve certa falta de cuidado com a melhor determinação de valores importantes, deixando, aí sim, ao juízo de valor do julgador a melhor percepção do que vem a ser "cumprimento repetitivo pela sociedade de obrigações do sócio ou do administrador"; assim como "a transferência de ativos ou de passivos, exceto os de valor insignificante". Seja como for, o importante é notar que houve a atenção para melhor interpretar o que consiste em "confusão patrimonial", que significa, em última análise, a quebra do princípio da autonomia contratual, de tal sorte que a sociedade passa a adimplir obrigações de titularidade de seus sócios ou administradores (e vice-versa) ou quando feitas as transferências de ativos e de passivos sem as devidas contraprestações.

O § 3º do art. 50, embora de forma não muito clara, faz referência à desconsideração da personalidade jurídica inversa, que se dá com o esvaziamento do patrimônio do devedor pela transferência para a titularidade da pessoa jurídica da qual é sócio com a finalidade de se tornar insolvente, complicando o cumprimento de suas obrigações.

Já o § 4º determina que a simples existência de grupo econômico sem a presença dos requisitos de que trata o *caput* não autoriza a desconsideração. Ora, a letra da lei apenas reforça uma orientação já respaldada pelos Tribunais e amparada pela V Jornada de Direito Civil, que entende que a desconsideração da personalidade jurídica alcança o grupo de sociedade apenas quando presentes os pressupostos do art. 50 e quando existirem prejuízos aos credores até o limite do transferido pela sociedade.

E, para concluir, vem o grande golpe dado pela alteração legal, ao estabelecer que "não constitui desvio de finalidade a mera expansão ou a alteração da finalidade original da atividade econômica específica da pessoa jurídica". Ou seja, deixou-se ao total arbítrio do julgador a interpretação dos males que eventual desvio de finalidade pode causar e se isso se enquadraria ou não em um pressuposto para se desconsiderar a personalidade jurídica. Ora, notou-se evidente preocupação com a melhor definição de conceitos condicionantes da desconsideração da personalidade jurídica, com a conceituação de desvio de finalidade e confusão patrimonial, e, em seguida, a própria norma legal estatui que a alteração da finalidade original da atividade econômica específica da pessoa jurídica não consiste em desvio de finalidade.

▪ Enunciado n. 7 da I Jornada de Direito Civil: "Só se aplica a desconsideração da personalidade jurídica quando houver a prática de ato irregular e, limitadamente, aos administradores ou sócios que nela hajam incorrido".

▪ Enunciado n. 146 da III Jornada de Direito Civil: "Nas relações civis, interpretam-se restritivamente os parâmetros de desconsideração da personalidade jurídica previstos no art. 50 (desvio de finalidade social ou confusão patrimonial)".

▪ Enunciado n. 281 da IV Jornada de Direito Civil: "A aplicação da teoria da desconsideração, descrita no art. 50 do Código Civil, prescinde da demonstração de insolvência da pessoa jurídica".

▪ Enunciado n. 282 da IV Jornada de Direito Civil: "O encerramento irregular das atividades da pessoa jurídica, por si só, não basta para caracterizar abuso de personalidade jurídica".

▪ Enunciado n. 283 da IV Jornada de Direito Civil: "É cabível a desconsideração da personalidade jurídica denominada 'inversa' para alcançar bens de sócio que se valeu da pessoa jurídica para ocultar ou desviar bens pessoais, com prejuízo a terceiros".

▪ Enunciado n. 284 da IV Jornada de Direito Civil: "As pessoas jurídicas de direito privado sem fins lucrativos ou de fins não econômicos estão abrangidas no conceito de abuso da personalidade jurídica".

▪ Enunciado n. 285 da IV Jornada de Direito Civil: "A teoria da desconsideração, prevista no art. 50 do Código Civil, pode ser invocada pela pessoa jurídica em seu favor".

▪ Enunciado n. 406 da V Jornada de Direito Civil: "A desconsideração da personalidade jurídica alcança os grupos de sociedade quando presentes os pressupostos do art. 50 do Código Civil e houver prejuízo para os credores até o limite transferido entre as sociedades".

▪ Enunciado n. 9 da I Jornada de Direito Comercial: "Quando aplicado às relações jurídicas empresariais, o art. 50 do Código Civil não pode ser interpretado analogamente ao art. 28, § 5º, do CDC ou ao art. 2º, § 2º, da CLT".

▪ Enunciado n. 48 da I Jornada de Direito Comercial: "A apuração da responsabilidade pessoal dos sócios, controladores e administradores feita independentemente da realização do ativo e da prova da sua insuficiência para cobrir o passivo, prevista no art. 82 da Lei n. 11.101/2005, não se refere aos casos de desconsideração da personalidade jurídica".

▪ Agravo de instrumento. Fase de cumprimento de sentença executada. Pessoa jurídica. Desconsideração da personalidade. 1. Excepcionalmente é admitido o acesso, pelos credores, ao patrimônio particular dos sócios de forma ilimitada, quando a personalidade jurídica da sociedade for utilizada como

Código Civil comentado e anotado Art. 50

escudo, como forma de fraudar as finalidades sociais e atingir apenas interesses pessoais. Nesses casos, se presentes os requisitos do art. 50 do CC, o julgador poderá se utilizar da teoria da desconsideração da personalidade jurídica, ignorando a personalidade da sociedade de forma momentânea. 2. Devedora que afirma que se encontra em dificuldade financeira tamanha que a realização de suas atividades se mostra inviável, sendo obrigada a paralisá-la a fim de tomar "fôlego financeiro". Além disso, o primeiro bem indicado à penhora era evidentemente de difícil comercialização e o segundo bem, indicado a pedido desta segunda instância, não veio com qualquer comprovante de propriedade ou valor. A penhora *on-line* realizada restou infrutífera, não sendo encontrados valores em nome da executada. De fato, é o caso de deferir o pedido de desconsideração da personalidade, pois a pessoa jurídica realmente está desviada de suas finalidades, impedindo que seus credores tenham seus créditos satisfeitos por razões não esclarecidas de modo convincente. Recurso improvido. (TJSP, AI n. 2040889-11.2013.8.26.0000/Osasco, 20ª Câm. de Dir. Priv., rel. Maria Lúcia Pizzotti, *DJe* 27.03.2014, p. 1.682)

■ Agravo de instrumento. Execução de título extrajudicial. Duplicatas. Decisão interlocutória que não reconheceu a desconsideração da personalidade jurídica e a sucessão empresarial entre a executada e terceira empresa. Recurso do exequente. Pleito pela desconsideração da personalidade jurídica de empresa. Inclusão dos sócios no polo passivo da demanda. Possibilidade. Requisitos do art. 50 do CC preenchidos. Inclusão de sócios que se retiraram da empresa executada. Não obsta a ampla defesa. Pedido de reconhecimento da sucessão empresarial. Impossibilidade. Ausência de elementos. Não constatação de sucessão de empresas. Empresa executada subsiste. Recurso conhecido e parcialmente provido. (TJPR, AI n. 1139887-5, 13ª Câm. Cível, rel. Des. Rosana Andriguetto de Carvalho, *DJe* 16.07.2014, p. 413)

■ Agravo de instrumento. Despersonalização da pessoa jurídica. Indeferimento. Não há falar em desconsideração da pessoa jurídica pois inexiste comprovação nos autos, como de resto neste instrumento, acerca da ocorrência de abuso de personalidade jurídica, caracterizado pelo desvio de finalidade ou confusão patrimonial. Inteligência do art. 50 do CC. Precedentes desta Corte. Recurso a que se nega seguimento, em decisão monocrática. (TJRS, AI n. 70.010.829.836, 9ª Câm. Cível, rel. Des. Marta Borges Ortiz, j. 03.02.2005)

■ Teoria maior da desconsideração x teoria menor da desconsideração. Responsabilidade civil e direito do consumidor. Recurso especial. Shopping Center de O./SP. Explosão. Consumidores. Danos materiais e morais. Ministério Público. Legitimidade ativa. Pessoa jurídica. Desconsideração. Teoria maior e teoria menor. Limite de responsabilização dos sócios. CDC. Requisitos. Obstáculo ao ressarcimento de prejuízos causados aos consumidores. Art. 28, § 5º. Considerada a proteção do consumidor um dos pilares da ordem econômica, e incumbindo ao Ministério Público a defesa da ordem jurídica, do regime democrático e dos interesses sociais e individuais indisponíveis, possui o órgão ministerial legitimidade para atuar em defesa de interesses individuais homogêneos de consumidores, decorrentes de origem comum. A teoria maior da desconsideração, regra geral no sistema jurídico brasileiro, não pode ser aplicada com a mera demonstração de estar a pessoa jurídica insolvente para o cumprimento de suas obrigações. Exige-se, aqui, para além da prova de insolvência, ou a demonstração de desvio de finalidade (teoria subjetiva da desconsideração), ou a demonstração de confusão patrimonial (teoria objetiva da desconsideração). A teoria menor da desconsideração, acolhida em nosso ordenamento jurídico excepcionalmente no direito do consumidor e no direito ambiental, incide com a mera prova de insolvência da pessoa jurídica para o pagamento de suas obrigações, independentemente da existência de desvio de finalidade ou de confusão patrimonial. Para a teoria menor, o risco empresarial normal às atividades econômicas não pode ser suportado pelo terceiro que contratou com a pessoa jurídica, mas pelos sócios e/ou administradores desta, ainda que estes demonstrem conduta administrativa pro-

Arts. 50 e 51   Almeida Guilherme

ba, isto é, mesmo que não exista qualquer prova capaz de identificar conduta culposa ou dolosa por parte dos sócios e/ou administradores da pessoa jurídica. A aplicação da teoria menor da desconsideração às relações de consumo está calcada na exegese autônoma do § 5º do art. 28 do CDC, porquanto a incidência desse dispositivo não se subordina à demonstração dos requisitos previstos no *caput* do artigo indicado, mas apenas à prova de causar, a mera existência da pessoa jurídica, obstáculo ao ressarcimento de prejuízos causados aos consumidores. Recursos especiais não conhecidos. (STJ, REsp n. 279.273/SP, 3ª T., rel. Min. Ari Pargendler, j. 04.12.2003)

Art. 51. Nos casos de dissolução da pessoa jurídica ou cassada a autorização para seu funcionamento, ela subsistirá para os fins de liquidação, até que esta se conclua.

§ 1º Far-se-á, no registro onde a pessoa jurídica estiver inscrita, a averbação de sua dissolução.

§ 2º As disposições para a liquidação das sociedades aplicam-se, no que couber, às demais pessoas jurídicas de direito privado.

§ 3º Encerrada a liquidação, promover-se-á o cancelamento da inscrição da pessoa jurídica.

➡ Artigo sem correspondência no CC/1916.
➡ Veja arts. 1.033 a 1.038 do CC/2002.

A existência da pessoa jurídica de direito público termina pelos mesmos fatos que a originam, ou seja, fato histórico, norma constitucional, lei especial e/ou tratados internacionais. A pessoa jurídica de direito privado, por sua vez, termina sua existência por meio de um processo de dissolução ou de liquidação, quando existir patrimônio a ser dividido entre os sócios. Resumidamente, pode-se dizer que o fim da pessoa jurídica de direito privado ocorre: pelo decurso do prazo fixado para sua duração; por deliberação de seus membros; por determinação legal; por ato do governo; pela dissolução judicial; por morte do sócio, se os remanescentes assim desejarem.

▪ Exceção de incompetência. Falta de cumprimento do art. 526 do CPC. Inocorrência. Inépcia da inicial. Inocorrência. Juiz natural. Regra geral de competência. Domicílio do réu. Sede da pessoa jurídica. Desativação da sociedade não configura a extinção da personalidade jurídica. Necessidade de averbação na junta comercial. Cláusula de eleição de foro. Alegado intempestivamente o descumprimento da determinação contida no art. 526 do CPC, opera-se a preclusão consumativa. Presentes os requisitos dos arts. 524 e 282 do CPC, não há inépcia da inicial. De conformidade com o art. 94 do CPC, o foro comum ou geral para todas as causas não subordinadas a foro especial é o do domicílio do réu. O art. 51 do CC prevê que, para a dissolução da sociedade, é necessária a averbação no registro da Junta Comercial do Estado. Não averbada a dissolução da sociedade mercantil na Junta Comercial do Estado, não ocorreu o fim de sua personalidade jurídica. A cláusula de eleição de foro determina a competência para ajuizamento de ação contra a parte devedora, quando mais que é o local de sua sede. (TJMG, AI n. 1.0512.12.009781-5/001, 4ª Câm. Cível, rel. Duarte de Paula, *DJe* 25.06.2014)

▪ Cumprimento de sentença. Impugnação. Arguição de nulidade da citação na fase de conhecimento. *Querela nullitatis insanabilis* fundada na desocupação do imóvel sede da pessoa jurídica, que teve a personalidade desconsiderada, e no encerramento das atividades. Dissolução da sociedade limitada arquivada na Junta Comercial. Extinção que não se opera instantaneamente. Exegese do art. 51 do CC. Subsistência para fins de liquidação. Sócio encarregado da guarda de livros e documentos, além de res-

Código Civil comentado e anotado   Arts. 51 a 53

ponsável pelo ativo e passivo no distrato social. Citação só válida na pessoa do referido sócio. Citação postal no antigo endereço inválida. Nulidade com a revelia. Matéria prevista no art. 475-L, I, do CPC. Agravo provido e fase de conhecimento desconstituída. (TJSP, AI n. 2031198-70.2013.8.26.0000/São Paulo, 12ª Câm. de Dir. Priv., rel. Cerqueira Leite, *DJe* 31.01.2014, p. 1.648)

Art. 52. Aplica-se às pessoas jurídicas, no que couber, a proteção dos direitos da personalidade.

➥ Artigo sem correspondência no CC/1916.
➥ Veja arts. 11 a 21 do CC.

O art. 52 do Código Civil de 2002, em que se utilizam os direitos de personalidade (arts. 11 a 21 do CC) para defender questões intrínsecas das pessoas jurídicas, como nome, marca e segredos industriais, tem caráter inovador. No caso de danos gerados ao bom nome da pessoa jurídica, esta poderá reclamar danos morais conforme dispõem a segunda parte do art. 186 do CC e, ainda, o art. 5º, V e X, da Constituição Federal, lembrando que este último é cláusula pétrea constitucional por força do art. 60, § 4º, IV, da Carta Magna.

▪ Súmula n. 227 do STJ: "A pessoa jurídica pode sofrer dano moral".

▪ Enunciado n. 286 da IV Jornada de Direito Civil: "Os direitos da personalidade são direitos inerentes e essenciais à pessoa humana, decorrentes de sua dignidade, não sendo as pessoas jurídicas titulares de tais direitos".

▪ Indenização. Dano moral. Pessoa jurídica. Possibilidade. Súmula/STJ. (STJ, REsp n. 331.517, rel. Min. Cesar Asfor Rocha, *DJU* 25.03.2002, p. 292)

CAPÍTULO II
DAS ASSOCIAÇÕES

Art. 53. Constituem-se as associações pela união de pessoas que se organizem para fins não econômicos.
Parágrafo único. Não há, entre os associados, direitos e obrigações recíprocos.

➥ Artigo sem correspondência no CC/1916.
➥ Veja arts. 40, 44 a 52, 75, 2.031 e 2.033 do CC/2002.
➥ Veja arts. 5º, XVI a XXI, 8º, 17 e 174 da CF.
➥ Veja art. 75 do CPC/2015.
➥ Veja arts. 511 a 521 da CLT.
➥ Veja Decreto n. 916/1890 (cria o registro de firmas ou razões comerciais).
➥ Veja Decreto n. 50.517/1916 (regulamenta a Lei n. 91/35).
➥ Veja art. 11 do DL n. 4.657/42 (Lei de introdução às normas do Direito Brasileiro).
➥ Veja DL n. 4.684/42 (condições para a fundação e o funcionamento das associações para a defesa nacional).

Art. 53   Almeida Guilherme

➡ Veja arts. 35 a 43 da Lei n. 4.380/64 (BNH).

➡ Veja arts. 62 a 65 da Lei n. 4.728/65 (mercado de capitais – alienação fiduciária).

➡ Veja arts. 6º a 12 e 22 da Lei n. 5.197/67 (proteção à fauna).

➡ Veja arts. 114, I, e 120 da Lei n. 6.015/73 (Lei de Registros Públicos).

➡ Veja Lei n. 6.139/79 (matrícula e registro de imóveis rurais).

➡ Veja Lei n. 7.433/85 (requisitos para lavratura de escrituras públicas).

➡ Veja art. 55, II, da Lei n. 8.212/91 (organização da seguridade social e plano de custo).

➡ Veja Lei n. 8.909/94 (associações).

➡ Veja Lei n. 9.096/95 (partidos políticos).

➡ Veja Decreto n. 2.536/98 (concessão de certificado de entidade de fins filantrópicos).

➡ Veja Lei n. 9.637/98 (qualificação de entidades como organizações sociais).

➡ Veja Lei n. 9.790/99 (organização da sociedade civil de interesse publico).

➡ Veja Decreto n. 3.100/99 (regulamenta a Lei n. 9.790/99).

➡ Veja LC n. 109/2001 (regime de previdência complementar).

A associação nada mais é que a união de pessoas jurídicas e/ou físicas de caráter pessoal e intransferível na qual há uma pessoa jurídica de fins não econômicos, ou seja, sem fins lucrativos, que é a característica que distingue as associações do conceito de empresa.

▪ Enunciado n. 534 da VI Jornada de Direito Civil: "As associações podem desenvolver atividade econômica, desde que não haja finalidade lucrativa".

▪ Apelação cível. Ação de obrigação de fazer cumulada com reintegração de posse. Preliminar de intempestividade. Apelação interposta antes do julgamento dos embargos de declaração. Ausência de modificação do julgado. Desnecessidade de ratificação das razões. Preliminar afastada. Condomínio irregular. Ausência de propriedade. Natureza jurídica de associação. Legitimidade de os associados regularem os interesses comuns. Recadastramento dos associados. Negativa da associação. Ausência de ilegalidade. Duplicidade de venda de lote. Ônus da prova. Impossibilidade de interferência do poder judiciário. Art. 5º, XVII, da CF/88. 1. Ainda que a apelação tenha sido interposta antes do julgamento dos embargos de declaração, não há que se falar em intempestividade do apelo, porquanto não houve a alteração do julgado, em razão do não acolhimento dos declaratórios, sendo, portanto, desnecessária a ratificação das razões apresentadas antes do julgamento dos aludidos declaratórios. 2. Os chamados "condomínios irregulares", por serem desprovidos do direito de propriedade, não formam um condomínio propriamente dito, porém seus moradores podem constituir uma associação sem fins lucrativos, nos termos do art. 53 do CC. 3. Os associados são titulares de expectativa de direito sobre a propriedade de fração de terra irregularmente parcelada e têm o objetivo comum de promover a regularização da situação fundiária. Nesse contexto, detêm legitimidade para fixar critérios de recadastramento visando à regularização da ocupação irregular. 4. Este colegiado já assentou o entendimento de que compõe ônus do autor (art. 333, I, do CPC) demonstrar que possui pontuação suficiente para ser beneficiado com o cadastramento (Ap. Cível ns. 584515 e 590529). 5. Tendo o "condomínio" se pautado exclusivamente nos parâmetros instituídos pela maioria dos que no loteamento se reuniram para o regramento e defesa dos interesses comuns, não se vislumbra qualquer ilegalidade no indeferimento do pedido intempestivo de cadastro de lote vendido em duplicidade a ensejar intervenção do Poder Judiciário. Ao contrário, a interferência judicial configuraria violação ao disposto no inciso XVIII do art. 5º da CF, que veda a interferência estatal no funcionamento das associações, quando ausente ilegalidade no que tiver sido erigido. 6. Preliminar de intempestividade rejeitada. Recurso de apelação conhecido e não provido. (TJDFT, Ap. Cível n. 20110810068732, rel. Des. Simone Lucindo, *DJe* 13.11.2013, p. 74)

Código Civil comentado e anotado   Arts. 54 e 55

Art. 54. Sob pena de nulidade, o estatuto das associações conterá:
I – a denominação, os fins e a sede da associação;
II – os requisitos para a admissão, demissão e exclusão dos associados;
III – os direitos e deveres dos associados;
IV – as fontes de recursos para sua manutenção;
V – o modo de constituição e de funcionamento dos órgãos deliberativos;
Inciso com redação dada pela Lei n. 11.127, de 28.06.2005.
VI – as condições para a alteração das disposições estatutárias e para a dissolução;
VII – a forma de gestão administrativa e de aprovação das respectivas contas.
Inciso acrescentado pela Lei n. 11.127, de 28.06.2005.

➡ Artigo sem correspondência no CC/1916.
➡ Veja art. 166 do CC/2002.
➡ Veja art. 5º, XVI a XXI, da CF.

Sob pena de invalidade absoluta, o estatuto das associações deverá conter os seguintes itens: a denominação, os fins e a sede da associação; os requisitos para a admissão, a demissão e a exclusão dos associados; os direitos e os deveres dos associados; as fontes de recursos para sua manutenção; o modo de constituição e de funcionamento dos órgãos deliberativos; as condições para a alteração das disposições estatutárias e para a dissolução e, ainda, a forma de gestão administrativa e de aprovação das respectivas contas.

▪ Civil. Associação. Inadmissão de associado nos quadros sociais. Obediência ao estatuto social. De acordo com o art. 54, II, do CC, deve o estatuto da associação determinar, sob pena de nulidade, os requisitos para admissão, demissão e exclusão dos associados. Assim, prevendo o estatuto que a candidatura poderá ser indeferida por questões civis, não há nenhuma ilegalidade em sua inadmissão pela existência de ações de execução, de execução fiscal e de insolvência civil. É legal a cobrança de contribuição de aplicação patrimonial, mesmo das pessoas inadmitidas no quadro social, desde que proprietárias de parcela do patrimônio social, já que ela tem como objetivo valorizar o clube, por meio de aplicações patrimoniais. Não há falar em dano moral passível de indenização se não foi cometido ato ilícito, nem houve dano ao autor. (TJDFT, Proc. n. 20110110869715, rel. Des. Esdras Neves, *DJe* 10.06.2014, p. 150)

▪ Anulação de ato jurídico. Alegado vício no acordo celebrado entre os membros e própria associação que integram, homologado em ação judicial. Improcedência decretada. Insurgência do autor. Falta de poderes do associado/conselheiro. Para ajuizamento da ação os direitos e deveres do associado devem estar definidos no estatuto. Art. 54, III, CC/2002. Na postulação não se verifica autorização estatutária. Defesa de direito de terceiro. Proibição contida no art. 6º do CPC. Pleito rejeitado. Dispositivo da sentença modificado de improcedência para extinção, sem resolução de mérito, por ilegitimidade ativa do autor. Sucumbência mantida. Recurso desprovido. (TJSP, Ap. n. 0036812-76.2011.8.26.0577/São José dos Campos, 7ª Câm. de Dir. Priv., rel. Miguel Brandi, *DJe* 05.06.2014, p. 1.238)

Art. 55. Os associados devem ter iguais direitos, mas o estatuto poderá instituir categorias com vantagens especiais.

➡ Artigo sem correspondência no CC/1916.

Podem ser distinguidos em categorias perante o estatuto social de uma associação, devendo ser resguardados os direitos iguais deles em gerir a pessoa jurídica. O direito de voto, por exemplo, não pode ser suprimido por uma vantagem especial.

Art. 56. A qualidade de associado é intransmissível, se o estatuto não dispuser o contrário.

Parágrafo único. Se o associado for titular de quota ou fração ideal do patrimônio da associação, a transferência daquela não importará, *de per si*, na atribuição da qualidade de associado ao adquirente ou ao herdeiro, salvo disposição diversa do estatuto.

➡ Artigo sem correspondência no CC/1916.

A liberdade no estatuto social pode dispor inclusive sobre a intransmissibilidade da qualidade de associado, porém deverá ser realizada expressamente. No caso da transferência do título associativo para outrem, a qualidade da associação será transferida com o título, salvo se houver referência expressa no estatuto social.

■ Agravo de instrumento. Ação ordinária. Decisão que indeferiu pleito de antecipação de tutela para imediata substituição do agravante por seu filho na condição de associado do INOCOOP. Não configuração do pressuposto de verossimilhança das alegações. Instituto constituído sob a forma de associação civil. Ausência de previsão estatutária que viabilize, de plano, a transferência da qualidade de associado pelo primeiro agravante a seu filho. Inteligência do art. 56 do CC. Medida que, na hipótese, exige dilação probatória e prévia formação do contraditório. Manutenção do indeferimento da pretensão. Nega-se provimento ao recurso. (TJSP, AI n. 2041027-75.2013.8.26.0000/São Paulo, 1ª Câm. de Dir. Priv., rel. Christine Santini, *DJe* 28.01.2014, p. 984)

■ Admissão de sócio. Não há arbitrariedade na conduta de associação que recusa proposta de admissão de sócio com fundamento nos estatutos sob a alegação de não preencher o proponente requisitos voltados para a unidade e o bem do corpo associativo, conforme apurado em sindicância. Tais normas estatutárias, instituídas no resguardo da consecução dos objetivos da entidade, que serão mais dificilmente alcançadas se não houver tranquilidade social para tanto, são perfeitamente legais. (*RT* 657/91)

Art. 57. A exclusão do associado só é admissível havendo justa causa, assim reconhecida em procedimento que assegure direito de defesa e de recurso, nos termos previstos no estatuto.
Caput com redação dada pela Lei n. 11.127, de 28.06.2005.
Parágrafo único. (*Revogado pela Lei n. 11.127, de 28.06.2005.*)

➡ Artigo sem correspondência no CC/1916.

Não pode haver exclusão de sócio sem que haja justa causa, devendo o associado a ser excluído ter direito de defesa, inclusive recurso perante, normalmente, assembleia geral que deve ser convocada para esse fim, a não ser que o estatuto preveja outro procedimento. Importante se faz notar que, mesmo havendo a possibilidade de exclusão do associado, o estatuto não poderá dispor contrário ao direito de defesa e de livre petição do associado.

Código Civil comentado e anotado   Arts. 57 a 59

■ Veja no art. 44 o Enunciado n. 280 da IV Jornada de Direito Civil.

■ Anulatória de ato de associação civil. Exclusão do quadro associativo. Sentença de parcial procedência, apenas para se vedar a limitação de exercício de culto religioso pela autora. Reforma. Inobservância do procedimento estatutário de exclusão. Decisão da maioria absoluta da Diretoria, do Conselho Deliberativo e do Conselho Fiscal, em reunião convocada especialmente para o fim de aplicação da pena de eliminação. Necessidade de convocação pelo presidente da Diretoria. Dever de cientificação dos interessados sobre as reuniões da Diretoria. ARs enviados à autora posteriormente à reunião de eliminação. Exclusão de associado que pressupõe procedimento que assegure direito de defesa e de recurso (art. 57, CC). Eliminação sem defesa prévia, mas tão somente de prazo de 30 (trinta) dias para recurso. Não especificação das condutas irregulares em que incidiu a autora. Limitação da defesa da acusada. Procedimento em violação ao art. 57 do CC. Estabelecida a sucumbência da ré. Recurso provido. (TJSP, Ap. n. 0100130-60.2010.8.26.0547/Santa Rita do Passa Quatro, 3ª Câm. de Dir. Priv., rel. Carlos Alberto de Salles, *DJe* 30.05.2014, p. 1.422)

■ Direito civil. Recurso especial. Sociedade civil. Exclusão de sócio. Recurso. Assembleia geral. A teor do art. 57, parágrafo único, do novo CC, o sócio excluído por deliberação que não seja de assembleia geral expõe-se a recurso para este órgão. (STJ, REsp n. 758.621/RJ, 3ª T., rel. Min. Humberto Gomes de Barros, *DJ* 12.09.2005, v.u.)

Art. 58. Nenhum associado poderá ser impedido de exercer direito ou função que lhe tenha sido legitimamente conferido, a não ser nos casos e pela forma previstos na lei ou no estatuto.

➡ Artigo sem correspondência no CC/1916.

Dentro do mesmo diapasão do art. 55 do CC, nenhum associado poderá ter retirado direito e/ou função junto à pessoa jurídica que lhe tenha sido conferido pelo próprio estatuto, a não ser que o estatuto preveja outra forma de resguardar o direito. O associado tem direito intrínseco assegurado pela lei e pelo estatuto de exercer a associação.

■ Ação anulatória de assembleia de associação. Ato realizado para eleição de presidente, vice e conselho fiscal, em data diferente da estabelecida pelo estatuto social, com a participação de associações que não reuniam condições de voto. Questões fáticas que exigem apenas provas documentais Julgamento antecipado autorizado. Questão da data submetida à assembleia, que, por ampla maioria, decidiu pela continuação dos trabalhos. Competência desta para decidir sobre todas as matérias de interesse da associação, no que se inclui a data da realização das eleições, que não implica constituição, modificação ou extinção de direitos ou deveres dos associados, privativas da lei ou do estatuto. Art. 58, CC. Convocações regularmente realizadas Prejuízo com a antecipação não verificado Alegação de que teria havido participação de associações sem condições de votar excessivamente genérica. Caso em que não apontado quais seriam tais associações, ou quais as condições por elas não preenchidas. Recurso desprovido. (TJSP, Ap. n. 0120931-14.2009.8.26.0100/São Paulo, 1ª Câm. de Dir. Priv., rel. Rui Cascaldi, *DJe* 14.05.2014, p. 1.575)

Art. 59. Compete privativamente à assembleia geral:
Caput com redação dada pela Lei n. 11.127, de 28.06.2005.

85

Arts. 59 e 60 — Almeida Guilherme

I – destituir os administradores;
Inciso com redação dada pela Lei n. 11.127, de 28.06.2005.
II – alterar o estatuto.
Inciso com redação dada pela Lei n. 11.127, de 28.06.2005.
Parágrafo único. Para as deliberações a que se referem os incisos I e II deste artigo é exigido deliberação da assembleia especialmente convocada para esse fim, cujo *quorum* será o estabelecido no estatuto, bem como os critérios de eleição dos administradores.
Parágrafo com redação dada pela Lei n. 11.127, de 28.06.2005.

➡ Artigo sem correspondência no CC/1916.

O Código Civil de 2002 ampliou o poder das assembleias gerais, com o intuito de descentralizar e assim tornar mais democrática a gestão das associações.

Compete à assembleia a deliberação sobre destituição de administradores e alteração do estatuto social. Note-se que o art. 59 é estruturado pelo princípio da maioria, exigindo-se, para destituição de diretoria e alteração estatutária, o voto concorde de dois terços dos presentes à assembleia especialmente convocada para esse fim, não podendo ela deliberar, em primeira convocação, sem a maioria absoluta dos associados ou com menos de um terço nas seguintes convocações. Destaque-se o art. 59, parágrafo único, o qual dispõe: "para as deliberações a que se refere os incisos I e II é exigida assembleia especialmente convocada para esse fim, com votação de acordo com o quórum determinado no estatuto social".

■ Direito civil. Nulidade de deliberação em assembleia. Inocorrência. Não traz vício de nulidade a conclave a decisão tomada à unanimidade dos presentes de designar data para a continuidade dos trabalhos, dada a ausência de vedação legal ou estatutária. Não há vício de convocação da assembleia impugnada, vez que observados os dispositivos legais e estatutários aplicáveis à espécie. Não viola o disposto no art. 59 do CC ou, ainda, previsão estatutária, o afastamento provisório de presidente e diretor financeiro, deliberação tomada em assembleia designada para tratar de assuntos administrativos. O termo "afastamento", dada as hipóteses de ocorrência (como férias, motivos pessoais e de saúde), refere-se aos assuntos ordinários de administração e não exige tratamento em assembleia específico para que produza seus efeitos. Recurso não provido. Sentença mantida. (TJSP, Ap. n. 0015312-28.2008.8.26.0554/ Santo André, 5ª Câm. de Dir. Priv., rel. Fábio Podestá, *DJe* 30.10.2013, p. 1.418)

Art. 60. A convocação dos órgãos deliberativos far-se-á na forma do estatuto, garantido a 1/5 (um quinto) dos associados o direito de promovê-la.
Artigo com redação dada pela Lei n. 11.127, de 28.06.2005.

➡ Artigo sem correspondência no CC/1916.

A convocação de qualquer órgão deliberativo da associação deve ser feita na forma do estatuto. Mesmo assim, no caso de um quinto dos associados se unirem em prol de determinada convocação, esta poderá ser promovida.

■ Veja no art. 44 o Enunciado n. 280 da IV Jornada de Direito Civil.

■ Antecipação de tutela. Pleito de suspensão de atividade de rádio difusora, em razão do término de mandato do órgão diretivo. Medida inadequada, porque ausente demonstração de que 1/5 de seus as-

Código Civil comentado e anotado

Arts. 60 e 61

sociados tenham se manifestado a favor da promoção da assembleia geral, nos termos do estatuto e do art. 60 do CC. Ausência de verossimilhança nas alegações. Recurso desprovido. (TJSP, AI n. 0160148-34.2013.8.26.0000/Cruzeiro, 10ª Câm. de Dir. Priv., rel. Araldo Telles, *DJe* 27.03.2014, p. 1.612)

Art. 61. Dissolvida a associação, o remanescente do seu patrimônio líquido, depois de deduzidas, se for o caso, as quotas ou frações ideais referidas no parágrafo único do art. 56, será destinado à entidade de fins não econômicos designada no estatuto, ou, omisso este, por deliberação dos associados, à instituição municipal, estadual ou federal, de fins idênticos ou semelhantes.

§ 1º Por cláusula do estatuto ou, no seu silêncio, por deliberação dos associados, podem estes, antes da destinação do remanescente referida neste artigo, receber em restituição, atualizado o respectivo valor, as contribuições que tiverem prestado ao patrimônio da associação.

§ 2º Não existindo no Município, no Estado, no Distrito Federal ou no Território, em que a associação tiver sede, instituição nas condições indicadas neste artigo, o que remanescer do seu patrimônio se devolverá à Fazenda do Estado, do Distrito Federal ou da União.

➥ Veja art. 22 do CC/1916.
➥ Veja art. 5º, XIX, da CF.

No caso de dissolução da associação, o remanescente do seu patrimônio líquido, depois de deduzidas, se for o caso, as quotas ou frações ideais mencionadas no art. 56, parágrafo único, será destinado à entidade de fins não econômicos designada no estatuto, ou, no caso de omissão do estatuto, por deliberação dos associados à instituição municipal, estadual, distrital ou federal, de fins idênticos ou semelhantes. Dispõe o § 1º do art. 61 que, por cláusula do estatuto ou, no seu silêncio, por deliberação dos associados, podem estes, antes da destinação do remanescente citado no artigo mencionado, receber em restituição, atualizado o respectivo valor, as contribuições que tiverem prestado ao patrimônio da associação; e ainda dispõe o § 2º do art. 61 que não existindo no município, no estado, no Distrito Federal ou no território, em que a associação tiver sede, instituição nas condições indicadas anteriormente, o que remanescer do seu patrimônio será devolvido à Fazenda do estado, do Distrito Federal ou da União, nessa ordem.

■ Enunciado n. 407 da V Jornada de Direito Civil: "A obrigatoriedade de destinação do patrimônio líquido remanescente da associação a instituição municipal, estadual ou federal de fins idênticos ou semelhantes, em face da omissão do estatuto, possui caráter subsidiário, devendo prevalecer a vontade dos associados, desde que seja contemplada entidade que persiga fins não econômicos".

■ Apelação cível. Civil. Processo civil. Ausência de litisconsórcio entre associação e associados. Ausência de vista de documentos. Não caracterização de cerceamento de defesa. Dissolução de associação. Lar da criança de Brasília. Subsistência de irregularidades. Exploração da estrutura física por terceiros com fim econômico. Desvirtuação das finalidades sociais. Descumprimento de encargos. Dissolução. Perspectiva de exame da medida judicial tomada. Sentença mantida. 1. O fato de associados terem investido no patrimônio e na administração da associação é indiferente quanto à formação de litisconsórcio necessário, em razão da autonomia inerente à pessoa jurídica. 2. O vício de cerceamento de defesa e de violação ao contraditório, em razão da ausência de deferimento de oportunidade de vista quanto a documentos novos juntados, pode ser alegado apenas pela parte que não teve vista, e não pela parte que apresentou os documentos. 3. Quando a doação do imóvel é dotada do encargo de o

Arts. 61 e 62 — Almeida Guilherme

imóvel ser utilizado especificamente dentro dos objetivos de entidade social, fica patente a obrigação da donatária de ser fiel a esse encargo, sob pena do Ministério Público exigir o cumprimento desse encargo, consoante previsto no art. 553 do CC. 4. O desvio de finalidade derivado da autorização pela associação da exploração econômica do imóvel por terceiros justifica, por contrariar os fins assistenciais específicos que constituem o encargo da entidade, a medida fatal de dissolução. 5. Ainda que, sob um olhar calcado no imediatismo, possa ser cogitado que a medida de dissolução apresenta-se como drástica, certo é que, sob uma perspectiva mediata, a presente medida viabilizará que a estrutura física seja destinada à entidade congênere, a qual, por reunir melhores condições, poderá prestar as atividades de cunho social de melhor modo (art. 61 do CC). 6. Apelação conhecida a que nega provimento. (TJDFT, Ap. Cível n. 20060110345092, rel. Des. J. J. Costa Carvalho, *DJe* 07.01.2014, p. 170)

■ Associação. Ação de cobrança. Dissolução. Associados que, após alguns anos, deliberaram por extinguir a associação e receber, em restituição, os valores prestados. Admissibilidade. Inteligência do art. 61, § 1º, CC. Sentença mantida. Recurso improvido. (TJSP, Ap. n. 0379595-15.2008.8.26.0577/São José dos Campos, 6ª Câm. de Dir. Priv., rel. Vito Guglielmi, *DJe* 21.08.2013, p. 1.379)

CAPÍTULO III
DAS FUNDAÇÕES

Art. 62. Para criar uma fundação, o seu instituidor fará, por escritura pública ou testamento, dotação especial de bens livres, especificando o fim a que se destina, e declarando, se quiser, a maneira de administrá-la.

Parágrafo único. A fundação somente poderá constituir-se para fins de:
Parágrafo com redação dada e incisos acrescentados pela Lei n. 13.151, de 28.07.2015.

I – assistência social;

II – cultura, defesa e conservação do patrimônio histórico e artístico;

III – educação;

IV – saúde;

V – segurança alimentar e nutricional;

VI – defesa, preservação e conservação do meio ambiente e promoção do desenvolvimento sustentável;

VII – pesquisa científica, desenvolvimento de tecnologias alternativas, modernização de sistemas de gestão, produção e divulgação de informações e conhecimentos técnicos e científicos;

VIII – promoção da ética, da cidadania, da democracia e dos direitos humanos;

IX – atividades religiosas; e

X – (*Vetado.*)

➥ Veja art. 24 do CC/1916.
➥ Veja arts. 40, 44 a 52, 65, 75, 215 e 2.031 a 2.033 do CC/2002.
➥ Veja arts. 764 e 765 do CPC/2015.
➥ Veja art. 11 do DL n. 4.657/42 (Lei de introdução às normas do Direito Brasileiro).
➥ Veja arts. 114, I, 119, parágrafo único, e 120 da Lei n. 6.015/73 (Lei de Registros Públicos).
➥ Veja Lei n. 8.958/94 (relações entre as instituições federais de ensino superior e de pesquisa e as fundações de apoio).
➥ Veja Lei n. 13.151/2015.

Código Civil comentado e anotado   Arts. 62 e 63

No caso específico das fundações, a sua criação passa por quatro fases e não apenas por duas. A primeira consiste na reserva de bens com indicação dos fins a que se destinam pelo seu titular/fundador, por meio de escritura pública ou testamento. A segunda fase é a de elaboração do seu estatuto social. A terceira é a aprovação do estatuto pelo Ministério Público. E a quarta é a do registro público.

■ Enunciado n. 8 da I Jornada de Direito Civil: "A constituição de fundação para fins científicos, educacionais ou de promoção do meio ambiente está compreendida no CC, art. 62, parágrafo único".

■ Enunciado n. 9 da I Jornada de Direito Civil: "O art. 62, parágrafo único, deve ser interpretado de modo a excluir apenas as fundações com fins lucrativos".

■ Apelação cível. Processo civil. CC. Ação de nulidade e desconstituição de registro da Fundação M.C.S. Legitimidade do Ministério Público. Inexistência de requisitos. Irregularidades. Arts. 62 a 69, CC, e 1.199 a 1.204, CPC. Uso indevido da denominação "fundação". Preliminares rejeitadas nas contrarrazões. Recurso conhecido e provido. 1. Quanto à preliminar de ausência do interesse-utilidade recursal por irregularidade formal da apelação, as assertivas ventiladas pela apelada não guardam razoabilidade. Isso porque, ao correlacionar a peça exordial, o mandamento sentencial e o apelo manejado pelo Ministério Público, é fácil perceber que persiste interesse processual na busca pela nulidade e desconstituição do registro Fundação M.C.S., na medida em que o recorrente, em seu recurso, igualmente persegue na peça inaugural, se contraponto à sentença, buscando a reforma do julgado em sua inteireza. 2. O simples fato de o recurso se mostrar mais robusto, em argumentos, do que a peça inicial não tem o condão de caracterizar inovação, já que utilizados com o fito de convencer o julgador da tese defendida. 3. Primeiramente, insta esclarecer que, tratando-se a constituição de pessoas jurídicas e suas classificações, a doutrina define que as fundações, disciplinadas nos arts. 62 a 69, CC, e 1.199 a 1.204, CPC, diferenciam-se das associações e sociedades. 4. São requisitos para a constituição de uma fundação sua realização mediante escritura pública ou testamento, dotação especial de bens livres especificando o fim para o qual se destina e, facultativamente, a declaração da maneira pela qual será administrada. 5. Cabe ao Ministério Público, como curador de fundações, fiscalizar a constituição regular destas e aprovar seu estatuto, devendo alertar para as irregularidades e nulidades existentes. 6. Não sendo observada a forma legalmente prescrita, não há como subsistir a constituição da fundação, pois eivada de nulidades. O uso indevido da denominação "fundação", daria azo à insegurança e à instabilidade a todos aqueles que contratassem com a referida entidade, que agindo sob as normas de uma pessoa jurídica, apresentar-se-ia com a denominação de outra, indevidamente. 7. Recurso conhecido e provido. Sentença reformada. (TJCE, Ap. Cível n. 0002587-64.2010.8.06.0078, rel. Sérgia Maria Mendonça Miranda, *DJe* 28.02.2014, p. 59)

Art. 63. Quando insuficientes para constituir a fundação, os bens a ela destinados serão, se de outro modo não dispuser o instituidor, incorporados em outra fundação que se proponha a fim igual ou semelhante.

➥ Veja art. 25 do CC/1916.

No caso de não haver possibilidade de constituir a fundação pelos bens destinados pelo seu instituidor, eles serão incorporados em outra fundação que tenha igual finalidade, se de outro modo não dispuser o instituidor.

- Alienação de bem de fundação. Vício de procedimento. Para a validade da alienação do patrimônio da fundação é imprescindível a autorização judicial com a participação do órgão ministerial, formalidade que se suprimida acarreta a nulidade do ato negocial, pois a tutela do poder público – sob a forma de participação do Estado-juiz, mediante autorização judicial –, é de ser exigida. (STJ, REsp n. 303.707/MG, 3ª T., rel. Min. Nancy Andrighi, j. 19.11.2001, v.u.)

Art. 64. Constituída a fundação por negócio jurídico entre vivos, o instituidor é obrigado a transferir-lhe a propriedade, ou outro direito real, sobre os bens dotados, e, se não o fizer, serão registrados, em nome dela, por mandado judicial.

➥ Artigo sem correspondência no CC/1916.

É importante se trazer o conceito de fundação que, para Clóvis Beviláqua, pode ser entendida como uma universidade de bens personalizada em atenção ao fim que lhe dá unidade ou como um patrimônio transfigurado pela ideia que o coloca a serviço de um fim determinado. No caso em tela, havendo a constituição da fundação por negócio jurídico *inter vivos*, o instituidor deverá transferir a propriedade conforme dispõe a lei sob pena dos bens serem registrados por mandado judicial em favor da fundação.

Art. 65. Aqueles a quem o instituidor cometer a aplicação do patrimônio, em tendo ciência do encargo, formularão logo, de acordo com as suas bases (art. 62), o estatuto da fundação projetada, submetendo-o, em seguida, à aprovação da autoridade competente, com recurso ao juiz.
Parágrafo único. Se o estatuto não for elaborado no prazo assinado pelo instituidor, ou, não havendo prazo, em cento e oitenta dias, a incumbência caberá ao Ministério Público.

➥ Veja art. 27 do CC/1916.
➥ Veja arts. 764 e 765 do CPC/2015.

É dever do instituidor dar diretrizes, funções e regras básicas da fundação para que dessa forma quem ficou encarregado de dar continuidade na fundação possa logo que estiver ciente do encargo criar um estatuto e submetê-lo ao Ministério Público.

Art. 66. Velará pelas fundações o Ministério Público do Estado onde situadas.
§ 1º Se funcionarem no Distrito Federal ou em Território, caberá o encargo ao Ministério Público do Distrito Federal e Territórios.
Parágrafo com redação dada pela Lei n. 13.151, de 28.07.2015.
§ 2º Se estenderem a atividade por mais de um Estado, caberá o encargo, em cada um deles, ao respectivo Ministério Público.

➥ Veja art. 26 do CC/1916.
➥ Veja arts. 764 e 765 do CPC/2015.
➥ Veja art. 25 da Lei n. 8.625/93 (Lei Orgânica Nacional do Ministério Público).
➥ Veja LC n. 73/93 (Lei de Improbidade Administrativa).

Código Civil comentado e anotado

Arts. 66 e 67

➡ Veja art. 72 da LC n. 109/2001 (regime de previdência complementar).

Cuidará das fundações o Ministério Público, que terá por competência: I – aprovar os estatutos, bem como suas modificações; II – fiscalizar as atividades da fundação, inclusive se estiver dentro do objetivo dela; III – requerer a extinção da fundação no caso de se tornar ilícita, impossível ou inútil, sua finalidade e, ainda, poderá propor a sua extinção se dois terços dos gestores competentes votarem a favor.

▪ Enunciado n. 10 da I Jornada de Direito Civil: "Em face do princípio da especialidade, o art. 66, § 1º, deve ser interpretado em sintonia com os arts. 70 e 178 da LC n. 75/93".

▪ Enunciado n. 147 da III Jornada de Direito Civil: "A expressão 'por mais de um Estado', contida no § 2º do art. 66, não exclui o Distrito Federal e os Territórios. A atribuição de velar pelas fundações, prevista no art. 66 e seus parágrafos, ao MP local – isto é, dos Estados, do DF e dos Territórios onde situadas – não exclui a necessidade de fiscalização de tais pessoas jurídicas pelo MPF, quando se tratar de fundações instituídas ou mantidas pela União, autarquia ou empresa pública federal, ou que destas recebam verbas, nos termos da Constituição, da Lei Complementar n. 75/93 e da Lei de Improbidade".

▪ Agravo de instrumento. Direito privado não especificado. Ação cautelar de exibição de documentos. Fundação Conesul de Desenvolvimento. Art. 66, CC. Nos termos do art. 66, *caput*, do CC, incumbe ao Ministério Público velar pelas fundações. Não se pode, contudo, no caso concreto, determinar que o órgão seja responsável pelo armazenamento da vasta documentação da fundação, configurando, *in casu*, flagrante superação de sua competência. Reforma da decisão. Deram provimento ao agravo de instrumento. Unânime. (TJRS, AI n. 70.058.005.067, 20ª Câm. Cível, rel. Des. Glênio José Wasserstein Hekman, j. 02.07.2014)

Art. 67. Para que se possa alterar o estatuto da fundação é mister que a reforma:
I – seja deliberada por dois terços dos competentes para gerir e representar a fundação;
II – não contrarie ou desvirtue o fim desta;
III – seja aprovada pelo órgão do Ministério Público no prazo máximo de 45 (quarenta e cinco) dias, findo o qual ou no caso de o Ministério Público a denegar, poderá o juiz supri-la, a requerimento do interessado.
Inciso com redação dada pela Lei n. 13.151, de 28.07.2015.

➡ Veja art. 28 do CC/1916.
➡ Veja arts. 764 e 765 do CPC/2015.

O art. 67 trata das formas como o estatuto da fundação pode ser alterado, e são elas: I – ser deliberada por dois terços dos competentes para gerir e representar a fundação; II – não contrariar ou desvirtuar seu fim; III – ser aprovada pelo órgão do Ministério Público, e, caso este a denegue, poderá o juiz supri-la, a requerimento do interessado.

▪ Ação civil pública. Sentença de improcedência. Reexame necessário. Necessidade. Fundo partidário nacional. Art. 17, § 3º, da CF. Dotação orçamentária da União. Fundação de pesquisa, doutrinação e educação política. 20% dos recursos do fundo partidário. Mínimo. Art. 44 da Lei n. 9.096/95. Objetivos vinculados ao partido político. Art 2º-A da Resolução n. 22.746 do TSE. Estatuto. Autorização do MP. Responsabilidade civil. Inexistente. 1. As sentenças de improcedência de ação civil pública sujeitam-se ao reexame necessário, em razão da aplicação analógica da primeira parte do art. 19 da Lei n. 4.717/65 (REsp n. 1.108.542/SC (2008/0274228-9), rel. Min. Castro Meira, 2ª T., j. 19.05.2009, *DJe* 29.05.2009). 2. O fundo partidário nacional está previsto no art. 17, § 3º, da CF e constitui-se de valores oriundos de dotações orçamentárias da União, multas e penalidades de cunho eleitoral, bem como doações e outros recursos financeiros que lhe forem atribuídos por lei. 3. O partido político deve destinar no mínimo 20% dos recursos recebidos do fundo partidário nacional para "criação e manutenção de instituto ou fundação de pesquisa e de doutrinação e educação política", nos termos do art. 44 da Lei n. 9.096/95. 4. As fundações terão objetivos vinculados aos do partido político, conforme art. 2º-A da Resolução n. 22.746 do TSE. 5. É indevida a responsabilização dos gestores da fundação pela prática de atos previstos no estatuto, cujo registro foi expressamente autorizado pelo ministério público, em conformidade com os arts. 66 e 67 do CC. 6. Inexiste responsabilização civil quando os atos praticados estão em conformidade com o estatuto da fundação e com o art. 44 da Lei n. 9.096/95. 7. Remessa necessária e recurso de apelação conhecidos e improvidos. (TJDFT, AC Públ. n. 20090111096342, rel. Des. Gislene Pinheiro, *DJe* 05.02.2014, p. 109)

Art. 68. Quando a alteração não houver sido aprovada por votação unânime, os administradores da fundação, ao submeterem o estatuto ao órgão do Ministério Público, requererão que se dê ciência à minoria vencida para impugná-la, se quiser, em dez dias.

➡ Veja art. 29 do CC/1916.
➡ Veja art. 764 do CPC/2015.

O prazo no caso de acontecer alteração do estatuto quando ela não foi aprovada unanimemente será decadencial de dez dias a partir da ciência da minoria vencida.

Art. 69. Tornando-se ilícita, impossível ou inútil a finalidade a que visa a fundação, ou vencido o prazo de sua existência, o órgão do Ministério Público, ou qualquer interessado, lhe promoverá a extinção, incorporando-se o seu patrimônio, salvo disposição em contrário no ato constitutivo, ou no estatuto, em outra fundação, designada pelo juiz, que se proponha a fim igual ou semelhante.

➡ Veja art. 30 do CC/1916.
➡ Veja art. 765 do CPC/2015.

No caso de a fundação não atingir mais a sua finalidade, o Ministério Público ou qualquer interessado poderá solicitar sua extinção incorporando-se o seu patrimônio, salvo disposição em contrário no ato constitutivo ou no estatuto, em outra fundação, designada pelo juiz, que se proponha a fim igual ou semelhante.

É importante também, nesse caso, o parecer do Ministério Público.

■ Veja no art. 62 o seguinte acórdão: TJCE, AC n. 0002587-64.2010.8.06.0078, rel. Sérgia Maria Mendonça Miranda, *DJe* 28.02.2014, p. 59.

Código Civil comentado e anotado

Art. 70

TÍTULO III
DO DOMICÍLIO

Art. 70. O domicílio da pessoa natural é o lugar onde ela estabelece a sua residência com ânimo definitivo.

➡ Veja art. 31 do CC/1916.

➡ Veja arts. 327, 1.565, II, 1.569 e 1.711 do CC/2002.

➡ Veja art. 5º, XI, da CF.

➡ Veja arts. 46 a 53, 62 e 63 do CPC/2015.

➡ Veja arts. 127 e 159 do CTN.

➡ Veja arts. 7º, 10 e 12 do DL n. 4.657/42 (Lei de introdução às normas do Direito Brasileiro).

➡ Veja arts. 28 a 32 do Decreto n. 3.000/99 (regulamenta a tributação, fiscalização, arrecadação e administração do imposto sobre a renda e proventos de qualquer natureza).

O domicílio da pessoa física é o local onde ela estabelece sua residência por vontade própria definitiva, ou seja, com *animus* definitivo. O domicílio serve para individualizar a pessoa.

■ Enunciado n. 408 da V Jornada de Direito Civil: "Para efeitos de interpretação da expressão 'domicílio' do art. 7º da Lei de Introdução às normas do Direito Brasileiro, deve ser considerada, nas hipóteses de litígio internacional relativo a criança ou adolescente, a residência habitual destes, pois se trata de situação fática internacionalmente aceita e conhecida".

■ Exceção de pré-executividade. IPVA. Lançamento de ofício e autuação em razão do não licenciamento no Estado de São Paulo. Veículo licenciado no estado do Paraná. Pluralidade de domicílios. Sentença de procedência, com a extinção da execução. Apelado que não demonstrou cabalmente o duplo domicílio ou que á época da compra do veículo residia em outro estado. Inteligência dos arts. 120, CTB, e 70 e 71, CC. Legalidade do lançamento. Prescrição reconhecida em relação aos créditos dos IPVAs de 2005 e 2006. Constituição do crédito tributário com o lançamento, na data de ocorrência do fato gerador. Apelo parcialmente provido. (TJSP, Ap. n. 0010578-79.2011.8.26.0408/Ourinhos, 8ª Câm. de Dir. Públ., rel. João Carlos Garcia, *DJe* 27.05.2014, p. 1.540)

■ Embargos à execução. IPVA. Lançamento de ofício e autuação em razão do não licenciamento no Estado de São Paulo. Veículo licenciado no estado do Paraná. Pluralidade de domicílios. Sentença de procedência dos embargos, com a extinção da execução embargante que demonstrou o duplo domicílio. Inteligência dos arts. 120, do CTB, e 70 e 71 do CC. Ilegalidade do lançamento. Apelo desprovido. (TJSP, Ap. n. 0009943-35.2010.8.26.0408/Ourinhos, 8ª Câm. de Dir. Públ. rel. João Carlos Garcia, *DJe* 04.06.2014, p. 1.872)

■ Domicílio tributário é mesmo da residência. Não procede o argumento de que, sendo inviolável o domicílio da pessoa física, dificultaria a atuação dos agentes fiscais, caso tenha o domicílio tributário a mesma sede, porque tal proteção deixaria de existir. É injustificável e sem base legal impedir o contribuinte de indicar sua residência para domicílio tributário. Recurso improvido. (STJ, REsp n. 28.237-1/SP, 1ª T., rel. Min. Garcia Vieira, j. 16.11.1992)

Arts. 71 e 72 — Almeida Guilherme

Art. 71. Se, porém, a pessoa natural tiver diversas residências, onde, alternadamente, viva, considerar-se-á domicílio seu qualquer delas.

➡ Veja art. 32 do CC/1916.
➡ Veja art. 46, § 1º, do CPC/2015.

No caso de a pessoa possuir várias residências, o seu domicílio será qualquer um deles, já que tem *animus* de residir em vários locais. Importante se faz notar que ter uma mera residência, por exemplo, para veraneio, não gera domicílio. Para que este exista, necessário se faz o *animus*.

▪ Súmula n. 483 do STF: "É dispensável a prova da necessidade, na retomada de prédio situado em localidade para onde o proprietário pretende transferir residência, salvo se mantiver, também, a anterior, quando dita prova será exigida".

▪ Ação anulatória de débito fiscal. Cobrança de IPVA pela Fazenda do Estado de São Paulo. Alegação de evasão fiscal. Imposto recolhido no Estado de Minas Gerais. Documento de identidade e título de eleitor expedidos naquela unidade da Federação. Comprovada a duplicidade de domicílios, é facultado ao autor optar pelo registro e recolhimento do veículo em qualquer deles. Arts. 71 e 72, CC, e 120, CTB. Sentença de procedência. Manutenção. Recurso não provido. (TJSP, Ap. n. 0042769-24.2011.8.26.0071/Bauru, 10ª Câm. de Dir. Públ., rel. Marcelo Semer, *DJe* 08.04.2014, p. 1.434)

▪ Agravo de instrumento. Ação de guarda. Art. 147 do ECA c/c art. 71 do CCB. Dar provimento ao recurso. De acordo com o CC, a pessoa natural que tiver diversas residências terá considerado como seu domicílio quaisquer desses endereços. A ação de guarda deverá ser processada e julgada no domicílio da responsável pelas menores. É legítimo o processamento e julgamento da ação de guarda na Comarca de Uberlândia/MG, uma vez que a autora está amparada pela legislação vigente. (TJMG, AI n. 1.0702.13.078480-5/001, 2ª Câm. Cível, rel. Hilda Teixeira da Costa, *DJe* 26.06.2014)

Art. 72. É também domicílio da pessoa natural, quanto às relações concernentes à profissão, o lugar onde esta é exercida.
Parágrafo único. Se a pessoa exercitar profissão em lugares diversos, cada um deles constituirá domicílio para as relações que lhe corresponderem.

➡ Veja art. 32 do CC/1916.
➡ Veja art. 10, § 1º da Lei 8.906/94 (Estatuto da Advocacia e OAB).

O domicílio é estendido ao local onde a pessoa exerce seu trabalho de forma habitual ou, então, se o trabalho habitual se der em locais diversos, considerar-se-á qualquer desses lugares como domicílio.

▪ Inadequação da via eleita. Insurgência pelo reconhecimento de via inadequada, pois cabíveis os embargos à execução, na discussão de dívida ativa. Inadmissibilidade. Ressalva expressa do art. 38 da LEF. Ademais, inicial, sequer houve o pleito de suspensão do crédito tributário, mas somente a inexigibilidade da dívida. Consonância com a Súmula vinculante n. 28 do STF e o art. 5º, XXXV, da CF. Preliminar rejeitada. Ato administrativo. Anulatória de débito fiscal. Cobrança de IPVA pelo Fisco Paulista. Comprovação de depósito das dívidas, o que gera suspensão da exigibilidade do crédito tributário. Além

Código Civil comentado e anotado

Arts. 72 a 74

disso, ao autor é facultado optar, no caso de pluralidade de domicílios, pelo registro e recolhimento o IPVA em qualquer deles. Expressa previsão dos arts. 71 e 72 do CC, que reconhece o domicílio profissional, bem como art. 120, CTB. Precedentes, inclusive, desta Col. 2ª Câmara. Sentença mantida. Reexame necessário e recurso improvidos. (TJSP, Ap. n. 1007848-08.2013.8.26.0053/São Paulo, 2ª Câm. de Dir. Públ., rel. Claudio Augusto Pedrassi, *DJe* 24.06.2014, p. 917)

Art. 73. Ter-se-á por domicílio da pessoa natural, que não tenha residência habitual, o lugar onde for encontrada.

➥ Veja art. 33 do CC/1916.
➥ Veja art. 46, § 2º, do CPC/2015.
➥ Veja art. 7º, § 8º, do DL n. 4.657/42 (Lei de introdução às normas do Direito Brasileiro).

O art. 73 abrange os casos em que a pessoa natural não se estabelece com ânimo definitivo, como no caso dos andarilhos/nômades. Dessa forma, é previsto que será considerado seu domicílio qualquer lugar onde for encontrado.

▪ Agravo de instrumento. Direito civil e processual civil. Competência. Inventário. Múltiplos domicílios. I – A competência para o inventário é definida nos termos do art. 96 do CPC, o qual estabelece o foro do domicílio do autor da herança como o competente para a ação de inventário. Contudo, o parágrafo único do mencionado dispositivo ressalta duas possibilidades para quando o autor da herança não possuir domicílio certo, a primeira é a competência do foro onde estão os bens e a segunda é do lugar do óbito, quando além de não possuir domicílio certo, os bens estiverem em lugares diferentes. II – O CC (arts. 71 e 73) reconhece a possibilidade de pluralidade de domicílio, mesmo considerando esse ocasional ou aparente. III – Considerando o duplo domicílio da autora da herança e que esta possuía bens somente em São José do Rio Preto, é daquele foro a competência para processar e julgar a ação de inventário (art. 96, parágrafo único, I, do CPC). IV – Deu-se provimento ao recurso. (TJDFT, Proc. n. 20140020063590, rel. Des. José Divino de Oliveira, *DJe* 01.07.2014, p. 311)

Art. 74. Muda-se o domicílio, transferindo a residência, com a intenção manifesta de o mudar.
Parágrafo único. A prova da intenção resultará do que declarar a pessoa às municipalidades dos lugares, que deixa, e para onde vai, ou, se tais declarações não fizer, da própria mudança, com as circunstâncias que a acompanharem.

➥ Veja art. 34 do CC/1916.
➥ Veja art. 43 do CPC/2015.
➥ Veja legislações municipais sobre IPTU.

A pessoa natural que pretende mudar de domicílio deve transferir sua residência para outro lugar com a real intenção de se mudar, sendo vedada a simples transferência, devendo para tanto avisar a municipalidade que tal mudança será realizada, o que será utilizada como prova da intenção manifesta de mudar de domicílio. Uma prova inequívoca disso é a mudança do cadastro do IPTU.

▪ Súmula n. 58 do STJ: "Proposta a execução fiscal, a posterior mudança de domicílio do executado não desloca a competência já fixada".

Arts. 74 e 75

■ Apelação. Ação de suprimento de autorização para viagem ao exterior. Competência. Vara da infância e da juventude. Precedentes. TJCE. Indeferimento liminar da inicial. Citação efetivada. Impossibilidade. Conclusão lógica entre a causa de pedir e o pedido. Configuração na espécie. Suprimento de outorga que não implica em alteração de guarda e/ou de domicílio. Inépcia afastada. Apelação conhecida e provida. Sentença cassada. Retorno dos autos à origem para fins de complementação da prestação jurisdicional. 1. "Nos termos dos arts. 83, 84, II, 85 e 148, IV, do ECA, e 123 do Código de Divisão e Organização Judiciária do Estado do Ceará, é o juízo da Vara da Infância e da Juventude o competente para processar e julgar os pedidos de autorização de viagem de menor, inclusive para o exterior, quando um dos genitores não autorizar, independentemente de o menor estar ou não em situação de abandono ou risco (ECA)". (Conflito de Competência Cível n. 8348912200880600011, rel. Raul Araújo Filho, 1ª Câm. Cível, j. 13.07.2009, registro 17.07.2009). 2. Além de inexistirem dúvidas quanto à competência da instância originária para conhecer da presente ação de suprimento de outorga, observa-se, também previamente, que, mesmo considerada inepta, a petição inicial não poderia ter sido indeferida *in limine* pelo julgador singular, já que citado o réu (fl. 18), contestada e processada a ação (fls. 32 e segs.), além de ouvida a promotoria (fl. 37). 3. Na hipótese vertente, é de fácil ilação que o pedido da menor, aqui representada pela genitora, traduz-se, unicamente, na necessidade de autorização judicial para que a criança possa acompanhar a mãe ao exterior, pelo período de 2 (dois) anos, no qual a genitora irá graduar-se em nutrição na Itália, tendo em vista a negativa do pai, que nunca deteve a sua guarda, em consentir que a filha dele se afaste, por razoável lapso temporal, prejudicando, no entender do genitor, a convivência filial-paterna. 4. O pedido de suprimento de outorga de consentimento do pai contido na inicial não implica, no caso concreto, na alteração da guarda da criança, pois é fato incontroverso que, desde o término da união estável do casal, a menor encontra-se sob a guarda exclusiva da mãe, menos ainda em mudança de domicílio, já que a estada será, se exitosa a demanda, por prazo determinado, portanto, sem o necessário ânimo definitivo de que trata o art. 74 do CC. 5. Apelação conhecida e provida. Sentença cassada. Retorno dos autos à origem para fins de complementação da prestação jurisdicional. (TJCE, Ap. Cível n. 0031437-97.2012.8.06.0001, rel. Maria Vilauba Fausto Lopes, *DJe* 21.02.2014, p. 48)

■ Mudança de domicílio. Caracterização. Não se pode caracterizar a mudança de domicilio sem a transferência da residência com a intenção manifesta de o mudar. (*RF* 91/406)

Art. 75. Quanto às pessoas jurídicas, o domicílio é:
I – da União, o Distrito Federal;
II – dos Estados e Territórios, as respectivas capitais;
III – do Município, o lugar onde funcione a administração municipal;
IV – das demais pessoas jurídicas, o lugar onde funcionarem as respectivas diretorias e administrações, ou onde elegerem domicílio especial no seu estatuto ou atos constitutivos.
§ 1º Tendo a pessoa jurídica diversos estabelecimentos em lugares diferentes, cada um deles será considerado domicílio para os atos nele praticados.
§ 2º Se a administração, ou diretoria, tiver a sede no estrangeiro, haver-se-á por domicílio da pessoa jurídica, no tocante às obrigações contraídas por cada uma das suas agências, o lugar do estabelecimento, sito no Brasil, a que ela corresponder.

➥ Veja art. 35 do CC/1916.
➥ Veja art. 109, §§ 1º a 4º, CF.
➥ Veja arts. 21, I e parágrafo único, 51 e 53, III, *a* e *b*, do CPC/2015.

Código Civil comentado e anotado

Art. 75

O domicílio da pessoa jurídica está previsto no art. 75 do Código Civil. Os incisos I a III tratam das pessoas jurídicas de direito público interno que têm domicílio na sede de seu governo. As pessoas jurídicas de direito privado têm domicílio ou sede onde elegerem em seus atos constitutivos (estatutos ou contratos sociais, conforme sua classificação) ou no lugar onde funcionarem sua diretoria e sua administração (art. 75, IV, do CC).

■ Súmula n. 363 do STF: "A pessoa jurídica de direito privado pode ser demandada no domicílio da agência ou estabelecimento em que se praticou o ato".

■ Fundamentação de decisões judiciais. Sentença. Fundamentação concisa, mas que não impede a ampla defesa. Possibilidade. Ofensa aos arts. 93, IX e X, da CF, e arts. 165 e 458, ambos do CPC. Inexistência. Em se tratando de sentença concisa, mas que atende às formalidades legais e permite a ampla defesa das partes, não há que se cogitar em ofensa aos arts. 93, IX e X, da CF, e 165 e 458, ambos do CPC. Competência internacional concorrente. Contrato celebrado no exterior. Empresa que possui estabelecimento no Brasil. Obrigação a ser cumprida no Brasil. Jurisdição e legislação nacionais. Aplicabilidade. Inteligência do art. 75, § 2º, do CC, c/c. art. 88, II, do CPC. O Poder Judiciário brasileiro possui competência internacional concorrente para apreciar causas oriundas de contratos celebrados no exterior, quando a empresa estrangeira possui estabelecimento no Brasil, e, ademais, a obrigação deve ser aqui cumprida, como se depreende da combinação dos arts. 75, § 2º, do CC, e 88, II, do CPC. Ação indenizatória. Contrato de compra e venda de mercadorias. Pagamento por meio de "créditos comerciais" de difícil negociação. Resgate parcial de créditos. Valor consideravelmente inferior ao das mercadorias vendidas. Prejuízo. Demonstração. Procedência: é procedente ação indenizatória ajuizada contra empresa que, pela compra de mercadorias, paga com créditos comerciais cuja negociação se mostra difícil, acarretando prejuízos à outra contratante. Obrigação em moeda estrangeira. Contrato que envolve exportação de mercadorias. Fixação de valores em moeda estrangeira. Possibilidade. Inteligência dos arts. 2º, I, do DL n. 857/69, e 1º, I, da Lei n. 10.194/2001. Conversão para moeda nacional na data do efetivo pagamento. Entendimento do STJ: em contrato que versa sobre exportação de mercadorias, é possível a fixação de valores em moeda estrangeira (arts. 2º, I, do DL n. 857/69, e 1º, I, Lei n. 10.194/2001), devendo ser convertido para moeda nacional pela cotação oficial, na data do efetivo pagamento. Recurso provido. Ação julgada procedente. (TJSP, Ap. n. 0100433-37.2008.8.26.0000/ São Paulo, 2ª Câm. Ext. de Dir. Priv., rel. Nelson Jorge Júnior, *DJe* 06.06.2014, p. 1.047)

■ Exceção de incompetência. Execução por título extrajudicial. Cédula de crédito bancário. Eleição do foro do domicílio da emitente. Hipótese em que a matriz da devedora está localizada em Uberaba/MG e há filiais em outros três locais, entre eles a Comarca de Ribeirão Preto. Aplicação ao caso do disposto no art. 75, IV, CC. Exceção de incompetência rejeitada. Decisão mantida. Recurso improvido. (TJSP, AI n. 2024157-18.2014.8.26.0000/Ribeirão Preto, 19ª Câm. de Dir. Priv., rel. João Camillo de Almeida Prado Costa, *DJe* 11.06.2014, p. 1.132)

■ Agravo de instrumento. Exceção de incompetência. Município de Caxias do Sul. Trânsito. Penalidade aplicada sem obediência ao devido processo legal. Ação ordinária aforada no Município de Porto Alegre. Competência do lugar em que o réu (município) possui a sua sede. Art. 53, III, a, do novo CPC. Exceção rejeitada pela origem. Efeito suspensivo concedido. 1. Em atendimento ao disposto na alínea *a* do inciso III do art. 53 do novo CPC e inciso III do art. 75 do CC a demanda que visa anulação de auto de infração de trânsito deve ser aforada no lugar em que o réu (Município) possui sua sede. 2. Ademais, inexiste prejuízo ao princípio do livre acesso à Justiça, porquanto há comprovação nos autos de que o domicílio do autor é o mesmo do réu. Agravo de instrumento provido. (TJRS, Ag. n. 70.014.029.359, rel. Des Wellington Pacheco Barros, j. 16.01.2006)

Art. 76

Art. 76. Têm domicílio necessário o incapaz, o servidor público, o militar, o marítimo e o preso.

Parágrafo único. O domicílio do incapaz é o do seu representante ou assistente; o do servidor público, o lugar em que exercer permanentemente suas funções; o do militar, onde servir, e, sendo da Marinha ou da Aeronáutica, a sede do comando a que se encontrar imediatamente subordinado; o do marítimo, onde o navio estiver matriculado; e o do preso, o lugar em que cumprir a sentença.

➡ Veja arts. 36 a 40 do CC/1916.
➡ Veja arts. 3º e 4º do CC/2002.
➡ Veja art. 50 do CPC/2015.
➡ Veja art. 7º, § 7º, do DL n. 4.657/42 (Lei de introdução às normas do Direito Brasileiro).

No intuito de resguardar o direito de terceiros, a lei especificou alguns casos cujo domicílio não é voluntário, mas sim legal, que são os casos dos incapazes que terão seu domicílio no local de seu representante legal, dos funcionários públicos que serão domiciliados no local em que exercem suas funções permanentes e das profissões itinerantes como é o caso dos oficiais do Exército, que terão domicílio onde servirem. Oficiais da Marinha e da Aeronáutica terão seu domicílio na sede do comando onde se encontram subordinados. Os tripulantes de embarcações marítimas mercantis terão seu domicílio no local onde estiver matriculado o navio. Presos terão domicílio onde cumprem a sentença.

▪ Súmula n. 335 do STF: "É válida a cláusula de eleição do foro para os processos oriundos do contrato".

▪ Agravo de instrumento. Substituição de curatela. Decisão que determinou a remessa dos autos para a Comarca de Cotia, tendo em vista a internação do interditando em clínica localizada na referida cidade. Inadmissibilidade. O domicílio do interditando é do seu representante legal. Exegese do art. 76, parágrafo único, do CC. Manutenção da ação no foro do domicílio do seu curador. Recurso provido. (TJSP, AI n. 2042458-47.2013.8.26.0000/São Paulo, 4ª Câm. de Dir. Priv., rel. Fábio Quadros, *DJe* 21.03.2014, p. 1.398)

▪ Interdição. Incapaz. Exceção de incompetência. Domicílio necessário. Curatela provisória. 1. O incapaz, de acordo com a cogente disposição do art. 76, do CC, tem domicílio necessário, que é o domicílio do seu representante legal, do qual é dependente. 2. Os atos da vida civil do interditando serão praticados, por sua representante legal, na Comarca de Conchas. Ademais, e decisivamente, tudo indica que a agravante deverá providenciar (se já não providenciou) o retorno do interditando à Comarca de Conchas, de onde foi levado pelo sobrinho, consoante constou da decisão que a nomeou curadora provisória. Recurso provido para rejeitar a exceção de incompetência. (TJSP, AI n. 2044157-73.2013.8.26.0000/Conchas, 10ª Câm. de Dir. Priv., rel. Carlos Alberto Garbi, *DJe* 30.01.2014, p. 1.266)

▪ Competência. Ação de exclusão de herança. Excluída submetida a prisão provisória, em que aguarda julgamento pelos crimes que lhe foram imputados. Julgamento afeto ao juízo em que foi aberto o inventário. Inaplicabilidade da regra do art. 76 do CC/2002. Aplicação do art. 48 do novo CPC. *Ementa da redação*: Em processo de exclusão de herança, é competente para apreciar e julgar o feito o juízo em que foi aberto o inventário, nos termos do art. 48 do novo CPC, ainda que a excluída seja pessoa presa, porque, em se tratando de prisão provisória, em que a custodiada aguarda julgamento pelos crimes que lhe foram imputados, não há espaço para aplicação do art. 76 do CC/2002, que determina o processamento do feito no lugar em que o réu cumpre sentença. (TJSP, AI n. 306.697-4/5-00, 6ª Câm., rel. Des. Isabela Gama de Magalhães, j. 18.12.2003, segredo de justiça)

Código Civil comentado e anotado

Arts. 76 a 78

■ Servidor público. Delegado de polícia. Ajuda de custo. Natureza da verba. Domicílio do servidor público. Local da designação e onde presta o serviço. Presunção absoluta. 1. O servidor público tem domicílio necessário no lugar onde exerce permanentemente suas funções. Inteligência do art. 76 do CC. Presunção absoluta, segundo a doutrina. 2. A ajuda de custo tem natureza indenizatória e previsão no art. 53, II, da Lei-RS n. 7.366/83, c/c o art. 91 da LC-RS n. 10.098/94. Destina-se a compensar as despesas de instalação do servidor que, no interesse do serviço, passe a ter exercício na nova sede, com mudança de domicílio. 3. O apelado foi removido, ex officio, da 17ª Delegacia de Polícia de São Jerônimo, para a 7ª Delegacia de Polícia localizada no bairro Belém Novo, em Porto Alegre, bairro onde o apelado está residindo desde março de 2003. (TJRS, Ap. n. 70.011.595.055, rel. Des. Luiz Ari Azambuja Ramos, j. 18.08.2005)

Art. 77. O agente diplomático do Brasil, que, citado no estrangeiro, alegar extraterritorialidade sem designar onde tem, no país, o seu domicílio, poderá ser demandado no Distrito Federal ou no último ponto do território brasileiro onde o teve.

➡ Veja art. 41 do CC/1916.

O foro competente para se julgar o agente diplomático a serviço em país estrangeiro e que lá tenha sido citado é o seu domicílio no país, porém, se no momento em que alegar extraterritorialidade, não fornecer seu domicílio, deverá ser demandado no Distrito Federal ou então no último ponto do território nacional em que esteve.

Art. 78. Nos contratos escritos, poderão os contratantes especificar domicílio onde se exercitem e cumpram os direitos e obrigações deles resultantes.

➡ Veja art. 42 do CC/1916.
➡ Veja art. 327 do CC/2002.
➡ Veja art. 47, 62 e 63 do CPC/2015.
➡ Veja art. 1º do DL n. 4.597/42 (prescrição das ações contra a Fazenda Pública).

Os contratantes podem se utilizar do art. 78 para que possam de modo convencional dispor a respeito do foro que será utilizado em uma eventual demanda. É a chamada cláusula de eleição de foro, que visa a que as partes em comum acordo decidam qual o foro competente para julgar eventuais conflitos a respeito de uma relação jurídica específica.

■ Súmula n. 335 do STF: "É válida a cláusula de eleição de foro para os processos oriundos do contrato".

■ Competência. Cláusula de eleição de foro. Agravo de instrumento. Decisão que rejeitou exceção de incompetência. Foro da Comarca de Santos eleito pelas partes para resolver os litígios existentes. Prevalência do disposto nos arts. 78 do CC e 111 do CPC. Aplicação da Súmula n. 335 do STF. Negócio jurídico firmado entre empresas. Inexistência de relação de consumo entre as partes ou hipossuficiência da empresa ré. Ausência de motivo para declaração da abusividade da cláusula de eleição de foro. Decisão mantida. Recurso não provido. (TJSP, AI n. 2065817-89.2014.8.26.0000/Santos, 11ª Câm. de Dir. Priv., rel. Marino Neto, *DJe* 18.06.2014, p. 1.129)

LIVRO II
DOS BENS

Bens. São coisas com valor econômico à pessoa física e/ou jurídica.

Imóveis	Móveis
Art. 79: "São bens imóveis o solo e tudo quanto se lhe incorporar natural ou artificialmente". Bens imóveis – Classificam-se em: a) imóveis por natureza (a imobilidade é da própria essência do bem, ex.: o solo, art. 79, 1ª parte, do CC); b) por acessão física artificial (bens que aderem fisicamente ao solo, ex.: árvores, pontes, sementes lançadas ao solo, edifícios etc.); c) por acessão intelectual (bens que se integram idealmente ao solo para exploração econômica de seu proprietário e por vontade deste podem, a qualquer tempo, voltar a ser bens móveis, como as máquinas agrícolas, tratores, vasos etc.); d) por determinação legal (são bens incorpóreos a que a lei confere proteção considerando-os como bens imóveis, como é o caso do usufruto, enfiteuse, servidão predial, o direito à sucessão aberta etc.). Os bens servem para as pessoas e não o contrário, por isso, a dificuldade da classificação dos bens. **Art. 80:** "Consideram-se imóveis para os efeitos legais: I – os direitos reais sobre imóveis e as ações que os asseguram; II – o direito à sucessão aberta". **Doutrina:** Em regra, os bens imóveis são assim designados justamente pela sua mobilidade física, ganhando desta forma proteções e dispositivos diferenciados na legislação. Porém, no artigo em epígrafe, o legislador elencou dois casos em que são necessários os contornos dados aos bens imóveis (enfiteuse, anticrese, hipoteca, usufruto, direito real de habitação, *v.* art. 1.225 do CC) e as ações que os asseguram; e o direito à sucessão aberta, visando sempre à proteção da dilapidação do patrimônio. **Art. 81:** "Não perdem o caráter de imóveis: I – as edificações que, separadas do solo, mas conservando a sua unidade forem removidas a outro local; II – os materiais provisoriamente separados de um prédio, para nele se reempregarem". **Doutrina:** As edificações que são consideradas imóveis mas que forem separadas do solo sem perder sua unidade continuam a ser consideradas imóveis e, do mesmo modo que os materiais retirados de um imóvel com o intuito de serem reempregados nele mesmo, também não perderão seu caráter imobiliário.	**Art. 82:** "São móveis os bens suscetíveis de movimento próprio, ou de remoção por força alheia, sem alteração da substância ou da destinação econômico-social". Bens móveis: Classificam-se em: a) bens móveis por natureza (ex.: joias); b) por vontade humana ou antecipação pela função econômica (ex.: lenha); c) e por determinação legal, quando um bem móvel por lei deve ser considerado imóvel (mobilização de bem imóvel – ex.: a energia elétrica a que se refere o art. 155, § 3º, do CP). **Art. 83:** "Consideram-se móveis para os efeitos legais: I – as energias que tenham valor econômico; II – os direitos reais sobre objetos móveis e as ações correspondentes; III – os direitos pessoais de caráter patrimonial e respectivas ações". **Doutrina:** O artigo em comento traz a menção que se consideram móveis para efeitos legais, além daqueles que se movam pela vontade de seu detentor: a) as energias que tenham valor econômico (ex.: energia elétrica); b) os direitos reais sobre objetos móveis e as ações correspondentes; e c) os direitos pessoais de caráter patrimonial e ações respectivas sobre eles. **Art. 84:** "Os materiais destinados a alguma construção, enquanto não forem empregados, conservam sua qualidade de móveis; readquirem essa qualidade os provenientes da demolição de algum prédio". **Doutrina:** Tanto o material de construção que ainda não foi utilizado quanto aquele proveniente de demolição definitiva de edifício serão considerados bens móveis.

(continua)

Código Civil comentado e anotado

(continuação)

Bens fungíveis	Bens consumíveis
Art. 85: "São fungíveis os móveis que podem substituir-se por outros da mesma espécie, qualidade e quantidade". **Doutrina:** Os bens fungíveis, em regra, são aqueles que podem ser substituídos por outros da mesma espécie, qualidade e quantidade, por exemplo, um automóvel, mas tal acepção não é absoluta, pois se o bem possuir características históricas ou sentimentais peculiares a ele será considerado infungível.	**Art. 86:** "São consumíveis os bens móveis cujo uso importa destruição imediata da própria substância, sendo também considerados tais os destinados à alienação". **Doutrina:** Os bens consumíveis são aqueles destinados exclusivamente ao consumo, o qual acarreta, portanto, sua destruição. Porém, é devido analisar a relação entre o bem e o possuidor, pois aqueles bens que são destinados exclusivamente à alienação são consumíveis, pois é inerente ao bem seu desaparecimento para o vendedor no momento em que o mesmo é vendido.
Bens divisíveis	Bens singulares e coletivos
Art. 87: "Bens divisíveis são os que se podem fracionar sem alteração na sua substância, diminuição considerável de valor, ou prejuízo do uso a que se destinam". **Doutrina:** Os bens que puderem ser divididos sem perder suas principais características de uso e de valor econômico serão considerados divisíveis, como é o caso dos grãos resultantes de uma safra, ou então a divisão de um terreno em condomínio. **Art. 88:** "Os bens naturalmente divisíveis podem tornar-se indivisíveis por determinação da lei ou por vontade das partes". **Doutrina:** A divisibilidade dos bens pode atender a dois critérios, o primeiro refere-se à natureza do bem, que por si próprio é indivisível, pois se fosse dividido perderia sua substância e o seu valor econômico, e o segundo diz respeito à indivisibilidade por convenção e por comando legal, que por ficção jurídica se tornam indivisíveis, muito embora por natureza pudessem se dividir, como é o caso da herança e de obrigações que devem ser pagas de uma só vez.	**Art. 89:** "São singulares os bens que, embora reunidos, se consideram *de per si*, independentemente dos demais". **Doutrina:** Consideram-se singulares aqueles bens que se forem colocados isoladamente não dependem de nenhum outro para que eles tenham substância e utilidade; já os coletivos devem ser considerados unificadamente, pois não haveria sentido em considerar os bens separadamente. Considera-se coletivo aquele bem que pela união de diversos bens singulares se torna um bem distinto, por exemplo, várias peças unidas que compõem um motor único. **Art. 90:** "Constitui universalidade de fato a pluralidade de bens singulares que, pertinentes à mesma pessoa, tenham destinação unitária. Parágrafo único. Os bens que formam essa universalidade podem ser objeto de relações jurídicas próprias". **Doutrina:** O artigo em comento traz consigo os casos em que é considerado um bem só aquela universalidade de bens singulares que possuem um único dono, sendo o caso de um rebanho ou de uma frota de automóveis, em que o bem é simplesmente um conjunto de vários bens que formam um aglomerado, porém isoladamente são aptos a possuir relações jurídicas próprias, não possibilitando sua substituição por outro de diferente espécie, pois então, a universalidade de fato perderia o sentido. **Art. 91:** "Constitui universalidade de direito o complexo de relações jurídicas, de uma pessoa, dotadas de valor econômico". **Doutrina:** É definido como universalidade de direito aquele conjunto de bens e direitos com valor econômico que compõe um complexo de relações jurídicas, que tenham consigo um vínculo, como é o caso da herança, massa falida, fundo de comércio etc.

TÍTULO ÚNICO
DAS DIFERENTES CLASSES DE BENS

CAPÍTULO I
DOS BENS CONSIDERADOS EM SI MESMOS

Seção I
Dos Bens Imóveis

Art. 79. São bens imóveis o solo e tudo quanto se lhe incorporar natural ou artificialmente.

- ➥ Veja art. 43 do CC/1916.
- ➥ Veja arts. 92 a 97, 1.229 e 1.230 do CC/2002.
- ➥ Veja arts. 20, VIII a X, e 176 da CF.
- ➥ Veja art. 145 do Decreto n. 24.643/34 (Código de Águas).
- ➥ Veja Lei n. 4.591/64 (condomínio em edificações e incorporações imobiliárias).
- ➥ Veja DL n. 227/67 (Código de Mineração).

Bens. São coisas com valor econômico à pessoa física e/ou à jurídica, ou seja, servir as pessoas (arts. 1º a 78).

Bens imóveis. Classificam-se em: imóveis por natureza (a imobilidade é da própria essência do bem, ex.: o solo, art. 79, 1ª parte, do CC); por acessão física artificial (bens que aderem fisicamente ao solo, ex.: árvores, pontes, sementes lançadas ao solo, edifícios etc.); por acessão intelectual (bens que se integram idealmente ao solo para sua exploração econômica de seu proprietário e por vontade deste podem, a qualquer tempo, voltar a ser bens móveis, como as máquinas agrícolas, tratores, vasos etc.); por determinação legal (são bens incorpóreos que a lei confere proteção considerando-os como bens imóveis, como é o caso do usufruto, enfiteuse, servidão predial, o direito a sucessão aberta etc.). Os bens servem para as pessoas e não o contrário, por isso, a dificuldade da classificação dos bens.

■ Súmula n. 329 do STF: "O imposto de transmissão *inter vivos* não incide sobre a transferência de ações de sociedade imobiliária".

■ Enunciado n. 11 da I Jornada de Direito Civil: "Não persiste no novo sistema legislativo a categoria dos bens imóveis por acessão intelectual, não obstante a expressão "tudo quanto se lhe incorporar natural ou artificialmente", constante da parte final do art. 79 do CC.

■ Execução. Penhora. Nomeação de bens pelo devedor. Semoventes. Requisitos do art. 655, § 1º, III, do CPC desatendidos. Recusa pelo credor. Indicação pelo exequente de imóvel situado no foro da execução. Admissibilidade. A penhora de imóvel situado no foro da execução se mostra mais adequada que a de semoventes, cuja localização, especificação e mesmo existência não se acham demonstradas nos autos. (II TACSP, AI n. 564.848, 12ª Câm., rel. Juiz Nestor Duarte, j. 25.02.1999)

Código Civil comentado e anotado

Art. 80

Art. 80. Consideram-se imóveis para os efeitos legais:
I – os direitos reais sobre imóveis e as ações que os asseguram;
II – o direito à sucessão aberta.

➡ Veja art. 44 do CC/1916.
➡ Veja arts. 1.225, 1.227 e 1.784 do CC/2002.
➡ Veja art. 5º, XXX e XXXI, da CF.
➡ Veja Decreto n. 24.778/34 (caução de hipoteca e penhor).

Em regra os bens imóveis são assim designados justamente pela sua mobilidade física, ganhando dessa forma proteções e dispositivos diferenciados na legislação, porém no art. 79 o legislador elencou dois casos em que são necessários os contornos dados aos bens imóveis muito embora possuam mobilidade como essência, por exemplo, o caso dos direitos reais sobre imóveis (enfiteuse, anticrese, hipoteca, usufruto, direito real de habitação, *vide* art. 1.225 do CC) e as ações que os asseguram; e o direito à sucessão aberta, visando sempre à proteção da dilapidação do patrimônio.

▪ Súmula n. 329 do STF: "O imposto de transmissão *inter vivos* não incide sobre a transferência de ações de sociedade imobiliária".

▪ Apelações cíveis. Usucapião rural. CC/1916. Parâmetros de direito material. Configuração. Alegações marginais. Direito sucessório. Indenização. Prejuízo processual. Litigância de má-fé. Base de cálculo. 1. O exercício de posse exclusiva com o ânimo de dono, além da observância dos demais requisitos de lei, autoriza o reconhecimento judicial da prescrição aquisitiva da área de outrem pelo condômino que a pleiteia. 2. Em outros termos, revela-se plenamente possível a usucapião por condômino de fração imobiliária pertencente a outro condômino, desde que atendidos os parâmetros de direito material imprescindíveis à espécie. Jurisprudência de ambas as turmas de direito privado do STJ. 3. Consequência deste raciocínio, portanto, é a possibilidade de usucapião por coerdeiro de imóvel ainda não partilhado, desde que à hipótese concorram todos os requisitos legais, leia-se, posse exclusiva e em nome próprio, por mais de 20 (vinte) anos a fio, de forma mansa, pacífica, contínua e sem a oposição dos demais herdeiros, exercida com a plena convicção de dono por parte do coerdeiro prescribente. Leitura dos arts. 550, *caput*, CC/1916, e 2.028, *caput*, CC/2002, ambos à luz da jurisprudência superior. 4. Com efeito, com o óbito de quem quer que seja, forma-se um verdadeiro condomínio entre os herdeiros sobre a massa de bens que a estes se transmite, dada a qualidade de imóvel que esta recebe, *ex lege*. Melhor explicando, após a morte do *de cujus*, aos seus herdeiros são automaticamente transferidos os bens herdados, o que resulta na imediata formação de uma propriedade condominial entre todos eles sobre essa universalidade de direito, até que sobrevenha a partilha, instante em que o condomínio se desfaz e cada sucessor é investido na posse de sua quota hereditária. Repercussão interpretativa do princípio *droit de saisine* do direito francês, aqui positivado no art. 1.784, *caput*, do CC/2002, sem perder de mira o art. 80, II, do CC/2002. 5. Em matéria de usucapião, portanto, não interessa à causa e ao Estado-Juiz vasculhar pormenores que gravitam em derredor do tempo, da mansidão, pacificidade e continuidade possessórias, além do *animus domini* e do efetivo trabalho, este em usucapião rural, pois se acaso presentes se fizerem à hipótese, a prescrição aquisitiva deverá ser reconhecida. 6. A ausência de prejuízo processual a um dos litigantes desautoriza a condenação da outra parte em danos materiais ou morais. 7. Logo, cassada a primeira sentença então proferida sem a participação de terceiros prejudicados e, na sequência, citados estes pessoalmente para integrar a lide, por força do acórdão que deu provimento ao recurso por eles interposto, não há falar em obrigação de reparar do demandante que, inicialmente, exerceu o direito de ação sem incluí-los no polo passivo do pleito. 8. Majorado o

Arts. 80 a 82   Almeida Guilherme

valor da causa com a emenda da inicial, sobre esta importância, e não a anterior, é que recairão os con-sectários da litigância de má-fé, devendo a multa, portanto, sobre o valor atual da demanda ser calcu-lada. Inteligência do art. 18, *caput*, do CPC. 1ª apelação conhecida porém desprovida. 2ª apelação co-nhecida e parcialmente provida. (TJGO, Ap. Cível n. 200090586620, 5ª Câm. Cível, rel. Des. Alan S. de Sena Conceição, *DJe* 05.06.2014, p. 379)

Art. 81. Não perdem o caráter de imóveis:

I – as edificações que, separadas do solo, mas conservando a sua unidade, forem remo-vidas para outro local;

II – os materiais provisoriamente separados de um prédio, para nele se reempregarem.

➡ Veja art. 46 do CC/1916.
➡ Veja art. 84 do CC/2002.

As edificações que são consideradas imóveis mas que forem separadas do solo sem per-der sua unidade continuam a ser caracterizadas como imóveis e, do mesmo modo que os ma-teriais retirados de um imóvel com o intuito de serem reempregados nele mesmo, também não perderão seu caráter imobiliário.

■ **Mobilização em fraude à lei.** Se a volta à mobilização é em fraude à lei, não se pode deixar ao alvi-tre do proprietário a mobilização do que imobilizou por acessão intelectual. (*RT* 121/599)

Seção II
Dos Bens Móveis

Art. 82. São móveis os bens suscetíveis de movimento próprio, ou de remoção por for-ça alheia, sem alteração da substância ou da destinação econômico-social.

➡ Veja art. 47 do CC/1916.

Bens móveis. Classificam-se em: bens móveis por natureza (ex.: joias); por vontade hu-mana ou antecipação pela função econômica (ex.: lenha); e, por determinação legal, quando um bem móvel por lei deve ser considerado imóvel (mobilização de bem imóvel – ex.: a ener-gia elétrica a que se refere o art. 155, § 3º, do CP). Os bens **semoventes** são aqueles que se lo-comovem mesmo sem a vontade das pessoas físicas (ex.: qualquer animal).

Dos móveis irregulares. Os carros são considerados bens móveis irregulares já que pre-cisam de registro para a transferência de propriedade. No direito civil português o automóvel é coisa móvel sujeita a registro, portanto sujeito ao regime de coisas imóveis (arts. 759 do Có-digo Civil português e 4º e 8º do Decreto-lei n. 54, de 12.02.1975). "Já as criações de espírito são coisas incorpóreas e, logo, coisas móveis" (ABÍLIO NETO. *Código Civil anotado*, Ediforum Lisboa, p.114).

■ **Embargos de declaração. Agravo de instrumento. Armários embutidos. Pertenças. Ausência de omis-são e violação dos arts. 82 e 93 do CC.** Insurgência contra decisão que permitiu retirada de armários embutidos de imóvel arrematado, por ser pertenças (art. 94, CC). Alegação de omissão. Ressarcimen-to. Não ocorrência. Tendo natureza de pertença, a retirada dos armários embutidos não gera direito a

104

Código Civil comentado e anotado

Arts. 82 a 84

ressarcimento. Alegação de violação dos arts. 82 e 93 do CC. Não ocorrência. Acórdão fundamenta natureza de pertença dos armários. Embargos rejeitados. (TJSP, Emb. Decl. n. 0150857-10.2013.8.26.0000/ São Paulo, 3ª Câm. de Dir. Priv., rel. Carlos Alberto de Salles, *DJe* 31.03.2014, p. 1.240)

Art. 83. Consideram-se móveis para os efeitos legais:
I – as energias que tenham valor econômico;
II – os direitos reais sobre objetos móveis e as ações correspondentes;
III – os direitos pessoais de caráter patrimonial e respectivas ações.

➡ Veja art. 48 do CC/1916.
➡ Veja arts. 231 a 251 e 1.225 e 1.226 do CC/2002.
➡ Veja art. 155, § 3º, do CP.
➡ Veja art. 5º Lei 9.279/96 (propriedade industrial).
➡ Veja art. 3º da Lei n. 9.610/98 (direitos autorias).

O art. 83 traz a menção que se consideram móveis para efeitos legais, além daqueles que se movam pela vontade de seu detentor: (i) as energias que tenham valor econômico (ex.: energia elétrica); (ii) os direitos reais sobre objetos móveis e as ações correspondentes; e (iii) os direitos pessoais de caráter patrimonial e ações respectivas sobre eles.

De acordo com a Lei n. 9.610/98, art. 3º, os direitos autorais são considerados, para efeitos da lei, coisas móveis.

■ Cumprimento de sentença. Débito condominial. Penhora sobre direitos que o executado possui sobre o imóvel. Natureza de bem móvel que se atribui aos direitos pessoais. Art. 83, III, CC. Desnecessidade de intimação do cônjuge a respeito do ato constritivo. Agravo parcialmente provido. (TJSP, AI n. 2055082-31.2013.8.26.0000/Santos, 34ª Câm. de Dir. Priv., rel. Nestor Duarte, *DJe* 04.07.2014, p. 1.398)

■ Recuperação judicial. Ordem de restituição à conta da devedora dos valores objeto de cessão fiduciária de crédito em garantia de cédula de crédito industrial. Créditos excluídos da recuperação judicial, nos termos do art. 49, § 3º, da Lei n. 11.101/2005. Nem se diga que a propriedade fiduciária sobre recebíveis não se enquadra nesse dispositivo, vez que os direitos são, por lei, considerados espécie de bens móveis, nos termos do art. 83, III, do CC. Crédito da agravante não se sujeita à recuperação judicial, por expressa determinação legal (art. 49, § 3º, da LRF). Determinação do depósito das quantias recebidas em garantia em conta vinculada, durante o período de suspensão de 180 dias de que trata o § 4º do art. 6º da LRF. Recurso provido. (TJSP, AI n. 2066263-29.2013.8.26.0000/Rio Claro, 1ª Câm. Res. de Dir. Emp., rel. Francisco Loureiro, *DJe* 30.06.2014, p. 1.183)

■ Inventário. Partilha. Primeiras declarações. Direitos trabalhistas. Bem que deve ser considerado nas primeiras declarações para futura partilha. Inteligência do art. 83, III, do CC c/c art. 620, IV, *g*, do novo CPC. Decisão mantida. Recurso improvido. (TJSP, AI n. 419.362-4/6-00/Santa Cruz do Rio Pardo, 10ª Câm. de Dir. Priv., rel. Des. Octavio Helene, j. 21.02.2006)

Art. 84. Os materiais destinados a alguma construção, enquanto não forem empregados, conservam sua qualidade de móveis; readquirem essa qualidade os provenientes da demolição de algum prédio.

Arts. 84 a 86

➥ Veja art. 49 do CC/1916.
➥ Veja art. 81, II, do CC/2002.

Tanto o material de construção que ainda não foi utilizado como aquele proveniente de demolição definitiva de edifício serão considerados bens móveis enquanto não empregados na obra. A classificação de bens é extremamente importante para a descrição dos objetos do negócio jurídico (art. 104, II, do CC), por isso a importância do art. 84.

■ Tributário. Microempresas. Simples. Fabricante de esquadrias. Opção. Possibilidade. I – Os materiais destinados a alguma construção, enquanto não forem empregados, conservam a qualidade de bens móveis. II – Esquadria é bem móvel. Por isso, é lícito às empresas que fabricam tal peça optar pelo Simples. A vedação contida no art. 9°, V, da Lei n. 9.317/96 não as alcança. (STJ, REsp n. 327.562/RS, 1ª T., rel. Min. Humberto Gomes de Barros, j. 11.09.2001)

Seção III
Dos Bens Fungíveis e Consumíveis

Art. 85. São fungíveis os móveis que podem substituir-se por outros da mesma espécie, qualidade e quantidade.

➥ Veja art. 50 do CC/1916.
➥ Veja arts. 243, 247, 307, parágrafo único, e 369 do CC/2002.

Os **bens fungíveis**, em regra, são aqueles que podem ser substituídos por outros da mesma espécie, qualidade e quantidade, por exemplo, um automóvel, mas tal acepção não é absoluta, pois se o bem possuir características históricas ou sentimentais peculiares a ele será considerado infungível. A autonomia da vontade altera a funcionalidade do bem.

■ Agravo interno. Busca e apreensão. Produto diferente do alienado. Impossibilidade. Tratando-se de bem fungível, deve ser descrito e individualizado de modo que permita sua fácil identificação, nos termos do art. 33 da Lei n. 10.931/2004. A fungibilidade do bem é determinada pelo gênero e pela quantidade e apenas passível de substituição por outro da mesma espécie, nos termos do art. 85 do CC. A apreensão de produto transformado evidentemente descaracteriza o próprio instituto da alienação fiduciária. Agravo não provido. (TJSP, Ag. Reg. n. 2002820-70.2014.8.26.0000/São Paulo, 35ª Câm. de Dir. Priv., rel. José Malerbi, *DJe* 27.02.2014, p. 1.732)

Art. 86. São consumíveis os bens móveis cujo uso importa destruição imediata da própria substância, sendo também considerados tais os destinados à alienação.

➥ Veja art. 51 do CC/1916.
➥ Veja art. 1.392, § 1°, do CC/2002.

Os bens consumíveis são aqueles destinados exclusivamente ao consumo, o qual acarreta, portanto, sua destruição. Porém, é devido analisar a relação entre o bem e o possuidor, pois aqueles bens que são destinados exclusivamente à alienação, são consumíveis, pois é inerente ao bem seu desaparecimento para o vendedor no momento em que o mesmo é vendido.

Código Civil comentado e anotado

Arts. 87 e 88

Seção IV
Dos Bens Divisíveis

Art. 87. Bens divisíveis são os que se podem fracionar sem alteração na sua substância, diminuição considerável de valor, ou prejuízo do uso a que se destinam.

➡ Veja art. 52 do CC/1916.
➡ Veja arts. 177, 257 a 263, 314, 414 e 415 do CC/2002.

Os bens que puderem ser divididos sem que sejam perdidas suas principais característi-cas de uso e de valor econômico serão considerados divisíveis, como é o caso dos grãos resul-tantes de uma safra, ou então a divisão de um terreno em condomínio.

▪ Apelação cível. Extinção de condomínio. Venda do bem imóvel. Divisão cômoda. Contrato de arren-damento. Direito de preferência. Recurso adesivo. 1. O pedido formulado na inicial se restringe à ex-tinção do condomínio, à venda judicial do imóvel e à divisão do lucro desta, não pretendendo os auto-res a divisão do imóvel mantido em condomínio. 2. Lote rural. Objeto do litígio com fração mínima de parcelamento de dois hectares (ha) e módulo fiscal de 20,000 ha. Considerando que cada casal autor possui pouco mais de dois hectares, é possível a divisão do imóvel. Inteligência art. 87, CC. 3. Pedido de extinção do condomínio e venda judicial do bem que não se justifica quando a divisão do imóvel é cômoda. 4. Uso integral da terra pelos demandados, quer pela propriedade quer pela existência de con-trato de arrendamento em vigência, afasta suposto litígio para justificar a venda do imóvel e não sua divisão. Recurso adesivo acolhido. Sentença modificada. Prejudicada análise do recurso de apelação dos autores. Ônus sucumbenciais invertidos. 6. O prequestionamento de normas constitucionais e in-fraconstitucionais fica atendido nas razões de decidir deste julgado, o que dispensa manifestação pon-tual acerca de cada artigo aventado. Tampouco se negou vigência aos dispositivos normativos que re-solvem a lide. Deram provimento ao recurso adesivo e reconheceram prejudicada a análise do o apelo dos autores. (TJRS, Ap. Cível n. 70.058.363.912, 19ª Câm. Cível, rel. Des. Eduardo João Lima Costa, j. 22.05.2014)

▪ Da questão da divisibilidade do registro de marca: Comercial. Propriedade industrial. Registro de mar-ca. Anulação. Código da Propriedade Industrial, art. 65, item 15 – Lei n. 5.988/73, arts. 10 e 29. I – Não é registrável como marca o nome de obra literária, artística, científica, de peça teatral, cinematográfi-ca, de competições ou jogos esportivos oficiais, ou equivalentes, que possam ser divulgados por qual-quer meio de comunicação, bem como o desenho artístico, impresso por qualquer forma, salvo para distinguir mercadoria, produto ou serviço, com o consentimento expresso do respectivo autor ou titu-lar (Código da Propriedade Industrial [1971], art. 65, item 15). II – A proteção à obra intelectual abran-ge, também, o seu título, cabendo ao autor ou ao proprietário dos direitos autorais utilizar, fluir e dis-por de obra literária, artística ou científica, bem como autorizar a sua utilização por terceiros, no todo ou em parte (Lei n. 5.968/73, arts. 10 e 29). III – Na espécie sob julgamento, deve ser anulado o ato ad-ministrativo que concedeu o registro da marca, na classe de artigos de perfumaria e cosméticos. IV – Apelação provida. Segurança concedida. (TFR, Ap. em MS n. 112.053/RJ, 5ª T., rel. Min. Geraldo So-bral, j. 03.12.1986, *DJU* 26.02.1987).

Art. 88. Os bens naturalmente divisíveis podem tornar-se indivisíveis por determina-ção da lei ou por vontade das partes.

Arts. 88 a 90 — Almeida Guilherme

➡ Veja art. 53 do CC/1916.
➡ Veja arts. 105, 263, 504, 844, 1.320, 1.386 e 1.791 do CC/2002.
➡ Veja art. 65 da Lei n. 4.504/64 (Estatuto da Terra).

A divisibilidade dos bens pode atender a dois critérios, o primeiro refere-se à natureza do bem, que por si próprio é indivisível pois se fosse dividido perderia sua substância, e o segundo diz respeito a indivisibilidade por convenção e por comando legal que por ficção jurídica se tornam indivisíveis, muito embora, por natureza, pudessem se dividir, como é o caso da herança e de obrigações que devem ser pagas de uma só vez.

▪ Apelação cível. Divisão e demarcação de terras particulares. Ação de divisão cumulada com desmembramento de terreno urbano. Embora o condômino possa exigir a divisão da coisa comum (art. 1.320, CC), esse direito não é absoluto, porquanto os bens naturalmente divisíveis podem tornar-se indivisíveis por determinação da lei (art. 88, CC), tal como a limitação das dimensões mínimas para o desmembramento de lotes urbanos regulamentada pela lei municipal que institui o Plano Diretor. Apelação provida. (TJRS, Ap. Cível n. 70.055.824.312, 19ª Câm. Cível, rel. Des. Marco Antonio Angelo, j. 22.05.2014)

▪ Processual civil. Acórdão. Omissão inexistente. Execução. Aval. Penhora de imóvel. Arrematação. Meação da esposa. Incidência sobre o valor alcançado em hasta pública. Preço vil não configurado. Lei n. 4.121/62, art. 3º. I. Em caso de execução por dívida contraída pelo marido é de se resguardar a meação da esposa, a quem não corresponde fração ideal do bem indivisível, mas, sim, metade do valor obtido na alienação judicial do mesmo, ainda que inferior ao valor da avaliação judicial, desde que não caracterizada a venda a preço vil, hipótese esta inocorrente no caso dos autos. II. Recurso especial não conhecido. (STJ, REsp n. 331.368/MG, 4ª T., rel. Min. Aldir Passarinho Junior, j. 07.04.2003)

Seção V
Dos Bens Singulares e Coletivos

Art. 89. São singulares os bens que, embora reunidos, se consideram *de per si*, independentemente dos demais.

➡ Veja art. 54 do CC/1916.

Consideram-se **singulares** aqueles bens que, se forem considerados isoladamente, não dependem de nenhum outro para que tenham substância e utilidade. Já os coletivos devem ser considerados unificadamente, pois não haveria sentido em considerar os bens separadamente. Considera-se coletivo aquele bem que pela união de diversos bens singulares se torna um bem distinto, por exemplo, várias peças unidas compõe um motor único.

▪ Penhora. Bem de família. Garagem e depósito. Despensa de condômino de edifício de apartamentos. Bens que constituem unidades autônomas, possuindo individualidade e matrículas próprias. Penhorabilidade. Embargos rejeitados. Recurso não provido. (TJSP, Ap. Cível n. 28.414-4/Bauru, 2ª Câm. de Dir. Priv., rel. Des. J. Roberto Bedran, j. 15.04.1997)

Art. 90. Constitui universalidade de fato a pluralidade de bens singulares que, pertinentes à mesma pessoa, tenham destinação unitária.

Código Civil comentado e anotado

Arts. 90 a 92

Parágrafo único. Os bens que formam essa universalidade podem ser objeto de relações jurídicas próprias.

➡ Veja arts. 54 e 57 do CC/1916.

O art. 90 traz consigo os casos em que são considerados um único bem aquela universalidade de bens singulares que possuem um único dono, sendo o caso de um rebanho ou uma frota de automóveis, em que tais bens são simplesmente um conjunto de vários bens que formam um aglomerado, porém isoladamente são aptos a possuir relações jurídicas próprias não possibilitando sua substituição por outro de diferente espécie, pois então a universalidade de fato perderia o sentido.

■ Enunciado n. 288 da IV Jornada de Direito Civil: "A pertinência subjetiva não constitui requisito imprescindível para a configuração das universalidades de fato e de direito".

Art. 91. Constitui universalidade de direito o complexo de relações jurídicas, de uma pessoa, dotadas de valor econômico.

➡ Veja art. 57 do CC/1916.
➡ Veja art. 1.791 do CC/2002.
➡ Veja arts. 36, § 5º, e 38 da Lei n. 7.565/86 (Código Brasileiro de Aeronáutica).

É definido como universalidade no direito aquele conjunto de bens e direitos com valor econômico que compõe um complexo de relações jurídicas, que tenham consigo um vínculo, como é o caso da herança, massa falida, fundo de comércio etc.

■ Enunciado n. 288 da IV Jornada de Direito Civil: "A pertinência subjetiva não constitui requisito imprescindível para a configuração das universalidades de fato e de direito".

CAPÍTULO II
DOS BENS RECIPROCAMENTE CONSIDERADOS

Art. 92. Principal é o bem que existe sobre si, abstrata ou concretamente; acessório, aquele cuja existência supõe a do principal.

➡ Veja art. 58 do CC/1916.
➡ Veja arts. 184, 233, 287, 364, 822 e 1.209 do CC/2002.

Bens **principais** são bens autônomos em relação a qualquer outro (ex.: casa); acessórios dependem da existência de outro bem (ex.: janela). Dessa distinção, surgem duas conclusões importantíssimas: o **acessório** sempre segue o principal; e o acessório pertence ao titular do bem principal.

Todo direito tem o seu objeto. Como o direito subjetivo é poder outorgado a um titular, requer um objeto. Sobre o objeto desenvolve-se o poder de fruição da pessoa.

Em regra, esse poder recai sobre um *bem*. Bem, em sentido filosófico, é tudo o que satisfaz uma necessidade humana (art. 79 do CC). Juridicamente falando, o conceito de coisas cor-

109

Arts. 92 e 93   Almeida Guilherme

responde ao de bens, mas nem sempre há perfeita sincronização entre as duas expressões. Às vezes, coisas são o gênero, e bens, a espécie.

■ Obrigação de fazer c/c indenizatória e declaratória de inexistência de negócio jurídico. Ações conexas reunidas para julgamento em conjunto. Empresa que contratou a plantação de pés de eucaliptos em fazenda que à época pertencia ao seu representante legal. Propriedade da empresa e da fazenda que posteriormente fora transferida a herdeiros distintos por força de partilha amigável em razão da morte dos titulares do domínio. Herdeiro da empresa que após a partilha alienou a madeira, daí a pretensão pela retirada ou indenização. Sentença que declarou o contrato inexistente porquanto a empresa não seria a proprietária dos pés de eucaliptos, bem acessório que seguiu o principal. Manutenção. Aplicação dos arts. 92 e 1.248 do CC/2002. Descabimento da pretensão indenizatória subsidiária fundada no art. 1.255 da legislação substantiva. À época da plantação a titularidade da fazenda e da empresa era da mesma pessoa, não havendo que se falar em plantio de boa-fé em terreno alheio. Recurso desprovido. (TJSP, Ap. n. 0229432-33.2007.8.26.0100/São Paulo, 7ª Câm. de Dir. Priv., rel. Ramon Mateo Júnior, *DJe* 28.02.2014, p. 1.728)

■ Ação cominatória e indenizatória. Condomínio pleiteando o cumprimento de compromisso firmado com construtora em razão de decreto expropriatório editado pela municipalidade em 1995. Ocorre, entretanto, que a desapropriação não foi realizada. Novo decreto editado pelo município, agora em 2006. Termo originalmente pactuado entre as partes, em 1995, que perdeu a validade com a caducidade do primeiro decreto. Máxima de que o acessório segue o principal (art. 92 do CC). Sentença de improcedência mantida na íntegra. Apelo não provido. (TJSP, Ap. n. 9219499-52.2008.8.26.0000/Mogi das Cruzes, 10ª Câm. de Dir. Priv., rel. Roberto Maia, *DJe* 20.02.2014, p. 1.466)

■ Veja no art. 82 o seguinte acórdão: TJSP, Emb. Decl. n. 0150857-10.2013.8.26.0000/São Paulo, 3ª Câm. de Dir. Priv., rel. Carlos Alberto de Salles, *DJe* 31.03.2014, p. 1.240)

■ Agravo. Execução. Redução da penhora. Imóvel oferecido em hipoteca cedular nas cédulas de crédito comercial. Penhora que recai sobre a coisa dada em garantia. Edificação com cinco pavimentos que não existia à época da constituição da garantia. Inclusão na hipoteca de todas as acessões e construções do imóvel. CC/1916, arts. 58 e 811. CC/2002, arts. 92 e 1.474. Recurso desprovido. (TJSC, Ag. n. 2004.002456-8, rel. Des. Nelson Schaefer Martins, j. 20.05.2004, *DJ* 18.08.2004)

Art. 93. São pertenças os bens que, não constituindo partes integrantes, se destinam, de modo duradouro, ao uso, ao serviço ou ao aformoseamento de outro.

➡ Artigo sem correspondência no CC/1916.

O Código enumera expressamente as espécies de bens acessórios. São elas:

Frutos. São bens que, naturalmente, derivam de outro, sem alteração à substância da coisa principal. Quanto ao seu estado os frutos distinguem-se em: *pendentes* (que se encontram ligados à coisa que o produziu); *percebidos* ou *colhidos* (aquele que é destacado da coisa que o produziu); *estanques* (são os frutos percebidos, porém armazenados); *percipiendos* (que já deveriam ter sido colhidos, mas não o foram); e *consumidos* (são os frutos destruídos pelo seu uso ou decomposição integral e que, portanto, deixaram de existir).

Pertença. É um bem acessório, que, conservando sua individualidade e autonomia, serve de adorno do bem principal ou que se destina a conservar-lhe ou facilitar-lhe o uso (ex.:

Código Civil comentado e anotado   Arts. 93 a 96

moldura de um quadro). Partes integrantes são acessórios que formam um todo com o bem principal e sem os quais os principais não teriam sequer utilidade (ex.: as lâmpadas, sem as quais os lustres seriam meros adornos, mas não serviriam como fonte de luz).

- Enunciado n. 535 da VI Jornada de Direito Civil: "Para a existência da pertença, o art. 93 do Código Civil não exige elemento subjetivo como requisito para o ato de destinação".

- Equipamento de conversão de veículo para combustível de gás natural. Insere-se no conceito de pertença. (II TACSP, AI n. 824.444.0/0, rel. Juiz Nestor Duarte, j. 05.02.2004)

Art. 94. Os negócios jurídicos que dizem respeito ao bem principal não abrangem as pertenças, salvo se o contrário resultar da lei, da manifestação de vontade, ou das circunstâncias do caso.

➡ Artigo sem correspondência no CC/1916.

As pertenças não estão incluídas no negócio jurídico em tese, porém se a lei, o contrato ou o caso concreto determinarem, poderão ser inclusas.

- Bem móvel. Compra e venda de veículo. Indenização. Prestação de serviços de frete para empresa de transportes químicos com a utilização de tanque de aço de carbono revestido de fibras e de equipamento de descarga de produtos químicos. Acessórios pertencentes ao autor. Partes não integrantes do negócio jurídico realizado. Ausência de manifestação de vontade nesse sentido. Inteligência do art. 94 do CC. Não basta para o deslinde da controvérsia a apresentação dos documentos constantes dos autos. Autor que não se desincumbiu do ônus da prova, nos termos do art. 333, I, do CPC. Sentença mantida. Recurso não provido. (TJSP, Ap. n. 0018720-63.2008.8.26.0348/Mauá, 32ª Câm. de Dir. Priv., rel. Luis Fernando Nishi, *DJe* 30.04.2014, p. 1.746)

Art. 95. Apesar de ainda não separados do bem principal, os frutos e produtos podem ser objeto de negócio jurídico.

➡ Veja arts. 59 e 60 do CC/1916.
➡ Veja arts. 79, 237 e 1.214 a 1.216 do CC/2002.

O resultado da exploração econômica do bem principal externado pelos frutos e produtos dele provenientes poderá ser objeto de negócio jurídico, mesmo que não destacados do bem principal, ganhando, portanto, autonomia.

Art. 96. As benfeitorias podem ser voluptuárias, úteis ou necessárias.
§ 1º São voluptuárias as de mero deleite ou recreio, que não aumentam o uso habitual do bem, ainda que o tornem mais agradável ou sejam de elevado valor.
§ 2º São úteis as que aumentam ou facilitam o uso do bem.
§ 3º São necessárias as que têm por fim conservar o bem ou evitar que se deteriore.

➡ Veja art. 63 do CC/1916.

111

Arts. 96 e 97 — Almeida Guilherme

➥ Veja arts. 453, 571, 578, 1.219 a 1.222, 1.248 a 1.259 e 1.922, parágrafo único, do CC/2002.
➥ Veja art. 24 do Decreto n. 59.566/66 (regulamenta a Lei n. 4.504/64).

Benfeitorias. Consideram-se benfeitorias tudo aquilo realizado pelo homem que vise a embelezar, aumentar ou facilitar e conservar um bem. As benfeitorias voluptuárias são aquelas que visam apenas a embelezar e/ou dar mais comodidade ao bem (ex.: decoração luxuosa de um cômodo). As benfeitorias úteis têm por escopo facilitar ou aumentar o uso do bem, mesmo que não sejam necessárias (ex.: instalação de iluminação mais moderna e econômica). E as benfeitorias necessárias, o nome já diz, são as indispensáveis para a conservação do bem (ex.: a troca da fiação elétrica que corre o risco de causar um curto-circuito).

▪ Civil. Assembleia de condôminos. Instituição de taxa extra para reforma dos elevadores. *Quorum* qualificado. Inobservância. Ação anulatória de assembleia. Antecipação da tutela. Agravo de instrumento. Benfeitorias úteis. Respeito ao CC e à convenção do condomínio. Desprovimento. 1. Enquanto as benfeitorias úteis aumentam ou facilitam o uso do bem, as necessárias conservam-no ou evitam sua deterioração, em conformidade com o disposto no art. 96 do CC. 2. Não havendo prova de que os elevadores de um edifício estejam sem condições de uso por funcionamento inadequado ou por falta de segurança, a eventual troca de portas mecânicas por automáticas tem por objetivo facilitar o acesso dos moradores, caracterizando-se, portanto, como benfeitoria útil. 3. Por ausência de previsão legal, não são devidos honorários advocatícios em sede de agravo de instrumento. 4. Recurso conhecido e desprovido. (TJDFT, Proc. 20130020304748, rel. Des. Sebastião Coelho, *DJe* 26.03.2014, p. 308)

▪ Possessória. Reintegração de posse inviável à oposição de embargos de retenção nas ações possessórias, levando-se em conta a autoexecutividade destas. Embargos de retenção mencionados no revogado art. 744 do CPC, que diziam respeito à obrigação de entrega de coisa certa, constante de título executivo extrajudicial. Hipótese mantida na redação atual do art. 745 do CPC, mais precisamente, em seu inciso IV. Possessória. Reintegração de posse. Embargos de retenção por benfeitorias. Embargante que, ademais, é possuidora de má-fé. Caso em que somente teria direito ao ressarcimento pelas benfeitorias necessárias. Art. 1.220 do atual CC. Construções realizadas pela embargante que não podem ser consideradas benfeitorias necessárias. Art. 96, § 3º, do atual CC. Apelo da embargante desprovido. (TJSP, Ap. n. 0052419-85.2009.8.26.0000/Pindamonhangaba, 23ª Câm. de Dir. Priv., rel. José Marcos Marrone, *DJe* 04.07.2014, p. 1.302)

▪ Processual civil. Reintegração de posse. Decisão interlocutória. Fundamentação concisa. Ausência de nulidade. Medida liminar. Existência de benfeitorias úteis. Direito de retenção. (TJSC, Ag. n. 2003.021894-7, rel. Des. Luiz Carlos Freyesleben, j. 06.05.2004, *DJ* 18.08.2004)

Art. 97. Não se consideram benfeitorias os melhoramentos ou acréscimos sobrevindos ao bem sem a intervenção do proprietário, possuidor ou detentor.

➥ Veja art. 64 do CC/1916.
➥ Veja art. 1.248 do CC/2002.

Os acréscimos realizados pelo poder público ou então por força da natureza não são considerados benfeitorias para efeitos jurídicos, ou seja, por não possuírem intervenção do proprietário, possuidor ou detentor, não serão consideradas benfeitorias.

Código Civil comentado e anotado   Arts. 97 e 98

■ Possessória. Ação de reintegração de bem imóvel. Objeto de ocupação clandestina. Interposição incidental de oposição pelo antigo proprietário, confirmando ter feito duas vendas, mas com a primeira rescindida pelo inadimplemento dos autores da possessória. Pretensões possessória e oposicional julgadas simultaneamente, confirmando a posse dos autores pela prova de quitação da avença segundo a escritura pública lavrada, considerando-se o segundo contrato inexistente e, portanto, precária a posse dos réus. Irresignação recursal dos réus apontando que ingressaram no imóvel de boa-fé, presumindo-se reais proprietários, ali fazendo grande reforma em razão do alto grau de deterioração, fazendo-se jus, ao menos, a retenção das benfeitorias, além de indenização pelos lucros cessantes, tendo em vista que ali o réu exercia sua atividade profissional (técnico de informática), bem como pelos danos morais em razão do desapossamento forçado na reintegração. Liminar. Posse. Exame dos autos que revela a conduta reprovável do antigo proprietário, que, sob pretexto inadimplemento, entabulou nova venda do imóvel, sem antes notificar os antigos e os novos compradores dessa situação. Prova da efetiva quitação do primeiro contrato que confirma a propriedade do imóvel para os autores, mas não afasta o reconhecimento do fato de que somente ajuizaram a presente possessória quando os réus já tinham terminado a reforma, aumentando-lhe o valor comercial com a benfeitoria. Circunstância em que devida a retenção por benfeitorias, no caso, necessárias, em razão do alto grau de deterioração do imóvel. Aplicação dos arts. 96, 97 e 1.219 do CC. Lucros cessantes. Ausência de prova de que no local os réus exploravam atividade profissional (art. 952 do CC). Dano moral. Não ocorrência, na medida em que o desapossamento temporário dos réus ocorreu por força de cumprimento de mandado liminar de reintegração. Litigância de má-fé. Não ocorrência, pois a propriedade e posse anterior dos autores é incontroversa. Sentença reformada apenas para autorizar a reintegração após pagamento dos autores pelas benfeitorias, a serem apuradas em sede de liquidação. Apelação parcialmente provida. (TJSP, Ap. n. 0015678-76.2010.8.26.0011/São Paulo, 12ª Câm. de Dir. Priv., rel. Jacob Valente, *DJe* 15.07.2014, p. 1.189)

CAPÍTULO III
DOS BENS PÚBLICOS

Art. 98. São públicos os bens do domínio nacional pertencentes às pessoas jurídicas de direito público interno; todos os outros são particulares, seja qual for a pessoa a que pertencerem.

➥ Veja art. 65 do CC/1916.
➥ Veja art. 102 do CC/2002.
➥ Veja arts. 5º, LXXIII, 20, 26 e 176, *caput*, da CF.
➥ Veja art. 16, § 3º, do ADCT.
➥ Veja Decreto n. 24.643/34 (Código de Águas).
➥ Veja DL n. 3.236/41 (jazidas de petróleo e gás natural).
➥ Veja DL n. 9.760/46 (dispõe sobre imóveis da União).
➥ Veja Decreto n. 28.840/50 (plataforma submarina).
➥ Veja art. 1º da Lei n. 4.717/65 (ação popular).
➥ Veja Lei n. 6.383/76 (processo discriminatório de terras da União).
➥ Veja Lei n. 6.634/79 (faixa de fronteira).
➥ Veja Decreto n. 85.064/80 (regulamenta a Lei n. 6.634/79).
➥ Veja Lei n. 8.009/90 (Lei do Bem de Família – alteração da Lei n. 8.245/91 – Lei de Locações de bens imóveis residenciais e não residenciais).
➥ Veja Lei n. 8.617/93 (mar territorial).

113

Públicos. São aqueles que pertencem à União, aos estados, aos municípios, ao Distrito Federal e aos entes da Administração Pública indireta. São inalienáveis, imprescritíveis e impenhoráveis.

Dividem-se em: bens de uso comum do povo (qualquer pessoa pode usar; como a rua, as praças etc.); bens de uso especial (de uso da Administração Pública para alguma atividade específica, como os prédios destinados aos fóruns, prefeituras etc.); e bens dominicais (patrimônio próprio da Administração Pública, incluindo-se as terras devolutas e as ilhas. Esses podem ser alienados ou explorados economicamente por pessoas de direito privado).

Privados. Pertencentes a um sujeito de direito privado, normalmente chamado de particular.

Estatuto da Terra. O art. 9º diferencia terras públicas do art. 12, que diferencia terras privadas.

- Súmula n. 340 do STF: "Desde a vigência do Código Civil, os bens dominicais, como os demais bens públicos, não podem ser adquiridos por usucapião".

- Súmula n. 650 do STF: "Os incisos I e XI do art. 20 da CF não alcançam terras de aldeamentos extintos, ainda que ocupadas por indígenas em passado remoto".

- Enunciado n. 287 da IV Jornada de Direito Civil: "O critério da classificação de bens indicado no art. 98 do Código Civil não exaure a enumeração dos bens públicos, podendo ainda ser classificado como tal o bem pertencente a pessoa jurídica de direito privado que esteja afetado à prestação de serviços públicos".

- Apelação. Usucapião extraordinário. Bem pertencente à Sabesp, sociedade de economia mista, portanto, suscetível de usucapião. Inteligência do art. 98, CC. Posse do imóvel por período superior a 20 anos de forma mansa, pacífica e ininterrupta, e *comanimus domini*. Atendimento dos requisitos do art. 1.238 do CC. Sentença reformada. Recurso a que se dá provimento para declarar a propriedade dos autores sobre o imóvel usucapiendo. (TJSP, Ap. n. 0000708-61.2007.8.26.0695/Atibaia, 7ª Câm. de Dir. Priv., rel. Luis Mario Galbetti, *DJe* 25.07.2014, p. 1.647)

- Agravo regimental. Decisão monocrática que nega seguimento a recurso de apelação. Sentença confirmada. Ação de reintegração de posse. Imóvel pertencente à sociedade de economia mista. Bem particular. Posse não comprovada. Improcedência do pedido. Direito de propriedade. Impossibilidade de discussão em sede de ação possessória. Sentença mantida por outros fundamentos. Agravo regimental improvido. 1. Insere-se no conceito de bem particular aquele pertencente à sociedade de economia mista, pois, nos termos do art. 98 do atual CC, "são públicos os bens do domínio nacional pertencentes às pessoas jurídicas de direito público interno; Todos os outros são particulares, seja qual for a pessoa a que pertencerem". 2. Consubstanciando a natureza de bem particular do imóvel *sub judice*, segundo dispõe a CF/88, em seu art. 173, § 1º, II, se imporá à sociedade de economia mista "a sujeição ao regime jurídico próprio das empresas privadas, inclusive quanto aos direitos e obrigações civis, comerciais, trabalhistas e tributário". 3. Portanto, cabe à recorrente demonstrar sua posse sobre o imóvel em litígio, conforme exige o art. 927, I, do CPC, sob pena de improcedência do pedido. 4. Em sede de ação de reintegração de posse não se discute propriedade, mas apenas a posse, que se consubstancia no exercício de fato sobre a coisa, de forma ostensiva, demonstrando quem o exerce que a coisa lhe pertence. 5. Por conseguinte, não se desincumbindo a autora do ônus que lhe competia, a improcedência do pedido se impõe, nos termos do art. 333, I, do CPC. 6. Destarte, não há que se falar em reconsideração, mormente quando a agravante se limita ao debate das teses já analisadas e não apre-

Código Civil comentado e anotado   Arts. 98 a 100

senta nenhum fato novo que justifique a modificação da decisão recorrida, providência indispensável nesta seara recursal. 7. Agravo regimental improvido. (TJGO, Ap. Cível n. 201091926417, 4ª Câm. Cível, rel. Sandra Regina Teodoro Reis, *DJe* 22.11.2013, p. 279)

Art. 99. São bens públicos:

I – os de uso comum do povo, tais como rios, mares, estradas, ruas e praças;

II – os de uso especial, tais como edifícios ou terrenos destinados a serviço ou estabelecimento da administração federal, estadual, territorial ou municipal, inclusive os de suas autarquias;

III – os dominicais, que constituem o patrimônio das pessoas jurídicas de direito público, como objeto de direito pessoal, ou real, de cada uma dessas entidades.

Parágrafo único. Não dispondo a lei em contrário, consideram-se dominicais os bens pertencentes às pessoas jurídicas de direito público a que se tenha dado estrutura de direito privado.

➡ Veja art. 66 do CC/1916.
➡ Veja arts. 20, I a XI, 26, 176, 183, § 3º, 191, parágrafo único, e 225 da CF.
➡ Veja DL n. 24.643/34 (Código de Águas).
➡ Veja art. 5º do DL n. 2.490/40 (aforamento de terrenos da marinha).
➡ Veja DL n. 7.937/45 (loteamento de terrenos da marinha).
➡ Veja DL n. 9.760/46 (bens imóveis da União).
➡ Veja art. 10 da Lei n. 7.661/88 (Plano Nacional de Gerenciamento Costeiro).

São considerados públicos aqueles bens que sirvam a coletividade como um todo, seja direta ou indiretamente e são divididos em: os de uso comum do povo, tais como rios, mares, estradas, ruas e praças; os de uso especial, tais como edifícios ou terrenos destinados a serviço ou estabelecimento da administração federal, estadual, territorial ou municipal, inclusive os de suas autarquias; os dominicais, que constituem o patrimônio das pessoas jurídicas de direito público, como objeto de direito pessoal, ou real, de cada uma dessas entidades e se a lei dispuser em contrário, consideram-se dominicais também os bens que pertencem às pessoas jurídicas de direito público com caráter de direito privado.

■ Súmula n. 496 do STJ: "Os registros de propriedade particular de imóveis situados em terrenos de marinha não são oponíveis à União".

■ Apelação. Reintegração de posse. Parte externa da estação de trem de Quapituba da CPTM. Banca de doces e banca de jornais instaladas na calçada. Bem público de uso comum pertencente à municipalidade. Inteligência do art. 99, CC. Ilegitimidade ativa de parte da CPTM. Extinção do processo sem exame do mérito. Sentença mantida. Recurso desprovido. (TJSP, Ap. n. 0000608-07.2012.8.26.0348/ Mauá, 3ª Câm. de Dir. Públ., rel. Amorim Cantuária, *DJe* 10.03.2014, p. 1.240)

Art. 100. Os bens públicos de uso comum do povo e os de uso especial são inalienáveis, enquanto conservarem a sua qualificação, na forma que a lei determinar.

➡ Veja art. 67 do CC/1916.
➡ Veja arts. 183, § 3º, e 191, parágrafo único, da CF.

Art. 100   Almeida Guilherme

➥ Veja art. 200 do DL n. 9.760/46 (bens imóveis da União).
➥ Veja art. 23 da Lei n. 9.636/98 (regularização, administração, aforamento e alienação de bens da União).
➥ Veja Decreto n. 3.725/2001 (regulamenta a Lei n. 9.636/98).

Os bens que integram o patrimônio público são inalienáveis, pois é princípio do direito administrativo a inalienabilidade dos bens públicos desde que sejam de uso comum do povo e os de uso especial, notando-se que este artigo exclui os bens dominicais desse rol.

■ Súmula n. 340 do STF: "Desde a vigência do Código Civil, os bens dominicais, como os demais bens públicos, não podem ser adquiridos por usucapião".

■ Civil e administrativo. Duplo apelo. Ação popular. Nulidade da decisão que antecipou os efeitos do mérito. Preclusão. Perda superveniente do interesse processual em relação a uma das partes. Inocorrência. Ocupação de bem público de uso comum. Desafetação e doação ao detentor. Impossibilidade. Autorização para o corte de árvores. Nulidade. 1. Previsto no ordenamento jurídico recurso cabível da decisão que antecipa o mérito da lide, defeso à parte invocar sua nulidade em sede de apelação, eis que operada a preclusão, até porque a sentença esvazia a alegativa de esgotamento do objeto da ação e o pretenso julgamento *extra petita* enseja tão somente a nulidade do que exceder às formulações. 2. Se os pedidos insertos na inicial da ação popular, acolhidos na sentença, não se resumem a impedir a desafetação e a doação da área pública litigiosa, objeto do projeto de Lei enviado pelo prefeito municipal ao legislativo, não há perda superveniente do interesse processual se, durante o trâmite da ação, o gestor público desiste do intento. 3. Em se tratando de bem público, apresenta-se irregular sua ocupação pelo particular, ainda que contando com a tolerância da administração, independentemente do tempo em que perdurar, que esteja sendo explorado comercialmente pelo detentor ou que nele tenham sido edificadas construções ou quaisquer outras benfeitorias, estas sequer indenizáveis, tendo em vista cuidar-se de mera detenção. 4. Segundo a destinação do bem público, pode ele ser de uso comum do povo, de uso especial ou dominial. Das três modalidades, apenas os dominiais estão desafetados de finalidade pública, porque sem destinação específica, constituindo o patrimônio da pessoa jurídica de direito público, em regra geradores de renda, razão pela qual podem ser alienados, na disciplina o art. 101, CC, observadas as exigências legais. Os bens de uso comum do povo e os de uso especial, ao contrário, justamente porque destinados a um determinado fim, exigem prévia desafetação (art. 100, CC), posto que admissível, sempre em prol do interesse público, a modificação de sua anterior finalidade. 5. Se a própria administração reconhece tratar-se, a área litigiosa, de bem de uso comum do povo ao enviar para o legislativo local projeto de lei para autorizar sua desafetação e doação, inconsistente a tese de ausência de provas quanto à sua destinação, embora inexista registro imobiliário que assim disponha, mesmo porque não regularizado o loteamento, bem assim a de situação consolidada pelo longo período de tempo em que ocupada e explorada pelo detentor. 6. Embora juridicamente possível a doação de bem público, não pode o administrador beneficiar o particular a pretexto de regularizar situação fática, eis que o interesse público para a prática do ato deve estar voltado para a coletividade, não para um cidadão específico, fazendo-se premente a observância aos ditames legais, como avaliação prévia do bem e licitação. 7. Ainda que não especificada área de preservação permanente ou mata ciliar, ou plantadas árvores não nativas no local pelo particular, formada uma área verde pertencente a toda a população local, inconcebível que seu detentor possa dispor do patrimônio público e que o próprio município autorize o desmatamento para atender interesse particular, impondo-se declarar a nulidade da licença concedida, mesmo que algumas árvores já tenham sido abatidas. As áreas verdes, de fundamental importância para o sistema socioambiental das cidades, grandes ou pequenas, devem ser

Código Civil comentado e anotado   Arts. 100 a 102

ferreamente preservadas, cabendo aos gestores públicos o ônus de sobre elas manter estreita vigilância e proteção, porquanto a derrubada de árvores e a destinação destas áreas a outras finalidades induz ao comprometimento da qualidade de vida da população, principalmente das futuras gerações,
preocupação do constituinte ao inserir na Carta Republicana o art. 225. 8. Apelos conhecidos, mas improvidos. (TJGO, Ap. Cível n. 200991961420, 3ª Câm. Cível, rel. Des. Beatriz Figueiredo Franco, *DJe*
18.02.2014, p. 195)

■ Alienação de matas. É nula a alienação de mata existente em terrenos pertencentes à União, se não
existe autorização legal. (*STF-RF* 83/275)

**Art. 101. Os bens públicos dominicais podem ser alienados, observadas as exigências
da lei.**

➡ Veja art. 67 do CC/1916.
➡ Veja art. 23 da Lei n. 9.636/98 (regularização, administração, aforamento e alienação de bens da
União).
➡ Veja Decreto n. 3.725/2001 (regulamenta a Lei n. 9.636/98).

No caso de alienação dos bens dominicais, esta deverá seguir procedimento próprio especificado em lei própria, que, por se tratar de um bem público, deve seguir as normas de direito público e não do privado.

■ Veja no art. 100 o seguinte acórdão: TJGO, Ap. Cível n. 200991961420, 3ª Câm. Cível, rel. Des. Beatriz Figueiredo Franco, *DJe* 18.02.2014, p. 195.

■ Direito processual civil e administrativo. Bem público. Ação de extinção de condomínio. Fração pertencente a município. Possibilidade. Prévia autorização legislativa. Prescindibilidade. (STJ, REsp n.
655.787/MG, 1ª T., rel. Min. Teori Albino Zavascki, *DJ* 05.09.2005, m.v.)

Art. 102. Os bens públicos não estão sujeitos a usucapião.

➡ Artigo sem correspondência no CC/1916.
➡ Veja arts. 1.238 a 1.244 do CC/2002.
➡ Veja arts. 183, § 3º, e 191, parágrafo único, da CF.
➡ Veja art. 200 do DL n. 9.760/46 (bens imóveis da União).

Usucapião. Forma de aquisição originária do bem aplicável a qualquer bem que esteja na
posse de pessoa diversa de seu dono, com ânimo de proprietário, de forma mansa e pacífica e
depois de transcorrido considerável lapso temporal, porém tal instituto não se aplica quando
o bem for de propriedade do poder público, que, por força do art. 103 do CC, não pode em
hipótese alguma ter seus bens usucapidos.

■ Súmula n. 340 do STF: "Desde a vigência do Código Civil, os bens dominicais, como os demais bens
públicos, não podem ser adquiridos por usucapião".

■ Cível. Posse (bens imóveis). Bem público. Posse jurídica. Esbulho. Reintegração procedente. Na linha do art. 1.196 do CC, considera-se possuidor todo aquele que tem de fato o exercício, pleno ou não, de algum dos poderes inerentes à propriedade. Tais poderes, na senda do art. 1.228 do CC, compreendem a faculdade de usar, gozar e dispor. Evidenciado o exercício anterior de algum destes poderes, caracterizada está a posse anterior. Todavia, no caso de bem público, o ente público não necessita evidenciar que tinha de fato o exercício, pleno ou não, de algum dos poderes inerentes à propriedade para ser reconhecida sua posse anterior (posse fática anterior). Basta que o ente público demonstre a propriedade sobre o bem (bem público) para que daí decorra sua posse anterior (posse jurídica), independentemente de maiores elucubrações. Conforme o art. 1.200 do CC, é justa a posse que não for violenta, clandestina ou precária. *A contrario sensu*, é injusta a posse precária que, em razão da injustiça, se traduz em esbulho. Assim, se à revelia do ente municipal (sem que haja autorização, permissão ou concessão de bem público), o réu assume a posse plena do bem, configurada está a precariedade, o que implica esbulho. E os imóveis públicos não serão adquiridos por usucapião (norma do art. 183, § 3º, da CF). Na mesma senda, o art. 102 do CC. Assim, tratando-se de imóvel público, não é possível alegar usucapião para transmudar a posse para justa e afastar o esbulho. O possuidor tem direito a ser restituído no caso de esbulho. Assim, demonstrada, a contento, a posse anterior e o esbulho, forçosa a procedência da pretensão de reintegração de posse almejada. Negaram provimento ao apelo. Unânime. (TJRS, Ap. Cível n. 70.044.545.648, 19ª Câm. Cível Serv. Ap. Juris., rel. Elaine Maria Canto da Fonseca, j. 29.04.2014)

■ Usucapião extraordinário. Imóvel encravado em terras devolutas. Inadmissibilidade. Áreas pertencentes ao domínio público. Inteligência dos arts. 102 do CC (de 2002) e 191 da CF. (TJSP, Ap. n. 233.526-4/0-00, rel. Des Munhoz Soares, j. 17.06.2004)

Art. 103. O uso comum dos bens públicos pode ser gratuito ou retribuído, conforme for estabelecido legalmente pela entidade a cuja administração pertencerem.

➡ Veja art. 68 do CC/1916.
➡ Veja art. 29 da Lei n. 6.383/76 (bens imóveis da União).

A regra é a gratuidade do uso dos bens comuns de uso do povo, porém é possível a cobrança de taxa de uso como força de compensação do capital investido em obras de construção, conservação e melhoria.

■ Possessória. Imóvel de propriedade do município, destinado ao uso comum do povo. Ocupação pela ré que não gerou posse. Procedência da ação. Sentença mantida nesta parte. Perdas e danos. Ausência de prova nesse sentido. Pedido que não se presume. Provimento parcial do recurso para excluir da condenação a verba relativa a esse título. Acessões. Indenização cabível, já que não demonstrada, na hipótese, a má-fé daquela que as levantou. (I TAC, Ap. n. 348.826/SP, 7ª Câm., rel. Juiz Luiz de Azevedo, j. 27.12.1985)

Código Civil comentado e anotado

Art. 103

Classificação dos bens	Embasamento legal	Características	Observação
Corpóreos	X	São direitos das pessoas sobre as coisas, sobre o produto de seu intelecto ou em relação a outra pessoa, com valor econômico: direitos autorais, créditos, invenções. Ex.: automóvel, animal, livro etc.	Sem dispositivo expesso
Incorpóreos	X	São entendidos como abstração do Direito; não têm existência material, mas jurídica. As relações jurídicas podem ter como objeto tanto os bens materiais como os imateriais; as coisas incorpóreas prestam-se à cessão, não podem ser objeto de usucapião nem de transferência pela tradição, que requer a entrega material da coisa	Sem dispositivo expesso
Móveis	Arts. 82 e 83 do CC	São os que podem ser removidos, sem perda ou diminuição de sua substância, por força própria ou estranha	X
Imóveis	Art. 79 do CC	São aqueles bens que não podem ser transportados sem perda ou deterioração	X
Fungíveis	Art. 85 do CC	São aqueles que podem ser substituídos por outros do mesmo gênero, qualidade e quantidade. Ex.: cereais, peças de máquinas, gado etc.	X
Infungíveis	X	São aqueles corpos certos, que não admitem substituição por outros do mesmo gênero, quantidade e qualidade. Ex.: quadro de Portinari, uma escultura ou qualquer outra obra de arte	Sem dispositivo expesso
Consumíveis	Art. 86 do CC	São consumíveis os bens móveis, cujo uso importa destruição imediata da própria substância, sendo também considerados tais os destinados à alienação.	X
Não Consumíveis	X	São os bens que admitem uso reiterado, sem destruição de sua substância. Tal qualidade deve ser entendida no sentido econômico e não no sentido vulgar, pois tudo que existe na face da terra inexoravelmente será consumido, ou ao menos deixará de ser o que é, para ser transformado	Sem dispositivo expesso
Divisíveis	Art. 87 do CC	São os que se podem fracionar sem alteração, na sua substância, diminuição considerável de valor, ou prejuízo do uso a que se destinam	Os bens naturalmente divisíveis podem tornar-se indivisíveis por determinação da lei ou por vontade das partes
Indivisíveis	Art. 88 do CC	É aquele que perde a identidade ou o valor quando fracionado. Há obrigações divisíveis e outras indivisíveis, de acordo com sua natureza ou vontade das partes; direitos que são sempre indivisíveis, como as servidões e a hipoteca	X
Singulares	Art. 89 do CC	São singulares os bens que, embora reunidos, consideram-se de per si, independentemente dos demais. Conforme exposto, deve-se analisar o caso concreto	X
Coletivos	X	São os que são considerados em conjunto com outros.	Sem dispositivo expesso
Reciprocamente considerados: principais e acessórios	Art. 92 do CC	Principal é o bem que existe sobre si, abstrata ou concretamente. Acessório, aquele cuja existência supõe a do principal;	X
Públicos	Art. 98 do CC	São os de domínio nacional pertencentes à União, aos Estados, ou aos Municipios.	X
Particulares	X	São todos os demais em relação aos públicos, pertençam a quem pertencerem	Sem dispositivo expesso

LIVRO III
DOS FATOS JURÍDICOS

TÍTULO I
DO NEGÓCIO JURÍDICO

CAPÍTULO I
DISPOSIÇÕES GERAIS

Art. 104. A validade do negócio jurídico requer:
I – agente capaz;
II – objeto lícito, possível, determinado ou determinável;
III – forma prescrita ou não defesa em lei.

- ➡ Veja art. 82 do CC/1916.
- ➡ Veja arts. 1º, 3º, 4º, 105 a 107 a 114, 166, 167, 171 a 184, 421 e 2.035 do CC/2002.
- ➡ Veja arts. 6º, V, e 51, § 1º, III da Lei n. 8.078/1990 (CDC).
- ➡ Veja art. 162 da Lei n. 11.101/2005 (Lei de Recuperação e Falências).

Como todo ato negocial pressupõe uma declaração de vontade, a capacidade do agente é indispensável à sua participação válida na seara jurídica (arts. 3º a 5º do CC). Se o agente for absolutamente incapaz (art. 3º do CC), os negócios jurídicos serão nulos (art. 166, I, do CC); se o agente for relativamente incapaz (art. 4º do CC), os negócios jurídicos serão anuláveis ou relativamente nulos (art. 171, I, do CC).

Deverá ser lícito, ou seja, conforme a lei, não sendo contrário aos bons costumes, à ordem pública e à moral. Deverá ter ainda objeto possível, física ou juridicamente. Deverá ter objeto determinado ou, pelo menos, suscetível de determinação, pelo gênero e quantidade.

As partes deverão anuir, expressa ou tacitamente, para a formação de uma relação jurídica sobre determinado objeto, ou seja, expressar sua vontade (*vide* art. 421 do CC).

Às vezes será imprescindível seguir determinada forma de manifestação de vontade ao se praticar ato negocial dirigido à aquisição, ao resguardo, à modificação ou extinção de relações jurídicas. A sua não verificação gera nulidade ou ineficácia.

■ Ação de revisão contratual. Pedido de homologação de acordo extrajudicial celebrado entre as partes. Pleito acolhido. Acordo homologado. Extinção do procedimento recursal. Demonstrada a inequívoca intenção das partes de homologação do acordo extrajudicial entabulado, caberá a este Sodalício, após verificada a regular validade do ato/negócio jurídico (art. 82 do CC/1916 e art. 104 do CC/2002), homologá-lo e, via oblíqua, restar prejudicado o recurso ofertado. (TJSC, Ap. n. 03.009189-0, rel. Des. Sérgio Roberto Baasch Luz, j. 04.12.2003)

Art. 105. A incapacidade relativa de uma das partes não pode ser invocada pela outra em benefício próprio, nem aproveita aos cointeressados capazes, salvo se, neste caso, for indivisível o objeto do direito ou da obrigação comum.

- ➡ Veja art. 83 do CC/1916.

Código Civil comentado e anotado   Arts. 105 a 108

➡ Veja arts. 4º, 87, 88, 104, I, 180, 257 a 263 e 314 do CC/2002.

No caso de haver contratação entre um agente capaz e outro incapaz, o primeiro não poderá alegar a incapacidade do outro, uma vez que é sua obrigação certificar-se ou ter conhecimento da incapacidade do outro agente. O art. 105 visa apenas a proteger o patrimônio do relativamente incapaz, pois os absolutamente geram negócios nulos, conforme o art. 166, I, do CC, que devem ser decretados de ofício.

Art. 106. A impossibilidade inicial do objeto não invalida o negócio jurídico se for relativa, ou se cessar antes de realizada a condição a que ele estiver subordinado.

➡ Veja art. 1.091 do CC/1916.
➡ Veja arts. 104, II, 123 e 124 do CC/2002.

O art. 106 traz a hipótese de impossibilidade relativa do objeto. Diferentemente da impossibilidade absoluta que invalida o negócio jurídico, esta poderá cessar com o tempo, mantendo a sua validade.

Art. 107. A validade da declaração de vontade não dependerá de forma especial, senão quando a lei expressamente a exigir.

➡ Veja art. 129 do CC/1916.
➡ Veja arts. 104, III, 108, 109, 183, 184 e 212 do CC/2002.
➡ Veja art. 369 do CPC/2015.

Meio (conjunto de formalidades) pelo qual se externa a manifestação de vontade nos negócios jurídicos, sem o qual não se produz o efeito jurídico do respectivo negócio (arts. 107 e segs. do CC).

Livre ou geral: qualquer meio de exteriorização não previsto como obrigatório pela lei. A validade do negócio depende de uma forma específica só quando a lei assim determinar expressamente.

Especial ou solene: conjunto de regras que a lei estabelece como requisito de validade para garantir a autenticidade do ato, sob pela de nulidade.

Contratual: é a forma eleita pelas partes, conforme dispõe o art. 109 do CC.

Quando a lei requerer uma forma, poderá ser efetivada outra, desde que mais solene.

Art. 108. Não dispondo a lei em contrário, a escritura pública é essencial à validade dos negócios jurídicos que visem à constituição, transferência, modificação ou renúncia de direitos reais sobre imóveis de valor superior a trinta vezes o maior salário mínimo vigente no País.

➡ Veja art. 134 do CC/1916.
➡ Veja arts. 215, 1.227, 1.245, 1.640, parágrafo único, 1.653 e 1.711 do CC/2002.
➡ Veja arts. 17, § 4º, e 74 do DL n. 9.760/46 (bens imóveis da União).

121

Arts. 108 a 111

→ Veja art. 61 da Lei n. 4.380/64 (BNH).

→ Veja art. 221 da Lei n. 6.015/73 (registros públicos).

→ Veja art. 26 da Lei n. 6.766/79 (parcelamento do solo urbano).

→ Veja art. 7º do DL n. 2.375/87 (terras públicas).

→ Veja art. 33 da Lei n. 7.652/88 (registro da propriedade marítima).

→ Veja art. 38 da Lei n. 9.514/97 (Sistema de Financiamento Imobiliário e alienação fiduciária de coisa imóvel).

→ Veja art. 8º da Lei n. 10.188/2001 (Programa de Arrendamento Residencial).

→ Veja arts. 10, 35 e 48 da Lei n. 10.257/2001 (política urbana).

Entre os contratos solenes (ou, seja, que devem guardar observância aos requisitos formais do art. 104, III, do CC) encontram-se os que dependem de escritura pública, por exemplo, os contratos translativos de direitos reais sobre imóveis de valor superior a determinada cifra, conforme descreve o art. 108.

Art. 109. No negócio jurídico celebrado com a cláusula de não valer sem instrumento público, este é da substância do ato.

→ Veja art. 133 do CC/1916.

No caso, o negócio jurídico, que muito embora não possua requisito formal para sua validade, pode possuir requisito formal contratual, ou seja, pode-se prever contratualmente que o negócio jurídico só possuirá validade e eficácia se for realizado por meio de escritura pública. Sendo assim, se houver tal disposição, o instrumento público se torna obrigatório e sem este o negócio jurídico será inválido.

Art. 110. A manifestação de vontade subsiste ainda que o seu autor haja feito a reserva mental de não querer o que manifestou, salvo se dela o destinatário tinha conhecimento.

→ Sem correspondência no CC/1916.

Entende-se por **reserva mental** a declaração volitiva que não corresponde à real intenção, com o intuito de ludibriar terceiros, ou seja, o negócio realizado possui o condão apenas de iludir outra pessoa, como sabiamente exemplifica Flávio Augusto Monteiro de Barros quando: "*A* assina contrato de empréstimo em favor de *B*, para evitar o suicídio deste, com a intenção de descumprir o avençado". Porém, existe um fator condicionante para que a reserva mental não produza efeitos jurídicos: o contratante deve conhecer da reserva mental do outro, de forma a se preservar o contratante de boa-fé; caso contrário, o contrato assinado com reserva mental sem o conhecimento do outro estará completamente apto a gerar todos os efeitos jurídicos, como se válido fosse (*Curso de direito civil*. São Paulo, Método, p. 78).

Art. 111. O silêncio importa anuência, quando as circunstâncias ou os usos o autorizarem, e não for necessária a declaração de vontade expressa.

Código Civil comentado e anotado   Arts. 111 a 113

➥ Sem correspondência no CC/1916.

A declaração de vontade pode ser realizada de qualquer forma, independendo de formalidade, sendo ainda o silêncio uma de suas modalidades quando os usos e costumes autorizarem. Porém, existem negócios jurídicos que necessitam, por força de lei, da declaração expressa da vontade, hipótese na qual o art. 111 não se aplica.

Art. 112. Nas declarações de vontade se atenderá mais à intenção nelas consubstanciada do que ao sentido literal da linguagem.

➥ Veja art. 85 do CC/1916.

O art. 112 vem esclarecer que o negócio jurídico somente se realiza e se concretiza pela vontade das partes, devendo esta ser considerada com maior ênfase, em vez de se ater somente ao sentido literal da linguagem, inclusive do próprio texto do contrato, por exemplo.

➥ Súmula n. 530 do STJ: "Nos contratos bancários, na impossibilidade de comprovar a taxa de juros efetivamente contratada – por ausência de pactuação ou pela falta de juntada do instrumento aos autos –, aplica-se a taxa média de mercado, divulgada pelo Bacen, praticada nas operações da mesma espécie, salvo se a taxa cobrada for mais vantajosa para o devedor".

Art. 113. Os negócios jurídicos devem ser interpretados conforme a boa-fé e os usos do lugar de sua celebração.
§ 1º A interpretação do negócio jurídico deve lhe atribuir o sentido que:
I – for confirmado pelo comportamento das partes posterior à celebração do negócio;
II – corresponder aos usos, costumes e práticas do mercado relativas ao tipo de negócio;
III – corresponder à boa-fé;
IV – for mais benéfico à parte que não redigiu o dispositivo, se identificável; e
V – corresponder a qual seria a razoável negociação das partes sobre a questão discutida, inferida das demais disposições do negócio e da racionalidade econômica das partes, consideradas as informações disponíveis no momento de sua celebração.
Parágrafo acrescentado pela Lei n. 13.874, de 20.09.2019.
§ 2º As partes poderão livremente pactuar regras de interpretação, de preenchimento de lacunas e de integração dos negócios jurídicos diversas daquelas previstas em lei.
Parágrafo acrescentado pela Lei n. 13.874, de 20.09.2019.

➥ Sem correspondência no CC/1916.

O contrato, ou seja, o melhor exemplo de negócio jurídico bilateral, não é dominado apenas pela liberdade contratual (art. 421 do CC) em que se resolve a autonomia da vontade. E nesta questão do fundamento da vinculatividade do contrato, se ainda hoje é correto afirmar que a obrigação de cumprir o contrato está associada ao dever, de raiz essencialmente ética, de respeitar a palavra dada, como se enfatiza tradicionalmente invocando a autonomia da vontade, a verdade é que mais importante do que tal dever ético é a necessidade social de assegu-

123

rar a observância de certos compromissos. Por isso, o valor primacial a considerar ainda é o da segurança jurídica, que é tutelado em nome da confiança do declaratório ou, dizendo de outro modo, da boa-fé objetiva. A boa-fé objetiva seria a soma do princípio da probidade (art. 422 do CC) com a boa-fé subjetiva.

Outra alteração substancial com a Lei n. 13.874/2019, reflexo da MP n. 881/2019 (MP da Liberdade Econômica), foi a inclusão de dois novos parágrafos e outros incisos. Isso porque o art. 113 do Código Civil, em seu *caput*, determinava que os negócios jurídicos deveriam ser interpretados conforme a boa-fé e os usos e costumes do lugar de sua celebração. A norma, aqui, não fora alterada. Mas, com a inclusão do § 1º, foi modificada para fazer constar que "a interpretação do negócio jurídico deve lhe atribuir o sentido que: (i) for confirmado pelo comportamento das partes posterior à celebração do negócio; (ii) corresponder aos usos, costumes e práticas do mercado relativas ao tipo do negócio; (iii) corresponder à boa-fé; (iv) for mais benéfica à parte que não redigiu o dispositivo, se identificável; e (v) corresponder a qual seria a razoável negociação das partes sobre a questão discutida, inferida das demais disposições do negócio e da racionalidade econômica das partes, consideradas as informações disponíveis no momento de sua celebração". E, por último, o § 2º ainda arremata para determinar que "as partes poderão livremente pactuar regras de interpretação, de preenchimento de lacunas e de integração dos negócios jurídicos diversas daquelas previstas em lei".

Infelizmente, o que se nota é que a notória premissa e preocupação de procurar implementar verbetes e orientações liberais levou o escritor da norma a atribuir diversos posicionamentos no mínimo perigosos. É bem verdade que a interpretação do negócio jurídico devendo ser atribuída segundo o comportamento das partes; devendo corresponder às práticas do local e sendo pautada pela boa-fé; e sendo mais benéfica à parte que não redigiu o dispositivo, tal qual em um legítimo contrato de adesão, soa como razoável e benéfica. Agora, deixar a interpretação a cargo da razoável negociação das partes sobre a questão discutida abre espaço para uma invasão do julgador no caso concreto que não parece a mais escorreita e que, inclusive, conflita com o âmago da Medida Provisória que tinha como fito aumentar o poder de decisão dos contratantes e reduzir a intervenção do intérprete do negócio.

Mas mesmo assim – e aqui não se trata de concordar ou não com a ideia liberal que compõe a implementação dos novos ditames – o grande problema diz respeito ao § 2º do art. 113 quando ele determina que "as partes poderão livremente pactuar regras de interpretação, de preenchimento de lacunas e de integração dos negócios jurídicos diversas daquelas previstas em lei". Novamente, trata-se de verdadeiro golpe nos princípios contratuais, que abre espaço para que expedientes básicos sejam limados e postos de lado pelas partes, apontando para, ao fim, por exemplo, a possibilidade de se ter um negócio altamente favorável a uma das partes em prol da outra, conflitando com os dispositivos anteriores do mesmo artigo.

Art. 114. Os negócios jurídicos benéficos e a renúncia interpretam-se estritamente.

➥ Veja art. 1.090 do CC/1916.

Negócios jurídicos benéficos são aqueles que oneram somente uma das partes, ou seja, são classificados como negócios jurídicos unilaterais, que por sua vez, por força do art. 114, devem sempre ser interpretados de forma estrita.

CAPÍTULO II
DA REPRESENTAÇÃO

Art. 115. Os poderes de representação conferem-se por lei ou pelo interessado.

➡ Sem correspondência no CC/1916.

Representação ou mandato (art. 653 do CC) pode ser conferida em decorrência da lei ou da vontade das partes. Na primeira hipótese a lei vem abrigar situações, em que é necessária a representação, como é o caso dos incapazes e da massa falida; já na segunda hipótese, a vontade das partes é contratual, devendo ser realizada por meio de instrumento de mandato, como é de praxe nas relações entre cliente e advogado.

Art. 116. A manifestação de vontade pelo representante, nos limites de seus poderes, produz efeitos em relação ao representado.

➡ Sem correspondência no CC/1916.

A representação exercida pelo representado possui limites que devem ser seguidos; dessa forma, o representante age em nome do representado, podendo obrigá-lo ou desobrigá-lo na medida dos poderes conferidos pela lei ou mandato. No caso de abuso de poder do mandatário, as obrigações contraídas por este durante o abuso não obrigam o mandante, podendo gerar, ainda, responsabilidade civil ao mandatário pelo abuso de poder.

Art. 117. Salvo se o permitir a lei ou o representado, é anulável o negócio jurídico que o representante, no seu interesse ou por conta de outrem, celebrar consigo mesmo.

Parágrafo único. Para esse efeito, tem-se como celebrado pelo representante o negócio realizado por aquele em quem os poderes houverem sido subestabelecidos.

➡ Sem correspondência no CC/1916.

No caso de o representante legal ou mandatário utilizar-se dos poderes de representação para agir somente em seu benefício por intermédio da contratação consigo mesmo, o negócio jurídico é anulável, porém a doutrina ensina que só enseja a anulação do negócio no momento em que é gerado conflito de interesses com o representado ou mandante, devendo para tanto existir a prova do dano.

Tal acepção, por força do parágrafo único do art. 117, considera realizados pelo mandatário ou representante todos os atos praticados por quem por ele foi substabelecido.

Art. 118. O representante é obrigado a provar às pessoas, com quem tratar em nome do representado, a sua qualidade e a extensão de seus poderes, sob pena de, não o fazendo, responder pelos atos que a estes excederem.

➡ Veja art. 1.305 do CC/1916.

O instrumento de mandato é o documento no qual se prova o exato limite imposto pelo mandante para o exercício do mandato, devendo sempre ser exibido a todo aquele que possa negociar com o mandatário, sob pena de este ser responsabilizado pessoalmente pelos negócios que realizar além do limite imposto pela procuração, ou seja, o instrumento do mandato é a procuração (art. 653 do CC).

Art. 119. É anulável o negócio concluído pelo representante em conflito de interesses com o representado, se tal fato era ou devia ser do conhecimento de quem com aquele tratou.

Parágrafo único. É de cento e oitenta dias, a contar da conclusão do negócio ou da cessação da incapacidade, o prazo de decadência para pleitear-se a anulação prevista neste artigo.

➥ Sem correspondência no CC/1916.

No caso, veda-se expressamente que o mandatário realize negócios jurídicos que contrariem os interesses do representado. Se o fato era ou devia ser do conhecimento do terceiro negociante, tal negócio pode ser anulado no prazo de 180 dias, e por ser prazo decadencial não é submetido a nenhuma causa de suspensão ou interrupção. Se após tal prazo houver silêncio, o negócio jurídico é confirmado, não mais sendo passível de anulação.

Art. 120. Os requisitos e os efeitos da representação legal são os estabelecidos nas normas respectivas; os da representação voluntária são os da Parte Especial deste Código.

➥ Sem correspondência no CC/1916.

A lei separa a regulamentação das duas espécies de mandato: a legal está regulamentada nos arts. 1.634, V, 1.690, 1.747, I, e 1.774 do CC; e a voluntária ou convencional é regulamentada quase por inteiro nos arts. 653 a 692 do CC, pois são relativos ao contrato nominado de mandato.

Do negócio jurídico

Art. 104: "A validade do negócio jurídico requer: I – agente capaz; II – objeto lícito, possível, determinado ou determinável; III – forma prescrita ou não defesa em lei".
Doutrina: Capacidade do agente. Como todo ato negocial pressupõe uma declaração de vontade, a capacidade do agente é indispensável à sua participação válida na seara jurídica (arts. 3º a 5º do CC). Se o agente for absolutamente incapaz (art. 3º do CC), os negócios jurídicos serão nulos (art. 166, I, do CC); se o agente for relativamente incapaz (art. 4º do CC), os negócios jurídicos serão anuláveis ou relativamente nulos (art. 171, I, do CC). Objeto lícito possível determinado ou determinável. Deverá ser lícito, ou seja, conforme a lei, não sendo contrário aos bons costumes, à ordem pública e à moral. Deverá ter ainda objeto possível, física ou juridicamente. Deverá ter objeto determinado ou, pelo menos, suscetível de determinação, pelo gênero e quantidade. Consentimento dos interessados. As partes deverão anuir, expressa ou tacitamente, para a formação de uma relação jurídica sobre determinado objeto, ou seja, expressar sua vontade (*vide* art. 421 do CC). Forma prescrita ou não defesa em lei. Às vezes será imprescindível seguir determinada forma de manifestação de vontade ao se praticar ato negocial dirigido à aquisição, ao resguardo, à modificação ou extinção de relações jurídicas. A sua não verificação gera nulidade ou ineficácia.

(continua)

Código Civil comentado e anotado

Art. 120

(continuação)

Art. 115: "Os poderes de representação conferem-se por lei ou pelo interessado". Doutrina: Da representação. A representação ou mandato pode ser conferida em decorrência da lei ou da vontade das partes. Na primeira hipótese, a lei vem abrigar situações em que é necessária a representação, como é o caso dos incapazes e da massa falida; já na segunda hipótese, a vontade das partes é contratual, devendo ser realizada por meio de instrumento de mandato, como é de praxe nas relações entre cliente e advogado.

Do negócio jurídico

Art. 121: "Considera-se condição a cláusula que, derivando exclusivamente da vontade das partes, subordina o efeito do negócio jurídico a evento futuro e incerto". Doutrina: Condição é a cláusula que subordina o efeito do negócio jurídico, oneroso ou gratuito, a evento futuro e incerto. A condição resolutiva tácita está subentendida em todos os contratos bilaterais onerosos, para o caso em que um dos contraentes não cumpra sua obrigação, autorizando, então, o lesado pela inexecução a pedir rescisão contratual e indenização das perdas e danos. Quanto à condição resolutiva expressa, uma vez convencionada, o contrato rescindir-se-á automaticamente, fundando-se no princípio da obrigatoriedade dos contratos, justificando-se quando o devedor estiver em mora.

Art. 131: "O termo inicial suspende o exercício, mas não a aquisição do direito". Doutrina: No caso de pender termo inicial, o direito do adquirente permanece intacto, e só estará suspenso até o início do termo inicial. Art. 132: "Salvo disposição legal ou convencional em contrário, computam-se os prazos, excluído o dia do começo, e incluído o do vencimento. § 1º Se o dia do vencimento cair em feriado, considerar-se-á prorrogado o prazo até o seguinte dia útil. § 2º Meado considera-se, em qualquer mês, o seu décimo quinto dia. § 3º Os prazos de meses e anos expiram no dia de igual número do de início, ou no imediato, se faltar exata correspondência. § 4º Os prazos fixados por hora contar-se-ão de minuto a minuto". Doutrina: Os prazos deverão ser contados excluindo-se o dia de seu início e incluindo-se o dia de seu término, e se o dia do vencimento cair em feriado, considerar-se-á prorrogado o prazo até o seguinte dia útil; é considerado metade do mês o seu décimo quinto dia independentemente se de 30 ou 31 dias; prazos de meses e anos expiram no dia de igual número do de início, ou no imediato, se faltar exata correspondência e, por final, os prazos fixados por hora contar-se-ão de minuto a minuto.

Art. 136: "O encargo não suspende a aquisição nem o exercício do direito, salvo quando expressamente imposto no negócio jurídico, pelo disponente, como condição suspensiva". Doutrina: A aquisição e o exercício do direito independe do encargo a que o negócio se submete, porém se o negócio jurídico dispuser em contrário, será considerado condição suspensiva. Art. 137: "Considera-se não escrito o encargo ilícito ou impossível, salvo se constituir o motivo determinante da liberalidade, caso em que se invalida o negócio jurídico". Doutrina: Tratando-se de encargo ilícito e impossível, será considerado inexistente ao negócio jurídico a fim de conservá-lo. No caso de ilicitude ou de impossibilidade, a nulidade absoluta deve ocorrer conforme dispõe o art. 166, II, no caso em que o encargo for o motivo determinante do negócio jurídico.

(continua)

Art. 120   Almeida Guilherme

(continuação)

Dos defeitos do negócio jurídico
Art. 145: "São os negócios jurídicos anuláveis por dolo, quando este for a sua causa".   Doutrina: Dolo (arts. 145 a 150 do CC). É o artifício usado para enganar alguém, induzindo-o à prática de um ato que o prejudica e beneficia o autor do dolo ou terceiro. É, portanto, alteração intencional e proposital da verdade para obtenção de vantagem indevida. São espécies de dolo: *dolus bonus* ou *dolus malus*. O "dolo bom" é apenas um exagero das qualidades do bem ou da pessoa ou amenização dos defeitos, de modo que não induz anulabilidade do ato. O "dolo mau" ou principal, por outro lado, pressupõe a intenção de prejudicar do agente que age com astúcia, ludibriando pessoas sensatas e atentas e por isso gera a anulação do ato (art. 171, II, do CC).
Art. 151: "A coação, para viciar a declaração da vontade, há de ser tal que incuta ao paciente fundado temor de dano iminente e considerável à sua pessoa, à sua família ou aos seus bens. Parágrafo único. Se disser respeito a pessoa não pertencente à família do paciente, o juiz, com base nas circunstâncias, decidirá se houve coação".   Doutrina: Coação (arts. 151 a 155 do CC). Violência ou pressão física ou moral (sobre a pessoa, bens ou honra) que impede a pessoa de agir livremente. A doutrina entende que a coação física sequer permite manifestação de vontade e, portanto, o ato assim praticado é nulo e não anulável. Já a coação moral é passível de anulabilidade desde que: a ameaça seja a causa do ato praticado pela vítima, que ela seja grave (que cause temor justificado), que ela seja injusta (a ameaça do exercício de um direito não configura coação; por exemplo, o credor ameaçar ingressar com processo de execução não torna o ato do pagamento anulável), que a ameaça do dano seja atual e iminente, o dano da vítima da coação seja ao menos igual ao prejuízo a que está sendo obrigado e recaia sobre a própria vítima, sua família ou seus bens. Ressalte-se que o simples temor reverencial (respeito e obediência aos pais) e a ameaça do exercício de um direito não configuram coação. O efeito da coação, por ser defeito leve do negócio jurídico, é anulação (leia-se: nulidade relativa), conforme o art. 171, II, do CC.
Art. 156: "Configura-se o estado de perigo quando alguém, premido da necessidade de salvar-se, ou a pessoa de sua família, de grave dano conhecido pela outra parte, assume obrigação excessivamente onerosa. Parágrafo único. Tratando-se de pessoa não pertencente à família do declarante, o juiz decidirá segundo as circunstâncias".   Doutrina: Estado de perigo. Esta modalidade de vício de consentimento não estava prevista no CC/1916 e ocorre quando uma parte assume obrigações excessivamente onerosas para salvar-se ou a alguém de sua família, de grave dano moral ou material que a outra parte conhece. Em não sendo o dano à pessoa ou à sua família, caberá ao juiz decidir sobre a validade do ato (ex.: pai que tem o filho sequestrado, vende seus bens a preço vil, e a outra parte sabe do fato que está levando o pai a isso). Nesses casos, os negócios poderão ser anulados.
Art. 157: "Ocorre a lesão quando uma pessoa, sob premente necessidade, ou por inexperiência, se obriga a prestação manifestamente desproporcional ao valor da prestação oposta. § 1º Aprecia-se a desproporção das prestações segundo os valores vigentes ao tempo em que foi celebrado o negócio jurídico. § 2º Não se decretará a anulação do negócio, se for oferecido suplemento suficiente, ou se a parte favorecida concorda com a redução do proveito".   Doutrina: Lesão (art. 157 do CC). Também é novidade do CC/2002. Na lesão, o contratante realizará negócio que só lhe trará desvantagens, em razão de uma necessidade econômica ou por inexperiência, obrigando-se ao pagamento de prestações muito maiores do que os valores de mercado.
Art. 158: "Os negócios de transmissão gratuita de bens ou remissão de dívida, se os praticar o devedor já insolvente, ou por eles reduzido à insolvência, ainda quando o ignore, poderão ser anulados pelos credores quirografários, como lesivos dos seus direitos. § 1º Igual direito assiste aos credores cuja garantia se tornar insuficiente. § 2º Só os credores que já o eram ao tempo daqueles atos podem pleitear a anulação deles".   Doutrina: Fraude contra credores. Ocorre quando o devedor, maliciosamente, desfaz-se de seu patrimônio, prejudicando seus credores em um processo de execução. São dois os elementos característicos da fraude contra credores: a insolvência do devedor (elemento objetivo) e a má-fé do devedor (elemento subjetivo). O ato fraudulento somente pode ser anulado por meio de uma ação própria, denominada ação pauliana ou revocatória, em que o credor pode obter a revogação dos negócios lesivos, voltando os bens para o patrimônio do devedor fraudulento que, assim, efetua o concurso de credores na insolvência do devedor (a ação pauliana aproveita a todos os credores, ainda que proposta por apenas um deles).

(continua)

(continuação)

Da invalidade do negócio jurídico
Art. 166: "É nulo o negócio jurídico quando: I – celebrado por pessoa absolutamente incapaz; II – for ilícito, impossível ou indeterminável o seu objeto; III – o motivo determinante, comum a ambas as partes, for ilícito; IV – não revestir a forma prescrita em lei; V – for preterida alguma solenidade que a lei considere essencial para a sua validade; VI – tiver por objetivo fraudar lei imperativa; VII – a lei taxativamente o declarar nulo, ou proibir-lhe a prática, sem cominar sanção".   Doutrina: Nulidade (nulidade absoluta). É uma sanção, por meio da qual a lei priva de efeitos jurídicos o negócio jurídico celebrado contra os preceitos disciplinadores dos seus pressupostos de validade; pode ser absoluta ou relativa. No artigo em tela há um rol taxativo de sete incisos que privilegiam a nulidade absoluta.

CAPÍTULO III
DA CONDIÇÃO, DO TERMO E DO ENCARGO

Art. 121. Considera-se condição a cláusula que, derivando exclusivamente da vontade das partes, subordina o efeito do negócio jurídico a evento futuro e incerto.

➡ Veja arts. 114 e 117 do CC/1916.

Condição é a cláusula que subordina o efeito do negócio jurídico, oneroso ou gratuito, a evento futuro e incerto, do qual esta depende exclusivamente da vontade das partes. Todavia, existem negócios unilaterais (ex.: testamento) que admitem condições, mesmo havendo a participação de uma só pessoa. A condição resolutiva tácita está subentendida em todos os contratos bilaterais onerosos, para o caso em que um dos contraentes não cumpra sua obrigação, autorizando, então, o lesado pela inexecução a pedir rescisão contratual e indenização das perdas e danos. Quanto à condição resolutiva expressa, uma vez convencionada, o contrato rescindir-se-á automaticamente, fundando-se no princípio da obrigatoriedade dos contratos, justificando-se quando o devedor estiver em mora. São requisitos essenciais da condição: a futuridade e a incerteza. O efeito do negócio jurídico irá depender de fato futuro, e o acontecimento incerto é algo que poderá ocorrer ou não. No caso de o efeito jurídico depender do evento certo, por exemplo, a morte, não haverá condição e sim outro elemento, o termo.

Art. 122. São lícitas, em geral, todas as condições não contrárias à lei, à ordem pública ou aos bons costumes; entre as condições defesas se incluem as que privarem de todo efeito o negócio jurídico, ou o sujeitarem ao puro arbítrio de uma das partes.

➡ Veja art. 115 do CC/1916.

O art. 122 amplia, em sua redação, a ilicitude das condições. No vetusto, a ilicitude se caracterizava pela vedação expressa na lei – *verbis*: "que a lei não vedar expressamente" –; no hodierno, caracteriza-se a falta de licitude das condições, por serem elas "contrárias à lei, à ordem pública ou aos bons costumes", ampliando de forma alternativa – e/ou não cumulativa –, ou seja, mesmo que a lei não vede expressamente – condição indispensável para Beviláqua –, se, *verbi gratia*, contrariar somente os bons costumes, caracterizada está a ilicitude das condições. Também substitui o vocábulo ato por negócio jurídico e adjetiva o arbítrio com "puro" – *verbis*: "sujeitarem ao puro arbítrio das partes".

Arts. 122 a 126   Almeida Guilherme

- Súmula n. 530 do STJ: "Nos contratos bancários, na impossibilidade de comprovar a taxa de juros efetivamente contratada – por ausência de pactuação ou pela falta de juntada do instrumento aos autos –, aplica-se a taxa média de mercado, divulgada pelo Bacen, praticada nas operações da mesma espécie, salvo se a taxa cobrada for mais vantajosa para o devedor".

- Súmula n. 543 do STJ: "Na hipótese de resolução de contrato de promessa de compra e venda de imóvel submetido ao Código de Defesa do Consumidor, deve ocorrer a imediata restituição das parcelas pagas pelo promitente comprador – integralmente, em caso de culpa exclusiva do promitente vendedor/construtor, ou parcialmente, caso tenha sido o comprador quem deu causa ao desfazimento".

Art. 123. Invalidam os negócios jurídicos que lhes são subordinados:
I – as condições física ou juridicamente impossíveis, quando suspensivas;
II – as condições ilícitas, ou de fazer coisa ilícita;
III – as condições incompreensíveis ou contraditórias.

➡ Veja art. 116 do CC/1916.

As condições física ou juridicamente impossíveis, quando suspensivas; as ilícitas, ou de fazer coisa ilícita e as condições incompreensíveis ou contraditórias invalidarão os negócios jurídicos, quando estes forem subordinados a elas.

Art. 124. Têm-se por inexistentes as condições impossíveis, quando resolutivas, e as de não fazer coisa impossível.

➡ Veja art. 116 do CC/1916.

As obrigações de não fazer que tenham por objeto a realização de coisa impossível, bem como aquelas condições resolutivas impossíveis, são consideradas inexistentes para o mundo jurídico. O Código Civil faz no art. 124 uma incongruência, já que trata da inexistência no caso das condições impossíveis. A inexistência é o nada e este não precisaria ser legislado, e a impossibilidade gera nulidade absoluta conforme o art. 166, II, do CC. As condições resolutivas impossíveis e as de não fazer coisa impossível são consideradas inexistentes para o mundo jurídico.

Art. 125. Subordinando-se a eficácia do negócio jurídico à condição suspensiva, enquanto esta se não verificar, não se terá adquirido o direito, a que ele visa.

➡ Veja art. 118 do CC/1916.

O art. 125 prescreve que o negócio jurídico pendente de condição suspensiva é válido, porém sua eficácia é suspensa até o cumprimento da condição que o suspendeu. Após cumprida essa condição, o negócio jurídico ganha eficácia completa e está apto a gerar todos os seus efeitos.

Art. 126. Se alguém dispuser de uma coisa sob condição suspensiva, e, pendente esta, fizer quanto àquela novas disposições, estas não terão valor, realizada a condição, se com ela forem incompatíveis.

Código Civil comentado e anotado

Arts. 126 a 130

➡ Veja art. 122 do CC/1916.

O negócio jurídico condicionado gera para a outra parte apenas expectativa de direito e não o direito sobre a coisa em si, de forma que seu real proprietário ainda poderá dispor deste bem da maneira que bem entender. Mas se a condição pactuada for cumprida, os atos de disposição do bem que forem incompatíveis com o objeto do negócio serão anulados, retornando ao *status quo ante*.

Art. 127. Se for resolutiva a condição, enquanto esta se não realizar, vigorará o negócio jurídico, podendo exercer-se desde a conclusão deste o direito por ele estabelecido.

➡ Veja art. 119 do CC/1916.

Por ser resolutiva, a condição possui apenas o condão de extinguir o negócio jurídico condicionado por ela. Partindo desse pressuposto, o negócio jurídico possuirá validade e eficácia plena até o momento em que a condição resolutiva for realizada.

Art. 128. Sobrevindo a condição resolutiva, extingue-se, para todos os efeitos, o direito a que ela se opõe; mas, se aposta a um negócio de execução continuada ou periódica, a sua realização, salvo disposição em contrário, não tem eficácia quanto aos atos já praticados, desde que compatíveis com a natureza da condição pendente e conforme aos ditames de boa-fé.

➡ Veja art. 119 do CC/1916.

A condição resolutiva tem o poder de extinguir o negócio jurídico que condicionava, retornando a situação jurídica a seu *status quo ante*, porém se o contrato se estender no tempo e for de execução continuada, a condição resolutiva somente se operará com efeitos *ex nunc*, ou seja, não ataca as prestações já cumpridas, somente aquelas que vencerão a partir do momento do cumprimento da condição resolutiva.

Art. 129. Reputa-se verificada, quanto aos efeitos jurídicos, a condição cujo implemento for maliciosamente obstado pela parte a quem desfavorecer, considerando-se, ao contrário, não verificada a condição maliciosamente levada a efeito por aquele a quem aproveita o seu implemento.

➡ Veja art. 120 do CC/1916.

Se a condição avençada for dolosamente impedida de se concluir por aquele a quem ela desfavorece, toma-se por inexistente tal condição e considera-se cumprida. É importante ainda ressaltar que o ônus da prova referente ao dolo é da parte que saiu prejudicada.

Art. 130. Ao titular do direito eventual, nos casos de condição suspensiva ou resolutiva, é permitido praticar os atos destinados a conservá-lo.

➡ Veja art. 121 do CC/1916.

Arts. 130 a 134 — Almeida Guilherme

O titular da expectativa do direito nos casos de condição suspensiva ou resolutiva pode praticar atos que tenham por escopo a conservação do bem.

Art. 131. O termo inicial suspende o exercício, mas não a aquisição do direito.

➡ Veja art. 123 do CC/1916.

Termo é todo fato futuro e certo que condiciona os efeitos do negócio jurídico. No caso de pender termo inicial, o direito do adquirente permanece intacto, e só estará suspenso até o início do implemento do fato.

Art. 132. Salvo disposição legal ou convencional em contrário, computam-se os prazos, excluído o dia do começo, e incluído o do vencimento.
§ 1º Se o dia do vencimento cair em feriado, considerar-se-á prorrogado o prazo até o seguinte dia útil.
§ 2º Meado considera-se, em qualquer mês, o seu décimo quinto dia.
§ 3º Os prazos de meses e anos expiram no dia de igual número do de início, ou no imediato, se faltar exata correspondência.
§ 4º Os prazos fixados por hora contar-se-ão de minuto a minuto.

➡ Veja art. 125 do CC/1916.

Os prazos deverão ser contados excluindo-se o dia de seu início e incluindo-se o dia de seu término; se o dia do vencimento cair em feriado, considerar-se-á prorrogado o prazo até o seguinte dia útil. É considerado metade do mês o seu 15º dia, independentemente se de 30 ou 31 dias; prazos de meses e anos expiram no dia de igual número do de início, ou no imediato, se faltar exata correspondência; por fim, os prazos fixados por hora contar-se-ão de minuto a minuto.

Art. 133. Nos testamentos, presume-se o prazo em favor do herdeiro, e, nos contratos, em proveito do devedor, salvo, quanto a esses, se do teor do instrumento, ou das circunstâncias, resultar que se estabeleceu a benefício do credor, ou de ambos os contratantes.

➡ Veja art. 126 do CC/1916.

Os prazos devem beneficiar sempre os herdeiros e os devedores, pois lhes é permitido quitar suas obrigação antes de vencido o prazo, situação que não ocorre com o credor, uma vez que este não poderá exercer seu direito antes do término do prazo.

Art. 134. Os negócios jurídicos entre vivos, sem prazo, são exequíveis desde logo, salvo se a execução tiver de ser feita em lugar diverso ou depender de tempo.

➡ Veja art. 127 do CC/1916.

Em regra, todos os negócios jurídicos sem prazo se norteiam pelo princípio da executividade imediata, ou seja, podem ser executados no momento em que a vontade é expressa, po-

Código Civil comentado e anotado

Arts. 134 a 138

rém naqueles negócios que devam ser executados em lugar diverso ou demandem certo tempo, estes serão executados em momento posterior respeitando-se o lapso temporal exigido pela logística.

Art. 135. Ao termo inicial e final aplicam-se, no que couber, as disposições relativas à condição suspensiva e resolutiva.

➡ Veja art. 124 do CC/1916.

São temas correlatos e por esse motivo aplicam-se as disposições das condições resolutivas e suspensivas quando se trata do termo final e inicial.

Art. 136. O encargo não suspende a aquisição nem o exercício do direito, salvo quando expressamente imposto no negócio jurídico, pelo disponente, como condição suspensiva.

➡ Veja art. 128 do CC/1916.

A aquisição e o exercício do direito independem do encargo a que o negócio se submete, porém se o negócio jurídico dispuser em contrário, será considerado como condição suspensiva.

Art. 137. Considera-se não escrito o encargo ilícito ou impossível, salvo se constituir o motivo determinante da liberalidade, caso em que se invalida o negócio jurídico.

➡ Sem correspondência no CC/1916.

Tratando-se de encargo ilícito e impossível, será considerado inexistente ao negócio jurídico a fim de conservá-lo. No caso de ilicitude ou de impossibilidade, a nulidade absoluta deve ocorrer conforme dispõe o art. 166, II, no caso em que o encargo for o motivo determinante do negócio jurídico.

CAPÍTULO IV
DOS DEFEITOS DO NEGÓCIO JURÍDICO

Seção I
Do Erro ou Ignorância

Art. 138. São anuláveis os negócios jurídicos, quando as declarações de vontade emanarem de erro substancial que poderia ser percebido por pessoa de diligência normal, em face das circunstâncias do negócio.

➡ Veja art. 86 do CC/1916.

Erro. É uma falsa representação da realidade, de modo que se o agente soubesse a verdade, talvez não manifestasse a mesma vontade. O erro apresenta-se nas modalidades a seguir elencadas.

Erro substancial/essencial/relevante. Recai sobre a natureza do ato; atinge a obrigação principal; incide sobre as qualidades essenciais do objeto ou da pessoa. Essa modalidade é a única que acarreta a nulidade do ato.

Erro acidental ou secundário. Refere-se às qualidades secundárias ou acessórias da pessoa ou do objeto do ato negocial, mas não induz anulação deste por ser o motivo relevante da manifestação da vontade do agente (exceto nas relações de consumo).

Erro de direito. Refere-se à falta de conhecimento ou conhecimento equivocado de uma norma jurídica.

Efeito. Anulação, art. 171, II, do CC, já que é defeito leve, podendo ser convalidado (art. 172 do CC).

Art. 139. O erro é substancial quando:

I – interessa à natureza do negócio, ao objeto principal da declaração, ou a alguma das qualidades a ele essenciais;

II – concerne à identidade ou à qualidade essencial da pessoa a quem se refira a declaração de vontade, desde que tenha influído nesta de modo relevante;

III – sendo de direito e não implicando recusa à aplicação da lei, for o motivo único ou principal do negócio jurídico.

➥ Veja arts. 87 e 88 do CC/1916.

Erro substancial/essencial/relevante. Recai sobre a natureza do ato; atinge a obrigação principal; incide sobre as qualidades essenciais do objeto ou da pessoa. Essa modalidade é a única que acarreta a nulidade do ato.

Art. 140. O falso motivo só vicia a declaração de vontade quando expresso como razão determinante.

➥ Veja art. 90 do CC/1916.

Falso motivo ou falsa causa. É o erro quanto ao fim colimado, que não vicia o negócio jurídico, exceto se constar expressamente no contrato, integrando a razão essencial da declaração de vontade. Ex.: comprar um estabelecimento comercial prevendo expressamente (condição) um movimento mensal que, posteriormente, não se verifica; nesse caso, o negócio torna-se anulável (art. 171, II, do CC, podendo ser confirmado – art. 172 do CC).

Art. 141. A transmissão errônea da vontade por meios interpostos é anulável nos mesmos casos em que o é a declaração direta.

➥ Veja art. 89 do CC/1916.

A obrigação só vincula o devedor no momento em que a vontade é expressa de maneira clara e inequívoca, porém se for declarada por *e-mail*, telefone, telegrama, e neste contiver erro capaz de macular a real intenção do negócio, este poderá ser anulável. Se, contudo, o objetivo real for alcançado, o negócio será confirmado.

Código Civil comentado e anotado   Arts. 142 a 145

Art. 142. O erro de indicação da pessoa ou da coisa, a que se referir a declaração de vontade, não viciará o negócio quando, por seu contexto e pelas circunstâncias, se puder identificar a coisa ou pessoa cogitada.

➡ Veja art. 91 do CC/1916.

O vício do art. 142 refere-se ao início do negócio jurídico, caso o erro seja de tal natureza pode vir a ser corrigido em tempo hábil para o negócio próspero. A identificação do art. 142 seria uma espécie de confirmação (art. 172 do CC). O erro acidental não acarreta anulação do negócio jurídico, por justamente se referir a questões secundárias do objeto ou da pessoa.

Art. 143. O erro de cálculo apenas autoriza a retificação da declaração de vontade.

➡ Sem correspondência no CC/1916.

O erro de cálculo refere-se somente ao erro aritmético, hipótese que enseja a retificação da declaração volitiva.

Art. 144. O erro não prejudica a validade do negócio jurídico quando a pessoa, a quem a manifestação de vontade se dirige, se oferecer para executá-la na conformidade da vontade real do manifestante.

➡ Sem correspondência no CC/1916.

O art. 144 descreve a real vontade do manifestante, não anulando o negócio jurídico quando a pessoa, a quem a manifestação de vontade se dirige, se oferecer para executá-lo na conformidade da autonomia da vontade do manifestante (art. 421 do CC). Trata-se de norma alicerçada no princípio da boa-fé contratual (art. 422 do CC) e de economia processual no mundo dos negócios globalizados.

Seção II
Do Dolo

Art. 145. São os negócios jurídicos anuláveis por dolo, quando este for a sua causa.

➡ Veja art. 92 do CC/1916.

Dolo (arts. 145 a 150 do CC). É o artifício usado para enganar alguém, induzindo-o à prática de um ato que o prejudica e beneficia o autor do dolo ou terceiro. É, portanto, alteração intencional e proposital da verdade para obtenção de vantagem indevida. São espécies de dolo: *dolus bonus* ou *dolus malus*. O "dolo bom" é apenas um exagero das qualidades do bem ou da pessoa ou amenização dos defeitos, de modo que não induz anulabilidade do ato. O "dolo mau" ou principal, por outro lado, pressupõe a intenção de prejudicar do agente que age com astúcia, ludibriando pessoas sensatas e atentas e por isso gera a anulação do ato (art. 171, II, do CC).

135

Art. 146. O dolo acidental só obriga à satisfação das perdas e danos, e é acidental quando, a seu despeito, o negócio seria realizado, embora por outro modo.

➡ Veja art. 93 do CC/1916.

Dolus causam ou principal e *dolus incidens* ou acidental. O primeiro refere-se ao próprio motivo do negócio, sendo capaz de causar anulabilidade. O dolo acidental não afeta a declaração de vontade, de modo que o ato realizar-se-ia de qualquer forma e por isso não acarreta anulabilidade, mas gera perdas e danos. O STF entendeu doloso o comportamento da credora, mas não anulou o ato por considerá-lo acidental, condenando-a, porém, a pagar a diferença entre o preço pago e o valor em que ele havia sido avaliado (*RT* 148/379).

O dolo negativo é o omissivo, ou seja, o agente suprime a verdade. O dolo positivo é decorrente de uma ação que sugere o falso (ex.: captação de testamento).

Art. 147. Nos negócios jurídicos bilaterais, o silêncio intencional de uma das partes a respeito de fato ou qualidade que a outra parte haja ignorado, constitui omissão dolosa, provando-se que sem ela o negócio não se teria celebrado.

➡ Veja art. 94 do CC/1916.

O dolo em realizar negócio jurídico viciado não é exclusivo da modalidade comissiva, podendo ser também manifestado na forma omissiva, desde que a omissão seja por qualidade ou característica essencial à realização do negócio, hipótese em que se deve provar que se fosse informado, o negócio não se realizaria.

Art. 148. Pode também ser anulado o negócio jurídico por dolo de terceiro, se a parte a quem aproveite dele tivesse ou devesse ter conhecimento; em caso contrário, ainda que subsista o negócio jurídico, o terceiro responderá por todas as perdas e danos da parte a quem ludibriou.

➡ Veja art. 95 do CC/1916.

Dolo de terceiro. Para acarretar a anulabilidade do negócio, um dos contratantes deve conhecer a verdade. É preciso provar o conhecimento do dolo de terceiro por uma das partes. A parte prejudicada deve mover ação de anulação se provar o conhecimento da outra parte; caso contrário, deverá pedir indenização ao terceiro (autor do engano intencional).

Art. 149. O dolo do representante legal de uma das partes só obriga o representado a responder civilmente até a importância do proveito que teve; se, porém, o dolo for do representante convencional, o representado responderá solidariamente com ele por perdas e danos.

➡ Veja art. 96 do CC/1916.

Dolo do representante legal de uma das partes. Não pode ser considerado dolo de terceiro porque neste caso o representante age como se fosse a própria parte. Nesse caso, a parte

Código Civil comentado e anotado   Arts. 149 a 152

mal representada deverá indenizar a vítima (outra parte) no montante do proveito que usufruiu e poderá promover ação regressiva contra o representante legal, exceto se estavam de comum acordo. Se o representante da parte for convencional e não legal, ambos (representante e representado) responderão, solidariamente, por perdas e danos.

Art. 150. Se ambas as partes procederem com dolo, nenhuma pode alegá-lo para anular o negócio, ou reclamar indenização.

➡ Veja art. 97 do CC/1916.

Dolo bilateral. Existência de dolo recíproco, ou seja, torpeza de ambas as partes, não podendo nenhuma delas pleitear anulação do ato ou indenização. O art. 150 traz à tona a famosa frase: "não se pode alegar a própria torpeza".

Seção III
Da Coação

Art. 151. A coação, para viciar a declaração da vontade, há de ser tal que incuta ao paciente fundado temor de dano iminente e considerável à sua pessoa, à sua família, ou aos seus bens.

Parágrafo único. Se disser respeito a pessoa não pertencente à família do paciente, o juiz, com base nas circunstâncias, decidirá se houve coação.

➡ Veja art. 98 do CC/1916.

Coação (arts. 151 a 155 do CC). Violência ou pressão física ou moral (sobre a pessoa, bens ou honra) que impede a pessoa de agir livremente. A doutrina entende que a coação física sequer permite manifestação de vontade e, portanto, o ato assim praticado é nulo e não anulável. Já a coação moral é passível de anulabilidade desde que: a ameaça seja a causa do ato praticado pela vítima; que ela seja grave (que cause temor justificado); que ela seja injusta (a ameaça do exercício de um direito não configura coação, por exemplo, o credor ameaçar ingressar com processo de execução não torna o ato do pagamento anulável); que a ameaça do dano seja atual e iminente; o dano da vítima da coação seja ao menos igual ao prejuízo a que está sendo obrigado; e recaia sobre a própria vítima, sua família ou seus bens. Ressalte-se que o simples temor reverencial (respeito e obediência aos pais) e a ameaça do exercício de um direito não configuram coação. O efeito da coação, por ser defeito leve do negócio jurídico, é anulação (leia-se: nulidade relativa), conforme o art. 171, II, do CC.

Art. 152. No apreciar a coação, ter-se-ão em conta o sexo, a idade, a condição, a saúde, o temperamento do paciente e todas as demais circunstâncias que possam influir na gravidade dela.

➡ Veja art. 99 do CC/1916.

A coação deve ser irresistível para que seja caracterizada como vício e dessa forma anular o negócio jurídico. O julgador deve ponderar se o coator possui características relevantes

Arts. 152 a 156 Almeida Guilherme

em comparação ao coagido para que seja possível a coação. Por exemplo, é inadmissível que exista coação física de uma mulher em relação a um homem de grande porte físico.

Art. 153. Não se considera coação a ameaça do exercício normal de um direito, nem o simples temor reverencial.

➡ Veja art. 100 do CC/1916.

Este artigo trata exclusivamente das situações excludentes da coação, as quais não serão consideradas coação. Ameaça do exercício normal de direito e o simples temor reverencial excluem a coação e não configuram vício do consentimento: não anulam o negócio jurídico. São elas: a ameaça do exercício normal de direito e o simples temor reverencial, que consiste no receio de desagrado a pessoa para a qual se deve obediência ou de quem por algum motivo é dependente.

Art. 154. Vicia o negócio jurídico a coação exercida por terceiro, se dela tivesse ou devesse ter conhecimento a parte a que aproveite, e esta responderá solidariamente com aquele por perdas e danos.

➡ Veja art. 101, § 1º, do CC/1916.

A coação exercida por terceiro, ainda que dela não tenha ciência o contratante, vicia o negócio, e se este obtteve aproveitamento responderá solidariamente com o terceiro.

Art. 155. Subsistirá o negócio jurídico, se a coação decorrer de terceiro, sem que a parte a que aproveite dela tivesse ou devesse ter conhecimento; mas o autor da coação responderá por todas as perdas e danos que houver causado ao coacto.

➡ Veja art. 101, § 2º, do CC/1916.

O terceiro de boa-fé possui seus direitos resguardados no negócio jurídico viciado pela coação, desde que a coação seja realizada por terceiro e o beneficiado do negócio não tenha ou não deva ter conhecimento da coação, hipótese em que os prejuízos experimentados pelo coacto serão resolvidos em perdas e danos, a serem pagos pelo coator.

Seção IV
Do Estado de Perigo

Art. 156. Configura-se o estado de perigo quando alguém, premido da necessidade de salvar-se, ou a pessoa de sua família, de grave dano conhecido pela outra parte, assume obrigação excessivamente onerosa.
Parágrafo único. Tratando-se de pessoa não pertencente à família do declarante, o juiz decidirá segundo as circunstâncias.

➡ Artigo sem correspondência no CC/1916.

Código Civil comentado e anotado   Arts. 156 a 158

Estado de perigo. Esta modalidade de vício de consentimento não estava prevista no Código Civil de 1916 e ocorre quando uma parte assume obrigações excessivamente onerosas para salvar-se ou a alguém de sua família, de grave dano moral ou material que a outra parte conhece. Não sendo o dano à pessoa ou à sua família, caberá ao juiz decidir sobre a validade do ato (ex.: pai que tem o filho sequestrado, vende seus bens a preço vil, e a outra parte sabe do fato que está levando o pai a isso). Nesses casos, os negócios poderão ser anulados. Portanto, no estado de perigo observa-se um grave dano moral ou material direta ou indiretamente à pessoa.

Seção V
Da Lesão

Art. 157. Ocorre a lesão quando uma pessoa, sob premente necessidade, ou por inexperiência, se obriga a prestação manifestamente desproporcional ao valor da prestação oposta.

§ 1º Aprecia-se a desproporção das prestações segundo os valores vigentes ao tempo em que foi celebrado o negócio jurídico.

§ 2º Não se decretará a anulação do negócio, se for oferecido suplemento suficiente, ou se a parte favorecida concordar com a redução do proveito.

➦ Artigo sem correspondência no CC/1916.

Também é novidade do Código Civil de 2002. Na **lesão**, o contratante realizará negócio que só lhe trará desvantagens, em razão de uma necessidade econômica ou por inexperiência, obrigando-se ao pagamento de prestações muito maiores do que os valores de mercado.

Seção VI
Da Fraude contra Credores

Art. 158. Os negócios de transmissão gratuita de bens ou remissão de dívida, se os praticar o devedor já insolvente, ou por eles reduzido à insolvência, ainda quando o ignore, poderão ser anulados pelos credores quirografários, como lesivos dos seus direitos.

§ 1º Igual direito assiste aos credores cuja garantia se tornar insuficiente.

§ 2º Só os credores que já o eram ao tempo daqueles atos podem pleitear a anulação deles.

➦ Veja art. 106 do CC/1916.

Fraude contra credores. Ocorre quando o devedor, maliciosamente, desfaz-se de seu patrimônio, prejudicando seus credores. São dois os elementos característicos da fraude contra credores: a insolvência do devedor (elemento objetivo) e a má-fé do devedor (elemento subjetivo).

O ato fraudulento somente pode ser anulado por meio de uma ação própria, denominada ação pauliana ou revocatória, em que o credor pode obter a revogação dos negócios lesivos, voltando os bens para o patrimônio do devedor fraudulento que, assim, efetua o concurso de credores na insolvência do devedor (a ação pauliana é aproveitada por todos os credores, ainda que proposta por apenas um deles).

■ Súmula n. 195 do STJ: "Em embargos de terceiro não se anula ato jurídico, por fraude contra credores".

139

Art. 159. Serão igualmente anuláveis os contratos onerosos do devedor insolvente, quando a insolvência for notória, ou houver motivo para ser conhecida do outro contratante.

➡ Veja art. 107 do CC/1916.

No caso, quando o contratante for notoriamente insolvente, podendo ser constatado por meio de certidão de protestos e de execuções, os contratos por ele celebrados são passíveis de anulação, uma vez que é obrigação do outro contratante averiguar a situação da pessoa com quem contrata.

■ Súmula n. 195 do STJ: "Em embargos de terceiro não se anula ato jurídico, por fraude contra credores".

Art. 160. Se o adquirente dos bens do devedor insolvente ainda não tiver pago o preço e este for, aproximadamente, o corrente, desobrigar-se-á depositando-o em juízo, com a citação de todos os interessados.
Parágrafo único. Se inferior, o adquirente, para conservar os bens, poderá depositar o preço que lhes corresponda ao valor real.

➡ Veja art. 108 do CC/1916.

O art. 160 vem resguardar o adquirente de boa-fé (arts. 113 e 422 do CC) que pagou a devedor insolvente, facultando a este o pagamento do valor que resta para a quitação do bem, para que dessa forma se previna eventual intento de ação revocatória contra si.

Art. 161. A ação, nos casos dos arts. 158 e 159, poderá ser intentada contra o devedor insolvente, a pessoa que com ele celebrou a estipulação considerada fraudulenta, ou terceiros adquirentes que hajam procedido de má-fé.

➡ Veja art. 109 do CC/1916.

O devedor insolvente, a pessoa que com ele celebrou a estipulação considerada fraudulenta, ou terceiros adquirentes que hajam procedido de má-fé, são pessoas capazes de figurar no polo passivo da ação pauliana, que é via adequada para a apuração de fraude contra credores (art. 171, II, do CC).

Art. 162. O credor quirografário, que receber do devedor insolvente o pagamento da dívida ainda não vencida, ficará obrigado a repor, em proveito do acervo sobre que se tenha de efetuar o concurso de credores, aquilo que recebeu.

➡ Veja art. 110 do CC/1916.

Não há hierarquia entre credores quirografários, sendo vedado, portanto, o privilégio de apenas um deles. Porém, se apenas um dos devedores quirografários receber seu crédito em detrimento dos demais, este deverá repor, após o ingresso de ação própria, o valor recebido ao acervo, beneficiando não só aqueles que ingressaram com a ação, e sim todos do concurso creditório.

Código Civil comentado e anotado

Arts. 163 a 165

Art. 163. Presumem-se fraudatórias dos direitos dos outros credores as garantias de dívidas que o devedor insolvente tiver dado a algum credor.

➥ Veja art. 111 do CC/1916.

Os credores quirografários não possuem hierarquia entre si no tocante à ordem de recebimento de seus créditos, tampouco no recebimento de privilégios, e se houver uma garantia dada a um credor em detrimento dos demais, tal garantia será presumidamente considerada fraudulenta, sendo passível de anulação (art. 171, II, do CC).

Art. 164. Presumem-se, porém, de boa-fé e valem os negócios ordinários indispensáveis à manutenção de estabelecimento mercantil, rural, ou industrial, ou à subsistência do devedor e de sua família.

➥ Veja art. 112 do CC/1916.

No caso, prestigia-se a função social do contrato (art. 421 do CC) e a boa-fé (arts. 113 e 422 do CC) quando o art. 164 prevê que os negócios realizados pelo devedor insolvente serão presumidamente válidos, desde que indispensáveis à manutenção de estabelecimento mercantil, rural ou industrial, ou à sua subsistência e de sua família.

Art. 165. Anulados os negócios fraudulentos, a vantagem resultante reverterá em proveito do acervo sobre que se tenha de efetuar o concurso de credores.
Parágrafo único. Se esses negócios tinham por único objeto atribuir direitos preferenciais, mediante hipoteca, penhor ou anticrese, sua invalidade importará somente na anulação da preferência ajustada.

➥ Veja art. 113 do CC/1916.

Quaisquer vantagens obtidas pela anulação de negócio jurídico fraudulento deverão necessariamente ser arrecadadas pelo acervo e beneficiar todos os credores habilitados, não podendo privilegiar somente o(s) autor(es) da ação pauliana.

CAPÍTULO V
DA INVALIDADE DO NEGÓCIO JURÍDICO

Defeitos dos negócios jurídicos	Embasamento legal	Vícios do consentimento	Vícios sociais	Efeitos
Erro	Art. 139 do CC	Sim	Não	Anulável
Dolo	Art. 145 do CC	Sim	Não	Anulável
Coação	Art. 151 do CC	Sim	Não	Anulável
Lesão	Art. 157 do CC	Sim	Não	Anulável
Estado de perigo	Art. 156 do CC	Sim	Não	Anulável
Fraude contra credores	Art. 158 do CC	Não	Sim	Anulável
Simulação	Art. 167 do CC	Não	Sim	Nulo

Art. 166 e 167 — Almeida Guilherme

Art. 166. É nulo o negócio jurídico quando:
I – celebrado por pessoa absolutamente incapaz;
II – for ilícito, impossível ou indeterminável o seu objeto;
III – o motivo determinante, comum a ambas as partes, for ilícito;
IV – não revestir a forma prescrita em lei;
V – for preterida alguma solenidade que a lei considere essencial para a sua validade;
VI – tiver por objetivo fraudar lei imperativa;
VII – a lei taxativamente o declarar nulo, ou proibir-lhe a prática, sem cominar sanção.

➡ Veja art. 145 do CC/1916.

Invalidade: pode ser nulidade (nulidade absoluta) ou anulação (nulidade relativa).

Nulidade (nulidade absoluta) é uma sanção por meio da qual a lei priva de efeitos jurídicos o negócio jurídico celebrado contra os preceitos disciplinadores dos seus pressupostos de validade. No art. 166 se tem um rol taxativo de sete incisos que privilegiam a nulidade absoluta, a saber: I – negócio jurídico celebrado por pessoa absolutamente incapaz; II – negócio jurídico em que for ilícito, impossível ou indeterminável o seu objeto; III – negócio jurídico em que o motivo determinante, comum a ambas as partes, seja ilícito; IV – negócio jurídico que não revestir a forma prescrita em lei; V – negócio jurídico em que for preterida alguma solenidade que a lei considere essencial para a sua validade; VI – negócio jurídico que tiver por objetivo fraudar lei imperativa; e VII – negócio jurídico que a lei taxativamente o declarar nulo, ou proibir-lhe a prática, sem cominar sanção.

■ Súmula n. 346 do STF: "A administração pública pode declarar a nulidade dos seus próprios atos".

Art. 167. É nulo o negócio jurídico simulado, mas subsistirá o que se dissimulou, se válido for na substância e na forma.
§ 1º Haverá simulação nos negócios jurídicos quando:
I – aparentarem conferir ou transmitir direitos a pessoas diversas daquelas às quais realmente se conferem, ou transmitem;
II – contiverem declaração, confissão, condição ou cláusula não verdadeira;
III – os instrumentos particulares forem antedatados, ou pós-datados.
§ 2º Ressalvam-se os direitos de terceiros de boa-fé em face dos contraentes do negócio jurídico simulado.

➡ Veja arts. 102 e 105 do CC/1916.

Simulação. Declaração enganosa da vontade pela parte que, com isso, visa a efeito diverso daquele decorrente do ato praticado para burlar a lei ou iludir terceiros. Requisitos para a anulação: falsa declaração bilateral de vontade; divergência entre a vontade interna ou real e a vontade exteriorizada pelas partes; essa divergência ser intencional e sempre de acordo com a outra parte.

Simulação absoluta. Ocorre quando o ato negocial sequer existe na realidade ou quando contiver cláusula, declaração, confissão ou condição totalmente falsa, inexistindo qualquer relação jurídica.

Simulação relativa. Ocorre quando o negócio jurídico realizado esconde uma outra intenção das partes. Estas fingem uma relação jurídica que na realidade não existe com o objetivo de disfarçar um outro negócio não permitido pela norma jurídica porque prejudica terceiro.

Código Civil comentado e anotado

Arts. 168 a 171

Art. 168. As nulidades dos artigos antecedentes podem ser alegadas por qualquer interessado, ou pelo Ministério Público, quando lhe couber intervir.

Parágrafo único. As nulidades devem ser pronunciadas pelo juiz, quando conhecer do negócio jurídico ou dos seus efeitos e as encontrar provadas, não lhe sendo permitido supri-las, ainda que a requerimento das partes.

➡ Veja art. 146 do CC/1916.

O tema referente às nulidades é de ordem pública, cuidando o art. 168 da legitimidade para que seja pleiteada a nulidade de determinado negócio jurídico, em que são autorizadas para tanto qualquer pessoa interessada ou o Ministério Público. Com a mesma justificativa, sempre que possuir conhecimento da nulidade, o juiz deve pronunciá-la, sendo vedado que a supra, mesmo que as partes requeiram.

Art. 169. O negócio jurídico nulo não é suscetível de confirmação, nem convalesce pelo decurso do tempo.

➡ Sem correspondência no CC/1916.

O negócio jurídico viciado pela nulidade é totalmente contrário à ordem pública, não podendo a lei permitir que seja confirmado ou então que o tempo torne negócio válido, sendo, pois, imprescritível. Ou seja, não cabe o art. 172 do CC no caso de defeito grave, somente defeito leve que ensejaria a anulação (art. 171, II, do CC).

Art. 170. Se, porém, o negócio jurídico nulo contiver os requisitos de outro, subsistirá este quando o fim a que visavam as partes permitir supor que o teriam querido, se houvessem previsto a nulidade.

➡ Sem correspondência no CC/1916.

Em prestígio ao princípio da boa-fé objetiva (arts. 113 e 422 do CC), o art. 170 traz o instituto da conversão que visa a transformar o negócio jurídico nulo em outro plenamente válido, desde que a vontade das partes seja de realizar o negócio como se válido fosse.

■ Súmula n. 530 do STJ: Nos contratos bancários, na impossibilidade de comprovar a taxa de juros efetivamente contratada – por ausência de pactuação ou pela falta de juntada do instrumento aos autos –, aplica-se a taxa média de mercado, divulgada pelo Bacen, praticada nas operações da mesma espécie, salvo se a taxa cobrada for mais vantajosa para o devedor.

Art. 171. Além dos casos expressamente declarados na lei, é anulável o negócio jurídico:
I – por incapacidade relativa do agente;
II – por vício resultante de erro, dolo, coação, estado de perigo, lesão ou fraude contra credores.

➡ Veja art. 147 do CC/1916.

143

Trata-se aqui da nulidade relativa do negócio jurídico. Além dos casos previstos na legislação, o legislador houve por bem elencar a incapacidade relativa do agente (art. 4º, I, do CC) e os vícios resultantes de erro, dolo, coação, estado de perigo, lesão ou fraude contra credores (art. 171, II, do CC). A anulabilidade de um negócio jurídico não pode ser declarada *ex officio* pelo magistrado, devendo sempre ser suscitada pelas partes, já que essa modalidade de vício convalesce no tempo e pode ser confirmada pelas partes.

■ Súmula n. 195 do STJ: "Em embargos de terceiro não se anula ato jurídico, por fraude contra credores".

Art. 172. O negócio anulável pode ser confirmado pelas partes, salvo direito de terceiro.

➥ Veja art. 148 do CC/1916.

Em contraponto aos casos de nulidade, o negócio anulável pode ser confirmado pelas partes, resguardando-se o direito de terceiros. Ou seja, não cabe nesse caso confirmar/convalidar fraude contra credor.

Art. 173. O ato de confirmação deve conter a substância do negócio celebrado e a vontade expressa de mantê-lo.

➥ Veja art. 149 do CC/1916.

No caso do art. 173, para que haja confirmação do negócio jurídico anulável, a vontade deve ser expressa e inequívoca, devendo ser esclarecido exatamente o objeto da ratificação do negócio, sendo obrigatório que o instrumento de confirmação siga a mesma forma do instrumento a ser confirmado. Por exemplo, se o contrato anulável foi celebrado por escritura pública, o instrumento de ratificação também deverá ser elaborado dessa forma.

Art. 174. É escusada a confirmação expressa, quando o negócio já foi cumprido em parte pelo devedor, ciente do vício que o inquinava.

➥ Veja art. 150 do CC/1916.

É dispensada a ratificação expressa do negócio quando o devedor ciente do vício já iniciou a execução do contrato e o cumpriu em parte. Trata-se da ratificação tácita que possui como requisitos: o cumprimento parcial do negócio, a ciência do vício e a vontade em confirmá-lo.

Art. 175. A confirmação expressa, ou a execução voluntária de negócio anulável, nos termos dos arts. 172 a 174, importa a extinção de todas as ações, ou exceções, de que contra ele dispusesse o devedor.

➥ Veja art. 151 do CC/1916.

Fala-se aqui dos efeitos da confirmação do negócio jurídico eivado de nulidade relativa (anulação): uma vez confirmado, impede que o devedor intente contra o credor quaisquer ações ou exceções relativas a esse negócio jurídico.

Código Civil comentado e anotado   Arts. 176 a 179

Art. 176. Quando a anulabilidade do ato resultar da falta de autorização de terceiro, será validado se este a der posteriormente.

➡ Sem correspondência no CC/1916.

São tratadas aqui as hipóteses em que é indispensável a autorização de terceiro para que o negócio jurídico seja plenamente válido e eficaz. No caso de não existir tal autorização, o negócio será anulável, porém tal vício poderá ser suprido se quem deveria emitir a autorização o fizer posteriormente, como nos casos em que é necessária a outorga uxória ou marital para que seja possível a alienação de determinado bem imóvel, podendo tal autorização ser emitida posteriormente, não invalidando a alienação.

Art. 177. A anulabilidade não tem efeito antes de julgada por sentença, nem se pronuncia de ofício; só os interessados a podem alegar, e aproveita exclusivamente aos que a alegarem, salvo o caso de solidariedade ou indivisibilidade.

➡ Veja art. 152 do CC/1916.

O julgamento por sentença é forma única de se declarar a anulação de um negócio jurídico, vedando-se o pronunciamento de ofício, e, diferentemente das hipóteses de nulidade, somente os interessados são legitimados para suscitar a anulabilidade do negócio jurídico. Se declarada a anulação, esta só beneficiará as partes, salvo quando houver solidariedade ou indivisibilidade.

Art. 178. É de quatro anos o prazo de decadência para pleitear-se a anulação do negócio jurídico, contado:
I – no caso de coação, do dia em que ela cessar;
II – no de erro, dolo, fraude contra credores, estado de perigo ou lesão, do dia em que se realizou o negócio jurídico;
III – no de atos de incapazes, do dia em que cessar a incapacidade.

➡ Veja art. 178, § 9º, V, a a c, do CC/1916.

A anulação do negócio jurídico viciado deverá ser suscitada dentro do prazo decadencial de quatro anos, que deverá ser contado a partir da cessação da coação; no caso de erro, dolo, fraude contra credores, estado de perigo ou lesão, do dia em que se realizou o negócio jurídico; nos atos realizados por incapazes, no dia em que cessar a incapacidade.

Art. 179. Quando a lei dispuser que determinado ato é anulável, sem estabelecer prazo para pleitear-se a anulação, será este de dois anos, a contar da data da conclusão do ato.

➡ Sem correspondência no CC/1916.

Quando a lei não especificar prazo decadencial para pleitear-se a anulação, este será sempre de dois anos contados do dia em que o ato se concluiu.

145

Art. 180. O menor, entre dezesseis e dezoito anos, não pode, para eximir-se de uma obrigação, invocar a sua idade se dolosamente a ocultou quando inquirido pela outra parte, ou se, no ato de obrigar-se, declarou-se maior.

➥ Veja art. 155 do CC/1916.

Desaparece para o relativamente incapaz (art. 4º do CC) o direito de pleitear a anulação do negócio jurídico (*vide* art. 171 do CC) e em consequência eximir-se de uma obrigação, com base nessa justificativa, quando na data da realização do negócio intencionalmente omitiu sua menoridade ou, então, declarou-se maior quando se obrigou.

Art. 181. Ninguém pode reclamar o que, por uma obrigação anulada, pagou a um incapaz, se não provar que reverteu em proveito dele a importância paga.

➥ Veja art. 157 do CC/1916.

Trata-se de proteção ao negociante de boa-fé (arts. 113 e 422 do CC) que, se conseguir provar que o valor pago foi revertido em benefício do incapaz, terá esse valor restituído, impedindo que o incapaz enriqueça injustificadamente. *Vide* a parte de provas do Código Civil – arts. 212 a 232 do CC.

Art. 182. Anulado o negócio jurídico, restituir-se-ão as partes ao estado em que antes dele se achavam, e, não sendo possível restituí-las, serão indenizadas com o equivalente.

➥ Veja art. 158 do CC/1916.

A anulação, no momento em que é declarada, opera retroativamente nos efeitos que o negócio jurídico produziu no mundo, que, por consequência da anulação, deverá retornar ao *status quo ante*, ou seja, deve-se restituir as partes à mesma situação na qual se encontravam antes da celebração do negócio jurídico viciado. Nas hipóteses de se tornar impossível ou extremamente onerosa a restituição da situação anterior, resolver-se-á com justa indenização (arts. 927 e segs. do CC).

Art. 183. A invalidade do instrumento não induz a do negócio jurídico sempre que este puder provar-se por outro meio.

➥ Veja art. 152, parágrafo único, do CC/1916.

A anulação do instrumento não se confunde com a anulação do negócio jurídico em si, desde que seja possível provar que a essência do negócio não é viciada, excluindo-se o caso de o instrumento ser essencial à validade do negócio.

Art. 184. Respeitada a intenção das partes, a invalidade parcial de um negócio jurídico não o prejudicará na parte válida, se esta for separável; a invalidade da obrigação principal implica a das obrigações acessórias, mas a destas não induz a da obrigação principal.

Código Civil comentado e anotado   Arts. 184 a 186

➡ Veja art. 153 do CC/1916.

A invalidade de parte do objeto do negócio não implica a invalidação dele como um todo, assim como o vício do acessório não induz à invalidade do principal, porém a invalidade do principal acarreta na do acessório.

TÍTULO II
DOS ATOS JURÍDICOS LÍCITOS

Art. 185. Aos atos jurídicos lícitos, que não sejam negócios jurídicos, aplicam-se, no que couber, as disposições do Título anterior.

➡ Veja art. 81 do CC/1916.

Os atos jurídicos, muito embora não possuam conteúdo negocial, têm suas disposições reguladas, no que couber, pelo título responsável pelos negócios jurídicos.

TÍTULO III
DOS ATOS ILÍCITOS

Art. 186. Aquele que, por ação ou omissão voluntária, negligência ou imprudência, violar direito e causar dano a outrem, ainda que exclusivamente moral, comete ato ilícito.

➡ Veja art. 159 do CC/1916.

Ato ilícito. É o ato praticado em desacordo com a ordem jurídica, violando direito subjetivo individual e causando dano, seja patrimonial, seja moral, a outrem, nascendo a obrigação de repará-lo, conforme dispõe o art. 927, *caput*, do mesmo diploma, quando cumulado com o art. 186 e/ou 187 do CC. A consequência jurídica, portanto, é a obrigação de indenizar (arts. 927 a 954 do CC). *Vide* Súmulas ns. 37 e 43 do STJ.
Elementos do ato ilícito. Culpa, dano, nexo de causalidade e prova.
Culpa em sentido amplo. Prática de um ato lesivo, voluntário e contrário à lei, causado por ação, omissão, negligência ou imprudência.
Dano efetivo. É a necessidade de comprovação do ato lesivo que acarreta um dano material ou moral a outrem.
Nexo de causalidade. É o elo existente entre o dano efetivo e o comportamento ilícito do agente. Não haverá o nexo e, portanto, o dever de indenizar, se houver culpa exclusiva da vítima, culpa concorrente da vítima, em razão de culpa bilateral, por força maior e por caso fortuito.
Prova do dano moral. Se prova conforme os incisos destacados no art. 212 do CC.
Responsabilidade civil dos usuários da internet. Estes podem ser pessoas naturais, jurídicas ou até mesmo pessoas de direito público. É justamente esta a parcela da internet, a dos internautas, que está mais sujeita a causar e sofrer danos. Sabemos que, além da responsabilidade civil contratual, responderá civilmente todo "aquele que, por ação ou omissão voluntária, negligência ou imprudência, violar direito e causar dano a outrem, ainda que exclusivamente moral" (art. 186 c/c o art. 927 do CC). Novamente, não só o usuário, mas também o *website* e

147

Arts. 186 a 188 — Almeida Guilherme

o provedor estarão sujeitos à aplicação do art. 186 (DE LUCCA, Newton. "Títulos e contratos eletrônicos". In: DE LUCCA, Newton; SIMÃO FILHO, Adalberto (coords.). *Direito & internet*: aspectos jurídicos relevantes. São Paulo, Edipro, 2000).

■ Súmula n. 37 do STJ: "São cumuláveis as indenizações por dano material e dano moral oriundos do mesmo fato".

■ Súmula n. 43 do STJ: "Incide correção monetária sobre dívida por ato ilícito a partir da data do efetivo prejuízo".

■ Súmula n. 221 do STJ: "São civilmente responsáveis pelo ressarcimento de dano, decorrente de publicação pela imprensa, tanto o autor do escrito quanto o proprietário do veículo de divulgação".

■ Súmula n. 227 do STJ: "A pessoa jurídica pode sofrer dano moral".

■ Súmula n. 246 do STJ: "O valor do seguro obrigatório deve ser deduzido da indenização judicialmente fixada".

■ Súmula n. 403 do STJ: "Independe de prova do prejuízo a indenização pela publicação não autorizada de imagem de pessoa com fins econômicos ou comerciais".

Art. 187. Também comete ato ilícito o titular de um direito que, ao exercê-lo, excede manifestamente os limites impostos pelo seu fim econômico ou social, pela boa-fé ou pelos bons costumes.

➡ Sem correspondência no CC/1916.

O art. 187 trata do ato lesivo que extrapola os limites impostos pela lei, fim econômico ou social, pela boa-fé (arts. 113 e 422) e pelos costumes sociais.

Art. 188. Não constituem atos ilícitos:
I – os praticados em legítima defesa ou no exercício regular de um direito reconhecido;
II – a deterioração ou destruição da coisa alheia, ou a lesão a pessoa, a fim de remover perigo iminente.
Parágrafo único. No caso do inciso II, o ato será legítimo somente quando as circunstâncias o tornarem absolutamente necessário, não excedendo os limites do indispensável para a remoção do perigo.

➡ Veja art. 160 do CC/1916.

Excludentes de ilicitude dos atos lesivos. Legítima defesa (ex.: uso moderado dos meios necessários para repelir agressão atual ou iminente), exercício regular de um direito (ex.: prática de um ato permitido pelo ordenamento) e estado de necessidade (ex.: dano indispensável causado em razão de um perigo iminente). O art. 188, vetusto art. 160 – o hodierno – inclui, em seu inciso II, a "lesão a pessoa" como não constituinte de ato ilícito quando o intuito dela é remover perigo iminente, enquanto o Código Beviláqua falava apenas sobre "deterioração ou destruição da coisa".

Código Civil comentado e anotado   Arts. 189 a 191

TÍTULO IV
DA PRESCRIÇÃO E DA DECADÊNCIA

■ Súmula vinculante n. 8 do STF: "São inconstitucionais o parágrafo único do art. 5º do Decreto-lei n. 1.569/1977 e os arts. 45 e 46 da Lei n. 8.212/1991, que tratam de prescrição e decadência de crédito tributário".

CAPÍTULO I
DA PRESCRIÇÃO

Seção I
Disposições Gerais

Art. 189. Violado o direito, nasce para o titular a pretensão, a qual se extingue, pela prescrição, nos prazos a que aludem os arts. 205 e 206.

➡ Sem correspondência no CC/1916.

A pretensão é o direito de reclamar, de exigir em juízo, por meio de uma ação, o cumprimento da prestação devida. O instituto da prescrição é necessário para que haja tranquilidade na ordem jurídica, ou seja, para que se consolidem todos os direitos. A prescrição é uma pena para o negligente, que perde o direito, caso não zele por ele. Quando seu direito sofre ameaça e/ou violação, protege-se o direito subjetivo por uma ação judicial. Com a prescrição da dívida, basta conservar os recibos até a data em que esta se consuma, ou examinar o título do alienante e os de seus predecessores imediatos, em um período de dez anos apenas. Prazos de *prescrição* são, apenas e exclusivamente, os taxativamente discriminados na Parte Geral, nos arts. 205 (regra geral) e 206 (regras especiais).

A prescrição tem como requisitos:

a) a inércia do titular, ante a violação de um direito seu; e

b) o decurso do tempo fixado em lei.

Art. 190. A exceção prescreve no mesmo prazo em que a pretensão.

➡ Sem correspondência no CC/1916.

O prazo prescricional da pretensão é aplicável na mesma proporção aos casos de defesa. Caso a pretensão esteja prescrita, a defesa do direito também estará, não cabendo mais a ação. A exceção é uma espécie de defesa que só se viabiliza quando a pretensão for deduzida.

Art. 191. A renúncia da prescrição pode ser expressa ou tácita, e só valerá, sendo feita, sem prejuízo de terceiro, depois que a prescrição se consumar; tácita é a renúncia quando se presume de fatos do interessado, incompatíveis com a prescrição.

➡ Veja art. 161 do CC/1916.

149

O devedor poderá renunciar aos benefícios da prescrição de forma expressa por meio de declaração explícita de sua intenção em renunciar, ou então de forma tácita, que ocorre no momento em que ele pratica atos incompatíveis com ela, por exemplo se este pagar uma dívida já prescrita.

Art. 192. Os prazos de prescrição não podem ser alterados por acordo das partes.

➡ Sem correspondência no CC/1916.

O instituto da prescrição é matéria de ordem pública, sendo vedada a sua dilação convencional pelas partes. Não cabe às partes estipular em contrato prazo prescricional, visto que essa matéria está regida pelo Código Civil ou lei específica, sendo de ordem pública.

Art. 193. A prescrição pode ser alegada em qualquer grau de jurisdição, pela parte a quem aproveita.

➡ Veja art. 162 do CC/1916.

A prescrição pode ser suscitada pelo devedor em qualquer grau de jurisdição e fase processual.

▪ Súmula n. 150 do STF: "Prescreve a execução no mesmo prazo de prescrição da ação".

Art. 194. *(Revogado pela Lei n. 11.280, de 16.02.2006.)*

Art. 195. Os relativamente incapazes e as pessoas jurídicas têm ação contra os seus assistentes ou representantes legais, que derem causa à prescrição, ou não a alegarem oportunamente.

➡ Veja art. 164 do CC/1916.

É dever do mandatário observar o que é melhor para seu representado, não sendo admissível que, por sua negligência, o mandante se veja prejudicado, nascendo para este o direito de ação contra seu representante ou mandatário.

Art. 196. A prescrição iniciada contra uma pessoa continua a correr contra o seu sucessor.

➡ Veja art. 165 do CC/1916.

A prescrição não é personalíssima, pois não se liga à pessoa, e sim a direitos que esta possuía; da mesma maneira que os direitos são transmissíveis, a prescrição também o é.

Código Civil comentado e anotado   Arts. 197 a 200

Seção II
Das Causas que Impedem ou Suspendem a Prescrição

Art. 197. Não corre a prescrição:
I – entre os cônjuges, na constância da sociedade conjugal;
II – entre ascendentes e descendentes, durante o poder familiar;
III – entre tutelados ou curatelados e seus tutores ou curadores, durante a tutela ou curatela.

➡ Veja art. 168 do CC/1916.

A prescrição não correrá contra os cônjuges, na constância da sociedade conjugal; entre ascendentes e descendentes, durante o poder familiar; entre tutelados ou curatelados e seus tutores ou curadores, durante a tutela ou curatela. Assim a prescrição ficará impedida de decorrer no tempo nessas hipóteses.

Art. 198. Também não corre a prescrição:
I – contra os incapazes de que trata o art. 3º;
II – contra os ausentes do País em serviço público da União, dos Estados ou dos Municípios;
III – contra os que se acharem servindo nas Forças Armadas, em tempo de guerra.

➡ Veja art. 169 do CC/1916.

Os absolutamente incapazes, os ausentes do país em serviço público da União, dos estados ou dos municípios e os que se acharem servindo nas Forças Armadas, em tempo de guerra, não terão a prescrição correndo contra si.

Art. 199. Não corre igualmente a prescrição:
I – pendendo condição suspensiva;
II – não estando vencido o prazo;
III – pendendo ação de evicção.

➡ Veja art. 170 do CC/1916.

A condição suspensiva, o prazo não vencido e a pendência de ação de evicção (arts. 447 a 457 do CC) impedem que a prescrição seja computada.

■ Súmula n. 229 do STJ: "O pedido do pagamento de indenização à seguradora suspende o prazo de prescrição até que o segurado tenha ciência da decisão".

Art. 200. Quando a ação se originar de fato que deva ser apurado no juízo criminal, não correrá a prescrição antes da respectiva sentença definitiva.

➡ Sem correspondência no CC/1916.

Quando a ação cível originar-se de ilícito penal (art. 186 do CC), não correrá a prescrição enquanto não houver sentença definitiva na apuração daquele fato. Quando o dano se originar de crime, a condenação penal servirá de título executivo na esfera cível (art. 935 do CC).

Art. 201. Suspensa a prescrição em favor de um dos credores solidários, só aproveitam os outros se a obrigação for indivisível.

➡ Veja art. 171 do CC/1916.

Somente no caso de a obrigação ser indivisível, os credores solidários se aproveitarão da suspensão da prescrição. Lembre-se de que não há presunção para credores solidários, ou seja, somente há solidariedade em virtude de contrato ou de lei.

Seção III
Das Causas que Interrompem a Prescrição

Art. 202. A interrupção da prescrição, que somente poderá ocorrer uma vez, dar-se-á:
I – por despacho do juiz, mesmo incompetente, que ordenar a citação, se o interessado a promover no prazo e na forma da lei processual;
II – por protesto, nas condições do inciso antecedente;
III – por protesto cambial;
IV – pela apresentação do título de crédito em juízo de inventário ou em concurso de credores;
V – por qualquer ato judicial que constitua em mora o devedor;
VI – por qualquer ato inequívoco, ainda que extrajudicial, que importe reconhecimento do direito pelo devedor.
Parágrafo único. A prescrição interrompida recomeça a correr da data do ato que a interrompeu, ou do último ato do processo para a interromper.

➡ Veja art. 172 do CC/1916.

A prescrição só poderá ser interrompida uma única vez quando do despacho do juiz, mesmo incompetente, que ordenar a citação, se o interessado a promover no prazo e na forma da lei processual; por protesto, nas condições do inciso antecedente; por protesto cambial; pela apresentação do título de crédito em juízo de inventário ou em concurso de credores; por qualquer ato judicial que constitua em mora o devedor; por qualquer ato inequívoco, ainda que extrajudicial, que importe reconhecimento do direito pelo devedor. Após ultrapassado o lapso temporal da interrupção, a prescrição voltará a ser contada a partir da data do ato que a interrompeu, ou do último ato do processo para interrompê-la. As causas interruptivas da prescrição são as que descartam a prescrição iniciada, de forma que seu prazo recomece a correr da data do ato que a interrompeu, ou do último ato do processo para interrompê-la (art. 202, parágrafo único, do CC).

■ Súmula n. 153 do STF: "Simples protesto cambiário não interrompe a prescrição".

■ Súmula n. 154 do STF: "Simples vistoria não interrompe a prescrição".

Código Civil comentado e anotado

Arts. 202 a 205

■ Súmula n. 383 do STF: "A prescrição em favor da Fazenda Pública recomeça a correr, por dois anos e meio, a partir do ato interruptivo, mas não fica reduzida aquém de cinco anos, embora o titular do direito a interrompa durante a primeira metade do prazo".

Art. 203. A prescrição pode ser interrompida por qualquer interessado.

➡ Veja art. 174 do CC/1916.

Qualquer pessoa, seja jurídica ou física, juridicamente interessada poderá interromper a prescrição.

Art. 204. A interrupção da prescrição por um credor não aproveita aos outros; semelhantemente, a interrupção operada contra o codevedor, ou seu herdeiro, não prejudica aos demais coobrigados.
§ 1º A interrupção por um dos credores solidários aproveita aos outros; assim como a interrupção efetuada contra o devedor solidário envolve os demais e seus herdeiros.
§ 2º A interrupção operada contra um dos herdeiros do devedor solidário não prejudica os outros herdeiros ou devedores, senão quando se trate de obrigações e direitos indivisíveis.
§ 3º A interrupção produzida contra o principal devedor prejudica o fiador.

➡ Veja art. 176 do CC/1916.

Se a prescrição for interrompida, o art. 204 traz a regulamentação em caso de solidariedade ativa ou passiva, legal ou convencional, de forma que a interrupção da prescrição por um credor não aproveita aos outros; da mesma forma, a interrupção operada contra o codevedor, ou seu herdeiro, não prejudica aos demais coobrigados e, ainda, a interrupção por um dos credores solidários aproveita aos outros, assim como a interrupção efetuada contra o devedor solidário envolve os demais e seus herdeiros; ainda a interrupção operada contra um dos herdeiros do devedor solidário não prejudica os outros herdeiros ou devedores, senão quando se trate de obrigações e direitos indivisíveis; e, por fim, a interrupção produzida contra o principal devedor prejudica o fiador.

Seção IV
Dos Prazos da Prescrição

Art. 205. A prescrição ocorre em dez anos, quando a lei não lhe haja fixado prazo menor.

➡ Veja arts. 177 e 179 do CC/1916.

Prazos de prescrição são, apenas e exclusivamente, os taxativamente discriminados na Parte Geral, nos arts. 205 (regra geral) e 206 (regras especiais), sendo de decadência todos os demais, por conta do princípio da aplicabilidade, estabelecidos como complemento de cada artigo que rege a matéria, tanto na Parte Geral como na Especial. Para evitar a discussão sobre se a ação prescreve ou não, adotou-se a tese da prescrição da pretensão, por ser considerada a mais condizente com o direito processual contemporâneo. A prescrição irá acontecer

153

no prazo de dez anos, se a lei não discriminar. No caso de o prazo se iniciar com base no Código Civil de 1916, deve-se analisar o art. 2.028 do CC.

Observação	
Prescrição	Anos e prazos nos arts. 205 e 206
Decadência	Dia, mês, ano e prazos no decorrer do Código Civil, por força do princípio da aplicabilidade norteador do CC/2002
Prazo geral prescricional	Art. 205
Prazo geral decadencial	Art. 179

- Súmula n. 146 do STF: "A prescrição da ação penal regula-se pela pena concretizada na sentença, quando não há recurso da acusação".

- Súmula n. 147 do STF: "A prescrição de crime falimentar começa a correr da data em que deveria estar encerrada a falência, ou do trânsito em julgado da sentença que a encerrar ou que julgar cumprida a concordata".

- Súmula n. 150 do STF: "Prescreve a execução no mesmo prazo de prescrição da ação".

- Súmula n. 153 do STF: "Simples protesto cambiário não interrompe a prescrição".

- Súmula n. 154 do STF: "Simples vistoria não interrompe a prescrição".

- Súmula n. 264 do STF: "Verifica-se a prescrição intercorrente pela paralisação da ação rescisória por mais de cinco anos".

- Súmula n. 327 do STF: "O direito trabalhista admite a prescrição intercorrente".

- Súmula n. 349 do STF: "A prescrição atinge somente as prestações de mais de dois anos, reclamadas com fundamento em decisão normativa da Justiça do Trabalho, ou em convenção coletiva de trabalho, quando não estiver em causa a própria validade de tais atos".

- Súmula n. 383 do STF: "A prescrição em favor da Fazenda Pública recomeça a correr, por dois anos e meio, a partir do ato interruptivo, mas não fica reduzida aquém de cinco anos, embora o titular do direito a interrompa durante a primeira metade do prazo".

- Súmula n. 443 do STF: "A Lei n. 2.437, de 07.03.1955, que reduz prazo prescricional, é aplicável às prescrições em curso na data de sua vigência (01.01.1956), salvo quanto aos processos então pendentes".

- Súmula n. 494 do STF: "A ação para anular venda de ascendente a descendente, sem consentimento dos demais, prescreve em vinte anos, contados da data do ato, revogada a Súmula n. 152".

- Súmula n. 497 do STF: "Quando se tratar de crime continuado, a prescrição regula-se pela pena imposta na sentença, não se computando o acréscimo decorrente da continuação".

Código Civil comentado e anotado   Art. 205

■ Súmula n. 592, STF: "Nos crimes falimentares, aplicam-se as causas interruptivas da prescrição, previstas no Código Penal".

■ Súmula n. 604, STF: "A prescrição pela pena em concreto é somente da pretensão executória da pena privativa de liberdade".

■ Súmula n. 39 do STJ: "Prescreve em vinte anos a ação para haver indenização, por responsabilidade civil, de sociedade de economia mista".

■ Súmula n. 85 do STJ: "Nas relações jurídicas de trato sucessivo em que a fazenda pública figure como devedora, quando não tiver sido negado o próprio direito reclamado, a prescrição atinge apenas as prestações vencidas antes do quinquênio anterior a propositura da ação".

■ Súmula n. 101 do STJ: "A ação de indenização do segurado em grupo contra a seguradora prescreve em um ano".

■ Súmula n. 106 do STJ: "Proposta a ação no prazo fixado para o seu exercício, a demora na citação, por motivos inerentes ao mecanismo da justiça, não justifica o acolhimento da arguição de prescrição ou decadência".

■ Súmula n. 143 do STJ: "Prescreve em cinco anos a ação de perdas e danos pelo uso de marca comercial".

■ Súmula n. 191 do STJ: "A pronúncia é causa interruptiva da prescrição, ainda que o tribunal do júri venha a desclassificar o crime".

■ Súmula n. 194 do STJ: "Prescreve em vinte anos a ação para obter, do construtor, indenização por defeitos da obra".

■ Súmula n. 210 do STJ: "A ação de cobrança das contribuições para o FGTS prescreve em trinta (30) anos".

■ Súmula n. 220 do STJ: "A reincidência não influi no prazo da prescrição da pretensão punitiva".

■ Súmula n. 278 do STJ: "O termo inicial do prazo prescricional, na ação de indenização, é a data em que o segurado teve ciência inequívoca da incapacidade laboral".

■ Súmula n. 338 do STJ: "A prescrição penal é aplicável nas medidas socioeducativas".

■ Súmula n. 412 do STJ: "A ação de repetição de indébito de tarifas de água e esgoto sujeita-se ao prazo prescricional estabelecido no Código Civil".

■ Súmula n. 415 do STJ: "O período de suspensão do prazo prescricional é regulado pelo máximo da pena cominada".

■ Súmula n. 438 do STJ: "É inadmissível a extinção da punibilidade pela prescrição da pretensão punitiva com fundamento em pena hipotética, independentemente da existência ou sorte do processo penal".

155

Arts. 205 e 206 — Almeida Guilherme

- Súmula n. 467 do STJ: "Prescreve em cinco anos, contados do término do processo administrativo, a pretensão da Administração Pública de promover a execução da multa por infração ambiental".

- Direito civil e do consumidor. Recurso especial. Relação entre banco e cliente. Consumo. Celebração de contrato de empréstimo extinguindo o débito anterior. Dívida devidamente quitada pelo consumidor. Inscrição posterior no spc, dando conta do débito que fora extinto por novação. Responsabilidade civil contratual. Inaplicabilidade do prazo prescricional previsto no art. 206. § 3°, v, do CC. 1. O defeito do serviço que resultou na negativação indevida do nome do cliente da instituição bancária não se confunde com o fato do serviço, que pressupõe um risco à segurança do consumidor, e cujo prazo prescricional é definido no art. 27 do CDC. 2. É correto o entendimento de que o termo inicial do prazo prescricional para a propositura de ação indenizatória é a data em que o consumidor toma ciência do registro desabonador, pois, pelo princípio da *actio nata*, o direito de pleitear a indenização surge quando constatada a lesão e suas consequências. 3. A violação dos deveres anexos, também intitulados instrumentais, laterais, ou acessórios do contrato – tais como a cláusula geral de boa-fé objetiva, dever geral de lealdade e confiança recíproca entre as partes –, implica responsabilidade civil contratual, como leciona a abalizada doutrina com respaldo em numerosos precedentes desta Corte, reconhecendo que, no caso, a negativação caracteriza ilícito contratual. 4. O caso não se amolda a nenhum dos prazos específicos do CC, incidindo o prazo prescricional de dez anos previsto no art. 205, do mencionado diploma. 5. Recurso especial não provido. (STJ, REsp n. 1.276.311/RS, 4ª T., rel. Min Luis Felipe Salomão, j. 20.09.2011, *DJe* 17.10.2011)

- Agravo regimental. Agravo de instrumento. Ação de reparação civil por danos decorrentes de inadimplemento contratual. Prescrição decenal. 1. Aplica-se o prazo prescricional de dez anos, previsto no art. 205 do CC, à reparação civil por danos decorrentes de inadimplemento contratual. Precedentes. 2. Agravo regimental a que se nega provimento. (STJ, Ag. Reg. no AI n. 1.327.784/ES, 4ª T., rel. Min Maria Isabel Gallotti, j. 27.08.2013)

- Apelação cível. Ação declaratória de nulidade c/c ressarcimento de valores e indenização por danos morais e materiais. Agravo retido. Ilegitimidade passiva. Inocorrência. Pagamentos realizados diretamente à construtora. Relação jurídica existente. Responsabiliade solidária. Alegada prescrição trienal. Obrigação de natureza pessoal. Prazo prescricional de 10 (dez) anos. Recurso conhecido e desprovido. Aplica-se o prazo prescricional de dez anos, previsto no art. 205 do CC, à reparação civil por danos decorrentes de inadimplemento contratual. Precedentes. Apelação. Promessa de compra e venda de terreno em loteamento. Sentença de procedência. Responsabilidade solidária da incorporadora. Contrato integralmente quitado. Loteamento não aprovado. Dano moral evidenciado. *Quantum* indenizatório mantido. Incidência da correção monetária a partir do arbitramento (Súmula n. 362 do STJ). Recurso conhecido e parcialmente provido.Vista, relatada e discutida a matéria destes autos de Apelação Cível n. 1.349.322-6, originários da Vara Cível e da Fazenda Pública de Jacarezinho, nos quais figuram, como apelante, [...] e cia. Ltda., e, como apelada, [...]. (TJPR, Ap. Cível n. 1349322-6/PR, 6ª Câm. Cível, rel. Carlos Eduardo Andersen Espínola, v.u., j. 15.09.2015, publ. 29.09.2015)

Art. 206. Prescreve:

§ 1º Em um ano:

I – a pretensão dos hospedeiros ou fornecedores de víveres destinados a consumo no próprio estabelecimento, para o pagamento da hospedagem ou dos alimentos;

II – a pretensão do segurado contra o segurador, ou a deste contra aquele, contado o prazo:

Código Civil comentado e anotado

Art. 206

a) para o segurado, no caso de seguro de responsabilidade civil, da data em que é citado para responder à ação de indenização proposta pelo terceiro prejudicado, ou da data que a este indeniza, com a anuência do segurador;

b) quanto aos demais seguros, da ciência do fato gerador da pretensão;

III – a pretensão dos tabeliães, auxiliares da justiça, serventuários judiciais, árbitros e peritos, pela percepção de emolumentos, custas e honorários;

IV – a pretensão contra os peritos, pela avaliação dos bens que entraram para a formação do capital de sociedade anônima, contado da publicação da ata da assembleia que aprovar o laudo;

V – a pretensão dos credores não pagos contra os sócios ou acionistas e os liquidantes, contado o prazo da publicação da ata de encerramento da liquidação da sociedade.

§ 2º Em dois anos, a pretensão para haver prestações alimentares, a partir da data em que se vencerem.

§ 3º Em três anos:

I – a pretensão relativa a aluguéis de prédios urbanos ou rústicos;

II – a pretensão para receber prestações vencidas de rendas temporárias ou vitalícias;

III – a pretensão para haver juros, dividendos ou quaisquer prestações acessórias, pagáveis, em períodos não maiores de um ano, com capitalização ou sem ela;

IV – a pretensão de ressarcimento de enriquecimento sem causa;

V – a pretensão de reparação civil;

VI – a pretensão de restituição dos lucros ou dividendos recebidos de má-fé, correndo o prazo da data em que foi deliberada a distribuição;

VII – a pretensão contra as pessoas em seguida indicadas por violação da lei ou do estatuto, contado o prazo:

a) para os fundadores, da publicação dos atos constitutivos da sociedade anônima;

b) para os administradores, ou fiscais, da apresentação, aos sócios, do balanço referente ao exercício em que a violação tenha sido praticada, ou da reunião ou assembleia geral que dela deva tomar conhecimento;

c) para os liquidantes, da primeira assembleia semestral posterior à violação;

VIII – a pretensão para haver o pagamento de título de crédito, a contar do vencimento, ressalvadas as disposições de lei especial;

IX – a pretensão do beneficiário contra o segurador, e a do terceiro prejudicado, no caso de seguro de responsabilidade civil obrigatório.

§ 4º Em quatro anos, a pretensão relativa à tutela, a contar da data da aprovação das contas.

§ 5º Em cinco anos:

I – a pretensão de cobrança de dívidas líquidas constantes de instrumento público ou particular;

II – a pretensão dos profissionais liberais em geral, procuradores judiciais, curadores e professores pelos seus honorários, contado o prazo da conclusão dos serviços, da cessação dos respectivos contratos ou mandato;

III – a pretensão do vencedor para haver do vencido o que despendeu em juízo.

➡ Veja art. 178 do CC/1916.

Prescrição especial. Exemplo: é de um ano o prazo prescricional para hospedeiros ou fornecedores de alimentos para consumo no próprio local (restaurantes, lanchonetes, bares) ingressar com a ação judicial para pagamento da hospedagem ou dos alimentos. *Vide* comentários do art. 205 do CC sobre prescrição e decadência e o princípio da aplicabilidade.

Prescrição do art. 206, § 3º, V do CC. Contratual: seria de dez anos cumprindo o art. 205 e o prazo extracontratual de três anos? Alguns julgamentos do STJ estão aceitando este novo prazo prescricional, o que poderia acarretar uma grande modificação nos prazos prescricionais no país.

- Súmula n. 101 do STJ: "A ação de indenização do segurado em grupo contra a seguradora prescreve em um ano".

- Súmula n. 278 do STJ: "O termo inicial do prazo prescricional, na ação de indenização, é a data em que o segurado teve ciência inequívoca da incapacidade laboral".

- Súmula n. 291 do STJ: "A ação de cobrança de parcelas de complementação de aposentadoria pela previdência privada prescreve em cinco anos".

- Súmula n. 405 do STJ: "A ação de cobrança do seguro obrigatório (DPVAT) prescreve em três anos".

- Súmula n. 427 do STJ: "A ação de cobrança de diferenças de valores de complementação de aposentadoria prescreve em cinco anos contados da data do pagamento".

- Súmula n. 503 do STJ: "O prazo para ajuizamento de ação monitória em face do emitente de cheque sem força executiva é quinquenal, a contar do dia seguinte à data de emissão estampada na cártula".

- Súmula n. 547 do STJ: "Nas ações em que se pleiteia o ressarcimento dos valores pagos a título de participação financeira do consumidor no custeio de construção de rede elétrica, o prazo prescricional é de vinte anos na vigência do Código Civil de 1916. Na vigência do Código Civil de 2002, o prazo é de cinco anos se houver previsão contratual de ressarcimento e de três anos na ausência de cláusula nesse sentido, observada a regra de transição disciplinada em seu art. 2.028".

Art. 206-A. A prescrição intercorrente observará o mesmo prazo de prescrição da pretensão, observadas as causas de impedimento, de suspensão e de interrupção da prescrição previstas neste Código e observado o disposto no art. 921 da Lei n. 13.105, de 16 de março de 2015 – Código de Processo Civil.
Artigo com redação dada pela Medida Provisória n. 1.085, de 27.12.2021.

De antemão, a prescrição intercorrente consiste na perda do direito de exigir judicialmente um direito subjetivo em razão da inércia do autor do processo, dando-se na fase executiva da demanda judicial quando a ação fica paralisada por certo tempo. Assim, diz o artigo que a prescrição intercorrente deverá observar o prazo da própria pretensão, definido pelo Código Civil nos artigos constantes da regra geral ou dos casos especiais da prescrição.

CAPÍTULO II
DA DECADÊNCIA

Art. 207. Salvo disposição legal em contrário, não se aplicam à decadência as normas que impedem, suspendem ou interrompem a prescrição.

Código Civil comentado e anotado

Arts. 207 a 211

➥ Sem correspondência no CC/1916.

O art. 207 dispõe que não se aplica à decadência as normas que impedem, suspendem ou interrompem a prescrição, exceto se houver disposição em contrário.

O prazo decadencial previsto no art. 56 da Lei n. 5.250/67 (Lei de Imprensa) para propositura de ação de indenização por dano moral não foi recepcionado pela CF, submetendo-se atualmente pelas disposições do CC/2002.

Art. 208. Aplica-se à decadência o disposto nos arts. 195 e 198, I.

➥ Sem correspondência no CC/1916.

O disposto nos arts. 195 e 198, I, do CC, muito embora esteja no capítulo que trata da prescrição, possui como regra o aplicável à decadência.

Ação regressiva contra representante: "As pessoas jurídicas e os relativamente incapazes têm ação regressiva contra representantes legais que derem causa à decadência ou não a alegarem em momento oportuno" (DINIZ. *Curso de direito civil*, v. I, 2009, p. 233).

A decadência não ocorrerá contra pessoas com incapacidade absoluta, enquanto não cessada a incapacidade. Após cessada, a decadência terá início.

Art. 209. É nula a renúncia à decadência fixada em lei.

➥ Sem correspondência no CC/1916.

A decadência legal é matéria de ordem pública que corre irrevogavelmente e de forma indisponível, portanto não comporta renúncia, não sendo por suposto transacionada (arts. 840 a 850 do CC). É resultante de prazo legal e não pode ser renunciada pelas partes, nem antes nem depois de consumada, sob pena de nulidade.

Art. 210. Deve o juiz, de ofício, conhecer da decadência, quando estabelecida por lei.

➥ Sem correspondência no CC/1916.

O art. 210 diz, imperativamente, que o juiz "deve" (é dever e não faculdade), de ofício, conhecer da decadência, e não "pode", "quando estabelecida por lei". Ainda que se trate de direitos patrimoniais, a decadência deve ser decretada de ofício, quando estabelecida por lei. Ou seja, a responsabilidade é do magistrado em conhecer da decadência *ex officio*.

Art. 211. Se a decadência for convencional, a parte a quem aproveita pode alegá-la em qualquer grau de jurisdição, mas o juiz não pode suprir a alegação.

➥ Sem correspondência no CC/1916.

Quando a decadência advir de convenção entre as partes (art. 421 do CC), poderá o beneficiado por ela alegá-la em qualquer grau de jurisdição e, ainda, arbitragem, porém é vedada ao juiz a sua declaração de ofício (art. 210 do CC).

TÍTULO V
DA PROVA

Art. 212. Salvo o negócio a que se impõe forma especial, o fato jurídico pode ser provado mediante:

I – confissão;
II – documento;
III – testemunha;
IV – presunção;
V – perícia.

➡ Veja art. 136 do CC/1916.

Estão arrolados de forma exemplificativa os meios de provas dos fatos jurídicos, que não possuem forma especial. São eles: confissão, documento, testemunha, presunção e perícia.

A prova (arts. 212 a 232 do CC) é o meio empregado para comprovar a existência do ato ou negócio jurídico.

Confissão. Entende-se que a confissão não é prova, e sim negócio jurídico unilateral que põe fim à discussão da natureza do fato jurídico.

Art. 213. Não tem eficácia a confissão se provém de quem não é capaz de dispor do direito a que se referem os fatos confessados.

Parágrafo único. Se feita a confissão por um representante, somente é eficaz nos limites em que este pode vincular o representado.

➡ Sem correspondência no CC/1916.

A confissão é ato personalíssimo daquele que praticou o ato/negócio, sendo tal faculdade indelegável, não podendo ser suprida. Porém, se o representante confessar, a confissão só terá efeitos na medida dos poderes do mandato.

Art. 214. A confissão é irrevogável, mas pode ser anulada se decorreu de erro de fato ou de coação.

➡ Sem correspondência no CC/1916.

A confissão é ato/negócio de liberalidade, devendo ser realizada pela vontade de quem confessa e, uma vez realizada, não poderá ser revogada, porém, se for originada de erro de fato ou de coação, a anulação é permitida (arts. 139, I e II, 151 a 155 e 171, II, do CC).

Código Civil comentado e anotado   Art. 215

Art. 215. A escritura pública, lavrada em notas de tabelião, é documento dotado de fé pública, fazendo prova plena.

§ 1º Salvo quando exigidos por lei outros requisitos, a escritura pública deve conter:

I – data e local de sua realização;

II – reconhecimento da identidade e capacidade das partes e de quantos hajam comparecido ao ato, por si, como representantes, intervenientes ou testemunhas;

III – nome, nacionalidade, estado civil, profissão, domicílio e residência das partes e demais comparecentes, com a indicação, quando necessário, do regime de bens do casamento, nome do outro cônjuge e filiação;

IV – manifestação clara da vontade das partes e dos intervenientes;

V – referência ao cumprimento das exigências legais e fiscais inerentes à legitimidade do ato;

VI – declaração de ter sido lida na presença das partes e demais comparecentes, ou de que todos a leram;

VII – assinatura das partes e dos demais comparecentes, bem como a do tabelião ou seu substituto legal, encerrando o ato.

§ 2º Se algum comparecente não puder ou não souber escrever, outra pessoa capaz assinará por ele, a seu rogo.

§ 3º A escritura será redigida na língua nacional.

§ 4º Se qualquer dos comparecentes não souber a língua nacional e o tabelião não entender o idioma em que se expressa, deverá comparecer tradutor público para servir de intérprete, ou, não o havendo na localidade, outra pessoa capaz que, a juízo do tabelião, tenha idoneidade e conhecimento bastantes.

§ 5º Se algum dos comparecentes não for conhecido do tabelião, nem puder identificar-se por documento, deverão participar do ato pelo menos duas testemunhas que o conheçam e atestem sua identidade.

➟ Veja art. 134 do CC/1916.
➟ Veja Lei n. 6.015/73 (Lei de Registro Público).

A **escritura pública** é o instrumento que possui fé pública e goza de presunção de veracidade e para tanto deverá conter basicamente a data e o local de sua realização; o reconhecimento da identidade e capacidade das partes e de quantos hajam comparecido ao ato, por si, como representantes, intervenientes ou testemunhas; nome, nacionalidade, estado civil, profissão, domicílio e residência das partes e demais comparecentes, com a indicação, quando necessária, do regime de bens do casamento, nome do outro cônjuge e filiação; manifestação clara da vontade das partes e dos intervenientes; referência ao cumprimento das exigências legais e fiscais inerentes à legitimidade do ato; declaração de ter sido lida na presença das partes e demais comparecentes, ou de que todos a leram; assinatura das partes e dos demais comparecentes, bem como a do tabelião ou seu substituto legal, encerrando o ato. Se algum comparecente não puder ou não souber escrever, outra pessoa capaz assinará por ele, a seu rogo, devendo ser redigida em língua nacional, e se algum dos comparecentes não souber a língua nacional e o tabelião não entender o idioma em que se expressa, deverá comparecer tradutor público para servir de intérprete, ou, não o havendo na localidade, outra pessoa capaz que, a juízo do tabelião, tenha idoneidade e conhecimento bastante. Se algum dos comparecentes não for conhecido do tabelião, nem puder identificar-se por documento, deverão participar do ato pelo menos duas testemunhas que o conheçam e atestem sua identidade.

161

Art. 216. Farão a mesma prova que os originais as certidões textuais de qualquer peça judicial, do protocolo das audiências, ou de outro qualquer livro a cargo do escrivão, sendo extraídas por ele, ou sob a sua vigilância, e por ele subscritas, assim como os traslados de autos, quando por outro escrivão consertados.

O correto parece ser "concertados" em vez de "consertados".

→ Veja art. 137 do CC/1916.
→ Veja Lei n. 6.015/73 (Lei de Registro Público).

A fé pública de que o servidor público goza se estende às certidões textuais de qualquer peça judicial, do protocolo das audiências ou de outro qualquer livro a cargo do escrivão, sendo extraídas por ele, ou sob a sua vigilância, e por ele subscritas, incluindo-se os traslados de autos, quando por outro escrivão concertados.

Art. 217. Terão a mesma força probante os traslados e as certidões, extraídos por tabelião ou oficial de registro, de instrumentos ou documentos lançados em suas notas.

→ Veja art. 138 do CC/1916.
→ Veja Lei n. 6.015/73 (Lei de Registro Público).

Também gozam da mesma fé pública do art. 216 os tabeliães ou oficiais de registro, os documentos públicos originais, traslados, certidões de instrumento e documentos notoriais, entre outros.

Art. 218. Os traslados e as certidões considerar-se-ão instrumentos públicos, se os originais se houverem produzido em juízo como prova de algum ato.

→ Veja art. 139 do CC/1916.
→ Veja Lei n. 6.015/73 (Lei de Registro Público).

Se a documentação trasladada possuir força probante no seu original, seu traslado será considerado instrumento público.

Art. 219. As declarações constantes de documentos assinados presumem-se verdadeiras em relação aos signatários.
Parágrafo único. Não tendo relação direta, porém, com as disposições principais ou com a legitimidade das partes, as declarações enunciativas não eximem os interessados em sua veracidade do ônus de prová-las.

→ Veja art. 131 do CC/1916.

Presumem-se verdadeiros os atos assinados por seus signatários, porém trata-se de presunção relativa (*iuris tantum*) que não os exime de futuramente realizar prova da autenticidade do documento.

Código Civil comentado e anotado   Arts. 220 a 223

Art. 220. A anuência ou a autorização de outrem, necessária à validade de um ato, provar-se-á do mesmo modo que este, e constará, sempre que se possa, do próprio instrumento.

➥ Veja art. 132 do CC/1916.

A autorização de terceiro para validade do negócio jurídico deverá seguir a mesma forma do negócio que o deu origem; se por escritura pública, a autorização deverá ser também.

Art. 221. O instrumento particular, feito e assinado, ou somente assinado por quem esteja na livre disposição e administração de seus bens, prova as obrigações convencionais de qualquer valor; mas os seus efeitos, bem como os da cessão, não se operam, a respeito de terceiros, antes de registrado no registro público.
Parágrafo único. A prova do instrumento particular pode suprir-se pelas outras de caráter legal.

➥ Veja art. 135 do CC/1916.

O instrumento particular é realizado somente com a assinatura dos interessados, desde que estes estejam na livre administração e disposição de seus bens. Este documento serve de prova e dá existência ao ato negocial.

O instrumento público é essencial para que se operem contra terceiros os efeitos das obrigações convencionais de qualquer valor, bem como os da cessão. Porém, o instrumento particular feito e assinado, ou somente assinado, por quem estiver na livre disposição e administração de seus bens, é apto a provar as obrigações.

Art. 222. O telegrama, quando lhe for contestada a autenticidade, faz prova mediante conferência com o original assinado.

➥ Sem correspondência no CC/1916.

A autenticidade do telegrama pode ser atestada, quando contestada, pela apresentação do documento original devidamente assinado. O art. 222 do CC já pode ser considerado derrogado pelo desuso do telegrama.

Art. 223. A cópia fotográfica de documento, conferida por tabelião de notas, valerá como prova de declaração da vontade, mas, impugnada sua autenticidade, deverá ser exibido o original.
Parágrafo único. A prova não supre a ausência do título de crédito, ou do original, nos casos em que a lei ou as circunstâncias condicionarem o exercício do direito à sua exibição.

➥ Sem correspondência no CC/1916.

A fotocópia de documento, desde que conferida pelo tabelião, vale como prova, mas a partir do momento em que sua autenticidade for contestada, é necessária a apresentação do original. No caso de títulos de crédito é necessário observar o princípio da cartularidade, em que o original é indispensável, podendo-se utilizar fotocópias apenas nos casos especificados em lei.

Art. 224. Os documentos redigidos em língua estrangeira serão traduzidos para o português para ter efeitos legais no País.

➡ Veja art. 140 do CC/1916.

Não é admitido no ordenamento jurídico brasileiro documento redigido apenas em língua estrangeira: é devido que tais documentos sejam traduzidos para a língua portuguesa por tradutor juramentado, pois só assim possuirão força vinculante entre as partes. Documentos alienígenas podem ser registrados no Brasil para fins de conservação, porém para sua eficácia devem ser traduzidos e essa tradução deve ser registrada.

Art. 225. As reproduções fotográficas, cinematográficas, os registros fonográficos e, em geral, quaisquer outras reproduções mecânicas ou eletrônicas de fatos ou de coisas fazem prova plena destes, se a parte, contra quem forem exibidos, não lhes impugnar a exatidão.

➡ Sem correspondência no CC/1916.

Quanto às reproduções de documentos, o Código Civil de 2002 atribui força probante a estas, ainda que simples, desde que a outra parte não as impugne.

A prova exclusivamente testemunhal só se admite nos negócios jurídicos cujo valor não ultrapasse o décuplo do maior salário mínimo vigente no país, ao tempo em que foram celebrados (art. 227 do CC). Porém, a prova testemunhal será sempre admitida como prova subsidiária ou complementar.

Art. 226. Os livros e fichas dos empresários e sociedades provam contra as pessoas a que pertencem, e, em seu favor, quando, escriturados sem vício extrínseco ou intrínseco, forem confirmados por outros subsídios.

Parágrafo único. A prova resultante dos livros e fichas não é bastante nos casos em que a lei exige escritura pública, ou escrito particular revestido de requisitos especiais, e pode ser ilidida pela comprovação da falsidade ou inexatidão dos lançamentos.

➡ Sem correspondência no CC/1916.

A simples apresentação de livros e fichas dos empresários não é suficiente para serem utilizados como prova, salvo se confeccionados por escritura pública ou instrumento particular com efeitos de escritura pública, podendo ser contestada pela comprovação de inexatidão ou falsidade. Para que tenham força probatória, os referidos documentos deverão possuir elementos subsidiários que os confirmem.

Art. 227. *(Revogado pela Lei n. 13.105, de 16.03.2015.)*

Código Civil comentado e anotado

Arts. 227 a 232

Parágrafo único. Qualquer que seja o valor do negócio jurídico, a prova testemunhal é admissível como subsidiária ou complementar da prova por escrito.

➡ Veja art. 141 do CC/1916.

A prova exclusivamente testemunhal não pode ser admitida em negócios acima de determinado valor, conforme estipula o art. 227 do CC.

Com o CPC, a prova testemunhal é sempre admitida (art. 401 do antigo CPC não tem correspondente no atual CPC).

Art. 228. Não podem ser admitidos como testemunhas:
I – os menores de dezesseis anos;
II – *(Revogado pela Lei n. 13.146, de 06.07.2015.)*
III – *(Revogado pela Lei n. 13.146, de 06.07.2015.)*
IV – o interessado no litígio, o amigo íntimo ou o inimigo capital das partes;
V – os cônjuges, os ascendentes, os descendentes e os colaterais, até o terceiro grau de alguma das partes, por consanguinidade, ou afinidade.
§ 1º Para a prova de fatos que só elas conheçam, pode o juiz admitir o depoimento das pessoas a que se refere este artigo.
Parágrafo renumerado pela Lei n. 13.146, de 06.07.2015.
§ 2º A pessoa com deficiência poderá testemunhar em igualdade de condições com as demais pessoas, sendo-lhe assegurados todos os recursos de tecnologia assistiva.
Parágrafo acrescentado pela Lei n. 13.146, de 06.07.2015.

➡ Veja art. 142 do CC/1916.

O art. 228 do CC enumera os incapazes de testemunhar. O art. 229 do CC enumera aqueles que estão dispensados de depor (ex.: médico, padre, advogado – segredo profissional). Estão igualmente dispensados de depor aqueles que não puderem responder sem desonra própria, de seu cônjuge, parente em grau sucessível, ou amigo íntimo, bem como sobre fatos que exponham as mesmas pessoas a perigo de vida, de demanda ou de dano patrimonial imediato.

Arts. 229 e 230. *(Revogados pela Lei n. 13.105, de 16.03.2015.)*

Art. 231. Aquele que se nega a submeter-se a exame médico necessário não poderá aproveitar-se de sua recusa.

➡ Sem correspondência no CC/1916.

Aquele que se negar a se submeter a exame médico necessário não poderá aproveitar-se de sua recusa (art. 231 do CC). Trata-se da hipótese de presunção ficta da paternidade àquele que se recusa à realização de exame de DNA.

Art. 232. A recusa à perícia médica ordenada pelo juiz poderá suprir a prova que se pretendia obter com o exame.

➡ Sem correspondência no CC/1916.

A recusa à perícia médica judicialmente ordenada poderá suprir a prova que se pretendia obter com o exame (art. 232 do CC).

"Não há lei que obrigue, seja o pai ou a mãe, réu em uma ação de investigação de paternidade, a submeter-se ao exame de DNA solicitado. Porém, a recusa em submeter-se ao exame pericial sem qualquer justificativa leva à presunção da veracidade dos fatos alegados, aplicando-se a regra do art. 400 do novo CPC" (*RT* 750/336).

PARTE ESPECIAL

A Parte Especial é dividida em cinco livros, a saber: (i) Livro I – Do direito das obrigações (arts. 233 a 965 do CC); (ii) Livro II – Do direito de empresa (arts. 966 a 1.195 do CC); (iii) Livro III – Do direito das coisas (arts. 1.196 a 1.510-A do CC); (iv) Livro IV – Do direito da família (arts. 1.511 a 1.783-A do CC) e (v) Livro V – Do direito das sucessões (arts. 1.784 a 2.027 do CC).

LIVRO I
DO DIREITO DAS OBRIGAÇÕES

TÍTULO I
DAS MODALIDADES DAS OBRIGAÇÕES

Conceito (arts. 233 a 420)	Direito das obrigações consiste em um complexo de normas que regem relações jurídicas de ordem patrimonial, que têm por objeto prestações de um sujeito em proveito de outro Obrigação é um vínculo jurídico em virtude do qual uma pessoa fica adstrita a satisfazer uma prestação em proveito da outra (GOMES, 2011) Trata-se de uma relação jurídica de natureza pessoal, através da qual uma pessoa (devedor) fica obrigada a cumprir uma prestação economicamente apreciável			
Elementos constitutivos da obrigação	Pessoal	Sujeito ativo (credor) e sujeito passivo (devedor)		
	Material	Objeto da obrigação: prestação positiva ou negativa do devedor, desde que seja ela lícita, possível física e juridicamente, determinada e suscetível de estimação econômica, objeto mediato e objeto imediato (bens móveis, imóveis e semoventes)		
	Imaterial	O vínculo jurídico sujeita o devedor a determinada prestação em favor do credor Trata-se do elemento que garante em qualquer espécie de obrigação o seu cumprimento, porque se este não se realizar espontaneamente, realizar-se-á coercitivamente, com o emprego de força, que o Estado coloca à disposição do credor, por intermédio do Poder Judiciário		
	Vínculo jurídico	Sujeita o devedor à realização de um ato positivo ou negativo no interesse do credor, unindo os dois sujeitos e abrangendo o dever da pessoa obrigada		
Espécies de obrigações	Obrigação de dar (arts. 233 a 246)	Consiste em obrigação positiva, pela qual o devedor deve entregar um objeto que está na sua posse, transferindo-lhe a propriedade. Subdivide-se em obrigação de dar coisa certa, quando o objeto da obrigação é certo, determinado antes da entrega, e obrigação de dar coisa incerta, quando a obrigação é genérica, por ser o objeto incerto, sendo determinado apenas por seu gênero e quantidade	Coisa certa (arts. 233 a 242)	Coisa certa é coisa individualizada, que se distingue das demais por características próprias, móvel ou imóvel. A coisa certa a que se refere o CC é a determinada, perfeitamente individualizada. É tudo aquilo que é determinado de modo a ser distinguido de qualquer outra coisa
			Coisa incerta (arts. 243 a 246)	A expressão "coisa incerta" indica que a obrigação tem objeto indeterminado, mas não totalmente, porque deve ser indicada, ao menos, pelo gênero e pela quantidade. É, portanto, indeterminada, mas determinável. Falta apenas determinar sua qualidade. Sendo indispensável, portanto, nas obrigações de dar coisa incerta, a indicação de que fala o texto

(continua)

(continuação)

| Espécies de obrigações | Obrigação de fazer (arts. 247 a 249) | Vincula o devedor à prestação de um serviço ou um ato, seu ou de terceiro, em benefício do credor ou de terceira pessoa. Tem por objeto qualquer comportamento humano, lícito e possível, do devedor ou de terceiro às custas daquele, seja a prestação de um serviço material ou intelectual |
| | Obrigação de não fazer (arts. 250 e 251) | É a obrigação na qual o devedor assume o compromisso de se abster de algum ato, que poderia praticar livremente se não tivesse se obrigado a atender interesse jurídico do credor ou de terceiro |

CAPÍTULO I
DAS OBRIGAÇÕES DE DAR

Seção I
Das Obrigações de Dar Coisa Certa

Art. 233. A obrigação de dar coisa certa abrange os acessórios dela embora não mencionados, salvo se o contrário resultar do título ou das circunstâncias do caso.

➦ Veja art. 864 do CC/1916.

Obrigação é o vínculo transitório entre credor e devedor, tendo uma natureza jurídica de crédito ou indenizatória.

Partes (credor e devedor), vínculo jurídico (nexo causal) e objeto.

Conceito. A obrigação de dar consiste em obrigação positiva, a qual estabelece uma relação obrigacional (nexo causal) do devedor, que se compromete a entregar algo ao credor. Essa obrigação tem por objeto uma coisa certa e determinada (arts. 233 a 242 do CC) ou incerta (arts. 243 a 246 do CC).

Ter-se-á obrigação de dar coisa certa quando seu objeto for constituído por um corpo certo e determinado, estabelecendo entre as partes da relação obrigacional um vínculo em que o devedor deverá entregar ao credor uma coisa individualizada, *v. g.*, o iate "Netuno". A entrega do principal abrangerá a dos acessórios. Até a entrega ("tradição"), pertencerá ao devedor a coisa. Se houver acréscimos ou melhoramentos, poderá exigir aumento do preço, sob pena de se extinguir a obrigação.

Princípio *accessorium sequitur principale*. A obrigação de dar coisa certa abrange os acessórios, exceto se o contrário resultar do título ou das circunstâncias do caso, pelo princípio de que o acessório segue o principal. Na coisa certa, cuja entrega está obrigado o devedor, compreendem-se os acessórios, ou seja, as pertenças, partes integrantes, frutos, produtos, rendimentos, benfeitorias. Ou seja, a obrigação é reciprocamente considerada – obrigação principal e obrigação acessória. Observação: os bens, os negócios jurídicos, a obrigação e os contratos têm a mesma classificação.

▪ Apelação. Ação de enriquecimento. Laudo de avaliação e leilão judicial de nua-propriedade de imóvel contendo construções. Sentença de improcedência do pleito indenizatório. Procedimento judicial que expressamente constou tratar-se de alienação tão só da nua-propriedade. Acessão nos termos do art. 1.255, *caput*, CC não configurada, na medida em que as construções se deram à época em que a

Código Civil comentado e anotado   Arts. 233 a 236

propriedade do solo era do próprio construidor. A aquisição da nua-propriedade deu-se por meio de causa legítima, na medida em que razão de procedimento judicial. Inconformismo. Incidência da exceção à regra de que o acessório segue o principal, conforme ressalva do art. 233, CC. Sentença confirmada. Negado provimento ao recurso. (TJSP, Ap. n. 0042348-24.2010.8.26.0506/Ribeirão Preto, 9ª Câm. de Dir. Priv., rel. Piva Rodrigues, *DJe* 16.04.2015, p. 1.556)

Art. 234. Se, no caso do artigo antecedente, a coisa se perder, sem culpa do devedor, antes da tradição, ou pendente a condição suspensiva, fica resolvida a obrigação para ambas as partes; se a perda resultar de culpa do devedor, responderá este pelo equivalente e mais perdas e danos.

➡ Veja art. 865 do CC/1916.

Não havendo culpa do devedor e perdida a coisa por caso fortuito ou força maior antes de efetuada a tradição ou pendente a condição suspensiva, resolver-se-á a obrigação para ambos os contratantes, devendo o devedor restituir ao credor o *quantum* recebido pelo preço ajustado na obrigação de dar coisa certa.

Se a coisa vier a perecer por culpa do devedor, ele deverá responder pelo equivalente, ou seja, pelo valor que a coisa tinha no instante de seu perecimento, mais perdas e danos, que compreendem o prejuízo efetivamente sofrido pelo credor (dano emergente) e o lucro que deixou de auferir (lucro cessante). Assim, ter-se-á o ressarcimento do gravame causado ao credor, uma vez que o devedor é obrigado a conservar a coisa até que ela seja entregue ao credor.

▪ Indenização. Danos materiais comprovados. Inobservância de ordem judicial que autorizou a retirada de acessórios contidos em salvado. Conversão de obrigação de dar coisa certa em perdas e danos. Possibilidade. Exegese do art. 234 do CC. Danos morais não configurados. Inexistência de grave transtorno ou ofensa à personalidade da parte autora. Recurso provido em parte. (TJSP, Ap. n. 0110025-38.2009.8.26.0011/São Paulo, 36ª Câm. de Dir. Priv., rel. Walter Cesar Exner, *DJe* 06.04.2015, p. 1.693)

Art. 235. Deteriorada a coisa, não sendo o devedor culpado, poderá o credor resolver a obrigação, ou aceitar a coisa, abatido de seu preço o valor que perdeu.

➡ Veja art. 866 do CC/1916.

Diz respeito à depreciação derivada de dano originado das intempéries, fato que pode ser por culpa do devedor, não ensejando, portanto, indenização por parte deste. Sendo assim, pode o credor resolver a obrigação e ter o valor ressarcido devidamente corrigido, ou então aceitar a coisa no estado em que se encontra, com o devido abatimento relativo à deterioração constatada.

Art. 236. Sendo culpado o devedor, poderá o credor exigir o equivalente, ou aceitar a coisa no estado em que se acha, com direito a reclamar, em um ou em outro caso, indenização das perdas e danos.

➡ Veja art. 867 do CC/1916.

Arts. 236 e 237 — Almeida Guilherme

Se a coisa se deteriorar sem culpa do devedor, o credor poderá resolver a obrigação, ou aceitar a coisa, abatido do preço o valor que se perdeu. Porém, sendo culpado o devedor, o credor poderá exigir o equivalente, ou aceitar a coisa no estado em que se acha, com direito a reclamar perdas e danos.

▪ Enunciado n. 15 da I Jornada de Direito Civil: "As disposições do art. 236 do novo Código Civil também são aplicáveis à hipótese do art. 240, *in fine*".

▪ Juizado especial cível. Direito do consumidor. Oferta promocional e suficientemente precisa. Confirmação dos fatos em contestação. Vinculação do fornecedor à promoção ofertada. Cumprimento da obrigação. 1 – Acórdão elaborado em conformidade com o disposto no art. 46 da Lei n. 9.099/95, e arts. 12, IX, 98 e 99 do Regimento Interno das Turmas Recursais. 2 – Toda informação ou publicidade suficientemente precisa, veiculada por qualquer meio, obriga o fornecedor que a fizer veicular, ou que dela se utilizar, passando a integrar o contrato que vier a ser celebrado, na forma do art. 30 da Lei n. 8.078/90. 3 – Como se verifica dos autos, a recorrida comprovou os fatos constitutivos do seu direito, que foram confirmados pela recorrente. A recorrente, por sua vez, não comprovou que tenha havido recusa ao recebimento dos armários, sendo que, como se vê da contestação, é incontroverso que houve atraso de vários meses até a disponibilização do produto à recorrida. 4 – A publicidade gera força vinculativa e obriga o fornecedor a entregar o produto ofertado se esta for precisa (art. 35, I, do CDC). Verifico que a oferta promocional (fls. 30) é suficientemente precisa e, conforme o regulamento da promoção (item 3.1 – fls. 27), "estão aptos a participar esta promoção todos que adquirirem, diretamente no estande de vendas da direcional engenharia, apartamento de três quartos do empreendimento durante o período estabelecido no item 2.1, doravante denominado simplesmente premiado". 5 – Por seu turno, os itens 4.1 e 4.1.1 (fls. 27) estabelecem que o premiado terá direito a um kit de armários para suíte e cozinha no valor de R$ 8.412,25 e, de acordo com a disposição inserta no art. 35 do CDC, se o fornecedor de produtos ou serviços recusar cumprimento à oferta, apresentação ou publicidade, o consumidor poderá, alternativamente e à sua livre escolha: I – exigir o cumprimento forçado da obrigação, nos termos da oferta, apresentação ou publicidade; II – aceitar outro produto ou prestação de serviço equivalente; ou III – rescindir o contrato, com direito à restituição de quantia eventualmente antecipada, monetariamente atualizada, e a perdas e danos. 6 – Além disso, destaco que o art. 236 do CC assegura ao credor, em caso de descumprimento da obrigação de dar, exigir do devedor o cumprimento específico ou o equivalente, o que possibilita, portanto, a exigência de pagamento pecuniário em valor correspondente ao da coisa não entregue. Assim, como o valor do voucher para as unidades de três quartos é de R$ 8.412,25, de acordo com o item 4.1 do supracitado regulamento, o consumidor pode exigir o cumprimento forçado da obrigação mediante pagamento da quantia mencionada. 7 – Assim, conheço do recurso e lhe nego provimento. Sentença mantida pelos seus próprios fundamentos. 8 – Condeno a recorrente ao pagamento das custas processuais e honorários advocatícios que fixo em 15%, que deverá incidir sobre o valor da condenação devidamente corrigido. (TJDFT, Proc. n. 20140110627903, rel. Juiz Antônio Fernandes da Luz, *DJe* 16.10.2014, p. 231)

Art. 237. Até a tradição pertence ao devedor a coisa, com os seus melhoramentos e acrescidos, pelos quais poderá exigir aumento no preço; se o credor não anuir, poderá o devedor resolver a obrigação.

Parágrafo único. Os frutos percebidos são do devedor, cabendo ao credor os pendentes.

➡ Veja art. 868 do CC/1916.

Código Civil comentado e anotado   Arts. 237 a 239

A tradição é o ato pelo qual a relação obrigacional se aperfeiçoa; até este momento o bem pertence ao devedor juntamente com seus acréscimos e melhorias, de forma que o devedor poderá incluir no preço tais melhoramentos. Porém, é necessária a anuência do credor que, se não o fizer, poderá resolver a obrigação. Importante ressaltar, ainda, que os frutos pendentes serão de propriedade do credor e os já percebidos do devedor.

■ Bem móvel. Ação de cobrança c/c indenizatória. Compra e venda de cítricos (laranja). Erradicação do pomar devido ao ataque de pragas. Má-fé da ré não configurada. Ré que efetivamente comunicou a autora sobre a inviabilidade econômica do seu pomar. Resolução contratual por força maior. Indenização indevida. Adiantamentos feitos pela autora. Restituição devida. Inteligência do art. 237 do CC. Sucumbência exclusiva da autora mantida. Ação improcedente Agravos retidos não conhecidos. Recurso desprovido, com observação. (TJSP, Ap. n. 0125133-34.2009.8.26.0100/São Paulo, 35ª Câm. de Dir. Priv., rel. Melo Bueno, *DJe* 19.12.2014, p. 1.072)

Art. 238. Se a obrigação for de restituir coisa certa, e esta, sem culpa do devedor, se perder antes da tradição, sofrerá o credor a perda, e a obrigação se resolverá, ressalvados os seus direitos até o dia da perda.

➡ Veja art. 869 do CC/1916.

Obrigação de restituir. Nesta, não se transfere a propriedade, apenas o uso, fruição ou posse direta da coisa durante certo tempo. Havendo acréscimo sem trabalho do devedor, o credor lucrará, sem indenização daquele. Se houver trabalho ou dispêndio, aplicam-se as regras atinentes ao possuidor de boa-fé (arts. 113 e 422 do CC) ou má-fé (art. 187 do CC).

Art. 239. Se a coisa se perder por culpa do devedor, responderá este pelo equivalente, mais perdas e danos.

➡ Veja art. 870 do CC/1916.

Perda da coisa. Se a coisa certa se perder, antes da tradição, sem culpa do devedor, o credor sofrerá a perda e a obrigação se resolve, ressalvados seus direitos até a data da perda. Porém, havendo culpa do devedor, este responderá pelo equivalente, mais perdas e danos.

■ Apelação cível. Ação monitória. Improcedência dos embargos monitórios em primeiro grau de jurisdição. Recurso da ré. Inépcia da inicial inexistente. Extinção do processo por ausência de interesse processual na modalidade adequação. Impossibilidade. O credor detentor de título executivo extrajudicial tem a faculdade de levar a lide ao conhecimento e julgamento do Poder Judiciário da forma que lhe aprouver, desde que preservado o direito de defesa do devedor. Acordo extrajudicial em que substituída dívida em dinheiro por obrigação de dar coisa certa. Perda da coisa. Opção do credor pelo equivalente em dinheiro. Art. 239 do CC. Sentença mantida. Recurso improvido. (TJSP, Ap. n. 0006794-89.2011.8.26.0539/Santa Cruz do Rio Pardo, 12ª Câm. Ext. de Dir. Priv., rel. Dimitrios Zarvos Varellis, *DJe* 19.09.2014, p. 2.070)

Art. 240. Se a coisa restituível se deteriorar sem culpa do devedor, recebê-la-á o credor, tal qual se ache, sem direito a indenização; se por culpa do devedor, observar-se-á o disposto no art. 239.

➡ Veja art. 871 do CC/1916.

Deterioração da coisa. Se a coisa se deteriorar sem culpa do devedor, o credor a receberá sem direito a indenização. Se houver culpa do devedor, ocorrerá o mesmo que na perda.

▪ Enunciado n. 15 da I Jornada de Direito Civil: "As disposições do art. 236 do novo Código Civil também são aplicáveis à hipótese do art. 240, *in fine*".

▪ Compra e venda. Veículo. Resolução de contrato cumulada com indenização por danos materiais e morais. Decadência. Inocorrência. Vício de qualidade identificado no período da garantia contratual. Soma do prazo de garantia contratual ao legal. Precedente do STJ. Relação de consumo. Vício não sanado no prazo legal. Possibilidade de resolução do negócio, a critério do consumidor, nos termos do art. 18, § 3º, do CDC. Dever do fornecedor de restituir ao consumidor o valor atualizado, mediante devolução do produto. Prejuízos materiais. Ressarcimento das despesas suportadas em razão da aquisição do veículo. Custos de reparação por ato que não resultou da culpa do comprador, devedor da obrigação de restituir coisa certa. Imputação deles ao credor. No caso, o apelado, tal como previsto no art. 240 do CC. Danos morais não configurados. Mero inadimplemento contratual. Situação frustrante que não afronta os direitos da personalidade. Sucumbência mínima. Recurso parcialmente provido. (TJSP, Ap. n. 0003353-65.2010.8.26.0562/Santos, 29ª Câm. de Dir. Priv., rel. Hamid Bdine, *DJe* 30.09.2014, p. 1.479)

Art. 241. Se, no caso do art. 238, sobrevier melhoramento ou acréscimo à coisa, sem despesa ou trabalho do devedor, lucrará o credor, desobrigado de indenização.

➡ Veja art. 872 do CC/1916.

A vedação ao enriquecimento sem causa (arts. 884 a 886 do CC) inibe ao devedor o recebimento de qualquer valor a título de indenização, se sobrevierem à coisa acréscimos ou melhoramentos em caso de ausência de despesa ou trabalho executados por ele.

Art. 242. Se para o melhoramento, ou aumento, empregou o devedor trabalho ou dispêndio, o caso se regulará pelas normas deste Código atinentes às benfeitorias realizadas pelo possuidor de boa-fé ou de má-fé.

Parágrafo único. Quanto aos frutos percebidos, observar-se-á, do mesmo modo, o disposto neste Código, acerca do possuidor de boa-fé ou de má-fé.

➡ Veja art. 873 do CC/1916.

Em análise ao art. 241, o art. 242 dita que, caso haja trabalho ou despesa do devedor em relação ao aumento ou melhoramento da coisa, deverá o credor indenizá-lo apropriadamente. *Vide* regras dos arts. 1.219 a 1.222 do Código Civil.

Boa-fé: necessárias e úteis. Voluptuárias podem ser levantadas.

Má-fé: apenas necessárias (art. 1.220). Por exemplo: entregar cem sacas de café.

Código Civil comentado e anotado   Arts. 243 a 246

Seção II
Das Obrigações de Dar Coisa Incerta

Art. 243. A coisa incerta será indicada, ao menos, pelo gênero e pela quantidade.

➡ Veja art. 874 do CC/1916.

A obrigação de dar coisa incerta consiste na relação obrigacional em que o objeto, indicado de forma genérica no início da relação, vem a ser determinado mediante um ato de escolha, por ocasião de seu adimplemento.

Na obrigação de dar coisa incerta, esta será indicada ao menos pelo gênero e pela quantidade, sem que nenhuma individualização seja feita. Por exemplo, cem sacas de café.

▪ Enunciado n. 160 da III Jornada de Direito Civil: "A obrigação de creditar dinheiro em conta vinculada de FGTS é obrigação de dar, obrigação pecuniária, não afetando a natureza da obrigação a circunstância de a disponibilidade do dinheiro depender da ocorrência de uma das hipóteses previstas no art. 20 da Lei n. 8.036/90".

Art. 244. Nas coisas determinadas pelo gênero e pela quantidade, a escolha pertence ao devedor, se o contrário não resultar do título da obrigação; mas não poderá dar a coisa pior, nem será obrigado a prestar a melhor.

➡ Veja art. 875 do CC/1916.

Para que a obrigação de dar coisa incerta seja suscetível de cumprimento, será preciso que a coisa seja determinada por meio de um ato de escolha ou concentração, que é a sua individuação, manifestada no instante do cumprimento de tal obrigação, mediante atos apropriados, como a separação (que compreende a pesagem, a medição e a contagem) e a expedição.

Competirá a escolha a quem os contratantes a confiaram no título constitutivo da obrigação de dar coisa incerta. Se nada a respeito houver sido convencionado, a concentração caberá ao devedor, que, por sua vez, não poderá escolher a pior, nem estará obrigado a prestar a melhor, devendo guardar o meio-termo.

Art. 245. Cientificado da escolha o credor, vigorará o disposto na Seção antecedente.

➡ Veja art. 876 do CC/1916.

Após a concentração e a escolha do bem, a parte que escolheu transforma a obrigação de dar coisa incerta em obrigação de dar coisa certa, sendo regido então pela seção anterior.

Art. 246. Antes da escolha, não poderá o devedor alegar perda ou deterioração da coisa, ainda que por força maior ou caso fortuito.

➡ Veja art. 877 do CC/1916.

173

A escolha, salvo disposição em contrário, será feita pelo devedor, que não poderá entregar a pior, nem está obrigado a entregar a melhor. No momento da individuação da coisa, vigorarão as regras da obrigação de dar coisa certa. Antes da escolha, o devedor não poderá alegar perda ou deterioração da coisa (art. 246 do CC). É aquela em que a coisa é indicada de forma genérica no início da relação. Não há incerteza, apenas indeterminação. Será determinada quando da escolha no cumprimento da obrigação.

■ Ação de reparação de danos materiais. Transporte rodoviário danos na máquina transportada. Cerceamento de defesa. Inocorrência. Não há cerceamento de defesa quando os elementos trazidos aos autos autorizam o julgamento antecipado da demanda, sendo a prova documental produzida suficiente para tanto. Preliminar rejeitada. Denunciação da lide da empresa fabricante do maquinário transportado pela ré. Denunciação da lide bem repelida por não se inserir em nenhuma das hipóteses do art. 70 do CPC. Ademais, a denunciação não deveria ser deferida por importar análise de fundamento novo não constante da lide originária. Sentença mantida. Recurso negado. Transporte rodoviário. Danos em máquina transportada. Ré que, ciente do defeito na trava de segurança do maquinário, deixou de recusar a mercadoria, assumindo para si a responsabilidade de transportá-la incólume ao seu local de destino. Inteligência do art. 246 do CC. Ademais, ausência de indícios no sentido da culpa concorrente da autora. Responsabilidade da ré transportadora, incumbindo-lhe o ressarcimento dos danos da máquina transportada. Sentença mantida. Recurso negado. (TJSP, Ap. n. 3000689-30.2013.8.26.0586/São Roque, 13ª Câm. de Dir. Priv., rel. Francisco Giaquinto, *DJe* 14.04.2015, p. 1.505)

CAPÍTULO II
DAS OBRIGAÇÕES DE FAZER

Art. 247. Incorre na obrigação de indenizar perdas e danos o devedor que recusar a prestação a ele só imposta, ou só por ele exequível.

➡ Veja art. 880 do CC/1916.

Conceito de obrigação de fazer. A obrigação de fazer é a que vincula o devedor à prestação de um serviço ou ato positivo, material ou imaterial, seu ou de terceiro, em benefício do credor ou de terceira pessoa. Por exemplo: a de construir um edifício, a de escrever um poema etc.

Obrigação de fazer de natureza infungível. Ter-se-á a obrigação de fazer infungível se consistir seu objeto num *facere* que só poderá, ante a natureza da prestação ou por disposição contratual, ser executado pelo próprio devedor, sendo, portanto, *intuitu personae*, uma vez que se levam em conta as qualidades pessoais do obrigado.

Inadimplemento voluntário de obrigação de fazer infungível. Se a prestação não cumprida pelo devedor for infungível, por ser *intuitu personae*, o credor não poderá de modo algum obter sua execução direta, ante o princípio de que *nemo potest precise cogi ad factum*, ou melhor, de que ninguém pode ser diretamente coagido a praticar o ato a que se obriga. A liberdade do devedor será respeitada; logo, quem se recusar à prestação a ele só imposta, incorrerá no dever de indenizar perdas e danos (*v.* art. 389 do CC). É o caso de um poeta que se nega a compor poema a que se obrigara.

■ Obrigação de fazer. Pretensão da autora à condenação dos réus ao cumprimento de obrigação contratualmente assumida, para pagamento integral de todos os débitos fiscais federais e previdenciários

Código Civil comentado e anotado   Arts. 247 a 249

de cooperativa. Sentença de improcedência. Inconformismo da autora. Réus que ao adquirirem da autora a totalidade das ações integrantes do capital social de empresa, comprometeram-se, como forma de pagamento, a pagar o parcelamento Refis de cooperativa (COOPLAV) e não cumpriram. Exclusão da cooperativa do Refis, com prosseguimento da execução fiscal e inclusão da autora no polo passivo da ação. Inadimplemento contratual inequívoco. Réus que deverão ressarcir a autora do valor pago para ingresso da cooperativa em novo Refis e das parcelas vencidas, comprovadamente, até a data deste julgamento. Conversão de parte da obrigação em perdas e danos (CC, art. 247 e CPC, art. 633). Valor remanescente que deverá ser pago pelos réus com a assunção das parcelas do novo Refis. Inadimplemento que resultará na conversão da obrigação em perdas e danos, com o pagamento pelos devedores do valor integral do remanescente da dívida, sem prejuízo da multa cominatória. Sucumbência fixada. Recurso provido em parte. (TJSP, Ap. n. 0009192-80.2011.8.26.0483/Presidente Venceslau, 4ª Câm. de Dir. Priv., rel. Fábio Quadros, *DJe* 28.05.2015, p. 2.583)

Art. 248. Se a prestação do fato tornar-se impossível sem culpa do devedor, resolver--se-á a obrigação; se por culpa dele, responderá por perdas e danos.

➡ Veja art. 879 do CC/1916.

A responsabilidade do devedor em indenizar o credor em perdas e danos (arts. 389 e 402 do CC) nascerá invariavelmente da sua culpa na impossibilidade da prestação devida; caso contrário, a obrigação se resolverá. A quantificação das perdas e danos se dará pelo art. 944 do mesmo Código.

Art. 249. Se o fato puder ser executado por terceiro, será livre ao credor mandá-lo executar à custa do devedor, havendo recusa ou mora deste, sem prejuízo da indenização cabível.
Parágrafo único. Em caso de urgência, pode o credor, independentemente de autorização judicial, executar ou mandar executar o fato, sendo depois ressarcido.

➡ Veja art. 881 do CC/1916.
➡ Veja arts. 815 a 821 do CPC/2015.

Obrigação de fazer fungível. É aquela obrigação que vincula o devedor, ou terceira pessoa, a prestação de um ato em benefício do credor ou terceiro. A obrigação de fazer será personalíssima quando a prestação incumbida ao devedor deve ser só por ele realizada. Negando-se, neste caso, o devedor a executá-la, não poderá ser obrigado, respondendo, porém, por perdas e danos. Se houver a impossibilidade de prestar a obrigação, sem culpa do devedor, a obrigação se resolve. Se houver culpa sua, responde por perdas e danos.

Se a obrigação puder ser executada por terceiro, o credor poderá optar por essa via, à custa do devedor, sem prejuízo da indenização cabível.

■ Cobrança. Prestação de serviços de medicina diagnóstica. Obrigação de manutenção do equipamento que incumbia à contratada. Reparos realizados pela contratante. Contratada que pretende cobrar valor integral da prestação de serviços sem desconto dos valores gastos com os reparos. Inteligência do art. 249, parágrafo único, do CC. Credor que, mediante urgência no cumprimento da obrigação de fazer, pode mandar executá-la, sendo depois ressarcido pelos gastos incorridos. Hipótese à qual se aplicam os arts. 368 e seguintes do CC. Compensação de valores devidos que é direito do devedor. Valores a serem compensados que, contudo, limitam-se às despesas efetivamente comprovas nos autos. Apelação parcialmente provida. (TJSP, Ap. n. 0009001-77.2012.8.26.0296/Jaguariúna, 33ª Câm. de Dir. Priv., rel. Sá Moreira de Oliveira, *DJe* 21.05.2015, p. 2.132)

CAPÍTULO III
DAS OBRIGAÇÕES DE NÃO FAZER

Art. 250. Extingue-se a obrigação de não fazer, desde que, sem culpa do devedor, se lhe torne impossível abster-se do ato, que se obrigou a não praticar.

➡ Veja art. 882 do CC/1916.

A obrigação de não fazer é aquela em que o devedor assume o compromisso de se abster de algum fato que poderia praticar livremente se não se estivesse obrigado, para atender interesse jurídico do credor ou de terceiro. Por exemplo, a de não vender uma casa a não ser ao credor.

Se a obrigação de não fazer se impossibilitar, sem culpa do devedor, que não poderá abster-se do ato em razão de força maior ou de caso fortuito, resolver-se-á exonerando-se o devedor. Por exemplo, se alguém se obriga a não impedir passagem de pessoas vizinhas em certo local de sua propriedade e vem a receber ordem do Poder Público para fechá-la.

Art. 251. Praticado pelo devedor o ato, a cuja abstenção se obrigara, o credor pode exigir dele que o desfaça, sob pena de se desfazer à sua custa, ressarcindo o culpado perdas e danos.

Parágrafo único. Em caso de urgência, poderá o credor desfazer ou mandar desfazer, independentemente de autorização judicial, sem prejuízo do ressarcimento devido.

➡ Veja art. 883 do CC/1916.

Ocorrem quando o devedor se obriga a abster-se da prática de determinado ato. Não podendo se abster da prática do ato, sem culpa do devedor, a obrigação se resolve. Porém, se o devedor o praticar, o credor poderá exigir que se desfaça, sob pena de se desfazer à sua custa, além de merecer o credor perdas e danos.

CAPÍTULO IV
DAS OBRIGAÇÕES ALTERNATIVAS

Art. 252. Nas obrigações alternativas, a escolha cabe ao devedor, se outra coisa não se estipulou.

§ 1º Não pode o devedor obrigar o credor a receber parte em uma prestação e parte em outra.

§ 2º Quando a obrigação for de prestações periódicas, a faculdade de opção poderá ser exercida em cada período.

§ 3º No caso de pluralidade de optantes, não havendo acordo unânime entre eles, decidirá o juiz, findo o prazo por este assinado para a deliberação.

Código Civil comentado e anotado   Arts. 252 e 253

§ 4º Se o título deferir a opção a terceiro, e este não quiser, ou não puder exercê-la, caberá ao juiz a escolha se não houver acordo entre as partes.

➡ Veja art. 884 do CC/1916.

Duas ou mais coisas na obrigação, apenas uma na solução. A escolha cabe ao devedor, se não se estipulou o contrário. Nas prestações periódicas, a escolha poderá ser feita em cada período. Havendo impossibilidade de se prestar uma das obrigações, subsistirá a outra. Se a escolha não competir ao credor e por culpa do devedor a obrigação se tornar inexequível, o devedor deve pagar o valor daquela que por último pereceu, mais perdas e danos. Se a escolha couber ao credor e uma das obrigações pereceu por culpa do devedor, o credor poderá exigir a outra ou o valor da outra, mais perdas e danos. Se as duas se impossibilitarem, o credor poderá reclamar o valor de qualquer das duas, além de perdas e danos. Não havendo culpa do devedor e todas se impossibilitarem, resolve-se a obrigação.

■ Agravo retido. Insurgência contra a decisão que inadmitiu emenda à apelação. Recurso não reiterado em contrarrazões. Não conhecimento exegese do art. 523, *caput* e § 1º, do CPC. Agravo retido não conhecido. Apelação cível. Contrato de prestação de serviços advocatícios. Ação de cobrança. Condição suspensiva e alternativa a disciplinar o cumprimento da obrigação. Pagamento. Nas obrigações alternativas, ausente disposição contratual, a escolha cabe ao devedor art. 252 do CC. Prescrição declarada com esteio no implemento da primeira das condições homologação da partilha. Impossibilidade. Circunstância a inibir o início da fluência do prazo prescricional art.199, I, do citado diploma legal. Prescrição afastada. Procedimento citatório incompleto. Inobservância, não bastasse, no respeitante às citações editalícias, do disposto no inciso II do art. 9º do CPC nomeação de curador. Vícios insanáveis. Sentença declarada sem efeito. Ordem de retorno dos autos à origem para regular citação de todos os requeridos, bem assim nomeação de curador especial para os revéis chamados por edital. Recursos dos acionados prejudicados, com provimento dos autores circunstanciado por observação. (TJSP, Ap. n. 0001293-40.2004.8.26.0042/Altinópolis, 12ª Câm. Ext. de Dir. Priv., rel. Tercio Pires, *DJe* 24.10.2014, p. 1.913)

■ No mesmo sentido quanto à titularidade da escolha: Cumprimento de sentença. Obrigação alternativa. Escolha a cargo do devedor, nos termos da sentença e à luz do art. 252 do CC. Adoção do procedimento previsto no art. 571 do CPC. Agravo provido. (TJSP, AI n. 2197854-80.2014.8.26.0000/São José do Rio Preto, 34ª Câm. de Dir. Priv., rel. Des. Nestor Duarte, *DJe* 09.03.2015, p. 1.994)

Art. 253. Se uma das duas prestações não puder ser objeto de obrigação ou se tornada inexequível, subsistirá o débito quanto à outra.

➡ Veja art. 885 do CC/1916.

Quando uma das obrigações alternativas se tornar ilícita, impossível, indeterminada ou indeterminável, toda a obrigação se concentrará na outra, já que a obrigação se tornará inexequível. Observação: o termo para obrigação é inexequível, já o negócio jurídico é inválido (nulo).

■ Agravo de instrumento. Responsabilidade civil. Aquisição de motocicletas em concessionária sem a efetiva entrega. Sentença de procedência da pretensão inicial determinando a entrega das três moto-

177

cicletas marca S., modelo [...], – H. – ou o equivalente em dinheiro. Cumprimento de sentença. Obrigações alternativas. Escolha que caberia ao devedor. Inteligência do art. 252 do CC. Obrigação que se tornou impossível. Entrega de motocicleta 2003, 0 km. Restituição dos valores correspondentes, em conformidade com o art. 253 do CC. Alegação de cumprimento da obrigação pelo réu. Envio de telegrama aos autores, no ano de 2010, indicando que as motocicletas estariam à disposição no pátio da concessionária. Ausência de apresentação de qualquer nota fiscal indicando qual o bem que seria entregue. Ausência de tentativas de entrega do bem quer por meio de depósito em juízo. Impossibilidade de dar a obrigação por cumprida. O descumprimento da obrigação devolve a escolha ao credor, que prefere o reembolso devidamente atualizado. Possibilidade. Consonância com os princípios da efetividade da prestação jurisdicional (satisfação do direito do credor) e do processamento da execução da forma menos gravosa ao devedor e de acordo com o interesse do credor. Decisão reformada para o fim de afastar o cumprimento da obrigação de entrega de coisa certa e manter os bloqueios nas contas da executada. Recurso conhecido e provido. (TJPR, AI n. 1155446-4, 10ª Câm. Cível, rel. Des. Arquelau Araujo Ribas, *DJe* 08.12.2014, p. 248)

Art. 254. Se, por culpa do devedor, não se puder cumprir nenhuma das prestações, não competindo ao credor a escolha, ficará aquele obrigado a pagar o valor da que por último se impossibilitou, mais as perdas e danos que o caso determinar.

➡ Veja art. 886 do CC/1916.

Caso todas as obrigações alternativas se tornarem impossíveis, e a escolha competir ao devedor, deverá este pagar se houver culpa apenas ao credor o valor equivalente à última obrigação que se tornou impossível além das perdas e danos (*vide* arts. 389 e 944 do CC).

Art. 255. Quando a escolha couber ao credor e uma das prestações tornar-se impossível por culpa do devedor, o credor terá direito de exigir a prestação subsistente ou o valor da outra, com perdas e danos; se, por culpa do devedor, ambas as prestações se tornarem inexequíveis, poderá o credor reclamar o valor de qualquer das duas, além da indenização por perdas e danos.

➡ Veja art. 887 do CC/1916.

Caso uma das obrigações alternativas se torne impossível por culpa do devedor e a escolha deva ser efetuada pelo credor, poderá este optar pela obrigação restante ou então exigir o pagamento do restante mais perdas e danos (art. 389 do CC); ou se também por culpa do devedor todas as obrigações se tornarem impossíveis, poderá o credor optar pelo recebimento do valor de qualquer uma, além das perdas e danos (arts. 389 e 944 do CC).

Art. 256. Se todas as prestações se tornarem impossíveis sem culpa do devedor, extinguir-se-á a obrigação.

➡ Veja art. 888 do CC/1916.

Código Civil comentado e anotado   Arts. 256 a 258

No caso de pluralidade de obrigações e da impossibilidade de todas elas sem culpa do devedor, todas devem ser extintas. O artigo era o mesmo do correspondente ao art. 888 Código Civil de 1916.

CAPÍTULO V
DAS OBRIGAÇÕES DIVISÍVEIS E INDIVISÍVEIS

Art. 257. Havendo mais de um devedor ou mais de um credor em obrigação divisível, esta presume-se dividida em tantas obrigações, iguais e distintas, quantos os credores ou devedores.

➡ Veja art. 890 do CC/1916.

A obrigação divisível é aquela cuja prestação é suscetível de cumprimento parcial, sem prejuízo de sua substância e de seu valor.

■ Apelação cível. Ação de exoneração de alimentos. Direito de família. Art. 257 do CC/2002. Procedência do pedido em relação à beneficiária que atingiu a maioridade. Redução proporcional do percentual devido. Admissibilidade. Reforma da sentença. Ausente disposição expressa em sentido contrário, a obrigação alimentar é subjetivamente divisível, sendo admissível o seu fracionamento em quotas iguais para cada um dos beneficiários (art. 257 do CC/2002). Tendo em vista que os alimentos foram estabelecidos no percentual de 30% dos rendimentos líquidos do Apelante, em favor de seus dois filhos, com a exoneração da obrigação em relação à beneficiária que atingiu a maioridade, justifica-se a redução proporcional da obrigação para 15% dos rendimentos líquidos do devedor, que permanece destinada ao outro filho. Recurso provido. (TJMG, Ap. Cível n. 1.0511.12.001761-7/001, 4ª Câm. Cível, rel. Ana Paula Caixeta, *DJe* 09.10.2014)

■ Em sentido similar, o mesmo Tribunal: Apelação cível. Direito de família. Exoneração consensual de alimentos. Filha que alcançou a maioridade e possui condições de prover seu sustento. Verba fixada em caráter *intuitu familiae*. Divisibilidade. Inteligência do art. 257 do CC. Direito de "acrescer" que não se presume. Recurso provido. A obrigação alimentar fixada *intuitu familiae* não afasta a redutibilidade do valor da prestação mensal, em função do decréscimo da quantidade das pessoas a serem alimentadas. Se há mais de um credor e a prestação é divisível, aplica-se o princípio do direito das obrigações, previsto no art. 257 do CC, no sentido de que a existência de mais de um devedor, ou mais de um credor, em obrigação divisível, esta se presume dividida em tantas obrigações, iguais e distintas, quantos os credores ou devedores, salvo estipulação expressa em contrário. Precedentes. Recurso provido. (TJMG, Ap. Cível n. 1.0183.13.010725-7/001, 4ª Câm. Cível, rel. Heloisa Combat, *DJe* 22.10.2014)

Art. 258. A obrigação é indivisível quando a prestação tem por objeto uma coisa ou um fato não suscetíveis de divisão, por sua natureza, por motivo de ordem econômica, ou dada a razão determinante do negócio jurídico.

➡ Sem correspondência no CC/1916.

A obrigação indivisível é aquela cuja prestação só pode ser cumprida por inteiro por sua natureza, por motivo de ordem econômica ou alguma razão determinante do negócio jurídi-

Arts. 258 e 259 — Almeida Guilherme

co, não comportando sua cisão em várias obrigações parceladas distintas, pois uma vez cumprida parcialmente a prestação, o credor não obtém nenhuma utilidade ou obtém a que não representava a parte exata do que resultaria do adimplemento integral. Tal indivisibilidade da obrigação poderá ser física, legal, convencional ou judicial.

Cabe ação divisória de prédio urbano (*RT* 247/441).

■ Recurso adesivo. Condomínio S. da N. Apelados as mesmas partes. Cível. Apelação. Ação de cobrança. Taxas condominiais. (1) Recurso dos requeridos. Condenação solidária dos coproprietários das unidades. Obrigação *propter rem*. Obrigação de cada coproprietário pela totalidade da dívida. Inteligência dos arts. 258 e 259 do CC. Inocorrência de decisão *extra petita*. Sentença mantida. Recurso não provido. (2) Recurso adesivo. Pleito de majoração dos honorários advocatícios. Possibilidade, no caso concreto. Recurso provido. (TJPR, Ap. Cível n. 1.232.761-0, 8ª Câm. Cível, rel. Des. Lilian Romero, *DJe* 26.01.2015, p. 100)

Art. 259. Se, havendo dois ou mais devedores, a prestação não for divisível, cada um será obrigado pela dívida toda.

Parágrafo único. O devedor, que paga a dívida, sub-roga-se no direito do credor em relação aos outros coobrigados.

➥ Veja art. 891 do CC/1916.

Se a obrigação for indivisível e houver multiplicidade de devedores, qualquer desses estará obrigado pela dívida inteira. Se algum realizar o pagamento, ficará sub-rogado (arts. 346 a 351 do CC) nos direitos creditórios em face do outro devedor.

Não é divisível tal obrigação.

Despesas condominiais. Tanto o nu-proprietário como o usufrutuário são responsáveis pela dívida da unidade condominial.

■ Impugnação de crédito. Avalista que pagou, como devedor solidário, parte da dívida da falida. Inaplicabilidade do art. 259 do CC. Responsabilidade solidária que permanece apenas em relação ao saldo remanescente. Sub-rogação nos direitos do banco. Art. 346, III, do CC. Impugnação corretamente acolhida para determinar a inclusão do crédito em favor do agravado, abatendo o valor do crédito do banco. Recurso improvido. (TJSP, AI n. 2215917-56.2014.8.26.0000/São Paulo, 1ª Câm. Res. de Dir. Empr., rel. Maia da Cunha, *DJe* 26.02.2015, p. 1.605)

■ Igualmente relevante destacar a decisão a seguir: Cobrança. Pagamento de dívida do falecido após a partilha. Sentença de procedência. Ratificação dos termos da sentença (art. 252, RITJSP). Partilha dos bens do espólio já realizada. Herdeiros que respondem pelas dívidas, na proporção da parte que coube a cada um (art. 1.997, *caput*, CC). Autora que comprova ter pagado a totalidade de financiamento de veículo firmado pelo falecido. Sub-rogação no direito do credor (art. 259, parágrafo único, CC). Cobrança devida proporcionalmente aos percentuais de cada herdeiro. Eventual direito de indenização dos réus por uso exclusivo do bem pela autora que deve ser discutido em ação própria. Recurso não provido. (TJSP, Ap. n. 0907080-59.2012.8.26.0037/Araraquara, 3ª Câm. de Dir. Priv., rel. Carlos Alberto de Salles, *DJe* 29.08.2014, p. 1.596)

Código Civil comentado e anotado   Arts. 260 a 262

Art. 260. Se a pluralidade for dos credores, poderá cada um destes exigir a dívida inteira; mas o devedor ou devedores se desobrigarão, pagando:
I – a todos conjuntamente;
II – a um, dando este caução de ratificação dos outros credores.

➥ Veja art. 892 do CC/1916.

No caso de multiplicidade de credores, poderão qualquer um desses exigir a dívida por inteiro, porém o devedor ou os devedores desobrigar-se-ão, pagando a todos os credores simultaneamente, ou, se pagarem a um dos credores, somente deverão exigir deste uma caução de ratificação dos outros, que consiste em uma garantia dada pelo credor, que recebe o pagamento afirmando que repassará aos outros credores os valores correspondentes à quota-parte de cada um.

▪ Direito civil e do consumidor. Hotel-residência (*apart-hotel*). *Lake view*. Atraso na entrega de imóvel. Incidência do CDC. Culpa de terceiro. Afastada. Caso fortuito e força maior. Inocorrência. Responsabilidade contratual. Boa-fé objetiva. Risco do negócio. Lucros cessantes. Cabimento. Oferta descumprida. Instalação das vantagens oferecidas. Inviabilidade técnica e jurídica. Perdas e danos. Lavanderia coletiva. Obrigação indivisível. Interesse de agir. Existência. Taxa de decoração. Incremento ao investimento. Taxa de condomínio. Parcelas cobradas antes da posse. Devolução simples. Comissão de corretagem. Resultado útil da avença atingido. Litigância de má-fé. Inexistência. Sentença parcialmente reformada. 1 – A inversão do ônus da prova, prevista no art. 6º, VIII, do CDC, não decorre automaticamente da existência de relação de consumo, mas sim de convencimento do magistrado acerca da hipossuficiência do consumidor e da verossimilhança de suas alegações. [...] 8 – A obrigação de instalar lavanderia coletiva no empreendimento imobiliário é indivisível. Se a pluralidade for dos credores, poderá cada um destes exigir a dívida inteira (art. 260 do CC). [...] 19 – Recurso conhecido e parcialmente provido. (TJDFT, Proc. n. 20120111342719, 5ª T. Cível, rel. Des. Sebastião Coelho, *DJe* 28.01.2015, p. 229)

Art. 261. Se um só dos credores receber a prestação por inteiro, a cada um dos outros assistirá o direito de exigir dele em dinheiro a parte que lhe caiba no total.

➥ Veja art. 893 do CC/1916.

Caso apenas um credor receba o pagamento, poderão os outros exigir deste o recebimento dos valores correspondentes à quota-parte de cada um em pecúnia.

Art. 262. Se um dos credores remitir a dívida, a obrigação não ficará extinta para com os outros; mas estes só a poderão exigir, descontada a quota do credor remitente.
Parágrafo único. O mesmo critério se observará no caso de transação, novação, compensação ou confusão.

➥ Veja art. 894 do CC/1916.

Remissão é sinônimo de perdão; desta forma, se um dos credores remitir a dívida, tal perdão se refere apenas ao quinhão correspondente ao seu crédito perante o devedor, subsis-

181

Arts. 262 a 264 — Almeida Guilherme

tindo para tanto o restante da dívida perante os outros credores, que a poderão exigir desde que descontado o valor perdoado pelo credor remitente.

Art. 263. Perde a qualidade de indivisível a obrigação que se resolver em perdas e danos.

§ 1º Se, para efeito do disposto neste artigo, houver culpa de todos os devedores, responderão todos por partes iguais.

§ 2º Se for de um só a culpa, ficarão exonerados os outros, respondendo só esse pelas perdas e danos.

➡ Veja art. 895 do CC/1916.

A conversão da obrigação indivisível em perdas e danos (art. 402 do CC) implica a perda da sua indivisibilidade pelo caráter pecuniário da indenização, possibilitando então a divisão equitativa entre os diversos devedores, se por culpa de todos, ou então, se for culpa de apenas um, só este estará obrigado às perdas e danos.

▪ Enunciado n. 540 da VI Jornada de Direito Civil: "Havendo perecimento do objeto da prestação indivisível por culpa de apenas um dos devedores, todos respondem, de maneira divisível, pelo equivalente e só o culpado, pelas perdas e danos".

CAPÍTULO VI
DAS OBRIGAÇÕES SOLIDÁRIAS

Seção I
Disposições Gerais

Art. 264. Há solidariedade, quando na mesma obrigação concorre mais de um credor, ou mais de um devedor, cada um com direito, ou obrigado, à dívida toda.

➡ Veja art. 896 do CC/1916.

Há multiplicidade de credores ou devedores, cada um com direito, ou obrigado, à dívida toda. A solidariedade não se presume, decorre de lei ou da vontade das partes. Haverá solidariedade ativa quando houver multiplicidade de credores, podendo cada um exigir a prestação por inteiro. Por outro lado, a obrigação solidária passiva é aquela com multiplicidade de devedores, em que cada um responderá pela integralidade da prestação, como se fosse o único devedor.

▪ Agravo de instrumento. Cumprimento de sentença. Danos morais. Apelação. Devedores solidários. Falecimento de um devedor. Renúncia. Não comprovada. É cediço que conforme legislação vigente, com base no art. 264, do CC, há solidariedade, quando na mesma obrigação concorrem mais de um credor ou mais de um devedor, cada um com direito, ou obrigação, a dívida toda. Caso não haja bens em nome do devedor solidário falecido, aplica-se o disposto no art. 275 do CC. Em qualquer espécie de renúncia, esta não se presume, deve ser feita de forma clara. (TJMG, AI n. 1.0313.08.260328-0/004, 11ª Câm. Cível, rel. Alberto Diniz Junior, *DJe* 02.02.2015)

Código Civil comentado e anotado   Art. 265

Art. 265. A solidariedade não se presume; resulta da lei ou da vontade das partes.

➥ Veja art. 896 do CC/1916.

Conforme já antecipado no artigo anterior, a solidariedade é instituto jurídico previsto na lei ou no contrato, e só dessas fontes poderá se originar, não se presumindo a solidariedade em hipótese alguma.

■ Súmula n. 26 do STJ: "O avalista do título de crédito vinculado a contrato de mútuo também responde pelas obrigações pactuadas, quando no contrato figurar como devedor solidário".

■ Enunciado n. 22 da I Jornada de Direito Comercial: "Não se presume solidariedade passiva (art. 265 do Código Civil) pelo simples fato de duas ou mais pessoas jurídicas integrarem o mesmo grupo econômico".

■ Processo civil. Recurso especial. Embargos de terceiro. Bloqueio de valor depositado em conta conjunta. Possibilidade de penhora de 50% do numerário. Não ocorrência de solidariedade passiva em relação a terceiros. 1 – A conta bancária coletiva ou conjunta pode ser indivisível ou solidária. É classificada como indivisível quando movimentada por intermédio de todos os seus titulares simultaneamente, sendo exigida a assinatura de todos, ressalvada a outorga de mandato a um ou alguns para fazê-lo. É denominada solidária quando os correntistas podem movimentar a totalidade dos fundos disponíveis isoladamente. 2 – Na conta conjunta solidária prevalece o princípio da solidariedade ativa e passiva apenas em relação ao banco. Em virtude do contrato de abertura de conta-corrente. De modo que o ato praticado por um dos titulares não afeta os demais nas relações jurídicas e obrigacionais com terceiros, haja vista que a solidariedade não se presume, devendo resultar da vontade da Lei ou da manifestação de vontade inequívoca das partes (art. 265 do CC). 3 – Nessa linha de intelecção, é cediço que a constrição não pode se dar em proporção maior que o numerário pertencente ao devedor da obrigação, preservando-se o saldo dos demais cotitulares, aos quais é franqueada a comprovação dos valores que integram o patrimônio de cada um, sendo certo que, na ausência de provas nesse sentido, presume-se a divisão do saldo em partes iguais. 4 – No caso, a instância primeva consignou a falta de comprovação da titularidade exclusiva do numerário depositado na conta bancária pela recorrida. Contudo, não tendo ela participado da obrigação que ensejou o processo executivo, não há se presumir sua solidariedade com o executado somente pelo fato de ela ter optado pela contratação de uma conta conjunta, a qual, reitera-se, teve o objetivo precípuo de possibilitar ao filho a movimentação do numerário em virtude da impossibilidade de fazê-lo por si mesma, haja vista ser portadora do mal de Alzheimer. 5 – Recurso especial não provido. (STJ, REsp n. 1.184.584, 4ª T., rel. Min. Luis Felipe Salomão, *DJe* 15.08.2014, p. 2.446)

■ Com interpretação na mesma linha do STJ, o TJMA assim decidiu: Processual civil. Apelação cível. Ação sumária. Acidente de trânsito. Dano material. Condenação solidária. Preliminar de ilegitimidade passiva *ad causam*. Acolhimento. Provimento. 1 – De acordo com o art. 265 do CC, a solidariedade não se presume. Resulta da lei ou da vontade das partes. 2 – Não havendo nos autos comprovação mínima acerca de relação jurídica entre partes solidariamente condenadas ao pagamento de indenização por dano material, impõe-se o acolhimento de preliminar relativa a demonstração de ilegitimidade passiva *ad causam*. 3 – Apelação cível provida. (TJMA, Ap. n. 0417872013, rel. Lourival de Jesus Serejo Sousa, *DJe* 22.06.2015, p. 744)

183

Arts. 266 a 269   Almeida Guilherme

Art. 266. A obrigação solidária pode ser pura e simples para um dos cocredores ou co-devedores, e condicional, ou a prazo, ou pagável em lugar diferente, para o outro.

➡ Veja art. 897 do CC/1916.

As condições relativas à obrigação contraída por diversos credores poderão ser flexíveis e individualizadas a cada um, não sendo exigido que todos possuam a mesma condição de prazo e local de pagamento, podendo o credor por sua liberalidade definir tais condições e a quem se aplicará.

■ Enunciado n. 347 da IV Jornada de Direito Civil: "A solidariedade admite outras disposições de conteúdo particular além do rol previsto no art. 266 do Código Civil".

Seção II
Da Solidariedade Ativa

Art. 267. Cada um dos credores solidários tem direito a exigir do devedor o cumprimento da prestação por inteiro.

➡ Veja art. 898 do CC/1916.

Na solidariedade ativa poderão os múltiplos credores cobrar a dívida por inteiro do credor.

■ Recurso de apelação. Ação de cobrança. DPVAT. Morte da vítima. Direito do descendente cobrar a integralidade da verba indenizatória. Solidariedade ativa entre credores. Honorários advocatícios. Art. 20, § 3º, do CPC. Recurso conhecido e parcialmente provido. Não havendo cônjuge ou companheira sobrevivente, qualquer descendente do *de cujus* pode cobrar a integralidade da indenização do seguro DPVAT por morte, notadamente a solidariedade da obrigação, prevista no art. 267 do CC. Nas causas em que haja condenação, a fixação dos honorários deve respeitar os parâmetros fixados no § 3º do art. 20 do CPC. Recurso conhecido e parcialmente provido. (TJMS, Ap. n. 0066108-86.2009.8.12.0001, 3ª Câm. Cível, rel. Des. Oswaldo Rodrigues de Melo, *DJe* 19.02.2015).

Art. 268. Enquanto alguns dos credores solidários não demandarem o devedor comum, a qualquer daqueles poderá este pagar.

➡ Veja art. 899 do CC/1916.

O direito do devedor de quitar a dívida com qualquer dos credores solidários termina no momento em que algum deles demandar contra o devedor comum. Após o ingresso do intento judicial, o devedor só poderá quitar àquele que demandou.

Art. 269. O pagamento feito a um dos credores solidários extingue a dívida até o montante do que foi pago.

➡ Veja art. 900 do CC/1916.

Código Civil comentado e anotado

Arts. 269 a 272

A dívida paga parcialmente a apenas um dos credores extingue-se até o limite do pagamento.

■ Prestação de serviço. Empreitada. Pretensão de cobrança julgada improcedente. Decisão que deve prevalecer. Cerceamento de defesa. Não ocorrência. Solidariedade na obrigação de pagamento do preço do serviço caracterizada. Validade do pagamento total do preço ajustado a apenas um dos contratados art. 269 do CC. Honorários arbitrados adequadamente, não comportando redução. Recurso não provido. (TJSP, Ap. n. 0175720-55.2012.8.26.0100/São Paulo, 33ª Câm. de Dir. Priv., rel. Sá Duarte, *DJe* 26.03.2015, p. 2.072)

Art. 270. Se um dos credores solidários falecer deixando herdeiros, cada um destes só terá direito a exigir e receber a quota do crédito que corresponder ao seu quinhão hereditário, salvo se a obrigação for indivisível.

➡ Veja art. 901 do CC/1916.

No caso de obrigações divisíveis, poderão os herdeiros do credor falecido exigir o pagamento da obrigação nos limites do quinhão hereditário de cada um.

Art. 271. Convertendo-se a prestação em perdas e danos, subsiste, para todos os efeitos, a solidariedade.

➡ Veja art. 902 do CC/1916.

A solidariedade ainda permanece, mesmo se a obrigação for convertida em perdas e danos (art. 402 do CC).

Art. 272. O credor que tiver remitido a dívida ou recebido o pagamento responderá aos outros pela parte que lhes caiba.

➡ Veja art. 903 do CC/1916.

Se o credor, por ato de liberalidade, resolver perdoar a dívida ou então recebê-la, estará automaticamente obrigado a pagar aos outros credores solidários a quantia que correspondia ao quinhão de cada um.

■ Processo civil. Juizados especiais cíveis. Consumidor. Compra e venda de imóvel. Ilegitimidade ativa. Rejeição. Solidariedade. Sentença extintiva cassada. Teoria da causa madura (art. 515, § 3º, do CPC). Inaplicabilidade. Matéria de fato e de direito. Recurso conhecido e parcialmente provido. 1 – Afasto a preliminar de ilegitimidade ativa, tendo em vista que o feito tem natureza de direito pessoal, não existindo razão para litisconsórcio ativo necessário. Ademais, importante esclarecer que se trata de solidariedade ativa, uma vez que o contrato foi assinado por mais de uma pessoa e cada um dos credores solidários tem o direito de exigir do devedor o cumprimento da prestação por inteiro (art. 267 do CC), sem prejuízo de responder, posteriormente, pelo crédito recebido aos demais credores pela parte que lhes caiba (art. 272 do CC). 4 – Recurso conhecido e parcialmente provido. Sentença cassada para afas-

Arts. 272 a 275   Almeida Guilherme

tar a ilegitimidade ativa e determinar o regular processamento do feito. 5 – Sem condenação ao pagamento de custas processuais e honorários advocatícios, pois ausente recorrente integralmente vencido, nos termos do parágrafo único do art. 55 da Lei n. 9.099/95. (TJDFT, Proc. Cível n. 20140310299014, 3ª T.R.J.E. Distrito Federal, rel. Juiz Carlos Alberto Martins Filho, *DJe* 30.04.2015, p. 330)

Art. 273. A um dos credores solidários não pode o devedor opor as exceções pessoais oponíveis aos outros.

➡ Sem correspondência no CC/1916.

As exceções pessoais dizem respeito à pessoa do credor, portanto não é possível que estas ataquem a pessoa dos outros credores solidários.

Art. 274. O julgamento contrário a um dos credores solidários não atinge os demais, mas o julgamento favorável aproveita-lhes, sem prejuízo de exceção pessoal que o devedor tenha direito de invocar em relação a qualquer deles.
Artigo com redação dada pela Lei n. 13.105, de 16.03.2015.

➡ Sem correspondência no CC/1916.

Por força da redação dada pela Lei n. 13.105/2015, o julgamento contrário a um dos credores solidários não atinge os demais, mas o julgamento favorável aproveita-lhes, sem prejuízo de exceção pessoal que o devedor tenha direito a invocar em relação a qualquer deles.

▪ Acidente de trânsito. Colisão do veículo do autor em outro estacionado em frente à entrada da sua garagem quando dela saía com o automóvel em situação de aclive. Manobra de exceção: exigência de cautela redobrada. A obstrução provocada pelo outro veículo constitui mera infração administrativa e não a causa do acidente. Solidariedade. Princípio da comunhão da prova e extensão do julgamento benéfico ao réu que não recorreu, consoante arts. 320 (inciso I) e 509 (e parágrafo único), ambos do CPC, c/c o art. 274 do CC. Prejudicado o exame/reexame do contrapedido formulado pelo réu que não recorreu por não se tratar de questão comum aos litisconsortes. Sentença reformada. Recursos providos. (TJRS, Rec. Inom. n. 71.004.894.564, 3ª T. Rec. Cível, rel. Lusmary Fatima Turelly da Silva, j. 27.11.2014)

Seção III
Da Solidariedade Passiva

Art. 275. O credor tem direito a exigir e receber de um ou de alguns dos devedores, parcial ou totalmente, a dívida comum; se o pagamento tiver sido parcial, todos os demais devedores continuam obrigados solidariamente pelo resto.
     Parágrafo único. Não importará renúncia da solidariedade a propositura de ação pelo credor contra um ou alguns dos devedores.

➡ Veja arts. 904 e 911 do CC/1916.

Código Civil comentado e anotado | Art. 275

A dívida que possuir pluralidade de devedores e um credor poderá ser cobrada por este em face de um, de alguns ou de todos os devedores, pela quantia total ou parcial. Se o pagamento realizado por um deles for parcial, o restante continuará solidário pelo restante do débito, assim como subsistirá a solidariedade se o credor propor ação contra um ou alguns dos devedores.

■ Súmula n. 26 do STJ: "O avalista do título de crédito vinculado a contrato de mútuo também responde pelas obrigações pactuadas, quando no contrato figurar como devedor solidário".

■ Enunciado n. 348 da IV Jornada de Direito Civil: "O pagamento parcial não implica, por si só, renúncia à solidariedade, a qual deve derivar dos termos expressos da quitação ou, inequivocadamente, das circunstâncias do recebimento da prestação pelo credor".

■ Agravo regimental no agravo em recurso especial. Impugnação do cumprimento de sentença. Solidariedade passiva. Sentença transitada em julgado. Pretensão executória perante um dos demandados. Possibilidade. Art. 275 do CC. Atualização monetária. Dissídio não demonstrado. 1 – Reconhecida a solidariedade dos vários sujeitos passivos pela obrigação, em decisão judicial transitada em julgado, pode o credor demandar sua pretensão executiva em face de todos eles, de alguns ou ainda perante um deles, que, então, neste caso, deverá cumprir a sentença. O que não significa, quanto aos demais, exoneração da solidariedade na responsabilidade apurada, que se mantém de forma subsidiária. Súmula n. 83/STJ. Precedentes. 2 – Em consulta ao sítio eletrônico do TJRS, verifica-se que o Tribunal local dá publicidade de que os parâmetros divulgados para cálculo da atualização monetária dos vários débitos judiciais são os constantes no Manual da Contadoria da Justiça Federal. Portanto, são os aprovados pelo STJ. Dissídio não demonstrado. 3 – Agravo regimental não provido. (STJ, Ag. Reg.-Ag.-REsp n. 304.137, 4ª T., rel. Min. Raul Araújo, DJe 23.10.2014, p. 1.993)

■ Civil e processo civil. Ação em fase de cumprimento de sentença. Prerrogativa do credor de exigir o pagamento de qualquer dos devedores. Aplicação do art. 275 do CC. 1 – O credor tem direito de exigir e receber de um ou de alguns dos devedores, parcial ou totalmente, a dívida comum, e se o pagamento tiver sido parcial, todos os demais devedores continuam obrigados solidariamente pelo resto, não importando renúncia da solidariedade a propositura de ação pelo credor contra um ou alguns dos devedores. 2 – Recurso provido. (TJDFT, Proc. n. 20150110269096, 4ª T. Cível, rel. Des. Cruz Macedo, DJe 08.07.2015, p. 255)

■ Direito civil. Reparação de danos. Cirurgia estética. Insucesso. Paciente em quadro vegetativo permanente. Erro médico. Comprovação. Clínica responsável pelo centro cirúrgico. Responsabilidade solidária. Cadeia de fornecedores de serviços. Indenização. Cabimento. I. Estabelecida uma relação de interdependência para a realização de determinado serviço, ainda que o dano decorra da atuação de um profissional liberal, verificada a culpa deste, nasce a responsabilidade solidária do grupo, ou melhor, daqueles que participam da cadeia de fornecimento do serviço. Precedentes do STJ. II. A clínica médica que cede o seu centro cirúrgico a outros médicos para a realização de cirurgia estética responde solidariamente com estes pela conduta culposa, tendo em vista que, além de estar configurada uma cadeia de fornecimento de serviço, com intuito de lucro, houve participação de um de seus responsáveis técnicos no procedimento de reanimação da paciente. III. Comprovado que as complicações no procedimento cirúrgico deixaram a autora em quadro vegetativo permanente, cabível a pensão vitalícia e a compensação por danos morais. IV. O pagamento parcial feito por um dos devedores solidários e a remissão por ele obtida não aproveitam aos demais, que responderão pelo débito com a dedução da parte paga ou remitida. Inteligência dos arts. 275; 277; 282 e 388, do CC. V. Deu-se parcial provimento ao

Arts. 275 a 277

recurso. (TJDFT, Proc. n. 20050110102398 (809311), rel. Des. José Divino de Oliveira, *DJe* 12.08.2014, p. 222)

Art. 276. Se um dos devedores solidários falecer deixando herdeiros, nenhum destes será obrigado a pagar senão a quota que corresponder ao seu quinhão hereditário, salvo se a obrigação for indivisível; mas todos reunidos serão considerados como um devedor solidário em relação aos demais devedores.

➡ Veja art. 905 do CC/1916.

Os herdeiros de um dos devedores solidários não serão obrigados a pagar a dívida deixada pelo falecido. A dívida só poderá ser cobrada nos limites da herança de cada um. No caso, deverá ser efetuada a reunião de todos os herdeiros para figurar como apenas um devedor solidário.

■ Ação de cobrança de honorários advocatícios. Reconvenção. Procedência parcial do pedido principal e improcedência da reconvenção. Sentença confirmada não se conhece do recurso dos requeridos/reconvintes que apenas se limitaram a transcrever *ipsis litteris* os termos da contestação e da reconvenção, descumprindo assim o inciso II do art. 514 do CPC. Tratando-se de obrigação divisível, como é o crédito por honorários, nenhum dos herdeiros será obrigado a pagar senão a quota que corresponder ao seu quinhão hereditário (art. 276 do CC), não se aplicando ao caso o art. 1.791 do CC, que diz respeito à indivisibilidade do direito e não das obrigações dos herdeiros. Recurso dos requeridos/reconvintes não conhecido. Recurso do autor não provido. (TJSP, Ap. n. 0009276-34.2009.8.26.0586/São Roque, 28ª Câm. de Dir. Priv., rel. Manoel Justino Bezerra Filho, *DJe* 19.09.2014, p. 2.014)

Art. 277. O pagamento parcial feito por um dos devedores e a remissão por ele obtida não aproveitam aos outros devedores, senão até à concorrência da quantia paga ou relevada.

➡ Veja art. 906 do CC/1916.

A remissão ou o pagamento recebido ou efetuado por um dos devedores não se transmite aos outros, devendo descontar-se do valor total da dívida aquele valor pago pelo devedor remitido ou adimplente.

■ Responsabilidade civil. Execução de cédula comercial. Solidariedade passiva. Pagamento parcial com remissão de um dos devedores. Valor irrisório em relação ao montante devido. Saldo devedor remanescente. Redução de, no mínimo, a quota-parte correspondente. 1 – É firme a jurisprudência do STJ no sentido de que a transação efetivada entre um dos devedores solidários e seu credor só irá extinguir a dívida em relação aos demais codevedores (CC, art. 844, § 3º) quando o credor der a quitação por toda a dívida, e não de forma parcial. 2 – A remissão ou exclusão de determinado devedor solidário pelo credor, em razão do pagamento parcial do débito, deverá, para fins de redução do valor total devido, corresponder à dedução de, no mínimo, sua quota-parte, partilhando-se a responsabilidade *pro rata*, sob pena de prejudicar o exercício do direito de regresso contra os codevedores, pois o credor iria receber por inteiro uma obrigação já parcialmente extinta. E o devedor que pagasse o total da dívida não poderia reembolsar-se da parte viril dos coobrigados, pois um deles já teria perdido, anteriormente e por causa distinta, a sua condição de devedor. 3 – Na hipótese, em uma execução contra cinco devedores

Código Civil comentado e anotado | Arts. 277 a 280

solidários, em razão do pagamento parcial e irrisório com remissão obtida por um deles (CC, art. 277), entendeu o Tribunal que os outros codevedores continuariam responsáveis pelo total do débito cobrado (montante aproximado de R$ 3.500.000,00), abatida tão somente a quantia paga de R$ 20.013,69. Sendo que, em verdade, deverá ser abatida a quota-parte correspondente ao remitido, isto é, 1/5 do valor total executado. 4 – Recurso especial a que se dá parcial provimento. (STJ, REsp n. 1.478.262, 4ª T., rel. Min. Luis Felipe Salomão, *DJe* 07.11.2014, p. 181)

▪ Veja no art. 275 a seguinte decisão: TJDFT, Proc. n. 20050110102398 (809311), rel. Des. José Divino de Oliveira, *DJe* 12.08.2014, p. 222.

Art. 278. Qualquer cláusula, condição ou obrigação adicional, estipulada entre um dos devedores solidários e o credor, não poderá agravar a posição dos outros sem consentimento destes.

➥ Veja art. 907 do CC/1916.

As condições adicionais que eventualmente forem pactuadas entre o credor e um dos devedores não poderão se estender aos outros devedores, caso tais condições venham a agravar a situação destes, porém tais condições são permitidas desde que acompanhadas do consentimento.

▪ Agravo de instrumento. Prescrição arguida em exceção de pré-executividade. Prorrogação do prazo de vencimento e redução das rendas devidas estipulados apenas por um dos devedores solidários. Atos benéficos. Extensão aos demais devedores solidários. 1 – Os efeitos dos atos favoráveis praticados por um dos devedores solidários se estendem aos demais, conforme interpretação *a contrario sensu* do art. 278 do CC. 2 – Prorrogado o vencimento da dívida por um dos devedores solidários para o dia 1º de julho de 2007, a contagem do prazo prescricional para ajuizar a execução inicia-se a partir desta data. Recurso não provido. (TJMS, AI n. 1403179-25.2015.8.12.0000, 2ª Câm. Cível, rel. Des. Vilson Bertelli, *DJe* 16.06.2015)

Art. 279. Impossibilitando-se a prestação por culpa de um dos devedores solidários, subsiste para todos o encargo de pagar o equivalente; mas pelas perdas e danos só responde o culpado.

➥ Veja art. 908 do CC/1916.

A obrigação de pagar o equivalente subsistirá a todos os devedores solidários, mesmo se a prestação se tornar impossível, porém o valor correspondente às perdas e danos só poderá ser cobrado daquele devedor que ocasionou a impossibilidade.

Art. 280. Todos os devedores respondem pelos juros da mora, ainda que a ação tenha sido proposta somente contra um; mas o culpado responde aos outros pela obrigação acrescida.

➥ Veja art. 909 do CC/1916.

189

Arts. 280 a 282 — Almeida Guilherme

O pagamento dos juros decorrentes de mora também é solidário, obrigando a todos os devedores, porém se a causa da mora foi dada por apenas um, deverá este se responsabilizar perante os outros devedores.

Art. 281. O devedor demandado pode opor ao credor as exceções que lhe forem pessoais e as comuns a todos; não lhe aproveitando as exceções pessoais a outro codevedor.

➥ Veja art. 911 do CC/1916.

As exceções pessoais que eventualmente um devedor oponha contra o credor não serão transmitidas aos demais, pois é da própria natureza do instituto o caráter pessoal da alegação oposta fundamentada em características peculiares àquele devedor/credor.

▪ Agravo de instrumento. Cumprimento de sentença em face de massa falida e garante. Decisão agravada que determinou a suspensão do feito. Pedido de suspensão do pagamento pela agravante G. A. Ltda. Prejudicialidade externa inexistente. Decisão nos autos de falência que possibilita a interposição de ações autônomas pelos credores, condicionando à autorização judicial. Juízo que não fundamentou sua decisão. Necessidade de reanálise do pedido. Decisão que deve ser fundamentada. Suspensão do cumprimento de sentença quanto à agrícola J. S/A. Impossibilidade. Exceção pessoal da falida exceção que não atinge o garante. Inteligência do art. 281 do CC. Recurso conhecido e parcialmente provido. (TJPR, AI n. 1113691-9, 18ª Câm. Cível, rel. Juiz Subst. Antonio Carlos Choma, *DJe* 29.10.2014, p. 488)

Art. 282. O credor pode renunciar à solidariedade em favor de um, de alguns ou de todos os devedores.
Parágrafo único. Se o credor exonerar da solidariedade um ou mais devedores, subsistirá a dos demais.

➥ Veja art. 912 do CC/1916.

A liberação do vínculo obrigacional de apenas um, alguns ou todos os devedores é faculdade do credor, é ato de liberalidade, não importando, portanto, a liberação dos demais devedores solidários.

▪ Enunciado n. 348 da IV Jornada de Direito Civil: "O pagamento parcial não implica, por si só, renúncia à solidariedade, a qual deve derivar dos termos expressos da quitação ou, inequivocadamente, das circunstâncias do recebimento da prestação pelo credor".

▪ Enunciado n. 349 da IV Jornada de Direito Civil: "Com a renúncia da solidariedade quanto a apenas um dos devedores solidários, o credor só poderá cobrar do beneficiado a sua quota na dívida; permanecendo a solidariedade quanto aos demais devedores, abatida do débito a parte correspondente aos beneficiados pela renúncia".

▪ Enunciado n. 351 da IV Jornada de Direito Civil: "A renúncia à solidariedade em favor de determinado devedor afasta a hipótese de seu chamamento ao processo".

Código Civil comentado e anotado   Arts. 282 a 284

■ Locação de imóveis. Execução por título extrajudicial. Pedido de homologação de acordo indeferido. Inviabilidade. Hipótese em que, além de não se vislumbrar prejuízo a quaisquer das partes, o art. 282 do CC possibilita ao credor abrir mão da solidariedade. Elementos dos autos indicando a necessidade de homologação. Decisão reformada. Agravo de instrumento provido. (TJSP, AI n. 2151802-26.2014.8.26.0000/ São Paulo, 34ª Câm. de Dir. Priv., rel. Cristina Zucchi, *DJe* 13.05.2015, p. 2.217)

■ Veja no art. 275 a seguinte decisão: TJDFT, Proc. n. 20050110102398 (809311), rel. Des. José Divino de Oliveira, *DJe* 12.08.2014, p. 222.

Art. 283. O devedor que satisfez a dívida por inteiro tem direito a exigir de cada um dos codevedores a sua quota, dividindo-se igualmente por todos a do insolvente, se o houver, presumindo-se iguais, no débito, as partes de todos os codevedores.

➡ Veja art. 913 do CC/1916.

O devedor poderá pagar a dívida por completo e, dessa forma, poderá cobrar dos demais devedores o correspondente à sua quota-parte na dívida, e se entre os devedores houver algum que esteja insolvente, sua quota-parte será dividida igualmente entre os demais.

■ Agravo regimental no agravo de instrumento. Execução de sentença. Obrigação solidária. Direito de regresso. Manifestação expressa dos dispositivos legais. Desnecessidade. Prequestionamento. Inadmissibilidade. Ausência de elemento novo. 1 – Impende seja desprovido o agravo regimental que não traz, em suas razões, qualquer elemento novo que justifique a modificação da decisão monocrática anteriormente proferida, mormente, porque cuidando-se de obrigação solidária passiva, os agravantes/ credores tem o direito de escolher de quem receberão a obrigação, ressalvando o direito de regresso do codevedor solidário que satisfez a totalidade da dívida, conforme os arts. 275 e 283 do CC, cuja orientação é adotada pelo Col. STJ e por este Eg. Tribunal. 2 – O prequestionamento suscitado em suposta violação aos dispositivos legais é infundado, tendo em vista que toda a matéria objeto de discussão foi exaustivamente examinada, máxime por admitir-se o prequestionamento implícito. Agravo regimental conhecido e desprovido. (TJGO, AI n. 201493392271, 5ª Câm. Cível, rel. Des. Olavo Junqueira de Andrade, *DJe* 13.03.2015, p. 244).

■ Apelação cível. Ação de ressarcimento débito proveniente de ação trabalhista. Condenação solidária de ambas as litigantes na Justiça do Trabalho. Pagamento integral por uma das empresas. Direito de regresso da parte que arcou com a integralidade do débito até o limite da sua quota-parte. Art. 283, CC. Apelação (1). Dissociação de solidariedade passiva. Impossibilidade. Discussão indiferente quanto à formação de grupo econômico. Ambas as instituições foram solidariamente condenadas na Justiça do Trabalho. Decisão que transitou em julgado. Apelação (2) Taxa Selic. Utilização desta taxa significaria indevida contemplação de juros compensatórios. inaplicabilidade. Recursos desprovidos. (TJPR, AC n. 1302282-7, 11ª Câm. Cível, rel. Juiz Subst. Antonio Domingos Ramina Junior, *DJe* 17.04.2015, p. 219)

Art. 284. No caso de rateio entre os codevedores, contribuirão também os exonerados da solidariedade pelo credor, pela parte que na obrigação incumbia ao insolvente.

➡ Veja art. 914 do CC/1916.

Os devedores exonerados da obrigação estarão obrigados a contribuir no rateio realizado, se um dos devedores for insolvente.

■ Enunciado n. 350 da IV Jornada de Direito Civil: "A renúncia à solidariedade diferencia-se da remissão, em que o devedor fica inteiramente liberado do vínculo obrigacional, inclusive no que tange ao rateio da quota do eventual codevedor insolvente, nos termos do art. 284".

■ Apelação cível. Execução de encargos locatícios. Embargos à execução. Fiança. Fiador. Responsabilidade até entrega das chaves. Previsão contratual. Inteligência da Lei n. 8.245/91. Chamamento ao processo em sede de embargos. Descabimento. 1 – Em que pese seja considerada a fiança um contrato benéfico, que não admite interpretação extensiva para responsabilizar o fiador por obrigações com as quais não anuiu, o fato é que a prorrogação automática da relação locatícia não enseja a exoneração da fiança. 2 – Nos termos do art. 39 da Lei n. 8.245/91, salvo disposição contratual em contrário, qualquer das garantias da locação se estende até a efetiva devolução do imóvel. 3 – O chamamento ao processo é inadmissível em sede de embargos à execução. 4 – Tratando-se de obrigação solidária, o credor poderá exigi-la de quaisquer dos que a ela se obrigou (CC, arts. 275 e 282). Logo, ao devedor solidário que paga a dívida por inteiro, somente resta exigir dos coobrigados a correspondente quota-parte que tocar a estes (CC, arts. 283 e 284). 5 – Apelação conhecida e desprovida. (TJDFT, Ap. Cível n. 20140710055940, 5ª T. Cível, rel. Des. Carlos Rodrigues, *DJe* 18.05.2015, p. 335)

Art. 285. Se a dívida solidária interessar exclusivamente a um dos devedores, responderá este por toda ela para com aquele que pagar.

➡ Veja art. 915 do CC/1916.

Se uma dívida solidária for do interesse exclusivo de apenas um dos devedores, como é o caso da fiança (arts. 818 a 839 do CC), e o outro quitar a dívida, o interessado será responsabilizado inteiramente pelo valor pago pelo não interessado.

■ Apelação cível. Ação de ressarcimento. Débito originado em reclamatória trabalhista. Alegação de omissão do juiz *a quo*, em sede de embargos declaratórios. Insubsistência. Sustentação de incidência de prescrição. Altercação rechaçada. Arguição de existência de coisa julgada. Inocorrência. Causa de julgamento de natureza distinta da ação trabalhista. Reconhecimento do grupo econômico na Justiça especializada impede a discussão nesta corte acerca de sua existência. Entretanto, nosso ordenamento pátrio permite a cobrança de dívida exclusiva do devedor. Inteligência do art. 285 do CC. Pleito de aplicação da taxa Selic. Inviabilidade. Recurso conhecido e não provido. 1 – Quando o débito originar-se de dívida solidária que só a um devedor interessou, descabe a este exigir do outro que arque com o valor do débito. 2 – Por decorrência legal e moral, não há que se exigir do devedor solidário que contribua para o pagamento de obrigação, que só a outro aproveitou. 3 – Solidariedade que aproveita tão só ao credor (no caso o funcionário). 4 – Paga a dívida pelo empregador, não terá este direito a exigir do outro que contribua para o pagamento do débito, situação que se inverteria se a dívida fosse paga por aquele que não possui vínculo empregatício. 5 – Refoge ao bom senso determinar que o devedor empregador, embora solidário mas que era quem detinha relação de emprego com o credor, possa exigir do outro que também arque com o débito. Inteligência dos arts. 283 e 285 (este aplicável à espécie) do CC. (TJPR, Ap. Cível n. 1141481-4, 7ª Câm. Cível, rel. Des. Luiz Sérgio Neiva de Lima Vieira, *DJe* 08.07.2015, p. 138)

Código Civil comentado e anotado   Art. 285

Classificação das obrigações	Embasamento legal	Características	Observação
Obrigações de dar Obrigações de dar coisa incerta	Arts. 233 a 246 do CC Arts. 243 a 246 do CC	São aquelas que se referem à obrigação de entregar ou restituir alguma coisa à alguém; a coisa a ser entregue poderá ser certa (determinada ou específica), quando for individualizada, por exemplo: esta mesa, este livro. Poderá também ser incerta (indeterminada ou genérica), quando indicada apenas pelo gênero, pelo peso ou pela quantidade, por exemplo: uma mesa, dois livros, cinco cavalos; a obrigação incerta ou genérica versa sobre coisas fungíveis, e a obrigação certa ou determinada, sobre coisas infungíveis, que não podem ser trocadas por outras, ainda que mais valiosas	X
Obrigações de fazer	Arts. 247 a 249 do CC	São aquelas que se referem à obrigação de prestar um serviço, como fazer uma pintura ou uma casa, fazer a escrituração contábil de uma pessoa jurídica; o cumprimento da obrigação assumida consiste em efetuar a prestação, isto é, em realizar o trabalho, o serviço ou a ação comprometida para com o credor	X
Obrigações de não fazer	Arts. 250 e 251 do CC	São aquelas que se referem a uma abstenção obrigatória, por exemplo: não revelar um segredo ou não abrir outro estabelecimento comercial no mesmo bairro com o mesmo ramo de atividade; consiste em uma omissão a que o devedor se obriga e cuja prestação é justamente a abstenção da prática do fato que ele se comprometeu de não praticar; obrigação negativa	X
Obrigações simples	X	São aquelas onde existe somente um credor, um devedor e um objeto	Não possui dispositivo específico no CC
Obrigações compostas	X	São aquelas em que há mais de um credor ou devedor, ou mais de um objeto	Não possui dispositivo específico no CC
Obrigações cumulativas ou conjuntivas	X	São aquelas em que há duas ou mais obrigações e o devedor somente irá se exonerar quando tiver cumprido todas; vocábulo "e"	Não possui dispositivo específico no CC
Obrigações alternativas	Arts. 252 a 256 do CC	São aquelas em que há duas ou mais obrigações, mas o devedor se exonera escolhendo e cumprindo apenas uma delas; vocábulo "ou"	X
Obrigações facultativas	X	São aquelas em que há somente uma obrigação estipulada, porém a lei ou o contrato permite que o devedor se exonere entregando uma outra prestação	Não possui dispositivo específico no CC
Obrigações divisíveis e indivisíveis	Arts. 257 a 263 do CC	Divisíveis: são aquelas em que o devedor poderá cumprir a obrigação por partes	X
		Indivisíveis: são aquelas em que o devedor não pode executar a obrigação por partes	X

(continua)

193

(continuação)

Classificação das obrigações	Embasamento legal	Características	Observação
Obrigações solidárias	Arts. 264 a 285 do CC	São aquelas em que há mais de um credor ou mais de um devedor, cada um com direito ou obrigação pela dívida toda; aquelas em que um dos vários credores tem o direito de receber o crédito por inteiro, ou qualquer dos vários devedores poderá ser obrigado a pagar integralmente o débito; solidariedade entre credores recebe o nome de solidariedade ativa e quando entre devedores, solidariedade passiva	X
Obrigações de resultado	X	É aquela em que o credor tem direito de exigir do devedor a produção de um resultado, sem o que se terá o inadimplemento da relação obrigacional; tem em vista o resultado em si mesma	Não possui dispositivo específico no CC
Obrigações de meio	X	É aquela em que o devedor obriga-se tão somente a usar de prudência e diligência normais na prestação de certo serviço para atingir um resultado, sem, contudo, vincular-se a obtê-lo	Não possui dispositivo específico no CC

TÍTULO II
DA TRANSMISSÃO DAS OBRIGAÇÕES

CAPÍTULO I
DA CESSÃO DE CRÉDITO

Art. 286. O credor pode ceder o seu crédito, se a isso não se opuser a natureza da obrigação, a lei, ou a convenção com o devedor; a cláusula proibitiva da cessão não poderá ser oposta ao cessionário de boa-fé, se não constar do instrumento da obrigação.

➡ Veja art. 1.065 do CC/1916.

Cessão de crédito. É o negócio jurídico pelo qual o credor (cedente) transfere a terceiro (cessionário), independentemente do consenso do devedor (cedido), os seus direitos creditórios. Pode-se dizer, portanto, que a cessão de crédito é um negócio jurídico bilateral, gratuito ou oneroso, pelo qual o credor de uma obrigação, chamado cedente, transfere, no todo ou em parte, a terceiro – cessionário –, independentemente do consenso do devedor (cedido) e sua posição na relação obrigacional, com todos os acessórios e garantias, salvo disposição em contrário, sem que se opere a extinção do vínculo obrigacional. Qualquer crédito poderá ser cedido, conste ou não de um título, esteja vencido ou por vencer, se a isto não se opuser: a natureza da obrigação; o ordenamento jurídico; e a convenção do devedor.

■ Apelação cível. Revisão de contratual. Compra e venda de imóvel. Cessão de crédito. Possibilidade. Entrega antecipada do imóvel. Legalidade. Juros compensatórios pós imissão da carta de habite-se. Legalidade. Sentença mantida. 1 – O art. 286 do CC preconiza que a cessão de crédito traduz um negócio jurídico por meio do qual o credor (cedente) transmite total ou parcialmente o seu crédito a um terceiro (cessionário), mantendo-se a relação obrigacional primitiva com o cedido (novo devedor). 2 – O

Código Civil comentado e anotado   Arts. 286 e 287

instituto da cessão de direitos e créditos é admissível no contrato de promessa de compra e venda, independentemente da vontade dos compradores, sobretudo havendo previsão contratual. 3 – A atualização das parcelas tem como finalidade preservar o equilíbrio financeiro do contrato, e os juros compensatórios resultam do retardamento na fruição da íntegra do preço, isto é, "decorrem da compensação pela utilização consentida de capital alheio" (Nery Jr., Nelson; Nery, Rosa Maria de Andrade. *Código Civil comentado e legislação extravagante*. 7. ed. rev., atual. e ampl. até 25.08.2009. São Paulo, Revista dos Tribunais, 2007, p. 631). 4 – Com a conclusão e a entrega das unidades, o preço desvincula-se da variação dos custos de construção, corrigindo-se as parcelas mediante o uso de indexador livremente eleito, havendo também a incidência de juros compensatórios, tendo em vista o não recebimento da íntegra do preço pela vendedora. 5 – Recurso conhecido e desprovido. (TJDFT, AC n. 20120111925568, 5ª T. Cível, rel. Des. Carlos Rodrigues, *DJe* 18.05.2015, p. 333).

■ Apelação cível. Embargos à execução. Cerceamento de defesa. Preliminar rejeitada. Cessão de crédito. Arguição de ausência de notificação do devedor e do registro no cartório. Ciência expressa. Validade do instrumento *inter partes*. I – É contraditória a arguição de cerceamento de defesa por ausência de produção de prova testemunhal na hipótese em que a parte foi devidamente intimada nos autos para especificar provas, porém, manifestou-se pela prescindibilidade da dilação probatória e pelo julgamento antecipado da lide. II – A cessão de crédito trata-se de um negócio jurídico em que o credor de uma obrigação, chamado cedente, transfere a um terceiro, dito cessionário, sua posição ativa na relação obrigacional, independentemente da autorização do devedor, nominado de cedido, conforme previsão do art. 286 do CC. III – A cessão de crédito não tem eficácia em relação ao devedor, senão quando a ele notificada, contudo, a manifestação de conhecimento pelo devedor sobre a existência da cessão supre a necessidade de prévia notificação. Precedentes do STJ. IV – A obrigação assumida via instrumento particular de cessão de crédito gera de pronto efeitos perante as partes envolvidas, não necessitando de registro para ser oponível entre elas. Apelação conhecida e improvida. (TJGO, Ap. Cível n. 201394123213, 1ª Câm. Cível, rel. Delintro Belo de Almeida Filho, *DJe* 28.08.2014, p. 196)

Art. 287. Salvo disposição em contrário, na cessão de um crédito abrangem-se todos os seus acessórios.

➥ Veja art. 1.066 do CC/1916.

É mister analisar o que é acessório. O Código Civil de 2002 define o que seja acessório, em seu art. 92, como sendo todo bem cuja existência pressupõe a do bem principal (dos bens reciprocamente considerados, a lógica é a mesma para as obrigações, para os negócios jurídicos, as obrigações e os contratos). Portanto, não havendo disposição em contrário, será transmitido ao cessionário, além do direito à prestação principal, todos os acessórios do crédito, ou seja, os direitos pessoais e os reais de garantia, os direitos de preferência, a cláusula penal (art. 420 do CC) etc.

■ Processual civil. Execução. Cessão do crédito. Adjudicação de imóvel. Laudo pericial. Validade. 1 – Havendo transmissão onerosa e total do crédito para terceiro, este se torna titular desse direito, com todos os seus acessórios e garantias, conforme os arts. 286 e 287 do CC, razão por que há de ser confirmada a sub-rogação do adquirente/cessionário nos direitos do cedente em relação ao crédito originário. 2 – Se o laudo pericial foi elaborado de maneira minuciosa, apresentando fundamentação clara e parâmetros coerentes, não há qualquer razão para se alterar a conclusão, e, sendo o valor do imóvel inferior à

Arts. 287 a 289 — Almeida Guilherme

dívida, correto o deferimento de sua adjudicação para a extinção da ação executiva. 3 – Recurso não provido. (TJDFT, Proc. Civil n. 20140410028283, rel. Des. Cruz Macedo, *DJe* 08.08.2014, p. 154)

Art. 288. É ineficaz, em relação a terceiros, a transmissão de um crédito, se não celebrar-se mediante instrumento público, ou instrumento particular revestido das solenidades do § 1º do art. 654.

➡ Veja art. 1.067, *caput*, do CC/1916.

Em relação à forma da cessão de crédito, esta se configura como um negócio jurídico não solene ou consensual, por independer de forma determinada, bastando a simples declaração de vontade do cedente e do cessionário. A cessão somente valerá perante terceiros se contiver: a indicação do lugar onde foi passada; a qualificação do outorgante (cedente) e do outorgado (cessionário); a data e o objetivo da outorga, ou seja, da cessão com a designação e a extensão dos poderes conferidos, além de ser celebrada mediante instrumento público ou particular. É importante descrever as solenidades encontradas no art. 654, § 1º: "o instrumento particular deve conter a indicação do lugar onde foi passado, a qualificação do outorgante e do outorgado, a data e o objetivo da outorga com a designação e a extensão dos poderes conferidos".

▪ Dano moral. Responsabilidade civil. Negativação. Cessão de crédito. O credor pode ceder o seu crédito, se a isso não se opuser a natureza da obrigação, a lei, ou a convenção com o devedor (art. 286 do CC), sendo ineficaz, em relação a terceiros, a transmissão de um crédito, se não se celebrar mediante instrumento público, ou instrumento particular revestido das solenidades do § 1º do art. 654 (art. 288 do C), e sem eficácia em relação ao devedor, senão quando a este notificada (art. 290 do CC). Inexistência da prova documental da cessão específica do crédito informado ao Serasa e SCPC, razão pela qual foi indevida a negativação de dívida, feita por quem não se mostrou credor. Dano moral caracterizado. Recurso desprovido. (TJSP, Ap. n. 0024390-49.2009.8.26.0477/Praia Grande, 1ª Câm. de Dir. Priv., rel. Alcides Leopoldo e Silva Júnior, *DJe* 03.03.2015, p. 1.659)

▪ Apelação cível. Responsabilidade civil. Ação de nulidade de registro creditício. Cessão de crédito. Ausência de comprovação da cessão. A eficácia da cessão de crédito em relação ao devedor pressupõe sua celebração mediante instrumento público, ou particular, que atenda às formalidades da lei, nos termos do art. 288 do CC. Hipótese em que a requerida não trouxe aos autos prova da cessão, ônus que lhe incumbia. Inexistente a cessão, não há falar em subsistência da dívida em relação à cessionária, impondo-se a declaração de nulidade da inscrição creditícia e o cancelamento do registro negativo do nome da parte autora nos órgãos de proteção ao crédito. Apelação provida. (TJRS, Ap. Cível n. 70.060.912.904, 10ª Câm. Cível, rel. Des. Paulo Roberto Lessa Franz, j. 28.08.2014)

Art. 289. O cessionário de crédito hipotecário tem o direito de fazer averbar a cessão no registro do imóvel.

➡ Veja art. 1.067, parágrafo único, do CC/1916.

A cessão de crédito garantida por hipoteca abrange a garantia e, por se tratar de crédito real imobiliário, é de toda conveniência para o cessionário que se proceda à averbação da ces-

Código Civil comentado e anotado   Arts. 289 a 291

são ao lado do registro da hipoteca. Portanto, para assegurar os direitos transferidos pela cessão, o cessionário tem o direito de fazer averbar a cessão no registro do local do imóvel.

Art. 290. A cessão do crédito não tem eficácia em relação ao devedor, senão quando a este notificada; mas por notificado se tem o devedor que, em escrito público ou particular, se declarou ciente da cessão feita.

➡ Veja art. 1.069, do CC/1916.

A **cessão do crédito** é a transferência, feita pelo credor, de seus direitos sobre um crédito a outra pessoa. Nesse caso específico, a cessão de crédito não tem eficácia em relação ao devedor, senão quando a este notificada; mas por notificado se tem o devedor que, em escrito público ou particular, se declarou ciente da cessão feita. A formalidade do registro de instrumento particular pode ser considerada, neste caso, quando o devedor for notificado e este se declarar ciente da cessão feita.

▪ Agravo regimental no agravo em recurso especial. Cessão do crédito. Ausência de notificação ao devedor. Exigibilidade da dívida. Art. 290 do CC. Citação. Ciência da cessão. Agravo improvido. 1 – O objetivo da notificação prevista no art. 290 do CC é informar ao devedor quem é o seu novo credor, a fim de evitar que se pague o débito perante o credor originário, impossibilitando o credor derivado de exigir do devedor a obrigação então adimplida. 2 – A falta de notificação não destitui o novo credor de proceder aos atos que julgar necessários para a conservação do direito cedido. 3 – A partir da citação, a parte devedora toma ciência da cessão de crédito e daquele a quem deve pagar. 4 – Agravo regimental improvido. (STJ, Ag. Reg.-Ag.-REsp n. 104.435, 4ª T., rel. Min. Raul Araújo, *DJe* 18.12.2014, p. 128)

▪ Apelação cível. Direito privado não especificado. Cessão de crédito. Preliminares. Cerceamento de defesa. Juntada de documentos em grau recursal. Ausência de notificação. Inscrição indevida junto aos órgãos de proteção ao crédito. Preliminares. Cerceamento de defesa e juntada de documentos em grau recursal. Não merece acolhida a alegação de cerceamento de defesa por alegada falta de oportunidade para juntada de documentos. Os documentos que comprovam as alegações defensivas devem ser juntados aos autos na oportunidade em que apresentada a contestação. Ressalva aos documentos novos ou que visem provar fatos supervenientes, o que não é a hipótese dos autos, não sendo admitida a juntada de documentos em grau recursal. Mérito. A cessão de crédito só terá eficácia em relação ao devedor, quando devidamente comprovada a notificação, o que não ocorreu no caso dos autos. Inteligência do art. 290 do CCB. Incumbe à ré o ônus processual de comprovar, tanto a celebração de contrato entre o autor e a empresa cedente do crédito, como também a efetiva notificação da cessão do crédito ao demandante, nos termos do inciso II do art. 333 do CPC, ônus do qual não se desincumbiu. Honorários advocatícios. Merece acolhimento a pretensão de majoração de honorários, para que sejam fixados de acordo com a complexidade da demanda. Honorários advocatícios fixados em R$ 1.000,00. Preliminares rejeitadas. Recurso do demandado desprovido. Recurso adesivo provido. (TJRS, Ap. Cível n. 70.065.240.590, 16ª Câm. Cível, rel. Des. Catarina Rita Krieger Martins, j. 16.07.2015)

Art. 291. Ocorrendo várias cessões do mesmo crédito, prevalece a que se completar com a tradição do título do crédito cedido.

➡ Veja art. 1.070 do CC/1916.

197

Ocorrendo pluralidade de cessões, cujo título representativo seja da essência do crédito, como se dá nas obrigações cambiais, o devedor deve pagar a quem se apresentar como portador do instrumento. Se de má-fé o cedente fizer a cessão do mesmo crédito, prevalecerá a cessão que tiver sido completada com a entrega do título referente ao crédito cedido.

- Apelação cível. Negócios jurídicos bancários. Ação consignatória. Recurso do banco. Razões recursais dissociadas dos fundamentos da sentença. Não conhecimento. Art. 514, II, do CPC. Recurso do codemandado O. Fundo de Investimento desprovido. O ordenamento pátrio impõe à parte insurgente, na interposição de recurso de apelação, o oferecimento de razões voltadas para atacar os fundamentos da sentença, seja por meio de argumentos de fato ou de direito. A ausência de argumentos que abordem a sentença impossibilita o conhecimento da peça recursal. Precedentes desta Corte e do STJ. Recurso interposto pelo codemandado Banco do Brasil não conhecido. Ocorrendo várias cessões do mesmo crédito, prevalece a que se completar com a tradição do crédito cedido. Inteligência do art. 291 do CC, aplicável ao caso em comento. Verificada a existência de fundada dúvida quanto ao destinatário do crédito, em razão pluralidade de pretensos credores que se apresentaram ao devedor, e identificado um único verdadeiro credor, cabe aos demais réus, vencidos, arcarem com os ônus da sucumbência, ressarcindo as despesas suportadas tanto pelo devedor, quanto pelo credor original com processo de consignação. Art. 898 do CPC. Honorários advocatícios sucumbenciais. *Quantum* mantido. Recurso do codemandado Banco do Brasil não conhecido. Apelo do codemandado O. Fundo de Investimento desprovido. (TJRS, Ap. Cível n. 70.063.170.203, 16ª Câm. Cível, rel. Des. Paulo Sergio Scarparo, j. 16.04.2015)

Art. 292. Fica desobrigado o devedor que, antes de ter conhecimento da cessão, paga ao credor primitivo, ou que, no caso de mais de uma cessão notificada, paga ao cessionário que lhe apresenta, com o título de cessão, o da obrigação cedida; quando o crédito constar de escritura pública, prevalecerá a prioridade da notificação.

➥ Veja art. 1.071 do CC/1916.

Não há prazo previsto em lei para a notificação da cessão ao devedor. Deverá ser feita antes do pagamento do débito, sob pena de ver o devedor exonerado da obrigação de pagar ao credor primitivo, de modo que o cessionário nenhuma ação terá contra o devedor não notificado, mas sim contra o cedente.

- Danos morais. Negativação. Existência de dívida que justifica o ato. Exercício regular de direito por parte do credor, que não traduz nenhum ato ilícito (art. 188, I, CC). Ausência de notificação ao devedor da cessão do crédito a terceiro. Fato absolutamente irrelevante, porque a validade da cessão não depende da prévia notificação do devedor, a qual serve só, pura e simplesmente, para os fins do art. 292 do CC, de sorte que, se não feita, pode o devedor exercer os atos normalmente conservatórios do direito cedido (art. 293, CC), inclusive pagar ao antigo credor, com liberação da obrigação. Ação improcedente. Recurso não provido. (TJSP, Ap. n. 1000511-30.2014.8.26.0506/Ribeirão Preto, 11ª Câm. de Dir. Priv., rel. Gilberto dos Santos, *DJe* 30.04.2015, p. 1.755)

- Cheque. Admissível, em relações jurídicas decorrentes de contratos de *factoring*, a oposição de exceções pessoais derivadas do negócio subjacente ao faturizador/cessionário pelo devedor do crédito/emitente de título de crédito, ainda mais quando não notificado da cessão de crédito. Válido e eficaz o pagamento efetuado pelo devedor quando não notificado da cessão de crédito ao faturizador cessioná-

Código Civil comentado e anotado   Arts. 292 e 293

rio (CC/2002, arts. 290, 292 e 294). Reconhecimento da existência de quitação do cheque em questão, uma vez que a autora faturizadora não foi diligente ao deixar de notificar o devedor a respeito da cessão do crédito representado pelo título. Recurso provido. (TJSP, Ap. n. 0041000-89.2008.8.26.0554/Santo André, 20ª Câm. de Dir. Priv., rel. Rebello Pinho, *DJe* 18.06.2015)

Art. 293. Independentemente do conhecimento da cessão pelo devedor, pode o cessionário exercer os atos conservatórios do direito cedido.

➡ Sem correspondência no CC/1916.

O cessionário, tendo os mesmos direitos, com todos os seus acessórios, vantagens e ônus, do credor a quem substituiu na obrigação principal, portanto, independentemente do conhecimento da cessão pelo devedor, pode exercer os atos conservatórios do direito cedido.

■ Agravo de instrumento. Ação de execução. Cessão de crédito. Substituição processual. Cessionário. Possibilidade. Decisão reformada. Recurso provido. A cessão de crédito é negócio jurídico que deixa inalterado o crédito transferido, apenas se verificando a substituição do credor originário por um novo credor, mantendo-se inertes os demais elementos do contrato. Restando atendidos os requisitos do art. 286, do CC, a cessão já produz os seus efeitos legais, o que legitima o cessionário a perseguir o crédito adquirido, bem como realizar atos que visam conservá-lo, independentemente do conhecimento da cessão pelo devedor, conforme prevê o art. 293 do CC. A substituição processual está expressamente autorizada pelo art. 567, II, do CPC. Recurso provido. Decisão reformada. (TJMG, AI-Cível n. 1.0024.96.086818-0/001, 10ª Câm. Cível, rel. Mariângela Meyer, *DJe* 06.03.2015)

■ Apelação. Ação declaratória cumulada com pedido de indenização por dano moral. Inserção dos dados da autora em cadastro de inadimplentes. Sentença que julgou improcedente o pedido. Pleito de reforma da r. sentença proferida. Impossibilidade. Cessão de crédito. Cessionário que logrou comprovar a regular constituição do crédito que ensejou a restrição creditícia. Devedora regularmente notificada da cessão. Ausência de notificação, ademais, que não afasta a existência e exigibilidade do débito. Legitimidade da inscrição em cadastro de inadimplentes. Restrição creditícia que decorre do exercício regular do direito do credor. Inteligência do art. 293 do CC. Ausência do dever de indenizar. Sentença mantida. Recurso não provido. Ante o exposto, por meu voto, nego provimento ao recurso de apelação. (TJSP, Ap. n. 0002939-50.2013.8.26.0663/Votorantim, 24ª Câm. de Dir. Priv., rel. Cláudia Grieco Tabosa Pessoa, *DJe* 02.07.2015)

■ Apelação cível. Ação declaratória. I – Inscrição do nome da autora nos órgãos de proteção ao crédito. Possibilidade. Dívida não desconstituída. Alegações genéricas de ilegalidades. Ausência de notificação da cessão de crédito. Incúria que não impossibilita a execução de atos conservatórios do direito do credor. Inteligência do art. 293 do CC/2002. II – Manutenção dos honorários sucumbenciais. I. A notificação do devedor (art. 290, CC), na cessão de crédito, não é requisito para eficácia do negócio, considerando-se suprida no momento em que o devedor toma conhecimento de sua ocorrência e ajuíza demanda em face do cessionário (novo credor) para cancelamento. Ademais, de acordo com o art. 293 do CC/2002, "Independentemente do conhecimento da cessão pelo devedor, pode o cessionário exercer os atos conservatórios do direito cedido". II. Com a manutenção da sentença não há que se falar em inversão do ônus sucumbencial. Apelação cível conhecida e não provida. (TJPR, Ap. Cível n. 1234000-0, 15ª Câm. Cível, rel. Des. Shiroshi Yendo, *DJe* 01.04.2015, p. 381)

Art. 294. O devedor pode opor ao cessionário as exceções que lhe competirem, bem como as que, no momento em que veio a ter conhecimento da cessão, tinha contra o cedente.

➡ Veja art. 1.072 do CC/1916.

O devedor cedido não perderá, com a cessão do crédito, o direito de opor ao cessionário as exceções que lhe competirem e as que tinham contra o cedente no instante da notificação da cessão. Portanto, as defesas contra o cedente, que teria o devedor no momento em que veio a ter ciência da cessão, jamais ulteriores à notificação, poderão ser opostas ao credor primitivo e ao cessionário.

▪ Recurso especial. Ação anulatória de duplicatas aceitas. Sescumprimento do negócio jurídico subjacente comprovado. Possibilidade de discussão com a empresa de *factoring*. 1 – No contrato de *factoring*, em que há profundo envolvimento entre faturizada e faturizadora e amplo conhecimento sobre a situação jurídica dos créditos objeto de negociação, a transferência desses créditos não se opera por simples endosso, mas por cessão de crédito, hipótese que se subordina à disciplina do art. 294 do CC. 2 – A faturizadora, a quem as duplicatas aceitas foram endossadas por força do contrato de cessão de crédito, não ocupa a posição de terceiro de boa-fé imune às exceções pessoais dos devedores das cártulas. 3 – Recurso especial conhecido e desprovido. (STJ, REsp n. 1.439.749, 3ª T., rel. Min. João Otávio de Noronha, *DJe* 15.06.2015, p. 2.473)

▪ Embargos à execução. Cessão de crédito. Devedor. Oposição de exceções ao cessionário. Art. 294, CC. Inexistência do crédito cedido. Extinção da execução. I – "O devedor pode opor ao cessionário as exceções que lhe competirem, bem como as que, no momento em que veio a ter conhecimento da cessão, tinha contra o cedente" (art. 294, CC). II – Provada a inexistência do crédito cedido, a extinção da execução é medida que se impõe. (TJMG, AC n. 1.0481.06.063406-2/001, 10ª Câm. Cível, rel. Vicente de Oliveira Silva, *DJe* 15.06.2015)

Art. 295. Na cessão por título oneroso, o cedente, ainda que não se responsabilize, fica responsável ao cessionário pela existência do crédito ao tempo em que lhe cedeu; a mesma responsabilidade lhe cabe nas cessões por título gratuito, se tiver procedido de má-fé.

➡ Veja art. 1.073 do CC/1916.

Se o cedente transferiu onerosa ou gratuitamente, de má-fé, um título inexistente, nulo ou até mesmo anulável, deverá ressarcir todos os prejuízos causados. O cedente, independentemente de sua autonomia da vontade, assumirá a responsabilidade perante o cessionário pela existência do crédito ao tempo em que fora cedido o título. A má-fé opõe se à boa-fé, indicativa dos atos que se praticam sem maldade ou sem contravenção aos preceitos legais. Ao contrário, o que se faz contra a lei, sem justa causa, sem fundamento legal, com ciência disso, é feito de má-fé (art. 187 do CC).

▪ Embargos à execução de título extrajudicial. Nota promissória atrelada a contrato de *factoring*. Validade, no caso concreto. Título de crédito avalizado pelos embargantes. Obrigação autônoma e independente. Extinção do processo da ação de execução afastada. Rejeição dos embargos. É cediço que, em regra, a concessão de garantias ao faturizador descaracteriza o contrato de *factoring* ou faturização,

Código Civil comentado e anotado

Arts. 295 e 296

uma vez que é da natureza do negócio jurídico o risco da compra de títulos não vencidos. Não obstante, o contrato de *factoring* está sujeito ao regramento da cessão civil, e, portanto, o faturizado fica responsável ao faturizador pela existência do crédito ao tempo em que lhe cedeu (CC, art. 295). Portanto, a nota promissória atrelada a contrato de faturização de duplicata é nula se tiver por objetivo garantir a solvabilidade do sacado. Será válida, no entanto, se visar à garantia do recebimento, em caso de inexistência do crédito. No caso concreto, não há como considerar que o crédito transferido ao faturizador existia na data da celebração do contrato, pois já havia sido cedido há tempos a terceiro. Assim, a nota promissória que aparelha a execução é válida, pois emitida em garantia da existência do crédito. Não bastasse isso, os embargantes, na condição de avalistas da nota promissória, estão impedidos de opor ao faturizador questões que dizem respeito à relação entre a devedora principal das notas promissórias (faturizada) e a sociedade de fomento mercantil (faturizador), impedimento esse que decorre da autonomia característica do aval e da natureza pessoal. Atinente à faturizada. Da defesa deduzida. As obrigações cambiais são autônomas e independentes umas das outras (Decreto n. 2.044/1908, art. 43). E o aval, como tal, mantém-se hígido mesmo no caso da obrigação que ele garantiu ser nula por qualquer razão, a exceção de vícios de forma (LUG, art. 32, 2ª alínea, e CC, art. 899, § 2º). Apelação provida. (TJSP, Ap. n. 0001146-82.2011.8.26.0619/Taquaritinga, 12ª Câm. de Dir. Priv., rel. Sandra Galhardo Esteves, *DJe* 25.06.2015)

■ Agravo de instrumento. Ação declaratória de inexistência de débito c/c indenização por danos morais e pedido de tutela antecipada. Cessão de crédito. Denunciação da lide ao cedente. Possibilidade. Recurso conhecido e improvido. O art. 295 do CC preceitua que o cedente do crédito fica responsável pela existência deste ao tempo em que lhe cedeu, e havendo litígio acerca de sua existência, pertinente a denunciação para efeito de regresso. (TJMS, AI n. 1402170-28.2015.8.12.0000, 4ª Câm. Cível, rel. Des. Odemilson Roberto Castro Fassa, *DJe* 29.05.2015)

■ Agravo de instrumento. Ação de recuperação judicial. Cessão onerosa de crédito. Art. 295/CC. Exclusão do rol de credores. Acolhimento parcial. 1 – Na cessão onerosa, o cedente não garante apenas a existência do crédito cedido, mas também a solvência do devedor, segundo o art. 295 do CC, de modo que, enquanto o devedor-cedido não adimplir a obrigação, é mister a inclusão do cessionário no rol de credores em recuperação judicial, circunstância que não lhe causará prejuízo algum, o que, todavia, não autoriza determinar-se ao cedido que o faça por meio de depósito judicial, para garantia do crédito dos demais credores. 2 – Agravo de instrumento a que se dá parcial provimento. Acórdão. (TJPR, AI n. 0919208-3, 17ª Câm. Cível, rel. Juiz Subst. Francisco Jorge, *DJe* 14.11.2014, p. 238)

Art. 296. Salvo estipulação em contrário, o cedente não responde pela solvência do devedor.

➡ Veja art. 1.074 do CC/1916.

O cedente, salvo estipulação em contrário, não responde pela solvência do devedor, pois, em regra, apenas assume uma obrigação de garantia e existência do crédito. No direito civil, a solvência exprime a boa situação econômica, em virtude de o devedor possuir haveres em valor superior ao montante de suas dívidas.

■ Apelação. Fomento mercantil. Operação de desconto antecipado de títulos, mediante deságio no valor de face. Caráter *pro soluto*. Ineficácia de cláusula prevendo o exercício do regresso e estabelecen-

Arts. 296 a 298   Almeida Guilherme

do solidariedade pela insolvência dos devedores, salvo improbidade, culpa ou má-fé do beneficiário para a frustração do negócio subjacente ao saque. Incidência dos arts. 295 e 296 do CC. Risco exclusivo da empresa de faturização. Responsabilidade do faturizado restrita à existência do crédito, exonerado quanto à solvência dos emitentes das cambiais transmitidas, salvo má-fé ou improbidade. Inexistência de direito ao reembolso. Recurso provido. (TJSP, Ap. n. 0190540-21.2008.8.26.0100/São Paulo, 38ª Câm. de Dir. Priv., rel. César Peixoto, *DJe* 25.03.2015, p. 1.721)

Art. 297. O cedente, responsável ao cessionário pela solvência do devedor, não responde por mais do que daquele recebeu, com os respectivos juros; mas tem de ressarcir-lhe as despesas da cessão e as que o cessionário houver feito com a cobrança.

➡ Veja art. 1.075 do CC/1916.

Enquanto na garantia de direito o cedente será responsável pelo valor da dívida cedida, na chamada garantia de fato, denominação usada para se referir à responsabilidade do cedente pela solvência do devedor, aquele somente responderá pelo que recebeu do cessionário e não pelo total da dívida cedida. A responsabilidade do cedente pela solvência do devedor não poderá ir além do montante que o cessionário recebeu no tempo da cessão.

■ Direito civil e processual civil. Ação monitória. Preliminar de inépcia recursal rejeitada. Mérito. Cheque prescrito. Correção monetária e juros de mora. Termo inicial. Vencimento da obrigação. 1 – Verificado que a parte apelante impugnou especificamente os fundamentos da sentença, não há como ser reconhecida a inépcia do recurso. 2 – Tratando-se de cheque representativo de obrigação positiva e líquida, com vencimento certo, os juros moratórios devem incidir a partir da data do vencimento da dívida, nos termos dos arts. 294 e 297 do CC. 3 – A correção monetária, por se tratar de mera atualização da moeda, deve incidir a partir do vencimento da obrigação. 4 – Apelação cível conhecida. Preliminar rejeitada. No mérito, recurso não provido. (TJDFT, Proc. n. 20120310193316, 1ª T. Cível, rel. Des. Nídia Corrêa Lima, *DJe* 11.05.2015, p. 140)

Art. 298. O crédito, uma vez penhorado, não pode mais ser transferido pelo credor que tiver conhecimento da penhora; mas o devedor que o pagar, não tendo notificação dela, fica exonerado, subsistindo somente contra o credor os direitos de terceiro.

➡ Veja art. 1.077 do CC/1916.

A penhora, como garantia real (art. 1.419 do CC), vincula o crédito ao pagamento do débito do exequente, portanto, uma vez penhorado, não pode mais ser transferido pelo credor de boa-fé. Caso o devedor não tenha sido notificado da penhora e vier a pagar a dívida ao credor primitivo, liberar-se-á do vínculo obrigacional, subsistindo contra o credor os direitos de terceiro.

■ Agravo de instrumento. Execução de título extrajudicial. Irresignação contra o indeferimento do pedido de substituição processual, em virtude da cessão de crédito celebrada pelo exequente agravante. Acerto da decisão. Independentemente da concordância do cessionário com o recebimento apenas do saldo remanescente, o crédito em discussão na presente execução não pode ser cedido, uma vez que é objeto de penhora em outras ações, nas quais o ora agravante é devedor e tem conhecimento das referidas constrições. Aplicabilidade do art. 298 do CC. Recurso improvido. Afastado o pedido de conde-

Código Civil comentado e anotado · Arts. 298 a 300

nação do agravante por litigância de má-fé. Recurso parcialmente provido. (TJSP, AI n. 2090917-46.2014.8.26.0000/Assis, 24ª Câm. de Dir. Priv., rel. Erson de Oliveira, *DJe* 04.09.2014, p. 1.887)

CAPÍTULO II
DA ASSUNÇÃO DE DÍVIDA

Art. 299. É facultado a terceiro assumir a obrigação do devedor, com o consentimento expresso do credor, ficando exonerado o devedor primitivo, salvo se aquele, ao tempo da assunção, era insolvente e o credor o ignorava.

Parágrafo único. Qualquer das partes pode assinar prazo ao credor para que consinta na assunção da dívida, interpretando-se o seu silêncio como recusa.

➥ Sem correspondência no CC/1916.

Cessão de débito ou assunção de dívida. É o negócio jurídico pelo qual o devedor, com a anuência expressa do credor, transfere a terceiro os encargos obrigacionais, o qual substitui o devedor. A cessão de débito, também conhecida como assunção de dívida, é um negócio jurídico bilateral onde o devedor, com o consentimento expresso do credor, transfere a terceiros os encargos obrigacionais. Diferentemente da cessão de crédito, o consentimento na assunção de dívida deve ser dado pelo credor. Deve ser estipulado prazo ao credor para que dê o consentimento, essencial para a validade desse negócio jurídico (art. 104, III, primeira parte do CC, que dispõe: "a validade do negócio jurídico requer: [...] III – forma prescrita ou não defesa em lei"), interpretando-se seu silêncio como recusa.

▪ Enunciado n. 16 da I Jornada de Direito Civil: "O art. 299 do Código Civil não exclui a possibilidade da assunção cumulativa da dívida quando dois ou mais devedores se tornam responsáveis pelo débito com a concordância do credor".

▪ A reclamação cobra dívida que terceira pessoa assumiu pelo credor. Testemunha confirma o débito assumido. Sentença que reconhece o débito e condena o credor a pagar o valor reclamado. Recurso maneja preliminares e pede reforma da sentença. Resposta pede manutenção do julgado. Mérito. Nos exatos termos do art. 299 do CC "é facultado a terceiro assumir a obrigação do devedor, com o consentimento expresso do credor, ficando exonerado o devedor primitivo...". No caso, conforme dito pelo reclamante e confirmado por testemunha, o reclamado, ora recorrente, assumiu o débito do devedor e descontou o valor, quando o devedor para ele construiu um barco. Logo, auferiu vantagem, mas do que consta, não pagou o correspondente para o credor. A sentença nada mais fez do que reconhecer o débito e ordenar o pagamento devido. Sentença mantida por seus próprios fundamentos, com os acréscimos do voto. Recurso improvido. Custas pagas. Honorários, nos termos do art. 20 do CPC, em 15% do valor da condenação, por conta do recorrente vencido. (TJAC, Rec. Inom. n. 0008979-24.2012.8.01.0002, 2ª T. Rec., rel. Juiz José Augusto Cunha Fontes da Silva, *DJe* 02.03.2015, p. 25)

Art. 300. Salvo assentimento expresso do devedor primitivo, consideram-se extintas, a partir da assunção da dívida, as garantias especiais por ele originariamente dadas ao credor.

➥ Sem correspondência no CC/1916.

Consideram-se extintas a partir da assunção de dívida as garantias especiais originariamente dadas ao credor, com exceção do assentimento expresso do devedor primitivo. As chamadas garantias especiais dadas pelo devedor primitivo ao credor, vale dizer, são aquelas garantias que não são da essência da dívida e que foram prestadas em atenção à pessoa do devedor. Exemplo: fiança, aval etc.

■ Enunciado n. 352 da IV Jornada de Direito Civil: "Salvo expressa concordância dos terceiros, as garantias por eles prestadas se extinguem com a assunção de dívida; já as garantias prestadas pelo devedor primitivo somente são mantidas no caso em que este concorde com a assunção".

■ Enunciado n. 422 da V Jornada de Direito Civil: "(Fica mantido o teor do Enunciado n. 352) A expressão 'garantias especiais' constante do art. 300 do CC/2002 refere-se a todas as garantias, quaisquer delas, reais ou fidejussórias, que tenham sido prestadas voluntária e originariamente pelo devedor primitivo ou por terceiro, vale dizer, aquelas que dependeram da vontade do garantidor, devedor ou terceiro para se constituírem".

Art. 301. Se a substituição do devedor vier a ser anulada, restaura-se o débito, com todas as suas garantias, salvo as garantias prestadas por terceiros, exceto se este conhecia o vício que inquinava a obrigação.

➥ Sem correspondência no CC/1916.

No caso de anulação da substituição do devedor, restaura-se o débito, com todas as suas garantias, exceto as garantias prestadas por terceiros, salvo se este conhecia o vício que maculava a obrigação. Portanto, se o contrato de assunção vier a ser anulado, ocorre o renascimento da obrigação para o devedor originário, com todos os seus privilégios e garantias, salvo as que tiverem sido prestadas por terceiro.

■ Enunciado n. 423 da V Jornada de Direito Civil: "O art. 301 do CC deve ser interpretado de forma a também abranger os negócios jurídicos nulos e a significar a continuidade da relação obrigacional originária em vez de 'restauração', porque, envolvendo hipótese de transmissão, aquela relação nunca deixou de existir".

■ Apelação cível. Ação de anulação de assunção de dívida c/c danos materiais e morais. Devedor primário que não participou do processo. Indispensável a formação do litisconsórcio passivo. Matéria de ordem pública. Reconhecimento *ex officio*. Sentença anulada. Recurso prejudicado. Anulando-se a substituição do devedor, restaura-se o débito, com toda as suas garantias (art. 301 do CC). Por conseguinte, devem participar na ação que tem por objeto a anulação da assunção os primários devedores, pois trata-se de litisconsórcio passivo necessário, já que a sentença repercutirá no universo jurídico de todos os envolvidos. Verificada a ausência de citação, cabe ao julgador declarar de ofício a nulidade de todos os atos desde o momento em que as partes faltantes deveriam ter integrado a lide, e determinar que o autor promova a citação de todos. (TJMT, Ap. n. 2959/2014, rel. Des. Rubens de Oliveira Santos Filho, *DJe* 22.05.2015, p. 400)

Art. 302. O novo devedor não pode opor ao credor as exceções pessoais que competiam ao devedor primitivo.

Código Civil comentado e anotado

Arts. 302 a 304

O novo devedor não pode opor ao credor as defesas pessoais (incapacidade, vício de consentimento etc.) que competiam ao devedor primitivo. Essa faculdade, portanto, somente poderá ser oposta pelo devedor primitivo.

Art. 303. O adquirente de imóvel hipotecado pode tomar a seu cargo o pagamento do crédito garantido; se o credor, notificado, não impugnar em trinta dias a transferência do débito, entender-se-á dado o assentimento.

➡ Sem correspondência no CC/1916.

O adquirente de imóvel hipotecado pode assumir o pagamento do crédito garantido, se o credor notificado da assunção de dívida pelo adquirente do imóvel gravado não vier a impugná-la dentro de trinta dias. Sua inércia, no escamento desse prazo, deverá ser entendida como se aquele assentimento tivesse sido dado. Trata-se da aceitação tácita do credor hipotecado.

■ Enunciado n. 353 da Jornada de Direito Civil: "A recusa do credor, quando notificado pelo adquirente de imóvel hipotecado, comunicando-lhe o interesse em assumir a obrigação, deve ser justificada".

■ Enunciado n. 424 da Jornada de Direito Civil: "A comprovada ciência de que o reiterado pagamento é feito por terceiro no interesse próprio produz efeitos equivalentes aos da notificação de que trata o art. 303, segunda parte".

TÍTULO III
DO ADIMPLEMENTO E EXTINÇÃO DAS OBRIGAÇÕES

CAPÍTULO I
DO PAGAMENTO

Seção I
De Quem Deve Pagar

Art. 304. Qualquer interessado na extinção da dívida pode pagá-la, usando, se o credor se opuser, dos meios conducentes à exoneração do devedor.

Parágrafo único. Igual direito cabe ao terceiro não interessado, se o fizer em nome e à conta do devedor, salvo oposição deste.

➡ Veja art. 930 do CC/1916.

Pagamento. É a execução voluntária e exata, por parte do devedor, da prestação devida ao credor, no tempo, forma e lugar previstos no título constitutivo.

Solvens. Se a obrigação não for *intuitu personae*, será indiferente ao credor a pessoa que solver a prestação – o próprio devedor ou outra por ele –, pois o que lhe importa é o pagamento, já que a obrigação se extinguirá com o adimplemento. A pessoa que deve pagar será qualquer interessado juridicamente no cumprimento da obrigação, como o próprio devedor, o fiador, o coobrigado, o herdeiro, outro credor do devedor, o adquirente do imóvel hipotecado e, enfim, todos os que indiretamente fazem parte do vínculo obrigacional, hipótese em que, se

205

Arts. 304 e 305 — Almeida Guilherme

pagarem o débito, sub-rogar-se-ão em todos os direitos creditórios. Até mesmo terceiro não interessado poderá pagar o débito, em nome e por conta do devedor.

■ Agravo de instrumento. Ação de cobrança de cotas condominiais. Citação postal. Comprovante de recebimento assinado pelo porteiro do edifício. Revelia decretada e ação julgada procedente. Zelador do condomínio que informou ter o requerido se mudado antes do início da ação. Ação nula desde a citação. Cônjuge não citada que comparece espontaneamente aos autos Depósito do principal que deverá ser considerado como pagamento de terceiro interessado na extinção da dívida. Inteligência do art. 304 do CC. Demais valores depositados que deverão ser levantados em favor da agravante. Eventual existência de valores remanescentes a ser discutida em ação própria. Sem hipótese para aplicação da penalidade estabelecida pelo art. 18 do CPC. Agravo parcialmente provido, com determinação. (TJSP, AI n. 2004438-16.2015.8.26.0000/São Paulo, 36ª Câm. de Dir. Priv., rel. Sá Moreira de Oliveira, *DJe* 13.03.2015, p. 2.172)

Art. 305. O terceiro não interessado, que paga a dívida em seu próprio nome, tem direito a reembolsar-se do que pagar; mas não se sub-roga nos direitos do credor.

Parágrafo único. Se pagar antes de vencida a dívida, só terá direito ao reembolso no vencimento.

➡ Veja art. 931 do CC/1916.

Como é proibido por lei o locupletamento à custa alheia, a lei exige que o terceiro que pagou a dívida ingresse com uma ação *in rem verso*. Ação *in rem verso* é a denominação que também se dá à ação de repetição do indébito. Dessa forma, o *in rem verso*, por seu sentido obrigatório, quer exprimir o que é feito por uma pessoa em benefício ou proveito de outrem. O parágrafo único dispõe que caso pague a dívida antes de vencida, o terceiro não interessado, somente terá direito ao reembolso no vencimento. Terceiro não interessado será toda pessoa que não tenha qualquer ligação, ou que não seja afetada, sob qualquer aspecto, pelo ato jurídico, ou pela ação judicial, de que outros participem.

■ Transporte marítimo. Sobre-estadia de *containers*. Cobrança. 1 – A demonstração da ocorrência de atraso na devolução de *containers* acarreta, por si só, a responsabilidade pelo pagamento das tarifas respectivas, independentemente de culpa do devedor. 2 – Aquele que paga dívida de outrem, na qualidade de terceiro não interessado, faz jus ao reembolso daquilo que pagou, sem se sub-rogar nos direitos do credor originário. Inteligência do disposto no art. 305 do CC. Ação julgada parcialmente procedente. Parcialmente provido o recurso. (TJSP, Ap. n. 1090691-83.2013.8.26.0100/São Paulo, 21ª Câm. de Dir. Priv., rel. Itamar Gaino, *DJe* 25.05.2015, p. 1.991)

■ Apelação. Compromisso de compra e venda. Inadimplência. Dúvida a respeito da forma de pagamento das prestações. Compensação dos depósito bancários que deve ser admitida. 1 – Indiscutível, ante a expressa previsão contratual, a legitimidade da E. E. Imobiliários Ltda. Para recebimento dos pagamentos atinentes ao contrato celebrado entre as partes, cuja validade, para fins de integralização do preço, também deve ser reconhecida em vista do disposto no art. 269 do CC. 2 – Não há impedimento ao aproveitamento dos depósitos realizados por terceiro, sobretudo verificada a ausência de proibição do contrato. Os pagamentos relativos aos meses de fevereiro, março, abril e maio de 2012 foram realizados em nome de terceiro estranho à lide e ao negócio. Todavia, o pagamento efetuado por terceiro, ainda que em nome próprio, é admitido pelo art. 305, *caput*, do CC. 3 – Os elementos dos autos, entretan-

Código Civil comentado e anotado   Arts. 305 a 307

to, permitem afirmar que as quantias indicadas nos respectivos comprovantes de depósito ingressaram no patrimônio da empresa nomeada intermediadora da autora. Inclusive para receber pagamentos. Sendo que eventuais dificuldades na identificação dos depósitos não podem justificar sua desconsideração para fins de integralização do preço. 4 – Recurso parcialmente provido para, mantida a procedência do pedido, autorizar a compensação dos depósitos realizados em favor da intermediadora com o valor da condenação. (TJSP, Ap. n. 0002444-56.2011.8.26.0281/Itatiba, 10ª Câm. de Dir. Priv., rel. Carlos Alberto Garbi, *DJe* 16.04.2015, p. 1.631)

Art. 306. O pagamento feito por terceiro, com desconhecimento ou oposição do devedor, não obriga a reembolsar aquele que pagou, se o devedor tinha meios para ilidir a ação.

➡ Veja art. 932 do CC/1916.

O pagamento feito por terceiro com desconhecimento ou oposição do devedor não obriga a reembolsar aquele que pagou, se o devedor tinha meios para refutar a ação. Se o terceiro interessado ou não efetuou o pagamento com o desconhecimento ou contra a vontade do devedor, não poderá obter reembolso se o devedor possuía meios para ilidir a ação do credor na cobrança da dívida.

▪ Compra e venda. Veículo. Cobrança. Pagamento de multas do antigo proprietário. Ausência de prévia comunicação ao devedor. Devedor que não está obrigado a reembolsar o terceiro que pagou sua dívida, se tinha meios para ilidir a ação, desde que desconhecesse o pagamento (CC, art. 306). Multas que foram apontadas após mais de dois anos em prontuário de órgão de trânsito. Ausência de notificação do infrator para apresentação de sua defesa dentro do prazo de 30 dias (CTB, art. 281, parágrafo único, I). Insubsistência do auto de infração. Decadência do direito de punir do Estado. Réu devedor que tinha meios de defesa para obstar a cobrança do crédito tributário. Reembolso indevido. Sucumbência invertida. Recurso da autora prejudicado. Recurso do réu provido. (TJSP, Ap. n. 0008232-36.2010.8.26.0071/ Bauru, 29ª Câm. de Dir. Priv., rel. Hamid Bdine, *DJe* 03.12.2014, p. 1.531)

▪ Monitória. Cheque prescrito. Quitação da dívida por terceiro. Possibilidade de pagamento do crédito exequendo por terceiro, interessado ou não, sem conhecimento ou anuência do devedor. Arts. 304 a 306 do CC. Satisfação do crédito pela entrega do dinheiro ao credor, que não se opôs ao pagamento. Extinção declarada da obrigação constante do título. Improcedência mantida. Recurso improvido. (TJSP, Ap. n. 0015756-60.2011.8.26.0003/São Paulo, 20ª Câm. de Dir. Priv., rel. Correia Lima, *DJe* 26.03.2015, p. 2.029)

Art. 307. Só terá eficácia o pagamento que importar transmissão da propriedade, quando feito por quem possa alienar o objeto em que ele consistiu.
Parágrafo único. Se se der em pagamento coisa fungível, não se poderá mais reclamar do credor que, de boa-fé, a recebeu e consumiu, ainda que o solvente não tivesse o direito de aliená-la.

➡ Veja art. 933 do CC/1916.

Somente terá eficácia o pagamento que importar transmissão de propriedade, seja bem imóvel ou móvel, quando feito pelo dono titular do direito real. O credor ficará isento da obrigação de restituir pagamento de coisa fungível, se estiver de boa-fé e se já a consumiu. No caso

207

Arts. 307 a 309   Almeida Guilherme

de o devedor alienar o bem sem ser o seu verdadeiro proprietário, este poderá entrar com ação contra o devedor. Porém, se o bem não chegar a ser consumido, o seu titular poderá reivindicá-lo do credor.

Seção II
Daqueles a Quem se Deve Pagar

Art. 308. O pagamento deve ser feito ao credor ou a quem de direito o represente, sob pena de só valer depois de por ele ratificado, ou tanto quanto reverter em seu proveito.

➥ Veja art. 934 do CC/1916.

O pagamento deverá ser feito ao credor, ao cocredor ou a quem de direito o represente, sob pena de só valer depois de por ele ratificado, ou tanto quanto reverter em seu proveito. Caso o pagamento não seja feito ao credor ou a seu legítimo representante, será inválido e não terá força liberatória.

■ Enunciado n. 425 da V Jornada de Direito Civil: "O pagamento repercute no plano da eficácia, e não no plano da validade, como preveem os arts. 308, 309 e 310 do Código Civil".

■ Agravo de instrumento. Ação revisional de contrato. Depósito em juízo dos valores incontroversos. Impossibilidade. Art. 285-B, § 1º, do CPC. Afastamento da mora. Ausência. Art. 308 do CC. Os depósitos realizados no valor que o devedor entende devido não têm o condão de elidir a mora. Não houve prova da recusa da Agravante em receber a integralidade do valor contratado, o que obsta a admissão do depósito integral em substituição ao pagamento direto efetuado ao credor, nos termos do art. 308 do CC. A inscrição do nome do devedor em órgãos de restrição ao crédito sinaliza o exercício regular do direito do credor. Caracterizada a mora, correta a inscrição ou a manutenção dos dados do devedor nos cadastros de restrição ao crédito. (TJMG, AI Cível n. 1.0342.14.007945-6/001, 16ª Câm. Cível, rel. Aparecida Grossi, *DJe* 19.06.2015)

Art. 309. O pagamento feito de boa-fé ao credor putativo é válido, ainda provado depois que não era credor.

➥ Veja art. 935 do CC/1916.

É aquele que se apresenta aos olhos de todos como sendo o verdadeiro credor, embora não seja. Portanto, o pagamento feito de boa-fé, ou seja, o pagamento feito pelo devedor que acredita piamente que o credor putativo seja o verdadeiro credor, é válido. Portanto, para que o pagamento feito ao credor putativo tenha validade, serão necessários os seguintes requisitos: a boa-fé do devedor, escusabilidade ou reconhecibilidade de seu erro, uma vez que agiu com cautela.

■ Apelação. Locação. Ação de despejo por falta de pagamento c/c pedido de cobrança de aluguéis. Sentença de procedência. Insurgência do réu. Relação locatícia comprovada. Incontroversa a posse sobre o bem locado pelo falecido concubino da autora, locadora, com quem o réu havia firmado o primeiro contrato de locação do imóvel. Ex-cônjuge e filhos do *de cujus* que notificaram o réu para que este pagasse a um deles os locativos visto que sucederam na posse do bem locado. Réu que, desde então, co-

Código Civil comentado e anotado   Arts. 309 a 312

meçou a pagar os aluguéis à filha do falecido. Pagamentos realizados de boa-fé a quem aparentava ser seu credor. Validade dos pagamentos efetuados ao credor putativo (art. 309 do CC). Controvérsia sobre a posse exercida pela autora, concubina do falecido, sobre o bem locado e o direito ao recebimento dos aluguéis por ela e pelos herdeiros que deve ser discutida em ação específica. Inexistência de mora. Improcedência dos pedidos de despejo e de cobrança. Sucumbência integral da autora. Recurso provido. (TJSP, Ap. n. 0003183-37.2013.8.26.0191/Poá, 35ª Câm. de Dir. Priv., rel. Morais Pucci, *DJe* 14.07.2015).

■ Apelação cível. Ação de cobrança. Seguro obrigatório. DPVAT. Pagamento de boa-fé a credor putativo. Exoneração do devedor. Possibilidade. Art. 309/CC. Prequestionamento. Inadmissibilidade. Sentença reformada. Recurso provido. Pagamento efetuado por Seguradora, de boa-fé, a credor putativo que se apresentou perante todos como beneficiário da vítima, é de ser considerado o adimplemento realizado como plenamente válido e eficaz, a teor do art. 309 do CC. A exigência de prequestionamento para a interposição de recurso especial ou extraordinário deve ser cumprida pela parte e não pelo órgão julgador. (TJMT, Ap. n. 34829/2015, rel. Des. Adilson Polegato de Freitas, *DJe* 12.06.2015, p. 21)

Art. 310. Não vale o pagamento cientemente feito ao credor incapaz de quitar, se o devedor não provar que em benefício dele efetivamente reverteu.

➠ Veja art. 936 do CC/1916.

No caso de o devedor, cientemente, pagar a credor incapaz de quitar, sem este estar logicamente representado ou assistido, o pagamento poderá ser nulo ou anulável, dependendo da pessoa que recebeu o pagamento absoluta ou relativamente incapaz (arts. 3º e 4º do CC); portanto, para existir a validade do pagamento, o devedor precisará provar que o pagamento se reverteu em benefício do credor (art. 181 do CC).

Art. 311. Considera-se autorizado a receber o pagamento o portador da quitação, salvo se as circunstâncias contrariarem a presunção daí resultante.

➠ Veja art. 937 do CC/1916.

O devedor poderá pagar para alguém que se apresente a ele com o título que deverá ser entregue como quitação, havendo a presunção *iuris tantum*, a qual se remete ao mandato tácito, ou seja, de que essa pessoa está autorizada pelo credor a receber o pagamento da prestação e lhe entregar a quitação. Entretanto, o devedor poderá se recusar a pagar o terceiro, exigindo prova de autenticidade, já que este pode agir de má-fé, pois se pagar mal, o devedor deverá pagar novamente ao credor, e provando a má-fé terá o direito regressivo contra o terceiro mais perdas e danos.

Art. 312. Se o devedor pagar ao credor, apesar de intimado da penhora feita sobre o crédito, ou da impugnação a ele oposta por terceiros, o pagamento não valerá contra estes, que poderão constranger o devedor a pagar de novo, ficando-lhe ressalvado o regresso contra o credor.

➠ Veja art. 938 do CC/1916.

Existe um ditado popular, muito utilizado pela Professora Maria Helena Diniz, em que se diz: "quem paga mal paga duas vezes". É o caso do art. 312. Se o devedor pagar a credor impedido legalmente de receber, por estar seu crédito penhorado ou impugnado, deverá pagar novamente. O devedor nesse caso terá direito regressivo contra o credor.

- Execução. Pagamento de promissórias dadas em decorrência de acordo homologado judicialmente. Situação dos autos que se amolda à hipótese do art. 311 do CC. Execução extinta. Sentença mantida. Apelação improvida. (TJSP, Ap. n. 0037948-62.2003.8.26.0004/São Paulo, 34ª Câm. de Dir. Priv., rel. Des. Nestor Duarte, *DJe* 20.01.2015, p. 2.591)

Seção III
Do Objeto do Pagamento e sua Prova

Art. 313. O credor não é obrigado a receber prestação diversa da que lhe é devida, ainda que mais valiosa.

➥ Veja art. 863 do CC/1916.

A obrigação possui como princípio fundamental o de que o credor não poderá ser obrigado a receber prestação diversa da que lhe é devida, ainda que mais valiosa. O devedor, para extinguir a obrigação, deve entregar exatamente o objeto ou a prestação pactuada.

Pode ocorrer que o credor aceite a prestação ou o objeto diverso daquele devido; com isso, ocorrerá uma forma de pagamento indireto, chamado dação em pagamento, encontrada no art. 356 do CC: "O credor pode consentir em receber prestação diversa da que lhe é devida". Desse modo, dação em pagamento será um acordo liberatório, em que o credor recebe uma prestação diversa da convencionada.

Objeto do pagamento. A prova do pagamento será aquilo firmado entre as partes, e quando paga a dívida, o devedor tem direito de receber sua prova de pagamento (quitação regular), com a finalidade de exonerar o devedor do vínculo obrigacional.

- Despesas de condomínio. Ação de cobrança. Sentença de procedência. Dever primordial, atribuído por lei ao condômino, de contribuir para as despesas do condomínio (arts. 12 da Lei n. 4.591/64 e 1.336, I, do CC). Ausência de comprovação do adimplemento das obrigações condominiais, ônus que cumpria ao devedor suportar (art. 333, II, CPC). Credor que não é obrigado a aceitar proposta de acordo oferecida pelo devedor (art. 313, CC/2002), podendo deliberar em quais termos aceita o parcelamento do débito. Inexistência de recusa injusta. Recurso improvido. (TJSP, Ap. n. 4001601-76.2013.8.26.0564/São Bernardo do Campo, 12ª Câm. Ext. de Dir. Priv., rel. Alfredo Attié, *DJe* 08.07.2015)

Art. 314. Ainda que a obrigação tenha por objeto prestação divisível, não pode o credor ser obrigado a receber, nem o devedor a pagar, por partes, se assim não se ajustou.

➥ Veja art. 889 do CC/1916.

É aquela em que a prestação é suscetível de cumprimento parcial, sem prejuízo de sua substância e valor. O art. 314 dispõe que no caso do não ajuste da possibilidade de pagamento parcelado, o devedor não pode pagar e o credor não pode receber prestação divisível.

Código Civil comentado e anotado
Arts. 314 e 315

■ Apelação. Ação de cobrança de verbas condominiais. Procedência. Cobrança condominial decorrente de lei. Requisito para manutenção do edifício. Não demonstração de fato impeditivo, modificativo ou extintivo da obrigação condominial. Dívida reconhecida pela recorrente. Condomínio credor que não se encontra obrigado a aceitar o pagamento parcelado da dívida. Art. 314 do CC/2002. Aplicação de multa moratória. Possibilidade. Penalidade prevista em lei e em convenção condominial. Redução de honorários advocatícios. Descabimento. Litigância de má-fé. Não demonstrada. Manutenção do entendimento adotado pelo juízo singular. Negado provimento. (TJSP, Ap. n. 0017851-92.2012.8.26.0564/São Bernardo do Campo, 25ª Câm. de Dir. Priv., rel. Hugo Crepaldi, *DJe* 01.07.2015)

■ No mesmo sentido, o TJRS assim determinou: Apelação cível. Negócios jurídicos bancários. Ação monitória. Contrato de limite para operações de desconto. I – Parte embargante não contesta o débito, sendo, portanto, incontroverso. II – Não pode o credor ser obrigado a receber o débito por partes, se assim não restou convencionado, ainda que a obrigação tenha por objeto prestação divisível (art. 314 do CC). Discordância do credor em receber o crédito na forma parcelada. III – A demanda monitória visa a formação de título exequível. Assim, alegação de impenhorabilidade de bens passíveis de penhora para garantia do débito deve ser formulada na execução. Negaram provimento ao recurso. Unânime. (TJRS, Ap. Cível n. 70.055.420.798, 16ª Câm. Cível, rel. Des. Ergio Roque Menine, j. 04.12.2014)

Art. 315. As dívidas em dinheiro deverão ser pagas no vencimento, em moeda corrente e pelo valor nominal, salvo o disposto nos artigos subsequentes.

➡ Veja art. 947 do CC/1916.

As obrigações que têm por objeto uma prestação de dinheiro são chamadas de obrigações pecuniárias, por terem em vista proporcionar ao credor o valor nominal que as respectivas espécies possuam como tais.

O pagamento da obrigação pecuniária será efetuado em dinheiro no vencimento, em moeda corrente, ou seja, em real pelo valor descrito nominalmente, e no lugar estipulado para o cumprimento da ação.

■ Ação de consignação de pagamento. Financiamento com alienação fiduciária em garantia. Sentença que julgou improcedente o pedido inicial (art. 269, I, do CPC). 1 – Ofensa ao princípio da dialeticidade recursal. Alegação de inépcia do agravo de instrumento anteriormente interposto pelo apelado. Falta de ataque aos fundamentos da sentença. Recurso não conhecido neste ponto. 2 – Ação de consignação em pagamento. Contrato que prevê o pagamento das prestações em dinheiro. Depósito de título da dívida agrária (TDA). Impossibilidade. Inteligência dos arts. 313 e 315 do CC. Recurso conhecido em parte e, na parte conhecida, desprovido. (TJPR, AC n. 1243752-8, 17ª Câm. Cível, rel. Des. Luis Sérgio Swiech, *DJe* 17.10.2014, p. 315)

■ Tendo olhar deveras parecido ao tema, segue o entendimento do TJES, a seguir: Agravo de instrumento. Administrativo. Auto de infração em razão de venda a crédito com parcela mínima. Possibilidade. Abstenção de novas autuações com base neste fato. Necessidade. Recurso a que se dá provimento. I – *In casu*, liminarmente foi suspenso o auto de infração lavrado em razão do recorrente ter limitado o valor da parcela em suas vendas a crédito. Desta forma, não se justifica não obstar que o Município venha a efetuar novas autuações, com base nestes mesmos fatos. II – Ademais, de conformidade com o regramento contido em nosso ordenamento jurídico, do qual podemos citar aquelas dos arts. 314 e 315 do CC, a pessoa jurídica não é obrigada a parcelar o recebimento de seu crédito e nem receber paga-

Arts. 315 a 317 — Almeida Guilherme

mento de qualquer outra maneira que não seja em moeda corrente nacional e à vista, entendimento firmado nos tribunais pátrios, ante o que dispõe a Carta Magna que elevou o Princípio da Livre Iniciativa ao *status* de princípio constitucional. III – Recurso provido. (TJES, AI n. 0012523-51.2015.8.08.0024, rel. Des. Paulo Roberto Luppi, *DJe* 14.07.2015)

Art. 316. É lícito convencionar o aumento progressivo de prestações sucessivas.

→ Sem correspondência no CC/1916.

O aumento progressivo de prestações sucessivas é lícito, desde que contenha a cláusula de atualização de valores monetários, a qual é fundada em uma revisão, por uma das partes, tendo como parâmetro a desvalorização da moeda. Vale lembrar que esse aumento progressivo deverá sempre respeitar os limites da autonomia da vontade (art. 421 do CC): equilíbrio contratual, boa-fé objetiva (art. 422 do CC), a função social do contrato (art. 421 do CC) e o próprio ordenamento jurídico.

Art. 317. Quando, por motivos imprevisíveis, sobrevier desproporção manifesta entre o valor da prestação devida e o do momento de sua execução, poderá o juiz corrigi-lo, a pedido da parte, de modo que assegure, quanto possível, o valor real da prestação.

→ Sem correspondência no CC/1916.

O art. 317 trata de correção judicial do contrato. Portanto, no caso de desproporção manifesta, causada por motivo imprevisível, entre o valor da prestação devida e o do momento de sua execução, poderá o magistrado corrigi-lo, mas sempre a pedido da parte, de modo que assegure o equilíbrio contratual, não trazendo perda patrimonial para uma parte e enriquecimento ilícito para outra.

▪ Enunciado n. 17 da I Jornada de Direito Civil: "A interpretação da expressão 'motivos imprevisíveis' constante do art. 317 do novo Código Civil deve abarcar tanto causas de desproporção não previsíveis como também causas previsíveis, mas de resultados imprevisíveis".

▪ Enunciado n. 35 da I Jornada de Direito Comercial: "Não haverá revisão ou resolução dos contratos de derivativos por imprevisibilidade e onerosidade excessiva (arts. 317 e 478 a 480 do Código Civil)".

▪ Apelação cível. Agravos retidos. Oitiva de testemunha. Indeferimento. Lesão. Arts. 158 e 171 do CC. Teoria da imprevisão. Ausência de demonstração da imprevisibilidade e/ou da onerosidade excessiva. Arts. 317 e 478 do CC. Recurso conhecido e parcialmente provido. A lesão é a desproporção existente entre as prestações de um contrato no momento da realização do negócio, havendo para uma das partes um aproveitamento indevido decorrente da situação de inferioridade da outra parte. A teoria da imprevisão apenas admite a revisão ou rescisão contratual em certas circunstâncias especiais, quando ocorrer acontecimentos extraordinários e imprevisíveis que tornem a prestação de uma das partes extremamente onerosa. A valorização da arroba do boi gordo não pode ser considerada imprevisível, já que é uma forma de fixação de preço por índice de mercado, assumindo as partes o risco de sua valorização ou desvalorização, conforme variações de mercado. Inexistindo evidências de vício no consentimento a ensejar o reconhecimento da lesão tampouco de onerosidade excessiva na prestação assumida, não deve

Código Civil comentado e anotado   Arts. 317 a 319

ser reconhecida qualquer nulidade contratual nem merece ser revisto o ajuste entabulado entre as partes. (TJMS, Ap. n. 0002801-86.2008.8.12.0004, rel. Des. Oswaldo Rodrigues de Melo, j. 09.09.2014)

▪ Ainda sobre o cabimento ou não da teoria da imprevisão: Apelação cível. Compra e venda de insumos agrícolas. Celebração verbal. Revisão contratual cumulada com declaratória de inexigibilidade de débito. Aplicação do CDC. Descabimento. Autor que não ostenta a condição de destinatário final art. 2º da Lei n. 8.078/90. Teoria da imprevisão. Arts. 317 e 478 do CC. Inocorrência de fato extraordinário e imprevisível a impossibilitar o cumprimento da avença. Observância aos princípios da autonomia privada e força obrigatória dos contratos. Sentença mantida. Recurso improvido. (TJSP, Ap. n. 0003105-30.2004.8.26.0653/ Vargem Grande do Sul, 12ª Câm. Ext. de Dir. Priv., rel. Tercio Pires, *DJe* 24.10.2014, p. 1.916)

Art. 318. São nulas as convenções de pagamento em ouro ou em moeda estrangeira, bem como para compensar a diferença entre o valor desta e o da moeda nacional, excetuados os casos previstos na legislação especial.

➡ Sem correspondência no CC/1916.

As cláusulas que estipularem pagamento em ouro ou em moeda estrangeira serão nulas, igualmente aquelas que compensarem a diferença entre o valor da moeda nacional e o da estrangeira. O art. 2º do Decreto-lei n. 857/69 excetua os casos em que é possível efetuar o pagamento em moeda estrangeira. São os casos, por exemplo, do contrato de exportação e importação de mercadorias e do contrato de compra e venda de câmbio. O art. 318 tem em vista as experiências inflacionárias sofridas pelo país há vários anos, objetivando proteger o patrimônio e evitar o enriquecimento ilícito, ou melhor, o empobrecimento populacional.

▪ Ação declaratória. Instrumentos de confissão de dívidas constituídos em valor equivalente a peso de ouro. Impossibilidade. São nulas as convenções de pagamento em ouro ou moeda estrangeira, salvo os contratos internacionais (art. 318 do CC). Sentença mantida. Recurso do corréu não provido. Ação declaratória. Nota promissória. Havendo verossimilhança na alegação de que a origem do título de crédito executado é a cobrança de juros acima do patamar legal, decorrente de agiotagem, compete ao credor o ônus de demonstrar a origem lícita de seu crédito (art. 3º, MP n. 2.172-32). Ônus da prova invertido em primeiro grau nos termos da r. decisão de fls. 107, que restou irrecorrida. Não indicando, o credor, a causa de emissão do título, deixando de comprovar a licitude de sua origem, por ser de rigor, declara-se inexigível a nota promissória juntada às fls. 10 dos autos da execução em apenso. Sentença reformada. Recurso da autora provido para tal fim. Recurso da autora provido. Recurso do corréu não provido. (TJSP, Ap. n. 0031192-52.2012.8.26.0576/São José do Rio Preto, 22ª Câm. de Dir. Priv., rel. Roberto Mac Cracken, *DJe* 24.06.2015)

Art. 319. O devedor que paga tem direito a quitação regular, e pode reter o pagamento, enquanto não lhe seja dada.

➡ Veja art. 939 do CC/1916.

É a declaração documentada em que o credor ou seu representante reconhece ter recebido o pagamento de seu crédito, exonerando o devedor da obrigação. Com a quitação nas mãos do devedor, presume-se que foi extinta a obrigação. Portanto, é direito do devedor receber a

213

quitação no ato do pagamento. Vale ressaltar que atualmente muitos julgados já aceitam a quitação dada por meios eletrônicos ou por qualquer forma de comunicação a distância.

- Enunciado n. 18 da I Jornada de Direito Civil: "A 'quitação regular' referida no art. 319 do novo Código Civil engloba a quitação dada por meios eletrônicos ou por quaisquer formas de 'comunicação a distância', assim entendida aquela que permite ajustar negócios jurídicos e praticar atos jurídicos sem a presença corpórea simultânea das partes ou de seus representantes".

- Telefonia. Reparação de danos. Suspensão dos serviços. Recibos apresentados com a inicial que não comprovam o pagamento da dívida apontada pela ré. Inversão do ônus da prova. Inaplicabilidade no caso. Pagamento de dívida se prova com a apresentação do recibo, o que não ocorreu (arts. 319 e 320 do CC). Recurso não provido. (TJSP, Ap. n. 4001643-54.2013.8.26.0038/Araras, 12ª Câm. Ext. de Dir. Priv., rel. Alfredo Attié, *DJe* 13.07.2015)

- Direito civil e processual civil. Contrato de edição. Direitos autorais. Pagamento. Ônus da prova do devedor. Procedência do pedido. I – O pagamento, qualquer que seja a sua modalidade ou origem, deve ser provado por quem o alega, independentemente de qualificar fato constitutivo ou fato extintivo, segundo a inteligência do art. 319 do CC e do art. 333, I e II, do CPC. II – À editora compete provar o repasse dos direitos autorais referentes aos livros comercializados. III – Evidenciado o descumprimento do contrato, a editora deve reparar os danos materiais e morais causados ao autor da obra literária. IV – Recurso conhecido e desprovido. (TJDFT, Proc. n. 20080110359308, 4ª T. Cível, rel. Des. James Eduardo Oliveira, *DJe* 22.06.2015, p. 196)

Art. 320. A quitação, que sempre poderá ser dada por instrumento particular, designará o valor e a espécie da dívida quitada, o nome do devedor, ou quem por este pagou, o tempo e o lugar do pagamento, com a assinatura do credor, ou do seu representante.

Parágrafo único. Ainda sem os requisitos estabelecidos neste artigo valerá a quitação, se de seus termos ou das circunstâncias resultar haver sido paga a dívida.

➡ Veja art. 940 do CC/1916.

A declaração deverá conter os seguintes elementos: valor; espécie da dívida quitada; o nome do devedor, ou quem por este pagou; o tempo e o lugar do pagamento; a assinatura do credor ou do seu representante. Mesmo que a quitação não contenha esses requisitos, terá validade, desde que se comprove o pagamento do débito, isso porque esses requisitos não são elementos de validade da quitação.

- Contrato. Consórcio. Cerceamento de defesa. Inocorrência. Autora administra grupos de consórcio, sendo o requerido titular da cota 015-0, referente ao Grupo 202, já contemplada. Inadimplência. Ausência de qualquer comprovante de pagamento da dívida. Quitação, como se sabe, se prova na forma do art. 320 do CC (antigo 940) e não com infundadas alegações. Pedido contraposto. Encaminhamento de boletos de cobrança ao réu, os quais foram por ele pagos. Grupo já encerrado. Instada a autora a manifestar expressamente, quedou-se inerte. Reconhecimento de que houve cobrança e pagamento indevidos, o que importa seja restituído ao réu. Não em dobro, porquanto não houve demanda por dívida já paga. Compensação. Possibilidade. Sentença mantida. Recursos não providos. (TJSP, Ap. n. 1000052-19.2014.8.26.0606/Suzano, 21ª Câm. de Dir. Priv., rel. Maia da Rocha, *DJe* 22.07.2015)

Código Civil comentado e anotado

Arts. 320 a 322

■ Apelação cível. Ação de cobrança de seguro obrigatório. Falta de interesse de agir do autor. Pagamento e quitação. Documento unilateral. Preliminar rejeitada. Cerceamento de defesa afastado. Invalidez parcial e permanente de membro inferior. Aplicação da tabela da Lei n. 11.945/2009. Correção monetária desde evento danoso. Recurso conhecido e improvido. 1 – Muito embora a apelante tenha afirmado que efetuou um segundo depósito a favor do apelado a título de complementação, necessário se faz observar que documento produzido unilateralmente não possui a força probatória alegada, uma vez que a teor do disposto no 319 do CC, o pagamento se comprova através da quitação proveniente de documento assinado pelo recebedor e isso não ocorre *in casu*. Daí a rejeição da preliminar de falta de interesse de agir. 2 – Verificando-se que, ao contrário do que afirma a apelante, consta do laudo pericial que a lesão não ficou restrita ao joelho, mas também aos ossos da fêmur e tíbia do membro inferior, desnecessária a realização de perícia complementar para esclarecimentos, ficando, pois, afastada o alegado cerceamento de defesa. 3 – Levando-se em conta que o acidente ocorreu em 11.12.2009, aplica-se ao caso em tela a tabela da Lei n. 11.945/2009, segundo a qual deverá incidir o valor do percentual devido a título de perda anatômica e/ou funcional completa de um dos membros inferiores, acrescido do percentual de invalidez apurado. Daí o valor de R$ 4.725,00 (R$ 13.500,00 x 70% x 50%), do qual deverá ser descontado o valor já pago administrativamente, com as devidas correções. 4 – A correção monetária é devida desde a data do acidente, ou seja, do efetivo prejuízo, para preservar o poder de compra do valor da indenização e, consequentemente, evitar o enriquecimento ilícito ou sem causa da seguradora. (TJMS, Ap. n. 0011005-57.2010.8.12.0002, 5ª Câm. Cível, rel. Des. Sideni Soncini Pimentel, *DJe* 17.10.2014)

Art. 321. Nos débitos, cuja quitação consista na devolução do título, perdido este, poderá o devedor exigir, retendo o pagamento, declaração do credor que inutilize o título desaparecido.

➡ Veja art. 942 do CC/1916.

Se o credor perder o título, poderá o devedor exigir que ele faça uma declaração se comprometendo a não utilizar o título desaparecido ou extraviado. Caso o credor não queira entregar ou fazer tal documento, o devedor poderá reter o pagamento até receber essa declaração. Portanto, essa declaração é de suma importância, já que se declara a extinção de uma parcela da obrigação principal ou da própria obrigação.

■ Declaratória de inexigibilidade de débito, cumulada com a desconstituição do protesto e a indenização por danos morais. Ineficácia da quitação passada pelo sacador mediante documento em separado antes do vencimento. Título transferido em operação financeira por endosso translatício seguido da tradição da posse física. Exceção de pagamento inoponível ao endossatário portador de boa-fé. Inteligência dos arts. 9º, § 1º, da Lei n. 5.474/68 e art. 321 do CC. Indispensabilidade da restituição simultânea da cártula. Prescindibilidade da notificação ao devedor. Subsistência da obrigação cambial, ressalvando o exercício do direito de regresso pelo sacado por locupletamento sem causa. Honorários advocatícios. Incidência do art. 20, § 4º, do CPC. Arbitramento por equidade. Verba razoável e proporcional aos serviços executados. Remuneração profissional condigna. Recursos não providos. (TJSP, Ap. n. 0017094-32.1997.8.26.0562/Santos, 38ª Câm. de Dir. Priv., rel. César Peixoto, *DJe* 12.02.2015, p. 1.832)

Art. 322. Quando o pagamento for em quotas periódicas, a quitação da última estabelece, até prova em contrário, a presunção de estarem solvidas as anteriores.

➡ Veja art. 943 do CC/1916.

Nas obrigações de prestação sucessiva e no pagamento em quotas periódicas, o cumprimento da última pressupõe o das anteriores também (presunção *iuris tantum*), pois o pagamento da última extingue a relação obrigacional. Não há esse tipo de presunção quando o pagamento for feito por boleto bancário, já que neste caso o credor recebe pelo banco e este não controla se houve ou não o cumprimento das obrigações anteriores.

▪ Bem móvel. Compra e venda. Ação de obrigação de fazer. Revelia. Presunção relativa de veracidade mantida. Apresentação do comprovante de pagamento da última parcela. Presunção de pagamento das parcelas anteriores. Inteligência do art. 322 do CC. Ação parcialmente procedente. Recurso parcialmente provido. (TJSP, Ap. n. 4002496-23.2013.8.26.0019/Americana, 35ª Câm. de Dir. Priv., rel. Melo Bueno, *DJe* 23.07.2015)

▪ Locação. Cobrança. Aluguel. Falta de pagamento. Obrigação de trato sucessivo. Presunção de pagamento dos débitos anteriores. Art. 322 do CC. Fato constitutivo do direito do autor. Ausência de prova. 1 – Consoante dispõe a Lei do Inquilinato (Lei n. 8.245/91), incumbe ao locador a exibição dos comprovantes relativos às parcelas que estejam sendo exigidas do locatário (art. 22, IX). 2 – A regra, conforme dispõe o art. 322 do CC, é de que o pagamento das prestações posteriores faz pressupor que as anteriores foram devidamente quitadas, sendo de incumbência do credor fazer a ressalva de que os débitos antecedentes não foram adimplidos, com vistas a afastar tal presunção. 3 – *In casu*, a locadora não se desincumbiu do seu ônus de comprovar fato constitutivo do seu direito (art. 333, I, do CPC), porquanto não fez prova idônea capaz de demonstrar a falta de pagamento ou mesmo de afastar a presunção de que com o recebimento dos aluguéis posteriores persistiria dívida inadimplida. 4 – Agravo retido conhecido e desprovido. 4 [*sic*] – Apelação provida. Sentença reformada. (TJDFT, Proc. n. 20140110095315, 3ª T. Cível, rel. Des. Gilberto Pereira de Oliveira, *DJe* 12.05.2015, p. 269)

Art. 323. Sendo a quitação do capital sem reserva dos juros, estes presumem-se pagos.

➥ Veja art. 944 do CC/1916.

No caso de o credor dar quitação do capital sem reserva de juros, existe a presunção *iuris tantum* de que houve o pagamento do débito. Note-se que a reserva de juros é acessória à principal; portanto, havendo quitação, presume-se que fora tudo pago, já que abrange também os juros.

▪ Civil e administrativo. Recurso especial. Contrato administrativo. Adimplemento tardio. Quitação do débito sem ressalvas. Art. 323 do CC. Juros. Impossibilidade. Correção monetária devida. 1 – O art. 323 do CC é expresso quanto à presunção de adimplemento dos juros quando a quitação do débito é dada sem qualquer ressalva. 2 – Contudo, diverso é o entendimento no que tange à correção monetária, porquanto delimitada a abrangência da norma pelo legislador, não sendo possível estender a previsão do art. 323 do CC, restrita aos juros moratórios. De mais a mais, "a correção monetária, diferentemente dos juros, não constitui um *plus*, mas tão somente reposição do valor real da moeda" (REsp n. 911.046/GO, rel. Min. João Otávio de Noronha, 2ª T., *DJ* 02.08.2007). 3 – Recurso especial a que se dá parcial provimento, tão somente para afastar a condenação do Município de São Paulo ao pagamento do juros de mora, mantendo-se o acórdão quanto à incidência de correção monetária. (STJ, REsp n. 1.206.267, 2ª T., rel. Min. Og Fernandes, *DJe* 15.10.2014, p. 1.053)

Código Civil comentado e anotado   Arts. 324 a 326

Art. 324. A entrega do título ao devedor firma a presunção do pagamento.
Parágrafo único. Ficará sem efeito a quitação assim operada se o credor provar, em sessenta dias, a falta do pagamento.

➡ Veja art. 945 do CC/1916.

Quando se tratar de débitos certificados por um título de crédito – como a nota promissória, o título de câmbio, entre outros –, a quitação poderá ser conferida pela devolução do título, visto que o credor não poderá cobrar o devedor quando este estiver com os títulos em seu poder, exceto se o credor provar que o devedor o adquiriu ilicitamente. Portanto, essa presunção de que houve o pagamento e que o título se encontra nas mãos do devedor será *juris tantum*, pois se o credor conseguir provar dentro do prazo decadencial de 60 dias que não existiu pagamento, a quitação ficará sem efeito.

▪ Ação declaratória de inexistência de título cumulada com cancelamento de protesto e indenização por danos morais. Alegação de pagamento. A posse do título (nota promissória) firma presunção de pagamento. Presunção *juris tantum*. Art. 324 do CC. Prova no sentido de que o credor não recebeu de volta os títulos assinados, nem o valor da mercadoria vendida. Pagamento que se prova por regular quitação. Art. 319 do CC. Prova do pagamento não produzida. Prejuízo moral que não restou demonstrado. Mero aborrecimento. Dano moral não configurado. Ação julgada parcialmente procedente. Sentença mantida. Recurso improvido. (TJSP, Ap. n. 0000857-21.2009.8.26.0264/Novo Horizonte, 16ª Câm. de Dir. Priv., rel. Coutinho de Arruda, *DJe* 28.05.2015, p. 2.786)

Art. 325. Presumem-se a cargo do devedor as despesas com o pagamento e a quitação; se ocorrer aumento por fato do credor, suportará este a despesa acrescida.

➡ Veja art. 946 do CC/1916.

O credor tem direito a receber sua prestação livre de qualquer encargo ou gravame que limite seu direito. Por esse motivo, as despesas com o pagamento e a quitação, salvo estipulação em contrário, serão suportadas pelo devedor. Portanto, não pode o credor receber seu pagamento com algum dispêndio que traga prejuízos ou restrinja seus direitos.

▪ Apelação. Ação monitória. Locação. Cobrança de multa moratória, juros, tarifas bancárias, custo de renovação do seguro-fiança e multa compensatória. Ausência de inépcia da inicial, pois os valores foram suficientemente discriminados e comprovados. Apelante que deixou de comprovar o pagamento de que se originaram as dívidas, motivo pelo qual não deve ser alterada a condenação tarifas bancárias que, salvo disposição diversa, ficam a cargo da locatária (art. 325 do CC). Multa compensatória que pode incidir com a multa moratória no presente caso, uma vez que provenientes de fatos geradores distintos negado provimento. (TJSP, Ap. n. 0016064-93.2010.8.26.0565/São Caetano do Sul, 25ª Câm. de Dir. Priv., rel. Hugo Crepaldi, *DJe* 18.11.2014, p. 2.253)

Art. 326. Se o pagamento se houver de fazer por medida, ou peso, entender-se-á, no silêncio das partes, que aceitaram os do lugar da execução.

Arts. 326 e 327   Almeida Guilherme

➡ Veja art. 949 do CC/1916.

O art. 326 prevê o caso em que a obrigação tem por objeto uma coisa que se deva medir, ou pesar, e que quando não houver nenhuma manifestação do credor ou devedor, presumir-se-á que eles aceitaram a adoção da medida do lugar da execução do contrato. A arroba é um exemplo claro, pois em determinados lugares corresponde a 12 quilos e em outros a 15 quilos.

Seção IV
Do Lugar do Pagamento

Art. 327. Efetuar-se-á o pagamento no domicílio do devedor, salvo se as partes convencionarem diversamente, ou se o contrário resultar da lei, da natureza da obrigação ou das circunstâncias.

Parágrafo único. Designados dois ou mais lugares, cabe ao credor escolher entre eles.

➡ Sem correspondência no CC/1916.

Pode-se convencionar, tendo em vista a autonomia da vontade (art. 421 do CC), o lugar do pagamento. Caso não esteja convencionado, o pagamento deverá ser efetuado no domicílio do devedor. Caso tenha sido designado dois ou mais lugares, o credor elegerá um deles para receber o pagamento.

Lugar do pagamento. É o lugar onde deve ser realizado o pagamento. A regra geral é a de que o pagamento deva ser realizado no domicílio do devedor, a fim de se lhe evitar maiores despesas (dívida quesível ou *quérable*). Entretanto, podem as partes estipular que o pagamento seja feito no domicílio do credor (dívida portável ou *portable*). Mas, em certas circunstâncias, a lei estipulará o lugar do pagamento.

▪ Consignação em pagamento. Cerceamento de defesa. Inexistência. Mora dos vendedores não constando do contrato onde seria feito o pagamento da segunda parcela, não sendo indicado estabelecimento bancário ou entregue qualquer título de crédito, aplica-se o disposto no art. 327 do CC, no sentido de que o pagamento efetuar-se-á no domicílio do devedor. Pagamento quesível. Mora dos vendedores a quem competia procurar os compradores para recebimento. Recusa injusta em receber a importância depositada. Recurso provido. (TJSP, Ap. n. 0042333-38.2008.8.26.0114/Campinas, 1ª Câm. de Dir. Priv., rel. Alcides Leopoldo e Silva Júnior, *DJe* 09.02.2015, p. 1.624)

▪ Juizado especial. Reparação civil. CDC. Cartão de crédito. Renegociação. Obrigação *quérable*. Inscrição no cadastro de inadimplentes. Dano moral caracterizado. Recurso conhecido e provido. 1 – As obrigações são, via de regra, *quérable*, ou seja, cabe ao credor efetuar a cobrança no domicílio do devedor e, portanto, providenciar a entrega do boleto em sua residência, para o cumprimento do pagamento (CC, art. 327). 2 – Mostrou-se ilegítimo o ato de inscrever o nome do devedor no cadastro de proteção ao crédito, pela ausência de pagamento das parcelas da renegociação, uma vez que o credor não se desincumbiu do seu dever de efetuar a cobrança no domicílio do devedor ou comprova o envio dos boletos para o seu endereço para tal fim. 3 – A jurisprudência restou pacificada que a inscrição indevida do nome do consumidor no cadastro negativo configura dano moral, cuja comprovação torna-se desnecessária, por ser *in re ipsa*. 1 – Recurso conhecido e provido. (TJDFT, JE n. 20140910075006, 1ª T.R.J.E. Distrito Federal, rel. Juiz Luís Gustavo B. de Oliveira, *DJe* 10.06.2015, p. 263)

Código Civil comentado e anotado   Arts. 328 a 330

Art. 328. Se o pagamento consistir na tradição de um imóvel, ou em prestações relativas a imóvel, far-se-á no lugar onde situado o bem.

➡ Veja art. 951 do CC/1916.

O art. 328 do Código Civil segue a mesma linha do art. 341 deste diploma em que: "se a coisa devida for imóvel ou corpo certo que deva ser entregue no mesmo lugar onde está, poderá o devedor citar o credor para vir ou mandar recebê-la, sob pena de ser depositada". Em suma, se o pagamento consistir na tradição de um imóvel ou em prestações relativas a imóvel, o cumprimento da obrigação se dará no lugar onde situado o bem.

Art. 329. Ocorrendo motivo grave para que se não efetue o pagamento no lugar determinado, poderá o devedor fazê-lo em outro, sem prejuízo para o credor.

➡ Sem correspondência no CC/1916.

Caso ocorra algum motivo grave (doença, calamidade pública, enchente, queda de ponte etc.) que impeça o cumprimento da obrigação no local estipulado pelo negócio jurídico, o devedor poderá, a fim de evitar a mora, efetuar o pagamento em local diverso do convencionado, desde que não prejudique o credor e assuma todas as despesas. Entretanto, se a dívida for portável e, por motivos graves, o pagamento não possa ser realizado no domicílio do credor, o devedor deverá depositar em juízo ou enviar o pagamento pelo correio, para não suportar as consequências da mora e não causar prejuízo ao credor.

Art. 330. O pagamento reiteradamente feito em outro local faz presumir renúncia do credor relativamente ao previsto no contrato.

➡ Sem correspondência no CC/1916.

Caso o devedor venha efetuar, reiteradamente, o pagamento da prestação em outro lugar, diferente daquele convencionado pelas partes no negócio jurídico, haverá a presunção *juris tantum* de que o credor renunciou ao local do cumprimento da obrigação, fundamentando-se no princípio da boa-fé objetiva e subjetiva e na ideia de *supressio* e de *surrectio*.

A *supressio* consiste na limitação do direito subjetivo, sem contrariar a boa-fé, por causa da inércia de uma das partes em exercer o seu direito. É o caso de o credor perder o seu direito do local do pagamento, surgindo para a outra parte o direito subjetivo não pactuado, isto é, o devedor tem o direito de efetuar o pagamento diferentemente do estipulado no negócio jurídico, ou seja, a *surrectio*.

▪ Compra e venda. Rescisão contratual. Relação de consumo. Partes que preenchem os requisitos estabelecidos pelos arts. 2º e 3º do CDC. Local do pagamento. Aplicação do art. 330 do CC. Desvantagem exagerada imposta aos consumidores que, ora pagavam por boleto e ora eram compelidos a proceder ao pagamento na sede da empresa ré em São Paulo, município diverso. Inteligência do art. 51, IV, do CDC. Devolução integral das quantias pagas. Cabimento. Precedentes desta Col. Corte, bem como do Eg. STJ. Ônus de sucumbência bem distribuído pelo MM. Juiz *a quo*. Ausência de decaimento mínimo.

Apelo improvido. Sentença mantida. (TJSP, Ap. n. 0001882-94.2013.8.26.0663/Votorantim, 5ª Câm. de Dir. Priv., rel. Fábio Podestá, *DJe* 06.02.2015, p. 1.556)

▪ Agravo de instrumento. Ação de consignação em pagamento. Cotas de condomínio. Exceção de incompetência relativa. Alegação em preliminar de contestação. Possibilidade. Ausência de prejuízo à parte. Competência territorial. Obrigação *propter rem*. Natureza obrigacional. Competência do lugar do pagamento. Pagamento reiteradamente realizado no Foro de Curitiba. Renúncia ao foro previsto em convenção de condomínio. Incidência, por analogia, do art. 330 do CC. Recurso conhecido e provido. (TJPR, AI n. 1337258-0, 9ª Câm. Cível, rel. Juiz Subst. Rafael Vieira de Vasconcellos Pedroso, *DJe* 06.05.2015, p. 216)

Seção V
Do Tempo do Pagamento

Art. 331. Salvo disposição legal em contrário, não tendo sido ajustada época para o pagamento, pode o credor exigi-lo imediatamente.

➡ Veja art. 952 do CC/1916.

O princípio da satisfação imediata estrutura o art. 331. Já que se as partes não vieram a ajustar uma determinada data para o pagamento da dívida, poderá o credor exigi-la imediatamente. O princípio da satisfação imediata é afastado pela própria natureza da obrigação; portanto, as partes devem estabelecer um novo prazo, já que ninguém poderá exigir imediatamente a obrigação de dar algo que não está ao seu alcance.

▪ Embargos à execução rejeitados. Instrumento de confissão de dívida. Ausência de ajuste quanto à época para o pagamento credor que pode exigi-lo imediatamente. Inteligência do art. 331 do CC. Inocorrência de violação ao postulado da razoabilidade por conta da incidência da regra da satisfação imediata. Hipótese em que, entre a data da assinatura do pacto de confissão de dívida e o ajuizamento da execução, decorreu prazo razoável para que o apelante cumprisse a obrigação apelante regularmente constituído em mora por meio da citação pagamento do valor exigido na execução deveria ter sido realizado no prazo de três dias, assinado no art. 652 do CPC, sem a possibilidade de invocação da ressalva estampada no art. 134 do CC, em se tratando de execução por quantia certa apelante que não negou ser devedor decreto de rejeição dos embargos que era de rigor sentença mantida, nos termos do art. 252 do RITJSP. Recurso desprovido. (TJSP, Ap. n. 0002516-93.2010.8.26.0114/Campinas, 15ª Câm. de Dir. Priv., rel. Castro Figliolia, *DJe* 13.02.2015, p. 1.758)

Art. 332. As obrigações condicionais cumprem-se na data do implemento da condição, cabendo ao credor a prova de que deste teve ciência o devedor.

➡ Veja art. 953 do CC/1916.

A condição sempre irá submeter à obrigação a evento futuro e incerto; portanto, a obrigação condicional será aquela que, para existir, o vínculo dependerá da futuridade e da incerteza. Para tanto, esta será cumprida apenas na data do implemento da condição, cabendo ao credor a prova de que deste teve ciência o devedor. Portanto, o credor só poderá exigir o cumprimento da obrigação, quando o devedor tiver o conhecimento do implemento da obrigação.

Código Civil comentado e anotado

Arts. 333 e 334

Art. 333. Ao credor assistirá o direito de cobrar a dívida antes de vencido o prazo estipulado no contrato ou marcado neste Código:

I – no caso de falência do devedor, ou de concurso de credores;

II – se os bens, hipotecados ou empenhados, forem penhorados em execução por outro credor;

III – se cessarem, ou se se tornarem insuficientes, as garantias do débito, fidejussórias, ou reais, e o devedor, intimado, se negar a reforçá-las.

Parágrafo único. Nos casos deste artigo, se houver, no débito, solidariedade passiva, não se reputará vencido quanto aos outros devedores solventes.

➡ Veja art. 954 do CC/1916.

Ao credor assistirá o direito de cobrar a dívida antes de vencido o prazo estipulado no contrato (autonomia da vontade – art. 421 do CC) ou por norma (ordenamento jurídico – *vide* art. 59 da CF), nos casos descritos nos incisos do art. 333. Não obstante, se houver, na dívida, solidariedade passiva, o vencimento antecipado somente atingirá o codevedor que se enquadrar nos casos antes citados, não se estendendo aos demais codevedores.

▪ Execução que se originou do "Contrato de Renegociação de Dívida" n. 6602830-2, firmado em 26.02.2009. Reconhecida, por meio desse instrumento, a dívida de R$ 13.608,93, a ser quitada em vinte e quatro parcelas mensais e consecutivas, cada qual de R$ 820,37, vencendo a primeira em 19.04.2009 e a última em 19.03.2011. Devedor que se tornou inadimplente a partir da primeira parcela, vencida em 19.04.2009, o que acarretou o vencimento antecipado da dívida. Contrato bancário. Vencimento antecipado da dívida. Cláusula que prevê o vencimento antecipado da dívida, em caso de inadimplemento por parte do devedor, que não se afigura abusiva. Arts. 333 e 1.425 do CC, que preveem as hipóteses legais em que a dívida pode ser considerada antecipadamente vencida. Inexistência de óbice a que se estipule, de forma contratual, outras hipóteses para o vencimento antecipado da dívida. Precedentes do TJSP. Execução por título extrajudicial. Renegociação de dívida. Depósitos realizados pelo embargante nos autos da ação consignatória por ele movida em face do banco embargado que devem ser levados em conta no abatimento do débito exequendo. Ação consignatória julgada extinta sem resolução de mérito, com amparo no art. 267, III, do CPC. Juiz da ação de consignação em pagamento que determinou a transferência dos depósitos para os autos da execução. Decreto de improcedência dos embargos que se mostrou legítimo. Apelo do embargante desprovido. (TJSP, Ap. n. 0009750-02.2010.8.26.0220/Guaratinguetá, 23ª Câm. de Dir. Priv., rel. José Marcos Marrone, *DJe* 11.06.2015)

CAPÍTULO II
DO PAGAMENTO EM CONSIGNAÇÃO

Art. 334. Considera-se pagamento, e extingue a obrigação, o depósito judicial ou em estabelecimento bancário da coisa devida, nos casos e forma legais.

➡ Veja art. 972 do CC/1916.

O conceito deste modo de pagamento indireto está expresso no próprio art. 334; portanto, o pagamento em consignação consiste no depósito judicial, chamado de consignação judicial, ou em estabelecimento bancário, denominado de consignação extrajudicial, da coisa devida,

Arts. 334 e 335 — Almeida Guilherme

por meio da ação de consignação. A consignação tem como finalidade exonerar o devedor da relação obrigacional, que se encontra em mora do credor.

■ Processual civil. Recurso especial. Autora que, incidentalmente, durante a tramitação da revisional de contrato firmado com a ré, procede a depósitos, a título de consignação em pagamento, de montantes que entende devidos. Superveniente julgamento de improcedência do pedido formulado na exordial. Pretensão da autora de levantar o valor depositado. Descabimento. Dever da parte de proceder com lealdade e boa-fé. 1 – De fato, assim como possui o credor a possibilidade de exigir o cumprimento da obrigação, também é facultado ao devedor tornar-se livre do vínculo obrigacional, constituindo a consignação em pagamento forma válida de extinção da obrigação, a teor do art. 334 do CC/2002. Dessarte, o depósito em consignação tem força de pagamento, e a tutela jurisdicional tem o fito de propiciar seja atendido o direito material do devedor de liberar-se da obrigação e obter quitação, tendo feição de instituto de direito material. 2 – A consignação em pagamento, não obstante seja efetuada no interesse do autor, aproveita imediatamente ao réu, que pode, desde logo, levantar a quantia depositada, ainda que insuficiente. O depósito efetuado representa quitação parcial e produzirá os seus efeitos no plano do direito material, e, sob o enfoque processual, impedirá a repropositura pelo todo, admitindo a acionabilidade pelo resíduo não convertido. 3 – Como a recorrente efetuou depósito de montantes incontroversos, com a finalidade de afastar a mora, enquanto discutia, em juízo, cláusulas do contrato, é inconcebível que venha requerer o levantamento do valor, que reconhecidamente deve, ao argumento de que terá a recorrida a faculdade de cobrar os valores devidos, em execução ou ação de cobrança. 4 – Recurso especial não provido. (STJ, REsp n. 1.160.697, 4ª T., rel. Min. Luis Felipe Salomão, *DJe* 26.05.2015, p. 3.240)

■ Ação de rescisão contratual c/c perdas e danos, consignação em pagamento. Promessa de compra e venda de imóvel. Consignação das parcelas vincendas. Possibilidade. Inadimplência da construtora. Verossimilhança e perigo da demora. Presença. 1. O art. 334 do CC dispõe que a obrigação pode ser extinta através da consignação dos valores devidos mediante depósito judicial ou em estabelecimento bancário nos casos e forma legais. 2. Tratando-se de pedido de consignação em juízo das parcelas de financiamento imobiliário e estando presente a verossimilhança, que se consubstancia no evidente inadimplemento da construtora, por mais de dois anos, quanto a entrega de imóvel ao promitente comprador, além da existência de inúmeras ações judiciais em desfavor daquela, bem como o perigo da demora, que reside na possibilidade de haver dificuldade se ter de volta o valor pago no caso de rescisão contratual, deve ser deferida a medida. 3. Recurso provido. (TJDFT, Proc. n. 20140020222165, rel. Des. Sandoval Oliveira, *DJe* 26.11.2014, p. 219)

Art. 335. A consignação tem lugar:

I – se o credor não puder, ou, sem justa causa, recusar receber o pagamento, ou dar quitação na devida forma;

II – se o credor não for, nem mandar receber a coisa no lugar, tempo e condição devidos;

III – se o credor for incapaz de receber, for desconhecido, declarado ausente, ou residir em lugar incerto ou de acesso perigoso ou difícil;

IV – se ocorrer dúvida sobre quem deva legitimamente receber o objeto do pagamento;

V – se pender litígio sobre o objeto do pagamento.

➥ Veja art. 973 do CC/1916.

As hipóteses legais que autorizam a propositura da ação de consignação são:
a) houver mora *accipiendi*;

Código Civil comentado e anotado

Arts. 335 a 337

b) o credor for incapaz de receber, por sofrer alguma doença mental e não tiver nomeado curador; for desconhecido; for declarado ausente; ou residir em local incerto ou de difícil acesso;

c) ocorrer dúvida sobre quem seja o legítimo credor; e

d) pender litígio sobre o objeto do pagamento.

■ Civil e processual civil. Apelação. Ação de consignação em pagamento. Art. 335 do CCB. Recusa injustificada. Inscrição em cadastros de proteção ao crédito e busca e apreensão de veículo. Ilegalidade. Emissão de boleto. Ônus da instituição financeira. 1. A teor do art. 335 do CCB, "A consignação tem lugar: I – se o credor não puder, ou, sem justa causa, recusar receber o pagamento, ou dar quitação na devida forma". 1.1 Destarte, a recusa ao recebimento deve ser injusta, pois, do contrário, não pode ser obrigado a receber. 1.2 A ação de consignação em pagamento continua prevista entre aquelas de procedimento especial no novo CPC (arts. 539/545). 2. A consignação em juízo, a tempo e modo, afasta os efeitos da mora e, consequentemente, a possibilidade de incluir o nome do consignante nos cadastros restritivos do crédito. 2.1. Na mesma linha, não havendo mora, não há se falar em busca e apreensão de veículo que é garantia do contrato. 3. Comprovada, documentalmente, a recusa em se receber o pagamento devido, evidente o requisito para a propositura da demanda. 3.1. A fim de se dar efetividade à sentença que julga procedente a consignação, razoável a imposição ao consignado para que forneça os meios necessários a viabilizar o recebimento das demais parcelas de financiamento bancário, sob pena de multa. 4. Recurso improvido. (TJDFT, Proc. n. 20130710409825, 2ª T. Cível, rel. Des. João Egmont, *DJe* 21.07.2015, p. 107)

Art. 336. Para que a consignação tenha força de pagamento, será mister concorram, em relação às pessoas, ao objeto, modo e tempo, todos os requisitos sem os quais não é válido o pagamento.

➡ Veja art. 974 do CC/1916.

Será necessário reunir as condições subjetivas (arts. 304 a 312 do CC) e objetivas (arts. 233, 244, 313 a 315, 318 a 320 do CC). A consignação deverá ser livre, completa e real.

■ Consignatória. Contrato de compra e venda. Instrumento prevê pagamento diretamente no endereço da Ré credora. Falta de envio de boleto não exime de pagamento Autora, que já havia pago outras parcelas do preço diretamente no endereço da Ré ou depositado em conta bancária. Possibilidade de pagamento afasta necessidade de consignatória (art. 335, CC). Valor depositado não acrescido de multa moratória, não equivalendo a pagamento regular (art. 336, CC). Valor da causa da reconvenção da Ré, buscando resolução do contrato, deve ser valor do contrato (art. 259, V, CPC). Contrato assegurava à Autora notificação prévia a fim de que pudesse purgar mora. Ausência de comprovação de envio ou recebimento de notificação prévia pela Autora impede resolução do contrato. Cláusula que prevê notificação prévia deve prevalecer sobre outra, que prevê resolução de pleno direito (art. 423, CC). Recursos improvidos. (TJSP, Ap. n. 0003057-82.2013.8.26.0224/Guarulhos, 7ª Câm. de Dir. Priv., rel. Luiz Antonio Costa, *DJe* 07.05.2015, p. 3.723)

Art. 337. O depósito requerer-se-á no lugar do pagamento, cessando, tanto que se efetue, para o depositante, os juros da dívida e os riscos, salvo se for julgado improcedente.

➡ Veja art. 976 do CC/1916.

Arts. 337 a 339 — Almeida Guilherme

A oferta do depósito deverá ocorrer no local convencionado para o pagamento; feito o depósito, o devedor estará liberado da obrigação, exceto se for a ação de consignação julgada improcedente, porque, nessa hipótese, não houve pagamento.

▪ Consignação em pagamento. *Mora solvendi.* Carência de ação. Falta de interesse processual. Extinção. Depósito. Levantamento pelo devedor. 1 – Estando o devedor em mora, é incabível a ação de consignação em pagamento, já que ausente qualquer das hipóteses previstas no art. 335 do CC/2002. 2 – Observa-se, porém, que, na hipótese, sendo o processo julgado extinto, sem exame do mérito, os depósitos realizados nos autos devem ser levantados pelo devedor, por força do art. 336, do CC/2002, e não pelo credor, como constou da sentença, não havendo, por este motivo, que se falar em *reformatio in pejus*, sobretudo porque o pagamento não cessou os juros da dívida, nos termos do art. 337, do CC/2002, aplicável por analogia. Recurso não provido, com observação. (TJSP, Ap. n. 0006420-67.2012.8.26.0368/ Monte Alto, 18ª Câm. de Dir. Priv., rel. William Marinho, *DJe* 26.03.2015, p. 2.000)

Art. 338. Enquanto o credor não declarar que aceita o depósito, ou não o impugnar, poderá o devedor requerer o levantamento, pagando as respectivas despesas, e subsistindo a obrigação para todas as consequências de direito.

➥ Veja art. 977 do CC/1916.

A consignação é caracterizada como modo extintivo da obrigação, em que possibilita ao devedor exonerar-se do liame obrigacional, não sofrendo as consequências da inadimplência. No caso de consignação extrajudicial, o credor será notificado do depósito bancário e terá um prazo de dez dias para impugná-lo, ficando o devedor sujeito a exoneração. Na hipótese de o credor aceitar a consignação, a quantia não poderá mais ser levantada pelo devedor; este só poderá solicitar o levantamento do depósito se houver recusa do credor. Já no caso de consignação judicial, o depositante, apenas no curso da ação de consignação, poderá requerer o levantamento do depósito, desde que este não tenha sido aceito ou impugnado, e ainda deverá custear todas as despesas processuais da ação.

▪ Agravo de instrumento. Depósito de valores incontroversos. Pretensão de levantamento pelo depositante. Pedido formulado antes da citação da parte contrária. Levantamento autorizado pelo art. 338 do CC. Possibilidade. Os valores incontroversos depositados em juízo consistem nas parcelas da dívida que o autor concordou que são devidas ao banco. A princípio, concretizou-se o pagamento parcial da parcela incontroversa. Todavia, na situação em testilha, como ocorreu a citação do credor, o levantamento pelo devedor está expressamente autorizado, nos termos do art. 338 do CPC. Agravo provido. (TJSP, AI n. 2179295-75.2014.8.26.0000/Sorocaba, 12ª Câm. de Dir. Priv., rel. Sandra Galhardo Esteves, *DJe* 27.02.2015, p. 1.882)

Art. 339. Julgado procedente o depósito, o devedor já não poderá levantá-lo, embora o credor consinta, senão de acordo com os outros devedores e fiadores.

➥ Veja art. 978 do CC/1916.

Se o depósito judicial for julgado procedente, o devedor não poderá mais levantá-lo, mesmo com o consentimento do credor. Porém, existe uma exceção para os casos de obrigações

Código Civil comentado e anotado   Arts. 339 a 343

solidárias ou indivisíveis: quando houver acordo entre os outros devedores e fiadores a fim de estes resguardarem seus direitos. Por conseguinte, o credor só poderá consentir o levantamento se houver anuência de todos, acatando ao princípio da autonomia de vontade.

Art. 340. O credor que, depois de contestar a lide ou aceitar o depósito, aquiescer no levantamento, perderá a preferência e a garantia que lhe competiam com respeito à coisa consignada, ficando para logo desobrigados os codevedores e fiadores que não tenham anuído.

➥ Veja art. 979 do CC/1916.

Caso o credor, depois de contestar a lide ou aceitar o depósito, consinta no levantamento, os codevedores e fiadores têm direito a serem ouvidos. Se não o forem ou se discordarem, ficam então desobrigados. É importante ressaltar que a obrigação não se extingue, permanecendo vinculado o consignante, mas, em sobre a coisa consignada, perde o credor os direitos e garantias.

Art. 341. Se a coisa devida for imóvel ou corpo certo que deva ser entregue no mesmo lugar onde está, poderá o devedor citar o credor para vir ou mandar recebê-la, sob pena de ser depositada.

➥ Veja art. 980 do CC/1916.

Uma vez que a coisa devida for imóvel ou de corpo certo que precise ser entregue no lugar onde está localizada (por exemplo, uma casa), o devedor poderá citar o credor para vir ou mandar recebê-la, sob pena de ser depositada e, com isso, o devedor estará isento de qualquer responsabilidade. No caso de o credor não aparecer no local determinado para receber a coisa, o devedor poderá providenciar a consignação da prestação no local em que se encontra a coisa, para que possa se exonerar da obrigação.

Art. 342. Se a escolha da coisa indeterminada competir ao credor, será ele citado para esse fim, sob cominação de perder o direito e de ser depositada a coisa que o devedor escolher; feita a escolha pelo devedor, proceder-se-á como no artigo antecedente.

➥ Veja art. 981 do CC/1916.

Quando a escolha da coisa indeterminada competir ao credor, este deverá ser citado a fazê-la, sob pena de perder o direito de escolha, que passará a ser do devedor, além de ver depositada a coisa escolhida pelo devedor. Uma vez escolhida a coisa pelo devedor, ela se torna certa (art. 244 do CC) e deverá ser entregue no local onde está situada, citando o credor mais uma vez, agora para recebê-la, e este não acatando a citação, terá a coisa depositada pelo devedor.

Art. 343. As despesas com o depósito, quando julgado procedente, correrão à conta do credor, e, no caso contrário, à conta do devedor.

➥ Veja art. 982 do CC/1916.

225

Quando efetuado o depósito, as despesas judiciais (guarda, conservação, honorários advocatícios etc.) caberão ao credor se o magistrado o julgar procedente, e ao devedor se improcedente.

■ Recurso a pretensão da parte autora de exclusão de seu nome do cadastro de inadimplentes, formulada apenas no recurso de apelação, não pode ser conhecida, por implicar inovação recursal. Apreciação de fato ocorrido após a propositura da ação só é admitida se não implicar alteração do pedido ou da causa de pedir. Arguição envolve pretensão que não foi submetida à apreciação do MM. Juízo da causa, sendo certo que não compreende matéria de ordem pública, passível de conhecimento de ofício. Legitimidade passiva. A legitimidade passiva na ação de consignação em pagamento é do credor, sempre que ele for conhecido e certo. Diante dos termos em que proposta a demanda, com observação de que a aferição das condições da ação, inclusive legitimidade das partes, é feita com base na relação substancial, tal como apresentada pelo autor na inicial, consistente em pretensão de quitar débito relativo a cartão de crédito administrado pelo banco réu, nos termos de compromisso de pagamento com ele firmado, uma vez que a instituição financeira se recusou a receber o pagamento, e não se confunde com o julgamento do mérito, conforme orientação que se adota, de rigor, o reconhecimento da legitimidade das partes, uma vez que o réu indicado na inicial, credor do título objeto da ação, é titular do interesse que se opõe ao da autora Afastado o julgamento de extinção do processo, sem resolução do mérito, com base no art. 267, VI, do CPC. Julgamento do mérito (CPC, art. 515, § 3º). Consignação em pagamento. A prova documental constante dos autos revela que o banco réu é credor do débito objeto da ação, bem como que a "L. Assessoria e Recuperadora e Crédito Ltda. ME" é mera empresa contratada para cobrança pelo banco réu. Reconhecida a existência de injusta recusa do banco réu em receber o pagamento da parcela relativa ao mês de novembro de 2010 e as subsequentes, sob o argumento de "quebra de acordo", uma vez que a autora estava adimplente em relação ao compromisso firmado. Reconhecimento de que os depósitos satisfizeram as prestações vencidas no curso do processo, relativas ao débito constante do compromisso de pagamento Incabível o ressarcimento dos honorários advocatícios convencionais, visto que o art. 343, do CC, não abrange referida despesa, bem como tendo em vista que os pagamentos feitos a terceiros para defesa de direitos não autorizam a condenação no pagamento de indenização por danos materiais. Ação de consignação em pagamento julgada procedente, em parte, para declarar extinta a obrigação correspondente aos depósitos consignados. Recurso conhecido, em parte, e provido, em parte, e, prosseguindo no julgamento, como autoriza o art. 515, § 3º, do CPC, julgar procedente, em parte, a ação. (TJSP, Ap. n. 0013731-17.2010.8.26.0292/Jacareí, 20ª Câm. de Dir. Priv., rel. Rebello Pinho, *DJe* 30.04.2015, p. 1.839)

Art. 344. O devedor de obrigação litigiosa exonerar-se-á mediante consignação, mas, se pagar a qualquer dos pretendidos credores, tendo conhecimento do litígio, assumirá o risco do pagamento.

➡ Veja art. 983 do CC/1916.

Se ocorrer litígio sobre a coisa e não estiver esclarecido a quem caiba o recebimento, será caso de consignação. Todavia, caso o devedor não promova a consignação, assume então os riscos da escolha que faça da pessoa a quem pagar, dependendo do êxito da demanda. Caso o vencedor seja terceiro, ficará o devedor obrigado a pagar ao verdadeiro credor que venceu a demanda, tendo o direito de pedir a devolução do que pagou antes da decisão da ação ao litigante vencido.

Código Civil comentado e anotado   Arts. 344 a 346

■ Processo civil. Ação de consignação em pagamento. Preliminar de nulidade da sentença. Conexão. Inovação recursal. Preliminar rejeitada. Mérito. Consignação intencionando a elisão da mora. Ausência de elemento modificativo da relação contratual entabulada. Presunção de nulidade do contrato. Impossibilidade. Depósito insuficiente. Hipóteses art. 335, V, CC. Inocorrência. Pretensão ilícita. Inadmissível a consignação. Recurso conhecido, preliminar rejeitada e, no mérito, não provido. Sentença mantida. 1 – Não se afigura possível acolher preliminar de "conexão" quando somente após o aforamento, processamento e julgamento de duas demandas versando sobre o mesmo instrumento contratual, naquela em que sucumbe o autor, vem revelar a coexistência de ações correlatas, tanto por se tratar de matéria preclusa, quanto configurar hipótese de inovação recursal. 2 – O art. 345, V, do CC estabelece que a pendência de litígio sobre o objeto do pagamento autoriza a consignação, não significando que o devedor pode instaurar uma lide, com o objetivo de depositar o débito em juízo, ao invés de pagar diretamente ao credor. O aludido dispositivo legal cuida da hipótese em que pende litígio entre pretensos credores da dívida, como consta, de forma expressa dos arts. 344 e 345 do CC, que tratam do efeito da consignação em tal hipótese. 3 – Inocorrendo quaisquer das hipóteses previstas no art. 335 do CC, é ilícita a pretensão de consignar os valores que deveriam ser regularmente pagos ao credor. 4 – Inadmissível a consignação se não houver recusa por parte do devedor em receber o pagamento acordado, dúvida fundada ou litígio sobre quem deva recebê-lo. 5 – Não há que se presumir a nulidade de contrato, sem que haja demonstração de elemento modificativo daquela relação contratual, seja por vontade das partes, ou, eventualmente, revisão por decisão judicial apta a produzir seus efeitos. 6 – Recurso de apelação conhecido, preliminar de nulidade rejeitada, e, no mérito, negado provimento ao apelo. (TJDFT, Proc. n. 20140110888202, 3ª T. Cível, rel. Des. Alfeu Machado, *DJe* 13.04.2015, p. 299)

Art. 345. Se a dívida se vencer, pendendo litígio entre credores que se pretendem mutuamente excluir, poderá qualquer deles requerer a consignação.

➥ Veja art. 984 do CC/1916.

Como a ação de consignação é privativa do devedor para liberar-se do débito, caso a dívida vença e não haja depósito feito pelo próprio devedor, qualquer um dos credores estará autorizado a receber a consignação. Dessa forma, estará garantido o direito de receber a satisfação do crédito, sendo o devedor exonerado de tal obrigação, não importando qual dos credores seja reconhecido como detentor legítimo do direito creditório.

■ Veja no art. 344 a seguinte decisão: TJDFT, Proc. n. 20140110888202, 3ª T. Cível, rel. Des. Alfeu Machado, *DJe* 13.04.2015, p. 299.

CAPÍTULO III
DO PAGAMENTO COM SUB-ROGAÇÃO

Art. 346. A sub-rogação opera-se, de pleno direito, em favor:
I – do credor que paga a dívida do devedor comum;
II – do adquirente do imóvel hipotecado, que paga a credor hipotecário, bem como do terceiro que efetiva o pagamento para não ser privado de direito sobre imóvel;
III – do terceiro interessado, que paga a dívida pela qual era ou podia ser obrigado, no todo ou em parte.

➥ Veja art. 985 do CC/1916.

Arts. 346 e 347 — Almeida Guilherme

Pagamento decorrente da sub-rogação pessoal ou subjetiva, em que há substituição, nos direitos creditórios, daquele que solveu obrigação alheia ou emprestou quantia necessária para o pagamento que satisfez o credor. Efetivado o pagamento por terceiro, o credor ficará satisfeito e não mais terá o poder de reclamar do devedor o inadimplemento da obrigação. No entanto, o pagamento com sub-rogação não é liberatório para o devedor. Este terá um vínculo com o terceiro que solveu a dívida e tornou-se o novo credor da relação obrigacional.

- Enunciado n. 8 da I Jornada de Direito Comercial: "A sub-rogação do adquirente nos contratos de exploração atinentes ao estabelecimento adquirido, desde que não possuam caráter pessoal, é a regra geral, incluindo o contrato de locação".

- Declaratória de inexigibilidade de cheque. Pagamento feito por terceiro interessado. Sub-rogação. Legitimidade ativa do emitente do cheque. 1 – O terceiro interessado que paga a dívida de pessoa diversa, sub-roga-se nos direitos desta (art. 346, III, CC). Nesse caso, o terceiro passa a ser pessoa legítima para postular, em nome próprio, a declaração de inexigibilidade do título usado para o pagamento da dívida (art. 349, CC). Causa madura. Possibilidade de julgamento direito pelo tribunal. Demonstração de inexecução da prestação de serviço adjacente ao cheque. Ausência de impugnação específica dos fatos narrados pelo autor. Título inexigível. Protesto cancelado. 2 – Na forma do permissivo do art. 515, § 3º, CPC, o Tribunal pode julgar desde logo a lide quanto se tratar de causa que estiver em condições de imediato julgamento. 3 – Diante da presença de alegações plausíveis, de documentos e da ausência de impugnação especifica pela outra parte, presume-se como verdadeiros os fatos narrados pelo autor e acolhe-se seu pedido, na forma do art. 302, do CPC. Recurso provido. (TJSP, Ap. n. 0912380-50.2012.8.26.0506/Ribeirão Preto, 20ª Câm. de Dir. Priv., rel. Alberto Gosson, *DJe* 03.07.2015)

Art. 347. A sub-rogação é convencional:
I – quando o credor recebe o pagamento de terceiro e expressamente lhe transfere todos os seus direitos;
II – quando terceira pessoa empresta ao devedor a quantia precisa para solver a dívida, sob a condição expressa de ficar o mutuante sub-rogado nos direitos do credor satisfeito.

➥ Veja art. 986 do CC/1916.

A sub-rogação é convencional quando: (i) o credor recebe o pagamento de terceiro e expressamente lhe transfere todos os seus direitos e (ii) terceira pessoa empresta ao devedor a quantia precisa para solver a dívida, sob a condição expressa de ficar o mutuante sub-rogado nos direitos do credor primitivo.

- Embargos infringentes. Apelação nos embargos de devedor. Execução de nota promissória. Alegação de sub-rogação nos direitos do credor. Aval fora do título. Ausência de prova segura do pagamento da Embargante-exequente Ciacorp, "em nome e por conta", do avalista "Banco [...] Brasil". Sub-rogação legal ou convencional. Inocorrência. Inteligência dos arts. 985 e 986 do CC/1916 (atuais arts. 346 e 347 do CC vigente). Sub-rogação convencional que exige a prova da quitação e deve ser contemporânea ao pagamento. Suposta sub-rogação que ocorreu mais de 14 meses do não provado pagamento. Acórdão embargado, que reformou a r. sentença para extinguir a execução, mantido na íntegra, por seus próprios e jurídicos fundamentos. Precedentes da Câmara. Embargos infringentes rejeitados. (TJSP, Emb. Infring. n. 0057319-14.2009.8.26.0000/São Paulo, 12ª Câm. de Dir. Priv., rel. Tasso Duarte de Melo, *DJe* 15.04.2015, p. 1.546)

Código Civil comentado e anotado   Arts. 347 a 349

■ Agravo de instrumento. Ação de execução de cédula de crédito comercial. Decisão que condiciona a inclusão do sub-rogado no polo ativo da demanda à notificação dos executados. Irresignação do exequente. Notificação exigida com base no art. 348 do CC. Impossibilidade. Hipótese restrita à sub-rogação convencional prevista no inciso I do art. 347 do CC. Situação diversa da tratada nos autos, que versa sobre a sub-rogação legal prevista no inciso III do art. 346 do CC. Convênio de cooperação técnica e financeira firmado entre o Banco do Brasil e o Sebrae, através do qual se prestou aval na cártula exequenda. Garantidor que, posteriormente, realizou o pagamento parcial da dívida. Sub-rogação legal operada de pleno direito. Legitimidade superveniente do sub-rogado. Exegese do art. 567, III, do CPC. Possibilidade de ingresso na demanda independentemente da notificação ou anuência dos devedores. Recurso conhecido e provido. (TJSC, AI n. 2013.012989-8, rel. Des. Subst. Altamiro de Oliveira, *DJe* 01.04.2015)

Art. 348. Na hipótese do inciso I do artigo antecedente, vigorará o disposto quanto à cessão do crédito.

➡ Veja art. 987 do CC/1916.

A sub-rogação convencional é similar à cessão de crédito pelo fato de as duas terem uma alteração subjetiva da obrigação, porém não podem ser confundidas, mesmo sendo regidas pelas mesmas normas e princípios dos arts. 286 a 298 do CC, pois enquanto a cessão de crédito consiste na vontade do credor em transferir os direitos creditórios, não importando o pagamento, a sub-rogação requer o pagamento, independentemente, da vontade do credor de transferir a titularidade do crédito.

■ Veja no art. 347 a seguinte decisão: TJSC, AI n. 2013.012989-8, rel. Des. Subst. Altamiro de Oliveira, *DJe* 01.04.2015.

Art. 349. A sub-rogação transfere ao novo credor todos os direitos, ações, privilégios e garantias do primitivo, em relação à dívida, contra o devedor principal e os fiadores.

➡ Veja art. 988 do CC/1916.

Dois são os efeitos produzidos pela sub-rogação legal ou convencional. O primeiro deles é o liberatório, uma vez que exonera o devedor perante o credor primitivo. Porém também possui um efeito não liberatório, pois o devedor permanece vinculado com o novo credor. O outro efeito é o translativo, porque a sub-rogação tem por efeito transferir, para a pessoa do sub-rogado, todas as ações, privilégios e garantias do primitivo credor relacionadas à dívida, em face do devedor principal e seus fiadores.

■ Súmula n. 188 do STF: O segurador tem ação regressiva contra o causador do dano, pelo que efetivamente pagou, até ao limite previsto no contrato de seguro.

■ Súmula n. 257 do STF: São cabíveis honorários de advogado na ação regressiva do segurador contra o causador do dano.

■ Apelação cível. Embargos à execução. Contrato assinado por duas testemunhas. Quitação integral pelo fiador. Sub-rogação. Possibilidade. 1 – A quitação, pelo fiador, da integralidade da dívida do con-

Arts. 349 a 352 — Almeida Guilherme

trato lhe garante a sub-rogação nos direitos deste contrato, conforme o disposto no art. 831 do CC. 2 – Por força de disposição legal, a saber, art. 349 do CC, a sub-rogação operada garante ao fiador todos os privilégios e garantias da dívida originária. 3 – Assim, se teria o credor originário o direito de, fundado no contrato assinado por duas testemunhas, valer-se do procedimento executivo, a teor do disposto no art. 585, II, do CPC, o fiador, sub-rogado nos direitos deste contrato, também o tem. (TJMG, Ap. Cível n. 1.0525.10.020310-4/001, 16ª Câm. Cível, rel. Wagner Wilson, *DJe* 27.02.2015)

Art. 350. Na sub-rogação legal o sub-rogado não poderá exercer os direitos e as ações do credor, senão até à soma que tiver desembolsado para desobrigar o devedor.

➡ Veja art. 989 do CC/1916.

Os direitos do sub-rogatário têm limite na soma que tiver despendido para desobrigar o devedor e terá contra este e seus fiadores ação na medida do que tiver efetivamente pago. Vale ressaltar que, além do direito limitado à quantia desembolsada e seus acessórios, beneficia-se também o credor sub-rogado dos juros após a sub-rogação.

▪ Súmula n. 188 do STF: O segurador tem ação regressiva contra o causador do dano, pelo que efetivamente pagou, até ao limite previsto no contrato de seguro.

▪ Súmula n. 257 do STF: São cabíveis honorários de advogado na ação regressiva do segurador contra o causador do dano.

Art. 351. O credor originário, só em parte reembolsado, terá preferência ao sub-rogado, na cobrança da dívida restante, se os bens do devedor não chegarem para saldar inteiramente o que a um e outro dever.

➡ Veja art. 990 do CC/1916.

Quando ocorre sub-rogação parcial, ou seja, quando terceiro solve parcialmente a dívida, surge um conflito de preferências: se compete a garantia de se pagar pelos bens do devedor ao antigo credor ou ao sub-rogado parcial. A solução está na lei, que prescreve que terá preferência o antigo credor, pelo remanescente do seu crédito, já que o sub-rogatário não tem um direito a ele oponível.

CAPÍTULO IV
DA IMPUTAÇÃO DO PAGAMENTO

Art. 352. A pessoa obrigada, por dois ou mais débitos da mesma natureza, a um só credor, tem o direito de indicar a qual deles oferece pagamento, se todos forem líquidos e vencidos.

➡ Veja art. 991 do CC/1916.

É a faculdade de escolher, dentre várias prestações de coisa/bem fungível, devidas ao mesmo credor, pelo mesmo devedor, qual dos débitos satisfará.

Código Civil comentado e anotado   Arts. 352 a 354

■ Agravo de instrumento. Ação cominatória. Liminar. Inscrição indevida em cadastro de inadimplentes. Equívoco de agência bancária ao receber pagamento. Indicação de data de vencimento incorreta. Imputação ao pagamento. Arts. 352 e 355 do CC. Aplicação. Possibilidade no caso. Presença dos requisitos para deferimento dos pedidos liminares. Recurso provido. Tendo o devedor mais de uma dívida da mesma natureza perante o mesmo credor, todas líquidas e vencidas, poderá indicar qual débito deseja quitar (art. 352 do CC). Não havendo a indicação, a imputação legal levará em consideração, em primeiro lugar, as dívidas líquidas e vencidas, nos termos do art. 355 do CC. V.v. p. agravo de instrumento. Ação cominatória limitação das *astreintes* fixadas. Proibição de enriquecimento sem causa do beneficiário. O objetivo da multa diária não é a condenação do réu a pagá-la, mas impeli-lo a cumprir a obrigação na forma determinada. Deve ser imposto limite à multa diária aplicada em caso de descumprimento da obrigação, não podendo ser devida indefinidamente, gerando enriquecimento sem causa ao beneficiário. V.V. (TJMG, AlCível n. 1.0145.14.036436-8/001, 16ª Câm. Cível, rel. Wagner Wilson, *DJe* 20.02.2015)

Art. 353. Não tendo o devedor declarado em qual das dívidas líquidas e vencidas quer imputar o pagamento, se aceitar a quitação de uma delas, não terá direito a reclamar contra a imputação feita pelo credor, salvo provando haver ele cometido violência ou dolo.

➡ Veja art. 992 do CC/1916.

A imputação do pagamento pelo credor terá efeito quando o devedor não indicar o débito e se o credor, ao efetuar o resgate do depósito, quitá-lo no instante do pagamento. O devedor só poderá impugnar judicialmente a quitação no caso de o credor ter agido com violência ou dolo.

■ Execução de título extrajudicial. Impugnação ao cálculo de atualização da dívida julgada improcedente. Alegação de excesso de execução, em razão de pagamentos efetuados ao credor inocorrência, pois existe outra execução promovida pelo mesmo credor, e a devedora não imputou o pagamento a nenhuma das obrigações Havendo dois ou mais débitos da mesma natureza a um só credor, e não tendo a devedora imputado o pagamento efetuado, é facultado ao credor fazê-lo da forma que lhe convier. Aplicação do art. 353 do CC. Excesso de execução inexistente. Recurso desprovido. (TJSP, AI n. 2131744-02.2014.8.26.0000/São José dos Campos, 11ª Câm. de Dir. Priv., rel. Walter Fonseca, *DJe* 15.10.2014, p. 1.615)

Art. 354. Havendo capital e juros, o pagamento imputar-se-á primeiro nos juros vencidos, e depois no capital, salvo estipulação em contrário, ou se o credor passar a quitação por conta do capital.

➡ Veja art. 993 do CC/1916.

Se o débito for de capital e juros, imputar-se-á o pagamento primeiramente nos juros vencidos para, depois, imputar-se no capital. Essa regra só será excepcionada se houver estipulação em contrário, que será respeitada em razão da soberana vontade das partes. Todavia, se o credor vier a passar a quitação por conta do capital, permanece subsistindo os juros, porque a imputação nos juros lhe seria mais favorável e, se quitou o capital no todo ou em parte, não pode recuar para exonerar o devedor.

Arts. 354 a 356   Almeida Guilherme

■ Súmula n. 464 do STJ: A regra de imputação de pagamentos estabelecida no art. 354 do Código Civil não se aplica às hipóteses de compensação tributária.

■ Administrativo e processual civil. Agravo regimental no agravo em recurso especial. Interposição de dois agravos regimentais. Princípio da unirrecorribilidade recursal. Preclusão consumativa. Não conhecimento do segundo agravo. Servidor público. Execução de sentença. Juros moratórios. Incidência sobre pagamentos efetuados na via administrativa. Critério de cálculo. Reexame de provas. Art. 354 do CC. Inaplicabilidade. Agravo regimental desprovido. 1 – Diante do princípio da unirrecorribilidade recursal e da ocorrência da preclusão consumativa, não deve ser conhecido o segundo agravo regimental interposto pelos agravantes. 2 – A regra de imputação de pagamentos prevista no art. 354 do CC é inaplicável às dívidas da Fazenda Pública. Precedentes. 3 – Agravo regimental desprovido. (STJ, Ag. Reg.-Ag.-REsp n. 357.584, 1ª T., rel. Min. Napoleão Nunes Maia Filho, *DJe* 04.03.2015, p. 716)

Art. 355. Se o devedor não fizer a indicação do art. 352, e a quitação for omissa quanto à imputação, esta se fará nas dívidas líquidas e vencidas em primeiro lugar. Se as dívidas forem todas líquidas e vencidas ao mesmo tempo, a imputação far-se-á na mais onerosa.

➡ Veja art. 994 do CC/1916.

Se o devedor não escolher a dívida em que quer imputar o pagamento e se o credor, no ato da quitação, não usar o seu direito de indicar onde o imputará, a lei supre tal brecha, ordenando que a imputação seja feita nas dívidas líquidas e vencidas em primeiro lugar. Agora, caso todas as dívidas forem líquidas e vencidas ao mesmo tempo, a imputação será feita na mais onerosa.

■ Apelação cível. Direito privado não especificado. Ação de cobrança. Pagamentos. Ausência de indicação pelo devedor do débito a que ofereceu o pagamento. Incidência da regra da imputação legal. Art. 355 do CCB, considerando-se quitada a dívida mais antiga. Negaram provimento ao recurso de apelação. Unânime. (TJRS, Ap. Cível n. 70.065.046.203, 16ª Câm. Cível, rel. Des. Paulo Sergio Scarparo, j. 11.06.2015)

■ Apelação. Ação de despejo por falta de pagamento c/c cobrança de aluguéis. Multa moratória contratual. Livre pactuação. Abusividade não demonstrada. Imputação do pagamento. Dívidas vencidas em primeiro lugar. Inteligência do art. 355 do CC. 1 – Não há que se falar em redução da multa moratória contratual livremente pactuada pelas partes em contrato de locação. 2 – Constatando-se a existência de débitos que devem ser compensados entre o locador e o locatário e inexistindo indicação das partes a respeito da quitação, a imputação do pagamento se fará nas dívidas vencidas em primeiro lugar, nos termos do art. 355 do CC. (TJMG, Ap. Cível n. 1.0701.13.035863-6/001, 11ª Câm. Cível, rel. Marcos Lincoln, *DJe* 23.02.2015)

CAPÍTULO V
DA DAÇÃO EM PAGAMENTO

Art. 356. O credor pode consentir em receber prestação diversa da que lhe é devida.

➡ Veja art. 995 do CC/1916.

Código Civil comentado e anotado
Arts. 356 e 357

Dação em pagamento ocorre quando o devedor entrega em pagamento ao seu credor, e com sua anuência, prestação de natureza diversa da que lhe era devida. É um acordo liberatório, feito entre credor e devedor, onde há entrega de uma prestação por outra para solver a dívida, sem que haja substituição da obrigação por uma nova.

■ Apelação cível. Dação em pagamento. Art. 356 do CC. Requisitos. Aceitação do credor. Ausência. Improcedência do pedido. Manutenção da sentença. A dação em pagamento pressupõe a existência de uma dívida, o acordo do credor e a entrega de coisa diversa da devida, com a intenção de extinguir a obrigação. Diante da ausência de consentimento do credor em aceitar coisa diversa da devida, improcedente é o pedido de dação em pagamento, devendo a sentença ser mantida. (TJMG, Ap. Cível n. 1.0686.13.003886-8/001, 15ª Câm. Cível, rel. Antônio Bispo, *DJe* 09.06.2015)

■ Agravo de instrumento. Direito civil. Ação de cobrança. Cumprimento de sentença. Expedição de alvará em nome de terceiro interessado. Alienação de imóvel para pagamento de dívida. Recurso parcialmente provido. 1 – Entendo que não há que se falar em pagamento da dívida por terceiro (art. 304, CC), uma vez que o terceiro – W. Imobiliária, Refrigeração e Construções, Indústria e Comércio, não pagou a dívida do devedor. O pagamento da dívida foi efetuado por meio de alienação dos direitos que o agravante possuía sobre o imóvel. 2 – Também não se pode falar em dação em pagamento (art. 357, CC), pois o credor/agravado não recebeu o imóvel como pagamento, mas apenas o valor que lhe era devido. 3 – Ressalto que a dação em pagamento é o modo de extinção de uma obrigação que consiste no credor consentir em receber do devedor coisa diversa da que foi pactuada. É, pois, um acordo de vontades entre credor e devedor, através do qual o primeiro concorda em receber do segundo prestação diversa da que lhe é devida e assim exonerá-lo da obrigação. 4 – A matéria está normatizada nos arts. 356 a 359 do novo CCB, sendo que sua essência é a entrega de uma coisa diversa em pagamento, substituindo a obrigação original. 5 – Recurso conhecido e parcialmente provido. (TJDFT, AI n. 20140020145705, rel. Des. Silva Lemos, *DJe* 04.12.2014, p. 84)

Art. 357. Determinado o preço da coisa dada em pagamento, as relações entre as partes regular-se-ão pelas normas do contrato de compra e venda.

➥ Veja art. 996 do CC/1916.

Na dação em pagamento, a prestação em dinheiro é substituída pela entrega de um objeto, ou seja, o credor não recebe por preço certo e determinado. Entretanto, se o preço da coisa for especificado, e cuja propriedade e posse forem transferidas ao credor, o negócio será regido pelas normas de compra e venda.

■ Apelação. Declaratória de inexistência de débito c/c reparação de danos e obrigação de fazer. Ilegitimidade passiva *ad causam* do segundo requerido. Alheio à relação negocial. Contrato estimatório. Veículo usado deixado em revendedora. Dação em pagamento. Aquisição de outro veículo usado. Convolação em compra e venda pura. Estipulação do preço e do objeto. Valor final aceito pelo consignante. Despesas com anúncios e lavagem do veículo consignado. Abatimento. Danos morais. Inexistência. Demora na concretização do contrato. Mero aborrecimento. Ônus sucumbenciais. Distribuição proporcional. 1 – Impõe-se reconhecer, de ofício, a ilegitimidade passiva *ad causam* do segundo réu, por ser pessoa alheia ao negócio entabulado entre as partes, mormente porque a solidariedade não se presume, decorre da Lei ou da vontade das partes, conforme o art. 265 do CCB. 2 – Pelo contrato estimatório, o consignante entrega bens móveis ao consignatário, que fica autorizado a vendê-los, pagando

Arts. 357 a 360 — Almeida Guilherme

àquele o preço ajustado, ou, caso convencionada a dação em pagamento desse bem móvel consignado na aquisição de outro, no mesmo recinto comercial, o negócio se convola em compra e venda pura, cujo preço da venda, poderá ser abatido do bem adquirido, se assim se convencionou, conferir os arts. 534, 537, 483 e 357 do CCB. 3 – Impõe-se a devolução, a quem de direito, de eventual crédito que sobejar da compra e venda dos veículos, objetos do negócio, abatidas as despesas contratadas, sob pena de enriquecimento ilícito, conforme o art. 884 do CCB. 4 – A mera inadimplência contratual, decorrente da demora na prestação, não gera dano moral, que decorre de um ato ilícito omissivo ou comissivo, mas mero aborrecimento, impassível de reparação, conferir os arts. 186 e 927 do CCB. Obrigação de indenizar excluída. 5 – A sucumbência recíproca obriga a distribuição proporcional das despesas processuais e honorários advocatícios, conferir o art. 21 do CPC. Na hipótese, condenadas as partes, *pro rata*, ao pagamento das despesas processuais, respondendo, cada uma delas, pelos honorários dos respectivos advogados, fixados em R$ 2.000,00. Apelo conhecido e parcialmente provido. (TJGO, Ap. Cível n. 201190167093, 5ª Câm. Cível, rel. Des. Olavo Junqueira de Andrade, *DJe* 16.03.2015, p. 199)

Art. 358. Se for título de crédito a coisa dada em pagamento, a transferência importará em cessão.

➡ Veja art. 997 do CC/1916.

Caso a coisa dada em dação de pagamento for título de crédito, a transferência importará em cessão, portanto o cedido (devedor) deverá ser notificado (art. 290 do CC), permanecendo o *solvens* (cedente) responsável pela existência do crédito transmitido e não pela solvência do devedor referente ao título que o cessionário (terceiro) aceitou.

Art. 359. Se o credor for evicto da coisa recebida em pagamento, restabelecer-se-á a obrigação primitiva, ficando sem efeito a quitação dada, ressalvados os direitos de terceiros.

➡ Veja art. 998 do CC/1916.

É a perda total ou parcial de uma coisa, em virtude de sentença que a atribui a terceiro, que não o alienante ou o adquirente. Conforme previsto em lei, a evicção da coisa recebida pelo credor anula a quitação dada, fazendo com que se restabeleça a obrigação primitiva com todas as suas garantias, já que a perda da coisa por sentença sucede como se nenhuma quitação fosse dada, isto é, volta-se tudo ao *statu quo ante*.

CAPÍTULO VI
DA NOVAÇÃO

Art. 360. Dá-se a novação:
I – quando o devedor contrai com o credor nova dívida para extinguir e substituir a anterior;
II – quando novo devedor sucede ao antigo, ficando este quite com o credor;
III – quando, em virtude de obrigação nova, outro credor é substituído ao antigo, ficando o devedor quite com este.

➡ Veja art. 999 do CC/1916.

Código Civil comentado e anotado
Arts. 360 e 361

Novação é uma espécie de pagamento indireto que consiste na criação de uma nova obrigação, com a finalidade de extinguir a antiga, ou seja, diz-se que há novação quando as partes criam obrigação nova para extinguir uma antiga, podendo se dar quando: (i) o devedor contrai com o credor nova dívida para extinguir e substituir a anterior; (ii) novo devedor sucede ao antigo, ficando este quite com o credor; e (iii) em virtude de obrigação nova, outro credor é substituído ao antigo, ficando o devedor quite com este.

▪ Agravo de instrumento. Ação de execução de título extrajudicial. Exclusão do nome do agravante do cadastro informativo de créditos (Cadin). Pacto firmado. Novação. Comprovação do pagamento das parcelas homologadas. Desnecessidade de quitação integral do débito. 1 – Sabe-se que o acordo parcelado é uma forma de se extinguir uma dívida, normalmente já em atraso, e de se criar uma nova dívida para pagamento em novas parcelas com novas datas de vencimento, a contar da assinatura do acordo. 2 – Trata-se do instituto da novação, previsto no art. 360 do CC. Em outros termos, o que existe agora é uma nova dívida, com novas datas para pagamento e que não poderá gerar qualquer restrição enquanto estiver sendo paga corretamente. O credor não pode obrigar o devedor a pagar todas as parcelas para ter seu nome retirado do cadastro. Recurso conhecido e não provido. (TJAL, AI n. 0802776-71.2013.8.02.0900, rel. Des. Tutmés Airan de Albuquerque Melo, *DJe* 22.07.2015, p. 52)

▪ Ação declaratória c/c reparação de danos. Empréstimo consignado. Parcela do empréstimo superior à margem consignável. Empregadora que limitou o repasse das parcelas a 30% da remuneração da Apelante, em respeito à Lei n. 10.830/2003. Banco-apelado, ante o repasse a menor, que considerou a Apelante inadimplente e determinou a negativação do seu nome. Confissão e renegociação da dívida. Novação caracterizada com a consolidação de novo saldo devedor e nova forma de pagamento (art. 360, I, do CC). Obrigação que passou a ser quesível, cuja cobrança se daria mediante boletos bancários. Descumprimento da obrigação pelo credor. Mora do credor caracterizada (art. 394 do CC). Condenação do Banco-apelado a emitir os boletos para quitação do saldo devedor consolidado. Manutenção indevida da negativação do nome da Apelante, descontos em folha de pagamento em duplicidade com o pagamento dos boletos bancários e descumprimento da obrigação de emitir os boletos, mesmo depois de novada a dívida. Desrespeito ao consumidor inconteste, mesmo diante das reiteradas tentativas de resolver a lide administrativamente. Dano moral caracterizado. *Quantum* reparatório fixado em R$ 28.880,42, correspondente a duas vezes o valor da dívida consolidada, ante a gravidade e reiteração dos atos ilícitos. Sentença reformada. Recurso provido, com observação. (TJSP, Ap. n. 0067089-04.2010.8.26.0224/Guarulhos, 12ª Câm. de Dir. Priv., rel. Tasso Duarte de Melo, *DJe* 15.07.2015)

Art. 361. Não havendo ânimo de novar, expresso ou tácito mas inequívoco, a segunda obrigação confirma simplesmente a primeira.

➥ Veja art. 1.000 do CC/1916.

Para que se tenha novação é necessário que as partes ajam com *animus novandi*, ou seja, que as partes queiram, expressa ou tacitamente, de forma inequívoca, a criação da nova obrigação, extinguindo-se assim o liame obrigacional. Caso não exista essa intenção de novar, a segunda obrigação apenas confirma a primeira.

▪ Civil. Processual civil. Ação revisional. Redução de taxas e encargos. Alterações secundárias da dívida. Manutenção dos demais termos da avença. Novação de obrigação. Inocorrência. Anuência do fiador/avalista. Inexigibilidade. Provimento. I – A novação requer o *animus novandi* das partes de forma

Arts. 361 a 364   Almeida Guilherme

inequívoca. Inexistindo o ânimo de novar, expresso ou tácito mas inequívoco, a segunda obrigação simplesmente confirma a primeira, conforme dispõe o art. 361 do CC. II – Se a ação revisional foi julgada procedente somente para reduzir taxas e expurgar demais encargos incidentes em caso de mora, mantendo-se inalterados os demais termos da avença, sem qualquer mudança substancial da obrigação, mas tão somente alterações secundárias da dívida, não há que se falar em novação da dívida. Daí porque, não se poderia entender como exigível anuência do agravado, na qualidade de fiador ou avalista, a instituto que sequer restou configurado. III – Agravo de instrumento provido. (TJMA, AI n. 046811/2014, rel. Des. Cleones Carvalho Cunha, *DJe* 13.02.2015, p. 138)

Art. 362. A novação por substituição do devedor pode ser efetuada independentemente de consentimento deste.

➥ Veja art. 1.001 do CC/1916.

Novação subjetiva passiva. Ocorre quando um terceiro assume a dívida de um devedor primitivo, substituindo-o sem o consentimento deste, desde que o credor concorde com tal mudança.

Art. 363. Se o novo devedor for insolvente, não tem o credor, que o aceitou, ação regressiva contra o primeiro, salvo se este obteve por má-fé a substituição.

➥ Veja art. 1.002 do CC/1916.

Insolvência é a situação na qual o devedor se encontra obrigado ao pagamento de um débito superior ao seu patrimônio. Por esse motivo, compete ao credor verificar a sua situação antes de aceitá-lo. No caso de o devedor ser insolvente e o credor consentir com a substituição do antigo devedor, o credor não poderá promover ação regressiva contra o devedor primário, salvo se provar má-fé na substituição. Nesse caso, a novação será nula e a obrigação antecedente ressurgirá.

Art. 364. A novação extingue os acessórios e garantias da dívida, sempre que não houver estipulação em contrário. Não aproveitará, contudo, ao credor ressalvar o penhor, a hipoteca ou a anticrese, se os bens dados em garantia pertencerem a terceiro que não foi parte na novação.

➥ Veja art. 1.003 do CC/1916.

A sobrevivência dos acessórios na nova obrigação é possibilitada pela própria lei, quando as partes ajustarem em tal sentido. Todavia, tal acordo não pode vincular terceiros que não consentiram. Isso significa que o credor não aproveitará a hipoteca, o penhor ou a anticrese se os bens dados em garantia pertencem a terceiros que não participaram da novação. Uma vez extinto o vínculo primitivo, essas garantias só reaparecem por vontade de quem as prestou.

▪ Agravo. Execução por quantia certa contra devedor solvente em face de garantes. Cédula de crédito bancária. Recuperação judicial da devedora principal. Plano de recuperação aprovado. Novação havida que não alcança aqueles. Preservação por inteiro da obrigação de pagamento de soma em dinheiro

Código Civil comentado e anotado   Arts. 364 a 366

representada pelo título executivo. Natureza distinta da novação que se dá na recuperação judicial daquela disciplinada no art. 364 do CC. Precedentes do STJ. Pretensão ao recebimento dos embargos de devedor no efeito apenas suspensivo. Descabimento. Improvimento. (TJSP, AI n. 2059895-33.2015.8.26.0000/ São Paulo, 23ª Câm. de Dir. Priv., rel. Sebastião Flávio, *DJe* 02.06.2015).

▪ Agravo de instrumento. Cumprimento de sentença. Acordo homologado pelo juízo que substituiu contrato de parceria pecuária. Novação. Extinção de garantia real ofertada por terceiro que não anuiu ao novo ajuste. Art. 364 do CC. Bem de terceiro ofertado à penhora. Possibilidade. Anuência expressa e prova da propriedade. Recurso provido parcialmente. A novação consiste em um novo ajuste entre credor e devedor, com a intenção deliberada de substituir a obrigação anterior pela nova obrigação, deixando aquela de existir, não aproveitando, ainda, qualquer ressalva pertinente a penhor, a hipoteca ou a anticrese, se os bens dados em garantia pertencerem a terceiro que não foi parte na novação. Excepcionalmente, é possível a nomeação de bens pertencentes a terceiros, desde que comprovadas, desde logo, a propriedade do terceiro sobre o bem nomeado e a sua anuência com a constrição. (TJMS, AI n. 1414466-19.2014.8.12.0000, 3ª Câm. Cível, rel. Des. Fernando Mauro Moreira Marinho, *DJe* 17.06.2015)

Art. 365. Operada a novação entre o credor e um dos devedores solidários, somente sobre os bens do que contrair a nova obrigação subsistem as preferências e garantias do crédito novado. Os outros devedores solidários ficam por esse fato exonerados.

➡ Veja art. 1.005 do CC/1916.

A novação, ao extinguir o débito, liberta os devedores daquele vínculo. Agora, se a obrigação é solidária, a novação concluída entre o credor e um dos devedores solidários exonera os demais, subsistindo as preferências e garantias do crédito novado somente sobre os bens do devedor que contrai a nova.

Art. 366. Importa exoneração do fiador a novação feita sem seu consenso com o devedor principal.

➡ Veja art. 1.006 do CC/1916.

Extinta a obrigação primitiva, também deixam de existir os acessórios e as garantias a ela pertencentes, ou seja, a fiança também estará extinta com a novação. Dessa maneira, caso o fiador não consinta com tal novação, estará exonerado da obrigação.

▪ Enunciado n. 547 da VI Jornada de Direito Civil: "Na hipótese de alteração da obrigação principal sem o consentimento do fiador, a exoneração deste é automática, não se aplicando o disposto no art. 835 do Código Civil quanto à necessidade de permanecer obrigado pelo prazo de 60 (sessenta) dias após a notificação ao credor, ou de 120 (cento e dias) dias no caso de fiança locatícia".

▪ Apelação cível. Alteração contratual. Novação. Fiança. Exoneração. Recurso desprovido. Opera-se a novação quando a dívida é renegociada, deixando de existir a anterior e passando a existir outra. De acordo com o disposto no art. 366 do CC, importa exoneração do fiador a novação feita sem seu consenso com o devedor principal. (TJMG, Ap. cível n. 1.0095.12.001292-7/001, 15ª Câm. Cível, rel. Edison Feital Leite, *DJe* 01.08.2014).

237

Arts. 366 a 368 — Almeida Guilherme

- Civil, consumidor e processual civil. Apelação cível. Ação declaratória negativa de débito c/c indenização por danos morais. Contrato particular de composição e assunção de dívidas renovado sem aposição de assinatura do demandante na qualidade de fiador. Ausência de manifestação de vontade. Inexistência de responsabilidade do fiador pela obrigação estabelecida no ajuste contratual renovado sem seu consentimento. Inteligência do art. 366 do CC. Inscrição indevida em cadastro restritivo de crédito. Abalo de ordem moral. Dever de indenizar que se impõe. *Quantum* reparatório fixado em sintonia com os princípios da razoabilidade e proporcionalidade. Pleito de redução da verba honorária. Não acolhimento. Valor arbitrado em consonância com as disposições contidas no art. 20, § 3º, do CPC. Sentença mantida. Conhecimento e desprovimento do apelo. (TJRN, Ap. Cível n. 2014.001565-7, rel. Des. Cláudio Santos, *DJe* 30.10.2014, p. 44)

Art. 367. Salvo as obrigações simplesmente anuláveis, não podem ser objeto de novação obrigações nulas ou extintas.

➡ Veja arts. 1.007 e 1.008 do CC/1916.

São extintas as obrigações nulas, uma vez que não geram efeito jurídico algum e não podem ser confirmadas pela novação. As obrigações extintas não são suscetíveis de novação, porque elas já se concluíram e não haverá nada para extinguir novamente, ou seja, não se pode novar o que inexiste.

Agora, as obrigações anuláveis, como não afetam a ordem pública, podem ser confirmadas por novação, dando lugar então a uma nova obrigação, que gerará todas as consequências jurídicas dela esperada, uma vez que válida e eficaz.

- Compra e venda. Resolução de contrato. Homologação do plano de recuperação judicial da ré. Novação da dívida imposta por lei. Plano da validade do negócio jurídico. Falta de interesse de agir para o reconhecimento da resolução do contrato de compra e venda em razão da peculiar condição da ré. Ainda que procedente o pedido de resolução do contrato, o julgado não proporcionaria à autora qualquer resultado útil à preservação de seus interesses, pois teria de habilitar seu crédito junto ao Juízo em que se encontrava processada a recuperação judicial. Continuaria ostentando a condição de credora quirografária. Apreensão parcial das mercadorias alienadas à ré. Apelação contra a cautelar que se processa somente com efeito devolutivo. Impossibilidade de restituição integral das mercadorias e do retorno ao estado anterior das coisas. Dever de habilitação no plano de recuperação judicial aprovado como meio imprescindível de recuperar seu crédito em contrapartida às mercadorias alienadas. Plano homologado e não impugnado que implica novação. Convalidação superveniente do negócio atacado na inicial nos termos do disposto no art. 367 do CC. Sentença mantida. Recurso improvido. (TJSP, Ap. n. 0000667-90.2009.8.26.0609/Taboão da Serra, 33ª Câm. de Dir. Priv., rel. Des. Hamid Bdine, *DJe* 24.10.2014, p. 2.086)

CAPÍTULO VII
DA COMPENSAÇÃO

Art. 368. Se duas pessoas forem ao mesmo tempo credor e devedor uma da outra, as duas obrigações extinguem-se, até onde se compensarem.

➡ Veja art. 1.009 do CC/1916.

Código Civil comentado e anotado   Arts. 368 e 369

Compensação. É um modo especial de extinção de obrigações, em que duas pessoas são, ao mesmo tempo, credor e devedor uma da outra, perfazendo a extinção das duas obrigações até o limite da operação mútua da quitação entre credor e devedor.

Existe também a compensação decorrente de lei, denominada compensação legal, que, independentemente de acordo entre as partes e até mesmo com oposição de uma delas, extinguirá as obrigações recíprocas.

■ Administrativo e processual civil. Honorários advocatícios. Impossibilidade de compensação da verba fixada na ação de conhecimento com aquela estabelecida na execução. Ausência de identidade entre credor e devedor. Inexistência de sucumbência recíproca. Natureza alimentícia da verba devida ao causídico distinta da natureza de crédito público da verba devida ao INSS. Recurso especial não provido. 1. Nos termos do art. 368 do Código Civil/2002 , a compensação é possível quando duas pessoas forem ao mesmo tempo credora e devedora uma da outra. 2. A partir da exigência de que exista sucumbência recíproca, deve-se identificar credor e devedor, para que, havendo identidade subjetiva entre eles, possa ser realizada a compensação, o que não se verifica na hipótese em exame. 3. No caso, os honorários advocatícios devidos pelo INSS na ação de conhecimento pertencem ao advogado. Já os honorários devidos ao INSS pelo êxito na execução são devidos pela parte sucumbente, e não pelo causídico, não havendo claramente identidade entre credor e devedor, não sendo possível, outrossim, que a parte disponha da referida verba, que, repita-se, não lhe pertence, em seu favor. 4. Em segundo lugar, a natureza jurídica das verbas devidas são distintas: os honorários devidos ao advogado têm natureza alimentícia, já a verba honorária devida ao INSS tem natureza de crédito público, não havendo como ser admitida a compensação nessas circunstâncias. 5. Assim, não há possibilidade de se fazer o encontro de contas entre credores que não são recíprocos com créditos de natureza claramente distinta e também sem que ocorra sucumbência recíproca. 6. Recurso do INSS desprovido. (STJ, REsp n. 1.402.616 (2013/0301661-6), 1ª S., rel. Min. Sérgio Kukina, *DJe* 02.03.2015, p. 1.124)

■ Agravo de instrumento. Execução de título extrajudicial. Compensação crédito. Dívida ilíquida e incerta. Ação em curso. Impossibilidade. Recurso improvido. Por óbvio que é possível a compensação legal como forma de extinguir, parcial ou integralmente, a obrigação, nos termos dos arts. 368 e 369 do CC. No entanto, a compensação só é possível quando as dívidas são líquidas (objetos certos e determinados) e vencidas (créditos objeto de execução), o que não ocorre no presente caso, na medida em que o crédito que o apelante alega possuir não se encontra líquido, tampouco vencido, e ainda pendente de trânsito em julgado. (TJMT, AI n. 26902/2014, rel. Des. Sebastião Barbosa Farias, *DJe* 24.11.2014, p. 11)

Art. 369. A compensação efetua-se entre dívidas líquidas, vencidas e de coisas fungíveis.

➡ Veja art. 1.010 do CC/1916.

A compensação apenas acontecerá quando tiver por objetos dívidas líquidas, ou seja, certas e determinadas, vencidas e de prestações fungíveis, pois as infungíveis são consideradas incompensáveis. Mas se uma das dívidas for ilíquida, só poderá ser compensada mediante determinação do juiz (compensação judicial).

■ Apelação cível. Embargos à execução. Compensação. Dívida líquida, vencida e de coisa fungível. Inocorrência. Desprovimento. 1. Nos termos do CC, art. 369, somente é possível a compensação quando se estiver diante de dívida líquida, vencida e de coisas fungíveis. 2. Apelação desprovida. (TJMA, Proc. Civ. Proc. T-Ap. n. 0470472014, rel. Kleber Costa Carvalho, *DJe* 22.06.2015, p. 550)

239

Art. 370. Embora sejam do mesmo gênero as coisas fungíveis, objeto das duas prestações, não se compensarão, verificando-se que diferem na qualidade, quando especificada no contrato.

➡ Veja art. 1.011 do CC/1916.

De acordo com a lei, quando especificada no contrato, a compensação requer débitos idênticos, pois se os débitos forem da mesma espécie, mas de qualidades diferentes, não se compensarão.

Art. 371. O devedor somente pode compensar com o credor o que este lhe dever; mas o fiador pode compensar sua dívida com a de seu credor ao afiançado.

➡ Veja art. 1.013 do CC/1916.

A compensação apenas extinguirá as obrigações entre credores e devedores principais, não acrescentando obrigações de terceiros. Todavia, a lei permite uma exceção ao fiador, terceiro interessado, de compensar seu débito com o de seu credor ao afiançado, a fim de evitar pagamentos simultâneos. O fiador, ao compensar seu débito com o que lhe deve o credor de seu afiançado, poderá exercer contra este o direito de regresso, com o objetivo de receber aquilo que pagou.

Art. 372. Os prazos de favor, embora consagrados pelo uso geral, não obstam a compensação.

➡ Veja art. 1.014 do CC/1916.

Os prazos de favor, que são aqueles concedidos gentilmente pelo credor, não podem ser alegados pelo beneficiário para ilidir a compensação do seu débito com o de seu devedor.

Art. 373. A diferença de causa nas dívidas não impede a compensação, exceto:
I – se provier de esbulho, furto ou roubo;
II – se uma se originar de comodato, depósito ou alimentos;

▪ Apelação cível. Direito privado não especificado. Ação ordinária. Compensação da dívida. Depósito de soja. Dívidas com natureza diversa. Impossibilidade. Sentença modificada. É vedada a compensação de dívidas, quando uma delas derivar de contrato de depósito, enquanto a outra possui natureza diversa. Art. 373, II, do CC. Sentença modificada. Sucumbência invertida. Apelo provido. Unânime. (TJRS, Ap. Cível n. 70.037.199.031, 18ª Câm. Cível, rel. Elaine Maria Canto da Fonseca, j. 30.10.2014)

▪ Ação ordinária. Taxa de fiscalização de instalação, localização e funcionamento. Interposição contra decisão que determinou a compensação entre os valores devidos pela Municipalidade e os honorários devidos pelo autor da ação, com a retenção dos valores na ocasião do pagamento do precatório. Im-

Código Civil comentado e anotado   Arts. 373 a 376

possibilidade. Inteligência dos arts. 170, *caput* do CTN e 373, II, do CC. Verba honorária de caráter autônomo e alimentar pertencente, a princípio, aos patronos do vencedor e não ao erário (art. 23 do Estatuto da OAB). Recurso provido. (TJSP, AI n. 2117353-08.2015.8.26.0000/São Paulo, 15ª Câm. de Dir. Públ., rel. Rezende Silveira, *DJe* 31.07.2015)

III – se uma for de coisa não suscetível de penhora.

➡ Veja art. 1.009 do CC/1916.

A diferença de causa nas dívidas não impede a compensação, salvo se provier: de esbulho, isto é, quando, mediante violência, o possuidor se vê privado da posse, furto ou roubo, por serem atos ilícitos; de comodato, ou seja, contrato de empréstimo gratuito de bem infungível, o qual deve ser restituído no tempo determinado; de depósito, contrato pelo qual o depositário recebe um bem móvel do depositante, obrigando-se a guardá-lo temporária e gratuitamente, para depois ser restituído quando lhe for exigido, não sendo suscetível de compensação, pois se extingue a obrigação com a devolução da coisa. Já os alimentos não podem ser compensados, porque envolvem tudo aquilo que é essencial ao sustento da pessoa, e com a compensação deste não mais concederia meios para a sobrevivência do alimentado, assim como as coisas impenhoráveis descritas no art. 833 do CPC (art. 649 do CPC/73). Sobre coisa impenhorável, é importante lembrar-se da Lei n. 8.009/90 e das Súmulas ns. 242 do TRF e 364 do STJ.

▪ Monitória. Embargos. Devedor que não nega o débito e pretende a compensação do valor devido com crédito trabalhista. Impossibilidade. Art. 373, III, CC. Recurso não provido. (TJSP, Ap. Cível n. 0004217-07.2011.8.26.0615/Tanabi, 22ª Câm. de Dir. Priv., rel. Roberto Mac Cracken, *DJe* 24.06.2015)

Art. 374. *(Revogado pela Lei n. 10.677, de 22.05.2003.)*

Art. 375. Não haverá compensação quando as partes, por mútuo acordo, a excluírem, ou no caso de renúncia prévia de uma delas.

➡ Veja arts. 1.016 e 1.018 do CC/1916.

Não haverá compensação em duas hipóteses: quando houver acordo entre as partes, excluindo a compensação, e se houver renúncia antecipada por partes de um dos devedores, podendo ser ela tácita, isto é, quando um dos devedores solver espontaneamente o seu débito, ou expressa, no caso de existir uma declaração restringindo a possiblidade da compensação.

Art. 376. Obrigando-se por terceiro uma pessoa, não pode compensar essa dívida com a que o credor dele lhe dever.

➡ Veja art. 1.019 do CC/1916.

Arts. 376 a 380   Almeida Guilherme

A compensação requer a personalidade dos sujeitos, ou seja, se uma pessoa age como representante legal ou convencional de alguém, não pode opor o crédito do representado para compensar seu próprio débito.

Art. 377. O devedor que, notificado, nada opõe à cessão que o credor faz a terceiros dos seus direitos, não pode opor ao cessionário a compensação, que antes da cessão teria podido opor ao cedente. Se, porém, a cessão lhe não tiver sido notificada, poderá opor ao cessionário compensação do crédito que antes tinha contra o cedente.

➥ Veja art. 1.021 do CC/1916.

Ao ceder o seu crédito, o credor deverá notificar o devedor do fato. Notificado o devedor, se este não se opuser à cessão do crédito, não poderá suscitar contra o cessionário a compensação que poderia ter sido acertada contra o cedente, uma vez que não haverá prestações recíprocas. Todavia, não ocorrendo a notificação do devedor, este poderá opor ao cessionário a compensação do crédito que antes tinha em face do cedente.

Art. 378. Quando as duas dívidas não são pagáveis no mesmo lugar, não se podem compensar sem dedução das despesas necessárias à operação.

➥ Veja art. 1.022 do CC/1916.

Quando as dívidas compensadas não forem pagáveis no mesmo lugar, e no caso de um dos devedores precisar realizar despesas, como remessa de dinheiro, transporte de mercadoria, entre outras, para efetuar o pagamento do débito, somente haverá compensação se essas despesas forem deduzidas.

Art. 379. Sendo a mesma pessoa obrigada por várias dívidas compensáveis, serão observadas, no compensá-las, as regras estabelecidas quanto à imputação do pagamento.

➥ Veja art. 1.023 do CC/1916.

Na existência de várias dívidas compensáveis, as partes deverão observar as mesmas regras sobre imputação do pagamento, ou seja, o devedor tem o direito de indicar qual dívida pretende compensar. Caso não indique, a escolha caberá ao credor.

Art. 380. Não se admite a compensação em prejuízo de direito de terceiro. O devedor que se torne credor do seu credor, depois de penhorado o crédito deste, não pode opor ao exequente a compensação, de que contra o próprio credor disporia.

➥ Veja art. 1.024 do CC/1916.

A compensação opera-se automaticamente entre as partes, desde que entre elas existam dívidas recíprocas, líquidas e exigíveis, de coisa homogênea. Porém, a lei interrompe a incidência

Código Civil comentado e anotado   Arts. 380 a 382

de tal princípio no caso de advir daí prejuízo para terceiro. Tal prejuízo ocorreria se o devedor pudesse, para compensar dívida com o seu credor, adquirir crédito já penhorado por terceiro.

■ Agravo de instrumento. Cumprimento de sentença. Cessão de crédito ineficaz em relação aos demais credores da cedente. Fraude à execução. Cessionária que conhecia a existência de outros débitos. Compensação de crédito. Impossibilidade. Art. 380 do CC. Recurso desprovido. 1. Consoante dispõe o art. 380 do CC, não se admite a compensação em prejuízo de direito de terceiro. Considera-se em fraude de execução a alienação ou oneração de bens quando, ao tempo da alienação ou oneração, corria contra o devedor demanda capaz de reduzi-lo à insolvência cimento da existência de outros débitos em face da cedente, fica evidenciada a fraude às demais execuções, salvo se restar comprovado nos autos que a cessão realizada não acarretará prejuízo aos demais credores. (TJMS, AI n. 1414151-88.2014.8.12.0000, 3ª Câm. Cível, rel. Des. Fernando Mauro Moreira Marinho, *DJe* 15.06.2015)

CAPÍTULO VIII
DA CONFUSÃO

Art. 381. Extingue-se a obrigação, desde que na mesma pessoa se confundam as qualidades de credor e devedor.

➡ Veja art. 1.049 do CC/1916.

Para que haja um vínculo obrigacional, faz-se necessária a existência de dois polos, o ativo e o passivo, o credor e o devedor, não se confundindo entre si. A confusão extingue a obrigação justamente porque essas qualidades se confundem em uma única pessoa por alguma circunstância, pois ninguém pode ser juridicamente credor e devedor de si mesmo, ou demandar contra si próprio.

■ Direito civil. Administrativo. Constitucional. Obrigação de fazer. Avanço escolar. Conclusão do ensino médio. Aprovação perante conselho de classe. Matrícula em curso de ensino superior. Princípio da razoabilidade. Situação consolidada. Honorários advocatícios. Confusão entre credor e devedor. Custas. Recurso provido. 1. Demonstrando o estudante capacidade intelectual, tendo, inclusive, logrado aprovação em vestibular, impõe-se o deferimento do pedido de submissão à avaliação e, uma vez aprovado, expedido o certificado de conclusão do ensino médio para que possa se matricular no curso superior pretendido. 2. Em casos da espécie, há que se abrandar o rigor da Lei n. 9.394/96, porquanto, na interpretação da norma, devem ser buscados os fins sociais a que se destina. 3. Comprovada a consolidação da situação com a aprovação do aluno perante o conselho de classe da instituição de ensino que frequenta e a expedição do certificado de conclusão do ensino médio, a confirmação da liminar e a procedência do pedido é medida que se impõe. 4. Estando a parte autora patrocinada pela defensoria pública, não se deve dar a condenação do Distrito Federal em honorários advocatícios, pois é dele a responsabilidade da manutenção daquela, havendo confusão entre credor e devedor, conforme o art. 381 do CC. 5. Está isento o Distrito Federal do pagamento das custas processuais, por força do art. 4°, da Lei n. 9.289/96. 6. Recurso conhecido e provido. (TJDFT, Proc. n. 20140111071285 (882046), 5ª T. Cível, rel. p/ o ac. Des. Sandoval Oliveira, *DJe* 31.07.2015, p. 150)

Art. 382. A confusão pode verificar-se a respeito de toda a dívida, ou só de parte dela.

Arts. 382 a 386 — Almeida Guilherme

➡ Veja art. 1.050 do CC/1916.

A confusão comporta duas espécies, conforme indica o art. 382: a total ou própria, e ainda, a parcial ou imprópria. A total ou própria se dá em relação a toda dívida ou crédito, e a parcial ou imprópria realiza-se apenas em relação a uma parte do débito ou crédito.

Art. 383. A confusão operada na pessoa do credor ou devedor solidário só extingue a obrigação até a concorrência da respectiva parte no crédito, ou na dívida, subsistindo quanto ao mais a solidariedade.

➡ Veja art. 1.051 do CC/1916.

Se a confusão ocorre na pessoa de um dos credores ou de um dos devedores solidários, a obrigação se extingue até a concorrência da respectiva quota no crédito ou na dívida. Com isso, a solidariedade subsistirá quanto ao remanescente, de maneira que os demais cocredores ou codevedores continuarão vinculados, sendo deduzida a parte referente ao cocredor ou codevedor na qual se operou a confusão.

Art. 384. Cessando a confusão, para logo se restabelece, com todos os seus acessórios, a obrigação anterior.

➡ Veja art. 1.052 do CC/1916.

A consequência da interrupção da confusão é a restauração da obrigação com todos os seus acessórios. Isso significa que os devedores e fiadores que já haviam se libertado do liame obrigacional ficam novamente vinculados por força da lei.

CAPÍTULO IX
DA REMISSÃO DAS DÍVIDAS

Art. 385. A remissão da dívida, aceita pelo devedor, extingue a obrigação, mas sem prejuízo de terceiro.

➡ Sem correspondência no CC/1916.

Remissão de dívidas. É a liberalidade do credor, consistente em dispensar o devedor do pagamento da dívida. O credor voluntariamente abre mão do seu direito de crédito, com o objetivo de extinguir a relação obrigacional. Para que ocorra a remissão, é necessário o consentimento inequívoco, expresso ou tácito, do devedor, mas sem que haja qualquer dano a direito de terceiro.

Art. 386. A devolução voluntária do título da obrigação, quando por escrito particular, prova desoneração do devedor e seus coobrigados, se o credor for capaz de alienar, e o devedor capaz de adquirir.

Código Civil comentado e anotado   Arts. 386 a 388

➡ Veja art. 1.053 do CC/1916.

A lei requer capacidade do remitente (credor) para alienar e do remido (devedor) para consentir e adquirir. A remissão será tácita se decorrer de caso previsto em lei, pois presume--se que o credor tinha a intenção de desonerar o devedor. Quando houver devolução voluntária do instrumento particular pelo próprio credor, estará revelada a intenção deste de perdoar o devedor, provando assim a extinção da obrigação.

Art. 387. A restituição voluntária do objeto empenhado prova a renúncia do credor à garantia real, não a extinção da dívida.

➡ Veja art. 1.054 do CC/1916.

O penhor é direito acessório da obrigação, que consiste na entrega de um bem móvel ao credor, como forma de garantia da dívida. O credor poderá renunciar o penhor sem perdoar a dívida, pois a remissão da obrigação principal terá eficácia sobre a acessória, mas o contrário não atingirá o débito.

Art. 388. A remissão concedida a um dos codevedores extingue a dívida na parte a ele correspondente; de modo que, ainda reservando o credor a solidariedade contra os outros, já lhes não pode cobrar o débito sem dedução da parte remitida.

➡ Veja art. 1.055 do CC/1916.

Em uma obrigação solidária, se vários forem os coobrigados, a remissão concedida em benefício de um deles extinguirá o débito na quota a ele correspondente, permanecendo a solidariedade contra os demais, porém deduzida a parte perdoada.

▪ Direito civil. Reparação de danos. Cirurgia estética. Insucesso. Paciente em quadro vegetativo permanente. Erro médico. Comprovação. Clínica responsável pelo centro cirúrgico. Responsabilidade solidária. Cadeia de fornecedores de serviços. Indenização. Cabimento. I. Estabelecida uma relação de interdependência para a realização de determinado serviço, ainda que o dano decorra da atuação de um profissional liberal, verificada a culpa deste, nasce a responsabilidade solidária do grupo, ou melhor, daqueles que participam da cadeia de fornecimento do serviço. Precedentes do STJ. II. A clínica médica que cede o seu centro cirúrgico a outros médicos para a realização de cirurgia estética responde solidariamente com estes pela conduta culposa, tendo em vista que, além de estar configurada uma cadeia de fornecimento de serviço, com intuito de lucro, houve participação de um de seus responsáveis técnicos no procedimento de reanimação da paciente. III. Comprovado que as complicações no procedimento cirúrgico deixaram a autora em quadro vegetativo permanente, cabível a pensão vitalícia e a compensação por danos morais. IV. O pagamento parcial feito por um dos devedores solidários e a remissão por ele obtida não aproveitam aos demais, que responderão pelo débito com a dedução da parte paga ou remitida. Inteligência dos arts. 275; 277; 282 e 388, do CC. V. Deu-se parcial provimento ao recurso. (TJDFT, Proc. n. 20050110102398 (809311), rel. Des. José Divino de Oliveira, *DJe* 12.08.2014, p. 222)

TÍTULO IV
DO INADIMPLEMENTO DAS OBRIGAÇÕES

CAPÍTULO I
DISPOSIÇÕES GERAIS

Art. 389. Não cumprida a obrigação, responde o devedor por perdas e danos, mais juros e atualização monetária segundo índices oficiais regularmente estabelecidos, e honorários de advogado.

➡ Veja art. 1.056 do CC/1916.

Inadimplemento das obrigações. É o descumprimento da obrigação, respondendo o devedor pela soma das perdas e danos, juros, atualização monetária (índices oficiais) e honorários advocatícios, e o patrimônio do devedor responderá pelo inadimplemento da obrigação. O inadimplemento pode ser voluntário (absoluto e relativo) ou involuntário (caso fortuito ou de força maior).

Falta de prestação devida ou o descumprimento, voluntário ou involuntário, do dever jurídico por parte do devedor.

Inexecução voluntária. O obrigado deixar de cumprir, dolosa ou culposamente, a prestação devida, sem a dirimente do caso fortuito ou força maior, devendo, por isso, responder pelas perdas e danos, mais juros e atualização monetária segundo índices oficiais regularmente estabelecidos e honorários advocatícios.

Modos de inadimplemento voluntário:

Absoluto, se a obrigação não foi cumprida, total ou parcialmente, nem poderá sê-lo

Relativo, se a obrigação não foi cumprida no tempo, lugar e forma devidos, mas podendo sê-lo com proveito para o credor, hipótese em que se terá a mora (art. 394 a 401 do CC).

■ Súmula n. 125 do STJ: "O pagamento de férias não gozadas por necessidade do serviço não está sujeito à incidência do imposto de renda".

■ Súmula n. 136 do STJ: "O pagamento de licença-prêmio não gozada por necessidade do serviço não está sujeito ao imposto de renda".

■ Enunciado n. 161 da III Jornada de Direito Civil: "Os honorários advocatícios previstos nos arts. 389 e 404 do Código Civil apenas têm cabimento quando ocorre a efetiva atuação profissional do advogado".

■ Enunciado n. 426 da V Jornada de Direito Civil: "Os honorários advocatícios previstos no art. 389 do Código Civil não se confundem com as verbas de sucumbência, que, por força do art. 23 da Lei n. 8.906/1994, pertencem ao advogado".

■ Enunciado n. 548 da VI Jornada de Direito Civil: "Caracterizada a violação de dever contratual, incumbe ao devedor o ônus de demonstrar que o fato causador do dano não lhe pode ser imputado".

■ Administrativo. Processual civil. Contratos administrativos. Honorários contratuais. Inclusão na indenização de danos materiais. Possibilidade. Precedentes. 1. Os honorários advocatícios contratuais in-

Código Civil comentado e anotado

Arts. 389 a 391

tegram os valores devidos a título de reparação por perdas e danos, conforme o disposto nos arts. 389, 395 e 404 do Código Civil de 2002. A fim de reparar o dano ocorrido de modo integral, uma vez que a verba é retirada do patrimônio da parte prejudicada, é cabível àquele que deu causa ao processo a reparação da quantia. 2. Diversamente do decidido pela Corte de origem, este Superior Tribunal já se manifestou no sentido da possibilidade da inclusão do valor dos honorários contratuais na rubrica de danos materiais. Agravo regimental improvido. (STJ, Ag. Reg. no REsp n. 1.410.705 (2013/0346198-2), rel. Min. Humberto Martins, *DJe* 19.02.2015, p. 827)

▪ Apelação cível. Contrato de prestação de serviços. Descumprimento contratual. Sentença de improcedência da ação principal e procedência da reconvenção. Inconformismo que não prospera. Desrespeito à clausula de exclusividade de prestação de serviços da mesma natureza. Tratando-se resolução contratual por inadimplência voluntária, o termo inicial para se configurar o encerramento da relação contratual é a prática do ato ilícito, tratando-se de mora *ex re*. Tratando-se de obrigação negativa, os encargos moratórios passam a ser contabilizados a partir da prática do ato que deveria se abster. Inteligência dos arts. 389 e 390 do CCB. Inadimplência reconhecida. Valores previstos e estabelecidos contratualmente. Decisão bem fundamentada. Ratificação nos termos do art. 252, do Regimento Interno. Sentença mantida. Recurso não provido. (TJSP, Ap. n. 0119306-08.2010.8.26.0100/São Paulo, 30ª Câm. de Dir. Priv., rel. Penna Machado, *DJe* 14.10.2014, p. 1.709)

▪ Responsabilidade civil. Ação de indenização por dano moral decorrente de ação penal. Homônimo. 1. Responsabilidade objetiva. Conduta humana, dano e nexo causal. Comprovados. 2. Restituição dos honorários contratuais. Necessidade de se reestabelecer o *status quo* ante. Indenização por dano material devida. 3. Ressalvada, de ofício, a não incidência de juros de mora contra a fazenda pública no período da graça constitucional. 4. Agravo retido do autor não conhecido. Recurso do autor (1) provido. Recurso do Estado do Paraná (2) provido em parte. 2ª Câmara Cível. TJPR 2 "Aquele que deu causa ao processo deve restituir os valores despendidos pela outra parte com os honorários contratuais, que integram o valor devido a título de perdas e danos, nos termos dos arts. 389, 395 e 404 do CC/2002" (REsp n. 1.134.725/MG, rel. Min. Nancy Andrighi, 3ª T., *DJe* 24.06.2011). (TJPR, Ap. Cível n. 1324120-6, 2ª Câm. Cível, rel. Des. Lauro Laertes de Oliveira, *DJe* 09.03.2015, p. 11)

Art. 390. Nas obrigações negativas o devedor é havido por inadimplente desde o dia em que executou o ato de que se devia abster.

➥ Veja art. 961 do CC/1916.

Na obrigação de não fazer (arts. 250 e 251 do CC), o devedor do vínculo obrigacional é havido por inadimplente desde o dia em que executou o ato de que se devia abster. A partir desse dia, surgirão os efeitos como responsabilidade por perdas e danos, mora, desfazimento do ato, resolução contratual, entre outros, resultados do descumprimento da obrigação de não fazer.

▪ Veja no art. 389 a seguinte decisão: TJSP, Ap. n. 0119306-08.2010.8.26.0100/São Paulo, 30ª Câm. de Dir. Priv., rel. Penna Machado, *DJe* 14.10.2014, p. 1.709.

Art. 391. Pelo inadimplemento das obrigações respondem todos os bens do devedor.

Arts. 391 e 392   Almeida Guilherme

➥ Sem correspondência no CC/1916.

Princípio da imputação civil dos danos. É o patrimônio do devedor que suporta o poder de excussão que o credor tem sobre ele, salvo aqueles impenhoráveis por lei. Restrições: arts. 158 a 165, 477 e 495 do CC.

O art. 391 dispõe sobre a responsabilidade contratual do inadimplente, tendo em vista a responsabilidade patrimonial gerada por força do princípio escrito anteriormente, como garantia do adimplemento.

■ Agravo de instrumento. Execução de título extrajudicial. Nomeação do executado como depositário fiel. Rol legal meramente exemplificativo. Análise das circunstâncias da causa. Mera dúvida sobre o domínio do bem que não justifica a medida. Interesse de terceiro que deve ser tutelado por quem de direito. Impenhorabilidade absoluta não demonstrada cabalmente. Recurso provido. 1. A nomeação do executado como depositário fiel dos bens penhorados não se restringe às hipóteses em que o exequente expressamente anui e em que o bem é de difícil remoção do bem; No entanto, é indispensável que as circunstâncias dos autos indiquem, de alguma maneira, a necessidade dessa providência jurisdicional, que deve ser tomada excepcionalmente. Inteligência do art. 666, § 1º, do CPC, das alterações advindas da Lei n. 11.382/2006 e de precedente do STJ. 2. A mera dúvida sobre o domínio do bem penhorado não justifica o depósito dele sob a guarda do devedor, porquanto cabe à empresa supostamente prejudicada, por meio dos instrumentos próprios, buscar a tutela jurisdicional de seus direitos, não cabendo ao devedor, sem legitimidade, assim proceder, mesmo sendo sócio proprietário daquela, sob pena de subversão das regras norteadoras do processo civil brasileiro. Inteligência dos arts. 2º, 3º e 6º do CPC. 3. As hipóteses de impenhorabilidade devem ser interpretadas e verificadas cautelosamente, dependendo de provas robustas à cargo do devedor, sob pena de se inverter a regra segundo a qual todos os bens do executado respondem pelo seu débito, não sendo absolutamente impenhorável todo e qualquer maquinário. Inteligência dos arts. 333, II, 649, V, e 646 do CPC, do art. 391 do CC e de precedente do STJ. 4. Recurso provido. (TJMT, AI n. 152069/2014, rel. Des. João Ferreira Filho, *DJe* 17.04.2015, p. 27)

Art. 392. Nos contratos benéficos, responde por simples culpa o contratante, a quem o contrato aproveite, e por dolo aquele a quem não favoreça. Nos contratos onerosos, responde cada uma das partes por culpa, salvo as exceções previstas em lei.

➥ Veja art. 1.057 do CC/1916.

Os **contratos benéficos ou gratuitos** são aqueles que trazem vantagem a uma parte, enquanto a outra sofre o sacrifício (p. ex., comodato, doação pura e simples). O contratante é considerado inadimplente por simples culpa (arts. 186 e 187 do CC), enquanto a outra parte somente será considerada inadimplente quando não cumprir a prestação dolosamente (arts. 145 a 147 do CC). Portanto, a parte que favorece não será responsável em reparar a outra por perdas e danos, a menos que esta aja dolosamente, a fim de descumprir o contrato; já a parte favorecida responderá pelas perdas e danos que causar por simples culpa, pois no caso do comodato, o comodatário tem o dever de guardar a coisa como convencionado no negócio, sob pena de responder por perdas e danos (arts. 389 e 402 do CC).

Em contrapartida, os contratos onerosos são aqueles que trazem vantagens para ambas as partes; logo, ambos os contratantes responderão por culpa, salvo exceções legais.

Código Civil comentado e anotado

Arts. 392 e 393

■ Súmula n. 145 do STJ: "No transporte desinteressado, de simples cortesia, o transportador só será civilmente responsável por danos causados ao transportado quando incorrer em dolo ou culpa grave".

Art. 393. O devedor não responde pelos prejuízos resultantes de caso fortuito ou força maior, se expressamente não se houver por eles responsabilizado.

Parágrafo único. O caso fortuito ou de força maior verifica-se no fato necessário, cujos efeitos não era possível evitar ou impedir.

➥ Veja art. 1.058 do CC/1916.

Princípio da exoneração do devedor pela impossibilidade de cumprir a obrigação sem culpa. O credor não terá qualquer direito à indenização pelos prejuízos decorrentes de força maior ou caso fortuito.

O credor terá direito de receber uma indenização por inexecução da obrigação inimputável ao devedor se: (i) as partes, expressamente, convencionaram a responsabilidade do devedor pelo cumprimento da obrigação, mesmo ocorrendo força maior ou caso fortuito; (ii) o devedor estiver em mora, devendo pagar juros moratórios, respondendo, ainda, pela impossibilidade da prestação resultante de força maior ou caso fortuito ocorrido durante o atraso, salvo se provar que o dano ocorreria mesmo que a obrigação tivesse sido desempenhada oportunamente, ou demonstrar a isenção de culpa.

O requisito objetivo da força maior ou do caso fortuito configura-se na inevitabilidade do acontecimento, e o subjetivo na ausência de culpa (arts. 186 e 187 do CC) na produção do evento.

■ Enunciado n. 443 da V Jornada de Direito Civil: "O caso fortuito e a força maior somente serão considerados excludentes da responsabilidade civil quando o fato gerador do dano não for conexo à atividade desenvolvida".

■ Direito civil e processual civil. Apelação. Atraso na entrega de imóvel em construção. Caso fortuito. Lucros cessantes. Prejuízo presumido. Termo final. Averbação do habite-se. Multa do art. 475-J do CPC. Recurso parcialmente provido. 1. Cuida-se de apelação contra sentença que julgou parcialmente procedentes os pedidos autorais, para condenar a construtora ré ao pagamento de indenização por lucros cessantes, até a entrega do imóvel. 2. A escassez de mão de obra qualificada, os longos períodos de chuvas, as greves no sistema de transporte público e a burocracia para emissão do habite-se, constituem fatos cotidianos e previsíveis e decorrem dos riscos da atividade de incorporação imobiliária. 2.1. Ou seja, tais acontecimentos fogem do conceito de caso fortuito e força maior, previsto no art. 393, parágrafo único, do CC, e não podem ser utilizados como justificativa para o descumprimento da obrigação, notadamente quando considerado o prazo de tolerância disponível para conclusão da obra. 3. Evidenciado o atraso na entrega da unidade imobiliária, objeto do contrato de promessa de compra e venda, o adquirente faz jus aos lucros cessantes, em razão da presunção de prejuízo, sendo ainda certo que o termo final dos lucros cessantes será o momento da entrega das chaves do imóvel, ocasião em que o promitente comprador, finalmente, será imitido na posse de seu tão sonhado imóvel e ver realizado o sonho da casa própria. 4. Considerando que o cumprimento da sentença não se efetiva de forma automática, o termo *a quo* para contagem do prazo previsto para aplicação da multa do art. 475-J, do CPC, é a intimação da parte, por meio de seu patrono, via *Diário de Justiça* (Súmula n. 517, STJ). 5. Recurso parcialmente provido. (TJDFT, Proc. n. 20140111399788 (881902), 2ª T. Cível, rel. Des. João Egmont, *DJe* 21.07.2015, p. 110)

CAPÍTULO II
DA MORA

➡ Súmula n. 380 do STJ: "A simples propositura da ação de revisão de contrato não inibe a caracterização da mora do autor".

Art. 394. Considera-se em mora o devedor que não efetuar o pagamento e o credor que não quiser recebê-lo no tempo, lugar e forma que a lei ou a convenção estabelecer.

➡ Veja art. 955 do CC/1916.

A **mora** *solvendi* é aquela do devedor decorrente da demora no cumprimento da obrigação, configurando sua culpa quando não efetuado o pagamento na forma, lugar e tempo ajustados contratualmente ou estabelecidos em lei. Há também a mora do credor, denominada de mora *accipiendi*, isto é, quando este não aceita o cumprimento da obrigação no tempo, lugar e forma convencionados entre as partes ou disposto em lei.

▪ Súmula n. 54 do STJ: "Os juros moratórios fluem a partir do evento danoso, em caso de responsabilidade extracontratual".

▪ Súmula n. 380 do STJ: "A simples propositura da ação de revisão de contrato não inibe a caracterização da mora do autor".

▪ Apelação cível. Embargos à execução. Contrato de mútuo. Mora. Culpa do credor não comprovada. Sentença mantida. 1. O art. 394 do CC estabelece que se considera em mora o devedor que não efetuar o pagamento no modo e tempo contratados. O art. 397 do mesmo diploma legal complementa dispondo que "o inadimplemento da obrigação, positiva e líquida, no seu termo, constitui de pleno direito em mora o devedor". 2. A culpa é elemento da mora e a exoneração da responsabilidade do devedor apenas se dará se este demonstrar que não agiu com negligência, imprudência ou imperícia, o que não foi o caso. 3. Em razão da inadimplência do contrato firmado entre as partes, permanece a presunção de culpa do devedor. 4. Apelação conhecida, mas não provida. Unânime. (TJDFT, Ap. Cível n. 20130710346389 (876603), 3ª T. Cível, rel. Des. Fátima Rafael, *DJe* 02.07.2015, p. 165)

Art. 395. Responde o devedor pelos prejuízos a que sua mora der causa, mais juros, atualização dos valores monetários segundo índices oficiais regularmente estabelecidos, e honorários de advogado.
Parágrafo único. Se a prestação, devido à mora, se tornar inútil ao credor, este poderá enjeitá-la, e exigir a satisfação das perdas e danos.

➡ Veja art. 956 do CC/1916.

Na mora *solvendi* caberá ao devedor indenizar o credor pelos prejuízos sofridos com o retardamento da obrigação. A indenização consistirá em soma de dinheiro, acrescida de juros, ditos moratórios, atualização monetária conforme índices oficiais, reembolso de quaisquer despesas feitas em consequência da mora e honorários advocatícios, estes sempre que

Código Civil comentado e anotado   Arts. 395 e 396

houver sido acionado o aparato judicial. Pode o credor rejeitar a prestação e exigir, além da indenização pela mora, o valor correspondente à integralização da prestação, desde que prove que esta se tornou inútil em razão da mora.

■ Enunciado n. 162 da III Jornada de Direito Civil: "A inutilidade da prestação que autoriza a recusa da prestação por parte do credor deverá ser aferida objetivamente, consoante o princípio da boa-fé e a manutenção do sinalagma, e não de acordo com o mero interesse subjetivo do credor".

■ Enunciado n. 354 da IV Jornada de Direito Civil: "A cobrança de encargos e parcelas indevidas ou abusivas impede a caracterização da mora do devedor".

■ Administrativo. Processual civil. Contratos administrativos. Honorários contratuais. Inclusão na indenização de danos materiais. Possibilidade. Precedentes. 1. Os honorários advocatícios contratuais integram os valores devidos a título de reparação por perdas e danos, conforme o disposto nos arts. 389, 395 e 404 do CC/2002. A fim de reparar o dano ocorrido de modo integral, uma vez que a verba é retirada do patrimônio da parte prejudicada, é cabível àquele que deu causa ao processo a reparação da quantia. 2. Diversamente do decidido pela Corte de origem, este Superior Tribunal já se manifestou no sentido da possibilidade da inclusão do valor dos honorários contratuais na rubrica de danos materiais. Agravo regimental improvido. (STJ, Ag. Reg. no REsp n. 1.410.705, rel. Min. Humberto Martins, *DJe* 19.02.2015, p. 827)

■ Veja no art. 389 a seguinte decisão: TJPR, Ap. Cível n. 1324120-6, 2ª Câm. Cível, rel. Des. Lauro Laertes de Oliveira, *DJe* 09.03.2015, p. 11.

Art. 396. Não havendo fato ou omissão imputável ao devedor, não incorre este em mora.

➥ Veja art. 963 do CC/1916.

Não se caracterizará a mora do devedor quando a sua culpa pelo retardamento do pagamento não for comprovada. Portanto, não havendo fato ou omissão imputável a ele, não haverá mora *solvendi*, e o credor não poderá reclamar as perdas e danos. Na hipótese de caso fortuito ou força maior, o credor também não poderá reclamá-las.

■ Súmula n. 369 do STJ: "No contrato de arrendamento mercantil (*leasing*), ainda que haja cláusula resolutiva expressa, é necessária a notificação prévia do arrendatário para constituí-lo em mora".

■ Enunciado n. 354 da IV Jornada de Direito Civil: "A cobrança de encargos e parcelas indevidas ou abusivas impede a caracterização da mora do devedor".

■ Recurso especial. Direito civil. Depósito judicial do montante da condenação para oferecimento de impugnação. Incidência de juros de mora sobre a quantia depositada, após o regular depósito à disposição do juízo. Descabimento. Sem caracterização ou permanência em mora, não cabe imposição de juros de mora. Depósito judicial deve ser atualizado, pelo banco depositário, sem incidência de juros de mora, conforme disposições legais de regência, licitações ou convênios procedidos pelos tribunais, ou mesmo prévia aceitação. 1. O art. 396 do CC estabelece que, não havendo fato ou omissão imputável ao devedor, não incorre este em mora. Dessarte, para caracterização ou permanência em mora, é necessário que haja exigibilidade da prestação e inexecução culposa, vale dizer, "retardamento injustificado da parte de algum dos sujeitos da relação obrigacional", compreendendo os juros moratórios "pena

251

Arts. 396 e 397 — Almeida Guilherme

imposta ao devedor em atraso com o cumprimento da obrigação" (PEREIRA, Caio Mário da Silva. *Instituições de direito civil*: teoria geral das obrigações. 25. ed. Rio de Janeiro, Forense, 2012, p. 119 e 291). 2. Consoante entendimento consolidado no âmbito do STJ, em sede de recurso repetitivo, REsp n. 1.348.640/RS, rel. Min. Paulo de Tarso Sanseverino, "[...] na fase de execução, o depósito judicial do montante (integral ou parcial) da condenação extingue a obrigação do devedor, nos limites da quantia depositada". 3. Com efeito, em vista da característica de acessoriedade e de pena dos juros de mora, prevendo o *Codex* que o devedor, condenado ao pagamento de quantia, possa efetuar o depósito do montante devido, assim como oferecer impugnação versando sobre uma das matérias elencadas pelo CPC, não há como conceber a incidência de juros legais sobre o montante posto, na forma da lei, à disposição do Judiciário. (STJ, REsp n. 1.169.179, 4ª T., rel. Min. Luis Felipe Salomão, *DJe* 31.03.2015, p. 2.284)

Art. 397. O inadimplemento da obrigação, positiva e líquida, no seu termo, constitui de pleno direito em mora o devedor.

Parágrafo único. Não havendo termo, a mora se constitui mediante interpelação judicial ou extrajudicial.

➡ Veja art. 960 do CC/1916.

A constituição em mora se dá automaticamente no momento em que dívida líquida e positiva chega a seu termo, ou seja, após o vencimento, automaticamente o devedor estará em mora, independentemente de notificação. Já no caso de a obrigação não possuir um termo, a constituição em mora só se dará mediante interpelação judicial ou extrajudicial.

▪ Súmula n. 76 do STJ: "A falta de registro do compromisso de compra e venda de imóvel não dispensa a prévia interpelação para constituir em mora o devedor".

▪ Súmula n. 245 do STJ: "A notificação destinada a comprovar a mora nas dívidas garantidas por alienação fiduciária dispensa a indicação do valor do débito".

▪ Enunciado n. 427 da V Jornada de Direito Civil: "É válida a notificação extrajudicial promovida em serviço de registro de títulos e documentos de circunscrição judiciária diversa da do domicílio do devedor".

▪ Apelação cível. Embargos à execução. Contrato de mútuo. Mora. Culpa do credor não comprovada. Sentença mantida. 1. O art. 394 do CC estabelece que se considera em mora o devedor que não efetuar o pagamento no modo e tempo contratados. O art. 397 do mesmo diploma legal complementa dispondo que "o inadimplemento da obrigação, positiva e líquida, no seu termo, constitui de pleno direito em mora o devedor". 2. A culpa é elemento da mora e a exoneração da responsabilidade do devedor apenas se dará se este demonstrar que não agiu com negligência, imprudência ou imperícia, o que não foi o caso. 3. Em razão da inadimplência do contrato firmado entre as partes, permanece a presunção de culpa do devedor. 4. Apelação conhecida, mas não provida. Unânime. (TJDFT, Ap. Cível n. 20130710346389 (876603), 3ª T. Cível, rel. Des. Fátima Rafael, *DJe* 02.07.2015, p. 165)

▪ Agravo regimental no recurso especial. Civil e processual civil. Monitória. Embargos. Falta de prequestionamento. Súmula 282 do STF. Produção de provas. Convicção firmada com base nos elementos informativos da lide. Mora. Obrigação positiva, líquida e com termo certo. *Dies interpellat pro homine*. Regra do art. 397, *caput*, do CC. Jurisprudência pacífica. Regimental não provido. 1. O dispositivo citado que encerra normatividade não contemplada na fundamentação disposta pelo Tribunal de origem para solução da controvérsia tem inviabilizado seu debate em sede de recurso especial, por falta de

Código Civil comentado e anotado   Arts. 397 a 399

prequestionamento. Súmula n. 282/STF. 2. As instâncias ordinárias, quanto à necessidade ou não de produção de provas, formaram seu convicção com base nos elementos fático-probatórios existentes nos autos, entendimento esse que, consoante toda a narrativa exposta na decisão recorrida, não revela ser hipótese de modificação por parte desta Corte. 3. Tratando-se de obrigação positiva, líquida e com termo certo de vencimento, a regra a incidir é a do art. 397, *caput*, do CC. *Dies interpellat pro homine*, independentemente da espécie processual utilizada pelo credor, para cobrar o seu crédito. 4. Em sendo o objeto da monitória títulos prescritos representando, cada um, obrigação positiva, líquida e com vencimento certo, a fluência dos juros de mora computa-se a partir da data do vencimento da dívida não adimplida. Precedente: EREsp n. 1.250.382/RS, Corte Especial, rel. Min. Sidnei Beneti, j. 02.04.2014, *DJe* 08.04.2014. 5. Agravo regimental não provido. (STJ, Ag. Reg. no REsp n. 1.408.427 4ª T., rel. Min. Raul Araújo, *DJe* 01.06.2015, p. 5.399)

Art. 398. Nas obrigações provenientes de ato ilícito, considera-se o devedor em mora, desde que o praticou.

➡ Veja art. 962 do CC/1916.

A mora proveniente de ato ilícito (arts. 186 e 187 do CC) é instantânea ao momento de sua prática, contraindo quem praticou o ato todos os riscos oriundos da mora.

A citação válida ainda quando ordenada por juízo incompetente constitui em mora o devedor (art. 240 do CPC/2015).

■ Súmula n. 54 do STJ: "Os juros moratórios fluem a partir do evento danoso, em caso de responsabilidade extracontratual".

Art. 399. O devedor em mora responde pela impossibilidade da prestação, embora essa impossibilidade resulte de caso fortuito ou de força maior, se estes ocorrerem durante o atraso; salvo se provar isenção de culpa, ou que o dano sobreviria ainda quando a obrigação fosse oportunamente desempenhada.

➡ Veja art. 957 do CC/1916.

Uma das consequências de o devedor estar em mora, por força do art. 399, é que se a prestação se tornar impossível, mesmo que por conta de caso fortuito ou força maior (art. 393 do CC), deverá este responder por tal impossibilidade, salvo se conseguir provar que é isento de culpa ou que o dano ocorreria mesmo se a obrigação fosse devidamente adimplida.

■ Agravo regimental. Recurso especial. Civil. Internet. Comentário ofensivo postado em comunidade do Orkut. Identificação do IP (*Internet Protocol*) do usuário ofensor. Dever do provedor de hospedagem. Precedentes. Inaplicabilidade da Lei n. 12.965/2014 a fatos pretéritos. Subsistência da obrigação, mesmo após a extinção do Orkut. 1. Responsabilidade do provedor de hospedagem por postagens ofensivas realizadas por usuário na hipótese em que, devidamente notificado, com indicação da URL, não providenciar a identificação do IP do autor da ofensa. 2. Inaplicabilidade da Lei n. 12.965/2014, Marco Civil da Internet, a fatos pretéritos. 3. Subsistência da obrigação, não obstante a extinção da comunidade Orkut, por se tratar de impossibilidade superveniente causada pelo próprio devedor. 4. "O devedor em

253

Arts. 399 a 401 — Almeida Guilherme

mora responde pela impossibilidade da prestação, embora essa impossibilidade resulte de caso fortuito ou de força maior, se estes ocorrerem durante o atraso; [...]" (art. 399 do CCB). 5. Agravo regimental desprovido. (STJ, Ag. Reg. no REsp n. 1.384.340, 3ª T., rel. Min. Paulo de Tarso Sanseverino, *DJe* 12.05.2015, p. 1.382)

Art. 400. A mora do credor subtrai o devedor isento de dolo à responsabilidade pela conservação da coisa, obriga o credor a ressarcir as despesas empregadas em conservá-la, e sujeita-o a recebê-la pela estimação mais favorável ao devedor, se o seu valor oscilar entre o dia estabelecido para o pagamento e o da sua efetivação.

➡ Veja art. 958 do CC/1916.

O credor que se recusa a receber a obrigação devida, ou então que demora em recebê-la, também estará constituído em mora, e ficarão por conta deste as despesas despendidas pelo devedor na conservação da coisa. Sujeita-se, também, a receber o bem com o valor reduzido em função da desvalorização, devendo pautar a estimação pelo valor mais favorável ao devedor.

Art. 401. Purga-se a mora:
I – por parte do devedor, oferecendo este a prestação mais a importância dos prejuízos decorrentes do dia da oferta;
II – por parte do credor, oferecendo-se este a receber o pagamento e sujeitando-se aos efeitos da mora até a mesma data.

➡ Veja art. 959 do CC/1916.

A purgação da mora é o ato que visa à quitação, liberação e extinção da obrigação, fazendo cessar todas as consequências derivadas dela. A purgação da mora poderá ser por parte do devedor ou do credor. Ter-se-á a purgação da mora do devedor quando este pagar a prestação devida, acrescida de todos os danos advindos do atraso, como os juros moratórios. A purgação da mora por parte do credor dar-se-á quando o credor se oferecer para receber o pagamento, sujeitando-se arcar com todos os efeitos da mora, além de reembolsar o devedor com as despesas efetuadas para a conservação da coisa.

■ Súmula n. 122 do STF: "O enfiteuta pode purgar a mora enquanto não decretado o comisso por sentença".

■ Súmula n. 369 do STJ: "No contrato de arrendamento mercantil (leasing), ainda que haja cláusula resolutiva expressa, é necessária a notificação prévia do arrendatário para constituí-lo em mora".

■ Direito do consumidor. Direito civil e processual civil. Apelação cível. Ação de busca e apreensão. Financiamento com alienação fiduciária. Purgação da mora. Parcelas vencidas. 1. Em ação de busca e apreensão pelo rito do DL n. 911/69, com redação da Lei n. 10.931/2004, a emenda da mora no prazo de cinco (5) dias após concessão de liminar, em razão do pagamento de prestações vencidas e atualizadas, evita o vencimento antecipado da dívida e consequente quitação integral do débito pelo devedor no tocante as parcelas vencidas e vincendas. 2. Nos termos do art. 401 do CC/2002, a purgação abrange so-

Código Civil comentado e anotado

Arts. 401 e 402

mente as prestações e acessórios vencidos. 3. Apelação conhecida e desprovida. (TJAP, Ap. n. 0028050-24.2013.8.03.0001, Câm. Única, rel. Des. Agostino Silvério, *DJe* 01.07.2015, p. 29)

■ Agravo regimental. Ausência de nulidade do julgamento monocrático. Homenagem ao princípio da celeridade processual. Art. 557 do CPC. Compromisso de venda e compra. Tutela de urgência. Muito embora não se discuta a possibilidade da concessão da medida antecipatória sem a prévia oitiva da parte adversa, se mostra prematura, neste momento processual, a medida antecipatória requerida para declarar, de plano, a rescisão do compromisso de venda e compra firmado. Ainda que a promissária compradora tenha sido constituída em mora, não lhe é afastada a possibilidade de sua purgação, nos termos do art. 401, I, do CC. Recurso a que se nega provimento. (TJSP, Ag. Reg. n. 2081626-85.2015.8.26.0000/Sumaré, 9ª Câm. Dir. Priv., rel. Mauro Conti Machado, *DJe* 16.07.2015)

CAPÍTULO III
DAS PERDAS E DANOS

■ Súmula n. 412 do STF: "No compromisso de compra e venda com cláusula de arrependimento, a devolução do sinal, por quem o deu, ou a sua restituição em dôbro, por quem o recebeu, exclui indenização maior, a título de perdas e danos, salvo os juros moratórios e os encargos do processo".

■ Súmula n. 143 do STJ: "Prescreve em cinco anos a ação de perdas e danos pelo uso de marca comercial".

Art. 402. Salvo as exceções expressamente previstas em lei, as perdas e danos devidas ao credor abrangem, além do que ele efetivamente perdeu, o que razoavelmente deixou de lucrar.

➡ Veja art. 1.059 do CC/1916.

Segundo o art. 402, além do que o credor efetivamente perdeu, também o que razoavelmente deixou de lucrar deve ser ressarcido. Estabelece, ainda, este diploma legal, no art. 403, que: "ainda que a inexecução resulte de dolo do devedor, as perdas e danos só incluem os prejuízos efetivos e os lucros cessantes por efeito dela direto e imediato, sem prejuízo do disposto na lei processual. Fácil é perceber que esses dispositivos se referem, exclusivamente, aos danos patrimoniais, sem aludir ao dano moral ou prejuízo extrapatrimonial que o inadimplemento do dever pudesse acarretar ao credor" (DINIZ, Maria Helena. *Curso de direito civil*, v. 7, cit., p. 121-2). Mário Luiz Delgado Régis, comentando o art. 402, entende por perdas e danos a indenização imposta ao devedor que não cumpriu, em parte ou absolutamente, a obrigação. O dispositivo estabelece a extensão das perdas e danos, que devem abranger: (i) dano emergente, sendo este a diminuição patrimonial sofrida pelo credor, ou seja, aquilo que ele efetivamente perde, seja porque teve o seu patrimônio depreciado, seja porque aumentou o seu passivo; e (ii) lucros cessantes, que consistem na diminuição potencial do patrimônio do credor pelo lucro que deixou de auferir, dado o inadimplemento do devedor. Note-se que os lucros cessantes só são devidos quando previstos ou previsíveis no momento em que a obrigação foi contraída (RÉGIS, Mário Luiz Delgado. In: FIUZA, Ricardo (coord.). *Novo Código Civil comentado*. São Paulo, Saraiva, 2002, p. 360).

Seriam as perdas e danos o equivalente do prejuízo suportado pelo credor em virtude de o devedor não ter cumprido, total ou parcialmente, absoluta ou relativamente, a obrigação, expressando-se numa soma de dinheiro correspondente ao desequilíbrio sofrido pelo lesado, segundo Maria Helena Diniz (*Direito civil*, v. II, p. 120).

Perdas e danos. Consiste no pagamento pelo devedor do prejuízo ao credor, por não ter adimplido a obrigação. Abrange o que efetivamente perdeu e o que deixou de lucrar (dano emergente e lucro cessante) (*vide* STJ, REsp n. 248.304, 4ª T.).

■ Súmula n. 412 do STF: "No compromisso de compra e venda com cláusula de arrependimento, a devolução do sinal, por quem o deu, ou a sua restituição em dôbro, por quem o recebeu, exclui indenização maior, a título de perdas e danos, salvo os juros moratórios e os encargos do processo".

■ Súmula n. 562 do STF: "Na indenização de danos materiais decorrentes de ato ilícito cabe a atualização de seu valor, utilizando-se, para esse fim, dentre outros critérios, dos índices de correção monetária".

■ Civil e processual civil. Ação de indenização por danos morais e materiais c/c lucros cessantes. Danos morais. Ato ilícito. Não configurado. Danos materiais. Comprovados. *Quantum* indenizatório no limite da obrigação. Monocrática. 1. Não configurado o ato ilícito e o nexo de causalidade a ensejar a responsabilidade civil, não há que se falar em dano moral indenizável. 2. Lucros cessantes consistem naquilo que o lesado deixou razoavelmente de lucrar como consequência direta do evento danoso (CC, art. 402), *in casu*, não configurado, razão pela qual, não são devidos. 3. Os danos materiais correspondem ao exato desfalque no patrimônio da vítima, decorrentes dos prejuízos que veio a arcar, ante a conduta reprovável do apelante. 4. Nego seguimento a ambos os recursos (art. 557, *caput*, do CPC). (TJMA, Ap. Cível n. 41.309/2013, rel. Des. Antonio Guerreiro Júnior, *DJe* 17.04.2015, p. 86)

■ Ação de rescisão contratual. Rescisão do contrato de locação julgada procedente. Ausência da carta de "Habite-se". Dever do locador. Perdas e danos. Improcedência por ausência de provas. Dano material. Ausência de provas. Ônus que incumbia ao autor. Dano moral por descumprimento contratual. Inocorrência. Mero dissabor. Lucros cessantes. Ausência total de provas. Decisão mantida. Recurso conhecido e não provido. A definição de lucros cessantes constante do art. 402 do CC pressupõe a existência, alegação e a prova de um lucro anterior ao ato contrário ao direito e a cessação dele em virtude do ilícito. Dizer que se tem direito ao pagamento de lucros cessantes sem trazer a demonstração de como, quando, em relação a quais valores houve a perda, não atende à pretensão da apelante (TJPR, Ap. Cível n. 1174605-5/Curitiba, 11ª Câm. Cível, rel. Renato Lopes de Paiva, v.u., j. 28.05.2014). (TJPR, Ap. Cível n. 1162826-3, 12ª Câm. Cível, rel. Juiz Subst. Luciano Carrasco Falavinha Souza, *DJe* 14.07.2015, p. 1.251)

Art. 403. Ainda que a inexecução resulte de dolo do devedor, as perdas e danos só incluem os prejuízos efetivos e os lucros cessantes por efeito dela direto e imediato, sem prejuízo do disposto na lei processual.

➡ Veja art. 1.060 do CC/1916.

As perdas e danos, independentemente de dolo ou culpa do devedor, só dizem respeito aos prejuízos e lucros cessantes provados, existentes em razão do inadimplemento obrigacional (art. 389 do CC).

■ Indenizatória por danos materiais e morais. I. Cerceamento de defesa. Suficiência da farta prova documental existente nos autos ao equacionamento da demanda, tornando prescindível a perícia. Aplicação do disposto no art. 330, I, do CPC. Alegação afastada. II. Incêndio em terminal portuário açucareiro, com escoamento da água utilizada no combate às chamas no mar. Água, no entanto, contendo o chamado "caramelo maldito" (fls. 6) que afetou a vida marinha, notadamente os peixes, em prejuízo à

Código Civil comentado e anotado   Arts. 403 e 404

apelante, pescadora artesanal. Responsabilidade da apelada, que apenas estocava o seu produto (açúcar) no armazém incendiado, afastada na medida em que não foi responsável pelo sinistro. Derramamento do melaço no mar que deve ser havida como consequência do incêndio, não podendo ser levada à conta do nexo causal. Aplicação do disposto no art. 403, CC. Ausência de nexo causal entre a conduta da apelada e o dano reclamado pela apelante. Improcedência da ação mantida. Apelo improvido. (TJSP, Ap. Cível n. 1017333-23.2014.8.26.0562/Santos, 3ª Câm. de Dir. Priv., rel. Donegá Morandini, *DJe* 29.07.2015)

Art. 404. As perdas e danos, nas obrigações de pagamento em dinheiro, serão pagas com atualização monetária segundo índices oficiais regularmente estabelecidos, abrangendo juros, custas e honorários de advogado, sem prejuízo da pena convencional.

Parágrafo único. Provado que os juros da mora não cobrem o prejuízo, e não havendo pena convencional, pode o juiz conceder ao credor indenização suplementar.

➡ Veja art. 1.061 do CC/1916.

As perdas e danos são divididas em prestações que consistem nos valores correspondentes à atualização monetária calculada por índice oficial, assim como à remuneração correspondente aos juros, bem como às custas e honorários advocatícios, tudo isso sem prejuízo do valor convencionado em cláusula penal a título de multa. Cumpre ressaltar ainda que, se o somatório da pena convencional e dos juros não comportarem todo o prejuízo experimentado pelo credor, poderá o juiz conceder indenização suplementar a título de ressarcimento pelos danos, caso não exista previsão contratual de pena.

▪ Enunciado n. 161 da III Jornada de Direito Civil: "Os honorários advocatícios previstos nos arts. 389 e 404 do Código Civil apenas têm cabimento quando ocorre a efetiva atuação profissional do advogado".

▪ Administrativo. Processual civil. Contratos administrativos. Honorários contratuais. Inclusão na indenização de danos materiais. Possibilidade. Precedentes. 1. Os honorários advocatícios contratuais integram os valores devidos a título de reparação por perdas e danos, conforme o disposto nos arts. 389, 395 e 404 do CC/2002. A fim de reparar o dano ocorrido de modo integral, uma vez que a verba é retirada do patrimônio da parte prejudicada, é cabível àquele que deu causa ao processo a reparação da quantia. 2. Diversamente do decidido pela Corte de origem, este Superior Tribunal já se manifestou no sentido da possibilidade da inclusão do valor dos honorários contratuais na rubrica de danos materiais. Agravo regimental improvido. (STJ, Ag. Reg. no REsp n. 1.410.705, rel. Min. Humberto Martins, *DJe* 19.02.2015, p. 827)

▪ Responsabilidade civil. Ação de indenização por dano moral decorrente de ação penal. Homônimo. 1. Responsabilidade objetiva. Conduta humana, dano e nexo causal. Comprovados. 2. Restituição dos honorários contratuais. Necessidade de se reestabelecer o *status quo* ante. Indenização por dano material devida. 3. Ressalvada, de ofício, a não incidência de juros de mora contra a fazenda pública no período da graça constitucional. 4. Agravo retido do autor não conhecido. Recurso do autor (1) provido. Recurso do Estado do Paraná (2) provido em parte. 2ª Câmara Cível. TJPR 2 "Aquele que deu causa ao processo deve restituir os valores despendidos pela outra parte com os honorários contratuais, que integram o valor devido a título de perdas e danos, nos termos dos arts. 389, 395 e 404 do CC/2002" (REsp n. 1.134.725/MG, rel. Min. Nancy Andrighi, 3ª T., *DJe* 24.06.2011). (TJPR, Ap. Cível n. 1324120-6, 2ª Câm. Cível, rel. Des. Lauro Laertes de Oliveira, *DJe* 09.03.2015, p. 11)

Arts. 404 e 405   Almeida Guilherme

■ Apelação. Ação de cobrança. Multas de trânsito. Pagamento intempestivo das infrações e após o ajuizamento da ação. Incidência de correção monetária e juros moratórios. Admissibilidade. A correção monetária das multas relativas a infrações de trânsito apóia-se na norma do § 1º, art. 1º, da Lei n. 6.899/81. Cabimento de juros de mora. Art. 404, CC. Precedente desta Eg. 11ª Câmara de Direito Público. Sentença de extinção reformada. Recurso provido. (TJSP, Ap. n. 3009081-31.2013.8.26.0562/Santos, 11ª Câm. de Dir. Públ., rel. Marcelo L. Theodósio, *DJe* 17.06.2015)

Art. 405. Contam-se os juros de mora desde a citação inicial.

➥ Veja art. 1.536 , § 2º, do CC/1916.

A citação é marco inicial para que se inicie a contagem dos juros referentes à mora do devedor. Esta norma será aplicada apenas em caso de obrigações ilíquidas, em que a liquidação é feita mediante sentença judicial, de obrigação sem termo de vencimento que exige notificação, interpretação, protesto ou citação para que o devedor se constitua em mora; e de obrigação proveniente de ato ilícito (arts. 186 e 187 do CC), que acarreta responsabilidade extracontratual objetiva (art. 927, parágrafo único, do CC), pois para a obrigação decorrente de ato ilícito que conduz responsabilidade subjetiva (art. 927, *caput*, do CC), seus juros serão contabilizados a partir do instante em que se praticou o ato ilícito, e para as obrigações líquidas e positivas, os juros contam-se a partir do vencimento do termo.

■ Súmula n. 54 do STJ: "Os juros moratórios fluem a partir do evento danoso, em caso de responsabilidade extracontratual".

■ Súmula n. 426 do STJ: "Os juros de mora na indenização do seguro DPVAT fluem a partir da citação".

■ Enunciado n. 163 da Jornada de Direito Civil: "A regra do art. 405 do novo Código Civil aplica-se somente à responsabilidade contratual, e não aos juros moratórios na responsabilidade extracontratual, em face do disposto no art. 398 do novo CC, não afastando, pois, o disposto na Súmula n. 54 do STJ".

■ Enunciado n. 428 da Jornada de Direito Civil: "Os juros de mora, nas obrigações negociais, fluem a partir do advento do termo da prestação, estando a incidência do disposto no art. 405 da codificação limitada às hipóteses em que a citação representa o papel de notificação do devedor ou àquelas em que o objeto da prestação não tem liquidez".

■ Agravo regimental no recurso especial. Responsabilidade civil. Acidente aéreo. *Quantum* indenizatório. Patamar razoável em consonância com os valores estipulados por esta corte em casos análogos. Súmula n. 7/STJ. Termo inicial dos juros de mora. Responsabilidade civil contratual. Data da citação. 1. A jurisprudência desta Corte Superior tem arbitrado, em regra, para as hipóteses de dano-morte, a indenização por dano moral em valores entre 300 e 500 salários mínimos. Montante arbitrado pelo Tribunal de origem que não representa condenação exorbitante. 2. Termo inicial dos juros de mora. Responsabilidade civil contratual. Contrato de transporte. Inteligência do art. 405 do CC. Dissídio entre o acórdão recorrido e a orientação desta Corte Superior. Modificação do marco inicial para a data da citação. 3. Agravo regimental parcialmente provido. (STJ, Ag. Reg. no REsp n. 1.362.073, 3ª T., rel. Min. Paulo de Tarso Sanseverino, *DJe* 22.06.2015, p. 2.054)

Código Civil comentado e anotado   Arts. 405 e 406

CAPÍTULO IV
DOS JUROS LEGAIS

▪ Súmula n. 8 do STJ: "Aplica-se a correção monetária aos créditos habilitados em concordata preventiva, salvo durante o período compreendido entre as datas de vigência da Lei n. 7.274, de 10.12.1984, e do Decreto-lei n. 2.283, de 27.02.1986".

▪ Súmula n. 12 do STJ: "Em desapropriação, são cumuláveis juros compensatórios e moratórios".

▪ Súmula n. 14 do STJ: "Arbitrados os honorários advocatícios em percentual sobre o valor da causa, a correção monetária incide a partir do respectivo ajuizamento".

▪ Súmula n. 36 do STJ: "A correção monetária integra o valor da restituição, em caso de adiantamento de câmbio, requerida em concordata ou falência".

▪ Súmula n. 54 do STJ: "Os juros moratórios fluem a partir do evento danoso, em caso de responsabilidade extracontratual".

▪ Súmula n. 67 do STJ: "Na desapropriação, cabe a atualização monetária, ainda que por mais de uma vez, independente do decurso de prazo superior a um ano entre o cálculo e o efetivo pagamento da indenização".

▪ Súmula n. 70 do STJ: "Os juros moratórios, na desapropriação direta ou indireta, contam-se desde o trânsito em julgado da sentença".

▪ Súmula n. 102 do STJ: "Os juros moratórios, na desapropriação direta ou indireta, contam-se desde o trânsito em julgado da sentença".

▪ Súmula n. 131 do STJ: "Nas ações de desapropriação incluem-se no cálculo da verba advocatícia as parcelas relativas aos juros compensatórios e moratórios, devidamente corrigidas".

▪ Súmula n. 148 do STJ: "Os débitos relativos a benefício previdenciário, vencidos e cobrados em juízo apos a vigência da Lei n. 6.899/81, devem ser corrigidos monetariamente na forma prevista nesse diploma legal".

▪ Súmula n. 188 do STJ: "Os juros moratorios, na repetição do indebito tributário, são devidos a partir do transito em julgado da sentença".

▪ Súmula n. 204 do STJ: "Os juros de mora nas ações relativas a benefícios previdenciários incidem a partir da citação válida".

Art. 406. Quando os juros moratórios não forem convencionados, ou o forem sem taxa estipulada, ou quando provierem de determinação da lei, serão fixados segundo a taxa que estiver em vigor para a mora do pagamento de impostos devidos à Fazenda Nacional.

➥ Veja arts. 1.062 e 1.063 do CC/1916.

Os juros moratórios, quando não forem acordados, ou os estipularem sem taxa estipulada, serão fixados segundo a taxa que estiver em vigor para a mora do pagamento de impostos devidos à Fazenda Nacional.

- Súmula n. 618 do STF: "Na desapropriação, direta ou indireta, a taxa dos juros compensatórios é de 12% (doze por cento) ao ano".

- Súmula n. 8 do STJ: "Aplica-se a correção monetária aos créditos habilitados em concordata preventiva, salvo durante o período compreendido entre as datas de vigência da Lei n. 7.274, de 10.12.1984, e do Decreto-lei n. 2.283, de 27.02.1986".

- Súmula n. 14 do STJ: "Arbitrados os honorários advocatícios em percentual sobre o valor da causa, a correção monetária incide a partir do respectivo ajuizamento".

- Súmula n. 16 do STJ: "A legislação ordinária sobre crédito rural não veda a incidência da correção monetária".

- Súmula n. 29 do STJ: "No pagamento em juízo para elidir falência, são devidos correção monetária, juros e honorários de advogado".

- Súmula n. 30 do STJ: "A comissão de permanência e a correção monetária são inacumuláveis".

- Súmula n. 35 do STJ: "Incide correção monetária sobre as prestações pagas, quando de sua restituição, em virtude da retirada ou exclusão do participante de plano de consórcio".

- Súmula n. 37 do STJ: "São cumuláveis as indenizações por dano material e dano moral oriundos do mesmo fato".

- Súmula n. 43 do STJ: "Incide correção monetária sobre dívida por ato ilícito a partir da data do efetivo prejuízo".

- Súmula n. 67 do STJ: "Na desapropriação, cabe a atualização monetária, ainda que por mais de uma vez, independente do decurso de prazo superior a um ano entre o cálculo e o efetivo pagamento da indenização".

- Súmula n. 148 do STJ: "Os débitos relativos a benefício previdenciário, vencidos e cobrados em juízo após a vigência da Lei n. 6.899/81, devem ser corrigidos monetariamente na forma prevista nesse diploma legal".

- Súmula n. 160 do STJ: "É defeso, ao município, atualizar o IPTU, mediante decreto, em percentual superior ao índice oficial de correção monetária".

- Súmula n. 162 do STJ: "Na repetição de indébito tributário, a correção monetária incide a partir do pagamento indevido".

- Súmula n. 179 do STJ: "O estabelecimento de crédito que recebe dinheiro, em depósito judicial, responde pelo pagamento da correção monetária relativa aos valores recolhidos".

Código Civil comentado e anotado
Art. 406

- Súmula n. 249 do STJ: "A Caixa Econômica Federal tem legitimidade passiva para integrar processo em que se discute correção monetária do FGTS".

- Súmula n. 379 do STJ: "Nos contratos bancários não regidos por legislação específica, os juros moratórios poderão ser fixados em até 1% ao mês".

- Súmula n. 530 do STJ: "Nos contratos bancários, na impossibilidade de comprovar a taxa de juros efetivamente contratada – por ausência de pactuação ou pela falta de juntada do instrumento aos autos –, aplica-se a taxa média de mercado, divulgada pelo Bacen, praticada nas operações da mesma espécie, salvo se a taxa cobrada for mais vantajosa para o devedor".

- Súmula n. 539 do STJ: "É permitida a capitalização de juros com periodicidade inferior à anual em contratos celebrados com instituições integrantes do Sistema Financeiro Nacional a partir de 31/3/2000 (MP 1.963-17/2000, reeditada como MP n. 2.170-36/2001), desde que expressamente pactuada".

- Enunciado n. 20 da I Jornada de Direito Civil: "A taxa de juros moratórios a que se refere o art. 406 é a do art. 161, § 1º, do Código Tributário Nacional, ou seja, um por cento ao mês. A utilização da taxa Selic como índice de apuração dos juros legais não é juridicamente segura, porque impede o prévio conhecimento dos juros; não é operacional, porque seu uso será inviável sempre que se calcularem somente juros ou somente correção monetária; é incompatível com a regra do art. 591 do novo Código Civil, que permite apenas a capitalização anual dos juros, e pode ser incompatível com o art. 192, § 3º, da Constituição Federal, se resultarem juros reais superiores a doze por cento ao ano".

- Enunciado n. 164 da III Jornada de Direito Civil: "Tendo início a mora do devedor ainda na vigência do Código Civil de 1916, são devidos juros de mora de 6% ao ano, até 10 de janeiro de 2003; a partir de 11 de janeiro de 2003 (data da entrada em vigor do novo Código Civil), passar a incidir o art. 406 do Código Civil de 2002".

- Ação de revisão contratual. Compromisso de compra e venda. Preliminar de não conhecimento do recurso que deve ser afastada. Razões da apelação que não se encontram dissociadas dos fundamentos da sentença, nos termos do art. 514, II, do CPC. Mérito. Contratos de adesão. Validade. Art. 54 do CDC. Abusividade de cláusulas contratuais. Inocorrência. Previsão de incidência de juros moratórios no importe de 12% ao ano. Validade. Arts. 406 do CC e 161, § 1º, do CTN. Utilização da Tabela *Price* que não implica, necessariamente, em capitalização de juros. Correção monetária que constitui mera recomposição do valor real da moeda aviltada pela inflação, e não um *plus* ao valor do contrato. Regularidade da adoção do índice IGPM para correção do saldo devedor. Índice expressamente pactuado e aceito pelos consumidores. Compensação de créditos. Possibilidade de retenção de parte do preço pago pelos autores na hipótese de desistência ou inadimplemento contratual. Outorga recíproca de procuração entre os compradores. Ausência de demonstração de qualquer prejuízo concreto ocasionado por tal previsão contratual. Art. 333, I, do CPC. Ausência de violação às hipóteses previstas no art. 51 do CDC. Recurso improvido. (TJSP, Ap. n. 1000041-58.2010.8.26.0176/Embu das Artes, 4ª Câm. de Dir. Priv., rel. Hamid Bdine, *DJe* 30.07.2015)

- Recurso de apelação. Adoção de tese fixada no julgamento de recurso especial, na forma do art. 543-C do CPC. Cumprimento de sentença. Ação civil pública. Impugnação não acolhida. Juros moratórios. Pedido implícito. Incidência sobre o valor objeto da condenação, independente de pedido expresso e de determinação pela sentença. Arts. 293 do CPC e 407 do CC. Juros de mora. Termo inicial. Citação na fase de conhecimento da ação. Entendimento consolidado pelo STJ. Incidência no percentual de 6% ao ano (art. 1.062 do CC/1916), desde a data da citação na ação civil pública até a data da entrada em

Arts. 406 a 408 — Almeida Guilherme

vigor do novo Código Civil e, daí em diante, no percentual de 12% ao ano (art. 406 do CC/2002 c/c art. 161, § 1º, do CTN). Recurso não provido. (TJSP, Ap. n. 0164518-81.2012.8.26.0100/ São Paulo, 18ª Câm. de Dir. Priv., rel. Henrique Rodriguero Clavisio, *DJe* 31.07.2015)

Art. 407. Ainda que se não alegue prejuízo, é obrigado o devedor aos juros da mora que se contarão assim às dívidas em dinheiro, como às prestações de outra natureza, uma vez que lhes esteja fixado o valor pecuniário por sentença judicial, arbitramento, ou acordo entre as partes.

➡ Veja art. 1.064 do CC/1916.

Os juros moratórios são devidos mesmo que o credor não alegue prejuízo, e também deverão ser pagos independentemente da natureza da prestação.

Os juros serão devidos desde o instante em que o devedor for constituído em mora. Já para os demais débitos, os juros serão contados sobre a avaliação do valor pecuniário do objeto da prestação, estabelecidos por sentença judicial ou arbitral (Lei n. 9.307/96; *vide* GUILHERME, Luiz Fernando do Vale de Almeida. *Manual de arbitragem*. 3. ed. São Paulo, Saraiva, 2013) ou transação entre as partes (arts. 840 a 850 do CC).

CAPÍTULO V
DA CLÁUSULA PENAL

Art. 408. Incorre de pleno direito o devedor na cláusula penal, desde que, culposamente, deixe de cumprir a obrigação ou se constitua em mora.

➡ Veja art. 921 do CC/1916.

Cláusula penal. É uma obrigação acessória, pactuada previamente entre as partes, a fim de implementar uma multa na obrigação, penalizando a parte que deixar de cumprir a obrigação ou apenas retardá-la, garantindo, desse modo, o cumprimento da obrigação e o valor das perdas e danos (arts. 389 e 402 do CC).

A cláusula penal será aplicada quando o devedor deixar de cumprir a obrigação no prazo determinado, incorrendo de *pleno iure*, sem notificação ou aviso, ou seja, de forma automática, ou quando o devedor deixar de cumprir a obrigação sem prazo prefixado, e nesse caso a cláusula penal será devida automaticamente, mas apenas após a notificação ou o aviso do devedor.

▪ Enunciado n. 354 da IV Jornada de Direito Civil: "A cobrança de encargos e parcelas indevidas ou abusivas impede a caracterização da mora do devedor".

▪ Apelação cível. Agravo retido. Incidência do Código de Defesa do Consumidor. Ilegitimidade de um dos réus ([…] S.A.). Inocorrência. Mesmo grupo econômico. Agravo retido desprovido. Apelação cível. Ação de rescisão contratual c/c perdas e danos e danos morais. Compra e venda de imóvel. Atraso na entrega da obra. Configuração ainda que pelo lapso de 1 (um) dia. Rescisão do contrato. Cabimento na forma do art. 475 do CC. Taxa de corretagem. Ônus da construtora. Devolução. Possibilidade. Valor devido pelo promitente vendedor. Lucros cessantes. Incabimento. Lapso de apenas um dia no atraso da

Código Civil comentado e anotado

Arts. 408 a 410

obra que não caracteriza o direito à indenização. Cláusula penal previamente estabelecida no contrato e inteligência do art. 408 do CC. Devolução das parcelas pagas corretamente determinado pela r. sentença com juros e correção monetária a partir da citação. Art. 53 do CDC. Danos morais. Inocorrência no caso em tela mero dissabor pela ocorrência da rescisão. Sentença mantida. Recursos de apelação 1 parcialmente provido, agravo retido e recurso de apelação 2 desprovidos. (TJPR, Ap. Cível n. 1328869-4, 7ª Câm. Cível, rel. Des. Luiz Antônio Barry, *DJe* 01.06.2015, p. 134)

Art. 409. A cláusula penal estipulada conjuntamente com a obrigação, ou em ato posterior, pode referir-se à inexecução completa da obrigação, à de alguma cláusula especial ou simplesmente à mora.

➡ Veja arts. 916 e 917 do CC/1916.

A cláusula penal ou pena convencional poderá ser exigida nos casos de inadimplemento completo ou parcial da obrigação, e até para simples constituição em mora. A multa ou cláusula penal pode ser convencionada em conjunto com a obrigação ou em ato posterior a ela. Quando a pena convencional for imposta para o inadimplemento absoluto da obrigação ou de uma de suas cláusulas, será compensatória, mas quando convencionada para casos de simples mora, será denominada pena convencional moratória.

Art. 410. Quando se estipular a cláusula penal para o caso de total inadimplemento da obrigação, esta converter-se-á em alternativa a benefício do credor.

➡ Veja art. 918 do CC/1916.

Quando estipulada a cláusula penal compensatória para o caso de total descumprimento da obrigação, caberá ao credor optar entre pedir o valor da multa ou o adimplemento da obrigação, sem que este acumule o recebimento da multa e o cumprimento da prestação. Portanto, o devedor, pagando a multa, nada mais deve ao credor.

▪ Apelação cível. Cumprimento de sentença. Decisão que indeferiu a inicial. Pleito de imposição de cláusula penal. Pactuada em acordo homologado judicialmente. Pagamento efetuado em conta judicial, e, não, na conta-corrente do procurador da parte exequente. Inexecução de cláusula pactuada (CC, art. 409). Obrigação cumprida parcialmente. Possibilidade, em tese, de imposição da cláusula penal. Anulação da sentença que se impõe. Inviabilidade, porém, de aplicação do disposto no art. 515, § 3º, do Código de Processo Civil. Causa não madura. Ausência de intimação da parte adversa, na pessoa do seu advogado. Retorno dos autos à origem para fins de prosseguimento do feito. «A cláusula penal estipulada conjuntamente com a obrigação, ou em ato posterior, pode referir-se à inexecução completa da obrigação, à de alguma cláusula especial ou simplesmente à mora" (CC, art. 409). Havendo descumprimento de alguma cláusula especial entabulada pelas partes em acordo homologado judicialmente, resta autorizado ao credor pleitear pela cobrança da cláusula penal estipulada. (TJSC, Ap. cível n. 2013.071731-8, rel. Des. Sebastião César Evangelista, *DJe* 01.06.2015)

▪ Instrumento particular de coparticipação em empreendimento imobiliário. Descumprimento do incorporador. Legitimidade dos fiadores mantida. Sócios que assinaram os instrumentos, inclusive aditivo de garantia fidejussória à avença. Alteração do contrato original não provada. Prejuízos alegados que

263

Arts. 410 e 411 — Almeida Guilherme

não foram postulados. Ocorrência de descumprimento integral da obrigação em face dos proprietários e não sua mora. Incidência apenas da multa compensatória, que exclui a multa moratória. Aplicação do art. 410 do Código Civil. Inexistência de elementos para redução do valor da multa estabelecida no contrato. Aplicação do art. 389 do Código Civil deverá se limitar ao reembolso dos honorários advocatícios contratuais, incluindo eventual cláusula *ad exitum*. Reformada sentença para excluir da condenação o valor da multa moratória. Recurso parcialmente provido. (TJSP, Ap. n. 0153306-39.2007.8.26.0100/ São Paulo, 7ª Câm. de Direito Privado, rel. Mary Grün, *DJe* 23.06.2015)

Art. 411. Quando se estipular a cláusula penal para o caso de mora, ou em segurança especial de outra cláusula determinada, terá o credor o arbítrio de exigir a satisfação da pena cominada, juntamente com o desempenho da obrigação principal.

➡ Veja art. 919 do CC/1916.

Para o caso de a pena convencional compensatória ser estipulada como garantia de cláusula especial da obrigação, o credor poderá exigir o cumprimento da pena ou multa juntamente com o desempenho da obrigação principal. Quando convencionada para o caso de mora, terá o credor o direito de exigir cumulativamente a cláusula e o cumprimento da obrigação principal.

▪ Direito civil e processual civil. Direito obrigacional. Ação principal e reconvenção. Descumprimento contratual. Pedido de restituição de valores. Ônus probatório. Cláusula penal. Ausência de previsão. Descabimento. Sentença mantida. 1. Nos termos do art. 333, I e II, do Código de Processo Civil, o ônus da prova cabe ao autor, quanto aos fatos constitutivos do seu direito, e ao réu, em relação aos fatos extintivos, modificativos ou impeditivos do direito do autor. 2. Consoante disposto no art. 411 do Código Civil, quando se estipular a cláusula penal para o caso de mora, ou em segurança especial de outra cláusula determinada, terá o credor o arbítrio de exigir a satisfação da pena cominada, juntamente com o desempenho da obrigação principal?. 3. Inexistido previsão no contrato, que estipule cláusula penal moratória para o caso de atraso na entrega da obra, descabida aplicação analógica. 4. Recursos conhecidos e desprovidos. (TJDFT, Proc. n. 20110111022143 (838331), rel. Des. Sandoval Oliveira, *DJe* 15.12.2014, p. 209)

▪ Direito civil. Incorporação imobiliária. Promessa de compra e venda. Atraso na entrega do imóvel. Caso fortuito e de força maior não configurados. Cláusula penal. Cumulação com lucros cessantes. Descabimento. Sentença mantida [...] III – Cláusula penal prevista para a hipótese de inadimplemento do promitente comprador não pode ser aplicada na hipótese em que a resolução do contrato decorre do lapso obrigacional do promissário vendedor. IV – Segundo a inteligência do art. 416 do CC, a cláusula penal só não desempenhará, com exclusividade, a função indenizatória que lhe é imanente, quando se verificar a presença de dois requisitos cumulativos: insuficiência da convenção para reparar os prejuízos ocasionados pelo incumprimento do contrato e existência de ajuste negocial expresso quanto à possibilidade de indenização suplementar. V – Não encontra respaldo legal a interpretação no sentido de que a denominada cláusula penal moratória enseja ou permite a sua cumulação com perdas e danos. VI – O que o art. 411 do CC autoriza é que, em se cuidando de cláusula penal moratória, o credor exija o cumprimento da obrigação principal (no caso a entrega do imóvel adquirido) e "a satisfação da pena cominada" (no caso a multa mensal para ressarcir o prejuízo resultante do atraso). VII – A cumulação que emerge da legislação civil se dá entre a obrigação principal e a cláusula penal, nunca entre a cláusula penal e a indenização do mesmo prejuízo que ela objetiva ressarcir. VIII – Recursos desprovidos.

Código Civil comentado e anotado   Arts. 411 a 413

(TJDFT, Proc. n. 20140110570578 (876377), 4ª T. Cível, rel. p/ o ac. Des. Fernando Habibe, *DJe* 06.07.2015, p. 425)

Art. 412. O valor da cominação imposta na cláusula penal não pode exceder o da obrigação principal.

➡ Veja art. 920 do CC/1916.

O art. 412 dispõe que o valor da cláusula penal não pode exceder ao valor da obrigação principal. A ideia de cláusula penal como indenização não significa que esta deva ser fonte de enriquecimento sem causa ao credor em detrimento do devedor. Atende, também, a função social do contrato, já que a indenização significa uma sanção imposta para cobrir os prejuízos do prejudicado.

■ Apelação. Seguro habitacional. Ação de indenização securitária ajuizada por mutuário do Sistema Financeiro da Habitação. Imóvel financiado pelo SFH que sofreu deterioração em decorrência de danos físicos relacionados a vícios de construção. Cobertura securitária. Cabimento da indenização. Prescrição inocorrente. Danos progressivos. Multa decendial limitada ao próprio importe da obrigação (CC, art. 412). Sentença de procedência confirmada (RITJSP, art. 252). Apelação desprovida. (TJSP, Ap. n. 0006739-34.2011.8.26.0024/Andradina, 10ª Câm. de Dir. Priv., rel. Cesar Ciampolini, *DJe* 04.02.2015, p. 1.456)

Art. 413. A penalidade deve ser reduzida equitativamente pelo juiz se a obrigação principal tiver sido cumprida em parte, ou se o montante da penalidade for manifestamente excessivo, tendo-se em vista a natureza e a finalidade do negócio.

➡ Veja art. 924 do CC/1916.

O magistrado, quando conhecer da causa que envolva o inadimplemento de uma obrigação com cláusula penal, deverá observar se o valor combinado a título de penalidade é compatível com o descumprimento, devendo reduzi-lo se a obrigação houver sido parcialmente adimplida. É necessário também que o juiz observe a proporcionalidade entre a cláusula penal e a natureza e a finalidade do negócio, devendo diminuir a pena, caso seja manifestamente excessiva.

■ Enunciado n. 165 da III Jornada de Direito Civil: "Em caso de penalidade, aplica-se a regra do art. 413 ao sinal, sejam as arras confirmatórias ou penitenciais".

■ Enunciado n. 355 da IV Jornada de Direito Civil: "Não podem as partes renunciar à possibilidade de redução da cláusula penal se ocorrer qualquer das hipóteses previstas no art. 413 do Código Civil, por se tratar de preceito de ordem pública".

■ Enunciado n. 356 da IV Jornada de Direito Civil: "Nas hipóteses previstas no art. 413 do Código Civil, o juiz deverá reduzir a cláusula penal de ofício".

■ Enunciado n. 357 da IV Jornada de Direito Civil: "O art. 413 do Código Civil é o que complementa o art. 4º da Lei n. 8.245/91. Revogado o Enunciado n. 179 da III Jornada".

265

Arts. 413 a 415 — Almeida Guilherme

■ Enunciado n. 358 da IV Jornada de Direito Civil: "O caráter manifestamente excessivo do valor da cláusula penal não se confunde com a alteração de circunstâncias, a excessiva onerosidade e a frustração do fim do negócio jurídico, que podem incidir autonomamente e possibilitar sua revisão para mais ou para menos".

■ Enunciado n. 359 da IV Jornada de Direito Civil: "A redação do art. 413 do Código Civil não impõe que a redução da penalidade seja proporcionalmente idêntica ao percentual adimplido".

■ Enunciado n. 429 da V Jornada de Direito Civil: "As multas previstas nos acordos e convenções coletivas de trabalho, cominadas para impedir o descumprimento das disposições normativas constantes desses instrumentos, em razão da negociação coletiva dos sindicatos e empresas, têm natureza de cláusula penal e, portanto, podem ser reduzidas pelo Juiz do Trabalho quando cumprida parcialmente a cláusula ajustada ou quando se tornarem excessivas para o fim proposto, nos termos do art. 413 do Código Civil".

■ Apelação cível. Embargos à execução."Instrumento particular de compra e venda de veículo usado com reserva de domínio". 1. Cerceamento de defesa. Não configuração. Possibilidade de julgamento antecipado da lide. Desnecessidade de prova testemunhal. Contrato de compra e venda. Exigibilidade. Inexistência de cláusula resolutiva a justificar o inadimplemento do devedor. Embargante que não se desimcumbiu do seu ônus processual. 2. Cláusula penal. Redução. Impossibilidade. Abusividade não demonstrada. Inteligência do art. 413 do CCB. 3. Princípio da sucumbência. Manutenção do ônus. 1. Incumbe àquele que alega a imperatividade da prova testemunhal, apresentar elementos concretos que façam evidenciar a necessidade da dilação probatória. 2. É ônus do embargante comprovar a existência de fato impeditivo, modificativo ou extintivo do direito do credor, sob pena de prevalecer a higidez do título executivo extrajudicial. 3. Nos termos do art. 413 do CC, a cláusula penal deve ser reduzida equitativamente pelo juiz se a obrigação principal tiver sido cumprida em parte, ou se o montante da penalidade for manifestamente excessivo, tendo-se em vista a natureza e a finalidade do negócio. Não sendo estes casos permanece o pactuado. 4. O ônus de sucumbência deve ser distribuído considerando o aspecto quantitativo e o jurídico em que cada parte decai de suas pretensões. Recurso de apelação desprovido. (TJPR, Ap. Cível n. 1388454-1, 15ª Câm. Cível, rel. Des. Jucimar Novochadlo, *DJe* 27.07.2015, p. 469)

Art. 414. Sendo indivisível a obrigação, todos os devedores, caindo em falta um deles, incorrerão na pena; mas esta só se poderá demandar integralmente do culpado, respondendo cada um dos outros somente pela sua quota.

Parágrafo único. Aos não culpados fica reservada a ação regressiva contra aquele que deu causa à aplicação da pena.

➥ Veja art. 925 do CC/1916.

A pena será solidária a todos os devedores no limite de sua quota-parte, porém o valor total poderá ser pleiteado em face daquele que causou o motivo da pena, resguardando-se o direito de regresso dos devedores que não são culpados contra aquele que deu causa à pena.

Art. 415. Quando a obrigação for divisível, só incorre na pena o devedor ou o herdeiro do devedor que a infringir, e proporcionalmente à sua parte na obrigação.

➥ Veja art. 926 do CC/1916.

Código Civil comentado e anotado

Arts. 415 a 417

No caso de obrigação divisível e com pluralidade de devedores, só incorrerá na pena o devedor ou herdeiro do devedor que a infringir, e proporcionalmente à sua quota na obrigação, pois o credor só foi lesado ao que correspondia à quota daquele devedor.

Art. 416. Para exigir a pena convencional, não é necessário que o credor alegue prejuízo. Parágrafo único. Ainda que o prejuízo exceda ao previsto na cláusula penal, não pode o credor exigir indenização suplementar se assim não foi convencionado. Se o tiver sido, a pena vale como mínimo da indenização, competindo ao credor provar o prejuízo excedente.

➡ Veja art. 927 do CC/1916.

A existência de cláusula penal (art. 412 do CC) presume a ocorrência de dano, além de consistir em penalidade ao contratante inadimplente e, dessa maneira, não se faz necessária a prova do dano. A estipulação de cláusula penal deve satisfazer todos os prejuízos decorrentes do eventual inadimplemento, sendo vedado o pedido de indenização suplementar, salvo se for estipulado em contrário. Nesse caso, deverá o credor que tiver sido prejudicado comprovar os danos experimentados, para que assim faça jus à indenização suplementar.

■ Enunciado n. 430 da V Jornada de Direito Civil: "No contrato de adesão, o prejuízo comprovado do aderente que exceder ao previsto na cláusula penal compensatória poderá ser exigido pelo credor independentemente de convenção".

CAPÍTULO VI
DAS ARRAS OU SINAL

Art. 417. Se, por ocasião da conclusão do contrato, uma parte der à outra, a título de arras, dinheiro ou outro bem móvel, deverão as arras, em caso de execução, ser restituídas ou computadas na prestação devida, se do mesmo gênero da principal.

➡ Veja arts. 1.094 e 1.096 do CC/1916.

Arras ou sinal. Consiste na entrega de quantia em dinheiro ou bem móvel de um dos contraentes ao outro, a fim de garantir o pontual cumprimento da obrigação e confirmar a existência do negócio.

Arras confirmatórias. Consistem na entrega de um bem móvel a outra parte em sinal de confirmação do contrato, a fim de torná-lo obrigatório, buscando impedir o arrependimento dos contratantes. As arras serão computadas no preço, se da mesma espécie, ou restituídas. Se quem as ofereceu não der cumprimento ao contrato, a outra parte o terá como desfeito. Se a inexecução for de quem recebeu as arras, aquela parte que as deu poderá ter o contrato como desfeito e exigir sua devolução mais o equivalente, juros, atualização e honorários. A parte inocente poderá pedir indenização suplementar, se as arras não forem suficientes.

Arras penitenciais. Quando houver estipulação de direito de arrependimento, as arras ou sinal terão caráter indenizatório. Não haverá direito à indenização suplementar.

Origem da expressão. Do latim, *arrha*, no sentido de garantia.

Origem do instituto. As arras eram usadas nos contratos esponsalícios, assinalando Caio Mário (*Curso de direito civil*, v. II, p. 209) que, ao ser extinto "o regime da comunidade familiar e tornando-se insuficiente a troca *in specie* para conter a complexidade dos negócios jurí-

267

dicos, transplantou-se do direito de família para as relações obrigacionais", para que fosse o pacto avençado garantido ou reforçado. No Direito pré-romano tinha efeito assecuratório; no Direito Romano pré-justiniano, servia para a demonstração material do acordo de vontades. Já nas Institutas, entende-se que as arras representavam a faculdade de retratação do pactuado. No Brasil, a vetusta codificação civil enfatizava as arras como "instrumento preparatório para a celebração do contrato"; já a nova redação do Código Civil (art. 420 do CC), ao tirar as arras da parte geral dos contratos, remetendo-as ao campo das obrigações, dá-lhes caráter de prefixação de indenização.

As arras no Código de Defesa do Consumidor (CDC). O instituto das arras configura-se e se perfaz às linhas do CDC, limitado, porém, pela nova sistemática desta codificação, que serve de repositório legal para todo o sistema. Lícita se afigura a utilização das arras, desde que o seu valor se atenha a parâmetros razoáveis, e não sirva de fonte de enriquecimento sem causa, tanto mais quando oriundo de infortúnios e imprevistos de uma das partes. Dessa forma, de par com o respeito à equidade hoje buscada nos negócios, estar-se-á preservando a eficácia deste instituto, que muito serviu e muito ainda pode servir à sociedade.

Sistemática:

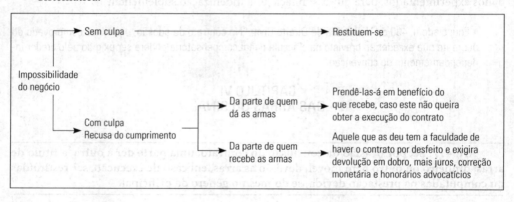

■ Apelação cível. Recisão de contrato de promessa de compra e venda de imóvel. Atraso na entrega. Culpa exclusiva da construtora. Devolução das quantias pagas. Devolução em dobro do sinal/arras. Inteligência no art. 418 do CC. Dano moral caracterizado. *Quantum* reduzido. Recurso parcialmente provido. 1. Nos termos do art. 417 do CC, as arras ou sinal se caracterizam pela entrega, por parte de um dos contratantes, de quantia ou outro bem móvel que traduz a celebração e garantia do contrato. Por sua vez, a norma do art. 418 estabelece que se a inexecução contratual for atribuída a quem recebeu as arras, poderá quem as deu haver o contrato por desfeito e exigir sua devolução mais o equivalente (ou seja, em dobro) com atualização monetária, juros e honorários. 2. Os danos morais restaram caracterizados, uma vez que a situação a qual foi submetido o recorrido, efetivamente, ultrapassa a seara do mero aborrecimento, configurando verdadeira lesão à personalidade, passível, pois, de reparação. Assim, levando em conta as particularidades do caso e respeitando os critérios de proporcionalidade e razoabilidade, os danos morais devem ser reduzidos ao patamar de R$ 10.000,00. (TJMT, Ap. n. 46745/2015, rel. Des. Serly Marcondes Alves, *DJe* 26.06.2015, p. 61)

Art. 418. Se a parte que deu as arras não executar o contrato, poderá a outra tê-lo por desfeito, retendo-as; se a inexecução for de quem recebeu as arras, poderá quem as deu ha-

Código Civil comentado e anotado

Arts. 418 e 419

ver o contrato por desfeito, e exigir sua devolução mais o equivalente, com atualização monetária segundo índices oficiais regularmente estabelecidos, juros e honorários de advogado.

➡ Veja art. 1.097 do CC/1916.

Existem duas situações em que as arras são devidas: na primeira, se aquele que deu as arras não der execução no contrato, terá o valor pago retido pela outra parte; na segunda, quem deixou de executar é aquele que as recebeu e poderá desfazer o contrato e exigir a devolução do valor pago, somado ao equivalente sem prejuízo da correção monetária, juros e honorários advocatícios.

▪ Apelação cível. Promessa de compra e venda. Resolução de contrato e restituição de valores. A pretensão de resolução de contrato prescreve em dez anos, haja vista não ter a Lei fixado prazo menor, *ex vi* do art. 205 do CC. Não implementado o prazo prescricional, entre o termo inicial e o ajuizamento da ação. Preliminar de mérito rejeitada. Se a parte que deu as arras não executar o contrato, poderá a outra tê-lo por desfeito, retendo-as, consoante prevê o art. 418 do CC. Todavia, se a parte não entregou arras, porque inexistente ajuste nesse sentido, inviável a retenção de valores a este título. Descabida se mostra a retenção, pelos réus, de 25% do valor pago pelo autor, para compensar as alegadas despesas com a resolução do contrato, porquanto ausente o mínimo de prova de que estas despesas efetivamente ocorreram. Rejeitaram a preliminar e negaram provimento ao apelo. Unânime. (TJRS, Ap. Cível n. 70.051.768.851, 18ª Câm. Cível, rel. Elaine Maria Canto da Fonseca, j. 28.08.2014)

Art. 419. A parte inocente pode pedir indenização suplementar, se provar maior prejuízo, valendo as arras como taxa mínima. Pode, também, a parte inocente, exigir a execução do contrato, com as perdas e danos, valendo as arras como o mínimo da indenização.

➡ Sem correspondência no CC/1916.

O art. 419 permite que a parte inocente solicite indenização suplementar se provar maior prejuízo, valendo as arras como taxa mínima. Ademais, o Código Civil reservou ao credor, no mesmo artigo, a possibilidade de exigir o cumprimento da obrigação com as perdas e danos, tendo as arras como o mínimo da indenização.

▪ Apelação. Resolução de contrato particular com pedido de reintegração possessória. Venda e compra de imóvel. Inexistência de prova de que o inadimplemento da obrigação decorreu de culpa exclusiva dos autores. Inequívoca *mora debitoris* dos requeridos. Necessidade, contudo, do pagamento de justa indenização pelas benfeitorias realizadas na coisa, em montante que deverá ser apurado em fase de liquidação. Direito de retenção da coisa até o efetivo adimplemento. Recurso interposto pelos requeridos a que se dá parcial provimento. Apelação. Descabimento do pedido de indenização por perdas e danos. Ausência de demonstração de dano de maior extensão que justifique a indenização suplementar. Retenção das arras suficiente. Art. 419 do CC. Impertinência do pedido de indenização pelos débitos decorrentes de imposto predial, água e energia elétrica, bem como da notificação extrajudicial realizada. Recurso adesivo interposto pelos autores a que se nega provimento. (TJSP, Ap. n. 0015865-51.2008.8.26.0077/Birigui, 4ª Câm. Ext. de Dir. Priv., rel. Mauro Conti Machado, *DJe* 28.11.2014, p. 2.534)

Art. 420

Art. 420. Se no contrato for estipulado o direito de arrependimento para qualquer das partes, as arras ou sinal terão função unicamente indenizatória. Neste caso, quem as deu perdê-las-á em benefício da outra parte; e quem as recebeu devolvê-las-á, mais o equivalente. Em ambos os casos não haverá direito a indenização suplementar.

➡ Veja art. 1.095 do CC/1916.

Função secundária. Pode-se dizer que existe uma função penitencial, mas será necessária estipulação expressa, limitando-se, nesse caso, o valor da indenização ao valor das arras, não cabendo direito à indenização suplementar, mesmo que o prejuízo sofrido tenha sido maior, uma vez que o arrependimento é direito estabelecido no contrato. De resto, vale o disposto no quadro já citado. Assemelham-se as arras penitenciais à cláusula penal, da qual se diferem por constituírem uma convenção acessória real (deve haver tradição para seu perfazimento), ao passo que a cláusula penal tem natureza consensual.

■ Súmula n. 412 do STF: "No compromisso de compra e venda com cláusula de arrependimento, a devolução do sinal, por quem o deu, ou a sua restituição em dobro, por quem o recebeu, exclui indenização maior, a título de perdas e danos, salvo os juros moratórios e os encargos do processo".

■ Direito civil. Processual civil e consumidor. Apelação cível. Ação de rescisão contratual. Preliminar de inépcia da petição inicial rejeitada. Revisão de contrato rescindido. Possibilidade. Cláusula penal cumulada com arras penitenciais. Impossibilidade. Comissão de corretagem. Cobrança abusiva. Restituição na forma simples. Verbas sucumbenciais. Proporcionalidade e razoabilidade. Sentença integralmente mantida. 1. A petição inicial preenche todos os requisitos enumerados no art. 282 do CPC. Preliminar afastada. 2. O distrato ajustado pelas partes não obsta a pretensão de o promitente comprador ser ressarcido por eventuais perdas e danos decorrentes do contrato celebrado entre as partes. 3. Nos termos do art. 420 do CC, quando prevista no contrato cláusula de arrependimento, haverá a perda das arras ou do sinal em favor da parte que não deu causa ao desfazimento do negócio. 4. A retenção das arras cumulada com a cláusula penal configura *bis in idem* e, por consequência, enriquecimento ilícito do promitente vendedor, pois ambas ostentam natureza indenizatória. [...] 8. Preliminar rejeitada. Apelação do autor conhecida, mas não provida. Apelação da ré parcialmente conhecida e, na parte conhecida, não provida. Unânime. (TJDFT, Proc. n. 20140110192708 (879797), 3ª T. Cível, rel. Des. Fátima Rafael, *DJe* 14.07.2015, p. 124)

TÍTULO V
DOS CONTRATOS EM GERAL

Conceito (arts. 421 a 853)	Contrato é o acordo de duas ou mais vontades, na conformidade da ordem jurídica, destinado a estabelecer uma regulamentação de interesses entre as partes, com o escopo de adquirir, modificar ou extinguir relações jurídicas de natureza patrimonial	
Requisitos	Subjetivos (art. 104, I)	Existência de duas ou mais pessoas, capacidade genérica para praticar os atos da vida civil, aptidão específica para contratar e consentimento das partes contratantes (arts. 3º a 5º – capacidade/1º a 78 – pessoas)
	Objetivos (art. 104, II)	Licitude do objeto do contrato, possibilidade física ou jurídica do objeto do negócio jurídico, determinação do objeto do contrato e economicidade de seu objeto (arts. 79 a 103)

(continua)

Código Civil comentado e anotado   Art. 420

(continuação)

	Formais (art. 104, II)	Arts. 107 e 108 do CC	
Quanto à pessoa do contrato		**Contratos reciprocamente considerados**	
Contratos pessoais	São intransmissíveis, não podendo ser executados por outrem, nem cedidos	Principais (arts. 481 a 532)	São os que existem entre si, exercendo sua função e finalidade independentemente do outro
Contratos impessoais	A pessoa de um dos contraentes é juridicamente irrelevante para a execução do contrato pelo outro	Acessórios (arts. 818 a 839)	São aqueles cuja existência jurídica supõe a do principal, pois visam a assegurar a sua execução
Quanto à natureza dos contratos			
Unilaterais (arts. 854 a 886)	Os contratos dos quais resultam obrigações só para uma das partes. Exemplo: doação	Bilaterais (art. 476)	Obrigações unidas uma à outra por um vínculo de reciprocidade ou interdependência. Exemplo: compra e venda
Onerosos (arts. 481 a 532)	São aqueles que trazem vantagens para ambos os contratantes. Exemplo: locação	Gratuitos (arts. 538 a 564)	Oneram somente uma das partes, a outra parte não obtém vantagem. Exemplo: doação pura e simples
Cumulativos (arts. 610 a 626)	Cada parte recebe uma contraprestação, equivalente	Aleatórios (arts. 458 a 461)	As partes se arriscam a uma contraprestação inexistente ou desproporcional
Paritários (arts. 653 a 692)	Contratos, cujas partes se apresentam em isonomia	Por adesão (arts. 423 e 424)	Uma das partes monopoliza e impõe as cláusulas, outra parte apenas adere às propostas apresentadas
Quanto à forma		**Quanto à denominação**	
Consensuais (Lei n. 8.245/91)	Que se perfazem pela simples anuência das partes, sem necessidade de outro ato. Exemplo: locação	Nominados em espécie (arts. 481 a 532)	Contratos nominados são aqueles que têm designação própria pela lei. O CC disciplina vinte contratos nominados. Exemplo: contratos de compra e venda
Solenes (art. 481)	São aqueles para cuja celebração a lei prescreve uma forma especial. Exemplo: compra e venda de imóvel		
Reais (arts. 579 a 585)	Aqueles que se ultimam com a entrega da coisa, feita por um contratante a outro. Exemplo: comodato	Inominados (art. 425)	São contratos que não são regulados expressamente pelo CC ou por lei especial, porém são permitidos juridicamente

Art. 420   Almeida Guilherme

Classificação dos contratos	Classificação dos contratos	Embasamento legal	Características	Observação
Contratos relativos à natureza da obrigação	Unilaterais	X	São aqueles que geram somente uma obrigação. Ex.: doação pura	X
	Bilaterais	Art. 476 do CC	São aqueles que geram duas ou mais obrigações. Ex.: contrato de compra e venda	X
	Gratuitos	Art. 538 do CC	São aqueles em que apenas uma das partes sofre um sacrifício patrimonial, enquanto a outra apenas obtém um benefício. Ex.: doação	X
	Onerosos	X	São aqueles em que uma das partes sofre um sacrifício patrimonial, ao qual corresponde uma vantagem que pleiteia. Ex.: contrato de locação – o inquilino paga o preço para obter o uso pacífico da coisa	X
Contratos relativos à natureza da obrigação	Comutativos	X	É um contrato bilateral e oneroso no qual a estimativa da prestação a ser recebida por qualquer das partes pode ser efetuada no ato mesmo em que o contrato se aperfeiçoa	Os vícios redibitórios, arts. 441 a 446 do CC, referem-se somente aos contratos comutativos
	Aleatórios	Arts. 458 a 461 do CC	É um contrato bilateral e oneroso no qual pelo menos uma das partes não pode antecipar o montante da prestação que receberá, em troca da que fornece	X
	Paritários	X	São contratos em que os interessados, colocados em pé de igualdade, ante o princípio da autonomia da vontade, discutem os termos do ato negocial, eliminando os pontos divergentes mediante transigência mútua	X
	Por adesão	Arts. 423 e 424 do CC	São contratos em que a manifestação de vontade de uma das partes se reduz à mera anuência a uma proposta da outra. Ex.: contrato de transporte, de fornecimento de gás, água, luz, instituições bancárias	X
Contratos quanto à sua forma	Consensuais	X	São os que se perfazem pela simples anuência das partes, sem necessidade de outro ato (liberdade quanto à forma). Ex.: locação, parceria rural	X
	Solenes ou formais	X	São contratos que só se aperfeiçoam quando o consentimento das partes está perfeitamente adequado pela forma prescrita na lei, objetivando conceder segurança a algumas relações jurídicas	X
	Reais	X	São os que só se formam com a entrega efetiva da coisa. Ex.: empréstimo (mútuo e comodato), no depósito ou no penhor	X

(continua)

Código Civil comentado e anotado

Art. 420

(continuação)

Classificação dos contratos	Classificação dos contratos	Embasamento legal	Características	Observação
Contratos em relação à sua designação ou à falta de disciplina jurídica	Nominados, típicos, tipificações ou em espécies	Arts. 481 a 853 do CC	São aqueles em que a lei dá denominação própria e submete a regras que os pormenorizam, a saber: compra e venda, troca, doação, locação, empréstimo, depósito, mandato, gestão de negócios, edição, representação dramática, sociedades, parceria rural, constituição de renda, seguro, jogo e aposta e fiança	X
	Inominados ou atípicos	Art. 425 do CC	São os contratos que resultam da consensualidade, não havendo requisitos definidos na lei, bastando para sua validade que as partes sejam capazes, o objeto do contrato seja lícito, possível e suscetível de apreciação econômica	X
Contratos quanto ao tempo da execução	De execução instantânea	X	São os que se esgotam em um só instante, mediante uma única prestação. Ex.: troca, compra e venda à vista	X
	De execução diferida no futuro	Art. 478 do CC	São os que se encerram em um só ato, mas no futuro. Ex.: venda a prazo, com entrega imediata da mercadoria e prazo de pagamento em 30 dias	X
	De execução continuada	Art. 478 do CC	São os contratos em que a execução dar-se-á de forma fracionada. Ex.: venda de determinado bem, com entrega imediata e pagamento em 10 prestações	X
Contratos reciprocamente considerados	Preliminares	Arts. 462 a 466 do CC	É um contrato perfeito e acabado que tem por objeto um contrato definitivo; é um compromisso para celebração de um contrato definitivo; não se encerra em si mesmo. Ex.: compromisso de compra e venda de imóvel	X
	Definitivos	X	Sucede o temporário (preliminar), ou existe sem ele, sendo um contrato perfeito e acabado e tendo por objeto um fim em si mesmo, ou seja, encerra-se em si mesmo	X
	Principais	X	São os que existem por si, exercendo sua função e finalidade independentemente de outro. Ex.: contrato de locação	X
	Acessórios	X	São os que existem em função do principal e surgem para garantir-lhe a execução. Ex.: contrato de fiança	X

CAPÍTULO I
DISPOSIÇÕES GERAIS

Seção I
Preliminares

Art. 421. A liberdade contratual será exercida nos limites da função social do contrato.
Caput com redação dada pela Lei n. 13.874, de 20.09.2019.
Parágrafo único. Nas relações contratuais privadas, prevalecerão o princípio da intervenção mínima e a excepcionalidade da revisão contratual.
Parágrafo acrescentado pela Lei n. 13.874, de 20.09.2019.

➡ Sem correspondência no CC/1916.

Toda vez que a formação do negócio jurídico depender da conjunção de duas vontades, elas encontram-se na presença de um contrato, que é, pois, o acordo de duas ou mais vontades, em vista de produzir efeitos jurídicos. O art. 421 do Código Civil dispõe que a liberdade de contratar será exercida em razão e nos limites da função social do contrato, a qual o condiciona ao atendimento do bem comum e dos fins sociais. Dessa feita, os interesses individuais das partes contratantes não poderão ser contrários à ordem pública e aos bons costumes, uma vez que estão subordinados ao interesse coletivo. Há diversos princípios que regem o direito contratual e verificar-se-á que o legislador tem restringido, mais ou menos, a liberdade contratual. Essa liberdade encontra restrição na lei, e só nela. A liberdade contratual não é absoluta, pois está limitada não só pela supremacia da ordem pública, que veda a convenção que lhe seja contrária e aos bons costumes, de forma que a vontade dos contratantes está subordinada ao interesse coletivo, mas também pela função social do contrato, que o condiciona ao atendimento do bem comum e dos fins sociais (DINIZ, Maria Helena. *Código Civil anotado*. São Paulo: Saraiva, 2009, p. 364*)*.

Unilaterais são os contratos que criam obrigações unicamente a uma das partes, como a doação pura (GONÇALVES, Carlos Roberto. *Direito civil brasileiro*, cit., p. 90). No contrato bilateral, ambas as partes contraem obrigações e ao menos alguns deveres recíprocos de prestação estão vinculados entre si, de maneira que a prestação de um representa, conforme a vontade de ambas as partes, a contraprestação, a compensação pela outra (idem). Embora não seja tão defendida sua existência pela doutrina, alguns autores estabelecem a classificação do contrato plurilateral como sendo aquele que contém mais de duas partes (op. cit., p. 91). Gratuitos são os contratos nos quais apenas uma das partes aufere benefício ou vantagem. Ao outro contratante, no caso, só recaem a obrigação e o sacrifício (op. cit., p. 93). Na modalidade do contrato oneroso, ambas as partes obtêm proveito e empenham algum sacrifício, isto é, notam-se vantagens e desvantagens, prós e contras (idem). Os contratos recém-descritos, os onerosos, subdividem-se em comutativos e aleatórios. Os primeiros são de prestações certas e determinadas. As partes, assim, podem prever as vantagens e as desvantagens decorrentes da celebração, porque não envolve algum risco incerto e futuro (op. cit., p. 94). O vocábulo aleatório provém do latim *alea,* que significa sorte, acaso, risco. É então o contrato bilateral oneroso em que pelo menos uma das partes não consegue antever o benefício que receberá, em troca da prestação fornecida (op. cit., p. 95). Dentro da macroclassificação proposta, uma das modalidades é a formatação em contratos paritários e contratos de adesão. Os primeiros se referem ao tipo de vínculo tradicional, em que as partes discutem livremente as condições, por-

Código Civil comentado e anotado

Art. 421

que se encontram em situação de igualdade (par a par) (GONÇALVES, Carlos Roberto. *Direito civil brasileiro*, cit., p. 97). Nos contratos de adesão, não se permite essa liberdade, em razão da preponderância da vontade de um dos contratantes, que elabora todas as cláusulas (idem). Os contratos de execução instantânea ou imediata são os que se consumam em um só ato, sendo cumpridos imediatamente após a sua celebração, como vem a ser o caso da compra e venda à vista (idem). Já os contratos de execução diferida ou retardada são também cumpridos em um ato só, mas em um momento ainda futuro, isto é, a prestação de um dos contraentes não se finaliza depois da celebração, mas sim a termo (idem). Os contratos de trato sucessivo ou também intitulados de execução continuada são aqueles cumpridos por intermédio de atos reiterados (idem). Os contratos personalíssimos são efetuados em atenção aos predicados pessoais de um dos contratantes (op. cit., p. 97). Impessoais são os vínculos em que a prestação pode ser cumprida, indiferentemente, pelo obrigado ou mesmo por terceiro. O que importa, assim, é a execução da obrigação e do contrato como consequência, não exatamente por quem (idem). Contratos principais têm existência autônoma, própria, sem a dependência de outro para a sua existência, como nos casos da compra e venda e da locação, por exemplo (idem). Os contratos acessórios já dependem de outros, tendo a sua execução subordinada ao contrato principal. Ou seja, só existirá o vínculo acessório, obviamente, se houver um principal que o legitime e que dê luz à sua existência (idem). Os contratos são solenes quando precisam obedecer a uma forma descrita pela lei para se aperfeiçoar (idem). Contratos não solenes são os de forma livre, bastando o consentimento das partes para a sua formalização (idem). Consensuais são aqueles que se formam unicamente pelo acordo de vontades (*solo consensu*), independentemente da entrega da coisa e da observância de determinada forma. Por isso também não considerados como não solenes (idem, p. 108). Os reais, quando de sua celebração, além da existência do consentimento, exigem a presença da entrega da coisa (idem). O contrato preliminar é aquele em que se objetiva um contrato definitivo futuro. Como afirma Caio Mário, é o vínculo "por via do qual ambas as partes ou uma delas se compromete a celebrar mais tarde outro contrato, que será o principal" (2009, p. 81). O contrato definitivo tem objetos distintos, conforme a natureza de cada contrato. Cada avença se vale de um objeto peculiar (GONÇALVES, Carlos Roberto. *Direito civil brasileiro*, cit., p. 108). O contrato típico, também conhecido como nominado, é aquele que tem as suas regras disciplinares deduzidas de maneira precisa nas codificações ou nas normas (idem). Entende-se por contrato atípico, ou seja, inominado, o vínculo contratual que não foi agraciado pelo batismo legislativo ou que não foi tipificado (idem). "Diz-se misto o contrato que alia a tipicidade e a atipicidade, ou seja, aquele em que as partes imiscuem em uma espécie regularmente dogmatizada, aspectos criados por sua própria imaginação, desfigurando-a em relação ao modelo legal" (PEREIRA, Caio Mário da Silva. *Instituições de direito civil*, cit., 2009, p. 53).

Princípios contratuais. A rigor, não há ordem hierárquica entre eles. Mesmo assim, o ordenamento jurídico nacional se inclinou a destacar, provavelmente, o da função social do contrato como um balizador a partir do qual os demais se seguiram. Atualmente, com as mudanças que o legislador incorporou ao espectro legislativo nacional, é possível destacar que a função social do contrato passou a ter a sua ordem de relevância no mínimo confundida com outros princípios, como, por exemplo, o da autonomia da vontade. Mas como o art. 421, já em seu *caput*, destaca a função social do contrato, ainda mantemos as nossas percepções quanto ao seu papel de regulação da ordem civil em sua esteira contratual. Assim, seguem os princípios e as nossas impressões sobre eles:

(i)   função social do contrato;

(ii)   autonomia da vontade;

(iii) consensualismo;

(iv) obrigatoriedade das convenções (*pacta sunt servanda*);
(v) relatividade dos efeitos contratuais;
(vi) boa-fé;
(vii) probidade;
(viii) eticidade;
(ix) conservação contratual;
(x) equivalência contratual.

(GUILHERME, Luiz Fernando do Vale de Almeida. *Função social do contrato e contrato social*: análise da crise econômica. 2. ed. São Paulo, Saraiva, 2015, p. 69 e segs.).

Função social do contrato. É uma cláusula geral, intencionalmente formulada de maneira vaga e imprecisa, a fim de que o magistrado possa densificar o seu conteúdo. Entretanto, o legislador não identificou a consequência da ofensa à função social do contrato, conforme a Constituição Federal fez com a função social da propriedade (art. 182, em decorrência do art. 3º, I).

O princípio da autonomia da vontade é produto do ideário que marcou a Revolução Francesa, no final do século XVIII. A premissa que se assumiu foi a de que as partes seriam livres para contratar, sendo vedada a interferência do Estado sobre o direito individual dos contratantes.

Já pelo princípio do consensualismo tem-se que o contrato nada mais é senão o resultado do consenso assumido pelas partes, baseado na confiança e no respeito recíprocos.

O princípio da obrigatoriedade das convenções (*pacta sunt servanda*) decorre justamente da autonomia da vontade e faz com que aquilo que foi assumido livremente pelas partes seja lei para elas. Isso quer dizer que, se um dos contratantes não cumprir com o que foi livremente assumido por ele anteriormente, fica autorizado o outro contratante a requerer a intervenção legal do Estado para que seja cumprida a obrigação. Em suma, o princípio consagra a máxima de que "o contrato faz lei entre as partes".

O princípio da relatividade dos efeitos contratuais faz com que terceiros não envolvidos na relação contratual não sejam atingidos pelo contrato e que este só produza efeitos para aqueles que manifestaram a sua vontade.

O princípio da boa-fé (objetiva) (art. 113 do CC) é, certamente, um dos mais relevantes princípios que tutelam os contratos. Ele se subdivide em boa-fé subjetiva e boa-fé objetiva. A rigor, a boa-fé subjetiva é aquela que vigorava no Código Civil de 1916, que basicamente consistia em uma atitude passiva dos contratantes quando da realização e da execução de um contrato. Agir sob o manto da boa-fé subjetiva significava agir em um mero "estado de inocência". Significava uma boa-fé que estava no coração e na alma. Mas a boa-fé objetiva, que está presente no Código Civil atual e que tutela as relações, vai além e tem um espírito ativo, em que não basta apenas o "estado de inocência" das partes, mas sim, também, um dever de sempre agir com lealdade, retidão e de, inclusive, proteger as expectativas da outra parte contratante. Quer dizer, de livre e espontânea vontade, eventualmente ir além daquilo que foi assumido como uma obrigação no contrato unicamente para defender os interesses do parceiro daquele contrato. Ou seja, é fazer mais do que aquilo que se obrigou a fazer para proteger o outro contratante, esperando que ele faça da mesma forma.

O princípio da probidade caminha de mãos dadas com o princípio da boa-fé objetiva. A rigor, os princípios da probidade e da boa-fé (arts. 113 e 422 do CC) estão ligados não só à interpretação do contrato, pois o sentido literal da linguagem não deverá prevalecer sobre a intenção inferida da declaração de vontade das partes, mas também ao interesse social de segurança das relações jurídicas, uma vez que as partes têm o dever de agir com lealdade, pro-

Código Civil comentado e anotado

Art. 421

bidade e confiança recíprocas, isto é, impedindo que uma dificulte a ação da outra. O art. 422 trata especificamente de um agir ético, moldado nas ideias de proceder com correção, com dignidade, pautando sua atitude pelos princípios da honestidade, da boa intenção e no propósito de a ninguém prejudicar.

O princípio da eticidade tem íntima relação com os princípios da probidade e da boa-fé, ligados não só à interpretação do contrato, pois o sentido literal da linguagem não deverá prevalecer sobre a intenção inferida da declaração de vontade das partes, mas também ao interesse social de segurança das relações jurídicas, uma vez que as partes têm o dever de agir com lealdade, probidade e confiança recíprocas, isto é, impedindo que uma dificulte a ação da outra. O art. 422 trata especificamente da boa-fé objetiva, a qual consiste em um consentimento ético, moldado nas ideias de proceder com correção e dignidade, pautando sua atitude pelos princípios da honestidade, da boa intenção e no propósito de a ninguém prejudicar. Os princípios da probidade e da boa-fé (art. 422 do CC) deverão ser observados na conclusão e na execução do contrato, e também nas fases pré e pós-contratuais, além de em todas as relações privadas.

Dando prosseguimento, o princípio da conservação contratual está intimamente ligado ao da função social do contrato. O contrato, antes de mais nada, faz girar riqueza, propiciando acesso a bens e serviços que favorecem o desenvolvimento econômico e social do Estado e da pessoa humana. Por isso, sempre que possível, é fundamental para a sociedade que os contratos sejam respeitados e levados a cabo, ainda que eventualmente existam óbices em seu desenrolar. Isso não quer dizer que não aconteçam situações que possibilitam a sua interrupção ou o seu desfazimento, mas é próprio do ordenamento procurar salvar os contratos a fim de que eles sejam mantidos.

Para arrematar, tem-se o princípio da equivalência contratual, segundo o qual se entende que as partes estão em posição de igualdade na realização do contrato, não cabendo falar em vulnerabilidade de uma em relação à outra. Vale dizer que o princípio da equivalência contratual foi reforçado a partir da edição da Medida Provisória n. 881/2019 (MP da Liberdade Econômica, convertida na Lei n. 13.874/2019), que trouxe as premissas da simetria e da paridade, exatamente para admitir que a revisão dos acordos pelo Estado só se daria em último caso, na medida que, em tese, as partes estariam em condição de igualdade quando da realização dos contratos e, com isso, o acordo seria um mero produto da manifestação de suas vontades, justificando a revisão pelo Estado apenas em último caso.

▪ Enunciado n. 20 da I Jornada de Direito Civil: "A taxa de juros moratórios a que se refere o art. 406 é a do art. 161, § 1º, do Código Tributário Nacional, ou seja, um por cento ao mês. A utilização da taxa Selic como índice de apuração dos juros legais não é juridicamente segura, porque impede o prévio conhecimento dos juros; não é operacional, porque seu uso será inviável sempre que se calcularem somente juros ou somente correção monetária; é incompatível com a regra do art. 591 do novo Código Civil, que permite apenas a capitalização anual dos juros, e pode ser incompatível com o art. 192, § 3º, da Constituição Federal, se resultarem juros reais superiores a doze por cento ao ano".

▪ Enunciado n. 22 da I Jornada de Direito Civil: "A função social do contrato, prevista no art. 421 do novo Código Civil, constitui cláusula geral que reforça o princípio de conservação do contrato, assegurando trocas úteis e justas".

▪ Enunciado n. 23 da I Jornada de Direito Civil: "A função social do contrato, prevista no art. 421 do novo Código Civil, não elimina o princípio da autonomia contratual, mas atenua ou reduz o alcance desse princípio quando presentes interesses metaindividuais ou interesse individual relativo à dignidade da pessoa humana".

■ Enunciado n. 166 da III Jornada de Direito Civil: "A frustração do fim do contrato, como hipótese que não se confunde com a impossibilidade da prestação ou com a excessiva onerosidade, tem guarida no Direito brasileiro pela aplicação do art. 421 do Código Civil".

■ Enunciado n. 167 da III Jornada de Direito Civil: "Com o advento do Código Civil de 2002, houve forte aproximação principiológica entre esse Código e o Código de Defesa do Consumidor, no que respeita à regulação contratual, uma vez que ambos são incorporadores de uma nova teoria geral dos contratos".

■ Enunciado n. 360 da IV Jornada de Direito Civil: "O princípio da função social dos contratos também pode ter eficácia interna entre as partes contratantes".

■ Enunciado n. 361 da IV Jornada de Direito Civil: "O adimplemento substancial decorre dos princípios gerais contratuais, de modo a fazer preponderar a função social do contrato e o princípio da boa-fé objetiva, balizando a aplicação do art. 475".

■ Enunciado n. 431 da V Jornada de Direito Civil: "A violação do art. 421 conduz à invalidade ou à ineficácia do contrato ou de cláusulas contratuais".

■ Enunciado n. 26 da I Jornada de Direito Comercial: "O contrato empresarial cumpre sua função social quando não acarreta prejuízo a direitos ou interesses, difusos ou coletivos, de titularidade de sujeitos não participantes da relação negocial".

■ Enunciado n. 29 da I Jornada de Direito Comercial: "Aplicam-se aos negócios jurídicos entre empresários a função social do contrato e a boa-fé objetiva (arts. 421 e 422 do Código Civil), em conformidade com as especificidades dos contratos empresariais".

■ Ação revisional de contrato bancário. Taxas de juros. Ausência de limitação. Questão decidida no mesmo sentido do pedido do réu. Ausência de interesse recursal. Recurso do réu não conhecido nessa parte. Ação revisional de contrato bancário. Possibilidade de revisão das cláusulas contratuais. Relativização do *pacta sunt servanda*. Aplicação dos princípios da boa-fé objetiva (art. 422, CC), do equilíbrio contratual (arts. 478 e 480, CC e art. 6º, V, CDC), da função social do contrato (art. 421, CC) e da proteção do consumidor contra abusos do poder econômico (arts. 170, V, e 173, § 4º, CF/88). Vedação ao enriquecimento ilícito (art. 884, CC). Recurso do réu não provido. Ação revisional de contrato bancário. Tarifa de cadastro e tarifa de avaliação. Possibilidade de cobrança Orientação firmada pelo Col. STJ em sede de julgamento de recursos repetitivos. Recurso do autor não provido nessa parte. Ação revisional de contrato bancário. Tarifas de registro de contrato. Impossibilidade de cobrança. Os riscos da atividade econômica devem ser suportados pela empresa. Além de não estar expressamente prevista na norma de regência, tal tarifa importa um injusto repasse ao consumidor de custos inerentes à atividade bancária: não corresponde à cobrança de serviço efetivamente prestado ao cliente e, portanto configura uma obrigação que coloca o consumidor em desvantagem exagerada frente à instituição financeira, em afronta aos arts. 6º, III, 51, IV, XII e § 1º, III, e 39, V, do CDC. Recurso do autor provido nessa parte. (TJSP, Ap. n. 0022381-34.2012.8.26.0114/Campinas, 11ª Câm. de Dir. Priv., rel. Renato Rangel Desinano, *DJe* 13.07.2015)

Código Civil comentado e anotado

Arts. 421-A e 422

Art. 421-A. Os contratos civis e empresariais presumem-se paritários e simétricos até a presença de elementos concretos que justifiquem o afastamento dessa presunção, ressalvados os regimes jurídicos previstos em leis especiais, garantido também que:

I – as partes negociantes poderão estabelecer parâmetros objetivos para a interpretação das cláusulas negociais e de seus pressupostos de revisão ou de resolução;

II – a alocação de riscos definida pelas partes deve ser respeitada e observada; e

III – a revisão contratual somente ocorrerá de maneira excepcional e limitada.

Artigo acrescentado pela Lei n. 13.874, de 20.09.2019.

O art. 421-A determina que os contratos civis e empresariais se presumem paritários e simétricos até que se prove o contrário, ressalvados os regimes jurídicos previstos em leis especiais, garantindo também que (i) as partes negociantes poderão estabelecer parâmetros objetivos para a interpretação das cláusulas negociais e de seus pressupostos de revisão ou de resolução; (ii) a alocação de riscos definida pelas partes deve ser respeitada e observada; e (iii) a revisão contratual somente ocorrerá de maneira excepcional e limitada.

Aqui, o artigo recém-introduzido de pronto estabelece e entende que as partes pactuam livremente e de forma paritária, definindo as "regras do jogo" em equidade, sem situações que levem a entender que uma das partes possa determinar as regras do acordo e a outra apenas aceitar. Fica aberta a perspectiva de revisão de termos dos acordos entre as partes, contando que tais definições possam, em desacordo com a premissa do *caput* do artigo, ser realizadas apenas pela parte que estipula o acordo, sendo, assim, mais favorável a ela. O inciso II do artigo reforça a ideia de que as partes são tidas e vistas como igualitárias, determinando que a alocação dos riscos vislumbrada pelas partes quando da realização dos acordos deverá ser respeitada; em seguida, o inciso III reitera que a revisão contratual se dará de forma excepcional e limitada.

Art. 422. Os contratantes são obrigados a guardar, assim na conclusão do contrato, como em sua execução, os princípios de probidade e boa-fé.

➡ Sem correspondência no CC/1916.

Os princípios da probidade e da boa-fé (art. 113 do CC) estão ligados não só à interpretação do contrato, pois o sentido literal da linguagem não deverá prevalecer sobre a intenção inferida da declaração de vontade das partes, mas também ao interesse social de segurança das relações jurídicas, uma vez que as partes têm o dever de agir com lealdade, probidade e confiança recíprocas, isto é, impedindo que uma dificulte a ação da outra. O art. 422 trata especificamente da boa-fé objetiva, a qual consiste em um consentimento ético, moldado nas ideias de proceder com correção, com dignidade, pautando sua atitude pelos princípios da honestidade, da boa intenção e no propósito de a ninguém prejudicar. Os princípios da probidade (art. 422 do CC) e da boa-fé (art. 422 do CC) deverão ser observados na conclusão e execução do contrato, e também nas fases pré e pós-contratuais, além de em todas as relações privadas.

Boa-fé subjetiva. É a mera declaração (negócio jurídico unilateral) que a pessoa agirá com lealdade, probidade e confiança. A boa-fé objetiva seria a junção do princípio da boa-fé subjetiva e da probidade.

279

Art. 422   Almeida Guilherme

■ Enunciado n. 24 da I Jornada de Direito Civil: "Em virtude do princípio da boa-fé, positivado no art. 422 do novo Código Civil, a violação dos deveres anexos constitui espécie de inadimplemento, independentemente de culpa".

■ Enunciado n. 25 da I Jornada de Direito Civil: "O art. 422 do Código Civil não inviabiliza a aplicação pelo julgador do princípio da boa-fé nas fases pré-contratual e pós-contratual".

■ Enunciado n. 26 da I Jornada de Direito Civil: "A cláusula geral contida no art. 422 do novo Código Civil impõe ao juiz interpretar e, quando necessário, suprir e corrigir o contrato segundo a boa-fé objetiva, entendida como a exigência de comportamento leal dos contratantes".

■ Enunciado n. 27 da I Jornada de Direito Civil: "Na interpretação da cláusula geral da boa-fé, deve-se levar em conta o sistema do Código Civil e as conexões sistemáticas com outros estatutos normativos e fatores metajurídicos".

■ Enunciado n. 166 da III Jornada de Direito Civil: "A frustração do fim do contrato, como hipótese que não se confunde com a impossibilidade da prestação ou com a excessiva onerosidade, tem guarida no Direito brasileiro pela aplicação do art. 421 do Código Civil".

■ Enunciado n. 167 da III Jornada de Direito Civil: "Com o advento do Código Civil de 2002, houve forte aproximação principiológica entre esse Código e o Código de Defesa do Consumidor, no que respeita à regulação contratual, uma vez que ambos são incorporadores de uma nova teoria geral dos contratos".

■ Enunciado n. 168 da III Jornada de Direito Civil: "O princípio da boa-fé objetiva importa no reconhecimento de um direito a cumprir em favor do titular passivo da obrigação".

■ Enunciado n. 169 da III Jornada de Direito Civil: "O princípio da boa-fé objetiva deve levar o credor a evitar o agravamento do próprio prejuízo".

■ Enunciado n. 170 da III Jornada de Direito Civil: "A boa-fé objetiva deve ser observada pelas partes na fase de negociações preliminares e após a execução do contrato, quando tal exigência decorrer da natureza do contrato".

■ Enunciado n. 361 da IV Jornada de Direito Civil: "O adimplemento substancial decorre dos princípios gerais contratuais, de modo a fazer preponderar a função social do contrato e o princípio da boa-fé objetiva, balizando a aplicação do art. 475".

■ Enunciado n. 362 da IV Jornada de Direito Civil: "A vedação do comportamento contraditório (*venire contra factum proprium*) funda-se na proteção da confiança, tal como se extrai dos arts. 187 e 422 do Código Civil".

■ Enunciado n. 363 da IV Jornada de Direito Civil: "Os princípios da probidade e da confiança são de ordem pública, estando a parte lesada somente obrigada a demonstrar a existência da violação".

■ Enunciado n. 432 da V Jornada de Direito Civil: "Em contratos de financiamento bancário, são abusivas cláusulas contratuais de repasse de custos administrativos (como análise do crédito, abertura de cadastro, emissão de fichas de compensação bancária etc.), seja por estarem intrinsecamente vinculadas ao exercício da atividade econômica, seja por violarem o princípio da boa-fé objetiva".

Código Civil comentado e anotado   Arts. 422 e 423

■ Enunciado n. 29 da I Jornada de Direito Comercial: "Aplicam-se aos negócios jurídicos entre empresários a função social do contrato e a boa-fé objetiva (arts. 421 e 422 do Código Civil), em conformidade com as especificidades dos contratos empresariais".

■ Veja no art. 421 a seguinte decisão: TJSP, Ap. n. 0022381-34.2012.8.26.0114/Campinas, 11ª Câm. de Dir. Priv., rel. Renato Rangel Desinano, *DJe* 13.07.2015.

■ Agravo de instrumento. Busca e apreensão. Notificação da mora. Alteração do endereço. Boa-fé objetiva. Suficiente a expedição da notificação extrajudicial para o endereço do devedor indicado no ato da contratação. Dever das partes informarem a alteração cadastral inserido na probidade negocial (art. 422 do CC). Precedentes. Recurso provido. (TJSP, AI n. 2098182-65.2015.8.26.0000/São José dos Campos, 30ª Câm. de Dir. Priv., rel. Maria Lúcia Pizzotti, *DJe* 03.08.2015)

Art. 423. Quando houver no contrato de adesão cláusulas ambíguas ou contraditórias, dever-se-á adotar a interpretação mais favorável ao aderente.

➥ Sem correspondência no CC/1916.

Contrato de adesão. É aquele em que a manifestação da vontade de uma das partes se reduz a mera anuência a uma proposta da outra, ou seja, as cláusulas já feitas por uma das partes. Opõe-se à ideia de contrato paritário, por inexistir a liberdade de convenção, visto que exclui qualquer possibilidade de debate e transigência entre as partes, pois um dos contratantes se limita a aceitar as cláusulas e condições previamente redigidas e impressas pelo outro, aderindo a uma situação contratual já definida em todos os seus termos.

Cláusulas ambíguas e/ou contraditórias. Inseridas em contrato por adesão, deverão ser interpretadas de modo mais favorável ao aderente, resguardando-o, por estar em situação mais frágil do que a do ofertante.

Código de Defesa do Consumidor. A análise do contrato de consumo é sempre em prol do consumidor (*vide* Lei n. 8.078/90, art. 51).

■ Enunciado n. 167 da III Jornada de Direito Civil: "Com o advento do Código Civil de 2002, houve forte aproximação principiológica entre esse Código e o Código de Defesa do Consumidor, no que respeita à regulação contratual, uma vez que ambos são incorporadores de uma nova teoria geral dos contratos".

■ Enunciado n. 171 da III Jornada de Direito Civil: "O contrato de adesão, mencionado nos arts. 423 e 424 do novo Código Civil, não se confunde com o contrato de consumo".

■ Apelação cível. Ação de cobrança. Indenização securitária. Oposição de embargos de declaração. Acolhimento com atribuição de efeitos infringentes. Ausência de prévia intimação da parte embargada. Ausência de prejuízo. Aplicação do § 2º do art. 249 do CPC. Valor da indenização securitária. Cláusulas contraditórias. Interpelação favorável ao consumidor. Correção monetária. Termo inicial. Relação contratual. Em homenagem aos princípios do contraditório e da ampla defesa, sob pena de nulidade, a parte embargada deve ser intimada para impugnar os embargos de declaração aos quais serão atribuídos efeitos infringentes. Entretanto, não havendo prejuízo, não há que se falar em nulidade, é a aplicação do princípio *pas de nulittè sans grief*. Considerando que as cláusulas inseridas na apólice de seguro são contraditórias em relação ao valor da indenização securitária e, por isso, causam dúvidas sobre essa questão, deve-se aplicar o disposto nos arts. 47 do CDC e 423 do CC, que privilegiam a interpretação favorável ao consumidor. No caso de ilícito contratual, a correção monetária é devida desde o momento em que deveria ter sido feito o pagamento da indenização securitária (data do sinistro). (TJMG, Ap. Cível n. 1.0470.10.005484-5/001, 17ª Câm. Cível, rel. Evandro Lopes da Costa Teixeira, *DJe* 23.06.2015)

Art. 424. Nos contratos de adesão, são nulas as cláusulas que estipulem a renúncia antecipada do aderente a direito resultante da natureza do negócio.

➡ Sem correspondência no CC/1916.

Serão consideradas inválidas, neste caso nulas, as cláusulas que ajustem a renúncia antecipada do aderente a direito que derive da própria natureza do negócio. Por exemplo, em um contrato de locação não se pode aplicar ao locatário a renúncia antecipada ao seu direito de desfrutar da coisa locada, que é natureza do negócio, pois configurará cláusula abusiva ou leonina, ferindo, assim, a liberdade de contratar, e por consequência gerando insegurança e desequilíbrio contratual.

■ Enunciado n. 167 da III Jornada de Direito Civil: "Com o advento do Código Civil de 2002, houve forte aproximação principiológica entre esse Código e o Código de Defesa do Consumidor, no que respeita à regulação contratual, uma vez que ambos são incorporadores de uma nova teoria geral dos contratos".

■ Enunciado n. 172 da III Jornada de Direito Civil: "As cláusulas abusivas não ocorrem exclusivamente nas relações jurídicas de consumo. Dessa forma, é possível a identificação de cláusulas abusivas em contratos civis comuns, como, por exemplo, aquela estampada no art. 424 do Código Civil de 2002".

■ Enunciado n. 364 da IV Jornada de Direito Civil: "No contrato de fiança é nula a cláusula de renúncia antecipada ao benefício de ordem quando inserida em contrato de adesão".

■ Enunciado n. 433 da V Jornada de Direito Civil: "A cláusula de renúncia antecipada ao direito de indenização e retenção por benfeitorias necessárias é nula em contrato de locação de imóvel urbano feito nos moldes do contrato de adesão".

■ Plano de saúde. Cirurgia de *bypass* biliopancreático e gastrectomia vertical. Tratamento de obesidade mórbida. Sentença de procedência. Insurgência da empresa ré. Alegação de inaplicabilidade da Lei n. 9.656/98. Súmula n. 100 deste tribunal. Norma de ordem pública, aplicável ainda que o beneficiário não tenha optado pela adaptação do contrato. Desnecessidade de adaptação do contrato aos termos da Lei n. 9.656/98. Lei de ordem pública e cogente. Aplicação imediata aos contratos de trato sucessivo. Negativa abusiva. Violação dos arts. 51, IV e § 1º, CDC, e 424, CC. O plano de saúde não pode limitar os procedimentos aos quais seus beneficiários terão acesso para recuperação de sua saúde a rol anexo ao contrato firmado, ou editado pela ANS. Limitação considerada abusiva, pois restringe excessivamente o direito do consumidor e vai contra a finalidade do negócio jurídico. Sentença mantida. Recurso desprovido. (TJSP, Ap. n. 1060784-29.2014.8.26.0100/São Paulo, 7ª Câm. de Dir. Priv., rel. Mary Grün, *DJe* 30.04.2015)

Art. 425. É lícito às partes estipular contratos atípicos, observadas as normas gerais fixadas neste Código.

➡ Sem correspondência no CC/1916.

Código Civil comentado e anotado   Arts. 425 a 427

Os **contratos atípicos ou inominados** são aqueles em que o acordo entre as partes não é definido no ordenamento, ou seja, suas características e requisitos de validade, existência e eficácia não estão regulados na lei, mas isso não significa que a lei não o proteja, pois a autonomia de vontade é respaldada pelo ordenamento jurídico. Portanto, os contratantes poderão criar quaisquer contratos de que necessitarem na esfera dos negócios, desde que não contrariem os bons costumes, além de observarem as normas estabelecidas pelo Código Civil, principalmente os requisitos impostos no art. 104 do citado diploma.

■ Contrato de intermediação verbal. Aproximação útil entre sociedades empresárias Comissão devida. Inadimplemento. Perdas e danos. Preliminar. Julgamento *extra petita*. Inocorrência. Segundo o princípio da congruência, o julgamento deve-se adstringir aos limites da lide, assim determinados pela causa de pedir e pedido, bem como fundamentos de defesa (CPC, arts. 128 e 460). Mérito. Aproximação útil negocial com sociedade empresária estrangeira, mediante contrato verbal, com contraprestação variável incidente sobre os negócios realizados, com controvérsia sobre termo final não suprida suficientemente pela prova produzida. Contrato atípico orientado pela boa-fé objetiva e preservação do justo equilíbrio do contrato (CC, art. 425) a impor a resolução do negócio, com perdas e danos, consistentes em lucros cessantes por período razoável. Sucumbência. Majoração da verba honorária. Descabimento (CPC, art. 20, § 3º). Recurso improvido. (TJSP, Ap. n. 0015026-72.2008.8.26.0482/Presidente Prudente, 29ª Câm. de Dir. Priv., rel. Hamid Bdine, *DJe* 26.08.2014)

Art. 426. Não pode ser objeto de contrato a herança de pessoa viva.

➡ Veja art. 1.089 do CC/1916.

Só se nasce herança e se torna objeto contratual aquele conjunto de bens que pertenciam ao *de cujus*, não sendo plausível que venha a se negociar tal patrimônio enquanto seu proprietário ainda viver. O bem jurídico é resguardado pela sistemática jurídica, em que o art. 426 está pautado exatamente na nulidade do art. 166, II.

■ Ação declaratória de ineficácia de doação. Ação julgada extinta sem resolução do mérito. Acolhida preliminar de litispendência. Identidade de partes e da causa de pedir. Ações em que veiculadas também o mesmo pedido principal, entretanto, neste feito, a pretensão é mais abrangente do que no anterior, julgado primeiro, separadamente. Hipótese de continência. Desnecessário aguardar a solução definitiva da outra lide. Feito que comporta solução idêntica. Não pretendido o reconhecimento da nulidade da doação, com fundamento no art. 549 do CC. Pedido de atribuição de herança de pessoa viva. Vedação legal. Inteligência do art. 426 do CC. Impossibilidade jurídica do pedido. Recurso desprovido, alterado em parte o fundamento de extinção do feito. (TJSP, Ap. n. 4003241-54.2013.8.26.0196/Matão, 4ª Câm. de Dir. Priv., rel. Milton Carvalho, *DJe* 10.11.2014)

Seção II
Da Formação dos Contratos

Art. 427. A proposta de contrato obriga o proponente, se o contrário não resultar dos termos dela, da natureza do negócio, ou das circunstâncias do caso.

➡ Veja art. 1.080 do CC/1916.

283

A **proposta, oferta ou policitação** é uma declaração de vontade dirigida por uma parte (proponente) a outra (oblato), a fim de celebrarem definitivamente o contrato, em que o proponente tem a intenção de se vincular a outra parte, mediante sua aceitação. A proposta deve conter todos os elementos do contrato de maneira clara e objetiva. A obrigatoriedade da proposta fundamenta-se no ônus, imposto ao proponente, de sustentá-la por certo tempo a partir de sua efetivação e de arcar com todas as consequências, inclusive de perdas e danos quando a oferta for injustificadamente retirada, isto ocorre porque se cria no oblato uma expectativa de que o contrato será realizado. No entanto, esta obrigatoriedade da proposta não é absoluta, pois nos casos em que contiver cláusula expressa que lhe afaste a força vinculante, em segundo, quando a proposta não obrigar o proponente em virtude de sua natureza do negócio, e, por fim, as circunstâncias mencionadas no art. 428 do CC.

■ Apelação cível. Direito privado não especificado. Ação de indenização. Responsabilidade civil extracontratual. Danos materiais configurados. O art. 427 do CC obriga o promitente comprador a cumprir os termos da proposta apresentada, salvo "se o contrário não resultar dos termos dela, da natureza do negócio, ou das circunstâncias do caso", situação excepcional que incorreu no caso concreto. Ademais, os negócios jurídicos devem ser interpretados conforme a boa-fé, nos termos do art. 113 do CC. Deferimento da assistência judiciária gratuita. Para o deferimento do beneplácito da gratuidade da justiça basta a afirmação de pobreza, a qual não se confunde com miserabilidade. Para a concessão é suficiente que a parte não possa suportar os encargos do processo. Não há óbice para conceder assistência judiciária gratuita a pessoas jurídicas, entretanto, necessário que a parte comprove que não possui condições de suportar as despesas judiciais. Majoração dos honorários advocatícios e penalização da apelante por litigância de má-fé. Descabimento. Rechaçados os pedidos de majoração dos honorários e da penalização por litigância de má-fé, formulados em sede contrarrazões, eis não ser o meio processual adequado. Apelo parcialmente provido. (TJRS, Ap. Cível n. 70.057.356.669, 12ª Câm. Cível, rel. Des. Guinther Spode, j. 19.03.2015)

■ Ilegitimidade *ad causam*. Ação de rescisão contratual c/c indenização por danos morais. Descabimento. Hipótese em que Banco Bradesco e Banco Bradesco Financiamentos encontram-se vinculados, pois, pertencem ao mesmo grupo econômico. Legitimidade passiva reconhecida. Preliminar repelida. Ação de rescisão contratual c/c Indenização por danos morais. Contrato de empréstimo consignado. Oferta de quitação de dívida (existente perante outra Instituição Financeira) e pactuação de novo contrato em condições mais vantajosas. Instrumento contratual assinado em branco e preenchido de forma diversa da ofertada. Descabimento. Vinculação do proponente aos termos da proposta realizada. Arts. 427 e 429 do CC e 30 e 35 do CDC. Resolução do contrato determinada corretamente. Necessidade de restituição das partes ao estado anterior. Falha que não enseja os danos morais propalados. Não demonstração do abalo à honra do autor, nem sua exposição a situação constrangedora decorrente de ato do réu. Mero aborrecimento. Indenização por danos morais indevida. Recurso provido em parte. (TJSP, Ap. n. 4014023-75.2013.8.26.0405/Osasco, 19ª Câm. de Dir. Priv., rel. Mario de Oliveira, *DJe* 17.06.2015)

■ Apelação cível. Direito civil. Processual civil. Responsabilidade civil. Nova proposta. Não aceitação. Contrato não firmado. Indenização indevida. Recurso não provido. 1 – No direito pátrio, o contrato, em regra, se forma a partir da aceitação de uma proposta (art. 427, do CC), entretanto, se a aceitação for realizada com adições, restrições ou modificações, como ocorreu no caso em tela, implica nova proposta, nos termos do art. 431 do CC. 2 – A não manifestação da empresa Apelante, em relação aos aditamentos feitos na minuta pela Apelada, implicou a não aceitação tácita da nova proposta (art. 428, I, do CC), razão pela qual não houve negócio jurídico firmado entre as partes, inexistindo, consequentemen-

Código Civil comentado e anotado

Arts. 427 e 428

te, qualquer responsabilidade decorrente tão somente das tratativas, bem como sendo indevido o pleito indenizatório pelo mero dissabor da apelante por não ter celebrado o contrato. 3 – Apelação cível conhecida e não provida. (TJAM, Ap. Cível n. 0219535-91.2010.8.04.0001, 2ª Câm. Cível, rel. Des. Maria das Graças Pessôa Figueiredo, *DJe* 28.11.2014)

■ Juizado especial. Gratuidade de justiça. Impugnação. Preliminar arguida em sede de contrarrazões. Não conhecimento. Mérito. Formação de contrato. Cumprimento de proposta veiculada por meio de mensagem eletrônica. Descontos em mensalidades de instituição de ensino superior. Caráter vinculativo. Ilegalidade na cobrança integral das mensalidades. Procedência do pedido. Recurso provido. 1 – A Lei n. 1.060/50 determina em seu art. 4º, § 2º, que a impugnação do direito à assistência gratuita deve ser feita em petição avulsa e autuada em separado. A *mens legis* é evitar eventual tumulto processual, porque não há a suspensão do processo. E se a questão demandar produção de provas, não haverá comprometimento aos princípios da celeridade e efetividade da prestação jurisdicional. Como o recorrido não obedeceu a forma legal, ao formular a impugnação nas próprias contra-razões do recurso, dela não se conhece. Impugnação não conhecida. 2 – O oferecimento de proposta de contrato vincula o proponente (art. 30, CDC, e art. 427, CC). Quando formulada por meio eletrônico, é ônus dessa parte comprovar o envio de informações complementares ou modificativas, assim como recebimento pelo aceitante (art. 432, CC). 3 – Restou incontroversa a oferta da proposta (fl. 32), sua aceitação pelo aluno, mas não o recebimento de informações adicionais restritivas ou modificativas das condições inicialmente oferecidas. 4 – Não se justifica a alegação de necessidade de concisão no primeiro texto da oferta, já que era possível na primeira mensagem informar integralmente qual seria o objeto do desconto de 50%, e que as mensalidades sofreriam redução menor. Se poderia ainda advertir no texto a necessidade de consultar as condições, mas apenas se silenciou a respeito. O consumidor não pode ficar à mercê das falhas ou imperfeições da oferta, cujo caráter vinculativo é assegurado tanto pelo CDC como pelo CC. 5 – Recursos conhecido e provido. (TJDFT, Juizado Especial n. 20140210012945 (867641), 1ª T.R.J.E. Distrito Federal, rel. Juiz Luís Gustavo B. de Oliveira, *DJe* 21.05.2015)

Art. 428. Deixa de ser obrigatória a proposta:

I – se, feita sem prazo a pessoa presente, não foi imediatamente aceita. Considera-se também presente a pessoa que contrata por telefone ou por meio de comunicação semelhante;

II – se, feita sem prazo a pessoa ausente, tiver decorrido tempo suficiente para chegar a resposta ao conhecimento do proponente;

III – se, feita a pessoa ausente, não tiver sido expedida a resposta dentro do prazo dado;

IV – se, antes dela, ou simultaneamente, chegar ao conhecimento da outra parte a retratação do proponente.

➡ Veja art. 1.081 do CC/1916.

A obrigatoriedade da proposta visa a assegurar a estabilidade das relações sociais; contudo, a proposta deixa de ser obrigatória nas hipóteses do rol taxativo dos incisos I a IV do art. 428. Quando feita entre presentes, a proposta deverá ser imediatamente aceita pelo oblato, caso contrário o ofertante não estará obrigado a cumpri-la. Considera-se entre presentes as propostas realizadas pessoalmente, por telefone ou mediante comunicação semelhante, como por meio de teleconferência, salas de bate-papo ou *skype*.

Já à pessoa ausente a proposta poderá ser feita mediante carta, telegrama e fac-símile, por exemplo, e sua resposta deverá ser expedida em tempo razoável, se não possuir prazo, ou dentro deste, quando for o caso. Por fim, deixa de ser obrigatória a proposta que é retratada a tem

Arts. 428 a 430 — Almeida Guilherme

po, antes de chegar ao conhecimento do oblato, ou simultaneamente com o conhecimento da proposta, tornando-se eficaz o arrependimento do proponente. É interessante observar que não se pode encaixar o *e-mail* dentro do rol da última parte do inciso I do art. 428.

> ■ Apelação cível. Direito civil. Processual civil. Responsabilidade civil. Nova proposta. Não aceitação. Contrato não firmado. Indenização indevida. Recurso não provido. 1 – No direito pátrio, o contrato, em regra, se forma a partir da aceitação de uma proposta (art. 427, do CC), entretanto, se a aceitação for realizada com adições, restrições ou modificações, como ocorreu no caso em tela, implica nova proposta, nos termos do art. 431 do CC. 2 – A não manifestação da empresa Apelante, em relação aos aditamentos feitos na minuta pela Apelada, implicou a não aceitação tácita da nova proposta (art. 428, I, do CC), razão pela qual não houve negócio jurídico firmado entre as partes, inexistindo, consequentemente, qualquer responsabilidade decorrente tão somente das tratativas, bem como sendo indevido o pleito indenizatório pelo mero dissabor da apelante por não ter celebrado o contrato. 3 – Apelação cível conhecida e não provida. (TJAM, Ap. Cível n. 0219535-91.2010.8.04.0001, 2ª Câm. Cível, rel. Des. Maria das Graças Pessôa Figueiredo, *DJe* 28.11.2014)

Art. 429. A oferta ao público equivale a proposta quando encerra os requisitos essenciais ao contrato, salvo se o contrário resultar das circunstâncias ou dos usos.

Parágrafo único. Pode revogar-se a oferta pela mesma via de sua divulgação, desde que ressalvada esta faculdade na oferta realizada.

➡ Sem correspondência no CC/1916.

A oferta anunciada poderá ter a mesma força vinculante da proposta, desde que reúna dentro de si os requisitos essenciais do contrato, podendo ser revogada pela mesma via na qual fora anunciada.

> ■ Veja no art. 427 a seguinte decisão: TJSP, Ap. n. 4014023-75.2013.8.26.0405/Osasco, 19ª Câm. de Dir. Priv., rel. Mario de Oliveira, *DJe* 17.06.2015.

Art. 430. Se a aceitação, por circunstância imprevista, chegar tarde ao conhecimento do proponente, este comunicá-lo-á imediatamente ao aceitante, sob pena de responder por perdas e danos.

➡ Veja art. 1.082 do CC/1916.

Aceitação. É a manifestação da vontade do destinatário de uma proposta, feita dentro do prazo, aderindo a esta em todos os seus termos, tornando o contrato definitivamente concluído, desde que chegue, oportunamente, ao conhecimento do ofertante. Seus requisitos são: (i) não exige obediência a determinada forma, salvo nos contratos solenes, podendo ser expressa ou tácita (art. 432 do CC); (ii) deve ser oportuna (arts. 430 e 431 do CC); (iii) deve corresponder a uma adesão integral à oferta; e (iv) deve ser conclusiva e coerente. Se a aceitação chegar tardiamente ao conhecimento do proponente, este deverá imediatamente comunicar tal fato ao aceitante sob pena de responder por perdas e danos (arts. 389 e 402).

Código Civil comentado e anotado

Arts. 431 e 432

Art. 431. A aceitação fora do prazo, com adições, restrições, ou modificações, importará nova proposta.

➡ Veja art. 1.083 do CC/1916.

A **proposta** (art. 427 do CC) é o negócio jurídico unilateral pelo qual o proponente estabelece as condições e o objeto do negócio jurídico; para que seja estabelecido vínculo obrigacional, deverá contar com a aceitação do oblato. Porém, se tal aceitação ocorrer fora do prazo, com adições, restrições ou modificações, uma nova proposta será feita.

▪ Apelação cível. Direito civil. Processual civil. Responsabilidade civil. Nova proposta. Não aceitação. Contrato não firmado. Indenização indevida. Recurso não provido. 1 – No direito pátrio, o contrato, em regra, se forma a partir da aceitação de uma proposta (art. 427 do CC), entretanto, se a aceitação for realizada com adições, restrições ou modificações, como ocorreu no caso em tela, implica nova proposta, nos termos do art. 431 do CC. 2 – A não manifestação da empresa Apelante, em relação aos aditamentos feitos na minuta pela Apelada, implicou a não aceitação tácita da nova proposta (art. 428, I, do CC), razão pela qual não houve negócio jurídico firmado entre as partes, inexistindo, consequentemente, qualquer responsabilidade decorrente tão somente das tratativas, bem como sendo indevido o pleito indenizatório pelo mero dissabor da apelante por não ter celebrado o contrato. 3 – Apelação cível conhecida e não provida. (TJAM, Ap. Cível n. 0219535-91.2010.8.04.0001, 2ª Câm. Cível, rel. Des. Maria das Graças Pessôa Figueiredo, *DJe* 28.11.2014)

Art. 432. Se o negócio for daqueles em que não seja costume a aceitação expressa, ou o proponente a tiver dispensado, reputar-se-á concluído o contrato, não chegando a tempo a recusa.

➡ Veja art. 1.084 do CC/1916.

A aceitação poderá ser expressa ou tácita. No art. 432, trata-se da aceitação na modalidade tácita, que é admitida por razão dos usos e costumes inerentes ao próprio negócio, sendo dessa forma dispensada a aceitação expressa. Assim sendo, o contrato será aperfeiçoado. Caso não seja esta a intenção, o oblato poderá recusar a proposta, mas essa recusa deverá ser na forma expressa.

▪ Juizado especial. Gratuidade de justiça. Impugnação. Preliminar arguida em sede de contrarrazões. Não conhecimento. Mérito. Formação de contrato. Cumprimento de proposta veiculada por meio de mensagem eletrônica. Descontos em mensalidades de instituição de ensino superior. Caráter vinculativo. Ilegalidade na cobrança integral das mensalidades. Procedência do pedido. Recurso provido. 1 – A Lei n. 1.060/50 determina em seu art. 4º, § 2º, que a impugnação do direito à assistência gratuita deve ser feita em petição avulsa e autuada em separado. A *mens legis* é evitar eventual tumulto processual, porque não há a suspensão do processo. E se a questão demandar produção de provas, não haverá comprometimento aos princípios da celeridade e efetividade da prestação jurisdicional. Como o recorrido não obedeceu a forma legal, ao formular a impugnação nas próprias contra-razões do recurso, dela não se conhece. Impugnação não conhecida. 2 – O oferecimento de proposta de contrato vincula o proponente (art. 30, CDC, e art. 427, CC). Quando formulada por meio eletrônico, é ônus dessa parte comprovar o envio de informações complementares ou modificativas, assim como recebimento pelo aceitante (art. 432, CC). 3 – Restou incontroversa a oferta da proposta (fl. 32), sua aceitação pelo aluno, mas não o recebimento de informações adicionais restritivas ou modificativas das condições inicialmente oferecidas. 4 – Não se justifica a alegação de necessidade de concisão no primeiro texto da oferta, já que era possível na primeira mensagem informar integralmente qual seria o objeto do desconto de 50% (cinquenta por cento), e que as mensalidades sofreriam redução menor. Se poderia ainda advertir no texto a necessidade de consultar as condições, mas apenas se silenciou a respeito. O consumidor não pode ficar à mercê das falhas ou imperfeições da oferta, cujo caráter vinculativo é assegurado tanto pelo CDC como pelo CC. 5 – Recursos conhecido e provido. (TJDFT, Juizado Especial n. 20140210012945 (867641), 1ª T.R.J.E. Distrito Federal, rel. Juiz Luís Gustavo B. de Oliveira, *DJe* 21.05.2015)

Art. 433. Considera-se inexistente a aceitação, se antes dela ou com ela chegar ao proponente a retratação do aceitante.

➡ Veja art. 1.085 do CC/1916.

O oblato poderá aceitar a proposta e posteriormente arrepender-se, desde que sua retratação chegue ao proponente antes ou com a aceitação e, a partir de então, será considerada inexistente a aceitação. Se a retratação chegar ao conhecimento do ofertante tardiamente, o oblato ainda permanecerá vinculado ao contrato.

Art. 434. Os contratos entre ausentes tornam-se perfeitos desde que a aceitação é expedida, exceto:
I – no caso do artigo antecedente;
II – se o proponente se houver comprometido a esperar resposta;
III – se ela não chegar no prazo convencionado.

➡ Veja art. 1.086 do CC/1916.

O **contrato entre ausentes** é aquele em que as partes efetivam as suas vontades por meio de cartas, telegramas ou outro meio de comunicação semelhante. Existem algumas teorias que buscam determinar o momento em que as manifestações de vontade se dão, e o art. 434 faz menção à teoria da declaração da expedição, que é aquela em que o oblato manifesta a sua resposta enviando-a ao proponente. A outra teoria mencionada no art. 434 é a teoria da declaração da recepção, que exige mais do oblato, pois além da resposta escrita e enviada ao proponente, requer que este obtenha o conhecimento do teor da correspondência enviada.

■ Enunciado n. 173 da III Jornada de Direito Civil: "A formação dos contratos realizados entre pessoas ausentes, por meio eletrônico, completa-se com a recepção da aceitação pelo proponente".

■ Responsabilidade civil. Acidente de trânsito. Decisão homologatória de acordo. Decurso de prazo determinado pelo juízo para a autora se manifestar acerca da proposta de transação apresentada pelo réu. Interpretação do silêncio como anuência. Impossibilidade. Ausência de indícios de que a autora concordou com as condições da proposta. Art. 111 do CC. Contrato entre ausentes. Teoria da expedição. Ausência de manifestação de vontade da autora. Art. 434 do CC. Sentença anulada. Recurso provido. (TJSP, Ap. n. 0174843-57.2008.8.26.0100/São Paulo, 29ª Câm. de Dir. Priv., rel. Hamid Bdine, *DJe* 24.09.2014)

Código Civil comentado e anotado

Arts. 435 e 436

Art. 435. Reputar-se-á celebrado o contrato no lugar em que foi proposto.

➡ Veja art. 1.087 do CC/1916.

Para todos os efeitos, salvo disposição em contrário, será considerado como lugar do contrato o mesmo de onde a proposta foi realizada, pois o vínculo obrigacional é gerado, pelo princípio do consensualismo, no momento em que as partes emitem a sua vontade positiva em contratar com a outra.

Seção III
Da Estipulação em Favor de Terceiro

Art. 436. O que estipula em favor de terceiro pode exigir o cumprimento da obrigação. Parágrafo único. Ao terceiro, em favor de quem se estipulou a obrigação, também é permitido exigi-la, ficando, todavia, sujeito às condições e normas do contrato, se a ele anuir, e o estipulante não o inovar nos termos do art. 438.

➡ Veja art. 1.098 do CC/1916.

Estipulação em favor de terceiro. Ocorre quando, em um contrato entre duas pessoas, pactua-se que a vantagem resultante do ajuste reverterá em benefício de terceiro, estranho à convenção e nela não representado. É negócio peculiar, pois, em vez de resultarem do contrato obrigações recíprocas entre os contraentes, apenas um deles assume o encargo de realizar prestação em favor de terceiro. Por conseguinte, nessa relação jurídica aparecem três figurantes: o estipulante, o promitente e o beneficiário. *Estipulante* é o que obtém do *promitente*, ou devedor, a promessa em favor do *beneficiário*. Um exemplo típico dessa modalidade contratual é o contrato de seguro em que o estipulante (aquele que contrata o seguro) convenciona com o promitente (seguradora) obrigação cuja prestação deverá ser cumprida em favor de terceiro (vítima de acidente, por exemplo).

■ Recurso especial. Civil e processual civil. Plano de saúde coletivo. Ação revisional. Validade de cláusula contratual. Reajuste de mensalidades. Usuário. Estipulação em favor de terceiro. Interesse juridicamente protegido. Demonstração. Destinatário final dos serviços de assistência à saúde [...]. 3 – O plano de saúde coletivo é aquele contratado por uma empresa ou por pessoas jurídicas de caráter profissional, classista ou setorial, como conselhos, sindicatos e associações profissionais, junto à operadora de planos de saúde para oferecer assistência médica e/ou odontológica às pessoas vinculadas às mencionadas entidades bem como a seus dependentes. 4 – No plano de saúde coletivo, o vínculo jurídico formado entre a operadora e o grupo de usuários caracteriza-se como uma estipulação em favor de terceiro. Por seu turno, a relação havida entre a operadora e o estipulante é similar a um contrato por conta de terceiro. Já para os usuários, o estipulante é apenas um intermediário, um mandatário, não representando a operadora de plano de saúde. 5 – Na estipulação em favor de terceiro, tanto o estipulante (promissário) quanto o beneficiário podem exigir do promitente (ou prestador de serviço) o cumprimento da obrigação (art. 436, parágrafo único, do CC). Assim, na fase de execução contratual, o terceiro (beneficiário) passa a ser também credor do promitente. 6 – Os princípios gerais do contrato amparam tanto o beneficiário quanto o estipulante, de modo que havendo no contrato cláusula abusiva ou ocorrendo fato que o onere excessivamente, não é vedado a nenhum dos envolvidos pedir a re-

289

visão da avença, mesmo porque as cláusulas contratuais devem obedecer a lei. [...] 8 – Recurso especial provido. (STJ, REsp n. 1.510.697, 3ª T., rel. Min. Ricardo Villas Bôas Cueva, *DJe* 15.06.2015)

Art. 437. Se ao terceiro, em favor de quem se fez o contrato, se deixar o direito de reclamar-lhe a execução, não poderá o estipulante exonerar o devedor.

➥ Veja art. 1.099 do CC/1916.

O estipulante poderá substituir o terceiro beneficiário, além de exonerar o devedor da obrigação. Se for estipulado o direito de o terceiro reclamar a execução do contrato, automaticamente ficará o estipulante proibido de exonerar o devedor da obrigação.

Art. 438. O estipulante pode reservar-se o direito de substituir o terceiro designado no contrato, independentemente da sua anuência e da do outro contratante.

Parágrafo único. A substituição pode ser feita por ato entre vivos ou por disposição de última vontade.

➥ Veja art. 1.100 do CC/1916.

A estipulação realizada pelo estipulante é ato de liberalidade de sua parte para que se possa beneficiar um terceiro até então alheio ao negócio. Dessa forma, faculta-se ao estipulante a substituição do beneficiário a qualquer tempo, sem necessitar da anuência deste e da do outro contratante, por ato *inter vivos* ou *causa mortis*.

Seção IV
Da Promessa de Fato de Terceiro

Art. 439. Aquele que tiver prometido fato de terceiro responderá por perdas e danos, quando este o não executar.

Parágrafo único. Tal responsabilidade não existirá se o terceiro for o cônjuge do promitente, dependendo da sua anuência o ato a ser praticado, e desde que, pelo regime do casamento, a indenização, de algum modo, venha a recair sobre os seus bens.

➥ Veja art. 929 do CC/1916.

O Código de 2002, art. 439, repete a regra do de 1916, segundo a qual aquele que tiver prometido fato de terceiro responderá por perdas e danos, quando este não o executar. Isso porque ninguém pode vincular terceiro a uma obrigação. A pessoa só se torna devedora de uma obrigação ou por manifestação de sua própria vontade, ou por força da lei, ou em decorrência de ato ilícito por ela praticado. Por conseguinte, se alguém promete ato de terceiro, este não se obriga, a menos que dê sua anuência à proposta. Todavia, não há ilicitude no ato do promitente, e sua promessa apenas o vincula a uma obrigação de fazer, ou seja, a de conseguir o ato de terceiro.

Código Civil comentado e anotado   Arts. 439 a 441

■ Direito civil. Ação de indenização por danos materiais e morais. Nulidade do processo. Ausência de outorga uxória. Ilegitimidade para arguição. Art. 1.650 do CC. Preliminar rejeitada. Mérito Atraso na entrega de imóvel. Despesas comprovadas. Danos materiais evidentes. Pimeiro recurso não provido. Falta de "habite-se". Prova do atraso injustificado além do prazo de tolerância. Fato de terceiro. Art. 439 do CC. Danos morais. Caracterização. Segundo recurso parcialmente provido. A decretação de invalidade dos atos praticados sem outorga, sem consentimento, ou sem suprimento do juiz, só poderá ser demandada pelo cônjuge a quem cabia concedê-la, ou por seus herdeiros. Havendo prova das despesas que se fizeram necessárias em virtude do atraso na entrega do imóvel, os danos materiais são devidos. Aquele que tiver prometido fato de terceiro responderá por perdas e danos, quando este o não executar. O atraso na entrega do imóvel representa inadimplemento de obrigação primária do qual decorre o dever de ressarcir os prejuízos causados ao adquirente. A reparação moral tem função compensatória e punitiva. A primeira, compensatória, deve ser analisada sob os prismas da extensão do dano e das condições pessoais da vítima. A finalidade punitiva tem caráter pedagógico e preventivo, pois visa desestimular o ofensor a reiterar a conduta ilícita. O montante da indenização, por danos morais, deve ser suficiente para compensar o dano e a injustiça que a vítima sofreu, proporcionando-lhe vantagem, com a qual poderá atenuar parcialmente seu sofrimento. (TJMG, AC n. 1.0701.12.046510-2/001, 15ª Câm. Cível, rel. Edison Feital Leite, *DJe* 10.10.2014)

Art. 440. Nenhuma obrigação haverá para quem se comprometer por outrem, se este, depois de se ter obrigado, faltar à prestação.

➡ Sem correspondência no CC/1916.

Se o promitente se comprometeu com um fato a ser realizado por terceiro, e este tenha concordado em realizar, não subsistirá responsabilidade ao promitente, sendo assim exonerado da obrigação. Logo, o terceiro terá de reparar os danos causados pelo inadimplemento.

Seção V
Dos Vícios Redibitórios

Art. 441. A coisa recebida em virtude de contrato comutativo pode ser enjeitada por vícios ou defeitos ocultos, que a tornem imprópria ao uso a que é destinada, ou lhe diminuam o valor.
Parágrafo único. É aplicável a disposição deste artigo às doações onerosas.

➡ Veja art. 1.101 do CC/1916.

Dos vícios redibitórios. O propósito do legislador, ao disciplinar essa matéria, é aumentar as garantias do adquirente. De fato, ao proceder à aquisição de um objeto, o comprador não pode, em geral, examiná-lo com a profundidade suficiente para descobrir os possíveis defeitos ocultos, tanto mais que, em regra, não tem a posse da coisa. Por conseguinte, e considerando a necessidade de rodear de segurança as relações jurídicas, o legislador faz o alienante responsável pelos vícios ocultos da coisa alienada. A maioria das outras legislações cuida dos vícios redibitórios no capítulo da compra e venda, pois esse é o campo em que ordinariamente o problema se propõe. Não se confundem vícios redibitórios com os vícios sociais ou de consentimento chamados neste Código de defeitos dos negócios jurídicos (arts. 138 e segs. do CC).

291

Para caracterizar os vícios redibitórios, é necessário que o vício oculto da coisa seja objeto de um contrato comutativo e torne o bem impróprio ou diminua seu valor.

O parágrafo único cuida da aplicação do vício redibitório nas doações onerosas, já que nessas haverá contraprestação obrigacional.

■ Apelação cível. Ação de indenização por danos materiais e morais. Compra e venda. Aquisição de motociclo. Ilegitimidade passiva *ad causam* da empresa T.B. caracterizada. Ausência de comprovação de relação jurídica entre o requerente e a referida empresa requerida. Conjunto Probatório acostado aos autos no qual restou demonstrado que o motor acoplado no veículo objeto da lide era produto de roubo. Vício redibitório configurado. O vendedor responde pelos vícios da coisa que tornem imprópria para sua finalidade ou lhe diminuam o valor. Inteligência do art. 441 do CC. Denunciação da lide promovida pelos Requeridos com relação ao Alienante T.B.M. Importação e Exportação Ltda. Admissibilidade. Evidenciando-se o vício oculto do produto, o alienante responde solidariamente pela reparação dos danos previstos nas normas de consumo (art. 7º, parágrafo único, do CDC). Sentença de primeiro grau mantida. Ratificação nos termos do art. 252 do Regimento Interno. Recurso não provido. (TJSP, Ap. n. 0000964-86.2011.8.26.0008/São Paulo, 30ª Câm. de Dir. Priv., rel. Penna Machado, *DJe* 17.06.2015)

■ Civil e processo civil. Apelação cível. Compra e venda de veículo. Contrato de financiamento. Interdependência. Legitimidade passiva *ad causam* do mutuante. Vício redibitório comprovado. Rescisão das avenças. Possibilidade. 1 – A coisa recebida em virtude de contrato comutativo pode ser enjeitada por vícios ou defeitos ocultos, que a tornem imprópria ao uso a que é destinada, ou lhe diminuam o valor, nos termos do art. 441 do CC. 2 – A rescisão do contrato de compra e venda em decorrência de vícios redibitórios implica a insubsistência do contrato de alienação fiduciária, porque, muito embora constituam relações jurídicas distintas, existe entre as referidas avenças nítida relação de dependência e acessoriedade, pois a concessão do empréstimo foi fator decisivo para a viabilização da aquisição do bem pela recorrida. Nesse quadro, impõe-se o reconhecimento da legitimidade passiva *ad causam* da instituição financeira para integrar a lide. 3 – Sofrendo o consumidor acidente de carro, colocando em risco sua integridade física e a própria vida, em razão de vício redibitório detectado em veículo zero quilômetro adquirido por aquele, além de ficar impossibilitado de usufruir do bem, mostra. Se justa o recebimento de indenização por danos morais. 4 – Na fixação da indenização por danos morais o juiz deve considerar a proporcionalidade e razoabilidade da condenação em face do dano sofrido pela parte ofendida e o seu caráter compensatório e inibidor, mediante o exame das circunstâncias do caso concreto. 5 – Rescindidos os contratos de compra e venda e de financiamento, devem as partes retornar ao *status quo ante*, o impõe a devolução das parcelas pagas pelo consumidor, cuja correção monetária deve ocorrer a partir do sinistro (Súmula n. 43/STJ) e os juros de mora desde a citação (art. 405 do CC/2002), por se tratar de responsabilidade contratual. 6 – Apelo da T. Veículos S.A. não provido. Recurso do [...] S.A., banco múltiplo parcialmente provido, para determinar a incidência dos juros moratórios a partir da citação. (TJDFT, Proc. n. 20110510099146, 4ª T. Cível, rel. Des. Cruz Macedo, *DJe* 26.01.2015)

Art. 442. Em vez de rejeitar a coisa, redibindo o contrato (art. 441), pode o adquirente reclamar abatimento no preço.

➠ Veja art. 1.105 do CC/1916.

A coisa que está imbuída de vício oculto poderá ser devolvida, rescindindo o contrato, mediante ação redibitória, recuperando o preço pago, acrescidos de suas despesas, e se o alienante tinha conhecimento do vício, o adquirente poderá requerer mais perdas e danos. A se-

Código Civil comentado e anotado   Arts. 442 a 444

gunda possibilidade do adquirente, ante o vício redibitório, é que este poderá permanecer com a coisa e pleitear o abatimento do preço, sem que haja a redibição do contrato.

■ Apelação. Ação de anulação de termo de quitação de contrato de compra e venda de bem móvel. Insurgência contra a sentença que julgou improcedente a ação. Preliminar de ausência de interesse recursal arguida em contrarrazões recursais. Inocorrência. Pressupostos recursais presentes. Julgamento antecipado da lide. Provas produzidas suficientes para formar o convencimento jurisdicional. Possibilidade. Alegação da apelante de que foi forçada a aditar o contrato originário, minorando o preço ajustado no negócio ante dificuldades econômicas por que passava e necessidade de compra de outro bem. Descaracterização. Vício oculto do caminhão objeto do contrato e defeitos de funcionamento de redução de marchas e divergências quanto às especificações do bem (ano de fabricação e comprimento do veículo) motivaram o abatimento do preço. Caracterização. Exegese do art. 442 do CC. Quitação do contrato. Possibilidade. Sentença mantida por seus próprios fundamentos. Aplicação do art. 252 do Regimento Interno deste Eg. Tribunal de Justiça, inclusive quanto à fixação da verba honorária. Recurso não provido. (TJSP, Ap. n. 3000755-68.2013.8.26.0114/Campinas, 27ª Câm. de Dir. Priv., rel. Sergio Alfieri, *DJe* 19.11.2014)

Art. 443. Se o alienante conhecia o vício ou defeito da coisa, restituirá o que recebeu com perdas e danos; se o não conhecia, tão somente restituirá o valor recebido, mais as despesas do contrato.

➥ Veja art. 1.103 do CC/1916.

Vício redibitório é aquele referente ao defeito oculto da coisa, que se revela com a sua utilização, imperceptível no momento da contratação. Se quem alienou o bem desconhecia o vício, deverá ressarcir o comprador com o equivalente ao valor pago mais as despesas oriundas do contrato. Porém, se o alienante conhecia do vício, caracteriza-se ofensa ao princípio da boa-fé (art. 422 do CC) dos contratos, devendo então ser penalizado, além do ressarcimento e das despesas do contrato, com indenização por perdas e danos.

■ Apelação cível. Ação de indenização. Compra e venda de cavalo. Vício oculto. Sentença de improcedência. Inconformismo. Acolhimento. Animal que falece apenas uma semana após a compra em razão de doença preexistente. Laudo necroscópico que indica a contração da doença a prazo anterior à aquisição do semovente. Venda de animal com doença preexistente constatada. Impossibilidade de se aferir a condição do equino no momento da aquisição, ante a não ciência de tal circunstância. Dever de ressarcir legalmente imposto. Inteligência dos arts. 443 e 444 do CCB. Recurso provido, julgando-se Procedente a Ação, condenando o réu à devolução dos valores pagos pelo autor, corrigidos e atualizados pelos índices legais desde a data do desembolso, com a inversão do ônus sucumbencial. (TJSP, Ap. n. 0221950-63.2009.8.26.0100/São Paulo, 30ª Câm. de Dir. Priv., rel. Penna Machado, *DJe* 07.11.2014)

Art. 444. A responsabilidade do alienante subsiste ainda que a coisa pereça em poder do alienatário, se perecer por vício oculto, já existente ao tempo da tradição.

➥ Veja art. 1.104 do CC/1916.

293

Se existia o vício oculto e a coisa perecer mesmo depois da tradição e em mãos do alienatário, a responsabilidade do alienante ainda subsistirá. Se o alienante agir de má-fé, ou seja, este tinha ciência do vício, restituirá o que recebeu, acrescido de despesas contratuais, mais perdas e danos, e no caso de o alienante estar de boa-fé, apenas pagará o valor recebido mais as eventuais despesas com o contrato.

■ Veja no art. 443 a seguinte decisão: TJSP, Ap. n. 0221950-63.2009.8.26.0100/São Paulo, 30ª Câm. de Dir. Priv., rel. Penna Machado, *DJe* 07.11.2014.

Art. 445. O adquirente decai do direito de obter a redibição ou abatimento no preço no prazo de trinta dias se a coisa for móvel, e de um ano se for imóvel, contado da entrega efetiva; se já estava na posse, o prazo conta-se da alienação, reduzido à metade.

§ 1º Quando o vício, por sua natureza, só puder ser conhecido mais tarde, o prazo contar-se-á do momento em que dele tiver ciência, até o prazo máximo de cento e oitenta dias, em se tratando de bens móveis; e de um ano, para os imóveis.

§ 2º Tratando-se de venda de animais, os prazos de garantia por vícios ocultos serão os estabelecidos em lei especial, ou, na falta desta, pelos usos locais, aplicando-se o disposto no parágrafo antecedente se não houver regras disciplinando a matéria.

➡ Veja art. 178, §§ 2º e 5º, IV, do CC/1916.

O art. 445 do CC trata dos prazos para que o adquirente do bem possa pleitear a redibição ou o abatimento no valor pago. Se o bem adquirido for de natureza móvel, terá o adquirente prazo decadencial de trinta dias; já se o bem for de natureza imóvel, o prazo será estendido, e será de um ano contado da alienação. Porém, se o bem imóvel estiver na posse do adquirente, o prazo de um ano será reduzido pela metade. São ressalvados os casos em que o vício só puder ser detectado em momento posterior; dessa forma, o prazo é de 180 dias para os bem móveis, contados da data do conhecimento do vício, e de um ano para os bens imóveis. Se a alienação for de semoventes, os prazos serão regidos por lei especial ou pelos usos locais no que concerne a esse tipo de negócio. É importante ainda relembrar que os prazos aqui citados são decadenciais, não sendo portanto suscetíveis a interrupção ou suspensão.

■ Enunciado n. 28 da I Jornada de Direito Civil: "Art. 445 (§§ 1º e 2º): o disposto no art. 445, §§ 1º e 2º, do Código Civil reflete a consagração da doutrina e da jurisprudência quanto à natureza decadencial das ações edilícias".

■ Enunciado n. 174 da III Jornada de Direito Civil: "Em se tratando de vício oculto, o adquirente tem os prazos do *caput* do art. 445 para obter redibição ou abatimento de preço, desde que os vícios se revelem nos prazos estabelecidos no § 1º, fluindo, entretanto, a partir do conhecimento do defeito".

■ Apelação. Embargos monitórios. Permuta. Bens móveis. Monitória que visa cobrar o saldo devedor restante da troca dos bens. Vício oculto. O conhecimento do vício ocorreu no prazo de 180 dias previsto no art. 445, § 1º, do CC, porém o direito à redibição obedece ao prazo de trinta dias, conforme o art. 445, *caput*. Decadência configurada. Perda do direito de obter a redibição ou abatimento do preço. Expresso em contrato o recebimento do bem no estado, bem como a responsabilidade da parte por vícios futuros. Inadimplemento do apelante configurado. Declaração de pleno direito do título executivo man-

Código Civil comentado e anotado   Arts. 445 a 447

tida. Recurso desprovido. (TJSP, Ap. n. 0000274-35.2011.8.26.0177/Itapecerica da Serra, 28ª Câm. de Dir. Priv., rel. Mario Chiuvite Junior, *DJe* 26.06.2015)

■ Recurso especial. Vício redibitório. Bem móvel. Prazo decadencial. Art. 445 do CC. 1 – O prazo decadencial para o exercício da pretensão redibitória ou de abatimento do preço de bem móvel é de 30 dias (art. 445 do CC). Caso o vício, por sua natureza, somente possa ser conhecido mais tarde, o § 1º do art. 445 estabelece, em se tratando de coisa móvel, o prazo máximo de 180 dias para que se revele, correndo o prazo decadencial de 30 dias a partir de sua ciência. 2 – Recurso especial a que se nega provimento. (STJ, REsp n. 1.095.882, 4ª T., rel. Min. Maria Isabel Gallotti, *DJe* 19.12.2014)

Art. 446. Não correrão os prazos do artigo antecedente na constância de cláusula de garantia; mas o adquirente deve denunciar o defeito ao alienante nos trinta dias seguintes ao seu descobrimento, sob pena de decadência.

➡ Sem correspondência no CC/1916.

A cláusula de garantia oferece ao comprador um lapso temporal maior para ser ressarcido por eventuais defeitos da coisa alienada, porém é dever decadencial do comprador informar ao alienante sobre o defeito da coisa no prazo de trinta dias.

Seção VI
Da Evicção

Art. 447. Nos contratos onerosos, o alienante responde pela evicção. Subsiste esta garantia ainda que a aquisição se tenha realizado em hasta pública.

➡ Veja art. 1.107 do CC/1916.

O alienante tem o dever de garantir o uso e gozo da coisa alienada ao adquirente, protegendo-o de eventuais pretensões de terceiro que possam ocorrer em razão do domínio e posse da coisa, e defendendo-o de uma possível evicção. A evicção, portanto, vem a ser a perda total ou parcial da coisa, por força de decisão judicial, fundada em motivo jurídico anterior, preexistente no contrato, conferida a outrem, verdadeiro dono da coisa, que invocou o título anterior ao negócio que transmitiu a coisa ao adquirente. A responsabilidade do alienante pela evicção se estende tanto nos contratos onerosos, quanto nas aquisições realizadas em hasta pública (p. ex., leilões).

■ Processual civil. Apelação cível. Compra e venda de veículo roubado. Condições da ação. Legitimidade do vendedor para figurar no polo passivo da ação. Danos materiais. Evicção. Precedentes STJ. Apelação não provida. I – Comprovada a negociação e a perda da posse do veículo por ser ele objeto de roubo ou furto, torna-se o vendedor responsável pela evicção, nos termos do art. 447 do CC, dispensando sentença judicial a respeito. Precedentes do STJ. II – Apelação não provida. (TJMA, Ap. Cível n. 046875/2014, rel. Des. Cleones Carvalho Cunha, *DJe* 17.07.2015)

■ Compra e venda. Evicção. Danos materiais e morais. Sentença de improcedência. Reforma em parte. Aquisição de direitos possessórios pelos autores, por contrato firmado com os réus. Perda da posse, posteriormente, por ação de reintegração de posse ajuizada por terceiro, proprietário do imóvel por título

Arts. 447 a 449   Almeida Guilherme

anterior. Evicção configurada (art. 447, CC). Ausência de cláusula contratual prevendo a limitação ou exclusão da evicção (art. 448, CC). Não comprovação de ciência anterior dos adquirentes, quanto à propriedade alheia da coisa ou sua litigiosidade (art. 457, CC). Devolução dos valores pagos pela aquisição da coisa, somados às custas judiciais e honorários advocatícios sucumbenciais da ação de reintegração de posse movida em face dos autores e dos honorários contratuais de sua advogada (art. 450, *caput* e inciso III, CC). Correção monetária desde cada desembolso e juros moratórios legais de 1% ao mês desde a citação (art. 219, CPC). Indenização parcial das benfeitorias necessárias e úteis (art. 453, CC). Ciência da litigiosidade da coisa pelos autores, quando da audiência de justificativa no processo de reintegração de posse (art. 457, CC). Posse posterior à ciência que se reputa de má fé (arts. 1.200, 1.201 e, em especial, 1.202, CC), com perda das benfeitorias úteis (art. 1.220, CC). Construção do sobrado que não deve ser indenizada. Risco assumido pelos autores. Não caracterização de danos morais. Mero inadimplemento contratual. Sentença reformada. Sucumbência recíproca. Recurso parcialmente provido. (TJSP, Ap n. 4014374-09.2013.8.26.0224/Guarulhos, 3ª Câm. de Dir. Priv., rel. Carlos Alberto de Salles, *DJe* 26.02.2015)

▪ Direito civil e processual. Recurso de agravo interposto contra decisão terminativa proferida em sede de apelação. Evicção. Art. 447 do CC. Restituição do preço pago pelo bem ao tempo em que evenceu. Recurso de agravo a que se nega provimento. 1 – Na hipótese, restou comprovado que o réu cedeu direitos de um imóvel à autora, sem comunicá-la acerca da litigiosidade que recaía sobre o bem. 2 – O réu/alienante deve responder pela evicção, nos termos do art. 447 do CC. 3 – Recurso de agravo a que se nega provimento por unanimidade de votos. (TJPE, Ag. n. 0049805-27.2007.8.17.0001, 4ª Câm. Cível, rel. Francisco Manoel Tenorio dos Santos, *DJe* 16.01.2015)

Art. 448. Podem as partes, por cláusula expressa, reforçar, diminuir ou excluir a responsabilidade pela evicção.

➡ Veja art. 1.107, parágrafo único, do CC/1916.

A responsabilidade pela evicção é um direito disponível das partes, uma vez que os contratantes se encontram em pé de igualdade e podem convencionar regras próprias a respeito da perda da coisa por sentença judicial, inclusive diminuir a responsabilidade, aumentá-la ou até a excluir, mediante cláusulas contratuais que tratem expressamente sobre o assunto. Como ensina Maria Helena Diniz, "se o contrato nada dispuser a respeito, subtender-se-á que tal garantia da evicção estará assegurada para o adquirente, respondendo o alienante por ela" (*Curso de direito civil*, v. III, p. 290).

▪ Veja no art. 447 a seguinte decisão: TJSP, Ap. n. 4014374-09.2013.8.26.0224/Guarulhos, 3ª Câm. de Dir. Priv., rel. Carlos Alberto de Salles, *DJe* 26.02.2015.

Art. 449. Não obstante a cláusula que exclui a garantia contra a evicção, se esta se der, tem direito o evicto a receber o preço que pagou pela coisa evicta, se não soube do risco da evicção, ou, dele informado, não o assumiu.

➡ Veja art. 1.108 do CC/1916.

Muito embora por vontade das partes seja avençado que o alienante será excluído da responsabilidade pela evicção, a legislação limita a eficácia de tal cláusula no momento em que

Código Civil comentado e anotado

Arts. 449 e 450

prescreve que o evicto poderá obter seu dinheiro de volta, caso não sabia do risco da evicção, ou então se sabia, não o assumiu expressamente.

■ Bem móvel. Compra e venda de veículo objeto de investigação pelo crime de estelionato. Apreensão do veículo pela autoridade policial. Indisponibilidade da coisa. Evicção. Responsabilidade. Devolução do valor pago. Procedência parcial decretada em 1º grau. 1 – A alienante responde pela evicção, se outra forma não restou estipulada com o adquirente, quando, após a venda, o veículo foi apreendido pela autoridade policial, sob investigação pelo crime de estelionato. 2 – A apreensão do veículo que indisponibiliza o uso pleno da coisa dá ensejo ao pedido de devolução do valor pago, nos termos do art. 449 do CC. 3 – A reparação do dano moral se presta a compensar o abalo no espírito da pessoa causado pelo sofrimento, amargura ou constrangimento, e, em atenção aos parâmetros ditados pela jurisprudência e aos princípios da razoabilidade e do bom senso, cabe redução do valor arbitrado para R$ 5.000,00. 4 – Descabe o aguardo da devolução do veículo para o ressarcimento pela ré do valor pago pelo autor, visto que o veículo não está à disposição do mesmo, mas sim, encontra-se apreendido pela Polícia Civil. 5 – "Na ação de indenização por dano moral, a condenação em montante inferior ao postulado na inicial não implica sucumbência recíproca". Súmula n. 326 do Eg. STJ. 6 – Deram provimento ao recurso do autor e parcial provimento ao recurso da ré. (TJSP, Ap. n. 0158470-77.2010.8.26.0100/São Paulo, 25ª Câm. de Dir. Priv., rel. Vanderci Álvares, *DJe* 11.11.2014)

Art. 450. Salvo estipulação em contrário, tem direito o evicto, além da restituição integral do preço ou das quantias que pagou:

I – à indenização dos frutos que tiver sido obrigado a restituir;

II – à indenização pelas despesas dos contratos e pelos prejuízos que diretamente resultarem da evicção;

III – às custas judiciais e aos honorários do advogado por ele constituído.

Parágrafo único. O preço, seja a evicção total ou parcial, será o do valor da coisa, na época em que se evenceu, e proporcional ao desfalque sofrido, no caso de evicção parcial.

➥ Veja art. 1.109 do CC/1916.

O evicto possui o direito a ser ressarcido de quaisquer valores dispendidos em razão do negócio, além do preço pago pela coisa, da indenização dos frutos que tiver sido obrigado a restituir, das despesas dos contratos, dos prejuízos que diretamente resultarem da evicção e das custas judiciais sem prejuízo dos honorários do advogado eventualmente constituído por ele.

■ Apelação cível. Promessa de compra e venda. Ação de indenização por danos materiais e morais. Carência de ação. Inocorrência. Presentes os pressupostos elencados no art. 267, VI, do CPC, não há que falar em carência de ação. Prefacial rejeitada. Perda de imóvel em decorrência de evicção. Reparação dos prejuízos. Aquisição de imóvel pelo autor, no ano de 1999, composto por um lote e uma faixa de terras, de matrículas diferentes. Posterior arrematação do lote na esfera trabalhista, por dívida do demandado. Evicção caracterizada. Direito de restituição do montante pago, nos termos do art. 450 do CCB. Quanto à faixa de terras que não foi objeto da arrematação, e, portanto, permanece com o autor, merece ser abatido o valor, do total a ser restituído. Dano moral. Inocorrência. O mero descumprimento contratual não dá ensejo à reparação extrapatrimonial, que exige demonstração de violação à honra, ausente no caso concreto. Sentença confirmada. Mantido o indeferimento da gratuidade de Justiça ao

Arts. 450 a 454 — Almeida Guilherme

autor, diante da preclusão. Litigância de má-fé não configurada. Negaram provimento aos recursos. Unânime. (TJRS, Ap. Cível n. 70.054.123.492, 18ª Câm. Cível, rel. Des. Nelson José Gonzaga, j. 14.08.2014)

Art. 451. Subsiste para o alienante esta obrigação, ainda que a coisa alienada esteja deteriorada, exceto havendo dolo do adquirente.

➡ Veja art. 1.110 do CC/1916.

A obrigação de ressarcir o evicto pelo dano sofrido com os acréscimos do art. 451 ainda subsistirá, mesmo que o bem que sofreu os efeitos da evicção esteja deteriorado, sendo vedado, porém, se tal deterioração ocorreu por ato doloso do adquirente.

Art. 452. Se o adquirente tiver auferido vantagens das deteriorações, e não tiver sido condenado a indenizá-las, o valor das vantagens será deduzido da quantia que lhe houver de dar o alienante.

➡ Veja art. 1.111 do CC/1916.

Se o evicto houver obtido vantagens na deterioração do bem e estas não forem objeto de indenização, deverão então tais vantagens serem deduzidas do montante devido pelo alienante ao adquirente.

Art. 453. As benfeitorias necessárias ou úteis, não abonadas ao que sofreu a evicção, serão pagas pelo alienante.

➡ Veja art. 1.112 do CC/1916.

As benfeitorias úteis ou necessárias que não forem devidamente remuneradas ao evicto deverão ser supridas integralmente pelo alienante, tendo o adquirente, possuidor de boa-fé, o direito de segurar a coisa até que receba todo montante derivado das despesas das benfeitorias.

Art. 454. Se as benfeitorias abonadas ao que sofreu a evicção tiverem sido feitas pelo alienante, o valor delas será levado em conta na restituição devida.

➡ Veja art. 1.113 do CC/1916.

Se as benfeitorias (art. 96 do CC) forem abonadas ao evicto e estas não forem realizadas por ele, o valor a elas correspondente deverá ser levado em conta no momento da restituição, pois se não fosse dessa maneira, haveria o enriquecimento ilícito por parte do evicto. Lembrando que benfeitorias são obras ou despesas feitas na coisa, para o fim de conservá-la, melhorá-la ou embelezá-la (VENOSA, Silvio. *Código Civil interpretado*. São Paulo, Atlas, p. 103).

Código Civil comentado e anotado

Arts. 455 a 458

Art. 455. Se parcial, mas considerável, for a evicção, poderá o evicto optar entre a rescisão do contrato e a restituição da parte do preço correspondente ao desfalque sofrido. Se não for considerável, caberá somente direito a indenização.

➡ Veja art. 1.114 do CC/1916.

Se a evicção for parcial, o evicto poderá optar pela rescisão do contrato ou pela restituição do preço correspondente ao desfalque sofrido. No caso de escolher pela rescisão contratual, o evicto deverá devolver a coisa ao alienante, no mesmo estado em que a recebeu, e este o restituirá.

Agora, se o evicto optar pela restituição da parte do preço pelo desfalque sofrido, o abatimento do preço será calculado de maneira proporcional ao valor da coisa, mesmo que esta tenha sofrido desvalorização, podendo receber o evicto menos do que realmente gastou nela. Mas se a evicção parcial não for considerável, o evicto apenas poderá pleitear indenização proporcional ao desfalque que sofreu.

Art. 456. (*Revogado pela Lei n. 13.105, de 16.03.2015.*)

Art. 457. Não pode o adquirente demandar pela evicção, se sabia que a coisa era alheia ou litigiosa.

➡ Veja art. 1.117 do CC/1916.

O instituto da evicção visa a proteger o adquirente de boa-fé, que não sabia que a coisa pendia de litígio ou era de propriedade de outrem. Por esse motivo, se o adquirente tiver conhecimento dessas características, não poderá demandar pela evicção (art. 457 do CC), pois estará subentendido que este renunciou à garantia da evicção, restando apenas o direito de retomar o valor que gastou, no caso de perda do bem.

Seção VII
Dos Contratos Aleatórios

Art. 458. Se o contrato for aleatório, por dizer respeito a coisas ou fatos futuros, cujo risco de não virem a existir um dos contratantes assuma, terá o outro direito de receber integralmente o que lhe foi prometido, desde que de sua parte não tenha havido dolo ou culpa, ainda que nada do avençado venha a existir.

➡ Veja art. 1.118 do CC/1916.

Na classificação dos contratos, os aleatórios se opõem aos comutativos. Lembre-se que: **comutativos** são aqueles contratos em que não só as prestações apresentam uma relativa equivalência, como também as partes podem avaliar, desde logo, o montante delas. As prestações

299

são certas e determináveis, podendo qualquer dos contratantes antever o que receberá em troca da prestação que oferece; e *aleatórios* são os contratos em que o montante da prestação de uma ou de ambas as partes não pode ser desde logo previsto, por depender de um risco futuro, capaz de provocar sua variação. Com efeito, o contrato aleatório é aquele em que as prestações oferecem uma possibilidade de ganho ou perda para qualquer das partes, por dependerem de um evento futuro e incerto que pode alterar o seu montante. *O objeto do negócio está ligado à ideia de risco*. Isto é, existe uma álea no negócio, podendo daí resultar um lucro ou uma perda para qualquer das partes.

Art. 459. Se for aleatório, por serem objeto dele coisas futuras, tomando o adquirente a si o risco de virem a existir em qualquer quantidade, terá também direito o alienante a todo o preço, desde que de sua parte não tiver concorrido culpa, ainda que a coisa venha a existir em quantidade inferior à esperada.

Parágrafo único. Mas, se da coisa nada vier a existir, alienação não haverá, e o alienante restituirá o preço recebido.

➡ Veja art. 1.119 do CC/1916.

O contrato aleatório é por natureza um negócio jurídico que depende de "sorte", ou melhor, depende de condições que fogem ao controle dos contratantes, como é o caso da safra. Sendo assim, aquele que espera uma safra está sujeito a qualquer quantidade que ela venha a produzir, mas independentemente da quantidade, o valor pago será integral, mesmo que abaixo do esperado. Caso não venha a coisa a existir, o negócio jurídico não se aperfeiçoa e não cria vínculos obrigacionais entre as partes, devendo o alienante restituir somente o valor recebido.

Art. 460. Se for aleatório o contrato, por se referir a coisas existentes, mas expostas a risco, assumido pelo adquirente, terá igualmente direito o alienante a todo o preço, posto que a coisa já não existisse, em parte, ou de todo, no dia do contrato.

➡ Veja art. 1.120 do CC/1916.

Se o adquirente assumir o risco da coisa objeto de contrato aleatório, e esta deixar de existir no todo ou em parte no dia do contrato, terá o alienante direito a todo o preço.

Art. 461. A alienação aleatória a que se refere o artigo antecedente poderá ser anulada como dolosa pelo prejudicado, se provar que o outro contratante não ignorava a consumação do risco, a que no contrato se considerava exposta a coisa.

➡ Veja art. 1.121 do CC/1916.

Para que o contrato seja caracterizado como aleatório, a consumação do risco a que ele se refere deverá ser ignorada pelo alienante, porém se este possuía conhecimento de que era inevitável a consumação do risco, o contrato aleatório por ele firmado com o adquirente poderá ser anulado baseado em dolo.

Código Civil comentado e anotado   Arts. 462 e 463

Seção VIII
Do Contrato Preliminar

Art. 462. O contrato preliminar, exceto quanto à forma, deve conter todos os requisitos essenciais ao contrato a ser celebrado.

➡ Sem correspondência no CC/1916.

Exceto quanto à forma (art. 104, III, do CC), o **contrato preliminar** deve conter todos os requisitos essenciais ao contrato a ser celebrado (art. 462 do CC). Esse tipo de negócio, embora a lei não o diga, deve ser celebrado por escrito, pois a prova exclusivamente testemunhal não pode ser admitida (art. 227 do CC) em negócios acima de determinado valor. Ao firmar contrato preliminar, os contratantes assumem uma obrigação recíproca de fazer, ou seja, a de oportunamente se outorgar um contrato definitivo. O grande problema que se propõe nesse campo é saber o que acontece quando, a despeito de haver assumido aquela obrigação de fazer, um dos contratantes se recusa a cumpri-la, negando-se a firmar o contrato definitivo. O contrato preliminar pode aparecer com diversos outros nomes, dentre eles: compromisso de compra e venda (não confundir com o contrato de compromisso – arts. 851 a 853 do CC), pacto etc.

■ Enunciado n. 435 da V Jornada de Direito Civil: "O contrato de promessa de permuta de bens imóveis é título passível de registro na matrícula imobiliária".

■ Compromisso de compra e venda. Execução do contrato. Obrigação de fazer cumulada com pedidos indenizatórios. Preliminar. Cerceamento de defesa não configurado. Prova oral desnecessária. Inadimplemento contratual da autora incontroverso. Mérito. Compromisso de compra e venda firmado que equivale a contrato preliminar, nos termos do art. 462 do CC. Impossibilidade de arrependimento. Renúncia expressa em contrato. Resolução do contrato. Necessidade de prévia notificação. Réus que confessaram simulação em doação que beneficiou o próprio filho. Ato jurídico nulo. Contrato que aparentava ser algo diverso daquilo que realmente se efetivou. Declaração de nulidade da doação. Autora que não quitou a integralidade do preço. Exceção de contrato não cumprido (CC, art. 476). Impossibilidade de impor aos apelados a outorga da escritura ou a entrega do imóvel sem o pagamento do preço. Sucumbência mínima. Recurso parcialmente provido. (TJSP, Ap. n. 1000076-08.2014.8.26.0037/Araraquara, 4ª Câm. de Dir. Priv., rel. Hamid Bdine, *DJe* 15.07.2015)

■ Sentença. Ação de obrigação de fazer. Outorga de escritura de compra e venda de imóvel. Contrato preliminar verbal. Possibilidade.Validade da referida avença que não depende de escritura pública. Art. 462 do CC. Existência de início de prova da existência do negócio. Complementação possível qualquer que seja o valor do negócio. Julgamento antecipado não autorizado. Sentença anulada. Recurso provido para esse fim. (TJSP, Ap. n. 0002619-86.2008.8.26.0691, Itapeva, 1ª Câm. de Dir. Priv., rel. Rui Cascaldi, *DJe* 03.03.2015, p. 1.649)

Art. 463. Concluído o contrato preliminar, com observância do disposto no artigo antecedente, e desde que dele não conste cláusula de arrependimento, qualquer das partes terá o direito de exigir a celebração do definitivo, assinando prazo à outra para que o efetive.
Parágrafo único. O contrato preliminar deverá ser levado ao registro competente.

301

Arts. 463 a 465 · Almeida Guilherme

➡ Sem correspondência no CC/1916.

O contrato preliminar possui como objeto uma obrigação de fazer, que consiste na realização de outro contrato. Dessa forma, estão as partes vinculadas a efetivá-lo, desde que observado o disposto no art. 462 e que nele não conste cláusula de arrependimento, podendo essa realização ser exigida por qualquer das partes assinando prazo para que a outra cumpra com essa obrigação, devendo o contrato ser levado a registro.

▪ Enunciado n. 30 da I Jornada de Direito Civil: "A disposição do parágrafo único do art. 463 do novo Código Civil deve ser interpretada como fator de eficácia perante terceiros".

▪ Compromisso de venda e compra de bem imóvel. ação de obrigação de não fazer c/c indenização por danos morais. 1. Ilegitimidade passiva da Yuni. Não acolhimento. Embora não tenham participado da avença principal, a ré foram as responsáveis pelas informações contratuais prestadas ao comprador. Demonstração, na espécie, de que participava ativamente do empreendimento. Legitimidade mantida. Precedentes da Câmara. 2. Compromisso de venda e compra de bem imóvel. Composição extrajudicial. Não identificação. Esgotamento da via extrajudicial, outrossim, desnecessária. Litígio que denota, às claras, o desinteresse das partes pela composição. Vaga de garagem integrante do pactuado, com expressa indicação de que a vaga possuía dimensão especial (G ou M). Recusa das vendedoras à sua disponibilização. Alegação de erro quando do estabelecimento do compromisso de venda e compra. Não constatação. Argumentação direcionada ao vício da vontade desacompanhada de qualquer indício (art. 333, I, CPC). Contraprestação, outrossim, desnecessária. Quitação do preço segundo o ajuste inicial. Descrição constante do contrato de empréstimo que não aparta a exigência relacionada ao compromisso original. Incidência do disposto no art. 463 do CC. 3. Litigância de má-fé. Não acolhimento. Parcial procedência da demanda que indica a utilização da ação de forma adequada. Ausência das hipóteses constantes do art. 17 do CPC. Sentença preservada nos termos do art. 252 do RITJSP. Apelo improvido. (TJSP, Ap. n. 1003811-54.2014.8.26.0100/São Paulo, 3ª Câm. de Dir. Priv., rel. Donegá Morandini, *DJe* 16.07.2015)

Art. 464. Esgotado o prazo, poderá o juiz, a pedido do interessado, suprir a vontade da parte inadimplente, conferindo caráter definitivo ao contrato preliminar, salvo se a isto se opuser a natureza da obrigação.

➡ Sem correspondência no CC/1916.

Se o prazo se esgotar e a parte contratante não cumprir com a obrigação, o credor poderá pleitear judicialmente a execução específica da obrigação de fazer compreendida no contrato preliminar, seguindo com o desenvolvimento na esfera processual civil. Mas se mesmo após a sentença, uma das partes se recusar a realizar o contrato definitivo, o juiz poderá substituir a vontade do inadimplente, atribuindo caráter definitivo ao contrato preliminar, exceto se não opuser a natureza da obrigação, por ser personalíssima, situação em que o contrato se resolverá em perdas e danos.

Art. 465. Se o estipulante não der execução ao contrato preliminar, poderá a outra parte considerá-lo desfeito, e pedir perdas e danos.

➡ Sem correspondência no CC/1916.

Código Civil comentado e anotado

Arts. 465 a 468

No caso de o estipulante não executar o contrato preliminar, seu inadimplemento resultará em rescisão contratual e pagamento de perdas e danos, uma vez que não há possibilidade de arrependimento e a outra parte precisa ser compensada pelo descumprimento do contrato, mas isso só se dará se a outra parte assim desejar.

■ Processual civil. Impugnação ao valor da causa. Hipótese em que o debate toca inexoravelmente a análise de vigência, ou não, de vínculo obrigacional preliminar, cujo cumprimento compulsório se objetiva em reconvenção. Art. 259, V, do CPC. Necessidade da jurisdição estatal, mesmo que informada de tônus prevalecente declaratório (*ex tunc*) contraste acerca da existência de cláusula resolutiva. Expressa inteligência dos arts. 465 e 475 do CC. Recurso desprovido. (TJSP, AI n. 2120216-68.2014.8.26.0000/ São Paulo, 5ª Câm. de Dir. Priv., rel. Ferreira da Cruz, *DJe* 04.11.2014)

Art. 466. Se a promessa de contrato for unilateral, o credor, sob pena de ficar a mesma sem efeito, deverá manifestar-se no prazo nela previsto, ou, inexistindo este, no que lhe for razoavelmente assinado pelo devedor.

➡ Sem correspondência no CC/1916.

Se a promessa de fazer outro contrato partir de apenas um dos contratantes, implica necessariamente ao outro a manifestação expressa de aceitação pelo prazo estipulado na promessa, sob pena de inexistência desta. Caso o prazo não esteja previsto, deverá ser obedecido aquele que razoavelmente for assinado pelo devedor.

Seção IX
Do Contrato com Pessoa a Declarar

Art. 467. No momento da conclusão do contrato, pode uma das partes reservar-se a faculdade de indicar a pessoa que deve adquirir os direitos e assumir as obrigações dele decorrentes.

➡ Sem correspondência no CC/1916.

O **contrato com pessoa a declarar** é aquele que contém a cláusula *pro amico electo*, a qual permite a um dos contratantes (*stipulans*) indicar uma pessoa (*electus*) para substituí-lo, e esta deverá assumir todas as obrigações e adquirir todos os direitos decorrentes do contrato, revelando seu nome apenas no momento da conclusão do contrato. É importante lembrar que esta cláusula é muito utilizada em contratos de compromisso de compra e venda de imóveis, em que o comprador se reserva no direito de indicar terceiro para constar na escritura definitiva.

Art. 468. Essa indicação deve ser comunicada à outra parte no prazo de cinco dias da conclusão do contrato, se outro não tiver sido estipulado.
Parágrafo único. A aceitação da pessoa nomeada não será eficaz se não se revestir da mesma forma que as partes usaram para o contrato.

➡ Sem correspondência no CC/1916.

A indicação da pessoa que adquirirá os direitos e assumirá as obrigações decorrentes do ato contratual só terá efeito se comunicada dentro do prazo de cinco dias da conclusão do contrato, ou por outro prazo estipulado. A aceitação da pessoa nomeada só produzirá efeitos se apresentar a mesma forma no qual o contrato foi realizado.

Art. 469. A pessoa, nomeada de conformidade com os artigos antecedentes, adquire os direitos e assume as obrigações decorrentes do contrato, a partir do momento em que este foi celebrado.

➡ Sem correspondência no CC/1916.

Dada a aceitação com os mesmos moldes do contrato, a pessoa indicada receberá os direitos e obrigações provenientes do contrato, a partir de sua celebração, desaparecendo da relação contratual aquele que fez a indicação do terceiro.

Art. 470. O contrato será eficaz somente entre os contratantes originários:
I – se não houver indicação de pessoa, ou se o nomeado se recusar a aceitá-la;
II – se a pessoa nomeada era insolvente, e a outra pessoa o desconhecia no momento da indicação.

➡ Sem correspondência no CC/1916.

Caso não exista a indicação do nomeado ou se este recusar a aceitar a nomeação, o contrato terá plena eficácia entre os contratantes originários. Assim também ocorrerá se o nomeado era insolvente e o outro o desconhecia no momento da indicação.

Art. 471. Se a pessoa a nomear era incapaz ou insolvente no momento da nomeação, o contrato produzirá seus efeitos entre os contratantes originários.

➡ Sem correspondência no CC/1916.

Se a incapacidade (arts. 3º e 4º do CC) ou insolvência do nomeado existir no momento da estipulação, reputar-se-á inválida a nomeação e o contrato possuíra plena vigência e eficácia entre os contratantes originários.

CAPÍTULO II
DA EXTINÇÃO DO CONTRATO

Seção I
Do Distrato

Art. 472. O distrato faz-se pela mesma forma exigida para o contrato.

➡ Veja art. 1.093 do CC/1916.

Código Civil comentado e anotado

Arts. 472 e 473

Distrato é um negócio jurídico que rompe o vínculo contratual, mediante a declaração de vontade de ambos os contraentes de pôr fim ao contrato que firmaram.

O distrato ou resilição bilateral submete-se às formas relativas aos contratos (art. 104, III, do CC). Assim sendo, se o contrato que se pretende resolver foi constituído por escritura pública por exigência legal, o distrato, para ter validade, deverá respeitar essa forma. Se a lei exigir que certo contrato seja feito por instrumento particular, o distrato não poderá ser verbal, devendo realizar-se por instrumento particular. Se a lei não exigir forma especial para o contrato, poderá ser ele distratado por qualquer meio. O contrato consensual, assim como a locação, poderá ser distratado verbalmente ou pela simples entrega da coisa alugada.

■ Civil. Processo civil. Locação. Fiança. Distrato verbal. Contrato escrito. 1 – Segundo o disposto no art. 472 do CC, o distrato deve ocorrer na mesma forma exigida para o contrato. Assim, não caracteriza cerceamento de defesa, o indeferimento de prova testemunhal com a intenção de comprovar eventual distrato verbal em face de contrato escrito. 2 – Recurso conhecido e não provido. (TJDFT, Proc. n. 20130710329266, 6ª T. Cível, rel. Des. Hector Valverde Santanna, *DJe* 05.05.2015)

■ Estabelecimento de ensino. Comunicação verbal de desistência. Necessidade de formalização por escrito, nos termos do art. 472 do CC. Inadimplemento. Inscrição em órgão de proteção ao crédito. Exercício regular de direito. Recurso improvido. (TJSP, Ap. n. 0024505-13.2011.8.26.0344/Marília, 34ª Câm. de Dir. Priv., rel. Des. Nestor Duarte, *DJe* 14.07.2015)

■ Apelação. Locação de imóvel. Ação de despejo por falta de pagamento c/c pedido de cobrança. Sentença de procedência. Insurgência da corré/locatária. Ausência de prova do adimplemento dos aluguéis cobrados. Contrato de locação escrito. Prova de suposto ajuste verbal de isenção dos réus quanto ao pagamento de parte dos aluguéis cobrados que deveria observar a forma escrita (art. 472, CC). Prova testemunhal que não tem o condão de demonstrá-lo. Sentença mantida. Recurso desprovido. (TJSP, Ap. n. 0006116-43.2012.8.26.0441/Peruíbe, 35ª Câm. de Dir. Priv., rel. Morais Pucci, *DJe* 25.06.2015)

Art. 473. A resilição unilateral, nos casos em que a lei expressa ou implicitamente o permita, opera mediante denúncia notificada à outra parte.

Parágrafo único. Se, porém, dada a natureza do contrato, uma das partes houver feito investimentos consideráveis para a sua execução, a denúncia unilateral só produzirá efeito depois de transcorrido prazo compatível com a natureza e o vulto dos investimentos.

➡ Sem correspondência no CC/1916.

Resilição unilateral. Em linhas gerais consiste na desistência do contrato de forma unilateral, não se confundindo com o inadimplemento. A resilição é originada pelo desinteresse de uma das partes em permanecer pactuada com a outra.

A denúncia do contrato poderá ocorrer mediante notificação do intuito de desistir a outra parte, que, se houver feito grandes investimentos esperando a execução do contrato, só será operada após transcorrido prazo compatível com a natureza e o vulto dos investimentos.

■ Recurso especial. Contrato. Rescisão unilateral. Antecipação de tutela. Ausência de prova inequívoca. Dilatação probatória. Determinação de continuidade do vínculo contratual. Não cabimento. 1 – Em ação anulatória cumulada com obrigação de fazer, o aresto recorrido concedeu antecipação da tutela para manter o vínculo contratual entre as partes, apesar da notificação de rescisão unilateral. 2 – Se o

305

órgão jurisdicional antecipa os efeitos da tutela e, apesar da exigência de prova inequívoca, assegura o direito da parte autora de provar as alegações ventiladas na inicial, incorre em ofensa ao art. 273 do CPC. 3 – Nas relações jurídicas paritárias, havendo manifestação de uma das partes no sentido de rescindir o contrato, não pode o Poder Judiciário, em regra, impor a sua continuidade, sob pena de ofensa ao art. 473, *caput*, do CC/2002. 4 – Recurso especial provido. (STJ, REsp n. 1.517.201, 3ª T., rel. Min. Ricardo Villas Bôas Cueva, *DJe* 15.05.2015)

Seção II
Da Cláusula Resolutiva

Art. 474. A cláusula resolutiva expressa opera de pleno direito; a tácita depende de interpelação judicial.

→ Sem correspondência no CC/1916.

Dentro do nosso ordenamento jurídico existem duas modalidades de cláusulas resolutivas: a expressa e a tácita.

Em todo contrato bilateral ou sinalagmático pressupõe-se a existência de uma cláusula resolutiva tácita, elaborada para que o lesado pelo inadimplemento tenha autorização de pedir a rescisão contratual, com perdas e danos à parte inadimplente. No entanto, a cláusula resolutiva tácita dependerá de interpelação judicial, ou seja, a rescisão do contrato deverá ser pronunciada judicialmente.

Já quando as partes ajustam expressamente a cláusula resolutiva, esta será expressa. Uma vez estipulada a cláusula resolutiva expressa, o contrato se rescindirá automaticamente, pois o não cumprimento da obrigação por qualquer uma das partes resultará em rescisão contratual, de pleno direito, não havendo necessidade de interpelação judicial.

■ Enunciado n. 436 da V Jornada de Direito Civil: "A cláusula resolutiva expressa produz efeitos extintivos independentemente de pronunciamento judicial".

■ Apelo. Falência. Pedido de restituição de ações de sociedade anônima em face do não pagamento pela compradora. Contrato de alienação de participação acionária com cláusula expressa de resolução na hipótese de falência da sociedade compradora. Art. 85 da LRF c/c art. 474 do CC. Validade da cláusula resolutória expressa em face da falência de um dos contratantes. Restituição deferida. Alegação de pagamento parcial do preço das ações a ser apurada em liquidação por artigos, necessária para que as partes retornem ao *status quo ante*. Apelo provido, em parte. (TJSP, Ap. n. 0003654-06.2011.8.26.0100/ São Paulo, 1ª Câm. Res. de Dir. Emp., rel. Pereira Calças, *DJe* 11.06.2015)

■ Contrato de promessa de permuta. Terreno para construção de empreendimentos imobiliários. Termo ajustado. Inadimplência da ré. Caracterização. Rescisão do contrato. Procedência mantida. Recurso não provido. 1 – Promessa de permuta. Terreno para construção de empreendimento imobiliário. Termo ajustado. Não cumprimento das obrigações assumidas pela ré, incorporadora. A ré não conseguiu superar os entraves administrativos e burocráticos para o empreendimento. 2 – Inadimplência. Caracterização. Previsão de cláusula resolutiva expressa. Contrato bilateral e sinalagmático. Incidência de cláusula resolutiva tácita (art. 474 do CC). Desfazimento do contrato. 3 – Procedência do pedido mantida. Recurso não provido. (TJSP, Ap. n. 0125193-36.2011.8.26.0100/São Paulo, 10ª Câm. de Dir. Priv., rel. Carlos Alberto Garbi, *DJe* 12.02.2015)

Código Civil comentado e anotado   Arts. 474 e 475

■ Apelação cível. [...] Conhecimento parcial do recurso. Venda do veículo. Possibilidade. Cláusula resolutória. Vencimento antecipado da dívida pelo inadimplemento contratual. Legalidade. Sentença mantida [...] 2 – Nas ações de busca e apreensão fiduciária, a teor da previsão contida no § 1º do art. 3º do
DL n. 911/69, é possível a venda do veículo antes da sentença, desde que respeitado o prazo de cinco
dias após a execução da liminar, sem o pagamento integral da dívida pelo devedor, uma vez que consolidadas a propriedade e a posse plena e exclusiva do bem no patrimônio do credor fiduciário. Precedentes. 3 – A cláusula resolutória que autoriza o vencimento antecipado da obrigação e, pois, a rescisão
do contrato de financiamento com alienação fiduciária ante o inadimplemento da parte contratante é
válida e opera de pleno direito (art. 474, CC), não representando ofensa ao art. 54, § 2º, do CDC, uma
vez que pode o devedor purgar a mora, se desejar continuar com o contrato, devendo, para tanto, arcar
com a integralidade da dívida, ou, se desejar, resolver o contrato. 4 – Apelação parcialmente conhecida e, na extensão, não provida. (TJDFT, Ap. Cível n. 20130111792164, 1ª T. Cível, rel. Des. Simone Lucindo, *DJe* 20.07.2015)

**Art. 475. A parte lesada pelo inadimplemento pode pedir a resolução do contrato, se
não preferir exigir-lhe o cumprimento, cabendo, em qualquer dos casos, indenização por
perdas e danos.**

➥ Veja art. 1.092, parágrafo único, do CC/1916.

No contrato sob condição resolutiva tácita, quando houver inadimplência por parte de
um dos contratantes, o prejudicado poderá optar pela resolução do contrato, caso não queira
o seu cumprimento. Mas, qualquer que seja a sua opção, caberá ao lesado requerer indenização por perdas e danos.

■ Enunciado n. 31 da I Jornada de Direito Civil: "As perdas e danos mencionados no art. 475 do novo
Código Civil dependem da imputabilidade da causa da possível resolução".

■ Enunciado n. 361 da IV Jornada de Direito Civil: "O adimplemento substancial decorre dos princípios
gerais contratuais, de modo a fazer preponderar a função social do contrato e o princípio da boa-fé objetiva, balizando a aplicação do art. 475".

■ Enunciado n. 437 da V Jornada de Direito Civil: "A resolução da relação jurídica contratual também
pode decorrer do inadimplemento antecipado".

■ Enunciado n. 548 da V Jornada de Direito Civil: "Caracterizada a violação de dever contratual, incumbe ao devedor o ônus de demonstrar que o fato causador do dano não lhe pode ser imputado".

■ Processual civil. Impugnação ao valor da causa. Hipótese em que o debate toca inexoravelmente a
análise de vigência, ou não, de vínculo obrigacional preliminar, cujo cumprimento compulsório se objetiva em reconvenção. Art. 259, V, do CPC. Necessidade da jurisdição estatal, mesmo que informada de
tônus prevalecente declaratório (*ex tunc*) contraste acerca da existência de cláusula resolutiva. Expressa inteligência dos arts. 465 e 475 do CC. Recurso desprovido. (TJSP, AI n. 2120216-68.2014.8.26.0000/
São Paulo, 5ª Câm. de Dir. Priv., rel. Ferreira da Cruz, *DJe* 04.11.2014)

■ Compromisso de compra e venda. Pedido de resolução do contrato por inadimplemento da vendedora. Atraso na entrega da obra. Solo contaminado. Ausência de caso fortuito. Incidência do art. 475 do

CC. Restituição das partes ao estado anterior à celebração da avença que implica a devolução integral das parcelas pagas pelos compradores, inclusive corretagem. Em se tratando de inadimplemento de obrigação contratual, os juros de mora são contados a partir da citação (CC, art. 405). Sucumbência recíproca. Recurso parcialmente provido. (TJSP, Ap. n. 1011905-54.2014.8.26.0564/São Bernardo do Campo, 4ª Câm. de Dir. Priv., rel. Milton Carvalho, *DJe* 15.07.2015)

Seção III
Da Exceção de Contrato não Cumprido

■ Enunciado n. 24 da I Jornada de Direito Comercial: "Os contratos empresariais coligados, concretamente formados por unidade de interesses econômicos, permitem a arguição da exceção de contrato não cumprido, salvo quando a obrigação inadimplida for de escassa importância".

Art. 476. Nos contratos bilaterais, nenhum dos contratantes, antes de cumprida a sua obrigação, pode exigir o implemento da do outro.

➡ Veja art. 1.092, *caput*, do CC/1916.

Os contratos bilaterais produzem obrigações para todos os contratantes, abrangendo prestações recíprocas, uma vez que eles são simultaneamente credor e devedor um do outro. Logo, se uma das partes não cumprir a sua prestação, não poderá exigir o implemento da prestação do outro.

■ Ação de rescisão contratual. Compra e venda de imóvel. Rescisão contratual baseada no inadimplemento da compradora, com determinação de devolução de 70% dos valores pagos. Ausência de mora da compradora, diante da não entrega das chaves pela vendedora. Conclusão da obra que se fazia necessária para obtenção do crédito necessário para pagamento das "parcelas finais". Contrato bilateral. Impossibilidade do contratante, antes de cumprida a sua obrigação, exigir o implemento da do outro. Inteligência do art. 476 do CC. Possibilidade de rescisão, mesmo diante da não concordância da compradora, sem a possibilidade de qualquer dedução/retenção. Devolução dos valores pagos que deve se dar de forma integral. Recurso parcialmente provido. (TJSP, Ap. n. 1061875-91.2013.8.26.0100/São Paulo, 7ª Câm. de Dir. Priv., rel. Miguel Brandi, *DJe* 03.08.2015)

■ Direito civil e processual civil. Contrato de compra e venda de ponto comercial. Pretensão de rescisão contratual. Exceção do contrato não cumprido. Violação ao princípio da boa-fé objetiva. Sentença mantida. 1 – Conforme disposto no art. 476 do CC, nos contratos bilaterais, nenhum dos contratantes, antes de cumprida a sua obrigação, pode exigir o implemento da do outro. 1.1. Destarte, o princípio *exceptio non* adimpleti *contractus*, decorrente da dependência reciproca das relações obrigacionais assumidas pelas partes, é exercida pelo contratante cobrado, recusando-se à sua exigibilidade (satisfazer a sua obrigação) por via da exceção do contrato não cumprido. Quando a isto instado, invoca o inadimplemento da obrigação do outro (Ricardo Fiuza e outros. *Novo Código Civil comentado*, Saraiva, 2003, p. 421). 2 – O princípio da boa-fé exige que os contratantes tenham uma conduta baseada na lealdade e no cumprimento dos deveres anexos, ínsitos a qualquer negócio jurídico, na forma do art. 422 do CC. 3 – No caso, ao tempo que cabia ao comprador adimplir o financiamento do veículo, cabia ao vendedor entregar o ponto comercial livre de ônus e, por óbvio, interromper o acesso às contas bancárias da empresa. 3.1. O descumprimento dos deveres do vendedor e a violação ao princípio da boa-

Código Civil comentado e anotado | Arts. 476 a 478

-fé não autorizam a rescisão contratual pretendida. 4 – Apelo desprovido. (TJDFT, Proc. n, 20130111589609, 2ª T. Cível, rel. Des. João Egmont, *DJe* 21.07.2015)

Art. 477. Se, depois de concluído o contrato, sobrevier a uma das partes contratantes diminuição em seu patrimônio capaz de comprometer ou tornar duvidosa a prestação pela qual se obrigou, pode a outra recusar-se à prestação que lhe incumbe, até que aquela satisfaça a que lhe compete ou dê garantia bastante de satisfazê-la.

➥ Veja art. 1.092 do CC/1916.

Se um dos contratantes sofrer diminuição em seu patrimônio, que comprometa ou torne duvidosa a prestação a que se obrigou, poderá o outro recusar-se a cumprir a sua até que aquela satisfaça a sua ou dê garantia suficiente de que irá cumpri-la, a não ser que a perda patrimonial seja ocasionada pelo próprio contrato, gerando assim enriquecimento sem causa (art. 844 do CC). Nasce o direito de reter o preço quando o patrimônio do vendedor for abalado e tornar duvidosa a entrega da coisa.

▪ Enunciado n. 438 da V Jornada de Direito Civil: "A exceção de inseguridade, prevista no art. 477, também pode ser oposta à parte cuja conduta põe manifestamente em risco a execução do programa contratual".

Seção IV
Da Resolução por Onerosidade Excessiva

▪ Enunciado n. 35 da I Jornada de Direito Comercial: "Não haverá revisão ou resolução dos contratos de derivativos por imprevisibilidade e onerosidade excessiva (arts. 317 e 478 a 480 do Código Civil)".

Art. 478. Nos contratos de execução continuada ou diferida, se a prestação de uma das partes se tornar excessivamente onerosa, com extrema vantagem para a outra, em virtude de acontecimentos extraordinários e imprevisíveis, poderá o devedor pedir a resolução do contrato. Os efeitos da sentença que a decretar retroagirão à data da citação.

➥ Sem correspondência no CC/1916.

A resolução por onerosidade excessiva tem por campo apenas o contrato de execução continuada ou diferida no futuro, o que equivale a excluir de seu alcance o contrato de execução imediata. É a ideia da velha cláusula *rebus sic stantibus*, em que se dizia que os contratos que têm duração continuada, ou dependência de futuro, são entendidos como se as coisas permanecessem as mesmas. O Código de Defesa do Consumidor trouxe uma inovação importante em matéria da possibilidade de revisão do contrato pelo juiz, infirmando assim o princípio da força vinculante do contrato, criando um reforço para a chamada teoria da superveniência. O que há de inovador no preceito é que a revisão independe da imprevisibilidade do fato superveniente que tornou excessivamente onerosa a prestação do consumidor. É mister ter-se em vista que a regra está circunscrita às relações de consumo. Mas é tão amplo o conceito dessas relações que a repercussão da regra na vida cotidiana pode ser sensível. As-

Art. 478   Almeida Guilherme

sim, vê-se como tem evoluído o contrato, talvez no sentido de sacrificar a amplitude de seus princípios básicos em favor das restrições que almejam torná-lo mais justo e mais humano.

- Enunciado n. 175 da III Jornada de Direito Civil: "A menção à imprevisibilidade e à extraordinarieda-de, insertas no art. 478 do Código Civil, deve ser interpretada não somente em relação ao fato que gere o desequilíbrio, mas também em relação às consequências que ele produz".

- Enunciado n. 176 da III Jornada de Direito Civil: "Em atenção ao princípio da conservação dos negó-cios jurídicos, o art. 478 do Código Civil de 2002 deverá conduzir, sempre que possível, à revisão judi-cial dos contratos e não à resolução contratual".

- Enunciado n. 365 da IV Jornada de Direito Civil: "A extrema vantagem do art. 478 deve ser interpre-tada como elemento acidental da alteração de circunstâncias, que comporta a incidência da resolução ou revisão do negócio por onerosidade excessiva, independentemente de sua demonstração plena".

- Enunciado n. 366 da IV Jornada de Direito Civil: "O fato extraordinário e imprevisível causador de one-rosidade excessiva é aquele que não está coberto objetivamente pelos riscos próprios da contratação".

- Enunciado n. 439 da V Jornada de Direito Civil: "A revisão do contrato por onerosidade excessiva fun-dada no Código Civil deve levar em conta a natureza do objeto do contrato. Nas relações empresariais, observar-se-á a sofisticação dos contratantes e a alocação de riscos por eles assumidos com o contrato".

- Enunciado n. 440 da V Jornada de Direito Civil: "É possível a revisão ou resolução por excessiva one-rosidade em contratos aleatórios, desde que o evento superveniente, extraordinário e imprevisível não se relacione com a álea assumida no contrato".

- Ação revisional de contrato bancário. Taxas de juros. Ausência de limitação. Questão decidida no mesmo sentido do pedido do réu. Ausência de interesse recursal. Recurso do réu não conhecido nessa parte. Ação revisional de contrato bancário. Possibilidade de revisão das cláusulas contratuais. Relati-vização do *pacta sunt servanda*. Aplicação dos princípios da boa-fé objetiva (art. 422, CC), do equilíbrio contratual (arts. 478 e 480, CC e art. 6º, V, CDC), da função social do contrato (art. 421, CC) e da prote-ção do consumidor contra abusos do poder econômico (arts. 170, V, e 173, § 4º, CF/88). Vedação ao en-riquecimento ilícito (art. 884, CC). Recurso do réu não provido. Ação revisional de contrato bancário. Ta-rifa de cadastro e tarifa de avaliação. Possibilidade de cobrança Orientação firmada pelo Col. STJ em sede de julgamento de recursos repetitivos. Recurso do autor não provido nessa parte. Ação revisional de contrato bancário. Tarifas de registro de contrato. Impossibilidade de cobrança. Os riscos da ativi-dade econômica devem ser suportados pela empresa. Além de não estar expressamente prevista na norma de regência, tal tarifa importa um injusto repasse ao consumidor de custos inerentes à atividade-de bancária: não corresponde à cobrança de serviço efetivamente prestado ao cliente e, portanto con-figura uma obrigação que coloca o consumidor em desvantagem exagerada frente à instituição finan-ceira, em afronta aos arts. 6º, III, 51, IV, XII e § 1º, III, e 39, V, do CDC. Recurso do autor provido nessa parte. (TJSP, Ap. n. 0022381-34.2012.8.26.0114/Campinas, 11ª Câm. de Dir. Priv., rel. Renato Rangel Desinano, *DJe* 13.07.2015)

- Civil. Processual civil. Ação ordinária. Resolução de contrato. Onerosidade excessiva. Teoria da im-previsão. Evento extraordinário e imprevisível. Inocorrência. Recurso improvido. 1 - O art. 478 do CC/2002, lastreado na teoria da imprevisão (esta, por sua vez, originada na cláusula *rebus sic stantibus*), admite a resolução do contrato comutativo quando, preenchidos os requisitos legais, a prestação de uma das partes se torne excessivamente onerosa em decorrência de acontecimentos extraordinários e imprevi-

Código Civil comentado e anotado   Arts. 478 e 479

síveis. 2 – A teoria da imprevisão adotada pelo CC é de cunho subjetivo, na medida em que a admissão da resolução contratual é condicionada à demonstração de que ao tempo da contratação havia total impossibilidade de as partes anteverem o evento extraordinário que pudesse deteriorar o equilíbrio contratual anteriormente estabelecido, acarretando, para uma das partes, uma onerosidade excessiva. 3 – A apelante não se desincumbiu do ônus probatório que lhe cabe, pois não demonstrou a ocorrência de evento extraordinário e imprevisível que pudesse ensejar a resolução contratual, vez que a falta de contraprestação dos serviços por ela prestados, os quais geraram o inadimplemento contratual com a apelada, são inerentes ao risco da atividade empresarial exercida, sendo, portanto, fato corriqueiro, ordinário e previsível. 4 – Recurso conhecido e improvido. (TJDFT, Proc. n. 20130910208225, 3ª T. Cível, rel. Des. Alfeu Machado, *DJe* 20.01.2015)

■ O TJSP, não enxergando a onerosidade excessiva: Embargos à execução. Cédula de crédito bancário. Alegação de que o desemprego é acontecimento imprevisível e extraordinário, capaz de autorizar a resolução do contrato por onerosidade excessiva. Impossibilidade. Com relação à caracterização do desemprego como acontecimento extraordinário e imprevisível, apto a autorizar a aplicação do art. 478 do CC, tem-se que é inadequada. O apelante, sobretudo pelo fato de ocupar à época cargo comissionado em Prefeitura, deveria estar ciente de que poderia vir a perdê-lo com certa facilidade, por exemplo, diante de novas eleições. Diante da superveniência do desemprego, não pode ser reconhecida, portanto, a onerosidade excessiva, devendo ser prestigiado o princípio do *pacta sunt servanda*. Recurso desprovido. Sentença mantida. (TJSP, Ap. n. 0000777-22.2014.8.26.0025/Angatuba, 20ª Câm. de Dir. Priv., rel. Alberto Gosson, *DJe* 30.06.2015)

■ Apelação. Ação revisional c/c indenização por dano moral e c/c consignação em pagamento. Contratos de empréstimo. Aplicação, por analogia, dos preceitos da Lei n. 10.820/2003. Função social do contrato. Art. 421 do CC. Nova mentalidade do diploma civil. Arts. 478 e 479 do CC. Desconto abusivo que constitui onerosidade excessiva. Limitação a 30% dos proventos do devedor. Posicionamento jurisprudencial do STJ. Sentença mantida por seus próprios fundamentos, nos termos do art. 252 do Regimento Interno deste Eg. TJSP. Recurso desprovido. (TJSP, Ap. n. 0049936-74.2012.8.26.0001/São Paulo, 38ª Câm. de Dir. Priv., rel. Flávio Cunha da Silva, *DJe* 25.03.2015)

■ Súmula n. 380 do STJ: "A simples propositura da ação de revisão de contrato não inibe a caracterização da mora do autor".

Art. 479. A resolução poderá ser evitada, oferecendo-se o réu a modificar equitativamente as condições do contrato.

➥ Sem correspondência no CC/1916.

O Código Civil de 2002 admitiu a resolução por onerosidade excessiva, mas poderá ser evitada se o réu modificar as condições do contrato com os preceitos de sua função social (art. 421 do CC), boa-fé objetiva (arts. 113 e 422 do CC) e princípio da probidade (art. 422 do CC).

■ Enunciado n. 367 da IV Jornada de Direito Civil: "Em observância ao princípio da conservação do contrato, nas ações que tenham por objeto a resolução do pacto por excessiva onerosidade, pode o juiz modificá-lo equitativamente, desde que ouvida a parte autora, respeitada a sua vontade e observado o contraditório".

■ Veja no art. 478 a seguinte decisão: TJSP, Ap. n. 0049936-74.2012.8.26.0001/São Paulo, 38ª Câm. de Dir. Priv., rel. Flávio Cunha da Silva, *DJe* 25.03.2015.

Arts. 480 e 481

Art. 480. Se no contrato as obrigações couberem a apenas uma das partes, poderá ela pleitear que a sua prestação seja reduzida, ou alterado o modo de executá-la, a fim de evitar a onerosidade excessiva.

➥ Sem correspondência no CC/1916.

A fim de garantir o equilíbrio contratual das avenças unilaterais e evitar a onerosidade excessiva para a parte devedora, o presente art. 480 prevê que o obrigado poderá pleitear judicialmente a redução da prestação ou alteração da maneira de executá-la.

■ Veja no art. 478 a seguinte decisão: TJSP, Ap. n. 0022381-34.2012.8.26.0114/Campinas, 11ª Câm. de Dir. Priv., rel. Renato Rangel Desinano, *DJe* 13.07.2015.

TÍTULO VI
DAS VÁRIAS ESPÉCIES DE CONTRATO

CAPÍTULO I
DA COMPRA E VENDA

Seção I
Disposições Gerais

Art. 481. Pelo contrato de compra e venda, um dos contratantes se obriga a transferir o domínio de certa coisa, e o outro, a pagar-lhe certo preço em dinheiro.

➥ Veja art. 1.122 do CC/1916.

Compra e venda. É o contrato pelo qual uma pessoa se obriga a transferir para outra o domínio de coisa corpórea ou incorpórea, mediante o pagamento de certa quantia em dinheiro ou valor correspondente. A transferência da coisa só se opera com a tradição (coisa móvel) ou com o registro do título aquisitivo (coisa imóvel). Sem a entrega da coisa, o comprador não será o dono. É um contrato bilateral (obrigações para ambos), oneroso (ambos têm vantagens patrimoniais), comutativo (equivalência de prestações e certeza quanto ao seu valor) ou aleatório (risco), consensual (a lei não exige forma) ou solene (a lei exige forma), translativo de domínio (serve de título para aquisição da propriedade). As despesas de escritura ficam a cargo do comprador e as despesas da tradição ficam a cargo do vendedor.

■ Súmula n. 413 do STF: "O compromisso de compra e venda de imóveis, ainda que não loteados, dá direito à execução compulsória, quando reunidos os requisitos legais".

■ Súmula n. 489 do STF: "A compra e venda de automóvel não prevalece contra terceiros, de boa-fé, se o contrato não foi transcrito no Registro de Títulos e Documentos".

■ Apelações cíveis. Indenização por descumprimento contratual. Apelação. 1 – Compra e venda. Contrato. Obrigação. O contrato de compra e venda é aquele por meio do qual uma das partes se obriga a entregar algo, e outra a pagar por ela (art. 481 do CCB), de forma que essa modalidade contratual envolve duas obrigações recíprocas, quais sejam: a tradição do bem e o pagamento que, se perfectibili-

Código Civil comentado e anotado

Arts. 481 e 482

zadas, põem fim ao negócio jurídico. Vícios redibitórios. Decadência. O direito de reclamar por vícios redibitórios decai em trinta dias, se móvel, e em um ano, se imóvel, a contar do momento em que se tomou conhecimento do defeito. Apelação 2 (adesivo): custas recursais. Deserção. A ausência de preparo do recurso implica obstáculo ao seu seguimento (art. 500 e parágrafo único, do CPC). Recurso 1 desprovido. Recurso 2 não conhecido. (TJPR, Ap. Cível n. 1122245-6, 11ª Câm. Cível, rel. Des.Vilma Régia Ramos de Rezende, *DJe* 23.10.2014)

■ Apelação cível. Ação de anulação de título c/c pedido de dano moral e sustação de protesto. Devolução das mercadorias compradas. Ausência de prova da concordância. Benefício da ajg pedido diretamente em sede recursal. Impossibilidade. 1 – Pelo contrato de compra e venda, um dos contratantes se obriga a transferir o domínio de certa coisa, e, o outro, a pagar-lhe certo preço em dinheiro (art. 481 do CC). 2 – A compra e venda, quando pura, considerar-se-á obrigatória e perfeita, desde que as partes acordarem no objeto e no preço (art. 482 do CC). 3 – Não havendo prova a cerca da anuência na devolução considera-se a compra e venda perfeita. 4 – No que tange a ajg, a via eleita não foi a correta, uma vez que além de ser feito de forma diversa, o pedido também deveria ter sido direcionado ao magistrado de primeiro grau, sob pena de supressão de um grau de jurisdição, uma vez que da decisão que deferir ou indeferir o pedido cabe recurso. Negaram provimento ao apelo. Unânime. (TJRS, Ap. Cível n. 70.063.097.406, 15ª Câm. Cível, rel. Des. Otávio Augusto de Freitas Barcellos, j. 08.04.2015)

Art. 482. A compra e venda, quando pura, considerar-se-á obrigatória e perfeita, desde que as partes acordarem no objeto e no preço.

➡ Veja art. 1.126 do CC/1916.

A compra e venda possui a manifestação positiva da vontade das partes em comprar e vender determinado bem, como marco que vincula e obriga as partes reciprocamente, devendo o consentimento destas ser livre e inequívoco. Não havendo condição ou termo, a compra e venda considerar-se-á pura e simples ao produzir efeitos a partir do instante em que as partes convencionarem o objeto e seu preço.

■ Súmula n. 413 do STF: "O compromisso de compra e venda de imóveis, ainda que não loteados, dá direito à execução compulsória, quando reunidos os requisitos legais".

■ Responsabilidade civil. Indenização. Dano moral. Ré que demonstra a existência de vínculo com o consumidor e a origem de dívida registrada em cadastro de proteção ao crédito por falta de pagamento. O contrato de venda e compra de bem móvel não é ato solene, que exija forma especial ou escrita (arts. 107 e 108 do CC), bastando para sua existência, validade e eficácia o acordo de vontades de pessoas capazes sobre coisa e preço (arts. 104 e 482 do CC). Ação declaratória e indenizatória improcedente. Apelação não provida. (TJSP, Ap. n. 0100502-21.2012.8.26.0100/São Paulo, 2ª Câm. de Dir. Priv., rel. Guilherme Santini Teodoro, *DJe* 19.01.2015, p. 3.493)

■ Apelação cível. Ação de alienação judicial de coisa comum por permuta. Improcedência. Inteligência dos arts. 533 e 482 do CCB. Recurso de RDJ Residencial Ltda. conhecido e desprovido. Verba honorária. Majoração. Art. 20, § 3º, do CPC. Recurso de O.L.P. Jr. e outro conhecido e provido parcialmente. 1 – Impossibilidade de procedência do pedido pelo fato de que não se encontram preenchidos os requisitos que tornam perfeito referido instrumento, eis que os litigantes não estão de acordo ao objeto e preço do bem. Inteligência dos arts. 533 e 482 do CCB. 2 – Recurso de RDJ Residencial Ltda. conhe-

Arts. 482 a 484 — Almeida Guilherme

cido e desprovido. 3 – Na hipótese dos autos, entende-se ser equilibrada a majoração da verba honorária para 10% do valor da causa, eis que a mesma mostra-se compatível com o grau de zelo do profissional, o lugar de prestação do serviço, a complexidade da causa, o tempo de duração da demanda, conforme os parâmetros previstos no art. 20, § 3º, do CPC, observando ainda os princípios da razoabilidade e da proporcionalidade que devem pautar o arbitramento da verba honorária. 4 – Recurso de O.L.P. Jr. e outra conhecido e parcialmente provido. (TJES, Ap. n. 0013710-70.2010.8.08.0024, rel. Des. Walace Pandolpho Kiffer, *DJe* 25.11.2014)

Art. 483. A compra e venda pode ter por objeto coisa atual ou futura. Neste caso, ficará sem efeito o contrato se esta não vier a existir, salvo se a intenção das partes era de concluir contrato aleatório.

➥ Sem correspondência no CC/1916.

O objeto da compra e venda pode ser atual ou futuro. No primeiro, a compra e venda opera-se de pleno direito no momento da declaração de vontade das partes, ao passo que na segunda, para que o contrato seja plenamente executável, é necessário o cumprimento de uma condicionante de validade, que é justamente a existência futura do objeto do negócio jurídico. Caso essa condição não venha a se cumprir e o objeto não exista, o contrato de compra e venda será inexistente por ausência do objeto, que é requisito básico de existência do contrato. Por isso, a importância de deixar claro, no caso de coisa futura, se o contrato ficará sem efeito se esta não se tornar existente, ou se configurará um contrato aleatório.

▪ Apelação cível. Rescisão contrato. Compra e venda de soja. Inaplicabilidade do CDC. Contrato aleatório. Teoria da imprevisão afastada. Honorários advocatícios. 1 – Como o apelante não é destinatário final da atividade exercida pela apelada, a relação entre as partes não pode ser considerada de consumo. 2 – O contrato de compra e venda de soja tem natureza aleatória, não se amoldando à regra geral do art. 483 do CC. 3 – A ocorrência de doenças na lavoura, como a ferrugem asiática, assim como o excesso de chuvas não tipificam a ocorrência de fato extraordinário nem imprevisível. 4 – O valor fixado a título de honorários advocatícios deve se apresentar condizente com os parâmetros previstos nas alíneas *a*, *b* e *c* do § 3º do art. 20 do CPC, com as peculiaridades do caso concreto e com os princípios da razoabilidade e da proporcionalidade. Apelo conhecido e parcialment provido. (TJGO, Ap. Cível n. 200492793000, 5ª Câm. Cível, rel. Des. Alan S. de Sena Conceição, *DJe* 07.11.2014)

▪ Rescisão contratual. Instrumento particular de compromisso de venda e compra. Contrato que teve por objeto coisa futura que não veio a existir. Não configuração de contrato aleatório. Verificada condição a tornar sem efeito a compra e venda, nos termos do art. 483 do CC. Necessário o restabelecimento das partes ao *status quo ante* reconhecido o direito dos autores à devolução dos valores pagos antecipadamente. Sentença reformada. Recurso provido. (TJSP, Ap. n. 0225812-71.2011.8.26.0100/São Paulo, 10ª Câm. de Dir. Priv., rel. Elcio Trujillo, *DJe* 04.09.2014)

Art. 484. Se a venda se realizar à vista de amostras, protótipos ou modelos, entender-se-á que o vendedor assegura ter a coisa as qualidades que a elas correspondem.
Parágrafo único. Prevalece a amostra, o protótipo ou o modelo, se houver contradição ou diferença com a maneira pela qual se descreveu a coisa no contrato.

Código Civil comentado e anotado · Arts. 484 a 488

➡ Veja art. 1.135 do CC/1916.

A **regra de amostra, protótipo ou modelo** tem fundamento no princípio da boa-fé, principalmente no que concerne ao dever de informar. A amostra, o protótipo ou o modelo integram a informação em sua modalidade mais persuasiva, que é a imagem.

O art. 484 impõe o dever de conformidade entre o objeto que serviu de referência à compra e o que efetivamente foi entregue pelo vendedor, e caso este não entregue o objeto nas mesmas condições prometidas ao adquirente, o vendedor poderá sofrer a rescisão contratual, além de pagar perdas e danos.

Art. 485. A fixação do preço pode ser deixada ao arbítrio de terceiro, que os contratantes logo designarem ou prometerem designar. Se o terceiro não aceitar a incumbência, ficará sem efeito o contrato, salvo quando acordarem os contratantes designar outra pessoa.

➡ Veja art. 1.123 do CC/1916.

O valor do contrato poderá ficar a encargo de um terceiro que não participa da relação jurídica, possuindo a única função de estabelecer o preço. Porém, se o terceiro não aceitar a tarefa, o contrato ficará sem efeito, salvo se os contratantes estabelecerem a possibilidade de designar outra pessoa para estabelecer o preço.

Art. 486. Também se poderá deixar a fixação do preço à taxa de mercado ou de bolsa, em certo e determinado dia e lugar.

➡ Veja art. 1.124 do CC/1916.

O preço de determinado bem poderá ser vinculado a tabelas praticadas comumente no mercado, porém deverá ser estabelecida a data e o local, tendo em vista que as tabelas e a bolsa são variáveis de acordo com a flutuação do mercado. Se no dia marcado os valores oscilarem para a fixação do preço, ter-se-á como parâmetro a média de oscilação daquela data.

Art. 487. É lícito às partes fixar o preço em função de índices ou parâmetros, desde que suscetíveis de objetiva determinação.

➡ Sem correspondência no CC/1916.

As partes podem estabelecer a variação do preço com base em índices e parâmetros acessíveis ao público e determinados na data da execução do contrato.

Art. 488. Convencionada a venda sem fixação de preço ou de critérios para a sua determinação, se não houver tabelamento oficial, entende-se que as partes se sujeitaram ao preço corrente nas vendas habituais do vendedor.

Parágrafo único. Na falta de acordo, por ter havido diversidade de preço, prevalecerá o termo médio.

Arts. 488 a 490 · Almeida Guilherme

➡ Sem correspondência no CC/1916.

Se não houver preço determinado pela convenção das partes, por terceiros, por tabelamento e índices oficiais, e tampouco o estabelecimento de critérios para sua determinação, será considerado preço válido aquele praticado habitualmente pelo vendedor, ou então, na falta de consenso, o preço a ser utilizado será a média dos valores que divergiram.

▪ Enunciado n. 441 da V Jornada de Direito Civil: "Na falta de acordo sobre o preço, não se presume concluída a compra e venda. O parágrafo único do art. 488 somente se aplica se houverem diversos preços habitualmente praticados pelo vendedor, caso em que prevalecerá o termo médio".

▪ Ação declaratória. Negócio jurídico sem fixação de preço. Aplicação da norma prevista no art. 488 do CC. Alegado erro de consentimento quanto à moeda praticada na fixação do preço. Inocorrência. Negócio jurídico hígido. Recurso desprovido. 1 – Convencionada a venda sem fixação de preço ou de critério para a sua determinação, se não houver tabelamento oficial, entende-se que as partes se sujeitaram ao preço corrente nas vendas habituais do vendedor. Inteligência do art. 488 do CC. No caso, não houve arbítrio exclusivo do preço por parte da fornecedora, e sim a aplicação do valor, em reais, praticado no mercado à época. 2 – Se o produtor rural assinou as duplicatas emitidas pela empresa fornecedora referentes à compra e venda de fertilizantes, aceitando todos os seus termos, em especial os valores representados em moeda nacional, não pode pretender desconstituir tais títulos cambiais sob a alegação de erro quanto à manifestação de vontade, à míngua de provas de que o produto deveria ter o preço calculado em moeda estrangeira. (TJMT, Ap. n. 52254/2014, rel. Des. Clarice Claudino da Silva, *DJe* 16.06.2015)

Art. 489. Nulo é o contrato de compra e venda, quando se deixa ao arbítrio exclusivo de uma das partes a fixação do preço.

➡ Veja art. 1.125 do CC/1916.

A fixação unilateral dos preços praticados no contrato de compra e venda é motivo de nulidade. O que é vedado é a estipulação arbitrária e unilateral em momento posterior do contrato e não no momento da proposta, pois é de praxe que o proponente defina o preço, que, sendo aceito, vincula os contratantes. A nulidade reside em cláusula que determina que o preço a ser praticado posteriormente seja estabelecido exclusivamente por uma das partes.

▪ Ação declaratória cumulada com outros pleitos. Cobrança de saldo devedor apurado quando da conclusão de empreendimento imobiliário. Sistema de cooperativa habitacional. Cerceamento de defesa não verificado. Julgador que aguardou a conclusão da prova emprestada. Cobrança de saldo residual. Inexigibilidade. Apelante que não comprovou a diferença apontada, bem como a sua especificação e forma de rateio. Fixação de preço que não pode ficar ao arbítrio de uma das partes. Inteligência do art. 489 do CC. Recurso improvido. (TJSP, Ap. n. 0172079-69.2006.8.26.0100/São Paulo, 7ª Câm. de Dir. Priv., rel. Luiz Antonio Costa, *DJe* 23.06.2015)

Art. 490. Salvo cláusula em contrário, ficarão as despesas de escritura e registro a cargo do comprador, e a cargo do vendedor as da tradição.

➡ Veja art. 1.129 do CC/1916.

Código Civil comentado e anotado   Arts. 490 a 492

Compete ao comprador todas as despesas referentes à escritura e registro da coisa obje-to do contrato, e a cargo do vendedor os dispêndios relativos ao transporte, desmontagem e montagem, ou seja, todos os meios necessários à efetivação da tradição do bem.

■ Compra e venda. Cadeia de transferência do imóvel. Despesas para registrar a escritura definitiva. Con-trato de cessão de direitos que expressamente exime os cedentes de arcarem com as despesas decor-rentes da outorga da escritura definitiva de venda e compra. Obrigação do comprador adquirente, nos termos do art. 490 do CC. Sentença mantida. Recurso desprovido. (TJSP, Ap. n. 0103806-18.2009.8.26.0008/ São Paulo, 13ª Câm. Ext. de Dir. Priv., rel. Milton Carvalho, *DJe* 22.07.2015)

Art. 491. Não sendo a venda a crédito, o vendedor não é obrigado a entregar a coisa an-tes de receber o preço.

➥ Veja art. 1.130 do CC/1916.

Quando a venda não for a crédito, ou seja, for à vista, o vendedor não terá a obrigatorie-dade de entregar o bem antes do pagamento do preço, podendo até deter o bem ao compra-dor, pois na venda à vista o pagamento precisa ser imediato. Por outro lado, se o vendedor não tiver condições de entregar a coisa, não terá o comprador o dever de pagar o preço. Já na ven-da a crédito, em regra, o vendedor entrega o bem, mesmo sem ter recebido o preço total do comprador.

■ Recurso especial. Contrato de opção de compra. Embargos de declaração [...]. Súmula n. 7/STJ. Obri-gação do depósito prévio do valor da compra. Incidência do art. 491 do CC. Arts. 187 e 884 do CC. Fal-ta de prequestionamento. Divergência jurisprudencial não demonstrada [...]. Embora as obrigações do vendedor e do comprador possam ocorrer de forma simultânea na venda à vista, caso não haja previ-são específica no contrato nem acordo entre os contratantes, é certo que o legislador pátrio optou por assegurar ao vendedor garantia mais ampla que ao comprador, conferindo-lhe, no art. 491 do CC, direi-to de retenção enquanto não pago o preço. 7 – Incidem as Súmulas ns. 282 do STF e 211 do STJ quan-do as questões suscitadas no recurso especial não tenham sido debatidas no acórdão recorrido. 8 – Não se conhece de recurso especial fundado em dissídio jurisprudencial quando não realizado o cotejo analítico entre os arestos confrontados. 9 – Recurso especial parcialmente conhecido e desprovido. (STJ, REsp n. 1.493.068, 3ª T., rel. Min. João Otávio de Noronha, *DJe* 27.03.2015)

Art. 492. Até o momento da tradição, os riscos da coisa correm por conta do vendedor, e os do preço por conta do comprador.
§ 1º Todavia, os casos fortuitos, ocorrentes no ato de contar, marcar ou assinalar coi-sas, que comumente se recebem, contando, pesando, medindo ou assinalando, e que já ti-verem sido postas à disposição do comprador, correrão por conta deste.
§ 2º Correrão também por conta do comprador os riscos das referidas coisas, se estiver em mora de as receber, quando postas à sua disposição no tempo, lugar e pelo modo ajustados.

➥ Veja art. 1.127 do CC/1916.

Em regra, até o momento da tradição do bem, todos os riscos referentes à coisa correm por conta do vendedor, pois, sem a tradição, o bem estará no nome do vendedor e não do com-

317

Arts. 492 a 495   Almeida Guilherme

prador. Logo, se o bem se perder ou deteriorar, o vendedor deverá se responsabilizar. A responsabilidade será do devedor quando, por caso fortuito ou força maior, no momento do ato de contar, marcar ou assinalar coisas que já tiverem sido postas à sua disposição, o preço se degradar ou se perder. Deverá também se responsabilizar, o comprador, nos casos em que estiver em mora com o recebimento da coisa, pois desta advém risco.

- Compra e venda de imóvel. Pagamento do sinal. Paamento do saldo por crédito consorcial. Demora para liberação do crédito que não pode ser imputada aos réus. Cláusua contratual que impunha correção do saldo após 60 dias ou desfazimento em caso de mora por mais de 90 dias. Improcedência do pedido. Recurso não provido. Contrato de venda e compra de imóvel. Pagamento do sinal mediante a apresentação das certidões elencadas pelos réus. Quitação. Pagamento do saldo mediante liberação de crédito pela empresa que administra consórcio. Demora na apreciação do pedido. Atraso que não pode ser imputado aos réus. Exigências feitas pela empresa depois de expirado o prazo para pagamento sem correção monetária. Não consta no contrato que caberia aos réus cumprir as exigências da empresa administradora do consócio. A liberação do crédito integra do preço do negócio, que é de responsabilidade dos compradores (art. 492 do CC). Improcedência mantida. Recurso não provido. (TJSP, Ap. n. 0409827-73.2009.8.26.0577/São José dos Campos, 10ª Câm. de Dir. Priv., rel. Carlos Alberto Garbi, *DJe* 19.03.2015)

Art. 493. A tradição da coisa vendida, na falta de estipulação expressa, dar-se-á no lugar onde ela se encontrava, ao tempo da venda.

➡ Sem correspondência no CC/1916.

Em regra, quando não existe disposição em contrário, a entrega do bem será realizada no local onde a coisa se encontrava quando a venda fora efetivada.

Art. 494. Se a coisa for expedida para lugar diverso, por ordem do comprador, por sua conta correrão os riscos, uma vez entregue a quem haja de transportá-la, salvo se das instruções dele se afastar o vendedor.

➡ Veja art. 1.128 do CC/1916.

Se o comprador ordenar ao vendedor que entregue o bem em lugar diverso, deverá arcar com todos os riscos decorrentes da mudança.

- Ação declaratória. Duplicatas. Compra e venda mercantil. Bacalhau. Produto perecível. Transporte por conta e risco do comprador da mercadoria. Transporte do produto que deveria ser realizado em veículo com refrigeração. Ausência de prova de que a mercadoria tenha sido retirada imprópria para o consumo. Ônus da prova que competia a autora. Art. 494 do CC. Ação principal e cautelar julgadas improcedentes. Sentença reformada. Recurso da ré provido, prejudicado o da autora. (TJSP, Ap. n. 0003578-46.2013.8.26.0347/Matão, 23ª Câm. de Dir. Priv., rel. Paulo Roberto de Santana, *DJe* 11.12.2014)

Art. 495. Não obstante o prazo ajustado para o pagamento, se antes da tradição o comprador cair em insolvência, poderá o vendedor sobrestar na entrega da coisa, até que o comprador lhe dê caução de pagar no tempo ajustado.

Código Civil comentado e anotado

Arts. 495 e 496

➥ Veja art. 1.131 do CC/1916.

Se a insolvência do devedor ocorrer antes da tradição, o vendedor poderá adiar a entrega do bem até que o comprador lhe preste garantias suficientes que assegurem o cumprimento dos pagamentos no prazo ajustado.

Art. 496. É anulável a venda de ascendente a descendente, salvo se os outros descendentes e o cônjuge do alienante expressamente houverem consentido.

Parágrafo único. Em ambos os casos, dispensa-se o consentimento do cônjuge se o regime de bens for o da separação obrigatória.

➥ Veja art. 1.132 do CC/1916.

Os ascendentes não podem vender aos descendentes sem que os demais descendentes, expressamente, manifestem a sua anuência, bem como o cônjuge ou companheiro. O legislador impôs essa condição para que a venda não tente encobrir uma doação, prejudicando, assim, os demais herdeiros. Se não houver a anuência dos demais descendentes e/ou cônjuge ou companheiro, há a possibilidade de anulação da venda, por meio da ação anulatória. O prazo para anular a venda de ascendente para descendente é decadencial de dois anos, conforme dispõe o art. 179 do CC, sendo parte autora a que se sentir prejudicada pelo negócio jurídico. A partir do ingresso do Código Civil de 2002, não se pode mais aplicar a Súmula n. 494 do STF (*vide* art. 177 do CC/1916), porém essa súmula pode ser aplicada para casos em que o contrato se iniciou anteriormente à codificação de 2002, por força do art. 2.028 do CC/2002. Agora, caso ocorra a venda mediante interposta pessoa, com a finalidade de beneficiar o descendente, essa venda será considerada simulada e, conforme o art. 167 do CC/2002, deverá ser nula.

▪ Súmula n. 494 do STF: "A ação para anular venda de ascendente a descendente, sem consentimento dos demais, prescreve em vinte anos, contados da data do ato, revogada a Súmula n. 152".

▪ Enunciado n. 177 da III Jornada de Direito Civil: "Por erro de tramitação, que retirou a segunda hipótese de anulação de venda entre parentes (venda de descendente para ascendente), deve ser desconsiderada a expressão 'em ambos os casos', no parágrafo único do art. 496".

▪ Enunciado n. 368 da IV Jornada de Direito Civil: "O prazo para anular venda de ascendente para descendente é decadencial de dois anos (art. 179 do Código Civil)".

▪ Enunciado n. 545 da VI Jornada de Direito Civil: "O prazo para pleitear a anulação de venda de ascendente a descendente sem anuência dos demais descendentes e/ou do cônjuge do alienante é de 2 (dois) anos, contados da ciência do ato, que se presume absolutamente, em se tratando de transferência imobiliária, a partir da data do registro de imóveis".

▪ Civil e processo civil. Embargos de declaração no recurso especial. Recebimento como agravo regimental. Ação anulatória de venda de ascendente a descendente. Anulabilidade, ainda que na viência do CC/1916. Sujeição a prazo decadencial. Redução do prazo pelo CC vigente. Regra de transição. Aplicabilidade integral. Transcurso do prazo legal. Decadência reconhecida. Recurso desprovido. Decisão mantida. 1 – A venda de ascendente a descendente caracteriza ato anulável, ainda que praticado na vigência do CC/1916, condição reafirmada no art. 496 do atual diploma material. Precedentes. 2 – Segundo

319

Arts. 496 e 497   Almeida Guilherme

o art. 179 do CC/2002, "quando a Lei dispuser que determinado ato é anulável, sem estabelecer prazo para pleitear-se a anulação, será este de dois anos, a contar da data da conclusão do ato". 3 – O prazo fixado pelo CC revogado, reduzido pela atual lei civil, só prevalece se não transcorrida mais da metade (inteligência do art. 2.028 do CC/2002). O novo prazo legal deve ser contado a partir do início de vigência do atual diploma material civil. Precedentes. 4 – No caso concreto, ajuizada ação após o prazo fixado pelo art. 179 do CC vigente, afigura-se impositivo o reconhecimento da decadência do direito de o autor pleitear a anulação do ato jurídico contrário à norma do art. 1.132 do CC/1916, atual art. 496 do CC/2002. 5 – Embargos de declaração recebidos como agravo regimental, ao qual se nega provimento. (STJ, Emb. Decl.-REsp n. 1.198.907, 4ª T., rel. Min. Antonio Carlos Ferreira, *DJe* 18.09.2014)

■ Apelação cível. Compra e venda entre ascendente e descendente. Simulação. Configurada. Configurada. Doação inoficiosa. Patrimônio disponível. Fato impeditivo do direito do autor. Ônus probatório do réu Negócio jurídico anulado. Art. 496 do CC. Recurso não provido. Comprovada a simulação, impõe-se o reconhecimento da nulidade do contrato de compra e venda de cotas de empresa transferidas de ascendente para a descendente, sem o consentimento dos demais herdeiros. Em caso de doação inoficiosa, o ônus de prova do patrimônio disponível é do réu, uma vez que a prova negativa não deve ser imposta ao autor da ação (art. 333, II, do CPC). (TJMG, Ap. Cível n. 1.0145.12.084335-7/001, 9ª Câm. Cível, rel. Amorim Siqueira, *DJe* 09.03.2015)

Art. 497. Sob pena de nulidade, não podem ser comprados, ainda que em hasta pública:
I – pelos tutores, curadores, testamenteiros e administradores, os bens confiados à sua guarda ou administração;
II – pelos servidores públicos, em geral, os bens ou direitos da pessoa jurídica a que servirem, ou que estejam sob sua administração direta ou indireta;
III – pelos juízes, secretários de tribunais, arbitradores, peritos e outros serventuários ou auxiliares da justiça, os bens ou direitos sobre que se litigar em tribunal, juízo ou conselho, no lugar onde servirem, ou a que se estender a sua autoridade;
IV – pelos leiloeiros e seus prepostos, os bens de cuja venda estejam encarregados.
Parágrafo único. As proibições deste artigo estendem-se à cessão de crédito.

➡ Veja art. 1.133 do CC/1916.

É nula a compra e venda, mesmo em hasta pública, quando realizada pelos tutores, curadores, testamenteiros e administradores dos bens confiados à sua guarda ou administração; pelos servidores públicos, em geral, dos bens ou direitos da pessoa jurídica a que servirem, ou que estejam sob sua administração direta ou indireta; pelos juízes, secretários de tribunais, arbitradores, peritos e outros serventuários ou auxiliares da justiça, dos bens ou direitos sobre que se litigar em tribunal, juízo ou conselho, no lugar onde servirem, ou a que se estender a sua autoridade; pelos leiloeiros e seus prepostos, dos bens cuja venda estejam encarregados. Essas proibições se estendem também à cessão de crédito, quando essas pessoas estiverem relacionadas aos direitos que devem zelar.

■ Processual civil. Tributário. Ação anulatória. Arrematação. Decadência. Nulidade. Arrematante. Oficial de justiça aposentado. Inexistência de impedimento legal. 2 – O real significado e extensão da vedação prevista do art. 497, III, do CC é impedir influências diretas, ou até potenciais, de juízes, secretários de tribunais, arbitradores, peritos e outros serventuários ou auxiliares da justiça no processo de expropriação do bem. O que a lei visa é impedir a ocorrência de situações nas quais a atividade funcional da pessoa

Código Civil comentado e anotado   Arts. 497 a 500

possa, de qualquer modo, influir no negócio jurídico em que o agente é beneficiado. 3 – "O STJ firmou compreensão no sentido de que o impedimento de arrematar diz respeito apenas ao serventuário da Justiça que esteja diretamente vinculado ao juízo que realizar o praceamento, e que, por tal condição, possa tirar proveito indevido da hasta pública que esteja sob sua autoridade ou fiscalização (REsp n. 774.161/SC, rel. Min. Castro Meira, 2ª T., DJ 19.12.2005)" (Ag. Reg. no REsp n. 1.393.051/PR, rel. Min. Sérgio Kukina, 1ª T., j. 02.12.2014, DJe 10.12.2014). 4 – Não é a qualificação funcional ou o cargo que ocupa que impede um serventuário ou auxiliar da justiça de adquirir bens em hasta pública, mas sim a possibilidade de influência que a sua função lhe propicia no processo de expropriação do bem, o que não ocorre na espécie, visto que a situação de aposentado do oficial de justiça arrematante o desvincula do serviço público e da qualidade de serventuário ou auxiliar da justiça. 5 – Decadência afastada. Recurso especial improvido no mérito. (STJ, REsp n. 1.399.916, 2ª T., rel. Min. Humberto Martins, DJe 06.05.2015)

Art. 498. A proibição contida no inciso III do artigo antecedente, não compreende os casos de compra e venda ou cessão entre coerdeiros, ou em pagamento de dívida, ou para garantia de bens já pertencentes a pessoas designadas no referido inciso.

➡ Veja art. 1.134 do CC/1916.

O art. 498 traz exceções ao art. 497, III, o qual busca evitar conflito de interesses, além do conflito existente entre o vínculo das pessoas e o interesse próprio. O conflito de interesses é afastado nos casos de compra e venda ou cessão entre coerdeiros, pagamento de dívida ou para garantia de bens já pertencentes a pessoas designadas no inciso III do art. 497.

Art. 499. É lícita a compra e venda entre cônjuges, com relação a bens excluídos da comunhão.

➡ Sem correspondência no CC/1916.

Os bens pertencentes aos cônjuges de forma individual, ou seja, aqueles que estão excluídos da comunhão, poderão ser objeto de contrato de compra e venda a ser realizada entre eles.

Todavia, os consortes, cujo regime matrimonial for o da comunhão universal de bens, não poderão celebrar o contrato de compra e venda entre si, já que os bens são comuns ao casal, e não há cabimento alguém comprar algo que já lhe pertença.

▪ Apelação. União estável. Bem exclusivo. Partilha em inventário. Impossibilidade. Simulação do negócio jurídico. Reconhecimento de ofício. Possibilidade. É possível a declaração de ofício de simulação negocial, nos casos em que cabalmente constatada a situação nos autos. O que não é o caso. A compra e venda foi realizada antes do início da relação marital, negócio realizado em 1982, reconhecimento da união estável a contar de 1987. Fosse reconhecida a união estável entre as partes desde a data da aquisição do imóvel, conferindo validade àquela escritura pública, ainda assim o bem teria que ser excluído da partilha. Art. 499 do CC. Deram provimento. (TJRS, Ap. Cível n. 70.059.092.692, 8ª Câm. Cível, rel. Des. Rui Portanova, j. 11.09.2014)

Art. 500. Se, na venda de um imóvel, se estipular o preço por medida de extensão, ou se determinar a respectiva área, e esta não corresponder, em qualquer dos casos, às dimen-

Art. 500 — Almeida Guilherme

sões dadas, o comprador terá o direito de exigir o complemento da área, e, não sendo isso possível, o de reclamar a resolução do contrato ou abatimento proporcional ao preço.

§ 1º Presume-se que a referência às dimensões foi simplesmente enunciativa, quando a diferença encontrada não exceder de um vigésimo da área total enunciada, ressalvado ao comprador o direito de provar que, em tais circunstâncias, não teria realizado o negócio.

§ 2º Se em vez de falta houver excesso, e o vendedor provar que tinha motivos para ignorar a medida exata da área vendida, caberá ao comprador, à sua escolha, completar o valor correspondente ao preço ou devolver o excesso.

§ 3º Não haverá complemento de área, nem devolução de excesso, se o imóvel for vendido como coisa certa e discriminada, tendo sido apenas enunciativa a referência às suas dimensões, ainda que não conste, de modo expresso, ter sido a venda *ad corpus*.

➡ Veja art. 1.128 do CC/1916.

Trata-se da denominada venda *ad mensuram*. Nesse sentido, subsistindo diferença quanto à dimensão do imóvel, poderá o comprador exigir a complementação da área, abatimento do preço ou, ainda, poderá requerer o desfazimento do contrato. Ademais, salienta-se que o procedimento aqui narrado não se confunde com as demandas decorrentes do vício redibitório, uma vez que não existe defeito oculto, mas tão somente equívoco em relação às próprias características do negócio, específico por medida de extensão, condicionado o preço a determinado fator métrico. Com efeito, acrescente-se que a lei apresenta certa tolerância, de modo a se entender que as normas do direito privado são supletivas ao acordo das partes. Finalmente, o § 3º trata da venda *ad corpus*, em que a coisa é vendida como bem certo e determinado, de maneira que não subsistirá direito à defesa para reclamar diferença quanto à metragem do imóvel, disposta no instrumento contratual meramente de forma enunciativa.

▪ Compromisso de compra e venda de imóvel. Ação declaratória de inexigibilidade e ação de rescisão contratual julgadas em conjunto. Procedência da primeira e improcedência da segunda. Inconformismos dos vendedores. Não acolhimento. Alienação de imóvel cuja propriedade não lhes pertence. Insucesso na ação de retificação que inviabiliza cumprimento contratual com relação a parte da área. Direito da compradora em abater parte do preço bem reconhecido. Inteligência do art. 500 do CC. Ausência de inadimplemento. Sentenças mantidas. Recursos desprovidos. (TJSP, Ap. n. 0003370-53.2010.8.26.0481/ Presidente Epitácio, 13ª Câm. Ext. de Dir. Priv., rel. Grava Brazil, *DJe* 31.07.2015)

▪ Cessão de direitos de compra e venda de apartamento. Singela diminuição da área destinada às vagas de garagem do apartamento. Autora que pretende obter abatimento proporcional de seu preço, com fundamento na suposta redução de seu valor comercial. Pretensão que deve ser formulada em face do cedente, e não da incorporadora, uma vez que a redução das dimensões do bem foi feita de forma regular, quando os direitos de aquisição sobre o apartamento eram de titularidade de terceiro. Venda que pelo objeto e demais elementos do contrato se presume *ad corpus*, aplicação do art. 500, § 3º, do CC. Compromisso de compra e venda e contrato de cessão que são negócios jurídicos distintos, com condições e valores próprios. Ausência de abusividade na aplicação da correção monetária mensal. Justa recomposição do valor da moeda. Litigância de má-fé não configurada. Sentença mantida. Recurso desprovido. (TJSP, Ap. n. 0009372-32.2012.8.26.0008/São Paulo, 7ª Câm. de Dir. Priv., rel. Mary Grün, *DJe* 30.04.2015)

▪ Apelação cível. Promessa de compra e venda. Ação de obrigação de fazer cumulada com indenizatória. Imóvel. Aquisição. Quanti minoris. Decadência. Reparação de danos. Prescrição. O direito de reclamar com fundamento em diferença de área por aquisição de imóvel *ad mensuram* é decadencial e de um ano

Código Civil comentado e anotado   Arts. 500 a 502

a contar do registro do título, a teor dos arts. 500 e 501 do CC/2002, e o prazo prescricional à pretensão de reparação de danos, material ou moral, é o trienal previsto no § 3º do art. 206 do CC. Circunstância dos autos em que se impõe manter a sentença de extinção do processo com resolução da lide. Recurso desprovido. (TJRS, Ap. Cível n. 70.064.575.178, 18ª Câm. Cível, rel. Des. João Moreno Pomar, j. 16.07.2015)

Art. 501. Decai do direito de propor as ações previstas no artigo antecedente o vendedor ou o comprador que não o fizer no prazo de um ano, a contar do registro do título.

Parágrafo único. Se houver atraso na imissão de posse no imóvel, atribuível ao alienante, a partir dela fluirá o prazo de decadência.

➡ Sem correspondência no CC/1916.

A ação para defender o direito à complementação da área ou qualquer outra defesa anteriormente citada se denomina *ex empto* ou *ex vendito*. Cuida-se de demanda pessoal, cujo prazo de decadência é de um ano, a contar do registro do título, necessário ao aprimoramento do negócio jurídico. Ademais, note-se que a norma considera o vício perceptível quando da imissão na posse, de modo que, enquanto o novo proprietário não tomou efetiva posse do bem, não poderá verificar a diferença de metragem neste deduzida.

▪ Veja no art. 500 a seguinte decisão: TJRS, Ap. Cível n. 70.064.575.178, 18ª Câm. Cível, rel. Des. João Moreno Pomar, j. 16.07.2015.

▪ Compra e venda de imóvel. Aquisição de apartamento com direito a quatro vagas de garagem. Entrega de apenas três vagas. Garagem com metragem inferior à prometida no contrato. Pleiteada a disponibilização da quarta vaga com as dimensões previstas no projeto aprovado. Ação extinta sem resolução do mérito por ilegitimidade passiva. Afastamento. Tendo sido alegado erro de construção, e sendo a ré a construtora, evidente sua responsabilidade. No entanto, tratando-se de ação ex empto, aplica-se o prazo decadencial de um ano previsto no art. 501 do CC. Prazo expirado. Contagem a partir da imissão do autor na posse do imóvel, uma vez que o registro não foi efetuado por desídia sua, não podendo ser imputado à ré. Pretensão alternativa de perdas e danos que se encontra prescrita. Extinção mantida, porém por fundamento diverso. Recurso não provido, com observação. (TJSP, Ap. n. 0106903-36.2012.8.26.0100/São Paulo, 10ª Câm. de Dir. Priv., rel. Elcio Trujillo, *DJe* 21.05.2015)

Art. 502. O vendedor, salvo convenção em contrário, responde por todos os débitos que gravem a coisa até o momento da tradição.

➡ Sem correspondência no CC/1916.

O vendedor deverá entregar a coisa desembaraçada de quaisquer débitos ou garantias pessoais que recaiam sobre a coisa até o momento de sua tradição, salvo se existir cláusula diversa no contrato.

▪ Recurso inominado. Ação de cobrança. Tributos e multas anteriores a alienação do veículo. Dever do vendedor arcar com tais custos, ante inexistência de prova acerca de acerto diferente neste sentido. Art. 502 do CC/2002. Negaram provimento ao recurso. (TJRS, Rec. Inom. n. 71.004.962.767, 4ª T. Rec. Cível, rel. Léo Romi Pilau Júnior, j. 14.11.2014)

323

Art. 503 e 504 — Almeida Guilherme

Art. 503. Nas coisas vendidas conjuntamente, o defeito oculto de uma não autoriza a rejeição de todas.

➡ Veja art. 1.138 do CC/1916.

No art. 503 não se aplica o princípio *accessorium sequitur principale,* onde bem acessório segue o principal, pois quando se fala em venda conjunta, fala-se em diversos bens independentes que são vendidos em lote; portanto, se um desses bens possuir vícios, os demais não poderão ser rejeitados automaticamente pelo comprador. Todavia, se o conjunto de bens representar uma universalidade, o alienante será responsável, no caso de defeito oculto, pelo complexo e não por cada objeto.

Art. 504. Não pode um condômino em coisa indivisível vender a sua parte a estranhos, se outro consorte a quiser, tanto por tanto. O condômino, a quem não se der conhecimento da venda, poderá, depositando o preço, haver para si a parte vendida a estranhos, se o requerer no prazo de cento e oitenta dias, sob pena de decadência.
Parágrafo único. Sendo muitos os condôminos, preferirá o que tiver benfeitorias de maior valor e, na falta de benfeitorias, o de quinhão maior. Se as partes forem iguais, haverão a parte vendida os comproprietários, que a quiserem, depositando previamente o preço.

➡ Veja art. 1.139 do CC/1916.

Trata-se do direito de prelação dos condôminos em adquirir a quota-parte de outro colocada à venda. O direito de prelação nada mais é que a preferência na aquisição da quota-parte de um bem indivisível de outro condômino. Sendo assim, se o condômino vendedor alienar para outro, poderá o condômino interessado em adquirir a quota depositar o preço do prazo decadencial de 180 dias.

▪ Direito civil. Condomínio. Art. 504 do CC. Direito de preferência dos demais condôminos na venda de coisa indivisível. Imóvel em estado de indivisão, mas passível de divisão. Manutenção do entendimento exarado pela 2ª Seção tomado à luz do art. 1.139 do CC/1916. 1 – O condômino que desejar alhear a fração ideal de bem em estado de indivisão, seja ele divisível ou indivisível, deverá dar preferência ao comunheiro da sua aquisição. Interpretação do art. 504 do CC/2002 em consonância com o precedente da 2ª Seção do STJ (REsp n. 489.860/SP, rel. Min. Nancy Andrighi), exarado ainda sob a égide do CC/1916. 2 – De fato, a comparação do art. 504 do CC/2002 com o antigo art. 1.139 do CC/1916 permite esclarecer que a única alteração substancial foi a relativa ao prazo decadencial, que – de seis meses – passou a ser de 180 dias e, como sabido, a contagem em meses e em dias ocorre de forma diversa; sendo que o STJ, como Corte responsável pela uniformização da interpretação da lei federal, um vez definida tese sobre determinada matéria, deve prestigiá-la, mantendo sua coesão. 3 – Ademais, ao conceder o direito de preferência aos demais condôminos, pretendeu o legislador conciliar os objetivos particulares do vendedor com o intuito da comunidade de coproprietários. Certamente, a função social recomenda ser mais cômodo manter a propriedade entre os titulares originários, evitando desentendimento com a entrada de um estranho no grupo. 4 – Deve-se levar em conta, ainda, o sistema jurídico como um todo, notadamente o parágrafo único do art. 1.314 do CC/2002, que veda ao condômino, sem prévia aquiescência dos outros, dar posse, uso ou gozo da propriedade a estranhos (que são um *minus* em relação à transferência de propriedade), somado ao art. 504 do mesmo diploma, que proíbe que o condômino em coisa indivisível venda a sua parte a estranhos, se outro consorte a quiser,

Código Civil comentado e anotado   Arts. 504 e 505

tanto por tanto. 5 – Não se pode olvidar que, muitas vezes, na prática, mostra-se extremamente difícil a prova da indivisibilidade. Precedente: REsp n. 9.934/SP, rel. Min. Sálvio de Figueiredo Teixeira, 4ª T. 6 – Na hipótese, como o próprio acórdão reconhece que o imóvel *sub judice* se encontra em estado de indivisão, apesar de ser ele divisível, há de se reconhecer o direito de preferência do condômino que pretenda adquirir o quinhão do comunheiro, uma vez preenchidos os demais requisitos legais. 7 – Recurso especial provido. (STJ, REsp n. 1.207.129, 4ª T., rel. Min. Luis Felipe Salomão, *DJe* 26.06.2015)

■ Recurso especial. Processual civil e civil. Condomínio. Ação de preferência (CC/2002, art. 504; CC/1916, art. 1.139) Anulação de negócio jurídico. Cessão de direitos de compromisso de compra e venda. Ajuste firmado sob a égide do CC/1916. Ação de natureza pessoal. Citação do cônjuge do cessionário comprador na ação de preferência. Ausência de oportuna alegação de de comparecimento da possível interessada. Prejuízo não demonstrado. Recurso desprovido. 1 – Nos termos do art. 504 do CC (CC/1916, art. 1.139), é certo que a procedência do pedido de preferência implica a anulação do contrato de compra e venda do bem firmado pelo condômino com estranho, de modo que o consorte preterido, nas mesmas condições, depositando o preço, poderá haver para si a parte vendida. 2 – É firme a jurisprudência desta Corte no sentido de que o contrato é regido pela norma vigente quando de sua celebração. No contexto sob exame, firmado o contrato de cessão de direitos relativos a anterior contrato de promessa de compra e venda antes da vigência do CC atual, ainda que o registro no Cartório de Imóveis tenha-se dado em momento posterior, a ação na qual se pretende a anulação do negócio tem caráter pessoal, com o que é dispensável a citação do cônjuge. 3 – Embora o novo CC tenha elevado à categoria de direito real o direito do promitente comprador do imóvel (art. 1.225, VII, do CC), garantindo a este o direito real à aquisição do bem com o registro da promessa de compra e venda, em que não se pactuou arrependimento, no Cartório de Registro de Imóveis (art. 1.417 do CC), tais disposições não se aplicam ao caso sob exame. Na vigência do CC/1916, a jurisprudência desta Corte era uníssona no sentido de que a ação de anulação do contrato de promessa de compra e venda ostentava natureza pessoal. 4 – Não fosse isso, a declaração de nulidade dos atos processuais dependeria de requerimento da parte interessada (CPC, art. 6º), o cônjuge virago, pela necessidade de demonstração do prejuízo. 5 – Ademais, na espécie, alegada a nulidade somente por ocasião de embargos de declaração opostos após o julgamento da apelação, considerou a Corte local ser prescindível a citação do cônjuge virago do recorrente, pois, na ocasião da prolação da sentença, já se encontrava o réu separado judicialmente. 6 – Recurso especial não provido. (STJ, REsp n. 1.238.788, 4ª T., rel. Min. Raul Araújo, *DJe* 22.09.2014)

Seção II
Das Cláusulas Especiais à Compra e Venda

Subseção I
Da Retrovenda

Art. 505. O vendedor de coisa imóvel pode reservar-se o direito de recobrá-la no prazo máximo de decadência de três anos, restituindo o preço recebido e reembolsando as despesas do comprador, inclusive as que, durante o período de resgate, se efetuaram com a sua autorização escrita, ou para a realização de benfeitorias necessárias.

➡ Veja arts. 1.140 e 1.141 do CC/1916.

O novo Código disciplinou o *contrato preliminar* (arts. 462 e segs.) dando-lhe absoluta eficácia, pois permitiu que a sentença reconhecesse a obrigação do inadimplente e substituís-

Arts. 505 a 507 — Almeida Guilherme

se a vontade faltante daquele contratante, e consagrou uma *subseção à venda com reserva de domínio* (arts. 521 a 528). Com efeito, em seção autônoma do capítulo consagrado à compra e venda, o legislador disciplinou a *retrovenda*, a *venda a contento*, o pacto de *preferência*, o pacto de *melhor comprador* e o pacto *comissório*. Alguns fenômenos, dos quais o principal, mas não o único, é a inflação monetária, tiraram qualquer sentido da maioria desses pactos. De modo que, em nossos dias, se ainda excepcionalmente se pode ouvir falar em pacto de preferência ou em *lex comissoria*, quase ninguém recorrerá a uma retrovenda ou a um pacto de melhor comprador. De resto, a extrema escassez de julgados sobre o assunto mostra que esses temas, talvez de algum interesse no passado, estão enterrados no presente, oferecendo um interesse que se poderia chamar histórico. Como a compra e venda de um imóvel implica elevadas despesas, dificilmente alguém recorrerá a esse negócio para desfazê-lo em breve intervalo, por meio da retrovenda.

Retrovenda. Cláusula especial do contrato de compra e venda pela qual o vendedor se reserva o direito de reaver o imóvel que alienou, dentro de certo prazo, pagando ao comprador a quantia que havia recebido mais as despesas por este realizadas. É admitida somente na compra e venda de imóveis. O pacto de retrovenda torna a propriedade resolúvel (a propriedade se extinguirá quando o alienante exercer o seu direito de reaver o bem). O direito de resgate só pode ser exercido dentro do prazo de três anos e é intransmissível (ato personalíssimo do vendedor). Entretanto, se este prazo decadencial de três anos vencer, o vendedor não mais poderá exercer o seu direito de resgate.

■ Apelação cível. Contrato de compra e venda. Cláusula de retrovenda. Ocorrência de vício de consentimento. Decadência. Prazo trienal. Escritura pública sem menção da retrovenda. Renúncia tácita do direito. Constatado que as condições de dado contrato decorrem em desvantagens, inexplicáveis, para os contratantes, principalmente se aquelas pessoas forem idosas e de baixa instrução, patente será o vício de vontade alegado. O exercício do direito de retrovenda decai no prazo de três anos, nos termos do art. 505 do CC. Configura-se renúncia tácita do direito de retrovenda, a falta de menção de tal faculdade na escritura pública de compra e venda do imóvel. (TJMG, Ap. Cível n. 1.0151.11.003132-6/001, 13ª Câm. Cível, rel. Newton Teixeira Carvalho, *DJe* 17.10.2014)

Art. 506. Se o comprador se recusar a receber as quantias a que faz jus, o vendedor, para exercer o direito de resgate, as depositará judicialmente.

Parágrafo único. Verificada a insuficiência do depósito judicial, não será o vendedor restituído no domínio da coisa, até e enquanto não for integralmente pago o comprador.

➥ Sem correspondência no CC/1916.

Se o comprador injustificadamente se recusar a receber a quantia estabelecida no pacto de retrovenda, poderá o vendedor, para resgatar o bem, depositar a quantia correta judicialmente. Caso insuficiente, o vendedor não será restituído ao domínio da coisa até que se deposite o valor integral.

Art. 507. O direito de retrato, que é cessível e transmissível a herdeiros e legatários, poderá ser exercido contra o terceiro adquirente.

➥ Veja art. 1.142 do CC/1916.

Código Civil comentado e anotado

Arts. 507 a 510

O direito de retrato só poderá ser transmitido por *causa mortis* e não por ato *inter vivos*, uma vez que o art. 507 prevê que a transmissão e cessão do direito de retrato somente se dará aos herdeiros e legatários, e que durante a sucessão aberta poderão exercer o direito de retrato que era de titularidade do *de cujus*.

Art. 508. Se a duas ou mais pessoas couber o direito de retrato sobre o mesmo imóvel, e só uma o exercer, poderá o comprador intimar as outras para nele acordarem, prevalecendo o pacto em favor de quem haja efetuado o depósito, contanto que seja integral.

➥ Veja art. 1.143 do CC/1916.

Se o direito de retrato couber concorrentemente a duas ou mais pessoas, e só uma exercer, o comprador possuirá a faculdade de intimar as outras concorrentes a fim de dar conhecimento, devendo prevalecer aquele depósito que primeiramente foi efetuado por inteiro.

Subseção II
Da Venda a Contento e da Sujeita a Prova

Art. 509. A venda feita a contento do comprador entende-se realizada sob condição suspensiva, ainda que a coisa lhe tenha sido entregue; e não se reputará perfeita, enquanto o adquirente não manifestar seu agrado.

➥ Veja art. 1.144 do CC/1916.

Venda a contento. Cláusula que subordina o contrato à condição de ficar desfeito se o comprador não se agradar da coisa. Para que o contrato gere efeitos, o comprador deve declarar que a coisa que adquiriu lhe satisfaz. Tal cláusula é geralmente inserida nos contratos que envolvem gêneros que se costumam provar, medir, pesar etc. É uma condição suspensiva, portanto os efeitos do contrato de compra e venda ficam suspensos até que o comprador faça sua declaração. O vendedor não pode discutir a manifestação de desagrado. É direito intransmissível, pois é personalíssimo.

Art. 510. Também a venda sujeita a prova presume-se feita sob a condição suspensiva de que a coisa tenha as qualidades asseguradas pelo vendedor e seja idônea para o fim a que se destina.

➥ Sem correspondência no CC/1916.

A venda que se sujeita à aprovação do comprador estará suspensa até o momento que se adeque perfeitamente aos moldes estabelecidos pelo comprador e desde que tenha sido garantida pelo vendedor. Como ensina Maria Helena Diniz, "Se, porventura, o comprador não quiser tornar o negócio definitivo, tendo a coisa a qualidade enunciada e a idoneidade para atingir sua finalidade, viabilizará a execução judicial do contrato e responderá pelas perdas e danos" (*Curso de direito civil*, v. III. São Paulo, Saraiva, p. 291).

327

Arts. 511 a 513 — Almeida Guilherme

Art. 511. Em ambos os casos, as obrigações do comprador, que recebeu, sob condição suspensiva, a coisa comprada, são as de mero comodatário, enquanto não manifeste aceitá-la.

➥ Veja art. 1.145 do CC/1916.

No caso de preponderar a condição suspensiva da venda a contento e da sujeita a prova, o comprador que recebeu a coisa pendente de prova terá obrigações de mero comodatário enquanto este não manifestar a sua intenção de aceitar o bem comprado, devendo devolvê-lo e conservá-lo, como se o bem fosse emprestado. Agora, se houver negligência ou mora em relação ao bem, o comprador responderá pelas perdas e danos, sem ter o direito de reaver quaisquer despesas que tenham surgido na conservação da coisa, exceto se a coisa sofrer prejuízo decorrente de fatos de caso fortuito ou força maior.

Art. 512. Não havendo prazo estipulado para a declaração do comprador, o vendedor terá direito de intimá-lo, judicial ou extrajudicialmente, para que o faça em prazo improrrogável.

➥ Veja art. 1.147 do CC/1916.

A ausência de prazo convencionado para a declaração do comprador em aceitar ou enjeitar a coisa enseja para o vendedor o direito de intimar o comprador por qualquer via a fim de que este realize a declaração em prazo improrrogável. Em caso de silêncio por parte do comprador, isso indicará recusa à efetivação do negócio, gerando-lhe o dever de restituir o bem.

Subseção III
Da Preempção ou Preferência

Art. 513. A preempção, ou preferência, impõe ao comprador a obrigação de oferecer ao vendedor a coisa que aquele vai vender, ou dar em pagamento, para que este use de seu direito de prelação na compra, tanto por tanto.

Parágrafo único. O prazo para exercer o direito de preferência não poderá exceder a cento e oitenta dias se a coisa for móvel, ou a dois anos, se imóvel.

➥ Veja art. 1.149 do CC/1916.

Preempção, prelação ou preferência. Cláusula pela qual o comprador de coisa móvel ou imóvel fica obrigado a oferecê-la, em igualdade de condições, a quem lhe vendeu, se tiver pretensão de vendê-la ou dá-la em pagamento. O prazo da preleção não poderá exceder 180 dias, no caso de coisa móvel, e, para a coisa imóvel, dois anos, sendo o prazo de caducidade de três dias para coisa móvel e de sessenta dias para coisa imóvel, contados da data de oferta. É direito intransmissível, pois tem caráter pessoal.

▪ Apelação. Indenização. Direito de preferência. Direito real e perdas e danos. Decadência e prescrição repelidas. Ausência de dano. Conduta inserta no exercício de propriedade. Alienação. Conduta lícita. Dever de indenizar repelido. Direito de preferência (art. 27 da Lei n. 8.245/91). Garantia ao locatário que não se assemelha ao *pacto adjeto* de preempção do art. 513 do CC. Decadência repelida. O

Código Civil comentado e anotado

Arts. 513 a 516

direito real de preferência, cujo prazo para exercício é de seis meses, não obsta a pretensão indenizatória, no prazo do art. 206, § 3º, do CC (art. 33 da Lei de Locações). Precedentes. Violação do direito de preferência: notificação que, embora não exija solenidade, depende de indícios de sua realização (art. 28 da Lei n. 8.245/91), inteligência do art. 333, II, do CPC. Danos repelidos: a locação não inibe a faculdade de disposição do proprietário (art. 1.228 do CC). Rescisão do contrato que somente seria obstaculizado se exercido o direito real de preferência, sequer ventilado (incapacidade financeira), de forma que o réu não pode ser responsabilizado pelo fim indireto da relação locativa (art. 389 do CC). Inviável a condenação ao pagamento de danos materiais ou morais. Lucros cessantes repelidos porque não foi comprovada a renda mensal suscitada. Dano emergente inacolhível porque igualmente inexistente prova de qualquer prejuízo (art. 402 do CC). Danos morais refutados, ausência de conduta apta a ensejar o dever de indenizar (art. 188, I, do CC);. Recurso não provido. (TJSP, Ap. n. 4018378-31.2013.8.26.0114/ Campinas, 30ª Câm. de Dir. Priv., rel. Maria Lúcia Pizzotti, *DJe* 03.08.2015)

Art. 514. O vendedor pode também exercer o seu direito de prelação, intimando o comprador, quando lhe constar que este vai vender a coisa.

➡ Veja art. 1.151 do CC/1916.

O vendedor poderá exercer sua preferência em reaver a coisa intimando o comprador no momento em que tiver notícia da intenção da venda da coisa.

Art. 515. Aquele que exerce a preferência está, sob pena de a perder, obrigado a pagar, em condições iguais, o preço encontrado, ou o ajustado.

➡ Veja art. 1.155 do CC/1916.

O exercício do direito de preferência é condicionado ao pagamento em iguais condições ao que foi oferecido ao outro, sob pena da perda da preferência.

Art. 516. Inexistindo prazo estipulado, o direito de preempção caducará, se a coisa for móvel, não se exercendo nos três dias, e, se for imóvel, não se exercendo nos sessenta dias subsequentes à data em que o comprador tiver notificado o vendedor.

➡ Veja art. 1.153 do CC/1916.

O direito de preferência, sem que haja prazo ajustado no contrato, deverá caducar, no caso de inexistir posição contrária, em três dias, no caso de bem móvel, e sessenta dias, em caso de bem imóvel, contados a partir da data do recebimento da notificação, judicial ou extrajudicial, pelo vendedor.

▪ Juizado especial. Ação de reparação de danos. Compra e imóvel na planta ou em construção. Atraso na obra. Cessionário. Legitimidade. Direito de preferência. Previsão contratual. Não invocação em sede de resposta. Ausência de interesse. Conhecimento ofício. Impossibilidade. Decisão extra petita. Sentença cassada [...]. 3 – O direito de preferência na aquisição da coisa, para o caso de alienação, é de exercício exclusivo daquele em favor de quem foi estipulado, e deve ser exercido no prazo de 60 dias

329

Arts. 516 a 519 — Almeida Guilherme

da ciência da alienação, quando não estabelecido termo diverso (CC, art. 516). 4 – No caso presente, o reconhecimento da ilegitimidade da autora decorreu da vedação contratual de transferência do imóvel a terceiro, sem que seja dada a preferência ao vendedor. O réu em qualquer momento manifestou interesse em exercer seu direito de preferência, pelo contrário, alegou fatos outros para se opor à pretensão inicial. Mostra-se nula a sentença, porque não respeitou o princípio da adstrição ou congruência, agiu em defesa de direito disponível e ignorou a legitimidade do cessionário para postular os direitos cedidos. 5 – Recurso provido. Sentença cassada, para que os autos voltem para o seu regular processamento. (TJDFT, Juizado Especial n. 20140310082455, 1ª TRJE Distrito Federal, rel. p/ o ac. Juiz Luís Gustavo B. de Oliveira, *DJe* 25.02.2015)

Art. 517. Quando o direito de preempção for estipulado a favor de dois ou mais indivíduos em comum, só pode ser exercido em relação à coisa no seu todo. Se alguma das pessoas, a quem ele toque, perder ou não exercer o seu direito, poderão as demais utilizá-lo na forma sobredita.

➡ Veja art. 1.154 do CC/1916.

O direito de preempção só poderá ser exercido em relação à coisa como um todo; porém, se esse direito for estipulado a mais de um indivíduo, e um deles perder o prazo para a preempção, ou deixar de fazer o uso deste direito, a preferência subsistirá em relação aos restantes.

Art. 518. Responderá por perdas e danos o comprador, se alienar a coisa sem ter dado ao vendedor ciência do preço e das vantagens que por ela lhe oferecem. Responderá solidariamente o adquirente, se tiver procedido de má-fé.

➡ Veja art. 1.156 do CC/1916.

É de responsabilidade do vendedor que se comprometeu no direito de preferência informar o comprador dos preços e condições do pagamento, e se não o fizer deverá responder por perdas e danos, assim como o terceiro adquirente, desde que seja de má-fé.

É de responsabilidade do comprador que deseja alienar a coisa, dar ciência ao vendedor primário do preço e das vantagens que lhe oferecerem por ela, sob pena de pagar indenização pelas perdas e danos causados pela não notificação prévia. O preemptor também terá o direito de acionar o terceiro adquirente, caso se configure a má-fé por parte deste.

Art. 519. Se a coisa expropriada para fins de necessidade ou utilidade pública, ou por interesse social, não tiver o destino para que se desapropriou, ou não for utilizada em obras ou serviços públicos, caberá ao expropriado direito de preferência, pelo preço atual da coisa.

➡ Veja art. 1.150 do CC/1916.

Se aquele bem que foi objeto de decreto expropriatório não se destinar ao propósito predito, automaticamente possuirá o expropriado a preferência na compra do bem pelo preço atual, com todas as suas valorizações e correções, conforme índices oficiais.

Código Civil comentado e anotado

Arts. 520 a 522

Art. 520. O direito de preferência não se pode ceder nem passa aos herdeiros.

➡ Veja art. 1.157 do CC/1916.

O direito a preferência é personalíssimo, não se transmitindo nem mediante cessão, nem por herança.

Subseção IV
Da Venda com Reserva de Domínio

Art. 521. Na venda de coisa móvel, pode o vendedor reservar para si a propriedade, até que o preço esteja integralmente pago.

➡ Sem correspondência no CC/1916.

Reserva de domínio. Cláusula pela qual o vendedor reserva para si a propriedade do bem móvel até o momento em que se integralize o pagamento do preço. O comprador tem a posse, e não o domínio. É uma cláusula suspensiva, uma vez que se suspende a transmissão até o cumprimento da condição (pagamento do preço). O vendedor tem a opção de reclamar o preço ou a coisa se a outra parte não cumprir sua obrigação. Tal cláusula deve ser estipulada por escrito.

■ Agravo regimental na apelação cível. Decisão que nega seguimento ao recurso. Ação anulatória. Contrato de compra e venda de veículo. Entrega do bem e do DUT. Decisão monocrática. Ausência de fato novo. Manutenção do *decisum*. 1 – É certo que a partir do momento em que o recorrente entregou ao adquirente do veículo o documento único de transferência (DUT) do veículo, devidamente assinado, permitiu que este transferisse a propriedade de tal bem a terceiro, pois restou aperfeiçoada a compra e venda com a tradição do bem a transferência formal da propriedade, mesmo que a venda do aludido bem tenha sido feita com reserva de domínio (art. 521 do CC). 2 – Assim, se o recorrente pretende reaver os valores dos cheques não compensados, dado pelo primeiro requerido como forma de pagamento o objeto do contrato de compra e venda já mencionado, deverá cobrá-los por meio de procedimento próprio. 3 – Não demonstrado fato novo relevante capaz de alterar o entendimento esposado na decisão que negou seguimento ao apelo em face da sua manifesta improcedência, impõe-se o desprovimento do agravo regimental e a manutenção do *decisum*. Recurso conhecido e desprovido. (TJGO, Ag. Reg. na Ap. Cível n. 200893486019, 2ª Câm. Cível, rel. Des. Amaral Wilson de Oliveira, *DJe* 20.11.2014)

Art. 522. A cláusula de reserva de domínio será estipulada por escrito e depende de registro no domicílio do comprador para valer contra terceiros.

➡ Sem correspondência no CC/1916.

É condição de validade da cláusula de reserva de domínio sua elaboração por escrito e respectivo registro a ser realizado no Cartório de Títulos e Documentos do domicílio do comprador para ter validade perante terceiros.

331

Arts. 522 a 525   Almeida Guilherme

■ Compra e venda de bem móvel com reserva de domínio. Embargos de terceiro. Não há nos autos elementos consistentes que comprovem a má-fé da embargante, a ocorrência de conluio entre ela e a vendedora para obter vantagem ilícita ou, ao menos, falta inescusável de cautela para apurar se sobre o bem recaía ônus ou restrição. Ao não providenciar o registro do contrato de compra e venda com reserva de domínio no tempo devido, para lhe conferir efeito *erga omnes*, a embargada se expôs à possibilidade de que o bem fosse alienado a um terceiro de boa-fé. Exegese do art. 522 do CC e arts. 129 e 130 da LRP. Sentença reformada. Embargos acolhidos, com inversão dos ônus da sucumbência. Recurso provido. (TJSP, Ap. n. 0002540-33.2011.8.26.0035/Águas de Lindóia, 34ª Câm. de Dir. Priv., rel. Gomes Varjão, *DJe* 10.04.2015)

Art. 523. Não pode ser objeto de venda com reserva de domínio a coisa insuscetível de caracterização perfeita, para estremá-la de outras congêneres. Na dúvida, decide-se a favor do terceiro adquirente de boa-fé.

➥ Sem correspondência no CC/1916.

É necessária a individualização específica do bem infungível para que este seja objeto de cláusula de reserva de domínio, diferenciando-se de outros bens similares. Em caso de dúvida, a decisão será favorável ao terceiro que adquiriu o bem de boa-fé (art. 422 do CC).

Art. 524. A transferência de propriedade ao comprador dá-se no momento em que o preço esteja integralmente pago. Todavia, pelos riscos da coisa responde o comprador, a partir de quando lhe foi entregue.

➥ Sem correspondência no CC/1916.

A transferência da propriedade do bem (arts. 1.225, I, e 1.228 do CC), quando houver cláusula de reserva de domínio, dar-se-á automaticamente no momento do pagamento integral da coisa, porém o comprador é responsável pelos danos a partir do momento em que ele receber a sua propriedade.

Art. 525. O vendedor somente poderá executar a cláusula de reserva de domínio após constituir o comprador em mora, mediante protesto do título ou interpelação judicial.

➥ Sem correspondência no CC/1916.

A execução da cláusula de reserva de domínio só estará operante no momento em que o devedor estiver em mora com suas obrigações, porém a mora neste caso não se caracteriza simplesmente pelo inadimplemento contratual, devendo o vendedor para tanto notificar o inadimplente por meio do protesto de título ou interpelação judicial.

■ Agravo de instrumento. Compra e venda com reserva de domínio. Ação de busca e apreensão. Título protestado. Demonstrada a mora. Legítimo o deferimento da liminar. Art. 1.071 do CPC. Art. 525 do CC. Decisão mantida. Recurso desprovido. (TJSP, AI n. 2115745-72.2015.8.26.0000/Santa Bárbara D'Oeste, 27ª Câm. de Dir. Priv., rel. Ana Catarina Strauch, *DJe* 06.07.2015)

Código Civil comentado e anotado   Arts. 525 a 528

■ Agravo de instrumento. Interposição contra decisão interlocutória que inferiu comprovada a mora e deferiu com a liminar para busca e apreensão do bem.. Contrato de compra e venda com reserva de domínio. Notificação da devedora por aviso de recebimento (AR). Exigência legal que a constituição da mora se dê mediante protesto do título ou interpelação judicial. Inteligência do art. 525 do CC. Liminar afastada. Prosseguimento do feito com oportunidade de emenda da inicial para efetiva comprovação da mora. Decisão reformada. (TJSP, AI n. 2035980-52.2015.8.26.0000/Jundiaí, 33ª Câm. de Dir. Priv., rel. Mario A. Silveira, *DJe* 06.04.2015)

Art. 526. Verificada a mora do comprador, poderá o vendedor mover contra ele a competente ação de cobrança das prestações vencidas e vincendas e o mais que lhe for devido; ou poderá recuperar a posse da coisa vendida.

➡ Sem correspondência no CC/1916.

Caso o comprador esteja em mora, o vendedor poderá exigir as prestações vencidas e aquelas que irão vencer durante o curso da ação, sem prejuízo do montante que lhe for de direito, ou então tem como opção a recuperação da posse da coisa vendida.

■ Apelação com revisão. Ação de busca e apreensão. Veículo gravado com garantia fiduciária. Revenda a terceiro. Retomada do bem por inadimplemento. Possibilidade. Fatos incontroversos, em razão da ocorrência dos efeitos da revelia do réu. Diante do inadimplemento do adquirente, de rigor a reintegração da autora na posse do bem (CC, art. 526). Recurso desprovido, preliminar afastada. (TJSP, Ap. n. 0000160-98.2012.8.26.0165/Dois Córregos, 26ª Câm. de Dir. Priv., rel. Antonio Nascimento, *DJe* 15.08.2014)

Art. 527. Na segunda hipótese do artigo antecedente, é facultado ao vendedor reter as prestações pagas até o necessário para cobrir a depreciação da coisa, as despesas feitas e o mais que de direito lhe for devido. O excedente será devolvido ao comprador; e o que faltar lhe será cobrado, tudo na forma da lei processual.

➡ Sem correspondência no CC/1916.

Caso o vendedor opte pela recuperação da posse da coisa vendida e a coisa esteja deteriorada, é facultado a este a retenção dos valores pagos pelo comprador até o limite da deterioração, somados às despesas que eventualmente forem percebidas. O excedente do total deverá ser restituído ao comprador, e o que faltar lhe será cobrado, de conformidade com a lei processual.

Art. 528. Se o vendedor receber o pagamento à vista, ou, posteriormente, mediante financiamento de instituição do mercado de capitais, a esta caberá exercer os direitos e ações decorrentes do contrato, a benefício de qualquer outro. A operação financeira e a respectiva ciência do comprador constarão do registro do contrato.

➡ Sem correspondência no CC/1916.

O art. 528 permite que instituições financeiras autorizadas pelo Banco Central participem de vendas com reserva de domínio. Assim sendo, o vendedor poderá receber da institui-

333

ção o pagamento da coisa à vista, hipótese esta em que se transferirá ao banco quaisquer direitos ou ações referentes ao contrato. O financiamento e a ciência do comprador deverão ser levados a registro para que possua eficácia.

■ Enunciado n. 178 da III Jornada de Direito Civil: "Na interpretação do art. 528, devem ser levadas em conta, após a expressão 'a benefício de', as palavras 'seu crédito, excluída a concorrência de', que foram omitidas por manifesto erro material".

Subseção V
Da Venda sobre Documentos

Art. 529. Na venda sobre documentos, a tradição da coisa é substituída pela entrega do seu título representativo e dos outros documentos exigidos pelo contrato ou, no silêncio deste, pelos usos.

Parágrafo único. Achando-se a documentação em ordem, não pode o comprador recusar o pagamento, a pretexto de defeito de qualidade ou do estado da coisa vendida, salvo se o defeito já houver sido comprovado.

➡ Sem correspondência no CC/1916.

A tradição do bem na venda sobre documentos, muito utilizada nos contratos de importação e exportação, é substituída pela entrega do documento representativo da coisa negociada, já que em vez de se entregar o bem, entregam-se os documentos que o representam e os outros exigidos pelo contrato, ou, no silêncio deste, pelos usos. O vendedor será liberado da obrigação com a entrega desses documentos, podendo cobrar o preço, e o comprador, com os documentos em suas mãos, poderá reclamar a entrega da mercadoria e não poderá recusar-se a realizar o pagamento, quando os documentos se apresentarem em ordem, com a justificativa de que a coisa vendida esteja com defeito, exceto se tal defeito tenha sido comprovado.

Art. 530. Não havendo estipulação em contrário, o pagamento deve ser efetuado na data e no lugar da entrega dos documentos.

➡ Sem correspondência no CC/1916.

O art. 530 dispõe que o local do pagamento na compra e venda sobre documentos deve ser, em regra, onde os documentos serão entregues. Porém, tal regra é de livre disposição das partes, podendo estas estipular diversamente do texto da lei.

Art. 531. Se entre os documentos entregues ao comprador figurar apólice de seguro que cubra os riscos do transporte, correm estes à conta do comprador, salvo se, ao ser concluído o contrato, tivesse o vendedor ciência da perda ou avaria da coisa.

➡ Sem correspondência no CC/1916.

Código Civil comentado e anotado

Arts. 531 a 533

Em caso de venda sobre documentos realizada a distância, que necessite de transporte segurado, as despesas relativas a esse seguro correm por conta do comprador, salvo no caso em que ao final do contrato vier a se descobrir a ciência do vendedor quanto a perda ou avaria do bem. Nesse caso, por ter agido de má-fé, este deverá arcar com todos aqueles riscos (*vide* arts. 422 e 745 a 788 do CC).

Art. 532. Estipulado o pagamento por intermédio de estabelecimento bancário, caberá a este efetuá-lo contra a entrega dos documentos, sem obrigação de verificar a coisa vendida, pela qual não responde.

Parágrafo único. Nesse caso, somente após a recusa do estabelecimento bancário a efetuar o pagamento, poderá o vendedor pretendê-lo, diretamente do comprador.

➡ Sem correspondência no CC/1916.

A instituição bancária pode ser intermediária no negócio jurídico, cabendo a esta simplesmente pagar a outra parte no momento da entrega dos documentos, não tendo a obrigação de verificar a coisa, uma vez que é mera intermediária, não gerando, assim, responsabilidade alguma. Caso o estabelecimento bancário se recuse a pagar, poderá o vendedor pretendê-lo diretamente do comprador. Nesse caso, o comprador deverá acionar o banco para obter não só a restituição das importâncias depositadas e não pagas, mas também das perdas e danos causados pela atitude culposa da instituição financeira.

CAPÍTULO II
DA TROCA OU PERMUTA

Art. 533. Aplicam-se à troca as disposições referentes à compra e venda, com as seguintes modificações:

I – salvo disposição em contrário, cada um dos contratantes pagará por metade as despesas com o instrumento da troca;

II – é anulável a troca de valores desiguais entre ascendentes e descendentes, sem consentimento dos outros descendentes e do cônjuge do alienante.

➡ Veja art. 1.164 do CC/1916.

A **troca ou permuta** é o contrato pelo qual as partes se obrigam a dar uma coisa por outra que não seja dinheiro, pois somente bens (um direito, uma coisa corpórea, um bem móvel ou um bem imóvel) podem ser permutados. Cada uma das partes arcará com a metade das despesas da troca.

O contrato de troca ou permuta tem a mesma natureza da compra e venda, sendo inclusive aplicadas as mesmas normas, porém se diferenciam, pois a prestação de um dos contratantes do contrato de compra e venda consiste em dinheiro, o que na permuta consiste em bem. É um contrato bilateral, oneroso, comutativo e translativo de propriedade, e considerado o mais antigo dos contratos. Há anulabilidade da troca desigual entre ascendentes e descendentes, sem consentimento do cônjuge e demais descendentes.

Aplicam-se todas as regras do contrato de compra e venda (arts. 481 a 532 do CC), menos os arts. 490 (art. 533, I, do CC) e 496 (art. 533, II, do CC).

Arts. 533 e 534 — Almeida Guilherme

■ Súmula n. 494 do STF: "A ação para anular venda de ascendente a descendente, sem consentimento dos demais, prescreve em vinte anos, contados da data do ato, revogada a Súmula n. 152".

■ Apelação cível. Ação de alienação judicial de coisa comum por permuta. Improcedência. Inteligência dos arts. 533 e 482 do CCB. Recurso de RDJ residencial Ltda. conhecido e desprovido. Verba honorária. Majoração. Art. 20, § 3º, do CPC. Recurso de O.L.P. Jr. e outro conhecido e provido parcialmente. 1 – Impossibilidade de procedência do pedido pelo fato de que não se encontram preenchidos os requisitos que tornam perfeito referido instrumento, eis que os litigantes não estão de acordo ao objeto e preço do bem. Inteligência dos arts. 533 e 482 do CCB. 2 – Recurso de RDJ Residencial Ltda. conhecido e desprovido. 3 – Na hipótese dos autos, entende-se ser equilibrada a majoração da verba honorária para 10% do valor da causa, eis que a mesma mostra-se compatível com o grau de zelo do profissional, o lugar de prestação do serviço, a complexidade da causa, o tempo de duração da demanda, conforme os parâmetros previstos no art. 20, § 3º, do CPC, observando ainda os princípios da razoabilidade e da proporcionalidade que devem pautar o arbitramento da verba honorária. 4 – Recurso de O.L.P. Jr. e outra conhecido e parcialmente provido. (TJES, Ap. n. 0013710-70.2010.8.08.0024, rel. Des. Walace Pandolpho Kiffer, *DJe* 25.11.2014)

CAPÍTULO III
DO CONTRATO ESTIMATÓRIO

Art. 534. Pelo contrato estimatório, o consignante entrega bens móveis ao consignatário, que fica autorizado a vendê-los, pagando àquele o preço ajustado, salvo se preferir, no prazo estabelecido, restituir-lhe a coisa consignada.

➥ Sem correspondência no CC/1916.

Contrato estimatório. Também chamado de venda em consignação, é o contrato pelo qual o consignatário recebe bens móveis do consignante, ficando autorizado a vendê-los, obrigando-se ao pagamento de um preço estimado anteriormente, caso não consiga restituir as coisas consignadas no prazo ajustado.

■ Enunciado n. 32 da I Jornada de Direito Civil: "No contrato estimatório (art. 534), o consignante transfere ao consignatário, temporariamente, o poder de alienação da coisa consignada com opção de pagamento do preço de estima ou sua restituição ao final do prazo ajustado".

■ Apelação. Ação anulatória de débito fiscal. ICMS. Contrato estimatório ("Consignação"). Pretensão inicial da empresa-autora voltada à desconstituição de auto de infração e imposição de multa, lavrado em virtude da falta de recolhimento do ICMS sobre operações de saída por venda de veículos usados bens móveis recebidos pela empresa em consignação não incidência do ICMS "No contrato estimatório (art. 534 do CC/2002 também denominado de consignação), o consignante transfere ao consignatário, temporariamente, o poder de alienação da coisa consignada com opção de pagamento do preço de estima ou sua restituição ao final do prazo ajustado" (Enunciado n. 32, aprovado na I Jornada de Direito Civil, promovida pelo CJF) definição legal do contrato que não implica a circulação jurídica do bem entre consignante e consignatário, salvo na excepcional hipótese em que o próprio consignatório opta por adquirir o bem para si, destinando-o à revenda situação dos autos que demonstra a alienação direta dos bens a terceiros, sem que o consignatário tenha se tornado proprietário inconsistência da autuação promovida pela autoridade tributária sentença de improcedência da ação reformada, para julgar procedente a

Código Civil comentado e anotado   Arts. 534 a 537

pretensão anulatória, desconstituindo-se o AIIM n. 3.087.009-4. Recurso provido. (TJSP, Ap. n. 0014614-40.2013.8.26.0071/Bauru, 4ª Câm. de Dir. Públ., rel. Paulo Barcellos Gatti, *DJe* 02.03.2015)

Art. 535. O consignatário não se exonera da obrigação de pagar o preço, se a restituição da coisa, em sua integridade, se tornar impossível, ainda que por fato a ele não imputável.

➡ Sem correspondência no CC/1916.

O consignatário possui o dever de zelar pela coisa consignada, de forma que se torna obrigado a pagar o preço da coisa quando sua restituição se torne impossível, ainda que o fato que impossibilitou não possa ser imputado ao consignatário. Isso ocorre porque a transferência da posse da coisa pelo consignante ao consignatário dará a este a responsabilidade de arcar com todos os riscos de perda ou deterioração da coisa.

■ Bem móvel. Reparação de danos. *Jet-ski* do autor deixado em consignação na loja da ré para venda. Bem furtado. Ação julgada procedente. Apelação da ré. Repetição da tese de defesa. Ausência de responsabilidade diante da ocorrência do furto e inexistência de prova de propriedade. Alegações afastadas. Contrato verbal estimatório. Responsabilidade do consignante pelo pagamento do preço, ainda que impossível a restituição da coisa. Exegese do art. 535 do CC. Responsabilidade da ré pela guarda e segurança do bem. Contrato verbal comprovado por provas oral e documental. Sentença mantida. Recurso improvido. (TJSP, Ap. n. 0001699-80.2005.8.26.0477/Praia Grande, 32ª Câm. de Dir. Priv., rel. Francisco Occhiuto Júnior, *DJe* 03.06.2015)

■ Compra e venda de bem móvel. Motocicleta deixada em consignação para revenda em estabelecimento comercial. Indenização por danos materiais e morais. Preliminar de intempestividade da apelação afastada. Corréu, sócio da empresa, que não ostenta legitimidade para responder ao processo em nome próprio. Extinção, de ofício, com relação a ele, sem resolução do mérito. Conjunto probatório dos autos que confirma a versão do autor. Responsabilização da empresa pelo negócio celebrado em seu estabelecimento por terceiro. Teoria da aparência e princípio geral de proteção à boa-fé. Empresa que deve pagar ao autor o preço da motocicleta. Inteligência do art. 535 do CC. Recurso improvido. (TJSP, Ap. n. 0173983-85.2010.8.26.0100/São Paulo, 33ª Câm. de Dir. Priv., rel. Maria Cláudia Bedotti, *DJe* 26.03.2015)

Art. 536. A coisa consignada não pode ser objeto de penhora ou sequestro pelos credores do consignatário, enquanto não pago integralmente o preço.

➡ Sem correspondência no CC/1916.

A coisa consignada não poderá ser objeto de penhora ou de sequestro pelos credores do consignatário enquanto não for pago integralmente o preço. Isso porque a coisa consignada não pertence ao consignatário; portanto, seus credores não poderão penhorar os bens, nem prejudicar o consignante, que continua proprietário do bem.

Art. 537. O consignante não pode dispor da coisa antes de lhe ser restituída ou de lhe ser comunicada a restituição.

337

Arts. 537 e 538 — Almeida Guilherme

➡ Sem correspondência no CC/1916.

Enquanto o bem objeto de contrato estimatório, ou seja, que esteja em consignação, estiver na posse do consignatário, o consignante não poderá aliená-lo antes da restituição ou da simples comunicação da restituição pelo consignatário, sob pena de nulidade.

▪ Ação anulatória de contrato e declaratória de inexistência de débitos, cumulada com indenização por danos materiais e morais. Veículo do autor deixado em consignação em loja de veículos - Contrato de financiamento celebrado entre o banco réu e o corréu pretenso adquirente. Restituição da posse direta do veículo para o autor em ação de busca e apreensão. Prosseguimento do financiamento inviável, ante a restituição do veículo ao autor. Contrato de financiamento anulado. Recurso provido, neste aspecto. Indenização. Dano moral. Autor que ficou impossibilitado de dispor de seu veículo em razão da existência de gravame. Nexo de causalidade entre o dano sofrido pelo autor e a falha na prestação de serviço pelo banco réu não demonstrado. Impossibilidade do autor dispor de seu bem decorrente do contrato estimatório. Art. 537 do CC. Não ficou comprovado qualquer prejuízo excepcional ao autor, cujo nome não foi inserido em cadastros restritivos de crédito, em razão da falha na prestação de serviço cometido pela instituição financeira ré. Recurso improvido, neste aspecto. Sucumbência recíproca. Ação parcialmente procedente. Sucumbência recíproca em proporções iguais. Compensação de verbas honorárias advocatícias e rateio, entre as partes, das custas processuais, nos termos do art. 21, *caput*, do CPC. Súmula n. 306 do STJ. Recurso parcialmente provido. (TJSP, Ap. n. 0000627-59.2008.8.26.0281/ Itatiba, 24ª Câm. de Dir. Priv., rel. Plinio Novaes de Andrade Júnior, *DJe* 26.06.2015)

CAPÍTULO IV
DA DOAÇÃO

Seção I
Disposições Gerais

Art. 538. Considera-se doação o contrato em que uma pessoa, por liberalidade, transfere do seu patrimônio bens ou vantagens para o de outra.

➡ Veja art. 1.165 do CC/1916.

O art. 538 dispõe sobre a doação no direito brasileiro e se difere do art. 1.165 do Código Civil de 1916, pois supre a expressão: "que os aceita". A doação é contrato real, que apenas se aperfeiçoa com a entrega da coisa pelo donatário, não havendo pretensão deste em virtude de inadimplemento do doador, o que apenas seria possível se de obrigação tratasse. Somente por dolo responde o doador em caso de evicção ou vício redibitório. O que importa na doação é a atribuição patrimonial; se não houver isso, não haverá doação. A questão a ser apreciada fica por conta do termo genérico e impreciso "vantagens". Vantagens são situações positivas que possam ser valoradas economicamente e transferidas gratuitamente para a titularidade de outro sujeito.

▪ Súmula n. 328 do STF: "É legítima a incidência do impôsto de transmissão *inter vivos* sôbre a doação de imóvel".

▪ Enunciado n. 549 da VI Jornada de Direito Civil: "A promessa de doação no âmbito da transação constitui obrigação positiva e perde o caráter de liberalidade previsto no art. 538 do Código Civil".

Código Civil comentado e anotado   Arts. 538 a 541

■ Apelação cível. Direito administrativo e civil. Anulatória de débito fiscal. ITCD. Concessão de direito real de uso de subsolo e espaço aéreo. Doação. Fato gerador para o tributo. 1 – Nos termos do art. 538 do CC, considera-se doação o contrato em que uma pessoa, por liberalidade, transfere do seu patrimônio bens ou vantagens para o de outra. A doação pode se configurar, por conseguinte, tanto pela transferência do próprio bem como das vantagens dele decorrentes. 2 – Sendo o uso um dos atributos da propriedade, é possível que o proprietário transfira esse direito a terceiro sem que haja a transferência da titularidade do bem. 3 – Concessão de direito real de uso é o contrato administrativo por meio do qual a administração pública transfere ao particular o direito de uso de determinado bem a fim de que se cumpram finalidades específicas. 4 – Por traduzir a transferência de vantagens decorrentes de determinado bem, a concessão de direito real de uso subsume-se ao conceito de doação. 5 – Sendo a incidência do ITCD sobre doações de bens imóveis e de direitos a eles relativos prevista e autorizada pela Lei n. 3.804/2006, regulamentada pelo Decreto n. 34.982/2013, configura a concessão de direito real de uso fato gerador para a cobrança do citado tributo. 6 – Apelação conhecida e não provida. (TJDFT, Ap. Cível n. 20130111013793, rel. Des. Simone Lucindo, *DJe* 26.08.2014)

Art. 539. O doador pode fixar prazo ao donatário, para declarar se aceita ou não a liberalidade. Desde que o donatário, ciente do prazo, não faça, dentro dele, a declaração, entender-se-á que aceitou, se a doação não for sujeita a encargo.

➡ Veja art. 1.166 do CC/1916.

O art. 539 traz a hipótese de aceitação tácita da efetivação do negócio jurídico. No caso de silêncio, presume-se aceito o negócio jurídico.

Art. 540. A doação feita em contemplação do merecimento do donatário não perde o caráter de liberalidade, como não o perde a doação remuneratória, ou a gravada, no excedente ao valor dos serviços remunerados ou ao encargo imposto.

➡ Veja art. 1.167 do CC/1916.

A doação que premia o merecimento do donatário, bem como aquela que o remunera por serviço prestado não perdem o caráter de liberalidade, portanto não são exigíveis e são passíveis de desistência até o momento da tradição.

Art. 541. A doação far-se-á por escritura pública ou instrumento particular.
Parágrafo único. A doação verbal será válida, se, versando sobre bens móveis e de pequeno valor, se lhe seguir incontinenti a tradição.

➡ Veja art. 1.168 do CC/1916.

As doações, em regra, deverão ser elaboradas mediante confecção de instrumento público ou particular, salvo se a doação versar sobre bens móveis de pequeno valor e que a tradição seja imediata.

339

Arts. 541 a 544 — Almeida Guilherme

■ Apelação cível. Posse (bens móveis). Ação de extinção de comodato c/c reintegração de posse. Reconvenção. Indenização pela edificação. Descabimento. Em se tratando de bem imóvel, a doação somente se perfectibiliza quando feita através de escritura pública ou instrumento particular, não se admitindo a forma verbal. Inteligência do art. 541 do CC. Existência de contrato de comodato verbal entre as partes, sem prazo determinado, que, com o desatendimento da notificação para desocupação do imóvel, no prazo de 30 dias, caracterizou esbulho possessório ficto. Por força do disposto no art. 1.253 do CC, era imperioso que a apelante fizesse prova de que a casa edificada sobre o terreno do apelado, o foi com recursos próprios da apelante e do filho daquele, seu companheiro à época. Contudo, assim não procedeu, deixando suas alegações desprovidas de qualquer substrato probatório a dar amparo ao pleito de indenização pela edificação erigida sobre o imóvel litigioso. Apelação desprovida. Unânime. (TJRS, Ap. Cível n. 70.049.687.817, 18ª Câm. Cível, rel. Elaine Maria Canto da Fonseca, j. 26.02.2015)

■ Apelação cível. Ação declaratória de nulidade de ato jurídico. Doação de parte (50%) de imóvel por parte do autor/apelante e uso fruto vitalício à sua genitora, através de escritura pública de doação. Inteligência do art. 541 do CC. Ausência de comprovação de dolo ou vício de consentimento. Inaplicabilidade do art. 145 do CC. Ato jurídico válido. Sentença correta. Recurso de apelação desprovido. (TJPR, Ap. Cível n. 1259632-8, 7ª Câm. Cível, rel. Juiz Subst. Victor Martim Batschke, *DJe* 18.05.2015)

Art. 542. A doação feita ao nascituro valerá, sendo aceita pelo seu representante legal.

➥ Veja art. 1.169 do CC/1916.

Em consagração ao art. 2º deste Código, o art. 542 traz um exemplo dos direitos que são garantidos ao nascituro, e que no caso é o direito a receber doação, porém a sua aceitação deverá ser proferida pelo representante legal. Pode acontecer de nascer morto; neste caso, embora aceita a liberalidade, esta caducará. Mas se nascer com vida e em seguida vier a falecer, o benefício será transmitido a seus sucessores. Portanto, a doação feita ao nascituro submete-se a uma condição suspensiva.

Art. 543. Se o donatário for absolutamente incapaz, dispensa-se a aceitação, desde que se trate de doação pura.

➥ Sem correspondência no CC/1916.

O doador precisa ser um agente capaz para que possa praticar o ato de liberalidade em favor de outrem, mas o mesmo requisito não se aplica ao donatário de doação pura e simples, pois como esta não requer qualquer encargo ou ônus, o donatário pode ser incapaz, porque o ato é apenas benéfico.

Art. 544. A doação de ascendentes a descendentes, ou de um cônjuge a outro, importa adiantamento do que lhes cabe por herança.

➥ Veja art. 1.171 do CC/1916.

Código Civil comentado e anotado   Arts. 544 a 546

Mais conhecida como antecipação de legítima, a doação realizada entre pais e filhos e entre marido e mulher é válida, porém o valor que foi doado deverá ser devidamente colacionado nos autos do inventário e ser apropriadamente descontado do que lhes seria devido por ocasião da partilha dos bens do espólio.

■ Apelação cível. Embargos à execução fiscal CDA referente à reposição de vencimentos recebidos a maior valores previdenciários sacados da conta do de cujus. Penhora de bem embargante. Alegação de que o referido bem não integra o espólio, uma vez que lhe foi transmitido por doação em vida Inadmissibilidade Aplicação do disposto nos arts. 544 e 1.792, do CC, onde o herdeiro responde pelos encargos da herança até o seu limite Sentença de improcedência mantida, nos termos do art. 252 do Regimento Interno desta Eg. Corte. Recurso improvido. (TJSP, Ap. n. 0001745-08.2013.8.26.0439/Pereira Barreto, 7ª Câm. de Dir. Públ., rel. Eduardo Gouvêa, *DJe* 13.08.2014)

■ Agravo de instrumento. Ação de inventário. Decisão agravada que determinou ao agravante trazer à colação a parte doada em vida pela *de cujus*. Bens doados como adiantamento de legítima. Agravante que tem a obrigação de trazer os bens recebidos à colação para possibilitar a divisão igualitária entre os herdeiros. Exegese dos arts. 544 e 2.002 do CC. Recurso conhecido e desprovido. (TJSC, AI n. 2013.073788-4, rel. Des. Subst. Rubens Schulz, *DJe* 22.05.2015)

Art. 545. A doação em forma de subvenção periódica ao beneficiado extingue-se morrendo o doador, salvo se este outra coisa dispuser, mas não poderá ultrapassar a vida do donatário.

➡ Veja art. 1.172 do CC/1916.

A **doação** é ato de liberalidade e não se transmite a herdeiros; portanto, aquelas doações que se estendem pelo tempo em forma de subvenção periódica não poderão ultrapassar a vida do donatário, salvo disposição em contrário.

Art. 546. A doação feita em contemplação de casamento futuro com certa e determinada pessoa, quer pelos nubentes entre si, quer por terceiro a um deles, a ambos, ou aos filhos que, de futuro, houverem um do outro, não pode ser impugnada por falta de aceitação, e só ficará sem efeito se o casamento não se realizar.

➡ Veja art. 1.173 do CC/1916.

O art. 546 trata de um contrato cuja eficácia se encontra por condição suspensiva, que é justamente a ocorrência do casamento já prometido. Sendo assim, se o doador morrer, a doação não se extinguirá e só perderá seu efeito caso não ocorra a realização da condição.

■ Cobrança. Autor que alega ter emprestado significativa quantia à ex-namorada, que por sua vez alega tê-la recebido em doação, reconhecendo, contudo, em seu depoimento pessoal que parte realmente foi a título de empréstimo. Dever de restituição integral, sob pena de enriquecimento sem causa da ré. Aplicação do art. 1.173 do CC/1916 e art. 546 do CC/2002. Ação procedente. Recurso do autor provido. (TJSP, Ap. n. 0034321-98.2005.8.26.0224/Guarulhos, 16ª Câm. de Dir. Priv., rel. Jovino de Sylos, *DJe* 28.10.2014)

341

Arts. 547 a 549 — Almeida Guilherme

Art. 547. O doador pode estipular que os bens doados voltem ao seu patrimônio, se sobreviver ao donatário.

Parágrafo único. Não prevalece cláusula de reversão em favor de terceiro.

➡ Veja art. 1.174 do CC/1916.

A doação poderá conter cláusula de reversão, que prevê que o patrimônio doado deverá retornar ao patrimônio do doador em caso de falecimento do donatário, porém é nula aquela cláusula que estabeleça que essa reversão favoreça terceiros.

Art. 548. É nula a doação de todos os bens sem reserva de parte, ou renda suficiente para a subsistência do doador.

➡ Veja art. 1.175 do CC/1916.

Doação universal. Consiste na doação de todo e qualquer patrimônio do doador de forma que este não teria condições de subsistência. O ordenamento jurídico preserva a vida e não poderia deixar de repudiar tal ato, atribuindo para tanto a nulidade deste.

Art. 549. Nula é também a doação quanto à parte que exceder à de que o doador, no momento da liberalidade, poderia dispor em testamento.

➡ Veja art. 1.176 do CC/1916.

O limite dos bens livres para doação é o mesmo que deverá ser observado como se o doador fosse confeccionar um testamento, ou seja, não poderá ultrapassar 50% do patrimônio total no momento em que a doação for realizada. É a chamada *doação inoficiosa*. Isso porque o testador deve preservar a legítima de seus herdeiros necessários, se houver; logo, só poderá dispor de metade da herança.

▪ Recurso especial. Ação condenatória e declaratória de nulidade de negócio jurídico simulado, cumulada com pedido de reintegração de posse. Cessão de direitos sobre bem imóvel celebrada entre a ré e a ex-cônjuge do autor, a fim de dissimular doação. Sentença de parcial procedência, na qual se declarou a nulidade parcial do negócio jurídico. *Decisum* mantido pela corte de origem. Inteligência do disposto no art. 167, *caput*, do CC. Distinção entre simulação absoluta e relativa. Negócio jurídico dissimulado (doação). Válido na parte que não excedeu à parcela disponível do patrimônio da doadora/ofertante (art. 549 do CC), Considerada a substância do ato e a forma prescrita em lei. Recurso especial não provido. Insurgência recursal do autor. Pretensão voltada à declaração de nulidade absoluta de negócio jurídico, consistente em cessão de direitos sobre bem imóvel, a fim de ocultar doação. Instâncias ordinárias que reconheceram a existência de simulação, declarando, no entanto, a nulidade parcial da avença, reputando parcialmente válido o negócio jurídico dissimulado (doação), isto é, na fração que não excedia à legítima. 1 – Ofensa ao art. 102 do CC. A insurgência encontra-se deficiente, pois não há exposição clara e congruente acerca do modo como o Tribunal de origem teria contrariado o dispositivo tido como violado, circunstância que atrai, por analogia, a aplicação da Súmula n. 284 do

Código Civil comentado e anotado   Arts. 549 a 551

STF. 2 – Violação do art. 535 do CPC inocorrente. Acórdão local devidamente fundamentado, tendo enfrentado os aspectos fático-jurídicos essenciais à resolução da controvérsia. Desnecessidade de a autoridade judiciária enfrentar todas as alegações veiculadas pelas partes, quando invocada motivação suficiente ao escorreito desate da lide. Não há vício que possa nulificar o acórdão recorrido ou ensejar negativa de prestação jurisdicional. 3 – O negócio jurídico simulado pode ter sido realizado para não produzir qualquer efeito, isto é, a declaração de vontade emitida não se destina a resultado algum. Nessa hipótese, visualiza-se a simulação absoluta. Diversamente, quando o negócio tem por escopo encobrir outro de natureza diversa, destinando-se apenas a ocultar a vontade real dos contraentes e, por conseguinte, a avença de fato almejada, há simulação relativa, também denominada de dissimulação. 3.1 De acordo com a sistemática adotada pelo novo CC, notadamente no art. 167, tratando-se de simulação relativa. Quando o negócio jurídico pactuado tem por objetivo encobrir outro de natureza diversa, subsistirá aquele dissimulado se, em substância e forma, for válido. 3.2 No caso em tela, o magistrado singular, bem como a Corte de origem, ao entender preenchidos os requisitos de validade – forma e substância – e relação ao negócio dissimulado (doação), ainda que em parte, declararam a nulidade parcial do negócio jurídico celebrado entre a ré e a ex-cônjuge do autor. 3.3 O negócio jurídico dissimulado apenas representou ofensa à Lei e prejuízo a terceiro (no caso, o recorrente) na parte em que excedeu o que a doadora, única detentora dos direitos sobre o bem imóvel objeto do negócio, poderia dispor (doação inoficiosa). 4 – Recurso especial conhecido em parte e, na extensão, não provido. (STJ, REsp n. 1.102.938, 4ª T., rel. Min. Marco Buzzi, *DJe* 24.03.2015)

Art. 550. A doação do cônjuge adúltero ao seu cúmplice pode ser anulada pelo outro cônjuge, ou por seus herdeiros necessários, até dois anos depois de dissolvida a sociedade conjugal.

➥ Veja art. 1.177 do CC/1916.

A doação realizada entre o cônjuge adúltero a sua concubina é anulável, se o outro cônjuge ou herdeiro necessário vier a pleitear a anulação no prazo de dois anos, contados a partir do momento da cessação da sociedade conjugal.

▪ Súmula n. 382 do STF: "A vida em comum sob o mesmo teto, *more uxorio*, não é indispensável à caracterização do concubinato".

Art. 551. Salvo declaração em contrário, a doação em comum a mais de uma pessoa entende-se distribuída entre elas por igual.
Parágrafo único. Se os donatários, em tal caso, forem marido e mulher, subsistirá na totalidade a doação para o cônjuge sobrevivo.

➥ Veja art. 1.178 do CC/1916.

Presume-se no silêncio que a doação realizada a mais de um donatário será igualmente dividida entre tantos quantos houverem. Se os donatários forem cônjuges, no caso de morte de um dos beneficiários, a doação subsistirá, na sua totalidade, para o cônjuge sobrevivente, não transmitindo a parte do bem doado pertencente ao *de cujus* à herança, nem aos herdeiros necessários.

343

Art. 552. O doador não é obrigado a pagar juros moratórios, nem é sujeito às consequências da evicção ou do vício redibitório. Nas doações para casamento com certa e determinada pessoa, o doador ficará sujeito à evicção, salvo convenção em contrário.

➡ Veja art. 1.179 do CC/1916.

Por ser liberalidade do doador, a doação deve ser aceita com os bens no estado em que se encontram, inclusive se o donatário perder o bem em virtude de decisão judicial, não responde o doador pelo bem perdido ou viciado.

Art. 553. O donatário é obrigado a cumprir os encargos da doação, caso forem a benefício do doador, de terceiro, ou do interesse geral.
Parágrafo único. Se desta última espécie for o encargo, o Ministério Público poderá exigir sua execução, depois da morte do doador, se este não tiver feito.

➡ Veja art. 1.180 do CC/1916.

A doação com encargo poderá estabelecer que o donatário execute um ato ou tarefa destinado a beneficiar o doador, terceiro ou a coletividade como um todo, esta última podendo ser exigida pelo Ministério Público, mesmo que o doador tiver falecido.

Art. 554. A doação a entidade futura caducará se, em dois anos, esta não estiver constituída regularmente.

➡ Sem correspondência no CC/1916.

Poderá o doador estipular doação a entidades futuras, como é o caso das fundações, porém se esta não for regularmente constituída em até dois anos, a doação caducará.

Seção II
Da Revogação da Doação

Art. 555. A doação pode ser revogada por ingratidão do donatário, ou por inexecução do encargo.

➡ Veja art. 1.181 do CC/1916.

São casos excepcionais de revogação da doação a ingratidão do donatário (art. 557 do CC) e o não cumprimento do encargo, já que a doação é um ato de liberalidade e que, portanto, o doador não poderá revogá-la unilateralmente se o donatário já a aceitou.

▪ Apelação cível. Ação de revogação de doação com encargo. Não adimplemento do elemento acidental pelo donatário. Art. 555 do CC. Recurso desprovido. O descumprimento de encargo da doação autoriza sua revogação, nos termos do art. 555 do CC. (TJMS, Ap. n. 0800589-57.2012.8.12.0024, 5ª Câm. Cível, rel. Des. Vladimir Abreu da Silva, *DJe* 10.10.2014)

Código Civil comentado e anotado

Arts. 556 a 558

Art. 556. Não se pode renunciar antecipadamente o direito de revogar a liberalidade por ingratidão do donatário.

➡ Veja art. 1.182 do CC/1916.

A renúncia do direito de revogar a doação por ingratidão é indisponível até o momento que ela ocorrer. Se ocorrer, é de liberalidade do doador querer revogar ou não a doação por ingratidão.

Art. 557. Podem ser revogadas por ingratidão as doações:
I – se o donatário atentou contra a vida do doador ou cometeu crime de homicídio doloso contra ele;
II – se cometeu contra ele ofensa física;
III – se o injuriou gravemente ou o caluniou;
IV – se, podendo ministrá-los, recusou ao doador os alimentos de que este necessitava.

➡ Veja art. 1.183 do CC/1916.

São causas de revogação por ingratidão: o atentado contra a vida do doador ou crime de homicídio doloso cometido contra ele; ofensa física cometida contra ele; se o donatário injuriou gravemente ou o caluniou; ou se, podendo ministrá-los, recusou ao doador os alimentos de que este necessitava.

▪ Enunciado n. 33 da I Jornada de Direito Civil: "O novo Código Civil estabeleceu um novo sistema para a revogação da doação por ingratidão, pois o rol legal previsto no art. 557 deixou de ser taxativo, admitindo, excepcionalmente, outras hipóteses".

▪ Ingratidão. Revogação de doação. Palavras ditas pelo filho contra o pai após audiência de divórcio ajuizado pela mãe. Desentendimento causado pelo calor da situação. Hipóteses graves previstas na lei não caracterizadas. Improcedência do pedido. Recurso provido. 1 – Doação de parte de imóvel de pai para filho. Alegação do autor de que o réu cometeu grave ofensa após audiência de divórcio ajuizado pela mãe. Injúria e difamação. Não caracterização. 2 – Precedente demanda julgada pela Câmara entre as mesmas partes e com a mesma causa de pedir. Improcedência. Mesmas razões. Desentendimento entre pai e filho que não se mostrou suficiente para a revogação da doação. 3 – O calor da situação na qual foram proferidas as palavras aludidas causou a manifestação negativa, mas não há como se concluir que o ânimo do réu estava efetivamente permeado de ódio, rancor e raiva suficientes a caracterizar os graves atos violentos à honra do autor estabelecidos no art. 557 do CC/2002. 4 – Improcedência do pedido. Recurso provido. (TJSP, Ap. n. 0021628-66.2010.8.26.0011/São Paulo, 10ª Câm. de Dir. Priv., rel. Carlos Alberto Garbi, *DJe* 16.07.2015)

Art. 558. Pode ocorrer também a revogação quando o ofendido, nos casos do artigo anterior, for o cônjuge, ascendente, descendente, ainda que adotivo, ou irmão do doador.

➡ Sem correspondência no CC/1916.

345

Arts. 558 a 563 — Almeida Guilherme

A qualidade de cônjuge, ascendente, descendente, ainda que adotivo, ou irmão do doador não obsta a aplicação do art. 557 no que concerne à revogação da doação por ingratidão.

Art. 559. A revogação por qualquer desses motivos deverá ser pleiteada dentro de um ano, a contar de quando chegue ao conhecimento do doador o fato que a autorizar, e de ter sido o donatário o seu autor.

➡ Veja art. 1.184 do CC/1916.

O prazo prescricional para que o ofendido pleiteie judicialmente a revogação da doação é de um ano, a ser contado a partir da data do conhecimento do fato.

Art. 560. O direito de revogar a doação não se transmite aos herdeiros do doador, nem prejudica os do donatário. Mas aqueles podem prosseguir na ação iniciada pelo doador, continuando-a contra os herdeiros do donatário, se este falecer depois de ajuizada a lide.

➡ Veja art. 1.185 do CC/1916.

Os herdeiros do doador não são legitimados para ingressar com ação para revogar a doação, porém se a ação já tiver sido ajuizada, eles são partes legítimas para dar prosseguimento ao feito.

Art. 561. No caso de homicídio doloso do doador, a ação caberá aos seus herdeiros, exceto se aquele houver perdoado.

➡ Sem correspondência no CC/1916.

No caso de homicídio doloso do doador, os herdeiros serão legitimados para intentar ação contra o donatário assassino, desde que não haja perdão.

Art. 562. A doação onerosa pode ser revogada por inexecução do encargo, se o donatário incorrer em mora. Não havendo prazo para o cumprimento, o doador poderá notificar judicialmente o donatário, assinando-lhe prazo razoável para que cumpra a obrigação assumida.

➡ Veja art. 1.181 do CC/1916.

A doação com encargo na verdade é um contrato bilateral, que exige sacrifícios de ambas as partes. Caso o donatário não cumpra com o encargo estabelecido, poderá o doador exigir o cumprimento, ou então revogar a doação.

Art. 563. A revogação por ingratidão não prejudica os direitos adquiridos por terceiros, nem obriga o donatário a restituir os frutos percebidos antes da citação válida; mas sujeita-o a pagar os posteriores, e, quando não possa restituir em espécie as coisas doadas, a indenizá-la pelo meio termo do seu valor.

Código Civil comentado e anotado   Arts. 563 a 565

➡ Veja art. 1.186 do CC/1916.

Caso seja a doação revogada por ingratidão, os terceiros de boa-fé não serão prejudicados e o donatário não terá obrigação de restituir os frutos percebidos antes da citação válida. Deverá, todavia, restituir os frutos percebidos após o ato citatório. Na impossibilidade de devolução da coisa em si, deverá indenizá-la pelo meio-termo de seu valor entre a data da tradição ao donatário e a da restituição.

Art. 564. Não se revogam por ingratidão:
I – as doações puramente remuneratórias;
II – as oneradas com encargo já cumprido;
III – as que se fizerem em cumprimento de obrigação natural;
IV – as feitas para determinado casamento.

➡ Veja art. 1.187 do CC/1916.

As doações que são puramente remuneratórias, com encargo cumprido, oriundas de obrigação natural ou feitas para determinado casamento, não podem ser revogadas por ingratidão pelo fato de não ser um ato unilateral gratuito. Transformaram-se em ato bilateral oneroso, onde a mera liberalidade do doador se extingue no momento em que este recebeu a contraprestação do donatário.

CAPÍTULO V
DA LOCAÇÃO DE COISAS

Art. 565. Na locação de coisas, uma das partes se obriga a ceder à outra, por tempo determinado ou não, o uso e gozo de coisa não fungível, mediante certa retribuição.

➡ Veja art. 1.188 do CC/1916.

A locação de coisas consiste na situação fática em que uma pessoa cede à outra, por tempo determinado ou não, o uso e o gozo de uma coisa não fungível, tendo como contraprestação o recebimento de uma retribuição.

As regras do Código Civil aplicam-se à locação de objetos móveis e imóveis que não se enquadrem como prédios urbanos com fins residenciais e comerciais, aos quais se aplica a Lei de Locações de Imóveis Urbanos (Lei n. 8.245/91, alterada pela Lei n. 12.112/2009) (*vide* GUILHERME, Luiz Fernando do Vale de Almeida. *Comentários à Lei de Locações: Lei n. 8.245, de 18 de outubro de 1991*, 2. ed., Santana de Parnaíba, Manole, 2022), conforme art. 2.036 do CC. A própria Lei n. 8.245/91, em seu art. 1º, afirma continuarem regulados pelo Código Civil e por leis especiais: (i) as locações: 1) de imóveis de propriedade da União, dos Estados e dos Municípios, de suas autarquias e fundações públicas; 2) de vagas autônomas de garagem ou de espaços para estacionamento de veículos; 3) de espaços destinados à publicidade; 4) de apart-hotéis, hotéis-residência ou equiparados, assim considerados aqueles que prestam serviços regulares a seus usuários e como tais sejam autorizados a funcionar; 5) o arrendamento mercantil, em qualquer de suas modalidades. O contrato de locação é classificado como bilateral, oneroso, comutativo, consensual, de forma livre, de trato sucessivo e de cessão temporária.

347

Para Clóvis Beviláqua, a locação ou o contrato de locação refere-se ao contrato pelo qual uma das partes, mediante remuneração paga pela outra, compromete-se a fornecer-lhe, durante certo lapso de tempo, o uso e gozo de uma coisa infungível, a prestação de um serviço apreciável economicamente ou a execução de alguma obra (*vide* BEVILÁQUA *apud* DINIZ. *Curso de Direito Civil Brasileiro*: Teoria das Obrigações Contratuais e Extracontratuais. 13. ed. São Paulo, Saraiva, p. 209. v. 3).

A demanda é bem trazida e construída por Sílvio de Salvo Venosa ao destacar que locação é: "o contrato pelo qual um sujeito se compromete, mediante remuneração, a facultar a outro, por certo tempo, o uso e gozo de um coisa (locação de coisas); a prestação de um serviço (locação de serviços); ou a executar uma obra (empreitada) (DINIZ, Souza (trad.). *Código Civil italiano*. Rio de Janeiro, Ed. Record, 1961, p. 242).

Abandonando levemente a apreciação às definições nacionais – diga-se de passagem, não menos essenciais –, interessa olhar para os comentários trazidos à luz de outros Código Civis.

Destaca-se o contrato de locação em outros Códigos, e inaugura a referência o Diploma Civil italiano, em seu Capítulo VI, Seção I, art. 1.571, *in verbis*:

"Art. 1.571 (Noção)

A locação é o contrato pelo qual uma parte se obriga a permitir à outra o gozo de uma coisa móvel ou imóvel por um dado tempo, contra uma determinada retribuição" (DINIZ, Souza (trad.). *Código Civil italiano*. Rio de Janeiro, Ed. Record, 1961, p. 242).

Ainda em solo europeu, já o Código Civil Napoleônico ilustra a figura da locação de coisas em seu art. 1.709:

"Art. 1.709. A locação de coisas é um contrato pelo qual uma das partes se obriga a permitir à outra o gozo de uma coisa durante certo tempo, e mediante um certo preço que esta se obriga a lhe pagar" (DINIZ, Souza (trad.). *Código Civil francês*. Rio de Janeiro, Ed. Record, 1963, p. 237).

Não encerrando a questão, a não menos renomada codificação civilista alemã, o BGB, apresenta disposição sobre a matéria da locação também, em seu art. 535:

"Locação (Miete)

Art. 535 (Natureza do contrato de locação) Pelo contrato de locação, está o locador obrigado a proporcionar ao locatário o uso da coisa locada durante o tempo da locação. O locatário está obrigado a pagar, ao locador, o aluguel convencionado" (DINIZ, Souza (trad.). *Código Civil alemão*. Rio de Janeiro, Ed. Record, 1960, p. 95).

Como último exemplo de diplomas estrangeiros, trazendo a uma realidade do continente sulamericano, o Codex da Colômbia oferece sua análise no art. 1.973:

"Art. 1.973 – Definición

El arrendamiento es un contrato en que las dos partes se obligan recíprocamente, la una a conceder el goce de una cosa, o a ejecutar una obra o prestar un servicio, y la otra pagar por éste goce, obra o servicio un precio determinado" (GONZÁLEZ, Álvaro Tafur. *Código Civil anotado*. 29. ed. Bogotá, Ed. Leyer, 2010, p. 518).

Isto posto, a locação determina o fazimento de um enlace entre partes que dispõe o locador, ou senhorio ou o arrendador, e o locatário, ou inquilino, ou arrendatário. E, ainda, o preço que se intitula também como renda ou aluguel. Ou seja, é o liame jurídico que interliga partes, de modo que uma fornece determinada quantia ou cumprimento de obrigação a outra, ao longo de algum lapso de tempo, em troca do uso e do gozo de um objeto ou espaço, durante certo período.

Bem, dito isso, na locação se destacam três princípios: o tempo, o objeto e o mencionado preço. No que concerne ao primeiro, o tempo, vale dizer que é um negócio variável, fazendo com que possa, basicamente, ser contemplado com um prazo determinado ou indetermina-

Código Civil comentado e anotado   Art. 565

do. Se a codificação atual não estipula prazo de duração para a avença, anteriormente ao Código de 1916 brasileiro, ainda com as relações regradas pelas Ordenações, o aluguel ajustado por mais de dez anos detinha a natureza de direito real, assim como no Direito Romano. No direito alienígena atual, por exemplo, existe estipulação máxima, assim como se vê no México: 10 anos e na Itália: 30 anos.

Com relação ao objeto, pode ser um serviço ou também o fornecimento de algo acrescido de serviços, assim como se depreende de empreitada de trabalho e materiais. Nesse segmento, a coisa concedida não significa objeto de locação, já que é transferida para o domínio do dono do negócio.

Faz-se plausível a distinção, na locação de coisas, da locação de prédios, já que o legislador promove a tal diferença. A locação de coisas pode estar adstrita à locação de bens móveis e imóveis. Em tempo, importa discorrer que, se a tratativa for da locação dos bens móveis, devem ser estes infungíveis, uma vez que "se a coisa cujo uso se concede fungível, o contrato degenera mútuo" (RODRIGUES, Silvio. *Direito Civil*: Dos contratos e das declarações unilaterais da vontade. 28. ed. São Paulo, Saraiva, 2002, p. 220. v. 3).

Pois bem, a locação de coisas, entretanto, pode ter como objeto um labor intelectual, físico ou também a empreitada de uma obra para a qual o arrendador se compromete a ceder simplesmente sua atividade de trabalho, ou seus materiais e seu trabalho.

Quanto ao preço, não é necessário que seja disposto em dinheiro, de modo que é possível ser registrado com bens de outra espécie. Porém, pode ser estipulado em frutos da coisa ou em benfeitorias e construções feitas pelo arrendatário. O preço é devido ao locador, por todo o tempo que a coisa estiver à disposição do locatário, independentemente da circunstância de usá-la efetivamente (ENNECCERUS, KIPP e WOLFF. *Tratado de Derecho Civil*. Derecho de Obligaciones. v. 2, § 127; M. I. MENDONÇA, Carvalho de. *Contratos*. v. 2, n. 179).

A caracterização jurídica da locação denota um contrato pessoal, oneroso comutativo, consensual e de execução sucessiva. Vem a ser um contrato pessoal porque gera um direito de crédito. Assim, mesmo quando, por força de lei ou convenção, existir o dever de respeitá-la o terceiro adquirente, não constitui um ônus factual. Não chega, todavia, a ser de natureza personalíssima, como muito bem salienta o nobre jurista Caio Mário da Silva Pereira, já que "não se constitui *intuitu personae*, ao contrário, a sua transmissibilidade a terceiros, por ato entre vivos ou *mortis causa*, é prevista e regulada em lei" (PEREIRA, Caio Mário da Silva. *Instituições de Direito Civil*: Contratos – Declaração unilateral de vontade; Responsabilidade civil. 13. ed. Rio de Janeiro, Forense, 2009, p. 230. v. 3).

Reveste-se de onerosidade, propiciando benefícios e vantagens a ambas as partes, de modo que as duas tenham direito à respectiva prestação. É comutativo pois que "cada uma das partes, desde o momento da feitura do ajuste, pode antever e avaliar a prestação que lhe será fornecida e que, menos subjetivamente, é equivalente da prestação que se dispõe a dar" (RODRIGUES, Silvio. *Direito Civil*: Dos contratos e das declarações unilaterais da vontade. 28. ed. São Paulo, Saraiva, 2002, p. 219. v. 3).

Ademais, diz-se consensual, uma vez que se estabelece a partir da autonomia da vontade emanada e em via comum. É o elemento anímico da locação, que enseja o vínculo jurídico. Fica, como em qualquer contrato, subordinado à capacidade das partes, podendo estar eivada de algum vício que alcança qualquer negócio jurídico.

Não é solene, uma vez que a lei não declara uma formalização determinada para o seu aperfeiçoamento. Vale por instrumento público ou pelo particular, com qualquer que seja o valor assumido. Não se afasta, desta feita, do Direito Romano, que "o inscrevia entre as quatro modalidades de contrato que se formavam *solo consensu* (n. 185, supra), e assentava a sua perfeição no acordo quanto à coisa e ao preço" (MAZEUD et MAZEUD, *apud* PEREIRA. *Ins-*

tituições de Direito Civil: Contratos – Declaração unilateral de vontade; Responsabilidade civil. 13. ed. Rio de Janeiro, Forense, 2009, p. 239. v. 3).

Finalizando, é de execução sucessiva – continuada –, já que renasce de maneira contínua, não terminando com o pagamento que tem meramente o efeito de solver o débito referente a cada estágio.

No entanto, como destacado no texto de Silvio Rodrigues, em epígrafe, no preâmbulo do ensaio, a locação é uma modalidade deveras essencial na história do Direito Civil pátrio e, recentemente, recebeu alguma alteração em sua roupagem a partir das modificações à Lei n. 8.245/91 – Lei do Inquilinato –, perfazendo-se assim a Nova Lei do Inquilinato – Lei n. 12.112/2009. Certamente não houve transformação no bojo da norma que significasse ruptura abrupta com o ordenamento anterior, ainda que determinados direitos e possibilidades tenham sido mais bem delineados.

Cumpre, contudo, de antemão apresentar breve histórico do instituto como modo de mais bem contextualizar o leitor acerca da questão temporal da temática.

Usando o Direito Romano como aparelho disseminador de saber e fonte inicial de pesquisa pelas notórias contribuições à ciência jurídica, nesse ambiente houve, no começo, a confusão entre locação e compra e venda, empregando-se os vocábulos *locare* e *vendere* de maneira sinonímica. Já naquele espaço temporal existia referência quanto à locação de animais, o que se estendia aos escravos.

A rigor, foi no século II antes de Cristo que a locação de terras passou a ser realmente um instrumento factível, com a ideia de que as terras podiam ser dadas em locação.

A locação fora caracterizada no antigo Direito Português. Na verdade, era abarcada no gênero empréstimo. Não encontrou, ainda assim, mesmo posteriormente, regime legal perfeito, tanto nas Ordenações como em normatizações subsequentes.

O Código Comercial de 1850 tratou dessa avença e a regulamentou, mas ela apresentava delineação da locação mercantil em mecanismos não dispostos exclusivamente ao contrato comercial. Coube ao Código Civil brasileiro de 1916, em seus arts. 1.188 e seguintes, formular a disciplina.

Em seguida, institucionalizou-se o Decreto n. 24.150, de 20 de abril de 1943, com o fito de proteger o fundo de comércio. Este apregoava a renovação obrigatória da locação comercial. Mais tarde, nova problemática apareceu com os reflexos da II Guerra Mundial, e o Decreto-lei n. 4.598/42 formatou novo regime à locação, criado em natureza emergencial, mas sempre sendo renovado até se perfazer a Lei n. 8.245, de outubro de 1991, intitulada Lei do Inquilinato, tratando dos prédios urbanos, residenciais e não residenciais. A codificação civilista vigente, desta feita, normatizou os objetos de locação que não eram imóveis regulados por aquela específica lei ou pelo Estatuto da Terra.

■ Súmula n. 423 do STJ: "A Contribuição para Financiamento da Seguridade Social – Cofins incide sobre as receitas provenientes das operações de locação de bens móveis".

■ Apelação. Ação de cobrança. Locação de espaço publicitário. Condição resolutiva expressa. Lei municipal que proibiu o uso de painéis publicitários em imóveis particulares. Extinção de pleno direito dos contratos, em decorrência da verificação da condição resolutiva (art. 127 do CC). Manutenção da posse dos espaços locados após esse momento. Dever de a ré remunerar a autora em retribuição da exploração dos espaços locados (art. 565 do CC). Termo final da locação. Controvérsia de único mês. Liquidação por artigos. Princípio do contraditório preservado. Recurso parcialmente provido. (TJSP, Ap. n. 0119753-95.2007.8.26.0004/São Paulo, 29ª Câm. de Dir. Priv., rel. Hamid Bdine, *DJe* 12.08.2014, p. 1.387)

Código Civil comentado e anotado   Arts. 566 e 567

Art. 566. O locador é obrigado:
I – a entregar ao locatário a coisa alugada, com suas pertenças, em estado de servir ao uso a que se destina, e a mantê-la nesse estado, pelo tempo do contrato, salvo cláusula expressa em contrário;
II – a garantir-lhe, durante o tempo do contrato, o uso pacífico da coisa.

➡ Veja art. 1.189 do CC/1916.

O locador, no momento em que aluga determinado bem, deve garantir ao locatário a entrega da coisa alugada em condições de servir ao propósito a que ela se destina. Além de manter o bem nesse estado enquanto durar o contrato, o uso da coisa deverá também ser pacífico, ou seja, que não disturbe o locatário durante o uso do bem, com vistorias inoportunas por exemplo.

■ Civil. Processo civil. Locação de imóvel. Ação de despejo. Cobrança de contrato de locação. Posse do locatário no imóvel não garantida. Resolução da relação locatícia. Condenação do locatário no pagamento de aluguéis e taxas recorrentes da posse do imóvel. Impossibilidade. Despejo dos possuidores. Inadequação da via eleita. Ausência de relação de locação. Apelo conhecido e desprovido. Sentença mantida. 1 – Acerca da regra geral sobre locação de coisas prevista nos arts. 566, II, e 568 do CC, encontra-se delineado no seio das obrigações do locador o dever de garantir o uso pacífico da coisa alugada ao locatário. 2 – O locador tem obrigação de garantir o locatário das turbações de terceiros, de direito e de fato. O pagamento do preço supõe a cessão de uso e gozo de uma coisa. O dever de garantia segue a essa cessão. Desse modo, deve defender convenientemente qualquer ataque que a posse do imóvel venha a sofrer (Venosa, Sílvio de Salvo. *Lei do Inquilinato comentada* – doutrina e prática, Atlas, 11. ed., 2012, p. 115). [...] 6 – Apelo conhecido e não provido. Sentença mantida. (TJDFT, Proc. n. 20110111513889, 3ª T. Cível, rel. Des. Alfeu Machado, *DJe* 06.07.2015)

■ Apelação cível. Interposição contra sentença que julgou improcedente. Ação de indenização. Locação de bem móvel. Interrupção da prestação de serviços. Problemas de funcionamento do veículo durante a locação. Reparos que devem ser custeados pelo locador, de acordo com o art. 566 do CC. Ação improcedente. Sentença mantida. (TJSP, Ap. n. 0003480-22.2011.8.26.0318/Leme, 33ª Câm. de Dir. Priv., rel. Mario A. Silveira, *DJe* 21.08.2014)

■ Locação. Sentença em embargos à execução desconstituindo título de entrea efetiva do imóvel locado para a locatária. Contrato não aperfeiçoado. Arts. 566 do CC e 22, I, da Lei n. 8.245/91. Recurso da locadora improvido. (TJSP, Ap. n. 0220093-11.2011.8.26.0100/São Paulo, 32ª Câm. de Dir. Priv., rel. Caio Marcelo Mendes de Oliveira, *DJe* 06.08.2014)

Art. 567. Se, durante a locação, se deteriorar a coisa alugada, sem culpa do locatário, a este caberá pedir redução proporcional do aluguel, ou resolver o contrato, caso já não sirva a coisa para o fim a que se destinava.

➡ Veja art. 1.190 do CC/1916.

Se durante a vigência do contrato a coisa alugada se deteriorar sem culpa do locatário, este poderá exigir uma redução proporcional do aluguel em relação a deterioração, ou então poderá resolver o contrato se o bem não servir ao seu propósito.

351

Arts. 567 a 569 — Almeida Guilherme

■ Juizados especiais cíveis. Civil. Contrato de locação. Alagamento de unidade residencial em razão de reforma empreendida pelo locador em imóvel contíguo. Responsabilidade civil por culpa demonstrada. Dano material e dano moral configurados. Rescisão. Multa contratual devida. Recurso conhecido e desprovido. 1 – É incontroverso que o imóvel locado pela autora, ora recorrida, foi inundado exclusivamente em razão de reforma empreendida pelo locador, ora recorrente, em imóvel contíguo também de sua titularidade. 2 – O juízo de origem se valeu dos elementos constantes dos autos, do princípio da razoabilidade e das regras de experiência comum (art. 5º da Lei n. 9.099/1995) para fixação da indenização por danos materiais decorrentes da inutilização de bens móveis da locatária, ora recorrida, inexistindo, assim, causa hábil ao provimento do recurso para diminuição do moderado *quantum* estabelecido. 3 – A indenização por danos morais foi fixada moderadamente, em atenção às circunstâncias da lide, à gravidade do ilícito praticado e aos princípios da razoabilidade e da proporcionalidade, não merecendo, de igual modo, qualquer reparo neste grau revisor. 4 – Conforme bem delineado na sentença vergastada, a conduta do locador foi a causa exclusiva da rescisão do contrato de locação (arts. 9º da Lei n. 8.245/91 e 567 do CC), revelando-se correta a aplicação da multa contratualmente prevista, que faz lei entre as partes. 5 – Recurso conhecido e desprovido. Sentença mantida por seus próprios fundamentos. A súmula de julgamento servirá de acórdão, conforme regra do art. 46 da Lei n. 9.099/95. Condenado o recorrente ao pagamento das custas processuais e dos honorários advocatícios fixados em 10% do valor da condenação. (TJDFT, Proc. n. 20140110943772, 1ª TRJE Distrito Federal, rel. Juíza Sandra Reves Vasques Tonussi, *DJe* 30.04.2015)

Art. 568. O locador resguardará o locatário dos embaraços e turbações de terceiros, que tenham ou pretendam ter direitos sobre a coisa alugada, e responderá pelos seus vícios, ou defeitos, anteriores à locação.

➡ Veja art. 1.191 do CC/1916.

Caso existam sobre a coisa direitos ou pretensão a direitos de terceiros, deverá o locador resguardar o locatário de eventual turbação, ou de vícios e defeitos existentes antes da locação.

■ Veja no art. 566 a seguinte decisão: TJDFT, Proc. n. 20110111513889, 3ª T. Cível, rel. Des. Alfeu Machado, *DJe* 06.07.2015.

Art. 569. O locatário é obrigado:
I – a servir-se da coisa alugada para os usos convencionados ou presumidos, conforme a natureza dela e as circunstâncias, bem como tratá-la com o mesmo cuidado como se sua fosse;
II – a pagar pontualmente o aluguel nos prazos ajustados, e, em falta de ajuste, segundo o costume do lugar;
III – a levar ao conhecimento do locador as turbações de terceiros, que se pretendam fundadas em direito;
IV – a restituir a coisa, finda a locação, no estado em que a recebeu, salvas as deteriorações naturais ao uso regular.

➡ Veja art. 1.192 do CC/1916.

Código Civil comentado e anotado   Arts. 569 a 571

Para que a locação seja realizada sem maiores percalços, delineiam-se no art. 569 as obrigações básicas a serem seguidas pelo locatário, que compreendem a utilização da coisa alugada nos limites da natureza da coisa e a que ela se propõe, devendo tratar a coisa com o mesmo cuidado e diligência que teria como se a coisa fosse sua; obriga-se a pagar pontualmente o valor do aluguel no prazo assinalado, sob pena de ser constituído em mora e se submeter aos seus respectivos efeitos, sendo um deles o despejo; o locatário é obrigado também a informar ao locador, caso a sua posse seja turbada por quem possa possuir direito sobre o bem locado, e por final também é de obrigação dele devolver o bem ao término da relação *ex locato* no mesmo estado em que o recebeu, ressalvando-se as deteriorações decorrentes do uso normal da coisa.

■ Apelação cível. Ação cautelar de sustação de protesto e ação declaratória de inexistência de débito c/c pedido de indenização por danos morais. Contrato de locação de equipamentos. Locadora que alega devolução de maquinário com avarias. Cobrança do valor relativo ao conserto. Ausência de pagamento. Apontamento a protesto. Inadmissibilidade no caso concreto. Sentença de procedência. Recurso da locadora ré. 1 – Contrato de locação. Obrigação do locatário de restituir a coisa no estado em que a recebeu. Art. 569, IV, do CC. Ausência de provas de descumprimento do dever legal. Ônus que cabia à pretensa credora. Art. 333, II, do CPC. 2 – Irregularidade do apontamento a protesto de boleto bancário lastreado em notas fiscais emitidas em razão de dívida inexistente. 3 – Danos morais. Mera indicação a protesto. Inexistência de abalo à honra objetiva da pessoa jurídica. 4 – Recurso conhecido e parcialmente provido. (TJSC, Ap. Cível n. 2012.038992-7, rel. Des. Raulino Jacó Brüning, *DJe* 27.07.2015)

Art. 570. Se o locatário empregar a coisa em uso diverso do ajustado, ou do a que se destina, ou se ela se danificar por abuso do locatário, poderá o locador, além de rescindir o contrato, exigir perdas e danos.

➡ Veja art. 1.193, *caput*, do CC/1916.

Caso haja desvio da finalidade da coisa alugada, seja pelo ajustamento ou pela própria natureza da coisa, ou se o bem se danificar por uso abusivo do locatário, poderá o locador rescindir o contrato, além de exigir perdas e danos.

Art. 571. Havendo prazo estipulado à duração do contrato, antes do vencimento não poderá o locador reaver a coisa alugada, senão ressarcindo ao locatário as perdas e danos resultantes, nem o locatário devolvê-la ao locador, senão pagando, proporcionalmente, a multa prevista no contrato.
Parágrafo único. O locatário gozará do direito de retenção, enquanto não for ressarcido.

➡ Veja art. 1.193, parágrafo único, do CC/1916.

O término do contrato é momento-chave para que o locador tenha a coisa reavida, e o locatário a devolva; caso tais fatos ocorram antes desse prazo, deverá o locador pagar perdas e danos ao locatário, e se o locatário devolver o imóvel, deverá pagar a multa proporcional ao tempo de contrato restante, gozando do direito de retenção, caso não seja ressarcido.

Arts. 572 a 574 Almeida Guilherme

Art. 572. Se a obrigação de pagar o aluguel pelo tempo que faltar constituir indenização excessiva, será facultado ao juiz fixá-la em bases razoáveis.

➥ Sem correspondência no CC/1916.

Se a indenização for referente ao valor do tempo restante do contrato e esta se caracterizar excessiva, poderá o juiz reduzi-la equitativamente para que não gere enriquecimento sem causa.

▪ Direito civil e processual civil. Sentença que julgou conjuntamente ação de cobrança de multa contratual e ação de consignação em pagamento. Autos da ação de consignação em pagamento: agravo retido. Alegação de cerceamento de defesa ante o indeferimento do pedido de produção de prova técnica. Prova desnecessária para o julgamento da lide. Julgamento antecipado na forma do art. 330 do CPC que se mostra escorreito. Recurso não provido. Apelação cível: cobrança de multa contratual pela rescisão antecipada do contrato. Locatário que alega ser excessivo o valor da multa. Contrato que estipulava multa no importe de 20% sobre o valor dos alugueis dos meses faltantes para o término do contrato. Art. 4º da Lei de Locações. Arts. 412 e 572 do CC. Multa proporcional ao cumprimento do contrato. Excessiva onerosidade não verificada. Impossibilidade, no caso, de relativização do *pacta sunt servanda*. Honorários advocatícios sucumbenciais fixados em atendimento aos parâmetros estabelecidos no art. 20, § 3º, do CPC. Impossibilidade de minoração. Recurso conhecido e não provido. (TJPR, Ap. Cível n. 1174474-0, 12ª Câm. Cível, rel. Des. Ivanise Maria Tratz Martins, *DJe* 22.06.2015)

Art. 573. A locação por tempo determinado cessa de pleno direito findo o prazo estipulado, independentemente de notificação ou aviso.

➥ Veja art. 1.194 do CC/1916.

O contrato de locação que possui termo cessa todos os seus efeitos de pleno direito no momento em que o prazo se esgota, independentemente de notificação ou aviso ao locatário.

Art. 574. Se, findo o prazo, o locatário continuar na posse da coisa alugada, sem oposição do locador, presumir-se-á prorrogada a locação pelo mesmo aluguel, mas sem prazo determinado.

➥ Veja art. 1.195 do CC/1916.

A locação se prorroga tacitamente se o locatário permanecer na posse da coisa alugada sem oposição do locador, e será estendida por tempo indeterminado nos mesmos moldes do contrato que deu origem à prorrogação.

▪ Apelação cível. Locação. Ação declaratória de inexistência de débito cumulada com danos morais. duplicata. Emissão locação de andaimes. Alegação de cobrança por período posterior ao término do contrato. Manutenção da posse do equipamento. Prorrogação automática (art. 574, CC) intenção de resilir o contrato. Comunicação. Ausência de provas. Devolução do equipamento. Responsabilidade da locatária. Cobrança. Período abrangido até a devolução do equipamento. Validade. Honorários advocatícios. Valor adequado. Manutenção. Recurso conhecido e desprovido. (TJPR, Ap. Cível n. 1203752-6, 11ª Câm. Cível, rel. Des. Ruy Muggiati, *DJe* 17.11.2014)

Código Civil comentado e anotado   Arts. 575 e 576

Art. 575. Se, notificado o locatário, não restituir a coisa, pagará, enquanto a tiver em seu poder, o aluguel que o locador arbitrar, e responderá pelo dano que ela venha a sofrer, embora proveniente de caso fortuito.

Parágrafo único. Se o aluguel arbitrado for manifestamente excessivo, poderá o juiz reduzi-lo, mas tendo sempre em conta o seu caráter de penalidade.

➡ Veja art. 1.196 do CC/1916.

Após a notificação, o locatário é obrigado a restituir a coisa alugada, porém se não o fizer, deverá pagar o aluguel cujo valor será arbitrado pelo locador, além de se responsabilizar por quaisquer danos que a coisa venha a sofrer, inclusive se originada de caso fortuito. É importante ainda dizer que, se o aluguel arbitrado for excessivo, o juiz poderá diminuí-lo, não deixando de lado o caráter de penalidade.

■ Enunciado n. 180 da III Jornada de Direito Civil: "A regra do parágrafo único do art. 575 do novo CC, que autoriza a limitação pelo juiz do aluguel-pena arbitrado pelo locador, aplica-se também ao aluguel arbitrado pelo comodante, autorizado pelo art. 582, 2ª parte, do novo CC".

■ Apelação cível. Locação de bem móvel. Indenização. Descabimento. Inexistindo nos autos prova de que a parte-locatária tenha sido notificada nos termos do art. 575 do CC, descabe indenização à locadora pela não devolução dos equipamentos, sendo devidos, apenas, os aluguéis em atraso. Recurso provido. (TJRS, Ap. Cível n. 70.057.563.397, 16ª Câm. Cível, rel. Des. Paulo Sergio Scarparo, j. 04.12.2014)

Art. 576. Se a coisa for alienada durante a locação, o adquirente não ficará obrigado a respeitar o contrato, se nele não for consignada a cláusula da sua vigência no caso de alienação, e não constar de registro.

§ 1º O registro a que se refere este artigo será o de Títulos e Documentos do domicílio do locador, quando a coisa for móvel; e será o Registro de Imóveis da respectiva circunscrição, quando imóvel.

§ 2º Em se tratando de imóvel, e ainda no caso em que o locador não esteja obrigado a respeitar o contrato, não poderá ele despedir o locatário, senão observado o prazo de noventa dias após a notificação.

➡ Veja art. 1.197 do CC/1916.

A alienação do bem durante a locação não obriga o adquirente a respeitar o contrato, salvo se este contiver cláusula de vigência e estiver devidamente registrado no Cartório de Títulos e Documentos do domicílio do locador.

■ Súmula n. 442 do STF: "A inscrição do contrato de locação no Registro de Imóveis, para a validade da cláusula de vigência contra o adquirente do imóvel, ou perante terceiros, dispensa a transcrição no Registro de Títulos e Documentos".

■ Ação reivindicatória. Sentença de procedência. Apelo do réu. Pretensão à inversão do julgado, ou, subsidiariamente, reconhecimento de indenização por perdas e danos somente a partir do trânsito em julgado da decisão. Inadmissibilidade. Autora que demonstrou ser proprietária do bem e a posse injusta do réu. Contrato de locação não oponível à autora, porquanto firmado com supostos herdeiros de an-

355

Arts. 576 a 578 — Almeida Guilherme

tiga proprietária e não averbado na matrícula do bem. Inteligência do art. 576, *caput*, do CC. Autora que manifestou, tempestivamente, seu desinteresse na manutenção da avença, por meio de notificação. Indenização devida desde a notificação, pois, em que pese o reconhecimento de que a posse do réu tornou-se injusta apenas após o decurso de 90 dias da notificação (§ 2º do art. 576 do CC), é inadmissível a ocupação gratuita. Bem frutífero. Vedação ao enriquecimento sem causa. Locativos que, portanto, são devidos à nova proprietária do bem, desde a notificação, pois o seu pagamento independia da qualidade do exercício da posse (se de boa ou má-fé). Sentença mantida. Recurso desprovido. (TJSP, Ap. n. 1013057-46.2014.8.26.0562/Santos, 5ª Câm. de Dir. Priv., rel. Fábio Podestá, *DJe* 08.06.2015)

Art. 577. Morrendo o locador ou o locatário, transfere-se aos seus herdeiros a locação por tempo determinado.

➡ Veja art. 1.198 do CC/1916.

A locação por tempo determinado não poderá ser objeto de denúncia vazia por parte do locador, devendo, portanto, ser cumprido até seu término, de maneira que a obrigatoriedade do cumprimento transferir-se-á a quem sucedê-lo por conta da herança.

■ Agravo de instrumento. Locação de imóvel. Ação de despejo. Óbito da locadora. Ação movida por herdeiro. Legitimidade para a causa. Exegese dos arts. 10 da Lei n. 8.245/91 e 577 do CC. Inexistência de carência da ação. Recurso não provido. Certeiro o entendimento de que, com a morte do locador, o contrato de locação transfere-se aos herdeiros, que podem figurar em juízo, não havendo que se invocar a presença do espólio, tampouco de inventariante. Agravo de instrumento. Locação de imóvel. Ação de despejo. Comprovação de titularidade dominial. Desnecessidade. Recurso não provido. A relação jurídica *ex locato* é de direito pessoal e, por isto, dispensa a prova da propriedade do imóvel dado em locação, sendo suficiente que o locador tenha a posse direta e a transmita ao locatário. (TJSP, AI n. 2111710-06.2014.8.26.0000/São Paulo, 31ª Câm. de Dir. Priv., rel. Armando Toledo, *DJe* 01.09.2014)

Art. 578. Salvo disposição em contrário, o locatário goza do direito de retenção, no caso de benfeitorias necessárias, ou no de benfeitorias úteis, se estas houverem sido feitas com expresso consentimento do locador.

➡ Veja art. 1.199 do CC/1916.

No caso de benfeitorias necessárias ou úteis com expresso consentimento do locador, o locatário goza do direito de reter o imóvel em sua posse até o tempo equivalente para que tenha seu patrimônio restabelecido.

■ Súmula n. 158 do STF: "Salvo estipulação contratual averbada no registro imobiliário, não responde o adquirente pelas benfeitorias do locatário".

■ Apelação cível. Locação. Ação de rescisão contratual cumulada com ressarcimento de valores. Indenização por benfeitorias. Descabimento. Renúncia. Consignação das chaves. 1 – Nos termos dos arts. 35 da Lei n. 8.245/91 e 578 do CC e do verbete da Súmula n. 335 do STJ, em contratos de locação, o locatário pode renunciar validamente ao direito de retenção e indenização de benfeitorias úteis e necessárias. Havendo renúncia contratual, é descabida a pretensão indenizatória ou compensação com

Código Civil comentado e anotado
Arts. 578 e 579

aluguéis. 2 – Os aluguéis são devidos até a citação, data em que a locadora tomou ciência da consignação das chaves em juízo pelo locatário. Apelo parcialmente provido. (TJRS, Ap. Cível n. 70.065.652.083, 16ª Câm. Cível, rel. Des. Paulo Sergio Scarparo, j. 30.07.2015)

■ Apelação cível. Locação. Ação de despejo c/c cobrança de aluguéis. I – Ante a pretensão resistida para desocupação do imóvel, havendo a necessidade do ajuizamento de ação, cumpre a ré arcar com os ônus da sucumbência. Aplicação do princípio da causalidade. II – Nos termos dos arts. 35 da Lei n. 8.245/91 e 578 do CC vigente e da Súmula n. 335 do STJ, em contratos de locação, o locatário pode renunciar validamente ao direito de retenção e indenização de benfeitorias úteis e necessárias. Sendo assim, a pretensão de indenização pelas benfeitorias não prospera. III – Sentença e sucumbência mantidas. Negaram provimento ao apelo. Unânime. (TJRS, Ap. Cível n. 70.060.480.977, 16ª Câm. Cível, rel. Des. Ergio Roque Menine, j. 16.07.2015)

CAPÍTULO VI
DO EMPRÉSTIMO

Seção I
Do Comodato

Art. 579. O comodato é o empréstimo gratuito de coisas não fungíveis. Perfaz-se com a tradição do objeto.

➡ Veja art. 1.248 do CC/1916.

Comodato. É o empréstimo de uso. Deve-se devolver o mesmo bem; portanto, não pode ser fungível ou consumível. É unilateral (obrigação de devolver), gratuito (cessão sem contraprestação), real (só se completa com a entrega da coisa), *intuitu personae* (é um favorecimento pessoal) e não solene (recomenda-se que seja feito por escrito para não gerar dúvidas com o contrato de locação).

Portanto, o contrato de comodato é aquele em que o comodante entrega coisa, móvel ou imóvel, infungível ao comodatário, para que este possa usá-la temporariamente e depois restituí-la.

■ Apelação cível. Direito civil e processual civil. Comodato. Despesas. Benfeitorias. Cobrança. Prescrição. Enriquecimento sem causa. Prazo trienal (art. 206, § 3º, IV, CC/2002). Autorização do comodante. Prova. Ausência. Ônus do comodatário. 1 – A pretensão de ressarcimento de valores despendidos com despesas e para a realização de benfeitorias em imóvel objeto de comodato fundamenta-se na vedação de enriquecimento sem causa, exigindo, assim, que seja aplicado o prazo prescricional de três anos previsto no § 3º, IV, do art. 206 do CC. 2 – No âmbito do comodato, que nada mais é do que o empréstimo gratuito de coisas não fungíveis (CC, art. 579), não é cabível a restituição das despesas efetuadas pelo comodatário com o uso e gozo da coisa emprestada. 3 – Somente mediante autorização do comodante é que pode se pretender o ressarcimento de benfeitorias realizadas pelo comodatário, haja vista que o contrato de comodato deve ser estritamente respeitado pelas partes, sob pena de perdas e danos (CC, art. 582). 4 – Apelação conhecida e não provida. (TJDFT, Ap. Cível n. 20110310293052, 1ª T. Cível, rel. Des. Simone Lucindo, *DJe* 11.03.2015)

Arts. 579 a 582 — Almeida Guilherme

- Apelação. Obrigação de fazer. Comodato. Imóvel. Reformas estruturais. Direitos reais. Taxatividade dos direitos reais. Ré que não comprovou a existência de direito real de uso e habitação. Inexistência de direito real sem registro imobiliário fora das hipóteses legais, de que são exemplos o direito real de habitação oriunda do direito sucessório. A relação jurídica envolvendo as partes é de comodato (CC, art. 579). Trata-se de cessão do imóvel para a moradia da ré em decorrência de empréstimo da autora por ato não solene. Obrigação da comodatária de conservar a coisa como se fosse sua (art. 582, CC). Dever de custear as obras descritas pelo perito judicial, pois integram o conceito de despesas ordinárias de conservação e manutenção da coisa emprestada. Sentença mantida. Recurso improvido. (TJSP, Ap. n. 0003342-63.2012.8.26.0595/Serra Negra, 4ª Câm. de Dir. Priv., rel. Hamid Bdine, *DJe* 24.06.2015)

Art. 580. Os tutores, curadores e em geral todos os administradores de bens alheios não poderão dar em comodato, sem autorização especial, os bens confiados à sua guarda.

➡ Veja art. 1.249 do CC/1916.

É necessária autorização especial para que os tutores, curadores e em geral todos os administradores de bens alheios possam dar em comodato os bens confiados a sua guarda.

Art. 581. Se o comodato não tiver prazo convencional, presumir-se-lhe-á o necessário para o uso concedido; não podendo o comodante, salvo necessidade imprevista e urgente, reconhecida pelo juiz, suspender o uso e gozo da coisa emprestada, antes de findo o prazo convencional, ou o que se determine pelo uso outorgado.

➡ Veja art. 1.250 do CC/1916.

É costumeiro que se fixe prazo em convenção para o término do comodato, porém se não houver tal prazo, o comodato perdurará por presunção, o bastante para o uso concedido. É vedado ao comodante a suspensão do uso e gozo da coisa emprestada antes do término do prazo convencionado, salvo situação imprevista e urgente reconhecida pelo magistrado.

- Agravo regimental no recurso especial. Civil e processual civil. Ação de reinteração de posse. Comodato/cessão. Pedido de desocupação. Ausência de prazo. Impossibilidade de eternização do comodato. Procedência do pedido. I – "Dado em comodato o imóvel, mediante contrato verbal, onde, evidentemente, não há prazo assinalado, bastante à desocupação a notificação ao comodatário da pretensão do comodante, não se lhe exigindo prova de necessidade imprevista e urgente do bem" (REsp n. 605.137/PR, rel. Min. Aldir Passarinho Junior, 4ª T., j. 18.05.2004, *DJ* 23.08.2004, p. 251). 2 – Aplicação da regra do art. 581 do CC. 3 – Agravo regimental desprovido. (STJ, Ag. Reg.-REsp n. 1.424.390, 3ª T., rel. Min. Paulo de Tarso Sanseverino, *DJe* 24.02.2015)

Art. 582. O comodatário é obrigado a conservar, como se sua própria fora, a coisa emprestada, não podendo usá-la senão de acordo com o contrato ou a natureza dela, sob pena de responder por perdas e danos. O comodatário constituído em mora, além de por ela responder, pagará, até restituí-la, o aluguel da coisa que for arbitrado pelo comodante.

➡ Veja arts. 1.251 e 1.252 do CC/1916.

Código Civil comentado e anotado   Arts. 582 a 585

A coisa emprestada em comodato deverá ser conservada como se fosse de propriedade do comodatário, ou seja, este deve zelar pela coisa como se sua fosse, e ainda deverá utilizá-la nos limites do contrato ou da natureza da coisa, sob pena de responder por perdas e danos. Se constituído em mora, o comodatário deverá restituir a coisa; se não o fizer, estará obrigado ao pagamento de aluguel, que deverá ser arbitrado pelo comodante.

■ Enunciado n. 180 da III Jornada de Direito Civil: "Atribui-se nova redação ao Enunciado n. 46 da I Jornada de Direito Civil, com a supressão da parte final: não se aplicando às hipóteses de responsabilidade objetiva".

■ Recurso especial. Direito civil. Comodato por prazo determinado. Bens móveis. Extravio. Aluguel. Art. 582 do CC. Fixação unilateral pelo comodante. Desnecessidade de prévia estipulação em contrato. Arbitramento judicial. Possibilidade. 1 – O comodatário, constituído em mora, responde pela restituição da coisa ou, na impossibilidade de fazê-lo, por perdas e danos. Responde, ainda, pelo pagamento de aluguel a ser arbitrado unilateralmente pelo comodante, consoante a inteligência do art. 582 do CC. 2 – Nos contratos de comodato com prazo determinado, a mora se constitui de pleno direito no dia do vencimento da obrigação de restituição da coisa. 3 – O aluguel decorrente da mora, em casos tais, é exigível independentemente de ter sido objeto de prévia estipulação contratual, sendo perfeitamente possível seu arbitramento posterior, pelo comodante, na via judicial ou até mesmo por notificação extrajudicial do comodatário. 4 – O arbitramento do aluguel, em todo caso, deve ser feito com razoabilidade e observância ao princípio da boa-fé objetiva, de modo a se evitar eventual abuso de direito ou indevido enriquecimento sem causa do comodante. 5 – Recurso especial provido. (STJ, REsp n. 1.188.315, 3ª T., rel. Min. Ricardo Villas Bôas Cueva, *DJe* 18.08.2014)

Art. 583. Se, correndo risco o objeto do comodato juntamente com outros do comodatário, antepuser este a salvação dos seus abandonando o do comodante, responderá pelo dano ocorrido, ainda que se possa atribuir a caso fortuito, ou força maior.

➡ Veja art. 1.253 do CC/1916.

Para que seja atribuído caso fortuito ou força maior na perda da coisa objeto de comodato, deverá o comodatário preferir a salvação dos objetos do comodante em detrimento dos seus, sob pena de responder pelas perdas e danos, caso desrespeite o comando do art. 583.

Art. 584. O comodatário não poderá jamais recobrar do comodante as despesas feitas com o uso e gozo da coisa emprestada.

➡ Veja art. 1.254 do CC/1916.

As despesas relativas ao uso e gozo da coisa não poderão recair sobre o comodante, devendo ser suportadas exclusivamente pelo comodatário.

Art. 585. Se duas ou mais pessoas forem simultaneamente comodatárias de uma coisa, ficarão solidariamente responsáveis para com o comodante.

Arts. 585 a 588

➡ Veja art. 1.255 do CC/1916.
➡ Veja MP n. 2.172-32/2001.

Trata-se de solidariedade decorrente de lei, uma vez que esta preceitua que se uma coisa foi emprestada em comodato a duas ou mais pessoas, todos os comodatários serão solidariamente responsáveis pela coisa.

■ Súmula n. 60 do STJ: "É nula a obrigação cambial assumida por procurador do mutuário vinculado ao mutuante, no exclusivo interesse deste".

Seção II
Do Mútuo

Art. 586. O mútuo é o empréstimo de coisas fungíveis. O mutuário é obrigado a restituir ao mutuante o que dele recebeu em coisa do mesmo gênero, qualidade e quantidade.

➡ Veja art. 1.256 do CC/1916.

Contrato de mútuo. Empréstimo de consumo em que o mutuário deve devolver coisa do mesmo gênero, qualidade e quantidade. Portanto, trata-se de coisa fungível. A propriedade da coisa móvel é transferida para o mutuário. É unilateral, gratuito ou oneroso (mútuo feneratício – empréstimo com cobrança de juros fixados segundo a taxa em vigor, sob pena de usura), real e não solene (mútuo gratuito tem forma livre) ou solene (mútuo oneroso deve ser feito expressamente).

■ Apelação cível. Embargos de terceiro. Arrendamento de gado. Contrato de mútuo. Translatividade de domínio. Constrição mantida. 1 – O denominado contrato de arrendamento de gado, a bem da verdade, configura um pacto de mútuo, consoante o disposto no art. 586 do CC, em que há transferência de coisas fungíveis, de modo a surgir ao mutuário a obrigação de restituir ao mutuante o bem recebido no mesmo gênero, qualidade e quantidade. 2 – Revela-se perfectivamente válida a constrição de semoventes, que estavam em poder do mutuário/executado, em razão da característica da translatividade de domínio inerente ao contrato de mútuo firmado entre as partes. Apelação conhecida e desprovida. Sentença mantida. (TJGO, Ap. Cível n. 200392779935, 3ª Câm. Cível, rel. Des. Itamar de Lima, *DJe* 06.04.2015)

Art. 587. Este empréstimo transfere o domínio da coisa emprestada ao mutuário, por cuja conta correm todos os riscos dela desde a tradição.

➡ Veja art. 1.257 do CC/1916.

A coisa emprestada fica sujeita à responsabilidade do mutuário, desde o momento em que ocorre a tradição.

Art. 588. O mútuo feito a pessoa menor, sem prévia autorização daquele sob cuja guarda estiver, não pode ser reavido nem do mutuário, nem de seus fiadores.

Código Civil comentado e anotado   Arts. 588 a 591

➡ Veja art. 1.259 do CC/1916.

No caso de existir mútuo não autorizado realizado a menor, perderá o mutuante o direito de reaver a coisa do mutuário ou de seus fiadores. Trata-se de medida protecionista do menor e de sua família.

Art. 589. Cessa a disposição do artigo antecedente:
I – se a pessoa, de cuja autorização necessitava o mutuário para contrair o empréstimo, o ratificar posteriormente;
II – se o menor, estando ausente essa pessoa, se viu obrigado a contrair o empréstimo para os seus alimentos habituais;
III – se o menor tiver bens ganhos com o seu trabalho. Mas, em tal caso, a execução do credor não lhes poderá ultrapassar as forças;
IV – se o empréstimo reverteu em benefício do menor;
V – se o menor obteve o empréstimo maliciosamente.

➡ Veja art. 1.260 do CC/1916.

O mutuante que emprestou coisa fungível a pessoa menor, sem prévia autorização de seu representante legal, poderá reaver o bem nos casos dispostos nos incisos do art. 589 do CC/2002; logo, a proteção oferecida pelo art. 588 do CC/2002 cessará.

Art. 590. O mutuante pode exigir garantia da restituição, se antes do vencimento o mutuário sofrer notória mudança em sua situação econômica.

➡ Veja art. 1.261 do CC/1916.

Mesmo que no contrato de mútuo inicial não haja a exigência de garantia de restituição, poderá o mutuante exigi-la, caso a situação econômico-financeira do mutuário se modifique posteriormente.

Art. 591. Destinando-se o mútuo a fins econômicos, presumem-se devidos juros, os quais, sob pena de redução, não poderão exceder a taxa a que se refere o art. 406, permitida a capitalização anual.

➡ Veja art. 1.262 do CC/1916.

No mútuo que se realizar com cunho econômico (mútuo oneroso) por presunção serão devidos juros que não ultrapassem os que seriam devidos à Fazenda Nacional por ocorrência da mora, sob pena de redução, caso seja ultrapassado esse limite legal.

▪ Súmula n. 530 do STJ: "Nos contratos bancários, na impossibilidade de comprovar a taxa de juros efetivamente contratada – por ausência de pactuação ou pela falta de juntada do instrumento aos au-

361

Arts. 591 e 592 — Almeida Guilherme

tos –, aplica-se a taxa média de mercado, divulgada pelo Bacen, praticada nas operações da mesma espécie, salvo se a taxa cobrada for mais vantajosa para o devedor".

▪ Súmula n. 539 do STJ: "É permitida a capitalização de juros com periodicidade inferior à anual em contratos celebrados com instituições integrantes do Sistema Financeiro Nacional a partir de 31.03.2000 (MP n. 1.963-17/2000, reeditada como MP n. 2.170-36/2001), desde que expressamente pactuada".

▪ Súmula n. 541 do STJ: "A previsão no contrato bancário de taxa de juros anual superior ao duodécuplo da mensal é suficiente para permitir a cobrança da taxa efetiva anual contratada".

▪ Enunciado n. 34 da I Jornada de Direito Civil: "No novo Código Civil, quaisquer contratos de mútuo destinados a fins econômicos presumem-se onerosos (art. 591), ficando a taxa de juros compensatórios limitada ao disposto no art. 406, com capitalização anual".

▪ Apelação cível. Alienação fiduciária. Processo de conhecimento. Pedido revisional. Paradigmas do STJ. Observância das teses emanadas dos processos repetitivos, julgados na forma do art. 543-C do CPC. CDC e pedido revisional. O CDC é aplicável as instituições financeiras, nos termos da Súmula n. 297 do STJ. É possível o pedido de revisão das cláusulas contratuais, com fundamento no art. 6º, V, do CDC. A incidência do CDC e a possibilidade do pedido revisional não asseguram a procedência dos pedidos formulados pelo consumidor. Capitalização dos juros Constitucionalidade do art. 5º da MP n. 2.170. Recurso Extraordinário n. 592.377. Repercussão Geral. Tema 33. As entidades integrantes do Sistema Financeiro Nacional estão sujeitas ao art. 5º da MP n. 2.170, que autoriza a capitalização dos juros em periodicidade inferior a anual. Súmula n. 539 do STJ. Inaplicabilidade do art. 591 do CC. Prevalência da Lei Especial. Forma de contratação. Tese Paradigma. REsp n. 973.827/RS. A capitalização pode ser demonstrada pela redação das cláusulas convencionadas ou quando a taxa anual dos juros é superior ao duodécuplo da taxa mensal. Súmula n. 541 do STJ. Caso concreto. Capitalização contratada. Mantida a forma de composição das parcelas na forma contratada. Apelo desprovido. (TJRS, Ap. Cível n. 70.065.576.373, 13ª Câm. Cível, rel. Des. Angela Terezinha de Oliveira Brito, j. 23.07.2015)

Art. 592. Não se tendo convencionado expressamente, o prazo do mútuo será:
I – até a próxima colheita, se o mútuo for de produtos agrícolas, assim para o consumo, como para semeadura;
II – de trinta dias, pelo menos, se for de dinheiro;
III – do espaço de tempo que declarar o mutuante, se for de qualquer outra coisa fungível.

➥ Veja art. 1.264 do CC/1916.

Caso não haja estipulação de prazo para restituição do bem objeto do mútuo, a lei prediz que será de trinta dias, se o empréstimo for em dinheiro; até a próxima colheita, se o produto for agrícola ou para semeadura; ou pelo prazo de tempo estipulado pelo mutuante, no caso de qualquer outra coisa fungível.

▪ Mútuo. Réu que confessa ter recebido a quantia de R$ 10.000,00, como empréstimo. Dever de restituição. Correção monetária a partir do trigésimo dia (art. 592, II, do CC) e juros da citação. Provimento, em parte, para dispor sobre os acréscimos, refazendo-se o cálculo do *quantum debeatur*. (TJSP, Ap. n. 9000288-68.2009.8.26.0100/São Paulo, 4ª Câm. de Dir. Priv., rel. Ênio Zuliani, *DJe* 30.03.2015)

Código Civil comentado e anotado

Art. 593

CAPÍTULO VII
DA PRESTAÇÃO DE SERVIÇO

Art. 593. A prestação de serviço, que não estiver sujeita às leis trabalhistas ou a lei especial, reger-se-á pelas disposições deste Capítulo.

➡ Sem correspondência no CC/1916.

Esta seção dedica-se a regular subsidiariamente as prestações de serviços que não forem reguladas pela Justiça do Trabalho (CLT). Inclusive, o contrato de prestação de serviço pode se sujeitar às regras de direito consumerista, conforme o art. 3º, § 2º do CDC (*vide* GUILHERME, Luiz Fernando do Vale de Almeida. *Responsabilidade civil dos advogados e das sociedades de advogados nas auditorias jurídicas*. São Paulo, Quartier Latin, 2005).

■ Prestação de serviços advocatícios. Ação de cobrança. Resilição por iniciativa do réu, fundada em cláusula contratual específica. Pleito de condenação ao pagamento de metade da remuneração referente ao período inicialmente previsto para vigência. Disciplina legal específica, em que se ampara o contrato, a afastar a aplicação do art. 603 do CC. Improcedência reconhecida. Recurso improvido. 1. O contrato contempla a possibilidade de rescisão por qualquer uma das partes, mediante aviso da parte interessada, de forma expressa, com antecedência mínima de sessenta dias, independentemente de qualquer remuneração, indenização ou multa. Assim, verificada a incorporação da instituição financeira contratante pelo banco réu e observadas as formalidades exigidas para a denúncia do ajuste, inegável se apresenta o direito do demandado à resilição do contrato. 2. A norma do art. 603 do CC, que assegura ao prestador de serviços o direito à metade da remuneração prevista até o final do prazo contratual, não tem aplicação na hipótese, dada a existência de Lei especial a disciplinar o contrato de prestação de serviços advocatícios (CC, art. 593). Há incompatibilidade entre as disposições gerais e a prestação dos serviços advocatícios, de modo que a cláusula contratual encontra pleno respaldo na lei especial. (TJSP, Ap. n. 0043362-90.2011.8.26.0576/São José do Rio Preto, 31ª Câm. de Dir. Priv., rel. Antonio Rigolin, *DJe* 17.12.2014)

■ Súmula n. 331 do TST: "Contrato de prestação de serviços. Legalidade (nova redação do item IV e inseridos os itens V e VI à redação) – Res. 174/2011, *DEJT* divulgado em 27, 30 e 31.05.2011. I – A contratação de trabalhadores por empresa interposta é ilegal, formando-se o vínculo diretamente com o tomador dos serviços, salvo no caso de trabalho temporário (Lei n. 6.019, de 03.01.1974). II – A contratação irregular de trabalhador, mediante empresa interposta, não gera vínculo de emprego com os órgãos da Administração Pública direta, indireta ou fundacional (art. 37, II, da CF/1988). III – Não forma vínculo de emprego com o tomador a contratação de serviços de vigilância (Lei n. 7.102, de 20.06.1983) e de conservação e limpeza, bem como a de serviços especializados ligados à atividade-meio do tomador, desde que inexistente a pessoalidade e a subordinação direta. IV – O inadimplemento das obrigações trabalhistas, por parte do empregador, implica a responsabilidade subsidiária do tomador dos serviços quanto àquelas obrigações, desde que haja participado da relação processual e conste também do título executivo judicial. V – Os entes integrantes da Administração Pública direta e indireta respondem subsidiariamente, nas mesmas condições do item IV, caso evidenciada a sua conduta culposa no cumprimento das obrigações da Lei n. 8.666, de 21.06.1993, especialmente na fiscalização do cumprimento das obrigações contratuais e legais da prestadora de serviço como empregadora. A aludida responsabilidade não decorre de mero inadimplemento das obrigações trabalhistas assumidas pela empresa regularmente contratada. VI – A responsabilidade subsidiária do tomador de serviços abrange todas as verbas decorrentes da condenação referentes ao período da prestação laboral".

Art. 594. Toda a espécie de serviço ou trabalho lícito, material ou imaterial, pode ser contratada mediante retribuição.

➡ Veja art. 1.216 do CC/1916.

O **contrato de prestação de serviço** é um contrato pelo qual uma das partes (prestador) se obriga com a outra (tomador) a prestar um serviço ou trabalho lícito, material ou imaterial, mediante remuneração.

Tratando-se de serviço prestado mediante concessão, torna-se impraticável a remuneração por taxa do gênero tributo, em razão da inocorrência de norma constitucional obstativa à contraprestação via preço público. De acordo com a melhor doutrina, a "assinatura mensal cobrada" afigura-se totalmente ilícita e não possui suporte jurídico válido a permitir sua exigibilidade. Portanto, não há que se falar em preço do contrato, já que assinatura mensal não configura taxa ou tarifa, ou seja, não é espécie nem do direito civil, nem do direito tributário.

▪ Enunciado n. 541 da VI Jornada de Direito Civil: "O contrato de prestação de serviço pode ser gratuito".

▪ Financiamento garantido por alienação fiduciária de imóvel. Sistema de amortização crescente. SAC. Inocorrência da capitalização. Inteligência do mecanismo dos arts. 323 e 354 do CC. Saldo devedor. Atualização prévia ao abatimento da prestação resgatada. Legitimidade da sistemática. Presunção de constitucionalidade da Lei n. 9.514/97, até eventual pronunciamento em contrário pelo STF. Legitimidade da cobrança da taxa de administração. Remuneração pelos serviços prestados, art. 594 do CC. Exigibilidade do prêmio de seguro, art. 5º, IV, da Lei n. 9.514/97. *Spread* – Tema avaliado nos termos do art. 515, § 1º, do CPC. Onerosidade excessiva não demonstrada. Recurso não provido. (TJSP, Ap. n. 1004101-27.2014.8.26.0405/Osasco, 38ª Câm. de Dir. Priv., rel. César Peixoto, *DJe* 07.05.2015)

Art. 595. No contrato de prestação de serviço, quando qualquer das partes não souber ler, nem escrever, o instrumento poderá ser assinado a rogo e subscrito por duas testemunhas.

➡ Veja art. 1.217 do CC/1916.

Se um dos contratantes não souber ler ou escrever, poderá o contrato ser lido e assinado por duas testemunhas.

▪ Recurso inominado. Consumidor. Empréstimo consignado. Ação de declaração de inexigibilidade de débito combinado com indenização por danos morais. Fraude. Consumidor idoso e não alfabetizado. Vulnerabilidade acentuada. Contrato apresentado pela recorrente não consta assinatura a rogo. Inobservância do art. 595, do novo CC. Condição essencial de validade da contratação. Danos morais configurados. Sentença mantida pelos próprios fundamentos. Recurso conhecido e improvido. (TJBA, Rec. Inom. n. 0001257-83.2013.805.0133-1, 2ª T., rel. Juíza Isabela Kruschewsky Pedreira da Silva, *DJe* 15.01.2015, p. 422)

Código Civil comentado e anotado

Arts. 596 a 598

Art. 596. Não se tendo estipulado, nem chegado a acordo as partes, fixar-se-á por arbitramento a retribuição, segundo o costume do lugar, o tempo de serviço e sua qualidade.

➡ Veja art. 1.218 do CC/1916.

Na ausência de estipulação de valor, bem como na impossibilidade de composição das partes, deverá o valor da respectiva retribuição ser arbitrado de acordo com os costumes locais e o tempo de serviço, levando-se em conta também seus aspectos qualitativos.

▪ Cobrança. Prestação de serviços. Rescisão de contrato. Provas, documental e oral, demonstrando a execução dos serviços de medição e análise do solo. Exigibilidade do pagamento dos valores pelos serviços prestados. Apuração do *quantum*. Liquidação de sentença por arbitramento. CC, art. 596. Recurso desprovido. Sentença mantida. (TJSP, Ap. n. 0009819-98.2008.8.26.0286/Itu, 15ª Câm. Ext. de Dir. Priv., rel. Ademir Benedito, *DJe* 16.07.2015)

Art. 597. A retribuição pagar-se-á depois de prestado o serviço, se, por convenção, ou costume, não houver de ser adiantada, ou paga em prestações.

➡ Veja art. 1.219 do CC/1916.

Em regra, a retribuição por serviço prestado acontece após a respectiva prestação de serviço, salvo se convencionado em contrário, o costume ser diverso ou então o pagamento ser realizado em prestações.

▪ Direito civil e processual civil. Compra e venda. Entrega incompleta do produto. Alegação de contrato não cumprido. Fato impeditivo não demonstrado. Indenização de perdas e danos. Aquisição dos componentes que deixaram de ser entregues. Correção monetária. Data do efetivo desembolso. I. A teor do que dispõe o art. 475 do CC, nos contratos bilaterais a parte lesada pelo inadimplemento tem direito de ser indenizada pelas perdas e danos sofridas. II. O vendedor que não entrega o equipamento na forma contratada deve indenizar o adquirente pelos gastos com a aquisição das peças faltantes. III. À falta de pactuação, o vendedor não pode condicionar a entrega completa do produto ao pagamento do serviço de montagem. IV. Nos termos do art. 597 do CC, salvo acordo em sentido contrário, o pagamento só pode ser exigido depois da prestação do serviço. V. A correção monetária deve incidir desde os desembolsos realizados na compra dos componentes que deixaram de ser entregues pelo vendedor. VI. Recurso da ré conhecido e desprovido. Recurso da autora conhecido e provido. (TJDFT, Proc. n. 20100112332399, rel. Des. James Eduardo Oliveira, *DJe* 18.08.2014)

Art. 598. A prestação de serviço não se poderá convencionar por mais de quatro anos, embora o contrato tenha por causa o pagamento de dívida de quem o presta, ou se destine à execução de certa e determinada obra. Neste caso, decorridos quatro anos, dar-se-á por findo o contrato, ainda que não concluída a obra.

➡ Veja art. 1.220 do CC/1916.

365

Arts. 598 a 601   Almeida Guilherme

O prazo de quatro anos é o limite para o fim do contrato de prestação de serviços, seja de qual natureza for, ou ainda que a obra a que ele se refere ainda não esteja acabada.

> ■ Enunciado n. 32 da I Jornada de Direito Comercial: "Nos contratos de prestação de serviços nos quais as partes contratantes são empresários e a função econômica do contrato está relacionada com a exploração de atividade empresarial, as partes podem pactuar prazo superior a quatro anos, dadas as especificidades da natureza do serviço a ser prestado, sem constituir violação do disposto no art. 598 do Código Civil".

Art. 599. Não havendo prazo estipulado, nem se podendo inferir da natureza do contrato, ou do costume do lugar, qualquer das partes, a seu arbítrio, mediante prévio aviso, pode resolver o contrato.
Parágrafo único. Dar-se-á o aviso:
I – com antecedência de oito dias, se o salário se houver fixado por tempo de um mês, ou mais;
II – com antecipação de quatro dias, se o salário se tiver ajustado por semana, ou quinzena;
III – de véspera, quando se tenha contratado por menos de sete dias.

> ➡ Veja art. 1.221 do CC/1916.

Caso o contrato de prestação de serviços seja por tempo indeterminado e não se possa presumir o prazo pela natureza do negócio ou pelo costume do lugar onde o serviço foi prestado, poderá qualquer uma das partes resolver o contrato de forma a extingui-lo, desde que seja com antecedência de oito dias quando a remuneração for mensal, quatro dias se a remuneração for semanal ou quinzenal, ou no dia anterior se a contratação tiver ocorrido por menos de sete dias.

Art. 600. Não se conta no prazo do contrato o tempo em que o prestador de serviço, por culpa sua, deixou de servir.

> ➡ Veja art. 1.223 do CC/1916.

Não é computado o prazo que o prestador de serviço, por sua culpa, deixou de cumprir.

Art. 601. Não sendo o prestador de serviço contratado para certo e determinado trabalho, entender-se-á que se obrigou a todo e qualquer serviço compatível com as suas forças e condições.

> ➡ Veja art. 1.224 do CC/1916.

O contrato de prestação de serviço deve estipular a exata função do prestador de serviços, sob pena de ser considerado apto a realizar todo e qualquer serviço compatível com suas forças e condições.

Código Civil comentado e anotado

Arts. 602 e 603

Art. 602. O prestador de serviço contratado por tempo certo, ou por obra determinada, não se pode ausentar, ou despedir, sem justa causa, antes de preenchido o tempo, ou concluída a obra.

Parágrafo único. Se se despedir sem justa causa, terá direito à retribuição vencida, mas responderá por perdas e danos. O mesmo dar-se-á, se despedido por justa causa.

➡ Veja art. 1.225 do CC/1916.

Aquele prestador de serviços contratado por prazo certo ou por obra determinada deverá cumprir estritamente os termos do contrato, sendo vedado que este se ausente ou se demita sem justa causa, antes de terminar o prazo ou concluir a obra, sob pena do pagamento de perdas e danos sem prejuízo da retribuição vencida.

Art. 603. Se o prestador de serviço for despedido sem justa causa, a outra parte será obrigada a pagar-lhe por inteiro a retribuição vencida, e por metade a que lhe tocaria de então ao termo legal do contrato.

➡ Veja art. 1.228 do CC/1916.

A hipótese aqui aventada diz respeito à resilição unilateral por parte do dono do serviço, ou seja, é o término prematuro do contrato de prestação de serviço por tempo determinado, caso em que qualquer uma das partes possui o direito potestativo de resilir o contrato a qualquer tempo (art. 473 do CC). Porém, neste caso específico, será tratado dos efeitos dessa resilição quando ela ocorrer por parte do dono do serviço. Caso o dono do serviço venha a resilir o contrato em plena vigência, deverá pagar para o prestador de serviço prejudicado o valor correspondente ao que já foi trabalhado até o momento da resilição, acrescido da metade do que seria esperado até o término do contrato. Note-se que, para existir esse direito, a dispensa do prestador de serviço deverá necessariamente ocorrer sem justa causa, ou seja, a quebra contratual não poderá ser originada por ato do prestador de serviço.

■ Enunciado n. 33 da I Jornada de Direito Comercial: "Nos contratos de prestação de serviços nos quais as partes contratantes são empresários e a função econômica do contrato está relacionada com a exploração de atividade empresarial, é lícito às partes contratantes pactuarem, para a hipótese de denúncia imotivada do contrato, multas superiores àquelas previstas no art. 603 do Código Civil".

■ Prestação de serviços advocatícios. Ação de cobrança. Resilição por iniciativa do réu, fundada em cláusula contratual específica. Pleito de condenação ao pagamento de metade da remuneração referente ao período inicialmente previsto para vigência. Disciplina legal específica, em que se ampara o contrato, a afastar a aplicação do art. 603 do CC. Improcedência reconhecida. Recurso improvido. 1. O contrato contempla a possibilidade de rescisão por qualquer uma das partes, mediante aviso da parte interessada, de forma expressa, com antecedência mínima de sessenta dias, independentemente de qualquer remuneração, indenização ou multa. Assim, verificada a incorporação da instituição financeira contratante pelo banco réu e observadas as formalidades exigidas para a denúncia do ajuste, inegável se apresenta o direito do demandado à resilição do contrato. 2. A norma do art. 603 do CC, que assegura ao prestador de serviços o direito à metade da remuneração prevista até o final do prazo contratual, não tem aplicação na hipótese, dada a existência de Lei especial a disciplinar o contrato de prestação de serviços advocatícios (CC, art. 593). Há incompatibilidade entre as disposições gerais e a prestação dos serviços advocatícios,

367

Arts. 603 a 606 — Almeida Guilherme

de modo que a cláusula contratual encontra pleno respaldo na Lei especial. (TJSP, Ap. n. 0043362-90.2011.8.26.0576/São José do Rio Preto, 31ª Câm. de Dir. Priv., rel. Antonio Rigolin, *DJe* 17.12.2014)

■ Apelação cível. Mandatos. Contrato de prestação de serviços. Administração de condomínios. Multa rescisória. Ausência de demonstraçao da rescisão motivada. A ausência de comprovação. Ônus da parte autora, por aplicação do art. 333, I, do CPC. Da motivação da rescisão contratual, decorrente de alguma falha grave da administradora de condomínio, autoriza a cobrança da multa rescisória prevista no contrato de prestação de serviços de administração de condomínios. Aplicação do art. 603 do CC. Recurso de apelação desprovido. (TJRS, Ap. Cível n. 70.060.016.110, 15ª Câm. Cível, rel. Des. Adriana da Silva Ribeiro, j. 22.10.2014)

Art. 604. Findo o contrato, o prestador de serviço tem direito a exigir da outra parte a declaração de que o contrato está findo. Igual direito lhe cabe, se for despedido sem justa causa, ou se tiver havido motivo justo para deixar o serviço.

➡ Veja art. 1.230 do CC/1916.

O prestador de serviço possui o direito de ver declarada expressamente a motivação pela qual o serviço deixou de ser prestado, desde que tenha sido despedido sem justa causa, ou se por motivo justo deixou o serviço. Da mesma maneira, o direito é válido para aquele que completou o serviço que lhe competia, e nesses casos a declaração expedida pelo empregador equipara-se à quitação.

Art. 605. Nem aquele a quem os serviços são prestados, poderá transferir a outrem o direito aos serviços ajustados, nem o prestador de serviços, sem aprazimento da outra parte, dar substituto que os preste.

➡ Veja art. 1.232 do CC/1916.

O contrato de prestação de serviços é personalíssimo e não está sujeito à substituição de partes por meio de cessão obrigacional, o que significa dizer que nenhuma das partes poderá se substituir no desempenho de suas obrigações sem o consentimento da outra: nem o prestador poderá se substituir por outro, nem aquele que o contratou poderá ceder seu direito sobre os serviços prestados a outrem.

Art. 606. Se o serviço for prestado por quem não possua título de habilitação, ou não satisfaça requisitos outros estabelecidos em lei, não poderá quem os prestou cobrar a retribuição normalmente correspondente ao trabalho executado. Mas se deste resultar benefício para a outra parte, o juiz atribuirá a quem o prestou uma compensação razoável, desde que tenha agido com boa-fé.

Parágrafo único. Não se aplica a segunda parte deste artigo, quando a proibição da prestação de serviço resultar de lei de ordem pública.

➡ Sem correspondência no CC/1916.

Código Civil comentado e anotado

Arts. 606 e 607

Para que se tenha retribuição normal pelos serviços prestados, o prestador de serviços necessariamente deverá ser habilitado para o exercício da função. Caso não o seja, o valor será reduzido, porém se o serviço reverteu benefício, o juiz arbitrará uma compensação razoável, tendo como pré-requisito a boa-fé (arts. 113 e 422 do CC).

■ Corretagem. Valores mobiliários. Nulidade da r. sentença não configurada. Sentença bem fundamentada. Observância do art. 93, IX, da CF. Ilegitimidade ativa não caracterizada. Ausência de registro do corretor junto à CVM que não o impede de ser remunerado. Conjunto probatório que demonstrou que o autor atuava como corretor em favor da ré. Comissão devida. Inaplicabilidade do parágrafo único do art. 606 do CC. Ausência de vulnerabilidade da empresa corretora de valores mobiliários. Impossibilidade de a ré se beneficiar da própria torpeza. Vedação ao enriquecimento sem causa. Recurso improvido. (TJSP, Ap. n. 0176271-40.2009.8.26.0100/São Paulo, 29ª Câm. de Dir. Priv., rel. Hamid Bdine, *DJe* 24.09.2014)

Art. 607. O contrato de prestação de serviço acaba com a morte de qualquer das partes. Termina, ainda, pelo escoamento do prazo, pela conclusão da obra, pela rescisão do contrato mediante aviso prévio, por inadimplemento de qualquer das partes ou pela impossibilidade da continuação do contrato, motivada por força maior.

➡ Veja art. 1.233 do CC/1916.

O contrato de prestação de serviços pode se findar com a morte de qualquer das partes, pelo escoamento do prazo, pela conclusão da obra, pela rescisão do contrato mediante aviso prévio, por inadimplemento de qualquer das partes ou pela impossibilidade da continuação do contrato, motivada por força maior.

■ Recurso inominado. Contrato. Prestação de serviço. Ação declaratória c/c restituição e indenização por danos morais. Serviço de cerimonialista para casamento. Pagamento adiantado. Cerimônia de casamento não realizada. Rescisão unilateral mediante aviso prévio com antecedência. Nulidade da cláusula de rescisão por descumprimento contratual. Devolução de valores não integrais. Dano moral não configurado. Hipótese em que, em junho de 2012, houve a contratação de prestação de serviços para casamento a ser realizado em janeiro de 2013, cujo pagamento fora antecipado (fl. 17). Sobreveio o cancelamento da cerimônia, motivo pelo qual a recorrente requereu a rescisão contratual e a restituição dos valores. O que lhe foi negado. A rescisão unilateral, nos contratos de prestação de serviço, ainda que regidos pela relação de consumo, encontra respaldo nos arts. 473 c/c 607 do CC. Assim, tendo em vista que a parte autora comunicou o cancelamento da cerimônia com antecedência de 2 meses, está autorizada a rescisão unilateral. Contudo, tendo em vista o princípio do *pacta sunt servanda*, a ré não pode ser prejudicada pela rescisão unilateral do contrato. Logo, em razão do princípio da razoabilidade e proporcionalidade, a restituição dos valores deve ser limitada a 50% do valor adiantado. Os transtornos experimentados pela parte autora/recorrida são inerentes à situação de rescisão negocial e não dão aso, por si sós, à indenização por danos morais, eis que ausente a demonstração concreta de danos causados à esfera da personalidade. Sentença mantida no ponto. Sentença reformada em parte. Recurso parcialmente provido. (TJRS, Rec. Inom. n. 71.004.671.673, 1ª T. Rec. Cível, rel. Fabiana Zilles, j. 28.10.2014)

Arts. 608 a 610

Art. 608. Aquele que aliciar pessoas obrigadas em contrato escrito a prestar serviço a outrem pagará a este a importância que ao prestador de serviço, pelo ajuste desfeito, houvesse de caber durante dois anos.

➡ Veja art. 1.235 do CC/1916.

Aquele que impedir a extinção por adimplemento do contrato de prestação de serviço, seduzindo o prestador com propostas mais vantajosas, deverá pagar ao dono do serviço prejudicado o equivalente ao que seria pago ao prestador do serviço por dois anos.

▪ Recurso. Apelação. Alegação de intempestividade. Os embargos de declaração interrompem o prazo para interposição da apelação. Art. 538 do CPC. Hipótese em que o recurso foi apresentado antes da intimação da decisão dos embargos. Tempestividade reconhecida preliminar rejeitada. Contrato. Prestação de serviços. Imputação de culpa no âmbito do contrato de assessoramento contábil e fiscal. Prova. Laudo pericial. Responsabilidade da prestadora caracterizada. Incorreções que acarretaram em prejuízos. Afastamento da cláusula penal em desfavor da autora. Sentença mantida. Recurso improvido. Prestação de serviços. Aliciamento de funcionários. Inaplicabilidade do art. 608 do CC no caso concreto. Falha dos serviços que antecederam a migração. Recurso improvido. Contrato. Prestação de serviços. Cobrança de honorários referentes ao excesso de trabalho. Pedido subsidiário. Diferença já incorporada no negócio Recurso improvido. (TJSP, Ap. n. 0172912-82.2009.8.26.0100/São Paulo, 23ª Câm. de Dir. Priv., rel. J. B. Franco de Godoi, *DJe* 03.11.2014)

Art. 609. A alienação do prédio agrícola, onde a prestação dos serviços se opera, não importa a rescisão do contrato, salvo ao prestador opção entre continuá-lo com o adquirente da propriedade ou com o primitivo contratante.

➡ Veja art. 1.236 do CC/1916.

Se o prestador de serviços exercer suas atividades em prédio rural e este for alienado, não importará necessariamente que o contrato seja rescindido automaticamente, uma vez que é reservada a opção do prestador em continuar a prestação de serviços com o alienante ou com o primitivo proprietário.

CAPÍTULO VIII
DA EMPREITADA

Art. 610. O empreiteiro de uma obra pode contribuir para ela só com seu trabalho ou com ele e os materiais.

§ 1º A obrigação de fornecer os materiais não se presume; resulta da lei ou da vontade das partes.

§ 2º O contrato para elaboração de um projeto não implica a obrigação de executá-lo, ou de fiscalizar-lhe a execução.

➡ Veja art. 1.237 do CC/1916.

Código Civil comentado e anotado   Arts. 610 a 612

Pelo **contrato de empreitada** (arts. 610 a 626 do CC), uma das partes – o empreiteiro – se compromete a executar determinada obra, pessoalmente ou por meio de terceiros, em troca de certa remuneração fixa a ser paga pelo outro contraente – dono da obra –, de acordo com instruções deste e sem relação de subordinação. Trata-se de uma espécie do gênero locação de serviços e dele difere por alguns traços distintos. Na empreitada, o objeto da prestação não é o esforço ou a atividade do locador, mas a obra em si, de modo que a remuneração do empreiteiro continua a mesma, quer a execução da obra ocupe mais ou menos tempo, e só será devida se o empreendimento prometido for alcançado. O empreiteiro assume os riscos da produção e, na qualidade de empresário, não está subordinado ao dono da obra, nem a ninguém.

■ Apelação cível. Ação de conhecimento de natureza constitutiva e condenatória. Preliminar de ilegitimidade passiva *ad causam*. Cheques emitidos pela pessoa jurídica. Devolução por insuficiência de fundos e protesto. Danos morais. Legitimidade da pessoa jurídica emitente. Premliminar afastada. Mérito. Contrato de empreitada. Serviço executado com defeito/vício. Impossibilidade de resolução. Procedimento adotado para hipótese de descumprimento de qualquer das obrigações contraídas. Empreitada para reforma de pastagem. Contratação de mão de obra. Agasalhamento de insumos. Impossibilidade. Ausência de pacto Aplicação do § 1º do art. 610 do CC. Vício de qualidade. Art. 21 do CDC. Reursos aos quais de nega provimento. Aquele que se diz ofendido em sua imagem, ainda que pessoa jurídica, como decorrência de devolução de cheques que emitiu, bem como protestos, tem legitimidade para pleitear reparação moral. O contrato de empreitada extingue-se pela resolução, desde que qualquer dos contraentes deixe de cumprir alguma das obrigações contraídas, e não quando o cumprimento é realizado com defeito e/ou vício, conforme alegado pelas partes. A ausência de convenção no contrato de empreitada para reforma de pastagem de inclusão de material, inviabiliza a atribuição de tal responsabilidade ao contratado, o que implica dizer que na hipótese do empreiteiro dispender recursos para tal fim, certo é lhe ser devido o ressarcimento correspondente. O contrato de empreitada para formação de pastagem é de resultado [...] (REsp n. 965.528/PR). (TJMS, Ap. n. 0015683-55.2009.8.12.0001, 5ª Câm. Cível, rel. Des. Luiz Tadeu Barbosa Silva, *DJe* 07.08.2015)

Art. 611. Quando o empreiteiro fornece os materiais, correm por sua conta os riscos até o momento da entrega da obra, a contento de quem a encomendou, se este não estiver em mora de receber. Mas se estiver, por sua conta correrão os riscos.

➡ Veja art. 1.238 do CC/1916.

Os materiais serão responsabilidade do empreiteiro até o término da obra, a contento de quem a encomendou, se não estiver em mora. Caso contrário, será deste a responsabilidade.

■ Responsabilidade civil contratual. Empreitada mista. Inadimplemento. Perdas e danos. Sem demonstração da anormalidade da chuva do período da execução contratual, os riscos da obra correm pelo empreiteiro (CC, art. 611), que deve indenizar as perdas e danos ao comitente decorrentes da queda da obra (muro de arrimo). Recurso improvido. (TJSP, Ap. n. 0223458-44.2009.8.26.0100/São Paulo, 29ª Câm. de Dir. Priv., rel. Hamid Bdine, *DJe* 17.09.2014)

Art. 612. Se o empreiteiro só forneceu mão de obra, todos os riscos em que não tiver culpa correrão por conta do dono.

Arts. 612 a 615

➥ Veja art. 1.239 do CC/1916.

Caso o empreiteiro tenha fornecido apenas mão de obra, a este só subsistirá responsabilidade caso haja culpa; caso contrário, todos os riscos serão do dono da obra.

Art. 613. Sendo a empreitada unicamente de lavor (art. 610), se a coisa perecer antes de entregue, sem mora do dono nem culpa do empreiteiro, este perderá a retribuição, se não provar que a perda resultou de defeito dos materiais e que em tempo reclamara contra a sua quantidade ou qualidade.

➥ Veja art. 1.240 do CC/1916.

Caso a empreitada seja única e exclusivamente baseada no trabalho do empreiteiro, e seu trabalho não puder ser realizado por perecimento dos materiais, serão observadas duas hipóteses: (i) a primeira ocorrerá se o perecimento se der sem culpa do dono da obra, hipótese em que o contrato se resolverá, cada um arcando com seus prejuízos; (ii) a segunda hipótese ocorrerá quando o perecimento dos materiais se der por culpa do dono da obra, caso em que o empreiteiro fará jus ao valor devido a ele, caso a obra tivesse sido concluída.

Art. 614. Se a obra constar de partes distintas, ou for de natureza das que se determinam por medida, o empreiteiro terá direito a que também se verifique por medida, ou segundo as partes em que se dividir, podendo exigir o pagamento na proporção da obra executada.

§ 1º Tudo o que se pagou presume-se verificado.

§ 2º O que se mediu presume-se verificado se, em trinta dias, a contar da medição, não forem denunciados os vícios ou defeitos pelo dono da obra ou por quem estiver incumbido da sua fiscalização.

➥ Veja art. 1.241 do CC/1916.

O art. 614 trata da hipótese em que a empreitada é fracionada, seja por sua natureza ou por disposição contratual, de forma que o empreiteiro receberá sua remuneração pela entrega de cada parte. Se o empreiteiro receber o valor correspondente à fração realizada, será presumido que tal fração já fora verificada e aprovada pelo dono da obra. Caso a empreitada seja por medição, o dono da obra ou seu fiscal terá trinta dias (prazo decadencial) para reclamar eventuais vícios e defeitos, sob pena de se considerar irremediavelmente verificado.

Art. 615. Concluída a obra de acordo com o ajuste, ou o costume do lugar, o dono é obrigado a recebê-la. Poderá, porém, rejeitá-la, se o empreiteiro se afastou das instruções recebidas e dos planos dados, ou das regras técnicas em trabalhos de tal natureza.

➥ Veja art. 1.242 do CC/1916.

O empreiteiro é obrigado a respeitar as instruções do dono da obra, sob pena de ter a obra enjeitada por este. Caso esteja tudo de acordo, não poderá o dono se negar a receber.

Código Civil comentado e anotado   Arts. 615 a 618

■ Rescisão de contrato de consultoria, cumulada com indenização por danos materiais, morais e ressarcimento de valores pagos, como principal de cautelar de sustentação de protesto. Pagamento de três parcelas, sem que a contratada iniciasse o trabalho. Notificação extrajudicial de rescisão, com pedido de restituição do valor pago. Saque de duplicatas pela requerida pelo valor remanescente do contrato. Sentença de improcedência. Pedido de reforma. Arguição de nulidade da sentença por contrária às provas e de necessidade de reconhecer-se a rescisão do contrato, com o dever de a requerida restituir o valor que recebeu. Cabimento em parte. Notificação extrajudicial de rescisão de contrato posterior ao cumprimento que não concretiza os efeitos desejados. Prestação de serviços que se enquadra no conceito de empreitada. Possibilidade de aplicação do art. 615 c/c o art. 412 do CC. Arbitramento. Rescisão afastada. Preliminar de nulidade acolhida. Recurso parcialmente provido. (TJSP, Ap. n. 0013713-35.2012.8.26.0224/Guarulhos, 24ª Câm. de Dir. Priv., rel. Erson de Oliveira, *DJe* 20.08.2014)

Art. 616. No caso da segunda parte do artigo antecedente, pode quem encomendou a obra, em vez de enjeitá-la, recebê-la com abatimento no preço.

➡ Veja art. 1.243 do CC/1916.

Caso quem encomendou a obra resolver não enjeitá-la por não estar de acordo com o ajustado, poderá, em vez disso, recebê-la com abatimento no preço.

Art. 617. O empreiteiro é obrigado a pagar os materiais que recebeu, se por imperícia ou negligência os inutilizar.

➡ Veja art. 1.244 do CC/1916.

Se o empreiteiro receber apropriadamente os materiais para a construção da obra e inutilizá-los por negligência ou imperícia, deverá o empreiteiro pagar por estes, pois deveria ter zelado durante suas atividades.

■ Contrato de empreitada. Pedidos de rescisão, de devolução das importâncias pagas e de indenização de danos materiais e morais. Sentença de parcial procedência e improcedência da reconvenção. Decisão mantida. Cerceamento de defesa não configurado. Comprovado o descumprimento da avença pelo empreiteiro, era mesmo de rigor a rescisão do contrato. Retorno das partes ao *status quo ante*. Incidência do disposto no art. 617 do CC. Recurso desprovido. (TJSP, Ap. n. 4002495-92.2013.8.26.0001/São Paulo, 22ª Câm. de Dir. Priv., rel. Campos Mello, *DJe* 25.05.2015)

Art. 618. Nos contratos de empreitada de edifícios ou outras construções consideráveis, o empreiteiro de materiais e execução responderá, durante o prazo irredutível de cinco anos, pela solidez e segurança do trabalho, assim em razão dos materiais, como do solo.
Parágrafo único. Decairá do direito assegurado neste artigo o dono da obra que não propuser a ação contra o empreiteiro, nos cento e oitenta dias seguintes ao aparecimento do vício ou defeito.

➡ Veja art. 1.245 do CC/1916.

373

Art. 618   Almeida Guilherme

O prazo do art. 618 é decadencial pelo princípio da aplicabilidade do Código Civil em vigor. "O prazo referido no art. 618, parágrafo único, do CC, refere-se unicamente à garantia prevista no *caput*, sem prejuízo de poder o dono da obra, com base no mau cumprimento do contrato de empreitada, demandar perdas e danos ou consertar o prédio, a ser requerido pelo dono da obra" (conforme o Enunciado n. 181 da III Jornada do STJ, de autoria do Juiz Federal Guilherme Couto de Castro, da Seção Judiciária do Rio de Janeiro). O empreiteiro responde pela solidez e segurança do seu trabalho na empreitada referente a edifícios ou construções de grande porte, e o proprietário só poderá demandá-lo pelos prejuízos que lhe forem causados pela falta de solidez da obra pelo material empregado.

- Enunciado n. 181 da III Jornada de Direito Civil: "O prazo referido no art. 618, parágrafo único, do CC refere-se unicamente à garantia prevista no *caput*, sem prejuízo de poder o dono da obra, com base no mau cumprimento do contrato de empreitada, demandar perdas e danos".

- Enunciado n. 34 da I Jornada de Direito Comercial: "Com exceção da garantia contida no art. 618 do Código Civil, os demais artigos referentes, em especial, ao contrato de empreitada (arts. 610 a 626) aplicar-se-ão somente de forma subsidiária às condições contratuais acordadas pelas partes de contratos complexos de engenharia e construção, tais como EPC, EPC-M e Aliança".

- Apelação cível. Posse. Contrato de compra e venda de imóvel. Ação de indenização. Dano material e moral. Interposição de embargos de declaração. Ausência de ratificação. Do recurso da parte autora. Nos termos do Enunciado da Súmula n. 418 do STJ, a apelação interposta antes da publicação da decisão dos embargos declaratórios, caso não ratificada posteriormente, sequer poderá ser conhecida. No caso dos autos, verifica-se que o recurso foi apresentado antes da publicação da decisão, sem que a parte apelante tenha ratificado as suas razões. É caso de não conhecimento do apelo. Do erro material. Reconhecido o erro material, considerando que o Termo de Entrega e Recebimento demonstra que o imóvel foi entregue, em 28.05.2010, aos autores. Da decadência. No presente caso, a parte autora postula a indenização por perdas e danos referente a gastos que teve com consertos realizados em partes defeituosas do imóvel. Assim, não se aplica o prazo do art. 618 do CC, mas sim o prazo específico para as ações edilícias em se tratando de ação movida contra os vendedores do imóvel. Do pedido alternativo. A escolha do pedido alternativa apenas caberia ao requerido quando decorrente de Lei ou contrato, conforme art. 288, parágrafo único, do CPC, o que não é o caso dos autos. Apelo improvido. Da cláusula de tolerância. A obra em apreço não foi entregue na data aprazada, nem mesmo considerando a cláusula de tolerância de 60 dias, que não se mostra abusiva. Da entrega do imóvel. Conforme consta dos autos, o imóvel foi entregue com atraso, de cerca de 4 meses contados da cláusula de tolerância, em que pese o habite-se tenha sido concedido em momento anterior. Ademais, o financiamento bancário somente é concedido após o habite-se e entrega do bem, com o que resta demonstrada a entrega com atraso. Dos danos materiais. A sentença recorrida condenou a parte requerida ao pagamento da quantia despedida com hotel, referente aos meses de abril a junho/2010. Logo, considerando que o bem somente foi entregue após esse período, deve ser mantida a condenação nos termos em que proferida. Danos morais. Os eventos ocorridos não permitem o deferimento do pedido de indenização por dano moral. Sequer veio aos autos provas de qualquer constrangimento sofrido pela autora. Apelo provido. Sucumbência. Redistribuída diante do decaimento das partes. Admitida a compensação. Suspensa a exigibilidade, em favor dos autores, face o benefício da assistência judiciária gratuita. Prequestionamento. Não se negou vigência a qualquer dispositivo constitucional ou infraconstitucional. Não conheceram do recurso de apelação da parte autora. Deram parcial provimento ao apelo da ré. (TJRS, Ap. Cível n. 70.063.213.276, 19ª Câm. Cível, rel. Des. Eduardo João Lima Costa, j. 26.02.2015)

Código Civil comentado e anotado   Arts. 619 a 621

Art. 619. Salvo estipulação em contrário, o empreiteiro que se incumbir de executar uma obra, segundo plano aceito por quem a encomendou, não terá direito a exigir acréscimo no preço, ainda que sejam introduzidas modificações no projeto, a não ser que estas resultem de instruções escritas do dono da obra.

Parágrafo único. Ainda que não tenha havido autorização escrita, o dono da obra é obrigado a pagar ao empreiteiro os aumentos e acréscimos, segundo o que for arbitrado, se, sempre presente à obra, por continuadas visitas, não podia ignorar o que se estava passando, e nunca protestou.

➡ Veja art. 1.246 do CC/1916.

O art. 619 somente terá eficácia quanto aos contratos de empreitada realizados por preço certo, visando a não surpreender o dono da obra com eventuais exigências do empreiteiro. Porém, o dispositivo é disponível, podendo haver disposição contratual em contrário, estabelecendo um aumento progressivo do valor contratado, para se compensar a flutuabilidade do mercado.

■ Contrato de empreitada. Ação de cobrança. Contratação por preço fixo. Acréscimos e alterações realizadas no projeto. Conjunto probatório que demonstra que a ré tinha conhecimento da real situação de expansão da obra. Contraprestação devida, sob pena de enriquecimento sem causa do dono da obra. Inteligência do art. 619, parágrafo único, do CC. Má execução dos serviços ou pagamento a terceiros não comprovados. Sentença mantida. Recurso improvido. (TJSP, Ap. n. 0004799-41.2011.8.26.0248, Indaiatuba, 33ª Câm. de Dir. Priv., rel. Maria Cláudia Bedotti, *DJe* 13.07.2015)

Art. 620. Se ocorrer diminuição no preço do material ou da mão de obra superior a um décimo do preço global convencionado, poderá este ser revisto, a pedido do dono da obra, para que se lhe assegure a diferença apurada.

➡ Sem correspondência no CC/1916.

Para que não haja desequilíbrio contratual, o art. 620 vem, em prestígio ao princípio do *rebus sic stantibus*, permitir que o contrato seja revisto na hipótese de redução do valor referente aos materiais ou à mão de obra utilizada, na ordem de 10%, relativos ao valor total da empreitada, desde que reivindicados pelo dono da obra. Se a diminuição do valor do material for inferior a 10%, não ocorrerá revisão, sendo cumprido o contrato firmado entre as partes.

Art. 621. Sem anuência de seu autor, não pode o proprietário da obra introduzir modificações no projeto por ele aprovado, ainda que a execução seja confiada a terceiros, a não ser que, por motivos supervenientes ou razões de ordem técnica, fique comprovada a inconveniência ou a excessiva onerosidade de execução do projeto em sua forma originária.

Parágrafo único. A proibição deste artigo não abrange alterações de pouca monta, ressalvada sempre a unidade estética da obra projetada.

➡ Sem correspondência no CC/1916.

O proprietário da obra não possui liberdade de modificar o projeto cuja autoria não foi sua, a não ser que tais modificações sejam realizadas por motivos supervenientes e de ordem técnica, e seja comprovada a inconveniência ou onerosidade excessiva da execução do proje-

375

Arts. 621 a 624 — Almeida Guilherme

to. Saliente-se que pequenas alterações que não modifiquem a unidade estética da obra não são objeto do art. 621.

Art. 622. Se a execução da obra for confiada a terceiros, a responsabilidade do autor do projeto respectivo, desde que não assuma a direção ou fiscalização daquela, ficará limitada aos danos resultantes de defeitos previstos no art. 618 e seu parágrafo único.

➡ Sem correspondência no CC/1916.

É permitida a chamada subempreitada, que nada mais é que a transferência da execução da obra para um terceiro por parte do empreiteiro, não podendo o subempreiteiro assumir a direção e fiscalização da obra. Caso o faça, será responsabilizado nos mesmo termos do empreiteiro. Caso cumpra o dispositivo, sua responsabilidade se limitará à solidez e segurança do trabalho realizado. Apenas não se pode confiar a terceiro quando estiver expresso em contrato, o que dá natureza personalíssima à empreitada. Não se confunde a subempreitada com a cessão de contrato.

Art. 623. Mesmo após iniciada a construção, pode o dono da obra suspendê-la, desde que pague ao empreiteiro as despesas e lucros relativos aos serviços já feitos, mais indenização razoável, calculada em função do que ele teria ganho, se concluída a obra.

➡ Veja art. 1.247 do CC/1916.

É permitido ao dono da obra interromper a construção, entretanto deverá ser pago ao empreiteiro indenização compatível com o que se teria ganho com a conclusão da obra, sem prejuízo dos pagamentos das despesas e lucros referentes ao trabalho já executado. Não se confunde a paralisação temporária da obra com a suspensão ou desconstituição do negócio jurídico.

■ Contrato de empreitada. Embargo de obra por decisão judicial. Rescisão contratual. Culpabilidade da incorporadora. Danos emergentes. Lucros cessantes. Cláusula penal. Agravo retido. 1. Fere a boa-fé objetiva a conduta da incorporadora de empreendimento imobiliário que, ao contratar a construção, não alerta a construtora acerca do risco de embargo judicial da obra, decorrente da pendência de inquérito civil e respectiva ação civil pública, em que se discute a lealdade da emissão do alvará de construção pela municipalidade. 2. Demonstrada de forma inequívoca a culpabilidade da incorporadora pelos prejuízos advindos à construtora, após o embargo judicial da obra, ocasionando a rescisão do contrato, é devida em favor desta a reparação dos danos emergentes com a contratação e dispensa de funcionários e aquisição de equipamentos, em parâmetros razoáveis, eis que as circunstâncias demonstram que os investimentos não foram integralmente compensados com os valores recebidos até a paralisação da obra. 3. Havendo estipulação de percentual para efeito indenizatório, não há como afastá-lo, tomando-se como base de cálculo, porém, o valor correspondente à parte não executada do contrato, na conformidade do art. 623 do CC. Agravo retido não provido. Apelação parcialmente provida. (TJSP, Ap. n. 0106554-67.2011.8.26.0100/São Paulo, 21ª Câm. de Dir. Priv., rel. Itamar Gaino, *DJe* 05.03.2015, p. 2.135)

Art. 624. Suspensa a execução da empreitada sem justa causa, responde o empreiteiro por perdas e danos.

Código Civil comentado e anotado   Arts. 624 a 627

➡ Sem correspondência no CC/1916.

Se a empreitada for suspensa sem justificativa, por parte do empreiteiro, este deverá ser responsabilizado por perdas e danos e tem o dever de indenizar, pois recai em responsabilidade civil. Deve o empreiteiro pagar ao comitente a indenização pelas perdas, danos ou lucro cessante.

Art. 625. Poderá o empreiteiro suspender a obra:
I – por culpa do dono, ou por motivo de força maior;
II – quando, no decorrer dos serviços, se manifestarem dificuldades imprevisíveis de execução, resultantes de causas geológicas ou hídricas, ou outras semelhantes, de modo que torne a empreitada excessivamente onerosa, e o dono da obra se opuser ao reajuste do preço inerente ao projeto por ele elaborado, observados os preços;
III – se as modificações exigidas pelo dono da obra, por seu vulto e natureza, forem desproporcionais ao projeto aprovado, ainda que o dono se disponha a arcar com o acréscimo de preço.

➡ Sem correspondência no CC/1916.

Será facultada ao empreiteiro a suspensão da obra, quando for ocasionada por culpa do dono ou por força maior, quando as dificuldades na execução do projeto forem imprevisíveis e causadas por características hidráulicas ou geológicas, de modo a tornar a execução da obra extremamente onerosa ou impossível, ou ainda se o poder público exigir modificações substanciais no projeto de forma que o desfigure e seja desproporcional. Assim, mesmo que o dono concorde em suportar as despesas oriundas dessas modificações, poderá o empreiteiro suspender a execução da obra.

Art. 626. Não se extingue o contrato de empreitada pela morte de qualquer das partes, salvo se ajustado em consideração às qualidades pessoais do empreiteiro.

➡ Sem correspondência no CC/1916.

Em regra, o contrato de empreitada é impessoal, ou seja, não depende de características personalíssimas do empreiteiro para que a obra seja executada. Sendo assim, mesmo que qualquer das partes venha a falecer, o contrato ainda subsistirá, salvo se o contrato de empreitada foi firmado com base em características únicas do empreiteiro, pois aí então se tornará um contrato personalíssimo que se finda com a morte das partes. Sendo o empreiteiro pessoa jurídica, não cabe o art. 626.

CAPÍTULO IX
DO DEPÓSITO

Seção I
Do Depósito Voluntário

Art. 627. Pelo contrato de depósito recebe o depositário um objeto móvel, para guardar, até que o depositante o reclame.

377

Arts. 627 e 628 — Almeida Guilherme

→ Veja art. 1.265 do CC/1916.

Contrato de depósito. É o contrato pelo qual uma pessoa – depositário – recebe para guardar um objeto móvel alheio, com a obrigação de restituí-lo quando o depositante o reclamar. É um negócio jurídico bilateral. Aperfeiçoa-se pela entrega da coisa. É negócio feito no interesse do depositante e, com efeito, surge no campo do direito como um favor prestado a um amigo, para quem, com zelo, se guarda um objeto por ele entregue. A guarda da coisa alheia é, assim, a finalidade precípua do depósito. Daí, em tese, ser vedado o uso da coisa depositada pelo depositário, pois, caso tal uso fosse permitido, a função do contrato não seria apenas o benefício do depositante, mas vantagem do depositário. Assim, o contrato de depósito se transformaria em contrato de comodato.

▪ Súmula vinculante n. 25 do STF: "É ilícita a prisão civil de depositário infiel, qualquer que seja a modalidade do depósito".

▪ Súmula n. 304 do STJ: "É ilegal a decretação da prisão civil daquele que não assume expressamente o encargo de depositário judicial".

▪ Ação de indenização. Motoclicleta deixada em depósito para conserto. Oficina autorizada. Sumiço do bem. Dever. Vigilância. Depositário. Arts. 627 e 629 do CC. Indenização por danos morais e materiais. Cabimento. Fixação. Caráter pedagógico. Com a entrega do bem em depósito, nasce o dever de vigilância e cuidado da oficina mecânica, que o recebe na condição de depositária, com a obrigação legal de conservação e devolução da coisa em perfeitas condições. Deve o fornecedor indenizar o consumidor, a título de dano moral, pelo sofrimento e pelos transtornos causados pela quebra do dever de vigilância da oficina. A fixação do valor da indenização deve ocorrer com o prudente arbítrio, de modo que não seja inexpressiva gerando a repetição de fatos, tais como, os narrados nos autos, nem seja exorbitante, ocasionando enriquecimento sem causa, em face do caráter pedagógico da medida. (TJMG, AC 1.0024.12.155646-8/001, 13ª Câm. Cível, rel. Luiz Carlos Gomes da Mata, *DJe* 22.08.2014)

Art. 628. O contrato de depósito é gratuito, exceto se houver convenção em contrário, se resultante de atividade negocial ou se o depositário o praticar por profissão.
Parágrafo único. Se o depósito for oneroso e a retribuição do depositário não constar de lei, nem resultar de ajuste, será determinada pelos usos do lugar, e, na falta destes, por arbitramento.

→ Veja art. 1.265, parágrafo único, do CC/1916.

Inicialmente, o contrato de depósito é gratuito e só se tornará oneroso com convenção em contrário ou se for resultado de atividade negocial ou profissional. A remuneração é devida, se não convencionada, com base no costume local ou por arbitramento.

▪ Declaratória de inexistência de débito cumulada com reparação por danos morais. [...] Mercadoria não entregue ao destinatário final. Taxa de reentrega cobrada pela transportadora não adimplida pela autora. Registro nos cadastros restritivos de crédito. Cobrança irregular. Valor não estipulado no acordo realizado entre as partes. Inexistência, ademais, de elementos que revelam o motivo pelo qual a mercadoria não foi entregue ao destinatário. Nos termos do art. 628 do CC, que regulamenta o instituto do depósito e é aplicável subsidiariamente à atividade de transporte de coisas, o depósito é gratui-

378

Código Civil comentado e anotado   Arts. 628 e 629

to, exceto se houver convenção em contrário, se resultante de atividade negocial ou se o depositário o praticar por profissão. Assim, em não havendo provas de que foi convencionada uma taxa de reentrega entre as partes, a qual, *in casu*, ultrapassa o valor do próprio frete cobrado, bem como não demonstrado o motivo pelo qual a mercadoria não foi entregue ao destinatário, é ilícita a cobrança efetuada, bem como indevido o registro efetuado nos órgãos negativadores [...]. (TJSC, AC n. 2013.069229-8, rel. Des. Gilberto Gomes de Oliveira, *DJe* 26.03.2015)

Art. 629. O depositário é obrigado a ter na guarda e conservação da coisa depositada o cuidado e diligência que costuma com o que lhe pertence, bem como a restituí-la, com todos os frutos e acrescidos, quando o exija o depositante.

➡ Veja art. 1.266 do CC/1916.

O art. 629 refere-se aos deveres do depositário, que deverá zelar pela coisa guardada como se sua fosse e, o mais importante, deverá restituí-la com todos os frutos, acrescidos no momento em que o depositante a exigir.

■ Súmula n. 179 do STJ: "O estabelecimento de crédito que recebe dinheiro, em depósito judicial, responde pelo pagamento da correção monetária relativa aos valores recolhidos".

■ Penhora. Veículo. Pretensão da agravante de afastar o gravame judicial para realização do licenciamento do veículo constrito. Admissibilidade. Obrigação do depositário de zelar pelo veículo. Art. 629 do CC. Medida a fim de se evitar maiores ônus ao bem constrito. Restrição de transferência do veículo, entretanto, que deve permanecer, visando assegurar eventual direito do credor – Recurso provido. (TJSP, AI n. 2023746-38.2015.8.26.0000/São Paulo, 23ª Câm. de Dir. Priv., rel. J. B. Franco de Godoi, *DJe* 08.05.2015)

■ Apelação cível. Indenização. Danos morais. e materiais. Furto de bicicleta em estacionamento de supermercado. Procedência parcial em primeiro grau de jurisdição. Recurso do estabelecimento. Réu. Ato ilícito praticado. Dever de guarda não observado. Depósito. Arts. 629 e 642, do CC. Indenização por dano moral devida. Quantia bem arbitrada monocraticamente. Sentença mantida. Recurso improvido. (TJSP, Ap. n. 0009547-04.2011.8.26.0156/Cruzeiro, 12ª Câm. Ext. de Dir. Priv., rel. Dimitrios Zarvos Varellis, *DJe* 06.03.2015)

■ Ação de indenização. Motoclicleta deixada em depósito para conserto. Oficina autorizada. Sumiço do bem. Dever. Vigilância. Depositário. Arts. 627 e 629 do CC. Indenização por danos morais e materiais. Cabimento. Fixação. Caráter pedagógico. Com a entrega do bem em depósito, nasce o dever de vigilância e cuidado da oficina mecânica, que o recebe na condição de depositária, com a obrigação legal de conservação e devolução da coisa em perfeitas condições. Deve o fornecedor indenizar o consumidor, a título de dano moral, pelo sofrimento e pelos transtornos causados pela quebra do dever de vigilância da oficina. A fixação do valor da indenização deve ocorrer com o prudente arbítrio, de modo que não seja inexpressiva gerando a repetição de fatos, tais como os narrados nos autos, nem seja exorbitante, ocasionando enriquecimento sem causa, em face do caráter pedagógico da medida. (TJMG, AC 1.0024.12.155646-8/001, 13ª Câm. Cível, rel. Luiz Carlos Gomes da Mata, *DJe* 22.08.2014)

Arts. 630 a 632 — Almeida Guilherme

Art. 630. Se o depósito se entregou fechado, colado, selado, ou lacrado, nesse mesmo estado se manterá.

➡ Veja art. 1.267 do CC/1916.

O estado da coisa deverá se manter até o momento da restituição, inclusive se ela foi depositada com lacre, selada, fechada. Caso seja violado o sigilo da coisa, este será considerado ilícito contratual, pois infringiu o dever de zelo do depositário.

■ Apelação cível. Ação de exibição de documentos. Depósito. Inteligência do art. 630 do CC. 1. Consoante dicção do art. 630 do CC, "se o depósito se entregou fechado, colado, selado, ou lacrado, nesse mesmo estado se manterá". 2. Agravo retido e apelação desprovidos. (TJDFT, Ap. Cível n. 20130111064237, rel. Des. Antoninho Lopes, *DJe* 04.08.2014)

Art. 631. Salvo disposição em contrário, a restituição da coisa deve dar-se no lugar em que tiver de ser guardada. As despesas de restituição correm por conta do depositante.

➡ Sem correspondência no CC/1916.

O depositante deverá arcar com todas as despesas relativas à restituição, porém tem-se como regra que a restituição deverá ocorrer no local onde a coisa foi depositada.

Art. 632. Se a coisa houver sido depositada no interesse de terceiro, e o depositário tiver sido cientificado deste fato pelo depositante, não poderá ele exonerar-se restituindo a coisa a este, sem consentimento daquele.

➡ Sem correspondência no CC/1916.

Trata-se de depósito em garantia, que visa a dar um bem em garantia, em favor de terceiro. Caso esse fato seja informado ao depositário, este não poderá restituir o bem ao depositante sem o consentimento do terceiro.

■ Rescisão contratual c/c indenização por perdas e danos. Inépcia da inicial. Cédula de crédito bancário garantida por penhor de bens móveis. Cláusula de depósito. Obrigação do depositário. Rescisão unilateral de contratos de prestação de serviços e comodato firmados em apartado entre o devedor e o depositário. Perdas e danos. 1. A inépcia da inicial deve ser reconhecida apenas quando implicar em manifesto óbice ao exercício do contraditório e da ampla defesa ou à própria prestação da tutela jurisdicional, consoante o disposto no art. 295, parágrafo único, do CPC. 2. A rescisão imotivada do contrato de prestação de serviços pelo contratante atrai a aplicação do art. 603, do CC, que determina o pagamento das prestações vencidas até a data da rescisão, mais perdas e danos correspondentes à metade do valor que teria que pagar até o término do contrato. 3. O processamento do pedido de recuperação judicial não constitui causa para a rescisão dos contratos firmados pela recuperanda e, por conseguinte, não lhe exime da responsabilidade pelos danos advindos da rescisão. 4. Se o Banco Indusval S/A não concorreu para a rescisão dos contratos de prestação de serviços e de comodato firmados exclusivamente entre a I. Indústria e Comércio de Metais S.A. e a [...]; Z. C. – Auditores e Consultores Associados Ltda., não há que se cogitar a sua responsabilidade pelos prejuízos decorrentes da

Código Civil comentado e anotado   Arts. 632 e 633

rescisão. 5. A cláusula de depósito estabelecida na cédula de crédito bancário firmada entre o Banco I. S.A. e a I. Indústria e Comércio de Metais S.A., através da qual a autora HM& Z Consulting – Auditores e Consultores Associados Ltda., assumiu a qualidade de depositária dos bens dados em garantia ao adimplemento do débito, não perde validade em razão da rescisão dos contratos celebrados de forma autônoma entre a depositante e a depositária. 6. Na hipótese de depósito realizado no interesse de terceiro, na forma do art. 632 do CC, o depositário não poderá restituí-lo ao depositante sem o consentimento do terceiro interessado. 7. Recurso interposto por [...]; Z. C. – Auditores e Consultores Associados Ltda., parcialmente provido. 8. Recurso interposto por Banco I. S.A. provido. (TJES, Ap. n. 0014827-33.2009.8.08.0024, rel. Fabio Clem de Oliveira, *DJe* 03.11.2014)

Art. 633. Ainda que o contrato fixe prazo à restituição, o depositário entregará o depósito logo que se lhe exija, salvo se tiver o direito de retenção a que se refere o art. 644, se o objeto for judicialmente embargado, se sobre ele pender execução, notificada ao depositário, ou se houver motivo razoável de suspeitar que a coisa foi dolosamente obtida.

➡ Veja art. 1.268 do CC/1916.

Mesmo que o contrato de depósito tenha prazo determinado, o depositário é obrigado a restituir o bem no momento em que lhe for solicitado, salvo se gozar do direito de retenção até que se lhe pague a retribuição devida, o líquido valor das despesas ou dos prejuízos, se desconfiar que a coisa seja proveniente de obtenção dolosa ou se o bem estiver embargado (arresto, penhora).

■ Embargos de terceiro. Como a transportadora embargante submete-se à disciplina legal do depósito, em virtude do art. 751, do CC, ao manter a coisa a ser transportada em seus armazéns, hipótese do bem objeto dos embargos de terceiro, ela é possuidora e, consequentemente, parte ativa legítima para a propositura dos embargos de terceiro, impondo-se, em consequência, tornar insubsistente a r. sentença recorrida, no que concerne ao julgamento de extinção do processo dos embargos de terceiro, sem apreciação do mérito, por ilegitimidade ativa, com base no art. 267, VI, do CPC. Não mais subsiste o interesse processual da apelante terceira embargante no presente feito, visto que, com deferimento do arresto e depósito do bem objeto dos embargos de terceiro, em favor da apelada embargada, em ação promovida contra a devedora do bem, extinguiram-se seus deveres de responder pela guarda e conservação da coisa depositada em seu próprio armazém e de transportar e entregar as mercadorias, no tempo e lugar convencionados, a teor do art. 633, do CC, requisito indispensável para a configuração do interesse de agir nos embargos de terceiro, impondo-se o julgamento, de ofício, de extinção do processo, sem apreciação do mérito, por superveniente perda do interesse de agir (CPC, art. 267, VI, c/c art. 462), matéria esta que pode ser conhecida de ofício, a qualquer tempo e grau de jurisdição (CPC, art. 267, § 3º). Sucumbência. O fato superveniente que resultou na perda do interesse de agir consistiu no deferimento do arresto em ação proposta pela apelada embargada contra a executada, após o oferecimento do embargos de terceiro da transportadora embargante, lastreado em alegação de indevida retirada, por preposto da apelada, de bem da devedora, na ação cautelar de arresto, bem esta que estava em armazém da transportadora. A ré apelante deve ser condenada ao pagamento dos encargos de sucumbência, por aplicação do princípio da causalidade, visto que: (a) deu causa à instauração do processo e (b) o fato superveniente que resultou na perda do interesse de agir da apelante, nos embargos de terceiro por ele oferecidos, não pode ser a ela imputado, mas sim à própria apelada. Fixação da verba honorária em R$ 1.500,00, com incidência de correção monetária a partir deste julgamento, observando o disposto no art. 20, § 4º, do CPC, aplicável à espécie, e os parâmetros indicados nas alíneas *a, b* e *c*,

Arts. 633 a 637   Almeida Guilherme

do § 3º, do art. 20, do mesmo Código. Julgamento, de ofício, de extinção do processo, sem apreciação do mérito, prejudicada a apelação. (TJSP, Ap. n. 0162189-38.2008.8.26.0100/São Paulo, 20ª Câm. de Dir. Priv., rel. Rebello Pinho, *DJe* 18.06.2015)

Art. 634. No caso do artigo antecedente, última parte, o depositário, expondo o fundamento da suspeita, requererá que se recolha o objeto ao Depósito Público.

➡ Veja art. 1.269 do CC/1916.

Caso seja relevante a suspeita de que a coisa foi dolosamente obtida, o depositário deverá, mediante exposição de motivos, requerer o recolhimento da coisa ao Depósito Público, local onde ficam as coisas entregues a uma autoridade judicial ou administrativa, devendo recusar-se a devolver ao depositante. Caso a suspeita seja infundada, o depositário deverá ressarcir o depositante por danos ou prejuízo causado.

Art. 635. Ao depositário será facultado, outrossim, requerer depósito judicial da coisa, quando, por motivo plausível, não a possa guardar, e o depositante não queira recebê-la.

➡ Veja art. 1.270 do CC/1916.

Em caso de recusa do depositário em receber a coisa, ou então na impossibilidade de mantê-la guardada, poderá o depositante requerer que seja a coisa depositada judicialmente.

Art. 636. O depositário, que por força maior houver perdido a coisa depositada e recebido outra em seu lugar, é obrigado a entregar a segunda ao depositante, e ceder-lhe as ações que no caso tiver contra o terceiro responsável pela restituição da primeira.

➡ Veja art. 1.271 do CC/1916.

O depositário que por força maior (art. 624 do CC) perder o bem e receber outro bem em troca deverá entregar o bem recebido para o depositário e ao mesmo tempo lhe cederá a titularidade das ações cabíveis contra quem deveria restituir o primeiro bem.

Art. 637. O herdeiro do depositário, que de boa-fé vendeu a coisa depositada, é obrigado a assistir o depositante na reivindicação, e a restituir ao comprador o preço recebido.

➡ Veja art. 1.272 do CC/1916.

Caso venha a falecer o depositário, seu herdeiro tem o dever de restituir ao depositante a coisa depositada. Caso o herdeiro do depositário houver vendido de boa-fé (art. 422 do CC) a coisa depositada, deverá ser assistente do depositante no momento em que for pleitear a coisa judicialmente, e será o herdeiro obrigado a restituir o comprador da coisa.

Código Civil comentado e anotado

Arts. 638 e 639

Art. 638. Salvo os casos previstos nos arts. 633 e 634, não poderá o depositário furtar-se à restituição do depósito, alegando não pertencer a coisa ao depositante, ou opondo compensação, exceto se noutro depósito se fundar.

➡ Veja art. 1.273 do CC/1916.

O depositário que se responsabiliza pela guarda de determinado bem não poderá deixar de restituir este bem ao depositante, sob o fundamento de este não pertencer ao depositante, ou então alegar que reteve o bem para compensar dívida de outra natureza que eventualmente possua com o depositante. Esta última parte consagra os requisitos da compensação, que é a fungibilidade recíproca das dívidas a serem compensadas, obedecendo-se também a obrigação de restituir que existe para o depositário.

■ Ação ordinária. Ação de restituição de máquina entrega em depósito para venda ou condenação no valor da máquina. Apelação da corré pessoa jurídica. Assistência jurídica e diferimento da taxa judiciária postulados na apelação. Assistência judiciária e diferimento negados em decisão monocrática da relatoria, oportunizando-se a possibilidade de recolhimento do preparo. Preparo não efetuado. Deserção evidenciada (art. 511 do CPC). Falta de requisito extrínseco de admissibilidade recursal. Recurso da corré não conhecido. Ação ordinária. Máquina gráfica entregue para venda no sul do país em decorrência de relação de representação comercial entre as partes. Ação julgada extinta, sem exame de mérito, em relação ao corréu pessoa física, por ilegitimidade passiva *ad causam*. Contrato de representação comercial celebrado apenas entre as pessoas jurídicas autora e corré. Corréu, pessoa física sócio da corré pessoa jurídica, que, em princípio, não se confunde com a da sociedade, não respondendo pela obrigação decorrente do depósito da máquina. Condenação da autora ao pagamento de honorários de sucumbência fixados em 10% sobre o valor da causa. Arbitramento que deve ter por parâmetro a equidade prevista no art. 20, § 4º, do CPC, por inexistir condenação apta a embasar a fixação dos honorários, nos termos do art. 20, § 3º, do CPC. Valor arbitrado na sentença que se afasta do princípio da razoabilidade e equidade (art. 20, §§ 3º e 4º, do CPC). Valor a comportar redução. Sentença parcialmente reformada. Recurso da autora provido em parte. Ação ordinária. Máquina gráfica entregue à empresa corré para venda no Sul do país em decorrência de representação comercial mantida entre as partes. Ação julgada improcedente, entendendo o Juiz pela ausência de prova da propriedade da máquina. Lide a ser dirimida à luz do depósito. Inicial instruída com prova suficiente da entrega da máquina à corré. Situação fática descrita na inicial que restou incontroversa diante da revelia da ré. Alegação da corré de entrega da máquina à terceiro (proprietária dela). Impossibilidade. Impossibilidade de eximir-se da obrigação do depósito alegando não pertencer a máquina à autora (depositante). Inteligência do art. 638 do CC. Falta de prova de que a autora não fosse a legítima possuidora da máquina. Na impossibilidade de restituição da máquina, deve a corré (depositária) responder pelas perdas e danos (art. 640 do CC). Valor da máquina (R$ 85.000,00) não impugnada pela corré. Condenação no pagamento do seu valor. Sentença reformada para julgar procedente a ação. Recurso da autora provido. Recurso da corré Fraga não conhecido e provido em parte o recurso da autora. (TJSP, Ap. n. 0002192-18.2012.8.26.0152/ Cotia, 13ª Câm. de Dir. Priv., rel. Francisco Giaquinto, *DJe* 13.07.2015)

Art. 639. Sendo dois ou mais depositantes, e divisível a coisa, a cada um só entregará o depositário a respectiva parte, salvo se houver entre eles solidariedade.

➡ Veja art. 1.274 do CC/1916.

Arts. 639 e 640   Almeida Guilherme

Se houver multiplicidade de depositantes de coisa divisível, competirá ao depositário a entrega da coisa no montante que couber a cada depositante, excluindo-se os casos de solidariedade entre eles.

■ Recurso especial. Processual civil e civil. Direito das sucessões. Ofensa a direito local. Súmula n. 280/ STF. Violação do art. 535 do CPC. Omissão e contradição inexistentes. Revisão de matéria fática. Impossibilidade. Incidência da súmula n. 7 do STJ. Ausência de prequestionamento. Súmula n. 282 do STF. Inventário. Ofensa do art. 1.791 do CC. Não ocorrência. Conta conjunta de titularidade do cônjuge supérstite e do *de cujus*. Presunção de que cada titular detém metade do valor depositado. Ofensa ao art. 525, II, do CPC. Peças necessárias para compreensão da controvérsia. Oportunidade para regularização do instrumento. Necessidade. Recurso especial conhecido em parte e parcialmente provido. 1. A alegada ofensa ao Decreto Estadual n. 43.981/2005 não pode ser analisada porque apenas a violação de lei federal é que dá ensejo à interposição do recurso especial, incidindo ao caso, por analogia, o óbice da Súmula n. 280 do STF. 2. Não há que se falar em ofensa ao art. 535 do CPC se foram analisadas as questões controvertidas objeto do recurso pelo Tribunal de origem. 3. Se a análise da alegação recursal demanda o reexame do conjunto fático-probatório, não pode este Tribunal apreciar o inconformismo a teor da sua Súmula n. 7. 4. A herança se constitui como uma universalidade de bens, outorgando aos coerdeiros a propriedade e posse deste todo unitário. *Concursu partes fiunt* (art. 1.791 do CC). Conta-corrente conjunta que não integra a universalidade de bens pelo valor total nela depositado. 5. Nos depósitos bancários com dois ou mais titulares, cada um dos correntistas, isoladamente, exercita a totalidade dos direitos na movimentação da conta-corrente. No advento da morte de um dos titulares, no silêncio ou omissão sobre a quem pertenciam as quantias depositadas, presume-se que o numerário seja de titularidade dos correntistas em iguais quinhões. A cotitularidade gera estado de condomínio e como tal, a cada correntista pertence a metade do saldo (art. 639 do CC). 6. A jurisprudência do STJ está consolidada na tese de que, no agravo do art. 522 do CPC, entendendo o julgador ausentes peças necessárias para a compreensão da controvérsia, deverá ser indicado quais são elas, para que o recorrente complemente o instrumento (REsp n. 1.102.467/RJ, rel. Min. Massami Uyeda, Corte Especial, j. 02.05.2012, *DJe* 29.08.2012). 7. Recurso especial conhecido em parte e parcialmente provido apenas para determinar o retorno dos autos ao Tribunal de origem para que seja dada oportunidade ao recorrente de juntar a peça tida por essencial, prosseguindo no julgamento da questão pertinente como entender de direito. (STJ, REsp n. 1.511.976, 3ª T., rel. Min. Moura Ribeiro, *DJe* 12.05.2015)

Art. 640. Sob pena de responder por perdas e danos, não poderá o depositário, sem licença expressa do depositante, servir-se da coisa depositada, nem a dar em depósito a outrem. Parágrafo único. Se o depositário, devidamente autorizado, confiar a coisa em depósito a terceiro, será responsável se agiu com culpa na escolha deste.

➡ Veja art. 1.275 do CC/1916.

O objeto do depósito não poderá ser utilizado nem ser depositado a outrem sem autorização expressa do depositante. Caso este autorize o depósito a outrem, ficará o depositário responsável pela escolha do terceiro caso tenha agido com culpa. O uso não autorizado da coisa depositada constitui *furtum usus*.

■ Veja no art. 638 a seguinte decisão: TJSP, Ap. n. 0002192-18.2012.8.26.0152/Cotia, 13ª Câm. de Dir. Priv., rel. Francisco Giaquinto, *DJe* 13.07.2015.

Código Civil comentado e anotado — Arts. 640 a 642

■ Contrato de depósito. Preliminar de inépcia da inicial rejeitada. Contrato típico de depósito, na hipótese, celebrado entre o apelado como depositante e a apelada como depositária, em prejuízo do outro contrato de depósito, independente, celebrado entre o autor como depositário e o Banco do Brasil S.A. como depositante, embora seja a mesma a coisa depositada. Situação fático-jurídica peculiar de duplo depósito resultante da interpretação das avenças celebradas e constantes dos autos e permitida pelo art. 640 do CC. Legitimidade ativa do autor. Inexistência de cerceamento de defesa. Ré que deve devolver a coisa depositada ao depositante nos termos da lei civil. Análise fática do ocorrido. Possibilidade de prisão do depositário infiel de acordo com os arts. 652 do CC, 902, § 1º, do CPC e 5º, LXVII, da Carta da República e da Súmula Vinculante n. 25 do STF. Pacto de São José da Costa Rica inaplicável frente à Lei Maior brasileira. Ação de depósito acolhida. Apelo improvido. (TJSP, Ap. n. 9292215-77.2008.8.26.0000, Assis, 15ª Câm. Ext. de Dir. Priv., rel. Silveira Paulilo, *DJe* 25.06.2015)

Art. 641. Se o depositário se tornar incapaz, a pessoa que lhe assumir a administração dos bens diligenciará imediatamente restituir a coisa depositada e, não querendo ou não podendo o depositante recebê-la, recolhê-la-á ao Depósito Público ou promoverá nomeação de outro depositário.

➡ Veja art. 1.276 do CC/1916.

No caso de existir incapacidade superveniente do depositário, aquele que o substituir deverá providenciar com brevidade a restituição da coisa ao depositante, porém se este não possuir condições de guardar a coisa depositada, ou se se recusar a recebê-la, o sucessor do depositário incapaz a depositará em Depósito Público ou nomeará novo depositário.

Art. 642. O depositário não responde pelos casos de força maior; mas, para que lhe valha a escusa, terá de prová-los.

➡ Veja art. 1.277 do CC/1916.

O depositário está isento de responsabilidade se o dano for originado de força maior, todavia tal fato deverá ser provado para que a isenção seja operada de pleno direito. Se houver convenção nesse sentido, o depositário se responsabiliza por danos originados por força maior ou caso seja provado que o depositário fazia uso do bem sem autorização do depositante.

■ Prestação de serviço. Ação de cobrança. Ajuste entre as partes a envolver recebimento, pela requerida, de valores a serem repassados à autora. Roubo demonstrado. Força maior verificada. Exegese do art. 642 do CC. Ação improcedente. Sentença mantida. Apelação improvida, com observação. (TJSP, Ap. n. 0015710-22.2010.8.26.0451/Piracicaba, 34ª Câm. de Dir. Priv., rel. Des. Nestor Duarte, *DJe* 20.03.2015, p. 1720)

■ Apelação cível. Indenização. Danos morais. e materiais. Furto de bicicleta em estacionamento de supermercado. Procedência parcial em primeiro grau de jurisdição. Recurso do estabelecimento. Réu. Ato ilícito praticado. Dever de guarda não observado. Depósito. Arts. 629 e 642, do CC. Indenização por dano moral devida. Quantia bem arbitrada monocraticamente. Sentença mantida. Recurso improvido. (TJSP, Ap. n. 0009547-04.2011.8.26.0156/Cruzeiro, 12ª Câm. Ext. de Dir. Priv., rel. Dimitrios Zarvos Varellis, *DJe* 06.03.2015)

Arts. 643 e 644

Art. 643. O depositante é obrigado a pagar ao depositário as despesas feitas com a coisa, e os prejuízos que do depósito provierem.

➡ Veja art. 1.278 do CC/1916.

É de responsabilidade do depositante o pagamento dos dispêndios do depositário referentes à coisa, bem como o dos prejuízos que do depósito provierem.

Art. 644. O depositário poderá reter o depósito até que se lhe pague a retribuição devida, o líquido valor das despesas, ou dos prejuízos a que se refere o artigo anterior, provando imediatamente esses prejuízos ou essas despesas.

Parágrafo único. Se essas dívidas, despesas ou prejuízos não forem provados suficientemente, ou forem ilíquidos, o depositário poderá exigir caução idônea do depositante ou, na falta desta, a remoção da coisa para o Depósito Público, até que se liquidem.

➡ Veja art. 1.279 do CC/1916.

Caso o depósito seja oneroso, poderá o depositário reter a coisa até que lhe seja ressarcida a retribuição devida, valor líquido das despesas ou dos prejuízos, mediante comprovação. Caso a prova (*vide* arts. 212 a 232 do CC) dessas despesas seja insuficiente, ou então não possuírem liquidez, é facultado ao depositário exigir caução idônea e, na ausência desta, poderá remover a coisa ao Depósito Público. O depositário terá direito de reter o bem até que o depositante lhe pague a retribuição devida.

▪ Transporte de mercadorias. Julgamento conjunto de ação declaratória de inexigibilidade de duplicatas levadas a protesto pela ré e de ação de obrigação de fazer, objetivando-se a liberação de carga pela ré na forma do art. 644 do CC. Preliminar de cerceamento de defesa arguida pela autora reconvinda. Inocorrência. Não há cerceamento de defesa quando os elementos constantes dos autos viabilizam o julgamento antecipado da demanda, sendo a prova documental produzida suficiente para tanto. Preliminar repelida. Ação declaratória de inexigibilidade de débito. Duplicatas de prestação de serviços de transporte de cargas. Alegada ausência de causa subjacente para saque das duplicatas, por deixar de efetuar-se o contrata de transporte de mercadorias de Natal/RN para Louveira/SP. No caso vertente, a ré não foi contratada apenas para o transporte no referido trecho, mas sim subcontratada para prestação de serviços, em operação continuada de logística reversa e prazo indeterminado, para retirada e entrega de mercadorias em locais indicados pela autora. Comprovação da existência da relação jurídica continuada, representado por contrato de logística reversa, legitimando à emissão das duplicatas, nos termos dos arts. 1º, 2º e 20, todos da Lei n. 5.474/68, posteriormente levados a protesto. Improcedência da ação declaratória e procedência do pedido reconvencional, condenando-se a autora-reconvinda ao pagamento das duplicatas. Sentença mantida. Recurso da autora-reconvinda negado. Ação de obrigação de fazer. Pretendida liberação da carga retida pela ré na forma do art. 644 do CC. Falta de pagamento da autora pelos serviços em operação continuada de logística reversa, prestados pela ré. Lícita retenção das mercadorias pela ré até o efetivo pagamento pelos serviços de transporte prestados à autora. Inteligência do art. 644 do CC. Precedentes. Ação de obrigação de fazer improcedente. Sentença mantida. Recurso da autora reconvinda negado. Ação de obrigação de fazer. Reconvenção. Julgamento de parcial procedência. Duplicidade de pedidos. Pedidos nas reconvenções apresentadas na ação declaratória e de obrigação de fazer, que se referem a duplicatas diversas. Reconvenção *in totum* procedente. Recurso da ré-reconvinte provido. Recurso da autora-reconvinda negado, provendo-se

Código Civil comentado e anotado

Arts. 644 a 646

o recurso da ré-reconvinte. (TJSP, Ap. n. 0008436-85.2013.8.26.0003/São Paulo, 13ª Câm. de Dir. Priv., rel. Francisco Giaquinto, *DJe* 11.05.2015)

Art. 645. O depósito de coisas fungíveis, em que o depositário se obrigue a restituir objetos do mesmo gênero, qualidade e quantidade, regular-se-á pelo disposto acerca do mútuo.

➡ Veja art. 1.280 do CC/1916.

A letra da lei impede que o contrato de depósito tenha como objeto a guarda de bens fungíveis (art. 85 do CC), caracterizando, portanto, um contrato de depósito irregular. Porém, a própria lei define que o contrato de depósito irregular na verdade será regulado pelas disposições concernentes ao contrato de mútuo, regulamentado por este Código.

■ Apelação cível. Negócios jurídicos bancários. Ressarcimento de depósitos em poupança. Exibição de documentos. Preliminares. Possibilidade de cumulação de pedidos. Interesse de agir. Pedido de exibição de documentos. Aplicação de multa. Dever de guarda e restituição. Juros remuneratórios. 1. Preliminar de impossibilidade de cumulação de pedidos: o pedido de exibição de documentos, formulado na presente demanda pode ser manejado na mesma ação em que efetuado o pedido de direito material, *in casu*, restituição de valores depositados em caderneta de poupança. Ademais, a aludida cumulação se mostra viável pela ótica da economia processual. Preliminar rejeitada. 2. Preliminar de irregularidade processual: examinando a instrução do presente feito, conclui-se que o réu foi devidamente intimado dos atos processuais e se manifestou em diversas oportunidades. Logo, não há falar em vício que gere nulidade do processo. Preliminar rejeitada. 3. Interesse de agir. Pedido de exibição de documentos: existe interesse processual quando a parte tem necessidade de ir a juízo para alcançar a tutela pretendida e, ainda, quando essa tutela jurisdicional pode trazer-lhe alguma utilidade do ponto de vista prático. Tratando-se de documento comum às partes, tem o contratante o direito de exigir a exibição de documentos e registros requeridos de que dispõe a demandada, consoante estabelece o art. 358, III, do CPC. Preliminar rejeitada. 4. Aplicação de multa por descumprimento de determinação judicial: no que se refere à aplicação da multa por descumprimento do comando judicial, o STJ já consolidou o entendimento de que na ação de exibição de documentos, não cabe a aplicação de multa cominatória, editando a Súmula n. 372. 5. Dever de guarda e restituição dos valores: cumpre frisar que aos valores depositados em instituições financeiras aplicam-se as regras do contrato de mútuo (art. 645 do CC/2002), restando ao depositário, forte nas especificidades da relação jurídica de direito material estabelecida, zelar pela conservação/manutenção dos valores que lhe são entregues pelo correntista. Desse modo, impõe-se a condenação do réu à restituição dos valores devidos, com atualização monetária, sob pena de enriquecimento ilícito da instituição financeira demandada. 6. Juros remuneratórios: cabe consignar que, sobre o valor devido, devem incidir os juros remuneratórios contratados; a restituição deve ocorrer englobando os juros remuneratórios. O valor dos juros remuneratórios deve obedecer aos parâmetros contratados. Deve ser adotados os juros remuneratórios presente no documento de fl. 19, isto é, 6,81% ao ano, conforme a rubrica "total de juros". Adicionalmente, o valor deve ser corrigido pelo IGP-M, por ser critério de atualização monetária que melhor representa a desvalorização da moeda. Preliminares rejeitadas. Apelo do autor provido e apelo do réu parcialmente provido. (TJRS, Ap. Cível n. 70.060.556.644, 12ª Câm. Cível, rel. Des. Umberto Guaspari Sudbrack, j. 11.09.2014)

Art. 646. O depósito voluntário provar-se-á por escrito.

Arts. 646 a 649 — Almeida Guilherme

➡ Veja art. 1.281 do CC/1916.

A lei exige que o depósito realizado voluntariamente deverá conter a forma escrita como requisito, visto que o depositante escolhe espontaneamente o depositário.

■ Apelação. Ação de indenização por danos materiais. Inexistência de comprovação da conduta e do nexo causal. Para caracterizar-se o dever de indenizar devem estar presentes todos os pressupostos necessários previstos no art. 186 do CC. Alegação de existência de contrato de depósito. Exigência legal da forma escrita para a sua prova. Inteligência do art. 646 do CC. Ausência de prova capaz de demonstrar a conduta do funcionário da empresa ré nem o nexo causal existente entre a sua ação e o dano sofrido pelo autor. O autor não se desincumbiu do ônus de demonstrar fato constitutivo do seu direito Indenização indevida Inteligência do art. 333, I, do CPC. Sentença mantida. Recurso não provido. (TJSP, Ap. n. 0014158-43.2011.8.26.0562/Santos, 9ª Câm. Ext. de Dir. Priv., rel. Luis Fernando Nishi, *DJe* 09.12.2014)

Seção II
Do Depósito Necessário

Art. 647. É depósito necessário:
I – o que se faz em desempenho de obrigação legal;
II – o que se efetua por ocasião de alguma calamidade, como o incêndio, a inundação, o naufrágio ou o saque.

➡ Veja art. 1.282 do CC/1916.

Trata-se de uma modalidade de depósito que não decorre da vontade das partes ou de medida judicial, mas exclusivamente da lei, no momento em que se observa uma obrigação legal, como é o caso do dever de guarda das bagagens pelos estabelecimentos hoteleiros ou companhias aéreas, ou então quando decorrente de calamidades públicas como incêndios, enchentes, desmoronamentos e outros tantos.

Art. 648. O depósito a que se refere o inciso I do artigo antecedente, reger-se-á pela disposição da respectiva lei, e, no silêncio ou deficiência dela, pelas concernentes ao depósito voluntário.
Parágrafo único. As disposições deste artigo aplicam-se aos depósitos previstos no inciso II do artigo antecedente, podendo estes certificarem-se por qualquer meio de prova.

➡ Veja art. 1.283 do CC/1916.

O depósito legal, a que se refere o art. 647, é aquele que a própria lei define como obrigatório (p. ex., estabelecimentos hoteleiros, transporte aéreo). Caso esta seja silente quanto às regras aplicáveis, serão aplicadas as disposições concernentes ao depósito voluntário, podendo aplicar o disposto no art. 628 aos casos dos depósitos necessários e aos de calamidade e catástrofe que poderão ser provados por qualquer meio admitido no direito.

Art. 649. Aos depósitos previstos no artigo antecedente é equiparado o das bagagens dos viajantes ou hóspedes nas hospedarias onde estiverem.

Código Civil comentado e anotado   Arts. 649 a 651

Parágrafo único. Os hospedeiros responderão como depositários, assim como pelos furtos e roubos que perpetrarem as pessoas empregadas ou admitidas nos seus estabelecimentos.

➡ Veja art. 1.284 do CC/1916.

A responsabilidade do estabelecimento hoteleiro existe inclusive em relação a furtos ou roubos realizados por seus empregados ou admitidos. Trata-se de hipótese de responsabilidade objetiva do estabelecimento causador do dano em relação ao hóspede que lhe confiou sua bagagem.

▪ Indenização. Furto de *notebook* ocorrido em quarto de hotel. Responsabilidade objetiva do hospedeiro quanto à segurança dos bens pertencentes aos hóspedes que decorre tanto do art. 649, parágrafo único, do novo CC, quanto do art. 14 do CDC. Ausência de conflito na aplicação simultânea destes dois dispositivos legais. Inocorrência de quaisquer das hipóteses legais excludentes da responsabilidade da ré. Dever de indenizar patenteado. Recurso improvido, neste aspecto. Dano material. Nota fiscal carreada aos autos que comprova o valor da compra do *notebook*. Impugnação do valor do bem, pela ré, afastada, diante da ausência de prova que demonstre a exorbitância do montante cobrado pelo autor, constante da aludida nota fiscal. Recurso improvido, neste aspecto. Dano moral. Furto de *notebook* ocorrido em quarto de hotel. Não é devida indenização, sob o rótulo de "dano moral", em razão de transtornos, perturbações ou aborrecimentos que as pessoas sofrem no seu dia a dia, frequentes na vida de qualquer indivíduo, que não demonstrou ter sofrido qualquer abalo psicológico, ou alteração do seu comportamento habitual, em razão destes contratempos. Mero dissabor que não pode ser alçado ao patamar de dano moral indenizável. Indenização por dano moral afastada. Recurso provido, neste aspecto. Litigância de má-fé. Imputação à apelante. Inocorrência de quaisquer das hipóteses previstas no art. 17 do CPC. A recorrente apenas utilizou os meios processuais postos à sua disposição, para defender teses que considerava justas Alegação afastada. Sucumbência. Ação parcialmente procedente. Sucumbência recíproca em proporções iguais. Compensação de verbas honorárias advocatícias, no valor arbitrado na sentença, e rateio, entre as partes, das custas processuais, nos termos do art. 21, *caput*, do CPC, Súmula n. 306 do STJ. Recurso parcialmente provido.. (TJSP, Ap. n. 9202612-90.2008.8.26.0000/Sumaré, 24ª Câm. de Dir. Priv., rel. Plinio Novaes de Andrade Júnior, *DJe* 28.11.2014)

Art. 650. Cessa, nos casos do artigo antecedente, a responsabilidade dos hospedeiros, se provarem que os fatos prejudiciais aos viajantes ou hóspedes não podiam ter sido evitados.

➡ Veja art. 1.285 do CC/1916.

A inevitabilidade é excludente de responsabilidade civil em relação à guarda das bagagens dos hóspedes, porém é necessária a prova de que o evento gerador do dano era imprevisto e inevitável. Pode-se excluir a responsabilidade do hospedeiro, caso seja convencionado pelas partes, desde que não seja abusiva para o hóspede, não servindo para esses fins simples avisos, declarações unilaterais ou regulamentos inseridos pelo hospedeiro nas dependências dos estabelecimentos.

Art. 651. O depósito necessário não se presume gratuito. Na hipótese do art. 649, a remuneração pelo depósito está incluída no preço da hospedagem.

➡ Veja art. 1.286 do CC/1916.

A remuneração nos casos do depósito legal é embutida no preço da hospedagem no caso de hotéis, ou da passagem aérea no caso de companhias aéreas. A remuneração se aplica também pelo zelo que o depositário terá com o objeto.

Art. 652. Seja o depósito voluntário ou necessário, o depositário que não o restituir quando exigido será compelido a fazê-lo mediante prisão não excedente a um ano, e ressarcir os prejuízos.

➡ Veja art. 1.287 do CC/1916.

Anteriormente ao pacto de San José da Costa Rica, era previsto que o depositário infiel poderia ser preso em razão da infidelidade no exercício de sua obrigação, hipótese que ficou controvertida na jurisprudência nacional durante vários anos, sendo objeto da controvérsia a aplicabilidade de um tratado internacional que não possui previsão expressa da vedação de prisão por depósito infiel. Tendo em vista a diversidade de posições dos tribunais pátrios, o Pretório Excelso manifestou-se na Súmula vinculante n. 25, acabando com a controvérsia e decidindo de uma vez por todas extirpar a prisão do depositário infiel do sistema jurídico brasileiro.

▪ Súmula n. 304 do STJ: "É ilegal a decretação da prisão civil daquele que não assume expressamente o encargo de depositário judicial".

▪ Súmula n. 305 do STJ: "É descabida a prisão civil do depositário quando, decretada a falência da empresa, sobrevém a arrecadação do bem pelo síndico".

▪ Súmula n. 419 do STJ: "Descabe a prisão civil do depositário judicial infiel".

▪ Contrato de depósito. Preliminar de inépcia da inicial rejeitada. Contrato típico de depósito, na hipótese, celebrado entre o apelado como depositante e a apelada como depositária, em prejuízo do outro contrato de depósito, independente, celebrado entre o autor como depositário e o Banco do Brasil S.A. como depositante, embora seja a mesma a coisa depositada. Situação fático-jurídica peculiar de duplo depósito resultante da interpretação das avenças celebradas e constantes dos autos e permitida pelo art. 640 do CC. Legitimidade ativa do autor. Inexistência de cerceamento de defesa. Ré que deve devolver a coisa depositada ao depositante nos termos da lei civil. Análise fática do ocorrido. Possibilidade de prisão do depositário infiel de acordo com os arts. 652 do CC, 902, § 1º, do CPC e 5º, LXVII, da Carta da República e da Súmula Vinculante n. 25 do STF. Pacto de São José da Costa Rica inaplicável frente à Lei Maior brasileira. Ação de depósito acolhida. Apelo improvido. (TJSP, Ap. n. 9292215-77.2008.8.26.0000, Assis, 15ª Câm. Ext. de Dir. Priv., rel. Silveira Paulilo, *DJe* 25.06.2015)

CAPÍTULO X
DO MANDATO

Seção I
Disposições Gerais

Art. 653. Opera-se o mandato quando alguém recebe de outrem poderes para, em seu nome, praticar atos ou administrar interesses. A procuração é o instrumento do mandato.

Código Civil comentado e anotado

Arts. 653 e 654

➡ Veja art. 1.288 do CC/1916.

O art. 653 do Código Civil define o mandato, dizendo que ele se opera, sendo a procuração o seu instrumento, "quando alguém recebe de outrem poderes para em seu nome, praticar atos [*ad judicia*] ou administrar interesses [*ad negotia*]". A circunstância de o mandatário receber poderes para "agir em nome de outrem", ou seja, a ideia de *representação*, mais do qualquer outra, distingue o contrato de mandato dos outros contratos, principalmente o de locação de serviços. O endosso-mandato somente poderá ser realizado em preto, ou seja, com a determinação expressa da pessoa do endossatário-mandatário, tendo em vista que esse instituto se rege pelos princípios do direito comum, não se admitindo a procuração ao portador.

Classificação: nominado, gratuito, unilateral e *intuitu personae*.

▪ Apelações cíveis. Embargos à execução. Obrigação de fazer. Dissolução de sociedade de fato. Vício de consentimento. Documento novo. Honorários advocatícios. Majoração. Sentença reformada em parte. 1. Segundo o disposto no inciso II do art. 585, do CPC, é título executivo extrajudicial o documento particular assinado pelo devedor e duas testemunhas. 2. Pelo mandato, nos termos do art. 653 do CC, o mandante outorga poderes a terceiro para, em seu nome, praticar atos ou administrar interesses. 3. Não configura vício de consentimento o fato de o mandatário não ter pleno conhecimento de negócios pretéritos já que é do mandante a responsabilidade em bem instruí-lo para agir. 4. Notificação não tem o condão de retirar de título executivo extrajudicial as características da certeza, liquidez e exigibilidade que lhes são típicas. 5. Não pode ser considerado como documento novo (art. 397 do CPC) aquele Tribunal de Justiça. Apelação Cível n. 1.118.296-4. 2. Estado do Paraná que a parte já possuía ao tempo do ajuizamento da ação ou da apresentação da defesa. 6. Os honorários devem corresponder à justa remuneração do trabalho profissional, distanciandose de valor irrisório, que avilte, bem como de quantia exorbitante, que enriqueça ilicitamente. 7. Apelação 1 conhecida em parte e na parte conhecida parcialmente provida. Apelação 2 conhecida e parcialmente provida. (TJPR, Ap. Cível n. 1118296-4, 16ª Câm. Cível, rel. Des. Luiz Fernando Tomasi Keppen, *DJe* 27.11.2014)

Art. 654. Todas as pessoas capazes são aptas para dar procuração mediante instrumento particular, que valerá desde que tenha a assinatura do outorgante.

§ 1º O instrumento particular deve conter a indicação do lugar onde foi passado, a qualificação do outorgante e do outorgado, a data e o objetivo da outorga com a designação e a extensão dos poderes conferidos.

§ 2º O terceiro com quem o mandatário tratar poderá exigir que a procuração traga a firma reconhecida.

➡ Veja art. 1.289, §§ 1º e 3º, do CC/1916.

A procuração de sócio lavrada por instrumento particular deverá ser apresentada com a assinatura reconhecida (art. 654, § 2º, do CC). A procuração que outorgar poderes para a assinatura do requerimento de arquivamento de ato na Junta Comercial deverá ter a assinatura do outorgante reconhecida (art. 654, § 2º, c/c art. 1.153 do CC).

A procuração que designar representante de sócio pessoa física residente e domiciliada no exterior, ou de pessoa jurídica estrangeira, deverá atribuir àquele poderes para receber citação inicial em ações judiciais relacionadas com a sociedade (*vide* Instrução Normativa n. 10/2013 do Drei). Os documentos oriundos do exterior (contratos, procurações etc.) devem ser apresentados com as assinaturas reconhecidas por notário, salvo se tal

391

Arts. 654 e 655 — Almeida Guilherme

formalidade já tiver sido cumprida no Consulado Brasileiro. Os instrumentos lavrados por notário francês dispensam o visto pelo Consulado Brasileiro (Decreto n. 91.207, de 29.04.1985). Além da referida formalidade, deverão ser apresentadas traduções de tais documentos para o português, por tradutor matriculado em qualquer Junta Comercial, quando estiverem em idioma estrangeiro.

▪ Agravo regimental no agravo em recurso especial. Representação em assembleia condominial. Regularidade nos termos do art. 654, § 1º, do CC/2002. Súmula n. 7/STJ. Aprovação de realização de obras úteis. Inexistênccia de incompatibilidade entre as obras no edital de convocação e as obras discutidas e aprovadas na assembleia. Prova oral indeferida. Desnecessidade. Inexistência de cerceamento de defesa. Livre convencimento motivado. Reexame de provas. Recurso não provido. 1. A jurisprudência desta Corte é pacífica no sentido de que a preferência do magistrado por esta ou por aquela prova está inserida no âmbito do seu livre convencimento motivado. Isso, porque vigora no direito processual pátrio o sistema de persuasão racional adotado no CPC, cabendo ao magistrado autorizar a produção desta ou daquela prova, se por outros meios não estiver convencido da verdade dos fatos, tendo em vista que é ao juiz que cabe a análise da conveniência e necessidade da sua produção. 2. As provas documentais acostadas aos autos são suficientes para proporcionar ao julgador os elementos necessários à análise da compatibilidade entre as obras apontadas no edital de convocação e as obras discutidas e aprovadas em assembleia, bem como quanto à verificação da natureza das obras aprovadas. 3. Ficou comprovado nos autos que a representação da parte ora recorrente na assembleia condominial foi regular, com cumprimento de todos os requisitos do art. 654, § 1º, do CC atual, de modo que a reversão de tal entendimento demandaria análise do conjunto fático-probatório dos autos. 4. Agravo regimental não provido. (STJ, Ag. Reg.-Ag.-REsp n. 385.646, 4ª T., rel. Min. Raul Araújo, *DJe* 14.05.2015)

▪ Súmula n. 456 do TST: "Representação. Pessoa jurídica. Procuração. Invalidade. Identificação do outorgante e de seu representante (inseridos os itens II e III em decorrência do CPC de 2015) – Res. 211/2016, *DEJT* divulgado em 24, 25 e 26.08.2016. I – É inválido o instrumento de mandato firmado em nome de pessoa jurídica que não contenha, pelo menos, o nome do outorgante e do signatário da procuração, pois estes dados constituem elementos que os individualizam. II – Verificada a irregularidade de representação da parte na instância originária, o juiz designará prazo de 5 (cinco) dias para que seja sanado o vício. Descumprida a determinação, extinguirá o processo, sem resolução de mérito, se a providência couber ao reclamante, ou considerará revel o reclamado, se a providência lhe couber (art. 76, § 1º, do CPC de 2015). III – Caso a irregularidade de representação da parte seja constatada em fase recursal, o relator designará prazo de 5 (cinco) dias para que seja sanado o vício. Descumprida a determinação, o relator não conhecerá do recurso, se a providência couber ao recorrente, ou determinará o desentranhamento das contrarrazões, se a providência couber ao recorrido (art. 76, § 2º, do CPC de2015)".

Art. 655. Ainda quando se outorgue mandato por instrumento público, pode substabelecer-se mediante instrumento particular.

➡ Veja art. 1.289, § 2º, do CC/1916.

A outorga de substabelecimento dos poderes conferidos pela procuração não possui a necessidade de obedecer a forma utilizada na outorga da procuração, podendo então ser conferida a procuração mediante instrumento público e o substabelecimento por instrumento particular.

Código Civil comentado e anotado

Arts. 655 a 658

- Enunciado n. 182 da III Jornada de Direito Civil: "O mandato outorgado por instrumento público previsto no art. 655 do CC somente admite substabelecimento por instrumento particular quando a forma pública for facultativa e não integrar a substância do ato".

- Representação processual. Procuração pública conferindo poderes para substabelecer Instrumento particular de substabelecimento. Representação processual do substabelecido. Validade, Inteligência do art. 655 do CC. Nulidade do decreto de extinção. O procurador devidamente substabelecido, por advogado com poderes conferidos mediante procuração pública, ostenta poderes de representação da parte para atuar no processo, sendo, nesse caso, imperiosa a cassação da sentença que extinguiu a ação, nos termos do art. 267, IV, do CPC. Recurso provido. (TJSP, Ap. n. 0032788-32.2012.8.26.0007/ São Paulo, 24ª Câm. de Dir. Priv., rel. Nelson Jorge Júnior, *DJe* 13.04.2015)

Art. 656. O mandato pode ser expresso ou tácito, verbal ou escrito.

➡ Veja art. 1.290 do CC/1916.

O contrato de mandato independe de formalidade, podendo ser expresso ou tácito, verbal ou escrito.

- Condomínio. Ação de prestação de contas. Interesse de agir dos autores presente. Inépcia da inicial. Não configurada. Obrigação assumida verbalmente. Legalidade. Art. 656, do CC. Prova testemunhal da obrigação estabelecida. Dever de prestar contas, nos termos do art. 668 do CC. Sentença mantida. Preliminares rejeitadas. Recurso improvido. (TJSP, Ap. n. 0000432-42.2011.8.26.0484/Promissão, 2ª Câm. de Dir. Priv., rel. Neves Amorim, *DJe* 15.09.2014)

Art. 657. A outorga do mandato está sujeita à forma exigida por lei para o ato a ser praticado. Não se admite mandato verbal quando o ato deva ser celebrado por escrito.

➡ Veja art. 1.291 do CC/1916.

O instrumento de mandato deve seguir a formalidade prescrita na lei, muito embora seja previsto que este poderá ser elaborado tanto na forma verbal quanto na escrita, ou por instrumento público ou particular. A lei prescreve também que o instrumento deverá seguir a formalidade necessária em cada caso específico, e a título de exemplo o próprio texto da lei diz que o mandato verbal não é admitido quando a forma escrita for exigida.

Art. 658. O mandato presume-se gratuito quando não houver sido estipulada retribuição, exceto se o seu objeto corresponder ao daqueles que o mandatário trata por ofício ou profissão lucrativa.

Parágrafo único. Se o mandato for oneroso, caberá ao mandatário a retribuição prevista em lei ou no contrato. Sendo estes omissos, será ela determinada pelos usos do lugar, ou, na falta destes, por arbitramento.

➡ Veja art. 1.290 do CC/1916.

O mandato em regra é gratuito, de forma que se origina da confiança que o mandante possui no mandatário, salvo se o contrato de mandato estabelecer remuneração ou se for da natureza do ofício do mandatário.

A remuneração prevista no art. 658 será regida convencionalmente ou por meio de lei. Caso sejam omissos, serão utilizados os usos e costumes do lugar onde foi celebrado o contrato ou por arbitramento, necessariamente nessa ordem.

■ Apelações cíveis. Mandato. Prestação de serviços de advocacia. Indenizatória por danos materiais e morais. Cerceamento de direito de defesa. Inocorrência. Inteligência dos arts. 130 e 330, I, em combinação, um e outro do CPC. Causídica que se apropriou indevidamente de quantias desembolsadas pela autora e destinadas a depósitos judiciais. Não realizados. Retenção indevida de verba da cliente. Danos materiais e extrapatrimoniais caracterizados. Má execução de serviços advocatícios que não exonera a contratante do pagamento dos honorários ajustados. Inteligência do disposto no art. 658 do CC c/c o art. 22 da Lei n. 8.096/94. Sentença reformada. Recurso da acionada parcialmente provido e adesivo da autora improvido. (TJSP, Ap. n. 9198985-44.2009.8.26.0000/São Bernardo do Campo, 12ª Câm. Ext. de Dir. Priv., rel. Tercio Pires, *DJe* 24.10.2014)

Art. 659. A aceitação do mandato pode ser tácita, e resulta do começo de execução.

➥ Veja art. 1.292 do CC/1916.

O mandato, assim como qualquer outra espécie de contrato, necessita da aceitação e concordância das duas partes para que seja válido e apto a gerar obrigação. A aceitação poderá ser expressa ou tácita.

O art. 659 trata da aceitação tácita do contrato, ou seja, a aceitação é originada de uma omissão declarativa do aceitante, que ao calar-se automaticamente aceita a proposta; no caso do mandato, a aceitação tácita é resultado direto do início de sua execução, ou seja, mesmo que silente, o mandatário que iniciar a execução dos poderes outorgados pelo mandante estará automaticamente aceitando o contrato integralmente.

■ Apelação cível. Civil e processual civil. Preliminar de não conhecimento do agravo retido rejeitada. Ausência de interesse do agravante em argui-la. Mérito. Contrato preliminar a que se pretende dar cumprimento. Pedido alternativo de conversão em perdas e danos. Negociações preliminares não obrigam à contratação. Ausência de manifestação de vontade de todos os contratantes. Impossibilidade de suprimento da vontade de um deles. Necessidade de subscrição por todos os envolvidos. Ausência de outorga de procuração para assinatura do contrato. Ratificação de eventual mandato inexistente. Violação ao princípio da boa-fé objetiva ou ao *venire contra factum proprium* não caracterizada. Recurso improvido. 1. Rejeita-se preliminar de não conhecimento de recurso de agravo retido arguida pelos próprios agravantes, por ausência de interesse em sua arguição. 2. Segundo as disposições normativas e doutrinárias a respeito, o contrato preliminar tem por objeto a obrigatória formação de um contrato futuro, cujas especificações já estão delineadas nesta contratação acessória que, se for bilateral, obriga ambas as partes à contratação futura. 3. As chamadas negociações preliminares, que antecedem a formalização do contrato preliminar, não obrigam as partes à concretização do negócio, mas indicam para onde se direciona a vontade dos futuros contraentes, motivo pelo qual devem ser levadas em consideração para fins de interpretação do futuro contrato a ser firmado, por aplicação lógica do princípio da boa-fé objetiva. 4. Mesmo que exista prova de que as partes tinham a intenção de firmar o contrato preliminar, este somente pode ser considerado válido se houver a subscrição por todos os envolvidos

Código Civil comentado e anotado

Arts. 659 a 661

e, na hipótese em apreço, as partes travaram negociações preliminares que, entretanto, não culminaram na assinatura, por todos os envolvidos, do contrato preliminar redigido. 5. Ademais, no caso concreto, a vontade faltante não poderia sequer ser suprida pela confissão do pretenso contratante, porque a prova dos autos indica que ele queria fechar o negócio, mas não nos termos em que redigido o documento a ele apresentado para assinatura. 6. Descaracterizado, ainda, o suprimento da vontade faltante pela assinatura, por procuração, do seu consorte, já que os fatos narrados nos autos indicam que não houve a posterior aceitação ou ratificação do mandato (arts. 659 e 662 do CC/2002). 7. Tratando-se de um contrato em que são previstas múltiplas obrigações para ambas as partes, não pode prevalecer qualquer interpretação que considere cada obrigação como isolada, motivo pelo qual não há como considerar como perfeita e acabada, tão somente, a venda da cotas sociais de propriedade da segunda apelada, que assinou a contratação, vez que o objeto da contratação não eram as obrigações individualmente consideradas, mas, sim, o conjunto das obrigações devidas por cada parte e, nesse contexto, não há como cindi-las, para fazer prevalecer, tão somente, aquelas relativas às partes que assinaram a pactuação: ou valem todas ou nenhuma. 8. Não concretizadas as negociações preliminares e inexistente o contrato preliminar apresentado, não há o que se executado, motivo pelo qual afastam-se, ainda, as alegações de que deve-se proporcionar a conservação do contrato. 9. Por fim, como bem ressaltado na sentença recorrida, se não houve a formal assunção de obrigações por nenhuma das partes, não houve formalização de contrato preliminar, não se verifica nos autos comprovação da assunção de despesas decorrentes das negociações, nem se faz comprovada a injustificada quebra da expectativa legitimamente gerada em uma parte pela outra, estando a situação narrada e delineada nos presentes autos dentro da perfeita normalidade pré-contratual, que culminou, simplesmente, na não formalização do negócio jurídico, o que afasta as alegações de violação ao princípio da boa-fé objetiva e de caracterização do *venire contra factum* proprium. 10. Recurso improvido. (TJES, Ap. n. 0025574-38.2011.8.08.0035, rel. Des. Carlos Simões Fonseca, *DJe* 01.10.2014)

Art. 660. O mandato pode ser especial a um ou mais negócios determinadamente, ou geral a todos os do mandante.

➡ Veja art. 1.294 do CC/1916.

O mandato, por ser instrumento que autoriza terceiro a agir em nome do mandante, deverá incluir qual a limitação dos poderes conferidos ao mandatário, de forma que o exercício em nome do mandante fica especificado a um ato, a vários atos ou a todos os atos negociais do mandante.

▪ Enunciado n. 183 da III Jornada de Direito Civil: "Para os casos em que o § 1º do art. 661 exige poderes especiais, a procuração deve conter a identificação do objeto".

Art. 661. O mandato em termos gerais só confere poderes de administração.
§ 1º Para alienar, hipotecar, transigir, ou praticar outros quaisquer atos que exorbitem da administração ordinária, depende a procuração de poderes especiais e expressos.
§ 2º O poder de transigir não importa o de firmar compromisso.

➡ Veja art. 1.295 do CC/1916.

Arts. 661 e 662 — Almeida Guilherme

O mandato, em linhas gerais, só autoriza o mandatário a realizar atos de administração, porém, se for do desígnio do mandante que o mandatário aliene, hipoteque, transija ou pratique outros atos que extrapolem a administração ordinária, deverá conferir poderes de procuração especiais para a prática de tais atos.

■ Enunciado n. 183 da III Jornada de Direito Civil: "Para os casos em que o § 1º do art. 661 exige poderes especiais, a procuração deve conter a identificação do objeto".

■ Apelação cível. Ação declaratória de nulidade. Mandatária desprovida de poderes específicos para alienar bem imóvel. Inobservância do art. 661, § 1º, do CC. Nulidade. Negócio celebrado por incapaz. Art. 166, I, do CC. Tese da simulação. Prejudicada. I. Consabido que o art. 661 do CC estabelece que o mandato em termos gerais só confere poderes de administração, ao passo que para alienar, hipotecar, transigir, ou praticar outros quaisquer atos que exorbitem da administração ordinária, depende a procuração de poderes especiais e expressos. II. É nulo o negócio jurídico quando celebrado por pessoa absolutamente incapaz. III. Torna-se desnecessário fomentar o debate quanto à tese da simulação, restando prejudicado o tema. Apelo conhecido e provido. (TJGO, Ap. Cível n. 201291197796, 3ª Câm. Cível, rel. Eudelcio Machado Fagundes, *DJe* 31.07.2015)

Art. 662. Os atos praticados por quem não tenha mandato, ou o tenha sem poderes suficientes, são ineficazes em relação àquele em cujo nome foram praticados, salvo se este os ratificar.

Parágrafo único. A ratificação há de ser expressa, ou resultar de ato inequívoco, e retroagirá à data do ato.

➡ Veja art. 1.296 do CC/1916.

Os atos praticados por mandatário com insuficiência de poderes não vinculam o mandante, salvo se houver posterior ratificação, que deverá ser na forma expressa, ou então resultar de ato que não deixe dúvidas de sua aceitação, retroagindo desde a data da prática do ato exorbitante. O mandatário só pode atuar dentro dos poderes que lhe foram conferidos.

■ Agravo de instrumento. Falência. Cédula de crédito bancário. Citação regularmente realizada na pessoa de sócio não administrador, mas que não se opôs ao seu recebimento. Teoria da aparência. Precedentes. Ademais, diligências infrutíferas anteriormente realizadas no estabelecimento comercial e no domicílio do sócio administrador. Intimação do protesto regularmente realizada no domicílio da sócia administradora, infrutífera a diligência no estabelecimento comercial. Recebimento da notificação por pessoal identificada. Observânciada Súmula n. 361 do STJ e da Súmula n. 51 deste Tribunal. Alegada falta de poderes do mandatário que firmou aditamento à cédula de crédito não verificada. Procuração pública então vigente trazida na resposta. Existência, ademais, de ratificação nos termos do art. 662 do CC. Decreto de quebra mantido. Recurso desprovido. (TJSP, AI n. 2200275-43.2014.8.26.0000/São Paulo, 1ª Câm. Res. de Dir. Emp., rel. Claudio Godoy, *DJe* 15.04.2015)

■ Adjucação compulsória. Procedência do pedido. Inconformismo. Desacolhimento. Corretora de imóveis que atuou como representante da vendedora sem instrumento de representação. Atos ratificados pela alienante na contestação. Inteligência do art. 662 do CC. Alegações posteriores à defesa que violam o art. 300 do CPC. Danos eventuais sofridos pela vendedora que devem ser buscados contra a cor-

Código Civil comentado e anotado

Arts. 662 a 666

ré. Adimplemento do preço comprovado. Sentença mantida. Recurso desprovido. (TJSP, Ap. n. 9000078-13.2009.8.26.0554/Santo André, 5ª Câm. de Dir. Priv., rel. J. L. Mônaco da Silva, *DJe* 26.02.2015)

■ Veja no art. 658 a seguinte decisão: TJES, Ap. n. 0025574-38.2011.8.08.0035, rel. Des. Carlos Simões Fonseca, *DJe* 01.10.2014.

Art. 663. Sempre que o mandatário estipular negócios expressamente em nome do mandante, será este o único responsável; ficará, porém, o mandatário pessoalmente obrigado, se agir no seu próprio nome, ainda que o negócio seja de conta do mandante.

➥ Veja art. 1.307 do CC/1916.

Os negócios realizados por meio de mandato sempre ocorrerão por conta do mandante, e este será o único e exclusivo responsável por tais atos, salvo se o mandatário agir em nome próprio, hipótese esta que o obrigará pessoalmente.

Art. 664. O mandatário tem o direito de reter, do objeto da operação que lhe foi cometida, quanto baste para pagamento de tudo que lhe for devido em consequência do mandato.

➥ Veja art. 1.315 do CC/1916.

Aquele que negociar em nome de outrem por meio de mandato terá o direito de reter a coisa objeto da negociação até a quantidade suficiente para que seja quitado o que lhe é devido em decorrência do exercício do mandato.

■ Enunciado n. 184 da III Jornada de Direito Civil: "Da interpretação conjunta desses dispositivos, extrai-se que o mandatário tem o direito de reter, do objeto da operação que lhe foi cometida, tudo o que lhe for devido em virtude do mandato, incluindo-se a remuneração ajustada e o reembolso de despesas".

Art. 665. O mandatário que exceder os poderes do mandato, ou proceder contra eles, será considerado mero gestor de negócios, enquanto o mandante lhe não ratificar os atos.

➥ Veja art. 1.297 do CC/1916.

O mandatário que agir em dissonância com os poderes conferidos ou, ainda, agir além dos limites por ele impostos, será considerado um gestor de negócios, dependendo de ratificação do mandante. Os atos do representante só vincularão o representado se praticados em seu nome dentro dos limites do mandato.

Art. 666. O maior de dezesseis e menor de dezoito anos não emancipado pode ser mandatário, mas o mandante não tem ação contra ele senão de conformidade com as regras gerais, aplicáveis às obrigações contraídas por menores.

➥ Veja art. 1.298 do CC/1916.

Arts. 666 a 668   Almeida Guilherme

As ações referentes ao mau exercício do mandato cujo mandatário seja maior de 16 anos e menor de 18 são sempre subordinadas às regras gerais atinentes às obrigações contraídas por menores (*vide* arts. 4º, 5º, 180 e 181 do CC).

Seção II
Das Obrigações do Mandatário

Art. 667. O mandatário é obrigado a aplicar toda sua diligência habitual na execução do mandato, e a indenizar qualquer prejuízo causado por culpa sua ou daquele a quem substabelecer, sem autorização, poderes que devia exercer pessoalmente.

§ 1º Se, não obstante proibição do mandante, o mandatário se fizer substituir na execução do mandato, responderá ao seu constituinte pelos prejuízos ocorridos sob a gerência do substituto, embora provenientes de caso fortuito, salvo provando que o caso teria sobrevindo, ainda que não tivesse havido substabelecimento.

§ 2º Havendo poderes de substabelecer, só serão imputáveis ao mandatário os danos causados pelo substabelecido, se tiver agido com culpa na escolha deste ou nas instruções dadas a ele.

§ 3º Se a proibição de substabelecer constar da procuração, os atos praticados pelo substabelecido não obrigam o mandante, salvo ratificação expressa, que retroagirá à data do ato.

§ 4º Sendo omissa a procuração quanto ao substabelecimento, o procurador será responsável se o substabelecido proceder culposamente.

➡ Veja art. 1.300 do CC/1916.

O art. 667 trata da bilateralidade do contrato de mandato, impondo, para o exercício dos poderes ali outorgados, diligência habitual. Note-se que o procurador, ou aquele que fora substabelecido, deve agir exteriorizando confiança e zelo para o fiel cumprimento do instrumento. A responsabilidade não se extingue na ação própria, mas subsiste quando o mandatário não observa seu impedimento em substabelecer seus poderes. Dessa forma, aquele que transfere o mandato sem autorização responde pelos atos praticados por terceiro, os quais, aliás, só surtirão efeitos depois de ratificados por aquele que tinha poderes para tanto. Hipótese distinta, contudo, é o substabelecimento permitido, ou mesmo quando essa faculdade é omitida do instrumento, pois o mandatário original só se responsabilizará civilmente de forma subjetiva por culpa na escolha ou nas instruções para o cumprimento do mandato.

Caso o mandante venha a falecer, o mandatário deverá concluir quaisquer negócios já iniciados, quando existir perigo na demora.

▪ Apelação cível. Recurso adesivo. Ação de indenização por danos materiais e morais. Mandato. Advogado. O advogado é responsável pelos atos que, no exercício profissional, praticar com dolo ou culpa (art. 667 do CC e art. 32 da Lei n. 8.906/94). Agem com o dolo as advogadas que efetuam acordo deveras prejudicial ao cliente, retêm a quantia oriunda do acordo, e, após, repassam parte do valor. Indenização por dano moral mantida. Indenização por dano material concedida na segunda instância. Precedentes. Apelação provida. Recurso adesivo desprovido. (TJRS, Ap. Cível n. 70.064.270.184, 16ª Câm. Cível, rel. Des. Catarina Rita Krieger Martins, j. 18.06.2015)

Art. 668. O mandatário é obrigado a dar contas de sua gerência ao mandante, transferindo-lhe as vantagens provenientes do mandato, por qualquer título que seja.

Código Civil comentado e anotado   Arts. 668 a 671

➡ Veja art. 1.301 do CC/1916.

O mandatário é obrigado a prestar contas periódicas referentes ao exercício de seu mandato e deverá também repassar quaisquer ganhos provenientes desse exercício, independentemente de sua natureza. O mandatário é alguém que age no interesse alheio.

▪ Apelação cível. Mandatos. Apelação cível. Mandatos. Ação de prestação de contas. Primeira fase. Dever de prestar contas. I. O mandatário tem o dever de prestar contas ao mandante. Art. 668 do CC. II. O objetivo precípuo da ação de prestação de contas, na primeira fase, é aferir se a parte demandada tem a incumbência ou não de prestar as contas postuladas. As demais questões de fundo apenas possuem relevo na segunda fase da demanda de prestação de contas. III. Sentença reformada, sucumbência invertida. Deram provimento ao recurso. Unânime. (TJRS, Ap. cível n. 70.062.238.134, 16ª Câm. Cível, rel. Des. Ergio Roque Menine, j. 16.07.2015)

Art. 669. O mandatário não pode compensar os prejuízos a que deu causa com os proveitos que, por outro lado, tenha granjeado ao seu constituinte.

➡ Veja art. 1.302 do CC/1916.

Os prejuízos ocasionados pelo mandatário não se compensam com eventuais ganhos a que ele tenha dado causa, justificado pelo art. 668, que diz que quaisquer ganhos serão do mandante, subsistindo então para o mandatário a obrigação de ressarcir o mandante das perdas por ele sofridas.

Art. 670. Pelas somas que devia entregar ao mandante ou recebeu para despesa, mas empregou em proveito seu, pagará o mandatário juros, desde o momento em que abusou.

➡ Veja art. 1.303 do CC/1916.

Os valores recebidos em nome do mandante deverão ser restituídos a este, porém se o mandatário utilizá-lo para si, deverá pagar juros ao mandante desde o momento que extrapolou seus poderes.

▪ Apelação cível. Ação de prestação de contas. Segunda fase. Sentença de natureza condenatória. Sucumbência determinada de forma correta pela sentença. Honorários fixados sobre o valor da condenação, nos moldes do art. 20, § 3º, do CPC. Juros de mora a contar do momento em que o mandatário pagou os valores a menor, de acordo com o art. 670 do CC. Precedente. Confirmação da sentença em grau recursal. Prequestionamento. Desprovido o recurso. (TJRS, Ap. Cível n. 70.063.577.183, 16ª Câm. Cível, rel. Des. Catarina Rita Krieger Martins, j. 26.02.2015)

Art. 671. Se o mandatário, tendo fundos ou crédito do mandante, comprar, em nome próprio, algo que devera comprar para o mandante, por ter sido expressamente designado no mandato, terá este ação para obrigá-lo à entrega da coisa comprada.

➡ Sem correspondência no CC/1916.

399

Se for do objeto do mandato (art. 104, II, do CC) a compra de um bem determinado, e o mandatário possuidor de fundos ou créditos do mandante realiza a compra para si, poderá o mandante em ação própria reivindicar a entrega da coisa comprada.

Art. 672. Sendo dois ou mais os mandatários nomeados no mesmo instrumento, qualquer deles poderá exercer os poderes outorgados, se não forem expressamente declarados conjuntos, nem especificamente designados para atos diferentes, ou subordinados a atos sucessivos. Se os mandatários forem declarados conjuntos, não terá eficácia o ato praticado sem interferência de todos, salvo havendo ratificação, que retroagirá à data do ato.

➡ Veja art. 1.304 do CC/1916.

Se houver pluralidade de mandatários no mesmo instrumento, todos poderão exercer os poderes conferidos pelo outorgante de forma independente, porém se houver declaração expressa de que todos necessitam agir em conjunto, os atos de apenas um não terão validade, salvo se houver ratificação posterior dos demais, que terá efeitos retroativos à data da primeira assinatura.

▪ Apelação cível. Ação revisional de contrato em fase de liquidação de sentença. Feito extinto com fulcro no art. 267, III, do CPC. Falecimento de um dos procuradores constituídos pelo autor. Inércia do autor em atender a intimação para constituir novo advogado. Abandono de causa não configurado. Existência de outro mandatário. Inteligência do art. 672 do CC. Sentença cassada. Recurso provido. (TJPR, Ap. Cível n. 1195878-8, rel. Juíza Subst. Luciane R. C. Ludovico, *DJe* 19.11.2014)

Art. 673. O terceiro que, depois de conhecer os poderes do mandatário, com ele celebrar negócio jurídico exorbitante do mandato, não tem ação contra o mandatário, salvo se este lhe prometeu ratificação do mandante ou se responsabilizou pessoalmente.

➡ Veja art. 1.306 do CC/1916.

No caso de haver a celebração de negócio que extrapola os limites do mandato e o negociante tivesse ou devesse ter conhecimento desse abuso, não poderá este intentar judicialmente contra o mandatário, a não ser que este, por sua vez, tenha lhe prometido a ratificação do mandante.

Art. 674. Embora ciente da morte, interdição ou mudança de estado do mandante, deve o mandatário concluir o negócio já começado, se houver perigo na demora.

➡ Veja art. 1.308 do CC/1916.

Caso o mandante venha a falecer, o mandatário deverá concluir quaisquer negócios já iniciados quando existir perigo na demora.

Seção III
Das Obrigações do Mandante

Código Civil comentado e anotado   Arts. 675 e 676

Art. 675. O mandante é obrigado a satisfazer todas as obrigações contraídas pelo mandatário, na conformidade do mandato conferido, e adiantar a importância das despesas necessárias à execução dele, quando o mandatário lho pedir.

➡ Veja art. 1.309 do CC/1916.

O mandatário age por conta exclusiva do mandante, desde que dentro dos limites dos poderes outorgados, e dessa forma o mandante se obrigará por todos os vínculos contraídos, bem como deverá adiantar todas as despesas referentes à execução do mandato no momento em que o mandatário lhe requerer.

■ Declaração de inexigibilidade de débido cumulada com indenização por danos morais. Apontamento do nome da autora em órgãos de proteção ao crédito. Inexistência de relação jurídica entre as partes. Autora que figurou apenas como mandatária do adquirente em compromisso de compra e venda firmado com as rés. Obrigações decorrentes do contrato de promessa de compra e venda que são de responsabilidade exclusiva do mandante. Inteligência dos arts. 663 e 675 do CC. Cobrança indevida. Danos morais *in re ipsa*. Indenização majorada de R$ 6.000,00 para R$ 10.000,00, em atenção aos princípios da razoabilidade e proporcionalidade. Recurso das rés desprovido, provido em parte o da autora. (TJSP, Ap. n. 0155581-53.2010.8.26.0100/São Paulo, 13ª Câm. Ext. de Dir. Priv., rel. Milton Carvalho, *DJe* 18.05.2015)

Art. 676. É obrigado o mandante a pagar ao mandatário a remuneração ajustada e as despesas da execução do mandato, ainda que o negócio não surta o esperado efeito, salvo tendo o mandatário culpa.

➡ Veja art. 1.310 do CC/1916.

O mandato conferido pelo mandante deverá ser remunerado, bem como as despesas referentes à execução do mandato, não sendo vinculado ao sucesso do negócio por se tratar de uma obrigação de meio e não de resultado, salvo se por culpa do mandatário. O mandatário assume a obrigação de meio, não importando se o negócio teve o efeito desejado.

■ Processo civil. Civil. Prestação de contas. Segunda fase. Agravo retido. Cerceamento de defesa. Prova oral. Nulidade da sentença. Ausência de fundamentação. Venda de imóvel em condomínio. Procuração. Exercício do mandato. Gastos com a divisão do imóvel. Repartição. Sentença parcialmente reformada. 1. Na realidade, na primeira fase da prestação de contas, a agravante/ré apenas postulou a oitiva de seu genitor. No entanto, quando da apresentação da defesa, afirmou expressamente que repassou todo o dinheiro recebido das vendas dos imóveis a ele. Tal fato tornou-se incontroverso, portanto. 2. Na segunda fase, as partes requereram a produção de prova oral e pericial (fls. 526/527 e 530). A ora apelante/ré justificou a necessidade de oitiva das testemunhas ali arroladas com o fito de ser comprovada a transformação do imóvel em condomínio e a idoneidade das notas fiscais acostadas às fls. 382, 383, 395, 397 e 398. 3. A mudança do lote em condomínio foi afirmado pela própria apelada/ autora em sua inicial (fl. 3). Fato incontroverso. No que concerne à idoneidade das notas fiscais, o documento de fl. 382 se trata de um recibo firmado pela sociedade empresária [...] Ltda., o de fl. 383 também é um recibo e se refere à execução de guarita e muro frontal com instalação e fabricação de portão automatizado. As fls. 397/398 dizem respeito a recibos de comissão de corretagem. O perito afastou a validade dos documentos de fls. 382/383 por terem finalidade divergente da outorgada na

401

Arts. 676 a 678   Almeida Guilherme

procuração pela apelada/autora. Considerou válidos, todavia, os de fls. 397/398. 4. Por se tratar de análise simplesmente documental, desnecessária a oitiva de testemunhas. Não vislumbro o cerceamento de defesa ao se indeferir a produção de prova testemunhal, quando inviável para a solução da controvérsia. 5. Não se trata de sentença sem fundamentação ou pouco fundamentada. A juíza atendeu ao preceito contido no art. 93, IX, da CF/88 e art. 458, II, do CPC. Apenas não correspondeu aos interesses da ora apelante/ré. 6. Aprocuração de fl. 9 outorgou amplos poderes à apelante/ré, a partir de 24.05.2002, tais como para vender, prometer vender, ceder, transferir, onerar e/ou alienar. Assim, como se tratava de um terreno grande, a apelante/ré resolveu, em acordo com os demais proprietários do lote, transformá-lo em um condomínio, de modo a torná-lo mais rentável. 7. Para a transformação de um terreno em um condomínio tem-se um custo. Embora a apelada/autora afirme que não estava ciente da mencionada transformação, ao que me parece, na realidade com tal anuiu. No entanto, quer apenas a sua parte na referida mudança de destinação. Isso é o que se extrai da oitiva da informante à fl. 128 dos autos. 8. Recorde. Se ser o contrato de mandato o negócio jurídico pelo qual uma pessoa recebe de outra poderes para, em nome desta, praticar um ato ou administrar interesses. 9. Como a divisão dos lotes em condomínio implica um custo, não há que se presumir que o contrato de mandato tenha sido outorgado a título gratuito. Mesmo porque ainda que não fosse se considerar esse objeto (divisão de lotes), a simples compra e venda de um imóvel implica pagamento de tributos, o que por si só já onera o mandatário. Incide, no caso, o disposto nos arts. 676 e 678 do CC. 10. Não consta em qualquer lugar dos autos o montante pago pela apelada/autora a título de remuneração à apelante/ré por ter exercido tal encargo durante a sua estadia na Suíça. Entendo, nesse descortino, que deva arcar com o pagamento integral das despesas devidamente comprovadas para a constituição do condomínio. 11. Ressalte-se, entretanto, que a apelante/ré juntou documentos anteriores à procuração que lhe foi outorgada, como bem ponderou a sentença. Tais apontamentos devem ser desconsiderados, pois anteriormente à concessão dos poderes que lhe foram conferidos, isto é, anteriores a 24.05.2002 (fls. 194-A, 194-B, 194-C, 194-D, 195/225, 227/232, 236/301, 306/315, 382/385, 399/464). A nota fiscal acostada à fl. 482 deve ser afastada, também, pois se encontra rasgada e não se sabe qual foi a sua finalidade (fl. 600). 12. Recurso conhecido e parcialmente provido. (TJDFT, Ap. Cível n. 20120110401193, 5ª T. Cível, rel. p/ o ac. rel. Des. Sebastião Coelho, *DJe* 20.01.2015)

Art. 677. As somas adiantadas pelo mandatário, para a execução do mandato, vencem juros desde a data do desembolso.

➡ Veja art. 1.311 do CC/1916.

As despesas que o mandatário adiantar para a plena execução do mandato deverão ser remuneradas com juros, que correrão desde a data do desembolso até a data do reembolso efetuado pelo mandante. Não havendo estipulação a respeito dessa taxa, os juros serão os legais (art. 406 do CC).

Art. 678. É igualmente obrigado o mandante a ressarcir ao mandatário as perdas que este sofrer com a execução do mandato, sempre que não resultem de culpa sua ou de excesso de poderes.

➡ Veja art. 1.312 do CC/1916.

Código Civil comentado e anotado   Arts. 678 a 681

Se eventuais perdas sofridas pelo mandatário forem constatadas, essas devem ser ressarcidas pelo mandante, salvo se tais perdas forem oriundas de culpa ou excesso de poderes.

■ Veja no art. 676 a seguinte decisão: TJDFT, Ap. Cível n. 20120110401193, 5ª T. Cível, rel. p/ o ac. rel. Des. Sebastião Coelho, *DJe* 20.01.2015.

Art. 679. Ainda que o mandatário contrarie as instruções do mandante, se não exceder os limites do mandato, ficará o mandante obrigado para com aqueles com quem o seu procurador contratou; mas terá contra este ação pelas perdas e danos resultantes da inobservância das instruções.

➡ Veja art. 1.313 do CC/1916.

Os atos praticados em contrariedade às instruções do mandante e em conformidade com os poderes conferidos no instrumento, vincularão o mandante perante terceiros. O mandante poderá mover ação regressiva contra o mandatário pelas perdas e danos resultantes da inobservância do que estava estipulado no mandato.

Art. 680. Se o mandato for outorgado por duas ou mais pessoas, e para negócio comum, cada uma ficará solidariamente responsável ao mandatário por todos os compromissos e efeitos do mandato, salvo direito regressivo, pelas quantias que pagar, contra os outros mandantes.

➡ Veja art. 1.314 do CC/1916.

Caso o mandato seja conferido por mais de um mandante a um mandatário e entre os mandantes exista identidade do negócio, todos eles serão solidariamente responsáveis pelo mandatário pelos compromissos oriundos do contrato, sem prejuízo do direito regressivo a ser intentado contra os outros mandantes pela quantia que pagar.

■ Recurso especial. Direito civil. Mandato. Solidariedade dos mandantes. Art. 680 do CC. Obrigação do mandatário de repassar valores recebidos em juízo. Destinação a um dos mandantes. Possibilidade. 1. No direito civil, predomina a autonomia da vontade de modo que se confere total liberdade negocial aos sujeitos de uma relação obrigacional. Usufruindo dessa liberdade, podem as partes, credores e devedores, sem nenhum óbice, estabelecer a solidariedade, ativa ou passiva, em seus atos negociais. 2. Diante da solidariedade de interesses existente entre os mandantes, ausente previsão contratual a respeito, é razoável que o mandatário, advogado que recebe valores em juízo, possa, quando do repasse, escolher um dos mandantes como destinatário de referidos valores. 3. Recurso especial desprovido. (STJ, REsp n. 1.415.752, 3ª T., rel. Min. João Otávio de Noronha, *DJe* 30.09.2014)

Art. 681. O mandatário tem sobre a coisa de que tenha a posse em virtude do mandato, direito de retenção, até se reembolsar do que no desempenho do encargo despendeu.

➡ Veja art. 1.315 do CC/1916.

403

Arts. 681 e 682 · Almeida Guilherme

O bem que esteja em posse do mandatário sujeita-se à retenção até o momento em que o mandante o reembolsar por eventuais despesas experimentadas em virtude do desempenho do encargo.

➡ Enunciado n. 184 da III Jornada de Direito Civil: "Da interpretação conjunta desses dispositivos, extrai-se que o mandatário tem o direito de reter, do objeto da operação que lhe foi cometida, tudo o que lhe for devido em virtude do mandato, incluindo-se a remuneração ajustada e o reembolso de despesas".

Seção IV
Da Extinção do Mandato

Art. 682. Cessa o mandato:
I – pela revogação ou pela renúncia;
II – pela morte ou interdição de uma das partes;
III – pela mudança de estado que inabilite o mandante a conferir os poderes, ou o mandatário para os exercer;
IV – pelo término do prazo ou pela conclusão do negócio.

➡ Veja art. 1.316 do CC/1916.

O instrumento de mandato expira com todos os seus efeitos no momento em que é revogado ou renunciado; pela morte ou interdição do mandante ou mandatário; pela mudança de estado que inabilite o mandante a conferir os poderes, ou o mandatário para exercê-los; pelo término do prazo; ou pelo exaurimento do negócio objeto do mandato.

■ Processual civil. Embargos infringentes em ação rescisória. Autor falecido anteriormente ao ajuizamento da demanda ordinária. Extinção do mandato. Incapacidade para ser parte. Ilegitimidade para o processo. Coisa julgada. Inexistência. Título executivo inexigível. Embargos não providos. 1. A morte do mandante extingue automaticamente os efeitos do mandato, nos termos do art. 1.316, II, do CC/1916 ou do art. 682, II, do CC/2002. 2. O art. 1.321 do CC/1916 destina-se, ordinariamente, aos mandatos extrajudiciais em que os interesses das partes e de terceiros são convergentes e não ao mandato judicial, como no presente feito, em que o terceiro. Demandado na ação de conhecimento. Deseja, em realidade, resistir à pretensão do falecido mandante. 3. Por sua vez, o CC/2002 em seu art. 692, expressamente, dispôs que o mandato judicial é regulado pela legislação processual e a solução encontrada no âmbito processual não difere da que prevista no art. 682, II, do CC de 2002 (art. 1.316, II, do CC/1916), isto é, os efeitos do mandato extinguem-se com a morte, razão pela qual se o outorgante do mandato falecer antes do ajuizamento da ação, este contrato estará extinto, devendo ser outorgados novos poderes pelo inventariante ao advogado, agora em nome do espólio (art. 12, V, do CPC), sob pena de extinção do processo sem resolução do mérito, nos termos do art. 267, VI, do CPC. 4. Nos casos de morte da parte no curso do processo, também a jurisprudência desta Corte é no sentido de que a suspensão é automática, a decisão tem efeito *ex tunc* e eventuais atos praticados após o falecimento são nulas em razão da mesma causa: a morte do mandante extingue automaticamente os efeitos do mandato. Nesse sentido: REsp n. 270.191/SP, 3ª T., rel. Min. Ari Pargendler, rel. p/ ac. Min. Carlos Alberto Menezes Direito, *DJ* 08.04.2002 e EREsp n. 270.191/SP, Corte Especial, rel. Min. Francisco Peçanha Martins, *DJ* 20.09.2004. Da mesma forma, recente decisão do Ministro Celso de Mello no Ag. Reg. no RE com Ag. n. 707.037/MT, publicado no *DJE* n. 214, 29.10.2012. 5. A morte do autor anteriormente à propositura da demanda de conhecimento é, portanto, fato jurídico relevante para se declarar a inexistência do pro-

Código Civil comentado e anotado   Arts. 682 e 683

cesso judicial em relação a ele, eis que a relação processual não se angularizou, nunca existiu, não se formou validamente, à míngua da capacidade daquele autor para ser parte e, por conseguinte, extinguiu-se, ao mesmo tempo, o mandato outorgado ao advogado, carecendo a relação processual de pressuposto de desenvolvimento válido e regular, qual seja, aquele relativo à capacidade postulatória. Nesse sentido: AR n. 3.285/SC, 3ª S., rel. Min. Nilson Naves, rel. p/ ac. Min. Felix Fischer, *DJe* 08.10.2010. Embargos infringentes não providos. (STJ, Emb. Infring.-Ag. Reg. n. 3.358, 3ª S., rel. Min. Gurgel de Faria, *DJe* 04.02.2015)

■ Agravo regimental no recurso especial. Ação consignatória de aluguéis. Decisão monocrática negando seguimento ao recurso especial. Insurgência do locatário/consignante. 1. Violação do art. 535 do CPC. 1.1 Acórdão estadual que, no bojo de aclaratórios da sociedade empresária locadora, reconheceu a existência de premissa equivocada cuja correção ensejou a alteração do resultado do julgamento. Consoante cediço nesta Corte, "a atribuição de efeitos infringentes aos embargos de declaração é possível, em hipóteses excepcionais, para corrigir premissa equivocada no julgamento, bem como nos casos em que, sanada a omissão, a contradição ou a obscuridade, a alteração da decisão surja como consequência necessária" (Emb. Decl. nos Emb. Decl. no Ag. Reg. no AREsp n. 101.948/RS, rel. Min. Ricardo Villas Bôas Cueva, 3ª T., j. 22.04.2014, *DJe* 29.04.2014). 1.2. Posteriores embargos de declaração do locatário. É clara e suficiente a fundamentação adotada pelo Tribunal de origem para o deslinde da controvérsia, revelando-se desnecessário ao magistrado rebater cada um dos argumentos declinados pela parte. 2. Alegada existência de recusa injustificada da locadora conducente à impositiva procedência da demanda consignatória. Hipótese em que a Corte Estadual reconheceu como justa a recusa da sociedade locadora ao recebimento dos aluguéis oferecidos pela locatária, ante a nulidade do contrato de locação. Incidência da Súmula n. 7/STJ. 3. Aduzida validade do contrato de locação celebrado por ex-liquidante da sociedade locadora com terceiro de boa-fé. O conteúdo normativo inserto nos arts. 682 e 689 do CC/2002 (hipóteses de extinção de mandato e subsistência de efeitos no tocante ao contratante de boa-fé), cuja violação é defendida no reclamo, não foi objeto de exame pela instância ordinária, nem foram deduzidas razões nos embargos de declaração a fim de suscitar a discussão do tema neles contido. Incidência das Súmulas ns. 282 e 356 do STF. 4. Agravo regimental desprovido. (STJ, Ag. Reg.-REsp n. 1.280.194, 4ª T., rel. Min. Marco Buzzi, *DJe* 02.12.2014)

Art. 683. Quando o mandato contiver a cláusula de irrevogabilidade e o mandante o revogar, pagará perdas e danos.

➡ Veja art. 1.317 do CC/1916.

Se o contrato de mandato possuir cláusula de irrevogabilidade, que nada mais é que uma cláusula que dispõe sobre a impossibilidade de se revogar o mandato, e o mandante a contrariar, este deverá pagar ao mandatário perdas e danos em virtude do descumprimento contratual. Isso se dá porque cria no mandatário uma expectativa de permanência no mandato até a conclusão do negócio ou até o prazo avençado.

■ Processual civil e civil. Apelação cível. Ação de revogação de mandato por instrumento público. Mandatário. Administração e usufruto de imóvel concedido ao pai do mandante. Cláusula de irrevogabilidade. Desconsideração da circunstância. Possibilidade. Incidência da regra do art. 683 do CC. Procuração por conta própria. Não configuração, Ineficácia da revogação inaplicável ao caso. Manutenção da sentença, Desprovimento. Não sendo a procuração lavrada "em causa própria", é possível a extinção *ad* nutum do mandato pelo mandante, ainda que haja cláusula de irrevogabilidade e irretratabilidade, nos termos

405

Arts. 683 a 686   Almeida Guilherme

do art. 683 do CC, respondendo o mandante por perdas e danos. (TJMG, Ap. Cível n. 1.0702.07.412886-0/001, rel. Des. Generoso Filho, 9ª Câm. Cível, j. 05.10.2010, publicação da Súmula em 18.10.2010). Se o mandato diz que os poderes concedidos são em caráter irrevogável e irretratável, pode o mandante cancelá-lo, mas ficará responsável por perdas e danos, nos termos do art. 683 do CC. (TJPB, Ap. n. 0001976-05.2013.815.2003, 2ª Câm. Esp. Cível, rel. Des. Abraham Lincoln da C. Ramos, *DJe* 29.05.2015)

Art. 684. Quando a cláusula de irrevogabilidade for condição de um negócio bilateral, ou tiver sido estipulada no exclusivo interesse do mandatário, a revogação do mandato será ineficaz.

➥ Veja art. 1.317 do CC/1916.

Se a cláusula de irrevogabilidade for condição essencial à realização de um negócio, ou então quando houver sido estipulada no exclusivo interesse do mandatário, terá sua revogação ineficaz, permitindo que o mandatário possa prosseguir na execução do ato para o qual foi nomeado.

Art. 685. Conferido o mandato com a cláusula "em causa própria", a sua revogação não terá eficácia, nem se extinguirá pela morte de qualquer das partes, ficando o mandatário dispensado de prestar contas, e podendo transferir para si os bens móveis ou imóveis objeto do mandato, obedecidas as formalidades legais.

➥ Veja art. 1.317 do CC/1916.

A procuração com cláusula "em causa própria" é utilizada principalmente nos contratos de compra e venda de bem imóvel, hipótese em que o vendedor outorga irrevogável e irretratavelmente poderes para que o comprador o represente e pratique todos os atos de transferência do imóvel. Tal artifício encontra justificativa no fato de que o vendedor somente outorgará a procuração após o pagamento, e também no fato de que auxilia a conclusão das formalidades do contrato de compra e venda, uma vez que após a outorga do mandato não será mais necessária a presença ou concordância do vendedor.

■ Apelação cível. Ação declaratória de nulidade de ato jurídico. Compra e venda realizada através de substabelecimento após o falecimento do substabelecente. Mandato em causa própria. Irrevogabilidade. Impossibilidade de extinção com a morte de qualquer das partes. Inteligência do art. 685 do CC. Precedentes. Decisão reformada. Inversão dos ônus sucumbenciais. Recurso provido. Art. 685 do CC: conferido o mandato com a cláusula "em causa própria", a sua revogação não terá eficácia, nem se extinguirá pela morte de qualquer das partes, ficando o mandatário dispensado de prestar contas, e podendo transferir para si os bens móveis ou imóveis objeto do mandato, obedecidas as formalidades legais. (TJPR, Ap. Cível n. 1317755-8, 6ª Câm. Cível, rel. Des. Prestes Mattar, *DJe* 03.03.2015)

Art. 686. A revogação do mandato, notificada somente ao mandatário, não se pode opor aos terceiros que, ignorando-a, de boa-fé com ele trataram; mas ficam salvas ao constituinte as ações que no caso lhe possam caber contra o procurador.

Código Civil comentado e anotado   Arts. 686 a 688

Parágrafo único. É irrevogável o mandato que contenha poderes de cumprimento ou confirmação de negócios encetados, aos quais se ache vinculado.

➥ Veja art. 1.318 do CC/1916.

Mais uma vez a norma se vale do princípio da boa-fé para justificar determinado preceito. Aliás, outra não poderia ser a instrução legal, uma vez que na hipótese de não se dar publicidade de determinada revogação do mandato, não subsistiria razão para opor qualquer defesa a terceiros de boa-fé. Nesse sentido, exsurgirá direito do mandante contra seu procurador, o qual agiu sem poderes para tanto. Com efeito, acrescente-se que negócios encetados são aqueles que traduzem determinada ligação. Ou seja, é ineficaz a revogação do mandato para cumprimento ou confirmação de negócios já iniciados.

■ Recurso redistribuído à Quinta Câmara Extraordinária de Direito Privado, com base na Resolução n. 643/2014. Revogação de mandato. Sociedade em conta de participação. Empresa autora já pactuou a alienação de imóveis. Revogação perpetrada pela ré não está apta a sobressair, pois afrontaria direito de terceiros. Aplicação do parágrafo único do art. 686 do CC. Validade e eficácia do mandato até o efetivo cumprimento das obrigações do mandatário em relação aos adquirentes dos imóveis. Desistência. Por ocasião do julgamento, foi requerida a desistência do recurso. Homologação, nos termos do art. 501 do CPC. (TJSP, Ap. n. 0003352-07.2010.8.26.0554/Santo André, 5ª Câm. Ext. de Dir. Priv., rel. Natan Zelinschi de Arruda, *DJe* 27.08.2014)

Art. 687. Tanto que for comunicada ao mandatário a nomeação de outro, para o mesmo negócio, considerar-se-á revogado o mandato anterior.

➥ Veja art. 1.319 do CC/1916.

A comunicação da substituição feita ao mandatário no negócio equivale à revogação expressa do mandato. Será expressa, por meio de notificação judicial ou extrajudicial, ou tácita, caso o mandante assuma a direção do negócio ou nomeie outro representante.

Art. 688. A renúncia do mandato será comunicada ao mandante, que, se for prejudicado pela sua inoportunidade, ou pela falta de tempo, a fim de prover à substituição do procurador, será indenizado pelo mandatário, salvo se este provar que não podia continuar no mandato sem prejuízo considerável, e que não lhe era dado substabelecer.

➥ Veja art. 1.320 do CC/1916.

Caso o mandatário queira desistir do mandato outorgado, deverá fazê-lo mediante notícia ao mandante que, se pela inoportunidade ou pela escassez do tempo em substituir o procurador se sentir prejudicado, poderá exigir do mandatário indenização compatível, salvo se conseguir provar que a descontinuidade do contrato de mandato ocorreu pelo risco de um prejuízo considerável, desde que no contrato não fosse permitido o substabelecimento.

407

Art. 689. São válidos, a respeito dos contratantes de boa-fé, os atos com estes ajustados em nome do mandante pelo mandatário, enquanto este ignorar a morte daquele ou a extinção do mandato, por qualquer outra causa.

➡ Veja art. 1.321 do CC/1916.

Caso o mandante venha falecer ou revogar o mandato e tais fatos forem desconhecidos do mandatário, os atos praticados por este serão plenamente válidos perante terceiros, preservando-se os contratantes de boa-fé (art. 422 do CC).

■ Agravo regimental no recurso especial. Ação consignatória de aluguéis. Decisão monocrática negando seguimento ao recurso especial. Insurgência do locatário/consignante. 1. Violação do art. 535 do CPC. 1.1 Acórdão estadual que, no bojo de aclaratórios da sociedade empresária locadora, reconheceu a existência de premissa equivocada cuja correção ensejou a alteração do resultado do julgamento. Consoante cediço nesta Corte, "a atribuição de efeitos infringentes aos embargos de declaração é possível, em hipóteses excepcionais, para corrigir premissa equivocada no julgamento, bem como nos casos em que, sanada a omissão, a contradição ou a obscuridade, a alteração da decisão surja como consequência necessária" (Emb. Decl. nos Emb. Decl. no Ag. Reg. no AREsp n. 101.948/RS, rel. Min. Ricardo Villas Bôas Cueva, 3ª T., j. 22.04.2014, *DJe* 29.04.2014). 1.2. Posteriores embargos de declaração do locatário. É clara e suficiente a fundamentação adotada pelo Tribunal de origem para o deslinde da controvérsia, revelando-se desnecessário ao magistrado rebater cada um dos argumentos declinados pela parte. 2. Alegada existência de recusa injustificada da locadora conducente à impositiva procedência da demanda consignatória. Hipótese em que a Corte Estadual reconheceu como justa a recusa da sociedade locadora ao recebimento dos aluguéis oferecidos pela locatária, ante a nulidade do contrato de locação. Incidência da Súmula n. 7/STJ. 3. Aduzida validade do contrato de locação celebrado por ex-liquidante da sociedade locadora com terceiro de boa-fé. O conteúdo normativo inserto nos arts. 682 e 689 do CC/2002 (hipóteses de extinção de mandato e subsistência de efeitos no tocante ao contratante de boa-fé), cuja violação é defendida no reclamo, não foi objeto de exame pela instância ordinária, nem foram deduzidas razões nos embargos de declaração a fim de suscitar a discussão do tema neles contido. Incidência das Súmulas ns. 282 e 356 do STF. 4. Agravo regimental desprovido. (STJ, Ag. Reg.-REsp n. 1.280.194, 4ª T., rel. Min. Marco Buzzi, *DJe* 02.12.2014)

Art. 690. Se falecer o mandatário, pendente o negócio a ele cometido, os herdeiros, tendo ciência do mandato, avisarão o mandante, e providenciarão a bem dele, como as circunstâncias exigirem.

➡ Veja art. 1.322 do CC/1916.

O art. 690 trata da hipótese da ocorrência de óbito do mandatário e da característica personalíssima do contrato de mandato, o qual não se transmitirá aos herdeiros, competindo a estes, com brevidade, a partir do conhecimento do óbito, informar ao mandante do passamento do mandatário, bem como, no exame do caso concreto, providenciar as medidas necessárias ao bem do mandante nas relações concernentes ao mandato, desde que a outorga seja conhecida dos herdeiros.

■ Recurso de agravo de instrumento. Processual civil. Negativa de antecipação de tutela. Ausência dos requisitos autorizadores. Interpretação do art. 273 do CPC. Impossibilidade de concessão. Acerto do ma-

Código Civil comentado e anotado

Arts. 690 a 692

gistrado de piso. Sequestro do imóvel feito pela relatora. Poder/dever de cautela. Art. 824 do CPC. Revogação posterior. Consequência do julgamento. Impossibilidade de atingir direitos de terceiros. Interpretação dos arts. 685, 689, 690 e 691 do CCB. Recurso conhecido e desprovido. I – Para a concessão dos efeitos da antecipação da tutela, indispensável concorrerem, concomitantemente, prova inequívoca, verossimilhança das alegações, reversibilidade da medida inicial. Não desincumbindo a contento a parte e ausente um desses requisitos somente em raríssimas exceções a medida excepcional prescrita no comando adjetivo civil pode ser concedida. II – Não demonstrados de plano nos autos vícios de consentimento em relação ao mandato, típico caso de procuração em causa própria, não se fala em prova inequívoca ou verossimilhança, não sendo caso de antecipação de tutela, sobretudo quando o instrumento foi utilizado por terceiros que não fazem parte da lide, presumindo que utilizou a transferência do bem dentro do elencado pelo art. 685 do CCB. III – A revogação da liminar concedida, levantando o sequestro, é a consequência lógica da decisão quando dada de forma preventiva e acautelatória e o recurso não é provido. (TJMT, AI n. 142948/2014, rel. Des. Sebastião de Moraes Filho, *DJe* 06.03.2015)

Art. 691. Os herdeiros, no caso do artigo antecedente, devem limitar-se às medidas conservatórias, ou continuar os negócios pendentes que se não possam demorar sem perigo, regulando-se os seus serviços dentro desse limite, pelas mesmas normas a que os do mandatário estão sujeitos.

➡ Veja art. 1.323 do CC/1916.

Caso o mandatário venha a falecer durante o exercício do mandato outorgado e possua negócios pendentes, deverão seus herdeiros tomar medidas conservatórias ou dar continuidade aos negócios que não puderem ficar pendentes sem que haja prejuízo ao mandante, regrando-se pelos mesmos limites impostos ao *de cujus*.

▪ Veja no art. 690 a seguinte decisão: TJMT, AI n. 142948/2014, rel. Des. Sebastião de Moraes Filho, *DJe* 06.03.2015.

Seção V
Do Mandato Judicial

Art. 692. O mandato judicial fica subordinado às normas que lhe dizem respeito, constantes da legislação processual, e, supletivamente, às estabelecidas neste Código.

➡ Sem correspondência no CC/1916.

A principal fonte normativa do mandato judicial é a norma processual, que é estabelecida quase em sua totalidade pelo Código de Processo Civil, devendo ser aplicado o Código Civil quando da lacuna daquele.

▪ Compromisso de compra e venda. Extinção do feito por falta de regularização da representação processual dos autores/apelados. Inteligência dos arts. 37 do CPC e 692 do CC. Exibição de documentos. Falta de interesse de agir na modalidade adequação. Processo extinto sem resolução do mérito. Afastada a possibilidade de aplicação de litigância de má-fé. Sentença de extinção mantida. Recurso des-

409

Arts. 692 a 694 — Almeida Guilherme

provido, prejudicado o agravo retido. (TJSP, Ap. n. 0155462-97.2007.8.26.0100/São Paulo, 10ª Câm. de Dir. Priv., rel. J. B. Paula Lima, *DJe* 30.07.2015)

CAPÍTULO XI
DA COMISSÃO

Art. 693. O contrato de comissão tem por objeto a aquisição ou a venda de bens pelo comissário, em seu próprio nome, à conta do comitente.

➡ Sem correspondência no CC/1916.

Comissão. Ideia de representação indireta. É o contrato pelo qual o comissário adquire ou vende bens por sua responsabilidade e em seu nome, mas por ordem e conta do comitente, obrigando-se perante terceiros com quem contrata, em troca de certa remuneração. O comitente não poderá acionar terceiros, nem os terceiros poderão acionar o comitente. É um contrato bilateral, oneroso, *intuitu personae* e consensual.

■ Apelação cível. Ação de cobrança c/c pedido de indenização por danos morais. Compra e venda de bovinos. Prequestionamento. Conforme o que a própria corré ora apelante alega, a relação que esta detinha com a outra ré revestia-se das características típicas do contrato de comissão. Tratando-se de contrato de comissão, no qual "a aquisição ou a venda de bens pelo comissário [a ora apelante] [...] [ocorre] em seu próprio nome, à conta do comitente [corré não apelante]" (Código Civil, art. 693), a regra é a de que "o comissário fica diretamente obrigado para com as pessoas com quem contratar, sem que estas tenham ação contra o comitente" (art. 694), circunstância que afasta a tese de que a responsabilidade pelo não pagamento da compra dos bovinos e pelos danos morais decorrentes do descumprimento contratual não toca, também, à parte ora apelante. O art. 932, III, do CCB, ao contrário do que sustenta a parte apelante (para quem o dispositivo "é bastante claro ao estabelecer a responsabilidade exclusiva do empregador ou comitente"), estatui a responsabilidade solidária e objetiva do empregador ou comitente, que se soma à responsabilidade imputável ao empregado ou preposto (no caso da corré, comissária), não podendo ser invocado para a exclusão da sua responsabilidade, na forma como se pretende no recurso sob exame, senão para mitigar a responsabilidade que, em regra, recairia apenas contra si, de acordo com o regramento jurídico aplicável à sobredita espécie contratual. Recurso não provido. (TJRS, Ap. Cível n. 70.059.323.253, 16ª Câm. Cível, rel. Des. Catarina Rita Krieger Martins, j. 26.02.2015)

Art. 694. O comissário fica diretamente obrigado para com as pessoas com quem contratar, sem que estas tenham ação contra o comitente, nem este contra elas, salvo se o comissário ceder seus direitos a qualquer das partes.

➡ Sem correspondência no CC/1916.

O comissário deverá agir por sua própria conta, excluindo o comitente de eventual responsabilidade, devendo, portanto, responder com seu próprio patrimônio, pois se o comissário agisse por conta do comitente, essa modalidade contratual estaria sendo deturpada, de forma que, pelos caracteres apresentados, se enquadraria no contrato de mandato e não de comissão.

410

Código Civil comentado e anotado   Arts. 694 a 696

➡ Veja no art. 693 a seguinte decisão: TJRS, Ap. Cível n. 70.059.323.253, 16ª Câm. Cível, rel. Des. Catarina Rita Krieger Martins, j. 26.02.2015.

▪ Monitória cobrança arrimada em serviços de transporte de sucatas, cujo frete foi contratado pelo réu. Embargos opostos pelo réu, sustentando ser parte ilegítima, pois apenas "intermediou" a compra do material em nome de terceira pessoa, a real proprietária da carga e, portanto, responsável pelo frete após duas sentenças anuladas para a reabertura da fase de instrução. A pretensão monitória foi julgada parcialmente procedente em primeiro grau de jurisdição, para abranger somente os fretes em que houve comprovação da entrega das mercadorias. Irresignação recursal de ambas as partes. Da autora, objetivando a procedência integral do seu pedido. Do réu, sustentando ser parte ilegítima. Legitimidade *ad causam*. Conduta do réu no ato de negociação das mercadorias e contratação dos respectivos fretes que comprovam a função de comissário. Circunstância em que é pessoalmente responsável perante as pessoas com quem contratar, nos termos do art. 694 do CC. Legitimidade passiva caracterizada. Cambial. Duplicatas sem aceite, protestadas e faltando alguns comprovantes de entrega de mercadorias Caracterização de prova escrita ensejadora da ação monitória Interpretação do art. 15, II, da Lei n. 5.474/68. Circunstância em que a única prova testemunhal produzida confirma a atuação do réu na função de comissário de várias empresas, pagando os fretes sem oposição e sem reclamação da falta de entrega de alguma mercadoria. Presunção da efetiva entrega infirmada. Pretensão monitória integralmente procedente. Sentença reformada. Apelação da autora provida, não provida a do réu. (TJSP, Ap. n. 9000001-13.2006.8.26.0100/São Paulo, 8ª Câm. Ext. de Dir. Priv., rel. Jacob Valente, *DJe* 23.10.2014)

Art. 695. O comissário é obrigado a agir de conformidade com as ordens e instruções do comitente, devendo, na falta destas, não podendo pedi-las a tempo, proceder segundo os usos em casos semelhantes.

Parágrafo único. Ter-se-ão por justificados os atos do comissário, se deles houver resultado vantagem para o comitente, e ainda no caso em que, não admitindo demora a realização do negócio, o comissário agiu de acordo com os usos.

➡ Sem correspondência no CC/1916.

Por agir por conta de alguém, o comissário é obrigado, por força do art. 695, a agir em conformidade com as ordens e instruções emitidas pelo comitente, mas se não existir a possibilidade de requisitar tais ordens em tempo hábil para realização do negócio, poderá o comissário agir de acordo com os costumes negociais, e serão, esses atos, justificáveis se tais atitudes se reverteram em benefício do comitente.

Art. 696. No desempenho das suas incumbências o comissário é obrigado a agir com cuidado e diligência, não só para evitar qualquer prejuízo ao comitente, mas ainda para lhe proporcionar o lucro que razoavelmente se podia esperar do negócio.

Parágrafo único. Responderá o comissário, salvo motivo de força maior, por qualquer prejuízo que, por ação ou omissão, ocasionar ao comitente.

➡ Sem correspondência no CC/1916.

O comissário deverá zelar pelo negócio dentro de suas atribuições, sempre tendo como objetivo a finalidade não só de evitar causar prejuízos ao comitente, e sim proporcionar-lhe lucro razoável compatível com a natureza do negócio.

Art. 697. O comissário não responde pela insolvência das pessoas com quem tratar, exceto em caso de culpa e no do artigo seguinte.

➡ Sem correspondência no CC/1916.

Se o comissário agir dentro das instruções dadas pelo comitente e com toda a diligência que é inerente à sua função, não responderá pela insolvência das pessoas com quem contratar, salvo se constar no contrato de comissão a cláusula *del credere*, que nada mais é que a responsabilização do comissário pela insolvência de terceiros com quem se contrata.

Art. 698. Se do contrato de comissão constar a cláusula *del credere*, responderá o comissário solidariamente com as pessoas com que houver tratado em nome do comitente, caso em que, salvo estipulação em contrário, o comissário tem direito a remuneração mais elevada, para compensar o ônus assumido.

➡ Sem correspondência no CC/1916.

Comissão *del credere*. É o contrato pelo qual se opera a comissão, mas o comissário é quem assume a responsabilidade pela insolvência daquele com quem vier a contratar. Essa cláusula deve ser feita por escrito.

Art. 699. Presume-se o comissário autorizado a conceder dilação do prazo para pagamento, na conformidade dos usos do lugar onde se realizar o negócio, se não houver instruções diversas do comitente.

➡ Sem correspondência no CC/1916.

Salvo instruções do comitente, o comissário é presumidamente autorizado a conceder dilação nos prazos dos negócios, desde que compatíveis com os usos e costumes mercantis vigentes no local onde realiza seus negócios.

Art. 700. Se houver instruções do comitente proibindo prorrogação de prazos para pagamento, ou se esta não for conforme os usos locais, poderá o comitente exigir que o comissário pague incontinenti ou responda pelas consequências da dilação concedida, procedendo-se de igual modo se o comissário não der ciência ao comitente dos prazos concedidos e de quem é seu beneficiário.

➡ Sem correspondência no CC/1916.

Se porventura existir determinação do comitente no que concerne à autorização de concessão de dilação de prazo por parte do comissário, ou então se a concessão da dilação for contrária aos usos e costumes mercantis do local, poderá o comitente exigir do comissário o valor inteiro do negócio na data anteriormente estabelecida, ou então poderá ser exigido que o comissário arque com todas as despesas relativas à dilação do prazo.

Código Civil comentado e anotado   Arts. 701 a 704

Art. 701. Não estipulada a remuneração devida ao comissário, será ela arbitrada segundo os usos correntes no lugar.

➡ Sem correspondência no CC/1916.

Se a remuneração não for previamente estabelecida, será arbitrada de acordo com os usos do lugar onde foi celebrado o negócio. Caso o costume local não tenha critérios para tal e não estiver estipulado em contrato, o magistrado deverá aplicar o princípio da razoabilidade para arbitrar o valor pelo trabalho executado.

Art. 702. No caso de morte do comissário, ou, quando, por motivo de força maior, não puder concluir o negócio, será devida pelo comitente uma remuneração proporcional aos trabalhos realizados.

➡ Sem correspondência no CC/1916.

Se o comissário na pendência da realização de um negócio vier a falecer ou então o negócio não puder se realizar por motivo de força maior, terá a seu favor o recebimento, por conta do comitente, de remuneração compatível e proporcional aos trabalhos realizados.

Art. 703. Ainda que tenha dado motivo à dispensa, terá o comissário direito a ser remunerado pelos serviços úteis prestados ao comitente, ressalvado a este o direito de exigir daquele os prejuízos sofridos.

➡ Sem correspondência no CC/1916.

Mesmo que o comissário tenha dado causa a sua dispensa, não deverá o comitente se eximir de pagar as quantias devidas àquele por ocasião do trabalho útil já empregado. Tal disposição não constitui óbice ao direito do comitente em reclamar eventuais prejuízos sofridos em virtude do comissário.

Art. 704. Salvo disposição em contrário, pode o comitente, a qualquer tempo, alterar as instruções dadas ao comissário, entendendo-se por elas regidos também os negócios pendentes.

➡ Sem correspondência no CC/1916.

Em regra, o comitente pode alterar a qualquer momento as instruções fornecidas ao comissário, e tais instruções estendem-se também àqueles negócios que ainda não foram concluídos. É importante salientar que tais instruções devem se coadunar com o princípio da boa-fé, ou seja, devem ser informadas ao comissário com certa antecedência para que este possa se ajustar e agir em consonância ao instruído.

413

Art. 705. Se o comissário for despedido sem justa causa, terá direito a ser remunerado pelos trabalhos prestados, bem como a ser ressarcido pelas perdas e danos resultantes de sua dispensa.

➥ Sem correspondência no CC/1916.

Para que haja dispensa justa, é necessário que o comissário aja em desacordo com as instruções do comitente, porém se for dispensado sem justa causa, por mera liberalidade do comitente, fará jus ao recebimento do equivalente ao trabalho já realizado, acrescido da quantia relativa aos prejuízos experimentados por ocasião da dispensa.

Art. 706. O comitente e o comissário são obrigados a pagar juros um ao outro; o primeiro pelo que o comissário houver adiantado para cumprimento de suas ordens; e o segundo pela mora na entrega dos fundos que pertencerem ao comitente.

➥ Sem correspondência no CC/1916.

As partes do contrato de comissão devem pagar juros reciprocamente quando o comissário estiver em mora com os valores que são devidos ao comitente, e serão devidos pelo comitente no momento em que estiver em mora no pagamento dos valores dispendidos pelo comissário no exercício de suas funções.

Art. 707. O crédito do comissário, relativo a comissões e despesas feitas, goza de privilégio geral, no caso de falência ou insolvência do comitente.

➥ Sem correspondência no CC/1916.

Caso o comitente fique insolvente ou entre em estado de falência, o crédito devido ao comissário gozará de privilégio geral em detrimento dos outros de menor hierarquia.

Art. 708. Para reembolso das despesas feitas, bem como para recebimento das comissões devidas, tem o comissário direito de retenção sobre os bens e valores em seu poder em virtude da comissão.

➥ Veja art. 1.315 do CC/1916.

O art. 708 permite que o comissário, que é possuidor dos bens do comitente, os retenha até que sejam satisfeitos os valores que lhe são devidos pelo comitente em razão do contrato de comissão.

Art. 709. São aplicáveis à comissão, no que couber, as regras sobre mandato.

➥ Sem correspondência no CC/1916.

Código Civil comentado e anotado — Arts. 709 e 710

É notável a similitude entre os institutos do mandato e da comissão, devendo para tanto aplicar para o segundo as disposições do primeiro, porém é importante ressaltar que no mandato, o mandatário age por conta e responsabilidade do mandante, ao passo que na comissão, o comissário age em nome próprio, responsabilizando-se pessoalmente pelos negócios realizados.

CAPÍTULO XII
DA AGÊNCIA E DISTRIBUIÇÃO

Art. 710. Pelo contrato de agência, uma pessoa assume, em caráter não eventual e sem vínculos de dependência, a obrigação de promover, à conta de outra, mediante retribuição, a realização de certos negócios, em zona determinada, caracterizando-se a distribuição quando o agente tiver à sua disposição a coisa a ser negociada.

Parágrafo único. O proponente pode conferir poderes ao agente para que este o represente na conclusão dos contratos.

➡ Sem correspondência no CC/1916.

Agência. É o contrato pelo qual uma pessoa (agente ou representante comercial) se obriga a agenciar pedidos e propostas, realizando negócios em nome e por conta de outrem (agenciado ou representado), em determinada zona, com habitualidade, sem subordinação, recebendo em troca uma remuneração. É bilateral, oneroso, *intuitu personae* e consensual. O representante (pessoa física ou jurídica) deve ter o agenciamento de pedidos como profissão, razão pela qual deve ser registrado no Conselho Regional dos Representantes. A exclusividade de ação do representante é a regra.

Distribuição. É o contrato pelo qual o fabricante (concedente) de certo produto se obriga a vendê-lo a determinado distribuidor (concessionário), em determinada zona, para que este promova, por sua conta e risco, a colocação do produto no mercado consumidor, responsabilizando-se também a prestar assistência técnica, recebendo uma remuneração em troca, com base no lucro com a revenda (p. ex., revenda de automóveis). É bilateral, oneroso, *intuitu personae* e solene (por adesão do distribuidor, art. 20 da Lei n. 6.729/79).

■ Enunciado n. 31 da I Jornada de Direito Comercial: "O contrato de distribuição previsto no art. 710 do Código Civil é uma modalidade de agência em que o agente atua como mediador ou mandatário do proponente e faz jus à remuneração devida por este, correspondente aos negócios concluídos em sua zona. No contrato de distribuição autêntico, o distribuidor comercializa diretamente o produto recebido do fabricante ou fornecedor, e seu lucro resulta das vendas que faz por sua conta e risco".

■ Agravo interno. Direito tributário. ISS. Mandado de segurança. Representação comercial. Outros serviços de intermediação. Não há verossimilhança na alegação de ilegalidade na autuação que qualificou a atividade do agravante/impetrante no subitem "outros serviços de intermediação" e não no de "representação comercial" fundado no fato incontroverso de que o agravante/impetrante realiza vendas diretas ao consumidor final de assinaturas de revistas. Interpretação da Lei n. 4.886/65 em consonância com o art. 710 do CCB. Precedentes. Recurso desprovido. Unânime. (TJRS, Ag. n. 70.061.066.148, 22ª Câm. Cível, rel. Des. Denise Oliveira Cezar, j. 26.02.2015)

■ Cerceamento de defesa. Inocorrência. Provas dos autos aptas ao julgamento da causa. Cumprimento pelo magistrado de sua obrigação de solucionar rapidamente o litígio preliminar rejeitada. Cobran-

415

Arts. 710 a 712 — Almeida Guilherme

ça. Pretensão do autor para que seja reconhecida a existência de contrato de representação comercial com a ré, bem como cobrança decorrente de tal relação e indenização por danos morais Irrazoabilidade Contratos atípicos disciplinados pelos arts. 710 e segs. do CC. Autor que é pessoa jurídica e manteve com a ré, durante anos, contrato de prestação de serviços Princípio da boa-fé que deve prevalecer no caso *sub judice*, até porque o autor se pôs a questionar as bases do contrato, justamente no momento em que a outra parte optou por colocar termo pretensão, de outro lado, de indenização com base no art. 27 da Lei n. 8.420/92. Contrato que não se enquadra na referida lei, além do mais, o autor adquiriu ferramenta de gestão do sistema em 2007, e aproveitou durante o período em que vigorou o contrato, cuja ruptura aconteceu em 2011. Despesas, ademais, que correm a carga do agente. Inteligência do art. 713 do CC. Indenização com ações trabalhistas. Documentos carreados aos autos que noticiam que referidas ações são anteriores à notificação. Autor que já estava em litígio com seus funcionários. Ausência de nexo causal da rescisão daquele vínculo laboral com o término da relação jurídica com a ré. Danos morais. Ré-contratante que inseria nos instrumentos contratuais penalidade para hipótese de rescisão. Importância prevista contratualmente que deve ser utilizada como parâmetro para fixação a título indenização por danos morais em favor do autor. Sucumbência recíproca. Recurso provido, em parte. (TJSP, Ap. n. 0007871-24.2013.8.26.0100/São Paulo, 14ª Câm. de Dir. Priv., rel. Lígia Araújo Bisogni, *DJe* 19.03.2015, p. 2.108)

Art. 711. Salvo ajuste, o proponente não pode constituir, ao mesmo tempo, mais de um agente, na mesma zona, com idêntica incumbência; nem pode o agente assumir o encargo de nela tratar de negócios do mesmo gênero, à conta de outros proponentes.

➡ Sem correspondência no CC/1916.

A territorialidade e exclusividade são características ímpares do contrato de agência e distribuição, de forma que, salvo disposição contratual diversa, é vedado ao proponente estabelecer mais de um agente com a mesma função dentro de um mesmo território, ao passo que se veda a possibilidade de o agente negociar por conta de mais de um proponente.

■ Indenização. Contrato de distribuição de marcapassos. Alegação de violação da cláusula de exclusividade, com a prática de conduta desleal e desvio de clientela. Ilegitimidade passiva da S.J. Medical Brasil Ltda. Rejeitada. A questão está relacionada ao mérito, se houve ou não prorrogação do contrato. Inexistência de irregularidade no indeferimento de diligências requeridas. Cabe ao juiz dirigir o processo e a produção das provas necessárias (art. 130 do CPC). Agravos retidos desprovidos. Contrato de distribuição firmado por prazo determinado. Contrato atípico com previsão de exclusividade constante no contrato e no art. 711 do CC. Prorrogação tácita. Necessidade de notificação prévia com prazo razoável para resilição do contrato. Presunção de encerramento do contrato com a contratação de outra distribuidora com exclusividade na distribuição. Pela maioria se entendeu que, além dos valores fixados na sentença, ser devido o reembolso de despesas e a expectativa de lucros cessantes. Apelo da autora parcialmente provido e negado provimento ao recurso da ré. (TJSP, Ap. n. 0162114-09.2002.8.26.0100/São Paulo, 8ª Câm. de Dir. Priv., rel. Silvério da Silva, *DJe* 18.12.2014)

Art. 712. O agente, no desempenho que lhe foi cometido, deve agir com toda diligência, atendo-se às instruções recebidas do proponente.

➡ Sem correspondência no CC/1916.

Código Civil comentado e anotado   Arts. 712 a 715

O ato de agir por conta de outrem e sob sua responsabilidade impele ao conceito de diligência que foi utilizado nos contratos de mandato, ou seja, o agente deve agir em nome do proponente com a mesma diligência e dedicação que utilizaria na condução de seus próprios negócios, respeitando as ordens exaradas pelo proponente.

Art. 713. Salvo estipulação diversa, todas as despesas com a agência ou distribuição correm a cargo do agente ou distribuidor.

➡ Sem correspondência no CC/1916.

As despesas logísticas serão suportadas, em regra, pelo agente, a não ser que haja convenção expressa em contrário, permitindo o reembolso.

▪ Veja no art. 710 a seguinte decisão: TJSP, Ap. n. 0007871-24.2013.8.26.0100/São Paulo, 14ª Câm. de Dir. Priv., rel. Lígia Araújo Bisogni, *DJe* 19.03.2015, p. 2.108.

Art. 714. Salvo ajuste, o agente ou distribuidor terá direito à remuneração correspondente aos negócios concluídos dentro de sua zona, ainda que sem a sua interferência.

➡ Sem correspondência no CC/1916.

A remuneração será devida a todo negócio que se concretizar dentro do território pertencente a determinado agente, mesmo que não tenha participação deste. Isso se dá pelo princípio do prestigio à zona de atuação concedida ao agente ou ao distribuidor. É oneroso o contrato de agência e distribuição.

▪ Indenizatória. Danos morais. Transporte aéreo. Atraso de voo por questões meteorológicas, ocasionando o desvio da rota para aeroporto alternativo. Pertinência subjetiva do polo passivo da ação. Empresas que atuam em parceria no mercado operando voos sob a marca Avianca. Aplicação do CDC. Falta de assistência material aos passageiros, prevista no art. 714 do CC e art. 14 da Resolução n. 141/2010 da Anac. Falha na prestação de serviços importando em responsabilidade objetiva da companhia aérea (art. 14 do CDC). Dever da prestadora de serviço indenizar os passageiros pela falta de assistência material e informação adequada. Dano moral que se opera *in re ipsa*, ou seja, se comprova por força do próprio fato lesivo. Valor do dano moral fixado em atenção aos critérios da razoabilidade e proporcionalidade. Sentença mantida. Recurso negado. (TJSP, Ap. n. 1022900-35.2014.8.26.0562/Santos, 13ª Câm. de Dir. Priv., rel. Francisco Giaquinto, *DJe* 29.06.2015)

Art. 715. O agente ou distribuidor tem direito à indenização se o proponente, sem justa causa, cessar o atendimento das propostas ou reduzi-lo tanto que se torna antieconômica a continuação do contrato.

➡ Sem correspondência no CC/1916.

Na falta de justa causa, nasce para o agente ou distribuidor o direito a receber a justa indenização no momento em que for dispensado, ou quando o proponente reduzir os pedidos a ponto de se tornar economicamente insignificante ou inviável. O proponente fica isento de reparar tal indenização, caso o dano advenha de força maior, caso fortuito, superveniência de circunstância que venha a alterar a economia do país ou culpa exclusiva do agente ou distribuidor.

Art. 716. A remuneração será devida ao agente também quando o negócio deixar de ser realizado por fato imputável ao proponente.

➡ Sem correspondência no CC/1916.

Subsistirá a remuneração devida ao agente, mesmo que o negócio deixar de ser realizado, desde que o insucesso seja atribuído a fato imputável ao proponente.

Art. 717. Ainda que dispensado por justa causa, terá o agente direito a ser remunerado pelos serviços úteis prestados ao proponente, sem embargo de haver este perdas e danos pelos prejuízos sofridos.

➡ Sem correspondência no CC/1916.

Na mesma esteira do art. 703, mesmo que o agente tenha dado causa à sua dispensa, não deverá o proponente se eximir de pagar as quantias devidas àquele por ocasião do trabalho útil já empregado. Tal disposição não constitui óbice ao direito do proponente em reclamar eventuais prejuízos sofridos em virtude do agente.

Art. 718. Se a dispensa se der sem culpa do agente, terá ele direito à remuneração até então devida, inclusive sobre os negócios pendentes, além das indenizações previstas em lei especial.

➡ Sem correspondência no CC/1916.

Se o agente for dispensado sem culpa, o proponente terá de remunerá-lo até o momento da dispensa, inclusive sobre os negócios que ainda estiverem pendentes, sem prejuízos dos montantes indenizatórios previstos da legislação especial.

Art. 719. Se o agente não puder continuar o trabalho por motivo de força maior, terá direito à remuneração correspondente aos serviços realizados, cabendo esse direito aos herdeiros no caso de morte.

➡ Sem correspondência no CC/1916.

A não realização do trabalho do agente pela excludente de responsabilidade da força maior não obsta o recebimento dos valores dos trabalhos prestados até o momento da ocorrência, sendo tais valores transmissíveis a seus herdeiros.

Código Civil comentado e anotado

Arts. 720 e 721

Art. 720. Se o contrato for por tempo indeterminado, qualquer das partes poderá resolvê-lo, mediante aviso prévio de noventa dias, desde que transcorrido prazo compatível com a natureza e o vulto do investimento exigido do agente.

Parágrafo único. No caso de divergência entre as partes, o juiz decidirá da razoabilidade do prazo e do valor devido.

➡ Sem correspondência no CC/1916.

O contrato de agência por prazo indeterminado poderá ser denunciado imotivadamente por qualquer das partes, desde que respeitado o prazo de noventa dias de aviso prévio, com a exigência de que se tenha passado o prazo de execução do contrato compatível com a natureza e o vulto do negócio para que seja recuperado o investimento do agente, porém se o valor e o prazo forem objeto de divergência, o juiz intervirá e decidirá a razoabilidade destes.

■ Apelações cíveis. Interposições contra sentença que julgou improcedente a ação indenizatória e a reconvenção. Resilição unilateral imotivada. Prévia notificação realizada. Observância do prazo de 90 dias, conforme dispõe o art. 720 do CC. Quebra de cláusula de exclusividade para aquisição de produtos hospitalares. Ausência de provas que corroborem as alegações. Honorários advocatícios. Impossibilidade de compensação entre a ação principal e reconvenção. Honorários que são independentes (ação principal e reconvenção). Sentença parcialmente reformada. (TJSP, Ap. n. 0081489-96.2009.8.26.0114/Campinas, 18ª Câm. Ext. de Dir. Priv., rel. Mario A. Silveira, *DJe* 31.07.2015)

■ Direito empresarial. Contrato de distribuição. Intermediação. Extinção unilateral. Notificação prévia. Regra contratual. Observância necessária. Prazo notificatório previsto no art. 720 do CC. Inaplicabilidade. Regras da Lei n. 6.729/1970 e Lei n. 4.886/65. Não incidência. Agravo de instrumento. Provimento parcial. 1. No contrato comercial de distribuição-intermediação, não sendo o caso de infringência das regras contratuais, a extinção unilateral da avença deve observar a cláusula que prevê a notificação prévia, por escrito, com antecedência de 30 dias. 2. Nestes casos, havendo previsão contratual, não se aplica o prazo notificatório previsto no art. 720 do CC nem incidem as regras da Lei n. 6.729/70 ou da Lei n. 4.886/65, cuja aplicação é subsidiária. 3. Agravo provido em parte. (TJAP, AI n. 0001646-02.2014.8.03.0000, Câm. Única, rel. Des. Sueli Pereira Pini, *DJ* 11.03.2015)

Art. 721. Aplicam-se ao contrato de agência e distribuição, no que couber, as regras concernentes ao mandato e à comissão e as constantes de lei especial.

➡ Sem correspondência no CC/1916.

Por outra vez, equipara-se o contrato em que se age em nome e por conta de outrem às disposições relativas ao contrato de mandato e da comissão, respeitando-se as diferenças entre estes.

CAPÍTULO XIII
DA CORRETAGEM

➡ Enunciado 36 da I Jornada De Direito Comercial: "O pagamento da comissão, no contrato de corretagem celebrado entre empresários, pode ser condicionado à celebração do negócio previsto no con-

Arts. 721 a 723 — Almeida Guilherme

trato ou à mediação útil ao cliente, conforme os entendimentos prévios entre as partes. Na ausência de ajuste ou previsão contratual, o cabimento da comissão deve ser analisado no caso concreto, à luz da boa-fé objetiva e da vedação ao enriquecimento sem causa, sendo devida se o negócio não vier a se concretizar por fato atribuível exclusivamente a uma das partes".

Art. 722. Pelo contrato de corretagem, uma pessoa, não ligada a outra em virtude de mandato, de prestação de serviços ou por qualquer relação de dependência, obriga-se a obter para a segunda um ou mais negócios, conforme as instruções recebidas.

➡ Sem correspondência no CC/1916.

Corretagem. Pelo contrato de corretagem, uma pessoa, independentemente de mandato, de prestação de serviços ou outra relação de dependência, obriga-se a obter para outra um ou mais negócios, conforme instruções recebidas. Modernamente, a mediação apresenta conteúdo maior do que a corretagem, tanto que pode ser considerado instituto mais amplo, pois pode ocorrer mediação em outros institutos jurídicos sem que exista corretagem. Daí porque não se pode afirmar que exista perfeita sinonímia nos termos de mediação (PL n. 4.827/98) e arbitragem (Lei n. 9.307/96).

▪ Apelação cível. Comissão de corretagem. Aproximação dos interessados. Compra e venda de imóvel. Concretização. Intermediação do corretor. Comprovação. Ônus do autor. 1. No contrato de corretagem, uma pessoa não vinculada a outra em razão de mandato, obriga-se a obter para a segunda um ou mais negócios, conforme instruções recebidas (CC, art. 722). 2. Não se comprovando nos autos a aproximação das partes por terceiro com o objetivo de firmar o negócio jurídico, resta afastada a incidência de comissão de corretagem. 3. Recurso conhecido e desprovido. (TJDFT, Ap. Cível n. 20140110276909, 6ª T. Cível, rel. Des. Carlos Rodrigues, *DJe* 04.08.2015)

Art. 723. O corretor é obrigado a executar a mediação com diligência e prudência, e a prestar ao cliente, espontaneamente, todas as informações sobre o andamento do negócio.
Caput com redação dada pela Lei n. 12.236, de 19.05.2010.
Parágrafo único. Sob pena de responder por perdas e danos, o corretor prestará ao cliente todos os esclarecimentos acerca da segurança ou do risco do negócio, das alterações de valores e de outros fatores que possam influir nos resultados da incumbência.
Parágrafo acrescentado pela Lei n. 12.236, de 19.05.2010.

➡ Sem correspondência no CC/1916.

A corretagem deve ser exercida com diligência e dedicação, e as informações sobre o andamento do negócio devem ser prestadas ao cliente independentemente de requisição deste, sob pena de responder por perdas e danos por aquilo que não informar e em decorrência da desinformação houver prejuízo. As informações a serem prestadas devem conter quaisquer esclarecimentos ao alcance do corretor, principalmente naquilo que envolver a segurança, risco do negócio, alterações de valores e todas as outras que possam influenciar o negócio.

▪ Apelação cível. Ação de rescisão de contrato cumulada com reparação por danos materiais, morais e cobrança de cláusula penal. Instrumento particular de compromisso de compra e venda efetuado atra-

Código Civil comentado e anotado   Arts. 723 a 725

vés de corretor de imóveis. Legitimidade passiva *ad causam* do intermediador. Dever de executar a mediação com diligência e prudência. Art. 723 do CC. Falta de diligência na condução da negociação. Vendedor que não era o real proprietário do imóvel. Resolução do contrato. Responsabilidade solidária do vendedor/construtor e do corretor de imóveis pelos danos morais e materiais. Dano moral caracterizado. Fixação do *quantum* atenta aos princípios da razoabilidade e proporcionalidade. Verbas sucumbenciais a cargo dos apelados. Recurso provido. (TJPR, Ap. Cível n. 1337575-6, 12ª Câm. Cível, rel. Des. Joeci Machado Camargo, *DJe* 21.07.2015)

Art. 724. A remuneração do corretor, se não estiver fixada em lei, nem ajustada entre as partes, será arbitrada segundo a natureza do negócio e os usos locais.

➡ Sem correspondência no CC/1916.

O art. 724 dispõe que a remuneração do corretor, se não estiver fixada em lei, nem ajustada entre as partes, será arbitrada segundo natureza do negócio e os usos locais. Tratando-se de negócio que teve origem na prática mercantil, sempre a utilização dos usos e costumes será importante para o deslinde das questões. É importante recordar que a remuneração será devida sempre que o negócio for concluído em decorrência da aproximação realizada pelo corretor, ainda que esgotado o período de exclusividade concedido ou ainda que dispensado o corretor (profissão regulamentada pelo Creci).

▪ Apelação cível. Ação de restituição das taxas de corretagem. Imóvel novo ou em construção. Ônus do comprador. Transferência do encargo devido para o consumidor. Inexistência de abusividade da cobrança. Recurso da requerida conhecido e provido. Embora a obrigação de pagar a comissão de corretagem seja tradicionalmente imputada ao vendedor, não há dispositivo legal determinando-lhe a providência. Logo, pode ser livremente convencionado pelas partes a quem incumbirá o dever de arcar com tal pagamento (art. 724 do CC). No caso, houve expressa e transparente estipulação, bem como informação, conferindo o encargo aos compradores, pelo que não se revela abusiva. (TJSE, Ap. Cível n. 201500713285, rel. Des. Elvira Maria de Almeida Silva, *DJe* 13.07.2015)

Art. 725. A remuneração é devida ao corretor uma vez que tenha conseguido o resultado previsto no contrato de mediação, ou ainda que este não se efetive em virtude de arrependimento das partes.

➡ Sem correspondência no CC/1916.

No art. 725 verifica-se, em conjunto com as análises já feitas, que a remuneração será devida na hipótese de arrependimento das partes. A corretagem pode ser tanto profissional como ocasional. Conceitualmente, não existe diferença. Não é simplesmente porque o agente não faz da corretagem sua profissão habitual que perderá direito à remuneração, mas isso deve estar explícito entre as partes demonstrando a própria liberdade de contratar destas (art. 421 do CC).

▪ Agravo regimental no recurso especial. Comissão de corretagem. Desistência por parte do comprador. Venda não concretizada. Interpretação do art. 725 do CC. Honorários de corretagem indevidos. 1. Incabível comissão de corretagem no contrato de compra e venda de imóveis, quando o negócio não

421

Arts. 725 a 728 — Almeida Guilherme

foi concluído por desistência do comprador, não atingindo assim o seu o resultado útil. 2. Não apresentação pela parte agravante de argumentos novos capazes de infirmar os fundamentos que alicerçaram a decisão agravada. 3. Agravo regimental desprovido. (STJ, Ag. Reg.-REsp n. 1.485.788, 3ª T., rel. Min. Paulo de Tarso Sanseverino, *DJe* 24.02.2015)

Art. 726. Iniciado e concluído o negócio diretamente entre as partes, nenhuma remuneração será devida ao corretor; mas se, por escrito, for ajustada a corretagem com exclusividade, terá o corretor direito à remuneração integral, ainda que realizado o negócio sem a sua mediação, salvo se comprovada sua inércia ou ociosidade.

➡ Sem correspondência no CC/1916.

O corretor que não participa de nenhuma forma nem do início nem da conclusão do negócio não deverá receber nenhuma quantia referente a corretagem, salvo se existir contrato escrito prévio que estipule exclusividade, ocasião esta em que a remuneração será devida mesmo que o corretor não participe do negócio.

Art. 727. Se, por não haver prazo determinado, o dono do negócio dispensar o corretor, e o negócio se realizar posteriormente, como fruto da sua mediação, a corretagem lhe será devida; igual solução se adotará se o negócio se realizar após a decorrência do prazo contratual, mas por efeito dos trabalhos do corretor.

➡ Sem correspondência no CC/1916.

Caso haja dispensa do corretor e posteriormente o negócio se realize, e tal realização tenha ocorrido por conta dos esforços do corretor dispensado, o valor correspondente à corretagem ainda lhe será devido, aplicando-se o mesmo princípio naqueles negócios que se realizarem após o término do prazo contratual.

Art. 728. Se o negócio se concluir com a intermediação de mais de um corretor, a remuneração será paga a todos em partes iguais, salvo ajuste em contrário.

➡ Sem correspondência no CC/1916.

Se a corretagem for exercida com mais de um corretor, presume-se o valor devido dividido em tantas partes iguais quantos forem os corretores, salvo se existir disposição contratual contrária.

▪ Corretagem. Parceria entre dois corretores de imóveis, com pleito de divisão da remuneração obtida com dois negócios de compra e venda. Ação de cobrança julgada parcialmente procedente. Parceria que se comprovou pela prova colacionada, com atuação da autora na negociação do imóvel adquirido pelo cliente. Posterior aquisição que se deu por intermédio do corretor parceiro. Direito da corretora que contribuiu para o resultado útil. Mediação conjunta. Aplicação da regra do art. 728 do CC. Ausentes elementos de prova acerca da intervenção efetiva da autora em relação à venda do imóvel do cliente quanto à aproximação de comprador. Inexistência de exclusividade e desligamento do parceiro. Re-

Código Civil comentado e anotado   Arts. 728 a 730

muneração que não é devida. Oferta de agravo retido e ausência de pedido para sua apreciação preliminar. Agravo retido não conhecido e apelações não providas. Diante dos subsídios probatórios existentes, a convicção que se extrai é que houve intermediação útil conjunta em relação a um dos negócios, compra de imóvel pelo cliente, com direito à divisão de remuneração aos parceiros. Não há consistência suficiente a ensejar direito à divisão de remuneração pela venda do imóvel do cliente em razão da parceria firmada, pois não havia exclusividade e não chegou a corretora ao intento acerca de aproximar um comprador para o imóvel e não há prova de que seu parceiro o fez quando atuante na imobiliária da qual se desligou. A gestão cometida ao réu na busca de compradores não se confunde com a obrigação de repartir a remuneração no negócio que se deu posteriormente. (TJSP, Ap. n. 0015498-55.2013.8.26.0011/São Paulo, 32ª Câm. de Dir. Priv., rel. Kioitsi Chicuta, *DJe* 11.02.2015)

Art. 729. Os preceitos sobre corretagem constantes deste Código não excluem a aplicação de outras normas da legislação especial.

➡ Sem correspondência no CC/1916.

No Capítulo XIII (Da Corretagem – arts. 722 a 729) do Código Civil, não estão exauridas todas as regras concernentes ao contrato de comissão, que, por força do art. 722, poderá ser regulado também por legislação especial.

CAPÍTULO XIV
DO TRANSPORTE

Seção I
Disposições Gerais

Art. 730. Pelo contrato de transporte alguém se obriga, mediante retribuição, a transportar, de um lugar para outro, pessoas ou coisas.

➡ Sem correspondência no CC/1916.

Contrato de transporte. Contrato pelo qual o transportador (pessoa física ou empresa) se obriga, mediante retribuição, a transportar, de um local para outro (via terrestre, aquaviária, férrea ou aérea), pessoas (viajante ou passageiro) ou coisas animadas ou inanimadas, assumindo os riscos desse empreendimento. É bilateral, oneroso, comutativo, por adesão, consensual.

Espécies

(I) transporte de pessoas: contrato pelo qual o transportador se obriga a transportar uma pessoa e sua bagagem de um local para outro, mediante remuneração;

(II) transporte de coisas: contrato pelo qual o expedidor ou remetente entrega certo objeto para o transportador, para que seja levado a outro local e entregue ao destinatário (consignatário) indicado;

(III) transporte terrestre: quanto ao veículo, pode ser ferroviário e rodoviário; quanto à extensão coberta, pode ser urbano, intermunicipal, interestadual e internacional;

(IV) transporte aquaviário;

(V) transporte aéreo.

423

Arts. 730 e 731

- Súmula n. 161 do STF: "Em contrato de transporte, é inoperante a cláusula de não indenizar".

- Responsabilidade civil. Recurso especial. Transporte interestadual de passageiros. Usuário deixado em parada obrigatória. Culpa exclusiva do consumidor. 1. A responsabilidade decorrente do contrato de transporte é objetiva, nos termos do art. 37, § 6º, da CR e dos arts. 14 e 22 do CDC, sendo atribuído ao transportador o dever reparatório quando demonstrado o nexo causal entre o defeito do serviço e o acidente de consumo, do qual somente é passível de isenção quando houver culpa exclusiva do consumidor ou uma das causas excludentes de responsabilidade genéricas (arts. 734 e 735 do CC). 2. Deflui do contrato de transporte uma obrigação de resultado que incumbe ao transportador levar o transportado incólume ao seu destino (art. 730 do CC), sendo certo que a cláusula de incolumidade se refere à garantia de que a concessionária de transporte irá empreender todos os esforços possíveis no sentido de isentar o consumidor de perigo e de dano à sua integridade física, mantendo-o em segurança durante todo o trajeto, até a chegada ao destino final. 3. Ademais, ao lado do dever principal de transladar os passageiros e suas bagagens até o local de destino com cuidado, exatidão e presteza, há o transportador que observar os deveres secundários de cumprir o itinerário ajustado e o horário marcado, sob pena de responsabilização pelo atraso ou pela mudança de trajeto. 4. Assim, a mera partida do coletivo sem a presença do viajante não pode ser equiparada automaticamente à falha na prestação do serviço, decorrente da quebra da cláusula de incolumidade, devendo ser analisadas pelas instâncias ordinárias as circunstâncias fáticas que envolveram o evento, tais como, quanto tempo o coletivo permaneceu na parada; se ele partiu antes do tempo previsto ou não; qual o tempo de atraso do passageiro; e se houve por parte do motorista a chamada dos viajantes para reembarque de forma inequívoca. 5. O dever de o consumidor cooperar para a normal execução do contrato de transporte é essencial, impondo-se-lhe, entre outras responsabilidades, que também esteja atento às diretivas do motorista em relação ao tempo de parada para descanso, de modo a não prejudicar os demais passageiros (art. 738 do CC). 6. Recurso especial provido. (STJ, REsp n. 1.354.369, 4ª T., rel. Min. Luis Felipe Salomão, *DJe* 25.05.2015)

Art. 731. O transporte exercido em virtude de autorização, permissão ou concessão, rege-se pelas normas regulamentares e pelo que for estabelecido naqueles atos, sem prejuízo do disposto neste Código.

➡ Sem correspondência no CC/1916.

No art. 731 está dito que o transporte exercido em virtude de autorização, de permissão ou de concessão se rege pelas normas regulamentares e pelo que for estabelecido naqueles atos, sem prejuízo do disposto neste Código. Faz-se a ressalva da aplicação de todas as disposições constantes dos atos administrativos de concessão, autorização e permissão, determinando que aquelas normas sejam obedecidas com relação ao contrato de transporte, respeitado o disposto no Código Civil. Há, portanto, uma prevalência do Código Civil em relação àquelas outras disposições de natureza administrativa.

- Responsabilidade civil do Estado. Permissionária de serviço público. Vício no serviço público de transporte. Aplicação do art. 37, § 6º, da CF. Mérito. Permissionária de serviço público de transporte municipal. Dever de adotar medidas para garantir a maior segurança dos usuários do serviço. Conservação, manutenção e renovação da frota. Deveres essenciais para prestação do serviço. Responsabilidade objetiva. Contrato de transporte. Inteligência do art. 731 do CC. Violação da cláusula de incolumidade. Comprovação do dano e do nexo causal. Dever de indenizar configurado. Responsabilidade do Município. Inexistência de fatos comprovadores da culpa da administração no controle e na fiscalização dos

Código Civil comentado e anotado

Arts. 731 e 732

serviços prestados pela permissionária. Sentença parcialmente reformada para julgar improcedente o pedido de indenização em relação ao Município. Dano moral. Indenização compensatória. Fixação em 50 salários mínimos. Repercussão moralmente danosa comprovada. Prevalência do critério empregado pelo provimento judicial. Razoabilidade. Recurso do município provido. Negado provimento ao recurso da corré. Empresa B. de Transportes Urbanos Ltda. (TJSP, Ap. n. 0008543-92.2008.8.26.0072/Bebedouro, 9ª Câm. de Dir. Públ., rel. José Maria Câmara Junior, *DJe* 08.05.2015)

Art. 732. Aos contratos de transporte, em geral, são aplicáveis, quando couber, desde que não contrariem as disposições deste Código, os preceitos constantes da legislação especial e de tratados e convenções internacionais.

➡ Sem correspondência no CC/1916.

Há a possibilidade de confronto das normas do Código Civil com as da legislação esparsa, sejam aquelas que dispõem sobre o transporte ferroviário, as do Código de Defesa do Consumidor etc., e também um eventual confronto com convenções e tratados internacionais que regulam o transporte aéreo. Disso tudo, o que vale ou o que prevalece: o Código Civil ou o Código de Defesa do Consumidor? No entender de Ruy Rosado de Aguiar, em decisão no STJ, o Código Civil deve ser aplicado com prevalência sobre o Código de Defesa do Consumidor sempre que regular diretamente uma relação de consumo, isto é, quando o fato é necessariamente uma relação de consumo e o Código Civil dispôs a seu respeito, editando regra específica. Entretanto, sempre que a compra e venda caracterizar uma relação de consumo, aplicam-se com prevalência as disposições do Código de Defesa do Consumidor, que é a lei especial, ainda que anterior no tempo. Além disso, ainda há situações que permitirão o uso das duas legislações, uma em complemento da outra. Uma questão que será posta é a dos tratados internacionais, que deverão se adequar – penso eu, de acordo com a orientação predominante no país – ao que está disposto no Código Civil, lei ordinária mais recente.

■ Enunciado n. 369 da IV Jornada de Direito Civil: "Diante do preceito constante no art. 732 do Código Civil, teleologicamente e em uma visão constitucional de unidade do sistema, quando o contrato de transporte constituir uma relação de consumo, aplicam-se as normas do Código de Defesa do Consumidor que forem mais benéficas a este".

■ Enunciado n. 559 da VI Jornada de Direito Civil: "Observado o Enunciado n. 369 do CJF, no transporte aéreo, nacional e internacional, a responsabilidade do transportador em relação aos passageiros gratuitos, que viajarem por cortesia, é objetiva, devendo atender à integral reparação de danos patrimoniais e extrapatrimoniais".

■ Recurso de apelação de A. de México S.A. de CV Aeromexico. Ação de indenização por danos materiais e morais. Extravio de bagagem. Furto de objetos Ilegitimidade passiva Tese não acolhida. Relação de consumo. Aplicação do CDC. Responsabilidade objetiva. Dever de indenizar. Art. 14, CDC. Falha na prestação de serviço. Art. 21, § 2º, CDC. Preenchimento de declaração especial de interesse. Desnecessidade. Não comprovação da recusa do autor. Ônus da requerida. Código Brasileiro de Aeronáutica e resolução da Anac. Inaplicabilidade. Ausência de responsabilidade por objetos de valor despachados na bagagem. Tese não acolhida. Art. 732, CC. Vantagem manifestamente excessiva. Art. 51, I e § 1º, CDC. Ausência de protesto imediato. Desnecessidade. Ônus da prova da companhia aérea. Art. 333, II, CPC. Comprovação do dano material por meio das notas fiscais e fatura de cartão de crédito. Mero dissabor

Arts. 732 a 734   Almeida Guilherme

do dia a dia. Tese não acolhida. Danos morais presumidos. Ônus de sucumbência mantido. Recurso desprovido. Recurso de apelação de renan barbosa santana. Ação de indenização por danos materiais e morais. Majoração dos danos morais. Possibilidade. Critérios de razoabilidade e proporcionalidade. Correção monetária pela média do INPC-IGP-DI. Juros de mora de 1% ao mês a contar da citação. Recurso provido. (TJPR, AC 1147424-3, 10ª Câm. Cível, rel. Des. Ângela Khury, *DJe* 07.07.2015)

Art. 733. Nos contratos de transporte cumulativo, cada transportador se obriga a cumprir o contrato relativamente ao respectivo percurso, respondendo pelos danos nele causados a pessoas e coisas.

§ 1º O dano, resultante do atraso ou da interrupção da viagem, será determinado em razão da totalidade do percurso.

§ 2º Se houver substituição de algum dos transportadores no decorrer do percurso, a responsabilidade solidária estender-se-á ao substituto.

➡ Sem correspondência no CC/1916.

O art. 733 dispõe que nos contratos de transporte cumulativo, cada transportador se obriga a cumprir o contrato relativamente ao respectivo percurso, respondendo pelos danos nele causados a pessoas e coisas. O contrato de transporte pode ser um contrato combinado. O contrato de transporte combinado existe quando um transportador assume a obrigação de fazer o transporte do seu trecho e, diante do cliente, assume a obrigação de contratar um terceiro para a continuidade da viagem em outros trechos.

Aqui, o que a lei regula é o contrato cumulativo. No contrato cumulativo, existem vários transportadores, todos eles vinculados diretamente ao transportado; o contrato é único, e o percurso será cumprido em diversas etapas, cada transportador assumindo a sua etapa. A responsabilidade do transportador limita-se ao cumprimento do seu trajeto e pelos danos nele ocorridos. Não responde pelos danos ocorridos fora do trajeto, mas todos eles respondem pelo cumprimento do contrato como um todo. Não há entre eles solidariedade, todos respondem pelo todo, mas não cada um pelo todo. Somente haveria solidariedade se ela fosse pactuada.

■ Responsabilidade civil. Transporte coletivo. Lesão em passageiro. Obrigação de indenizar. Dano moral. Configurado. Montante adequado. Correção monetária. Termo inicial. Súmula n. 362 do STJ. Juros de mora. Cômputo da citação. Dano material. Inaplicabilidade, *in casu*, do art. 733, § 1º, do CC. Apelação improvida. (TJSP, Ap. n. 1016834-33.2014.8.26.0564/São Bernardo do Campo, 22ª Câm. de Dir. Priv., rel. Matheus Fontes, *DJe* 01.07.2015)

Seção II
Do Transporte de Pessoas

Art. 734. O transportador responde pelos danos causados às pessoas transportadas e suas bagagens, salvo motivo de força maior, sendo nula qualquer cláusula excludente da responsabilidade.

Parágrafo único. É lícito ao transportador exigir a declaração do valor da bagagem a fim de fixar o limite da indenização.

➡ Sem correspondência no CC/1916.

426

Código Civil comentado e anotado   Arts. 734 a 736

A responsabilidade por acidente não se exclui por culpa de terceiro (art. 735), situação que ordinariamente ocorre quando o descuido causador do dano é do outro motorista, caso em que a transportadora responde pela reparação do dano sofrido pelo seu passageiro. A responsabilidade pelo dano causado a um terceiro que não seja passageiro, como no atropelamento de pedestre, é extracontratual e se regula pelas regras do ilícito absoluto (art. 186). A culpa aqui mencionada é a culpa em sentido estrito, não ao dolo, situação que não foi especificamente regulada no Código Civil. Quando há uma situação de dolo, como acontece no assalto ou outros atos de violência, tem-se que remeter para a situação geral da força maior, do fato inevitável, e saber se essa ação do terceiro se inclui ou não na situação da força maior.

■ Súmula n. 161 do STF: "Em contrato de transporte, é inoperante a cláusula de não indenizar".

■ Veja no art. 730 a seguinte decisão: STJ, REsp n. 1.354.369, 4ª T., rel. Min. Luis Felipe Salomão, *DJe* 25.05.2015.

Art. 735. A responsabilidade contratual do transportador por acidente com o passageiro não é elidida por culpa de terceiro, contra o qual tem ação regressiva.

➥ Sem correspondência no CC/1916.

A culpa de terceiro não é excludente de responsabilidade do transportador, ou seja, não afasta quaisquer responsabilidades contratuais do transportador, o qual poderá ingressar com ação regressa contra o terceiro para reaver o valor, a título de ressarcimento ao passageiro.

■ Súmula n. 187 do STF: "A responsabilidade contratual do transportador, pelo acidente com o passageiro, não é elidida por culpa de terceiro, contra o qual tem ação regressiva".

■ Enunciado n. 369 da IV Jornada de Direito Civil: "Diante do preceito constante no art. 732 do Código Civil, teleologicamente e em uma visão constitucional de unidade do sistema, quando o contrato de transporte constituir uma relação de consumo, aplicam-se as normas do Código de Defesa do Consumidor que forem mais benéficas a este".

■ Veja no art. 730 a seguinte decisão: STJ, REsp n. 1.354.369, 4ª T., rel. Min. Luis Felipe Salomão, *DJe* 25.05.2015.

Art. 736. Não se subordina às normas do contrato de transporte o feito gratuitamente, por amizade ou cortesia.
Parágrafo único. Não se considera gratuito o transporte quando, embora feito sem remuneração, o transportador auferir vantagens indiretas.

➥ Sem correspondência no CC/1916.

O transporte de pessoas realizado em função de amizade ou carona não se submete aos ditames referentes ao contrato de transporte, o qual deverá ser sempre oneroso sob pena de atipicidade. Observa-se também que a gratuidade se revela pelo caráter puramente altruísti-

427

Arts. 736 e 737   Almeida Guilherme

co, incluindo-se também como remuneração quaisquer vantagens diretas ou indiretas que o transportador possa vir a arrecadar.

- Súmula n. 145 do STJ: "No transporte desinteressado, de simples cortesia, o transportador só será civilmente responsável por danos causados ao transportado quando incorrer em dolo ou culpa grave".

- Enunciado n. 559 da VI Jornada de Direito Civil: "Observado o Enunciado n. 369 do CJF, no transporte aéreo, nacional e internacional, a responsabilidade do transportador em relação aos passageiros gratuitos, que viajarem por cortesia, é objetiva, devendo atender à integral reparação de danos patrimoniais e extrapatrimoniais".

- Apelação. Infração de trânsito. Transporte clandestino de passageiros. Responsabilidade da administração. Danos materiais. Agentes da EMDEC apreenderam o veículo do autor pela prática irregular de transporte escolar. Não configuração da prática de transporte clandestino de pessoas. Sequer configura transporte de pessoas, consoante o CCB. Esposa do autor que leva seu filho juntamente com mais três crianças vizinhas, filhas de amigos seus, à escola por amizade ou cortesia, obtendo mera ajuda de custo para combustível. Inteligência do art. 736 do CC. Ajuste privado entre os pais dos alunos que não se confunde com a atividade profissional do transportador escolar. Danos materiais. Cabimento parcial, tão somente do que houve efetiva prova do prejuízo sentença de parcial procedência mantida. Recurso improvido, com observação quanto aos consectários legais. (TJSP, Ap. n. 0001993-52.2008.8.26.0114/ Campinas, 4ª Câm. de Dir. Públ., rel. Paulo Barcellos Gatti, *DJe* 19.09.2014)

Art. 737. O transportador está sujeito aos horários e itinerários previstos, sob pena de responder por perdas e danos, salvo motivo de força maior.

➡ Sem correspondência no CC/1916.

O transportador possui como dever o planejamento logístico a ser utilizado no transporte, vinculando-se a este como forma de cláusula contratual, inclusive podendo ser penalizado por perdas e danos no descumprimento, sendo excluídas as hipóteses de força maior.

- Apelação cível. Indenização. Concessionária de serviço público. Transporte rodoviário interestadual. Atraso na chegada ao destino devido à falha na prestação do serviço. Decreto de procedência. Reclamo da vencida. Afastamento da responsabilidade. Rejeição. Excludentes inocorrentes. Danos morais configurados. Dever de indenizar. Pretensa redução do quantum indenizatório. Não acolhimento. Verba proporcional, razoável e adequada ao caso. Recurso desprovido. "O transportador está sujeito aos horários e itinerários previstos, sob pena de responder por perdas e danos, salvo motivo de força maior" (CC/2002, art. 737). O *quantum* da indenização do dano moral há de ser fixado com moderação, em respeito aos princípios da razoabilidade e da proporcionalidade, levando em conta não só as condições sociais e econômicas das partes, como também o grau da culpa e a extensão do sofrimento psíquico, de modo que possa significar uma reprimenda ao ofensor, para que se abstenha de praticar fatos idênticos no futuro, mas não ocasione um enriquecimento injustificado para a lesada (TJSC, Ap. Cível n. 2014.088004-7, rel. Des. Jaime Ramos, j. 26.03.2015). (TJSC, AC 2012.033579-7, rel. Des. Edemar Gruber, *DJe* 08.07.2015)

Código Civil comentado e anotado   Art. 738

Art. 738. A pessoa transportada deve sujeitar-se às normas estabelecidas pelo transportador, constantes no bilhete ou afixadas à vista dos usuários, abstendo-se de quaisquer atos que causem incômodo ou prejuízo aos passageiros, danifiquem o veículo, ou dificultem ou impeçam a execução normal do serviço.

Parágrafo único. Se o prejuízo sofrido pela pessoa transportada for atribuível à transgressão de normas e instruções regulamentares, o juiz reduzirá equitativamente a indenização, na medida em que a vítima houver concorrido para a ocorrência do dano.

➥ Sem correspondência no CC/1916.

Os passageiros, no momento em que firmam o contrato de transporte, concordam em agir dentro das balizas sociais comuns, além daquelas regras que estejam estipuladas no bilhete ou em local visível. Entende-se como balizas sociais aqueles impedimentos que causam incômodo a outras pessoas ou que atinjam sua intimidade e conforto. Caso o passageiro que sofreu o incômodo tenha concorrido para tanto, o juiz deverá diminuir equitativamente o montante da indenização devida.

▪ Civil. Agravo regimental. Agravo em recurso especial. Queda de composição férrea. Morte do passageiro. Vício na prestação de serviço. Indenização por dano moral c/c alimentos. Procedência. Apelo raro. Alegação de ofensa aos arts. 738 e 948, II, do CC/2002 e 14, § 3º, do CDC. Culpa exclusiva da vítima não comprovada. Reforma do julgado. Necessidade. Reexame de provas. Incidência da Súmula n. 7 do STJ. Dissídio não comprovado. 1. O Tribunal local, com base no acervo fático-probatório dos autos, afastou a alegação de culpa exclusiva da vítima e manteve a condenação da concessionária ao pagamento de indenização por danos morais e materiais. A reforma de tal entendimento demanda se mostra inviável, em razão do óbice contido na Súmula n. 7 desta Corte. 2. Não é possível o conhecimento do recurso especial interposto pela divergência jurisprudencial, na hipótese em que o dissídio é apoiado em fatos e não na interpretação da lei. Isso porque a Súmula n. 7 do STJ, também se aplica aos recursos especiais interpostos pela alínea *c*, do permissivo constitucional (Ag. Reg. no Ag. n. 1.276.510/SP, rel. Min. Paulo Furtado, des. conv. do TJBA, *DJe* 30.06.2010). 3. Decisão mantida por seus próprios fundamentos. 4. Agravo regimental não provido. (STJ, Ag. Reg.-Ag.-REsp n, 654.531, 3ª T., rel. Min. Moura Ribeiro, *DJe* 24.04.2015)

▪ Agravo regimental no agravo em recurso especial. Acidente por usuário de trem. Responsabilidade objetiva da prestadora de serviço. Cláusula de incolumidade não cumprida. Inexistência de elementos que caracterizem excludente de responsabilidade. Reversão do julgado. Impossibilidade. Incidência da Súmula n. 7/STJ. Dano moral. Valor arbitrado. Razoabilidade. Recurso não provido. 1. Nos termos da jurisprudência firmada nesta Corte, a responsabilidade do transportador em relação aos passageiros é contratual e objetiva, nos termos dos arts. 734, *caput*, 735 e 738, parágrafo único, do CC/2002, somente podendo ser elidida por fortuito externo, força maior, fato exclusivo da vítima ou por fato doloso e exclusivo de terceiro. Quando este não guardar conexidade com a atividade de transporte. 2. O Tribunal local, ao apreciar as provas produzidas nos autos, foi categórico em reconhecer os requisitos ensejadores da obrigação de indenizar, notadamente diante do descumprimento do seu dever de garantir a incolumidade do passageiro. Nestas circunstâncias, afigura-se inviável rever o substrato fático-probatório diante do óbice da Súmula n. 7/STJ. 3. Admite-se o exame do valor estabelecido a título de danos morais quando verificada a exorbitância ou o caráter irrisório da importância arbitrada, em flagrante ofensa aos princípios da razoabilidade e da proporcionalidade, o que, no entanto, não se verifica na hipótese em exame, em que as instâncias ordinárias, diante da gravidade das lesões sofridas (trauma-

429

Arts. 738 a 740   Almeida Guilherme

tismo craniano e afundamento dos ossos da face), fixaram em patamar consentâneo com a jurisprudência desta Eg. Corte, qual seja R$ 50.000,00. 4. Agravo regimental não provido. (STJ, Ag. Reg.-Ag.-REsp n. 617.863, 4ª T., rel. Min. Raul Araújo, *DJe* 13.02.2015)

Art. 739. O transportador não pode recusar passageiros, salvo os casos previstos nos regulamentos, ou se as condições de higiene ou de saúde do interessado o justificarem.

➡ Sem correspondência no CC/1916.

O transportador vincula-se ao regulamento para que possa recusar a transportar alguém e poderá se amparar nas condições de higiene ou de saúde. Ressalta-se, também, que é incabível ao transportador negar-se a transportar pessoa que possua enfermidade não contagiosa, sob pena de preconceito, de acordo com a legislação municipal, estadual e federal.

▪ Sentença confirmada por seus próprios fundamentos. Súmula do julgamento (art. 46, Lei n. 9.099/95) [...] Passageiros impedidos de embarcar no dia, horário e local indicados nas passagens, sem qualquer aviso prévio, sob alegação de falta de pagamento. Recusa ilícita no caso concreto, em desacordo com as disposições da legislação civil (art. 739, CC/2002). Viagem familiar frustrada Necessidade de aquisição de novas passagens em data posterior. Falha na prestação do serviço reconhecida (art. 14, CDC). Transtornos materiais, indignação e frustração que transcendem ao mero aborrecimento. Descumprimento do contrato de transporte. Obrigação de indenizar os danos materiais e morais. Fixação da compensação pecuniária em patamar razoável, considerando as circunstância do caso concreto. Recurso conhecido e desprovido. A responsabilidade dos integrantes da cadeia organizada para a prestação de serviços é solidária e objetiva (arts. 7°, parágrafo único, e 14 do CDC), não socorrendo a empresa aérea a simples imputação do erro ao parceiro comercial, mormente quando a sua conduta igualmente contribuiu para a concretização da falha nos serviços contratados pelo consumidor. Em casos similares, o TJSC já decidiu: "Administrativo. Transporte aéreo. Serviço público concedido. Responsabilidade civil objetiva. Indenização de danos morais e materiais contra companhia aérea que impediu a viagem sob alegação de não ter sido pao a passagem reservada pela internet. Pagamento comprovado. [...] O fato de o passageiro ter sido impedido de ingressar em voo para o qual pagou a passagem configura ato ilícito e implica a obrigação da companhia aérea de reparar os danos morais disso decorrentes. O *quantum* da indenização do dano moral há de ser fixado com moderação, em respeito aos princípios da razoabilidade e da proporcionalidade, levando em conta não só as condições sociais e econômicas das partes, como também o grau da culpa e a extensão do sofrimento psíquico, de modo que possa significar uma reprimenda ao ofensor, para que se abstenha de praticar fatos idênticos no futuro, mas não ocasione um enriquecimento injustificado para a lesada (TJSC, Ap. Cível n. 2013.018145-8/Criciúma, rel. Des. Jaime Ramos, j. 18.04.2013)". (JESC, Rec. Inom. n. 0000874-12.2013.8.24.0090/Capital – Norte da Ilha, 1ª T. Rec., rel. Luiz Felipe Siegert Schuch, j. 19.03.2015)

Art. 740. O passageiro tem direito a rescindir o contrato de transporte antes de iniciada a viagem, sendo-lhe devida a restituição do valor da passagem, desde que feita a comunicação ao transportador em tempo de ser renegociada.

§ 1° Ao passageiro é facultado desistir do transporte, mesmo depois de iniciada a viagem, sendo-lhe devida a restituição do valor correspondente ao trecho não utilizado, desde que provado que outra pessoa haja sido transportada em seu lugar.

Código Civil comentado e anotado   Arts. 740 e 741

§ 2º Não terá direito ao reembolso do valor da passagem o usuário que deixar de embarcar, salvo se provado que outra pessoa foi transportada em seu lugar, caso em que lhe será restituído o valor do bilhete não utilizado.

§ 3º Nas hipóteses previstas neste artigo, o transportador terá direito de reter até cinco por cento da importância a ser restituída ao passageiro, a título de multa compensatória.

➡ Sem correspondência no CC/1916.

O passageiro poderá rescindir o contrato de transporte nas hipóteses de não embarcar e de desistir durante a viagem. Na primeira hipótese, o passageiro terá o direito de receber a quantia total do valor pago na passagem se informar a desistência em tempo hábil para que seu assento seja renegociado; no caso de não haver o embarque, o passageiro perderá o direito de ser reembolsado, salvo se provar que outra pessoa foi transportada em seu lugar. Na segunda hipótese, o passageiro poderá desistir da viagem no decorrer dela e deverá ser ressarcido ao valor equivalente e proporcional ao trecho não percorrido, desde que seja provado que outra pessoa foi transportada em seu lugar; caso não seja provado, nada lhe será devido. Em todas as hipóteses é resguardado o direito do transportador em cobrar até 5% do valor da restituição a título de multa compensatória.

▪ Restituição. Cancelamento de bilhete aéreo pelo cliente. Tempo hábil. Aplicação de multa de 5%. Aplicação do art. 740 do CC. Recurso não provido. (JES, Rec. Inom. n. 0000916-49.2014.8.26.0097, 2ª T. Cível, rel. Fernando Augusto Fontes Rodrigues Junior, j. 11.06.2015)

▪ Compra de passagens aéreas. Posterior desistência da viagem e pedido de rescisão de contrato com a devolução de valores pagos. Possibilidade. Inteligência do art. 740 do CC. Sentença mantida por seus jurídicos fundamentos. Recurso improvido. (JESP, Rec. Inom. n. 0009191-36.2014.8.26.0016, 5ª T. Cível, rel. Wendell Lopes Barbosa de Souza, j. 11.06.2015)

Art. 741. Interrompendo-se a viagem por qualquer motivo alheio à vontade do transportador, ainda que em consequência de evento imprevisível, fica ele obrigado a concluir o transporte contratado em outro veículo da mesma categoria, ou, com a anuência do passageiro, por modalidade diferente, à sua custa, correndo também por sua conta as despesas de estada e alimentação do usuário, durante a espera de novo transporte.

➡ Sem correspondência no CC/1916.

O transportador se obriga a concluir a viagem independentemente do motivo que a impediu, seja por força maior ou caso fortuito, devendo realizá-la com outro veículo da mesma categoria. Na impossibilidade deverá providenciar transporte de outra categoria que deverá contar com a anuência do passageiro, sempre à custa do transportador, incluindo-se todas as despesas referentes a estada e alimentação do passageiro enquanto este aguarda a chegada de novo transporte.

▪ Administrativo e processual civil. Agravo regimental no recurso especial. Mandado de segurança. Transporte rodoviário interestadual de passageiros. Ofensa ao art. 535 do CPC. Inexistência. Dispositivos legais tidos por violados. Falta de prequestionamento. Súmula n. 211 do STJ. Acórdão recorrido. Fundamentação eminentemente constitucional. Apreciação pelo STJ Impossibilidade. 1. Constatado que a Corte de origem empregou fundamentação adequada e suficiente para dirimir a controvérsia, é

431

Arts. 741 a 743 — Almeida Guilherme

de se afastar a alegada violação do art. 535 do CPC. 2. Os arts. 741 e 884 do CC, 45 da Lei n. 9.784/1999, 231, VIII, da Lei n. 9.503/97, 29, II, da Lei n. 8.987/95, 29 e 78-A da Lei n. 10.233/2001, a despeito da oposição de embargos de declaração, não foram apreciados pela Corte local, carecendo o recurso especial do requisito do prequestionamento (Súmula n. 211/STJ). 3. A controvérsia foi dirimida com fundamento constitucional, especificamente com base nos arts. 2° e 5°, II, LIV e LV, da CF/88, de modo que o recurso especial é inviável, sob pena de usurpar-se a competência reservada pela constituição ao Supremo Tribunal Federal. 4. Agravo regimental não provido. (STJ, Ag. Reg.-REsp n. 1.472.205, 1^{a} T., rel. Min. Benedito Gonçalves, *DJe* 23.02.2015)

Art. 742. O transportador, uma vez executado o transporte, tem direito de retenção sobre a bagagem de passageiro e outros objetos pessoais deste, para garantir-se do pagamento do valor da passagem que não tiver sido feito no início ou durante o percurso.

➥ Sem correspondência no CC/1916.

O transportador possui o dever de depositar a bagagem do usuário, bem como zelar por ela, de forma que é o possuidor, podendo este reter legitimamente a bagagem até que o passageiro pague o valor referente à passagem, se este não o tiver feito no início ou durante o percurso do transporte.

■ Responsabilidade civil. Contrato de transporte. Nexo de causalidade entre o acidente e o dano sofrido pela autora, passageira do ônibus, que ficou demonstrado. Perícia médica que concluiu nesse sentido. Responsabilidade civil. contrato de transporte. Responsabilidade civil do transportador em relação aos transportados que é objetiva. Art. 17 do Decreto legislativo n. 2.681/12. Dispositivo que já continha, de forma implícita, a "cláusula de incolumidade". Responsabilidade do transportador que passou a ser regida pelo art. 14 do CDC e pelos arts. 734 a 742 do atual CC. Passageiro que, para fazer jus à indenização, deve provar apenas que o acidente ocorreu durante o seu transporte e que, em decorrência disso, sofreu danos. Responsabilidade civil. Contrato de transporte. Presunção de culpa do transportador que só pode ser elidida nas hipóteses de caso fortuito ou força maior e culpa exclusiva da vítima ou de terceiro Excludentes de responsabilidade não evidenciadas. Responsabilidade civil. Dano moral. Evento noticiado que ocasionou à autora grande desgaste emocional, angústia e sério aborrecimento. Autora que sofreu lesão em seu braço direito, foi submetida a procedimento cirúrgico para colocação de fixadores. Dano moral configurado. Dano moral "Quantum". Valor da indenização que deve ser estabelecido com base em critério de prudência e razoabilidade, levando-se em conta a natureza penal e compensatória, assim como as peculiaridades do caso concreto. Redução do valor indenizatório de R$ 25.000,00 para R$ 18.100,00, equivalentes a vinte e cinco salários mínimos atuais (R$ 724,00). Apelo da empresa ré e de seu assistente litisconsorcial provido em parte. (TJSP, Ap. n. 0235715-89.2009.8.26.0007/São Paulo, 23ª Câm. de Dir. Priv., rel. José Marcos Marrone, *DJe* 11.03.2015)

Seção III
Do Transporte de Coisas

Art. 743. A coisa, entregue ao transportador, deve estar caracterizada pela sua natureza, valor, peso e quantidade, e o mais que for necessário para que não se confunda com outras, devendo o destinatário ser indicado ao menos pelo nome e endereço.

Código Civil comentado e anotado

Arts. 743 a 745

➡ Sem correspondência no CC/1916.

É necessário, para que a coisa seja transportada e devidamente entregue, que seja individualizada minuciosamente por sua natureza, valor, peso e quantidade, pois será com base nessas informações que repousará a responsabilidade do transportador perante a coisa, sendo necessário também que o destinatário tenha nome e endereço declarado.

Art. 744. Ao receber a coisa, o transportador emitirá conhecimento com a menção dos dados que a identifiquem, obedecido o disposto em lei especial.

Parágrafo único. O transportador poderá exigir que o remetente lhe entregue, devidamente assinada, a relação discriminada das coisas a serem transportadas, em duas vias, uma das quais, por ele devidamente autenticada, ficará fazendo parte integrante do conhecimento.

➡ Sem correspondência no CC/1916.

Trata-se de um título de crédito impróprio, denominado *conhecimento de transporte de carga* ou *frete*, cuja eficácia se exprime em provar o recebimento da coisa e a obrigação de efetuar o transporte. Dessa forma, observa preceitos de literalidade e autonomia, podendo ser exigido que do título conste relação específica dos objetos do contrato de transporte.

▪ Apelação. Ação cominatória. Transporte de carga pela via marítima. Exigência de apresentação do conhecimento de embarque original para a liberação da mercadoria. Atos normativos da Receita Federal invocados pela autora sem pertinência para a análise da questão, restritos que são ao âmbito aduaneiro e, evidentemente, desprovidos de força de lei. Relação entre as partes se subordinando, sim, ao disposto no CCom e, subsidiariamente, no CC, arts. 519, 554, 586 e 587 do CCom e arts. 744 e 754 do CC não deixando dúvida de que a apresentação do original do conhecimento do transporte é indispensável para a demonstração da titularidade da carga, até porque se trata de título de crédito, transmissível, em regra, por ensosso. Sentença reformada, com a proclamação da improcedência da demanda. Apelação a que se dá provimento. (TJSP, Ap. n. 4011910-65.2013.8.26.0562/Santos, 19ª Câm. de Dir. Priv., rel. Ricardo Pessoa de Mello Belli, *DJe* 03.07.2015)

▪ Apelação. Indenização. Acidente no transporte urbano. Autora vítima da má prestação do serviço. Responsabilidade objetiva fundada no dever de incolumidade e segurança. CC, art. 744 e Lei n. 8.078/90, art. 14. Indenização dos danos morais bem arbitrada. Recurso não provido. (TJSP, Ap. n. 0008886-73.2008.8.26.0271/Itapevi, 38ª Câm. de Dir. Priv., rel. Maury Bottesini, *DJe* 19.01.2015)

Art. 745. Em caso de informação inexata ou falsa descrição no documento a que se refere o artigo antecedente, será o transportador indenizado pelo prejuízo que sofrer, devendo a ação respectiva ser ajuizada no prazo de cento e vinte dias, a contar daquele ato, sob pena de decadência.

➡ Sem correspondência no CC/1916.

Em inteligência ao art. 743, a coisa a ser transportada deve ser declarada por sua natureza, valor, peso e quantidade. Caso ocorra inexatidão nessa declaração e o transportador venha

433

Arts. 745 e 746   Almeida Guilherme

a sofrer algum prejuízo em decorrência desse fato, poderá este intentar a ação de indenização competente em prazo decadencial de 120 dias, a contar da data do fato.

Art. 746. Poderá o transportador recusar a coisa cuja embalagem seja inadequada, bem como a que possa pôr em risco a saúde das pessoas, ou danificar o veículo e outros bens.

➥ Sem correspondência no CC/1916.

O transportador poderá se recusar a transportar a coisa que possua inadequação de embalagem ou possa oferecer risco para si ou para outrem, bem como periclitar a saúde e bem-estar em geral, ou então constituir ameaça de dano a seu veículo ou outros bens.

▪ Civil. Processual civil. Apelação. Reparação de danos materiais. Agravo retido. Conhecido e rejeitado. Contrato de transporte de coisas. Embalagem inadequada. Não exercício da faculdade de enjeitar a coisa. Art. 746 do CC/2002. Responsabilidade objetiva. Obrigação de resultado. Cláusula de incolumidade. Art. 749 do CC. Súmula n. 161/STF. Recurso conhecido e improvido. Sentença mantida. 1. A apelante reiterou, em suas razões recursais, o pedido de apreciação do agravo retido, o que impõe o conhecimento do mesmo, conforme dispõe o art. 523, § 1º, do CPC. 2. A recorrente se insurge contra o indeferimento da produção da prova oral, configurando, ao seu aviso, cerceamento de defesa. Contudo, no caso dos autos, a prova oral mostra-se desnecessária, tendo em vista que a responsabilidade do transportador é objetiva, somente se eximindo em razão de caso fortuito ou força maior, ou se o remetente omitiu circunstância especial a respeito da conservação ou acomodação da coisa a ser transportada, e que não poderia ser de conhecimento do transportador. 3. No contrato de transporte de coisas, o expedidor ou remetente entrega bens corpóreos ou mercadorias ao transportador, para que este os leve até um destinatário, com pontualidade e segurança. 4. A coisa transportada deve estar caracterizada pela sua natureza, valor, peso e quantidade, posto que cabe ao transportador transportá-la adequadamente de acordo com as suas características (art. 743 do CC). Uma vez identificada a carga a ser transportada, poderá o transportador, nos termos do art. 746 do CC, recusar o transporte da coisa cuja embalagem seja inadequada, ou que possa por em risco a saúde das pessoas, ou danificar o veículo e outros bens. 5. A doutrina entende que, não exercida a faculdade que lhe cabe, ou seja, de enjeitar a coisa cuja embalagem seja inadequada, o acondicionamento da mercadoria fica ao encargo do transportador, que assume o compromisso pelos estragos ou perdas que possam ocorrer. 6. Não enjeitando a coisa cuja embalagem seja inadequada, a aceitação do transporte faz incidir a cláusula de incolumidade prevista no art. 749 do CC, a qual, nos dizeres de flávio tartuce, fundamenta a responsabilidade objetiva do transportador; Pois, desde o recebimento da coisa, este assume uma obrigação de resultado, incumbindo-lhe exercer a guarda com desvelo e em conformidade com suas características, de forma a entregá-la no mesmo estado que a recebeu. 7. Mostra-se irrelevante o fato alegado pela apelante de que: a apelada teria fornecido suporte (cavalete) inadequado para o transporte das placas de mármore; sendo que, no caso, constatando que o cavalete não suportaria o peso da carga (36 placas de mármore), deveria, nos termos do art. 746 do CC, ter recusado o transporte contratado, não havendo que se falar, portanto, em culpa exclusiva da vítima como causa excludente de sua responsabilidade (art. 14, § 3º, II, do CDC). 8. O STF não admite a cláusula que exime o transportador de responsabilidade, conforme se denota do Enunciado da Súmula n. 161/STF [em contrato de transporte, é inoperante a cláusula de não indenizar]. 9. agravo retido conhecido e rejeitado. Apelação conhecida e improvida. Sentença mantida. (TJDFT, Proc. 20130111916824, 3ª T. Cível, rel. Des. Alfeu Machado, *DJe* 30.03.2015)

Código Civil comentado e anotado   Arts. 746 a 749

■ Apelação. Ação regressiva. Responsabilidade objetiva. Transporte de carga. Carga mal acondiciona-da. Dever de cuidado do preposto. Responsabilidade objetiva do transportador. Art. 746, do CC, que lhe garante a prerrogativa de recusar a carga mal acondicionada. Preposto que tinha o dever de perceber a altura excedente do material transportado, responsabilidade da ré pelo ato de seus prepostos (art. 932, I, do CPC). Recurso provido. (TJSP, Ap. n. 0024203-29.2010.8.26.0114/Campinas, 30ª Câm. de Dir. Priv., rel. Maria Lúcia Pizzotti, *DJe* 29.07.2015)

Art. 747. O transportador deverá obrigatoriamente recusar a coisa cujo transporte ou comercialização não sejam permitidos, ou que venha desacompanhada dos documentos exigidos por lei ou regulamento.

➥ Sem correspondência no CC/1916.

Para que seja objeto de contrato de transporte civil, a coisa transportada deverá ser lícita, constituindo-se ilicitude aqueles bens que são proibidos, tais como drogas, e também aqueles cujo transporte é ilícito, como é o caso daquele que não pode ser realizado por civis, como é o exemplo de material bélico exclusivo das Forças Armadas. É dever do transportador exigir a documentação completa que regule o transporte de determinado bem, como é o caso de combustíveis ou materiais químicos voláteis e corrosivos, os quais, para que sejam transportados, devem possuir uma documentação especial emitida pelos órgãos competentes; caso tal documentação não exista ou esteja incompleta, o transportador deverá recusar transportá-la.

Art. 748. Até a entrega da coisa, pode o remetente desistir do transporte e pedi-la de volta, ou ordenar seja entregue a outro destinatário, pagando, em ambos os casos, os acréscimos de despesa decorrentes da contraordem, mais as perdas e danos que houver.

➥ Sem correspondência no CC/1916.

Até que o transportador entregue a coisa no local combinado, o remetente pode, além de desistir da entrega, determinar que o bem seja entregue em local diverso daquele que foi combinado, ficando às suas expensas as despesas referentes a mudança de itinerário.

■ Transporte. Responsabilidade civil. Pretensão de reforma da R. Sentença de iprocedência da demanda. Descabimento. Hipótese em que a decisão das corrés de não realização da entrega de veículo adquirido pela autora estava amparada em decisão judicial, bem como no disposto no art. 748 do CC. Parte do pagamento realizado pela autora mediante ação em pagamento de veículo, sobre o qual veio a recair penhora, ensejando a propositura de ação de rescisão contratual pelas corrés. Acordo homologado na referida ação de rescisão contratual que inviabiliza o exercício da pretensão de reparação em face de uma das corrés. Situação em que, ainda que reconhecida a responsabilidade das corrés, não ficaram comprovados os danos sofridos pela autora. Recurso desprovido. (TJSP, Ap. n. 0013082-46.2009.8.26.0564/São Bernardo do Campo, 13ª Câm. de Dir. Priv., rel. Ana de Lourdes Coutinho Silva da Fonseca, *DJe* 12.11.2014)

Art. 749. O transportador conduzirá a coisa ao seu destino, tomando todas as cautelas necessárias para mantê-la em bom estado e entregá-la no prazo ajustado ou previsto.

435

Arts. 749 a 752

➥ Sem correspondência no CC/1916.

É dever do transportador conduzir e entregar a coisa em perfeito estado e entregá-la também no prazo ajustado ou previsto. O transportador, para evitar a mora, deve entregar a coisa no local e no prazo estipulado.

Art. 750. A responsabilidade do transportador, limitada ao valor constante do conhecimento, começa no momento em que ele, ou seus prepostos, recebem a coisa; termina quando é entregue ao destinatário, ou depositada em juízo, se aquele não for encontrado.

➥ Sem correspondência no CC/1916.

O transportador se responsabiliza pelo valor declarado, iniciando sua responsabilidade no momento em que ele ou seus prepostos recebem a coisa e se exaurindo no momento em que entregam ao destinatário, ou, se este não for encontrado, no momento em que depositar a coisa em juízo.

■ Transporte de mercadorias. Ação regressiva. Ônus da prova. A transportadora é responsável por eventuais avarias causadas ao material transportado e deve indenizar a parte prejudicada pelos prejuízos causados (art. 750 do CC). Tratando-se de ação regressiva, o ônus da prova é do transportador. Apelação provida. Recurso adesivo prejudicado. (TJRS, AC n. 70.061.002.663, 11ª Câm. Cível, rel. Des. Bayard Ney de Freitas Barcellos, j. 27.05.2015)

Art. 751. A coisa, depositada ou guardada nos armazéns do transportador, em virtude de contrato de transporte, rege-se, no que couber, pelas disposições relativas a depósito.

➥ Sem correspondência no CC/1916.

As coisas que permaneçam na posse do transportador, porém guardadas ou depositadas em seus armazéns, serão regidas pelas disposições referentes ao depósito (arts. 627 a 652 do CC).

Art. 752. Desembarcadas as mercadorias, o transportador não é obrigado a dar aviso ao destinatário, se assim não foi convencionado, dependendo também de ajuste a entrega a domicílio, e devem constar do conhecimento de embarque as cláusulas de aviso ou de entrega a domicílio.

➥ Sem correspondência no CC/1916.

Cuida-se das cláusulas de aviso e de entrega domiciliar, cuja destinação é dar ciência ao destinatário do desembarque das mercadorias e efetuar a entrega do bem no domicílio eleito. É necessária a menção expressa sobre a entrega em domicílio. Fica a cargo do destinatário retirar a mercadoria no local estipulado, sendo sujeito a arcar com os gastos com depósito, caso não a retire no prazo estipulado.

Código Civil comentado e anotado   Arts. 753 e 754

Art. 753. Se o transporte não puder ser feito ou sofrer longa interrupção, o transportador solicitará, incontinenti, instruções ao remetente, e zelará pela coisa, por cujo perecimento ou deterioração responderá, salvo força maior.

§ 1º Perdurando o impedimento, sem motivo imputável ao transportador e sem manifestação do remetente, poderá aquele depositar a coisa em juízo, ou vendê-la, obedecidos os preceitos legais e regulamentares, ou os usos locais, depositando o valor.

§ 2º Se o impedimento for responsabilidade do transportador, este poderá depositar a coisa, por sua conta e risco, mas só poderá vendê-la se perecível.

§ 3º Em ambos os casos, o transportador deve informar o remetente da efetivação do depósito ou da venda.

§ 4º Se o transportador mantiver a coisa depositada em seus próprios armazéns, continuará a responder pela sua guarda e conservação, sendo-lhe devida, porém, uma remuneração pela custódia, a qual poderá ser contratualmente ajustada ou se conformará aos usos adotados em cada sistema de transporte.

➥ Sem correspondência no CC/1916.

O transportador é responsável pelo perecimento da coisa, salvo força maior, de modo que deve solicitar instruções ao remetente para zelar pelo bem quando não houver maneira de entregá-lo ou, ainda, na hipótese de ocorrer longo período para a conclusão da obrigação. Ocorre que, diante do impedimento duradouro ou da omissão do remetente sobre como proceder, poderá o transportador depositar a coisa em juízo ou vendê-la, depositando o valor correspondente. Se, porém, o evento se der por responsabilidade do transportador, a venda só poderá ocorrer diante de bem perecível, mas sempre dando publicidade do ocorrido. A ideia do depósito em juízo é assegurar ao transportador que este não se responsabilizará pela guarda e conservação da coisa, o que, embora lhe traga direito à remuneração pela custódia, pode não ser interessante ao transportador pela própria natureza do depósito.

Art. 754. As mercadorias devem ser entregues ao destinatário, ou a quem apresentar o conhecimento endossado, devendo aquele que as receber conferi-las e apresentar as reclamações que tiver, sob pena de decadência dos direitos.

Parágrafo único. No caso de perda parcial ou de avaria não perceptível à primeira vista, o destinatário conserva a sua ação contra o transportador, desde que denuncie o dano em dez dias a contar da entrega.

➥ Sem correspondência no CC/1916.

O transportador é obrigado a entregar a mercadoria ao destinatário estipulado pelo remetente; na ausência deste, poderá receber aquele que possuir documento por aquele endossado. A entrega da coisa é momento oportuno para que sejam realizados quaisquer tipos de reclamação relativos aos danos causados pelo transporte, sob pena de decadência, salvo se o defeito não for passível de detecção no momento da entrega, hipótese em que se resguarda o prazo de dez dias contados da entrega para que se possa pleitear eventuais ressarcimentos.

■ Súmula n. 109 do STJ: "O reconhecimento do direito a indenização, por falta de mercadoria transportada via marítima, independe de vistoria".

437

Arts. 754 a 756 — Almeida Guilherme

■ Veja no art. 744 a seguinte decisão: TJSP, Ap. n. 4011910-65.2013.8.26.0562/Santos, 19ª Câm. de Dir. Priv., rel. Ricardo Pessoa de Mello Belli, *DJe* 03.07.2015.

■ Apelação cível. Transporte. Contrato de transporte de coisas. Ação de indenização por danos materiais e morais. Mudança. 1. Embora se trate de responsabilidade objetiva, a parte demandante não está isenta de demonstrar em juízo os fatos constitutivos do seu direito, seja do dano sofrido, seja o nexo causal entre esse e a conduta a quem se atribui a responsabilidade. 2. Consoante se percebe da análise do conhecimento de frete, as mercadorias foram entregues no destino, sem que a esposa do autor tivesse reclamado qualquer avaria nos bens transportados, dever que lhe incumbia conforme estabelece o art. 754, do CC. 3. A ausência de contratação do serviço de entrega com data certa impede a responsabilização da requerida pelos prejuízos eventualmente sofridos pela demandante, tendo em vista que o contrato previu mera estimativa da data da entrega (prazo médio de 15 dias). 4. Inocorrência de danos morais, no caso em tela, porquanto não restou comprovada a falha na prestação do serviço de transporte, de modo que os supostos percalços sofridos pela parte autora, e seus familiares, não ultrapassam a esfera de mero dissabor. Apelação desprovida. (TJRS, Ap. Cível n. 70.058.481.706, 12ª Câm. Cível, rel. Des. Umberto Guaspari Sudbrack, j. 16.04.2015)

Art. 755. Havendo dúvida acerca de quem seja o destinatário, o transportador deve depositar a mercadoria em juízo, se não lhe for possível obter instruções do remetente; se a demora puder ocasionar a deterioração da coisa, o transportador deverá vendê-la, depositando o saldo em juízo.

➡ Sem correspondência no CC/1916.

Caso haja dúvida quanto ao destinatário, o transportador deverá realizar o depósito da coisa transportada em juízo, se não for possível obter novas instruções do remetente; porém, se a demora ocasionar a deterioração do bem, o transportador poderá vender o bem e depositar o valor em juízo.

Art. 756. No caso de transporte cumulativo, todos os transportadores respondem solidariamente pelo dano causado perante o remetente, ressalvada a apuração final da responsabilidade entre eles, de modo que o ressarcimento recaia, por inteiro, ou proporcionalmente, naquele ou naqueles em cujo percurso houver ocorrido o dano.

➡ Sem correspondência no CC/1916.

Caso haja mais de um transportador, todos serão solidariamente responsáveis por dano causado, ressalvada a apuração final da responsabilidade, de modo que o ressarcimento recairá sobre aquele ou aqueles que eram responsáveis pelo trecho em que o acidente ocorreu.

■ Apelação cível. Contratos de transporte. Transporte de uma caçamba para reparos. Avarias. Ônus da prova. A obrigação do transportador é levar a mercadoria incólume ao seu destino. Ausente qualquer ressalva quando da coleta da mercadoria, presume-se que foi entregue em perfeitas condições ao transportador, cabendo a esse o ônus em sentido contrário. No caso dos autos, a caçamba adquirida pela autora deveria ser entregue em condições de ser reparada para posterior revenda, o que não ocorreu em vista da desídia do transportador. Aplicação dos arts. 743 a 756 do CC. Sentença de procedência

Código Civil comentado e anotado

Arts. 756 e 757

confirmada. Recurso desprovido. Unânime. (TJRS, Ap. Cível n. 70.065.294.803, 12ª Câm. Cível, rel. Des. Pedro Luiz Pozza, j. 30.07.2015)

CAPÍTULO XV
DO SEGURO

Seção I
Disposições Gerais

Art. 757. Pelo contrato de seguro, o segurador se obriga, mediante o pagamento do prêmio, a garantir interesse legítimo do segurado, relativo a pessoa ou a coisa, contra riscos predeterminados.

Parágrafo único. Somente pode ser parte, no contrato de seguro, como segurador, entidade para tal fim legalmente autorizada.

➡ Veja art. 1.432 do CC/1916.

Seguro. Contrato pelo qual o segurador se obriga perante o segurado, mediante o pagamento de um prêmio, a garantir-lhe o interesse legítimo na conservação de coisa ou pessoa e a pagar indenização de prejuízo previsto no contrato e decorrente de riscos futuros. É bilateral, oneroso, comutativo, solene, de execução sucessiva, por adesão e de boa-fé (requer que as partes tenham conduta sincera e leal). No caso de dano à coisa ou pessoa segurada, o pagamento da indenização deve ser em importância equivalente ao valor real do bem ou da sua reposição, e no caso de pessoa (faculdades humanas), ao valor que o segurado entender.

Espécies de seguro: seguros comerciais; seguros civis (de dano e de pessoa – arts. 778 a 802 do CC); seguros individuais e coletivos; seguros terrestres, marítimos e aéreos; seguros a prêmio; seguros mútuos; seguros dos ramos elementares; seguros de responsabilidade civil; seguros de pessoa ou de vida (*vide* souza, Bárbara Bassani de. "Responsabilidade civil objetiva sob a ótica do seguro obrigatório de danos pessoais causados por veículos automotores de via terrestre – DPVAT". In: guilherme, Luiz Fernando do Vale de Almeida. *Responsabilidade civil*. São Paulo: Rideel, 2011; e normas da Susep – Superintendência de Seguros Privados, disponível em: www.susep.gov.br).

▪ Súmula n. 105 do STF: "Salvo se tiver havido premeditação, o suicídio do segurado no período contratual de carência não exime o segurador do pagamento do seguro".

▪ Súmula n. 188 do STF: "O segurador tem ação regressiva contra o causador do dano, pelo que efetivamente pagou, até ao limite previsto no contrato de seguro".

▪ Súmula n. 504 do STF: "Compete à Justiça Federal, em ambas as instâncias, o processo e o julgamento das causas fundadas em contrato de seguro marítimo".

▪ Súmula n. 529 do STF: "Subsiste a responsabilidade do empregador pela indenização decorrente de acidente do trabalho, quando o segurador, por haver entrado em liquidação, ou por outro motivo, não se encontrar em condições financeiras, de efetuar, na forma da lei, o pagamento que o seguro obrigatório visava garantir".

Art. 757   Almeida Guilherme

- Súmula n. 31 do STJ: "A aquisição, pelo segurado, de mais de um imóvel financiado pelo sistema financeiro da habitação, situados na mesma localidade, não exime a seguradora da obrigação de pagamento dos seguros".

- Súmula n. 426 do STJ: "Os juros de mora na indenização do seguro DPVAT fluem a partir da citação".

- Súmula n. 465 do STJ: "Ressalvada a hipótese de efetivo agravamento do risco, a seguradora não se exime do dever de indenizar em razão da transferência do veículo sem a sua prévia comunicação".

- Enunciado n. 185 da III Jornada de Direito Civil: "A disciplina dos seguros do Código Civil e as normas da previdência privada que impõem a contratação exclusivamente por meio de entidades legalmente autorizadas não impedem a formação de grupos restritos de ajuda mútua, caracterizados pela autogestão".

- Enunciado n. 370 da IV Jornada de Direito Civil: "Nos contratos de seguro por adesão, os riscos predeterminados indicados no art. 757, parte final, devem ser interpretados de acordo com os arts. 421, 422, 424, 759 e 799 do Código Civil e 1º, III, da Constituição Federal".

- Processo civil. Civil. Reparação de danos. Contrato de seguro. Solidariedade entre seguradora e segurado. Interrupção da prescrição. Estende-se aos demais devedores. Perda total. Indenização. Valor. Tabela Fipe. Data do sinistro. Salvados. Transferência. Somente após o paamento da indenização. Trata-se de contrato de seguro de danos materiais, pelo qual o segurador se obriga, mediante o pagamento do prêmio, a garantir interesse legítimo do segurado, relativo a pessoa ou a coisa, contra riscos predeterminados, nos termos do art. 757 do CC. Segundo a jurisprudência do STJ, a vítima não pode ingressar com ação de ressarcimento de danos apenas e diretamente contra a seguradora do culpado, mas somente contra ambos. Uma vez constada a solidariedade entre os devedores, tem-se que a interrupção da prescrição efetuada contra o devedor solidário envolve os demais, nos termos do art. 204, § 1º, do CC. Em caso de perda total do veículo sinistrado, a indenização devida pela seguradora deve ser observar o valor do veículo na tabela Fipe no momento do sinistro. A seguradora faz jus aos salvados, a fim de elidir o enriquecimento sem causa. Todavia, somente após o pagamento da indenização pela seguradora, é que deverá o autor (vítima) entregar o documento do veículo salvado à ré para que esta promova a transferência. Apelação do réu – Alexandre: conhecida e desprovida; apelação da ré – Seguradora: conhecida e provida parcialmente. (TJDFT, Ap. Cível n. 20100110286628, 6ª T. Cível, rel. Des. Hector Valverde Santanna, *DJe* 16.06.2015)

- Ação de cobrança. Seguro obrigatório (DPVAT). Autor que se encontrava em veículo objeto de roubo havido momentos antes e que se envolveu em acidente de trânsito. Resultado decorrente de conduta ilícita que não é coberto por indenização decorrente do seguro obrigatório. Dicção dos arts. 757 e 762 do CC. Precedente. Recurso desprovido. (TJSP, Ap. n. 0167899-97.2012.8.26.0100/São Paulo, 28ª Câm. de Dir. Priv., rel. Dimas Rubens Fonseca, *DJe* 05.02.2015)

- Acidente automobilístico. Ação de reparação de danos. Culpa do réu confirmada. Procedência autorizada. Litisdenunciação que, no entanto, não comportava acolhimento ante a falta de cobertura securitária. Arts. 757 e 762 do CC. Recurso improvido. (TJSP, Ap. n. 0141642-46.2009.8.26.0001/São Paulo, 10ª Câm. Ext. de Dir. Priv., rel. Arantes Theodoro, *DJe* 01.09.2014)

- Embargos de declaração. Fins infringentes. Prequestionamento. Inadmissibilidade. Não merece acolhimento o recurso cujo objetivo é a modificação do acórdão, nem para fins de prequestionamento. Au-

Código Civil comentado e anotado   Arts. 757 a 759

sência de violação aos arts. 757 e 776, ambos do CC, dispondo sobre seguros. Embargos rejeitados. (TJSP, Emb. Decl. n. 0337852-73.2009.8.26.0000/São Vicente, 5ª Câm. Ext. de Dir. Priv., rel. James Siano, *DJe* 04.03.2015)

Art. 758. O contrato de seguro prova-se com a exibição da apólice ou do bilhete do seguro, e, na falta deles, por documento comprobatório do pagamento do respectivo prêmio.

➥ Sem correspondência no CC/1916.

A prova do contrato de seguro só será possível com a apresentação da apólice ou bilhete; caso o segurado não os possua, o simples pagamento da parcela referente ao prêmio devido pelo segurado já é suficiente.

■ Apelação. Seguro. Ação de obrigação de fazer cumulada com cobrança. Demonstração, pelos autores, de paamento de prêmios referentes à contratação de seguros. Corretor que não demonstra a regularidade da prestação de serviço. Inadimplemento do contrato de intermediação, tendo, por isso, que indenizar os consumidores por quantias iguais ou superiores ao valor segurado. Recurso improvido. O Banco do Brasil realizou vários descontos a título de prêmio de seguro, mas não conseguiu trazer qualquer documento aos autos que dê suporte aos descontos realizados. Agiu como corretor de seguro, vendeu o produto e se apropriou do valor do prêmio. No entanto, nada trouxe que comprovasse a intermediação com companhia seguradora. Os autores não possuem apólice ou bilhete dos seguros. No entanto, trouxeram aos autos comprovantes do pagamento do prêmio, a teor do disposto no art. 758 do CC. Nenhum argumento trazido no apelo do banco é capaz de abalar a condenação imposta pela r. sentença. Na instrução processual o Banco do Brasil foi instado a exibir as apólices referentes aos prêmios debitados na conta-corrente. Entretanto, juntou aos autos contratos totalmente diversos ao objeto da demanda, documentos totalmente estranhos ao processo. Assim, correta a incidência da norma do art. 359, I, do CPC, com a consequente presunção de veracidade quanto à matéria fática. (TJSP, Ap. n. 1007174-13.2014.8.26.0597/Sertãozinho, 31ª Câm. de Dir. Priv., rel. Adilson de Araujo, *DJe* 29.06.2015)

■ Contrato de seguro empresarial. Ação de indenização. Sinistro. Furto. Recusa de indenização securitária. Sentença de improcedência. Proposta de seguro que não se efetivou. Não aceitação do contrato pela seguradora. Risco não enquadrado dentro dos critérios técnicos estipulados pela seguradora. Inexistência de emissão de apólice ou pagamento de prêmio. Inteligência dos arts. 758 e 759 do CC. Sentença devidamente fundamentada. Motivação do decisório adotada como julgamento em segundo grau. Inteligência do art. 252 do RITJ. Recurso não provido. (TJSP, Ap. n. 0109133-51.2012.8.26.0100/São Paulo, 14ª Câm. Ext. de Dir. Priv., rel. Edson Luiz de Queiroz, *DJe* 17.07.2015)

Art. 759. A emissão da apólice deverá ser precedida de proposta escrita com a declaração dos elementos essenciais do interesse a ser garantido e do risco.

➥ Sem correspondência no CC/1916.

A proposta por ser ato anterior ao contrato definitivo deverá, neste caso, demonstrar os elementos essenciais para se realizar o seguro, que são os riscos que serão segurados, o bem, valor do prêmio, valor da indenização, entre outros. Deve ser um instrumento escrito e, antes de sua emissão, deve haver uma proposta escrita com a declaração dos elementos

441

Arts. 759 a 762 Almeida Guilherme

constantes no contrato, que é um contrato por adesão, e suas cláusulas se submeteram à aprovação da Susep.

■ Veja no art. 758 a seguinte decisão: TJSP, Ap. n. 0109133-51.2012.8.26.0100/São Paulo, 14ª Câm. Ext. de Dir. Priv., rel. Edson Luiz de Queiroz, *DJe* 17.07.2015.

Art. 760. A apólice ou o bilhete de seguro serão nominativos, à ordem ou ao portador, e mencionarão os riscos assumidos, o início e o fim de sua validade, o limite da garantia e o prêmio devido, e, quando for o caso, o nome do segurado e o do beneficiário.

Parágrafo único. No seguro de pessoas, a apólice ou o bilhete não podem ser ao portador.

➥ Veja arts. 1.434 e 1.447 do CC/1916.

O art. 760 exprime as espécies de apólice e de bilhete de seguro, configurando os requisitos obrigatórios. São nominativos quando identificam a pessoa cujo direito é garantido; à ordem, quando podem ser transmitidos por endosso; e ao portador, quando não identificar o titular do direito. Estes últimos são, portanto, transmissíveis por simples tradição e não podem ter por objeto o seguro de pessoas. Quanto aos documentos obrigatórios, acrescente-se sua importância em razão da existência, validade e eficácia do título em tela.

■ Apelação. Ação de cobrança. Seguro de vida em grupo. Negativa de indenização. Resilição unilateral do contrato. Aplicação das normas contidas no CDC. Possibilidade (art. 760 do CC). Circulares da Susep ns. 17/1992 e 90/1999. Ausência, contudo, de prova acerca da observância aos requisitos previstos na legislação pertinente. Ônus da prova (art. 333, II, do CPC). Pagamento ininterrupto do prêmio, por outro lado, durante mais de 14 anos, e por cerca de dois após a alegada denúncia do contrato, sem que houvesse recusa pela ré. Conduta que caracteriza afronta à boa-fé objetiva (arts. 113, 187 e 422 do CC). Inexistência de conflito com relação ao entendimento firmado pelo STJ sobre o tema. Resilição abusiva. Reconhecimento. Indenização devida. Recurso provido. (TJSP, Ap. n. 0199950-35.2010.8.26.0100/São Paulo, 25ª Câm. de Dir. Priv., rel. Hugo Crepaldi, *DJe* 08.07.2015)

Art. 761. Quando o risco for assumido em cosseguro, a apólice indicará o segurador que administrará o contrato e representará os demais, para todos os seus efeitos.

➥ Sem correspondência no CC/1916.

Cosseguro. É o negócio jurídico em que mais de uma pessoa seguradora garante o interesse legítimo do segurado, dividindo-se o risco e as responsabilidades entre elas. Sendo assim, dispõe a lei que uma das sociedades envolvidas administre o contrato, representando as demais durante a vigência deste. Não há solidariedade do cossegurador perante o segurado, pois a apólice indicará o segurador que irá administrar o seguro.

Art. 762. Nulo será o contrato para garantia de risco proveniente de ato doloso do segurado, do beneficiário, ou de representante de um ou de outro.

➥ Veja art. 1.436 do CC/1916.

442

Código Civil comentado e anotado   Arts. 762 a 764

O art. 762 vem reforçar a vedação e repulsa da legislação no tocante aos atos ilícitos, que neste caso se configuram pela nulidade do contrato que visa a segurar quaisquer atos ilícitos praticados pelo segurado, beneficiário ou até mesmo quaisquer de seus representantes. Por exemplo, seguro de vida contratado para execução de um assalto, ou então, contrato de seguro visando a garantir tráfico de entorpecentes.

▪ Veja no art. 757 as seguintes decisões: TJSP, Ap. n. 0167899-97.2012.8.26.0100/São Paulo, 28ª Câm. de Dir. Priv., rel. Dimas Rubens Fonseca, *DJe* 05.02.2015; TJSP, Ap. n. 0141642-46.2009.8.26.0001/São Paulo, 10ª Câm. Ext. de Dir. Priv., rel. Arantes Theodoro, *DJe* 01.09.2014.

Art. 763. Não terá direito a indenização o segurado que estiver em mora no pagamento do prêmio, se ocorrer o sinistro antes de sua purgação.

➡ Veja art. 1.451 do CC/1916.

A seguradora não se obriga ao pagamento do sinistro tirado contra quem estiver em mora com o pagamento do prêmio, ou então contra aquele que não tiver purgado a mora.

▪ Enunciado n. 371 da IV Jornada de Direito Civil: "A mora do segurado, sendo de escassa importância, não autoriza a resolução do contrato, por atentar ao princípio da boa-fé objetiva".

▪ Enunciado n. 376 da IV Jornada de Direito Civil: "Para efeito de aplicação do art. 763 do Código Civil, a resolução do contrato depende de prévia interpelação".

▪ Apelação cível. Cobrança. Seguro. Cobertura mensal. Agente financeiro. Ilegitimidade passiva. Inovação recursal. Inadimplência. Notificação. Desnecessidade. Patente a ilegitimidade passiva do Banco que atuou como mero intermediador no contrato de seguro pactuado entre a companhia seguradora e o segurado. Teses não levantadas em primeira instância se traduzem em inovação recursal, devendo, pois, ser desconsideradas. Nos termos do art. 763 do CC, o segurado não terá direito à indenização se estiver em mora com o pagamento do prêmio e ocorrer o sinistro antes da sua purgação. A ausência ou o atraso no aviso de cancelamento não é suficiente para ensejar o pagamento da indenização securitária, mormente em se tratando de seguro com cobertura mensal. (TJMG, Ap. Cível n. 1.0525.11.018604-2/002, 10ª Câm. Cível, rel. Manoel dos Reis Morais, *DJe* 03.08.2015)

Art. 764. Salvo disposição especial, o fato de se não ter verificado o risco, em previsão do qual se faz o seguro, não exime o segurado de pagar o prêmio.

➡ Veja art. 1.452 do CC/1916.

O art. 764 deixa cristalina a posição do Código Civil quanto à obrigatoriedade do pagamento do prêmio do seguro para que o segurado tenha seu risco coberto; podendo este ocorrer ou não, a prestação do segurado é devida. O artigo também consagra a comutatividade do contrato de seguro que se exterioriza pelo fato de seu objeto não ser propriamente o bem segurado, e sim o risco a que ele está sujeito (arts. 759 e 757 do CC); determinado bem segurado que esteja exposto a grande risco, terá o prêmio devido com um valor alto, ao passo que se este bem for exposto a um risco baixo, o prêmio devido é reduzido. Sua comutatividade resi-

Arts. 764 a 766 — Almeida Guilherme

de no fato de que na apólice, os riscos abrangidos pelo seguro estão totalmente definidos, tendo executividade a partir da emissão da apólice ou bilhete; portanto, a prestação devida pelo segurado é certa e definida, assim como a prestação devida pela seguradora também é certa e definida, uma vez que o bem segurado já está exposto aos riscos, que são os objetos do contrato de seguro.

Art. 765. O segurado e o segurador são obrigados a guardar na conclusão e na execução do contrato, a mais estrita boa-fé e veracidade, tanto a respeito do objeto como das circunstâncias e declarações a ele concernentes.

➥ Veja art. 1.443 do CC/1916.

O art. 765 traz a regra pautada no princípio estruturador do Código de Ética, em que as partes devem agir com probidade e boa-fé nas relações jurídicas entre elas (arts. 113 e 422 do CC). Qualquer omissão no contrato de seguro pode gerar ato ilícito (arts. 186 e 187 do CC).

Mas qual é a diferença entre seguro de saúde e plano de saúde? Seguros-saúde permitem livre escolha de serviços e reembolso de valores pagos. O segurado tem toda a liberdade de utilizar os serviços oferecidos (credenciados ou não), apresentar notas e recibos das despesas e receber o reembolso, de acordo com as condições e limites contratados. A seguradora também pode oferecer uma rede de serviços (credenciada ou referenciada), em que o segurado poderá utilizar os serviços, normalmente sem qualquer desembolso. Já os planos de saúde são sistemas de prestação de serviços médico-hospitalares. Em regra geral, são serviços que oferecem rede própria, credenciada ou referenciada, de hospitais, clínicas, médicos, laboratórios etc. Alguns planos admitem também a livre escolha de serviços mediante reembolso nos termos definidos em contrato, e de acordo com uma tabela de preços.

■ Súmula n. 465 do STJ: "Ressalvada a hipótese de efetivo agravamento do risco, a seguradora não se exime do dever de indenizar em razão da transferência do veículo sem a sua prévia comunicação".

■ Enunciado n. 542 da VI Jornada de Direito Civil: "A recusa de renovação das apólices de seguro de vida pelas seguradoras em razão da idade do segurado é discriminatória e atenta contra a função social do contrato".

■ Enunciado n. 543 da VI Jornada de Direito Civil: "Constitui abuso do direito a modificação acentuada das condições do seguro de vida e de saúde pela seguradora quando da renovação do contrato".

■ Seguro de vida e acidentes pessoais. Ação de indenização. Invalidez total e permanente por doença. Laudo pericial judicial médico conclusivo no sentido de que o segurado está incapacitado total e permanentemente para o exercício de suas funções laborais. Indenização devida. Dever de observância ao principio da boa-fé que rege as relações contratuais. Inteligência do art. 765 do CC. Recurso improvido. (TJSP, Ap. n. 0001777-13.2013.8.26.0439/Pereira Barreto, 32ª Câm. de Dir. Priv., rel. Luis Fernando Nishi, *DJe* 05.08.2015)

Art. 766. Se o segurado, por si ou por seu representante, fizer declarações inexatas ou omitir circunstâncias que possam influir na aceitação da proposta ou na taxa do prêmio, perderá o direito à garantia, além de ficar obrigado ao prêmio vencido.

Código Civil comentado e anotado

Art. 766

Parágrafo único. Se a inexatidão ou omissão nas declarações não resultar de má-fé do segurado, o segurador terá direito a resolver o contrato, ou a cobrar, mesmo após o sinistro, a diferença do prêmio.

➡ Veja art. 1.444 do CC/1916.

É da natureza do contrato de seguro a análise dos riscos que os bens estão sujeitos em função da extensão dos danos possíveis. O cálculo da relação risco *versus* bem *versus* dano se dá por meio de fórmula matemática que leva em conta, tomando como exemplo o seguro de veículo automotor, a idade do condutor, os dispositivos de alarme e rastreamento instalados no veículo, o ano de fabricação e modelo e outras tantas variáveis que implicam o valor segurado e o valor a ser pago como prêmio.

O art. 766 vem garantir que o segurado forneça informações verídicas e exatas quanto às características variáveis do objeto do seguro (risco *versus* bem), para que dessa forma a empresa seguradora possa calcular de forma exata o valor do prêmio a ser pago, ou até então avaliar se é de seu interesse segurar aquele bem. Caso o segurado descumpra essa determinação, perderá o direito à garantia que o seguro lhe proporcionava, além de perder todo o valor a título de prêmio pago até o momento.

■ Enunciado n. 372 da IV Jornada de Direito Civil: "Em caso de negativa de cobertura securitária por doença preexistente, cabe à seguradora comprovar que o segurado tinha conhecimento inequívoco daquela".

■ Apelação cível. Cobrança de seguro. Roubo em estabelecimento. Subtração de carga em depósito. Empresa de transporte. Improcedência na origem. Irresignação da seurada. Cobertura securitária negada. Declaração inexata exarada pela cliente. Omissão de circunstância capaz de influir no valor do prêmio. Armazém utilizado para carga e descarga de mercadorias. Preenchimento da proposta pela consumidora afirmando que o imóvel era utilizado para o depósito de plástico/acrílico. Espaço que, no momento da ocorrência do crime, estava sendo empregado para armazenamento de enlatados. Dever de indenizar afastado em razão de que o objeto que lá se encontrava não condizia com as informações prestadas pela segurada. Ademais, previsão específica na apólice para exclusão de cobertura. Manual do segurado que corrobora com o legalmente previsto. Arts. 766 e 769 do CC. Precedente do STJ. Sentença mantida. Recurso desprovido. (TJSC, Ap. Cível n. 2012.003980-2, rel. Des. Eduardo Mattos Gallo Júnior, *DJe* 09.04.2015)

■ Recurso inominado. Seguro de automóvel. Ação de indenização por danos materiais. Danos emergentes e lucros cessantes. Ilegitimidade da cooperativa de crédito. Erro da seguradora na avaliação inicial do bem. Valor da indenização paga a menor. Dever de restituir a diferença de valores. Lucros cessantes indevidos. Preliminarmente, impõe-se o reconhecimento da ilegitimidade passiva da cooperativa demandada, eis que a mesma ainda que titular do plano coletivo de seguro, não exerceu ingerência sobre a relação contratual firmada entre as outras partes. Assiste razão à recorrente, no que se refere ao pagamento das diferenças de valores indenizados, que corresponde a R$ 12.645,00, tendo em vista que à época do pagamento da indenização a Van [...] Standard estava avaliada em R$ 85.710,00 (fl. 35), valor que a recorrente efetivamente recebeu, ao passo que a Van [...] Luxo, que constava na apólice do seguro contratado. Por erro da própria seguradora. Estava à época avaliada em R$ 98.355,00 (fl. 28). Arts. 766, 778 e 781 do CC. Contudo, não há que se falar em condenação da recorrida ao pagamento de indenização pelos lucros cessantes, uma vez que, conforme confessado pela própria recorrente, tal cobertura se-

Arts. 766 a 768   Almeida Guilherme

curitária não foi contratada pela mesma. Sentença reformada. Recurso parcialmente provido. (Juizados Especiais do RS, Rec. Inom. n. 71.004.988.838, 1ª T. Rec. Cível, rel. Fabiana Zilles, j. 24.03.2015)

Art. 767. No seguro à conta de outrem, o segurador pode opor ao segurado quaisquer defesas que tenha contra o estipulante, por descumprimento das normas de conclusão do contrato, ou de pagamento do prêmio.

➡ Veja art. 1.464 do CC/1916.

A seguradora poderá opor contra o estipulado (segurado), no caso de seguro à conta de outrem, descumprimento das normas contratuais ou falta de pagamento do prêmio realizado pelo estipulante. *Vide* estipulação em favor de terceiro: arts. 436 a 440 do CC.

Art. 768. O segurado perderá o direito à garantia se agravar intencionalmente o risco objeto do contrato.

➡ Veja art. 1.454 do CC/1916.

Todo e qualquer contrato deve se pautar pelo princípio da probidade e da boa-fé consoante o disposto no art. 422, sempre observando a função social deste, como previsto no art. 421, que por consequência também regerá os contratos de seguro. O contrato de seguro possui como função principal segurar um bem que esteja sujeito a determinado risco definido e preestabelecido na apólice e que na ocasião de ocorrência de algum dano por conta da efetivação do risco predefinido se compromete a pagar indenização ao segurado. Observado o explanado, deverá o segurado agir de acordo com a normalidade para que o risco seja coberto pela apólice, de forma que, se o segurado exponenciar dolosamente a quantidade do risco, perderá a garantia contratada.

▪ Agravo regimental no agravo em recurso especial. Civil. Negativa de prestação jurisdicional. Não ocorrência. Seguro de automóvel. Acidente de trânsito. Embriaguez do segurado. Causa determinante do sinistro. Agravamento direto do risco objeto do contrato. Inversão do julgado. Vedação. Súmula n. 7/STJ. 1. Não há falar em negativa de prestação jurisdicional se o tribunal de origem motiva adequadamente sua decisão, solucionando a controvérsia com a aplicação do direito que entende cabível à hipótese, apenas não no sentido pretendido pela parte. 2. Consoante o art. 768 do CC, o segurado perderá o direito à garantia se agravar intencionalmente o risco objeto do contrato. Logo, somente uma conduta imputada diretamente ao próprio segurado e que, por culpa ou dolo, agrave o risco contratado dá azo à perda da indenização securitária. 3. Com relação especificamente ao seguro de automóvel e à embriaguez ao volante, não basta a constatação de que o condutor ingeriu bebida alcóolica para afastar o direito à garantia. Deve ser demonstrado que o agravamento do risco objeto do contrato se deu porque o segurado estava em estado de ebriedade, e essa condição foi causa determinante para a ocorrência do sinistro, ou porque permitiu que o veículo segurado fosse conduzido por pessoa embriagada. Nesta última hipótese, todavia, a responsabilidade do segurado esgota-se com a entrega das chaves ao terceiro. 4. Se o tribunal local, com base nos fatos e nas provas da causa, concluiu pela existência de nexo de causalidade entre a embriaguez do segurado e o acidente de trânsito, chegar a conclusão diversa encontra óbice na Súmula n. 7/STJ. 5. Agravo regimental não provido. (STJ, Ag. Reg.-Ag.-REsp n. 433.038, 3ª T., rel. Min. Ricardo Villas Bôas Cueva, *DJe* 31.03.2015)

Código Civil comentado e anotado

Arts. 768 a 770

■ Processual civil. Agravo regimental no aravo em recurso especial. Cobertura securitária. Pagamento do prémio. Indenização. Informações no aviso de sinistro que não correspondem à dinâmica do acidente. Comprovação. Reexame de matéria fático-probatória. Súmula n. 7/STJ. Agravo improvido. 1. Para a configuração da exclusão da cobertura securitária conforme preceituado pelo art. 768 do CC/2002, seria necessário que a conduta direta do segurado acarretasse agravamento do risco contratado. O que no presente caso, não foi demonstrado pela seguradora, e para se entender de forma diversa seria necessário o reexame de matéria fático-probatória dos autos, o que encontra óbice no Enunciado n. 7 da Súmula desta Corte. 2. Agravo regimental a que se nega provimento. (STJ, Ag. Reg.-Ag.-REsp n. 591.361, 3ª T., rel. Min. Marco Aurélio Bellizze, *DJe* 18.02.2015)

Art. 769. O segurado é obrigado a comunicar ao segurador, logo que saiba, todo incidente suscetível de agravar consideravelmente o risco coberto, sob pena de perder o direito à garantia, se provar que silenciou de má-fé.

§ 1º O segurador, desde que o faça nos quinze dias seguintes ao recebimento do aviso da agravação do risco sem culpa do segurado, poderá dar-lhe ciência, por escrito, de sua decisão de resolver o contrato.

§ 2º A resolução só será eficaz trinta dias após a notificação, devendo ser restituída pelo segurador a diferença do prêmio.

➡ Veja art. 1.455 do CC/1916.

Como exemplo de boa-fé (arts. 113, 422 e 765 do CC), o segurado deverá informar a seguradora, logo que saiba, de todo e qualquer agravamento do risco contratado, sob pena de incorrer na pena do art. 768. O § 1º dita que é facultado ao segurador dar continuidade ao contrato de seguro, podendo resolvê-lo em até quinze dias após a informação do risco prestada pelo segurado, cuja eficácia somente se operará após trinta dias. É importante salientar que, por previsão legal, o segurador deverá se manifestar expressamente sobre a intenção de resolver ou modificar os termos do contrato; caso não o faça tempestivamente, o silêncio será presumido como aceitação tácita dos riscos agravados informados pelo segurado.

■ Veja no art. 766 a seguinte decisão: TJSC, Ap. Cível n. 2012.003980-2, rel. Des. Eduardo Mattos Gallo Júnior, *DJe* 09.04.2015.

Art. 770. Salvo disposição em contrário, a diminuição do risco no curso do contrato não acarreta a redução do prêmio estipulado; mas, se a redução do risco for considerável, o segurado poderá exigir a revisão do prêmio, ou a resolução do contrato.

➡ Sem correspondência no CC/1916.

Só poderá haver redução do prêmio convencionado entre segurado e segurador quando houver diminuição considerável do risco que o bem sofre, não sendo causa, portanto, de diminuição.

Arts. 771 e 772

Art. 771. Sob pena de perder o direito à indenização, o segurado participará o sinistro ao segurador, logo que o saiba, e tomará as providências imediatas para minorar-lhe as consequências.

Parágrafo único. Correm à conta do segurador, até o limite fixado no contrato, as despesas de salvamento consequente ao sinistro.

➡ Veja art. 1.457 do CC/1916.

É uma das obrigações do segurado informar o segurador no momento da ocorrência do sinistro, bem como enveredar-se nos maiores esforços para que as consequências do sinistro sejam diminuídas, tudo sob pena de perder o direito a indenização. Cumpre esclarecer que as despesas realizadas pelo segurado em função da sua tarefa de diminuir as consequências do sinistro correrão por conta do segurador até o limite que foi fixado contratualmente.

▪ Súmula n. 229 do STJ: "O pedido do pagamento de indenização à seguradora suspende o prazo de prescrição até que o segurado tenha ciência da decisão".

▪ Civil. Acidente de trânsito. Ação de indenização por danos materiais e morais. Sentença de parcial procedência da lide principal e procedência da lide secundária. Pretensão à reforma manifestada pela seguradora litisdenunciada. Inviabilidade. Falta de comunicação imediata do sinistro à seguradora. Circunstância que, no caso, mostra-se irrelevante, porquanto se trata de pretensão de ressarcimento manejada por terceiro (e não pelo segurado), não sendo possível saber de antemão se haveria alguma pretensão indenizatória (ou não). Verificação de que a pretensão da ré, em face da seguradora, nasceu quando foi citada para esta demanda, bem por isso aí sobrevindo a denunciação da lide, ou seja, imediata comunicação a que alude o art. 771 do CC. Ademais, não aventa a seguradora nenhum prejuízo, deixando de apontar quais diligências poderia ser adotado, se avisada de imediato, para impedir, ou, quando menos, mitigar as consequências do sinistro [...]. Recurso desprovido. (TJSP, Ap. n. 0000927-05.2010.8.26.0005/São Paulo, 27ª Câm. de Dir. Priv., rel. Mourão Neto, *DJe* 08.06.2015)

Art. 772. A mora do segurador em pagar o sinistro obriga à atualização monetária da indenização devida segundo índices oficiais regularmente estabelecidos, sem prejuízo dos juros moratórios.

➡ Sem correspondência no CC/1916.

Caso o segurador não realize em tempo o pagamento devido por ocorrência do sinistro, estará em mora automaticamente, independentemente de notificação, obrigando-se desde então a realizar o pagamento devidamente corrigido monetariamente acrescido dos juros moratórios.

▪ Embargos de declaração. Alegada contradição no aresto, por indevida incidência de juros moratórios. Descabimento. Incidência de juros de mora sobre o capital segurado, respeitado os limites da apólice, decorre de expressa disposição legal. Mora da seguradora denunciada que restou configurada a partir de sua citação na lide secundária, respondendo pelos juros moratórios, na medida em que condenada a reembolsar a denunciante pelos valores despendidos. Inteligência dos arts. 405 e 772 do CC. Prece-

Código Civil comentado e anotado

Arts. 772 a 774

dentes jurisprudenciais. Embargos rejeitados. (TJSP, Emb. Decl. n. 0121655-18.2009.8.26.0003/São Paulo, 13ª Câm. de Dir. Priv., rel. Francisco Giaquinto, *DJe* 18.05.2015)

Art. 773. O segurador que, ao tempo do contrato, sabe estar passado o risco de que o segurado se pretende cobrir, e, não obstante, expede a apólice, pagará em dobro o prêmio estipulado.

➡ Veja art. 1.446 do CC/1916.

Como já dito, deve-se preservar a boa-fé contratual (arts. 113, 422 e 765 do CC), caso este que no art. 773 se previne a má-fé do segurador, de forma que é estipulado que o segurado deverá pagar duplicadamente o valor estipulado como prêmio, se no momento da formação do vínculo contratual já sabia que o risco segurado já não existia mais, e mesmo assim expede a apólice de seguro, que nada mais é que o próprio contrato de seguro.

Art. 774. A recondução tácita do contrato pelo mesmo prazo, mediante expressa cláusula contratual, não poderá operar mais de uma vez.

➡ Sem correspondência no CC/1916.

O cerne do art. 774 é o impedimento de se renovar pelas mesmas condições o contrato de seguro por mais de uma vez, ou seja, só se poderá renovar o contrato de seguro pelas mesmas condições e cláusulas por uma só vez e por expressa cláusula contratual nesse sentido. Tal dispositivo vem obrigar que os riscos e o valor do bem, bem como o valor do prêmio sejam revistos periodicamente, para que assim não haja abusos ou enriquecimento de uma parte em função da outra, preservando-se a função social do contrato bem como a boa-fé contratual.

■ Apelação cível e recurso adesivo. Ação revisional. Contrato de seguro de vida. Recursos interpostos pela ré e pelos autores, respectivamente. 1. Reclamo da demanda. Preliminar de cerceamento de defesa. Julgamento antecipado da lide. Pretendida realização de prova pericial. Magistrado que enseja a realização de perícia, dispensada pelas partes – Ré que também desiste expressamente da produção de outras provas. Preclusão manifesta. Prefacial afastada. Mérito. Extinção do contrato primitivo e imposição de novo pacto. Recusa da seguradora em revigorar a avença. Alegação de que a renovação nos moldes do antigo contrato causaria danos aos demais segurados. Aventada afronta ao art. 4º, do CDC, e art. 774, do CC. Proposta de novo seguro mediante redução da quantia indenizatória e aumento do prêmio. Manifesto prejuízo ao consumidor. Abusividade constatada. Sentença mantida. Reclamo desprovido. "A pretensão da seguradora de modificar abruptamente as condições do seguro, não renovando o ajuste anterior sob as mesmas bases, ofende os princípios da boa-fé objetiva, da cooperação, da confiança e da lealdade que deve orientar a interpretação dos contratos que regulam relações de consumo" (REsp n. 1.105.483/MG, rel. Min. Massami Uyeda, j. 10.05.2011). Nos contratos de seguro, a relação contratual cativa e duradoura desautoriza a rescisão unilateral e injustificada do ajuste por parte da seguradora. Isto porque, ao levar em conta a legislação consumerista aplicável à espécie, o segurado, hipossuficiente na relação, criou expectativas de longo prazo de duração na prestação de serviços (AC n. 2013.069407-2, rel. Des. Subst. Stanley da Silva Braga, j. 01.04.2014). Prequestionamento. Dispensabilidade ante a suficiência da fundamentação. 2. Insurgência comum: honorários advocatícios. Apelo que pretende a minoração e recurso adesivo que pleiteia a majoração do *quantum* fixado. Impossibilidade. Valor estipula-

Arts. 774 a 777   Almeida Guilherme

do de acordo com o art. 20, § 4º, e alíneas do § 3º, do CPC. Observância dos princípios da razoabilidade e proporcionalidade. Sentença mantida no ponto. Apelação e recurso adesivo conhecidos e desprovidos. (TJSC, Ap. Cível n. 2010.080365-8, rel. Des. Subst. Gerson Cherem II, *DJe* 09.03.2015)

Art. 775. Os agentes autorizados do segurador presumem-se seus representantes para todos os atos relativos aos contratos que agenciarem.

➥ Sem correspondência no CC/1916.

O art. 775 fala em "agentes autorizados pelo segurador", porém trata-se de falha do legislador, uma vez que esse "agente" nada tem a ver com o contrato de agência de distribuição já previsto no Código Civil. O agente de seguro é regulado pela disposição referente ao contrato de corretagem, uma vez que esses agentes são chamados de corretores de seguros, e saliente-se que estes são os únicos autorizados pela legislação em vigor a intermediarem contratos de seguros. Os corretores de seguros (profissão regulamentada pela Lei n. 4.594/64) representam a seguradora para todos os efeitos, relativamente aos contratos que agenciarem.

▪ Apelação cível. Contrato de seguro intermediado por corretora. Apólice emitida. Roubo do veículo da autora. Prêmio parcelado em cheques pré-datados diretamente à corretora. Não repasse à seguradora. Inadimplência que levou a negativa de cobertura por parte da seguradora. Responsabilidade solidária das requeridas cadeia de fornecedores. Inteligência dos arts. 7º, § 1º, do CDC e 775 do CC. Adimplemento substancial do contrato abatimento da diferença do valor da condenação. Recurso de apelação parcialmente provido. (TJPR, Ap. Cível n. 1225025-8, 10ª Câm. Cível, rel. Des. Arquelau Araujo Ribas, *DJe* 10.02.2015)

Art. 776. O segurador é obrigado a pagar em dinheiro o prejuízo resultante do risco assumido, salvo se convencionada a reposição da coisa.

➥ Veja art. 1.458 do CC/1916.

A indenização devida ao segurado por ocasião do sinistro deverá necessariamente ser realizada em dinheiro. Não se admite outra forma, salvo exceção da reposição da coisa segurada, caso este que deverá ser expresso no contrato.

▪ Súmula n. 632 do STJ: "Nos contratos de seguro regidos pelo Código Civil a correção monetária sobre indenização securitária incide a partir da contratação até o efetivo pagamento".

▪ Embargos de declaração. Fins infringentes. Prequestionamento. Inadmissibilidade. Não merece acolhimento o recurso cujo objetivo é a modificação do acórdão, nem para fins de prequestionamento. Ausência de violação aos arts. 757 e 776, ambos do CC, dispondo sobre seguros. Embargos rejeitados. (TJSP, Emb. Decl. n. 0337852-73.2009.8.26.0000/São Vicente, 5ª Câm. Ext. de Dir. Priv., rel. James Siano, *DJe* 04.03.2015)

Art. 777. O disposto no presente Capítulo aplica-se, no que couber, aos seguros regidos por leis próprias.

Código Civil comentado e anotado   Arts. 777 a 779

➡ Sem correspondência no CC/1916.

Por regras de hermenêutica, os contratos de seguro regidos por lei própria deverão obedecer ao que consta naquelas leis, e em caso de omissão, deve-se aplicar, naquilo que for compatível, os dispositivos previstos neste Código.

Seção II
Do Seguro de Dano

■ Súmula n. 257 do STJ: "A falta de pagamento do prêmio do seguro obrigatório de Danos Pessoais Causados por Veículos Automotores de Vias Terrestres (DPVAT) não é motivo para a recusa do pagamento da indenização".

Art. 778. Nos seguros de dano, a garantia prometida não pode ultrapassar o valor do interesse segurado no momento da conclusão do contrato, sob pena do disposto no art. 766, e sem prejuízo da ação penal que no caso couber.

➡ Veja arts. 1.437 e 1.438 do CC/1916.

O momento da conclusão do contrato no contrato de seguro, por seu consensualismo, ocorre no instante em que as partes desejam contratar entre si, e neste momento o valor contratado a título de seguro não poderá ultrapassar o valor do bem que está sob risco. O art. 778 será o alicerce para a interpretação dos demais artigos a seguir.

■ Veja no art. 766 a seguinte decisão: Juizados Especiais do RS, Rec. Inom. n. 71.004.988.838, 1ª T. Rec. Cível, rel. Fabiana Zilles, j. 24.03.2015.

Art. 779. O risco do seguro compreenderá todos os prejuízos resultantes ou consequentes, como sejam os estragos ocasionados para evitar o sinistro, minorar o dano, ou salvar a coisa.

➡ Veja art. 1.461 do CC/1916.

O seguro contratado deverá conter todos os estragos a que visem evitar o sinistro, bem como os esforços para minimizar o dano ou salvar a coisa. Este é um dispositivo que amplia os riscos cobertos pelo seguro, visando a proteger o segurado no momento em que tentar proteger o bem ou minimizar o dano.

■ Recurso especial. Contrato de seguro. 1. Violação do art. 535 do CPC. Não ocorrência. 2. Afronta ao art. 779 do CC. Indenização apurada pelas instâncias ordinárias com base nos fatos, nas provas dos autos e no contrato firmado. Inversão do julgado. Impossibilidade. Súmulas ns. 5 e 7 do STJ. 3. Ofensa ao art. 20, § 3º, do CPC. Sentença que excluiu a quantia levantada à título de tutela antecipada da base de cálculo dos honorários advocatícios. Verba honorária que deve incidir sobre a totalidade do proveito econômico obtido pelo autor com a ação intentada. Princípio da causalidade. 4. Recurso parcialmente provido. 1 – Consoante se extrai do acórdão de apelação, o Tribunal de origem analisou detidamente os prejuízos que deviam ser indenizados e que possuíam a cobertura da apólice de seguro. Não havia,

Arts. 779 a 781 · Almeida Guilherme

portanto, nenhum defeito a ser sanado por meio de embargos de declaração, os quais, por isso mesmo, foram corretamente rejeitados. De se ver que esta Corte tem entendimento firmado no sentido de que o mero descontentamento da parte com o resultado do julgado não configura afronta ao art. 535 do CPC. Ademais, nas razões do recurso especial, a recorrente não indicou precisamente em que teria consistido a omissão no acórdão, de modo que se aplica, no ponto, o Enunciado n. 284 da Súmula do STF. 2 – Em relação à cogitada ofensa ao art. 779 do CC, tem-se que o acórdão de apelação examinou minuciosamente o contrato firmado, os fatos, bem como as provas contidas nos autos, ocasião em chegou à conclusão de que deveria ser mantida a indenização fixada pela sentença de primeiro grau, entendimento este que não pode ser revisto por esta Corte por demandar interpretação de cláusulas contratuais e minucioso exame do conjunto fático-probatório, atraindo a incidência, respectivamente, dos Enunciados ns. 5 e 7 da Súmula do STJ. 3 – De acordo com o princípio da causalidade, a parte que deu causa à propositura da demanda deve responder pelos encargos dela decorrentes. Na hipótese, considerando-se que a recorrente teve que ingressar com a ação judicial também para se ver ressarcida da quantia incontroversa levantada no curso do processo a título de tutela antecipada, são devidos honorários advocatícios sobre a totalidade do proveito econômico obtido pela recorrente com a ação de cobrança, e não apenas sobre a diferença entre a indenização tida por devida em razão do sinistro ocorrido e o valor incontroverso depositado antecipadamente. 4 – Recurso especial parcialmente provido. (STJ, REsp n. 1.523.968, 3ª T., rel. Min. Marco Aurélio Bellizze, *DJe* 16.06.2015)

Art. 780. A vigência da garantia, no seguro de coisas transportadas, começa no momento em que são pelo transportador recebidas, e cessa com a sua entrega ao destinatário.

➥ Veja art. 1.448 do CC/1916.

O seguro realizado para garantir a indenização de coisas transportadas possui sua obrigatoriedade limitada ao momento em que o transportador recebe a carga e termina no instante em que a entrega ao destinatário.

Art. 781. A indenização não pode ultrapassar o valor do interesse segurado no momento do sinistro, e, em hipótese alguma, o limite máximo da garantia fixado na apólice, salvo em caso de mora do segurador.

➥ Sem correspondência no CC/1916.

O valor da indenização em hipótese alguma poderá ser maior que o valor do bem no momento do sinistro; tampouco poderá exceder o valor segurado na apólice, salvo se na ocorrência desses casos a seguradora estiver em mora, hipótese que deverá pagar perdas e danos e juros de mora, que poderão superar o valor do bem segurado e o valor máximo garantido na apólice.

■ Veja no art. 766 a seguinte decisão: Juizados Especiais do RS, Rec. Inom. n. 71.004.988.838, 1ª T. Rec. Cível, rel. Fabiana Zilles, j. 24.03.2015.

■ Apelação cível. Ação de reparação de danos. Preliminar. Contrarrazões. Apelação do autor interposto antes do julgamento dos embargos de declaração, sem posterior reiteração. Ato desnecessário. Ausência de previsão legal. Mérito. Acidente de trânsito. Perda total do veículo. Pleito de complementa-

Código Civil comentado e anotado   Arts. 781 a 783

ção do valor pago pela seguradora ante a perda total do veículo. Descabimento indenização securitária que não pode ultrapassar o valor do bem segurado no momento do sinistro. Inteligência do art. 781 do CC. Lide principal julgada improcedente. Lide secundária prejudicada. Responsabilidade da parte autora pelo pagamento dos ônus sucumbenciais na lide secundária. Princípio da causalidade. Apelo. 1. Nega provimento. Apelo. 2. Provimento. (TJPR, AC n. 1355312-7, 9ª Câm. Cível, rel. Juiz Subst. Sérgio Luiz Patitucci, *DJe* 13.07.2015)

Art. 782. O segurado que, na vigência do contrato, pretender obter novo seguro sobre o mesmo interesse, e contra o mesmo risco junto a outro segurador, deve previamente comunicar sua intenção por escrito ao primeiro, indicando a soma por que pretende segurar-se, a fim de se comprovar a obediência ao disposto no art. 778.

➡ Veja arts. 1.437 e 1.439 do CC/1916.

Por força do art. 778, o valor do seguro não poderá ultrapassar o valor do bem segurado, de forma que se o segurado desejar contratar mais de um seguro a respeito do mesmo bem e do mesmo risco durante a vigência de um contrato de seguro, deverá informar por escrito à seguradora a intenção de se contratar novo seguro, devendo informar também o valor a ser segurado, para que assim não ultrapasse o valor do bem.

Art. 783. Salvo disposição em contrário, o seguro de um interesse por menos do que valha acarreta a redução proporcional da indenização, no caso de sinistro parcial.

➡ Sem correspondência no CC/1916.

O art. 778 do CC veda a contratação de seguro por valor superior ao valor do bem segurado; no entanto, nada obsta a contratação por um valor menor, hipótese esta que, na ocorrência de um sinistro parcial, ensejará para a seguradora o pagamento proporcional da indenização relativamente ao montante segurado. Nota-se que este dispositivo é aplicado em caso de ausência de disposição contrária no contrato, podendo as partes flexibilizar o disposto no art. 783.

■ Civil e processual civil. Agravo interno. Decisão monocrática que negou provimento ao recurso de apelação. Preliminares de ilegitimidade ativa e não cabimento da ação monitória afastadas. Seguro. Imóvel. Incêndio. Ação de cobrança. Cláusula de rateio afastada. Indenização devida de acordo com o pactuado. Aplicação do CDC. Recurso conhecido e não provido. [...] 5 – No mérito, o objeto do presente litígio reside no montante a ser adimplido pela seguradora, tendo em vista que esta reduziu o valor indenizatório pela aplicação da cláusula de rateio, nos termos do art. 783 do CC. 6 – Contudo, descabe a aplicação da norma em comento no caso em exame, tendo em vista que a seguradora não exigiu a apresentação de técnico comprovando o valor do bem segurado, nem compareceu no local onde este se encontrava para proceder a correta avaliação do referido bem, nesta hipótese informando a parte segurada das consequencias jurídicas da subavaliação feita. 7 – Assim, restou evidente que houve omissão quanto a circunstância jurídica essencial para que o contrato fosse avençado, valendo-se a seguradora de sua condição de hipersuficiência técnica jurídica em detrimento dos consumidores. Desse modo, há que se observar o princípio da vulnerabilidade do consumidor e o dever de informar por parte da seguradora, prestadores de serviço, que deve lastrear um contrato de adesão, sob penas de que

453

Arts. 783 a 785   Almeida Guilherme

a inserção desse tipo de cláusula importe em abusividade e ganhos indevidos para a seguradora. 8 – Dessa forma, a decisão monocrática agravada tem amparo em jurisprudência atual e dominante do STJ, sendo seus fundamentos suficientes para rejeitar a pretensão da agravante. 9 – Agravo interno conhecido e não provido. (TJCE, Ag. n. 0085396-22.2008.8.06.0001/50000, rel. Teodoro Silva Santos, *DJe* 10.10.2014, p. 45)

Art. 784. Não se inclui na garantia o sinistro provocado por vício intrínseco da coisa segurada, não declarado pelo segurado.

Parágrafo único. Entende-se por vício intrínseco o defeito próprio da coisa, que se não encontra normalmente em outras da mesma espécie.

➡ Veja art. 1.454 do CC/1916.

Os vícios inerentes à coisa que não se encontram em outras do mesmo gênero são razão de isenção de garantia prestada pela seguradora, desde que esse vício não tenha sido informado no momento da contratação.

■ Embargos de declaração. Apelação. Acórdão que, por unanimidade, deu parcial provimento a apelação dos autores, condenando a ré a proceder à cobertura securitária do imóvel deles. Inexistência de omissão. Consideração dos termos da apólice de seguro, quanto à exclusão de vícios internos. Não negativa de vigência aos arts. 757 e 784 do CC ou ao art. 88 do DL n. 73/66. Cobertura securitária, no caso, decorrente da cláusula 14.9 da apólice. Prequestionamento. O julgador não está obrigado a se pronunciar expressamente sobre todos os dispositivos legais mencionados pelas partes. Mero inconformismo com o julgado. Embargos rejeitados. (TJSP, Emb. Decl. n. 0040128-79.2010.8.26.0562/Santos, 3ª Câm. de Dir. Priv., rel. Carlos Alberto de Salles, *DJe* 02.03.2015)

Art. 785. Salvo disposição em contrário, admite-se a transferência do contrato a terceiro com a alienação ou cessão do interesse segurado.

§ 1º Se o instrumento contratual é nominativo, a transferência só produz efeitos em relação ao segurador mediante aviso escrito assinado pelo cedente e pelo cessionário.

§ 2º A apólice ou o bilhete à ordem só se transfere por endosso em preto, datado e assinado pelo endossante e pelo endossatário.

➡ Veja art. 1.463 do CC/1916.

Cabe transferência do objeto segurado em contrato de seguro a terceiro. O negócio, que pode ser a título gratuito ou oneroso, observa a ausência de disposição contratual em contrário. Nesse sentido, quando se tratar de instrumento nominativo, o interesse permanece segurado apenas quando comunicado ao segurador, de modo a trazer segurança ao negócio jurídico celebrado.

■ Súmula n. 465 do STJ: "Ressalvada a hipótese de efetivo agravamento do risco, a seguradora não se exime do dever de indenizar em razão da transferência do veículo sem a sua prévia comunicação".

■ Apelação cível. Seguros. Ação de indenização. Seguro de animais. Morte de touro da raça angus. Preliminar contrarrecursal afastada. Agravo retido desprovido. Negativa de cobertura admitida. Inobser-

Código Civil comentado e anotado   Arts. 785 e 786

vância de procedimento mínimo para regulação do sinistro. Trata-se de examinar recurso de apelação interposto pela parte ré em face da sentença de parcial procedência proferida na ação de indenização por danos materiais decorrentes da negativa de cobertura securitária pela morte de touro da raça Angus. Não conhecimento do recurso. O recurso foi interposto tempestivamente pelo sistema de fax em 20.06.2011 e sua via original veio tardiamente aos autos. A peça original do recurso foi protocolada em 24.06.2011, portanto dentro do prazo previsto no art. 2º da Lei n. 9.800/99. Agravo retido. A transferência do contrato de seguro com o alienação do interesse segurado é admitida, nos termos do art. 785 do CC. Ainda, possível a aplicação analógica da Súmula n. 465 do STJ, uma vez que não restou comprovado que a alienação do touro agravou o risco do contrato. O interesse de agir do réu decorre da própria pretensão de ver indenizado pela negativa da seguradora em cobrir o sinistro. Igualmente, não se vislumbra a inépcia da inicial quando devidamente indicados os fatos e fundamentos do pedido, tal como determina o art. 282 do CPC de modo a permitir a compreensão da causa de pedir e dos pedidos, viabilizando o exercício do contraditório e a ampla defesa. Mérito. Cobertura securitária. A inequívoca identificação do touro sinistrado não constitui excesso de formalismo. Em que pese o adiantado estado de decomposição apresentado pelo animal, a identificação através do número de tatuagem poderia ter sido realizada quer pela apresentação do brinco de identificação, quer pela tatuagem na parte interna da orelha. Ainda que algumas exigências contratuais para regulação do sinistro mostrem-se demasiadamente exageradas e, portanto, passíveis de reconhecimento de abusividade, ainda mais para animais que vivem em regime de campo, no caso, a identificação inequívoca do animal morto não se mostra abusiva. É condição mínima para o pleito de recebimento da indenização que não restou cumprida pelo demandante. Durante a instrução, o autor revelou em seu depoimento que foram dois os touros sinistrados, afirmando que possivelmente o touro em referência tenha perdido o brinco de identificação. Assim, em não se podendo saber como o autor identificou o touro sinistrado, não há como imputar-se ilicitude ou abuso na recusa da seguradora levada a efeito na esfera administrativa. Ademais, a pretensão não está dirigida à cobrança do capital segurado mas à indenização pelo fato de ter adquirido outro animal da mesma qualidade e procedência e, por tal rubrica, não responde a seguradora. Sucumbência invertida a partir da improcedência da ação, restando a parte autora condenada ao pagamento da verba sucumbencial. Preliminar contrarrecursal afastada. Agravo retido desprovido. Apelação provida. (TJRS, Ap. Cível n. 70.045.156.734, 6ª Câm. Cível, rel. Sylvio José Costa da Silva Tavares, j. 18.06.2015)

Art. 786. Paga a indenização, o segurador sub-roga-se, nos limites do valor respectivo, nos direitos e ações que competirem ao segurado contra o autor do dano.

§ 1º Salvo dolo, a sub-rogação não tem lugar se o dano foi causado pelo cônjuge do segurado, seus descendentes ou ascendentes, consanguíneos ou afins.

§ 2º É ineficaz qualquer ato do segurado que diminua ou extinga, em prejuízo do segurador, os direitos a que se refere este artigo.

➡ Sem correspondência no CC/1916.

No momento em que a indenização por ocasião do sinistro é paga, o segurador se sub-roga em qualquer direito de ação que o segurado poderia ter contra o real causador do dano, salvo se este for o cônjuge, ascendente, descendente, consanguíneos ou afins do segurado. Reputam-se ineficazes quaisquer atos que o segurado possa ter com o intuito de suprimir ou diminuir o direito do segurador em relação à sub-rogação de que trata o art. 786.

Arts. 786 e 787 — Almeida Guilherme

- Enunciado n. 552 da VI Jornada de Direito Civil: "Constituem danos reflexos reparáveis as despesas suportadas pela operadora de plano de saúde decorrentes de complicações de procedimentos por ela não cobertos".

- Súmula n. 151 do STF: "Prescreve em um ano a ação do segurador subrogado para haver indenização por extravio ou perda de carga transportada por navio".

- Súmula n. 188 do STF: "O segurador tem ação regressiva contra o causador do dano, pelo que efetivamente pagou, até ao limite previsto no contrato de seguro".

- Súmula n. 257 do STF: "São cabíveis honorários de advogado na ação regressiva do segurador contra o causador do dano".

- Apelação cível. Responsabilidade civil. Ação de regresso da seguradora. Queima de aparelhos do segurado. Falha na prestação do serviço. Danos materiais. Dever de indenizar. É cediço que, sendo a empresa demandada concessionária de serviço público, responde objetivamente, a teor do art. 37, § 6º, da CF, pelos danos que, na consecução de seu mister, por ação ou omissão, houver dado causa, bastando à vítima a comprovação do evento lesivo e do nexo etiológico entre este e a conduta do agente. Hipótese em que restou comprovada nos autos a relação de causa e efeito entre os danos suportados pela segurada e a falha do serviço prestado pela ré, que acarretou a queima de equipamentos. Sub-rogação nos direitos do segurado. Ressarcimento dos valores. Cabimento. Considerando que a seguradora indenizou os prejuízos da vítima, sub-roga-se nos direitos desta, nos termos do art. 786 do CC, bem como art. 346 do mesmo diploma legal. Ressarcimento devido. Condenação mantida. Apelação desprovida. (TJRS, Ap. Cível n. 70.065.359.044, 9ª Câm. Cível, rel. Des. Paulo Roberto Lessa Franz, j. 22.07.2015)

- Ação regressiva. Ressarcimento de danos. Seguro. Transporte terrestre. Roubo de carga. Seguradora pretende ser ressarcida pela transportadora pelo valor pago ao segurado na via administrativa, em razão da sub-rogação prevista no art. 786 do CC. Assalto à mão armada. Fato previsível e que poderia, dadas as circunstâncias do caso, ser evitado. Verificada culpa da subcontratada, que não se cercou das cautelas ordinárias exigidas no caso concreto. Descumprimento das disposições contidas no Plano de Gerenciamento de Risco. Descaracterização de caso fortuito e força maior. Afastada a excludente de responsabilidade, a sentença merece reforma. Recurso provido. (TJSP, Ap. n. 4023462-71.2013.8.26.0224/SP, 13ª Câm. de Dir. Priv., rel. Cauduro Padin, j. 03.07.2015)

Art. 787. No seguro de responsabilidade civil, o segurador garante o pagamento de perdas e danos devidos pelo segurado a terceiro.

§ 1º Tão logo saiba o segurado das consequências de ato seu, suscetível de lhe acarretar a responsabilidade incluída na garantia, comunicará o fato ao segurador.

§ 2º É defeso ao segurado reconhecer sua responsabilidade ou confessar a ação, bem como transigir com o terceiro prejudicado, ou indenizá-lo diretamente, sem anuência expressa do segurador.

§ 3º Intentada a ação contra o segurado, dará este ciência da lide ao segurador.

§ 4º Subsistirá a responsabilidade do segurado perante o terceiro, se o segurador for insolvente.

➡ Sem correspondência no CC/1916.

Código Civil comentado e anotado

Arts. 787 e 788

O seguro de responsabilidade civil é um seguro de reembolso, pelo qual, no caso da decorrência de um sinistro coberto, a seguradora indeniza seu segurado pelos prejuízos sofridos com o pagamento dos danos causados por ele a um terceiro. Não é um seguro em que a seguradora paga diretamente à vítima, porque legalmente a vítima não tem direito de acioná-la. A relação contratual é exclusivamente entre a seguradora e o segurado. Apenas nos seguros de responsabilidade civil legalmente obrigatória cabe a ação do terceiro diretamente contra a seguradora. Ao encurtar o prazo para a vítima reclamar indenização do segurado e deste reclamar o ressarcimento da seguradora, o Código dá mais rapidez e transparência às relações eventualmente complexas e que podem se tornar insanáveis na prática pela dilação temporal entre o evento causador do dano e a cobrança do prejuízo, cumprindo este Código função social relevante.

▪ Súmula n. 529 do STJ: "No seguro de responsabilidade civil facultativo, não cabe o ajuizamento de ação pelo terceiro prejudicado direta e exclusivamente em face da seguradora do apontado causador do dano".

▪ Enunciado n. 373 da IV Jornada de Direito Civil: "Embora sejam defesos pelo § 2º do art. 787 do Código Civil, o reconhecimento da responsabilidade, a confissão da ação ou a transação não retiram ao segurado o direito à garantia, sendo apenas ineficazes perante a seguradora".

▪ Enunciado n. 544 da Jornada de Direito Civil: "O seguro de responsabilidade civil facultativo garante dois interesses, o do segurado contra os efeitos patrimoniais da imputação de responsabilidade e o da vítima à indenização, ambos destinatários da garantia, com pretensão própria e independente contra a seguradora".

▪ Enunciado n. 546 da VI Jornada de Direito Civil: "O § 2º do art. 787 do Código Civil deve ser interpretado em consonância com o art. 422 do mesmo diploma legal, não obstando o direito à indenização e ao reembolso".

▪ Seguro facultativo. Ação regressiva do seguro para haver o valor pago, em acordo judicial, ao terceiro prejudicado em acidente veicular causado pelo segurado. Ausência de anuência expressa da seguradora ao acordo realizado. Irrelevância, no caso, em que a seguradora sabia do sinistro e da ação judicial em curso, tendo-se negado a cobrir o prejuízo do terceiro. Impossibilidade de se forçar o segurado a defender-se mentirosamente nos autos, se tem ciência de sua responsabilidade pelos danos causados ao terceiro. Boa-fé processual que se exige. Interpretação do art. 787, § 2º, do CC, ao caso concreto. Potestatividade, ademais, da cláusula que veda ao segurado celebrar acordo sem anuência expressa da seguradora. Abusividade e ineficácia reconhecidas. Ausência de prova de que tenha o autor agido com fraude. Apelo provido. (TJSP, Ap. n. 0013333-33.2011.8.26.0002/São Paulo, 34ª Câm. de Dir. Priv., rel. Soares Levada, *DJe* 10.06.2015)

Art. 788. Nos seguros de responsabilidade legalmente obrigatórios, a indenização por sinistro será paga pelo segurador diretamente ao terceiro prejudicado.

Parágrafo único. Demandado em ação direta pela vítima do dano, o segurador não poderá opor a exceção de contrato não cumprido pelo segurado, sem promover a citação deste para integrar o contraditório.

➡ Sem correspondência no CC/1916.

Arts. 787 a 790 — Almeida Guilherme

O art. 788 veda o pagamento da indenização por dano em patrimônio de terceiro ao próprio segurado, devendo a seguradora pagar diretamente ao terceiro lesado. Caso o lesado demande à seguradora para esta efetuar o pagamento, não poderá esta alegar a exceção do contrato não cumprido sem que cite devidamente o segurado para integrar o contraditório.

Seção III
Do Seguro de Pessoa

Art. 789. Nos seguros de pessoas, o capital segurado é livremente estipulado pelo proponente, que pode contratar mais de um seguro sobre o mesmo interesse, com o mesmo ou diversos seguradores.

➡ Veja art. 1.441 do CC/1916.

Os seguros de vida são excepcionais, no que tange à permissividade da lei na contratação de mais de um seguro para a mesma finalidade, de maneira que é válida a estipulação de qualquer valor, bem como a multiplicidade de seguros a respeito do mesmo interesse, ainda que seja realizado por diversos seguradores.

■ Súmula n. 402 do STJ: "O contrato de seguro por danos pessoais compreende danos morais, salvo cláusula expressa de exclusão".

■ Direito civil. Ação de cobrança. Contrato de seguro. Acidente automobilístico. Culpa de terceiro. Veículo segurado. Conserto. Custeio. Seguradora. Sub-rogação. Limite. Valor invertido. Franquia. Pagamento pelo terceiro causador do dano. Decote do reembolsável. Pagamento. Desembolso. Ônus da autora. 1 – A seguradora que, diante do envolvimento do veículo segurado em acidente, suporta os custos dos reparos do automóvel sinistrado, sub-roga-se nos direitos detidos pelo segurado na sua exata dimensão material, assistindo-lhe, portanto, advindo o sinistro da culpa do terceiro que nele se envolvera, o direito de ser reembolsada quanto ao que despendera, deduzido o equivalente à franquia contratada, pois advindo o montante que alcança do segurado ou, quiçá, do terceiro causador do sinistro (CC, art. 789; STF, Súmula n. 188). 2 – A seguradora, ao aviar pretensão volvida ao reembolso, em sede regressiva, do que vertera com o reparo do veículo segurado ante os danos que experimentara diante do sinistro provocado por terceiro, assume o ônus de evidenciar, além da culpa pela produção do evento danoso, o que despendera, ensejando que, apurada a responsabilidade do terceiro acionado pela germinação do evento lesivo, seja-lhe assegurado o reembolso tão somente e exclusivamente do que efetivamente despendera, abatido o equivalente à franquia convencionada. 3 – Apelação conhecida e parcialmente provida. Unânime. (TJDFT, Proc. n. 20140110095202, 1ª T. Cível, rel. Des. Teófilo Caetano, *DJe* 03.03.2015)

Art. 790. No seguro sobre a vida de outros, o proponente é obrigado a declarar, sob pena de falsidade, o seu interesse pela preservação da vida do segurado.
Parágrafo único. Até prova em contrário, presume-se o interesse, quando o segurado é cônjuge, ascendente ou descendente do proponente.

➡ Veja art. 1.472 do CC/1916.

458

Código Civil comentado e anotado

Arts. 790 e 791

Aquele que desejar contratar seguro de vida de outrem deverá, necessariamente, provar que se interessa pela sobrevivência daquele, sendo presumido o interesse quando o terceiro for cônjuge, ascendente ou descendente, porém uma presunção relativa, pois admite prova em contrário.

■ Súmula n. 105 do STF: "Salvo se tiver havido premeditação, o suicídio do segurado no período contratual de carência não exime o segurador do pagamento do seguro".

■ Súmula n. 61 do STJ: "O seguro de vida cobre o suicídio não premeditado".

■ Enunciado n. 186 da III Jornada de Direito Civil: "O companheiro deve ser considerado implicitamente incluído no rol das pessoas tratadas no art. 790, parágrafo único, por possuir interesse legítimo no seguro da pessoa do outro companheiro".

■ Seguro de vida dependente. Ex-cônjuge divorciado. Declaração de convivência marital. Prova documental. Direito ao prêmio. Seguro sobre a vida de outrem. Ação proposta por beneficiária/contratante objetivando o recebimento de indenização securitária em decorrência da morte de ex-cônjuge com quem convivia maritalmente após o divórcio. Recusa da seguradora em razão por falta de amparo técnico, ao argumento de que a proponente encontrava-se divorciada do segurado quando de seu falecimento. Procedência do pedido. Apelada que é contratante e beneficiária do contrato de seguro firmado entre as partes, sendo parte legítima para figurar no polo ativo da ação em que se discute o pagamento de indenização securitária. Seguro sobre a vida de outrem, previsto no art. 790 do CC. Prova documental de que os divorciados voltaram a conviver maritalmente. Beneficiária que comprovou interesse sobre a vida do companheiro, tanto que o assistia na doença e o acompanhou até o óbito. Sentença que, com acerto, determinou o pagamento do seguro, o qual inclui gastos com funeral, que foram devidamente comprovados. Honorários advocatícios de sucumbência que comportam revisão para se adequar aos critérios do art. 20, § 3º, do CPC. Provimento parcial da apelação. (TJRJ, Ap. n. 0064896-84.2010.8.19.0038, 26ª Câm. Cível, rel. Des. Ana Maria Pereira de Oliveira, *DJe* 19.11.2014, p. 29)

Art. 791. Se o segurado não renunciar à faculdade, ou se o seguro não tiver como causa declarada a garantia de alguma obrigação, é lícita a substituição do beneficiário, por ato entre vivos ou de última vontade.

Parágrafo único. O segurador, que não for cientificado oportunamente da substituição, desobrigar-se-á pagando o capital segurado ao antigo beneficiário.

➡ Veja art. 1.473 do CC/1916.

No contrato de seguro de vida, pode o segurado indicar aquele, pessoa física ou jurídica, que figurará como beneficiário no caso de sinistro. Com efeito, diga-se da licitude quanto à substituição do beneficiário, o qual poderá ocorrer por ato entre vivos ou por disposição de última vontade. Ademais, diga-se que qualquer alteração deva ser informada à seguradora, de modo que esta subsistirá responsável ao adimplemento da indenização ao beneficiário anterior, se não for cientificada oportunamente.

■ Contrato de seguro de vida. Ação de nulidade de negócio jurídico promovida pelos netos do segurado contra a exclusão de seu genitor, falecido, do quadro de beneficiários. O segurado tem a faculdade de nomear e alterar o quadro de beneficiários, durante a vigência do contrato de seguro. Exegese do

459

art. 791 do CC. Ademais, o capital estipulado não compõe a herança do segurado. Exegese do art. 794 do CC. Impertinência da discussão acerca de direitos sucessórios. Recurso improvido. (TJSP, Ap. n. 0049246-90.2009.8.26.0602/Sorocaba, 34ª Câm. de Dir. Priv., rel. Gomes Varjão, *DJe* 12.02.2015, p. 1.752)

Art. 792. Na falta de indicação da pessoa ou beneficiário, ou se por qualquer motivo não prevalecer a que for feita, o capital segurado será pago por metade ao cônjuge não separado judicialmente, e o restante aos herdeiros do segurado, obedecida a ordem da vocação hereditária.

Parágrafo único. Na falta das pessoas indicadas neste artigo, serão beneficiários os que provarem que a morte do segurado os privou dos meios necessários à subsistência.

➡ Veja art. 1.473 do CC/1916.

Em caso de não existir indicação de beneficiário, ou se por algum motivo a indicação venha a deixar de valer, deverá a indenização ser paga: metade ao cônjuge que não estiver separado judicialmente e o restante dividido entre os herdeiros, respeitando-se a devida vocação hereditária. Na ausência de pessoas que possuam essas características, serão beneficiários aqueles que provarem que a morte do segurado os privou dos meios necessários à sobrevivência.

▪ Enunciado n. 374 da IV Jornada de Direito Civil: "No contrato de seguro, o juiz deve proceder com equidade, atentando às circunstâncias reais, e não a probabilidades infundadas, quanto à agravação dos riscos".

▪ Apelação cível. Seguro de vida. Companheira. União estável. Recurso improvido. 1 – Na forma do art. 792, do CC, nos contratos de seguro que não tenham beneficiários estabelecidos, o prêmio deve ser pago metade ao cônjuge ou companheiro não separado e o restante aos herdeiros do segurado, obedecida a ordem de vocação hereditária. 2 – Ainda que o segurado não tenha se divorciado de sua ex-esposa, resta evidenciada a relação contínua, pública, duradoura e com objetivo de constituir família com a sua companheira, razão pela qual a mesma deve ser beneficiada com o pagamento de cinquenta por cento do prêmio do seguro deixado pelo seu companheiro. 3 – Recurso improvido. (TJES, Ap. n. 0000294-26.2014.8.08.0014, rel. Des. Telemaco Antunes de Abreu Filho, *DJe* 08.05.2015)

▪ Ação consignatória. Seguro de vida. Dúvida da seguradora sobre a quem pagar o capital segurado: se ao cônjuge ou à companheira. Depósito que extinguiu a obrigação da seguradora, conforme reconhecido na primeira fase da ação (art. 898, CPC). Sentença de segunda fase que reconheceu a legitimidade da companheira ao recebimento integral da indenização, pois convivia com o segurado ao tempo do sinistro. Apelo do cônjuge voltado a pleitear 50% da indenização, uma vez que a sociedade conjugal somente foi dissolvida com a morte do *de cujus*. Interpretação conjunta dos arts. 792 e 793 do CC que, todavia, leva à presunção de que a vontade do segurado era no sentido de instituir sua companheira como beneficiária do seguro. Apelo improvido. (TJSP, Ap. n. 0119515-79.2007.8.26.0100/São Paulo, 34ª Câm. de Dir. Priv., rel. Soares Levada, *DJe* 10.06.2015)

Art. 793. É válida a instituição do companheiro como beneficiário, se ao tempo do contrato o segurado era separado judicialmente, ou já se encontrava separado de fato.

➡ Veja art. 1.474 do CC/1916.

Código Civil comentado e anotado   Arts. 793 e 794

Por exclusão, o art. 793 proíbe a instituição da concubina como beneficiária, uma vez que permite que seja constituído como beneficiário o companheiro, desde que o segurado no tempo da contratação estivesse separado judicialmente.

No caso da união estável homoafetiva, houve importante avanço. A união formada por pessoas do mesmo sexo foi reconhecida como entidade familiar, no julgamento da ADIn n. 4.277/DF e da ADPF n. 132/RJ, reiterada ainda pela Resolução n. 175/2013 do Conselho Nacional de Justiça. Dessa forma, o companheiro em sede de união homoafetiva também passa a ter direito a ser beneficiário.

▪ Veja no art. 792 a seguinte decisão: TJSP, Ap. n. 0119515-79.2007.8.26.0100/São Paulo, 34ª Câm. de Dir. Priv., rel. Soares Levada, *DJe* 10.06.2015.

Art. 794. No seguro de vida ou de acidentes pessoais para o caso de morte, o capital estipulado não está sujeito às dívidas do segurado, nem se considera herança para todos os efeitos de direito.

➡ Veja art. 1.475 do CC/1916.

O capital estipulado como indenização por ocasião do sinistro é independente, não é atingido por dívidas do segurado e tampouco será considerado herança. É impenhorável. Não se integra à herança, pois o valor do prêmio será destinado ao beneficiário.

▪ Veja no art. 791 a seguinte decisão: TJSP, Ap. n. 0049246-90.2009.8.26.0602/Sorocaba, 34ª Câm. de Dir. Priv., rel. Gomes Varjão, *DJe* 12.02.2015, p. 1.752.

▪ Recurso especial. Civil e processual civil. Seguro obrigatório (DPVAT). Morte da vítima. Indenização securitária. Ação de cobrança. Espólio. Ilegitimidade ativa. Direito próprio do beneficiário. Arts. 4º da Lei n. 6.194/1974 e 794 do CC. Aplicabilidade art. 13 do CPC. Fundamento inatacado. Súmula n. 283/STF. 1 – Cinge-se a controvérsia a saber se o espólio, representado pelo inventariante, possui legitimidade ativa para ajuizar ação de cobrança do seguro obrigatório (DPVAT) em caso de morte da vítima no acidente de trânsito. 2 – Antes da vigência da Lei n. 11.482/2007, a indenização do seguro obrigatório DPVAT na ocorrência do falecimento da vítima deveria ser paga em sua totalidade ao cônjuge ou equiparado e, na sua ausência, aos herdeiros legais. Depois da modificação legislativa, o valor indenizatório passou a ser pago metade ao cônjuge não separado judicialmente e o restante aos herdeiros da vítima, segundo a ordem de vocação hereditária (art. 4º da Lei n. 6.194/74, com a redação dada pela Lei n. 11.482/2007). 3 – O valor oriundo do seguro obrigatório (DPVAT) não integra o patrimônio da vítima de acidente de trânsito quando se configurar o evento morte, mas passa diretamente para os beneficiários. Logo, o espólio, ainda que representado pelo inventariante, não possui legitimidade ativa para pleitear, em tal hipótese, a indenização securitária, pois esta não integra o acervo hereditário (créditos e direitos da vítima falecida). 4 – A indenização do seguro obrigatório (DPVAT) em caso de morte da vítima surge somente em razão e após a sua configuração, ou seja, esse direito patrimonial não é preexistente ao óbito da pessoa acidentada, sendo, portanto, direito próprio dos beneficiários, a afastar a inclusão no espólio. 5 – Apesar de o seguro DPVAT possuir a natureza de seguro obrigatório de responsabilidade civil (e não de danos pessoais), deve ser aplicado, por analogia, nesta situação específica, o art. 794 do CC/2002 (art. 1.475 do CC/1916), segundo o qual o capital estipulado, no seguro de vida ou de acidentes pessoais para o caso de morte, não está sujeito às dívidas do segurado, nem se considera herança para todos os efeitos de direito. 6 – Recurso especial parcialmente conhecido e não provido. (STJ, REsp n. 1.419.814, 3ª T., rel. Min. Ricardo Villas Bôas Cueva, *DJe* 03.08.2015)

■ Apelação cível. Plano de pecúlio. Pretensão de desconto de saldo devedor em razão de contrato de mútuo firmado pelo segurado com a ré. Impossibilidade. Nulidade da cláusula contratual reconhecida. Violação às disposições contidas nos arts. 794 e 795 do CC. Benefício negado com fundamento na falta de apresentação de documentos essenciais ao pagamento. Ausência de demonstração da imprescindibilidade do documento exigido. Atraso injustificado. Dano moral configurado. Recurso parcialmente provido para adequar apenas o valor do benefício. 1 – A teor dos arts. 794 e 795 do CC, é nula a disposição contratual que prevê a possibilidade de desconto do saldo relativo ao contrato de mútuo do benefício do pecúlio a ser recebido pelo autor, eis que o benefício nunca integrou o patrimônio do *de cujus*, responsável pela dívida, recebendo, portanto, o valor total sem dedução do saldo devedor do mútuo, ante a abusividade da cláusula que prevê a possibilidade do abatimento. 2 – Quando da ocorrência do fato gerador vigia a contribuição no valor de R$ 25,00 que equivale ao benefício de R$ 7.832,70. 3 – Dano moral configurado, uma vez que o recorrente solicita complementação da documentação, postergando o efetivo pagamento do benefício, sem justificativa, gerando aflição e angústia no recorrido. 4 – *Quantum* indenizatório adstrito aos princípios da proporcionalidade e razoabilidade, considerando o porte econômico das partes e a extensão do dano. 5 – Recurso parcialmente provido. (TJAC, Ap. n. 0700215-47.2013.8.01.0010, 2ª Câm. Cível, rel. Des. Regina Ferrari, j. 13.02.2015)

Art. 795. É nula, no seguro de pessoa, qualquer transação para pagamento reduzido do capital segurado.

➥ Sem correspondência no CC/1916.

É vedado, por força do art. 795, qualquer tipo de acordo que vise a reduzir o valor estipulado como indenização.

■ Enunciado n. 374 da IV Jornada de Direito Civil: "No contrato de seguro, o juiz deve proceder com equidade, atentando às circunstâncias reais, e não a probabilidades infundadas, quanto à agravação dos riscos".

■ Veja no art. 794 a seguinte decisão: TJAC, Ap. n. 0700215-47.2013.8.01.0010, 2ª Câm. Cível, rel. Des. Regina Ferrari, j. 13.02.2015.

Art. 796. O prêmio, no seguro de vida, será conveniado por prazo limitado, ou por toda a vida do segurado.
Parágrafo único. Em qualquer hipótese, no seguro individual, o segurador não terá ação para cobrar o prêmio vencido, cuja falta de pagamento, nos prazos previstos, acarretará, conforme se estipular, a resolução do contrato, com a restituição da reserva já formada, ou a redução do capital garantido proporcionalmente ao prêmio pago.

➥ Veja art. 1.471 do CC/1916.

O seguro de vida pode ter seu prêmio pactuado por tempo determinado ou indeterminado – por toda a vida do segurado. Com efeito, haverá resolução do contrato pelo não paga-

Código Civil comentado e anotado   Arts. 796 e 797

mento do prêmio, com a restituição da reserva já formada ou a redução do capital garantido, o que limita a ação da sociedade seguradora em executar eventual crédito.

■ Enunciado n. 542 da VI Jornada de Direito Civil: "A recusa de renovação das apólices de seguro de vida pelas seguradoras em razão da idade do segurado é discriminatória e atenta contra a função social do contrato".

■ Agravo regimental no recurso especial. Ofensa ao art. 535 do CPC. Não configurada. Ausência de pre-questionamento. Súmula n. 211/STJ. Dano moral. Fundamentação suficiente. Súmula n. 284/STF. Seguro de vida em grupo. Renovação ininterrupta por mais de trinta anos. Denúncia imotivada do contrato. Negócio jurídico relacional. Violação à diretriz da eticidade. Pedido de indenização e não manutenção do contrato de seguro. Procedência. 1 – A Colenda Segunda Seção desta Corte Superior, quando do julgamento do REsp 1.073.595/MG, reconheceu que, o seguro de vida que vem sendo renovando, ininterruptamente, por mais de trinta anos, não poderá ser unilateral e desmotivadamente resilido. 2 – Não pretendendo o segurado, no entanto, permanecer no grupo de segurados, por quebra na confiança estabelecida, há de se lhe garantir uma indenização pela denúncia imotivada do acordo. 3 – Critério estabelecido no art. 796 do CCB como parâmetro para a fixação da indenização. 4 – Agravo regimental desprovido. (STJ, Ag. Reg.-REsp n. 1.334.372, 3ª T., rel. Min. Paulo de Tarso Sanseverino, *DJe* 23.09.2014)

Art. 797. No seguro de vida para o caso de morte, é lícito estipular-se um prazo de carência, durante o qual o segurador não responde pela ocorrência do sinistro.
Parágrafo único. No caso deste artigo o segurador é obrigado a devolver ao beneficiário o montante da reserva técnica já formada.

➥ Sem correspondência no CC/1916.

É lícito ao segurador que, no momento da contratação de seguro de vida para o caso de morte, estipule ao segurado um prazo de carência pelo qual não responderá, caso ocorra um sinistro. Se o evento morte realmente vier a ocorrer dentro do período de carência, o segurador não pagará a indenização, porém deverá devolver o montante do prêmio já pago pelo segurado.

■ Apelação cível. Ação de cobrança de seguro de vida. Suicídio do segurado dentro do prazo de carência de dois anos. Indenização indevida. Recurso desprovido. O prazo legal de carência de dois anos, previsto no CC para a hipótese de morte advinda de suicídio do segurado (art. 798), somente é inaplicável quando a seguradora pactue diversamente com o cliente. Inteligência dos arts. 187, 422, 762, 765, 768, 797 e 798 do CC e dos arts. 4º, III, 6º, III, 37, § 1º, 51, IV, e 54, § 4º, do CDC. (TJMT, Ap. n. 119730/2014, rel. Des. João Ferreira Filho, *DJe* 13.04.2015, p. 16)

■ Recurso especial. Ação de cobrança. Seguro de vida. Suicídio dentro do prazo de dois anos do início da vigência do seguro. Recurso especial provido. 1 – Durante os dois primeiros anos de vigência do contrato de seguro de vida, o suicídio é risco não coberto. Deve ser observado, porém, o direito do beneficiário ao ressarcimento do montante da reserva técnica já formada (CC/2002, art. 798 c/c art. 797, parágrafo único). 2 – O art. 798 adotou critério objetivo temporal para determinar a cobertura relativa ao suicídio do segurado, afastando o critério subjetivo da premeditação. Após o período de carência de dois anos, portanto, a seguradora será obrigada a indenizar, mesmo diante da prova mais cabal de premeditação. 3 – Recurso especial provido. (STJ, REsp 1.334.005, rel. Min. Paulo de Tarso Sanseverino, *DJe* 23.06.2015, p. 1.287)

Art. 798. O beneficiário não tem direito ao capital estipulado quando o segurado se suicida nos primeiros dois anos de vigência inicial do contrato, ou da sua recondução depois de suspenso, observado o disposto no parágrafo único do artigo antecedente.

Parágrafo único. Ressalvada a hipótese prevista neste artigo, é nula a cláusula contratual que exclui o pagamento do capital por suicídio do segurado.

➡ Sem correspondência no CC/1916.

Nos seguros de vida, o art. 798 impede que seja paga ao beneficiário a quantia estipulada como garantia pelo segurado, caso este venha a se suicidar no prazo de dois anos contados da conclusão do contrato de seguro. É medida assecuratória que visa a proteger o sistema de seguros contra fraude daquele que faz o seguro premeditando a própria morte. Ressalta-se, contudo, que é vedado o pagamento da garantia por suicídio no período de carência de dois anos, de modo que se ocorrer esse evento depois de ultrapassado esse tempo, a garantia será devida. Sendo assim, é nula a cláusula que exclui a garantia contra morte por suicídio.

▪ Enunciado n. 187 da III Jornada de Direito Civil: "No contrato de seguro de vida, presume-se, de forma relativa, ser premeditado o suicídio cometido nos dois primeiros anos de vigência da cobertura, ressalvado ao beneficiário o ônus de demonstrar a ocorrência do chamado 'suicídio involuntário'".

▪ Súmula n. 105 do STF: "Salvo se tiver havido premeditação, o suicídio do segurado no período contratual de carência não exime o segurador do pagamento do seguro".

▪ Súmula n. 61 do STJ: "O seguro de vida cobre o suicídio não premeditado".

▪ Súmula n. 610 do STJ: "O suicídio não é coberto nos dois primeiros anos de vigência do contrato de seguro de vida, ressalvado o direito do beneficiário à devolução do montante da reserva técnica formada".

▪ Apelação cível. Ação de cobrança de seguro de vida. Suicídio do segurado dentro do prazo de carência de dois anos. Indenização indevida. Recurso desprovido. O prazo legal de carência de dois anos, previsto no CC para a hipótese de morte advinda de suicídio do segurado (art. 798), somente é inaplicável quando a seguradora pactue diversamente com o cliente. Inteligência dos arts. 187, 422, 762, 765, 768, 797 e 798 do CC e dos arts. 4º, III, 6º, III, 37, § 1º, 51, IV, e 54, § 4º, do CDC. (TJMT, Ap. n. 119730/2014, rel. Des. João Ferreira Filho, *DJe* 13.04.2015, p. 16)

▪ Recurso especial. Ação de cobrança. Seguro de vida. Suicídio dentro do prazo de dois anos do início da vigência do seguro. Recurso especial provido. 1 – Durante os dois primeiros anos de vigência do contrato de seguro de vida, o suicídio é risco não coberto. Deve ser observado, porém, o direito do beneficiário ao ressarcimento do montante da reserva técnica já formada (CC/2002, art. 798 c/c art. 797, parágrafo único). 2 – O art. 798 adotou critério objetivo temporal para determinar a cobertura relativa ao suicídio do segurado, afastando o critério subjetivo da premeditação. Após o período de carência de dois anos, portanto, a seguradora será obrigada a indenizar, mesmo diante da prova mais cabal de premeditação. 3 – Recurso especial provido. (STJ, REsp 1.334.005, rel. Min. Paulo de Tarso Sanseverino, *DJe* 23.06.2015, p. 1.287)

Art. 799. O segurador não pode eximir-se ao pagamento do seguro, ainda que da apólice conste a restrição, se a morte ou a incapacidade do segurado provier da utilização de

Código Civil comentado e anotado   Arts. 799 a 801

meio de transporte mais arriscado, da prestação de serviço militar, da prática de esporte, ou de atos de humanidade em auxílio de outrem.

➡ Sem correspondência no CC/1916.

Mesmo que na apólice conste restrição ao pagamento da indenização do seguro nos casos de morte ou incapacidade do segurado por utilização de meio de transporte arriscado, da prestação de serviço militar, da prática de esportes ou atos de humanidade em auxílio a outrem, não poderá o segurador se eximir de pagar o valor do seguro. O art. 799 torna a cláusula que prevê essas restrições inválida.

■ Súmula n. 620 do STJ: "A embriaguez do segurado não exime a seguradora do pagamento da indenização prevista em contrato de seguro de vida".

■ Apelante: B. Seguros S.A. Apelado: S.R.F. Ementa processual civil e civil. Apelação. Direito do consumidor. Recusa justificada de pagamento de seguro de vida. Dano moral afastado. Recurso. Provimento. I – Neste liame, a questão primordial para ensejar o dano moral, era comprovar se a requerida efetuou a recusa com intuito de abster de cumprir com uma obrigação contratual, nos termos do art. 799 do CC. II – Desta forma, é transparente a imprecisão sobre quem de fato deveria receber o pagamento do seguro de vida. Ora, se nem o juízo, *a quo*, com o processo devidamente instruído e com defesas prontamente apresentadas nos autos foi capaz de sanar tal dúvida e dizer quem era o titular do prêmio, conclui-se que a requerida também não possuía destreza vil, a fim de arriscar a sua responsabilidade objetiva, e dizer que o prêmio deveria ser pago a requerente. III – Neste diapasão, conclui-se que o recorrente agiu no exercício regular do seu direito ao se recusar em efetuar o pagamento do seguro de vida a requerente, visto não apenas a recusa, mas as circunstâncias que levaram o Banco Banestes a proceder desta forma, afinal, são vários os pontos que levaram a crer que apenas uma determinação judicial seria capaz de sanar qualquer irregularidade. Portanto, não há que se falar na configuração de danos morais passíveis de reparação. IV – Apelação conhecida e parcialmente provida. (TJES, Ap. n. 0033868-83.2009.8.08.0024, rel. Des. Paulo Roberto Luppi, *DJe* 19.01.2015)

Art. 800. Nos seguros de pessoas, o segurador não pode sub-rogar-se nos direitos e ações do segurado, ou do beneficiário, contra o causador do sinistro.

➡ Sem correspondência no CC/1916.

Diferentemente dos seguros de dano, o segurador não fica sub-rogado nos direitos que o segurado possui contra o causador do sinistro no caso dos seguros de pessoa, uma vez que o dano decorrente de lesão ou pela morte é de característica personalíssima, não sendo sujeito a sub-rogação.

Art. 801. O seguro de pessoas pode ser estipulado por pessoa natural ou jurídica em proveito de grupo que a ela, de qualquer modo, se vincule.
§ 1º O estipulante não representa o segurador perante o grupo segurado, e é o único responsável, para com o segurador, pelo cumprimento de todas as obrigações contratuais.
§ 2º A modificação da apólice em vigor dependerá da anuência expressa de segurados que representem três quartos do grupo.

465

Art. 801   Almeida Guilherme

➡ Sem correspondência no CC/1916.

O contrato do seguro de pessoa é um exemplo de estipulação em favor de terceiro, previsto nos arts. 436 ao 438, porém o art. 801 dita que será possível figurar como estipulante pessoa física ou jurídica em benefício de outra pessoa ou grupo de pessoas que de alguma maneira se vinculam ao estipulante. O § 1º prega que o estipulante não representa de forma alguma a seguradora, perante a pessoa ou grupo de pessoas, a qual se estipulou o seguro, porém é o único responsável pelo cumprimento obrigacional perante a seguradora. O § 2º prevê que só é possível a modificação dos termos da apólice com a anuência de no mínimo três quartos do grupo segurado.

▪ Enunciado n. 375 da IV Jornada de Direito Civil: "No seguro em grupo de pessoas, exige-se o *quorum* qualificado de 3/4 do grupo, previsto no § 2º do art. 801 do Código Civil, apenas quando as modificações impuserem novos ônus aos participantes ou restringirem seus direitos na apólice em vigor".

▪ Súmula n. 101 do STJ: "A ação de indenização do segurado em grupo contra a seguradora prescreve em um ano".

▪ Recurso especial. Civil. Direito securitário. Violação do art. 535 do CPC. Não ocorrência. Ônus da prova e validade de documentos juntados aos autos pelo réu. Inversão do julgado. Súmula n. 7/STJ. Seguro de vida em grupo. Garantia adicional de invalidez total e permanente por doença. Configuração do sinistro. Pagamento integral da indenização securitária. Superveniência do evento morte. Cumulação de indenizações. Descabimento. Extinção do contrato. Descontos indevidos de prêmios em folha de pagamento. Responsabilidade do estipulante. 1 – Ação de cobrança fundada em seguro de vida em grupo com garantia adicional de invalidez total e permanente por doença (IPD) em que se postula a condenação do ente segurador ao pagamento de nova indenização securitária após a ocorrência do evento morte natural do segurado, mesmo tendo sido pago todo o valor contratado quando da configuração do sinistro invalidez total e permanente por doença, ao argumento de que não houve a cessação do pagamento mensal dos prêmios referentes à apólice coletiva. 2 – No seguro de vida em grupo, a cobertura adicional de invalidez total e permanente por doença é uma antecipação do pagamento da indenização relativa à garantia básica, ou seja, para o caso de morte. Desse modo, como uma é a antecipação da outra, as indenizações relativas às garantias básica e adicional de IPD não podem se acumular (art. 2º, §§ 1º e 2º, III, e § 4º, da Circular/Susep n. 17/92, vigente à época da contratação). 3 – Se o segurado utilizar a garantia adicional de invalidez permanente total por doença, extinta estará a garantia básica (morte). A opção pela primeira afasta, necessariamente, a segunda. Logo, se o segurado quiser que os beneficiários recebam a indenização securitária quando de seu falecimento, não poderá fazer uso da garantia IPD, mesmo na ocorrência deste evento. O que impera na cobertura adicional de invalidez permanente total por doença é a facultatividade. 4 – Nos seguros de vida em grupo, há a figura do estipulante, que é a pessoa natural ou jurídica que estipula o seguro de pessoas em proveito do grupo que a ela se vincula. Assim, o estipulante assume perante o segurador a responsabilidade pelo cumprimento de todas as obrigações contratuais, a exemplo do pagamento do prêmio recolhido dos segurados. Todavia, o estipulante não representa o segurador perante o grupo segurado, exercendo papel independente das demais partes que participam do contrato (art. 801, § 1º, do CC). 5 – Este Tribunal Superior firmou o entendimento de que o estipulante, em regra, não é o responsável pelo pagamento da indenização securitária, visto que atua apenas como interveniente, na condição de mandatário do segurado, agilizando o procedimento de contratação do seguro. No entanto, é possível, excepcionalmente, atribuir ao estipulante a responsabilidade pelo pagamento da indenização securitária, como nas hipóteses de mau cumprimento de suas obrigações contratuais ou de criação nos segurados

466

Código Civil comentado e anotado   Arts. 801 a 804

de legítima expectativa de ser ele o responsável por esse pagamento. 6 – Se a responsabilidade pelo recolhimento indevido dos prêmios após a extinção do contrato de seguro foi exclusivamente do estipulante, que agiu e age de modo autônomo, não sendo mandatário da seguradora, não pode o ente segurador ser condenado a pagar nova indenização, como se tivesse anuído com outra contratação ou como se tivesse ocorrido a teratológica renovação ou prorrogação da avença anterior, já cumprida em sua totalidade. 7 – Recurso especial não provido. (STJ, REsp n. 1.178.616, 3ª T., rel. Min. Ricardo Villas Bôas Cueva, *DJe* 24.04.2015, p. 730)

Art. 802. Não se compreende nas disposições desta Seção a garantia do reembolso de despesas hospitalares ou de tratamento médico, nem o custeio das despesas de luto e de funeral do segurado.

➡ Sem correspondência no CC/1916.

O seguro de que é tratado na Seção III (Do Seguro de Pessoa – arts. 789 a 802) se refere única e exclusivamente ao evento morte ou à ocorrência de lesão contra o segurado, excluindo-se as despesas com médicos e hospitais, ou então com funeral, de forma que para cobrir essas despesas existe seguro próprio, que é o seguro-saúde.

CAPÍTULO XVI
DA CONSTITUIÇÃO DE RENDA

Art. 803. Pode uma pessoa, pelo contrato de constituição de renda, obrigar-se para com outra a uma prestação periódica, a título gratuito.

➡ Veja art. 1.424 do CC/1916.

Por meio do **contrato de constituição de renda**, uma pessoa – *rendeiro* ou *censuário* – se obriga a fazer certa prestação periódica a outra – o *instituidor* – por um prazo determinado, em troca de um capital que lhe é entregue e que pode consistir em imóvel. Trata-se, em sua estrutura, de negócio unilateral ou bilateral e oneroso ou gratuito, em que o instituidor transfere um capital ao censuário, em troca de uma renda por este prometida. A convenção tem por finalidade proteger o instituidor que, embora dono do capital, não está seguro de com ele apurar o suficiente para sobreviver. Assim, concorda em transferir o domínio de seu capital ao rendeiro que, por sua vez, se compromete a fornecer-lhe uma renda fixa durante certo prazo, cujo termo, em geral, é a morte do instituidor. Desse modo, garante este último recursos para subsistir até morrer.

Art. 804. O contrato pode ser também a título oneroso, entregando-se bens móveis ou imóveis à pessoa que se obriga a satisfazer as prestações a favor do credor ou de terceiros.

➡ Veja art. 1.424 do CC/1916.

O contrato de constituição de renda a título oneroso se operará mediante a tradição do bem para o rendeiro, que se obriga a pagar determinada prestação ao instituidor. O bem trans-

467

Arts. 804 a 807 — Almeida Guilherme

ferido poderá ser móvel ou imóvel; no caso de bem imóvel, só se efetivará a tradição mediante registro público. A questão que se faz controversa e merecedora de especial aclaramento é a similitude virtual entre o contrato de constituição de renda com a compra e venda, a locação e o mútuo oneroso, o que será explanado a seguir. Em linhas gerais, a grande diferença entre o contrato de constituição de renda e as demais modalidades contratuais é a desvinculação do valor do bem transferido com a contraprestação fornecida pelo rendeiro, ou seja, não é necessária a compatibilidade do valor do bem em relação ao valor recebido a título de renda.

Art. 805. Sendo o contrato a título oneroso, pode o credor, ao contratar, exigir que o rendeiro lhe preste garantia real, ou fidejussória.

➡ Sem correspondência no CC/1916.

O instituidor (credor) poderá, nas constituições de rendas onerosas, exigir do rendeiro (devedor) garantia real (hipoteca, penhor etc.) ou então garantia pessoal ou fidejussória (fiança), para que garanta que a obrigação será cumprida, uma vez que o bem dado a título de instituição da renda é de propriedade do rendeiro, não sendo possível que retorne ao patrimônio do instituidor por ocasião do descumprimento do contrato.

Art. 806. O contrato de constituição de renda será feito a prazo certo, ou por vida, podendo ultrapassar a vida do devedor mas não a do credor, seja ele o contratante, seja terceiro.

➡ Sem correspondência no CC/1916.

É vedada prestação perpétua, de modo que é necessário que se delimite o prazo de vigência do pagamento de renda, que poderá ultrapassar a vida do rendeiro (devedor), mas nunca a vida do instituidor ou terceiro por ele estipulado (credor).

Art. 807. O contrato de constituição de renda requer escritura pública.

➡ Sem correspondência no CC/1916.

É requisito de validade o contrato de constituição de renda que seja celebrado por escritura pública, de forma que na desobediência deste dispositivo o resultado será a nulidade do contrato.

■ Ação de cobrança. Gratuidade. Pessoa jurídica. Necessária a demonstração da impossibilidade de arcar com as custas (Súmula n. 481 do STJ). Hipótese não configurada. Recurso tempestivo. Inocorrência de cerceamento de defesa. Preliminares rejeitadas. Direito contratual. Renda vitalícia em favor de antigo pastor. Concessão de benefício condicionada à deliberação em assembleia geral da entidade religiosa. Ato não realizado. Negócio jurídico ineficaz, mas, ainda assim, executado durante sete anos. Circunstâncias que permitiam ao autor crer na regularidade do seu direito material. Solução conforme a cláusula geral de boa-fé (art. 422 do CC). Proteção da confiança. Hipótese de *surrectio* (*Erwirkung*). Qualificação do negócio jurídico. constituição de renda. Exigência de escritura pública (art. 807 do CC). Proteção da confiança. Conjuntura que não convalida o negócio nulo. Crédito que se funda na própria

Código Civil comentado e anotado   Arts. 807 a 811

surrectio. Recurso desprovido. (TJSP, Ap. n. 0001134-93.2013.8.26.0103/Caconde, 7ª Câm. de Dir. Priv., rel. Rômolo Russo, *DJe* 24.04.2015, p. 1.514)

Art. 808. É nula a constituição de renda em favor de pessoa já falecida, ou que, nos 30 (trinta) dias seguintes, vier a falecer de moléstia que já sofria, quando foi celebrado o contrato.

➡ Veja art. 1.425 do CC/1916.

Por obviedade não poderá figurar no polo ativo da relação contratual aquele que já morreu, sob pena de inexistência da relação contratual, uma vez que o credor não existe, e ante essa ausência de requisito contratual, tal contrato não gerará efeitos, devendo ser decretado nulo, hipótese esta que se aplica ao instituidor ou terceiro beneficiário que vier a falecer nos trinta dias subsequentes à conclusão do contrato de constituição de renda.

Art. 809. Os bens dados em compensação da renda caem, desde a tradição, no domínio da pessoa que por aquela se obrigou.

➡ Veja art. 1.426 do CC/1916.

Os bens que fazem parte do contrato de constituição de renda onerosa que são transferidos do instituidor em favor do rendeiro caem no domínio deste desde a tradição, ou seja, integram o patrimônio do rendeiro desde o momento da tradição do bem, podendo ele dispor livremente do bem, com todas as prerrogativas e direitos oriundos do direito de propriedade.

Art. 810. Se o rendeiro, ou censuário, deixar de cumprir a obrigação estipulada, poderá o credor da renda acioná-lo, tanto para que lhe pague as prestações atrasadas como para que lhe dê garantias das futuras, sob pena de rescisão do contrato.

➡ Veja art. 1.427 do CC/1916.

São abordadas aqui as três possibilidades de exigibilidade do cumprimento contratual por parte do rendeiro: a) poderá o instituidor acionar o rendeiro para que este lhe faça os pagamentos atrasados e que garanta o efetivo pagamento daqueles que estão por vencer; b) poderá o instituidor acionar o fiador (garantia fidejussória) a realizar os pagamentos, ou então executar a garantia real fornecida pelo rendeiro; c) o rendeiro que não cumprir com o pagamento poderá ver seu contrato rescindido e a garantia fornecida devidamente executada.

Art. 811. O credor adquire o direito à renda dia a dia, se a prestação não houver de ser paga adiantada, no começo de cada um dos períodos prefixos.

➡ Veja art. 1.428 do CC/1916.

Qualquer dia pode ser estabelecido para o pagamento da prestação periódica. Nesse sentido, ajusta-se a remuneração em razão de certo período ou, ainda, de maneira adiantada.

Arts. 812 a 814 — Almeida Guilherme

Art. 812. Quando a renda for constituída em benefício de duas ou mais pessoas, sem determinação da parte de cada uma, entende-se que os seus direitos são iguais; e, salvo estipulação diversa, não adquirirão os sobrevivos direito à parte dos que morrerem.

➡ Veja art. 1.429 do CC/1916.

Se a constituição de renda for estipulada a mais de um beneficiário, salvo estipulação diversa, será considerada dividida igualmente entre tantos quantos forem os beneficiários, de forma que a renda neste caso compete a cada um individualmente, não ensejando, portanto, no caso de morte de algum deles, a redistribuição do quinhão que lhe competia entre os demais sobrevivos.

Art. 813. A renda constituída por título gratuito pode, por ato do instituidor, ficar isenta de todas as execuções pendentes e futuras.
Parágrafo único. A isenção prevista neste artigo prevalece de pleno direito em favor dos montepios e pensões alimentícias.

➡ Veja art. 1.430 do CC/1916.

O art. 813 visa a prevenir eventuais fraudes quando dita que só serão isentas das execuções pendentes e futuras as constituições de renda realizadas a título gratuito, pois é de mera liberalidade do instituidor e presume-se transferência de patrimônio do instituidor ao rendeiro que é economicamente hipossuficiente, sendo esta muitas vezes única fonte de renda, não sendo cabível que seja objeto de execução, elevando essa modalidade de renda ao de pensão particular, atribuindo, portanto, caráter alimentício por força do parágrafo único. O parágrafo único equivale à constituição de renda gratuita aos montepios e pensões alimentícias, quando diz que a isenção das execuções se operam em favor destes também.

CAPÍTULO XVII
DO JOGO E DA APOSTA

Art. 814. As dívidas de jogo ou de aposta não obrigam a pagamento; mas não se pode recobrar a quantia, que voluntariamente se pagou, salvo se foi ganha por dolo, ou se o perdente é menor ou interdito.
§ 1º Estende-se esta disposição a qualquer contrato que encubra ou envolva reconhecimento, novação ou fiança de dívida de jogo; mas a nulidade resultante não pode ser oposta ao terceiro de boa-fé.
§ 2º O preceito contido neste artigo tem aplicação, ainda que se trate de jogo não proibido, só se excetuando os jogos e apostas legalmente permitidos.
§ 3º Excetuam-se, igualmente, os prêmios oferecidos ou prometidos para o vencedor em competição de natureza esportiva, intelectual ou artística, desde que os interessados se submetam às prescrições legais e regulamentares.

➡ Veja art. 1.477 do CC/1916.

470

Código Civil comentado e anotado   Arts. 814 a 816

Contrato de jogo. É o contrato pelo qual duas ou mais pessoas prometem pagar uma determinada quantia, que poderá ser em dinheiro ou outra coisa, àquela que for considerada como vencedora, pelo fato de ter conquistado um resultado favorável na prática de certa atividade.

Contrato de aposta. É o contrato em que duas ou mais pessoas de opiniões divergentes sobre um determinado assunto convencionam entre si a pagar certa quantia ou entregar uma coisa determinada àquela cuja opinião se comprovar verdadeira, ou que prevalecerá em razão da outra.

O art. 814 estabelece a inexigibilidade das dívidas de jogo ou aposta, ou seja, as dívidas não obrigam o pagamento, bem como não pode ser recobrada a quantia que voluntariamente foi paga, exceto se foi obtida por dolo do vencedor, ou se o perdedor é menor ou interdito. Os jogos podem ser: a) proibidos, que são aqueles jogos que configuram em contravenção penal, e por constituírem em causa ilícita, são nulos; b) tolerados, que são aqueles que não dependem apenas da sorte dos jogadores, mas também de suas habilidades, e é justamente esta modalidade de jogo que o art. 814 determina; e, por fim, c) autorizados ou lícitos, que são os jogos regularizados por lei, gerando todos os efeitos jurídicos presentes nos contratos, e as suas dívidas são, portanto, exigíveis por lei, podendo ser cobradas judicialmente.

■ Pretensão à declaração de inexigibilidade de débito, à desconstituição de protestos e pedido de indenização por danos morais. Cheques emitidos para pagamento de dívida em jogo de caça-níqueis. Inexigibilidade reconhecida. Art. 814 do CC. Obrigação natural. Cheques emitidos sob a égide da Lei n. 9.891/2000, regulamentada pelo Decreto n. 3.659/2000, que revogou a permissão para a exploração de jogos de bingos e caça-níqueis. Recurso não provido. (TJSP, Ap. n. 0232180-04.2008.8.26.0100/São Paulo, 38ª Câm. de Dir. Priv., rel. César Peixoto, *DJe* 12.02.2015, p. 1.833)

Art. 815. Não se pode exigir reembolso do que se emprestou para jogo ou aposta, no ato de apostar ou jogar.

➥ Veja art. 1.478 do CC/1916.

O jogo e a aposta não são protegidos pelo direito no que concerne à responsabilização dos jogadores e apostadores, retirando o direito daquele que emprestou quantia destinada a jogo ou aposta, de exigir reembolso, desde que o tenha feito no ato de jogar ou apostar.

Art. 816. As disposições dos arts. 814 e 815 não se aplicam aos contratos sobre títulos de bolsa, mercadorias ou valores, em que se estipulem a liquidação exclusivamente pela diferença entre o preço ajustado e a cotação que eles tiverem no vencimento do ajuste.

➥ Veja art. 1.479 do CC/1916.

O art. 816 exclui do campo dos jogos e apostas aqueles títulos de bolsa, mercadorias ou valores, que, muito embora sujeitos às áleas econômicas, terão as suas liquidações estipuladas exclusivamente pela diferença entre o preço ajustado e a cotação que eles tiverem no vencimento do ajuste.

Arts. 817 a 819 — Almeida Guilherme

Art. 817. O sorteio para dirimir questões ou dividir coisas comuns considera-se sistema de partilha ou processo de transação, conforme o caso.

➥ Veja art. 1.480 do CC/1916.

Não é considerado espécie de jogo ou aposta o sistema de sorteio, uma vez que é considerado pelo art. 817 como forma de sistema de partilha ou processo de transação.

CAPÍTULO XVIII
DA FIANÇA

Seção I
Disposições Gerais

Art. 818. Pelo contrato de fiança, uma pessoa garante satisfazer ao credor uma obrigação assumida pelo devedor, caso este não a cumpra.

➥ Veja art. 1.481 do CC/1916.

Contrato de fiança. É o contrato pelo qual uma ou mais pessoas, estranhas à relação contratual, se obrigam perante o credor a garantir ou satisfazer a obrigação do devedor, se este não a cumprir. É contrato unilateral, gratuito, acessório, subsidiário e *intuitu personae* (arts. 818 a 839 do CC).

A fiança é uma espécie do gênero *garantia*. A garantia pode ser *real*, e ela o é quando o devedor fornece um bem móvel ou imóvel para responder, preferencialmente, pelo resgate da dívida, como na hipótese do penhor ou da hipoteca, ou pode ser *pessoal*, como quando terceira pessoa se propõe a pagar a dívida do devedor, se este não o fizer (*vide* Lei n. 8.245/91 e art. 3º, VII, da Lei n. 8.009/90).

▪ Súmula n. 332 do STJ: "A fiança prestada sem autorização de um dos cônjuges implica a ineficácia total da garantia".

▪ Recursos de apelação. Cobrança de IPTU decorrente de imóvel locado contra fiador da locação. Relação jurídica entre as partes e existência da dívida. Fato incontroverso. Concessão de moratória em favor da empresa locatária. Fato não comprovado. 1 – Nos termos do art. 818 do CC, o fiador garante o pagamento da obrigação do locatário quando não adimplida na forma ajustada. 2 – O fiador não se desobriga do pagamento da dívida se não comprova a concessão de moratória em favor do locatário. Recurso não provido. (TJMS, Ap. n. 0001174-82.2010.8.12.0002, 2ª Câm. Cível, rel. Des. Vilson Bertelli, *DJe* 22.04.2015)

Art. 819. A fiança dar-se-á por escrito, e não admite interpretação extensiva.

➥ Veja art. 1.483 do CC/1916.

A fiança não admite interpretação que exceda os limites do contrato, de forma que o fiador responderá apenas o que constar expresso no contrato, e se por acaso existir alguma dú-

Código Civil comentado e anotado   Arts. 819 a 821

vida, esta se resolverá em favor do fiador. A fiança precisa ser feita de forma escrita, pois se for feita verbalmente será inválida.

■ Súmula n. 214 do STJ: "O fiador na locação não responde por obrigações resultantes de aditamento ao qual não anuiu".

■ Apelação. Civil e processo civil. Embargos à execução. Contrato de locação por prazo indeterminado. Prorrogação sem a anuência do fiador. Entendimento STJ. Exclusão polo passivo. 1 – O instituto da fiança deve ser interpretado restritivamente, nos termos do art. 819 do CC. 2 – Os fiadores não são responsáveis por débitos decorrentes da prorrogação da vigência de contrato de locação com a qual não anuíram. Inteligência da Súmula n. 214 do STJ. 3 – Recurso conhecido e não provido. (TJDFT, Ap. n. 20140110162297, 6ª T. Cível, rel. p/ o ac. Des. Jair Soares, *DJe* 12.05.2015, p. 386)

Art. 819-A. (*Vetado.*)
Artigo acrescentado pela Lei n. 10.931, de 02.08.2004.

Art. 820. Pode-se estipular a fiança, ainda que sem consentimento do devedor ou contra a sua vontade.

➡ Veja art. 1.484 do CC/1916.

A **fiança** é contrato acessório que visa a assegurar a obrigação firmada em um contrato principal, podendo para tanto ser estipulada independentemente da vontade do devedor, uma vez que é de interesse exclusivo do credor ver a obrigação devidamente assegurada.

Art. 821. As dívidas futuras podem ser objeto de fiança; mas o fiador, neste caso, não será demandado senão depois que se fizer certa e líquida a obrigação do principal devedor.

➡ Veja art. 1.485 do CC/1916.

O fiador de dívidas futuras só poderá ser demandado a partir do momento em que estas já estiverem líquidas e certas.

■ Embargos à execução. Seguro. Garantia judicial. Prêmios. Cerceamento de defesa. Expresso requerimento de prova. O DL n. 73/66 dispõe que as ações de cobrança de prêmios dos contratos de seguro serão processadas pela forma executiva. Expressamente pactuado que a fiadora se responsabilizaria, solidariamente, pelo cumprimento de todas as obrigações assumidas no contrato. Dívidas futuras podem ser objeto de fiança (CC, art. 821). R. sentença mantida. Recurso de apelação não provido. (TJSP, Ap. n. 0002421-21.2013.8.26.0482/Presidente Prudente, 22ª Câm. de Dir. Priv., rel. Roberto Mac Cracken, *DJe* 23.02.2015, p. 1.690)

■ Apelação cível. Fiança. Sentença *extra petita*. Inocorrência. Inovação recursal. Legitimidade passiva. Cônjuge. Configurada. Art. 515 § 3º, do CPC. Fiança ilimitada. Fiança. Dívida futura possibilidade. Exces-

Arts. 821 a 824 — Almeida Guilherme

so de execução. Impugnação. Justiça gratuita. A questão relativa à legitimidade da parte é de ordem pública, razão pela qual pode ser apreciada de ofício pelo juiz. A questão não suscitada e nem discutida no curso do processo não pode ser objeto de apreciação pelo Tribunal no julgamento da apelação-Tendo o cônjuge se obrigado de forma solidária como garante dos valores relativos à avença firmada, não há que se falar em mera outorga conjugal , devendo responder pelas obrigações contratuais não honradas pelo devedor principal. Nos termos dos arts. 821 e 822 do CC, o contrato de fiança para dívida futura e de prazo ilimitado é permitido, e, sendo a dívida certa e líquida, o fiador poderá ser demandado. Nos termos do art. 739-A, § 5º, do CPC, ao alegar excesso de execução, o embargante deverá declarar o valor que entende correto e apresentar memória de cálculo. É do impugnante o ônus de provar que o impugnado não faz jus ao benefício da gratuidade de justiça. (TJMG, Ap. Cível n. 1.0693.10.004479-3/002, 15ª Câm. Cível, rel. Tiago Pinto, *DJe* 27.03.2015)

Art. 822. Não sendo limitada, a fiança compreenderá todos os acessórios da dívida principal, inclusive as despesas judiciais, desde a citação do fiador.

➡ Veja art. 1.486 do CC/1916.

A fiança em que não existir valor limitado compreenderá todos os acessórios da dívida principal, incluindo despesas judiciais, juros moratórios, honorários advocatícios etc., a partir da citação do fiador. Se a fiança for limitada, o fiador responderá até certa quantia ou até determinada data.

▪ Veja no art. 821 a seguinte decisão: TJMG, Ap. Cível n. 1.0693.10.004479-3/002, 15ª Câm. Cível, rel. Tiago Pinto, *DJe* 27.03.2015.

Art. 823. A fiança pode ser de valor inferior ao da obrigação principal e contraída em condições menos onerosas, e, quando exceder o valor da dívida, ou for mais onerosa que ela, não valerá senão até ao limite da obrigação afiançada.

➡ Veja art. 1.487 do CC/1916.

Não se admite fiança com valor superior ou com condições mais onerosas que a obrigação principal, porque o acessório não pode exceder o principal. Caso tal ocorrer, não haverá anulação da fiança, mas sim a sua redução ao valor da obrigação afiançada. Logo, é permitida a fiança com valor inferior ao da obrigação principal e com condições menos onerosas.

Art. 824. As obrigações nulas não são suscetíveis de fiança, exceto se a nulidade resultar apenas de incapacidade pessoal do devedor.

Parágrafo único. A exceção estabelecida neste artigo não abrange o caso de mútuo feito a menor.

➡ Veja art. 1.488 do CC/1916.

As obrigações nulas (art. 166 do CC) serão insuscetíveis de fiança. Desse modo, diante de uma nulidade, não haveria o que garantir pelo contrato acessório. Exceção, porém, é a obri-

Código Civil comentado e anotado Arts. 824 a 827

gação nula pela incapacidade pessoal do devedor, sobre a qual subsistirá a fiança, salvo o caso de empréstimo de bens fungíveis a menor.

Art. 825. Quando alguém houver de oferecer fiador, o credor não pode ser obrigado a aceitá-lo se não for pessoa idônea, domiciliada no município onde tenha de prestar a fiança, e não possua bens suficientes para cumprir a obrigação.

➡ Veja art. 1.489 do CC/1916.

A simples oferta de fiador não obriga ao credor aceitá-lo, devendo para tanto certificar--se da idoneidade, se reside no município que prestará a fiança e se possui bens suficientes para o cumprimento da obrigação.

■ Locação de imóvel não residencial. Ação ordinária de despejo. Locador que não está obrigado a aceitar fiador domiciliado em município diverso. Inteligência do art. 825 do CC. Locação que deve ser desfeita por descumprimento do contrato (art. 9º, II, Lei n. 8.245/91) Recurso provido. (TJSP, Ap. n. 0001994-02.2013.8.26.0554/Santo André, 32ª Câm. de Dir. Priv., rel. Caio Marcelo Mendes de Oliveira, *DJe* 15.10.2014, p. 1.715)

Art. 826. Se o fiador se tornar insolvente ou incapaz, poderá o credor exigir que seja substituído.

➡ Veja art. 1.490 do CC/1916.

O credor poderá exigir a substituição do fiador, caso este venha a se tornar insolvente ou incapaz.

Seção II
Dos Efeitos da Fiança

Art. 827. O fiador demandado pelo pagamento da dívida tem direito a exigir, até a contestação da lide, que sejam primeiro executados os bens do devedor.
Parágrafo único. O fiador que alegar o benefício de ordem, a que se refere este artigo, deve nomear bens do devedor, sitos no mesmo município, livres e desembargados, quantos bastem para solver o débito.

➡ Veja art. 1.491 do CC/1916.

É direito do fiador exigir, até o momento da contestação, o exaurimento dos bens do devedor para que somente após sejam perseguidos os seus. Porém, o fiador que alegar esse benefício deve indicar os bens do devedor que estejam sitos no mesmo município e sem nenhum ônus.

■ Apelação cível. Locação de imóvel. Embargos à execução. Sentença de primeiro grau que julgou improcedentes os embargos. Inconformismo dos embargantes. Alegação de sentença nula, em virtude de a demanda ter sido analisada de forma superficial. Inconstitucionalidade da penhora do bem de família. Cláusula de renúncia do benefício de ordem, quando originária de contrato de fiança inteiramente predisposto pelo credor, viola a ordem pública. Sentença de primeiro grau que deve ser mantida por seus próprios fundamentos. Inexistência de nulidade da r. sentença, pois o juízo *a quo* a analisou de forma correta. Possibilidade de penhora do bem de família quando se tratar de contrato de fiança. Incidência na hipótese prevista no art. 3º, VII, da Lei n. 8.009/90. Ausência de violação à ordem pública, pois há previsão legal (art. 827 do CC) que permite ao fiador abrir mão de tal garantia, inexistindo comprovação de má-fé do apelado quando da formalização do contrato de locação. Recurso desprovido. (TJSP, Ap. n. 0148436-77.2009.8.26.0100/São Paulo, 27ª Câm. de Dir. Priv., rel. Sergio Alfieri, *DJe* 29.06.2015)

▪ Penhora. Oferecimento de seguro. Garantia. Substituição de penhora *on-line*. Recusa da municipalidade. Pretensão a que seja considerada válida a nomeação. Descabimento. Para que a garantia ofertada seja passível de aceitação é necessário que conste expressamente da mesma o valor atualizado do débito, a cláusula expressa de atualização monetária e juros de mora, de acordo com os critérios estabelecidos para o tributo em discussão, o prazo de validade até o trânsito em julgado da questão e a previsão de cláusula de renúncia aos benefícios concedidos pelos arts. 827 e 829 do CC. Análise de tais elementos que restou inviável no caso, diante da não apresentação da garantia aos autos. Hipótese, ademais, em que a execução deve se processar no interesse do credor e em que cabível a recusa se a oferta não atender aos seus interesses. Decisão mantida. Recurso desprovido. (TJSP, AI n. 2180665-89.2014.8.26.0000/Assis, 14ª Câm. de Dir. Públ., rel. Rodolfo César Milano, *DJe* 09.03.2015, p. 2.162)

Art. 828. Não aproveita este benefício ao fiador:
I – se ele o renunciou expressamente;
II – se se obrigou como principal pagador, ou devedor solidário;
III – se o devedor for insolvente, ou falido.

➥ Veja art. 1.492 do CC/1916.

O benefício de ordem de que trata o art. 827 é ineficaz se o fiador contratualmente o renunciou, ou então solidariamente se obrigou com o devedor principal ou se obrigou como devedor principal ou, por fim, se o devedor principal for insolvente.

▪ Enunciado n. 364 da IV Jornada de Direito Civil: "Arts. 424 e 828: No contrato de fiança é nula a cláusula de renúncia antecipada ao benefício de ordem quando inserida em contrato de adesão".

▪ Apelação cível. Embargos à execução. contrato de locação. Título executivo. Embaros parcialmente procedentes em primeiro grau de jurisdição. Recurso do embargante. Exoneração da fiança. Notificação. Legitimidade passiva à execução patente, porque os débitos se referem a período em que vigente a fiança prestada pelo embargante. Inaplicação do disposto no art. 828, II, do CC. Impontualidade nos pagamentos de aluguéis e encargos. Multa compensatória. Afastamento. Multa moratória perfeitamente aplicável. Recurso parcialmente provido. (TJSP, Ap. n. 4019202-87.2013.8.26.0114/Campinas, 12ª Câm. Ext. de Dir. Priv., rel. Dimitrios Zarvos Varellis, *DJe* 27.03.2015, p. 1.584)

Código Civil comentado e anotado   Arts. 829 a 831

Art. 829. A fiança conjuntamente prestada a um só débito por mais de uma pessoa importa o compromisso de solidariedade entre elas, se declaradamente não se reservarem o benefício de divisão.

Parágrafo único. Estipulado este benefício, cada fiador responde unicamente pela parte que, em proporção, lhe couber no pagamento.

➤ Veja art. 1.493 do CC/1916.

No caso de existir um único débito a ser afiançado e pluralidade de fiadores o assegurando, presume-se que entre estes o débito será solidário, salvo se existir cláusula que atribui a essa relação o benefício de divisão, que importa na divisão proporcional do débito na parte que couber a cada fiador.

■ Veja no art. 827 do CC a seguinte decisão: TJSP, AI n. 2180665-89.2014.8.26.0000/Assis, 14ª Câm. de Dir. Públ., rel. Rodolfo César Milano, *DJe* 09.03.2015, p. 2.162.

Art. 830. Cada fiador pode fixar no contrato a parte da dívida que toma sob sua responsabilidade, caso em que não será por mais obrigado.

➤ Veja art. 1.494 do CC/1916.

O fiador que se compromete a assegurar determinado débito poderá contratualmente estabelecer o montante pelo qual poderá ser responsabilizado, não podendo ser cobrado no excesso deste.

Art. 831. O fiador que pagar integralmente a dívida fica sub-rogado nos direitos do credor; mas só poderá demandar a cada um dos outros fiadores pela respectiva quota.

Parágrafo único. A parte do fiador insolvente distribuir-se-á pelos outros.

➤ Veja art. 1.495 do CC/1916.

O fiador que paga integralmente a dívida sub-roga-se, automaticamente, nos direitos do credor em recebê-la, porém não poderá cobrá-la integralmente dos outros fiadores, devendo cobrar de cada um o correspondente à sua quota-parte.

■ Apelação cível. Locação. Ressarcimento. Locativos pagos pelos fiadores. Contrato de locação de imóvel não residencial. Preliminar de nulidade da sentença, por cerceamento de defesa. Matéria de direito. Desnecessidade de produção de prova oral. Julgamento antecipado. Arts. 130 e 330, I, do CPC. Preliminar rejeitada. Ação de ressarcimento promovida pela fiadora contra o locatário. Pagamento realizado pelos fiadores. Art. 831, CC . Sub-rogação configurada em seu favor. Art. 346, III, CC. Ressarcimento que se impõe. Precedentes. Apelação desprovida. (TJRS, Ap. Cível n. 70.059.801.688, 16ª Câm. Cível, rel. Des. Catarina Rita Krieger Martins, j. 26.02.2015)

■ Locação de imóvel. Ação regressiva contra locatário procedente. Tempestividade da emenda da inicial. Fiador sub-rogado nos direitos do credor. Art. 831 do CC. Apelação não provida. (TJSP, Ap. n. 1007961-43.2014.8.26.0047/Assis, 33ª Câm. de Dir. Priv., rel. Luiz Eurico, *DJe* 31.07.2015)

Arts. 832 a 834 — Almeida Guilherme

Art. 832. O devedor responde também perante o fiador por todas as perdas e danos que este pagar, e pelos que sofrer em razão da fiança.

➡ Veja art. 1.496 do CC/1916.

O débito a ser solvido pelo devedor perante seu fiador abrangerá, além do valor principal devidamente corrigido e atualizado, todos os valores que o fiador teve que desembolsar em razão da fiança, bem como qualquer prejuízo que este venha sofrer.

■ Apelação cível. Indenizatória por danos materiais e morais. Fiança prestada pela autora em prol do acionado em contrato de locação. Inépcia da inaugural. Inconsistência. Inteligibilidade manifesta da peça. Carência de ação. Inocorrência. Direito de regresso garantido à fiadora. Art. 832 do CC. Prescrição não operada. Lapso, o do disposto no art. 205 da lei substantiva civil, contado da data em que a fiadora/acionante suportou a obrigação. Incontroversa relação de fiança e comprovação dos prejuízos patrimoniais. Reembolso devido. Inviabilidade da pretensão envolvendo reparatória por danos imateriais. Risco inerente ao contrato. Sentença reformada. Recurso parcialmente provido. (TJSP, Ap. n. 4000306-62.2013.8.26.0577/São José dos Campos, 12ª Câm. Ext. de Dir. Priv., rel. Tercio Pires, *DJe* 05.08.2015)

Art. 833. O fiador tem direito aos juros do desembolso pela taxa estipulada na obrigação principal, e, não havendo taxa convencionada, aos juros legais da mora.

➡ Veja art. 1.497 do CC/1916.

Incluem-se no valor principal da dívida os juros referentes à quantia desembolsada pelo fiador e também a taxa convencionada na obrigação principal. Na ausência desta, serão utilizados os juros legais da mora.

Art. 834. Quando o credor, sem justa causa, demorar a execução iniciada contra o devedor, poderá o fiador promover-lhe o andamento.

➡ Veja art. 1.498 do CC/1916.

O credor que injustificadamente demorar a iniciar execução contra o devedor ensejará ao fiador a promoção do andamento da ação, visando a dar cabo à contenda, ou seja, a fim de evitar que sua responsabilidade se prolongue e tenha de arcar com as consequências da demora no resultado da demanda.

■ Ação de cobrança. Contrato de abertura de crédito (BB Giro Empresa Flex). Inadimplência. Procedência. Prestígio. CDC. Inaplicabilidade. Relação de consumo não restou configurada entre o banco e a empresa pessoa jurídica com escopo norteado para a colheita de lucro sem afetação de hipossuficiência. Fiança. Legalidade. Hipótese de contrato com previsão de renúncia aos benefícios dos arts. 827, 830, 834, 835, 837 e 838 do CC. Cláusula 27ª de fls. 17/18. Concordância expressa dos fiadores com os termos pactuados. Sentença mantida nos moldes do art. 252 do Regimento Interno da Corte. Apelos desprovidos. (TJSP, Ap. n. 1000265-88.2014.8.26.0003/São Paulo, 22ª Câm. de Dir. Priv., rel. Sérgio Rui, *DJe* 09.10.2014, p. 1.768)

Código Civil comentado e anotado

Art. 835

Art. 835. O fiador poderá exonerar-se da fiança que tiver assinado sem limitação de tempo, sempre que lhe convier, ficando obrigado por todos os efeitos da fiança, durante sessenta dias após a notificação do credor.

➡ Veja art. 1.500 do CC/1916.

Tendo em vista o art. 835, fortalece-se a tendência jurisprudencial, ou seja, a tese de aplicação da exoneração do fiador às hipóteses de fiança locatícia, por meio da simples notificação ao credor, sem a necessidade de se esperar a efetivação da desocupação do imóvel pelo inquilino. Ao proprietário, solapado de sua garantia, resta o direito de exigir nova garantia, seja pessoal ou real, do locatário, que, se não o prover, poderá sofrer denunciação do contrato e ser despejado. O art. 835 inova em apresentar o prazo de sessenta dias após a notificação autoexoneratória do fiador em que este continua "obrigado por todos os efeitos da fiança", solapando, assim, a vetusta redação que o deixava obrigado pelos efeitos da fiança "anteriores ao ato amigável, ou à sentença que o exonerar".

■ Súmula n. 214 do STJ: "O fiador na locação não responde por obrigações resultantes de aditamento ao qual não anuiu".

■ Enunciado n. 547 da VI Jornada de Direito Civil: "Na hipótese de alteração da obrigação principal sem o consentimento do fiador, a exoneração deste é automática, não se aplicando o disposto no art. 835 do Código Civil quanto à necessidade de permanecer obrigado pelo prazo de 60 (sessenta) dias após a notificação ao credor, ou de 120 (cento e dias) dias no caso de fiança locatícia".

■ Fiança. Recurso especial. Prorrogação de fiança em contrato bancário. Julgamento afetado à segunda seção para pacificação da matéria no âmbito do STJ. Contrato bancário. Caracteriza-se por ser, em regra, cativo e de longa duração, prorrogando-se sucessivamente. Fiança prevendo claramente sua prorrogação, caso ocorra a da avença principal. Interpretação extensiva. Inexistência. Aplicação da mesma exegese pacificada no âmbito do STJ. Antes mesmo da nova redação conferida ao art. 39 da Lei do Inquilinato pela Lei n. 12.112/2009. No tocante à admissão da prorrogação da fiança em contrato de locação, quando expressamente prevista na pactuação acessória. Fiadores que, durante o prazo de prorrogação contratual, não promoveram notificação resilitória, nos moldes do disposto no art. 835 do CC. Pretensão de exoneração da fiança. Inviabilidade. 1 – A fiança foi pactuada para garantia fidejussória de dívida de sociedade empresária da qual eram sócios os recorrentes, previamente definido o montante e a possibilidade de prorrogação da avença principal e da acessória, constando da sentença que a presente ação de exoneração da fiança somente foi proposta após o ajuizamento anterior, pelo Banco, da ação de execução em face da devedora principal e dos fiadores. 2 – A prorrogação do contrato principal, a par de ser circunstância prevista em cláusula contratual, previsível no panorama contratual –, comporta ser solucionada adotando-se a mesma diretriz conferida para fiança em contrato de locação. Antes mesmo da nova redação do art. 39 da Lei do Inquilinato pela Lei n. 12.112/2009 –, pois é a mesma matéria disciplinada pelo CC. 3 – A interpretação extensiva da fiança constitui em utilizar analogia para ampliar as obrigações do fiador ou a duração do contrato acessório, não o sendo a observância àquilo que foi expressamente pactuado, sendo certo que as causas específicas legais de extinção da fiança são taxativas. 4 – Com efeito, não há falar em nulidade da disposição contratual que prevê prorrogação da fiança, pois não admitir interpretação extensiva significa tão somente que o fiador responde, precisamente, por aquilo que declarou no instrumento da fiança. 5 – Porém, independentemente das disposições contratuais, é reconhecida a faculdade do fiador de, no período de prorrogação con-

479

Arts. 835 a 837 — Almeida Guilherme

tratual, promover notificação resilitória, nos moldes do disposto no art. 835 do CC. 6 – Recurso especial não provido. (STJ, REsp n. 1.253.411, 2ª S., rel. Min. Luis Felipe Salomão, *DJe* 04.08.2015, p. 3.258)

▪ Veja no art. 834 a seguinte decisão: TJSP, Ap. n. 1000265-88.2014.8.26.0003/São Paulo, 22ª Câm. de Dir. Priv., rel. Sérgio Rui, *DJe* 09.10.2014, p. 1.768.

Art. 836. A obrigação do fiador passa aos herdeiros; mas a responsabilidade da fiança se limita ao tempo decorrido até a morte do fiador, e não pode ultrapassar as forças da herança.

➡ Veja art. 1.501 do CC/1916.

É importante diferenciar os dois efeitos que a fiança poderá produzir, caso o fiador venha a falecer durante a vigência do contrato de fiança. O primeiro efeito se refere aos efeitos do contrato propriamente dito, ou seja, faz-se referência à obrigatoriedade do contrato de fiança após a morte do fiador, que não se transmitirá aos herdeiros, pois a fiança é contrato personalíssimo, de forma que a partir da morte do fiador, o contrato de fiança estará automaticamente extinto. O segundo efeito é em relação à obrigação de solver a dívida contraída pelo devedor principal durante a vida do fiador, que, se vier a falecer, obrigará aos herdeiros nos limites da herança a cumprir a garantia fidejussória, uma vez que sua obrigação em pagar foi originada em vida, durante a vigência do contrato.

▪ Agravo de instrumento. Locação. Execução de título extrajudicial movida contra fiadora. Notícia de falecimento no curso do processo. Pedido de habilitação dos herdeiros. Deferimento. Decisão mantida. Responsabilidade dos herdeiros restrita ao débito vencido até o falecimento da fiadora. Art. 836 do CC. (correspondente ao art. 1.501 do CC/1916). Obrigação transmitida, observados os limites das forças herança. Recurso não provido. (TJSP, AI n. 2126656-46.2015.8.26.0000/Limeira, 33ª Câm. de Dir. Priv., rel. Sá Moreira de Oliveira, *DJe* 30.07.2015)

Seção III
Da Extinção da Fiança

Art. 837. O fiador pode opor ao credor as exceções que lhe forem pessoais, e as extintivas da obrigação que competem ao devedor principal, se não provierem simplesmente de incapacidade pessoal, salvo o caso do mútuo feito a pessoa menor.

➡ Veja art. 1.502 do CC/1916.

O fiador só poderá defender-se da fiança perante o credor baseando-se naquelas matérias que tratam de direito pessoal, tais como as nulidades e anulabilidades a que estão sujeitos os vínculos contratuais em tela, desde que não sejam pautados pela simples incapacidade do credor, excetuando-se o empréstimo realizado a pessoa que ainda não tenha atingido sua plena capacidade civil (art. 5º do CC).

▪ Veja no art. 834 a seguinte decisão: TJSP, Ap. n. 1000265-88.2014.8.26.0003/São Paulo, 22ª Câm. de Dir. Priv., rel. Sérgio Rui, *DJe* 09.10.2014, p. 1.768.

Código Civil comentado e anotado   Arts. 837 a 839

- Apelação. Locação de bem móvel. Embargos à execução de título executivo extrajudicial. Fiança. Pretensão de extinção da garantia decorrente do afastamento da fiadora da administração da empresa afiançada. Impossibilidade. Garantia de caráter pessoal embargante executada na qualidade de fiadora e não de sócia da pessoa jurídica locatária. Cumulação de multa moratória, multa pela rescisão antecipada do contrato e multa por infração contratual. Descabimento um único fato gerador só pode ensejar uma penalidade. A relação havida entre a executada e seus sócios não pode servir para extinguir a garantia que foi espontaneamente prestada, depois de constituído o crédito em favor da exequente, pois tal situação não se insere em qualquer das hipóteses que ensejam a extinção da fiança, previstas nos arts. 837 e 839 do CC, uma vez que a alteração do quadro societário da empresa ou a alteração da sua administração não modifica a responsabilidade do fiador, de caráter pessoal, pelas obrigações assumidas. Para o mesmo fato gerador, só pode haver uma sanção, a fim de se evitar *bis in idem* e enriquecimento ilícito. Tendo sido estipuladas multas específicas para a mora no pagamento do aluguel e para a rescisão antecipada do contrato, não pode ser aplicada a sanção genérica prevista para qualquer infração contratual. Apelação provida em parte. (TJSP, Ap. n. 0110426-56.2012.8.26.0100/São Paulo, 30ª Câm. de Dir. Priv., rel. Lino Machado, *DJe* 19.11.2014, p. 1.749)

Art. 838. O fiador, ainda que solidário, ficará desobrigado:
I – se, sem consentimento seu, o credor conceder moratória ao devedor;
II – se, por fato do credor, for impossível a sub-rogação nos seus direitos e preferências;
III – se o credor, em pagamento da dívida, aceitar amigavelmente do devedor objeto diverso do que este era obrigado a lhe dar, ainda que depois venha a perdê-lo por evicção.

➡ Veja art. 1.503 do CC/1916.

O fiador poderá se desobrigar, mesmo que seja solidário ao devedor primitivo, quando o credor conceder prazo suplementar (moratória) ao devedor e com esse prazo o fiador não tenha anuído, ou então quando o ato do credor prejudique o direito do fiador em sub-rogar-se no crédito que era devido pelo devedor primitivo. Por fim, será desobrigado o fiador quando o credor aceitar objeto diverso daquele previamente convencionado e este venha a se perder por evicção.

- Veja no art. 834 a seguinte decisão: TJSP, Ap. n. 1000265-88.2014.8.26.0003/São Paulo, 22ª Câm. de Dir. Priv., rel. Sérgio Rui, *DJe* 09.10.2014, p. 1.768.

Art. 839. Se for invocado o benefício da excussão e o devedor, retardando-se a execução, cair em insolvência, ficará exonerado o fiador que o invocou, se provar que os bens por ele indicados eram, ao tempo da penhora, suficientes para a solução da dívida afiançada.

➡ Veja art. 1.504 do CC/1916.

Se o fiador alegar o benefício de excussão, que nada mais é que obrigar que sejam exauridos os bens do devedor antes de perseguir os do fiador, e por demora na execução o devedor cair em insolvência, poderá o fiador se exonerar da fiança, desde que prove que os bens que foram indicados por ele eram suficientes para o solvimento da dívida ao tempo da penhora.

- Veja no art. 837 a seguinte decisão: TJSP, Ap. n. 0110426-56.2012.8.26.0100/São Paulo, 30ª Câm. de Dir. Priv., rel. Lino Machado, *DJe* 19.11.2014, p. 1.749.

CAPÍTULO XIX
DA TRANSAÇÃO

Art. 840. É lícito aos interessados prevenirem ou terminarem o litígio mediante concessões mútuas.

➥ Veja art. 1.025 do CC/1916.

A transação é o negócio jurídico bilateral pelo qual as partes previnem ou extinguem relações jurídicas duvidosas ou litigiosas, por meio de concessões recíprocas, ou ainda em troca de determinadas vantagens pecuniárias.

Das espécies de transação. A transação é classificada de conformidade com o fim a que se destina: prevenir litígio ou terminar litígio. A primeira, como se poderá facilmente notar, firma residência em sede extrajudicial, pois nenhuma ação, ainda, foi proposta objetivando concretizar o direito. Nesse caso, procura-se prevenir a lide por meio da transação. Na segunda espécie, o tema já foi submetido ao poder jurisdicional do Estado, em que as partes terão todas as possibilidades de demonstrar a existência ou não do direito. O ônus de provar e o estado de angústia das partes poderão ser evitados com a transação que terminará o litígio. Na essência, não existem diferenças entre ambas, apenas na forma.

■ Ação de revisão contratual. Acordo homologado judicialmente. Eficácia entre as partes. Efeito de coisa julgada. Ausência de interesse de agir. Extinção do processo. Manutenção. A transação é negócio jurídico bilateral, instrumento pelo qual as partes interessadas fazem concessões mútuas, previnem ou extinguem obrigações litigiosas ou duvidosas, nos termos do art. 840 do CC/2002. Havendo composição das pretensões das partes, desaparece o caráter litigioso da coisa e, portanto, ausente o interesse de agir. Recurso não provido. (TJMG, AC n. 1.0342.12.013818-1/001, 12ª Câm. Cível, rel. Domingos Coelho, *DJe* 24.06.2015)

■ Agravo de instrumento. Ação de extinção de condomínio. Celebração de acordo. Homologação. Venda do imóvel Condição não prevista na transação para a saída da agravada. Interpretação restritiva. Art. 843 do CC. Aplicação. Nos termos do art. 840 do CCB, a transação constitui um negócio jurídico bilateral, no qual as partes, mediante concessões mútuas, previnem ou terminam um litígio existente. Depreende-se que a desocupação da agravada não está condicionada à venda do imóvel, mas, apenas ao transcurso do prazo de quinze dias contados da assinatura do acordo. Saliente-se que a interpretação do acordo deve ser feita de forma restritiva, conforme estabelece o art. 843, do CC. (TJMG, AI n. 1.0024.07.491763-4/001, 17ª Câm. Cível, rel. Eduardo Mariné da Cunha, *DJe* 21.05.2015)

Art. 841. Só quanto a direitos patrimoniais de caráter privado se permite a transação.

➥ Veja art. 1.035 do CC/1916.

A transação só será permitida em relação a direitos patrimoniais de caráter privado. Portanto, não cabe transação em casos de direito indisponível. O mesmo ocorre com a arbitragem (art. 1º da Lei n. 9.307/96) (*vide* GUILHERME, Luiz Fernando do Vale de Almeida. *Manual dos MESCs: Meios Extrajudiciais de Solução de Conflitos*, Barueri, Manole, 2016), sendo indispo-

Código Civil comentado e anotado   Arts. 841 a 843

nível também transação a respeito de estado civil e direitos da criança e do adolescente, pois todos são matérias de ordem pública.

■ Embargos de declaração. Acordo firmado pelas partes juntado aos autos após o julgamento das apelações. *Quod non est in actis non est in mundo.* Inexistência de omissão. O ato das partes consistente em declaração bilateral de vontades, prevalece sobre a decisão judicial, quando se cuidar, como no caso, de direito disponível, em relação ao qual se admite a transação (art. 841 do CC), produzindo imediatamente a constituição, a modificação ou a extinção de direitos processuais (art. 158 do CPC). Recurso rejeitado com observação. (TJSP, Emb. Decl. n. 4013587-33.2013.8.26.0562/Santos, 1ª Câm. de Dir. Priv., rel. Alcides Leopoldo e Silva Júnior, *DJe* 13.03.2015, p. 1.718)

Art. 842. A transação far-se-á por escritura pública, nas obrigações em que a lei o exige, ou por instrumento particular, nas em que ela o admite; se recair sobre direitos contestados em juízo, será feita por escritura pública, ou por termo nos autos, assinado pelos transigentes e homologado pelo juiz.

➡ Veja art. 1.028 do CC/1916.

A transação pode ser: *extrajudicial* e *judicial*. Extrajudicial será a transação pautada pela vontade das partes. Já a transação judicial se realiza no curso de um processo, recaindo sobre direitos contestados em juízo, e deve ser feita:

a) por termo nos autos, assinado pelos transigentes e homologado pelo juiz;

b) por escritura pública, nas obrigações em que a lei exige, ou particular, nas que ela a admite, que depois de assinada pelos transigentes será juntada aos autos, tendo em seguida a homologação judicial, sem a qual a instância não cessará.

■ Processo civil. Recurso especial. Reclamação. Devida prestação jurisdicional. Tese não prequestionada. Inovação. Acórdão recorrido. Fundamento exclusivamente constitucional. Recurso a que se nega provimento. 1 – A questão concernente à existência de suposto acordo celebrado entre as partes. Defendida com amparo nos arts. 269, III, 467, 471, *caput*, e 472, primeira parte, do CPC e ao art. 842, segunda parte, do CC/2002. Somente foi ventilada nos embargos declaratórios opostos pelo Estado do Pará, motivo pelo qual não foi examinada na Corte local, por se tratar de matéria nova e desvinculada da reclamação, não suscitada antes pelo ora agravado. 2 – Na hipótese, inexistente omissão no acórdão recorrido, porquanto explícitos os fundamentos pelos quais se entendeu pela impossibilidade da análise, em sede de reclamação, do referido acordo, relativo ao mandado de segurança transitado em julgado. 3 – Para se aferir eventual violação ao art. 471, I, do CPC seria imprescindível o reexame da reclamação neste STJ, providência descabida ante a fundamentação exclusivamente constitucional adotada no Tribunal *a quo*. Precedentes. 4 – Agravo regimental ao qual se nega provimento. (STJ, Ag. Reg.-REsp n. 1.319.724, 5ª T., rel. Min. Jorge Mussi, *DJe* 30.04.2015, p. 1.415)

Art. 843. A transação interpreta-se restritivamente, e por ela não se transmitem, apenas se declaram ou reconhecem direitos.

➡ Veja art. 1.027 do CC/1916.

Arts. 843 a 845 — Almeida Guilherme

A transação é negócio jurídico declaratório, uma vez que tão somente reconhece ou declara direitos, tornando certa uma situação jurídica controvertida. Nelson Nery Jr. e Rosa Maria Nery prelecionam: "Transação. É negócio jurídico de direito privado que pode ser celebrado dentro (p. ex., na audiência) ou fora do processo (arts. 840 a 850 do CC; arts. 1.025 a 1.036 do CC/1916). Pode ocorrer pela iniciativa das partes ou do juiz (conciliação). Levado ao conhecimento do juiz, este deve extinguir o processo com julgamento do mérito (art. 269, III, do CPC; art. 487, III, *b*, do novo CPC), se estiverem presentes os requisitos formais e substanciais da transação. Não é válida quando versar sobre direito indisponível. A regra é que as próprias partes que transigiram estabeleçam a quem cabe as despesas e os honorários de advogado. Somente quando o negócio jurídico de transação for omisso a esse respeito é que incidirá a norma, devendo o juiz dividir entre elas a despesa, de forma proporcional ao que restou convencionado na transação" (*Código de Processo Civil comentado e legislação extravagante*. 7. ed. São Paulo, RT, 2003, p. 392).

■ Veja no art. 840 a seguinte decisão: TJMG, AI n. 1.0024.07.491763-4/001, 17ª Câm. Cível, rel. Eduardo Mariné da Cunha, *DJe* 21.05.2015.

Art. 844. A transação não aproveita, nem prejudica senão aos que nela intervierem, ainda que diga respeito a coisa indivisível.

§ 1º Se for concluída entre o credor e o devedor, desobrigará o fiador.

§ 2º Se entre um dos credores solidários e o devedor, extingue a obrigação deste para com os outros credores.

§ 3º Se entre um dos devedores solidários e seu credor, extingue a dívida em relação aos codevedores.

➥ Veja art. 1.031 do CC/1916.

A transação vincula somente as partes envolvidas no negócio jurídico *sui generis*, ou seja, extingue a obrigação só dessas partes e, também, desobrigará o fiador, credor solidário e devedor solidário.

■ Enunciado n. 442 da V Jornada de Direito Civil: "A transação, sem a participação do advogado credor dos honorários, é ineficaz quanto aos honorários de sucumbência definidos no julgado".

■ Apelação. Ação cominatória c/c indenizatória. Realização de nova indevida anotação restritiva em nome do autor, por parte do banco corréu. Autor que celebra transação com a instituição financeira, no curso do processo. Quadro não justificando o reconhecimento da corresponsabilidade da empresa encarregada da cobrança, que não consta ter participado do ato que implicou a nova anotação restritiva. Hipótese em que, de todo modo, teria aplicabilidade a regra do art. 844, § 3º, do CC. Sentença de rejeição dos pedidos. Confirmação. Apelação a que se nega provimento. (TJSP, Ap. n. 4005085-50.2013.8.26.0451/Piracicaba, 19ª Câm. de Dir. Priv., rel. Ricardo Pessoa de Mello Belli, *DJe* 25.06.2015)

Art. 845. Dada a evicção da coisa renunciada por um dos transigentes, ou por ele transferida à outra parte, não revive a obrigação extinta pela transação; mas ao evicto cabe o direito de reclamar perdas e danos.

Código Civil comentado e anotado · Arts. 845 a 848

Parágrafo único. Se um dos transigentes adquirir, depois da transação, novo direito sobre a coisa renunciada ou transferida, a transação feita não o inibirá de exercê-lo.

➡ Veja art. 1.032 do CC/1916.

Se houver evicção da coisa renunciada por um dos transigentes, ou por ele transferida à outra parte, a obrigação extinta pela transação não renascerá. O evicto poderá tão somente pleitear o pagamento das perdas e danos. Evicção (arts. 447 a 457 do CC) é o desapossamento judicial, ou seja, a tomada da coisa ou do direito real, detida por outrem, embora por justo título. A Professora Maria Helena Diniz preleciona: "se, depois de concluída a transação, um dos transigentes vier a adquirir novo direito sobre a coisa renunciada ou transferida, não estará impedido de exercê-lo, pois a transação não implicará renúncia a direito futuro, mas apenas ao que o litígio objetivava" (op. cit., p. 542).

▪ Processual civil. Agravo de instrumento. Ação de usucapião. Transação. Ação anulatória. Suspensão do processo. Não cabimento. Recurso provido, à unanimidade de votos. A aplicação da norma processual que permite às partes pôr fim ao litigo por meio da transação (arts. 269 e 794, II, ambos do CPC), desde que se refira a direitos disponíveis, como no caso em questão, é indiscutível. O fato de existir uma ação anulatória, pendente de julgamento, não se afigura suficiente para que o juízo *a quo* negue a vontade das partes em ter sua transação homologada por sentença, notadamente porque a própria legislação, constante do art. 845 do CC, atenta à possibilidade de se reconhecer, posteriormente ao acordo, a evicção do bem. A suspensão *in casu* não se justifica, afigurando-se extremamente prejudicial às partes tal ônus. Caso reste a empresa demandada carecedora do direito de propriedade sobre o bem ora transigido, o instituto da evicção pode ser invocado em ação futura, coforme previsão expressa constante do CC. (TJPE, AI n. 0006609-29.2015.8.17.0000, 3ª Câm. Cível, rel. Des. Bartolomeu Bueno, *DJe* 03.08.2015, p. 121)

Art. 846. A transação concernente a obrigações resultantes de delito não extingue a ação penal pública.

➡ Veja art. 1.033 do CC/1916.

Caso tenha obrigação penal pública resultante de delito, a vítima e o agente causador podem transigir somente no âmbito das relações privadas.

Art. 847. É admissível, na transação, a pena convencional.

➡ Veja art. 1.034 do CC/1916.

Na transação será possível convencionar cláusula penal, observando os arts. 408 a 416 do CC.

Art. 848. Sendo nula qualquer das cláusulas da transação, nula será esta.
Parágrafo único. Quando a transação versar sobre diversos direitos contestados, independentes entre si, o fato de não prevalecer em relação a um não prejudicará os demais.

Arts. 848 e 849 Almeida Guilherme

➡ Veja art. 1.026 do CC/1916.

A indivisibilidade é essencial na transação. Assim, se nula for qualquer de suas cláusulas, nula será a transação.

■ Embargos de declaração de opostos em face de acórdão deste colegiado. Ausência de omissão, contradição ou obscuridade. Propósito manifestante infringente. Inadequação da via recursal eleita. Caráter protelatório. Aplicação da multa prevista no art. 538, parágrafo único, do CPC. 1 – Como dito no acórdão ora embargado, conforme recente decisão da Quarta Turma do STJ, prolatada no REsp n. 1.405.102/SC, envolvendo a mesma matéria ora em apreciação – inclusive, mesmos planos de benefícios –, a Súmula n. 289/STJ, ao prescrever que a restituição das parcelas pagas a plano de previdência privada deve ser objeto de correção plena, por índice que recomponha a efetiva desvalorização da moeda, deixa límpido que se cuida de hipótese em que há o rompimento do vínculo contratual previdenciário. Não se tratando de situação em que, por acordo de vontades, envolvendo concessões recíprocas, haja migração de participantes, ora assistidos em gozo do benefício de previdência privada para outro plano, auferindo em contrapartida vantagem. 2 – Igualmente, foi alinhavado que, como a migração ocorre por meio de transação, conforme dispõe o art. 848 do CC, sendo nula qualquer das cláusulas da transação, nula será está. Dessarte, em todo caso, eventual nulidade de cláusula contratual, implicaria o retorno ao *statu quo ante* – o que nem sequer é cogitado pela ora embargante, malgrado afirme ter sido lesada. 3 – Verifica-se o nítido propósito de rediscutir a decisão e para tanto não se presta a via eleita. Evidente o caráter manifestamente protelatório dos embargos de declaração, o que enseja a aplicação da multa prevista no art. 538, parágrafo único, do CPC. 4 – Embargos de declaração rejeitados, com aplicação de multa. (STJ, Emb. Decl.-Ag. Reg.-REsp n. 1.451.384, 4ª T., rel. Min. Luis Felipe Salomão, *DJe* 23.06.2015, p. 1.531)

Art. 849. A transação só se anula por dolo, coação, ou erro essencial quanto à pessoa ou coisa controversa.

Parágrafo único. A transação não se anula por erro de direito a respeito das questões que foram objeto de controvérsia entre as partes.

➡ Veja art. 1.030 do CC/1916.

O art. 849 dispõe que o contrato de transação somente se anula pelos defeitos do negócio jurídico dispostos no art. 171, II, do CC. O parágrafo único esclarece que a transação não será passível de anulação se o erro for de direito ou proveniente de questões que foram objeto de controvérsia entre as partes.

■ Agravo de instrumento. Acordo celebrado entre as partes. Direitos disponíveis. Necessidade de homologação. Recurso provido. Efeito translativo. Extinção do processo. 1 – Consoante o disposto no art. 849 do CC, a transação só se anula por dolo, coação ou erro essencial quanto à pessoa ou coisa controversa, não se admitindo o indeferimento da homologação pelo magistrado caso o acordo verse sobre direitos disponíveis e as partes possuam plena capacidade. 2 – Ademais, no caso de transação, o Juiz não julga, nem resolve o mérito da lide, apenas homologa o acordo. 3 – Por força do chamado efeito translativo dos recursos, pode o órgão julgador, independentemente do que lhe tenha sido devolvido pela impugnação formulada pelo recorrente, manifestar-se sobre matéria de ofício. (TJMG, AI n. 1.0433.11.004111-1/001, 11ª Câm. Cível, rel. Marcos Lincoln, *DJe* 23.02.2015)

Código Civil comentado e anotado   Arts. 850 a 853

Art. 850. É nula a transação a respeito do litígio decidido por sentença passada em julgado, se dela não tinha ciência algum dos transatores, ou quando, por título ulteriormente descoberto, se verificar que nenhum deles tinha direito sobre o objeto da transação.

➥ Veja art. 1.036 do CC/1916.

Duas são as causas de nulidade absoluta da transação: (i) litígio já decidido por sentença passada em julgado, sem o conhecimento de algum dos transatores, pois o direito deixou de ser duvidoso; logo, nada haverá que transigir; (ii) descoberta de título anterior, que indique ausência de direito sobre o objeto da transação relativamente a qualquer dos transatores. Ocorrendo qualquer dessas circunstâncias, apenas os próprios transatores são partes legítimas para ajuizar a anulatória.

CAPÍTULO XX
DO COMPROMISSO

Art. 851. É admitido compromisso, judicial ou extrajudicial, para resolver litígios entre pessoas que podem contratar.

➥ Sem correspondência no CC/1916.

Compromisso (arts. 851 a 853 do CC e, ainda, Lei n. 9.307/96). O art. 851 nos elucida a respeito da possibilidade de compromisso, seja ele judicial ou extrajudicial, a fim de resolver litígios entre os contratantes (Lei n. 9.307/96, art. 9º, §§ 1º e 2º). O compromisso se confirma por meio da cláusula arbitral ou do compromisso arbitral. A cláusula arbitral é adicionada com o objetivo de comprometer as partes a se submeterem à arbitragem, caso futuramente surjam conflitos. O compromisso arbitral é a convenção bilateral pela qual as partes renunciam à jurisdição estatal e se obrigam a se submeter à decisão de árbitros por elas indicados, ou ainda o instrumento de que se valem os interessados para, de comum acordo, atribuírem a terceiro (denominado árbitro) a solução de pendências entre eles existentes.

Art. 852. É vedado compromisso para solução de questões de estado, de direito pessoal de família e de outras que não tenham caráter estritamente patrimonial.

➥ Sem correspondência no CC/1916.

Quando se opta pelo juízo arbitral, faz-se necessário observar os arts. 1º a 3º da Lei n. 9.307/96. Esta lei admite que pessoas capazes de contratar possam utilizar a arbitragem para dirimir seus litígios relativos a direitos patrimoniais, a qualquer momento e mediante convenção de arbitragem escrita, assim entendida a cláusula compromissória e o compromisso arbitral. Portanto, em questões atinentes ao interesse estatal, e de direito pessoal de família ou outras questões que não possuam o caráter estritamente patrimonial, o compromisso é vedado.

Art. 853. Admite-se nos contratos a cláusula compromissória, para resolver divergências mediante juízo arbitral, na forma estabelecida em lei especial.

487

Arts. 853 a 855 — Almeida Guilherme

➡ Sem correspondência no CC/1916.

É admitido o uso de cláusula compromissória nos contratos, com objetivo de solucionar conflitos perante juízo arbitral. Deve-se obedecer às formas estabelecidas na lei especial (Lei n. 9.307/96). *Vide* GUILHERME, Luiz Fernando do Vale de Almeida. *Manual de arbitragem*. 3. ed. São Paulo, Saraiva, 2012.

TÍTULO VII
DOS ATOS UNILATERAIS

CAPÍTULO I
DA PROMESSA DE RECOMPENSA

Art. 854. Aquele que, por anúncios públicos, se comprometer a recompensar, ou gratificar, a quem preencha certa condição, ou desempenhe certo serviço, contrai obrigação de cumprir o prometido.

➡ Veja art. 1.512 do CC/1916.

Atos unilaterais. São atos lícitos (art. 185 do CC), fonte obrigacional, praticados por alguém. Também chamados pelos doutrinadores de declaração unilateral de vontade, considerada uma das fontes das obrigações que derivam da manifestação unilateral de vontade de uma só pessoa.

Promessa de recompensa. É a declaração de vontade feita mediante anúncio público, pela qual uma pessoa se obriga a dar gratificação a quem preencher certa condição ou praticar certo ato. A partir do momento em que essa declaração se tornar pública, existe a obrigação.

▪ Súmula n. 15 do STF: "Dentro do prazo de validade do concurso, o candidato aprovado tem o direito à nomeação, quando o cargo fôr preenchido sem observância da classificação".

▪ Agravo de instrumento. Recurso que se volta contra decisão monocrática que indeferiu pedido de antecipação dos efeitos da tutela. Home care. A agravada, que oferece aos usuários serviço de assistência médica domiciliar, no seu sítio eletrônico, responde pela oferta. Aplicação da norma do art. 854 do CC, por analogia, consentida na doutrina, tanto quanto da norma do art. 37, § 1º, do CDC. Recurso provido. (TJSP, AI n. 2132932-30.2014.8.26.0000/Nhandeara, 7ª Câm. de Dir. Públ., rel. Luiz Sergio Fernandes de Souza, *DJe* 19.11.2014, p. 1.888)

Art. 855. Quem quer que, nos termos do artigo antecedente, fizer o serviço, ou satisfizer a condição, ainda que não pelo interesse da promessa, poderá exigir a recompensa estipulada.

➡ Veja art. 1.513 do CC/1916.

Aquele que, mesmo sem a intenção de receber a recompensa, realizar a condição ou serviço, fará jus a ela, podendo exigi-la do promitente.

Código Civil comentado e anotado

Arts. 856 a 859

Art. 856. Antes de prestado o serviço ou preenchida a condição, pode o promitente revogar a promessa, contanto que o faça com a mesma publicidade; se houver assinado prazo à execução da tarefa, entender-se-á que renuncia o arbítrio de retirar, durante ele, a oferta.

Parágrafo único. O candidato de boa-fé, que houver feito despesas, terá direito a reembolso.

➡ Veja art. 1.514 do CC/1916.

A **promessa de recompensa** é um contrato pelo qual determinado proponente, por meio de publicidade, oferta determinada retribuição a outrem, desde que este cumpra determinada condição ou execute uma tarefa. No momento da proposta, o proponente se vincula ao pagamento de recompensa àqueles que cumprirem a tarefa ou condição, porém esse proponente poderá revogar a promessa, desde que seja pela mesma publicidade que realizou a oferta. No caso de a proposta conter prazo determinado para execução da tarefa, presumir-se-á renunciado o direito de revogá-la durante o prazo assinalado. Caso ocorra a revogação da proposta e o candidato ao recebimento da recompensa tiver realizado algum desembolso no intuito de cumprir a condição ou tarefa, deverá o proponente ressarci-lo na mesma medida do desembolso, desde que as despesas tenham sido efetuadas de boa-fé.

Art. 857. Se o ato contemplado na promessa for praticado por mais de um indivíduo, terá direito à recompensa o que primeiro o executou.

➡ Veja art. 1.515, *caput*, do CC/1916.

Se o objeto da recompensa for cumprido por dois ou mais indivíduos, fará jus à quantia de recompensa aquele que executou o ato primeiramente. Ademais, há a interpretação de que fará jus à recompensa aquele que executou o ato da melhor forma no lugar daquele que o fez primeiro.

Art. 858. Sendo simultânea a execução, a cada um tocará quinhão igual na recompensa; se esta não for divisível, conferir-se-á por sorteio, e o que obtiver a coisa dará ao outro o valor de seu quinhão.

➡ Veja art. 1.515, §§ 1º e 2º, do CC/1916.

Caso a execução do ato da recompensa se dê concomitantemente por dois ou mais indivíduos, presumir-se-á dividida igualmente entre eles, porém se a coisa for indivisível, será decidido por sorteio, e o contemplado dará ao outro o valor correspondente ao seu quinhão.

Art. 859. Nos concursos que se abrirem com promessa pública de recompensa, é condição essencial, para valerem, a fixação de um prazo, observadas também as disposições dos parágrafos seguintes.

§ 1º A decisão da pessoa nomeada, nos anúncios, como juiz, obriga os interessados.

§ 2º Em falta de pessoa designada para julgar o mérito dos trabalhos que se apresentarem, entender-se-á que o promitente se reservou essa função.

489

Arts. 859 a 862 — Almeida Guilherme

§ 3º Se os trabalhos tiverem mérito igual, proceder-se-á de acordo com os arts. 857 e 858.

➥ Veja art. 1.515 do CC/1916.

O art. 859 trata de algumas das características específicas da promessa de recompensa (concurso literário, artístico, científico, desportivo etc.), sendo a primeira a estipulação de prazo certo. Caso não haja, será anulável, sendo certo também que o julgamento efetuado por juiz escolhido pelo promitente vinculará tanto o ofertante quanto o ganhador da recompensa. Caso não haja indicação de juiz, será presumido que o promitente guardou essa função para si, ficando a critério deste a escolha do ganhador, hipótese que poderá também decidir pelo empate que, neste caso, deverá ser regido pelos arts. 857 e 858 do CC.

Art. 860. As obras premiadas, nos concursos de que trata o artigo antecedente, só ficarão pertencendo ao promitente, se assim for estipulado na publicação da promessa.

➥ Veja art. 1.517 do CC/1916.

Caso a recompensa seja estipulada em razão da produção de determinada obra artística ou intelectual, poderá o promitente ficar com estas para si, caso a promessa contenha tal estipulação.

CAPÍTULO II
DA GESTÃO DE NEGÓCIOS

Art. 861. Aquele que, sem autorização do interessado, intervém na gestão de negócio alheio, dirigi-lo-á segundo o interesse e a vontade presumível de seu dono, ficando responsável a este e às pessoas com que tratar.

➥ Veja art. 1.331 do CC/1916.

Gestão de negócios. É a intervenção de uma pessoa nos negócios de outra, sem autorização ou conhecimento do dono, feita por conta deste último, segundo sua vontade e interesse presumível. O gestor ficará responsável perante o dono e terceiros com quem tratar. O dono do negócio só poderá recusar a ratificar e aprovar os atos praticados pelo gestor se demonstrar que as atitudes deste foram contrárias aos seus interesses.

Art. 862. Se a gestão foi iniciada contra a vontade manifesta ou presumível do interessado, responderá o gestor até pelos casos fortuitos, não provando que teriam sobrevindo, ainda quando se houvesse abatido.

O correto parece ser "abstido" em vez de "abatido".

➥ Veja art. 1.332 do CC/1916.

Caso a interferência de terceiro no negócio alheio, que configura gestão, ocorra contra a vontade manifesta ou presumível do dono do negócio, deverá o gestor indenizar o dono do

Código Civil comentado e anotado

Arts. 862 a 867

negócio até pelos casos fortuitos, a não ser se provar que estes teriam acontecido mesmo sem sua gestão.

Art. 863. No caso do artigo antecedente, se os prejuízos da gestão excederem o seu proveito, poderá o dono do negócio exigir que o gestor restitua as coisas ao estado anterior, ou o indenize da diferença.

➥ Veja art. 1.333 do CC/1916.

Se a gestão de negócios se iniciar contra a vontade manifesta ou presumível do interessado e os prejuízos decorrentes desta excederem os benefícios, poderá o dono do negócio exigir do gestor a restituição das coisas ao *status quo ante*, ou exigir indenização compatível com a diferença entre o prejuízo e o proveito do negócio realizado pela gestão indesejada.

Art. 864. Tanto que se possa, comunicará o gestor ao dono do negócio a gestão que assumiu, aguardando-lhe a resposta, se da espera não resultar perigo.

➥ Veja art. 1.334 do CC/1916.

O gestor deverá informar, assim que possível, o dono do negócio da gestão que acabou de assumir, devendo dessa forma aguardar que este se pronuncie a respeito, e caso a espera pela resposta se prolongue no tempo, o gestor poderá exercer sua função mesmo sem ela.

Art. 865. Enquanto o dono não providenciar, velará o gestor pelo negócio, até o levar a cabo, esperando, se aquele falecer durante a gestão, as instruções dos herdeiros, sem se descuidar, entretanto, das medidas que o caso reclame.

➥ Veja art. 1.335 do CC/1916.

A gestão do negócio vigorará até a retomada pelo dono. Caso o dono venha a falecer durante a gestão, o gestor deverá aguardar as instruções dos herdeiros e, enquanto as aguarda, não poderá se desviar dos cuidados que o caso necessite.

Art. 866. O gestor envidará toda sua diligência habitual na administração do negócio, ressarcindo ao dono o prejuízo resultante de qualquer culpa na gestão.

➥ Veja art. 1.336 do CC/1916.

O gestor que não diligenciar e velar pelo negócio de forma adequada deverá ressarcir ao dono do negócio quaisquer prejuízos decorrentes da gestão descuidada.

Art. 867. Se o gestor se fizer substituir por outrem, responderá pelas faltas do substituto, ainda que seja pessoa idônea, sem prejuízo da ação que a ele, ou ao dono do negócio, contra ela possa caber.

Arts. 867 a 869 — Almeida Guilherme

Parágrafo único. Havendo mais de um gestor, solidária será a sua responsabilidade.

➥ Veja art. 1.337 do CC/1916.

Se eventualmente o gestor investido na administração do negócio se fizer substituir por outro, ainda será responsável objetivamente pelos danos causados pela gestão do substituto, mesmo que seja pessoa idônea, sem prejuízo de quaisquer intentos judiciais que possam ser movidos pelo gestor ou pelo dono do negócio em face do substituto faltoso.

Art. 868. O gestor responde pelo caso fortuito quando fizer operações arriscadas, ainda que o dono costumasse fazê-las, ou quando preterir interesse deste em proveito de interesses seus.

Parágrafo único. Querendo o dono aproveitar-se da gestão, será obrigado a indenizar o gestor das despesas necessárias, que tiver feito, e dos prejuízos, que por motivo da gestão, houver sofrido.

➥ Veja art. 1.338 do CC/1916.

O gestor no exercício de suas funções não está sujeito à excludente de responsabilidade na modalidade caso fortuito, no caso de realizar operações arriscadas, mesmo que fosse costumeira a realização destas pelo dono do negócio, ou então quando realizar o negócio visando a interesse próprio em detrimento dos interesses do dono do negócio. Porém, se o dono quiser se aproveitar da gestão arriscada, deverá indenizar o gestor pelas despesas e pelos eventuais prejuízos que este tenha sofrido em razão do exercício da gestão.

Art. 869. Se o negócio for utilmente administrado, cumprirá ao dono as obrigações contraídas em seu nome, reembolsando ao gestor as despesas necessárias ou úteis que houver feito, com os juros legais, desde o desembolso, respondendo ainda pelos prejuízos que este houver sofrido por causa da gestão.

§ 1º A utilidade, ou necessidade, da despesa, apreciar-se-á não pelo resultado obtido, mas segundo as circunstâncias da ocasião em que se fizerem.

§ 2º Vigora o disposto neste artigo, ainda quando o gestor, em erro quanto ao dono do negócio, der a outra pessoa as contas da gestão.

➥ Veja art. 1.339 do CC/1916.

Se o gestor administrar o negócio dentro das balizas legais e sempre visando ao interesse do dono do negócio, vinculará ao dono do negócio as obrigações contraídas e deverá ser ressarcido de todos os desembolsos úteis ou necessários, acrescendo a estes as quantias referentes aos juros legais e eventuais prejuízos que tenha sofrido em virtude da gestão. A utilidade ou necessidade do desembolso deverá ser interpretada como se fosse uma obrigação de meio e não de resultado, ou seja, independentemente do resultado obtido, o desembolso será ressarcido desde que realizado com toda a diligência e correição inerente à boa gestão do negócio.

Código Civil comentado e anotado   Arts. 870 a 873

Art. 870. Aplica-se a disposição do artigo antecedente, quando a gestão se proponha a acudir a prejuízos iminentes, ou redunde em proveito do dono do negócio ou da coisa; mas a indenização ao gestor não excederá, em importância, as vantagens obtidas com a gestão.

➡ Veja art. 1.340 do CC/1916.

O art. 870 prevê que, se a gestão se deu com o intuito de se evitar danos e prejuízos iminentes, o gestor deverá ser ressarcido nos termos do art. 869 do CC, observando-se, porém, que o ressarcimento não poderá nunca exceder as vantagens percebidas pelo gestor.

Art. 871. Quando alguém, na ausência do indivíduo obrigado a alimentos, por ele os prestar a quem se devem, poder-lhes-á reaver do devedor a importância, ainda que este não ratifique o ato.

➡ Veja art. 1.341 do CC/1916.

Os alimentos que forem prestados por quem não deveria fazê-lo e só o fez em virtude da ausência daquele que deveria prestar poderão ser cobrados em face do real alimentante, mesmo que este não tenha ratificado a prestação.

Art. 872. Nas despesas do enterro, proporcionadas aos usos locais e à condição do falecido, feitas por terceiro, podem ser cobradas da pessoa que teria a obrigação de alimentar a que veio a falecer, ainda mesmo que esta não tenha deixado bens.

Parágrafo único. Cessa o disposto neste artigo e no antecedente, em se provando que o gestor fez essas despesas com o simples intento de bem-fazer.

➡ Veja art. 1.342 do CC/1916.

As despesas relativas ao enterro, desde que nos limites dos usos locais, deverão ser suportadas por aqueles que tinham a obrigação de alimentar o *de cujus* antes de seu passamento, mesmo que este, por ocorrência de sua morte, não tenha deixado bens.

Caso a despesa tenha sido suportada por terceiro, este deverá cobrar de quem possuía a obrigação de alimentar o *de cujus* quando em vida.

Art. 873. A ratificação pura e simples do dono do negócio retroage ao dia do começo da gestão, e produz todos os efeitos do mandato.

➡ Veja art. 1.343 do CC/1916.

Todos os negócios realizados pelo gestor, independentemente de autorização, são sujeitos a ratificação posterior do dono do negócio. A ratificação dada pelo dono terá efeitos *ex tunc*, ou seja, seus efeitos no tempo retroagem até a data da realização do negócio efetuada pelo gestor, de forma que o dono do negócio assumirá quaisquer riscos e obrigações contraídas por aquele desde o início.

493

Arts. 874 a 876 — Almeida Guilherme

Art. 874. Se o dono do negócio, ou da coisa, desaprovar a gestão, considerando-a contrária aos seus interesses, vigorará o disposto nos arts. 862 e 863, salvo o estabelecido nos arts. 869 e 870.

➥ Veja art. 1.344 do CC/1916.

O dono do negócio gerido por gestor poderá desaprovar a gestão, desde que totalmente fundamentada, sob pena de incorrer em abuso de direito; caso seja desaprovada, os dispositivos vigentes para regular essas questões estão previstos nos arts. 862 e 863 do CC, excetuando-se as hipóteses de a gestão ocorrer em função da iminente perda ou deterioração do bem, que estão previstas nos arts. 869 e 870 do mesmo diploma legal.

Art. 875. Se os negócios alheios forem conexos ao do gestor, de tal arte que se não possam gerir separadamente, haver-se-á o gestor por sócio daquele cujos interesses agenciar de envolta com os seus.

Parágrafo único. No caso deste artigo, aquele em cujo benefício interveio o gestor só é obrigado na razão das vantagens que lograr.

➥ Veja art. 1.345 do CC/1916.

Se os negócios do gestor e do beneficiado forem conexos, de modo que não possam ser separados, será o gestor considerado sócio e o beneficiado apenas terá de se obrigar com aquele, caso tenha obtido lucros durante a gestão.

CAPÍTULO III
DO PAGAMENTO INDEVIDO

Art. 876. Todo aquele que recebeu o que lhe não era devido fica obrigado a restituir; obrigação que incumbe àquele que recebe dívida condicional antes de cumprida a condição.

➥ Veja art. 964 do CC/1916.

Pagamento indevido. É uma das formas de enriquecimento ilícito. Decorre de uma prestação voluntária e espontânea feita por alguém com o objetivo de extinguir uma obrigação que na verdade não existe, ou que na verdade já terminou, ou, ainda, uma obrigação na qual o credor não é o verdadeiro credor ou o devedor não é o verdadeiro devedor, gerando àquele que recebeu indevidamente o dever de restituir.

■ Súmula n. 71 do STF: "Embora pago indevidamente, não cabe restituição de tributo indireto".

■ Súmula n. 546 do STF: "Cabe a restituição do tributo pago indevidamente, quando reconhecido por decisão, que o contribuinte *de jure* não recuperou do contribuinte *de facto* o *quantum* respectivo".

■ Revisional de contrato. Financiamento de veículo. Comissão de permanência. Pedido de reconhecimento de pagamento indevido e repetição do indébito. Rejeição. Não comprovação de que foram realizados pagamentos indevidos. Liquidação de sentença que se presta a aferir o valor da condenação. Sentença mantida. Apelo desprovido. A restituição do indébito pressupõe por óbvio o pagamento indevido, paga-

Código Civil comentado e anotado   Arts. 876 a 878

mento que só se prova de regra por meio de prova documental (art. 319 c/c o art. 876, ambos do CCB), ônus do qual a autora, no entanto, não deu conta, o que era de rigor (art. 333, I, do CPC). (TJPR, AC n. 1265311-1, 17ª Câm. Cível, rel. Des. Fernando Paulino da Silva Wolff Filho, *DJe* 22.07.2015, p. 346)

Art. 877. Àquele que voluntariamente pagou o indevido incumbe a prova de tê-lo feito por erro.

➡ Veja art. 965 do CC/1916.

O pagamento realizado indevidamente deve vir acompanhado de prova (art. 212 do CC) de ter ocorrido por erro (arts. 138 e segs. do CC), e não por liberalidade, demonstrando que estava convencido de que devia, quando na verdade não havia nada a pagar.

■ Súmula n. 322 do STJ: "Para a repetição de indébito, nos contratos de abertura de crédito em conta--corrente, não se exige a prova do erro".

■ Apelação cível. Direito privado não especificado. Ação declaratória. Agravos retidos. O juiz, como destinatário das provas, determina aquelas que entender necessárias ao seu convencimento. Aplicação da regra descrita no art. 130, do CPC. Precedentes desta Corte. Cessão de créditos. Documentos juntados aos autos comprovam que a cessão se deu por Cessão de Créditos pura e simples, com caução para pagamento da divida da demandada. Assim, não trazendo a autora qualquer prova capaz de afirmar que a cessão se deu de forma diversa, a manutenção da sentença quanto ao ponto é medida imperativa. Repetição de indébitos. Nos termos do art. 877 do CC, não tendo a parte autora demonstrado pagamento indevido ao requerido, requisito maior à repetição de indébito, não merece prosperar a presente irresignação. Quitação da dívida. Diante da desídia contumaz da demandada, deve ser considerada como verdadeiras as alegações da parte autora em sua inicial, deve ser considerada inexigível o débito. Prequestionamento. Em que pese à exigência de prequestionamento para fins de acesso as vias superiores, o órgão julgador não é obrigado a apontar expressamente eventual violação quanto aos dispositivos legais ventilados no recurso. Sentença e sucumbência mantidas. Negaram provimento aos agravos retidos e a ambos os apelos. Unânime. (TJRS, Ap. Cível n. 70.057.435.307, 16ª Câm. Cível, rel. Des. Ergio Roque Menine, j. 11.06.2015)

Art. 878. Aos frutos, acessões, benfeitorias e deteriorações sobrevindas à coisa dada em pagamento indevido, aplica-se o disposto neste Código sobre o possuidor de boa-fé ou de má-fé, conforme o caso.

➡ Veja art. 966 do CC/1916.

O detentor do bem recebido em pagamento indevido é o credor, e este poderá ter recebido o bem de boa-fé ou de má-fé. Na primeira hipótese, é mister a análise do art. 1.214 do CC, que dita que o possuidor de boa-fé tem o direito à percepção dos frutos advindos do bem em questão; já na segunda hipótese, o possuidor de má-fé, de acordo com o arts 1.214 e 1.216 do CC, é obrigado a restituir os frutos percebidos e o que por sua culpa deixou de perceber.

■ Apelação cível. Ação de ressarcimento por locupletamento ilícito. Fruto civil. Trânsito em julgado de sentença de procedência proferida em revisional de cláusulas contratuais. Presunção de boa-fé da ins-

495

Arts. 878 a 882 — Almeida Guilherme

tituição financeira. Arts. 878, 1.214 e 1.216 do CC. Sentença mantida. Recurso improvido. Não caracteriza locupletamento ilícito por parte da instituição financeira que cobra encargos considerados excessivos em ação de revisão de cláusula contratual enquanto não houver o trânsito em julgado da sentença de procedência, diante da falta de comprovação da má-fé. (TJMS, Ap. n. 0062618-22.2010.8.12.0001, 1ª Câm. Cível, rel. Des. Divoncir Schreiner Maran, *DJe* 16.09.2014)

Art. 879. Se aquele que indevidamente recebeu um imóvel o tiver alienado em boa-fé, por título oneroso, responde somente pela quantia recebida; mas, se agiu de má-fé, além do valor do imóvel, responde por perdas e danos.

Parágrafo único. Se o imóvel foi alienado por título gratuito, ou se, alienado por título oneroso, o terceiro adquirente agiu de má-fé, cabe ao que pagou por erro o direito de reivindicação.

➡ Veja art. 968 do CC/1916.

No caso de um imóvel ser objeto de pagamento indevido e o recebedor o tiver alienado, este deverá restituir ao mau pagador a quantia recebida, se de boa-fé; se de má-fé, responde o credor, além da restituição do valor pago indevidamente acrescido de perdas e danos.

Art. 880. Fica isento de restituir pagamento indevido aquele que, recebendo-o como parte de dívida verdadeira, inutilizou o título, deixou prescrever a pretensão ou abriu mão das garantias que asseguravam seu direito; mas aquele que pagou dispõe de ação regressiva contra o verdadeiro devedor e seu fiador.

➡ Veja art. 969 do CC/1916.

Aquele que receber (*accipiens*) indevidamente determinado valor e o receber como parte de uma dívida verdadeira ficará isento de restituí-lo se, por conta disso, inutilizar o título ou abrir mão da garantia que assegurava sua dívida. Caso isso ocorra, o pagador (*solvens*) indevido se sub-roga nos direitos do credor indevido contra o devedor originário.

Art. 881. Se o pagamento indevido tiver consistido no desempenho de obrigação de fazer ou para eximir-se da obrigação de não fazer, aquele que recebeu a prestação fica na obrigação de indenizar o que a cumpriu, na medida do lucro obtido.

➡ Sem correspondência no CC/1916.

A prestação paga indevidamente poderá ser realizada na forma de obrigação de dar ou obrigação de fazer. No caso da primeira, vigorará o disposto no art. 876; já se o pagamento indevido foi realizado na forma de obrigação de fazer, a restituição se dará em forma de indenização, a ser calculada baseando-se no montante do lucro obtido por aquele que recebeu indevidamente.

Art. 882. Não se pode repetir o que se pagou para solver dívida prescrita, ou cumprir obrigação judicialmente inexigível.

Código Civil comentado e anotado   Arts. 882 e 883

➡ Veja art. 970 do CC/1916.

Aquele que paga indevidamente dívida prescrita ou obrigação judicialmente inexigível não poderá exigir a repetição, pois a obrigação paga pelo pagador indevido não existia mais, ou então é inexigível.

■ Apelação cível. Seguro obrigatório. DPVAT. Invalidez permanente. Prescrição trienal da pretensão do direito de ação acolhida. 1 – A lide versa sobre a indenização de seguro obrigatório (DPVAT) em decorrência de acidente de trânsito, onde o prazo prescricional a ser considerado é o trienal estabelecido pelo art. 206, § 3º, IX, do CC/2002. 2 – No caso em exame o evento danoso se deu em 30.12.2006. No entanto, entre a data do sinistro e do relatório médico colacionado aos autos, datado de 25.05.2013, bem como ressonância magnética do joelho datada de 09.10.2012, inocorreu qualquer relato sobre o tratamento a que teve que se submeter à parte autora. 3 – Assim, o termo inicial do prazo prescricional é a data do sinistro, ou seja, 30.12.2006. 4 – Contudo, quando realizado o pedido administrativo em 20.12.2012, e posterior pagamento em 07.01.2013, já havia transcorrido o lapso prescricional trienal previsto na legislação supracitada, sendo que este pagamento se deu por mera liberalidade da seguradora-ré, decorrente do direito natural existente, do qual não poderá pedir restituição, a teor do que estabelece o art. 882 do CC. Negado provimento ao apelo. (TJRS, Ap. Cível n. 70.061.782.702, 5ª Câm. Cível, rel. Des. Jorge Luiz Lopes do Canto, j. 10.12.2014)

■ Recurso inominado. Ação de repetição de indébito c/c indenização por danos morais. Pagamento de dívida já prescrita como condição para contratação de uma segunda rede elétrica. Impossibilidade de restituição. Art. 882 do CC. Danos morais não configurados. Recurso desprovido. (TJRS, Rec. Inom. n. 71.005.188.685, 3ª T. Rec. Cível, rel. Silvia Muradas Fiori, j. 27.11.2014)

Art. 883. Não terá direito à repetição aquele que deu alguma coisa para obter fim ilícito, imoral, ou proibido por lei.
Parágrafo único. No caso deste artigo, o que se deu reverterá em favor de estabelecimento local de beneficência, a critério do juiz.

➡ Veja art. 971 do CC/1916.

Aquilo que foi dado a título de pagamento indevido para obtenção de finalidade ilícita, imoral ou proibida por lei, não estará sujeito a restituição ao pagador, porém a restituição ainda subsistirá, só que sempre revertida em benefício de instituição beneficente que será escolhida a critério do juiz.

■ Recurso de apelação. Ação monitória. Cheque prescrito. Compra e venda de informação ilícita. Sentença que julgou a ação parcialmente procedente, concluindo que o objeto do negócio jurídico é ilícito e condenou o réu ao pagamento do valor do título a instituição beneficente em aplicação do art. 883, CC. Réu Apelante que se insurge contra a condenação ao pagamento do valor do título. Incontroverso que a informação vendida pelo Autor foi obtida de forma ilícita. Negócio jurídico anulado. Cheque inexigível. Inaplicabilidade do art. 883, CC, que se reserva a hipóteses de repetição de indébito. Inocorrência de má-fé por parte do Réu. Afastada sua condenação ao pagamento do título a instituição de beneficência e ao pagamento de multa por litigância de má-fé. Recurso provido. (TJSP, Ap. n. 0070947-03.2005.8.26.0100/São Paulo, 12ª Câm. de Dir. Priv., rel. Lidia Conceição, *DJe* 18.02.2015, p. 1.882)

CAPÍTULO IV
DO ENRIQUECIMENTO SEM CAUSA

Art. 884. Aquele que, sem justa causa, se enriquecer à custa de outrem, será obrigado a restituir o indevidamente auferido, feita a atualização dos valores monetários.

Parágrafo único. Se o enriquecimento tiver por objeto coisa determinada, quem a recebeu é obrigado a restituí-la, e, se a coisa não mais subsistir, a restituição se fará pelo valor do bem na época em que foi exigido.

➥ Sem correspondência no CC/1916.

Enriquecimento sem causa. Ocorre quando alguém recebe o que não lhe era devido, ficando obrigado a fazer a devida restituição, para que se alcance um reequilíbrio patrimonial, cumprindo, pois, uma necessidade *jurídica, moral* e *social*. Os elementos para gerar o enriquecimento sem causa são: o nexo causal entre as partes, o aumento patrimonial de uma e a queda de outra.

- Enunciado n. 35 da I Jornada de Direito Civil: "A expressão 'se enriquecer à custa de outrem' do art. 884 do novo Código Civil não significa, necessariamente, que deverá haver empobrecimento".

- Enunciado n. 188 da III Jornada de Direito Civil: "A existência de negócio jurídico válido e eficaz é, em regra, uma justa causa para o enriquecimento".

- Enunciado n. 482 da V Jornada de Direito Civil: "Na apuração de haveres de sócio retirante de sociedade *holding* ou controladora, deve ser apurado o valor global do patrimônio, salvo previsão contratual diversa. Para tanto, deve-se considerar o valor real da participação da *holding* ou controladora nas sociedades que o referido sócio integra".

- Enunciado n. 487 da V Jornada de Direito Civil: "Na apuração de haveres de sócio retirante (art. 1.031 do CC), devem ser afastados os efeitos da diluição injustificada e ilícita da participação deste na sociedade".

- Enunciado n. 551 da VI Jornada de Direito Civil: "Nas violações aos direitos relativos a marcas, patentes e desenhos industriais, será assegurada a reparação civil ao seu titular, incluídos tanto os danos patrimoniais como os danos extrapatrimoniais".

- Apelação cível. Ação *in rem verso*. Enriquecimento sem causa. Acorso entre as partes. Imóvel dado como pagamento. Bem com avaliação muito superior ao da dívida. Devolução do valor pago a maior. Recurso não provido. Nos termos do art. 884 do CC, "aquele que, sem justa causa, se enriquecer à custa de outrem, será obrigado a restituir o indevidamente auferido, feita a atualização dos valores monetários". Restando demonstrado que a dívida dos autores, à época do acordo, era de R$ 98.638,63 e que o imóvel dado na dação em pagamento era de R$ 259.200,00, a devolução dos valores recebidos a maior é medida que se impõe, sob pena de configurar enriquecimento sem causa. (TJMS, Ap. n. 0003546-67.2011.8.12.0002, 4ª Câm. Cível, rel. Des. Claudionor Miguel Abss Duarte, *DJe* 31.07.2015)

Código Civil comentado e anotado   Arts. 885 e 886

Art. 885. A restituição é devida, não só quando não tenha havido causa que justifique o enriquecimento, mas também se esta deixou de existir.

➡ Sem correspondência no CC/1916.

Mesmo que a motivação do enriquecimento sem causa deixe de existir, a devida restituição ainda se faz necessária.

Como ensina Matiello, "se norma que permitia cobrança, feita pelo banco, a correntista, de certos valores pelos encargos assumidos, fosse revogada. Os valores cobrados antes de sua revogação não deverão ser devolvidos, mas os exigidos após a supressão de sua vigência, por serem indevidos, requerem sua devolução [...]" (DINIZ, Maria Helena. *Código Civil anotado*. 16. ed. São Paulo, Saraiva, 2012).

■ Agravo interno. Previdência privada. Complementação de aposentadoria. Auxílio cesta alimentação. Devolução de valores recebidos em razão de provimento judicial posteriormente revogado. Possibilidade. Incidência de juros de mora. 1 – A parte agravante recebeu em sede de tutela antecipada os valores referentes ao auxílio cesta alimentação, o qual passou a integrar o benefício previdenciário percebido. 2 – Entretanto, em que pese tenha a parte agravante percebido os valores atinentes ao auxílio cesta alimentação de boa fé, haja vista que o benefício previdenciário lhe foi pago em função da tutela antecipada, comando judicial aquele respaldado pelo entendimento jurisprudencial pacificado na época, tal provimento jurisdicional era de cunho provisório, de sorte que a sua revogação tem como conseqüência a restituição dos valores recebidos em decorrência da referida decisão. 3 – Ressalte-se que a não devolução pela parte agravante dos valores recebidos em função do provimento jurisdicional precitado e posteriormente revogado, importaria em enriquecimento sem causa, afrontando o disposto no art. 885 do CC. 4 – Ao interpretar o art. 273, § 3º, c/c o art. 475-O, ambos do CPC, o magistrado deve se utilizar de princípios como o da proporcionalidade, levando em consideração ainda a natureza alimentar das verbas a serem restituídas, além da condição econômica do devedor que auferiu as vantagens em caráter provisório e de boa-fé. 5 – Assim, com base nos parâmetros precitados, e levando em conta a condição de parte hipossuficiente da agravante, entendo razoável o desconto mensal de 10% sobre o valor líquido da prestação do benefício, a fim de restituir os valores pagos pela agravada e que devem ser devolvidos em função do julgamento de total improcedência da ação. 6 – Ademais, impende destacar que os juros moratórios só incidem quando restar irremediavelmente preclusão a decisão que confirmar a obrigação da parte agravante, autora da ação julgada improcedente, de restituir os valores recebidos em sede de tutela antecipada ou execução provisória, momento no qual a parte devedora restará constituída em mora, consoante o art. 397 do CC, o que inocorreu até o presente momento. Negado provimento ao agravo interno, por maioria. (TJRS, Ag. Interno n. 70.063.352.991, 5ª Câm. Cível, rel. Des. Jorge Luiz Lopes do Canto, j. 25.03.2015)

Art. 886. Não caberá a restituição por enriquecimento, se a lei conferir ao lesado outros meios para se ressarcir do prejuízo sofrido.

➡ Sem correspondência no CC/1916.

A ação que visa ao ressarcimento por enriquecimento sem causa é chamada de ação *in rem verso*, e esta possui caráter subsidiário em relação a qualquer outra. Sendo assim, só será útil e possível caso não exista para o lesado qualquer outro meio processual de se restituir do prejuízo.

Arts. 886 a 888 — Almeida Guilherme

■ Enunciado n. 36 da I Jornada de Direito Civil: "O art. 886 do novo Código Civil não exclui o direito à restituição do que foi objeto de enriquecimento sem causa nos casos em que os meios alternativos conferidos ao lesado encontram obstáculos de fato".

TÍTULO VIII
DOS TÍTULOS DE CRÉDITO

CAPÍTULO I
DISPOSIÇÕES GERAIS

Art. 887. O título de crédito, documento necessário ao exercício do direito literal e autônomo nele contido, somente produz efeito quando preencha os requisitos da lei.

➡ Sem correspondência no CC/1916.

Título de crédito. Pode ser conceituado como um documento que vale por si só, isto é, autônomo, que não depende de qualquer outro documento ou contrato para o exercício de um direito de crédito nele contido e literalmente expresso. São títulos de crédito: a nota promissória, a letra de câmbio, o cheque, a duplicata, bem como todos os outros títulos que a legislação criar.

■ Ação monitória. Cheques prescritos. Possibilidade da cobrança da dívida. Art. 206, § 5º, I, do CC e Súmula n. 299 do STJ. Desnecessidade da indicação da origem do débito. Vinculação eficaz pela declaração unilateral de vontade, art. 887 do CC, c/c o art. 15 da Lei n. 7.357/85. Atualização monetária a partir da data do vencimento, art. 397 do CC, c/c o art. 1º, § 1º, da Lei n. 6.899/81, título líquido e certo – Juros de mora de 12% ao ano desde a citação, obrigação contratual, art. 219 do CPC. Recurso não provido, com observação. (TJSP, Ap. n. 0011216-86.2012.8.26.0664/Votuporanga, 38ª Câm. de Dir. Priv., rel. César Peixoto, *DJe* 04.08.2015)

■ Embargos do devedor. Cheque. Vinculação eficaz pela simples declaração unilateral de vontade, art. 887 do CC c/c o art. 15 da Lei n. 7.357/85. Ausência de prova da emissão dos títulos para garantia de relação mercantil. Impossibilidade de investigação da causa subjacente. Recursos não providos. (TJSP, Ap. n. 0004427-34.2010.8.26.0408/Ourinhos, 38ª Câm. de Dir. Priv., rel. César Peixoto, *DJe* 12.02.2015, p. 1.813)

Art. 888. A omissão de qualquer requisito legal, que tire ao escrito a sua validade como título de crédito, não implica a invalidade do negócio jurídico que lhe deu origem.

➡ Sem correspondência no CC/1916.

O cheque, como título de crédito, tem requisitos legais como: (i) a denominação "cheque" inscrita no contexto do título e expressa na língua em que este é redigido; (ii) a ordem incondicional de pagar quantia determinada; (iii) o nome do banco ou da instituição financeira que deve pagar (sacado); (iv) a indicação do lugar de pagamento; (v) a indicação da data e do lugar de emissão; (v) a assinatura do emitente (sacador), ou de seu mandatário com poderes espe-

Código Civil comentado e anotado

Arts. 888 a 890

ciais. No caso de o cheque não vir assinado, por exemplo, o negócio jurídico principal ainda permanece válido e poderá ser utilizado como prova da obrigação civil que o originou.

Art. 889. Deve o título de crédito conter a data da emissão, a indicação precisa dos direitos que confere, e a assinatura do emitente.

§ 1º É à vista o título de crédito que não contenha indicação de vencimento.

§ 2º Considera-se lugar de emissão e de pagamento, quando não indicado no título, o domicílio do emitente.

§ 3º O título poderá ser emitido a partir dos caracteres criados em computador ou meio técnico equivalente e que constem da escrituração do emitente, observados os requisitos mínimos previstos neste artigo.

➥ Sem correspondência no CC/1916.

Os títulos de crédito deverão conter no mínimo três requisitos básicos: a data da emissão, a indicação precisa dos direitos que confere e a assinatura do emitente, conforme prevê o *caput* do art. 889. Os §§ 1º e 2º fazem alusão a duas presunções, ou seja, o título de crédito é à vista, quando não contiver indicação de vencimento e considera-se lugar de emissão e de pagamento, quando não indicado no título, o domicílio do emitente. Já o § 3º dispõe: que o título de crédito pode ser criado via computador ou meio equivalente, mas deve-se observar os requisitos básicos previstos no *caput*.

▪ Enunciado n. 461 da V Jornada de Direito Civil: "As duplicatas eletrônicas podem ser protestadas por indicação e constituirão título executivo extrajudicial mediante a exibição pelo credor do instrumento de protesto, acompanhado do comprovante de entrega das mercadorias ou de prestação dos serviços".

▪ Enunciado n. 462 da V Jornada de Direito Civil: "Os títulos de crédito podem ser emitidos, aceitos, endossados ou avalizados eletronicamente, mediante assinatura com certificação digital, respeitadas as exceções previstas em lei".

▪ Processo civil. Execução. Duplicata virtual. Requisitos. Falta de aceite. Boleto bancário. Protesto por indicação. Necessidade. Pressuposto de exequibilidade. I – A previsão de que os títulos de crédito possam ser emitidos a partir dos caracteres criados em computador ou meio técnico equivalente, consoante dispõe o art. 889, § 3º, do CC, não afasta o preenchimento dos demais requisitos legais. II – Para que adquira a condição de título executivo, a duplicada deverá ser apresentada juntamente com a comprovação do aceite pelo sacado, ou, caso não tenha sido aceita, com a prova do protesto, acompanhada de documentos que atestem a entrega da mercadoria. III – Em caso de ausência de aceite pelo sacado, a exigência do protesto justifica-se pela excepcionalidade do afastamento do princípio da cartularidade, permitindo a execução sem posse do título. IV – Deu-se provimento ao recurso. (TJDFT, Ap. Cível n. 20130210068453, 6ª T. Cível, rel. Des. José Divino de Oliveira, *DJe* 22.01.2015, p. 455)

Art. 890. Consideram-se não escritas no título a cláusula de juros, a proibitiva de endosso, a excludente de responsabilidade pelo pagamento ou por despesas, a que dispense a observância de termos e formalidade prescritas, e a que, além dos limites fixados em lei, exclua ou restrinja direitos e obrigações.

Arts. 890 a 893

➡ Sem correspondência no CC/1916.

O título de crédito não é um negócio jurídico, e sim representa uma obrigação objetiva de pagar quantia determinada em dinheiro. O preenchimento do título de crédito, como já visto em outro artigo, deve observar os ditames legais, considerando-se não escritas as disposições que não estejam expressamente previstas em lei. Portanto, o art. 890 estabelece restrições que não produzirão efeitos jurídicos, ou seja, que possam limitar o exercício dos direitos e obrigações creditícias expressas na cártula, como: título a cláusula de juros, a proibitiva de endosso, a excludente de responsabilidade pelo pagamento ou por despesas.

▪ Título de crédito. Cheque. Hipótese em que o autor estabeleceu condicionante à compensação do cheque. Vedação. Inteligência do art. 890 do CC. Cláusula que descaracteriza a ordem de pagamento à vista. Protesto regular. Ausência de dano moral. Sentença mantida. Recurso improvido. (TJSP, Ap. n. 0000141-79.2014.8.26.0664/Votuporanga, 23ª Câm. de Dir. Priv., rel. J. B. Franco de Godoi, *DJe* 12.11.2014, p. 1.485)

Art. 891. O título de crédito, incompleto ao tempo da emissão, deve ser preenchido de conformidade com os ajustes realizados.

Parágrafo único. O descumprimento dos ajustes previstos neste artigo pelos que deles participaram, não constitui motivo de oposição ao terceiro portador, salvo se este, ao adquirir o título, tiver agido de má-fé.

➡ Sem correspondência no CC/1916.

Mesmo o título de crédito sendo um documento dotado de autonomia para o exercício de direitos, sempre é emitido tendo como origem um contrato ou negócio jurídico subjacente. Portanto, faltando algum requisito, poderá ser preenchido após, conforme os ajustes realizados no negócio principal.

Art. 892. Aquele que, sem ter poderes, ou excedendo os que tem, lança a sua assinatura em título de crédito, como mandatário ou representante de outrem, fica pessoalmente obrigado, e, pagando o título, tem ele os mesmos direitos que teria o suposto mandante ou representado.

➡ Sem correspondência no CC/1916.

Estrutura cambial. Todo aquele que assina o título de crédito fica obrigado, pessoal ou solidariamente, pelo pagamento da dívida nele incorporada.

Portanto, a pessoa que, sem poderes ou sem poderes específicos, assinar tal título passa a responder pela obrigação cambial contraída.

Art. 893. A transferência do título de crédito implica a de todos os direitos que lhe são inerentes.

Código Civil comentado e anotado   Art. 893

➡ Sem correspondência no CC/1916.

A cessão ou transferência dos direitos incorporados em título de crédito realiza-se mediante endosso ou simples tradição, no caso do título ao portador. O endosso designa o ato pelo qual a pessoa, proprietária de um título de crédito, o passa para outrem, conferindo-lhe os direitos que lhe competiam. O endosso é sempre integral, ou seja, não há transferência de uma parte da dívida, conforme dispõe o art. 12 da Lei Uniforme.

■ Ação monitória. Cheques. Inocorrência da prescrição. Art. 206, § 5º, I, do CC e Súmula n. 18 do TJSP. Ausência de desídia, contumácia, inércia ou responsabilidade imputável ao credor pela demora na formação da relação processual. Súmula n. 106 do STJ. Autonomia e abstração das obrigações cambiais. Art. 47, I e II, da Lei n. 7.357/85 e arts. 893 e 905 do CC. Subsistência da dívida, ressalvando o exercício do direito de regresso em face de terceiro que integrou a relação jurídica subjacente. Atualização monetária a partir da data de emissão e juros de mora da primeira apresentação. Matéria reavaliável por dever de ofício. Recurso não provido. (TJSP, Ap. n. 0025302-37.2008.8.26.0071/Bauru, 38ª Câm. de Dir. Priv., rel. César Peixoto, DJe 28.05.2015, p. 3.141)

■ Direito constitucional e processual civil. Apelação cível. Ação monitória fundada em cópia de cédula de crédito bancário. Arrendamento mercantil. Extinção do processo sem resolução do mérito. Falta de interesse de agir. Possibilidade de ajuizamento de execução e de busca e apreensão. Inocorrência. Cópia do título desprovida de executoriedade. Ausência de constituição do devedor fiduciário em mora. Interesse de agir para o aviamento da via injuntiva constatado. Recurso conhecido e provido. Sentença cassada. 1 – O interesse de agir é condição da ação consubstanciada tanto pela necessidade do ingresso em juízo, para a obtenção do bem de vida visado, como pela utilidade do provimento jurisdicional invocado, ou seja, relaciona-se com a necessidade da providência jurisdicional solicitada e na utilidade que o provimento poderá proporcionar ao autor. 2 – Nos termos do art. 1.102-A do CPC, a ação monitória compete a quem pretender, com base em prova escrita sem eficácia de título executivo, pagamento de soma em dinheiro, entrega de coisa fungível ou de determinado bem móvel. 3 – A cédula de crédito bancário, de acordo com o disposto na Lei n. 10.931/2004 , é título de crédito cambial, passível de circulação por endosso em preto e regida pelo sistema cambiário (art. 29 do referido diploma legal). 4 – Para o ajuizamento da ação de execução lastreada em Cédula de Crédito Bancário é necessário o original do contrato em respeito ao princípio da cartularidade e para garantir que o exequente seja o titular do valor executado (arts. 893 e 895 do CC). 5 – A comprovação da constituição do devedor em mora é requisito indispensável para a ação de busca e apreensão lastreada em contrato com cláusula de alienação fiduciária em garantia, sendo necessária a expedição de carta registrada por Cartório de Títulos e Documentos a ser entregue no endereço do devedor, constante do contrato, para que seja efetivada a constituição em mora. 6 – Ainda que não seja indispensável que a notificação seja recebida pessoalmente pelo devedor, é necessário que seja, ao menos, entregue no endereço constante no contrato. 7 – No caso em análise, sendo inviável o ajuizamento da ação de execução, uma vez que há somente a cópia do título executivo, bem como da ação de busca e apreensão, tendo em vista que o devedor não foi constituído em mora e estando presente todos os requisitos para o ajuizamento da ação monitória, restou demonstrado o interesse de agir do autor em ver satisfeito seu crédito através da via injuntiva, o que impõe a cassação da sentença vergastada. 8 – Recurso conhecido e provido. Sentença cassada. (TJDFT, Proc. n. 20150610023729, 3ª T. Cível, rel. Des. Alfeu Machado, DJe 10.07.2015, p. 308)

■ Ação monitória. Cheques prescritos. Legitimidade ativa. Cártulas transferidas por endosso em branco, conferindo ao portador a qualidade de credor. Art. 47, I e II, da Lei n. 7.357/85 e arts. 893 e 905 do CC.

503

Desnecessidade da indicação da origem do débito. Vinculação eficaz pela simples declaração unilateral de vontade. Autonomia e abstração das obrigações cambiais. Má-fé ou distrato não comprovado. Documentos apresentados com o recurso. Preclusão. Atualização monetária a partir da data do vencimento e juros de mora da primeira apresentação. Recurso não provido. (TJSP, Ap. n. 0004764-88.2008.8.26.0506/ Ribeirão Preto, 38ª Câm. de Dir. Priv., rel. César Peixoto, *DJe* 12.02.2015, p. 1.813)

Art. 894. O portador de título representativo de mercadoria tem o direito de transferi-lo, de conformidade com as normas que regulam a sua circulação, ou de receber aquela independentemente de quaisquer formalidades, além da entrega do título devidamente quitado.

➡ Sem correspondência no CC/1916.

São títulos representativos de mercadorias aqueles emitidos em razão de operações de transporte e de depósito de bens móveis. Portanto, o portador de título representativo de mercadoria tem o direito de transferi-lo, de conformidade com as normas que regulam a sua circulação, ou de receber aquela, independentemente de quaisquer formalidades, além da entrega do título devidamente quitado (p. ex., no contrato de transporte, deve ser emitido pela empresa transportadora o conhecimento de transporte, título que indica e relaciona as mercadorias que serão transportadas, sendo entregue a seu proprietário).

Art. 895. Enquanto o título de crédito estiver em circulação, só ele poderá ser dado em garantia, ou ser objeto de medidas judiciais, e não, separadamente, os direitos ou mercadorias que representa.

➡ Sem correspondência no CC/1916.

No art. 895 verifica-se que no caso de, por exemplo, penhora judicial, recai sobre o título e não sobre o crédito das mercadorias especificadas, já que no título se encontram os direitos a ele inerente, sobre o crédito ou sobre as mercadorias.

▪ Veja no art. 893 a seguinte decisão: TJDFT, Proc. n. 20150610023729, 3ª T. Cível, rel. Des. Alfeu Machado, *DJe* 10.07.2015, p. 308.

Art. 896. O título de crédito não pode ser reivindicado do portador que o adquiriu de boa-fé e na conformidade das normas que disciplinam a sua circulação.

➡ Sem correspondência no CC/1916.

Considera-se portador legítimo aquele que adquiriu, de boa-fé, um título de crédito por meio de endosso. Portanto, sendo o título de crédito adquirido por meio da boa-fé, não há permissão a nenhuma pessoa de reivindicar título ou de reclamar sobre sua aquisição.

▪ Compra e venda de veículo. Emissão de notas promissórias e cheques como forma de pagamento. Rescisão do negócio jurídico. Impossibilidade de se compelir o réu a devolver ao autor os títulos de cré-

Código Civil comentado e anotado   Arts. 896 a 898

dito, que gozam de autonomia, repassados a terceiros. Contudo, poderá se valer de ação própria, movida em face do requerido, para ressarcimento de eventuais quantias despendidas em virtude destes títulos de crédito. Exegese do art. 896 do CC. Ausência de impugnação específica ao fundamento da sentença que negou o pedido de devolução de valores. Aplicação do princípio do *tantum devolutum quantum appellatum*. O apelante não apresentou as razões de fato e de direito pelas quais entenda deva ser reformada a sentença recorrida. De rigor o não-conhecimento do recurso. Exegese do art. 514, II, do CPC. Recurso em parte conhecido e, na parte conhecida, improvido. (TJSP, Ap. n. 0015846-29.2010.8.26.0577/ São José dos Campos, 34ª Câm. de Dir. Priv., rel. Gomes Varjão, *DJe* 24.09.2014, p. 2.058)

Art. 897. O pagamento de título de crédito, que contenha obrigação de pagar soma determinada, pode ser garantido por aval.
Parágrafo único. É vedado o aval parcial.

➡ Sem correspondência no CC/1916.

Aval. É instituto exclusivo dos títulos de crédito. Trata-se de garantia pessoal do avalista em relação ao crédito expresso na cártula, ou seja, obriga-se o avalista pessoalmente ao pagamento do valor completo, sendo vedado o aval de somente parte do valor do título.

▪ Enunciado n. 463 da V Jornada de Direito Civil: "A prescrição da pretensão executória não atinge o próprio direito material ou crédito, que podem ser exercidos ou cobrados por outra via processual admitida pelo ordenamento jurídico".

▪ Enunciado n. 39 da I Jornada de Direito Comercial: "Não se aplica a vedação do art. 897, parágrafo único, do Código Civil, aos títulos de crédito regulados por lei especial, nos termos do seu art. 903, sendo, portanto, admitido o aval parcial nos títulos de crédito regulados em lei especial".

▪ Execução. Contratos de mútuo garantidos por notas promissórias avalistas se o contrato de mútuo é título executivo, a respectiva nota promissória emitida em garantia e a ele vinculada ostenta igualmente eficácia executiva. Assim, tendo as notas promissórias sido avalizadas pelos executados, ora agravados, nada impede que a ação de execução seja ajuizada contra os mesmos, considerando marcadamente a sua responsabilidade solidária (art. 32, LUG; art. 897 do CC). Legitimidade passiva dos avalistas para a execução, aliada à inocorrência do decurso do prazo prescricional para a execução das notas promissórias, que é de três anos contados do vencimento (art. 70, LUG). Prosseguimento da execução contra os avalistas. Decisão reformada. Recurso provido. (TJSP, AI n. 2231109-29.2014.8.26.0000/São Paulo, 23ª Câm. de Dir. Priv., rel. Sérgio Shimura, *DJe* 06.03.2015, p. 1.733)

Art. 898. O aval deve ser dado no verso ou no anverso do próprio título.
§ 1º Para a validade do aval, dado no anverso do título, é suficiente a simples assinatura do avalista.
§ 2º Considera-se não escrito o aval cancelado.

➡ Sem correspondência no CC/1916.

O aval poderá ser dado na parte traseira ou frontal do título de crédito; se for dado na frente, basta a simples assinatura do avalista; se for no verso, o avalista deverá expressamente

505

Arts. 898 a 900

declarar que aceita avalizar a quantia discriminada no rosto do título. Caso o aval seja cancelado, deverá ser considerado não escrito, ou seja, seria como se nunca tivesse sido avalizado.

- Apelação cível. Recurso adesivo. Ação monitória. Nota promissória. Defesa. Cerceamento. Direito. Nulidade processual. Juros de mora. Correção monetária. Termo inicial. Aval. Lide. Polo passivo. Débito. Pagamento parcial. Custas. Honorários advocatícios. Pedido principal. Triunfo. Questão marginal. Manutenção. Distribuição sucumbencial. [...] 3 – Indispensável que o aval conste expressamente da nota promissória, seja no verso, seja no anverso da cártula, caso o exequente pretenda extrair todas as forças de direito material que dele emanam, leia-se, acionar o avalista que, um dia, pelo pagamento do título se responsabilizou. Inteligência do art. 898, *caput*, do CC/2002, c/c arts. 30 e 31 do Decreto n. 57.663/66 (LUG). 4 – Logo, não verificado o aval de terceiro, realizado em circunstâncias tais, nas notas promissórias executadas, deve ser ele excluído do polo passivo da monitória, dada a sua manifesta ilegitimidade para nesta figurar. 5 – Apenas a regular quitação dada pelo credor, ou provas concretas de que o devedor honrou a dívida, tem aptidão para eximi-lo, parcial ou totalmente, da obrigação civil por ele assumida, liberação, esta, que condicionada está, por outro lado, à extensão do adimplemento. Leitura combinada dos arts. 319 e 320 do CC/2002 e do art. 333, II, do CPC. 6 – O pagamento parcial da dívida, portanto, é ônus de quem embarga a monitória e que, se porventura não demonstrado, impede o reconhecimento da quitação do débito e autoriza, por conseguinte, a constituição de pleno direito dos títulos executivos. Jurisprudência local. [...] Apelação conhecida porém desprovida. Recurso adesivo conhecido e parcialmente provido. (TJGO, Ap. Cível n. 201290965773, 5ª Câm. Cível, rel. Des. Alan S. de Sena Conceicao, *DJe* 05.09.2014, p. 273)

Art. 899. O avalista equipara-se àquele cujo nome indicar; na falta de indicação, ao emitente ou devedor final.

§ 1º Pagando o título, tem o avalista ação de regresso contra o seu avalizado e demais coobrigados anteriores.

§ 2º Subsiste a responsabilidade do avalista, ainda que nula a obrigação daquele a quem se equipara, a menos que a nulidade decorra de vício de forma.

➥ Sem correspondência no CC/1916.

O **avalista** é responsável solidariamente pelo crédito expresso na cártula, e o aval deve ser dado no próprio título, indicando-se o nome de quem será avalizado. Caso não exista tal indicação, será considerado avalizado o emitente ou devedor final. Caso o avalista, que é garantidor do devedor do título, pague o valor correspondente, este se sub-rogará nos direitos do credor e demais coobrigados. O aval, por ser instituto autônomo, não se sujeita às causas de nulidade opostas contra o avalizado ou do título, a menos que tais nulidades sejam fundadas na forma do título.

- Súmula n. 26 do STJ: "O avalista do título de crédito vinculado a contrato de mútuo também responde pelas obrigações pactuadas, quando no contrato figurar como devedor solidário".

Art. 900. O aval posterior ao vencimento produz os mesmos efeitos do anteriormente dado.

➥ Sem correspondência no CC/1916.

Código Civil comentado e anotado

Arts. 900 a 902

O aval que for dado em momento posterior ao vencimento do título de crédito possuirá os mesmos efeitos que teria se fosse dado antes.

■ Cédula de crédito bancário. Empréstimo tomado pela empresa agravada. Sócio que assinou a avença na qualidade de avalista e que, posteriormente, deixou a sociedade. Inadimplemento contratual. Pretensão à concessão de tutela antecipada para a exclusão de seu nome dos cadastros de maus pagadores. Negativa judicial. Manutenção. Hipótese em que a retirada do sócio da sociedade não implica extinção de garantia prestada no título. Inteligência dos arts. 897 a 900 do CC e 585, § 1º, do CPC. Negado provimento, com determinação. (TJSP, AI n. 2166919-57.2014.8.26.0000/São Paulo, 22ª Câm. de Dir. Priv., rel. Sérgio Rui, DJe 19.02.2015, p. 1.162)

Art. 901. Fica validamente desonerado o devedor que paga título de crédito ao legítimo portador, no vencimento, sem oposição, salvo se agiu de má-fé.

Parágrafo único. Pagando, pode o devedor exigir do credor, além da entrega do título, quitação regular.

➡ Sem correspondência no CC/1916.

Os títulos de créditos são regidos pelo princípio da cartularidade, ou seja, só serão considerados como parte integrante do débito aqueles valores detalhados no próprio título, de forma que, à medida que este valor for quitado, ocorre a tradição do título do credor para o devedor, que consequentemente inutilizará o título. Porém, além da quitação via tradição, poderá o devedor exigir do credor a quitação regular do título.

■ Cheque. Embargos monitórios acolhidos em parte. Inconformismo da embargante firme nas teses de que (1) o valor cobrado foi pao por meio de depósito extrajudicial; (2) no curso do processo o contador judicial procedeu à atualização do valor devido, que foi por ela pago; e (3) a sucumbência deve ser invertida, em atenção ao princípio da causalidade. Não acolhimento. Embargante que não comprovou o fato extintivo do direito do embargado, nos termos do art. 333, II, do CPC. Cabe à embargante, que diz ter pago a dívida, a prova do pagamento porque, para os fins dos arts. 319 e 901, parágrafo único, do CC, o devedor que paga tem direito à quitação regular. Pagamento é negócio jurídico e só tem força liberatória plena quando o devedor manifesta vontade de extinguir a obrigação, pagando-a no tempo, lugar e forma convencionados. Custas e honorários advocatícios devidos. Perda da benesse do art. 1.102-C, § 1º. Recurso não provido. (TJSP, Ap. n. 0215613-63.2006.8.26.0100/São Paulo, 11ª Câm. de Dir. Priv., rel. Moura Ribeiro, DJe 02.12.2014, p. 1.863)

Art. 902. Não é o credor obrigado a receber o pagamento antes do vencimento do título, e aquele que o paga, antes do vencimento, fica responsável pela validade do pagamento.

§ 1º No vencimento, não pode o credor recusar pagamento, ainda que parcial.

§ 2º No caso de pagamento parcial, em que se não opera a tradição do título, além da quitação em separado, outra deverá ser firmada no próprio título.

➡ Sem correspondência no CC/1916.

O credor de título de crédito não é obrigado a receber antes de vencido o título, porém se o fizer será por liberalidade, de forma que neste caso aquele que pagou será o responsável

Arts. 902 e 903   Almeida Guilherme

pela validade do pagamento efetuado. O pagamento realizado no vencimento deverá ser recebido pelo credor obrigatoriamente, mesmo que parcialmente. Nesse caso, não haverá a tradição do título, mas a quitação deverá ser firmada obrigatoriamente por duas maneiras: a primeira é a elaboração de um instrumento de quitação em separado, e a segunda é a quitação parcial no próprio título.

Art. 903. Salvo disposição diversa em lei especial, regem-se os títulos de crédito pelo disposto neste Código.

➥ Sem correspondência no CC/1916.

O Código Civil regerá os títulos de crédito, salvo disposição diversa em lei especial, a saber: Decreto n. 177-A/1893 (emissão de empréstimos em obrigações ao portador – debêntures – das companhias ou sociedades anônimas); Decreto n. 1.102/1903 (armazéns-gerais); Decreto n. 2.044/1908 (letra de câmbio e nota promissória); Decreto-lei n. 2.627/40 (sociedades por ações); Decreto-lei n. 2.980/41 (serviço de loteria); Decreto-lei n. 3.545/41 (compra e venda de títulos da dívida pública); Decreto-lei n. 6.259/44 (serviço de loterias); Decreto-lei n. 7.390/45 (emissão de obrigações ao portador); Lei n. 4.728/65 (mercado de capitais – alienação fiduciária); Lei n. 10.931/2004 (patrimônio de afetação de incorporações imobiliárias, letra de crédito imobiliário, cédula de crédito imobiliário, cédula de crédito bancário), entre outras.

- Enunciado n. 464 da V Jornada de Direito Civil (Revisão do Enunciado n. 52): "As disposições relativas aos títulos de crédito do Código Civil aplicam-se àqueles regulados por leis especiais, no caso de omissão ou lacuna".

- Apelação cível. Embargos à execução. Preliminares. Indicência do CDC. Nnão influência no exame das cláusulas contratuais. Ilegitimidade ativa *ad causam*. Rejeitada. Prejudical de mérito. Prescrição. Não acolhida. Mérito. Inexistência de nulidade do endosso da cártula. Não há óbice para capitalização anual de juros. Inexistência de nulidade nas tarifas de cadastro e contratação. Valor do IOF aferido sobre os serviços prestados. Recurso conhecido e improvido. O reconhecimento da aplicabilidade do CDC não influencia no julgamento da causa, uma vez que a legalidade ou ilegalidade das cláusulas contratuais em debate não é realizada com base nas normas de proteção do consumidor, em razão de se tratar de questões amplamente debatidas e sedimentadas na jurisprudência do STJ. Verifica-se não ser o caso de se extinguir o processo por falta de condição da ação, atinente à ilegitimidade da parte, porque o título executivo extrajudicial é uma cédula de crédito bancário a qual consta a cláusula à ordem, o que possibilita a sua circulação mediante endosso, independentemente de notificação à outra parte. O inciso II do art. 199 do CC preceitua que enquanto não vencido o prazo, não se inicia o interregno prescricional. Sendo assim, o marco inicial da prescrição deve ser o vencimento fixado no título de crédito e não o alegado vencimento antecipado do dívida, porque este é uma faculdade do credor e não um dever imposto a ele, bem como, vale ressaltar que se estaria beneficiando o executado da sua própria inadimplência, o que não seria aceitável de acordo com a boa-fé objetiva que rege as relação contratuais presentes em nosso ordenamento jurídico. Considerando que a execução do título de crédito foi proposta em 07.01.2011 e que o prazo prescricional deve ser aferido do vencimento da última parcela, tenho que os valores contidos na cédula de crédito bancário não se encontram prescritos. Registra-se que, no caso em questão, não se aplica a exigência, contida no § 1º do art. 923 do CC, de que o endosso deve ser averbado em seu registro, porquanto a cédula de crédito bancário é regida pela Lei n.

Código Civil comentado e anotado   Arts. 903 a 905

10.931/2004 e não pelas disposições do diploma civilista, que tem incidência subsidiária sobre os títulos de crédito em geral, nos termos do art. 903 do CC. Não havendo prova de que a capitalização tenha sido realizada de forma mensal e tendo o título de crédito previsão expressa de que a capitalização de juros foi realizada de forma anual, a medida que se impõe é manutenção do julgado. "(...) 7. Permanece legítima a estipulação da Tarifa de Cadastro, a qual remunera o serviço de realização de pesquisa em serviços de proteção ao crédito, base de dados e informações cadastrais, e tratamento de dados e informações necessários ao inicio de relacionamento decorrente da abertura de conta de depósito à vista ou de poupança ou contratação de operação de crédito ou de arrendamento mercantil, não podendo ser cobrada cumulativamente" (STJ, REsp n. 1.251.331/RS, 2ª S., rel. Min. Maria Isabel Gallotti, j. 28.08.2013, *DJe* 24.10.2013). Inexistindo ilegalidade quanto capitalização de juros ajustada pelas partes, bem como inexistindo a ocorrência de cobrança abusiva quanto às tarifas de cadastro e de contratação, vislumbro que não há que se falar excesso de exação no pagamento do Imposto sobre Operações Financeiras (IOF), uma vez que o seu recolhimento origina-se dos serviços realizados pelo apelado desprovidos de vícios e de nulidades. (TJMS, Ap. n. 0015633-58.2011.8.12.0001, 4ª Câm. Cível, rel. Des. Odemilson Roberto Castro Fassa, *DJe* 20.07.2015)

CAPÍTULO II
DO TÍTULO AO PORTADOR

Art. 904. A transferência de título ao portador se faz por simples tradição.

➡ Sem correspondência no CC/1916.

A transferência da titularidade do título ao portador será realizada por meio da tradição, ou seja, a simples transferência física do título entre um portador e outro é o bastante para que o título mude de proprietário.

▪ Compra e venda bem móvel. Ação de cobrança. Entrega do título de crédito (cheque) ao devedor. Presunção do paamento não elidida pela credora no prazo legal. Quitação exegese dos arts. 324 e 904 do CC. Recurso improvido. (TJSP, Ap. n. 0003087-28.2010.8.26.0417/Paraguaçu Paulista, 32ª Câm. de Dir. Priv., rel. Caio Marcelo Mendes de Oliveira, *DJe* 18.03.2015, p. 1.660)

Art. 905. O possuidor de título ao portador tem direito à prestação nele indicada, mediante a sua simples apresentação ao devedor.
Parágrafo único. A prestação é devida ainda que o título tenha entrado em circulação contra a vontade do emitente.

➡ Veja art. 1.005 do CC/1916.

O crédito indicado no título de crédito é autônomo, ou seja, é desvinculado da obrigação que o originou e, por força do art. 905, legitima o possuidor como beneficiário do crédito descrito no título. Outra característica dos títulos de crédito é a circulabilidade que, em união do princípio da autonomia, permite que o título circule livremente por simples tradição, mesmo que o emitente do título não tenha anuído.

509

Arts. 905 e 906   Almeida Guilherme

■ Ação monitória. Cheques. Inocorrência da prescrição. Art. 206, § 5º, I, do CC e Súmula n. 18 do TJSP. Ausência de desídia, contumácia, inércia ou responsabilidade imputável ao credor pela demora na formação da relação processual. Súmula n. 106 do STJ. Autonomia e abstração das obrigações cambiais. Art. 47, I e II, da Lei n. 7.357/85 e arts. 893 e 905 do CC. Subsistência da dívida, ressalvando o exercício do direito de regresso em face de terceiro que integrou a relação jurídica subjacente. Atualização monetária a partir da data de emissão e juros de mora da primeira apresentação. Matéria reavaliável por dever de ofício. Recurso não provido. (TJSP, Ap. n. 0025302-37.2008.8.26.0071/Bauru, 38ª Câm. de Dir. Priv., rel. César Peixoto, *DJe* 28.05.2015, p. 3.141)

■ Ação monitória. Cheques prescritos. Legitimidade ativa. Cártulas transferidas por endosso em branco, conferindo ao portador a qualidade de credor. Art. 47, I e II, da Lei n. 7.357/85 e arts. 893 e 905 do CC. Desnecessidade da indicação da origem do débito. Vinculação eficaz pela simples declaração unilateral de vontade. Autonomia e abstração das obrigações cambiais. Má fé ou distrato não comprovado. Documentos apresentados com o recurso. Preclusão. Atualização monetária a partir da data do vencimento e juros de mora da primeira apresentação. Recurso não provido. (TJSP, Ap. n. 0004764-88.2008.8.26.0506/Ribeirão Preto, 38ª Câm. de Dir. Priv., rel. César Peixoto, *DJe* 12.02.2015, p. 1.813)

Art. 906. O devedor só poderá opor ao portador exceção fundada em direito pessoal, ou em nulidade de sua obrigação.

➡ Veja art. 1.007 do CC/1916.

Os títulos de crédito possuem inoponibilidade contra terceiros, sendo excetuadas as defesas que se baseiem em direito pessoal ou na nulidade da obrigação contra o credor original do título.

■ Cambial. Cheque. Título formalmente válido. Inoponibilidade de exceções pessoais à terceiro de boa-fé. Arts. 906 CC/2002 e 25 da Lei n. 7.357/85. Ausência de prova da má-fé do réu. Ação declaratória de inexigibilidade de título improcedente. Recurso improvido. (TJSP, Ap. n. 0019923-03.2010.8.26.0506/Ribeirão Preto, 23ª Câm. de Dir. Priv., rel. J. B. Franco de Godoi, *DJe* 12.05.2015, p. 1.738)

■ Ação declaratória. Inexistência de relação jurídica. Nulidade do título de crédito. Exceção real. Título de crédito emitido e vinculado à prestação de serviços profissionais de advogado. Negócio subjacente que foi desfeito. Má-fé do beneficiário que ficou demonstrada, considerando que a transferência do cheque se deu após a notificação enviada pelo cliente, ora autor, de que a procuração havia sido revogada. A corroborar tal comportamento malicioso, observa-se que o beneficiário (ex-advogado do autor) é o atual patrono do réu, situação que evidencia que transferiu o título para camuflar o desfazimento do negócio originário Portanto, não se concretizando o negócio jurídico que deu origem à emissão do cheque, é inexigível o respectivo crédito. Inexistência de relação jurídica entre as partes. Art. 906, CC, que autoriza o emitente a invocar a nulidade da obrigação Se as exceções pessoais não podem ser suscitadas pelo emitente contra o portador, nada obsta que invoque exceções de natureza real ("exceções reais ou causais"), como ocorre com a nulidade do negócio subjacente. Recurso provido neste tópico. Danos morais. No caso em tela, foi solicitada a baixa no cartório, antes de efetivado o protesto Mero apontamento do título ao cartório, sem efetivação de protesto e sem qualquer publicidade, situação que se apresenta insuficiente para configurar dano moral. Precedentes do STJ. Ausência de provas de que o autor tenha experimentado algum tipo de abalo de crédito ou danos à sua imagem. Recurso des-

Código Civil comentado e anotado

Arts. 906 a 910

provido neste tópico. (TJSP, Ap. n. 3005277-72.2013.8.26.0136/Cerqueira César, 23ª Câm. de Dir. Priv.,rel. Sérgio Shimura, *DJe* 08.04.2015, p. 1.330)

Art. 907. É nulo o título ao portador emitido sem autorização de lei especial.

➡ Veja art. 1.511 do CC/1916.

O título ao portador é vinculado à previsão expressa em lei. Ele requer, portanto, autorização de lei especial para a sua emissão, circulação e efeitos, sob pena de nulidade. Isso ocorre porque sua emissão não autorizada por lei especial causaria um grande risco inflacionário.

Art. 908. O possuidor de título dilacerado, porém identificável, tem direito a obter do emitente a substituição do anterior, mediante a restituição do primeiro e o pagamento das despesas.

➡ Sem correspondência no CC/1916.

O título que estiver dilacerado poderá ser substituído por outro, pelo emitente, perante exigência do possuidor, desde que o título esteja identificável.

Art. 909. O proprietário, que perder ou extraviar título, ou for injustamente desapossado dele, poderá obter novo título em juízo, bem como impedir sejam pagos a outrem capital e rendimentos.
Parágrafo único. O pagamento, feito antes de ter ciência da ação referida neste artigo, exonera o devedor, salvo se se provar que ele tinha conhecimento do fato.

➡ Veja art. 1.509 do CC/1916.

Em prestígio à boa-fé contratual (art. 422 do CC), aquele que de boa-fé perder ou ver seu título de crédito extraviado poderá, por meio de ação judicial, requerer um novo título, e nessa mesma ação pedir que seja impedido que eventuais dividendos, capital ou rendimentos oriundos daquele título sejam pagos a outrem. Porém, o devedor deverá ter ciência da demanda para que assim deixe de pagar a outrem esses benefícios, de modo que já é exonerado dos pagamentos já realizados antes da ciência, salvo se o credor provar que o devedor tinha conhecimento do fato.

CAPÍTULO III
DO TÍTULO À ORDEM

Art. 910. O endosso deve ser lançado pelo endossante no verso ou anverso do próprio título.
§ 1º Pode o endossante designar o endossatário, e para validade do endosso, dado no verso do título, é suficiente a simples assinatura do endossante.

§ 2º A transferência por endosso completa-se com a tradição do título.
§ 3º Considera-se não escrito o endosso cancelado, total ou parcialmente.

➥ Sem correspondência no CC/1916.

O título "à ordem" é aquele que se transfere por mera aposição de assinatura no próprio título. É o que se chama de endosso. O endosso é a maneira pela qual a transferência do título se opera, ou seja, o endosso é a simples assinatura do credor ou emitente no próprio título, o qual, a partir deste momento, se torna transmissível, consagrando a circulabilidade dos títulos de crédito. Para que a transferência do título se ultime, é imperioso que, além da assinatura no título, se opere também a tradição do título, uma vez que a cartularidade é princípio basilar dos títulos de crédito. Com efeito, reputa-se inexistente, ou não escrito, aquele endosso que tiver sido cancelado, não gerando, portanto, nenhum efeito no mundo jurídico.

■ Apelação. Ação ordinária. Improcedência. Irresignação. Preliminares. Cerceamento de defesa. Ausência de impugnação da decisão que encerrou a instrução processual. Preclusão. Art. 473 do CPC. Nulidade da sentença. Erro material. Conclusão do julgado que não se assentou em elementos ou fatos estranhos à lide. Preliminares afastadas. Mérito. Inversão do ônus da prova. Descabimento. Ausência de verossimilhança das alegações e da hipossuficiência do apelante. Produção de prova que não implica dificuldade ou o desequilíbrio do autor frente à apelada. Circulação do cheque. Endosso. Aplicação do art. 25 da Lei n. 7.357/85. Ausência de prova de que a corré Usina adquiriu o cheque de má-fé. Inoponibilidade das exceções pessoais. Princípio da autonomia, literalidade e abstração. Responsabilidade do emitente do cheque diante dos terceiros de boa-fé. Prévia comunicação ao emitente. Desnecessário. Endosso que não se confunde com a cessão de crédito. Cláusula à ordem. Art. 8º do Decreto n. 2.044/1908 e art. 910 do CC. Verba honorária. Fixação consoante o disposto no art. 20, § 4º, do CPC. Adequação. Não se trata de ação condenatória julgada procedente, a ensejar a fixação dos honorários advocatícios nos termos do § 3º do dispositivo legal supracitado. Sentença mantida. Recurso improvido. (TJSP, Ap. n. 0139523-43.2008.8.26.0100/São Paulo, 12ª Câm. de Dir. Priv., rel. Lidia Conceição, *DJe* 04.09.2014, p. 1793)

Art. 911. Considera-se legítimo possuidor o portador do título à ordem com série regular e ininterrupta de endossos, ainda que o último seja em branco.
Parágrafo único. Aquele que paga o título está obrigado a verificar a regularidade da série de endossos, mas não a autenticidade das assinaturas.

➥ Sem correspondência no CC/1916.

Aquele que for pagar o título (devedor cartular) tem a obrigação de verificar com precisão todo o encadeamento de endossos que levaram o credor (credor cartular) a pleitear o crédito, porém tal obrigação se limita ao aferimento lógico da cadeia de endossos, de modo que não se exige a verificação da autenticidade de cada assinatura.

A cadeia de endossos é válida desde que seja regular e ininterrupta, mesmo que o último endossante não tenha especificado o endossatário. O que se exige é verificar se a legitimidade de cada endossante em ceder o crédito está expressa na cártula.

Código Civil comentado e anotado
Arts. 912 a 914

Art. 912. Considera-se não escrita no endosso qualquer condição a que o subordine o endossante.
Parágrafo único. É nulo o endosso parcial.

➡ Sem correspondência no CC/1916.

O endosso é instituto exclusivo do direito cambiário, de modo que não se sujeita aos ditames do negócio jurídico civil e comum. Na verdade, o que é explicado é que o endosso não é subordinado a nenhuma condição, termo, encargo ou qualquer outro instituto jurídico que restrinja ou impeça sua eficácia imediata.

O endosso parcial é proibido legalmente, uma vez que o título de crédito é indivisível.

▪ Embargos do devedor. Nota promissória. Endosso translativo parcial. Nulidade. Aplicação do parágrafo único, do art. 912, do CC e inciso II, do art. 12, da LUG. Não é admitido o endosso parcial, uma vez que obrigações instituídas na forma dos títulos de crédito apresentam característica de unitariedade Fica evidenciado que, no caso, houve uma cessão de crédito não tendo o apelado promovido a necessária notificação para que tivesse tal ato eficácia jurídica em relação à apelante e quando posteriormente esta última quitou sua dívida, pagou bem ao fazê-lo, porquanto desconhecia ter havido cessão parcial do crédito na forma da primeira parte do art. 292, do CC, sendo descabida, assim, a execução Incidência do disposto no art. 940, do CC. Descabimento Ausência de demonstração do dolo específico do recorrido e, além do mais em sede de embargos do devedor não cabe a realização de pedidos condenatórios Recurso parcialmente provido. (TJSP, Ap. n. 0000490-63.2013.8.26.0035/Águas de Lindóia, 24ª Câm. de Dir. Priv., rel. João Batista Vilhena, *DJe* 22.09.2014, p. 1.383)

Art. 913. O endossatário de endosso em branco pode mudá-lo para endosso em preto, completando-o com o seu nome ou de terceiro; pode endossar novamente o título, em branco ou em preto; ou pode transferi-lo sem novo endosso.

➡ Sem correspondência no CC/1916.

O endosso é a simples assinatura que visa à transferência do título, e essa transferência poderá se operar de três formas:

• endosso em preto: juntamente com a assinatura (endosso), o endossante poderá especificar a quem o crédito irá beneficiar (endossatário), e tal especificação ocorre pelo nome e documento que individualize a pessoa;

• endosso em branco: o endossante poderá simplesmente assinar e o endossatário, seja ele quem for, completará com seu nome e documento, tornando o endosso em preto, no momento da cobrança do valor expresso no título em face do devedor cartular;

• simples tradição: a simples tradição do título será considerada forma de transferência, portanto, de endosso.

Art. 914. Ressalvada cláusula expressa em contrário, constante do endosso, não responde o endossante pelo cumprimento da prestação constante do título.
§ 1º Assumindo responsabilidade pelo pagamento, o endossante se torna devedor solidário.

Arts. 914 a 916   Almeida Guilherme

§ 2º Pagando o título, tem o endossante ação de regresso contra os coobrigados anteriores.

➡ Sem correspondência no CC/1916.

Em regra, o endosso transfere todas as responsabilidades inerentes ao título e ao devedor, porém poderá o endossante, mediante cláusula constante no próprio endosso, assumir a responsabilidade pelo pagamento do título, e que caso este não ocorra, o endossante será pessoal e solidariamente responsabilizado e, ao pagar o título vencido, poderá intentar ação de regresso com os demais coobrigados.

▪ Pretensão à declaração de inexigibilidade de cheque emitido em garantia de operação de fomento mercantil de desconto antecipado de títulos. Solidariedade ressalvada no instrumento, para o caso de inadimplemento da prestação pelo devedor sacado, de acordo com os permissivos dos arts. 296 e 914, § 1º, do CC. Obrigação exigível. Recurso não provido. (TJSP, Ap. n. 0045715-19.2010.8.26.0001/São Paulo, 38ª Câm. de Dir. Priv., rel. César Peixoto, *DJe* 15.01.2015, p. 499)

Art. 915. O devedor, além das exceções fundadas nas relações pessoais que tiver com o portador, só poderá opor a este as exceções relativas à forma do título e ao seu conteúdo literal, à falsidade da própria assinatura, a defeito de capacidade ou de representação no momento da subscrição, e à falta de requisito necessário ao exercício da ação.

➡ Sem correspondência no CC/1916.

Este artigo traz novamente as hipóteses de exceções oponíveis contra terceiros, que são as relativas à forma do título e ao seu conteúdo literal, à falsidade da própria assinatura, ao defeito de capacidade ou de representação no momento da subscrição, e à falta de requisito necessário ao exercício da ação, sem deixar de citar as exceções pessoais que o devedor possuir contra o portador.

Art. 916. As exceções, fundadas em relação do devedor com os portadores precedentes, somente poderão ser por ele opostas ao portador, se este, ao adquirir o título, tiver agido de má-fé.

➡ Sem correspondência no CC/1916.

Este artigo admite a oposição de exceções pessoais dos portadores precedentes de certo título de crédito, desde que manifestamente tenha agido de má-fé o portador, ou seja, com a consciência de prejudicar o devedor.

▪ Monitória. Cheque emitido pelo corréu "em branco", em favor de um amigo, que se serviu da cártula para aquisição de materiais de construção dos autores. Emitente que garante o pagamento. Art. 15 da Lei n. 7.357/85. Inoponibilidade das exceções pessoais aos autores, endossatários de boa-fé. Arts. 25 da Lei n. 7.357/85 e 916 do CC. Sentença mantida. Recurso não provido. (TJSP, Ap. n. 0005875-

Código Civil comentado e anotado

Arts. 916 a 919

86.2012.8.26.0306/José Bonifácio, 12ª Câm. de Dir. Priv., rel. Tasso Duarte de Melo, *DJe* 15.04.2015, p. 1.549)

Art. 917. A cláusula constitutiva de mandato, lançada no endosso, confere ao endossatário o exercício dos direitos inerentes ao título, salvo restrição expressamente estatuída.

§ 1º O endossatário de endosso-mandato só pode endossar novamente o título na qualidade de procurador, com os mesmos poderes que recebeu.

§ 2º Com a morte ou a superveniente incapacidade do endossante, não perde eficácia o endosso-mandato.

§ 3º Pode o devedor opor ao endossatário de endosso-mandato somente as exceções que tiver contra o endossante.

➡ Sem correspondência no CC/1916.

Cuida-se o presente em tratar do endosso-mandato, o qual confere poderes de representação a alguém, sem, contudo transferir-lhe a propriedade do título.

As regras que regem este procedimento se assemelham às do contrato de mandato em geral, de modo que novo endosso só será admitido na mesma qualidade e poderes recebidos; além disso, o endossatário somente poderá opor as exceções que tiver contra o endossante. Com efeito, acrescente-se a exceção legal de que subsiste a eficácia do endosso-mandato, ainda que sobrevenha a morte ou a incapacidade do mandante.

Art. 918. A cláusula constitutiva de penhor, lançada no endosso, confere ao endossatário o exercício dos direitos inerentes ao título.

§ 1º O endossatário de endosso-penhor só pode endossar novamente o título na qualidade de procurador.

§ 2º Não pode o devedor opor ao endossatário de endosso-penhor as exceções que tinha contra o endossante, salvo se aquele tiver agido de má-fé.

➡ Sem correspondência no CC/1916.

A norma cuida do endosso-penhor, sobre o qual se diga tratar de garantia dada pelo endossante a terceiro. Desse modo, considerando ser meramente uma segurança, novo endosso só subsistirá como endosso-mandato, na qualidade de procurador, sendo certo, ainda, que as exceções pessoais serão oponíveis apenas ao endossante, com o qual subsiste a propriedade do título.

Art. 919. A aquisição de título à ordem, por meio diverso do endosso, tem efeito de cessão civil.

➡ Sem correspondência no CC/1916.

O título à ordem só poderá ser transmitido conservando-se as características do título de crédito por meio do endosso. Caso contrário, se a transferência do crédito ocorrer por meio

Arts. 919 a 922 · Almeida Guilherme

diverso do endosso, por instrumento apartado, o título perderá as características perante o cessionário, sendo operado como mera cessão civil de crédito.

■ Monitória. Cheque prescrito. Autora que, portando os títulos, passou a ter sua titularidade. Cessão civil. Inteligência do art. 919 do CC. Legitimidade ativa configurada ausência de causa extintiva, modificada ou impeditiva do direito da demandante quanto às cártulas em questão. Exigibilidade das importâncias ali descritas. Sentença que rejeitou os embargos mantida. Recurso não provido. (TJSP, Ap. n. 0016434-32.2012.8.26.0006/São Paulo, 17ª Câm. de Dir. Priv., rel. Paulo Pastore Filho, *DJe* 06.04.2015, p. 1.526)

■ Recurso embargos de declaração. Alegação de omissão decorrente da não notificação do autor, nos termos do art. 290 do CC, da cessão do cheque para terceiros, impedindo-o de apontar a correta formação do litisconsórcio necessário, o qual ensejou a extinção do processo no acórdão. Omissão. Inexistência de vícios no acórdão. Distinção jurídica entre a cessão civil e o endosso, sendo este último utilizado para transferência de cambiais, que é o caso dos autos (art. 919 do CC). Simples exame na certidão de protesto que o próprio autor acostou na inicial para identificação inequívoca do terceiro-endossatário, que percebeu o cheque de forma translativa. Embargos rejeitados. (TJSP, Emb. Decl. n. 0006441-89.2012.8.26.0482/Presidente Prudente, 12ª Câm. de Dir. Priv., rel. Jacob Valente, *DJe* 10.10.2014, p. 1.458)

Art. 920. O endosso posterior ao vencimento produz os mesmos efeitos do anterior.

➡ Sem correspondência no CC/1916.

Os efeitos do endosso subsistem, ainda que realizados após o vencimento do título. Contudo, há de se destacar que isso deverá ocorrer até o momento de eventual protesto, uma vez que, em momento posterior, terá efeitos de cessão civil de crédito.

CAPÍTULO IV
DO TÍTULO NOMINATIVO

Art. 921. É título nominativo o emitido em favor de pessoa cujo nome conste no registro do emitente.

➡ Sem correspondência no CC/1916.

Títulos de crédito nominativos. São aqueles emitidos em favor de pessoa determinada, cujo nome e domicílio estão regularmente inscritos em dado livro de registro competente.

Art. 922. Transfere-se o título nominativo mediante termo, em registro do emitente, assinado pelo proprietário e pelo adquirente.

➡ Sem correspondência no CC/1916.

Código Civil comentado e anotado

Arts. 922 e 923

Exemplo destes títulos são as ações nominativas, as quais são transferidas pela autorização do legítimo proprietário do título, e o decorrente registro desta transação ocorre em livro próprio.

Art. 923. O título nominativo também pode ser transferido por endosso que contenha o nome do endossatário.

§ 1º A transferência mediante endosso só tem eficácia perante o emitente, uma vez feita a competente averbação em seu registro, podendo o emitente exigir do endossatário que comprove a autenticidade da assinatura do endossante.

§ 2º O endossatário, legitimado por série regular e ininterrupta de endossos, tem o direito de obter a averbação no registro do emitente, comprovada a autenticidade das assinaturas de todos os endossantes.

§ 3º Caso o título original contenha o nome do primitivo proprietário, tem direito o adquirente a obter do emitente novo título, em seu nome, devendo a emissão do novo título constar no registro do emitente.

➡ Sem correspondência no CC/1916.

O endosso que determine o nome do endossatário é denominado "endosso em preto". Nesse sentido, diga-se que a exigência subsiste, por sua natureza, quanto à necessidade de registro em livro próprio. Ademais, a segurança jurídica é observada pelo permissivo legal, quando admite ao endossatário o direito de ver registrada toda a cadeia de transferências, considerando para tanto a responsabilidade solidária dos envolvidos na emissão, circulação e garantias do título de crédito.

Finalmente, acrescente-se que o novo adquirente pode constar como emissor do título, às suas expensas, se o desejar fazê-lo mediante registro.

▪ Apelação cível. Embargos à execução. Preliminares. Indicência do CDC. Nnão influência no exame das cláusulas contratuais. Ilegitimidade ativa *ad causam*. Rejeitada. Prejudical de mérito. Prescrição. Não acolhida. Mérito. Inexistência de nulidade do endosso da cártula. Não há óbice para capitalização anual de juros. Inexistência de nulidade nas tarifas de cadastro e contratação. Valor do IOF aferido sobre os serviços prestados. Recurso conhecido e improvido. O reconhecimento da aplicabilidade do CDC não influencia no julgamento da causa, uma vez que a legalidade ou ilegalidade das cláusulas contratuais em debate não é realizada com base nas normas de proteção do consumidor, em razão de se tratar de questões amplamente debatidas e sedimentadas na jurisprudência do STJ. Verifica-se não ser o caso de se extinguir o processo por falta de condição da ação, atinente à ilegitimidade da parte, porque o título executivo extrajudicial é uma cédula de crédito bancário a qual consta a cláusula à ordem, o que possibilita a sua circulação mediante endosso, independentemente de notificação à outra parte. O inciso II do art. 199 do CC preceitua que enquanto não vencido o prazo, não se inicia o interregno prescricional. Sendo assim, o marco inicial da prescrição deve ser o vencimento fixado no título de crédito e não o alegado vencimento antecipado do dívida, porque este é uma faculdade do credor e não um dever imposto a ele, bem como, vale ressaltar que se estaria beneficiando o executado da sua própria inadimplência, o que não seria aceitável de acordo com a boa-fé objetiva que rege as relação contratuais presentes em nosso ordenamento jurídico. Considerando que a execução do título de crédito foi proposta em 07.01.2011 e que o prazo prescricional deve ser aferido do vencimento da última parcela, tenho que os valores contidos na cédula de crédito bancário não se encontram prescritos. Regis-

517

Arts. 923 a 926   Almeida Guilherme

tra-se que, no caso em questão, não se aplica a exigência, contida no § 1º do art. 923 do CC, de que o endosso deve ser averbado em seu registro, porquanto a cédula de crédito bancário é regida pela Lei n. 10.931/2004 e não pelas disposições do diploma civilista, que tem incidência subsidiária sobre os títulos de crédito em geral, nos termos do art. 903 do CC. Não havendo prova de que a capitalização tenha sido realizada de forma mensal e tendo o título de crédito previsão expressa de que a capitalização de juros foi realizada de forma anual, a medida que se impõe é manutenção do julgado. "(…) 7. Permanece legítima a estipulação da Tarifa de Cadastro, a qual remunera o serviço de realização de pesquisa em serviços de proteção ao crédito, base de dados e informações cadastrais, e tratamento de dados e informações necessários ao inicio de relacionamento decorrente da abertura de conta de depósito à vista ou de poupança ou contratação de operação de crédito ou de arrendamento mercantil, não podendo ser cobrada cumulativamente" (STJ, REsp n. 1.251.331/RS, 2ª S., rel. Min. Maria Isabel Gallotti, j. 28.08.2013, *DJe* 24.10.2013). Inexistindo ilegalidade quanto capitalização de juros ajustada pelas partes, bem como inexistindo a ocorrência de cobrança abusiva quanto às tarifas de cadastro e de contratação, vislumbro que não há que se falar excesso de exação no pagamento do Imposto sobre Operações Financeiras (IOF), uma vez que o seu recolhimento origina-se dos serviços realizados pelo apelado desprovidos de vícios e de nulidades. (TJMS, Ap. n. 0015633-58.2011.8.12.0001, 4ª Câm. Cível, rel. Des. Odemilson Roberto Castro Fassa, *DJe* 20.07.2015)

Art. 924. Ressalvada proibição legal, pode o título nominativo ser transformado em à ordem ou ao portador, a pedido do proprietário e à sua custa.

➡ Sem correspondência no CC/1916.

Não havendo proibição expressa em lei especial, poderá o proprietário do título de crédito requerer a transformação do título nominativo em outra modalidade de crédito, vale dizer, à ordem ou ao portador, desde que arque com os custos correspondentes, os quais serão empregados na baixa do registro e à emissão de uma nova cártula.

Art. 925. Fica desonerado de responsabilidade o emitente que de boa-fé fizer a transferência pelos modos indicados nos artigos antecedentes.

➡ Sem correspondência no CC/1916.

A responsabilidade do emitente pela transformação anteriormente destacada não subsistirá se ele o fez de boa-fé. Nesse sentido, diga-se que o procedimento de transformação envolve uma série de etapas, das quais aqui se destacam a verificação da autenticidade de assinaturas, as anotações dos nomes das partes envolvidas e os registros disso decorrentes.

Art. 926. Qualquer negócio ou medida judicial, que tenha por objeto o título, só produz efeito perante o emitente ou terceiros, uma vez feita a competente averbação no registro do emitente.

➡ Sem correspondência no CC/1916.

Código Civil comentado e anotado

Arts. 926 e 927

A produção de efeitos jurídicos nos títulos de crédito depende do respectivo registro. Dessa forma, assim também ocorre em razão de algum procedimento jurisdicional, o qual deve ser averbado em livro próprio para que produza eficácia perante terceiros.

TÍTULO IX
DA RESPONSABILIDADE CIVIL

Classificação da responsabilidade civil	Embasamento legal	Elementos constitutivos	Observação
Objetiva	Art. 927, parágrafo único, do CC	Conduta ilícita ou antijurídica + dano + nexo causal	X
Subjetiva	Art. 927, *caput*, do CC	Conduta ilícita ou antijurídica + dano + nexo causal + culpa (negligência, imprudência e imperícia)	X

CAPÍTULO I
DA OBRIGAÇÃO DE INDENIZAR

Art. 927. Aquele que, por ato ilícito (arts. 186 e 187), causar dano a outrem, fica obrigado a repará-lo.

Parágrafo único. Haverá obrigação de reparar o dano, independentemente de culpa, nos casos especificados em lei, ou quando a atividade normalmente desenvolvida pelo autor do dano implicar, por sua natureza, risco para os direitos de outrem.

➤ Veja art. 159 do CC/1916.

A Teoria da Responsabilidade Civil integra o direito obrigacional, pois a principal consequência da prática de um ato ilícito é a obrigação que acarreta, para o autor, de reparar o dano, obrigação esta de natureza pessoal.

Dano. Dano vem de *demere*, que significa tirar, apoucar, diminuir. Portanto, a ideia de dano surge das modificações do estado de bem-estar da pessoa, que vem em seguida à diminuição, ou perda de qualquer de seus bens originários ou derivados extrapatrimoniais ou patrimoniais.

Responsabilidade civil. Uma intromissão não autorizada e danosa na esfera jurídica alheia pode lesar tanto um bem patrimonial quanto um bem extrapatrimonial, ou ainda, ambos, cumulativamente. Desta intromissão não autorizada à esfera jurídica alheia que resulta em dano, pode-se deduzir duas espécies de Responsabilização Civil, uma subjetiva (art. 927, *caput*) e uma objetiva (art. 927, parágrafo único, do CC) (que pode advir tanto de fato de terceiro como de fato de coisa, dentro das circunstâncias legais). Quanto à última, há responsabilidade civil fundamentada não propriamente mais na culpabilidade, mas sim na reparabilidade do dano causado, que, não envolvendo uma análise de culpabilidade, se contrapõe à responsabilidade civil subjetiva.

Obrigação de indenizar ato ilícito. O autor de ato ilícito terá responsabilidade pelo prejuízo que causou, indenizando-o. Logo, seus bens ficarão sujeitos à reparação do dano patrimonial ou moral causado, e, se a ofensa tiver mais de um autor, todos responderão solidariamente pela reparação. Além disso, o direito de o lesado exigir a reparação, bem como

519

o dever de prestá-la, são transmissíveis aos seus herdeiros, que por eles responderão até os limites das forças da herança.

Obrigação de indenizar dano oriundo de atividade lícita. Consagrada está a responsabilidade civil objetiva que impõe o ressarcimento de prejuízo, independentemente de culpa, nos casos previstos legalmente, ou quando a atividade do lesante importar risco para direitos de outrem. Substitui-se a culpa pela ideia do risco. *Vide* GUILHERME, Luiz Fernando do Vale de Almeida. *Responsabilidade civil dos advogados e das sociedades de advogados nas auditorias jurídicas*. São Paulo: Quartier Latin, 2007; e GUILHERME, Luiz Fernando do Vale de Almeida (org.). *Responsabilidade civil*. São Paulo: Rideel, 2011.

- Súmula n. 28 do STF: "O estabelecimento bancário é responsável pelo pagamento de cheque falso, ressalvadas as hipóteses de culpa exclusiva ou concorrente do correntista".

- Súmula n. 161 do STF: "Em contrato de transporte, é inoperante a cláusula de não indenizar".

- Súmula n. 229 do STF: "A indenização acidentária não exclui a do direito comum, em caso de dolo ou culpa grave do empregador".

- Súmula n. 491 do STF: "É indenizável o acidente que cause a morte de filho menor, ainda que não exerça trabalho remunerado".

- Súmula n. 492 do STF: "A empresa locadora de veículos responde, civil e solidariamente com o locatário, pelos danos por este causados a terceiro, no uso do carro locado".

- Súmula n. 562 do STF: "Na indenização de danos materiais decorrentes de ato ilícito cabe a atualização de seu valor, utilizando-se, para esse fim, dentre outros critérios, dos índices de correção monetária".

- Súmula n. 37 do STJ: "São cumuláveis as indenizações por dano material e dano moral oriundos do mesmo fato".

- Súmula n. 43 do STJ: "Incide correção monetária sobre dívida por ato ilícito a partir da data do efetivo prejuízo".

- Súmula n. 130 do STJ: "A empresa responde, perante o cliente, pela reparação de dano ou furto de veículo ocorridos em seu estacionamento".

- Súmula n. 137 do STJ: "Compete à Justiça Comum estadual processar e julgar ação de servidor público municipal, pleiteando direitos relativos ao vínculo estatutário".

- Súmula n. 145 do STJ: "No transporte desinteressado, de simples cortesia, o transportador só será civilmente responsável por danos causados ao transportado quando incorrer em dolo ou culpa grave".

- Súmula n. 186 do STJ: "Nas indenizações por ato ilícito, os juros compostos somente são devidos por aquele que praticou o crime".

- Súmula n. 221 do STJ: "São civilmente responsáveis pelo ressarcimento de dano, decorrente de publicação pela imprensa, tanto o autor do escrito quanto o proprietário do veículo de divulgação".

Código Civil comentado e anotado   Art. 927

- Súmula n. 227 do STJ: "A pessoa jurídica pode sofrer dano moral".

- Súmula n. 246 do STJ: "O valor do seguro obrigatório deve ser deduzido da indenização judicialmente fixada".

- Súmula n. 403 do STJ: "Independe de prova do prejuízo a indenização pela publicação não autorizada de imagem de pessoa com fins econômicos ou comerciais".

- Súmula n. 479 do STJ: "As instituições financeiras respondem objetivamente pelos danos gerados por fortuito interno relativo a fraudes e delitos praticados por terceiros no âmbito de operações bancárias".

■ Enunciado n. 38 da I Jornada de Direito Civil: "A responsabilidade fundada no risco da atividade, como prevista na segunda parte do parágrafo único do art. 927 do novo Código Civil, configura-se quando a atividade normalmente desenvolvida pelo autor do dano causar a pessoa determinada um ônus maior do que aos demais membros da coletividade".

■ Enunciado n. 189 da III Jornada de Direito Civil: "Na responsabilidade civil por dano moral causado à pessoa jurídica, o fato lesivo, como dano eventual, deve ser devidamente demonstrado".

■ Enunciado n. 377 da IV Jornada de Direito Civil: "O art. 7º, XXVIII, da Constituição Federal não é impedimento para a aplicação do disposto no art. 927, parágrafo único, do Código Civil quando se tratar de atividade de risco".

■ Enunciado n. 443 da V Jornada de Direito Civil: "O caso fortuito e a força maior somente serão considerados excludentes da responsabilidade civil quando o fato gerador do dano não for conexo à atividade desenvolvida".

■ Enunciado n. 444 da V Jornada de Direito Civil: "A responsabilidade civil pela perda de chance não se limita à categoria de danos extrapatrimoniais, pois, conforme as circunstâncias do caso concreto, a chance perdida pode apresentar também a natureza jurídica de dano patrimonial. A chance deve ser séria e real, não ficando adstrita a percentuais apriorísticos".

■ Enunciado n. 445 da V Jornada de Direito Civil: "O dano moral indenizável não pressupõe necessariamente a verificação de sentimentos humanos desagradáveis como dor ou sofrimento".

■ Enunciado n. 446 da V Jornada de Direito Civil: "A responsabilidade civil prevista na segunda parte do parágrafo único do art. 927 do Código Civil deve levar em consideração não apenas a proteção da vítima e a atividade do ofensor, mas também a prevenção e o interesse da sociedade".

■ Enunciado n. 447 da V Jornada de Direito Civil: "As agremiações esportivas são objetivamente responsáveis por danos causados a terceiros pelas torcidas organizadas, agindo nessa qualidade, quando, de qualquer modo, as financiem ou custeiem, direta ou indiretamente, total ou parcialmente".

■ Enunciado n. 448 da V Jornada de Direito Civil: "A regra do art. 927, parágrafo único, segunda parte, do CC aplica-se sempre que a atividade normalmente desenvolvida, mesmo sem defeito e não essencialmente perigosa, induza, por sua natureza, risco especial e diferenciado aos direitos de outrem. São critérios de avaliação desse risco, entre outros, a estatística, a prova técnica e as máximas de experiência".

521

Art. 927   Almeida Guilherme

■ Enunciado n. 551 da VI Jornada de Direito Civil: "Nas violações aos direitos relativos a marcas, patentes e desenhos industriais, será assegurada a reparação civil ao seu titular, incluídos tanto os danos patrimoniais como os danos extrapatrimoniais".

■ Enunciado n. 553 da VI Jornada de Direito Civil: "Nas ações de responsabilidade civil por cadastramento indevido nos registros de devedores inadimplentes realizados por instituições financeiras, a responsabilidade civil é objetiva".

■ Enunciado n. 554 da VI Jornada de Direito Civil: "Independe de indicação do local específico da informação a ordem judicial para que o provedor de hospedagem bloqueie determinado conteúdo ofensivo na internet".

■ Enunciado n. 555 da VI Jornada de Direito Civil: "'Os direitos de outrem" mencionados no parágrafo único do art. 927 do Código Civil devem abranger não apenas a vida e a integridade física, mas também outros direitos, de caráter patrimonial ou extrapatrimonial".

■ Enunciado n. 4 da I Jornada de Direito do Trabalho: "'*Dumping* social'. Dano à sociedade. Indenização suplementar. As agressões reincidentes e inescusáveis aos direitos trabalhistas geram um dano à sociedade, pois com tal prática desconsidera-se, propositalmente, a estrutura do Estado social e do próprio modelo capitalista com a obtenção de vantagem indevida perante a concorrência. A prática, portanto, reflete o conhecido "*dumping* social", motivando a necessária reação do Judiciário trabalhista para corrigi-la. O dano à sociedade configura ato ilícito, por exercício abusivo do direito, já que extrapola limites econômicos e sociais, nos exatos termos dos arts. 186, 187 e 927 do Código Civil. Encontra-se no art. 404,parágrafo único do Código Civil, o fundamento de ordem positiva para impingir ao agressor contumaz uma indenização suplementar, como, aliás, já previam os artigos 652, *d*, e 832,§ 1º, da CLT".

■ Enunciado n. 13 da I Jornada de Direito do Trabalho: "Dono da obra. Responsabilidade. Considerando que a responsabilidade do dono da obra não decorre simplesmente da lei em sentido estrito (Código Civil, arts. 186 e 927) mas da própria ordem constitucional no sentido de se valorizar o trabalho (CF, art. 170), já que é fundamento da Constituição a valorização do trabalho (CF, art. 1º, IV), não se lhe faculta beneficiar-se da força humana despendida sem assumir responsabilidade nas relações jurídicas de que participa. Dessa forma, o contrato de empreitada entre o dono da obra e o empreiteiro enseja responsabilidade subsidiária nas obrigações trabalhistas contraídas pelo empreiteiro, salvo apenas a hipótese de utilização da prestação de serviços como instrumento de produção de mero valor de uso, na construção ou reforma residenciais".

■ Ação de indenização. Danos materiais e morais. Acidente de trânsito. Atropelamento. Culpa exclusiva de terceiro. Negligência e imprudência do réu não demonstradas. Improcedência. Recurso desprovido. 1 – A responsabilidade civil subjetiva pressupõe a demonstração da conduta dolosa ou culposa do agente, o dano e nexo causal entre eles (arts. 186 e 927 do CC). 2 – O fato de terceiro, que torna inevitável o atropelamento da vítima, exclui a responsabilidade do condutor do veículo, porquanto afastado o nexo causal. Precedentes do TJES. 3 – Recurso desprovido. (TJES, Ap. n. 0003002-54.2012.8.08.0035, rel. Des. José Paulo Calmon Nogueira da Gama, *DJe* 21.07.2015)

■ Apelação cível. Responsabilidade civil. Ação de indenização por danos morais. Envio de carta ofensiva à autora, magistrada. Indenização devida. Preenchimento do disposto nos arts. 186 e 927 do CC. 1 – O dever de indenizar nasce a partir do momento em que a conduta da parte ré invade a vida da auto-

522

Código Civil comentado e anotado   Arts. 927 e 928

ra e ultrapassa o mero aborrecimento, atingindo o íntimo, causando transtornos e desequilíbrio no seu bem-estar. Apelação e recurso adesivo desprovidos. (TJRS, Ap. Cível n. 70.065.371.031, 5ª Câm. Cível, rel. Des. Léo Romi Pilau Júnior, j. 29.07.2015)

■ Acidente de trânsito veículos automotores. Ação de indenização por danos materiais e morais. Demanda de proprietária de veículo automotor causador dos prejuízos decorrentes do sinistro, em face de pessoa que o dirigia no momento do acidente. Sentença de procedência. Recurso do réu. Parcial reforma do julgado. Necessidade. Autora e réu que foram condenados em ação anterior, de forma solidária, ao pagamento de indenização por danos materiais e morais decorrentes do acidente automobilístico. Autora que, no entanto, pagou a totalidade das indenizações às vítimas. Pretensão de regresso contra o réu, cumulada com recebimento de indenização autônoma por danos morais. Parcial cabimento. Direito de receber do réu, efetivo causador do acidente, o que pagou às vítimas do acidente de trânsito. Reconhecimento. Inteligência dos arts. 186, 927 e 934 do CC/2002. Dano moral autônomo, porém, inexistente. Autora que, de qualquer forma, era devedora solidária e ostentava obrigação legal de arcar com a totalidade do débito objeto da condenação, facultado o direito de se voltar regressivamente, contra o réu, a fim de ser reembolsada no montante da indenização com a qual teve que arcar. Reparação por prejuízos de ordem moral, porém, não devida. Apelo do réu parcialmente provido. (TJSP, Ap. n. 0020600-42.2010.8.26.0309/Jundiaí, 30ª Câm. de Dir. Priv., rel. Marcos Ramos, *DJe* 04.02.2015, p. 1.627)

■ Direito consumidor. Apelação. Recurso adesivo. Ação indenizatória. Acidente. Transporte intermunicipal. Pensionamento. Termo final. Dano material. Dano moral e estético. Sentença mantida. 1 – A responsabilidade civil extracontratual encontra fundamento nos arts. 186, 187 e 927, todos do CC e depende da verificação dos seguintes requisitos: a) conduta comissiva ou omissiva, b) resultado danoso, c) nexo causal entre e a conduta e o dano, d) culpa *lato sensu*. No caso concreto, as provas produzidas nos autos demonstram com clareza a prática do ato ilícito por parte do réu. 2 – Escorreita a aferição da expectativa de vida pela adoção de pesquisa de caráter nacional efetuada pelo Instituto Brasileiro de Geografia e Estatística – IBGE. 3 – O valor da indenização a título de danos morais deve possuir caráter pedagógico do agente, necessitando ser arbitrado de forma justa, observada a gravidade da ofensa e hábil a configurar um desestímulo à conduta do ofensor, considerando-se as condições socioeconômicas das partes envolvidas (art. 944 do CC). 4 – Negou-se provimento à apelação e ao recurso adesivo. (TJDFT, Proc. n. 20130111133222, 2ª T. Cível, rel. Des. Leila Arlanch, *DJe* 04.08.2015, p. 160)

Art. 928. O incapaz responde pelos prejuízos que causar, se as pessoas por ele responsáveis não tiverem obrigação de fazê-lo ou não dispuserem de meios suficientes.

Parágrafo único. A indenização prevista neste artigo, que deverá ser equitativa, não terá lugar se privar do necessário o incapaz ou as pessoas que dele dependem.

➥ Sem correspondência no CC/1916.

O incapaz (arts. 3º e 4º do CC) responde pelos prejuízos que causar, de maneira subsidiária ou excepcionalmente, como devedor principal, na hipótese do ressarcimento devido pelos adolescentes que praticarem atos infracionais, nos termos do art. 116 do Estatuto da Criança e do Adolescente (a Lei n. 8.069/90 regulamentou o art. 227 da CF), no âmbito das medidas socioeducativas ali previstas. A única hipótese em que poderá haver responsabilidade solidária do menor de 18 anos com seus pais é ter sido aquele emancipado nos termos do art. 5º, parágrafo único, I, do Código Civil.

Arts. 928 e 929 — Almeida Guilherme

- Enunciado n. 449 da V Jornada de Direito Civil: "A indenização equitativa a que se refere o art. 928, parágrafo único, do Código Civil não é necessariamente reduzida sem prejuízo do Enunciado n. 39 da I Jornada de Direito Civil".

Art. 929. Se a pessoa lesada, ou o dono da coisa, no caso do inciso II do art. 188, não forem culpados do perigo, assistir-lhes-á direito à indenização do prejuízo que sofreram.

➡ Veja art. 1.519 do CC/1916.

Indenização do dano e estado de necessidade. Se a pessoa lesada ou o dono da coisa, no estado de perigo, não forem culpados do perigo, assistir-lhes-á direito à indenização do prejuízo que sofreram. Se aquele que, em estado de necessidade, lesar outrem e tiver que ressarcir o dano terá ação regressiva para haver a importância que tiver ressarcido ao lesado (art. 929 do CC). A mesma ação competirá contra aquele em defesa de quem se causou o dano.

Danos provocados por produtos. Ressalvados outros casos previstos em lei, independentemente de culpa, os empresários individuais e as empresas respondem pelos danos causados pelos produtos, por vício de qualidade por insegurança ou por vício de quantidade ou de qualidade por inadequação (art. 931 do CC).

- Apelação cível. Responsabilidade civil em acidente de trânsito. Ação de indenização por danos materiais e morais. Invasão de via preferencial. Manobra de desvio e colisão com o cordão da calçada. Atropelamento. Denunciação da lide. Ilegitimidade passiva. Ilegitimidade passiva da litisdenunciada já foi afastada na origem, em decisão interlocutória não impugnada no momento oportuno. Preclusão. Apuração da responsabilidade e da culpa que diz respeito ao mérito da ação. Preliminar repelida. Dinâmica do acidente. A instrução processual revela que acidente ocorreu por culpa da litisdenunciada, que invadiu a via preferencial sem a cautela necessária e sem respeitar a sinalização de parada obrigatória. A requerida, por sua vez, realizou manobra defensiva para evitar a colisão, vindo a bater no cordão da calçada em que estava o autor, que se jogou em um barranco próximo para evitar o atropelamento. Culpa. Indubitável que a culpa pelo acidente recai sobre a litisdenunciada, sendo ela a responsável pela manobra que assustou o demandante, obrigando-o a pular no barranco ao lado e sofrendo lesões por isso. Inexistência de prova a demonstrar que a limitação de movimentos da ré tenha contribuído para o evento danoso. Deve a demandada, portanto, ressarcir os prejuízos experimentados pela vítima, sendo-lhe assegurado o direito de regresso contra o terceiro culpado (litisdenunciada). Inteligência dos arts. 188, II, 929 e 930 do CC. Impossibilidade de condenação solidária da requerida/denunciante e da litisdenunciada, por ausência de previsão legal, tendo a sentença adotado o modelo previsto no ordenamento jurídico vigente. Sentença mantida no tópico. Danos morais. Danos morais que se afiguram *in re ipsa*, pois decorrentes diretamente das lesões experimentadas pela vítima, que, comprovadamente fraturou o dedo do pé direito. Necessidade de tratamento fisioterápico, medicação para dor e proteção de gesso, estendendo-se o acompanhamento médico entre julho e dezembro de 2008. Ausência de prova quanto à fratura da mão esquerda. A quantia deferida na sentença se mostra dissociada das pequenas lesões sofridas pelo demandante, merecendo ser reduzida ao patamar de R$ 5.000,00, montante esse que se mostra adequado para reparar os infortúnios da vítima, além de se ajustar aos patamares usualmente praticados por essa Câmara. Valor que deve ser atualizado pelo IGP-M a contar do julgamento e acréscimo de juros moratórios de 1% ao mês desde o evento danoso. Danos materiais. Devem ser ressarcidos todos os danos materiais comprovados nos autos, especialmente as despesas realizadas com medicamentos, com a locação de muletas, com consultas médicas e, até mesmo, com a touca de helanca, que é justificada pela recomendação de tratamento de fisiotera-

Código Civil comentado e anotado

Arts. 929 a 931

pia. Também devem ser reparados os gastos com deslocamentos de táxi e com a contratação de uma auxiliar para trabalhar na lancheria do autor, uma vez que não fosse o dedo do pé fraturado e engessado, não precisaria o autor contratar uma funcionária temporária e deslocar-se de táxi para o seu estabelecimento comercial. Sentença mantida no tópico. Prequestionamento. No que concerne ao prequestionamento da matéria legal citada na lide, há que se ressalvar que o acórdão não está obrigado a se manifestar expressamente sobre todos os dispositivos legais citados, tampouco a enfrentar todos os argumentos expendidos ao longo do feito, cumprindo-lhe resolver a controvérsia da lide em sua extensão e complexidade, o que foi feito. Preliminar de ilegitimidade passiva afastada. Apelações do autor e da ré desprovidas. Apelação da litisdenunciada provida em parte. (TJRS, Ap. Cível n. 70.050.311.125, 12ª Câm. Cível, rel. Des. Ana Lúcia Carvalho Pinto Vieira Rebout, j. 19.03.2015)

■ Ação indenizatória de danos materiais. Acidente de trânsito. Dano à sinalização de trânsito. Arguição de abalroamento. A culpa do terceiro não exonera o autor direto do dano do dever jurídico de indenizar, uma vez que em responsabilidade civil se aplica o princípio da obrigatoriedade do causador direto em reparar o dano (arts. 929 e 930 do CC), de modo que possível, em tese, ação regressiva contra o terceiro criador da situação de perigo, para haver a importância despendida no ressarcimento ao dono da coisa. Apelação desprovida. (TJSP, Ap. n. 0047926-32.2011.8.26.0053/São Paulo, 30ª Câm. de Dir. Priv., rel. Lino Machado, *DJe* 17.12.2014, p. 1.848)

Art. 930. No caso do inciso II do art. 188, se o perigo ocorrer por culpa de terceiro, contra este terá o autor do dano ação regressiva para haver a importância que tiver ressarcido ao lesado.

Parágrafo único. A mesma ação competirá contra aquele em defesa de quem se causou o dano (art. 188, inciso I).

➡ Veja art. 1.520 do CC/1916.

Ação regressiva. Se alguém, em estado de necessidade, vier a lesar outrem e a ressarcir o dano causado, terá ação regressiva contra terceiro, autor do perigo, para reaver o *quantum* desembolsado. E se o causador do dano agiu para proteger bens alheios, vindo a pagar devida indenização ao dono da coisa danificada, terá também direito de regresso contra terceiro que culposamente causou o perigo, que evitou.

■ Veja no art. 929 as seguintes decisões: TJRS, Ap. Cível n. 70.050.311.125, 12ª Câm. Cível, rel. Des. Ana Lúcia Carvalho Pinto Vieira Rebout, j. 19.03.2015; TJSP, Ap. n. 0047926-32.2011.8.26.0053/São Paulo, 30ª Câm. de Dir. Priv., rel. Lino Machado, *DJe* 17.12.2014, p. 1.848.

Art. 931. Ressalvados outros casos previstos em lei especial, os empresários individuais e as empresas respondem independentemente de culpa pelos danos causados pelos produtos postos em circulação.

➡ Sem correspondência no CC/1916.

O Brasil adota um sistema protecionista no que se refere às relações de consumo, resguardando o consumidor em sua hipossuficiência e equalizando a relação jurídica com o empresário, quando, no caso do art. 931, prega que a responsabilidade dos produtos de uma empresa

Arts. 931 e 932 — Almeida Guilherme

perante terceiros é objetiva, ou seja, não é necessário provar que a empresa agiu com imperícia, negligência ou imprudência para que o consumidor seja ressarcido de seus prejuízos (*vide* Lei n. 8.078/90 – Código de Defesa do Consumidor).

- Enunciado n. 42 da Jornada de Direito Civil: "O art. 931 amplia o conceito de fato do produto existente no art. 12 do Código de Defesa do Consumidor, imputando responsabilidade civil à empresa e aos empresários individuais vinculados à circulação dos produtos".

- Enunciado n. 43 da Jornada de Direito Civil: "A responsabilidade civil pelo fato do produto, prevista no art. 931 do novo Código Civil, também inclui os riscos do desenvolvimento".

- Enunciado n. 190 da Jornada de Direito Civil: "A regra do art. 931 do novo CC não afasta as normas acerca da responsabilidade pelo fato do produto previstas no art. 12 do CDC, que continuam mais favoráveis ao consumidor lesado".

- Enunciado n. 378 da Jornada de Direito Civil: "Aplica-se o art. 931 do Código Civil, haja ou não relação de consumo".

- Enunciado n. 562 da Jornada de Direito Civil: "Aos casos do art. 931 do Código Civil aplicam-se as excludentes da responsabilidade objetiva".

- Apelação civil. Responsabilidade civil. Ação indenizatória por danos morais e estéticos. Quebra de poste. Queda. Fratura exposta. Responsabilidade objetiva. Art. 931 do CC. Presença dos pressupostos do dever de indenizar. Danos morais majorados. Danos estéticos mantidos. Procedência mantida. 1 – Caso em que o autor sofreu queda decorrente da quebra de poste de luz enquanto realizava serviços de eletricista. Responsabilidade civil objetiva que é regida pelo art. 931 do CC. Prejuízos decorrentes de fratura exposta na perna sofrida pelo demandante. 2 – Presentes os pressupostos da obrigação de indenizar, restou reconhecido o direito à reparação por danos estéticos e danos morais. 3 – *Quantum* indenizatório por dano moral majorado para R$ 20.000,00. 4 – Danos estéticos mantidos em R$ 3.000,00, diante da inexistência de maiores elementos de convicção no bojo dos autos. 5 – Sentença de procedência mantida. À unanimidade, apelo da ré desprovido. Por maioria, provido parcialmente o apelo do autor, vencida a relatora que provia em menor extensão. (TJRS, Ap. Cível n. 70.064.376.981, 9ª Câm. Cível, rel. Des. Iris Helena Medeiros Nogueira, j. 27.05.2015)

Art. 932. São também responsáveis pela reparação civil:
I – os pais, pelos filhos menores que estiverem sob sua autoridade e em sua companhia;
II – o tutor e o curador, pelos pupilos e curatelados, que se acharem nas mesmas condições;
III – o empregador ou comitente, por seus empregados, serviçais e prepostos, no exercício do trabalho que lhes competir, ou em razão dele;
IV – os donos de hotéis, hospedarias, casas ou estabelecimentos onde se albergue por dinheiro, mesmo para fins de educação, pelos seus hóspedes, moradores e educandos;
V – os que gratuitamente houverem participado nos produtos do crime, até a concorrente quantia.

➡ Veja art. 1.521 do CC/1916.

O art. 932 dispõe a respeito dos casos de responsabilidade civil por ato de terceiro, este responsabilizado objetivamente pela reparação do dano causado. São eles:

Código Civil comentado e anotado   Art. 932

a) os pais, pelos filhos menores que estiverem sob sua autoridade e em sua companhia; caso o menor de 18 anos seja emancipado haverá responsabilidade solidária;

b) o tutor e o curador, pelos atos praticados pelos pupilos e curatelados;

c) o empregador ou comitente, por seus empregados, serviçais e prepostos, no exercício de trabalho que lhes competir ou em razão dele;

d) os donos de hotéis, hospedarias, casas ou estabelecimentos onde se albergue mediante pagamento em dinheiro, mesmo para fins de educação, pelos seus hóspedes, moradores e educandos; e,

e) os que gratuitamente houverem participado nos produtos de crime até a concorrente quantia. Todas as pessoas designadas no art. 932 responderão pelos atos praticados pelos terceiros, mesmo que não haja culpa, sendo a responsabilidade civil objetiva (art. 933 do CC) e solidariamente (art. 942, parágrafo único, do CC).

A responsabilidade dos loucos. Sendo este um inimputável ou relativamente, não é ele responsável civilmente. Se vier a causar dano a alguém, o ato equipara-se à força maior ou ao caso fortuito. Se a responsabilidade não puder ser atribuída ao encarregado de sua guarda – tutor ou curador –, a vítima ficará irressarcida, por mais que a responsabilidade civil seja objetiva por força do art. 932, II, c/c 933 do CC (*vide* análise trazida pela Lei n. 13.146/2015 no art. 3º).

▪ Enunciado n. 191 da III Jornada de Direito Civil: "A instituição hospitalar privada responde, na forma do art. 932, III, do CC, pelos atos culposos praticados por médicos integrantes de seu corpo clínico".

▪ Enunciado n. 450 da V Jornada de Direito Civil: "Considerando que a responsabilidade dos pais pelos atos danosos praticados pelos filhos menores é objetiva, e não por culpa presumida, ambos os genitores, no exercício do poder familiar, são, em regra, solidariamente responsáveis por tais atos, ainda que estejam separados, ressalvado o direito de regresso em caso de culpa exclusiva de um dos genitores".

▪ Enunciado n. 451 da V Jornada de Direito Civil: "A responsabilidade civil por ato de terceiro funda-se na responsabilidade objetiva ou independente de culpa, estando superado o modelo de culpa presumida".

▪ Enunciado n. 44 da I Jornada de Direito do Trabalho: "Responsabilidade civil. Acidente do trabalho. Terceirização. Solidariedade. Em caso de terceirização de serviços, o tomador e o prestador respondem solidariamente pelos danos causados à saúde dos trabalhadores. Inteligência dos artigos 932, III, 933 e942, parágrafo único, do Código Civil e da Norma Regulamentadora n. 4 (Portaria n. 3.214/77 do Ministério do Trabalho e Emprego)".

▪ Súmula n. 341 do STF: "É presumida a culpa do patrão ou comitente pelo ato culposo do empregado ou preposto".

▪ Súmula n. 492 do STF: "A empresa locadora de veículos responde, civil e solidariamente com o locatário, pelos danos por este causados a terceiro, no uso do carro locado".

▪ Súmula n. 130 do STJ: "A empresa responde, perante o cliente, pela reparação de dano ou furto de veículo ocorridos em seu estacionamento".

▪ Civil e processual civil. Embargos infringentes em apelação cível. Reparação de danos materiais e morais. Responsabilidade dos pais pelos danos causados por filho menor. Arts. 932, I, e 933 do CCB. Lesão provocada no olho da vítima por força de pedra lançada pelo filho dos réus. Culpa concorrente. Ausência de demonstração. Obrigação de indenizar exclusiva dos genitores do menor causador do prejuízo.

Arts. 932 a 934 — Almeida Guilherme

Dano moral. Caracterização. Embargos acolhidos. 1 – A responsabilidade dos pais pelos danos causados por filho menor é objetiva nos termos dos arts. 932, I, e 933 do CCB. 2 – Diante da ausência de elementos de prova inequívocos que demonstrem que a vítima tenha concorrido para o evento danoso, não há que se falar em culpa concorrente, razão pela qual os genitores do causador da lesão respondem exclusivamente pelos danos experimentados pelo ofendido. 3 – Mesmo que o menor ofensor não tivesse a real intenção de ferir o colega, bem como tenha demonstrado arrependimento, sua conduta, inadequada e inconsequente, afigura-se, sem qualquer tergiversação, apta para gerar expressiva dor e sofrimento, à vítima (no campo físico e psíquico) bem como aos seus familiares, além de gastos não previstos por seus genitores, com medicamentos e tratamento médico. 4 – Embargos infringentes acolhidos. (TJDFT, Proc. n. 20110310159933, 2ª Câm. Cível, rel. p/ o ac. Des. João Egmont, *DJe* 08.07.2015, p. 143)

Art. 933. As pessoas indicadas nos incisos I a V do artigo antecedente, ainda que não haja culpa de sua parte, responderão pelos atos praticados pelos terceiros ali referidos.

➡ Veja art. 1.523 do CC/1916.

Todas as pessoas elencadas no art. 932 possuirão responsabilidade objetiva em relação aos atos dos terceiros, os quais são citados no art. 932, ou seja, a obrigação de reparar o dano independerá de prova de culpa.

▪ Enunciado n. 451 da V Jornada de Direito Civil: "A responsabilidade civil por ato de terceiro funda-se na responsabilidade objetiva ou independente de culpa, estando superado o modelo de culpa presumida".

▪ Enunciado n. 44 da I Jornada de Direito do Trabalho: "Responsabilidade civil. Acidente do trabalho. Terceirização. Solidariedade. Em caso de terceirização de serviços, o tomador e o prestador respondem solidariamente pelos danos causados à saúde dos trabalhadores. Inteligência dos arts. 932, III, 933 e 942, parágrafo único, do Código Civil e da Norma Regulamentadora n. 4 (Portaria n. 3.214/77 do Ministério do Trabalho e Emprego)".

▪ Veja no art. 932 a seguinte decisão: TJDFT, Proc. n. 20110310159933, 2ª Câm. Cível, rel. p/ o ac. Des. João Egmont, *DJe* 08.07.2015, p. 143.

Art. 934. Aquele que ressarcir o dano causado por outrem pode reaver o que houver pago daquele por quem pagou, salvo se o causador do dano for descendente seu, absoluta ou relativamente incapaz.

➡ Veja art. 1.524 do CC/1916.

A pessoa que reparar o dano causado por outrem, desde que este não seja seu descendente, absoluta ou relativamente incapaz, possuirá o direito regressivo, ou seja, poderá reaver o que gastou com a reparação (art. 934 do CC).

▪ Enunciado n. 44 da I Jornada de Direito Civil: "Na hipótese do art. 934, o empregador e o comitente somente poderão agir regressivamente contra o empregado ou preposto se estes tiverem causado dano com dolo ou culpa".

Código Civil comentado e anotado   Arts. 934 e 935

■ Súmula n. 187 do STF: "A responsabilidade contratual do transportador, pelo acidente com o passageiro, não é elidida por culpa de terceiro, contra o qual tem ação regressiva".

■ Súmula n. 188 do STF: "O segurador tem ação regressiva contra o causador do dano, pelo que efetivamente pagou, até ao limite previsto no contrato de seguro".

■ Acidente de trânsito. Veículos automotores. Ação de indenização por danos materiais e morais. Demanda de proprietária de veículo automotor causador dos prejuízos decorrentes do sinistro, em face de pessoa que o dirigia no momento do acidente. Sentença de procedência. Recurso do réu. Parcial reforma do julgado. Necessidade. Autora e réu que foram condenados em ação anterior, de forma solidária, ao pagamento de indenização por danos materiais e morais decorrentes do acidente automobilístico. Autora que, no entanto, pagou a totalidade das indenizações às vítimas. Pretensão de regresso contra o réu, cumulada com recebimento de indenização autônoma por danos morais. Parcial cabimento. Direito de receber do réu, efetivo causador do acidente, o que pagou às vítimas do acidente de trânsito. Reconhecimento. Inteligência dos arts. 186, 927 e 934 do CC/2002. Dano moral autônomo, porém, inexistente. Autora que, de qualquer forma, era devedora solidária e ostentava obrigação legal de arcar com a totalidade do débito objeto da condenação, facultado o direito de se voltar regressivamente, contra o réu, a fim de ser reembolsada no montante da indenização com a qual teve que arcar. Reparação por prejuízos de ordem moral, porém, não devida. Apelo do réu parcialmente provido. (TJSP, Ap. n. 0020600-42.2010.8.26.0309/Jundiaí, 30ª Câm. de Dir. Priv., rel. Marcos Ramos, *DJe* 04.02.2015, p. 1.627)

Art. 935. A responsabilidade civil é independente da criminal, não se podendo questionar mais sobre a existência do fato, ou sobre quem seja o seu autor, quando estas questões se acharem decididas no juízo criminal.

➡ Veja art. 1.523 do CC/1916.

Responsabilidade civil *versus* responsabilidade criminal. A responsabilidade civil é independente da criminal, não se podendo mais questionar sobre a existência do fato (do crime e suas consequências), ou autoria, quando essas questões se acharem decididas no juízo criminal.

■ Súmula n. 18 do STJ: "A sentença concessiva do perdão judicial é declaratória da extinção da punibilidade, não subsistindo qualquer efeito condenatório".

■ Enunciado n. 45 da I Jornada de Direito Civil: "No caso do art. 935, não mais se poderá questionar a existência do fato ou quem seja o seu autor se essas questões se acharem categoricamente decididas no juízo criminal".

■ Agravo de instrumento. Responsabilidade civil. Ação de indenização por danos morais. Sobrestamento do processo civil até o desfecho final da ação penal relativa aos mesmos fatos. Faculdade do juiz. Desnecessidade no caso concreto. O sobrestamento da tramitação do processo civil. Ação de reparação de danos morais – Enquanto não prolatada a sentença na ação penal relativa aos mesmos fatos, constitui faculdade do juiz, a quem incumbe avaliar a conveniência da medida. Intelecção dos arts. 110 do CPC e 64, parágrafo único, do CPP. A responsabilidade civil é independente da criminal, nos termos do art. 935 do CC. Precedentes do STJ e deste Colegiado. Decisão adotada levando em conta as peculiaridades do caso concreto e, sobretudo, o estágio de tramitação do processo criminal, cuja instrução

529

Arts. 935 a 937 — Almeida Guilherme

já foi concluída. Alegação de legítima defesa. Matéria que pode ser discutida e provada na seara cível, inclusive com a prova emprestada produzida no feito criminal. Recurso provido. (TJRS, AI n. 70.065.112.351, 9ª Câm. Cível, rel. Des. Miguel Ângelo da Silva, j. 22.07.2015)

Art. 936. O dono, ou detentor, do animal ressarcirá o dano por este causado, se não provar culpa da vítima ou força maior.

➦ Veja art. 1.527 do CC/1916.

A responsabilidade do dono ou possuidor de animal, caso este cause dano, é sempre objetiva, competindo ao dono a produção de prova de que o dano foi causado por culpa da vítima por meio de instigação do animal ou descuido, ou então por ocorrência de força maior, casos estes que excluem a responsabilidade do proprietário ou possuidor do semovente.

■ Enunciado n. 452 da V Jornada de Direito Civil: "A responsabilidade civil do dono ou detentor de animal é objetiva, admitindo-se a excludente do fato exclusivo de terceiro".

■ Apelação cível. Ação de reparação de danos. Acidente de trânsito. Travessia de gado na rodovia. Sinalização comprovada. Capotamento de caminhão. Imperícia do motorista. Excludente de responsabilidade 1 – O art. 936 do CC expressamente prevê a possibilidade de exclusão da responsabilidade do proprietário dos animais quando se verificar culpa exclusiva da vítima. 2 – Na hipótese dos autos, restou comprovado que o proprietário dos animais providenciou a sinalização adequada da rodovia para a travessia do gado, sendo que o capotamento do caminhão resultou da imperícia de seu condutor, que não conseguiu frear o veículo a tempo. Recurso conhecido e provido. Sentença reformada. (TJGO, Ap. Cível n. 201190628295, 6ª Câm. Cível, rel. Des. Jeova Sardinha de Moraes, *DJe* 23.04.2015, p. 189)

Art. 937. O dono de edifício ou construção responde pelos danos que resultarem de sua ruína, se esta provier de falta de reparos, cuja necessidade fosse manifesta.

➦ Veja art. 1.528 do CC/1916.

Responsabilidade do dono de edifício ou construção. Se o dono agir com culpa no que tange aos cuidados necessários à preservação e conservação do edifício, e este vier a ruir, responderá civilmente pelos danos causados em decorrência da ruína. Logo, o lesado deverá provar o dano, o nexo de causalidade, decorrente de falta de reparos.

■ Enunciado n. 556 da VI Jornada de Direito Civil: "A responsabilidade civil do dono do prédio ou construção por sua ruína, tratada pelo art. 937 do CC, é objetiva".

■ Recurso inominado. Indenizatória. Enxame de abelhas. Imóvel vizinho. Danos materiais comprovados. Perda de animais. Danos morais configurados. Art. 937 do CC. O proprietário do imóvel deve responder pelo incidente (enxame de abelhas) que decorreu do estado de conservação do seu imóvel, aplicando-se por analogia o disposto no art. 937 do CC. Sobretudo, quando constatado que as abelhas que se encontravam aninhadas no imóvel da recorrente causaram a morte dos animais de estimação dos autores Assim, tem-se por adequada a manutenção da indenização a título de danos materiais em R$ 1.290,50, bem como de danos morais em R$ 7.000,00. Sentença mantida pelos seus próprios funda-

Código Civil comentado e anotado   Arts. 937 a 939

mentos. Recurso improvido. (TJRS, Rec. Inom. n. 71.004.599.536, 1ª T. Rec. Cível, rel. Fabiana Zilles, j. 30.09.2014)

Art. 938. Aquele que habitar prédio, ou parte dele, responde pelo dano proveniente das coisas que dele caírem ou forem lançadas em lugar indevido.

➡ Veja art. 1.529 do CC/1916.

Responsabilidade por objetos que caírem ou forem arremessados do prédio. Os habitantes de um edifício, mesmo que parcialmente, são igualmente responsáveis por eventuais danos causados a terceiros, independentemente do aferimento de culpa de quem arremessou ou deixou cair, não obstante, portanto, a busca do verdadeiro causador do dano, que deverá ressarcir os demais moradores.

■ Enunciado n. 557 da VI Jornada de Direito Civil: "Nos termos do art. 938 do CC, se a coisa cair ou for lançada de condomínio edilício, não sendo possível identificar de qual unidade, responderá o condomínio, assegurado o direito de regresso".

■ Civil e processual civil. Reparação de danos. Queda de objeto de janela. Identificação da unidade. Responsabilidade. 1 – O proprietário de bem imóvel é responsável pelos danos provocados pela queda dos estilhaços de vidros provenientes de sua janela, a teor do art. 938, CC. 2 – Configura ilegitimidade passiva do condomínio quando identificada a unidade imobiliária da qual caíram os estilhaços provenientes da queda de janela. 3 – Recurso provido. Ilegitimidade passiva reconhecida. Extinto o processo. Art. 267, VI, do CPC. (TJDFT, Proc. n. 20110610027513, 2ª T. Cível, rel. Des. Gislene Pinheiro, *DJe* 06.05.2015, p. 239)

Art. 939. O credor que demandar o devedor antes de vencida a dívida, fora dos casos em que a lei o permita, ficará obrigado a esperar o tempo que faltava para o vencimento, a descontar os juros correspondentes, embora estipulados, e a pagar as custas em dobro.

➡ Veja art. 1.530 do CC/1916.

Responsabilidade do credor que demandar dívida não vencida. O credor que demandar o devedor antes de vencida a dívida, fora dos casos autorizados pela lei, ficará obrigado a esperar o tempo que faltava para o vencimento, a descontar os juros correspondentes, embora estipulados, e a pagar as custas em dobro. Não se aplica a pena se o autor desistir antes de contestada a lide, resguardado ao réu o direito de haver indenização por algum prejuízo que prove ter sofrido.

■ Apelação cível. Embargos à execução. Sentença pela parcial procedência do pedido. Recurso do banco. Alegação de que não devem ser afastados os juros do contrato. Impertinência. Art. 939 do CC. Condenação ao pagamento das custas em dobro. Ônus sucumbenciais mantidos. Honorários advocatícios alterados e minorados, nos termos do art. 20, § 4º, do CPC. Recurso da embargante. Pleito pela condenação do banco ao pagamento de dano moral. Ausência de ato ilícito a ensejar indenização por danos morais. Recurso do banco conhecido e parcialmente provido. Recurso da embargante conhecido e não provido. (TJPR, Ap. Cível n. 1151338-1, 13ª Câm. Cível, rel. Des. Rosana Andriguetto de Carvalho, *DJe* 21.10.2014, p. 483)

Arts. 940 a 942 — Almeida Guilherme

Art. 940. Aquele que demandar por dívida já paga, no todo ou em parte, sem ressalvar as quantias recebidas ou pedir mais do que for devido, ficará obrigado a pagar ao devedor, no primeiro caso, o dobro do que houver cobrado e, no segundo, o equivalente do que dele exigir, salvo se houver prescrição.

➡ Veja art. 1.531 do CC/1916.

Responsabilidade por dívida já paga. O que demandar dívida já paga, sem ressalvar as quantias recebidas, pagará o dobro do que houver cobrado. Aquele que pedir mais do que o devido, pagará ao devedor o equivalente do que dele exigir, salvo se houver prescrição. Não se aplica a pena se o autor desistir antes de contestada a lide, resguardado ao réu o direito de haver indenização por algum prejuízo que prove ter sofrido (art. 941 do CC).

▪ Súmula n. 159 do STF: "Cobrança excessiva, mas de boa-fé, não dá lugar às sanções do art. 1.531 do Código Civil".

▪ Despesa de condomínio. Cobrança. Cobrança indevida. Parcelas parcialmente pagas. Cobrança excessiva. Reconhecimento pela ré. Pedido contraposto de danos morais pela cobrança indevida. Ação julgada parcialmente procedente. Apelação dos réus. Renovação dos argumentos anteriores. Inexistência de má-fé pela cobrança excessiva. Inaplicabilidade do art. 940 do CC. No mais, cobrança devida. Danos morais. Inexistência. Mero aborrecimento. Sentença mantida. Recurso improvido. (TJSP, Ap. n. 0009342-94.2011.8.26.0278/Itaquaquecetuba, 32ª Câm. de Dir. Priv., rel. Francisco Occhiuto Júnior, *DJe* 05.08.2015)

▪ Direito civil e processual civil. Execução de título já quitado. Repetição do indébito em dobro. Inaplicabilidade da sanção. I – Cabe a repetição do indébito em dobro quando o credor cobrar dívida já paga (art. 940 do CC). Contudo, havendo a desistência da ação executiva antes da citação do executado, é inaplicável a sanção (art. 941 do CC). II – Deu-se provimento ao recurso. (TJDFT, Proc. n. 20120110714423, rel. Des. José Divino de Oliveira, *DJe* 26.08.2014, p. 196)

Art. 941. As penas previstas nos arts. 939 e 940 não se aplicarão quando o autor desistir da ação antes de contestada a lide, salvo ao réu o direito de haver indenização por algum prejuízo que prove ter sofrido.

➡ Veja art. 1.532 do CC/1916.

As penas previstas aos autores das ações de cobrança fundadas em dívidas já pagas ou aquelas que ainda não vencerem são inaplicáveis, caso o autor da demanda desista dela antes de contestada a lide, ressalvando-se o direito do réu em reaver algum prejuízo sofrido em razão do intento infundado.

Art. 942. Os bens do responsável pela ofensa ou violação do direito de outrem ficam sujeitos à reparação do dano causado; e, se a ofensa tiver mais de um autor, todos responderão solidariamente pela reparação.

Parágrafo único. São solidariamente responsáveis com os autores os coautores e as pessoas designadas no art. 932.

➡ Veja art. 1.518 do CC/1916.

Código Civil comentado e anotado
Arts. 942 e 943

A responsabilidade em ressarcir terceiro por dano causado é solidária, podendo ser exigida de qualquer um dos causadores do dano, e seus bens estão sujeitos ao gravame judicial para que se possa garantir o pagamento do débito.

■ Súmula n. 221 do STJ: "São civilmente responsáveis pelo ressarcimento de dano, decorrente de publicação pela imprensa, tanto o autor do escrito quanto o proprietário do veículo de divulgação".

■ Súmula n. 246 do STJ: "O valor do seguro obrigatório deve ser deduzido da indenização judicialmente fixada".

■ Enunciado n. 453 da Jornada de Direito Civil: "Na via regressiva, a indenização atribuída a cada agente será fixada proporcionalmente à sua contribuição para o evento danoso".

■ Enunciado n. 558 da Jornada de Direito Civil: "São solidariamente responsáveis pela reparação civil, juntamente com os agentes públicos que praticaram atos de improbidade administrativa, as pessoas, inclusive as jurídicas, que para eles concorreram ou deles se beneficiaram direta ou indiretamente".

■ Enunciado n. 44 da I Jornada de Direito do Trabalho: "Responsabilidade civil. Acidente do trabalho. Terceirização. Solidariedade. Em caso de terceirização de serviços, o tomador e o prestador respondem solidariamente pelos danos causados à saúde dos trabalhadores. Inteligência dos artigos 932, III, 933 e 942, parágrafo único, do Código Civil e da Norma Regulamentadora n. 4 (Portaria n. 3.214/77 do Ministério do Trabalho e Emprego)".

■ Recurso especial. Agravo em recurso especial. Direito civil e processual civil. Ação indenizatória. Danos morais e materiais. Microempresários do ramo de confecções. Projeto "Grande São Luís". Contrato de financiamento. Valores não disponibilizados aos substituídos. Inclusão em órgão de restrição ao crédito. Dano moral. Caracterização. Preliminares. Exame pelo tribunal. Possibilidade. Prejuízo para a parte. Inexistência. Reexame de provas. Súmula n. 7/STJ. Declaração de nulidade de ofício do contrato. Princípio *jura novit curia*. Responsabilidade solidária. [...] 8 – O BNB exerceu papel central nos prejuízos causados aos associados da parte autora, de modo que se mostra plenamente justificada sua condenação ao pagamento de danos morais em maior extensão. 9 – Os autos revelam que tanto o BNB quanto as empresas por ele contratadas a título de consultoria concorreram para os atos praticados contra os associados da Ademecema, impondo-se ser reconhecida a responsabilidade solidária dos envolvidos, nos termos do art. 942 do CC. 10 – Recurso especial do Banco do N. do Brasil S.A. não provido. Agravo da Ademecena conhecido para dar parcial provimento ao recurso especial. (STJ, REsp n. 1.350.267, 3ª T., rel. Min. Ricardo Villas Bôas Cueva, *DJe* 07.04.2015, p. 1.454)

Art. 943. O direito de exigir reparação e a obrigação de prestá-la transmitem-se com a herança.

➡ Veja art. 1.526 do CC/1916.

Responsabilidade do causador do dano e a transmissão do dever de indenizar. Os bens do responsável ou dos responsáveis pela ofensa ou violação do direito de outrem ficam sujeitos à reparação do dano, sendo igualmente responsáveis os autores, os coautores e as pessoas do art. 932 do CC. O dever de indenizar transmite-se com a herança, porém, até as forças desta, salvo se se tratar de direito personalíssimo, ocasião em que não se transfere.

533

Arts. 943 e 944

■ Súmula n. 35 do STF: "Em caso de acidente do trabalho ou de transporte, a concubina tem direito de ser indenizada pela morte do amásio, se entre eles não havia impedimento para o matrimônio".

■ Enunciado n. 454 da V Jornada de Direito Civil: "O direito de exigir reparação a que se refere o art. 943 do Código Civil abrange inclusive os danos morais, ainda que a ação não tenha sido iniciada pela vítima".

■ Ação de cobrança. Seguro DPVAT. Preliminar. Morte do autor no decorrer do feito. Substituição processual. Espólio. Cabimento. Agravo retido. Honorários periciais. Responsabilidade da parte sucumbente. Redução. Não cabimento. Ônus de sucumbência. Decote da condenação. Impossibilidade. O direito ao recebimento da indenização do seguro DPVAT não é personalíssimo. Trata-se de direito material, de caráter econômico e patrimonial, e, por isso, nos termos do art. 943 do CC, pode ser transmitido aos herdeiros. Diante de sua sucumbência na demanda, cabe à seguradora o pagamento dos honorários do perito, conforme preceitua a conhecida regra trazida pelo art. 20 do CPC. Quanto ao valor fixado para o trabalho pericial, incumbe ao juiz fixá-lo de maneira que não acarrete a nenhuma das partes ônus demasiadamente excessivo. Ao contestar o feito e resistir a pretensão, presume-se que o réu deu causa à propositura da ação, devendo ser mantida a condenação nos ônus de sucumbência em respeito ao disposto no art. 20, CPC. (TJMG, AC n. 1.0702.08.456662-0/001, 16ª Câm. Cível, rel. Batista de Abreu, *DJe* 17.11.2014)

CAPÍTULO II
DA INDENIZAÇÃO

Art. 944. A indenização mede-se pela extensão do dano.
Parágrafo único. Se houver excessiva desproporção entre a gravidade da culpa e o dano, poderá o juiz reduzir, equitativamente, a indenização.

➡ Sem correspondência no CC/1916.

A condenação por danos morais deve ter o caráter de atender aos reclamos e anseios de justiça, não só do cidadão, mas da sociedade como um todo. Na questão de danos morais, a sentença deve atender ao binômio efetividade-segurança, de tal sorte que as decisões do judiciário possam proporcionar o maior grau possível de reparação do dano sofrido pela parte, independentemente do ramo jurídico em que se enquadre o direito postulado. "A jurisprudência é pacífica no entendimento de que não se pode falar em indenização, quando o autor não comprova a existência do dano" (*RT* 568/167).

Medida da indenização. A indenização, diz Maria Helena Diniz, deve ser proporcional ao dano causado pelo lesante, procurando cobri-lo em todos os aspectos, até onde suportarem as forças do patrimônio do devedor, apresentando-se para o lesado como uma compensação pelo prejuízo sofrido (DINIZ, Maria Helena. *Código Civil anotado*. São Paulo: Saraiva, 2004, p. 651).

■ Súmula n. 491 do STF: "É indenizável o acidente que cause a morte de filho menor, ainda que não exerça trabalho remunerado".

■ Súmula n. 562 do STF: "Na indenização de danos materiais decorrentes de ato ilícito cabe a atualização de seu valor, utilizando-se, para esse fim, dentre outros critérios, dos índices de correção monetária".

■ Súmula 37 do STJ: "São cumuláveis as indenizações por dano material e dano moral oriundos do mesmo fato".

Código Civil comentado e anotado   Art. 944

■ Enunciado n. 46 da I Jornada de Direito Civil: "A possibilidade de redução do montante da indenização em face do grau de culpa do agente, estabelecida no parágrafo único do art. 944 do novo Código Civil, deve ser interpretada restritivamente, por representar uma exceção ao princípio da reparação integral do dano". [Redação dada pelo Enunciado n. 380, IV Jornada de Direito Civil.]

■ Enunciado n. 380 da Jornada de Direito Civil: "Atribui-se nova redação ao Enunciado n. 46 da I Jornada de Direito Civil, com a supressão da parte final: não se aplicando às hipóteses de responsabilidade objetiva".

■ Enunciado n. 455 da Jornada de Direito Civil: "Embora o reconhecimento dos danos morais se dê, em numerosos casos, independentemente de prova (*in re ipsa*), para a sua adequada quantificação, deve o juiz investigar, sempre que entender necessário, as circunstâncias do caso concreto, inclusive por intermédio da produção de depoimento pessoal e da prova testemunhal em audiência".

■ Enunciado n. 456 da Jornada de Direito Civil: "A expressão 'dano' no art. 944 abrange não só os danos individuais, materiais ou imateriais, mas também os danos sociais, difusos, coletivos e individuais homogêneos a serem reclamados pelos legitimados para propor ações coletivas".

■ Enunciado n. 457 da Jornada de Direito Civil: "A redução equitativa da indenização tem caráter excepcional e somente será realizada quando a amplitude do dano extrapolar os efeitos razoavelmente imputáveis à conduta do agente".

■ Enunciado n. 458 da Jornada de Direito Civil: "O grau de culpa do ofensor, ou a sua eventual conduta intencional, deve ser levado em conta pelo juiz para a quantificação do dano moral".

■ Enunciado n. 550 da Jornada de Direito Civil: "A quantificação da reparação por danos extrapatrimoniais não deve estar sujeita a tabelamento ou a valores fixos".

■ Enunciado n. 551 da Jornada de Direito Civil: "Nas violações aos direitos relativos a marcas, patentes e desenhos industriais, será assegurada a reparação civil ao seu titular, incluídos tanto os danos patrimoniais como os danos extrapatrimoniais".

■ Veja no art. 927 a seguinte decisão: TJDFT, Proc. n. 20130111133222, 2ª T. Cível, rel. Des. Leila Arlanch, *DJe* 04.08.2015, p. 160.

■ Apelação cível. Responsabilidade civil em acidente de trânsito. Ação de reparação por ato ilícito. Sinistro envolvendo caminhonete e motocicleta. Conversão à esquerda. Obstrução da passagem do motociclista. Morte. Culpa exclusiva do demandado. Dever de indenizar. Pensionamento. Dano moral. Preliminar. Negativa de vigência à lei federal. A oitiva das testemunhas arroladas pelos autores foi determinada por este órgão fracionário, no julgamento do Agravo de Instrumento n. 70.042.106.013, privilegiando-se a solução do litígio de forma justa, em observância aos princípios constitucionais da ampla defesa e do contraditório. Dessa forma, tendo em vista o pronunciamento deste Colegiado e o trânsito em julgado da referida decisão, neste grau recursal, resta inviável a rediscussão desse tema, devendo ser afastada a preliminar. Dinâmica do acidente. Culpa. A culpa pelo evento danoso restou fartamente demonstrada pelas provas carreadas ao processo, revelando-se que o condutor da caminhonete foi afoito ao realizar a conversão à esquerda e não percebeu a aproximação do motociclista, que vinha na pista contrária e detinha a preferência de passagem. Assim, com essa manobra intempestiva, o requerido, indevidamente, obstruiu o percurso da motocicleta, sendo o único responsável

535

Arts. 944 e 945 — Almeida Guilherme

pelo sinistro. Pensão mensal. Por força do art. 948, II, do CC, o cônjuge supérstite é merecedor da pensão alimentícia decorrente de ato ilícito, não sendo o fato de auferir benefício previdenciário, no valor de um salário mínimo, impeditivo para o recebimento da pensão, já que se trata de entidade familiar com baixa renda. Ademais, em não havendo demonstração efetiva do montante auferido pelo *de cujus* (que laborava na agricultura), o pensionamento deverá observar o valor de um salário mínimo, reduzindo-se 1/3 referentes ao que seriam suas despesas pessoais. Precedentes. Danos morais. *Quantum* indenizatório arbitrado no valor correspondente a 100 salários mínimos para cada um dos autores, o que, longe de se mostrar exagerado, representa uma justa reparação aos familiares próximos do extinto (viúva e filhos), assim como atende o aspecto punitivo-pedagógico da sanção pecuniária, amoldando-se também à média praticada por esta Câmara nos casos envolvendo óbito. Precedentes. Não obstante isso, o julgador, ao ponderar o arbitramento do montante indenizatório, não está atrelado às características econômicas ostentadas pelas, senão apenas ao princípio da reparação integral do dano, extraído do art. 944 do CC. Prequestionamento. Não está o acórdão obrigado a enfrentar todas as teses invocadas pelas partes, cumprindo ao julgador decidir a controvérsia típica da lide, de maneira fundamentada, como procedido. Preliminar rejeitada e apelação desprovida. (TJRS, Ap. Cível n. 70.056.538.283, 12ª Câm. Cível, rel. Des. Ana Lúcia Carvalho Pinto Vieira Rebout, j. 23.04.2015)

Art. 945. Se a vítima tiver concorrido culposamente para o evento danoso, a sua indenização será fixada tendo-se em conta a gravidade de sua culpa em confronto com a do autor do dano.

➥ Sem correspondência no CC/1916.

Mede-se a indenização pela extensão do dano. Havendo concorrência de culpa da vítima, o magistrado deverá considerar a gravidade da culpa do lesado, comparando-a com a do lesante, para estabelecer o montante da indenização.

▪ Súmula n. 28 do STF: "O estabelecimento bancário é responsável pelo pagamento de cheque falso, ressalvadas as hipóteses de culpa exclusiva ou concorrente do correntista".

▪ Enunciado n. 47 da Jornada de Direito Civil: "O art. 945 do Código Civil, que não encontra correspondente no Código Civil de 1916, não exclui a aplicação da teoria da causalidade adequada".

▪ Enunciado n. 459 da Jornada de Direito Civil: "A conduta da vítima pode ser fator atenuante do nexo de causalidade na responsabilidade civil objetiva".

▪ Recurso especial. Responsabilidade civil. Condomínio. Morte da vítima por descarga elétrica. Demandas indenizatórias movidas pela mãe e pela companheira da vítima direta. Cerceamento de defesa. Culpa exclusiva ou concorrente da vítima. *Quantum* indenizatório arbitrado em valor razoável para as duas vítimas por ricochete. 1 – Vítima falecida por descarga elétrica ao entrar na casa de máquinas de um condomínio onde realizaria reforma do teto solicitada pela síndica. 2 – Demandas indenizatórias autônomas movidas pela mãe e pela companheira da vítima direta reunidas na origem em face da conexão. 3 – A avaliação da suficiência dos elementos probatórios que justificaram o julgamento antecipado da lide e a necessidade de produção de outras provas demandaria revisão do conjunto fático-probatório, o que é vedado a esta Corte Superior, nos termos da Súmula n. 7/STJ. Ausência também de indicação das provas pretendidas com aptidão para alterar o resultado do julgamento. Não reconhecimento de cerceamento de defesa. 4 – Reconhecida na origem a culpa concorrente da vítima para o evento danoso (art. 945 do CC). 5 – O reconhecimento da culpa exclusiva da vítima exigiria revaloração do conjunto fático-probatório dos autos, o que é vedado a esta Corte Superior, nos termos da Súmula n. 7/STJ.

Código Civil comentado e anotado   Arts. 945 a 947

6 – A fixação do *quantum* indenizatório pelo Tribunal de origem, com a redução decorrente da culpa concorrente da vítma, levou em consideração aspectos particulares do caso concreto, tendo sido arbitrada indenização dentro do espectro estabelecido pela jurisprudência desta Corte Superior (300 a 500 salários mínimos) para hipóteses de prejuízo de afeição decorrente de dano morte. 7 – Não se apresentando exagerado o valor da indenização, não se justifica a intervenção desta Corte Superior, nos termos da Súmula n. 7/STJ. 8 – Recurso especial a que se nega provimento. (STJ, REsp n. 1.343.444, 3ª T., rel. Min. Paulo de Tarso Sanseverino, *DJe* 28.10.2014)

Art. 946. Se a obrigação for indeterminada, e não houver na lei ou no contrato disposição fixando a indenização devida pelo inadimplente, apurar-se-á o valor das perdas e danos na forma que a lei processual determinar.

➡ Veja art. 1.553 do CC/1916.

Nos casos em que a obrigação for indeterminada, e na lei ou no contrato não houver disposição que consiga fixar a justa indenização a ser paga pelo inadimplente, o valor devido deverá ser apurado e reduzido na forma de perdas e danos, de acordo com a lei processual.

■ Contrato de prestação de serviços por prazo determinado. Rompimento imotivado e prematuro da avença mediante a paralisação das obras, independentemente de interpelação prévia. Infração convencional. Prejuízo configurado. Indenização devida. Arbitramento prudencial e equitativo por ausência de previsão contratual ou legal. Inteligência do art. 946 do CC. Sucumbência recíproca. Incidência do art. 21 do CPC. Recurso do autor não provido, provido em parte o do réu. (TJSP, Ap. n. 0009238-43.2009.8.26.0482/ Presidente Prudente, 38ª Câm. de Dir. Priv., rel. César Peixoto, *DJe* 24.07.2015)

■ Responsabilidade civil extracontratual. Acidente de trânsito. Atropelamento. Agravo retido. Reiteração. Conhecimento. (CPC, art. 523, § 1º). Contradita à testemunha (CPC, art. 405, § 3º). Não se considera suspeita a testemunha que negue amizade íntima sem contraprova pelo arguente. Condição de empregado, por si, não configura suspeição, salvo elemento concreto revelador de seu interesse na solução da lide. Decisão parcialmente mantida. Atropelamento. Pedestre que se lança à via em faixa própria e é colhido antes de encerrar sua trajetória. Prova oral. A hierarquia de proteção no trânsito exige do condutor de veículo a garantia da incolumidade física do pedestre, ainda que seja alterado o sinal semafórico em favor daquele (CTB, art. 29, § 2º, c/c art. 70, parágrafo único). Quantificação dos danos. Lesão à saúde (CC, art. 949). Fratura do platô tibial do joelho direito. Danos materiais. Dano emergente. Ressarcimento das despesas com tratamento. Dano certo, mas indeterminado. Liquidação por artigos (CC, art. 946). Pensão mensal vitalícia (CC, art. 950). Redução da capacidade funcional demonstrada pela perícia. Remuneração não comprovada. Vinculação ao salário mínimo. Possibilidade (Súmula n. 490 do STF). Percentagem da depreciação da capacidade funcional sobre o salário mínimo vigente à época do julgamento. Inclusão de décimo terceiro salário, a despeito da ausência de vínculo laborativo. Descabimento. Danos morais. Quantificação. Redução (R$ 25.000,00). Lide secundária. Danos morais. Expressa exclusão de cobertura securitária. Destaque à cláusula restritiva do direito do consumidor (Súmula n. 402 do STJ). Interpretação extensiva da expressão danos corporais descabida. Afastamento. Recursos das partes parcialmente providos. (TJSP, Ap. n. 0004547-71.2006.8.26.0132/Catanduva, 31ª Câm. de Dir. Priv., rel. Hamid Bdine, *DJe* 01.10.2014, p. 1.876)

Art. 947. Se o devedor não puder cumprir a prestação na espécie ajustada, substituir-se-á pelo seu valor, em moeda corrente.

Arts. 947 a 949

→ Veja art. 1.534 do CC/1916.

Se o devedor não puder cumprir a prestação na forma ajustada, será substituída pelo seu valor, em moeda corrente, valor este que deverá ser determinado por lei, pelas partes, ou ainda pelo juiz, mediante perícia.

Art. 948. No caso de homicídio, a indenização consiste, sem excluir outras reparações:
I – no pagamento das despesas com o tratamento da vítima, seu funeral e o luto da família;
II – na prestação de alimentos às pessoas a quem o morto os devia, levando-se em conta a duração provável da vida da vítima.

→ Veja art. 1.537 do CC/1916.

Indenização por homicídio culposo e doloso. Consiste no pagamento das despesas com o tratamento da vítima, funeral e luto da família, além da prestação de alimentos às pessoas (filhos, pais, viúvo, companheiro etc.) a quem o morto os devia, considerando-se a provável expectativa de vida da vítima, que no Brasil, seria de 65 anos.

- Súmula n. 490 do STF: "A pensão correspondente à indenização oriunda de responsabilidade civil deve ser calculada com base no salário-mínimo vigente ao tempo da sentença e ajustar-se-á às variações ulteriores".

- Súmula n. 491 do STF: "É indenizável o acidente que cause a morte de filho menor, ainda que não exerça trabalho remunerado".

- Enunciado n. 560 da VI Jornada de Direito Civil: "No plano patrimonial, a manifestação do dano reflexo ou por ricochete não se restringe às hipóteses previstas no art. 948 do Código Civil".

- Veja no art. 944 a seguinte decisão: TJRS, Ap. Cível n. 70.056.538.283, 12ª Câm. Cível, rel. Des. Ana Lúcia Carvalho Pinto Vieira Rebout, j. 23.04.2015.

Art. 949. No caso de lesão ou outra ofensa à saúde, o ofensor indenizará o ofendido das despesas do tratamento e dos lucros cessantes até ao fim da convalescença, além de algum outro prejuízo que o ofendido prove haver sofrido.

→ Veja art. 1.538 do CC/1916.

Caso ocorra lesão ou qualquer outra ofensa à saúde, deverá aquele que ofendeu indenizar o ofendido, comportando nesta as despesas do tratamento e lucros cessantes até o fim do tratamento da lesão ou doença, além de qualquer outro prejuízo que este venha a sofrer.

- Enunciado n. 192 da III Jornada de Direito Civil: 192. "Os danos oriundos das situações previstas nos arts. 949 e 950 do Código Civil de 2002 devem ser analisados em conjunto, para o efeito de atribuir indenização por perdas e danos materiais, cumulada com dano moral e estético".

Código Civil comentado e anotado   Arts. 949 a 951

■ Veja no art. 946 a seguinte decisão: TJSP, Ap. n. 0004547-71.2006.8.26.0132/Catanduva, 31ª Câm. de Dir. Priv., rel. Hamid Bdine, *DJe* 01.10.2014, p. 1.876.

■ Indenizatória. Acidente automobilístico. Responsabilidade civil do Estado. Danos materiais. Lucros cessantes. Profissional autônomo. Renda média do trimestre anterior ao sinistro. Dano moral. Inexistente. Aborrecimento. Sucumbência. Proporcional. 1 – O acidente de trânsito que não causa fundadas aflições ou angústias no lesado constitui situação de desconforto e aborrecimento não passíveis de indenização por dano moral. Precedentes TJES. 2 – "No caso de lesão ou outra ofensa à saúde, o ofensor indenizará o ofendido das despesas do tratamento e dos lucros cessantes até ao fim da convalescença, além de algum outro prejuízo que o ofendido prove haver sofrido" (art. 949 do CC). 3 – "Se cada litigante for em parte vencedor e vencido, serão recíproca e proporcionalmente distribuídos e compensados entre eles os honorários e as despesas" (art. 21 do CPC). (TJES, Ap. n. 0022264-24.2011.8.08.0035, rel. Des. Samuel Meira Brasil Junior, *DJe* 05.03.2015)

Art. 950. Se da ofensa resultar defeito pelo qual o ofendido não possa exercer o seu ofício ou profissão, ou se lhe diminua a capacidade de trabalho, a indenização, além das despesas do tratamento e lucros cessantes até ao fim da convalescença, incluirá pensão correspondente à importância do trabalho para que se inabilitou, ou da depreciação que ele sofreu.

Parágrafo único. O prejudicado, se preferir, poderá exigir que a indenização seja arbitrada e paga de uma só vez.

➡ Veja art. 1.539 do CC/1916.

Indenização por lesão corporal ou ofensa à saúde. Consistirá na indenização do ofendido das despesas do tratamento e dos lucros cessantes até o fim da convalescença, além de outros prejuízos (art. 949 do CC). Havendo perda ou diminuição da capacidade laborativa, somar-se-á uma pensão correspondente à importância do trabalho do qual ficou inabilitado, ou depreciação que sofreu (art. 950 do CC).

■ Súmula n. 490 do STF: "A pensão correspondente à indenização oriunda de responsabilidade civil deve ser calculada com base no salário-mínimo vigente ao tempo da sentença e ajustar-se-á às variações ulteriores".

■ Enunciado n. 48 da I Jornada de Direito Civil: "O parágrafo único do art. 950 do novo Código Civil institui direito potestativo do lesado para exigir pagamento da indenização de uma só vez, mediante arbitramento do valor pelo juiz, atendidos os arts. 944 e 945 e a possibilidade econômica do ofensor".

■ Enunciado n. 192 da III Jornada de Direito Civil: "Os danos oriundos das situações previstas nos arts. 949 e 950 do Código Civil de 2002 devem ser analisados em conjunto, para o efeito de atribuir indenização por perdas e danos materiais, cumulada com dano moral e estético".

■ Veja no art. 946 a seguinte decisão: TJSP, Ap. n. 0004547-71.2006.8.26.0132/Catanduva, 31ª Câm. de Dir. Priv., rel. Hamid Bdine, *DJe* 01.10.2014, p. 1.876.

Art. 951. O disposto nos arts. 948, 949 e 950 aplica-se ainda no caso de indenização devida por aquele que, no exercício de atividade profissional, por negligência, imprudência

ou imperícia, causar a morte do paciente, agravar-lhe o mal, causar-lhe lesão, ou inabilitá--lo para o trabalho.

➡ Veja art. 1.545 do CC/1916.

Responsabilidade dos médicos e afins. Trata-se da responsabilidade subjetiva daquele que, na atividade profissional, por culpa (negligência, imprudência ou imperícia), causar a morte de paciente, agravar-lhe o mal, causar-lhe lesão ou inabilitá-lo para o trabalho (arts. 948 a 950 do CC).

▪ Súmula n. 341 do STF: "É presumida a culpa do patrão ou comitente pelo ato culposo do empregado ou preposto".

▪ Súmula vinculante n. 22 do STF: "A Justiça do Trabalho é competente para processar e julgar as ações de indenização por danos morais e patrimoniais decorrentes de acidente de trabalho propostas por empregado contra empregador, inclusive aquelas que ainda não possuíam sentença de mérito em primeiro grau quando da promulgação da Emenda Constitucional n. 45/04".

▪ Súmula n. 37 do STJ: "São cumuláveis as indenizações por dano material e dano moral oriundos do mesmo fato".

▪ Enunciado n. 460 da V Jornada de Direito Civil: "A responsabilidade subjetiva do profissional da área da saúde, nos termos do art. 951 do Código Civil e do art. 14, § 4º, do Código de Defesa do Consumidor, não afasta a sua responsabilidade objetiva pelo fato da coisa da qual tem a guarda, em caso de uso de aparelhos ou instrumentos que, por eventual disfunção, venham a causar danos a pacientes, sem prejuízo do direito regressivo do profissional em relação ao fornecedor do aparelho e sem prejuízo da ação direta do paciente, na condição de consumidor, contra tal fornecedor".

▪ Prestação de serviços médico-hospitalares. Ação indenizatória. Responsabilidade civil por erro médico. Demanda que não se insere na competência preferencial das Eg. 25ª a 36ª Câmaras da Seção de Direito Privado, pois embora fundada em contrato de prestação de serviços, há disposição regulamentar específica acerca do tema – Matéria enquadrada como responsabilidade civil dos arts. 186 e 951 do CC, de competência, pois, e de forma preferencial, das Eg. 1ª a 10ª Câmaras de Direito Privado, conforme Resolução n. 623/2013, do Órgão Especial do Eg. Tribunal de Justiça de São Paulo. Declinação de competência *ex officio*, determinando a redistribuição do feito para uma das Câmaras com competência preferencial (1ª a 10ª Câmaras da Seção de Direito Privado do Eg. TJSP). Recurso não conhecido. (TJSP, AI n. 2140208-78.2015.8.26.0000/São Caetano do Sul, 31ª Câm. de Dir. Priv., rel. Carlos Nunes, *DJe* 05.08.2015)

▪ Apelação. Ação de indenização por dano moral e estético. Prestação de serviços hospitalares. Plano de saúde. Operação de retirada de apêndice. Complicações no processo de cicatrização Pedido inicial que se funda essencialmente na alegação de erro médico, consistente em falha no diagnóstico do quadro de infecção da autora, resultando, primeiramente, no recebimento de alta precoce (apenas dois dias após o procedimento cirúrgico) e, posteriormente, na recusa de internação diante dos sintomas apresentados quando do retorno periódico da autora para assepsia local e troca de curativos. Hipótese que não trata de pura ação de cobrança decorrente do contrato de prestação de serviços hospitalares, mas envolve, a bem da verdade, discussão principal e preponderante relativa ao erro médico sustentado, matéria não abrangida pela esfera de competência desta Câmara de Direito Privado. Competência das 1ª a 10ª Câma-

Código Civil comentado e anotado   Arts. 951 a 953

ras de Direito Privado. Art. 5º, I, item I.24, da Resolução n. 623/2013 deste Tribunal. Ações e execuções relativas a responsabilidade civil do art. 951 do CC. Recurso não conhecido. (TJSP, Ap. n. 0101025-34.2006.8.26.0006/São Paulo, 25ª Câm. de Dir. Priv., rel. Hugo Crepaldi, *DJe* 22.04.2015, p. 1.775)

Art. 952. Havendo usurpação ou esbulho do alheio, além da restituição da coisa, a indenização consistirá em pagar o valor das suas deteriorações e o devido a título de lucros cessantes; faltando a coisa, dever-se-á reembolsar o seu equivalente ao prejudicado.

Parágrafo único. Para se restituir o equivalente, quando não exista a própria coisa, estimar-se-á ela pelo seu preço ordinário e pelo de afeição, contanto que este não se avantaje àquele.

➥ Veja art. 1.541 do CC/1916.

Considera-se usurpado o bem quando dele é privado de seu uso de maneira ilegal, violenta ou fraudulenta, e esbulhado, quando se informa sua fruição. A indenização consistirá na devolução do bem, acrescido de perdas e danos. Caso o esbulhador ou usurpador comprovar a boa-fé, apenas restituirão a coisa juntamente com o valor das deteriorações e os lucros cessantes devidos. Quando houver deterioração total do bem, acrescentar-se-á, também, a respectiva indenização pecuniária, desde que não gere enriquecimento sem causa.

■ Súmula n. 562 do STF: "Na indenização de danos materiais decorrentes de ato ilícito cabe a atualização de seu valor, utilizando-se, para esse fim, dentre outros critérios, dos índices de correção monetária".

■ Enunciado n. 561 da VI Jornada de Direito Civil: "No caso do art. 952 do Código Civil, se a coisa faltar, dever-se-á, além de reembolsar o seu equivalente ao prejudicado, indenizar também os lucros cessantes".

■ Direito civil. Reintegração de posse. Esbulho. Lucros cessantes. Parâmetros para a apuração. Sentença confirmada. I – A parte prejudicada pelo esbulho possessório deve ser indenizada na forma do art. 952 do CC. II – Os lucros cessantes correspondem aos ganhos que o esbulhado deixa de auferir em decorrência da privação do bem. III – A parte lesada tem direito aos lucros cessantes exatamente durante o período do esbulho possessório. IV – Os lucros cessantes devem ser calculados de acordo com o preço de mercado da ocupação do imóvel esbulhado. V – Recurso conhecido e desprovido. (TJDFT, Proc. n. 20130110699829, rel. Des. James Eduardo Oliveira, *DJe* 10.10.2014, p. 153)

Art. 953. A indenização por injúria, difamação ou calúnia consistirá na reparação do dano que delas resulte ao ofendido.

Parágrafo único. Se o ofendido não puder provar prejuízo material, caberá ao juiz fixar, equitativamente, o valor da indenização, na conformidade das circunstâncias do caso.

➥ Veja art. 1.547 do CC/1916.

Injúria. É a ofensa, a humilhação à dignidade ou ao decoro de alguém (art. 140 do CP).

Calúnia. Caluniar alguém é imputar-lhe falsamente um fato definido como crime pela lei (art. 138 do CP).

Difamação. Difamar alguém é imputar-lhe um fato ofensivo à sua reputação (art. 139 do CP).

A indenização tratada no art. 953 refere-se à responsabilidade civil em decorrência da injúria, difamação e calúnia, independentemente da imputação e condenação penal. Portanto, o lesante deverá indenizar o ofendido pelos danos sofridos. Caso o ofendido não puder comprovar prejuízo material, caberá ao juiz fixar, equitativamente, o valor da indenização.

■ Apelação cível. Indenização por dano moral. Expressões lançadas contra porteiro do prédio "Preto safado", "capacho", "vou te pegar", e "seu dia está chegando". Porteiro que cumpria ordem do condomínio ao exigir o cartão de identificação no veículo. Injúrias que caracterizam o ilícito civil art. 953 do CC. Indenização por dano moral fixada em R$ 7.000,00 que não comporta redução. Recurso desprovido. (TJSP, Ap. n. 0016354-35.2008.8.26.0224/Guarulhos, 8ª Câm. de Dir. Priv., rel. Silvério da Silva, *DJe* 22.04.2015, p. 1.802)

Art. 954. A indenização por ofensa à liberdade pessoal consistirá no pagamento das perdas e danos que sobrevierem ao ofendido, e se este não puder provar prejuízo, tem aplicação o disposto no parágrafo único do artigo antecedente.

Parágrafo único. Consideram-se ofensivos da liberdade pessoal:

I – o cárcere privado;

II – a prisão por queixa ou denúncia falsa e de má-fé;

III – a prisão ilegal.

➡ Veja art. 1.550 do CC/1916.

Caso haja ofensa à liberdade pessoal do ofendido, pagará a título de indenização as perdas e danos. Caso não se consiga provar tais danos, será fixado pelo juiz o valor com base na equidade e de acordo com o caso concreto. Para os efeitos do art. 954 serão consideradas ofensas às liberdades pessoais: o cárcere privado, a prisão por queixa ou denúncia de má-fé e a prisão ilegal.

■ Súmula vinculante n. 11: "Só é lícito o uso de algemas em casos de resistência e de fundado receio de fuga ou de perigo à integridade física própria ou alheia, por parte do preso ou de terceiros, justificada a excepcionalidade por escrito, sob pena de responsabilidade disciplinar, civil e penal do agente ou da autoridade e de nulidade da prisão ou do ato processual a que se refere, sem prejuízo da responsabilidade civil do Estado".

TÍTULO X
DAS PREFERÊNCIAS E PRIVILÉGIOS CREDITÓRIOS

Art. 955. Procede-se à declaração de insolvência toda vez que as dívidas excedam à importância dos bens do devedor.

➡ Veja art. 1.554 do CC/1916.

A insolvência é o estado patrimonial de uma pessoa que se demonstra insuficiente de saldar o seu passivo, ou seja, ocorre no momento em que o patrimônio do devedor é insuficiente em relação às dívidas possuídas por ele, não havendo mais garantias em relação ao credor.

Art. 956. A discussão entre os credores pode versar quer sobre a preferência entre eles disputada, quer sobre a nulidade, simulação, fraude, ou falsidade das dívidas e contratos.

Código Civil comentado e anotado
Arts. 956 a 959

➡ Veja art. 1.555 do CC/1916.

O art. 956 limita a discussão a ser travada entre os credores, podendo gravitar entre a preferência entre seus créditos, sobre a nulidade, simulação, fraude ou falsidade das dívidas e contratos.

Art. 957. Não havendo título legal à preferência, terão os credores igual direito sobre os bens do devedor comum.

➡ Veja art. 1.556 do CC/1916.

A preferência no concurso creditório é derivada de lei. Caso no concurso não haja caso de preferência, todos os credores concorrerão igualmente no recebimento de seus créditos.

Art. 958. Os títulos legais de preferência são os privilégios e os direitos reais.

➡ Veja art. 1.557 do CC/1916.

Os títulos legais de preferência são aqueles em que a lei concede uma vantagem ao credor, em virtude da natureza de seu crédito, seja para reaver o bem como para excluir os demais credores. Tais títulos legais são créditos privilegiados devidamente ordenados, como: os créditos trabalhistas oriundos de salários ou acidentes de trabalho; os créditos fundados em direito real (hipoteca, anticrese, penhor); os créditos com preferência geral; e, por último, os créditos quirografários.

Art. 959. Conservam seus respectivos direitos os credores, hipotecários ou privilegiados:
I – sobre o preço do seguro da coisa gravada com hipoteca ou privilégio, ou sobre a indenização devida, havendo responsável pela perda ou danificação da coisa;
II – sobre o valor da indenização, se a coisa obrigada a hipoteca ou privilégio for desapropriada.

➡ Veja art. 1.558 do CC/1916.

Os privilégios creditórios subsistem sobre o direito, pois possuem garantia real ou qualquer privilégio ante a deterioração parcial ou total da coisa gravada. Nesse sentido, também, a expropriação não altera o direito dos credores sobre a coisa, na forma originalmente pactuada.

▪ Agravo de instrumento. Desapropriação. Pedido de substituição processual. Art. 42 do CPC. Impossibilidade. Credor hipotecário. Habilitação do crédito. Sub-rogação. Recurso conhecido e improvido. 1 – Nos termos do art. 42 do CPC, eventual cessão do crédito, no curso da ação em que é discutido, não autoriza a alteração do pólo ativo ou passivo, salvo com consentimento da parte contrária, o que não houve no caso em análise. É importante registrar que, nos termos art. 16 do DL n. 3.365/41, na ação de desapropriação deve ser citado apenas o proprietário do imóvel expropriado. Assim, o credor hipotecário não faz parte do pólo passivo, não havendo que se falar em substituição processual em razão da cessão de crédito. 2 – No que tange ao credor hipotecário, é de ser reconhecido o seu direito de pre-

543

Arts. 959 a 962 — Almeida Guilherme

ferência, mesmo em sede de desapropriação, a teor do art. 959, II, do CC. 3 – De acordo com o art. 31 do DL n. 3.365/41, que dispõe sobre as desapropriações por utilidade pública, ficam sub-rogados no preço quaisquer ônus ou direitos que recaiam sobre o bem expropriado. 4 – A indenização não poderá ser recebida pelo proprietário antes de quitado o crédito hipotecário, devendo o credor requer a sua habilitação e o levantamento do seu crédito. 5 – Recurso conhecido e improvido. (TJES, AI n. 0012142-86.2014.8.08.0021, rel. Des. Walace Pandolpho Kiffer, *DJe* 06.02.2015)

Art. 960. Nos casos a que se refere o artigo antecedente, o devedor do seguro, ou da indenização, exonera-se pagando sem oposição dos credores hipotecários ou privilegiados.

➡ Veja art. 1.559 do CC/1916.

Os privilégios creditórios devem ser opostos mediante notificação judicial ou extrajudicial, considerando que, não o fazendo, poderá o terceiro, a seguradora ou o poder público realizar o pagamento da verba indenizatória diretamente ao proprietário.

Art. 961. O crédito real prefere ao pessoal de qualquer espécie; o crédito pessoal privilegiado, ao simples; e o privilégio especial, ao geral.

➡ Veja art. 1.560 do CC/1916.

A ordem de recebimento de créditos, necessariamente, deverá obedecer à ordem prevista no art. 961, qual seja, o crédito real (hipoteca) será sempre o primeiro da ordem, em seguida seguirá o crédito pessoal privilegiado em detrimento do crédito pessoal simples e por fim os créditos de privilégio especial são preferidos em relação aos de privilégio geral ou quirografários. Note-se que no art. 961 somente são abordados os créditos de natureza privada, não podendo esquecer-se daqueles de natureza de ordem pública, que são os créditos fiscais e trabalhistas.

■ Embargos declaratórios. Omissão. Ocorrência. Limitação de desconto em folha. Duas fontes de renda. 30% sobre valor agregado. Preferência do credor hipotecário. Havendo omissão em relação a matéria relevante não apreciada no acórdão embargado, devem ser acolhidos os embargos declaratórios, a fim de suprir o referido vício, manifestando-se acerca da questão trazida pela parte. A limitação dos descontos efetuados diretamente em folha do devedor, havendo mais de uma fonte de renda, deve incidir sobre a soma dos rendimentos deste. O credor hipotecário tem privilégio sobre os demais, a teor do art. 961 do CC, motivo porque os descontos devem ser destinados primeiramente ao pagamento do seu crédito. (TJMG, Emb. Decl. n. 1.0439.10.008978-8/002, 10ª Câm. Cível, rel. Mariângela Meyer, *DJe* 22.07.2015)

Art. 962. Quando concorrerem aos mesmos bens, e por título igual, dois ou mais credores da mesma classe especialmente privilegiados, haverá entre eles rateio proporcional ao valor dos respectivos créditos, se o produto não bastar para o pagamento integral de todos.

➡ Veja art. 1.562 do CC/1916.

Quando, no concurso de credores com privilégios especiais, concorrerem aos mesmos bens, deverá o valor deste ser rateado de forma proporcional ao crédito pleiteado.

Código Civil comentado e anotado

Arts. 963 e 964

Art. 963. O privilégio especial só compreende os bens sujeitos, por expressa disposição de lei, ao pagamento do crédito que ele favorece; e o geral, todos os bens não sujeitos a crédito real nem a privilégio especial.

➡ Veja art. 1.565 do CC/1916.

Os créditos especialmente privilegiados estão expressamente previstos no art. 964 do CC. Trata-se de rol taxativo, e não exemplificativo, inadmitindo-se interpretação extensiva deste, devendo ser pagos pelos bens a eles relacionados e, na mesma esteira, serão pagos os créditos baseados em direitos reais e, por fim, o resto dos bens arrecadados servirão ao pagamento dos créditos com privilégios gerais.

Art. 964. Têm privilégio especial:
I – sobre a coisa arrecadada e liquidada, o credor de custas e despesas judiciais feitas com a arrecadação e liquidação;
II – sobre a coisa salvada, o credor por despesas de salvamento;
III – sobre a coisa beneficiada, o credor por benfeitorias necessárias ou úteis;
IV – sobre os prédios rústicos ou urbanos, fábricas, oficinas, ou quaisquer outras construções, o credor de materiais, dinheiro, ou serviços para a sua edificação, reconstrução, ou melhoramento;
V – sobre os frutos agrícolas, o credor por sementes, instrumentos e serviços à cultura, ou à colheita;
VI – sobre as alfaias e utensílios de uso doméstico, nos prédios rústicos ou urbanos, o credor de aluguéis, quanto às prestações do ano corrente e do anterior;
VII – sobre os exemplares da obra existente na massa do editor, o autor dela, ou seus legítimos representantes, pelo crédito fundado contra aquele no contrato da edição;
VIII – sobre o produto da colheita, para a qual houver concorrido com o seu trabalho, e precipuamente a quaisquer outros créditos, ainda que reais, o trabalhador agrícola, quanto à dívida dos seus salários;
IX – sobre os produtos do abate, o credor por animais.
Inciso acrescentado pela Lei n. 13.176, de 21.10.2015.

➡ Veja art. 1.566 do CC/1916.

A lei traz a relação de privilégios especiais, de maneira taxativa, cujos créditos devam inicialmente ser pagos. Dessa feita, as despesas judiciais para a arrecadação de um bem específico, de ações para obstar a deterioração da coisa, de benfeitorias tidas como necessárias ou úteis, de capital para edificação, reconstrução e melhoramento, de insumos agrícolas, de ornamentação de imóveis para locação, de títulos em relação aos seus autores ou representantes e, finalmente, deduzidas pelos frutos da colheita, serão especiais e precederão outros créditos no caso de insolvência civil.

■ Inventário. Deferimento de expedição de guia de recolhimento de valores depositados nos autos. Posterior reconsideração, tendo em vista certidão do cartório de que existia penhora no rosto dos autos, proveniente de crédito trabalhista. Existência de um total de três penhoras no rosto dos autos. Necessidade de concurso de preferências. Art. 711 do CPC e arts. 964 e 965 do CC/2002. Revogação da ordem

545

Arts. 964 e 965 — Almeida Guilherme

de levantamento, portanto, justificada decisão mantida. Recurso improvido. (TJSP, AI n. 2139728-37.2014.8.26.0000/São Paulo, 1ª Câm. de Dir. Priv., rel. Paulo Eduardo Razuk, *DJe* 30.01.2015, p. 1.716)

Art. 965. Goza de privilégio geral, na ordem seguinte, sobre os bens do devedor:

I – o crédito por despesa de seu funeral, feito segundo a condição do morto e o costume do lugar;

II – o crédito por custas judiciais, ou por despesas com a arrecadação e liquidação da massa;

III – o crédito por despesas com o luto do cônjuge sobrevivo e dos filhos do devedor falecido, se foram moderadas;

IV – o crédito por despesas com a doença de que faleceu o devedor, no semestre anterior à sua morte;

V – o crédito pelos gastos necessários à mantença do devedor falecido e sua família, no trimestre anterior ao falecimento;

VI – o crédito pelos impostos devidos à Fazenda Pública, no ano corrente e no anterior;

VII – o crédito pelos salários dos empregados do serviço doméstico do devedor, nos seus derradeiros seis meses de vida;

VIII – os demais créditos de privilégio geral.

➥ Veja art. 1.569 do CC/1916.

Adimplidos os créditos com privilégio especial, passa-se a quitar os vencimentos que gozam da prerrogativa geral. Nesse sentido, a primeira distinção recai sobre sua relação exemplificativa, a teor do inciso VIII do art. 965. Com efeito, aquele que suportou as despesas do funeral do devedor terá privilégio geral, assim também em relação às custas judiciais de arrecadação e liquidação do patrimônio (geral), despesas do luto, da doença que porventura acometeu a pessoa falecida, da subsistência deste nos últimos três meses de sua vida, de tributos devidos à Fazenda Pública (art. 186 do CTN), dos salários de empregados domésticos decorrentes do último semestre de vida, entre outros.

▪ Veja no art. 964 a seguinte decisão: TJSP, AI n. 2139728-37.2014.8.26.0000/São Paulo, 1ª Câm. de Dir. Priv., rel. Paulo Eduardo Razuk, *DJe* 30.01.2015, p. 1.716.

▪ Alvará de levantamento. Inventário. Autorizada venda de imóvel do espólio, mas negada o levantamento do valor recebido. Valor que é destinado a pagar despesas hospitalares da *de cujus*. Restante dos bens do espólio que são suficientes para arcar com os débitos. Ordem de pagamento de dívidas do espólio (art. 965 do CC). Concordância dos herdeiros para quitação e expedição de alvará. Recusa injustificada. Decisão reformada. Recurso provido. Alvará concedido. (TJSP, AI n. 2188510-75.2014.8.26.0000/São Paulo, 6ª Câm. de Dir. Priv., rel. Ana Lucia Romanhole Martucci, *DJe* 26.02.2015, p. 1.641)

▪ Inventário. Indeferimento do pedido de adjudicação de imóvel feito pelo agravante, credor trabalhista. Manutenção. Não pode o recorrente pretender a exclusividade na satisfação de seu crédito sobre os bens deixados pelo falecido, posto não ser o único credor. Ordem de privilégios a ser observada nos termos do art. 965 do CC. Dispensa da venda judicial que somente é possível por convenção de todos os interessados. Recurso não provido. (TJSP, AI n. 2139143-82.2014.8.26.0000/São Paulo, 6ª Câm. de Dir. Priv., rel. Des. Francisco Loureiro, *DJe* 03.12.2014, p. 1.400)

LIVRO II
DO DIREITO DE EMPRESA

TÍTULO I
DO EMPRESÁRIO

CAPÍTULO I
DA CARACTERIZAÇÃO E DA INSCRIÇÃO

Art. 966. Considera-se empresário quem exerce profissionalmente atividade econômica organizada para a produção ou a circulação de bens ou de serviços.

Parágrafo único. Não se considera empresário quem exerce profissão intelectual, de natureza científica, literária ou artística, ainda com o concurso de auxiliares ou colaboradores, salvo se o exercício da profissão constituir elemento de empresa.

➡ Sem correspondência no CC/1916.

Empresário. É empresário quem exerce, profissionalmente, atividade econômica, organizada e técnica, para a produção ou a circulação de bens ou serviços, com o intuito de auferir lucro. Tem que haver uma sucessão repetida de atos praticados de forma organizada e estável, sendo uma constante oferta de bens ou serviços, que é sua finalidade unitária e permanente. Toda atividade empresarial pressupõe o empresário como sujeito de direitos e obrigações e titular da empresa, detentor do poder de iniciativa e de decisão, pois cabe-lhe determinar o destino da empresa e o ritmo de sua atividade, assumindo todos os riscos.

Exercício de profissão intelectual. Em regra, quem exercer profissão intelectual, de natureza científica, literária ou artística, mesmo com o concurso de auxiliares ou colaboradores, não é considerado empresário, exceto se para o exercício de sua profissão investir capital, formando uma empresa, ofertando serviços mediante atividade econômica, organizada, técnica e estável.

■ Enunciado n. 53 da I Jornada de Direito Civil: "Art. 966: deve-se levar em consideração o princípio da função social na interpretação das normas relativas à empresa, a despeito da falta de referência expressa".

■ Enunciado n. 54 da I Jornada de Direito Civil: "Art. 966: é caracterizador do elemento empresa a declaração da atividade-fim, assim como a prática de atos empresariais".

■ Enunciado n. 193 da III Jornada de Direito Civil: "Art. 966: O exercício das atividades de natureza exclusivamente intelectual está excluído do conceito de empresa".

■ Enunciado n. 194 da III Jornada de Direito Civil: "Art. 966: Os profissionais liberais não são considerados empresários, salvo se a organização dos fatores da produção for mais importante que a atividade pessoal desenvolvida".

■ Enunciado n. 195 da III Jornada de Direito Civil: "Art. 966: A expressão 'elemento de empresa' demanda interpretação econômica, devendo ser analisada sob a égide da absorção da atividade intelectual, de natureza científica, literária ou artística, como um dos fatores da organização empresarial".

- Enunciado n. 196 da III Jornada de Direito Civil: "Arts. 966 e 982: A sociedade de natureza simples não tem seu objeto restrito às atividades intelectuais".

- Enunciado n. 197 da III Jornada de Direito Civil: "Arts. 966, 967 e 972: A pessoa natural, maior de dezesseis e menor de dezoito anos, é reputada empresário regular se satisfizer os requisitos dos arts. 966 e 967; todavia, não tem direito a concordata preventiva, por não exercer regularmente a atividade por mais de dois anos".

- Enunciado n. 27 da I Jornada de Direito Comercial: "Não se presume violação à boa-fé objetiva se o empresário, durante as negociações do contrato empresarial, preservar segredo de empresa ou administrar a prestação de informações reservadas, confidenciais ou estratégicas, com o objetivo de não colocar em risco a competitividade de sua atividade".

- Enunciado n. 28 da I Jornada de Direito Comercial: Em razão do profissionalismo com que os empresários devem exercer sua atividade, os contratos empresariais não podem ser anulados pelo vício da lesão fundada na inexperiência".

- Agravo de instrumento. Execução. Pedido de penhora de faturamento da renda de firma individual. Possibilidade. Confusão patrimonial entre a pessoa física e o empresário individual. Reconhecimento. Arts. 966 e segs. do CC. Recurso provido. É perfeitamente possível que a penhora recaia em bens da firma individual da devedora, pessoa física, pois inexiste distinção, respondendo o patrimônio de uma pelas obrigações assumidas pela outra e vice-versa, sem que se haja necessidade de desconstituição da personalidade jurídica. (TJSP, AI n. 2072454-56.2014.8.26.0000/Campinas, 32ª Câm. de Dir. Priv., rel. Kioitsi Chicuta, j. 07.08.2014)

- Reexame necessário e apelação cível. Ação declaratória de inexigibilidade de tributo cumulada com declaração de compensação. Imposto sobre serviços de qualquer natureza – ISS. Competência municipal. Pessoa jurídica de direito privado prestadora de serviço de educação e ensino. Atividade profissional intelectual. Ausência de caráter empresarial, conforme art. 966, parágrafo único, do CC. Ato constitutivo da sociedade registrado no ofício do registro civil das pessoas jurídicas (art. 998 do CC). Ausência de inscrição como sociedade empresária no registro público de empresas mercantis – junta comercial (art. 967 do CC). Enquadramento como sociedade simples. Exegese dos arts. 982 e 1.150 do CC. Direito ao recolhimento do ISS na forma fixa – por alíquotas fixas, de acordo com o art. 15, §§ 1º, II, e 2º, da LC n. 155/2003 do município de Joinville. Sentença confirmada. Remessa obrigatória e recurso voluntário conhecidos e desprovidos. (TJSC, Ap. Cível n. 2010.079639-1/Joinville, 3ª Câm. de Dir. Públ., rel. Stanley da Silva Braga, j. 10.02.2015)

- Recuperação judicial. Requerimento por produtores rurais em atividade por prazo superior àquele de 2 (dois) anos exigido pelo art. 48, *caput*, da Lei n. 11.101/2005, integrantes de grupo econômico na condição de empresários individuais respaldados pelos arts. 966 e 971 do CC e/ou de sócios das sociedades coautoras. Legitimidade reconhecida. Irrelevância da alegada proximidade entre as datas de ajuizamento do feito e das prévias inscrições dos produtores rurais como empresários individuais na Junta Comercial do Estado de São Paulo. Firme entendimento jurisprudencial no sentido de que a regularidade da atividade empresarial pelo biênio mínimo estabelecido no supramencionado dispositivo legal deve ser aferida pela constatação da manutenção e continuidade de seu exercício, e não a partir da prova da existência de registro do empresário ou ente empresarial por aquele lapso temporal. Manutenção do deferimento do processamento da demanda. Agravo de instrumento desprovido.

Código Civil comentado e anotado

Arts. 966 a 968

(TJSP, AI n. 2037064-59.2013.8.26.0000/Cafelândia, 2ª Câm. Res. de Dir. Empres., rel. José Reynaldo, j. 22.09.2014)

■ Agravo de instrumento. Execução de título extrajudicial. Fase de execução de sentença. Decisão que indeferiu pedido de penhora de bens de propriedade da firma individual. Descabimento. Inexiste distinção entre a firma individual e seu único sócio, tratando-se de uma única pessoa. Incidência dos arts. 966, 985 e 1.155, todos do CC. Hipótese em que a execução pode alcançar eventuais bens da empresa individual ou da pessoa física do único sócio. Decisão reformada. Recurso provido. (TJSP, AI n. 2177642-38.2014.8.26.0000/Sorocaba, 17ª Câm. de Dir. Priv., rel. Afonso Bráz. j. 14.11.2014)

Art. 967 É obrigatória a inscrição do empresário no Registro Público de Empresas Mercantis da respectiva sede, antes do início de sua atividade.

➡ Sem correspondência no CC/1916.
➡ Veja art. 4º do CCom.

Obrigatoriedade da inscrição do empresário. Antes de iniciar a atividade empresarial (art. 966 do CC), o empresário deverá inscrever-se no Registro Público de Empresas Mercantis da sede de sua empresa, a cargo das Juntas Comerciais (art. 1.150 do CC). Com tal registro ter-se-á a publicidade de sua atividade, amparando seu crédito e prevenindo fraudes.

■ Enunciado n. 197 da III Jornada de Direito Civil: "Arts. 966, 967 e 972: A pessoa natural, maior de dezesseis e menor de dezoito anos, é reputada empresário regular se satisfizer os requisitos dos arts. 966 e 967; todavia, não tem direito a concordata preventiva, por não exercer regularmente a atividade por mais de dois anos".

■ Enunciado n. 198 da III Jornada de Direito Civil: Art. 967: "A inscrição do empresário na Junta Comercial não é requisito para a sua caracterização, admitindo-se o exercício da empresa sem tal providência. O empresário irregular reúne os requisitos do art. 966, sujeitando-se às normas do Código Civil e da legislação comercial, salvo naquilo em que forem incompatíveis com a sua condição ou diante de expressa disposição em contrário".

■ Enunciado n. 199 da III Jornada de Direito Civil: Art. 967: "A inscrição do empresário ou sociedade empresária é requisito delineador de sua regularidade, e não da sua caracterização".

■ Veja no art. 966 a seguinte decisão: TJSC, Ap. Cível n. 2010.079639-1/Joinville, 3ª Câm. de Dir. Públ., rel. Stanley da Silva Braga, j. 10.02.2015.

Art. 968. A inscrição do empresário far-se-á mediante requerimento que contenha:
I – o seu nome, nacionalidade, domicílio, estado civil e, se casado, o regime de bens;
II – a firma, com a respectiva assinatura autógrafa que poderá ser substituída pela assinatura autenticada com certificação digital ou meio equivalente que comprove a sua autenticidade, ressalvado o disposto no inciso I do § 1º do art. 4º da Lei Complementar n. 123, de 14 de dezembro de 2006;
Inciso com redação dada pela LC n. 147, de 07.08.2014.

Art. 968 — Almeida Guilherme

III – o capital;

IV – o objeto e a sede da empresa.

§ 1º Com as indicações estabelecidas neste artigo, a inscrição será tomada por termo no livro próprio do Registro Público de Empresas Mercantis, e obedecerá a número de ordem contínuo para todos os empresários inscritos.

§ 2º À margem da inscrição, e com as mesmas formalidades, serão averbadas quaisquer modificações nela ocorrentes.

§ 3º Caso venha a admitir sócios, o empresário individual poderá solicitar ao Registro Público de Empresas Mercantis a transformação de seu registro de empresário para registro de sociedade empresária, observado, no que couber, o disposto nos arts. 1.113 a 1.115 deste Código.

Parágrafo acrescentado pela LC n. 128, de 19.12.2008.

§ 4º O processo de abertura, registro, alteração e baixa do microempreendedor individual de que trata o art. 18-A da Lei Complementar n. 123, de 14 de dezembro de 2006, bem como qualquer exigência para o início de seu funcionamento deverão ter trâmite especial e simplificado, preferentemente eletrônico, opcional para o empreendedor, na forma a ser disciplinada pelo Comitê para Gestão da Rede Nacional para a Simplificação do Registro e da Legalização de Empresas e Negócios – CGSIM, de que trata o inciso III do art. 2º da mesma Lei.

Parágrafo acrescentado pela Lei n. 12.470, de 31.08.2011.

§ 5º Para fins do disposto no § 4º, poderão ser dispensados o uso da firma, com a respectiva assinatura autógrafa, o capital, requerimentos, demais assinaturas, informações relativas à nacionalidade, estado civil e regime de bens, bem como remessa de documentos, na forma estabelecida pelo CGSIM.

Parágrafo acrescentado pela Lei n. 12.470, de 31.08.2011.

➥ Sem correspondência no CC/1916.

➥ Veja art. 5º do CCom.

Conteúdo do requerimento para inscrição empresarial. O empresário, para que possa providenciar sua inscrição no Registro Público de Empresas Mercantis, deverá apresentar requerimento contendo: seu nome, nacionalidade, domicílio, estado civil e, se for casado, o regime de bens (arts. 977 a 980 do CC); por conta do NCPC se solteiro for informar se é companheiro ou não de outra pessoa; a firma, com a respectiva assinatura autógrafa; o capital; o objeto, ou melhor, objetivo social pretendido e a sede da empresa. A inscrição do empresário deve conter todos os dados pessoais e a sua atividade.

Continuidade do ato registrário. A inscrição será tomada por termo em livro próprio do Registro Público de Empresas Mercantis. O número da inscrição do registro da empresa deverá obedecer à ordem contínua, a qual resultará em uma sequência sucessiva de todos os empresários inscritos.

Averbação. Quando houver alterações na sociedade empresarial, será imprescindível a sua averbação, respeitando todas as suas formalidades. O § 3º do art. 968 dispõe sobre o processo de transformação do empresário individual em sociedade empresária contratual, mediante solicitação ao Registro Público de Empresas Mercantis (leia-se: Juntas Comerciais Estaduais), caso venha a admitir sócio.

O § 4º do art. 968 estabelece um trâmite especial e simplificado para o processo de abertura, registro, alteração e baixa do microempreendedor individual, de que trata o art. 18-A da Lei Complementar n. 123, de 14.12.2006 (Lei Geral da Micro e Pequena Empresa). Com isso

Código Civil comentado e anotado

Arts. 968 a 970

garantiu ao microempreendedor um procedimento abreviado disciplinado pelo Comitê para Gestão da Rede Nacional para a Simplificação do Registro e da Legalização de Empresas e Negócios (CGSIM).

O § 5º do art. 968 tem como escopo facilitar a vida do microempreendedor individual, dispensando o uso da assinatura autógrafa, a informação sobre o capital social, requerimentos, demais assinaturas, informações relativas à nacionalidade, estado civil e regime de bens, como também a remessa de documentos estabelecida pelo CGSIM.

- Enunciado n. 55 da I Jornada de Direito Civil: "Arts. 968, 969 e 1.150: o domicílio da pessoa jurídica empresarial regular é o estatutário ou o contratual em que indicada a sede da empresa, na forma dos arts. 968, IV, e 969, combinado com o art. 1.150, todos do Código Civil".

- Enunciado n. 466 da I Jornada de Direito Civil: "Arts. 968, IV, parte final, e 997, II: Para fins do direito falimentar, o local do principal estabelecimento é aquele de onde partem as decisões empresariais, e não necessariamente a sede indicada no registro público".

Art. 969. O empresário que instituir sucursal, filial ou agência, em lugar sujeito à jurisdição de outro Registro Público de Empresas Mercantis, neste deverá também inscrevê-la, com a prova da inscrição originária.

Parágrafo único. Em qualquer caso, a constituição do estabelecimento secundário deverá ser averbada no Registro Público de Empresas Mercantis da respectiva sede.

➡ Sem correspondência no CC/1916.

Empresário que vier a abrir estabelecimento ligado à matriz, da qual depende, com poder de representá-la, sob a direção de um preposto, que exerce atividade econômica, organizada e técnica, dentro das instruções dadas, deverá, se tal sucursal, filial ou agência foi instituída em local sujeito à jurisdição de outro Registro Público de Empresas Mercantis, nele inscrevê-la, apresentando prova de inscrição originária, e também averbá-la no Registro Público de Empresas Mercantis à margem da inscrição da matriz.

- Enunciado n. 55 da I Jornada de Direito Civil: 55. "Arts. 968, 969 e 1.150: o domicílio da pessoa jurídica empresarial regular é o estatutário ou o contratual em que indicada a sede da empresa, na forma dos arts. 968, IV, e 969, combinado com o art. 1.150, todos do Código Civil".

Art. 970. A lei assegurará tratamento favorecido, diferenciado e simplificado ao empresário rural e ao pequeno empresário, quanto à inscrição e aos efeitos daí decorrentes.

➡ Sem correspondência no CC/1916.

O art. 970 do CC trata do pequeno empresário e do empresário rural não equiparado à atividade comum (art. 971 do CC). Nesse sentido, traz tratamento diferenciado a tais atividades, de modo a dar eficácia à Lei Geral da Micro e Pequena Empresa – Lei Complementar n. 123/2006.

- Enunciado n. 200 da III Jornada de Direito Civil: "Art. 970: É possível a qualquer empresário individual, em situação regular, solicitar seu enquadramento como microempresário ou empresário de pequeno porte, observadas as exigências e restrições legais".

Art. 971. O empresário, cuja atividade rural constitua sua principal profissão, pode, observadas as formalidades de que tratam o art. 968 e seus parágrafos, requerer inscrição no Registro Público de Empresas Mercantis da respectiva sede, caso em que, depois de inscrito, ficará equiparado, para todos os efeitos, ao empresário sujeito a registro.

Parágrafo único. Aplica-se o disposto no *caput* deste artigo à associação que desenvolva atividade futebolística em caráter habitual e profissional, caso em que, com a inscrição, será considerada empresária, para todos os efeitos.

Parágrafo acrescentado pela Lei n. 14.193, de 06.08.2021.

➡ Sem correspondência no CC/1916.

O empresário rural, observando as formalidades e requisitos do art. 968 do Código Civil, poderá se inscrever no Registro Público de Empresas Mercantis, equiparando-se, para todos os efeitos, ao empresário sujeito a registro obrigatório. Essa novidade apresentada pelo Código fez surgir algumas indagações, dentre elas, a aplicação da lei tributária e falimentar, bem como a necessidade de escrituração especial.

Sob os reflexos da implementação da Lei n. 14.193, de 6 de agosto de 2021 (Lei da Sociedade Anônima do Futebol – "Lei da SAF"), foi incluído o parágrafo único ao art. 971 do Código Civil. Com isso, os clubes de futebol – que em sua natureza jurídica foram historicamente reconhecidos como associações sem fins lucrativos – passam a poder, se quiserem, inscrever-se não mais na repartição competente às associações para o funcionamento de suas atividades, mas sim no Registro Público de Empresas Mercantis para, desse forma, assumirem a natureza jurídica de sociedade empresária, do tipo anônima, podendo ainda usufruir das benesses fiscais e incentivos oferecidos pela Lei da SAF.

- Enunciado n. 201 da III Jornada de Direito Civil: "Arts. 971 e 984: O empresário rural e a sociedade empresária rural, inscritos no registro público de empresas mercantis, estão sujeitos à falência e podem requerer concordata".

- Enunciado n. 202 da III Jornada de Direito Civil: "Arts. 971 e 984: O registro do empresário ou sociedade rural na Junta Comercial é facultativo e de natureza constitutiva, sujeitando-o ao regime jurídico empresarial. É inaplicável esse regime ao empresário ou sociedade rural que não exercer tal opção".

- Enunciado n. 62 da II Jornada de Direito Comercial: "O produtor rural, nas condições mencionadas do art. 971 do CCB, pode constituir EIRELI".

- Veja no art. 965 a seguinte decisão: TJSP, AI n. 2037064-59.2013.8.26.0000/Cafelândia, 2ª Câm. Res. de Dir. Empres., rel. José Reynaldo, j. 22.09.2014.

CAPÍTULO II
DA CAPACIDADE

Art. 972. Podem exercer a atividade de empresário os que estiverem em pleno gozo da capacidade civil e não forem legalmente impedidos.

Código Civil comentado e anotado   Arts. 972 a 974

➥ Sem correspondência no CC/1916.
➥ Veja art. 1º do CCom.

Para que o empresário possa exercer atividade econômica organizada para a produção ou circulação de bens ou de serviços, precisará: *a*) ter capacidade para exercer direitos e obrigações, ou seja, ser maior de 18 anos ou emancipado (arts. 5º e 976 do CC); *b*) estar habilitado para tanto e devidamente inscrito no Registro Público de Empresas Mercantis; e *c*) não estar legalmente impedido para o exercício da atividade empresarial, em decorrência, por exemplo, de desempenho de função pública (art. 54, II, *a*, da CF), ou de ser estrangeiro com visto temporário (art. 99 da Lei n. 6.815/80).

■ Enunciado n. 197 da III Jornada de Direito Civil: "Arts. 966, 967 e 972: A pessoa natural, maior de dezesseis e menor de dezoito anos, é reputada empresário regular se satisfizer os requisitos dos arts. 966 e 967; todavia, não tem direito a concordata preventiva, por não exercer regularmente a atividade por mais de dois anos".

Art. 973. A pessoa legalmente impedida de exercer atividade própria de empresário, se a exercer, responderá pelas obrigações contraídas.

➥ Sem correspondência no CC/1916.

A pessoa legalmente impedida de exercer atividade empresarial, caso a exerça, responderá com seu patrimônio pessoal, arcando com as obrigações assumidas e os prejuízos causados, além de submeter-se às penalidades administrativas e criminais, por ter exercido ilegalmente a profissão.

Art. 974. Poderá o incapaz, por meio de representante ou devidamente assistido, continuar a empresa antes exercida por ele enquanto capaz, por seus pais ou pelo autor de herança.
§ 1º Nos casos deste artigo, precederá autorização judicial, após exame das circunstâncias e dos riscos da empresa, bem como da conveniência em continuá-la, podendo a autorização ser revogada pelo juiz, ouvidos os pais, tutores ou representantes legais do menor ou do interdito, sem prejuízo dos direitos adquiridos por terceiros.
§ 2º Não ficam sujeitos ao resultado da empresa os bens que o incapaz já possuía, ao tempo da sucessão ou da interdição, desde que estranhos ao acervo daquela, devendo tais fatos constar do alvará que conceder a autorização.
§ 3º O Registro Público de Empresas Mercantis a cargo das Juntas Comerciais deverá registrar contratos ou alterações contratuais de sociedade que envolva sócio incapaz, desde que atendidos, de forma conjunta, os seguintes pressupostos:
Parágrafo e incisos acrescentados pela Lei n. 12.399, de 01.04.2011.
I – o sócio incapaz não pode exercer a administração da sociedade;
II – o capital social deve ser totalmente integralizado;
III – o sócio relativamente incapaz deve ser assistido e o absolutamente incapaz deve ser representado por seus representantes legais.

➥ Sem correspondência no CC/1916.

553

Para ser iniciada, a atividade empresarial requer a capacidade do empresário para o seu exercício (arts. 5º e 972 do CC). Todavia, a pessoa absoluta ou relativamente incapaz (arts. 3º e 4º do CC e Estatuto da Pessoa com Deficiência) não poderá iniciar a exploração da empresa, porém poderá continuar o seu exercício, desde que haja autorização judicial para dar continuidade à empresa.

Obrigatoriamente, o empresário que se tornou incapaz deve ser representado, quando absolutamente, ou assistido, quando relativamente, pelos seus pais ou representantes legais, caso esteja sob tutela ou curatela, ou ainda pelo autor da herança.

O patrimônio pessoal do incapaz, ao tempo da interdição ou da sucessão, não se comunica com o da empresa, devendo constar, na mesma autorização judicial que concedeu a autorização, essa circunstância.

O Registro Público de Empresas Mercantis a cargo das Juntas Comerciais deverá registrar contratos ou alterações contratuais da sociedade que envolva o sócio incapaz, além de dar publicidade aos atos praticados pelo empresário, pois é essa publicidade que dá segurança a terceiros.

▪ Enunciado n. 203 da III Jornada de Direito Civil: "Art. 974: O exercício da empresa por empresário incapaz, representado ou assistido somente é possível nos casos de incapacidade superveniente ou incapacidade do sucessor na sucessão por morte".

▪ Enunciado n. 467 da V Jornada de Direito Civil: "Art. 974, § 3º: A exigência de integralização do capital social prevista no art. 974, § 3º, não se aplica à participação de incapazes em sociedades anônimas e em sociedades com sócios de responsabilidade ilimitada nas quais a integralização do capital social não influa na proteção do incapaz".

▪ Apelação. Pedido de alvará formulado pelos menores impúberes apelantes visando integralização de seus imóveis no capital social da empresa de que são titulares. Improcedência. Inconformismo. Não restou comprovado que o deferimento do pedido traria benefícios aos menores, incapazes que não podem constituir empresa, apenas continuar a exercida por ele enquanto capaz ou por seus pais ou pelo autor da herança (art. 974, CC). Recurso desprovido. (TJSP, Ap. n. 0005453-44.2013.8.26.0220/Guaratinguetá, 9ª Câm. de Dir. Priv., rel. Piva Rodrigues, j. 11.11.2014)

Art. 975. Se o representante ou assistente do incapaz for pessoa que, por disposição de lei, não puder exercer atividade de empresário, nomeará, com a aprovação do juiz, um ou mais gerentes.

§ 1º Do mesmo modo será nomeado gerente em todos os casos em que o juiz entender ser conveniente.

§ 2º A aprovação do juiz não exime o representante ou assistente do menor ou do interdito da responsabilidade pelos atos dos gerentes nomeados.

➥ Sem correspondência no CC/1916.

O art. 975 do CC trata do impedimento daquele que assiste ou representa o incapaz. Nessa hipótese, e também quando entender conveniente, o juízo nomeará gerente, subsistindo ao assistente ou ao representante a responsabilidade pelos atos praticados.

Código Civil comentado e anotado   Arts. 976 a 978

Art. 976. A prova da emancipação e da autorização do incapaz, nos casos do art. 974, e a de eventual revogação desta, serão inscritas ou averbadas no Registro Público de Empresas Mercantis.

Parágrafo único. O uso da nova firma caberá, conforme o caso, ao gerente; ou ao representante do incapaz; ou a este, quando puder ser autorizado.

➡ Sem correspondência no CC/1916.

O art. 976 do CC trata da necessidade de se averbar a emancipação do incapaz (art. 5º do CC), ou sua revogação, para o exercício de atividade empresarial. Com efeito, acrescente-se que o instrumento visa a dar segurança à atividade econômica, afastando de vícios o exercício das relações empresariais.

Art. 977. Faculta-se aos cônjuges contratar sociedade, entre si ou com terceiros, desde que não tenham casado no regime da comunhão universal de bens, ou no da separação obrigatória.

➡ Sem correspondência no CC/1916.

Este artigo proíbe a constituição de sociedade entre marido e mulher, caso sejam casados sob o regime da comunhão universal ou da separação obrigatória (art. 1.641 do CC), ou seja, os cônjuges somente poderão contratar sociedade com terceiros, se o seu cônjuge não integrar referida sociedade. Note-se que a vedação, quando o casamento se deu pela separação obrigatória, é justamente para evitar a comunicação dos bens em casos em que a lei a proíbe. Entretanto, mesmo casado pelo regime da comunhão universal, nada impede que o cônjuge venha a contratar sociedade com terceiros. Somente não poderá fazê-lo se o seu consorte pertencer à sociedade. O escopo da lei é evitar que, entrando em uma sociedade a cujo quadro já pertença seu cônjuge, possa haver proibição legal, pois o terceiro poderá deter uma cota insignificante e figurar como presta-nome. Por analogia se aplica à União Estável (arts. 1.721 e segs. do CC).

▪ Enunciado n. 204 da III Jornada de Direito Civil: "Art. 977: A proibição de sociedade entre pessoas casadas sob o regime da comunhão universal ou da separação obrigatória só atinge as sociedades constituídas após a vigência do Código Civil de 2002".

▪ Enunciado n. 205 da III Jornada de Direito Civil: "Art. 977: Adotar as seguintes interpretações ao art. 977: (1) a vedação à participação de cônjuges casados nas condições previstas no artigo refere-se unicamente a uma mesma sociedade; (2) o artigo abrange tanto a participação originária (na constituição da sociedade) quanto a derivada, isto é, fica vedado o ingresso de sócio casado em sociedade de que já participa o outro cônjuge".

Art. 978. O empresário casado pode, sem necessidade de outorga conjugal, qualquer que seja o regime de bens, alienar os imóveis que integrem o patrimônio da empresa ou gravá-los de ônus real.

➡ Sem correspondência no CC/1916.

Contrapondo o disposto no Código de 1916, em que se exigia a vênia conjugal ou seu suprimento judicial para alienar ou gravar imóvel de uma dada sociedade, o sistema atual afasta eventual confusão entre o patrimônio do casal e o da pessoa jurídica.

O empresário casado, qualquer que seja o regime matrimonial de bens, poderá livremente alienar, ou gravar de ônus real, os imóveis que integram o patrimônio da empresa, sendo dispensado da outorga conjugal.

■ Enunciado n. 6 da I Jornada de Direito Comercial: "O empresário individual regularmente inscrito é o destinatário da norma do art. 978 do Código Civil, que permite alienar ou gravar de ônus real o imóvel incorporado à empresa, desde que exista, se for o caso, prévio registro de autorização conjugal no Cartório de Imóveis, devendo tais requisitos constar do instrumento de alienação ou de instituição do ônus real, com a consequente averbação do ato à margem de sua inscrição no Registro Público de Empresas Mercantis".

■ Enunciado n. 58 da II Jornada de Direito Comercial: "O empresário individual casado é o destinatário da norma do art. 978 do CCB e não depende da outorga conjugal para alienar ou gravar de ônus real o imóvel utilizado no exercício da empresa, desde que exista prévia averbação de autorização conjugal à conferência do imóvel ao patrimônio empresarial no cartório de registro de imóveis, com a consequente averbação do ato à margem de sua inscrição no registro público de empresas mercantis".

Art. 979. Além de no Registro Civil, serão arquivados e averbados, no Registro Público de Empresas Mercantis, os pactos e declarações antenupciais do empresário, o título de doação, herança, ou legado, de bens clausulados de incomunicabilidade ou inalienabilidade.

➥ Sem correspondência no CC/1916.

Objetivo de arquivamento. Os seguintes documentos do empresário serão, também, arquivados: nomeação de gerente por representante ou assistente; emancipação; pacto antenupcial; declaração antenupcial; título de doação de bens clausulados de incomunicabilidade ou inalienabilidade; título de legado de bens clausulados de incomunicabilidade ou inalienabilidade; sentença de decretação ou homologação de separação judicial; sentença de homologação de ato de reconciliação; contrato de alienação ou arrendamento de estabelecimento. Exatamente para se dar publicidade e segurança jurídica.

Art. 980. A sentença que decretar ou homologar a separação judicial do empresário e o ato de reconciliação não podem ser opostos a terceiros, antes de arquivados e averbados no Registro Público de Empresas Mercantis.

➥ Sem correspondência no CC/1916.

Mais uma vez em homenagem à publicidade, cuida o art. 980 em demonstrar a necessidade de se arquivar e averbar ocorrências, como a separação judicial do empresário e o seu ato de reconciliação, para que tenha eficácia contra terceiros.

TÍTULO I-A
DA EMPRESA INDIVIDUAL DE
RESPONSABILIDADE LIMITADA

Título revogado pela Medida Provisória n. 1.085, de 27.12.2021.

Art. 980-A. (*Revogado pela Medida Provisória n. 1.085, de 27.12.2021.*)
O texto anterior dispunha: "Art. 980-A. A empresa individual de responsabilidade limitada será constituída por uma única pessoa titular da totalidade do capital social, devidamente integralizado, que não será inferior a 100 (cem) vezes o maior salário mínimo vigente no País.
Artigo acrescentado pela Lei n. 12.441, de 11.07.2011.
§ 1º O nome empresarial deverá ser formado pela inclusão da expressão 'EIRELI' após a firma ou a denominação social da empresa individual de responsabilidade limitada.
§ 2º A pessoa natural que constituir empresa individual de responsabilidade limitada somente poderá figurar em uma única empresa dessa modalidade.
§ 3º A empresa individual de responsabilidade limitada também poderá resultar da concentração das quotas de outra modalidade societária num único sócio, independentemente das razões que motivaram tal concentração.
§ 4º *(Vetado.)*
§ 5º Poderá ser atribuída à empresa individual de responsabilidade limitada constituída para a prestação de serviços de qualquer natureza a remuneração decorrente da cessão de direitos patrimoniais de autor ou de imagem, nome, marca ou voz de que seja detentor o titular da pessoa jurídica, vinculados à atividade profissional.
§ 6º Aplicam-se à empresa individual de responsabilidade limitada, no que couber, as regras previstas para as sociedades limitadas".

TÍTULO II
DA SOCIEDADE

CAPÍTULO ÚNICO
DISPOSIÇÕES GERAIS

Art. 981. Celebram contrato de sociedade as pessoas que reciprocamente se obrigam a contribuir, com bens ou serviços, para o exercício de atividade econômica e a partilha, entre si, dos resultados.

Parágrafo único. A atividade pode restringir-se à realização de um ou mais negócios determinados.

➥ Veja art. 1.363 do CC/1916.
➥ Veja art. 287 do CCom.

O **contrato de sociedade** é a convenção por via da qual duas ou mais pessoas se obrigam a conjugar seus serviços, esforços, bens ou recursos para a consecução de fim comum e parti-

Arts. 981 e 982 — Almeida Guilherme

lha dos resultados entre si, obtidos com o exercício de atividade econômica, que pode restringir-se à realização de um ou mais negócios determinados.

> ■ Súmula n. 329 do STF: "O Imposto de Transmissão *inter vivos* não incide sobre a transferência de ações de sociedade imobiliária".

> ■ Enunciado n. 206 da III Jornada de Direito Civil: "Arts. 981, 983, 997, 1.006, 1.007 e 1.094: A contribuição do sócio exclusivamente em prestação de serviços é permitida nas sociedades cooperativas (art. 1.094, I) e nas sociedades simples propriamente ditas (art. 983, 2ª parte)".

> ■ Enunciado n. 474 da III Jornada de Direito Civil: "Arts. 981 e 983: Os profissionais liberais podem organizar-se sob a forma de sociedade simples, convencionando a responsabilidade limitada dos sócios por dívidas da sociedade, a despeito da responsabilidade ilimitada por atos praticados no exercício da profissão".

> ■ Enunciado n. 475 da III Jornada de Direito Civil: "Arts. 981 e 983: Considerando ser da essência do contrato de sociedade a partilha do risco entre os sócios, não desfigura a sociedade simples o fato de o respectivo contrato social prever distribuição de lucros, rateio de despesas e concurso de auxiliares".

Art. 982. Salvo as exceções expressas, considera-se empresária a sociedade que tem por objeto o exercício de atividade própria de empresário sujeito a registro (art. 967); e, simples, as demais.

Parágrafo único. Independentemente de seu objeto, considera-se empresária a sociedade por ações; e, simples, a cooperativa.

➥ Sem correspondência no CC/1916.

As sociedades são classificadas pelo atual Código em não personalizadas e personalizadas, e estas são subdividas em empresárias e simples.

A **sociedade empresária** é aquela pessoa jurídica que tem o propósito de gerar lucros, isto é, busca um resultado econômico, por meio do exercício contínuo da atividade econômica organizada exercida pelo empresário, sujeito a registro (art. 967 do CC). São sociedades empresárias: sociedade em nome coletivo, sociedade em comandita simples, sociedade em comandita por ações, sociedade limitada e sociedade anônima ou por ações.

A **sociedade simples** é a que não exerce atividade empresarial econômica, que visa à circulação ou produção de bens ou serviços, tendo como objeto a prestação de serviços intelectuais, artísticos, científicos etc. A cooperativa é uma sociedade simples (arts. 982, parágrafo único, *in fine*, e 1.093 a 1.096 do CC), porém não tem o seu objeto restrito apenas a atividades intelectuais, podendo ser sócia de qualquer outro tipo societário.

> ■ Enunciado n. 196 da III Jornada de Direito Civil: "Arts. 966 e 982: A sociedade de natureza simples não tem seu objeto restrito às atividades intelectuais".

> ■ Enunciado n. 207 da III Jornada de Direito Civil: "Art. 982: A natureza de sociedade simples da cooperativa, por força legal, não a impede de ser sócia de qualquer tipo societário, tampouco de praticar ato de empresa".

Código Civil comentado e anotado

Arts. 982 e 983

■ Enunciado n. 476 da III Jornada de Direito Civil: "Art. 982: Eventuais classificações conferidas pela lei tributária às sociedades não influem para sua caracterização como empresárias ou simples, especialmente no que se refere ao registro dos atos constitutivos e à submissão ou não aos dispositivos da Lei n. 11.101/2005".

■ Recurso especial. Sociedades empresárias e simples. Sociedades de advogados. Atividade econômica não empresarial. Prestação de serviços intelectuais. Impossibilidade de assumirem caráter empresarial. Lei n. 8.906/94. Estatuto da OAB. Alegação de omissão do acórdão recorrido afastada. Impossibilidade de análise de cláusulas contratuais. Súmulas ns. 5 e 7 do STJ. 1. Não há falar em omissão ou contradição no acórdão recorrido quando, embora rejeitados os embargos de declaração, a matéria em exame tiver sido devidamente enfrentada pelo Tribunal de origem, com pronunciamento fundamentado, ainda que em sentido contrário à pretensão da parte recorrente. 2. De acordo com o CC, as sociedades podem ser de duas categorias: simples e empresárias. Ambas exploram atividade econômica e objetivam o lucro. A diferença entre elas reside no fato de a sociedade simples explorar atividade não empresarial, tais como as atividades intelectuais, enquanto a sociedade empresária explora atividade econômica empresarial, marcada pela organização dos fatores de produção (art. 982, CC). 3. A sociedade simples é formada por pessoas que exercem profissão do gênero intelectual, tendo como espécie a natureza científica, literária ou artística, e mesmo que conte com a colaboração de auxiliares, o exercício da profissão não constituirá elemento de empresa (III Jornada de Direito Civil, Enunciados ns. 193, 194 e195). 4. As sociedades de advogados são sociedades simples marcadas pela inexistência de organização dos fatores de produção para o desenvolvimento da atividade a que se propõem. Os sócios, advogados, ainda que objetivem lucro, utilizem-se de estrutura complexa e contem com colaboradores nunca revestirão caráter empresarial, tendo em vista a existência de expressa vedação legal (arts. 15 a 17, Lei n. 8.906/94). 5. Impossível que sejam levados em consideração, em processo de dissolução de sociedade simples, elementos típicos de sociedade empresária, tais como bens incorpóreos, como a clientela e seu respectivo valor econômico e a estrutura do escritório. 6. Sempre que necessário o revolvimento das provas acostadas aos autos e a interpretação de cláusulas contratuais para alterar o julgamento proferido pelo Tribunal *a quo*, o provimento do recurso especial será obstado, ante a incidência dos enunciados das Súmulas ns. 5 e 7 do STJ. 7. Recurso especial a que se nega provimento. (STJ, REsp n. 1.227.240/SP, 4ª T., rel. Min. Luis Felipe Salomão, j. 26.05.2015, *DJe* 18.06.2015)

Art. 983. A sociedade empresária deve constituir-se segundo um dos tipos regulados nos arts. 1.039 a 1.092; a sociedade simples pode constituir-se de conformidade com um desses tipos, e, não o fazendo, subordina-se às normas que lhe são próprias.

Parágrafo único. Ressalvam-se as disposições concernentes à sociedade em conta de participação e à cooperativa, bem como as constantes de leis especiais que, para o exercício de certas atividades, imponham a constituição da sociedade segundo determinado tipo.

➡ Sem correspondência no CC/1916.
➡ Vide Lei 8.906/94 (Estatuto da OAB sobre o registro das sociedades de advogados).

O art. 983 traz as regras de constituição das sociedades empresária e simples, observando certo rol taxativo de possibilidades, a saber: sociedade em nome coletivo (arts. 1.039 a 1.044 do CC); sociedade em comandita simples (arts. 1.045 a 1.051 do CC); sociedade limitada (arts. 1.052 a 1.087 do CC); sociedade anônima (arts. 1.088 e 1.089 do CC e por lei especial, Lei n.

Arts. 983 e 984

6.404/76); sociedade em comandita por ações (arts. 1.090 a 1.092 do CC). A sociedade em conta de participação, por ser uma sociedade não personificada, será regida pelos arts. 991 a 996 do CC, e a cooperativa, em razão de ser uma sociedade simples, será regida pelos arts. 1.093 a 1.096 do CC e pela Lei n. 5.764/71.

■ Enunciado n. 57 da I Jornada de Direito Civil: "Art. 983: a opção pelo tipo empresarial não afasta a natureza simples da sociedade".

■ Enunciado n. 206 da III Jornada de Direito Civil: "Arts. 981, 983, 997, 1.006, 1.007 e 1.094: A contribuição do sócio exclusivamente em prestação de serviços é permitida nas sociedades cooperativas (art. 1.094, I) e nas sociedades simples propriamente ditas (art. 983, 2ª parte)".

■ Enunciado n. 207 da III Jornada de Direito Civil: "Art. 982: A natureza de sociedade simples da cooperativa, por força legal, não a impede de ser sócia de qualquer tipo societário, tampouco de praticar ato de empresa".

■ Enunciado n. 382 da III Jornada de Direito Civil: "Nas sociedades, o registro observa a natureza da atividade (empresarial ou não – art. 966); as demais questões seguem as normas pertinentes ao tipo societário adotado (art. 983). São exceções as sociedades por ações e as cooperativas (art. 982, parágrafo único)".

■ Enunciado n. 474 da III Jornada de Direito Civil: "Arts. 981 e 983: Os profissionais liberais podem organizar-se sob a forma de sociedade simples, convencionando a responsabilidade limitada dos sócios por dívidas da sociedade, a despeito da responsabilidade ilimitada por atos praticados no exercício da profissão".

■ Enunciado n. 475 da III Jornada de Direito Civil: "Arts. 981 e 983: Considerando ser da essência do contrato de sociedade a partilha do risco entre os sócios, não desfigura a sociedade simples o fato de o respectivo contrato social prever distribuição de lucros, rateio de despesas e concurso de auxiliares".

■ Enunciado n. 477 da III Jornada de Direito Civil: "Art. 983: O art. 983 do Código Civil permite que a sociedade simples opte por um dos tipos empresariais dos arts. 1.039 a 1.092 do Código Civil. Adotada a forma de sociedade anônima ou de comandita por ações, porém, ela será considerada empresária".

Art. 984. A sociedade que tenha por objeto o exercício de atividade própria de empresário rural e seja constituída, ou transformada, de acordo com um dos tipos de sociedade empresária, pode, com as formalidades do art. 968, requerer inscrição no Registro Público de Empresas Mercantis da sua sede, caso em que, depois de inscrita, ficará equiparada, para todos os efeitos, à sociedade empresária.

Parágrafo único. Embora já constituída a sociedade segundo um daqueles tipos, o pedido de inscrição se subordinará, no que for aplicável, às normas que regem a transformação.

➥ Sem correspondência no CC/1916.
➥ Veja Lei n. 4.504/64 (Estatuto da Terra).

Em sentido semelhante ao disposto no art. 971, o art. 984 prevê a equiparação da sociedade rural à empresária, de modo a haver a renúncia de qualquer favorecimento àquela que

Código Civil comentado e anotado   Arts. 984 e 985

tenha por objeto o exercício de atividade rural. Trata-se, portanto, de faculdade que poderá ser exercida em renúncia de eventuais prerrogativas próprias da atividade ruralista.

■ Enunciado n. 201 da III Jornada de Direito Civil: "Arts. 971 e 984: O empresário rural e a sociedade empresária rural, inscritos no registro público de empresas mercantis, estão sujeitos à falência e podem requerer concordata".

■ Enunciado n. 202 da III Jornada de Direito Civil: "Arts. 971 e 984: O registro do empresário ou sociedade rural na Junta Comercial é facultativo e de natureza constitutiva, sujeitando-o ao regime jurídico empresarial. É inaplicável esse regime ao empresário ou sociedade rural que não exercer tal opção".

■ Inventário. Direito real de habitação. Companheira. Decisão que deferiu direito de habitação à suposta companheira do *de cujus*. Reforma. Alta indagação. Determinação, em agravo de instrumento anterior, para julgamento da questão de existência de união estável entre o *de cujus* e a agravada em processo autônomo (art. 984, CC). Direito de habitação que decorre da relação conjugal, não propriamente do direito sucessório. Inteligência do art. 1.831 do CC c/c o art. 7°, parágrafo único, da Lei n. 9.278/96. Questão a ser dirimida no processo de reconhecimento de união estável, no qual haverá condições de se verificar a existência de verossimilhança e prova inequívoca quanto à antecipação de tutela discutida. Recurso provido. (TJSP, Proc. n. 2.012.398-23.2015.8.26.0000/Praia Grande, 3ª Câm. de Dir. Priv., rel. Carlos Alberto de Salles, j. 11.03.2015)

Art. 985. A sociedade adquire personalidade jurídica com a inscrição, no registro próprio e na forma da lei, dos seus atos constitutivos (arts. 45 e 1.150).

➥ Vide art. 18 do CC/1916.

A personalidade jurídica da sociedade exsurge com a inscrição, ou seja, com seu registro próprio, nos termos da lei, do contrato social ou do estatuto social. Tal registro gera a autonomia patrimonial da empresa, titularidade para direitos e deveres na ordem jurídica, capacidade para figurar em juízo, entre outras.

■ Enunciado n. 209 da III Jornada de Direito Civil: "Arts. 985, 986 e 1.150: O art. 986 deve ser interpretado em sintonia com os arts. 985 e 1.150, de modo a ser considerada em comum a sociedade que não tenha seu ato constitutivo inscrito no registro próprio ou em desacordo com as normas legais previstas para esse registro (art. 1.150), ressalvadas as hipóteses de registros efetuados de boa-fé".

■ Nota promissória. Pagamento atrasado. Protesto lavrado quando o débito já tinha sido quitado, embora fora do prazo. Ajuizamento de ação de execução. Responsabilidade civil do réu. Ocorrência. Conduta concorrente da devedora para a formação do evento danoso. Dano moral. Caracterização. Reflexos do concurso da ação da autora no valor da compensação, que deve ser diminuído. Aplicação do art. 985 do CC. Sentença reformada. Demanda julgada procedente. Apelação parcialmente provida. Dano moral. Compensação. Valor. Culpa concorrente da ofendida. Capacidade econômico-financeira do ofensor (profissional liberal). Reparação fixada, em grau recursal, em R$ 2.364,00, equivalentes a três salários mínimos na data de hoje, com juros moratórios da citação e correção monetária deste julgamento. Adequação às peculiaridades do caso concreto, aos princípios da proporcionalidade-razoabilidade e da moderação, e às finalidades compensatória e pedagógica da reparação arbitrada por conta de le-

561

Arts. 985 e 986 — Almeida Guilherme

são. Sentença reformada. Apelação parcialmente provida. Inversão da sucumbência. Honorários advocatícios e despesas processuais antecipadas. Dever de pagamento do apelado-réu. Honorários advocatícios, arbitrados em grau recursal, na fração de 20% do valor da obrigação principal constituída. Sentença reformada. Reconhecimento de ofício. (TJSP, AI n. 0000754-90.2010.8.26.0292/Jaboticabal, 20ª Câm. de Dir. Priv., rel. Alberto Gosson. j. 13.04.2015)

■ Agravo de instrumento. Execução de título extrajudicial. Fase de execução de sentença. Decisão que indeferiu pedido de penhora de bens de propriedade da firma individual. Descabimento. Inexiste distinção entre a firma individual e seu único sócio, tratando-se de uma única pessoa. Incidência dos arts. 966, 985 e 1.155, todos do CC. Hipótese em que a execução pode alcançar eventuais bens da empresa individual ou da pessoa física do único sócio. Decisão reformada. Recurso provido. (TJSP, AI n. 2177642-38.2014.8.26.0000/Sorocaba, 17ª Câm. de Dir. Priv., rel. Afonso Bráz. j. 14.11.2014)

SUBTÍTULO I
DA SOCIEDADE NÃO PERSONIFICADA

CAPÍTULO I
DA SOCIEDADE EM COMUM

■ Enunciado n. 58 da I Jornada de Direito Civil: "Arts. 986 e segs.: a sociedade em comum compreende as figuras doutrinárias da sociedade de fato e da irregular".

Art. 986. Enquanto não inscritos os atos constitutivos, reger-se-á a sociedade, exceto por ações em organização, pelo disposto neste Capítulo, observadas, subsidiariamente e no que com ele forem compatíveis, as normas da sociedade simples.

➡ Sem correspondência no CC/1916.

Enquanto o ato constitutivo da sociedade não for levado a registro (art. 985 do CC), não existirá uma pessoa jurídica, mas um simples contrato de sociedade que se regerá pelos arts. 986 a 990 do Código Civil e, no que for compatível, pelas normas das sociedades simples, ou seja, pelas disposições contidas nos arts. 997 a 1.038 do referido diploma legal, salvo se se tratar de sociedade por ações, que disciplinar-se-á por lei especial (art. 1.089 do CC). As sociedades não personificadas, por não serem pessoas jurídicas, não poderão acionar seus membros, nem terceiros, mas estes poderão responsabilizá-las por todos os seus atos, reconhecendo a existência de fato para esse efeito.

Vigora o princípio da responsabilidade incidente sobre a massa patrimonial com repercussão no patrimônio dos sócios, pois a falta de registro acarreta a comunhão patrimonial e jurídica da sociedade e de seus membros, confundindo-se seus direitos e obrigações com os dos sócios (arts. 988 a 990 do CC).

■ Enunciado n. 208 da III Jornada de Direito Civil: "Arts. 983, 986 e 991: As normas do Código Civil para as sociedades em comum e em conta de participação são aplicáveis independentemente de a atividade dos sócios, ou do sócio ostensivo, ser ou não própria de empresário sujeito a registro (distinção feita pelo art. 982 do Código Civil entre sociedade simples e empresária)".

Código Civil comentado e anotado   Arts. 986 a 988

■ Enunciado n. 209 da III Jornada de Direito Civil: "Arts. 985, 986 e 1.150: O art. 986 deve ser interpretado em sintonia com os arts. 985 e 1.150, de modo a ser considerada em comum a sociedade que não tenha seu ato constitutivo inscrito no registro próprio ou em desacordo com as normas legais previstas para esse registro (art. 1.150), ressalvadas as hipóteses de registros efetuados de boa-fé".

Art. 987. Os sócios, nas relações entre si ou com terceiros, somente por escrito podem provar a existência da sociedade, mas os terceiros podem prová-la de qualquer modo.

➡ Veja art. 1.366 do CC/1916.
➡ Veja arts. 302 e 304 do CCom.

Aquele que mantém relações jurídicas com dada sociedade pode provar a existência desta de qualquer modo lícito. A norma busca proteger o terceiro de boa-fé (*vide* arts. 113 e 422 do CC), facilitando o exercício de seus direitos em face de dada sociedade ou mesmo seus sócios.

Por sua vez, nas relações entre os sócios, ou mesmo destes com terceiros, somente por documento escrito é admitida a prova de existência da sociedade, não cabendo aos sócios alegar a própria torpeza.

■ Sociedade de fato. Prova. Meios, além dos documentos ofertados pelas partes. Possibilidade. Precedentes do STJ: "A falta de documento escrito, comprobatório da existência de sociedade, constitui irregularidade, contudo, não desnatura a capacidade processual de um dos sócios a postular em juízo, em seu nome, para reaver o patrimônio em poder dos demais. Tal restituição se impõe como imperativo econômico, jurídico e ético, para coibir o enriquecimento ilícito sem causa destes (*RSTJ* 65/441, atividade turística)". "Tratando-se de sociedade de fato, a prova de sua existência não está limitada àquelas de natureza documental. (STJ, REsp n. 178.423, 3ª T., rel. Min. Eduardo Ribeiro, j. 26.06.2000, *DJU* 04.09.2000)". Reconhecimento de sociedade de fato empresarial com apuração de haveres e pedido de dano moral. Ação julgada improcedente, sob o argumento de que a sociedade de fato só poderá ser provada pelo sócio mediante apresentação do contrato escrito que assim o indique, nos termos do art. 987 do CC. Possibilidade, entretanto, de demonstração dos fatos mediante também outros meios de prova, de modo a compreender e vir a reconhecer-se a existência da sociedade de fato (que não chegou a formalizar-se com a edição da alteração do contrato social da empresa existente, a despeito das tentativas das partes). Possibilidade de demonstração que não se esgota na prova documental ofertada, esta já sugestiva de que justificável o exercício da pretensão pelo autor. Julgamento antecipado da lide. Impossibilidade. Sentença anulada para possibilitar a produção das provas requeridas pelo autor, e também as que os réus pretendam produzir. Recurso provido. (TJSP, AI n. 0099285-25.2007.8.26.0000/ São Paulo, 10ª Câm. de Dir. Priv., rel. João Carlos Saletti, j. 09.06.2015)

Art. 988. Os bens e dívidas sociais constituem patrimônio especial, do qual os sócios são titulares em comum.

➡ Veja art. 1.370 do CC/1916.

A lei denomina "patrimônio especial" os bens e as dívidas da sociedade. Desse modo, determina a autonomia patrimonial da sociedade, dando margem à partilha do acervo social, segundo acordado nos atos constitutivos, na hipótese de extinção da sociedade.

Arts. 988 a 990 — Almeida Guilherme

■ Enunciado n. 210 da III Jornada de Direito Civil: "Art. 988: O patrimônio especial a que se refere o art. 988 é aquele afetado ao exercício da atividade, garantidor de terceiro, e de titularidade dos sócios em comum, em face da ausência de personalidade jurídica".

Art. 989. Os bens sociais respondem pelos atos de gestão praticados por qualquer dos sócios, salvo pacto expresso limitativo de poderes, que somente terá eficácia contra o terceiro que o conheça ou deva conhecer.

➡ Veja art. 1.373 do CC/1916.

Considerando os bens e dívidas sociais integrantes de um patrimônio especial, diga-se que este responde pelos atos de gestão da empresa. Nesse sentido, excetuada a responsabilidade limitada dos sócios, dispõe a norma que o patrimônio social responde solidária e ilimitadamente pelas obrigações contraídas pela sociedade, salvo se o terceiro conhecia a qualidade irregular da empresa.

■ Enunciado n. 211 da III Jornada de Direito Civil: "Art. 989: Presume-se disjuntiva a administração dos sócios a que se refere o art. 989".

Art. 990. Todos os sócios respondem solidária e ilimitadamente pelas obrigações sociais, excluído do benefício de ordem, previsto no art. 1.024, aquele que contratou pela sociedade.

➡ Veja art. 1.398 do CC/1916.

A responsabilidade dos sócios, em razão das dívidas da sociedade, é subsidiária (vide art. 265 do CC). Dessa forma, o patrimônio dos sócios poderá ser utilizado para o adimplemento de dívidas, após executados os bens sociais. Trata-se, portanto, de benefício de ordem, em que inicialmente o patrimônio especial responde pelas dívidas, para só depois os ônus recaírem nos bens pessoais dos sócios. Finalmente, acrescente-se que este benefício não pode ser oposto por aquele que contratou pela sociedade, cujo tratamento diferenciado se justifica em razão da contratação insubsistente.

■ Enunciado n. 59 da I Jornada de Direito Civil: "Arts. 990, 1.009, 1.016, 1.017 e 1.091: os sócios-gestores e os administradores das empresas são responsáveis subsidiária e ilimitadamente pelos atos ilícitos praticados, de má gestão ou contrários ao previsto no contrato social ou estatuto, consoante estabelecem os arts. 990, 1.009, 1.016, 1.017 e 1.091, todos do Código Civil".

■ Enunciado n. 212 da III Jornada de Direito Civil: "Art. 990: Embora a sociedade em comum não tenha personalidade jurídica, o sócio que tem seus bens constritos por dívida contraída em favor da sociedade, e não participou do ato por meio do qual foi contraída a obrigação, tem o direito de indicar bens afetados às atividades empresariais para substituir a constrição".

■ Embargos à execução em fase de cumprimento de sentença. Execução de honorários sucumbenciais. Decisão que desconsiderou a personalidade jurídica da executada, diante da baixa cadastral na junta comercial sem o prévio adimplemento dos débitos por si contraídos, e determinou o redirecionamento da demanda em face do sócio administrador da empresa. Recurso da executada. Alegação de que os

Código Civil comentado e anotado   Arts. 990 e 991

casos elencados no art. 50 do CC (confusão patrimonial ou abuso da personalidade jurídica) não se encontram presentes no caso em comento e que a atividade empresarial da companhia continua ativa. Sociedade empresária limitada. Verificação de que a sua situação cadastral na junta comercial encontra-se cancelada, nos termos do art. 60 da Lei n. 8.934/94. Ausência de qualquer arquivamento no período de dez anos consecutivos e inexistência de comunicação de intenção de manutenção do seu funcionamento. Exegese do § 1º do artigo de lei supramencionado. Firma inativa que adquiriu o *status* de sociedade irregular, uma vez que continuou a funcionar, nada obstante a decretação de sua inatividade, acarretando, portanto, na responsabilidade solidária e ilimitada dos sócios pelas obrigações da empresa, conforme dispõe o art. 990 do CC. "Uma das inovações trazidas pela lei de 1994 é a figura da inatividade da empresa (art. 60). Trata-se da situação em que se encontra a sociedade que não solicita arquivamento de qualquer documento, por mais de uma década. [...] A sistemática é a seguinte: se a sociedade empresária não praticou, em dez anos, nenhum ato sujeito a registro, ela deve tomar a iniciativa de comunicar à junta a sua intenção de manter-se em funcionamento. A hipótese, evidentemente, diz respeito às sociedades limitadas, e não às anônimas. [...] Pois bem, se a sociedade não providenciar a comunicação de intenção de funcionamento, a junta instaura um procedimento para o cancelamento do registro, passando a considerar a empresa inativa. [...] Se a sociedade, a despeito da decretação de sua inatividade, continuar a funcionar, será considerada empresária irregular [...]. É este o seu status jurídico" (Coelho, Fábio Ulhoa. *Curso de direito comercial, de acordo com a Nova Lei de Falências*. 10ª ed. São Paulo: Saraiva, 2006, v. 1, p. 77 e 78). "A principal sanção imposta à sociedade empresária que explora irregularmente sua atividade econômica, isto é, que funciona sem registro na junta comercial, é a responsabilidade ilimitada dos sócios pelas obrigações da sociedade. O arquivamento do ato constitutivo da pessoa jurídica – contrato social da limitada, ou os estatutos da anônima – no registro de empresas é condição para a limitação da responsabilidade dos sócios. A natureza desta responsabilidade limitada – se direta ou subsidiária – depende da posição adotada pelo sócio na gestão dos negócios sociais. O sócio que se apresentou como representante da sociedade tem responsabilidade direta, enquanto os demais, subsidiária (CC, art. 990) [...]. Por ora, importa deixar assente que os sócios poderão vir a responder com o seu próprio patrimônio, por todas as obrigações da sociedade, se não for providenciado o registro do respectivo ato constitutivo na junta comercial" (Coelho, Fábio Ulhoa. Op. cit., p. 74). Hipótese dos autos que não se trata de desconsideração da personalidade jurídica da executada, mas sim de responsabilidade solidária e ilimitada dos sócios pelas obrigações sociais da sociedade empresária. Interlocutório mantido, todavia, por fundamento diverso. Recurso conhecido e desprovido. (TJSC, AI n. 2014.052573-2/Rio Negrinho, rel. Des. Rejane Andersen, j. 10.02.2015)

CAPÍTULO II
DA SOCIEDADE EM CONTA DE PARTICIPAÇÃO

Art. 991. Na sociedade em conta de participação, a atividade constitutiva do objeto social é exercida unicamente pelo sócio ostensivo, em seu nome individual e sob sua própria e exclusiva responsabilidade, participando os demais dos resultados correspondentes.

Parágrafo único. Obriga-se perante terceiro tão somente o sócio ostensivo; e, exclusivamente perante este, o sócio participante, nos termos do contrato social.

➡ Sem correspondência no CC/1916.
➡ Veja art. 326 do CCom.

565

Arts. 991 a 993 · Almeida Guilherme

Sociedade em conta de participação. Trata-se de sociedade não personificada, em que existe um simples contrato entre o sócio ostensivo e o sócio oculto. Com efeito, diga-se que aquele é responsável por contratar com terceiros, assumindo a responsabilidade pelas atividades societárias, enquanto este, por sua vez, tem responsabilidade apenas perante o sócio ostensivo, nos termos ajustados entre ambos, participando, contudo, dos resultados da sociedade.

Este modelo social permite que mais de uma pessoa figure na qualidade de sócio ostensivo ou oculto, cabendo ao contrato estipular a participação e responsabilidade de tais sujeitos.

■ Enunciado n. 208 da III Jornada de Direito Civil: "Arts. 983, 986 e 991: As normas do Código Civil para as sociedades em comum e em conta de participação são aplicáveis independentemente de a atividade dos sócios, ou do sócio ostensivo, ser ou não própria de empresário sujeito a registro (distinção feita pelo art. 982 do Código Civil entre sociedade simples e empresária)".

■ Ação de indenização por danos materiais e morais com obrigação de fazer e tutela antecipada. Decisão que exclui da lide todas as requeridas, com exceção de uma, a qual firmou com o autor o contrato em discussão. Decisão correta. Tratando-se de Sociedade em Conta de Participação, em que figuram como partes apenas o sócio ostensivo e o sócio participante (ou oculto), não há como vincular obrigações indenizatórias a outras sociedades empresariais, que não participaram do ajuste. Aplicação do disposto no art. 991 e parágrafo único, do CC. Extinção do processo com relação aos corréus que deve ser mantida. Verba honorária carreada ao agravante, no entanto, que deve ser reduzida para 15% do valor da causa, montante que pela complexidade da causa, já remunera de forma condigna o trabalho realizado pelos causídicos. Recurso parcialmente provido. (TJSP, AI n. 2218453-40.2014.8.26.0000/Guarulhos, 2ª Câm. Res. de Dir. Empres., rel. Ramon Mateo Júnior, j. 01.02.2015)

Art. 992. A constituição da sociedade em conta de participação independe de qualquer formalidade e pode provar-se por todos os meios de direito.

➡ Sem correspondência no CC/1916.
➡ Veja art. 325 do CCom.

A norma permite a constituição da sociedade em conta de participação de maneira verbal ou escrita, bem como autoriza a prova de existência da sociedade por qualquer meio lícito (art. 212 do CC). Ademais, cabe frisar que a esta se aplica, no que couber, as regras próprias da sociedade simples.

Art. 993. O contrato social produz efeito somente entre os sócios, e a eventual inscrição de seu instrumento em qualquer registro não confere personalidade jurídica à sociedade.

Parágrafo único. Sem prejuízo do direito de fiscalizar a gestão dos negócios sociais, o sócio participante não pode tomar parte nas relações do sócio ostensivo com terceiros, sob pena de responder solidariamente com este pelas obrigações em que intervier.

➡ Sem correspondência no CC/1916.
➡ Veja art. 328 do CCom.

O registro do contrato constitutivo da sociedade não lhe dá personalidade jurídica, mas apenas tem efeito em relação aos sócios. Ademais, reafirme-se que neste tipo social é do sócio

Código Civil comentado e anotado

Arts. 993 a 996

ostensivo a responsabilidade perante terceiros, no que tange aos resultados e obrigações sociais. O sócio participante ou oculto, portanto, só será responsável de forma solidária, se intervir nas negociações da sociedade (art. 265 do CC).

Art. 994. A contribuição do sócio participante constitui, com a do sócio ostensivo, patrimônio especial, objeto da conta de participação relativa aos negócios sociais.

§ 1º A especialização patrimonial somente produz efeitos em relação aos sócios.

§ 2º A falência do sócio ostensivo acarreta a dissolução da sociedade e a liquidação da respectiva conta, cujo saldo constituirá crédito quirografário.

§ 3º Falindo o sócio participante, o contrato social fica sujeito às normas que regulam os efeitos da falência nos contratos bilaterais do falido.

➥ Sem correspondência no CC/1916.
➥ Veja art. 328 do CCom.

Os aportes dos sócios, sejam ostensivos ou ocultos, constituem patrimônio especial, de modo a constituir conta de participação em função dos negócios da sociedade. Com efeito, diga-se que este patrimônio não pertence à sociedade, mas aos sócios na forma de condomínio. Ainda que registrado o contrato formador da sociedade, esta não estará sujeita às hipóteses de falência, que será imputada ao sócio ostensivo. Nessa hipótese, haverá a dissolução da sociedade, a resolução do contrato de participação e a liquidação da sociedade. Ao sócio oculto caberá a declaração de insolvência civil, se falido, subsistindo as atividades da sociedade em comento.

Art. 995. Salvo estipulação em contrário, o sócio ostensivo não pode admitir novo sócio sem o consentimento expresso dos demais.

➥ Sem correspondência no CC/1916.

Considerando se tratar a presente sociedade baseada na existência de vínculo pessoal entre os sócios, não admite a lei que seja acolhido pelo sócio ostensivo o ingresso de um novo sócio sem o consentimento expresso dos demais, salvo se ajustado anteriormente.

Art. 996. Aplica-se à sociedade em conta de participação, subsidiariamente e no que com ela for compatível, o disposto para a sociedade simples, e a sua liquidação rege-se pelas normas relativas à prestação de contas, na forma da lei processual.

Parágrafo único. Havendo mais de um sócio ostensivo, as respectivas contas serão prestadas e julgadas no mesmo processo.

➥ Sem correspondência no CC/1916.

As normas da sociedade simples são aplicadas à sociedade em conta de participação, de forma subsidiária e no que lhe for compatível. Ademais, acrescenta a lei que sua liquidação será regida pelas regras da prestação de contas, uma vez que o sócio ostensivo é o gestor e administrador do negócio, de modo que assim também serão tratados os sócios ostensivos quan-

567

Arts. 996 e 997 — Almeida Guilherme

do forem dois ou mais, uma vez que, ao se admitir a exclusiva gestão da sociedade, natural é a necessidade de prestar contas aos sócios ocultos na hipótese de liquidação.

■ Apelação cível. Sociedade em conta de participação. Liquidação. Via adequada. Ação de prestação de contas. Para que o sócio oculto, titular de direitos em sociedade em conta de participação, busque a liquidação pela qual é feita a apuração dos seus direitos, a via legal preceituada (art. 996 do CC) é a ação de prestação de contas, na forma da lei processual civil (arts. 914 e segs. do CPC). (TJMG, Ap. Cível n. 1.0027.12.035005-6/001, rel. Des. Luiz Carlos Gomes da Mata. j. 16.04.2015)

SUBTÍTULO II
DA SOCIEDADE PERSONIFICADA

CAPÍTULO I
DA SOCIEDADE SIMPLES

Seção I
Do Contrato Social

Art. 997. A sociedade constitui-se mediante contrato escrito, particular ou público, que, além de cláusulas estipuladas pelas partes, mencionará:

I – nome, nacionalidade, estado civil, profissão e residência dos sócios, se pessoas naturais, e a firma ou a denominação, nacionalidade e sede dos sócios, se jurídicas;

II – denominação, objeto, sede e prazo da sociedade;

III – capital da sociedade, expresso em moeda corrente, podendo compreender qualquer espécie de bens, suscetíveis de avaliação pecuniária;

IV – a quota de cada sócio no capital social, e o modo de realizá-la;

V – as prestações a que se obriga o sócio, cuja contribuição consista em serviços;

VI – as pessoas naturais incumbidas da administração da sociedade, e seus poderes e atribuições;

VII – a participação de cada sócio nos lucros e nas perdas;

VIII – se os sócios respondem, ou não, subsidiariamente, pelas obrigações sociais.

Parágrafo único. É ineficaz em relação a terceiros qualquer pacto separado, contrário ao disposto no instrumento do contrato.

➥ Sem correspondência no CC/1916.
➥ Veja arts. 1.001, primeira parte, 1.006, 1.007 e 1.015, parágrafo único, do CC/2002.
➥ Veja art. 302 do CCom.

O **contrato social**, feito por instrumento público ou particular, deve conter, além das cláusulas estipuladas pelas partes para lograr o resultado por elas almejado: *a)* nome, nacionalidade, estado civil, profissão e residência dos sócios, se forem pessoas naturais, e se forem pessoas jurídicas, deverá especificar sua firma ou razão social, nacionalidade e sede; *b)* denominação, finalidade social, sede e prazo de duração da sociedade que está sendo constituída; *c)* capital da sociedade, expresso em moeda corrente, podendo compreender quaisquer bens, desde que suscetíveis de serem avaliados pecuniariamente; *d)* quota de cada sócio no capital social e a maneira de realizá-la; *e)* prestações a que se obrigar o sócio, se sua contribuição, para o fundo social, consistir em serviços; *f)* indicação do administrador da sociedade, com delimitação de

568

Código Civil comentado e anotado — Art. 997

suas atribuições e de seus poderes; *g*) participação de cada sócio nos lucros e nas perdas; e *h*) responsabilidade subsidiária, ou não, dos sócios pelas obrigações sociais. Se sócios vierem, contrariando disposição do contrato social, a efetivar entre si algum pacto, este não terá qualquer eficácia perante terceiros, vinculando, tão somente, os contratantes em suas relações recíprocas.

■ Enunciado n. 206 da III Jornada de Direito Civil: "Arts. 981, 983, 997, 1.006, 1.007 e 1.094: A contribuição do sócio exclusivamente em prestação de serviços é permitida nas sociedades cooperativas (art. 1.094, I) e nas sociedades simples propriamente ditas (art. 983, 2ª parte)".

■ Enunciado n. 213 da III Jornada de Direito Civil: "Art. 997: O art. 997, II, não exclui a possibilidade de sociedade simples utilizar firma ou razão social".

■ Enunciado n. 214 da III Jornada de Direito Civil: "Arts. 997 e 1.054: As indicações contidas no art. 997 não são exaustivas, aplicando-se outras exigências contidas na legislação pertinente para fins de registro".

■ Enunciado n. 383 da IV Jornada de Direito Civil: "A falta de registro do contrato social (irregularidade originária – art. 998) ou de alteração contratual versando sobre matéria referida no art. 997 (irregularidade superveniente – art. 999, parágrafo único) conduzem à aplicação das regras da sociedade em comum (art. 986)".

■ Enunciado n. 466 da V Jornada de Direito Civil: "Arts. 968, IV, parte final, e 997, II: Para fins do direito falimentar, o local do principal estabelecimento é aquele de onde partem as decisões empresariais, e não necessariamente a sede indicada no registro público".

■ Enunciado n. 478 da V Jornada de Direito Civil: "Art. 997, *caput* e inciso III: A integralização do capital social em bens imóveis pode ser feita por instrumento particular de contrato social ou de alteração contratual, ainda que se trate de sociedade sujeita ao registro exclusivamente no registro civil de pessoas jurídicas".

■ Enunciado n. 479 da V Jornada de Direito Civil: "Art. 997, VII: Na sociedade simples pura (art. 983, parte final, do CC/2002), a responsabilidade dos sócios depende de previsão contratual. Em caso de omissão, será ilimitada e subsidiária, conforme o disposto nos arts. 1.023 e 1.024 do CC/2002".

■ Recurso. Agravo de instrumento. Pressupostos de admissibilidade. Preparo. Comprovação do pagamento das custas em data posterior a da interposição do recurso. Recolhimento das custas recursais efetuado no prazo da interposição do recurso e apresentado posteriormente porque, na data da interposição, acostou erroneamente ao recurso o comprovante do recolhimento de custas referente a processo diverso. Pressuposto de admissibilidade do recurso. Atendimento. Preliminar rejeitada. Legitimidade *ad causam*. Polo passivo. Recurso interposto pela empresa executada, que compõe o polo passivo da ação de execução. Pedido consistente na reforma da decisão que determinou a inclusão das sócias no polo passivo. Legitimidade passiva configurada. Impossibilidade de as sócias, que ainda não fazem parte do processo, pleitearem em juízo, em nome próprio, direito alheio. Preliminar rejeitada. Sociedade empresária. Distrato social na pendência de demanda ajuizada contra a pessoa jurídica. Ausência de liquidação. Dissolução irregular. Responsabilização dos sócios pelas obrigações sociais. Arts. 997, VIII, 1.001 e 1.023 do CC e art. 592, II, do CPC. Inclusão das sócias no polo passivo da ação de indenização em fase de cumprimento provisório de sentença. Manutenção. Agravo de instrumento desprovido. (TJSP, AI n. 2053712-80.2014.8.26.0000/São Paulo, 12ª Câm. de Dir. Priv., rel. José Reynaldo. j. 06.06.2014)

Art. 998

Art. 998. Nos trinta dias subsequentes à sua constituição, a sociedade deverá requerer a inscrição do contrato social no Registro Civil das Pessoas Jurídicas do local de sua sede.

§ 1º O pedido de inscrição será acompanhado do instrumento autenticado do contrato, e, se algum sócio nele houver sido representado por procurador, o da respectiva procuração, bem como, se for o caso, da prova de autorização da autoridade competente.

§ 2º Com todas as indicações enumeradas no artigo antecedente, será a inscrição tomada por termo no livro de registro próprio, e obedecerá a número de ordem contínua para todas as sociedades inscritas.

- ➥ Sem correspondência no CC/1916.
- ➥ Veja arts. 45, 46, 75, IV, 1.123 a 1.141 e 1.150 a 1.154 do CC/2002.
- ➥ Veja arts. 19, 114, II, 120 e 121 da Lei n. 6.015/73 (Lei de Registros Públicos).

Dentro de trinta dias, contados de sua constituição, a sociedade deverá requerer a inscrição do seu contrato social (art. 997 do CC) no Registro Civil de Pessoas Jurídicas do local onde estiver situada sua sede (arts. 75, IV, e 1.150 do CC) para que possa ter personalidade jurídica (art. 45 do CC). No momento em que se operar o assento do seu contrato social, a pessoa jurídica começa a existir, passando a ter aptidão para ser sujeito de direitos e obrigações, tendo capacidade patrimonial e adquirindo vida própria e autônoma, por ser uma nova unidade orgânica. A pessoa jurídica terá nome, patrimônio, nacionalidade e domicílio diversos dos de seus sócios. Assim sendo, um sócio não poderá exigir a divisão de um bem da sociedade antes de sua dissolução, nem a sociedade poderá ter seus bens penhorados para pagar débitos contraídos individualmente por seus componentes (o Código Civil trata da parte de Pessoas, sejam físicas, sejam jurídicas, dos arts. 1º a 78).

- ■ Enunciado n. 215 da III Jornada de Direito Civil: "Art. 998: A sede a que se refere o caput do art. 998 poderá ser a da administração ou a do estabelecimento onde se realizam as atividades sociais".

- ■ Enunciado n. 384 da IV Jornada de Direito Civil: "Nas sociedades personificadas previstas no Código Civil, exceto a cooperativa, é admissível o acordo de sócios, por aplicação analógica das normas relativas às sociedades por ações pertinentes ao acordo de acionistas".

- ■ Enunciado n. 385 da IV Jornada de Direito Civil: "A unanimidade exigida para a modificação do contrato social somente alcança as matérias referidas no art. 997, prevalecendo, nos demais casos de deliberação dos sócios, a maioria absoluta, se outra mais qualificada não for prevista no contrato".

- ■ Embargos infringentes. Ação declaratória interposta em 28.05.2007. ISS. Sociedade de profissionais formada por quatro médicos. Pretendido recolhimento do tributo em valor fixo anual, conforme disposição prevista no art. 9º, § 3º, do DL n. 406/68. Prestação de serviços em nome da empresa, sob responsabilidade pessoal dos sócios. Caráter empresarial afastado, conforme cláusulas "B", §§ 1º e 3º, III, parágrafo único, VII, XI do Contrato Social Registro do Contrato Social efetivado no Oficial de Registros de Títulos e Documentos e Civil de Pessoa Jurídica. Inteligência do art. 998 do CC. Sentença mantida. Prevalência do voto vencido. Embargos infringentes acolhidos. (TJSP, AI n. 9207697-23.2009.8.26.0000/ Ribeirão Preto, 15ª Câm. de Dir. Públ., rel. Eutálio Porto, j. 16.10.2014)

- ■ Agravo de instrumento. Licitação e contrato administrativo. Edital que exige certidão expedida pela junta comercial. Exclusão implícita das sociedades simples. 1. São registradas na Junta Comercial as so-

Código Civil comentado e anotado   Arts. 998 a 1.001

ciedades empresárias e, no Registro Civil de Pessoas Jurídicas, as simples, de acordo com os arts. 998 e 1.150 do CC. 2. A Lei n. 8.666/93, que institui normas para licitações e contratos da Administração Pública, prevê no seu art. 28, IV, a documentação necessária para habilitação jurídica das sociedades simples. Recurso provido. (TJRS, AI n. 70.064.370.182, 1ª Câm. Cível, rel. Sergio Luiz Grassi Beck. j. 30.07.2015)

Art. 999. As modificações do contrato social, que tenham por objeto matéria indicada no art. 997, dependem do consentimento de todos os sócios; as demais podem ser decididas por maioria absoluta de votos, se o contrato não determinar a necessidade de deliberação unânime.

Parágrafo único. Qualquer modificação do contrato social será averbada, cumprindo-se as formalidades previstas no artigo antecedente.

➡ Veja art. 1.394 do CC/1916.

Note-se que com essa disposição qualquer modificação, ou seja, qualquer alteração de qualquer das cláusulas essenciais elencadas no art. 997 só poderá ocorrer se aprovada pela unanimidade de todos os sócios. O Código Civil de 1916 estabelecia em seu art. 1.394, como regra geral, o *quorum* da maioria de votos para as deliberações nas sociedades civis.

Art. 1.000. A sociedade simples que instituir sucursal, filial ou agência na circunscrição de outro Registro Civil das Pessoas Jurídicas, neste deverá também inscrevê-la, com a prova da inscrição originária.

Parágrafo único. Em qualquer caso, a constituição da sucursal, filial ou agência deverá ser averbada no Registro Civil da respectiva sede.

➡ Sem correspondência no CC/1916.

Trata-se da necessidade de registro de sucursal, filial ou agência instituída por sociedade simples em outra circunscrição de Registro Civil de Pessoas Jurídicas. Nesse sentido, dispõe a norma sobre sua inscrição no correspondente Registro Civil, considerando que estes possuem competência municipal ou local, que não se confunde com o âmbito das Juntas Comerciais, que possuem competência estadual.

Seção II
Dos Direitos e Obrigações dos Sócios

Art. 1.001. As obrigações dos sócios começam imediatamente com o contrato, se este não fixar outra data, e terminam quando, liquidada a sociedade, se extinguirem as responsabilidades sociais.

➡ Veja art. 1.375 do CC/1916.

A participação em uma sociedade denota direitos e deveres. Com efeito, diga-se que o termo inicial destas obrigações é a lavratura do contrato, caso outro momento não seja ajus-

571

tado, e não o seu registro. Cada sócio tem a obrigação de cooperar para o objetivo social, desde o momento em que o contrato social é constituído até se liquidar a sociedade.

■ Veja no art. 997 a seguinte decisão: TJSP, AI n. 2053712-80.2014.8.26.0000/São Paulo, 12ª Câm. de Dir. Priv., rel. José Reynaldo. j. 06.06.2014.

■ Embargos de declaração. Execução fiscal. ICMS. Retorno dos autos do superior tribunal de justiça para sanar omissão no acórdão proferido pela 22ª Câmara Cível. Análise da questão relativa ao redirecionamento da execução fiscal contra os sócios de microempresa. Art. 9º da LC n. 126/2006. Art. 1.001 do CCB. Omissão verificada. Havendo omissão na decisão embargada, devem ser acolhidos os embargos de declaração, nos termos do art. 535 do CPC. Microempresa. Baixa da sociedade empresária. Redirecionamento. Impossibilidade. Art. 9º da LC n. 123/2006, art. 1.001 do CCB e art. 135 do CTN. Os arts. 9º, §§ 3º e 5º, da LC n. 123/2006 e 1.001 do CCB não determinam o automático redirecionamento da execução fiscal contra os sócios de microempresa. Deve ser comprovada, para que ocorra o redirecionamento, a prática de atos com excesso de poderes ou infração de lei, contrato social ou estatutos, conforme previsto no art. 135 do CTN. Precedentes do Eg. STJ e desta Corte. Embargos de declaração acolhidos, sem efeito infringente. (TJRS, Emb. Decl. n. 70.055.633.895, 22ª Câm. Cível, rel. Denise Oliveira Cezar. j. 30.04.2015)

Art. 1.002. O sócio não pode ser substituído no exercício das suas funções, sem o consentimento dos demais sócios, expresso em modificação do contrato social.

➡ Sem correspondência no CC/1916.

A substituição do sócio administrador depende da concordância unânime de seus pares e deve ser registrada no contrato social. Nesse sentido, acrescente-se que a administração da sociedade simples é ato personalíssimo, de modo que a disposição legal visa a resguardar a validade dos negócios realizados pelo administrador. Para alterar o contrato social, deve haver o consentimento dos outros sócios, para que se transfira no todo ou em parte a quota de um dos sócios.

Art. 1.003. A cessão total ou parcial de quota, sem a correspondente modificação do contrato social com o consentimento dos demais sócios, não terá eficácia quanto a estes e à sociedade.
Parágrafo único. Até dois anos depois de averbada a modificação do contrato, responde o cedente solidariamente com o cessionário, perante a sociedade e terceiros, pelas obrigações que tinha como sócio.

➡ Sem correspondência no CC/1916.
➡ Veja art. 331 do CCom.

O art. 1.003 diz que no caso de cessão total ou parcial de quota, todos os demais sócios devem consentir com o ato de transferência, formalizando assim a cessão mediante uma alteração contratual. Verifica-se neste caso que o art. 1.003 do Código Civil é contrário à ideia expressa na Constituição Federal que ninguém será compelido a associar-se ou a manter-se associado, ideia descrita no art. 5º, XX. O parágrafo único do art. 1.003 dispõe sobre a responsabilidade do sócio que se retirar da sociedade. Até dois anos depois de averbada, ou seja, registrada a al-

Código Civil comentado e anotado   Arts. 1.003 a 1.005

teração contratual, ou aditivo contratual, responde o sócio que se retirar da sociedade pelas obrigações oriundas da época em que era sócio.

■ Agravo de instrumento. Cumprimento de sentença. Responsabilidade por dívida da empresa contraí-da anteriormente à saída dos sócios. Art. 1.003 do CC. Prazo inferior a dois anos. Ausência de respon-sabilidade não comprovada. Cumprimento de sentença. Se a dívida foi contraída pela empresa ante-riormente à saída dos ex-sócios do quadro societário, é de se reconhecer a responsabilidade solidária deles para fins de cumprimento de sentença, tendo aplicabilidade o disposto no art. 1.003, parágrafo único, do CC, a determinar que "até dois anos depois de averbada a modificação do contrato, respon-de o cedente solidariamente com o cessionário, perante a sociedade e terceiros, pelas obrigações que tinha como sócio". Admite-se a desconsideração da personalidade jurídica da sociedade empresária, independentemente de ação autônoma, atingindo-se os bens dos sócios, desde que haja indícios da hi-pótese de abuso da personalização da sociedade, desvio de finalidade, fraude a credores ou confusão patrimonial. A existência de sérios indícios de fraude e ocultação de bens autoriza o redirecionamento do feito executório às pessoas dos sócios, que devem ser citados. Recurso conhecido e não provido. (TJMG, AI n. 1.0460.06.020175-9/001, rel. Des. Newton Teixeira Carvalho, j. 18.09.2014)

Art. 1.004. Os sócios são obrigados, na forma e prazo previstos, às contribuições esta-belecidas no contrato social, e aquele que deixar de fazê-lo, nos trinta dias seguintes ao da notificação pela sociedade, responderá perante esta pelo dano emergente da mora.

Parágrafo único. Verificada a mora, poderá a maioria dos demais sócios preferir, à in-denização, a exclusão do sócio remisso, ou reduzir-lhe a quota ao montante já realizado, aplicando-se, em ambos os casos, o disposto no § 1º do art. 1.031.

➡ Sem correspondência no CC/1916.

Os sócios devem respeitar os prazos previstos no contrato social no que diz respeito às contribuições. Não cumprindo tal dever no prazo de 30 dias da notificação da sociedade, o só-cio inadimplente deverá, devidamente constituído em mora, arcar com os prejuízos à socie-dade. Após verificada a mora do sócio remisso, os demais sócios poderão, em deliberação tomada por maioria absoluta do capital social, optar pela exclusão do sócio remisso ou pela redução de sua quota ao montante já realizado, em vez da indenização pelos prejuízos.

■ Enunciado n. 216 da III Jornada de Direito Civil: "Arts. 999, 1.004 e 1.030: O *quorum* de deliberação previsto no art. 1.004, parágrafo único, e no art. 1.030 é de maioria absoluta do capital representado pelas quotas dos demais sócios, consoante a regra geral fixada no art. 999 para as deliberações na so-ciedade simples. Esse entendimento aplica-se ao art. 1.058 em caso de exclusão de sócio remisso ou redução do valor de sua quota ao montante já integralizado".

Art. 1.005. O sócio que, a título de quota social, transmitir domínio, posse ou uso, res-ponde pela evicção; e pela solvência do devedor, aquele que transferir crédito.

➡ Veja art. 1.377 do CC/1916.

573

Arts. 1.005 a 1.008   Almeida Guilherme

Para a formação ou alteração do capital social, é nula a cláusula que diminua ou exclua os efeitos da evicção (arts. 447 e 457 do CC), respondendo ainda pela solvência do devedor, de maneira subsidiária, aquele que transferiu o crédito. Com efeito, embora não claramente positivado, há de se entender aplicável tal disposição aos vícios redibitórios (art. 462 do CC), acrescentando-se que o bem transmitido à sociedade deve ser passível de execução para não incorrer em eventual fraude contra credores (segunda parte do inciso II do art. 171 do CC).

Art. 1.006. O sócio, cuja contribuição consista em serviços, não pode, salvo convenção em contrário, empregar-se em atividade estranha à sociedade, sob pena de ser privado de seus lucros e dela excluído.

➡ Sem correspondência no CC/1916.

Salvo se ajustado de maneira diversa, não pode o sócio prestador de serviços empregar-se em atividade estranha à desenvolvida pela sociedade empresária, sob pena de não receber eventuais lucros em sua totalidade, bem como de ser excluído do contrato social, pois sua falta de comprometimento, em razão de seu inadimplemento da exclusividade do serviço, apontará quebra de confiança.

▪ Enunciado n. 206 da III Jornada de Direito Civil: "Arts. 981, 983, 997, 1.006, 1.007 e 1.094: A contribuição do sócio exclusivamente em prestação de serviços é permitida nas sociedades cooperativas (art. 1.094, I) e nas sociedades simples propriamente ditas (art. 983, 2ª parte)".

Art. 1.007. Salvo estipulação em contrário, o sócio participa dos lucros e das perdas, na proporção das respectivas quotas, mas aquele, cuja contribuição consiste em serviços, somente participa dos lucros na proporção da média do valor das quotas.

➡ Veja art. 1.381 do CC/1916.

A distribuição de eventuais lucros ou perdas é dimensionada na proporção das cotas de cada sócio, salvo se diversamente estipulado. Por sua vez, o sócio prestador de serviço – aquele que integra a empresa com o patrimônio de seu conhecimento – cuja contribuição se realiza em serviços, aufere sua participação na proporção média do valor das cotas.

▪ Enunciado n. 206 da III Jornada de Direito Civil: "Arts. 981, 983, 997, 1.006, 1.007 e 1.094: A contribuição do sócio exclusivamente em prestação de serviços é permitida nas sociedades cooperativas (art. 1.094, I) e nas sociedades simples propriamente ditas (art. 983, 2ª parte)".

Art. 1.008. É nula a estipulação contratual que exclua qualquer sócio de participar dos lucros e das perdas.

➡ Veja art. 1.372 do CC/1916.
➡ Veja art. 288 do CCom.

Código Civil comentado e anotado   Arts. 1.008 a 1.010

Constitui-se uma sociedade para a obtenção de lucros, os quais devem ser partilhados, ainda assim em relação àquele que integra a sociedade mediante a execução de serviços. Aliás, a estipulação de cláusula que exclua qualquer dos sócios de participar dos frutos da sociedade é nula, eivada de vício insanável, ou seja, pautado em defeito grave.

Art. 1.009. A distribuição de lucros ilícitos ou fictícios acarreta responsabilidade solidária dos administradores que a realizarem e dos sócios que os receberem, conhecendo ou devendo conhecer-lhes a ilegitimidade.

➡ Veja arts. 1.392 e 1.393 do CC/1916.

A disposição anterior se debruçava sobre a distribuição de lucros ilícitos. Melhor disposição, contudo, é verificada no ordenamento vigente, sobre o qual também os lucros fictícios geram a responsabilidade solidária dos administradores e dos sócios envolvidos na operação, desde que estes últimos saibam ou devam saber que a transação é ilegítima.

▪ Enunciado n. 59 da I Jornada de Direito Civil: "Arts. 990, 1.009, 1.016, 1.017 e 1.091: os sócios-gestores e os administradores das empresas são responsáveis subsidiária e ilimitadamente pelos atos ilícitos praticados, de má gestão ou contrários ao previsto no contrato social ou estatuto, consoante estabelecem os arts. 990, 1.009, 1.016, 1.017 e 1.091, todos do Código Civil".

▪ Enunciado n. 487 da V Jornada de Direito Civil: "Arts. 50, 884, 1.009, 1.016, 1.036 e 1.080: Na apuração de haveres de sócio retirante (art. 1.031 do CC), devem ser afastados os efeitos da diluição injustificada e ilícita da participação deste na sociedade".

Seção III
Da Administração

Art. 1.010. Quando, por lei ou pelo contrato social, competir aos sócios decidir sobre os negócios da sociedade, as deliberações serão tomadas por maioria de votos, contados segundo o valor das quotas de cada um.
§ 1º Para formação da maioria absoluta são necessários votos correspondentes a mais de metade do capital.
§ 2º Prevalece a decisão sufragada por maior número de sócios no caso de empate, e, se este persistir, decidirá o juiz.
§ 3º Responde por perdas e danos o sócio que, tendo em alguma operação interesse contrário ao da sociedade, participar da deliberação que a aprove graças a seu voto.

➡ Veja arts. 1.380 e 1.394 do CC/1916.

As decisões da sociedade são tomadas por maioria de votos, proporcionalmente ao valor das cotas de cada sócio, perfazendo a intitulada maioria absoluta. Com efeito, há de se destacar que subsistindo empate para a tomada de determinada decisão, a quantidade de votantes é critério para o desempate, respeitada, pois, a autonomia da vontade (art. 421 do CC) dos sócios envolvidos em determinada transação (arts. 840 a 850 do CC). Porém, essa vontade não pode infirmar os interesses da sociedade em prol particular, pois assim sendo feito de maneira decisiva, responderá o sócio pelas cominações atinentes às perdas e danos (art. 389 do CC).

575

Arts. 1.010 a 1.012   Almeida Guilherme

■ Enunciado n. 217 da III Jornada de Direito Civil: "Arts. 1.010 e 1.053: Com a regência supletiva da sociedade limitada, pela lei das sociedades por ações, ao sócio que participar de deliberação na qual tenha interesse contrário ao da sociedade aplicar-se-á o disposto no art. 115, § 3°, da Lei n. 6.404/76. Nos demais casos, aplica-se o disposto no art. 1.010, § 3°, se o voto proferido foi decisivo para a aprovação da deliberação, ou o art. 187 (abuso do direito), se o voto não tiver prevalecido".

Art. 1.011. O administrador da sociedade deverá ter, no exercício de suas funções, o cuidado e a diligência que todo homem ativo e probo costuma empregar na administração de seus próprios negócios.

§ 1º Não podem ser administradores, além das pessoas impedidas por lei especial, os condenados a pena que vede, ainda que temporariamente, o acesso a cargos públicos; ou por crime falimentar, de prevaricação, peita ou suborno, concussão, peculato; ou contra a economia popular, contra o sistema financeiro nacional, contra as normas de defesa da concorrência, contra as relações de consumo, a fé pública ou a propriedade, enquanto perdurarem os efeitos da condenação.

§ 2º Aplicam-se à atividade dos administradores, no que couber, as disposições concernentes ao mandato.

➥ Sem correspondência no CC/1916.
➥ Veja art. 153 da Lei n. 6.404/76 (sociedades anônimas).

Do dever do administrador da sociedade. O administrador da sociedade deverá ter, no exercício de suas funções, o cuidado e a diligência que todo indivíduo ativo e probo costuma empregar na administração de seus próprios negócios. Para que o administrador possa exercer sua função, é exigida uma conduta exemplar, ante o princípio da boa-fé objetiva, pois a falta de idoneidade moral do administrador o proíbe de exercer a administração.

Desimpedimento criminal. O administrador designado no instrumento ou em documento anexo deve declarar que não está incurso em nenhum crime que vede a exploração de atividade empresarial.

■ Enunciado n. 218 da III Jornada de Direito Civil: "Art. 1.011: Não são necessárias certidões de nenhuma espécie para comprovar os requisitos do art. 1.011 no ato de registro da sociedade, bastando declaração de desimpedimento".

Art. 1.012. O administrador, nomeado por instrumento em separado, deve averbá-lo à margem da inscrição da sociedade, e, pelos atos que praticar, antes de requerer a averbação, responde pessoal e solidariamente com a sociedade.

➥ Sem correspondência no CC/1916.

A administração da sociedade pode ser exercida por qualquer dos sócios ou mesmo por pessoa estranha à sociedade, desde que pessoa física, cuja nomeação deve ser averbada junto ao registro de inscrição da sociedade. Não procedendo desta tradicional forma, estará o administrador pessoal e solidariamente responsável pelos atos que praticar. O novo administrador deve ter sua nomeação averbada junto ao contrato social e, assim, responde solidariamente por perdas e danos sofridos em decorrência de sua administração.

576

Código Civil comentado e anotado   Arts. 1.013 a 1.015

Art. 1.013. A administração da sociedade, nada dispondo o contrato social, compete separadamente a cada um dos sócios.

§ 1º Se a administração competir separadamente a vários administradores, cada um pode impugnar operação pretendida por outro, cabendo a decisão aos sócios, por maioria de votos.

§ 2º Responde por perdas e danos perante a sociedade o administrador que realizar operações, sabendo ou devendo saber que estava agindo em desacordo com a maioria.

➥ Veja arts. 1.384 e 1.386 do CC/1916.

Salvo ajustado de maneira diversa, a administração da sociedade compete a cada um dos sócios, considerando o caráter personalíssimo de seu exercício. Dessa feita, competindo separadamente a vários administradores, qualquer deles poderá impugnar a operação do outro, resolvendo-se a questão, se for o caso, por maioria absoluta de votos.

Ademais, frise-se que o administrador deve pautar sua conduta em preceitos de lealdade e boa-fé, de modo que agindo de maneira contrária à maioria, de forma manifesta ou presumida, incorrerá nas sanções relativas às perdas e danos.

Art. 1.014. Nos atos de competência conjunta de vários administradores, torna-se necessário o concurso de todos, salvo nos casos urgentes, em que a omissão ou retardo das providências possa ocasionar dano irreparável ou grave.

➥ Veja art. 1.385 do CC/1916.

A competência conjunta, ou em número mínimo de sócios, para a realização de determinados atos, conforme previsto no contrato social, pode ser excetuada nas hipóteses de urgência, em que agir de maneira diversa culminaria em dano irreparável ou grave. Nesse sentido, acrescente-se que a decisão deverá ser posteriormente convalidada pelos demais sócios, os quais poderão impugnar os gravames fundamentados.

Art. 1.015. No silêncio do contrato, os administradores podem praticar todos os atos pertinentes à gestão da sociedade; não constituindo objeto social, a oneração ou a venda de bens imóveis depende do que a maioria dos sócios decidir.

Parágrafo único. *(Revogado pela Lei n. 14.195, de 26.08.2021.)*

➥ Veja art. 1.386 do CC/1916.

O contrato social pode estipular a competência gerencial de cada administrador. Não o fazendo, contudo, os administradores estarão habilitados a realizar qualquer ato que colabore com o desenvolvimento da atividade empresarial. Quanto à omissão, ainda, frise-se que a lei impõe a necessidade da maioria dos sócios para a venda ou hipoteca de bens imóveis, considerada esta proporção pela quantidade de votantes, e não pela cota representativa.

▪ Enunciado n. 219 da III Jornada de Direito Civil: "Art. 1.015: Está positivada a teoria ultra vires no Direito brasileiro, com as seguintes ressalvas: (a) o ato ultra vires não produz efeito apenas em relação à sociedade; (b) sem embargo, a sociedade poderá, por meio de seu órgão deliberativo, ratificá-lo; (c) o

577

Arts. 1.015 e 1.016 — Almeida Guilherme

Código Civil amenizou o rigor da teoria *ultra vires*, admitindo os poderes implícitos dos administradores para realizar negócios acessórios ou conexos ao objeto social, os quais não constituem operações evidentemente estranhas aos negócios da sociedade; (d) não se aplica o art. 1.015 às sociedades por ações, em virtude da existência de regra especial de responsabilidade dos administradores (art. 158, II, Lei n. 6.404/76)".

Art. 1.016. Os administradores respondem solidariamente perante a sociedade e os terceiros prejudicados, por culpa no desempenho de suas funções.

➥ Veja art. 1.398 do CC/1916.

Na hipótese de haver mais de um administrador, são eles solidariamente responsáveis pelos atos de infração à lei ou ao contrato social. Por oportuno, acrescente-se que, se demandada em nome próprio, terá a sociedade direito à ação de regresso contra o administrador.

■ Enunciado n. 59 da I Jornada de Direito Civil: "Arts. 990, 1.009, 1.016, 1.017 e 1.091: os sócios-gestores e os administradores das empresas são responsáveis subsidiária e ilimitadamente pelos atos ilícitos praticados, de má gestão ou contrários ao previsto no contrato social ou estatuto, consoante estabelecem os arts. 990, 1.009, 1.016, 1.017 e 1.091, todos do Código Civil".

■ Enunciado n. 220 da III Jornada de Direito Civil: "Art. 1.016: É obrigatória a aplicação do art. 1.016 do Código Civil de 2002, que regula a responsabilidade dos administradores, a todas as sociedades limitadas, mesmo àquelas cujo contrato social preveja a aplicação supletiva das normas das sociedades anônimas".

■ Enunciado n. 487 da V Jornada de Direito Civil: "Arts. 50, 884, 1.009, 1.016, 1.036 e 1.080: Na apuração de haveres de sócio retirante (art. 1.031 do CC), devem ser afastados os efeitos da diluição injustificada e ilícita da participação deste na sociedade".

■ Apelação cível. Embargos à execução. Sentença de improcedência. Irresignação dos embargantes. Ilegitimidade passiva *ad causam*. Questão processual arguida pelo coembargante, administrador da sociedade, após a interposição do apelo. Inovação recursal. Autorização legal. Supressão de instância. Não ocorrência. Matéria de ordem pública, passível de conhecimento *ex officio*, inclusive, a qualquer tempo e grau de jurisdição (art. 267, § 3º, do CPC). Oportunizada, ademais, a manifestação do embargado sobre a matéria. Pertinência subjetiva. Ausência. Art. 568 do CPC. Sócio administrador que não figura como devedor no título executivo extrajudicial. Responsabilidade solidária. Hipótese do art. 1.016 do CC. Não enquadramento. Exequente que sequer justifica em que consiste a culpa. "A responsabilidade solidária e ilimitada do sócio-gerente perante a sociedade e terceiros é disciplinada no CC, 1016. Inviabilizada a aferição da responsabilidade subjetiva do administrador da sociedade limitada quando os fatos narrados bem como a prova produzida não contêm de forma individualizada os pressupostos da responsabilização (conduta ilícita, dano e nexo de causalidade) (TJDFT, 2ª T. Cível, Ap. n. 20.040.110.836.333, rel. Des. Angelo Passareli, j. 25.06.2008, v.u.)". (*Código Civil comentado*. São Paulo: Revista dos Tribunais, 2014, p. 1.322). Inadimplemento. Circunstância que, por si só, não autoriza direcionamento da execução em face do administrador da pessoa jurídica devedora. Ato omissivo ou comissivo culposo não evidenciado. "Dos administradores, é exigida, de acordo com o art. 1.011, a manutenção de um padrão de conduta de retidão e cuidado próprio ao 'homem ativo e probo' (bom homem de negócios) e, com base em tal paradigma jurídico, cabe avaliar, quando o prejuízo for resultante de uma operação realizada, se as perdas podem ser consideradas de responsabilidade daqueles a quem a gestão é atribuída.

Código Civil comentado e anotado   Arts. 1.016 a 1.018

Persistentes uma conduta negligente, imprudente ou imperita (art. 181) ou, com mais razão, a intenção de prejudicar, materializando a culpa em sentido amplo, surge, conjugada ao dano emergente ou ao lucro cessante, a responsabilidade civil". (Peluso, Cezar. *Código Civil comentado*. Barueri: Manole, 2008, p. 950). Tese acolhida. Extinção parcial que se impõe, com condenação ao pagamento de 50% das custas processuais (art. 267, § 3º, do CPC). Irresignação da sociedade. Inadimplemento da obrigação assumida pela instituição financeira. Não ocorrência. Crédito em conta corrente. Saldo utilizado para pagamento de dívidas pendentes. Detalhe que não descaracteriza o cumprimento do contrato pela embargada. Ausente, outrossim, impugnação à pactuação do débito em conta. Ausência de participação de corretor. Contrato de câmbio. Facultatividade. Art. 23 da Lei n. 4.131/62 e art. 9º, § 1º, da Lei n. 4.728/65. Avença que estabelece tal intervenção. Insuficiência de dados e da assinatura que não enseja desconstituição do título, à míngua de alegação de que não houve efetivo intermédio. Falta não evidenciada. Precedente da câmara. Comissão de permanência. Previsão expressa, à taxa média de mercado. Cláusula redigida de acordo com os parâmetros definidos pelo STJ no REsp n. 1.058.114 e no Enunciado III do Grupo de Câmaras de Direito Comercial. Abusividade afastada. Repetição do indébito. Excesso não constatado. Pedido prejudicado. Extinção parcial da execução. Ilegitimidade passiva do sócio administrador. Recurso da coembargante conhecido e desprovido. (TJSC, Ap. Cível n. 2014.046506-5/São Bento do Sul, rel. Des. Altamiro de Oliveira, j. 09.06.2015)

Art. 1.017. O administrador que, sem consentimento escrito dos sócios, aplicar créditos ou bens sociais em proveito próprio ou de terceiros, terá de restituí-los à sociedade, ou pagar o equivalente, com todos os lucros resultantes, e, se houver prejuízo, por ele também responderá.

Parágrafo único. Fica sujeito às sanções o administrador que, tendo em qualquer operação interesse contrário ao da sociedade, tome parte na correspondente deliberação.

➡ Sem correspondência no CC/1916.

O patrimônio da sociedade só pode ser utilizado em benefício desta e à finalidade econômica para que foi constituída. Nesse sentido, aplicando o administrador os créditos ou bens sob sua tutela em benefício próprio ou de terceiros, agirá com desvio de finalidade, devendo reaver a importância acrescida de lucros cessantes e perdas e danos, se for o caso.

■ Enunciado n. 59 da I Jornada de Direito Civil: "Arts. 990, 1.009, 1.016, 1.017 e 1.091: os sócios-gestores e os administradores das empresas são responsáveis subsidiária e ilimitadamente pelos atos ilícitos praticados, de má gestão ou contrários ao previsto no contrato social ou estatuto, consoante estabelecem os arts. 990, 1.009, 1.016, 1.017 e 1.091, todos do Código Civil".

Art. 1.018. Ao administrador é vedado fazer-se substituir no exercício de suas funções, sendo-lhe facultado, nos limites de seus poderes, constituir mandatários da sociedade, especificados no instrumento os atos e operações que poderão praticar.

➡ Sem correspondência no CC/1916.

Trata a norma do caráter personalíssimo deduzido da qualidade de administrador. Com efeito, permite a lei que este constitua mandatário, observados os limites de seus poderes nos termos outorgados na procuração. Não lhe é permitido ser substituído no exercício de suas funções, porém poderá nomear mandatário, dentro dos limites que lhe foram outorgados.

579

Art. 1.019. São irrevogáveis os poderes do sócio investido na administração por cláusula expressa do contrato social, salvo justa causa, reconhecida judicialmente, a pedido de qualquer dos sócios.

Parágrafo único. São revogáveis, a qualquer tempo, os poderes conferidos a sócio por ato separado, ou a quem não seja sócio.

➡ Veja art. 1.383 do CC/1916.

Quer a lei homenagear a estabilidade do administrador, de modo que aquele investido por cláusula expressa no contrato social, bem como aquele cuja qualidade tenha adquirido por termo apartado, só poderá ter seus poderes revogados, a pedido de qualquer dos sócios, por justa causa reconhecida em juízo, em razão da infração aos deveres legais a ele conferidos. Caso contrário, entende-se que sua administração é vigente enquanto durar a sociedade.

Art. 1.020. Os administradores são obrigados a prestar aos sócios contas justificadas de sua administração, e apresentar-lhes o inventário anualmente, bem como o balanço patrimonial e o de resultado econômico.

➡ Sem correspondência no CC/1916.
➡ Veja art. 293 do CCom.

A ordem legal determina que os administradores prestem contas de seus afazeres, apresentando anualmente o inventário, com o resumo dos ativos e passivos da empresa, bens, duplicatas a receber, impostos, empréstimos, dividendos propostos, débitos pagos ou a vencer etc., bem como o balanço patrimonial e o resultado econômico. A medida visa a resguardar os interesses dos sócios, que, na hipótese de recusa na exibição dos documentos, poderão se valer de ordem judicial.

▪ Súmula n. 260 do STF: "O exame de livros comerciais, em ação judicial, fica limitado às transações entre os litigantes".

▪ Súmula n. 439 do STF: "Estão sujeitos à fiscalização tributária ou previdenciária quaisquer livros comerciais, limitado o exame aos pontos objeto da investigação".

▪ Enunciado n. 62 da II Jornada de Direito Comercial: "O produtor rural, nas condições mencionadas do art. 971 do CCB, pode constituir EIRELI".

▪ Apelação cível. Dissolução e liquidação de sociedade. Ação de prestação de contas. Segunda fase. Sentença mantida. 1. A ação de prestação de contas é a via processual própria para se aferir a existência de débito ou de crédito, resultante de determinada relação jurídica, sendo necessário que as contas estejam embasadas em documentos idôneos e apresentadas ao Juízo sob a forma contábil, a teor do que estabelecem os arts. 1.020 e 1.183, ambos do CC. 2. A pretensão da parte autora encontra respaldo no art. 914 do CPC, pois as partes devem prestar contas quanto à gestão da sociedade da qual participam. 3. No caso em tela as contas inicialmente apresentadas pelo réu estão corretas e se existe saldo em favor da sócia Valéria é questão a ser analisada em apuração de haveres junto à ação de dissolução de sociedade 001/1.05.131726-4, a qual foi julgada procedente. 4. Mantida a verba honorária arbitrada para os patronos dos réus, em R$ 3.000,00, cada, pois atende perfeitamente aos parâ-

Código Civil comentado e anotado
Arts. 1.020 a 1.023

metros a que alude o art. 20, § 4º, do CPC. Negado provimento ao apelo. (TJRS, Ap. Cível n. 70.058.877.077, 5ª Câm. Cível, rel. Jorge Luiz Lopes do Canto, j. 06.08.2014)

Art. 1.021. Salvo estipulação que determine época própria, o sócio pode, a qualquer tempo, examinar os livros e documentos, e o estado da caixa e da carteira da sociedade.

➥ Sem correspondência no CC/1916.
➥ Veja art. 290 do CCom.

Independentemente da parcela de participação do sócio, qualquer deles pode examinar os respectivos livros e documentos da sociedade para verificar a regularidade dos atos de administração e a saúde da empresa. Com efeito, esse procedimento pode ser ajustado para ocorrer em determinado intervalo temporal, visando a prever o adequado momento da apresentação das contas. Não o fazendo o contrato social, todavia, a solicitação poderá ser realizada a qualquer tempo.

▪ Enunciado n. 62 da II Jornada de Direito Comercial: "O produtor rural, nas condições mencionadas do art. 971 do CCB, pode constituir EIRELI".

Seção IV
Das Relações com Terceiros

Art. 1.022. A sociedade adquire direitos, assume obrigações e procede judicialmente, por meio de administradores com poderes especiais, ou, não os havendo, por intermédio de qualquer administrador.

➥ Veja arts. 1.395 e 1.396 do CC/1916.

As obrigações assumidas pelos administradores recaem inicialmente sobre a sociedade. Nesse sentido, inexistindo motivo para impugnar os atos de administração, certo é que a sociedade responderá pelas dívidas e demais ônus assumidos. A sociedade é dotada de personalidade jurídica e, por meio de seus administradores, adquire direitos, contrai obrigações e é representada em juízo por seus administradores.

Art. 1.023. Se os bens da sociedade não lhe cobrirem as dívidas, respondem os sócios pelo saldo, na proporção em que participem das perdas sociais, salvo cláusula de responsabilidade solidária.

➥ Veja arts. 1.395 e 1.396 do CC/1916.

Na sociedade simples, os sócios respondem pelas obrigações sociais nos termos ajustados no contrato social (art. 997, VII, do CC). Dessa forma, as dívidas assumidas pelos administradores perante terceiros pertencem à sociedade e, se não foram seus bens suficientes para o adimplemento, recairão na pessoa do sócio, na forma reservada em seu ato constitutivo, quer ilimitadamente, quer na fração de sua cota, se integralizada.

Arts. 1.023 e 1.024   Almeida Guilherme

■ Enunciado n. 61 da II Jornada de Direito Civil: "Art. 1.023: o termo 'subsidiariamente' constante do inciso VIII do art. 997 do Código Civil deverá ser substituído por 'solidariamente' a fim de compatibilizar esse dispositivo com o art. 1.023 do mesmo Código".

■ Recurso. Agravo de instrumento. Pressupostos de admissibilidade. Preparo. Comprovação do pagamento das custas em data posterior a da interposição do recurso. Recolhimento das custas recursais efetuado no prazo da interposição do recurso e apresentado posteriormente porque, na data da interposição, acostou erroneamente ao recurso o comprovante do recolhimento de custas referente a processo diverso. Pressuposto de admissibilidade do recurso. Atendimento. Preliminar rejeitada. Legitimidade *ad causam*. Polo passivo. Recurso interposto pela empresa executada, que compõe o polo passivo da ação de execução. Pedido consistente na reforma da decisão que determinou a inclusão das sócias no polo passivo. Legitimidade passiva configurada. Impossibilidade de as sócias, que ainda não fazem parte do processo, pleitearem em juízo, em nome próprio, direito alheio. Preliminar rejeitada. Sociedade empresária. Distrato social na pendência de demanda ajuizada contra a pessoa jurídica. Ausência de liquidação. Dissolução irregular. Responsabilização dos sócios pelas obrigações sociais. Arts. 997, VIII, 1.001 e 1.023 do CC e art. 592, II, do CPC. Inclusão das sócias no polo passivo da ação de indenização em fase de cumprimento provisório de sentença. Manutenção. Agravo de instrumento desprovido. (TJSP, AI n. 2053712-80.2014.8.26.0000/São Paulo, 12ª Câm. de Dir. Priv., rel. José Reynaldo. j. 06.06.2014)

Art. 1.024. Os bens particulares dos sócios não podem ser executados por dívidas da sociedade, senão depois de executados os bens sociais.

➥ Sem correspondência no CC/1916.

O art. 1.024 cuida do benefício de ordem do sócio na hipótese de desconsideração da personalidade jurídica (art. 50 do CC). Dessa feita, assim como observado no art. 1.023, a dívida contraída pela sociedade só recairá sobre o patrimônio dos sócios se por ela não puder ser adimplido. Não se confunde o patrimônio da sociedade com o de seus sócios, somente no caso de os bens da sociedade não sanarem a dívida.

■ Enunciado n. 51 da I Jornada de Direito Comercial: "O saldo do crédito não coberto pelo valor do bem e/ou da garantia dos contratos previstos no § 3º do art. 49 da Lei n. 11.101/2005 é crédito quirografário, sujeito à recuperação judicial".

■ Recurso. Embargos de declaração. Alegação de necessidade de prequestionamento expresso como requisito objetivo de admissibilidade de recursos aos Tribunais Superiores, apontando, nesse sentido, omissão pela não delimitação da responsabilidade dos sócios a partir da sua inclusão no processo, pela desconsideração da personalidade jurídica da empresa executada. Apontamento, ainda, de omissão pelo não esclarecimento da aplicação da Súmula n. 106 do STJ, considerando os diversos arquivamentos do processo ao longo de quase 11 anos. Vícios. Inexistência no acórdão. Decisão colegiada que abordou expressamente a matéria devolvida ao Tribunal ad quem, reconhecendo o acerto da desconsideração da personalidade jurídica da empresa executada, ao identificar ato intencional dos seus sócios em dificultar sua localização, deixando-a inativa e com encerramento irregular. Substituição processual que implica a responsabilidade dos sócios pela integralidade da dívida, facultado eventual benefício de ordem (arts. 50 e 1.024 do CC e 596 do CPC). Prequestionamento. Enfrentamento da questão jurídica pelo acórdão, independentemente da transcrição literal e expressa dos artigos mencionados Embargos rejeitados. (TJSP, Ap. n. 0023923-95.2013.8.26.0003/São Paulo, 12ª Câm. de Dir. Priv., rel. Jacob Valente. j. 20.08.2014)

Código Civil comentado e anotado

Arts. 1.025 a 1.027

Art. 1.025. O sócio, admitido em sociedade já constituída, não se exime das dívidas sociais anteriores à admissão.

➡ Sem correspondência no CC/1916.

Admitido o ingresso de um novo sócio em seus atos constitutivos, não poderá este opor exceção às dívidas adquiridas anteriormente pela sociedade. Nesse sentido, havendo cláusula de exoneração em dado contrato de cessão de cotas, apenas entre os contratantes subsistirão seus efeitos.

Art. 1.026. O credor particular de sócio pode, na insuficiência de outros bens do devedor, fazer recair a execução sobre o que a este couber nos lucros da sociedade, ou na parte que lhe tocar em liquidação.

Parágrafo único. Se a sociedade não estiver dissolvida, pode o credor requerer a liquidação da quota do devedor, cujo valor, apurado na forma do art. 1.031, será depositado em dinheiro, no juízo da execução, até noventa dias após aquela liquidação.

➡ Sem correspondência no CC/1916.

Não existindo bens para quitar suas dívidas, pode o sócio ser compelido a partilhar seus lucros com seu credor. A medida busca a satisfação do crédito de terceiro, e será observado enquanto necessário para o adimplemento da dívida principal e de suas cominações legais ou contratuais. Na mesma linha, poderá haver a liquidação da cota do sócio devedor, operando-se a dissolução parcial da sociedade.

■ Enunciado n. 386 da IV Jornada de Direito Civil: "Na apuração dos haveres do sócio devedor, por consequência da liquidação de suas quotas na sociedade para pagamento ao seu credor (art. 1.026, parágrafo único), não devem ser consideradas eventuais disposições contratuais restritivas à determinação de seu valor".

■ Enunciado n. 387 da IV Jornada de Direito Civil: "A opção entre fazer a execução recair sobre o que ao sócio couber no lucro da sociedade, ou na parte que lhe tocar em dissolução, orienta-se pelos princípios da menor onerosidade e da função social da empresa".

■ Enunciado n. 388 da IV Jornada de Direito Civil: "O disposto no art. 1.026 do Código Civil não exclui a possibilidade de o credor fazer recair a execução sobre os direitos patrimoniais da quota de participação que o devedor possui no capital da sociedade".

■ Enunciado n. 389 da IV Jornada de Direito Civil: "Quando se tratar de sócio de serviço, não poderá haver penhora das verbas descritas no art. 1.026, se de caráter alimentar".

Art. 1.027. Os herdeiros do cônjuge de sócio, ou o cônjuge do que se separou judicialmente, não podem exigir desde logo a parte que lhes couber na quota social, mas concorrer à divisão periódica dos lucros, até que se liquide a sociedade.

➡ Sem correspondência no CC/1916.

Os herdeiros ou sucessores do cônjuge do sócio, ou daquele que dele se separou, têm direito aos lucros da sociedade, mas não podem pleitear a liquidação parcial das cotas, salvo se observada a impossibilidade de se realizarem lucros, hipótese em que o juízo competente poderá determinar o respectivo procedimento.

Seção V
Da Resolução da Sociedade em Relação a um Sócio

Art. 1.028. No caso de morte de sócio, liquidar-se-á sua quota, salvo:
I – se o contrato dispuser diferentemente;
II – se os sócios remanescentes optarem pela dissolução da sociedade;
III – se, por acordo com os herdeiros, regular-se a substituição do sócio falecido.

➡ Veja arts. 1.399, 1.402 e 1.403 do CC/1916.

Se ocorrer a morte de um dos sócios, sua quota será liquidada, salvo se houver disposição em contrário no contrato social; se os sócios restantes optarem pela dissolução da sociedade; ou se houver um acordo dos sócios com os herdeiros do sócio falecido, havendo assim a substituição.

▪ Enunciado n. 221 da III Jornada de Direito Civil: "Art. 1.028: Diante da possibilidade de o contrato social permitir o ingresso na sociedade do sucessor de sócio falecido, ou de os sócios acordarem com os herdeiros a substituição de sócio falecido, sem liquidação da quota em ambos os casos, é lícita a participação de menor em sociedade limitada, estando o capital integralizado, em virtude da inexistência de vedação no Código Civil".

▪ Enunciado n. 13 da I Jornada de Direito Comercial: "A decisão que decretar a dissolução parcial da sociedade deverá indicar a data de desligamento do sócio e o critério de apuração de haveres".

▪ Reintegração de posse. Servidão de águas. Procedência preliminar de ilegitimidade passiva e ativa *ad causam* rejeição. Ainda que os requeridos não sejam proprietários do imóvel, houve comprovação documental de que são arrendatários e utilizam o referido imóvel na qualidade de administradores do Hotel lá estabelecido. Não se infere, outrossim, ilegitimidade ativa no caso dos autos, eis que, mesmo que o imóvel de propriedade dos autores esteja locado, a posse direta não exclui a posse indireta destes, nos termos do art. 1.197 do CC. Preliminar rejeitada. Reintegração de posse servidão de águas procedência preliminar de cerceamento de defesa rejeição. O fato de os memoriais da parte recorrente terem sido juntados apenas após a prolação da r. sentença, não implica cerceamento de defesa em relação à parte ré, especialmente quando esta se limitou a reproduzir questões já apreciadas pelo d. magistrado da causa. Preliminar rejeitada. Reintegração de posse servidão de águas interrupção da captação de água da mina no imóvel dos réus. Reintegração de posse procedente pretensão de reforma cabimento. No caso em tela, não houve comprovação da servidão de água alegada bem como não se demonstrou cabalmente, o uso contínuo de uma servidão aparente, sem justo título. Ausência de realização de prova pericial para se verificar a existência da aludida servidão, bem como da existência de vazão de água suficiente para abastecimento e utilização pelas partes em suas propriedades. Não ocorrência de esbulho possessório. Os atos de mera permissão ou tolerância não geram posse e não induzem na proteção possessória pretendida. Inteligência do art. 1.028 do CC. Sentença reformada. Re-

Código Civil comentado e anotado   Arts. 1.028 a 1.030

curso dos réus provido, ficando prejudicado o recurso adesivo. (TJSP, Ap. n. 0003351-17.2006.8.26.0601/ Socorro, 11ª Câm. de Dir. Priv., rel. Walter Fonseca, j. 19.03.2015)

Art. 1.029. Além dos casos previstos na lei ou no contrato, qualquer sócio pode retirar-se da sociedade; se de prazo indeterminado, mediante notificação aos demais sócios, com antecedência mínima de sessenta dias; se de prazo determinado, provando judicialmente justa causa.

Parágrafo único. Nos trinta dias subsequentes à notificação, podem os demais sócios optar pela dissolução da sociedade.

➥ Veja art. 1.404 do CC/1916.

Em relação à retirada voluntária do sócio, intitulada "direito de recesso", observa o disposto constitucional sobre a não obrigatoriedade de se manter associado (art. 5º, XX, da CF). Dessa forma, deve o requerente notificar os sócios de seu intuito com antecedência de sessenta dias ou mais, se participar de sociedade com prazo indeterminado, hipótese em que nos trinta dias seguintes à notificação poderão os demais decidir pela dissolução da sociedade. Outra questão se verifica na apresentação de justa causa em juízo, pleiteando a autorização judicial, se o sócio compuser sociedade com prazo determinado.

■ Agravo de instrumento. Cautelar inominada. Indeferimento do pedido de liminar para cancelamento das alterações contratuais que excluíram o autor da sociedade comercial com os irmãos. Inconformismo. Em cognição sumária, ausentes os requisitos autorizadores da medida cautelar. Ausente o *fumus boni iuris*. Autor que notificou os demais sócios sobre sua intenção de exercer seu direito de retirada. Alteração social que, a princípio, obedeceu às normas da Junta comercial e ao CC (art. 1.029) relativas à retirada de sócio. Simples fato de não ter se resolvido a questão dos haveres decorrentes da retirada não são suficientes para demonstrar o periculum in mora, invocado, devendo se aguardar a instauração do contraditório. Multa por recurso protelatório em razão de interposição de embargos declaratórios não caracterizada. Autor ingressou com cautelar com pedido de liminar porque pretende rápida solução da lide. Réus não foram citados. Se intenção fosse de protelar a decisão bastaria retardar o ingresso da ação ou não pedir liminar. Decisão parcialmente reformada, para exclusão da multa. Recurso parcialmente provido. (TJSP, Ap. n. 2021456-50.2015.8.26.0000/Martinópolis, 8ª Câm. de Dir. Priv., rel. Silvério da Silva, j. 15.04.2015)

Art. 1.030. Ressalvado o disposto no art. 1.004 e seu parágrafo único, pode o sócio ser excluído judicialmente, mediante iniciativa da maioria dos demais sócios, por falta grave no cumprimento de suas obrigações, ou, ainda, por incapacidade superveniente.

Parágrafo único. Será de pleno direito excluído da sociedade o sócio declarado falido, ou aquele cuja quota tenha sido liquidada nos termos do parágrafo único do art. 1.026.

➥ Sem correspondência no CC/1916.

A exclusão de sócio faltante ou incapaz é dada pela própria sociedade, que possui legitimidade para tal ato, por meio de deliberação da maioria absoluta dos sócios, e não da maioria do capital. A exclusão do sócio resulta na dissolução parcial da sociedade e pode ocorrer

585

Arts. 1.030 e 1.031 — Almeida Guilherme

nos seguintes casos: *a*) de mora na integralização da quota social pelo sócio remisso (art. 1.004, parágrafo único, do CC); *b*) falta grave no cumprimento de suas obrigações ou, ainda, por incapacidade superveniente comprovada; *c*) declaração de insolvência, como empresário individual, que, portanto, o excluirá de pleno direito da sociedade; *d*) liquidação da quota para pagamento de débitos ao sócio devedor.

Sócio remisso. Verificada a mora pela não realização, na forma e no prazo, da integralização da quota pelo sócio remisso, os demais sócios poderão preferir, à indenização, a exclusão do sócio remisso, ou reduzir-lhe a quota ao montante já realizado. Em ambos os casos, o capital social sofrerá a correspondente redução, salvo se os demais sócios suprirem o valor da quota (art. 1.004, parágrafo único c/c art. 1.031, § 1º, do CC). Poderão também os sócios, excluindo o titular, tomar a quota para si ou transferi-la a terceiros (art. 1.058 do CC). Serão arquivadas, em processos distintos e simultaneamente, a ata da reunião ou assembleia e a alteração contratual mencionadas. O sócio declarado falido será excluído de pleno direito da sociedade. O capital social será reduzido se os demais sócios não suprirem o valor da quota respectiva. O sócio interditado, se não excluído judicialmente, poderá continuar na sociedade representado ou assistido por seu curador.

- Enunciado n. 67 da I Jornada de Direito Civil: "Arts. 1.085, 1.030 e 1.033, III: A quebra do affectio societatis não é causa para a exclusão do sócio minoritário, mas apenas para dissolução (parcial) da sociedade".

- Enunciado n. 216 da III Jornada de Direito Civil: "Arts. 999, 1.004 e 1.030: O *quorum* de deliberação previsto no art. 1.004, parágrafo único, e no art. 1.030 é de maioria absoluta do capital representado pelas quotas dos demais sócios, consoante a regra geral fixada no art. 999 para as deliberações na sociedade simples. Esse entendimento aplica-se ao art. 1.058 em caso de exclusão de sócio remisso ou redução do valor de sua quota ao montante já integralizado".

- Enunciado n. 481 da V Jornada de Direito Civil: "Art. 1.030, parágrafo único: O insolvente civil fica de pleno direito excluído das sociedades contratuais das quais seja sócio".

- Agravo de instrumento. Inconformismo contra a decisão que indeferiu o pleito de antecipação de tutela para exclusão liminar de sócio, requerida com fundamento no art. 1.030 do CC. Em que pese a verossimilhança das alegações, a matéria confunde-se com o mérito da ação principal, não restando provado o *periculum in mora*. Decisão mantida. Agravo desprovido. (TJSP, Ap. n. 2090631-68.2014.8.26.0000/ Ribeirão Preto, 2ª Câm. Res. de Dir. Empres., rel. Ramon Mateo Júnior, j. 15.06.2015)

Art. 1.031. Nos casos em que a sociedade se resolver em relação a um sócio, o valor da sua quota, considerada pelo montante efetivamente realizado, liquidar-se-á, salvo disposição contratual em contrário, com base na situação patrimonial da sociedade, à data da resolução, verificada em balanço especialmente levantado.

§ 1º O capital social sofrerá a correspondente redução, salvo se os demais sócios suprirem o valor da quota.

§ 2º A quota liquidada será paga em dinheiro, no prazo de noventa dias, a partir da liquidação, salvo acordo, ou estipulação contratual em contrário.

➡ Sem correspondência no CC/1916.

Código Civil comentado e anotado

Arts. 1.031 e 1.032

O art. 1.031 trata dos efeitos do art. 1.030. No caso de liquidação de quotas, deverá ser paga em 90 (noventa) dias, a partir da liquidação, salvo disposição em contrário criada pela própria autonomia da vontade (art. 421 do CC). Com a dissolução parcial da sociedade por meio da exclusão de um dos sócios e com o pagamento de sua quota, o capital social é reduzido, a não ser que os sócios supram as quotas saídas, com seus próprios recursos, reajustando a cifra constante no estatuto. Essa modificação deve ser averbada no registro competente.

- Súmula n. 265 do STF: "Na apuração de haveres, não prevalece o balanço não aprovado pelo sócio falecido, excluído ou que se retirou".

- Enunciado n. 62 da I Jornada de Direito Civil: "Art. 1.031: com a exclusão do sócio remisso, a forma de reembolso das suas quotas, em regra, deve-se dar com base em balanço especial, realizado na data da exclusão".

- Enunciado n. 391 da IV Jornada de Direito Civil: "A sociedade limitada pode adquirir suas próprias quotas, observadas as condições estabelecidas na Lei das Sociedades por Ações".

- Enunciado n. 482 da V Jornada de Direito Civil: "Arts. 884 e 1.031: Na apuração de haveres de sócio retirante de sociedade holding ou controladora, deve ser apurado o valor global do patrimônio, salvo previsão contratual diversa. Para tanto, deve-se considerar o valor real da participação da holding ou controladora nas sociedades que o referido sócio integra".

- Direito empresarial. Sociedades. Dissolução parcial. Sentença que, na origem, ao reconhecer a quebra de *affectio societatis* julga parcialmente procedentes os pedidos formulados pelos sócios autores na petição inicial, excluindo dos quadros da sociedade empresarial parcialmente dissolvida, o sócio requerido, deliberando ainda que as quotas do sócio excluído seriam liquidadas na forma do art. 1.031 do CC. Recursos de apelação, de parte a parte. Legitimação processual passiva em sede de ação de dissolução total (ou parcial) de sociedade e consequente apuração de haveres que é ostentada pela sociedade e também pelo sócio (ainda que fático) que se pretende ver excluído, em litisconsórcio necessário, em face do legítimo interesse jurídico e patrimonial de todos eles. Vulneração da regra prevista no art. 47 do CPC que enseja o reconhecimento de nulidade e que implica anulação do processo, não se conhecendo, portanto, dos recursos. Determinação no sentido de que seja reaberta a fase postulatória do feito, incluída, na condição de corré, ao lado do ora requerido, a empresa Restaurante [...] Ltda., seguindo-se, após, com regular instrução, devendo ser proferida, oportunamente, nova sentença que deve deliberar expressamente a respeito da extensão e critérios, qualitativos e temporais, para apuração de haveres, se for o caso. (TJSP, Ap. n. 0014907-17.2009.8.26.0114/Campinas, 9ª Câm. de Dir. Priv., rel. Alexandre Bucci, j. 23.06.2015)

Art. 1.032. A retirada, exclusão ou morte do sócio, não o exime, ou a seus herdeiros, da responsabilidade pelas obrigações sociais anteriores, até dois anos após averbada a resolução da sociedade; nem nos dois primeiros casos, pelas posteriores e em igual prazo, enquanto não se requerer a averbação.

➡ Sem correspondência no CC/1916.

Buscando evitar fraudes, a lei determina que os sócios ou seus herdeiros permaneçam responsáveis pelas obrigações da sociedade pelo prazo de dois anos anteriores, salvo quanto à

587

morte, à averbação da ocorrência nos respectivos atos constitutivos. Parte da doutrina tem discutido sobre a possibilidade de o termo inicial do prazo ser a efetiva retirada, exclusão ou morte do sócio, mas essa hipótese não tem verificado guarida na doutrina majoritária.

■ Agravo de instrumento. Execução. Cumprimento de sentença. Inclusão de ex-sócios no polo passivo que se retiraram da sociedade há mais de seis anos. Impossibilidade. Responsabilidade pessoal do ex-sócio que se limita a um lapso temporal de dois anos a contar da averbação da alteração na Jucesp. Arts. 1.003, parágrafo único, e 1.032 do CC. Decisão reformada. Recurso provido. (TJSP, Ap. n. 2015453-79.2015.8.26.0000/Santos, 9ª Câm. de Dir. Priv., rel. Silvia Sterman, j. 19.05.2015)

Seção VI
Da Dissolução

Art. 1.033. Dissolve-se a sociedade quando ocorrer:
I – o vencimento do prazo de duração, salvo se, vencido este e sem oposição de sócio, não entrar a sociedade em liquidação, caso em que se prorrogará por tempo indeterminado;
II – o consenso unânime dos sócios;
III – a deliberação dos sócios, por maioria absoluta, na sociedade de prazo indeterminado;
IV – *(Revogado pela Lei n. 14.195, de 26.08.2021)*;
V – a extinção, na forma da lei, de autorização para funcionar.
Parágrafo único. *(Revogado pela Lei n. 14.195, de 26.08.2021.)*

➡ Veja art. 1.399 do CC/1916.

A dissolução prepara a sociedade para o encerramento de suas atividades, promovendo o período de liquidação amigável ou judicial. A sociedade simples pode ser dissolvida quando assim requerido em seu termo final, se ajustada por prazo determinado; pelo ajuste dos sócios, nisso deduzido pela forma do distrato; pela deliberação da maioria absoluta – maioria representativa do capital social – dos sócios em sociedade por prazo indeterminado; e pela extinção de sua autorização para funcionar, na forma da lei, nisso verificadas as hipóteses de aviação comercial, mineração, entre outras.

■ Súmula n. 435 do STJ. "Presume-se dissolvida irregularmente a empresa que deixar de funcionar no seu domicílio fiscal, sem comunicação aos órgãos competentes, legitimando o redirecionamento da execução fiscal para o sócio-gerente".

■ Enunciado n. 67 da I Jornada de Direito Civil: "Arts. 1.085, 1.030 e 1.033, III: A quebra do *affectio societatis* não é causa para a exclusão do sócio minoritário, mas apenas para dissolução (parcial) da sociedade".

■ Processual civil. Tributário. Recurso especial representativo da controvérsia. Art. 543-C do CPC. Redirecionamento de execução fiscal de dívida ativa não tributária em virtude de dissolução irregular de pessoa jurídica. Possibilidade. Art. 10 do Decreto n. 3.078/19 e art. 158 da Lei n. 6.404/76 – LSA c/c art. 4º, V, da Lei n. 6.830/80 – LEF. 1. A mera afirmação da Defensoria Pública da União – DPU de atuar em vários processos que tratam do mesmo tema versado no recurso representativo da controvérsia a ser julgado não é suficiente para caracterizar-lhe a condição de *amicus curiae*. (Precedente: REsp n.

Código Civil comentado e anotado   Arts. 1.033 e 1.034

1.333.977/MT, 2ª S., rel. Min. Isabel Gallotti, j. 26.02.2014). 2. Consoante a Súmula n. 435/STJ: "Presume-se dissolvida irregularmente a empresa que deixar de funcionar no seu domicílio fiscal, sem comunicação aos órgãos competentes, legitimando o redirecionamento da execução fiscal para o sócio-gerente". 3. É obrigação dos gestores das empresas manter atualizados os respectivos cadastros, incluindo os atos relativos à mudança de endereço dos estabelecimentos e, especialmente, referentes à dissolução da sociedade. A regularidade desses registros é exigida para que se demonstre que a sociedade dissolveu-se de forma regular, em obediência aos ritos e formalidades previstas nos arts. 1.033 a 1.038 e arts. 1.102 a 1.112, todos do CC/2002 – onde é prevista a liquidação da sociedade com o pagamento dos credores em sua ordem de preferência – ou na forma da Lei n. 11.101/2005, no caso de falência. A desobediência a tais ritos caracteriza infração à lei. 4. Não há como compreender que o mesmo fato jurídico "dissolução irregular" seja considerado ilícito suficiente ao redirecionamento da execução fiscal de débito tributário e não o seja para a execução fiscal de débito não tributário. *Ubi eadem ratio ibi eadem legis dispositio.* O suporte dado pelo art. 135, III, do CTN, no âmbito tributário é dado pelo art. 10 do Decreto n. 3.078/19 e art. 158 da Lei n. 6.404/76 – LSA no âmbito não tributário, não havendo, em nenhum dos casos, a exigência de dolo. 5. Precedentes: REsp n. 697.108/MG, 1ª T., rel. Min. Teori Albino Zavascki. j. 28.04.2009; REsp n. 657.935/RS, 1ª T., rel. Min. Teori Albino Zavascki. j. 12.09.2006; Ag. Reg. no AREsp n. 8.509/SC, rel. Min. Humberto Martins, 2ª T., *DJe* 04.10.2011; REsp n. 1.272.021/RS, 2ª T., rel. Min. Mauro Campbell Marques, j. 07.02.2012; REsp n. 1.259.066/SP, 3ª T., rel. Min. Nancy Andrighi, *DJe* 28.06.2012; REsp n. 1.348.449/RS, 4ª T., rel. Min. Luis Felipe Salomão, j. 11.04.2013; Ag. Reg. no Ag. n. 668.190/SP, 3ª T., rel. Min. Ricardo Villas Bôas Cueva, j. 13.09.2011; REsp n. 586.222/SP, 4ª T., rel. Min. Luis Felipe Salomão, j. 23.11.2010; REsp n. 140.564/SP, 4ª T., rel. Min. Barros Monteiro, j. 21.10.2004. 6. Caso em que, conforme o certificado pelo oficial de justiça, a pessoa jurídica executada está desativada desde 2004, não restando bens a serem penhorados. Ou seja, além do encerramento irregular das atividades da pessoa jurídica, não houve a reserva de bens suficientes para o pagamento dos credores. 7. Recurso especial provido. Acórdão submetido ao regime do art. 543-C do CPC e da Resolução STJ n. 8/2008. (STJ, REsp n. 1.371.128/RS, 1ª S., rel. Min. Mauro Campbell Marques, j. 10.09.2014, *DJe* 17.09.2014)

■ Embargos à execução. Dívida integralmente quitada por cofiador e sócio da empresa devedora. Pretensão de cobrança regressiva. Dissolução da sociedade, sem deixar passivo e com quitação recíproca entre os sócios, nos moldes do art. 1.033, II, do CC. Extinção da sociedade, vez que os termos da dissolução dispensam a adoção do contido nos arts. 1.108 e 1.109 do CC. Impossibilidade de cobrança, uma vez que configurado o instituto da confusão, nos moldes do art. 381 do CC. Extinção do processo executivo. Procedência dos embargos. Inversão do ônus da sucumbência. Recurso provido. (TJSP, Ap. n. 0193183-10.2012.8.26.0100/São Paulo, 19ª Câm. de Dir. Priv., rel. Sebastião Junqueira. j. 23.02.2015)

Art. 1.034. A sociedade pode ser dissolvida judicialmente, a requerimento de qualquer dos sócios, quando:
I – anulada a sua constituição;
II – exaurido o fim social, ou verificada a sua inexequibilidade.

➡ Veja art. 1.399 do CC/1916.

A dissolução requerida judicialmente deverá se pautar na declaração de nulidade de seus atos constitutivos, o que se realiza no prazo decadencial de três anos da respectiva inscrição, a teor do parágrafo único do art. 45 do Código Civil, ou, ainda, no exaurimento do fim a que se destinava a sociedade ou se a execução deste se tornar impossível.

Arts. 1.034 a 1.036 — Almeida Guilherme

■ Direito empresarial e civil. Recurso especial. Ação de dissolução de sociedade. Sociedade em conta de participação. Natureza societária. Possibilidade jurídica. Rompimento do vínculo societário. 1. Discute-se a possibilidade jurídica de dissolução de sociedade em conta de participação, ao fundamento de que ante a ausência de personalidade jurídica, não se configuraria o vínculo societário. 2. Apesar de despersonificadas, as sociedades em conta de participação decorrem da união de esforços, com compartilhamento de responsabilidades, comunhão de finalidade econômica e existência de um patrimônio especial garantidor das obrigações assumidas no exercício da empresa. 3. Não há diferença ontológica entre as sociedades em conta de participação e os demais tipos societários personificados, distinguindo-se quanto aos efeitos jurídicos unicamente em razão da dispensa de formalidades legais para sua constituição. 4. A dissolução de sociedade, prevista no art. 1.034 do CC/2002, aplica-se subsidiariamente às sociedades em conta de participação, enquanto ato inicial que rompe o vínculo jurídico entre os sócios. 5. Recurso especial provido. (STJ. REsp n. 1.230.981/RJ, 3ª T., rel. Min. Marco Aurélio Bellizze, j. 16.12.2014, *DJe* 05.02.2015)

Art. 1.035. O contrato pode prever outras causas de dissolução, a serem verificadas judicialmente quando contestadas.

➥ Sem correspondência no CC/1916.

Outras hipóteses de dissolução poderão ser previstas nos atos constitutivos da sociedade, além do disposto nos arts. 1.033 e 1.034 do CC, competindo ao Judiciário verificar sua licitude quando contestadas. Como exemplo de outras possibilidades, diga-se da dissolução pela retirada de determinado sócio ou de certo número representativo do capital social.

Art. 1.036. Ocorrida a dissolução, cumpre aos administradores providenciar imediatamente a investidura do liquidante, e restringir a gestão própria aos negócios inadiáveis, vedadas novas operações, pelas quais responderão solidária e ilimitadamente.

Parágrafo único. Dissolvida de pleno direito a sociedade, pode o sócio requerer, desde logo, a liquidação judicial.

➥ Sem correspondência no CC/1916.

Não recomposto o número mínimo de sócios no prazo de 180 dias, a sociedade dissolve-se de pleno direito, cumprindo aos administradores providenciar imediatamente a investidura do liquidante, e restringir a gestão própria aos negócios inadiáveis, vedadas novas operações, pelas quais responderão solidária e ilimitadamente.

■ Enunciado n. 487 da V Jornada de Direito Civil: "Arts. 50, 884, 1.009, 1.016, 1.036 e 1.080: Na apuração de haveres de sócio retirante (art. 1.031 do CC), devem ser afastados os efeitos da diluição injustificada e ilícita da participação deste na sociedade".

Art. 1.037. Ocorrendo a hipótese prevista no inciso V do art. 1.033, o Ministério Público, tão logo lhe comunique a autoridade competente, promoverá a liquidação judicial da

Código Civil comentado e anotado   Arts. 1.037 a 1.039

sociedade, se os administradores não o tiverem feito nos trinta dias seguintes à perda da autorização, ou se o sócio não houver exercido a faculdade assegurada no parágrafo único do artigo antecedente.

Parágrafo único. Caso o Ministério Público não promova a liquidação judicial da sociedade nos quinze dias subsequentes ao recebimento da comunicação, a autoridade competente para conceder a autorização nomeará interventor com poderes para requerer a medida e administrar a sociedade até que seja nomeado o liquidante.

➡ Sem correspondência no CC/1916.

No caso de a sociedade simples dissolver-se em razão da cassação da autorização para seu funcionamento (art. 1.033, V, do CC), na omissão dos sócios por período superior a trinta dias, compete ao *parquet* propor a liquidação da sociedade dissolvida pela extinção de sua autorização legal para funcionar. Não o fazendo, também, o Ministério Público será nomeado interventor para que o faça, nos termos do art. 1.037, que por sua vez realizará também a administração da sociedade até a nomeação do liquidante pelo juízo.

Art. 1.038. Se não estiver designado no contrato social, o liquidante será eleito por deliberação dos sócios, podendo a escolha recair em pessoa estranha à sociedade.

§ 1º O liquidante pode ser destituído, a todo tempo:

I – se eleito pela forma prevista neste artigo, mediante deliberação dos sócios;

II – em qualquer caso, por via judicial, a requerimento de um ou mais sócios, ocorrendo justa causa.

§ 2º A liquidação da sociedade se processa de conformidade com o disposto no Capítulo IX, deste Subtítulo.

➡ Sem correspondência no CC/1916.

Salvo se estipulado nos respectivos atos constitutivos, o liquidante será escolhido por deliberação dos sócios, não vedando a lei que sua eleição recaia em terceiro estranho à sociedade. Com feito, acrescente-se que, em qualquer momento, poderá o liquidante ser destituído por conveniência, se eleito pelos sócios, ou por decisão judicial, ocorrendo justa causa demonstrada por qualquer dos sócios, isolada ou conjuntamente.

Finalmente, diga-se aplicar à sociedade em comento o disposto sobre a liquidação da sociedade, nos termos dos arts. 1.102 e seguintes do diploma material civil.

▪ Veja no art. 1.033 a seguinte decisão: STJ, REsp n. 1.371.128/RS, 1ª S., rel. Min. Mauro Campbell Marques, j. 10.09.2014, *DJe* 17.09.2014.

CAPÍTULO II
DA SOCIEDADE EM NOME COLETIVO

Art. 1.039. Somente pessoas físicas podem tomar parte na sociedade em nome coletivo, respondendo todos os sócios, solidária e ilimitadamente, pelas obrigações sociais.

Arts. 1.039 a 1.042   Almeida Guilherme

Parágrafo único. Sem prejuízo da responsabilidade perante terceiros, podem os sócios, no ato constitutivo, ou por unânime convenção posterior, limitar entre si a responsabilidade de cada um.

➡ Sem correspondência no CC/1916.
➡ Veja art. 316 do CCom.

Na **sociedade em nome coletivo**, todos os sócios, pessoas físicas, responderão solidária e ilimitadamente pelas obrigações sociais. Portanto, todos os sócios pertencentes a uma única categoria serão solidária e ilimitadamente responsáveis, de modo que seus bens particulares poderão ser executados por débitos da sociedade, se o quinhão social for insuficiente para cobrir as referidas dívidas. Mas nada impedirá, não havendo qualquer prejuízo de sua responsabilidade perante terceiros, que os sócios, no contrato social, ou por convenção posterior unânime, resolvam limitar entre si a responsabilidade de cada um.

Art. 1.040. A sociedade em nome coletivo se rege pelas normas deste Capítulo e, no que seja omisso, pelas do Capítulo antecedente.

➡ Sem correspondência no CC/1916.

Disciplina jurídica da sociedade em nome coletivo. A sociedade em nome coletivo será regida pelos arts. 1.039 a 1.044 do Código Civil e, no que forem omissos, aplicar-se-lhe-á, no que couber, o disposto nos arts. 997 a 1.038 do Código Civil.

Art. 1.041. O contrato deve mencionar, além das indicações referidas no art. 997, a firma social.

➡ Sem correspondência no CC/1916.

Dos **requisitos do contrato social.** A sociedade em nome coletivo constituir-se-á mediante contrato escrito, particular ou público, que, além das cláusulas firmadas pelos sócios e da indicação da firma social, deverá: *a)* qualificar os sócios; *b)* indicar o objeto social, a sede, o prazo de duração da sociedade, o capital social, a contribuição de cada sócio em bens ou serviços e sua participação nos lucros e perdas; *c)* designar gerente, apontando suas atribuições, se não se pretender que todos os sócios a administrem, usando a firma social.

Firma social. Se existe tal sociedade quando duas ou mais pessoas físicas se unem para realizar um objetivo social, debaixo de uma firma social, esta é, em regra, constituída do nome de todos os sócios ou de alguns deles, seguido da expressão "& Companhia", por extenso, ou da abreviada "& Cia.".

Art. 1.042. A administração da sociedade compete exclusivamente a sócios, sendo o uso da firma, nos limites do contrato, privativo dos que tenham os necessários poderes.

➡ Sem correspondência no CC/1916.
➡ Veja art. 316 do CCom.

Código Civil comentado e anotado · Arts. 1.042 a 1.045

Qualquer dos sócios, isolada ou conjuntamente, poderá gerir os negócios na qualidade de gerente, devendo o contrato social disciplinar os limites de sua atuação e do uso da firma social.

Art. 1.043. O credor particular de sócio não pode, antes de dissolver-se a sociedade, pretender a liquidação da quota do devedor.
Parágrafo único. Poderá fazê-lo quando:
I – a sociedade houver sido prorrogada tacitamente;
II – tendo ocorrido prorrogação contratual, for acolhida judicialmente oposição do credor, levantada no prazo de noventa dias, contado da publicação do ato dilatório.

➡ Sem correspondência no CC/1916.

A liquidação da cota do sócio inadimplente não pode ser requerida por terceiro devedor nas sociedades formadas por tempo determinado. Contudo, poderá fazê-lo se estas subsistirem sem termo final ou, ainda, se ocorrida a prorrogação contratual por expressa disposição dos sócios, 90 (noventa dias) após publicada essa decisão e mediante acolhimento judicial do pleito do credor.

■ Enunciado n. 63 da I Jornada de Direito Civil: "Art. 1.043: suprimir o art. 1.043 ou interpretá-lo no sentido de que só será aplicado às sociedades ajustadas por prazo determinado".

■ Enunciado n. 489 da V Jornada de Direito Civil: "Arts. 1.043, II, 1.051, 1.063, § 3º, 1.084, § 1º, 1.109, parágrafo único, 1.122, 1.144, 1.146, 1.148 e 1.149 do Código Civil e art. 71 da Lei Complementar n. 123/2006: No caso da microempresa, da empresa de pequeno porte e do microempreendedor individual, dispensados de publicação dos seus atos (art. 71 da Lei Complementar n. 123/2006), os prazos estabelecidos no Código Civil contam-se da data do arquivamento do documento (termo inicial) no registro próprio".

Art. 1.044. A sociedade se dissolve de pleno direito por qualquer das causas enumeradas no art. 1.033 e, se empresária, também pela declaração da falência.

➡ Sem correspondência no CC/1916.

A sociedade em nome coletivo observa as causas de dissolução das sociedades simples, a teor do art. 1.033 do Código Civil, assim também verificando para tanto os preceitos da falência, se constituída como sociedade empresária.

CAPÍTULO III
DA SOCIEDADE EM COMANDITA SIMPLES

Art. 1.045. Na sociedade em comandita simples tomam parte sócios de duas categorias: os comanditados, pessoas físicas, responsáveis solidária e ilimitadamente pelas obrigações sociais; e os comanditários, obrigados somente pelo valor de sua quota.
Parágrafo único. O contrato deve discriminar os comanditados e os comanditários.

Arts. 1.045 a 1.047   Almeida Guilherme

➡ Sem correspondência no CC/1916.
➡ Veja arts. 311, 331 e 332 do CCom.

Ter-se-á **sociedade em comandita simples** se o capital comanditado for representado por quota declarada no contrato social e se houver duas categorias de sócios nele discriminadas: os *comanditados*, pessoas físicas, responsáveis solidária e ilimitadamente pelas obrigações sociais, e os *comanditários*, obrigados pelos fundos com que entraram para a sociedade, ou melhor, pelo valor de sua quota. No pacto social deverão estar indicados os investidores (comanditários) e os empreendedores (comanditados). Os comanditados obrigam-se como sócios solidários e ilimitadamente responsáveis, e os comanditários, por serem prestadores de capitais, têm responsabilidade limitada às suas contribuições sociais.

Art. 1.046. Aplicam-se à sociedade em comandita simples as normas da sociedade em nome coletivo, no que forem compatíveis com as deste Capítulo.

Parágrafo único. Aos comanditados cabem os mesmos direitos e obrigações dos sócios da sociedade em nome coletivo.

➡ Sem correspondência no CC/1916.
➡ Veja art. 313 do CCom.

As normas contidas nos arts. 1.045 a 1.051 do Código Civil são as que regem a sociedade em comandita simples, mas a ela se aplicará, no que for cabível, o disposto nos arts. 1.039 a 1.044 daquele mesmo diploma legal, pois aos sócios comanditados caberão os mesmos direitos e deveres dos da sociedade em nome coletivo.

■ Empresarial. Embargos de terceiro. Desconsideração da personalidade jurídica inversa com o atingimento do patrimônio da sociedade empresária que passa, por este motivo, a integrar a ação de execução. Portanto, tornando-se parte no feito, não pode pretender a oposição de embargos de terceiro, sob pena de violar a disposição contida no art. 1.046 do CC. Sócia quotista da sociedade que não teve seu patrimônio atingido, porquanto não se confundem bens do sócio com bens da empresa. Ilegitimidade passiva e falta de interesse de agir bem caracterizados. Precedentes do STJ. Recurso desprovido. (TJSP, Ap. n. 1088021-38.2014.8.26.0100/São Paulo, 1ª Câm. Res. de Dir. Empres., rel. Teixeira Leite, j. 29.07.2015)

Art. 1.047. Sem prejuízo da faculdade de participar das deliberações da sociedade e de lhe fiscalizar as operações, não pode o comanditário praticar qualquer ato de gestão, nem ter o nome na firma social, sob pena de ficar sujeito às responsabilidades de sócio comanditado.

Parágrafo único. Pode o comanditário ser constituído procurador da sociedade, para negócio determinado e com poderes especiais.

➡ Sem correspondência no CC/1916.
➡ Veja art. 314 do CCom.

A lei resguarda a qualidade de sócio comanditário, instituindo sua responsabilidade solidária e ilimitada apenas quando praticar algum ato de gestão, sem a correspondente outorga de mandato com poderes especiais. O comanditário não poderá praticar qualquer ato da

Código Civil comentado e anotado   Arts. 1.047 a 1.051

gestão e ter nome na firma social, pois se o fizer fica sujeito às responsabilidades de sócio comanditado e sua responsabilidade torna-se ilimitada.

Art. 1.048. Somente após averbada a modificação do contrato, produz efeito, quanto a terceiros, a diminuição da quota do comanditário, em consequência de ter sido reduzido o capital social, sempre sem prejuízo dos credores preexistentes.

➥ Sem correspondência no CC/1916.

Ricardo Fiuza preleciona: na hipótese de redução do capital social à conta das quotas do sócio comanditário, tal redução somente produzirá efeitos perante terceiros após a averbação da alteração do contrato social no registro competente. Em se tratando de sociedade em comandita empresária, a averbação deve ser realizada no Registro Público de Empresas Mercantis. Se for o caso de sociedade simples sob a forma em comandita (art. 983), a averbação será realizada no Registro Civil das Pessoas Jurídicas. Mesmo após averbada a redução do capital do sócio comanditário, os direitos dos credores existentes à data da diminuição dos fundos em comandita não poderão ser prejudicados até a extinção das obrigações contratadas.

Art. 1.049. O sócio comanditário não é obrigado à reposição de lucros recebidos de boa-fé e de acordo com o balanço.
Parágrafo único. Diminuído o capital social por perdas supervenientes, não pode o comanditário receber quaisquer lucros, antes de reintegrado aquele.

➥ Sem correspondência no CC/1916.
➥ Veja art. 313 do CCom.

Se por um lado o sócio comanditário não é obrigado a repor os lucros recebidos de boa-fé e de acordo com o balanço patrimonial, de outra parte a norma estipula que na hipótese de se verificarem perdas supervenientes que prejudiquem o capital social, este sócio não receberá sua parcela de lucro até que se restabeleça tal fortuna.

Art. 1.050. No caso de morte de sócio comanditário, a sociedade, salvo disposição do contrato, continuará com os seus sucessores, que designarão quem os represente.

➥ Sem correspondência no CC/1916.

Não se ajustando de maneira contrária em seus atos constitutivos, a morte do sócio comanditário não dissolve a sociedade, operando-se a continuidade desta por seus sucessores.

Art. 1.051. Dissolve-se de pleno direito a sociedade:
I – por qualquer das causas previstas no art. 1.044;
II – quando por mais de cento e oitenta dias perdurar a falta de uma das categorias de sócio.

Parágrafo único. Na falta de sócio comanditado, os comanditários nomearão administrador provisório para praticar, durante o período referido no inciso II e sem assumir a condição de sócio, os atos de administração.

➥ Sem correspondência no CC/1916.

Como disposto em relação às sociedades simples, a dissolução põe termo à sociedade, perfazendo o período de liquidação das cotas e demais valores que integrem seu patrimônio. No art. 1.051, note-se que as hipóteses de dissolução dessa modalidade de sociedade ocorrem por qualquer das hipóteses previstas para as sociedades simples, assim também pela declaração da falência, bem como por ocasião da ausência de pluralidade de sócios por período superior a 180 dias.

■ Enunciado n. 489 da V Jornada de Direito Civil: "Arts. 1.043, II, 1.051, 1.063, § 3°, 1.084, § 1°, 1.109, parágrafo único, 1.122, 1.144, 1.146, 1.148 e 1.149 do Código Civil e art. 71 da Lei Complementar n. 123/2006: No caso da microempresa, da empresa de pequeno porte e do microempreendedor individual, dispensados de publicação dos seus atos (art. 71 da Lei Complementar n. 123/2006), os prazos estabelecidos no Código Civil contam-se da data do arquivamento do documento (termo inicial) no registro próprio".

CAPÍTULO IV
DA SOCIEDADE LIMITADA

Seção I
Disposições Preliminares

Art. 1.052. Na sociedade limitada, a responsabilidade de cada sócio é restrita ao valor de suas quotas, mas todos respondem solidariamente pela integralização do capital social.
§ 1° A sociedade limitada pode ser constituída por 1 (uma) ou mais pessoas.
Parágrafo acrescentado pela Lei n. 13.874, de 20.09.2019.
§ 2° Se for unipessoal, aplicar-se-ão ao documento de constituição do sócio único, no que couber, as disposições sobre o contrato social.
Parágrafo acrescentado pela Lei n. 13.874, de 20.09.2019.

➥ Sem correspondência no CC/1916.
➥ Veja art. 2° do Decreto n. 3.708/1919 (sociedade por quotas de responsabilidade limitada).

Importa discorrer que a Lei n. 13.874/2019 também incorporou ao art. 1.052 do Código Civil os §§ 1° e 2°. As inclusões são deveras importantes, na medida em que se criou a figura da sociedade unipessoal, que, de partida, já significa ruptura com os preceitos fundamentais acerca da sociedade. Vale ressaltar que sociedade quer dizer, antes de mais nada, a união de pessoas que com esforços comuns se obrigam a contribuir com bens ou serviços para o exercício de atividade econômica compartilhada e a partilha, entre si, dos resultados. Logo se vê que a inclusão trazida pelo § 1° vem a implementar panorama díspar, que passa a introduzir a lógica de que sociedade limitada, por si só, pode ser constituída por mais de uma pessoa, mas também por apenas uma única pessoa.

Com isso, a Empresa de Responsabilidade Individual (EIRELI), objeto do art. 980-A do Código Civil, ficou notadamente ultrapassada, e não à toa foi revogada do diploma civilista por meio da Medida Provisória n. 1.085 de 2021.

Já o § 2º mantém as regras de constituição da sociedade observadas no contrato social da sociedade tradicional.

"Na **sociedade limitada,** cada sócio responde pelo valor de sua quota, mas todos terão responsabilidade solidária pela integralização do capital social" (DINIZ, 2009, p. 723). "Os sócios devem integralizar o capital que não estiver integralizado, para se fixar a responsabilidade solidária de todos, que se limita ao capital social efetivamente realizado." Uma vez integralizado todo o capital, a responsabilidade dos sócios é limitada ao valor de sua quota.

> ■ Enunciado n. 65 da I Jornada de Direito Civil: "Art. 1.052: a expressão 'sociedade limitada' tratada no art. 1.052 e seguintes do novo Código Civil deve ser interpretada *stricto sensu,* como "sociedade por quotas de responsabilidade limitada".

Art. 1.053. A sociedade limitada rege-se, nas omissões deste Capítulo, pelas normas da sociedade simples.

Parágrafo único. O contrato social poderá prever a regência supletiva da sociedade limitada pelas normas da sociedade anônima.

> ➥ Sem correspondência no CC/1916.
> ➥ Veja art. 18 do Decreto n. 3.708/1919 (sociedade por quotas de responsabilidade limitada).

Normas aplicáveis à sociedade limitada. A sociedade limitada disciplinar-se-á pelos arts. 1.052 a 1.087 do Código Civil, e aplicar-se-lhe-á, nas omissões apresentadas nesses dispositivos legais, o disposto nos arts. 997 a 1.038, alusivos à sociedade simples. Seu contrato social poderá estipular que, supletivamente, lhe sejam aplicadas as normas da sociedade anônima (arts. 1.088 e 1.089 do CC; Lei n. 6.404/76).

> ■ Enunciado n. 217 da III Jornada de Direito Civil: "Arts. 1.010 e 1.053: Com a regência supletiva da sociedade limitada, pela lei das sociedades por ações, ao sócio que participar de deliberação na qual tenha interesse contrário ao da sociedade aplicar-se-á o disposto no art. 115, § 3º, da Lei n. 6.404/76. Nos demais casos, aplica-se o disposto no art. 1.010, § 3º, se o voto proferido foi decisivo para a aprovação da deliberação, ou o art. 187 (abuso do direito), se o voto não tiver prevalecido".

> ■ Enunciado n. 222 da III Jornada de Direito Civil: "Art. 1.053: O art. 997, V, não se aplica a sociedade limitada na hipótese de regência supletiva pelas regras das sociedades simples".

> ■ Enunciado n. 223 da III Jornada de Direito Civil: "Art. 1.053: O parágrafo único do art. 1.053 não significa a aplicação em bloco da Lei n. 6.404/76 ou das disposições sobre a sociedade simples. O contrato social pode adotar, nas omissões do Código sobre as sociedades limitadas, tanto as regras das sociedades simples quanto as das sociedades anônimas".

Art. 1.054. O contrato mencionará, no que couber, as indicações do art. 997, e, se for o caso, a firma social.

> ➥ Sem correspondência no CC/1916.

Arts. 1.054 a 1.056 — Almeida Guilherme

O contrato social, pelo qual se der a constituição da sociedade limitada, feito por instrumento, público ou particular, além das cláusulas estipuladas pelas partes, deverá conter todos os requisitos exigidos pelo art. 997 do Código Civil e, se for o caso, a firma social.

A firma social poderá conter o nome civil de um, alguns ou de todos os sócios, utilizando-se a expressão "& Cia. Ltda.". Se a sociedade optar pela denominação social, nesta será indispensável o uso do termo "limitada", por extenso ou abreviadamente ("Ltda.").

■ Enunciado n. 214 da III Jornada de Direito Civil: "Arts. 997 e 1.054: As indicações contidas no art. 997 não são exaustivas, aplicando-se outras exigências contidas na legislação pertinente para fins de registro".

Seção II
Das Quotas

Art. 1.055. O capital social divide-se em quotas, iguais ou desiguais, cabendo uma ou diversas a cada sócio.

§ 1º Pela exata estimação de bens conferidos ao capital social respondem solidariamente todos os sócios, até o prazo de cinco anos da data do registro da sociedade.

§ 2º É vedada contribuição que consista em prestação de serviços.

➡ Sem correspondência no CC/1916.
➡ Veja art. 4º do Decreto n. 3.708/1919 (sociedade por quotas de responsabilidade limitada).

Quotas são parcelas em que o capital social será dividido, podendo elas serem iguais ou desiguais, cabendo uma ou várias parcelas a cada sócio. Todos os sócios respondem solidariamente, por até cinco anos do registro da empresa, pela estimação de bens conferidos ao capital social. Nesse tipo societário não é permitida a contribuição com prestação de serviços.

■ Enunciado n. 224 da III Jornada de Direito Civil: "Art. 1.055: A solidariedade entre os sócios da sociedade limitada pela exata estimação dos bens conferidos ao capital social abrange os casos de constituição e aumento do capital e cessa após cinco anos da data do respectivo registro".

■ Enunciado n. 12 da I Jornada de Direito Comercial: "A regra contida no art. 1.055, § 1º, do Código Civil deve ser aplicada na hipótese de inexatidão da avaliação de bens conferidos ao capital social; a responsabilidade nela prevista não afasta a desconsideração da personalidade jurídica quando presentes seus requisitos legais".

■ Enunciado n. 18 da I Jornada de Direito Comercial: "O capital social da sociedade limitada poderá ser integralizado, no todo ou em parte, com quotas ou ações de outra sociedade, cabendo aos sócios a escolha do critério de avaliação das respectivas participações societárias, diante da responsabilidade solidária pela exata estimação dos bens conferidos ao capital social, nos termos do art. 1.055, § 1º, do Código Civil".

Art. 1.056. A quota é indivisível em relação à sociedade, salvo para efeito de transferência, caso em que se observará o disposto no artigo seguinte.

Código Civil comentado e anotado   Arts. 1.056 e 1.057

§ 1º No caso de condomínio de quota, os direitos a ela inerentes somente podem ser exercidos pelo condômino representante, ou pelo inventariante do espólio de sócio falecido.
§ 2º Sem prejuízo do disposto no art. 1.052, os condôminos de quota indivisa respondem solidariamente pelas prestações necessárias à sua integralização.

➡ Sem correspondência no CC/1916.
➡ Veja art. 6º do Decreto n. 3.708/1919 (sociedade por quotas de responsabilidade limitada).

A quota representa o menor valor resultante do capital social, não permitindo a lei sua subdivisão, salvo conforme o art. 1.057. Com efeito, acrescente-se que no condomínio de quotas, a transferência só terá eficácia se realizada pelo condômino representante ou pelo inventariante designado para a administração do espólio do sócio falecido, sendo certo ainda que, enquanto não integralizada a quota, os condôminos responderão solidariamente por sua satisfação.

Art. 1.057. Na omissão do contrato, o sócio pode ceder sua quota, total ou parcialmente, a quem seja sócio, independentemente de audiência dos outros, ou a estranho, se não houver oposição de titulares de mais de um quarto do capital social.
Parágrafo único. A cessão terá eficácia quanto à sociedade e terceiros, inclusive para os fins do parágrafo único do art. 1.003, a partir da averbação do respectivo instrumento, subscrito pelos sócios anuentes.

➡ Sem correspondência no CC/1916.

Quanto à cessão de quotas, resguarda a lei a opção de que se ajuste de maneira distinta ao Código, hipótese em que poderão os sócios vedar ou liberar tal cessão, ou nela impor certas condições, mediante inscrição no contrato social. Porém, não o fazendo, poderá o sócio ceder sua participação, total ou parcialmente, desde que não haja impugnação de tantos quanto perfizerem um quarto do capital social, sendo certo que a eficácia da cessão estará condicionada à respectiva averbação no correspondente registro.

▪ Enunciado n. 225 da III Jornada de Direito Civil: "Art. 1.057: Sociedade limitada. Instrumento de cessão de quotas. Na omissão do contrato social, a cessão de quotas sociais de uma sociedade limitada pode ser feita por instrumento próprio, averbado junto ao registro da sociedade, independentemente de alteração contratual, nos termos do art. 1.057 e parágrafo único do Código Civil".

▪ Enunciado n. 391 da IV Jornada de Direito Civil: "A sociedade limitada pode adquirir suas próprias quotas, observadas as condições estabelecidas na Lei das Sociedades por Ações".

▪ Apelação indenizatória. Sociedade limitada. Ilegitimidade de parte dos litisconsortes. N.C.O. Contábil, C.S. e R.Z. Ausência de fundamentos fáticos e jurídicos que justifiquem suas presenças no feito. A despeito da alegação do autor C.P.R. de que, em 23.03.1992, cedeu a totalidade das quotas sociais que possuía da empresa K.E. Imobiliários S/C Ltda. ao requerido J.P.S.C., os estatutos sociais da referida sociedade, copiados aos autos, revelam, em verdade, realidade bem distinta. O autor e o requerido eram sócios da empresa K., e permaneceram nessa condição até 18.11.2002, quando, então, cederam suas respectivas quotas sociais aos senhores "V.H.D." e "S.C." Nos termos do dispositivo do art. 1.057, parágrafo único, do CC, a cessão terá eficácia quanto à sociedade e terceiros somente a partir da averbação do

599

Arts. 1.057 a 1.060 — Almeida Guilherme

respectivo instrumento, subscrito pelos sócios anuentes. E mais, até dois anos de averbada a modificação do contrato, responde o cedente solidariamente com o cessionário, perante a sociedade e terceiros, pelas obrigações que tinha como sócio Uma vez reconhecida a responsabilidade dos sócios para pela dívida trabalhista reclamada, originada dentro do período a que alude o parágrafo único do art. 1.003, do CC, não há que discutir a responsabilidade do autor pela sua adimplência, que, porém, deveria ser solidária ao cessionário de suas quotas, V.H.D. Considerando-se, no entanto, que o apelo interposto pelo requerido J.P.S.C. não foi admitido por ser deserto, em atenção ao princípio da *non reformatio in pejus*, impõe-se de rigor a manutenção da r. sentença proferida. Retificação da verba honorária relativa ao feito extinto, sem o conhecimento do mérito. Recurso a que se nega provimento, com observação. (TJSP, Ap. n. 9072371-91.2009.8.26.0000/Guarulhos, 4ª Câm. Extr. de Dir. Priv., rel. Mauro Conti Machado. j. 29.10.2014)

Art. 1.058. Não integralizada a quota de sócio remisso, os outros sócios podem, sem prejuízo do disposto no art. 1.004 e seu parágrafo único, tomá-la para si ou transferi-la a terceiros, excluindo o primitivo titular e devolvendo-lhe o que houver pago, deduzidos os juros da mora, as prestações estabelecidas no contrato mais as despesas.

➡ Sem correspondência no CC/1916.
➡ Veja art. 7º do Decreto n. 3.708/1919 (sociedade por quotas de responsabilidade limitada).

Sócio remisso é aquele que não integraliza, total ou parcialmente, o valor correspondente à sua quota. Nesse sentido, não cumprindo qualquer dos sócios com tal obrigação, poderão os demais notificá-lo para que o faça em trinta dias. Persistindo a recusa, deverão as quotas ser transferidas a um terceiro, cobrando do remisso os prejuízos deduzidos em lucros cessantes, juros e demais despesas, subtraindo-se, contudo, os créditos deste sócio. Ademais, diverge a doutrina sobre a possibilidade de as quotas serem transferidas à própria sociedade, mas o entendimento majoritário veda essa hipótese, a fim de garantir a estrutura social.

▪ Enunciado n. 391 da IV Jornada de Direito Civil: "A sociedade limitada pode adquirir suas próprias quotas, observadas as condições estabelecidas na Lei das Sociedades por Ações".

Art. 1.059. Os sócios serão obrigados à reposição dos lucros e das quantias retiradas, a qualquer título, ainda que autorizados pelo contrato, quando tais lucros ou quantia se distribuírem com prejuízo do capital.

➡ Veja art. 9º do Decreto n. 3.708/1919 (sociedade por quotas de responsabilidade limitada).

A lei impõe a manutenção ou reintegração do capital social, de modo que, em qualquer hipótese, ainda que autorizado nos atos constitutivos, nenhum valor será retirado da sociedade se disso resultar prejuízo ao capital.

Seção III
Da Administração

Art. 1.060. A sociedade limitada é administrada por uma ou mais pessoas designadas no contrato social ou em ato separado.

Código Civil comentado e anotado   Arts. 1.060 a 1.062

Parágrafo único. A administração atribuída no contrato a todos os sócios não se estende de pleno direito aos que posteriormente adquiram essa qualidade.

➡ Sem correspondência no CC/1916.

A **administração da sociedade** será exercida por uma ou mais pessoas físicas, sócias ou não, designadas no contrato ou em ato separado. Quando o administrador for nomeado em ato separado, este deverá conter seus poderes e atribuições. A administração atribuída no contrato a todos os sócios não se estende de pleno direito aos que posteriormente adquiram essa qualidade. Não há obrigatoriedade de previsão de prazo do mandato de administrador nomeado no contrato, e, não estando previsto, entender-se-á ser de prazo indeterminado. Não é exigível a apresentação do termo de posse de administrador nomeado, quando do arquivamento do ato de sua nomeação.

A designação de administrador não sócio em ato separado (ata de reunião ou assembleia de sócios ou documento de nomeação do administrador) dependerá da aprovação da unanimidade dos sócios, enquanto o capital não estiver integralizado, e de dois terços, no mínimo, após a integralização. O administrador não sócio designado em ato separado investir-se-á no cargo mediante termo de posse no livro de atas da administração.

Art. 1.061. A designação de administradores não sócios dependerá de aprovação da unanimidade dos sócios, enquanto o capital não estiver integralizado, e de 2/3 (dois terços), no mínimo, após a integralização.
Artigo com redação dada pela Lei n. 12.375, de 30.12.2010.

➡ Sem correspondência no CC/1916.

A administração da sociedade limitada pode ser atribuída a sócios e não sócios, mediante inscrição no contrato social ou em instrumento apartado. O administrador que não integre o quadro societário não se considera empregado, sendo certo que sua indicação dependerá da aprovação unânime dos sócios, se não integralizado o capital social, ou de dois terços destes, se satisfeita essa obrigação social.

Art. 1.062. O administrador designado em ato separado investir-se-á no cargo mediante termo de posse no livro de atas da administração.
§ 1º Se o termo não for assinado nos trinta dias seguintes à designação, esta se tornará sem efeito.
§ 2º Nos dez dias seguintes ao da investidura, deve o administrador requerer seja averbada sua nomeação no registro competente, mencionando o seu nome, nacionalidade, estado civil, residência, com exibição de documento de identidade, o ato e a data da nomeação e o prazo de gestão.

➡ Sem correspondência no CC/1916.
➡ Veja art. 149 da Lei n. 6.404/76 (sociedades anônimas).

O art. 1.062 dispõe sobre a eleição de administrador designado por ato apartado, dispondo inexistir qualquer formalidade para tanto, salvo o aceite à função, nos trinta dias seguintes

601

Arts. 1.062 a 1.064 · Almeida Guilherme

à designação, e o correspondente registro no Registro Público de Empresas Mercantis ou no Registro Civil das Pessoas Jurídicas, mencionando sua qualificação.

■ Enunciado n. 66 da I Jornada de Direito Civil: "Art. 1.062: a teor do § 2º do art. 1.062 do Código Civil, o administrador só pode ser pessoa natural".

Art. 1.063. O exercício do cargo de administrador cessa pela destituição, em qualquer tempo, do titular, ou pelo término do prazo se, fixado no contrato ou em ato separado, não houver recondução.

§ 1º Tratando-se de sócio nomeado administrador no contrato, sua destituição somente se opera pela aprovação de titulares de quotas correspondentes a mais da metade do capital social, salvo disposição contratual diversa.

Parágrafo com redação dada pela Lei n. 13.792, de 03.01.2019.

§ 2º A cessação do exercício do cargo de administrador deve ser averbada no registro competente, mediante requerimento apresentado nos dez dias seguintes ao da ocorrência.

§ 3º A renúncia de administrador torna-se eficaz, em relação à sociedade, desde o momento em que esta toma conhecimento da comunicação escrita do renunciante; e, em relação a terceiros, após a averbação e publicação.

➡ Sem correspondência no CC/1916.
➡ Veja art. 151 da Lei n. 6.404/76 (sociedades anônimas).

Três são as hipóteses em que cessa a gestão do administrador, a saber: a qualquer tempo; quando destituído ou apresentar renúncia; e no termo final fixado no instrumento constitutivo, se não houver a recondução. Ademais, lembre-se se tratar de decisão importante, com notáveis reflexos na atividade empresarial, de modo que qualquer ato dessa natureza deve ser registrado em até dez dias do ocorrido.

■ Enunciado n. 489 da V Jornada de Direito Civil: "Arts. 1.043, II, 1.051, 1.063, § 3º, 1.084, § 1º, 1.109, parágrafo único, 1.122, 1.144, 1.146, 1.148 e 1.149 do Código Civil e art. 71 da Lei Complementar n. 123/2006: No caso da microempresa, da empresa de pequeno porte e do microempreendedor individual, dispensados de publicação dos seus atos (art. 71 da Lei Complementar n. 123/2006), os prazos estabelecidos no Código Civil contam-se da data do arquivamento do documento (termo inicial) no registro próprio".

Art. 1.064. O uso da firma ou denominação social é privativo dos administradores que tenham os necessários poderes.

➡ Sem correspondência no CC/1916.
➡ Veja art. 13 do Decreto n. 3.708/1919 (sociedade por quotas de responsabilidade limitada).

Nada dispondo o contrato social, todos os sócios perfazem a condição de administrador. Contudo, se versar o ato constitutivo de maneira diversa, apenas aquele com poderes especiais poderá fazer uso da firma ou denominação social sem incorrer em responsabilidade pessoal pelo ato.

Código Civil comentado e anotado   Arts. 1.065 a 1.067

Art. 1.065. Ao término de cada exercício social, proceder-se-á à elaboração do inventário, do balanço patrimonial e do balanço de resultado econômico.

➡ Sem correspondência no CC/1916.

A elaboração do inventário, do balanço patrimonial e do balanço de resultado econômico não só visa a determinar a situação patrimonial da empresa, mediante relação de créditos e débitos, além dos bens e demais questões pertinentes, mas também se presta à ciência dos sócios, os quais verificarão a condução do administrador e procederão às diretrizes para o exercício seguinte, que poderá ou não coincidir com o ano civil.

Seção IV
Do Conselho Fiscal

Art. 1.066. Sem prejuízo dos poderes da assembleia dos sócios, pode o contrato instituir conselho fiscal composto de três ou mais membros e respectivos suplentes, sócios ou não, residentes no País, eleitos na assembleia anual prevista no art. 1.078.

§ 1º Não podem fazer parte do conselho fiscal, além dos inelegíveis enumerados no § 1º do art. 1.011, os membros dos demais órgãos da sociedade ou de outra por ela controlada, os empregados de quaisquer delas ou dos respectivos administradores, o cônjuge ou parente destes até o terceiro grau.

§ 2º É assegurado aos sócios minoritários, que representarem pelo menos um quinto do capital social, o direito de eleger, separadamente, um dos membros do conselho fiscal e o respectivo suplente.

➡ Sem correspondência no CC/1916.
➡ Veja art. 162 da Lei n. 6.404/76 (sociedades anônimas).

As sociedades limitadas podem gozar de um conselho fiscal, mediante prévio registro e composto de pelo menos um membro e um suplente que represente o capital minoritário, cuja competência será fiscalizar e controlar os atos dos administradores.

Com efeito, a fim de se evitar conflitos de interesse, não podem fazer parte do conselho as pessoas impedidas por lei, as que cumprem pena por crime falimentar ou contra o sistema financeiro nacional, entre outras hipóteses do art. 1.011, § 1º, do Código Civil.

Art. 1.067. O membro ou suplente eleito, assinando termo de posse lavrado no livro de atas e pareceres do conselho fiscal, em que se mencione o seu nome, nacionalidade, estado civil, residência e a data da escolha, ficará investido nas suas funções, que exercerá, salvo cessação anterior, até a subsequente assembleia anual.

Parágrafo único. Se o termo não for assinado nos trinta dias seguintes ao da eleição, esta se tornará sem efeito.

➡ Sem correspondência no CC/1916.
➡ Veja art. 149 da Lei n. 6.404/76 (sociedades anônimas).

603

Arts. 1.067 a 1.070 Almeida Guilherme

O conselheiro assumirá o cargo até a assembleia anual seguinte, se por outro motivo não for destituído ou renunciar, verificando a eficácia do termo se registrado em até trinta dias da respectiva eleição.

Art. 1.068. A remuneração dos membros do conselho fiscal será fixada, anualmente, pela assembleia dos sócios que os eleger.

➥ Sem correspondência no CC/1916.
➥ Veja art. 162, § 3º, da Lei n. 6.404/76 (sociedades anônimas).

Os membros do conselho fiscal têm direito a uma remuneração, ainda que simbólica, pelos trabalhos de fiscalização e controle administrativo. Nesse sentido, convém que o parâmetro seja fixado no contrato social, considerando que a lei nada determina sobre os valores aplicáveis.

Art. 1.069. Além de outras atribuições determinadas na lei ou no contrato social, aos membros do conselho fiscal incumbem, individual ou conjuntamente, os deveres seguintes:
I – examinar, pelo menos trimestralmente, os livros e papeis da sociedade e o estado da caixa e da carteira, devendo os administradores ou liquidantes prestar-lhes as informações solicitadas;
II – lavrar no livro de atas e pareceres do conselho fiscal o resultado dos exames referidos no inciso I deste artigo;
III – exarar no mesmo livro e apresentar à assembleia anual dos sócios parecer sobre os negócios e as operações sociais do exercício em que servirem, tomando por base o balanço patrimonial e o de resultado econômico;
IV – denunciar os erros, fraudes ou crimes que descobrirem, sugerindo providências úteis à sociedade;
V – convocar a assembleia dos sócios se a diretoria retardar por mais de trinta dias a sua convocação anual, ou sempre que ocorram motivos graves e urgentes;
VI – praticar, durante o período da liquidação da sociedade, os atos a que se refere este artigo, tendo em vista as disposições especiais reguladoras da liquidação.

➥ Sem correspondência no CC/1916.
➥ Veja art. 163, IV, V e VIII, da Lei n. 6.404/76 (sociedades anônimas).

A norma disciplina alguns deveres do conselho fiscal, abrindo margem para outras funções que observem previsão no contrato social. Desse modo, no mínimo a cada trimestre, deve o membro, conjunta ou separadamente, examinar a saúde financeira e organizacional da sociedade, lavrando os resultados de tais análises em livro próprio que será apresentado aos sócios na assembleia anual. Ademais, salienta-se expressa a previsão legal de denúncia das ilegalidades que sobrevierem com a análise dos documentos, em homenagem à função originária do conselho.

Art. 1.070. As atribuições e poderes conferidos pela lei ao conselho fiscal não podem ser outorgados a outro órgão da sociedade, e a responsabilidade de seus membros obedece à regra que define a dos administradores (art. 1.016).

604

Código Civil comentado e anotado   Arts. 1.070 e 1.071

Parágrafo único. O conselho fiscal poderá escolher para assisti-lo no exame dos livros, dos balanços e das contas, contabilista legalmente habilitado, mediante remuneração aprovada pela assembleia dos sócios.

➡ Sem correspondência no CC/1916.
➡ Veja arts. 161, § 7º, e 163, §§ 5º e 7º, da Lei n. 6.404/76 (sociedades anônimas).

Embora possam se valer do auxílio de um *expert* para a análise dos livros e documentos, as atribuições do conselho fiscal são indelegáveis, respondendo os conselheiros de maneira solidária pelas ações ou omissões que prejudicarem os sócios ou terceiros.

Seção V
Das Deliberações dos Sócios

Art. 1.071. Dependem da deliberação dos sócios, além de outras matérias indicadas na lei ou no contrato:
I – a aprovação das contas da administração;
II – a designação dos administradores, quando feita em ato separado;
III – a destituição dos administradores;
IV – o modo de sua remuneração, quando não estabelecido no contrato;
V – a modificação do contrato social;
VI – a incorporação, a fusão e a dissolução da sociedade, ou a cessação do estado de liquidação;
VII – a nomeação e destituição dos liquidantes e o julgamento das suas contas;
VIII – o pedido de concordata.

➡ Sem correspondência no CC/1916.
➡ Veja art. 122, I a III, VIII e IX da Lei n. 6.404/76 (sociedades anônimas).

A enumeração trazida no art. 1.071 do Código Civil não é taxativa, *numerus clausus*, e sim exemplificativa, podendo o contrato fixar outras matérias que somente podem ser decididas em assembleias. A modificação do contrato social (inciso V), a incorporação e a fusão (inciso VI) são reguladas por este novo Código desde logo.

Matérias previstas no art. 1.071 do CC:

a) aprovação das contas da administração;

Maioria de capital dos presentes, se o contrato não exigir maioria mais elevada (art. 1.076, III, do CC).

b) designação dos administradores, quando feita em ato separado;

Administrador não sócio (art. 1.061 do CC):

– unanimidade dos sócios, se o capital social não estiver totalmente integralizado;

– dois terços do capital social, se o capital estiver totalmente integralizado.

Administrador sócio (art. 1.076, II, do CC):

– mais da metade do capital social.

c) destituição dos administradores;

Administrador, sócio ou não, designado em ato separado:

– mais da metade do capital social (art. 1.076, II, do CC).

605

Arts. 1.071 e 1.072 — Almeida Guilherme

Administrador sócio, nomeado no contrato social:
– dois terços do capital social, no mínimo, salvo disposição contratual diversa (art. 1.063, § 1º, do CC).

d) o modo de remuneração dos administradores, quando não estabelecido no contrato;
Mais da metade do capital social (art. 1.076, II, CC).

e) modificação do contrato social;
Três quartos do capital social, salvo nas matérias sujeitas a *quorum* diferente (art. 1.076, I, do CC).

f) incorporação, fusão e dissolução da sociedade, ou a cessação do estado de liquidação;
Três quartos do capital social (art. 1.076, I, do CC).

g) nomeação e destituição dos liquidantes e o julgamento das suas contas;
Maioria de capital dos presentes, se o contrato não exigir maioria mais elevada (art. 1.076, III, do CC).

h) pedido de recuperação judicial.
Mais da metade do capital social (art. 1.076, II, do CC).

Os sócios, além dos assuntos previstos contratualmente, deverão deliberar sobre: a aprovação das contas da administração; a designação dos administradores, quando feita em ato separado; a destituição dos administradores; o modo de sua remuneração, quando não estabelecido no contrato; a modificação do contrato social; a incorporação, a fusão e a dissolução da sociedade, ou a cessação do estado de liquidação; a nomeação e destituição dos liquidantes e o julgamento das suas contas; o pedido de concordata (atualmente, não existe mais concordata, e sim a recuperação judicial ou extrajudicial, de acordo com a Lei n. 11.101/2005).

■ Enunciado n. 227 da III Jornada de Direito Civil: "Art. 1.076 c/c 1.071: O *quorum* mínimo para a deliberação da cisão da sociedade limitada é de três quartos do capital social".

■ Embargos de declaração. Autofalência. Deliberação de citação do sócio que não anuiu ao pleito. Acórdão reputado omisso por não ter considerado o disposto na cláusula 6ª do contrato social da embargante, bem como nos arts. 1.071 e 1.076, III, do CC e nos arts. 97, I, e 105 da Lei n. 11.101/2005. Inexigibilidade de exame de cada ponto alegado quando se encontre motivo suficiente e justificado para o deslinde. Necessidade da citação do sócio dissidente, de todo modo, expressamente analisada. Prequestionamento. Distinção entre fundamento jurídico e fundamento legal. Desnecessidade de explícita alusão a dispositivo de lei. Ausência de omissão a sanar. Real inconformismo. Embargos rejeitados. (TJSP, Ap. n. 2099355-61.2014.8.26.0000-Emb. de Decl./Recuperação Judicial e Falência/Guarulhos, 1ª Câm. Res. de Dir. Empres., rel. Claudio Godoy, j. 03.02.2015)

Art. 1.072. As deliberações dos sócios, obedecido o disposto no art. 1.010, serão tomadas em reunião ou em assembleia, conforme previsto no contrato social, devendo ser convocadas pelos administradores nos casos previstos em lei ou no contrato.

§ 1º A deliberação em assembleia será obrigatória se o número dos sócios for superior a dez.

§ 2º Dispensam-se as formalidades de convocação previstas no § 3º do art. 1.152, quando todos os sócios comparecerem ou se declararem, por escrito, cientes do local, data, hora e ordem do dia.

§ 3º A reunião ou a assembleia tornam-se dispensáveis quando todos os sócios decidirem, por escrito, sobre a matéria que seria objeto delas.

Código Civil comentado e anotado

Arts. 1.072 a 1.074

§ 4º No caso do inciso VIII do artigo antecedente, os administradores, se houver urgência e com autorização de titulares de mais da metade do capital social, podem requerer concordata preventiva.

§ 5º As deliberações tomadas de conformidade com a lei e o contrato vinculam todos os sócios, ainda que ausentes ou dissidentes.

§ 6º Aplica-se às reuniões dos sócios, nos casos omissos no contrato, o disposto na presente Seção sobre a assembleia.

➡ Sem correspondência no CC/1916.
➡ Veja art. 122, parágrafo único, IV, V e VIII, da Lei n. 6.404/76 (sociedades anônimas).

As formalidades aqui comentadas não se prestam às microempresas e empresas de pequeno porte, por força de Lei Complementar n. 123/2006. Os votos nas deliberações aqui comentadas se verificam por maioria absoluta, ou seja, pela maior parcela representativa do capital social, em reunião ou assembleia (se o número de sócios for superior a dez), vinculando todos os que compõem a estrutura societária, ainda que ausentes ou dissidentes. As formalidades da convocação são dispensadas se os sócios comparecerem ou se declararem cientes do encontro, acrescentando-se que a deliberação poderá ser tomada pelo ajuste escrito de todos os sócios. Ademais, note-se a autorização específica para requerer a concordata preventiva, hipótese bem observada pelo legislador pátrio a fim de se evitar a falência da sociedade.

Art. 1.073. A reunião ou a assembleia podem também ser convocadas:

I – por sócio, quando os administradores retardarem a convocação, por mais de sessenta dias, nos casos previstos em lei ou no contrato, ou por titulares de mais de um quinto do capital, quando não atendido, no prazo de oito dias, pedido de convocação fundamentado, com indicação das matérias a serem tratadas;

II – pelo conselho fiscal, se houver, nos casos a que se refere o inciso V do art. 1.069.

➡ Sem correspondência no CC/1916.
➡ Veja art. 123 da Lei n. 6.404/76 (sociedades anônimas).

A lei dispõe sobre outras hipóteses para a convocação da reunião ou assembleia, o que inicialmente compete ao administrador. Nesse sentido, pode o conselho fiscal convocá-la por motivos graves e urgentes, ou ainda pela inércia do administrador em fazê-la anualmente. Outra ocasião, adite-se, é a convocação pelos sócios, ainda que minoritários, pela omissão do ato conforme previsão legal ou contratual.

Art. 1.074. A assembleia dos sócios instala-se com a presença, em primeira convocação, de titulares de no mínimo três quartos do capital social, e, em segunda, com qualquer número.

§ 1º O sócio pode ser representado na assembleia por outro sócio, ou por advogado, mediante outorga de mandato com especificação dos atos autorizados, devendo o instrumento ser levado a registro, juntamente com a ata.

§ 2º Nenhum sócio, por si ou na condição de mandatário, pode votar matéria que lhe diga respeito diretamente.

➡ Sem correspondência no CC/1916.

607

Arts. 1.074 a 1.076 — Almeida Guilherme

➡ Veja arts. 125, *caput*, e 126, *caput* e § 1º, da Lei n. 6.404/76 (sociedades anônimas).

O *quorum* para instalação da assembleia de sócios será de no mínimo três quartos dos titulares do capital social, em primeira convocação. Caso esse número não seja atingido, a assembleia se instaurará em segunda convocação com qualquer número de representantes. O sócio que se ausentar poderá ser representado por outro sócio ou por um advogado, mediante a outorga de mandato com especificação dos atos autorizados, devendo o instrumento ser levado a registro, juntamente com a ata. Nenhum sócio pode, por si, ou como mandatário, manifestar seu voto em assuntos que lhe digam respeito diretamente.

■ Enunciado n. 226 da III Jornada de Direito Civil: "Art. 1.074: A exigência da presença de três quartos do capital social, como *quorum* mínimo de instalação em primeira convocação, pode ser alterada pelo contrato de sociedade limitada com até dez sócios, quando as deliberações sociais obedecerem à forma de reunião, sem prejuízo da observância das regras do art. 1.076 referentes ao *quorum* de deliberação".

■ Enunciado n. 484 da V Jornada de Direito Civil: "Art. 1.074, § 1º: Quando as deliberações sociais obedecerem à forma de reunião, na sociedade limitada com até 10 (dez) sócios, é possível que a representação do sócio seja feita por outras pessoas além das mencionadas no § 1º do art. 1.074 do Código Civil (outro sócio ou advogado), desde que prevista no contrato social".

Art. 1.075. A assembleia será presidida e secretariada por sócios escolhidos entre os presentes.

§ 1º Dos trabalhos e deliberações será lavrada, no livro de atas da assembleia, ata assinada pelos membros da mesa e por sócios participantes da reunião, quantos bastem à validade das deliberações, mas sem prejuízo dos que queiram assiná-la.

§ 2º Cópia da ata autenticada pelos administradores, ou pela mesa, será, nos vinte dias subsequentes à reunião, apresentada ao Registro Público de Empresas Mercantis para arquivamento e averbação.

§ 3º Ao sócio, que a solicitar, será entregue cópia autenticada da ata.

➡ Sem correspondência no CC/1916.
➡ Veja art. 130, *caput*, da Lei n. 6.404/76 (sociedades anônimas).

A direção dos trabalhos será realizada por um presidente e um secretário, que auxiliará o primeiro lavrando ato do ocorrido, escolhidos no momento da assembleia. A ata dos trabalhos é revestida de formalidades e dela devem constar as assinaturas dos sócios presentes, na quantidade que bastarem, conforme disposto no contrato social ou na lei, sendo necessário também autenticá-la, disponibilizando-a aos sócios que requererem cópias e registrando-a no cartório próprio.

Art. 1.076. Ressalvado o disposto no art. 1.061, as deliberações dos sócios serão tomadas:
Caput com redação dada pela Lei n. 13.792, de 03.01.2019.

I – pelos votos correspondentes, no mínimo, a três quartos do capital social, nos casos previstos nos incisos V e VI do art. 1.071;

II – pelos votos correspondentes a mais de metade do capital social, nos casos previstos nos incisos II, III, IV e VIII do art. 1.071;

Código Civil comentado e anotado   Arts. 1.076 a 1.078

III – pela maioria de votos dos presentes, nos demais casos previstos na lei ou no contrato, se este não exigir maioria mais elevada.

➥ Sem correspondência no CC/1916.

O *quorum* aqui disciplinado não se aplica às microempresas e empresas de pequeno porte. Salvo quando a lei dispuser de maneira diversa, impõe-se para as deliberações determinada forma, a saber: *quorum* qualificado, perfeito com três quartos do capital votante; *quorum* de maioria absoluta, verificado com mais da metade do capital votante; e *quorum* de maioria representativa do capital social presente na reunião ou assembleia.

▪ Enunciado n. 227 da III Jornada de Direito Civil: "Art. 1.076 c/c 1.071: O *quorum* mínimo para a deliberação da cisão da sociedade limitada é de três quartos do capital social".

▪ Enunciado n. 485 da V Jornada de Direito Civil: "Art. 1.076: O sócio que participa da administração societária não pode votar nas deliberações acerca de suas próprias contas, na forma dos arts. 1.071, I, e 1.074, § 2º, do Código Civil".

▪ Veja no art. 1.071 a seguinte decisão: TJSP, Ap. n. 2099355-61.2014.8.26.0000-Emb. de Decl./Recuperação judicial e Falência/Guarulhos, 1ª Câm. Res. de Dir. Empres., rel. Claudio Godoy, j. 03.02.2015.

Art. 1.077. Quando houver modificação do contrato, fusão da sociedade, incorporação de outra, ou dela por outra, terá o sócio que dissentiu o direito de retirar-se da sociedade, nos trinta dias subsequentes à reunião, aplicando-se, no silêncio do contrato social antes vigente, o disposto no art. 1.031.

➥ Sem correspondência no CC/1916.
➥ Veja art. 15 do Decreto n. 3.708/1919 (sociedade por quotas de responsabilidade limitada).

O sócio da sociedade limitada tem o direito de retirar-se desta, caso o contrato seja alterado, por deliberação da maioria, bem como nas hipóteses de fusão e de incorporação, dando origem à dissolução parcial da sociedade, se os demais sócios não adquirirem sua quota.

▪ Enunciado n. 392 da IV Jornada de Direito Civil: "Nas hipóteses do art. 1.077 do Código Civil, cabe aos sócios delimitarem seus contornos para compatibilizá-los com os princípios da preservação e da função social da empresa, aplicando-se, supletiva (art. 1.053, parágrafo único) ou analogicamente (art. 4º da LICC), o art. 137, § 3º, da Lei das Sociedades por Ações, para permitir a reconsideração da deliberação que autorizou a retirada do sócio dissidente".

Art. 1.078. A assembleia dos sócios deve realizar-se ao menos uma vez por ano, nos quatro meses seguintes ao término do exercício social, com o objetivo de:
I – tomar as contas dos administradores e deliberar sobre o balanço patrimonial e o de resultado econômico;
II – designar administradores, quando for o caso;
III – tratar de qualquer outro assunto constante da ordem do dia.

609

Art. 1.078

§ 1º Até trinta dias antes da data marcada para a assembleia, os documentos referidos no inciso I deste artigo devem ser postos, por escrito, e com a prova do respectivo recebimento, à disposição dos sócios que não exerçam a administração.

§ 2º Instalada a assembleia, proceder-se-á à leitura dos documentos referidos no parágrafo antecedente, os quais serão submetidos, pelo presidente, a discussão e votação, nesta não podendo tomar parte os membros da administração e, se houver, os do conselho fiscal.

§ 3º A aprovação, sem reserva, do balanço patrimonial e do de resultado econômico, salvo erro, dolo ou simulação, exonera de responsabilidade os membros da administração e, se houver, os do conselho fiscal.

§ 4º Extingue-se em dois anos o direito de anular a aprovação a que se refere o parágrafo antecedente.

➡ Sem correspondência no CC/1916.

➡ Veja art. 132, I e III, *caput*, e § 3º, da Lei n. 6.404/76 (sociedades anônimas).

O exercício social não coincide necessariamente com o ano civil. Nesse sentido, findo o exercício social, há de se convocar assembleia dos sócios, dita ordinária, para os ajustes e deliberações de praxe, tais como a tomada de contas dos administradores, designação para nova administração, bem como qualquer assunto que esteja na pauta.

Ademais, acrescente-se que a lei determina procedimento para a assembleia, discorrendo sobre a publicidade dos documentos, sua leitura e eventual aprovação. Finalmente, diz a norma que a aprovação do balanço patrimonial e do balanço de resultado econômico exoneram os administradores quanto a vícios em sua gestão, salvo se deliberado por erro, dolo ou simulação, hipótese em que se terá o prazo decadencial é de quatro anos para anular o ato de aprovação, conforme art. 171, II e 178, II, bem como o art. 167, sem prazo, por gerar nulidade.

■ Enunciado n. 228 da III Jornada de Direito Civil: "Art. 1.078: As sociedades limitadas estão dispensadas da publicação das demonstrações financeiras a que se refere o § 3º do art. 1.078. Naquelas de até dez sócios, a deliberação de que trata o art. 1.078 pode dar-se na forma dos §§ 2º e 3º do art. 1.072, e a qualquer tempo, desde que haja previsão contratual nesse sentido".

■ Cooperativa Unimed. Não se aplica subsidiariamente o art. 1.078, § 1º, do CC que cuida das sociedades limitadas e da AGO, pois o presente caso trata de cooperativas, cuja legislação é especial (Lei n. 5.764/71, Estatuto Social e Regimento interno), além de discutir a validade de AGE – Inteligência do art. 1.096 do CC – Alegações de nulidade da AGE por ausência de regularidade da convocação e transparência sobre o plano de recuperação que não se vislumbram. Prazo que não segue o mesmo modelo do CPC, respeitado, contudo, os 10 dias previsto no art. 26 do Estatuto Social da Unimed e art. 38, § 1º, da Lei n. 5.764/71 Cooperado que com o conhecimento do conteúdo do edital já fica preparado para o exercício dos direitos de oposição – Provas dos autos (carta enviada aos cooperados; Comunicado DIREXcoop n. 61/12 apresentando a tabela com valores de contribuição) que demonstram que os cooperados conheciam o objeto da AGE, cuja ata goza de presunção, iuris tantum, de veracidade, sem impugnação oportuna, ao término da assembleia. Criação de faixas ou blocos de valores divisórios pela cooperativa que atendeu o pressuposto da legalidade e razoabilidade, não violando o princípio da proporcionalidade Inexistência de infringência ao disposto no art. 20 do Estatuto Social da Unimed, uma vez que a FAC não corresponde a rateio de perdas, afastando-se a exigibilidade de reforma estatutária. Manutenção dos honorários advocatícios fixados em 10% do valor da condenação. Não provimento. (TJSP, Ap. n. 1046692-80.2013.8.26.0100/São Paulo, 1ª Câm. Res. de Dir. Empres., rel. Ênio Zuliani. j. 08.10.2014)

Código Civil comentado e anotado — Arts. 1.079 a 1.080-A

Art. 1.079. Aplica-se às reuniões dos sócios, nos casos omissos no contrato, o estabelecido nesta Seção sobre a assembleia, obedecido o disposto no § 1º do art. 1.072.

➡ Sem correspondência no CC/1916.

As sociedades compostas por mais de dez sócios deverão se reunir em assembleia, observado todo o procedimento convocatório e os preceitos legais aplicáveis à matéria. Compondo a quantidade de até dez sócios, as deliberações podem ser tomadas mediante ajuste nos atos constitutivos, por assembleia ou reunião.

Art. 1.080. As deliberações infringentes do contrato ou da lei tornam ilimitada a responsabilidade dos que expressamente as aprovaram.

➡ Sem correspondência no CC/1916.
➡ Veja art. 16 do Decreto n. 3.708/1919 (sociedade por quotas de responsabilidade limitada).

Semelhante ao disposto sobre o gestor que age sem poderes especiais, as deliberações que infirmarem preceitos legais ou contratuais tornam a responsabilidade daquele que as aprovou ilimitada, desconsiderando a personalidade jurídica da sociedade, em que os gravames são suportados na medida do capital integralizado.

▪ Enunciado n. 229 da III Jornada de Direito Civil: "Art. 1.080: A responsabilidade ilimitada dos sócios pelas deliberações infringentes da lei ou do contrato torna desnecessária a desconsideração da personalidade jurídica, por não constituir a autonomia patrimonial da pessoa jurídica escudo para a responsabilização pessoal e direta".

▪ Enunciado n. 487 da V Jornada de Direito Civil: "Arts. 50, 884, 1.009, 1.016, 1.036 e 1.080: Na apuração de haveres de sócio retirante (art. 1.031 do CC), devem ser afastados os efeitos da diluição injustificada e ilícita da participação deste na sociedade".

▪ Agravo de instrumento. Execução de título judicial. Extinção da pessoa jurídica executada. Inclusão dos sócios no polo passivo da ação por força da aplicação analógica do art. 43 do CPC. Sucessão processual. Hipótese, ademais, que enseja responsabilização pessoal dos sócios por ofensa à lei, já que a executada encerrou as suas atividades havendo débito pendente de pagamento. Inteligência do art. 1.080 do CC. Recurso provido. (TJSP, AI n. 2047204-84.2015.8.26.0000/Ribeirão Preto, 33ª Câm. de Dir. Priv., rel. Maria Cláudia Bedotti, j. 25.05.2015)

Art. 1.080-A. O sócio poderá participar e votar a distância em reunião ou em assembleia, nos termos do regulamento do órgão competente do Poder Executivo federal.
Caput acrescentado pela Lei n. 14.030, de 28.07.2020.
Parágrafo único. A reunião ou a assembleia poderá ser realizada de forma digital, respeitados os direitos legalmente previstos de participação e de manifestação dos sócios e os demais requisitos regulamentares.
Parágrafo acrescentado pela Lei n. 14.030, de 28.07.2020.

Arts. 1.080-A a 1.082 — Almeida Guilherme

No mesmo compasso do art. 49-A, também recém-introduzido ao Código Civil, o art. 1.080-A e seu parágrafo único possibilitam que o sócio participe e que vote a distância em reunião ou em assembleia. Outrossim, tanto a reunião quanto a assembleia podem ser feitas na forma digital, desde que respeitados os direitos de participação e de manifestação dos sócios, além dos requisitos inerentes à realização do ato.

Seção VI
Do Aumento e da Redução do Capital

Art. 1.081. Ressalvado o disposto em lei especial, integralizadas as quotas, pode ser o capital aumentado, com a correspondente modificação do contrato.

§ 1º Até trinta dias após a deliberação, terão os sócios preferência para participar do aumento, na proporção das quotas de que sejam titulares.

§ 2º À cessão do direito de preferência, aplica-se o disposto no *caput* do art. 1.057.

§ 3º Decorrido o prazo da preferência, e assumida pelos sócios, ou por terceiros, a totalidade do aumento, haverá reunião ou assembleia dos sócios, para que seja aprovada a modificação do contrato.

➡ Sem correspondência no CC/1916.
➡ Veja arts. 166 e 171, *caput*, da Lei n. 6.404/76 (sociedades anônimas).

Integralizadas as quotas, pode o capital ser aumentado, com a correspondente alteração contratual. Até 30 dias após a deliberação da administração de elevar o capital, os sócios terão preferência para participar do aumento, na proporção das quotas de que sejam titulares. Decorrido o prazo de preferência, e assumida, pelos sócios ou por terceiros, a totalidade do aumento, haverá reunião ou assembleia de sócios, para que seja aprovada a modificação do contrato, ou será firmado por todos os sócios documento contendo a deliberação nesse sentido.

Art. 1.082. Pode a sociedade reduzir o capital, mediante a correspondente modificação do contrato:

I – depois de integralizado, se houver perdas irreparáveis;

II – se excessivo em relação ao objeto da sociedade.

➡ Sem correspondência no CC/1916.
➡ Veja art. 173 da Lei n. 6.404/76 (sociedades anônimas).

Se o capital estiver integralizado e a sociedade sofrer perdas irreparáveis em virtude de operações realizadas, pode-se reduzir seu capital proporcionalmente ao valor nominal das quotas. No caso de redução de capital por ter sido considerado excessivo para o objeto da sociedade, restitui-se parte do valor das quotas aos sócios, ou dispensa-se as prestações ainda devidas, diminuindo-se proporcionalmente o valor nominal das quotas. Essa redução deve ser objeto de deliberação dos sócios em reunião, assembleia ou em documento que contiver a assinatura de todos os sócios. A ata ou o documento que a substituir deve ser publicado, sem prejuízo da correspondente modificação do contrato. O credor quirografário tem 90 dias após a publicação da ata ou do documento que a substituir para impugnar a redução. Se, nesse prazo, não houver impugnação ou se provado o pagamento da dívida ou depósito judicial, a re-

Código Civil comentado e anotado   Arts. 1.082 a 1.084

dução torna-se eficaz. Só então a sociedade procede o arquivamento da ata ou do documento que a substituir na Junta Comercial do Estado em que estiver registrado o contrato.

Art. 1.083. No caso do inciso I do artigo antecedente, a redução do capital será realizada com a diminuição proporcional do valor nominal das quotas, tornando-se efetiva a partir da averbação, no Registro Público de Empresas Mercantis, da ata da assembleia que a tenha aprovado.

➥ Sem correspondência no CC/1916.

A redução do capital social tem eficácia após o respectivo registro da ata que autorizou sua redução apenas na hipótese de, após a integralização do capital, a sociedade limitada vir a sofrer perdas irreparáveis. Nesse caso, realizará pela diminuição do valor nominal das quotas e pela diminuição do número de quotas.

Art. 1.084. No caso do inciso II do art. 1.082, a redução do capital será feita restituindo-se parte do valor das quotas aos sócios, ou dispensando-se as prestações ainda devidas, com diminuição proporcional, em ambos os casos, do valor nominal das quotas.

§ 1º No prazo de noventa dias, contado da data da publicação da ata da assembleia que aprovar a redução, o credor quirografário, por título líquido anterior a essa data, poderá opor-se ao deliberado.

§ 2º A redução somente se tornará eficaz se, no prazo estabelecido no parágrafo antecedente, não for impugnada, ou se provado o pagamento da dívida ou o depósito judicial do respectivo valor.

§ 3º Satisfeitas as condições estabelecidas no parágrafo antecedente, proceder-se-á à averbação, no Registro Público de Empresas Mercantis, da ata que tenha aprovado a redução.

➥ Sem correspondência no CC/1916.
➥ Veja art. 174 da Lei n. 6.404/76 (sociedades anônimas).

Se o capital social se tornar excessivo em relação ao objeto da sociedade, haverá a restituição de parte do valor das quotas aos sócios, se integralizado, ou ocorrerá a dispensa das prestações vincendas que tiverem por objeto satisfazer a integralização. Em ambos os casos, acrescente-se, verificar-se-á a redução proporcional dos valores nominais das quotas. Com efeito, dispõe a norma que o credor sem qualquer privilégio ou preferência poderá se opor ao ocorrido, no prazo de 90 dias, pois do contrário tornará eficaz a redução do capital social, que também se realizará se assegurado o pagamento da dívida, tudo mediante averbação da respectiva ata no registro próprio.

■ Enunciado n. 489 da V Jornada de Direito Civil: "Arts. 1.043, II, 1.051, 1.063, § 3º, 1.084, § 1º, 1.109, parágrafo único, 1.122, 1.144, 1.146, 1.148 e 1.149 do Código Civil e art. 71 da Lei Complementar n. 123/2006: No caso da microempresa, da empresa de pequeno porte e do microempreendedor individual, dispensados de publicação dos seus atos (art. 71 da Lei Complementar n. 123/2006), os prazos estabelecidos no Código Civil contam-se da data do arquivamento do documento (termo inicial) no registro próprio".

Seção VII
Da Resolução da Sociedade em
Relação a Sócios Minoritários

Art. 1.085. Ressalvado o disposto no art. 1.030, quando a maioria dos sócios, representativa de mais da metade do capital social, entender que um ou mais sócios estão pondo em risco a continuidade da empresa, em virtude de atos de inegável gravidade, poderá excluí-los da sociedade, mediante alteração do contrato social, desde que prevista neste a exclusão por justa causa.

Parágrafo único. Ressalvado o caso em que haja apenas dois sócios na sociedade, a exclusão de um sócio somente poderá ser determinada em reunião ou assembleia especialmente convocada para esse fim, ciente o acusado em tempo hábil para permitir seu comparecimento e o exercício do direito de defesa.
Parágrafo com redação dada pela Lei n. 13.792, de 03.01.2019.

➥ Sem correspondência no CC/1916.

Exclusão de sócio por vontade da maioria do capital social. A maioria dos sócios, representativa de mais da metade do capital social, entendendo que um ou mais sócios estão colocando em risco a empresa pela prática de atos graves, poderá excluí-los, mediante alteração do contrato social, feita em reunião ou assembleia, convocada para esse fim, dando ciência dela, em tempo hábil, aos acusados para que possam a ela comparecer.

O parágrafo único do art. 1.085 trata da complexa situação em que se dão os episódios de exclusão de sócio do quadro social da sociedade. Não é simples a apreciação dos chamados atos de gravidade colocados em prática pelo sócio a ser excluído. Seja como for, quando a sociedade é composta por, no mínimo, três sócios, a sociedade deverá convocar reunião ou assembleia com a única finalidade em pauta de tratar da exclusão do sócio, devendo ser dado tempo para que fique ciente do evento, sendo que em referida data ele deverá ter a possibilidade de apresentação de sua defesa perante os demais sócios.

▪ Enunciado n. 67 da I Jornada de Direito Civil: "Arts. 1.085, 1.030 e 1.033, III: A quebra do *affectio societatis* não é causa para a exclusão do sócio minoritário, mas apenas para dissolução (parcial) da sociedade".

▪ Enunciado n. 17 da I Jornada de Direito Comercial: "Na sociedade limitada com dois sócios, o sócio titular de mais da metade do capital social pode excluir extrajudicialmente o sócio minoritário desde que atendidas as exigências materiais e procedimentais previstas no art. 1.085, *caput* e parágrafo único, do CC".

Art. 1.086. Efetuado o registro da alteração contratual, aplicar-se-á o disposto nos arts. 1.031 e 1.032.

➥ Sem correspondência no CC/1916.

Código Civil comentado e anotado   Arts. 1.086 a 1.088

Arquivadas, em processos distintos e simultaneamente, a ata da reunião ou assembleia e a alteração contratual mencionada, proceder-se-á à redução do capital, se os demais sócios não suprirem o valor da quota (arts. 1.086 e 1.031, § 1º).

Com a exclusão do sócio ocorrerá a dissolução parcial da sociedade, que deverá ser efetivada no Registro Público de Empresas Mercantis, e em seguida deverá ser realizada a liquidação do valor das quotas, com base na situação patrimonial da sociedade, à data da resolução, verificada em balanço especialmente levantado. A quota liquidada deverá ser paga no prazo de 90 dias, em dinheiro, salvo estipulação contratual contrária (art. 1.031 do CC). Já o sócio excluído, ou mesmo o seu sucessor, se falecido (art. 1.028 do CC), permanecerá pelo período de dois anos após averbada a dissolução parcial da sociedade responsável pelas suas obrigações (art. 1.032 do CC).

Seção VIII
Da Dissolução

Art. 1.087. A sociedade dissolve-se, de pleno direito, por qualquer das causas previstas no art. 1.044.

➡ Sem correspondência no CC/1916.

Da dissolução *pleno iure*. A sociedade limitada dissolver-se-á, de pleno direito (arts. 1.033 e 1.044 do CC):

1) se simples:
a) pelo vencimento do prazo de sua duração;
b) pelo consenso unânime dos sócios quotistas;
c) por deliberação dos sócios, por maioria absoluta, se por prazo indeterminado;
d) pela ausência de pluralidade de sócios;
e) pela cassação de autorização para seu funcionamento;
2) se empresária, além da ocorrência das hipóteses anteriormente mencionadas, também pela declaração da sua falência.

CAPÍTULO V
DA SOCIEDADE ANÔNIMA

Seção Única
Da Caracterização

Art. 1.088. Na sociedade anônima ou companhia, o capital divide-se em ações, obrigando-se cada sócio ou acionista somente pelo preço de emissão das ações que subscrever ou adquirir.

➡ Sem correspondência no CC/1916.
➡ Veja art. 1º da Lei n. 6.404/76 (sociedades anônimas).

615

Na **sociedade anônima**, também chamada de companhia, o capital social divide-se em ações, e os acionistas somente responderão pelo preço da emissão das ações que subscreveram ou adquiriram. Portanto, a responsabilidade de cada acionista é pessoal, pois eles respondem apenas por suas ações (Vide Lei 6.404/76).

- Enunciado n. 68 da I Jornada de Direito Civil: "Arts. 1.088 e 1.089: suprimir os arts. 1.088 e 1.089 do novo Código Civil em razão de estar a matéria regulamentada em lei especial".

Art. 1.089. A sociedade anônima rege-se por lei especial, aplicando-se-lhe, nos casos omissos, as disposições deste Código.

➡ Veja art. 1.364 do CC/1916.

Normas aplicáveis à sociedade anônima. A sociedade anônima é disciplinada por lei especial (Lei n. 6.404/76, com alterações das Leis ns. 9.457/97 e 10.303/2001) e, nos casos omissos, pelas disposições do Código Civil.

- Enunciado n. 68 da I Jornada de Direito Civil: "Arts. 1.088 e 1.089: suprimir os arts. 1.088 e 1.089 do novo Código Civil em razão de estar a matéria regulamentada em lei especial".

- Enunciado n. 230 da III Jornada de Direito Civil: "Art. 1.089: A fusão e a incorporação de sociedade anônima continuam reguladas pelas normas previstas na Lei n. 6.404/76, não revogadas pelo Código Civil (art. 1.089), quanto a esse tipo societário".

CAPÍTULO VI
DA SOCIEDADE EM COMANDITA POR AÇÕES

Art. 1.090. A sociedade em comandita por ações tem o capital dividido em ações, regendo-se pelas normas relativas à sociedade anônima, sem prejuízo das modificações constantes deste Capítulo, e opera sob firma ou denominação.

➡ Sem correspondência no CC/1916.
➡ Veja art. 280 da Lei n. 6.404/76 (sociedades anônimas).

Sociedade em comandita por ações. É a sociedade em que o capital será dividido em ações, respondendo os sócios pelo preço das ações subscritas ou adquiridas; além disso, há responsabilidade subsidiária, solidária e ilimitada dos diretores ou gerentes (art. 1.091 do CC). Reger-se-á pelas normas relativas à sociedade anônima (Lei n. 6.404/76), sem prejuízo do disposto nos arts. 1.090 a 1.092 do Código Civil, e operará sob firma ou denominação social (art. 1.161 do CC).

Art. 1.091. Somente o acionista tem qualidade para administrar a sociedade e, como diretor, responde subsidiária e ilimitadamente pelas obrigações da sociedade.

§ 1º Se houver mais de um diretor, serão solidariamente responsáveis, depois de esgotados os bens sociais.

Código Civil comentado e anotado   Arts. 1.091 a 1.093

§ 2º Os diretores serão nomeados no ato constitutivo da sociedade, sem limitação de tempo, e somente poderão ser destituídos por deliberação de acionistas que representem no mínimo dois terços do capital social.

§ 3º O diretor destituído ou exonerado continua, durante dois anos, responsável pelas obrigações sociais contraídas sob sua administração.

➡ Sem correspondência no CC/1916.
➡ Veja art. 282 da Lei n. 6.404/76 (sociedades anônimas).

A **gerência da sociedade em comandita por ações** compete ao acionista nomeado para tanto no próprio ato constitutivo da sociedade, por prazo indeterminado, que, na qualidade de diretor, responderá subsidiária e ilimitadamente pelas obrigações sociais. E se vários dentre os sócios forem diretores indicados no contrato social, terão, ainda, responsabilidade solidária pelas obrigações da sociedade, depois de esgotados os bens sociais.

O diretor, ou diretores, apenas poderão ser destituídos do exercício da administração por deliberação de acionistas, que representem, no mínimo, 2/3 do capital social. E, apesar da exoneração do cargo, continuarão, pelo prazo de dois anos, responsáveis pelas obrigações sociais assumidas durante sua gestão.

Art. 1.092. A assembleia geral não pode, sem o consentimento dos diretores, mudar o objeto essencial da sociedade, prorrogar-lhe o prazo de duração, aumentar ou diminuir o capital social, criar debêntures, ou partes beneficiárias.

➡ Sem correspondência no CC/1916.
➡ Veja art. 283 da Lei n. 6.404/76 (sociedades anônimas).

O art. 1.092 altera o disposto no art. 283 da Lei das Sociedades Anônimas, excluindo a anuência dos diretores para aprovar a participação da sociedade em comandita por ação em grupo de sociedade. Com efeito, a norma subordina ao consentimento expresso dos diretores a eficácia das decisões tomadas na assembleia geral que disponha sobre o objeto essencial da sociedade, prorrogação de seu prazo de duração da sociedade, sobre aumento ou redução do capital social, bem como acerca da criação de debêntures ou partes beneficiárias.

CAPÍTULO VII
DA SOCIEDADE COOPERATIVA

Art. 1.093. A sociedade cooperativa reger-se-á pelo disposto no presente Capítulo, ressalvada a legislação especial.

➡ Sem correspondência no CC/1916.

A **cooperativa** é uma associação sob forma de sociedade, com número aberto de membros, que tem por escopo estimular a poupança, a aquisição de bens e a economia de seus sócios, mediante atividade econômica comum. É uma forma de organização de atividade econômica, tendo por finalidade a produção agrícola ou industrial, ou a circulação de bens ou de serviços, voltada ao atendimento de seus sócios. Reger-se-á pelos arts. 1.094 a 1.096 e por

617

Arts. 1.093 e 1.094 — Almeida Guilherme

lei especial (Lei n. 5.764/71, com alterações da Lei n. 7.231/84). Diga-se, por último, que a sociedade cooperativa assume, necessariamente, a natureza de sociedade não empresária.

■ Enunciado n. 69 da I Jornada de Direito Civil: "Art. 1.093: as sociedades cooperativas são sociedades simples sujeitas à inscrição nas juntas comerciais".

■ Cobrança. Ilegalidade de cobrança de contribuição mensal ao fundo de apoio ao cooperado. Sociedades cooperadas (arts. 1.093 a 1.096 do CC). Matéria de competência das Câmaras Reservadas de Direito Empresarial (art. 6º da Res. n. 623/2013 do Col. Órgão Especial do TJSP). Recurso não conhecido, com determinação. (TJSP, Ap. n. 1026434-49.2013.8.26.0100/São Paulo, 7ª Câm. de Dir. Priv., rel. Luiz Antonio Costa, j. 22.07.2015)

Art. 1.094. São características da sociedade cooperativa:
I – variabilidade, ou dispensa do capital social;
II – concurso de sócios em número mínimo necessário a compor a administração da sociedade, sem limitação de número máximo;
III – limitação do valor da soma de quotas do capital social que cada sócio poderá tomar;
IV – intransferibilidade das quotas do capital a terceiros estranhos à sociedade, ainda que por herança;
V – *quorum*, para a assembleia geral funcionar e deliberar, fundado no número de sócios presentes à reunião, e não no capital social representado;
VI – direito de cada sócio a um só voto nas deliberações, tenha ou não capital a sociedade, e qualquer que seja o valor de sua participação;
VII – distribuição dos resultados, proporcionalmente ao valor das operações efetuadas pelo sócio com a sociedade, podendo ser atribuído juro fixo ao capital realizado;
VIII – indivisibilidade do fundo de reserva entre os sócios, ainda que em caso de dissolução da sociedade.

➡ Sem correspondência no CC/1916.
➡ Veja art. 4º da Lei n. 5.764/71 (sociedades cooperativas).

A sociedade cooperativa apresenta as seguintes características:
a) variabilidade ou possibilidade de dispensa do capital social;
b) concurso de sócios em número mínimo necessário para compor a administração da sociedade, sem limitação de número máximo;
c) limitação do valor da soma de quotas do capital social que cada sócio poderá tomar;
d) intransferibilidade das quotas do capital a terceiros, estranhos à sociedade, ainda que por herança;
e) *quorum* para deliberação em assembleia que se funda no número de sócios presentes à reunião e não no capital social representado;
f) atribuição de um voto para cada sócio, ou seja, há direito de cada sócio a um só voto nas deliberações, qualquer que seja o valor de sua participação social, pouco importando, ainda, que a sociedade tenha, ou não, capital;
g) distribuição dos resultados proporcionalmente ao valor das operações efetuadas pelo sócio com a sociedade, podendo ser atribuído juro fixo ao capital realizado;

618

Código Civil comentado e anotado   Arts. 1.094 a 1.096

h) indivisibilidade do fundo de reserva entre os sócios, mesmo que haja dissolução da sociedade.

■ Enunciado n. 206 da III Jornada de Direito Civil: "Arts. 981, 983, 997, 1.006, 1.007 e 1.094: A contribuição do sócio exclusivamente em prestação de serviços é permitida nas sociedades cooperativas (art. 1.094, I) e nas sociedades simples propriamente ditas (art. 983, 2ª parte)".

Art. 1.095. Na sociedade cooperativa, a responsabilidade dos sócios pode ser limitada ou ilimitada.

§ 1º É limitada a responsabilidade na cooperativa em que o sócio responde somente pelo valor de suas quotas e pelo prejuízo verificado nas operações sociais, guardada a proporção de sua participação nas mesmas operações.

§ 2º É ilimitada a responsabilidade na cooperativa em que o sócio responde solidária e ilimitadamente pelas obrigações sociais.

➡ Sem correspondência no CC/1916.
➡ Veja arts. 11 e 12 da Lei n. 5.764/71 (sociedades cooperativas).

Embora possa se optar pela responsabilidade dos sócios na sociedade cooperativa, certo é que na ausência de capital social, eventual gravame será suportado ilimitadamente. A sociedade limitada observa o valor de suas quotas e o prejuízo das operações com que tenha concorrido, enquanto a forma ilimitada propõe a responsabilidade solidária e ilimitada dos sócios, ainda que gozem do benefício de ordem.

Art. 1.096. No que a lei for omissa, aplicam-se as disposições referentes à sociedade simples, resguardadas as características estabelecidas no art. 1.094.

➡ Sem correspondência no CC/1916.

Responsabilidade limitada dos sócios. Na sociedade cooperativa, será limitada a responsabilidade dos sócios quando eles se obrigarem apenas até o valor de suas quotas, ao assumirem o prejuízo advindo das operações sociais, proporcionalmente à sua participação nas referidas operações.

Responsabilidade ilimitada dos sócios. Na cooperativa, quando os sócios responderem solidária e ilimitadamente pelas obrigações sociais, sua responsabilidade será ilimitada.

Nos casos em que a lei especial for omissa, serão aplicadas as normas relativas à sociedade simples (arts. 997 a 1.038 do CC), acatando as características estabelecidas no art. 1.094 do CC.

■ Cobrança. Ilegalidade de cobrança de contribuição mensal ao fundo de apoio ao cooperado. Sociedades cooperadas (arts. 1.093 a 1.096 do CC). Matéria de competência das Câmaras Reservadas de Direito Empresarial (art. 6º da Res. n. 623/2013 do Col. Órgão Especial do TJSP). Recurso não conhecido, com determinação. (TJSP, Ap. n. 1026434-49.2013.8.26.0100/São Paulo, 7ª Câm. de Dir. Priv., rel. Luiz Antonio Costa, j. 22.07.2015)

619

Arts. 1.096 a 1.099 — Almeida Guilherme

■ Veja no art. 1.078 a seguinte decisão: TJSP, Ap. n. 1046692-80.2013.8.26.0100/São Paulo, 1ª Câm. Res. de Dir. Empres., rel. Ênio Zuliani, j. 08.10.2014.

CAPÍTULO VIII
DAS SOCIEDADES COLIGADAS

Art. 1.097. Consideram-se coligadas as sociedades que, em suas relações de capital, são controladas, filiadas, ou de simples participação, na forma dos artigos seguintes.

➥ Sem correspondência no CC/1916.

As **sociedades coligadas** são as que resultam da relação estabelecida entre duas ou mais sociedades, que, em suas relações de capital, podem ser: a) controladas, se, ante o fato de a maioria do seu capital, representado por ações, se encontrar em poder da controladora, não têm o poder de decidir nas deliberações sociais nem o de eleger a maioria dos administradores (art. 1.098 do CC); b) filiadas, se outra sociedade participa de seu capital (art. 1.099 do CC), sem contudo controlá-la; c) de simples participação, se outra sociedade possuir parte de seu capital tendo direito de voto (art. 1.100 do CC).

Art. 1.098. É controlada:
I – a sociedade de cujo capital outra sociedade possua a maioria dos votos nas deliberações dos quotistas ou da assembleia geral e o poder de eleger a maioria dos administradores;
II – a sociedade cujo controle, referido no inciso antecedente, esteja em poder de outra, mediante ações ou quotas possuídas por sociedades ou sociedades por esta já controladas.

➥ Sem correspondência no CC/1916.
➥ Veja arts. 243 a 246, 248 e 264 da Lei n. 6.404/76 (sociedades anônimas).

O art. 1.098 analisa os conceitos de sociedade controlada, o que se observa normalmente pela atuação de uma *holding*. Nesse sentido, acentua o controle direto em seu primeiro inciso, em que a controladora detém a maioria dos votos para as deliberações da sociedade, e o controle indireto, em seu inciso seguinte, aduzindo se tratar da sociedade controlada por outra mediante o controle acionário ou das quotas.

Art. 1.099. Diz-se coligada ou filiada a sociedade de cujo capital outra sociedade participa com dez por cento ou mais, do capital da outra, sem controlá-la.

➥ Sem correspondência no CC/1916.
➥ Veja arts. 243, 244, 247 e 248 da Lei n. 6.404/76 (sociedades anônimas).

O Capítulo VIII ("Das Sociedades Coligadas") utiliza a expressão "coligada" para tratar das sociedades controladas, filiadas e de simples participação. Dessa feita, no art. 1.099 quer tratar o legislador das sociedades filiadas, instituindo a filiação pela parcela igual ou superior a 10% em outra sociedade, sem, contudo, exercer o controle das atividades empresariais.

Código Civil comentado e anotado   Arts. 1.100 a 1.102

Art. 1.100. É de simples participação a sociedade de cujo capital outra sociedade possua menos de dez por cento do capital com direito de voto.

→ Sem correspondência no CC/1916.

Aqui também se conceitua as sociedades coligadas, diga-se ser de simples participação aquela que detenha parcela menor do que 10% do capital social com direito a voto.

Art. 1.101. Salvo disposição especial de lei, a sociedade não pode participar de outra, que seja sua sócia, por montante superior, segundo o balanço, ao das próprias reservas, excluída a reserva legal.
Parágrafo único. Aprovado o balanço em que se verifique ter sido excedido esse limite, a sociedade não poderá exercer o direito de voto correspondente às ações ou quotas em excesso, as quais devem ser alienadas nos cento e oitenta dias seguintes àquela aprovação.

→ Sem correspondência no CC/1916.
→ Veja art. 244 da Lei n. 6.404/76 (sociedades anônimas).

O art. 1.101 disciplina a participação recíproca entre uma sociedade e outra, coligada. A proibição aqui destacada visa a inibir a confusão do controle entre as sociedades, permitindo aquisições recíprocas apenas quando não extrapolarem os recursos relativos às reservas de capital, excluída a reserva legal.

CAPÍTULO IX
DA LIQUIDAÇÃO DA SOCIEDADE

Art. 1.102. Dissolvida a sociedade e nomeado o liquidante na forma do disposto neste Livro, procede-se à sua liquidação, de conformidade com os preceitos deste Capítulo, ressalvado o disposto no ato constitutivo ou no instrumento da dissolução.
Parágrafo único. O liquidante, que não seja administrador da sociedade, investir-se-á nas funções, averbada a sua nomeação no registro próprio.

→ Sem correspondência no CC/1916.
→ Veja art. 344 do CCom.

Com a **dissolução da sociedade**, seja ela *pleno iure*, seja ela extrajudicial (amigável) ou judicial, não se aniquilam, de imediato, os seus efeitos, nem sua responsabilidade social para com terceiros, pelas dívidas contraídas, visto que não perdeu, ainda, por completo, a personalidade jurídica, conservando-a para liquidar as relações obrigacionais pendentes. Com a dissolução da sociedade, proceder-se-á a sua liquidação para apuração do patrimônio social, realizando seu ativo, alienando seus bens e cobrando seus devedores, e satisfazendo seu passivo, pagando seus credores. A liquidação protrai-se até que o saldo líquido, se houver, seja dividido entre os sócios. Deveras, a liquidação, tornando líquido o patrimônio social, reduzindo a dinheiro os haveres sociais, possibilitará não só a conclusão dos negócios sociais pendentes, mas também o pagamento dos débitos, partilhando-se o remanescente entre os sócios.

621

Art. 1.103. **Constituem deveres do liquidante:**

I – averbar e publicar a ata, sentença ou instrumento de dissolução da sociedade;

II – arrecadar os bens, livros e documentos da sociedade, onde quer que estejam;

III – proceder, nos quinze dias seguintes ao da sua investidura e com a assistência, sempre que possível, dos administradores, à elaboração do inventário e do balanço geral do ativo e do passivo;

IV – ultimar os negócios da sociedade, realizar o ativo, pagar o passivo e partilhar o remanescente entre os sócios ou acionistas;

V – exigir dos quotistas, quando insuficiente o ativo à solução do passivo, a integralização de suas quotas e, se for o caso, as quantias necessárias, nos limites da responsabilidade de cada um e proporcionalmente à respectiva participação nas perdas, repartindo-se, entre os sócios solventes e na mesma proporção, o devido pelo insolvente;

VI – convocar assembleia dos quotistas, cada seis meses, para apresentar relatório e balanço do estado da liquidação, prestando conta dos atos praticados durante o semestre, ou sempre que necessário;

VII – confessar a falência da sociedade e pedir concordata, de acordo com as formalidades prescritas para o tipo de sociedade liquidanda;

A concordata foi substituída pela recuperação judicial e extrajudicial de empresas pela Lei n. 11.101, de 09.02.2005.

VIII – finda a liquidação, apresentar aos sócios o relatório da liquidação e as suas contas finais;

IX – averbar a ata da reunião ou da assembleia, ou o instrumento firmado pelos sócios, que considerar encerrada a liquidação.

Parágrafo único. Em todos os atos, documentos ou publicações, o liquidante empregará a firma ou denominação social sempre seguida da cláusula "em liquidação" e de sua assinatura individual, com a declaração de sua qualidade.

➥ Sem correspondência no CC/1916.
➥ Veja arts. 344 e 345 do CCom.
➥ Veja arts. 210 e 212 da Lei n. 6.404/76 (sociedades anônimas).

As obrigações do liquidante são analisadas no art. 1.103, acrescentando-se que sua omissão aos deveres legais caracteriza justa causa, o que culminará com sua destituição. Com efeito, a firma ou denominação social passa a agregar a denominação "em liquidação", dando anúncio dessa fase aos credores e demais interessados.

A publicação do ato de dissolução da sociedade é importante para dar publicidade a terceiros, devendo ser realizada no registro próprio e em jornal de grande circulação, a teor do disposto no art. 1.152, § 1º, do CC. Ademais, incumbe ao liquidante verificar o patrimônio da empresa, arrecadando os bens para posterior liquidação, elaborar o inventário e o balanço geral do ativo e do passivo, terminar os negócios ainda pendentes, bem como exigir a integralização do capital social, se necessário ao adimplemento das dívidas. Ainda assim, deve o liquidante apresentar e prestar contas do estado dos trabalhos em assembleia e confessar a falência ou solicitar a recuperação judicial, se necessário. Finalmente, incumbe ao liquidante apresentar o relatório final de seu exercício, com as respectivas contas para a avaliação dos sócios, averbando o ato de encerramento da liquidação no órgão competente.

Código Civil comentado e anotado   Arts. 1.104 a 1.106

Art. 1.104. As obrigações e a responsabilidade do liquidante regem-se pelos preceitos peculiares às dos administradores da sociedade liquidanda.

- ➥ Sem correspondência no CC/1916.
- ➥ Veja art. 347 do CCom.
- ➥ Veja art. 217 da Lei n. 6.404/76 (sociedades anônimas).

As obrigações do liquidante em relação aos credores observam o regulamento para a administração da sociedade, em razão do tipo social escolhido, salvo se agir com culpa, dolo ou de forma contrária à lei ou ao contrato social, hipótese em que responde pessoalmente pelos prejuízos deduzidos.

Art. 1.105. Compete ao liquidante representar a sociedade e praticar todos os atos necessários à sua liquidação, inclusive alienar bens móveis ou imóveis, transigir, receber e dar quitação.

Parágrafo único. Sem estar expressamente autorizado pelo contrato social, ou pelo voto da maioria dos sócios, não pode o liquidante gravar de ônus reais os móveis e imóveis, contrair empréstimos, salvo quando indispensáveis ao pagamento de obrigações inadiáveis, nem prosseguir, embora para facilitar a liquidação, na atividade social.

- ➥ Sem correspondência no CC/1916.
- ➥ Veja art. 351 do CCom.
- ➥ Veja art. 211 da Lei n. 6.404/76 (sociedades anônimas).

Entre as obrigações do liquidante, observou-se a arrecadação dos bens sociais (art. 1.103, II, do CC). Ato contínuo, diga-se da competência deste para a alienação das coisas, bem como outros atos de negócio, a fim de promover o encerramento das atividades sociais. Nesse sentido, lembre-se que a nomeação do liquidante cessa os poderes dos administradores e, ainda assim, não se permite gravar os bens de ônus real, adquirir empréstimos ou prosseguir na atividade social. Para tanto, a lei impõe a prévia autorização dos sócios ou do contrato social e a imprescindibilidade dos atos.

Art. 1.106. Respeitados os direitos dos credores preferenciais, pagará o liquidante as dívidas sociais proporcionalmente, sem distinção entre vencidas e vincendas, mas, em relação a estas, com desconto.

Parágrafo único. Se o ativo for superior ao passivo, pode o liquidante, sob sua responsabilidade pessoal, pagar integralmente as dívidas vencidas.

- ➥ Sem correspondência no CC/1916.
- ➥ Veja art. 214 da Lei n. 6.404/76 (sociedades anônimas).

A norma legal não disciplina a preferência para o pagamento dos credores, valendo-se o operador das regras próprias do tratamento da falência. Outrossim, restando como adimplir também os credores não preferenciais, a lei justifica que o liquidante deverá pagar as dívidas proporcionalmente, sem distinção entre contas vencidas e vincendas, não declarando, contudo, a forma de desconto para o pagamento destas. Ademais, se os créditos forem superiores

623

Arts. 1.106 a 1.109 — Almeida Guilherme

aos débitos, o liquidante poderá proceder ao pagamento integral das contas vencidas, de modo a se entender pela proporcionalidade apenas quando não houver o superávit.

Art. 1.107. Os sócios podem resolver, por maioria de votos, antes de ultimada a liquidação, mas depois de pagos os credores, que o liquidante faça rateios por antecipação da partilha, à medida que se apurem os haveres sociais.

➡ Sem correspondência no CC/1916.
➡ Veja art. 349 do CCom.
➡ Veja art. 215 da Lei n. 6.404/76 (sociedades anônimas).

Observando a existência de créditos após o pagamento de todas as dívidas, poderão os sócios resolver pelo rateio para antecipação da partilha, que se dará inicialmente pela devolução do capital social integralizado e, após, pela proporção da participação societária de cada sócio.

Art. 1.108. Pago o passivo e partilhado o remanescente, convocará o liquidante assembleia dos sócios para a prestação final de contas.

➡ Sem correspondência no CC/1916.
➡ Veja art. 348 do CCom.
➡ Veja art. 216 da Lei n. 6.404/76 (sociedades anônimas).

A prestação final de contas é uma obrigação do liquidante, a teor do art. 1.103, VIII, do diploma civil. A aprovação dos sócios é importante para a lavratura do termo de encerramento das atividades, que será levada a registro e publicada em jornal de grande circulação. Ademais, o *quorum* para deliberação observa a modalidade de sociedade, sendo o da maioria representativa do capital social na hipótese de sociedade limitada, salvo estipulação em contrário no contrato social.

■ Embargos à execução. Dívida integralmente quitada por cofiador e sócio da empresa devedora. Pretensão de cobrança regressiva. Dissolução da sociedade, sem deixar passivo e com quitação recíproca entre os sócios, nos moldes do art. 1.033, II, do CC. Extinção da sociedade, vez que os termos da dissolução dispensam a adoção do contido nos arts. 1.108 e 1.109 do CC. Impossibilidade de cobrança, uma vez que configurado o instituto da confusão, nos moldes do art. 381 do CC. Extinção do processo executivo. Procedência dos embargos. Inversão do ônus da sucumbência. Recurso provido. (TJSP, Ap. n. 0193183-10.2012.8.26.0100/São Paulo, 19ª Câm. de Dir. Priv., rel. Sebastião Junqueira. j. 23.02.2015)

Art. 1.109. Aprovadas as contas, encerra-se a liquidação, e a sociedade se extingue, ao ser averbada no registro próprio a ata da assembleia.
Parágrafo único. O dissidente tem o prazo de trinta dias, a contar da publicação da ata, devidamente averbada, para promover a ação que couber.

➡ Sem correspondência no CC/1916.
➡ Veja art. 348 do CCom.
➡ Veja art. 216 da Lei n. 6.404/76 (sociedades anônimas).

Código Civil comentado e anotado

Arts. 1.109 a 1.112

Cumpridas as formalidades legais e aprovadas as contas pelos sócios, opera-se a extinção da sociedade com o encerramento das atividades sociais. O registro e a divulgação em jornal de grande circulação dão eficácia ao procedimento, em homenagem à publicidade, cabendo ao sócio dissidente promover eventual impugnação no prazo de trinta dias da publicação da ata.

- Enunciado n. 489 da V Jornada de Direito Civil: "Arts. 1.043, II, 1.051, 1.063, § 3º, 1.084, § 1º, 1.109, parágrafo único, 1.122, 1.144, 1.146, 1.148 e 1.149 do Código Civil e art. 71 da Lei Complementar n. 123/2006: No caso da microempresa, da empresa de pequeno porte e do microempreendedor individual, dispensados de publicação dos seus atos (art. 71 da Lei Complementar n. 123/2006), os prazos estabelecidos no Código Civil contam-se da data do arquivamento do documento (termo inicial) no registro próprio".

- Veja no art. 1.108 a seguinte decisão: TJSP, Ap. n. 0193183-10.2012.8.26.0100/São Paulo, 19ª Câm. de Dir. Priv., rel. Sebastião Junqueira. j. 23.02.2015.

Art. 1.110. Encerrada a liquidação, o credor não satisfeito só terá direito a exigir dos sócios, individualmente, o pagamento do seu crédito, até o limite da soma por eles recebida em partilha, e a propor contra o liquidante ação de perdas e danos.

- Sem correspondência no CC/1916.
- Veja art. 348 do CCom.
- Veja art. 218 da Lei n. 6.404/76 (sociedades anônimas).

O débito que subsistir ao encerramento da liquidação poderá ser cobrado dos sócios, na proporção dos valores recebidos pela partilha, salvo se tiver o sócio agido com o intuito de fraudar ou simular determinada transação, hipótese em que será responsável com o patrimônio próprio pelos débitos decorrentes. Contra o liquidante, caberá a propositura de demanda indenizatória, caso este tenha agido com dolo ou culpa no trato dos haveres sociais.

Art. 1.111. No caso de liquidação judicial, será observado o disposto na lei processual.

- Sem correspondência no CC/1916.
- Veja art. 209, parágrafo único, da Lei n. 6.404/76 (sociedades anônimas).

A liquidação judicial pode ocorrer pela dissolução judicial ou pela convenção desta modalidade no contrato social. Dessa feita, observa-se o disposto na lei processual, notadamente os ainda vigentes arts. 835 a 860 do novo Código de Processo Civil.

Art. 1.112. No curso de liquidação judicial, o juiz convocará, se necessário, reunião ou assembleia para deliberar sobre os interesses da liquidação, e as presidirá, resolvendo sumariamente as questões suscitadas.
Parágrafo único. As atas das assembleias serão, em cópia autêntica, apensadas ao processo judicial.

625

Arts. 1.112 a 1.115   Almeida Guilherme

➡ Sem correspondência no CC/1916.
➡ Veja art. 213, § 2º, da Lei n. 6.404/76 (sociedades anônimas).

Sempre que necessário, poderá o juiz conduzir o procedimento da liquidação judicial promovendo reunião ou assembleia para deliberar sobre os interesses da liquidação. As respectivas atas serão apensadas aos autos, tendo eficácia depois de homologadas pelo juízo.

CAPÍTULO X
DA TRANSFORMAÇÃO, DA INCORPORAÇÃO, DA FUSÃO E DA CISÃO DAS SOCIEDADES

Art. 1.113. O ato de transformação independe de dissolução ou liquidação da sociedade, e obedecerá aos preceitos reguladores da constituição e inscrição próprios do tipo em que vai converter-se.

➡ Sem correspondência no CC/1916.
➡ Veja art. 220 da Lei n. 6.404/76 (sociedades anônimas).

A **transformação** é a operação pela qual a sociedade de determinada espécie passa a pertencer a outra, sem que haja sua dissolução ou liquidação mediante alteração em seu estatuto social, regendo-se, então, pelas normas que disciplinam a constituição e a inscrição de tipo societário em que se converteu.

Art. 1.114. A transformação depende do consentimento de todos os sócios, salvo se prevista no ato constitutivo, caso em que o dissidente poderá retirar-se da sociedade, aplicando-se, no silêncio do estatuto ou do contrato social, o disposto no art. 1.031.

➡ Sem correspondência no CC/1916.
➡ Veja art. 221 da Lei n. 6.404/76 (sociedades anônimas).

Para que se opere a transformação da sociedade em outra, será imprescindível sua previsão no ato constitutivo ou, se nele não houver cláusula nesse sentido, a anuência de todos os sócios.

Se um sócio não concordar com a deliberação da maioria, aprovando o ato de transformação societária, poderá retirar-se da sociedade e o valor de sua quota será liquidado conforme previsto no estatuto social ou, no silêncio deste, mediante aplicação do art. 1.031 do Código Civil, pelo qual a liquidação de sua quota terá por base a atual situação patrimonial da sociedade, verificada em balanço especial.

Art. 1.115. A transformação não modificará nem prejudicará, em qualquer caso, os direitos dos credores.

Parágrafo único. A falência da sociedade transformada somente produzirá efeitos em relação aos sócios que, no tipo anterior, a eles estariam sujeitos, se o pedirem os titulares de créditos anteriores à transformação, e somente a estes beneficiará.

➡ Sem correspondência no CC/1916.
➡ Veja art. 222 da Lei n. 6.404/76 (sociedades anônimas).

Código Civil comentado e anotado   Arts. 1.115 a 1.117

Ocorrida a **transformação societária**: a) os direitos dos credores ficarão inalterados; b) a decretação da falência da sociedade transformada atingirá apenas os sócios que, na sociedade anterior, estariam sujeitos a seus efeitos, desde que o requeiram os titulares dos créditos anteriores ao ato de transformação.

Art. 1.116. Na incorporação, uma ou várias sociedades são absorvidas por outra, que lhes sucede em todos os direitos e obrigações, devendo todas aprová-la, na forma estabelecida para os respectivos tipos.

➥ Sem correspondência no CC/1916.
➥ Veja art. 227, *caput*, da Lei n. 6.404/76 (sociedades anônimas).

A **incorporação** é a operação pela qual uma sociedade vem a absorver uma ou mais sociedades, com a aprovação destas, sucedendo-as em todos os direitos e obrigações e agregando seus patrimônios aos direitos e deveres, sem que com isso venha a surgir uma nova sociedade. É uma forma de reorganização societária.

▪ Enunciado n. 70 da I Jornada de Direito Civil: "Art. 1.116: as disposições sobre incorporação, fusão e cisão previstas no Código Civil não se aplicam às sociedades anônimas. As disposições da Lei n. 6.404/76 sobre essa matéria aplicam-se, por analogia, às demais sociedades naquilo em que o Código Civil for omisso".

▪ Enunciado n. 231 da III Jornada de Direito Civil: "Arts. 1.116 a 1.122: A cisão de sociedades continua disciplinada na Lei n. 6.404/76, aplicável a todos os tipos societários, inclusive no que se refere aos direitos dos credores. Interpretação dos arts. 1.116 a 1.122 do Código Civil".

▪ Enunciado n. 232 da III Jornada de Direito Civil: "Arts. 1.116, 1.117 e 1.120: Nas fusões e incorporações entre sociedades reguladas pelo Código Civil, é facultativa a elaboração de protocolo firmado pelos sócios ou administradores das sociedades; havendo sociedade anônima ou comandita por ações envolvida na operação, a obrigatoriedade do protocolo e da justificação somente a ela se aplica".

Art. 1.117. A deliberação dos sócios da sociedade incorporada deverá aprovar as bases da operação e o projeto de reforma do ato constitutivo.
§ 1º A sociedade que houver de ser incorporada tomará conhecimento desse ato, e, se o aprovar, autorizará os administradores a praticar o necessário à incorporação, inclusive a subscrição em bens pelo valor da diferença que se verificar entre o ativo e o passivo.
§ 2º A deliberação dos sócios da sociedade incorporadora compreenderá a nomeação dos peritos para a avaliação do patrimônio líquido da sociedade, que tenha de ser incorporada.

➥ Sem correspondência no CC/1916.
➥ Veja art. 227, §§ 1º e 2º, da Lei n. 6.404/76 (sociedades anônimas).

A **incorporação da sociedade** deverá ser aprovada por deliberação dos sócios da sociedade incorporada sobre: as bases da operação; o projeto de reforma do ato constitutivo; a nomeação de peritos para avaliação do seu patrimônio líquido; a prática de atos necessários à

627

Arts. 1.117 a 1.120 — Almeida Guilherme

incorporação pelos seus administradores, inclusive a subscrição em bens pelo valor da diferença verificada entre o ativo e o passivo.

- Enunciado n. 232 da III Jornada de Direito Civil: "Arts. 1.116, 1.117 e 1.120: Nas fusões e incorporações entre sociedades reguladas pelo Código Civil, é facultativa a elaboração de protocolo firmado pelos sócios ou administradores das sociedades; havendo sociedade anônima ou comandita por ações envolvida na operação, a obrigatoriedade do protocolo e da justificação somente a ela se aplica".

Art. 1.118. Aprovados os atos da incorporação, a incorporadora declarará extinta a incorporada, e promoverá a respectiva averbação no registro próprio.

- Sem correspondência no CC/1916.
- Veja art. 227, § 3º, da Lei n. 6.404/76 (sociedades anônimas).

A incorporadora, após a aprovação dos atos da incorporação, declarará a extinção da incorporada e providenciará a sua averbação no registro próprio.

Art. 1.119. A fusão determina a extinção das sociedades que se unem, para formar sociedade nova, que a elas sucederá nos direitos e obrigações.

- Sem correspondência no CC/1916.
- Veja art. 228 da Lei n. 6.404/76 (sociedades anônimas).

A **fusão de sociedades** é a operação pela qual se cria, juridicamente, uma nova sociedade para substituir aquelas que vieram a fundir-se e a desaparecer, sucedendo-as nos direitos e deveres, sob denominação diversa, com a mesma ou com diferente finalidade e organização.

Art. 1.120. A fusão será decidida, na forma estabelecida para os respectivos tipos, pelas sociedades que pretendam unir-se.
§ 1º Em reunião ou assembleia dos sócios de cada sociedade, deliberada a fusão e aprovado o projeto do ato constitutivo da nova sociedade, bem como o plano de distribuição do capital social, serão nomeados os peritos para a avaliação do patrimônio da sociedade.
§ 2º Apresentados os laudos, os administradores convocarão reunião ou assembleia dos sócios para tomar conhecimento deles, decidindo sobre a constituição definitiva da nova sociedade.
§ 3º É vedado aos sócios votar o laudo de avaliação do patrimônio da sociedade de que façam parte.

- Sem correspondência no CC/1916.
- Veja art. 228 da Lei n. 6.404/76 (sociedades anônimas).

A decisão pela fusão dar-se-á em reunião, ou assembleia, dos sócios de cada sociedade, aprovando-se não só o projeto de constituição da nova sociedade e o plano de distribuição do capital social, mas também a nomeação de peritos para avaliação do patrimônio da sociedade e apresentação do respectivo laudo. A deliberação definitiva sobre a constituição da nova sociedade ocorrerá somente quando os administradores convocarem os sócios para tomar co-

Código Civil comentado e anotado   Arts. 1.120 a 1.122

nhecimento dos laudos de avaliação do patrimônio da sociedade, sendo-lhes, contudo, proibida a votação em laudo avaliativo da sociedade de que fazem parte.

■ Enunciado n. 232 da III Jornada de Direito Civil: "Arts. 1.116, 1.117 e 1.120: Nas fusões e incorporações entre sociedades reguladas pelo Código Civil, é facultativa a elaboração de protocolo firmado pelos sócios ou administradores das sociedades; havendo sociedade anônima ou comandita por ações envolvida na operação, a obrigatoriedade do protocolo e da justificação somente a ela se aplica".

Art. 1.121. Constituída a nova sociedade, aos administradores incumbe fazer inscrever, no registro próprio da sede, os atos relativos à fusão.

➥ Sem correspondência no CC/1916.
➥ Veja art. 228, § 3º, da Lei n. 6.404/76 (sociedades anônimas).

Constituída, por meio da fusão, uma nova sociedade, seus administradores deverão providenciar a inscrição dos atos relativos à fusão no registro próprio de sua sede.

Art. 1.122. Até noventa dias após publicados os atos relativos à incorporação, fusão ou cisão, o credor anterior, por ela prejudicado, poderá promover judicialmente a anulação deles.
§ 1º A consignação em pagamento prejudicará a anulação pleiteada.
§ 2º Sendo ilíquida a dívida, a sociedade poderá garantir-lhe a execução, suspendendo-se o processo de anulação.
§ 3º Ocorrendo, no prazo deste artigo, a falência da sociedade incorporadora, da sociedade nova ou da cindida, qualquer credor anterior terá direito a pedir a separação dos patrimônios, para o fim de serem os créditos pagos pelos bens das respectivas massas.

➥ Sem correspondência no CC/1916.
➥ Veja art. 232 da Lei n. 6.404/76 (sociedades anônimas).

"**Cisão da sociedade** é a separação de sociedades, ou seja, a operação pela qual uma sociedade transfere parcelas de seu patrimônio para uma ou mais sociedades constituídas para esse fim ou já existentes, extinguindo-se a sociedade cindida, se houver total transferência de seu patrimônio, ou dividindo-se o seu capital, se parcial a transferência" (DINIZ, 2009, p. 773). O credor que se sentir lesado pela incorporação, fusão ou cisão societária poderá, dentro de 90 dias, contados da publicação desses atos, pleitear em juízo sua anulação, que, contudo, ficará prejudicada se houver consignação em pagamento do *quantum* que lhe era devido. Se o credor promover a anulação da incorporação, fusão ou cisão, sendo ilíquido o débito, a sociedade poderá garantir-lhe a execução, suspendendo-se aquele processo judicial. Se, dentro de noventa dias da publicação dos atos alusivos à incorporação, fusão ou cisão, advier a falência da sociedade incorporadora, da sociedade nova ou da cindida, qualquer credor anterior àqueles atos terá o direito de pleitear a separação dos patrimônios, para que seus créditos sejam pagos pelos bens componentes das respectivas massas.

■ Enunciado n. 231 da III Jornada de Direito Civil: "Arts. 1.116 a 1.122: A cisão de sociedades continua disciplinada na Lei n. 6.404/76, aplicável a todos os tipos societários, inclusive no que se refere aos direitos dos credores. Interpretação dos arts. 1.116 a 1.122 do Código Civil".

Arts. 1.122 a 1.125 — Almeida Guilherme

■ Enunciado n. 489 da V Jornada de Direito Civil: "Arts. 1.043, II, 1.051, 1.063, § 3º, 1.084, § 1º, 1.109, parágrafo único, 1.122, 1.144, 1.146, 1.148 e 1.149 do Código Civil e art. 71 da Lei Complementar n. 123/2006: No caso da microempresa, da empresa de pequeno porte e do microempreendedor individual, dispensados de publicação dos seus atos (art. 71 da Lei Complementar n. 123/2006), os prazos estabelecidos no Código Civil contam-se da data do arquivamento do documento (termo inicial) no registro próprio".

CAPÍTULO XI
DA SOCIEDADE DEPENDENTE DE AUTORIZAÇÃO

Seção I
Disposições Gerais

Art. 1.123. A sociedade que dependa de autorização do Poder Executivo para funcionar reger-se-á por este título, sem prejuízo do disposto em lei especial.

Parágrafo único. A competência para a autorização será sempre do Poder Executivo federal.

➥ Sem correspondência no CC/1916.

Certas sociedades, para adquirir personalidade jurídica, dependem de prévia autorização do governo federal por girarem com o dinheiro do público, cujo interesse compete ao poder governamental resguardar, averiguando sua idoneidade, seus estatutos e as garantias que ofertam àquele. Assim sendo, dependerão da autorização do governo federal as sociedades estrangeiras (art. 11, § 1º, da LINDB); as agências ou estabelecimentos de seguros; montepios, caixas econômicas, bolsas de valores; e cooperativas, salvo sindicatos profissionais e agrícolas (arts. 511 e segs. da CLT; art. 8º, I e II, da CF), desde que legalmente organizados. A competência para a autorização será sempre do Poder Executivo Federal.

Art. 1.124. Na falta de prazo estipulado em lei ou em ato do poder público, será considerada caduca a autorização se a sociedade não entrar em funcionamento nos doze meses seguintes à respectiva publicação.

➥ Sem correspondência no CC/1916.

Salvo estipulação em contrário, perde seus efeitos a autorização não realizada no prazo de doze meses de sua publicação, ou seja, a autorização de que não decorreu a constituição da sociedade, verificando-se o seu funcionamento.

Art. 1.125. Ao Poder Executivo é facultado, a qualquer tempo, cassar a autorização concedida a sociedade nacional ou estrangeira que infringir disposição de ordem pública ou praticar atos contrários aos fins declarados no seu estatuto.

➥ Sem correspondência no CC/1916.

O poder público tem competência para permitir o funcionamento de sociedades sob regime especial, assim também procedendo à sua fiscalização e cancelamento da respectiva au-

Código Civil comentado e anotado   Arts. 1.125 a 1.128

torização. Não se trata de ato público discricionário, mas vinculado à infração de disposição legal ou ao declarado no estatuto.

Seção II
Da Sociedade Nacional

Art. 1.126. É nacional a sociedade organizada de conformidade com a lei brasileira e que tenha no País a sede de sua administração.

Parágrafo único. Quando a lei exigir que todos ou alguns sócios sejam brasileiros, as ações da sociedade anônima revestirão, no silêncio da lei, a forma nominativa. Qualquer que seja o tipo da sociedade, na sua sede ficará arquivada cópia autêntica do documento comprobatório da nacionalidade dos sócios.

➡ Sem correspondência no CC/1916.

É **nacional a sociedade** que for organizada conforme a lei brasileira e tiver a sede de sua administração no Brasil. A pessoa jurídica também tem sua nacionalidade, ligando-se ao país em que se constituir, predominando o critério da sede social.

Se a lei exigir que todos ou alguns sócios de sociedade anônima sejam brasileiros, as ações, no silêncio da lei, serão nominativas. Mas qualquer que seja o tipo societário, dever-se-á arquivar na sua sede uma cópia autêntica do documento comprobatório da nacionalidade de seus sócios.

Art. 1.127. Não haverá mudança de nacionalidade de sociedade brasileira sem o consentimento unânime dos sócios ou acionistas.

➡ Sem correspondência no CC/1916.

A lei dificulta a alteração de nacionalidade de sociedade brasileira, privilegiando a atividade empresarial em território nacional. Dessa feita, apenas a unanimidade dos sócios ou acionistas permite a mudança da sede de determinada sociedade para outro país.

Art. 1.128. O requerimento de autorização de sociedade nacional deve ser acompanhado de cópia do contrato, assinada por todos os sócios, ou, tratando-se de sociedade anônima, de cópia, autenticada pelos fundadores, dos documentos exigidos pela lei especial.

Parágrafo único. Se a sociedade tiver sido constituída por escritura pública, bastará juntar-se ao requerimento a respectiva certidão.

➡ Sem correspondência no CC/1916.

O requerimento pedindo autorização para funcionamento de sociedade nacional (art. 1.126 do CC) deverá estar acompanhado não só de cópia autenticada do contrato social assinado por todos os sócios e pelos fundadores, se se tratar de sociedade anônima, mas também de todos os documentos exigidos por lei especial. Mas se a constituição da sociedade se deu por escritura pública, bastará a juntada da respectiva certidão àquele requerimento.

631

Arts. 1.129 a 1.132   Almeida Guilherme

Art. 1.129. Ao Poder Executivo é facultado exigir que se procedam a alterações ou aditamento no contrato ou no estatuto, devendo os sócios, ou, tratando-se de sociedade anônima, os fundadores, cumprir as formalidades legais para revisão dos atos constitutivos, e juntar ao processo prova regular.

➡ Sem correspondência no CC/1916.

Os atos constitutivos da sociedade dependente de autorização especial devem se adequar aos requisitos legais relativos não só ao tipo social, mas também aos detalhes de sua atividade específica. A exigência está amparada pelo poder de fiscalização do poder público, que o fará apresentar prova de regularidade no processo de autorização.

Art. 1.130. Ao Poder Executivo é facultado recusar a autorização, se a sociedade não atender às condições econômicas, financeiras ou jurídicas especificadas em lei.

➡ Sem correspondência no CC/1916.
➡ Veja art. 62 do DL n. 2.627/40.

Não observando o disposto na lei em relação à atividade que se pretende desenvolver, a sociedade terá sua autorização para funcionar recusada.

Com efeito, acrescente-se que a "faculdade" de que trata a norma se refere à possibilidade de determinar diligências e ajustes, mas não deve ser entendida como ato discricionário.

Art. 1.131. Expedido o decreto de autorização, cumprirá à sociedade publicar os atos referidos nos arts. 1.128 e 1.129, em trinta dias, no órgão oficial da União, cujo exemplar representará prova para inscrição, no registro próprio, dos atos constitutivos da sociedade.

Parágrafo único. A sociedade promoverá, também no órgão oficial da União e no prazo de trinta dias, a publicação do termo de inscrição.

➡ Sem correspondência no CC/1916.
➡ Veja art. 61, §§ 3º e 4º, do DL n. 2.627/40.

A autorização se aperfeiçoa por decreto do Poder Executivo, fato de que decorre a obrigação de a sociedade publicar seus atos constitutivos em 30 dias, apresentando exemplar para registro no cartório próprio.

Art. 1.132. As sociedades anônimas nacionais, que dependam de autorização do Poder Executivo para funcionar, não se constituirão sem obtê-la, quando seus fundadores pretenderem recorrer a subscrição pública para a formação do capital.

§ 1º Os fundadores deverão juntar ao requerimento cópias autênticas do projeto do estatuto e do prospecto.

§ 2º Obtida a autorização e constituída a sociedade, proceder-se-á à inscrição dos seus atos constitutivos.

➡ Sem correspondência no CC/1916.
➡ Veja art. 63 do DL n. 2.627/40.

Código Civil comentado e anotado   Arts. 1.132 a 1.134

A sociedade anônima nacional só poderá lavrar seu ato constitutivo se for constituída por subscrição pública, após obter autorização do Poder Executivo para funcionar (*vide* Lei 6.404/76).

Ademais, dispõe a lei sobre o requerimento pertinente, aduzindo a necessidade de cópias autenticadas do projeto do estatuto e seu prospecto para sua instrução.

Com efeito, acrescente-se que a subscrição particular está disposta no art. 88 da Lei das S.A. e a pública no art. 82 do mesmo diploma extravagante.

Art. 1.133. Dependem de aprovação as modificações do contrato ou do estatuto de sociedade sujeita a autorização do Poder Executivo, salvo se decorrerem de aumento do capital social, em virtude de utilização de reservas ou reavaliação do ativo.

➡ Sem correspondência no CC/1916.

A autorização do poder público não se resume à constituição da sociedade sob regime especial, mas também produz efeitos quanto às alterações de seus atos constitutivos, salvo se decorrerem de aumento de capital nos termos da lei.

Seção III
Da Sociedade Estrangeira

Art. 1.134. A sociedade estrangeira, qualquer que seja o seu objeto, não pode, sem autorização do Poder Executivo, funcionar no País, ainda que por estabelecimentos subordinados, podendo, todavia, ressalvados os casos expressos em lei, ser acionista de sociedade anônima brasileira.

§ 1º Ao requerimento de autorização devem juntar-se:

I – prova de se achar a sociedade constituída conforme a lei de seu país;

II – inteiro teor do contrato ou do estatuto;

III – relação dos membros de todos os órgãos da administração da sociedade, com nome, nacionalidade, profissão, domicílio e, salvo quanto a ações ao portador, o valor da participação de cada um no capital da sociedade;

IV – cópia do ato que autorizou o funcionamento no Brasil e fixou o capital destinado às operações no território nacional;

V – prova de nomeação do representante no Brasil, com poderes expressos para aceitar as condições exigidas para a autorização;

VI – último balanço.

§ 2º Os documentos serão autenticados, de conformidade com a lei nacional da sociedade requerente, legalizados no consulado brasileiro da respectiva sede e acompanhados de tradução em vernáculo.

➡ Sem correspondência no CC/1916.
➡ Veja art. 64 do DL n. 2.627/40.

A **sociedade estrangeira**, qualquer que seja seu objeto, poderá conservar sua sede no exterior e exercer atividade no Brasil, aqui mantendo, ou não, filial, sucursal, agência ou estabelecimento e até mesmo, em casos expressos em lei, ser acionista de sociedade anônima

633

Arts. 1.134 a 1.136 — Almeida Guilherme

brasileira. Mas deverá para tanto obter autorização do Poder Executivo, mediante requerimento instruído com:

a) prova de se achar regularmente constituída conforme a lei de seu país;

b) contrato social em seu inteiro teor;

c) rol dos sócios e dos membros dos órgãos administrativos, com a devida qualificação, especificando, ainda, o valor da participação de cada um no capital social, salvo se as ações forem ao portador;

d) cópia da ata que autorizou o seu funcionamento no Brasil e fixou o capital destinado à realização das operações no território nacional;

e) comprovante da nomeação do representante no Brasil, com poderes expressos para aceitar as condições em que for dada a autorização pretendida; e

f) apresentação do último balanço da firma.

Todos esses documentos deverão estar autenticados conforme a lei nacional da sociedade requerente, legalizados pelo cônsul brasileiro da sua sede e devidamente traduzidos em vernáculo por tradutor juramentado.

> ▪ Enunciado n. 486 da V Jornada de Direito Civil: "Art. 1.134: A sociedade estrangeira pode, independentemente de autorização do Poder Executivo, ser sócia em sociedades de outros tipos além das anônimas".

Art. 1.135. É facultado ao Poder Executivo, para conceder a autorização, estabelecer condições convenientes à defesa dos interesses nacionais.

Parágrafo único. Aceitas as condições, expedirá o Poder Executivo decreto de autorização, do qual constará o montante de capital destinado às operações no País, cabendo à sociedade promover a publicação dos atos referidos no art. 1.131 e no § 1º do art. 1.134.

> ➥ Sem correspondência no CC/1916.
> ➥ Veja art. 65 do DL n. 2.627/40.

A sociedade estrangeira deve observar os interesses nacionais e verificar preceitos governamentais de reinvestimento e de remessa de lucros nos termos do art. 172 da Constituição Federal. Desse modo, poderá o poder público exigir condições especiais, procedendo à autorização após o cumprimento de tais medidas.

Art. 1.136. A sociedade autorizada não pode iniciar sua atividade antes de inscrita no registro próprio do lugar em que se deva estabelecer.

§ 1º O requerimento de inscrição será instruído com exemplar da publicação exigida no parágrafo único do artigo antecedente, acompanhado de documento do depósito em dinheiro, em estabelecimento bancário oficial, do capital ali mencionado.

§ 2º Arquivados esses documentos, a inscrição será feita por termo em livro especial para as sociedades estrangeiras, com número de ordem contínuo para todas as sociedades inscritas; no termo constarão:

I – nome, objeto, duração e sede da sociedade no estrangeiro;

II – lugar da sucursal, filial ou agência, no País;

III – data e número do decreto de autorização;

IV – capital destinado às operações no País;

Código Civil comentado e anotado   Arts. 1.136 a 1.139

V – individuação do seu representante permanente.

§ 3º Inscrita a sociedade, promover-se-á a publicação determinada no parágrafo único do art. 1.131.

➦ Sem correspondência no CC/1916.

A inscrição de sociedade estrangeira será realizada em livro especial, de que conterá a qualificação pormenorizada da sociedade e de seu representante, publicando tais informações em homenagem à publicidade e aos interesses de quem com ela venha a contratar.

Art. 1.137. A sociedade estrangeira autorizada a funcionar ficará sujeita às leis e aos tribunais brasileiros, quanto aos atos ou operações praticados no Brasil.

Parágrafo único. A sociedade estrangeira funcionará no território nacional com o nome que tiver em seu país de origem, podendo acrescentar as palavras "do Brasil" ou "para o Brasil".

➦ Sem correspondência no CC/1916.
➦ Veja arts. 66 e 68 do DL n. 2.627/40.

As transações realizadas em território nacional se submetem ao juízo pátrio, funcionando a sociedade com o acréscimo da denominação relativa ao Brasil em seu nome. Ainda que eleita a arbitragem por câmara de outra nação, as regras para a validade da cláusula compromissória ou do compromisso arbitral serão pontuadas com o ordenamento jurídico brasileiro.

Art. 1.138. A sociedade estrangeira autorizada a funcionar é obrigada a ter, permanentemente, representante no Brasil, com poderes para resolver quaisquer questões e receber citação judicial pela sociedade.

Parágrafo único. O representante somente pode agir perante terceiros depois de arquivado e averbado o instrumento de sua nomeação.

➦ Sem correspondência no CC/1916.
➦ Veja art. 67 do DL n. 2.627/40.

A representação de sociedade estrangeira será válida depois de arquivado e averbado o ato de sua designação. Ademais, saliente-se que a sociedade não poderá permanecer sem representante capaz de resolver quaisquer questões a ela relativas, ainda que este não tenha nacionalidade brasileira.

Art. 1.139. Qualquer modificação no contrato ou no estatuto dependerá da aprovação do Poder Executivo, para produzir efeitos no território nacional.

➦ Sem correspondência no CC/1916.
➦ Veja art. 69 do DL n. 2.627/40.

635

Tanto nas partes como nas sociedades nacionais sujeitas à autorização, qualquer modificação nos atos constitutivos da sociedade estrangeira deverá ser aprovada pelo poder público para que tenha eficácia.

Art. 1.140. A sociedade estrangeira deve, sob pena de lhe ser cassada a autorização, reproduzir no órgão oficial da União, e do Estado, se for o caso, as publicações que, segundo a sua lei nacional, seja obrigada a fazer relativamente ao balanço patrimonial e ao de resultado econômico, bem como aos atos de sua administração.

Parágrafo único. Sob pena, também, de lhe ser cassada a autorização, a sociedade estrangeira deverá publicar o balanço patrimonial e o de resultado econômico das sucursais, filiais ou agências existentes no País.

➡ Sem correspondência no CC/1916.
➡ Veja art. 70 do DL n. 2.627/40.

A sociedade estrangeira autorizada a funcionar em território nacional não se exime das exigências legais de publicação do balanço patrimonial, do balanço de resultado econômico e dos atos de sua administração. A omissão desses procedimentos faz cessar a autorização para funcionar, como também ocorrerá se o deixar de fazer em relação às sucursais, filiais ou agências observadas no Brasil.

Art. 1.141. Mediante autorização do Poder Executivo, a sociedade estrangeira admitida a funcionar no País pode nacionalizar-se, transferindo sua sede para o Brasil.

§ 1º Para o fim previsto neste artigo, deverá a sociedade, por seus representantes, oferecer, com o requerimento, os documentos exigidos no art. 1.134, e ainda a prova da realização do capital, pela forma declarada no contrato, ou no estatuto, e do ato em que foi deliberada a nacionalização.

§ 2º O Poder Executivo poderá impor as condições que julgar convenientes à defesa dos interesses nacionais.

§ 3º Aceitas as condições pelo representante, proceder-se-á, após a expedição do decreto de autorização, à inscrição da sociedade e publicação do respectivo termo.

➡ Sem correspondência no CC/1916.
➡ Veja art. 71 do DL n. 2.627/40.

A sociedade estrangeira poderá adquirir nacionalidade brasileira, constituindo-se sobre a lei nacional. Com efeito, ainda assim poderá o poder público exigir condições em defesa do interesse nacional que, após superadas, culminarão com o decreto de autorização e correspondentes publicação e registro.

TÍTULO III
DO ESTABELECIMENTO

CAPÍTULO ÚNICO
DISPOSIÇÕES GERAIS

Art. 1.142. Considera-se estabelecimento todo complexo de bens organizado, para exercício da empresa, por empresário, ou por sociedade empresária.

Código Civil comentado e anotado   Art. 1.142

§ 1º O estabelecimento não se confunde com o local onde se exerce a atividade empresarial, que poderá ser físico ou virtual.

Parágrafo acrescentado pela Medida Provisória n. 1.085, de 27.12.2021.

§ 2º Quando o local onde se exerce a atividade empresarial for virtual, o endereço informado para fins de registro poderá ser, conforme o caso, o endereço do empresário individual ou de um dos sócios da sociedade empresária.

Parágrafo acrescentado pela Medida Provisória n. 1.085, de 27.12.2021.

§ 3º Quando o local onde se exerce a atividade empresarial for físico, a fixação do horário de funcionamento competirá ao Município, observada a regra geral prevista no inciso II do *caput* do art. 3º da Lei n. 13.874, de 20 de setembro de 2019.

Parágrafo acrescentado pela Medida Provisória n. 1.085, de 27.12.2021.

➥ Sem correspondência no CC/1916.

Estabelecimento é o complexo de bens de natureza variada, materiais (mercadorias, máquinas, imóveis, veículos, equipamentos etc.) ou imateriais (marcas, patentes, tecnologia, ponto etc.), reunidos e organizados pelo empresário ou pela sociedade empresária, por serem necessários ou úteis ao desenvolvimento e exploração de sua atividade econômica, ou melhor, ao exercício de empresa. Como se pode inferir do enunciado no art. 1.142, trata-se de elemento essencial à empresa, pois impossível é qualquer atividade empresarial sem que antes se organize um estabelecimento.

O art. 1.142 recebeu a introdução dos §§ 1º, 2º e 3º. Em relação ao § 1º, a medida provisória cuidou de explicitar percepção já consagrada, que dá conta do fato de que o estabelecimento não se confunde com o espaço em que a atividade é exercida. O texto da Medida Provisória n. 1.085/2021 é um tanto redundante, uma vez que já se tinha em mente que o estabelecimento no complexo de bens, materiais ou não, organizados pelo empresário ou pela sociedade para o desenvolvimento da atividade. Acredita-se que a intenção da MP tenha sido a de explicitar o fato de que o estabelecimento também possa ser virtual.

O § 2º possibilita que, quando o local onde se der o exercício da atividade empresarial for virtual, o endereço informado para fins de registro poderá ser, conforme o caso, o endereço do empresário individual ou de um dos sócios da sociedade empresária.

Por fim, o § 3º determina que quando o local em que a atividade esteja sendo exercida for físico, o horário de funcionamento competirá ao município, observada a regra constante do inciso II do *caput* do art. 3º da Lei n. 13.874, de 20.09.2019.

▪ Súmula n. 645 do STF: "É competente o Município para fixar o horário de funcionamento de estabelecimento comercial".

▪ Súmula n. 451 do STJ: "É legítima a penhora da sede do estabelecimento comercial".

▪ Enunciado n. 233 da III Jornada de Direito Civil: "Art. 1.142: A sistemática do contrato de trespasse delineada pelo Código Civil nos arts. 1.142 e seguintes, especialmente seus efeitos obrigacionais, aplica-se somente quando o conjunto de bens transferidos importar a transmissão da funcionalidade do estabelecimento empresarial".

▪ Enunciado n. 488 da V Jornada de Direito Civil: "Art. 1.142 e Súmula n. 451 do STJ: Admite-se a penhora do website e de outros intangíveis relacionados com o comércio eletrônico".

Arts. 1.142 e 1.143   Almeida Guilherme

■ Enunciado n. 7 da I Jornada de Direito Comercial: "O nome de domínio integra o estabelecimento empresarial como bem incorpóreo para todos os fins de direito".

■ Agravo. Agravo de instrumento. Direito privado não especificado. Processo de execução. Fraude à execução. Decisão que indefere o pedido por violação ao disposto na Súmula n. 375 do STJ. Em primeiro lugar, contrariamente ao que pretende justificar a parte agravante, a transação entre as partes (a agravada e a empresa C. & S. Ltda.) e por cuja declaração de nulidade, porque fraudulenta, propugna, não se deu da forma simplificada como assevera, já que não se tratou de simples venda de bens móveis, senão da efetiva venda do ponto comercial, malgrado intitulado Contrato Particular de Compra e Venda de Bens Móveis. Despiciendo o *nomen juris*, quando se percebe que o pacto é aquele regrado pelo art. 1.142 do CC, que, segundo defende a maioria da doutrina, trata-se de uma universalidade de fato, ou seja, consagra um conjunto de bens corpóreos (dentre outros itens, os móveis, utensílios, maquinários, mercadorias e o próprio imóvel) e incorpóreos (ponto comercial, nome empresarial, marca patente, clientela, etc.), o que pode ser objeto de negócios jurídicos, na forma do art. 1.143 do mesmo diploma. Dessa forma, ao que parece, o que se analisa de forma perfunctória, pois não é o ponto central do debate, a proteção jurídica do ponto empresarial se dará pelas normas do direito civil que tutelam a propriedade. Assim, não se mostra razoável que se suprima liminarmente a aplicação da Súmula n. 375 do STJ, tampouco que se avente a falta de pontualidade na decisão agravada, como se o juízo *a quo*, em total descompasso, tivesse objetado a pretensão mediante fundamentação insólita (o registro da penhora sobre bens móveis). Em segundo lugar, não se observam indícios de fraude à execução, pois o contrato particular de compra e venda foi firmado na data de 31.10.2012 – com firmas reconhecidas na mesma data –, pelo preço de R$ 690.000,00, sendo integralmente adimplido, inclusive com a dação em pagamento de um terreno no valor de R$ 300.000,00, o que, já por si, afasta qualquer alegação de simulação, aliado ao fato de que a penhora foi realizada na data de 17.12.2012, ou seja, depois da alienação, não se identificando, não obstante se reconheça a peregrinação da parte credora para reaver o seu crédito, o *consilium fraudis*. Decisão interlocutória mantida. Decisão monocrática mantida. Agravo desprovido. (TJRS, Ag. n. 70.064.138.001, 12ª Câm. Cível, rel. Ana Lúcia Carvalho Pinto Vieira Rebout. j. 23.04.2015)

Art. 1.143. Pode o estabelecimento ser objeto unitário de direitos e de negócios jurídicos, translativos ou constitutivos, que sejam compatíveis com a sua natureza.

➥ Sem correspondência no CC/1916.

Constitui o estabelecimento de uma pluralidade de bens organizados, pertencentes a um empresário ou uma sociedade empresária, que tenha por destinação o exercício da empresa. Com efeito, acrescente-se que o estabelecimento poderá ser objeto de oneração, penhora, entre outros, de modo a se entender integrado ao patrimônio da sociedade.

■ Enunciado n. 393 da IV Jornada de Direito Civil: "A validade da alienação do estabelecimento empresarial não depende de forma específica, observado o regime jurídico dos bens que a exijam".

■ Veja no art. 1.142 a seguinte decisão: TJRS, Ag. n. 70.064.138.001, 12ª Câm. Cível, rel. Ana Lúcia Carvalho Pinto Vieira Rebout. j. 23.04.2015.

■ Agravo de instrumento. Responsabilidade civil. Cumprimento de sentença. Sucessão empresarial. Para reconhecimento da sucessão empresarial, deve ser comprovada, além da ocupação do espaço an-

Código Civil comentado e anotado   Arts. 1.143 a 1.145

teriormente ocupado por outra empresa e objeto social idêntico, a aquisição pelo sucessor do fundo de comércio do sucedido, aí compreendidos o ativo e o passivo, bem como o estabelecimento comercial e a carteira de clientes, passando o sucessor a desempenhar as mesmas atividades antes desempenhadas pela empresa sucedida. Inteligências dos arts. 1.143 e 1.146 do CC. Agravo de instrumento provido. Unânime. (TJSP, AI n. 70.063.588.040, 9ª Câm. Cível, rel. Iris Helena Medeiros Nogueira, j. 29.04.2015)

Art. 1.144. O contrato que tenha por objeto a alienação, o usufruto ou arrendamento do estabelecimento, só produzirá efeitos quanto a terceiros depois de averbado à margem da inscrição do empresário, ou da sociedade empresária, no Registro Público de Empresas Mercantis, e de publicado na imprensa oficial.

➥ Sem correspondência no CC/1916.

Se o estabelecimento empresarial for objeto de contrato que vise a aliená-lo, dá-lo em usufruto ou arrendá-lo, esse negócio jurídico apenas produzirá efeitos em relação a terceiros depois de sua averbação à margem da inscrição do empresário, ou da sociedade empresária, no Registro Público de Empresas Mercantis, e de sua publicação na imprensa oficial.

▪ Enunciado n. 489 da V Jornada de Direito Civil: "Arts. 1.043, II, 1.051, 1.063, § 3º, 1.084, § 1º, 1.109, parágrafo único, 1.122, 1.144, 1.146, 1.148 e 1.149 do Código Civil e art. 71 da Lei Complementar n. 123/2006: No caso da microempresa, da empresa de pequeno porte e do microempreendedor individual, dispensados de publicação dos seus atos (art. 71 da Lei Complementar n. 123/2006), os prazos estabelecidos no Código Civil contam-se da data do arquivamento do documento (termo inicial) no registro próprio".

Art. 1.145. Se ao alienante não restarem bens suficientes para solver o seu passivo, a eficácia da alienação do estabelecimento depende do pagamento de todos os credores, ou do consentimento destes, de modo expresso ou tácito, em trinta dias a partir de sua notificação.

➥ Sem correspondência no CC/1916.

Não havendo como honrar as dívidas assumidas pela sociedade, ainda assim subsistirá a possibilidade de onerar ou alienar o estabelecimento. Com efeito, nessa hipótese, não tem eficácia sua venda se todos os credores não houverem sido satisfeitos ou, de outra forma, não tenham concordado com a operação.

▪ Execução de título extrajudicial. Desconsideração da personalidade jurídica. Sociedades coligadas que possuem mesmos sócios e objetos. Abuso de personalidade e confusão patrimonial caracterizados. Intangibilidade do *decisum*. A executada não comprovou a alegada existência de sociedade em contas de participação, notadamente quando não se tratam de pessoas distintas reunidas eventualmente para a obtenção de vantagens comerciais consorciais, mas de sociedades empresárias que possuem mesmos sócios e objetos, reunidas num único objetivo para blindar o patrimônio das empresas em nome de uma delas. Aplicação dos arts. 50, 1.145 e 1.146, todos do CC. Precedentes. Recurso desprovido. (TJSP, AI n. 2206888-79.2014.8.26.0000/Andradina, 11ª Câm. de Dir. Priv., rel. Walter Fonseca, j. 07.05.2015)

639

Art. 1.146. O adquirente do estabelecimento responde pelo pagamento dos débitos anteriores à transferência, desde que regularmente contabilizados, continuando o devedor primitivo solidariamente obrigado pelo prazo de um ano, a partir, quanto aos créditos vencidos, da publicação, e, quanto aos outros, da data do vencimento.

➥ Sem correspondência no CC/1916.

Aquele que adquire o estabelecimento fica responsável pelos débitos anteriores à operação, permanecendo o devedor originário solidariamente responsável pelo período de um ano da transferência ou do vencimento das dívidas. Como já sintetizado, tal alienação, denominada trespasse, transfere a complexidade de bens organizados a outrem.

▪ Enunciado n. 489 da V Jornada de Direito Civil: "Arts. 1.043, II, 1.051, 1.063, § 3º, 1.084, § 1º, 1.109, parágrafo único, 1.122, 1.144, 1.146, 1.148 e 1.149 do Código Civil e art. 71 da Lei Complementar n. 123/2006: No caso da microempresa, da empresa de pequeno porte e do microempreendedor individual, dispensados de publicação dos seus atos (art. 71 da Lei Complementar n. 123/2006), os prazos estabelecidos no Código Civil contam-se da data do arquivamento do documento (termo inicial) no registro próprio".

▪ Enunciado n. 59 da II Jornada de Direito Comercial: "A mera instalação de um novo estabelecimento, em lugar antes ocupado por outro, ainda que no mesmo ramo de atividade, não implica responsabilidade por sucessão prevista no art. 1.146 do CCB".

▪ Veja no art. 1.143 a seguinte decisão: TJSP, AI n. 70.063.588.040, 9ª Câm. Cível, rel. Iris Helena Medeiros Nogueira, j. 29.04.2015.

▪ Veja no art. 1.145 a seguinte decisão: TJSP, AI n. 2206888-79.2014.8.26.0000/Andradina, 11ª Câm. de Dir. Priv., rel. Walter Fonseca, j. 07.05.2015.

▪ Apelação cível. Responsabilidade civil. Embargos de terceiro. Execução de sentença. Sucessão empresarial. Inocorrência. Ausência dos requisitos. Quadro societário diverso. Trata-se de recurso de apelação interposto pela parte embargante contra a sentença de improcedência proferida nos autos dos embargos de terceiro opostos com o objetivo de desconstituir a penhora levada a efeito nos autos da execução de sentença que recaiu sobre bem de sua propriedade (5.500 litros de gasolina comum). Para configuração da sucessão empresarial, a qual possui previsão no art. 1.146 do CC, o que autorizaria o redimensionamento da execução à empresa embargante, é necessário a presença de três requisitos devidamente comprovados, são eles: a confusão entre os sócios, a mesma atividade econômica e o desenvolvimento das atividades em local único. Precedentes. *In casu*, da análise dos contratos sociais juntados às fls. 10-17 e 28-34, verifica-se o não preenchimento de todos os requisitos acima referidos, pois os sócios da empresa executada não são os mesmos da empresa embargante. As referências feitas na sentença acerca da mudança de endereço da empresa executada, a utilização do mesmo nome fantasia, a ausência de comprovação de que a devedora tenha atuado no novo endereço, não são suficientes para reconhecer-se a sucessão empresarial e redimensionar a execução contra a empresa ora embargante, penhorando bens de sua propriedade. Em não havendo demonstração da referida sucessão empresarial, destacadamente em razão da diferença que se vislumbra entre os sócios das empresas, não há como penalizar-se a empresa que sequer faz parte da ação de execução de sentença com a penhora irregular de bem de sua propriedade. Assim, impõe-se o reconhecimento da inocorrência de sucessão empresarial, determinando-se o levantamento da penhora realizada sobre o bem de proprie-

Código Civil comentado e anotado   Arts. 1.146 a 1.148

dade da empresa embargante (5.500 litros de gasolina comum). Apelação provida. (TJRS, Ap. Cível n. 70.030.916.761, 6ª Câm. Cível, rel. Sylvio José Costa da Silva Tavares, j. 30.10.2014)

Art. 1.147. Não havendo autorização expressa, o alienante do estabelecimento não pode fazer concorrência ao adquirente, nos cinco anos subsequentes à transferência.

Parágrafo único. No caso de arrendamento ou usufruto do estabelecimento, a proibição prevista neste artigo persistirá durante o prazo do contrato.

➡ Sem correspondência no CC/1916.

Após o trespasse, só poderá o alienante fazer concorrência ao adquirente após cinco anos, após o período do arrendamento ou usufruto ou, ainda, com autorização expressa deste. Diga-se da concorrência pelo exercício da mesma atividade, coincidentes em relação à praça e à clientela.

■ Enunciado n. 490 da V Jornada de Direito Civil: "Art. 1.147: A ampliação do prazo de 5 anos de proibição de concorrência pelo alienante ao adquirente do estabelecimento, ainda que convencionada no exercício da autonomia da vontade, pode ser revista judicialmente, se abusiva".

■ Apelação cível. Direito privado não especificado. Compra e venda de ponto comercial. Concorrência desleal configurada. Art. 1.147 do CC. Desnecessidade de constar no contrato cláusula proibitiva. Restituição parcial do valor pago pelo ponto comercial. Quebra da boa-fé contratual. Danos morais não configurados. Lucros cessantes. Ausência de prova. I. A prática de concorrência desleal – desrespeito ao prazo de cinco anos previsto no art. 1.147 do CC –, mesmo que não conste do contrato cláusula proibitiva de concorrência, evidencia a quebra da boa-fé contratual, ilícito que justifica, no caso em exame, a restituição de parte do valor implementado. II. Os dissabores pertinentes ao mundo dos negócios não constituem abalo extrapatrimonial e ofensa aos direitos de personalidade. III. Incabível condenação a título de lucros cessantes quando não evidenciados os elementos aptos a conferir indenização a este título. IV. Ausente prova de prejuízo causado por uso do nome da pessoa jurídica pelos autores, através da utilização de notas fiscais, a manutenção do julgamento de improcedência da reconvenção é medida impositiva. Apelos desprovidos. Unânime. (TJRS, Ap. Cível n. 70.062.220.298, 17ª Câm. Cível, rel. Liege Puricelli Pires, j. 28.05.2015)

Art. 1.148. Salvo disposição em contrário, a transferência importa a sub-rogação do adquirente nos contratos estipulados para exploração do estabelecimento, se não tiverem caráter pessoal, podendo os terceiros rescindir o contrato em noventa dias a contar da publicação da transferência, se ocorrer justa causa, ressalvada, neste caso, a responsabilidade do alienante.

➡ Sem correspondência no CC/1916.

Havendo transferência do estabelecimento empresarial, exceto estipulação em sentido contrário, o adquirente sub-rogar-se-á em todos os direitos e deveres do alienante nos contratos por ele efetivados para fazer frente à exploração do estabelecimento, desde que não tenham caráter pessoal.

Havendo justa causa, terceiros poderão rescindir contratos estipulados pelo alienante do estabelecimento comercial para o desenvolvimento de sua atividade econômica, dentro do prazo de 90 dias, contado da publicação da transferência, ressalvando-se, porém, a responsabilidade do alienante.

Arts. 1.148 a 1.150

Almeida Guilherme

- Enunciado n. 234 da III Jornada de Direito Civil: "Art. 1.148: Quando do trespasse do estabelecimento empresarial, o contrato de locação do respectivo ponto não se transmite automaticamente ao adquirente. Fica cancelado o Enunciado n. 64".

- Enunciado n. 489 da V Jornada de Direito Civil: "Arts. 1.043, II, 1.051, 1.063, § 3º, 1.084, § 1º, 1.109, parágrafo único, 1.122, 1.144, 1.146, 1.148 e 1.149 do Código Civil e art. 71 da Lei Complementar n. 123/2006: No caso da microempresa, da empresa de pequeno porte e do microempreendedor individual, dispensados de publicação dos seus atos (art. 71 da Lei Complementar n. 123/2006), os prazos estabelecidos no Código Civil contam-se da data do arquivamento do documento (termo inicial) no registro próprio".

Art. 1.149. A cessão dos créditos referentes ao estabelecimento transferido produzirá efeito em relação aos respectivos devedores, desde o momento da publicação da transferência, mas o devedor ficará exonerado se de boa-fé pagar ao cedente.

➡ Sem correspondência no CC/1916.

Cessão de créditos relativos ao estabelecimento transferido. Se o alienante veio a ceder os créditos referentes ao estabelecimento empresarial transferido, esta cessão terá eficácia em relação aos devedores no instante em que a transferência for publicada; mas se algum devedor de boa-fé vier a solver seu débito, pagando-o ao cedente, e não ao cessionário, liberado estará de sua obrigação.

- Enunciado n. 489 da V Jornada de Direito Civil: "Arts. 1.043, II, 1.051, 1.063, § 3º, 1.084, § 1º, 1.109, parágrafo único, 1.122, 1.144, 1.146, 1.148 e 1.149 do Código Civil e art. 71 da Lei Complementar n. 123/2006: No caso da microempresa, da empresa de pequeno porte e do microempreendedor individual, dispensados de publicação dos seus atos (art. 71 da Lei Complementar n. 123/2006), os prazos estabelecidos no Código Civil contam-se da data do arquivamento do documento (termo inicial) no registro próprio".

TÍTULO IV
DOS INSTITUTOS COMPLEMENTARES

CAPÍTULO I
DO REGISTRO

Art. 1.150. O empresário e a sociedade empresária vinculam-se ao Registro Público de Empresas Mercantis a cargo das Juntas Comerciais, e a sociedade simples ao Registro Civil das Pessoas Jurídicas, o qual deverá obedecer às normas fixadas para aquele registro, se a sociedade simples adotar um dos tipos de sociedade empresária.

➡ Sem correspondência no CC/1916.

O registro do empresário e da sociedade empresária no Registro Público de Empresas Mercantis de sua sede, a cargo das Juntas Comerciais (Lei n. 8.934/94), e o da sociedade simples no Registro Civil das Pessoas Jurídicas (Lei n. 6.015/73, arts. 114 a 126), dá início à existência legal

Código Civil comentado e anotado   Arts. 1.150 e 1.151

da personalidade jurídica e é imprescindível para que se possa explorar atividade econômica, visto que: cadastra empresários, sociedades empresárias e sociedades simples em funcionamento, e dá publicidade e autenticidade aos atos por eles praticados, submetidos a registro.

■ Enunciado n. 55 da I Jornada de Direito Civil: "Arts. 968, 969 e 1.150: o domicílio da pessoa jurídica empresarial regular é o estatutário ou o contratual em que indicada a sede da empresa, na forma dos arts. 968, IV, e 969, combinado com o art. 1.150, todos do Código Civil".

■ Enunciado n. 209 da III Jornada de Direito Civil: "Arts. 985, 986 e 1.150: O art. 986 deve ser interpretado em sintonia com os arts. 985 e 1.150, de modo a ser considerada em comum a sociedade que não tenha seu ato constitutivo inscrito no registro próprio ou em desacordo com as normas legais previstas para esse registro (art. 1.150), ressalvadas as hipóteses de registros efetuados de boa-fé".

■ Enunciado n. 60 da II Jornada de Direito Comercial: "Os acordos e negócios de abstenção de uso de marcas entre sociedades empresárias não são oponíveis em face do Instituto Nacional de Propriedade Industrial – INPI, sem prejuízo de os litigantes obterem tutela jurisdicional de abstenção entre eles na Justiça Estadual".

■ Agravo de instrumento. Licitação e contrato administrativo. Edital que exige certidão expedida pela junta comercial. Exclusão implícita das sociedades simples. 1. São registradas na Junta Comercial as sociedades empresárias e, no Registro Civil de Pessoas Jurídicas, as simples, de acordo com os arts. 998 e 1.150 do CC. 2. A Lei n. 8.666/93, que institui normas para licitações e contratos da Administração Pública, prevê no seu art. 28, IV, a documentação necessária para habilitação jurídica das sociedades simples. Recurso provido. (TJRS, AI n. 70.064.370.182, 1ª Câm. Cível, rel. Sergio Luiz Grassi Beck, j. 30.07.2015)

Art. 1.151. O registro dos atos sujeitos à formalidade exigida no artigo antecedente será requerido pela pessoa obrigada em lei, e, no caso de omissão ou demora, pelo sócio ou qualquer interessado.

§ 1º Os documentos necessários ao registro deverão ser apresentados no prazo de trinta dias, contado da lavratura dos atos respectivos.

§ 2º Requerido além do prazo previsto neste artigo, o registro somente produzirá efeito a partir da data de sua concessão.

§ 3º As pessoas obrigadas a requerer o registro responderão por perdas e danos, em caso de omissão ou demora.

➥ Sem correspondência no CC/1916.

O registro dos atos sujeitos ao requisito formal (art. 104, III, do CC) exigido no art. 1.150 do CC será requerido pela pessoa obrigada em lei, e, no caso de omissão ou demora, pelo sócio ou qualquer interessado. Conforme uniformização do critério de julgamentos na Junta Comercial do Estado de São Paulo, o art. 1.150 tem como interessada toda e qualquer pessoa que tem direitos ou interesses que possam ser afetados pelo não arquivamento do ato. Os documentos necessários ao registro deverão ser apresentados no prazo de trinta dias da assinatura, caso contrário a personalidade da sociedade somente produzirá efeitos a partir de sua concessão. No caso de omissão ou demora (art. 186 do CC), as pessoas obrigadas a requerer o registro responderão por perdas e danos (art. 927, *caput*, do CC).

643

Arts. 1.152 a 1.154 — Almeida Guilherme

Art. 1.152. Cabe ao órgão incumbido do registro verificar a regularidade das publicações determinadas em lei, de acordo com o disposto nos parágrafos deste artigo.

§ 1º Salvo exceção expressa, as publicações ordenadas neste Livro serão feitas no órgão oficial da União ou do Estado, conforme o local da sede do empresário ou da sociedade, e em jornal de grande circulação.

§ 2º As publicações das sociedades estrangeiras serão feitas nos órgãos oficiais da União e do Estado onde tiverem sucursais, filiais ou agências.

§ 3º O anúncio de convocação da assembleia de sócios será publicado por três vezes, ao menos, devendo mediar, entre a data da primeira inserção e a da realização da assembleia, o prazo mínimo de oito dias, para a primeira convocação, e de cinco dias, para as posteriores.

➡ Sem correspondência no CC/1916.

A regularidade das publicações nos termos legais será observada pelos órgãos incumbidos pelo respectivo registro. As empresas estrangeiras devem publicar seus atos tanto no diário nacional como no estadual, enquanto as sociedades nacionais o fazem de maneira alternativa. Ademais, note-se que tal publicação deve ser promovida mais de uma vez na hipótese de convocação da assembleia de sócios.

Art. 1.153. Cumpre à autoridade competente, antes de efetivar o registro, verificar a autenticidade e a legitimidade do signatário do requerimento, bem como fiscalizar a observância das prescrições legais concernentes ao ato ou aos documentos apresentados.

Parágrafo único. Das irregularidades encontradas deve ser notificado o requerente, que, se for o caso, poderá saná-las, obedecendo às formalidades da lei.

➡ Sem correspondência no CC/1916.
➡ Veja art. 97 da Lei n. 6.404/76 (sociedades anônimas).
➡ Veja arts. 40 e 63 da Lei n. 8.934/94 (Registro Público de Empresas Mercantis).

Da obrigação da autoridade competente. Cumpre à autoridade competente, antes de efetivar o registro, verificar a autenticidade e a legitimidade do signatário do requerimento, bem como fiscalizar a observância das prescrições legais concernentes ao ato ou aos documentos apresentados. Caso sejam encontradas irregularidades, deve ser notificado o requerente, que, se for o caso, poderá saná-las, obedecendo às formalidades da lei (art. 104, III, do CC).

Assinatura no requerimento do empresário. O empresário deverá apresentar cópia autenticada do documento de identidade do signatário para verificação da autenticidade e veracidade da assinatura.

Art. 1.154. O ato sujeito a registro, ressalvadas disposições especiais da lei, não pode, antes do cumprimento das respectivas formalidades, ser oposto a terceiro, salvo prova de que este o conhecia.

Parágrafo único. O terceiro não pode alegar ignorância, desde que cumpridas as referidas formalidades.

➡ Sem correspondência no CC/1916.

644

Código Civil comentado e anotado   Arts. 1.154 a 1.156

A falta de publicidade faz do ato ineficaz perante terceiro, salvo prova de que este conhecia os termos da exceção. Dessa sorte, também não poderá se opor o terceiro se cumpridas as formalidades legais, considerando que o registro presume a ciência irrestrita dos atos ali publicados.

CAPÍTULO II
DO NOME EMPRESARIAL

Art. 1.155. Considera-se nome empresarial a firma ou a denominação adotada, de conformidade com este Capítulo, para o exercício de empresa.

Parágrafo único. Equipara-se ao nome empresarial, para os efeitos da proteção da lei, a denominação das sociedades simples, associações e fundações.

➥ Sem correspondência no CC/1916.
➥ Veja arts. 33 e 34 da Lei n. 8.934/94 (Registro Público de Empresas Mercantis).

Nome empresarial. É a firma ou denominação social com que o empresário, a sociedade empresária e também, por equiparação, a sociedade simples, a associação e a fundação se apresentam no exercício de suas atividades, visto ser seu elemento de identificação.

A firma só pode ter por base o nome civil do empresário ou os dos sócios da sociedade, que constitui também a sua assinatura.

Na denominação poder-se-á usar nome civil ou um "elemento fantasia", mas a assinatura, neste último caso, será sempre com o nome civil, lançado sobre o nome empresarial impresso ou carimbado.

■ Enunciado n. 7 da I Jornada de Direito Comercial: "O nome de domínio integra o estabelecimento empresarial como bem incorpóreo para todos os fins de direito".

■ Enunciado n. 60 da II Jornada de Direito Comercial: "Os acordos e negócios de abstenção de uso de marcas entre sociedades empresárias não são oponíveis em face do Instituto Nacional de Propriedade Industrial – INPI, sem prejuízo de os litigantes obterem tutela jurisdicional de abstenção entre eles na Justiça Estadual".

■ Agravo de instrumento. Execução de título extrajudicial. Fase de execução de sentença. Decisão que indeferiu pedido de penhora de bens de propriedade da firma individual. Descabimento. Inexiste distinção entre a firma individual e seu único sócio, tratando-se de uma única pessoa. Incidência dos arts. 966, 985 e 1.155, todos do CC. Hipótese em que a execução pode alcançar eventuais bens da empresa individual ou da pessoa física do único sócio. Decisão reformada. Recurso provido. (TJSP, AI n. 2177642-38.2014.8.26.0000/Sorocaba, 17ª Câm. de Dir. Priv., rel. Afonso Bráz. j. 14.11.2014)

Art. 1.156. O empresário opera sob firma constituída por seu nome, completo ou abreviado, aditando-lhe, se quiser, designação mais precisa da sua pessoa ou do gênero de atividade.

➥ Sem correspondência no CC/1916.
➥ Veja art. 3º do Decreto n. 916/1890 (Registro de firmas ou Razões Comerciais).

O empresário só poderá adotar firma baseada em seu nome civil, completo ou abreviado, acrescentado, ou não, do gênero de atividade econômica por ele exercida.

645

Arts. 1.157 a 1.159

Art. 1.157. A sociedade em que houver sócios de responsabilidade ilimitada operará sob firma, na qual somente os nomes daqueles poderão figurar, bastando para formá-la aditar ao nome de um deles a expressão "e companhia" ou sua abreviatura.

Parágrafo único. Ficam solidária e ilimitadamente responsáveis pelas obrigações contraídas sob a firma social aqueles que, por seus nomes, figurarem na firma da sociedade de que trata este artigo.

➥ Sem correspondência no CC/1916.

Na sociedade em que houver sócios de responsabilidade ilimitada, apenas os nomes civis desses sócios deverão figurar na firma social, visto que ficarão solidária e ilimitadamente responsáveis pelas obrigações contraídas sob a mencionada firma. Para a formação dessa firma deve-se aditar ao nome civil de um daqueles sócios a locução "e companhia" ou sua abreviatura "& Cia.", para fazer referência aos sócios dessa categoria.

Art. 1.158. Pode a sociedade limitada adotar firma ou denominação, integradas pela palavra final "limitada" ou a sua abreviatura.

§ 1º A firma será composta com o nome de um ou mais sócios, desde que pessoas físicas, de modo indicativo da relação social.

§ 2º A denominação deve designar o objeto da sociedade, sendo permitido nela figurar o nome de um ou mais sócios.

§ 3º A omissão da palavra "limitada" determina a responsabilidade solidária e ilimitada dos administradores que assim empregarem a firma ou a denominação da sociedade.

➥ Sem correspondência no CC/1916.
➥ Veja art. 3º do Decreto n. 3.708/1919 (sociedades por quotas de responsabilidade limitada).

Se a sociedade limitada usar firma, esta compor-se-á com o nome civil de um ou mais sócios, desde que pessoas físicas, acompanhado, no final, pela palavra "limitada" ou sua abreviatura "Ltda.", sob pena de, em caso de sua omissão, gerar responsabilidade solidária e ilimitada dos administradores que efetivarem operações usando firma.

▪ Enunciado n. 71 da I Jornada de Direito Civil: "Arts. 1.158 e 1.160: suprimir o art. 1.160 do Código Civil por estar a matéria regulada mais adequadamente no art. 3º da Lei n. 6.404/76 (disciplinadora das S.A.) e dar nova redação ao § 2º do art. 1.158, de modo a retirar a exigência da designação do objeto da sociedade".

Art. 1.159. A sociedade cooperativa funciona sob denominação integrada pelo vocábulo "cooperativa".

➥ Sem correspondência no CC/1916.
➥ Veja art. 5º da Lei n. 5.764/71 (sociedades cooperativas).

Pode a denominação ser formada por um nome fantasia ou qualquer outra expressão linguística. Nesse sentido, acrescente-se que aqui não quis o legislador impor o vocábulo "cooperativa" em sequência ao nome, deixando a escolha aos sócios.

Código Civil comentado e anotado   Arts. 1.160 a 1.163

Art. 1.160. A sociedade anônima opera sob denominação integrada pelas expressões "sociedade anônima" ou "companhia", por extenso ou abreviadamente, facultada a designação do objeto social.
Caput com redação dada pela Medida Provisória n. 1.085, de 27.12.2021.
Parágrafo único. Pode constar da denominação o nome do fundador, acionista, ou pessoa que haja concorrido para o bom êxito da formação da empresa.

➥ Sem correspondência no CC/1916.
➥ Veja art. 3º da Lei n. 6.404/76 (sociedades anônimas).

A sociedade anônima poderá exercer suas atividades sob denominação designativa do objeto social, integrada pela locução "sociedade anônima" ou pelo vocábulo "companhia", por extenso ou abreviado.

▪ Enunciado n. 71 da I Jornada de Direito Civil: "Arts. 1.158 e 1.160: suprimir o art. 1.160 do Código Civil por estar a matéria regulada mais adequadamente no art. 3º da Lei n. 6.404/76 (disciplinadora das S.A.) e dar nova redação ao § 2º do art. 1.158, de modo a retirar a exigência da designação do objeto da sociedade".

Art. 1.161. A sociedade em comandita por ações pode, em lugar de firma, adotar denominação aditada da expressão "comandita por ações", facultada a designação do objeto social.
Artigo com redação dada pela Medida Provisória n. 1.085, de 27.12.2021.

➥ Sem correspondência no CC/1916.

Faculta-se à sociedade em comandita por ações a possibilidade de, em lugar de firma, adotar a denominação "comandita por ações", igualmente sendo facultada a designação do objeto social.

Art. 1.162. A sociedade em conta de participação não pode ter firma ou denominação.

➥ Sem correspondência no CC/1916.
➥ Veja art. 325 do CCom.

A sociedade em conta de participação age exclusivamente em nome do sócio ostensivo, permanecendo os nomes dos demais omissos, assim também não subsistindo qualquer denominação de companhia.

Art. 1.163. O nome de empresário deve distinguir-se de qualquer outro já inscrito no mesmo registro.
Parágrafo único. Se o empresário tiver nome idêntico ao de outros já inscritos, deverá acrescentar designação que o distinga.

➥ Sem correspondência no CC/1916.
➥ Veja art. 6º, *caput* e § 1º, do Decreto n. 916/1890 (registro de firmas ou razões comerciais).

647

Não poderão coexistir dois nomes empresariais semelhantes, de modo a consagrar a novidade e exclusividade do nome de empresário. Com efeito, diante de tal problemática, adotar-se-á o acréscimo de certa designação que distinga tal denominação de qualquer outra já inscrita.

- Enunciado n. 1 da I Jornada de Direito Comercial: "Decisão judicial que considera ser o nome empresarial violador do direito de marca não implica a anulação do respectivo registro no órgão próprio nem lhe retira os efeitos, preservado o direito de o empresário alterá-lo".

- Enunciado n. 60 da II Jornada de Direito Comercial: "Os acordos e negócios de abstenção de uso de marcas entre sociedades empresárias não são oponíveis em face do Instituto Nacional de Propriedade Industrial – INPI, sem prejuízo de os litigantes obterem tutela jurisdicional de abtenção entre eles na Justiça Estadual".

Art. 1.164. O nome empresarial não pode ser objeto de alienação.
Parágrafo único. O adquirente de estabelecimento, por ato entre vivos, pode, se o contrato o permitir, usar o nome do alienante, precedido do seu próprio, com a qualificação de sucessor.

➡ Sem correspondência no CC/1916.
➡ Veja art. 7º do Decreto n. 916/1890 (registro de firmas ou razões comerciais).

O nome é considerado direito de personalidade da pessoa jurídica no CC (art. 52); portanto, o nome empresarial não pode ser objeto de alienação, como o nome da pessoa natural também não pode (art. 16 do CC).

- Enunciado n. 72 da I Jornada de Direito Civil: "Art. 1.164: suprimir o art. 1.164 do novo Código Civil".

Art. 1.165. O nome de sócio que vier a falecer, for excluído ou se retirar, não pode ser conservado na firma social.

➡ Sem correspondência no CC/1916.
➡ Veja art. 8º do Decreto n. 916/1890 (registro de firmas ou razões comerciais)

É obrigatória a alteração da firma social quando dela constar o nome de sócio que vier a falecer, for excluído ou se retirar da sociedade (art. 1.165 do CC).

Art. 1.166. A inscrição do empresário, ou dos atos constitutivos das pessoas jurídicas, ou as respectivas averbações, no registro próprio, asseguram o uso exclusivo do nome nos limites do respectivo Estado.
Parágrafo único. O uso previsto neste artigo estender-se-á a todo o território nacional, se registrado na forma da lei especial.

➡ Sem correspondência no CC/1916.
➡ Veja arts. 33 e 34 da Lei n. 8.934/94 (Registro Público de Empresas Mercantis e Atividades Afins).

Código Civil comentado e anotado   Arts. 1.166 a 1.168

O registro do nome de empresário impõe exclusividade em razão da qualidade de seu registro, seja estadual, seja nacional. Desse modo, não haverá confusão por nomes idênticos, considerando que o registro se opera cientificando terceiros de que aquele nome já está sendo utilizado e é oponível durante a atividade empresarial.

■ Enunciado n. 491 da V Jornada de Direito Civil: "Art. 1.166: A proteção ao nome empresarial, limitada ao Estado-Membro para efeito meramente administrativo, estende-se a todo o território nacional por força do art. 5º, XXIX, da Constituição da República e do art. 8º da Convenção Unionista de Paris".

■ Enunciado n. 2 da I Jornada de Direito Comercial: "A vedação de registro de marca que reproduza ou limite elemento característico ou diferenciador de nome empresarial de terceiros, suscetível de causar confusão ou associação (art. 124, V, da Lei n. 9.279/1996), deve ser interpretada restritivamente e em consonância com o art. 1.166 do Código Civil".

Art. 1.167. Cabe ao prejudicado, a qualquer tempo, ação para anular a inscrição do nome empresarial feita com violação da lei ou do contrato.

➥ Sem correspondência no CC/1916.
➥ Veja art. 3º, *caput* e § 2º, da Lei n. 6.404/76 (sociedades anônimas).
➥ Veja art. 10 do Decreto n. 916/1890 (registro de firmas e razões comerciais).

Considerando que os registros estaduais e nacionais podem não estar integrados, a imprescritibilidade da ação para anular a inscrição do nome de empresário não guarda boa interpretação na doutrina. Contudo, há de se respeitar a exclusividade do nome, infirmando qualquer exceção para a validade de nomes idênticos. Portanto, por ser o nome empresarial um direito de personalidade do empresário e da sociedade empresarial, o prejudicado, diante da violação de seu direito de exclusividade do nome, poderá propor ação contra a Junta Comercial, a qualquer momento (arts. 44 a 51 da Lei n. 8.934/94).

Art. 1.168. A inscrição do nome empresarial será cancelada, a requerimento de qualquer interessado, quando cessar o exercício da atividade para que foi adotado, ou quando ultimar-se a liquidação da sociedade que o inscreveu.

➥ Sem correspondência no CC/1916.
➥ Veja art. 9º do Decreto n. 916/1890 (registro de firmas e razões comerciais).

O nome de empresário subsiste por vontade da sociedade ou durante a atividade social. Atingido seu termo final ou encerrada sua atividade com a regular dissolução, liquidação, aprovação das contas e registro, dispõe a lei sobre a necessidade de cancelamento da respectiva inscrição.

■ Apelações cíveis. Ações de reintegração de posse. Sentenças de procedência. Insurgências dos réus. Tempestividade dos reclamos reconhecida. Apelantes patrocinados por escritório modelo de advocacia. Equiparação à defensoria pública. Prerrogativa do prazo em dobro reconhecida. Mérito. Imóvel sobre o qual foram edificadas moradias para habitação dos funcionários de uma indústria de cerâmica. Demandados autorizados pelo antigo proprietário do imóvel a residirem no local durante o período em que laboraram na indústria. Prova testemunhal que comprova a existência de comodato verbal entre o *de cujus* e os apelantes. Exceção de usucapião. Inexistência dos requisitos atinentes à espécie. Ausên-

649

Arts. 1.168 a 1.170   Almeida Guilherme

cia de *animus domini*. Posse do imóvel exercida por mera permissão dos proprietários. Exegese do art. 497 do CC/1916. "A ocupação tolerada por mera condescendência dos proprietários do imóvel, por mais prolongada que seja, não constitui posse *ad usucapionem* [...]". (TJSC, Ap. Cível n. 2005.030959-4, rel. Des. Carlos Adilson Silva. j. 29.10.2009). Alegada existência de doação verbal das áreas controvertidas. Insubsistência. Inexistência de registro do referido negócio jurídico perante o álbum imobiliário. Exegese do art. 1.168 do CC/1916. "A doação de bem imóvel demanda solenidade sem a qual a liberalidade não se perfectibiliza. Desse modo, não concretizada a devida escritura pública com a competente transcrição no registro imobiliário, não há falar em doação" (Apelação Cível n. 2012.027646-2/Içara, rel. Des. Ronei Danielli, j. 14.03.2012). Pleito subsidiário de retenção de benfeitorias formulado nos apelos. Inacolhimento. Vedação à inovação recursal. "[...] Em sede de apelação cível – cuja extensão do efeito devolutivo fica adstrita à pretensão do autor e à resposta do réu – é vedada a inovação recursal, a teor dos arts. 515 e 517, ambos do CPC. Sendo assim, ao recorrente é defeso formular novo pedido na instância recursal ou, ainda, reprisar o pleito sob outro fundamento, sob pena de supressão de instância. (TJSC, AC n. 2003.008729-0/Criciúma, rel. Des. Eládio Torret Rocha. j. 05.05.2009)" (sublinhei – TJSC, Ap. cível n. 2008.019680-0/Navegantes, rel. Des. Subst. Carlos Adilson Silva. j. 22.10.2010). Sentenças mantidas. Recursos desprovidos. (TJSC, Ap. Cível n. 2014.066148-5/Tijucas, rel. Des. Jorge Luis Costa Beber. j. 14.05.2015).

CAPÍTULO III
DOS PREPOSTOS

Seção I
Disposições Gerais

Art. 1.169. O preposto não pode, sem autorização escrita, fazer-se substituir no desempenho da preposição, sob pena de responder pessoalmente pelos atos do substituto e pelas obrigações por ele contraídas.

➡ Sem correspondência no CC/1916.
➡ Veja art. 85 do CCom.

O substabelecimento deve ser expresso, de modo que, se o preposto designar substituto sem autorização específica, responderá pessoalmente pelos atos e obrigações por ele contraídas, ainda que de boa-fé.

Art. 1.170. O preposto, salvo autorização expressa, não pode negociar por conta própria ou de terceiro, nem participar, embora indiretamente, de operação do mesmo gênero da que lhe foi cometida, sob pena de responder por perdas e danos e de serem retidos pelo preponente os lucros da operação.

➡ Sem correspondência no CC/1916.

A preposição é o instrumento pelo qual se designa alguém para representar a empresa, subsistindo vínculo entre ambos. Nesse sentido, os termos da preposição são importantes na medida em que limitam o exercício do instrumento e submetem a constatação dos excessos praticados, os quais serão respondidos em ação indenizatória, bem como retidos os lucros da operação.

Código Civil comentado e anotado   Arts. 1.171 a 1.174

Art. 1.171. Considera-se perfeita a entrega de papéis, bens ou valores ao preposto, encarregado pelo preponente, se os recebeu sem protesto, salvo nos casos em que haja prazo para reclamação.

→ Sem correspondência no CC/1916.
→ Veja art. 76 do CCom.

O preposto representa a sociedade, de modo que, se não recusadas imediatamente, são válidas as entregas de papéis, bens ou valores a ele. A regra se aproxima ao disposto quanto à responsabilidade por atos dos empregados no exercício de suas funções, a qual recai sobre o empregador por força legal.

Seção II
Do Gerente

Art. 1.172. Considera-se gerente o preposto permanente no exercício da empresa, na sede desta, ou em sucursal, filial ou agência.

→ Sem correspondência no CC/1916.

Gerente é o preposto permanente que administra e exerce atividade econômica da empresa, na sede desta, ou em sua sucursal, filial ou agência. É um cargo desempenhado em confiança. Pode ser gerente geral, gerente de sucursal, gerente de filial ou de agência.

Art. 1.173. Quando a lei não exigir poderes especiais, considera-se o gerente autorizado a praticar todos os atos necessários ao exercício dos poderes que lhe foram outorgados.
Parágrafo único. Na falta de estipulação diversa, consideram-se solidários os poderes conferidos a dois ou mais gerentes.

→ Sem correspondência no CC/1916.

Nos casos em que a lei não requerer poderes especiais para a prática de certos atos, ao gerente serão confiados os poderes de direção, de disciplina e de controle sobre empregados e bens materiais e imateriais que constituem o estabelecimento comercial. Enfim, está ele autorizado a praticar todos os atos que forem imprescindíveis para exercer os poderes que lhe foram outorgados. Ao gerente será confiada, por meio de procuração de instrumento particular ou público, a administração da empresa. Mas se na sociedade existir dois ou mais gerentes, na falta de estipulação diversa, os poderes conferidos a eles se tornarão solidários.

■ Embargos à ação monitória contrato de publicidade assinado pela gerente da ré. Presunção de autorização para contratar. Inteligência dos arts. 1.173 e 1.178 do CC. Negócio jurídico válido. Ausência de prova suficiente da prestação do serviço. Embargos monitórios procedentes. Recurso desprovido. (TJSP, Ap. n. 0137768-42.2012.8.26.0100/São Paulo, 30ª Câm. de Dir. Priv., rel. Andrade Neto, j. 17.09.2014)

Art. 1.174. As limitações contidas na outorga de poderes, para serem opostas a terceiros, dependem do arquivamento e averbação do instrumento no Registro Público de Empresas Mercantis, salvo se provado serem conhecidas da pessoa que tratou com o gerente.

651

Arts. 1.174 a 1.177   Almeida Guilherme

Parágrafo único. Para o mesmo efeito e com idêntica ressalva, deve a modificação ou revogação do mandato ser arquivada e averbada no Registro Público de Empresas Mercantis.

➥ Sem correspondência no CC/1916.

Os poderes do gerente são limitados àquilo que se contém da outorga, devendo o instrumento de maneira especial ser averbado no registro próprio quando de sua constituição, modificação ou extinção. Ademais, as exceções de quem contratou com o gerente não se aplicam se este previamente tinha conhecimento dos termos do instrumento.

Art. 1.175. O preponente responde com o gerente pelos atos que este pratique em seu próprio nome, mas à conta daquele.

➥ Sem correspondência no CC/1916.

Os atos praticados pelo gerente em nome próprio, mas por determinação daquele que lhe outorgou os poderes, serão de responsabilidade deste, pois realizados com subordinação e conforme os interesses sociais. Porém, se o gerente, em próprio nome, exercer atos dentro dos limites dos poderes outorgados no mandato, este responderá por eles.

Art. 1.176. O gerente pode estar em juízo em nome do preponente, pelas obrigações resultantes do exercício da sua função.

➥ Sem correspondência no CC/1916.

Independentemente de expressa previsão no mandato, o gerente pode representar a sociedade em juízo por força legal, comparecendo como preposto, mas seus poderes, como transacionar e dar quitação, por exemplo, serão realizados nos termos do instrumento que o designou para a função.

Seção III
Do Contabilista e Outros Auxiliares

Art. 1.177. Os assentos lançados nos livros ou fichas do preponente, por qualquer dos prepostos encarregados de sua escrituração, produzem, salvo se houver procedido de má--fé, os mesmos efeitos como se o fossem por aquele.
Parágrafo único. No exercício de suas funções, os prepostos são pessoalmente responsáveis, perante os preponentes, pelos atos culposos; e, perante terceiros, solidariamente com o preponente, pelos atos dolosos.

➥ Sem correspondência no CC/1916.
➥ Veja arts. 75, 77 e 78 do CCom.

Os prepostos designados para o lançamento de operações nos livros ou fichas têm em seus atos a mesma validade de que teriam os sócios, salvo má-fé. O contador ou o técnico em contabilidade é o preposto designado para a escrituração contábil. Os prepostos respondem

Código Civil comentado e anotado   Arts. 1.177 a 1.179

pessoalmente pelos atos havidos com culpa perante os sócios e pelos havidos com dolo perante terceiros. Neste último caso, deve-se lembrar de que haverá a responsabilidade objetiva da empresa, que por sua vez se valerá de ação regressiva contra o seu empregado ou agente terceirizado.

Art. 1.178. Os preponentes são responsáveis pelos atos de quaisquer prepostos, praticados nos seus estabelecimentos e relativos à atividade da empresa, ainda que não autorizados por escrito.

Parágrafo único. Quando tais atos forem praticados fora do estabelecimento, somente obrigarão o preponente nos limites dos poderes conferidos por escrito, cujo instrumento pode ser suprido pela certidão ou cópia autêntica do seu teor.

➡ Sem correspondência no CC/1916.
➡ Veja art. 75 do CCom.

A responsabilidade da sociedade por atos de seus prepostos é objetiva (art. 932, III, c/c 933), valendo-se de ação regressiva se verificar que o outorgado agiu com dolo ou culpa. Com efeito, os atos relativos à atividade social havidos no estabelecimento da empresa são de responsabilidade desta, ainda que não exista autorização escrita. Por sua vez, as operações havidas fora do estabelecimento dependem de autorização escrita para obrigar a sociedade, valendo-se, para tanto, também de certidão ou cópia autêntica do teor da designação.

■ Veja no art. 1.173 a seguinte decisão: TJSP, Ap. n. 0137768-42.2012.8.26.0100/São Paulo, 30ª Câm. de Dir. Priv., rel. Andrade Neto, j. 17.09.2014.

CAPÍTULO IV
DA ESCRITURAÇÃO

Art. 1.179. O empresário e a sociedade empresária são obrigados a seguir um sistema de contabilidade, mecanizado ou não, com base na escrituração uniforme de seus livros, em correspondência com a documentação respectiva, e a levantar anualmente o balanço patrimonial e o de resultado econômico.

§ 1º Salvo o disposto no art. 1.180, o número e a espécie de livros ficam a critério dos interessados.

§ 2º É dispensado das exigências deste artigo o pequeno empresário a que se refere o art. 970.

➡ Sem correspondência no CC/1916.
➡ Veja art. 10 do CCom.
➡ Veja art. 1º do DL n. 486/69 (escrituração e livros mercantis).

A **escrituração** é o processo pelo qual em livros próprios, obrigatório ou auxiliar, se lançam cronologicamente as contas e todas as operações de um estabelecimento empresarial, fazendo um balanço geral do seu ativo e passivo, demonstrativo do histórico integral da empresa. Todos os empresários e sociedades empresárias, com exceção dos pequenos empresários, são obrigados: a) a escriturar, ou seja, a seguir um sistema de contabilidade, mecaniza-

653

Arts. 1.179 a 1.182   Almeida Guilherme

do ou não, com base na escrituração uniforme de seus livros, em correspondência com a documentação respectiva. O número e a espécie de livros ficarão, salvo o disposto no art. 1.180, a critério dos interessados; e b) a levantar anualmente o balanço patrimonial e o de resultado econômico.

> ▪ Enunciado n. 235 da III Jornada de Direito Civil: "Art. 1.179: O pequeno empresário, dispensado da escrituração, é aquele previsto na Lei n. 9.841/99. Fica cancelado o Enunciado n. 56".

Art. 1.180. Além dos demais livros exigidos por lei, é indispensável o Diário, que pode ser substituído por fichas no caso de escrituração mecanizada ou eletrônica.

Parágrafo único. A adoção de fichas não dispensa o uso de livro apropriado para o lançamento do balanço patrimonial e do de resultado econômico.

> ➡ Sem correspondência no CC/1916.
> ➡ Veja art. 11 do CCom.
> ➡ Veja art. 5º do DL n. 486/69 (escrituração e livros mercantis).

O **diário** é o livro obrigatório de todos os empresários, em que é realizada a escrituração de todas as operações decorrentes da atividade econômica, individualizada e de maneira diária, bem como a inscrição do balanço patrimonial e do balanço de resultado econômico. Ademais, cite-se que o Código vigente acompanhou o desenvolvimento tecnológico, prevendo a adoção de sistema contábil mecanizado ou eletrônico.

Art. 1.181. Salvo disposição especial de lei, os livros obrigatórios e, se for o caso, as fichas, antes de postos em uso, devem ser autenticados no Registro Público de Empresas Mercantis.

Parágrafo único. A autenticação não se fará sem que esteja inscrito o empresário, ou a sociedade empresária, que poderá fazer autenticar livros não obrigatórios.

> ➡ Sem correspondência no CC/1916.

Os livros mercantis se prestam à organização, controle e valor probante das transações empresariais. Nesse sentido, adquirem lastro de prova quando registrados no Registro Público de Empresas Mercantis, cuja autenticação dependerá da regularidade da inscrição do empresário ou da sociedade empresária. Com efeito, permite a norma que também os livros não obrigatórios possam ser autenticados, conferindo-lhes a validade do instrumento e sua adequação ao disposto na lei.

Art. 1.182. Sem prejuízo do disposto no art. 1.174, a escrituração ficará sob a responsabilidade de contabilista legalmente habilitado, salvo se nenhum houver na localidade.

> ➡ Sem correspondência no CC/1916.
> ➡ Veja art. 3º do DL n. 486/69 (escrituração e livros mercantis).

É do contabilista regularmente inscrito em seu conselho a legitimidade para a escrituração, nisso deduzida a emissão de relatórios, análises, mapas contábeis etc. Não havendo con-

654

Código Civil comentado e anotado   Arts. 1.182 a 1.184

tador na localidade, o empresário poderá proceder à formalidade, desde que atestada pelo Conselho Regional de Contabilidade a ausência de tal profissional.

Art. 1.183. A escrituração será feita em idioma e moeda corrente nacionais e em forma contábil, por ordem cronológica de dia, mês e ano, sem intervalos em branco, nem entrelinhas, borrões, rasuras, emendas ou transportes para as margens.

Parágrafo único. É permitido o uso de código de números ou de abreviaturas, que constem de livro próprio, regularmente autenticado.

➥ Sem correspondência no CC/1916.
➥ Veja art. 14 do CCom.
➥ Veja art. 2º do DL n. 486/69 (escrituração e livros mercantis).

A técnica apropriada para elaborar escrituração requer o preenchimento de alguns requisitos intrínsecos: a) uso de idioma nacional (art. 192, parágrafo único, do CPC/2015); b) emprego da moeda corrente nacional; c) forma contábil; d) individuação, ou seja, consignação expressa dos principais caracteres dos documentos que dão sustentação ao lançamento; e) clareza e ordem cronológica de dia, mês e ano; f) ausência de intervalos em branco, entrelinhas, borrões, rasuras, emendas ou transporte para as margens.

Apenas será permitida a utilização de código de números ou de abreviaturas constantes de livro próprio, regularmente autenticado.

■ Apelação cível. Dissolução e liquidação de sociedade. Ação de prestação de contas. Segunda fase. Sentença mantida. 1. A ação de prestação de contas é a via processual própria para se aferir a existência de débito ou de crédito, resultante de determinada relação jurídica, sendo necessário que as contas estejam embasadas em documentos idôneos e apresentadas ao Juízo sob a forma contábil, a teor do que estabelecem os arts. 1.020 e 1.183, ambos do CC. 2. A pretensão da parte autora encontra respaldo no art. 914 do CPC, pois as partes devem prestar contas quanto à gestão da sociedade da qual participam. 3. No caso em tela as contas inicialmente apresentadas pelo réu estão corretas e se existe saldo em favor da sócia Valéria é questão a ser analisada em apuração de haveres junto à ação de dissolução de sociedade 001/1.05.131726-4, a qual foi julgada procedente. 4. Mantida a verba honorária arbitrada para os patronos dos réus, em R$ 3.000,00, cada, pois atende perfeitamente aos parâmetros a que alude o art. 20, § 4º, do CPC. Negado provimento ao apelo. (TJRS, Ap. Cível n. 70.058.877.077, 5ª Câm. Cível, rel. Jorge Luiz Lopes do Canto. j. 06.08.2014)

Art. 1.184. No Diário serão lançadas, com individuação, clareza e caracterização do documento respectivo, dia a dia, por escrita direta ou reprodução, todas as operações relativas ao exercício da empresa.

§ 1º Admite-se a escrituração resumida do Diário, com totais que não excedam o período de trinta dias, relativamente a contas cujas operações sejam numerosas ou realizadas fora da sede do estabelecimento, desde que utilizados livros auxiliares regularmente autenticados, para registro individualizado, e conservados os documentos que permitam a sua perfeita verificação.

§ 2º Serão lançados no Diário o balanço patrimonial e o de resultado econômico, devendo ambos ser assinados por técnico em Ciências Contábeis legalmente habilitado e pelo empresário ou sociedade empresária.

➥ Sem correspondência no CC/1916.

655

Arts. 1.184 a 1.187   Almeida Guilherme

➡ Veja art. 12 do CCom.
➡ Veja art. 5º do DL n. 486/69 (escrituração e livros mercantis).

O diário é o livro obrigatório comum de todos os empresários, em que são lançadas as operações resultantes da atividade mercantil, notadamente o balanço patrimonial e o balanço de resultado econômico. Os lançamentos devem atender uma sequência cronológica de fatos, com clareza e referência aos documentos probantes. Ademais, diga-se que o método de lançamento fica a critério da sociedade, o que dependerá da natureza da atividade econômica. A escrituração resumida é permitida por período não superior a trinta dias, desde que relativa a operações numerosas ou exercidas fora do estabelecimento.

Art. 1.185. O empresário ou sociedade empresária que adotar o sistema de fichas de lançamentos poderá substituir o livro Diário pelo livro Balancetes Diários e Balanços, observadas as mesmas formalidades extrínsecas exigidas para aquele.

➡ Sem correspondência no CC/1916.

O lançamento por fichas soltas impõe à sociedade a adoção de livro particular para a inscrição do balanço e dos resultados sociais. As fichas são formulários contínuos, em folhas ou cartões, em que se exige a indicação do termo de encerramento, sua finalidade, o número de ordem e de folhas escrituradas, bem como o nome da sociedade empresária ou do empresário individual.

Art. 1.186. O livro Balancetes Diários e Balanços será escriturado de modo que registre:
I – a posição diária de cada uma das contas ou títulos contábeis, pelo respectivo saldo, em forma de balancetes diários;
II – o balanço patrimonial e o de resultado econômico, no encerramento do exercício.

➡ Sem correspondência no CC/1916.

O livro de balancetes diários e balanços, em que se constarão as fichas de acompanhamento da atividade econômica, deverá atender às disposições legais, contendo a evolução diária do patrimônio mediante as negociações realizadas, bem como o balanço patrimonial e o balanço de resultado econômico, no encerramento do exercício, o qual poderá não coincidir com o ano civil.

Art. 1.187. Na coleta dos elementos para o inventário serão observados os critérios de avaliação a seguir determinados:
I – os bens destinados à exploração da atividade serão avaliados pelo custo de aquisição, devendo, na avaliação dos que se desgastam ou depreciam com o uso, pela ação do tempo ou outros fatores, atender-se à desvalorização respectiva, criando-se fundos de amortização para assegurar-lhes a substituição ou a conservação do valor;
II – os valores mobiliários, matéria-prima, bens destinados à alienação, ou que constituem produtos ou artigos da indústria ou comércio da empresa, podem ser estimados pelo custo de aquisição ou de fabricação, ou pelo preço corrente, sempre que este for inferior ao preço de custo, e quando o preço corrente ou venal estiver acima do valor do custo de aquisição, ou fabricação, e os bens forem avaliados pelo preço corrente, a diferença entre este e o preço de custo não será levada em conta para a distribuição de lucros, nem para as percentagens referentes a fundos de reserva;

Código Civil comentado e anotado   Arts. 1.187 a 1.189

III – o valor das ações e dos títulos de renda fixa pode ser determinado com base na respectiva cotação da Bolsa de Valores; os não cotados e as participações não acionárias serão considerados pelo seu valor de aquisição;

IV – os créditos serão considerados de conformidade com o presumível valor de realização, não se levando em conta os prescritos ou de difícil liquidação, salvo se houver, quanto aos últimos, previsão equivalente.

Parágrafo único. Entre os valores do ativo podem figurar, desde que se preceda, anualmente, à sua amortização:

O correto parece ser "proceda" em vez de "preceda".

I – as despesas de instalação da sociedade, até o limite correspondente a dez por cento do capital social;

II – os juros pagos aos acionistas da sociedade anônima, no período antecedente ao início das operações sociais, à taxa não superior a doze por cento ao ano, fixada no estatuto;

III – a quantia efetivamente paga a título de aviamento de estabelecimento adquirido pelo empresário ou sociedade.

➥ Sem correspondência no CC/1916.
➥ Veja art. 183 da Lei n. 6.404/76 (sociedades anônimas).

Inventário. Os critérios de avaliação para o inventário verificam minimamente o disposto no art. 1.187. Dessa forma, conterá inicialmente os bens destinados à exploração da sociedade em função de sua deterioração e necessidade de substituição. Observará também os estoques, matérias-primas e demais bens destinados à alienação em uma situação estática, bem como o valor dos papéis e demais investimentos por sua cotação ou valor de aquisição. O valor de realização dos créditos é selecionado, de modo que prever-se-á o risco de sua liquidação. Finalmente, permite-se a amortização das despesas de instalação da sociedade e os juros pagos aos investidores acionistas, tudo limitado em determinada taxa estabelecida na lei, assim também em relação à quantia paga a título de aviamento, quer seja para a captação de clientela, gestão de lucros e outras estratégias.

Art. 1.188. O balanço patrimonial deverá exprimir, com fidelidade e clareza, a situação real da empresa e, atendidas as peculiaridades desta, bem como as disposições das leis especiais, indicará, distintamente, o ativo e o passivo.

Parágrafo único. Lei especial disporá sobre as informações que acompanharão o balanço patrimonial, em caso de sociedades coligadas.

➥ Sem correspondência no CC/1916.

A demonstração contábil do balanço patrimonial visa a verificar quantitativa e qualitativamente a saúde da sociedade, sendo constituída de seu passivo, ativo e patrimônio líquido. Essa obrigação é semestral quanto às instituições financeiras e anual às demais sociedades empresárias, devendo refletir com fidelidade a situação econômica da empresa, assim também em relação àquelas sociedades vinculadas a um mesmo grupo econômico.

Art. 1.189. O balanço de resultado econômico, ou demonstração da conta de lucros e perdas, acompanhará o balanço patrimonial e dele constarão crédito e débito, na forma da lei especial.

657

Arts. 1.189 a 1.191   Almeida Guilherme

➡ Sem correspondência no CC/1916.
➡ Veja art. 176 da Lei n. 6.404/76 (sociedades anônimas).

O balanço de resultado econômico observa mutações nos resultados acumulados da sociedade, discriminando o saldo no início do período, o ajuste de exercícios anteriores, reversões de reservas, compensações de prejuízos, destinação do lucro líquido, o saldo final do período, entre outros.

Art. 1.190. Ressalvados os casos previstos em lei, nenhuma autoridade, juiz ou tribunal, sob qualquer pretexto, poderá fazer ou ordenar diligência para verificar se o empresário ou a sociedade empresária observam, ou não, em seus livros e fichas, as formalidades prescritas em lei.

➡ Sem correspondência no CC/1916.
➡ Veja art. 17 do CCom.

Os livros empresariais gozam de sigilo contra diligências arbitrárias, garantindo a efetividade das estratégias empresariais e o bom andamento dos negócios. Contudo, observe-se que esse sigilo não se aplica aos atos de fiscalização legais, como a visita de agentes fazendários para a análise do pagamento de tributos.

Art. 1.191. O juiz só poderá autorizar a exibição integral dos livros e papéis de escrituração quando necessária para resolver questões relativas a sucessão, comunhão ou sociedade, administração ou gestão à conta de outrem, ou em caso de falência.

§ 1º O juiz ou tribunal que conhecer de medida cautelar ou de ação pode, a requerimento ou de ofício, ordenar que os livros de qualquer das partes, ou de ambas, sejam examinados na presença do empresário ou da sociedade empresária a que pertencerem, ou de pessoas por estes nomeadas, para deles se extrair o que interessar à questão.

§ 2º Achando-se os livros em outra jurisdição, nela se fará o exame, perante o respectivo juiz.

➡ Sem correspondência no CC/1916.
➡ Veja arts. 18 e 19 do CCom.

Os livros gozam de certo sigilo, de modo que a autorização judicial para sua exibição deve ser fundamentada nos casos de recuperação de empresas, sucessão, comunhão ou sociedade, administração ou gestão à conta de outrem. A exibição poderá ser precedida pelo exame do empresário, dos sócios ou seus prepostos, que destacarão o que for relevante para a questão suscitada, resguardando-se a apresentação diante da jurisdição que se localizar.

▪ Súmula n. 260 do STF: "O exame de livros comerciais, em ação judicial, fica limitado às transações entre os litigantes".

▪ Súmula n. 390 do STF: "A exibição judicial de livros comerciais pode ser requerida como medida preventiva".

▪ Súmula n. 439 do STF: "Estão sujeitos à fiscalização tributária ou previdenciária quaisquer livros comerciais, limitado o exame aos pontos objeto da investigação".

Código Civil comentado e anotado   Arts. 1.191 a 1.194

■ Cumprimento de sentença. Quantia certa. Determinação dirigida à parte executada para informar as vendas realizadas nos três meses anteriores, apresentando as respectivas notas fiscais. Providência inerente ao poder instrutório do juiz, presente também no âmbito da execução. Necessidade de adequada apuração antes de determinar a realização da penhora. Agravo improvido. Nada tem de ilegal a iniciativa do juízo de determinar que a parte executada informe as vendas realizadas no período anterior de três meses e apresente as notas fiscais respectivas. Trata-se de providência inerente ao poder instrutório do juiz (CPC, art. 130), presente no âmbito da atuação executiva, voltada a permitir que se analise qual a forma de realização da penhora que melhor atende aos princípios da efetividade e da menor gravosidade possível. Não há qualquer ofensa aos arts. 1.191 do CC e 381 do CPC, pois não se trata de exibição integral de livros comerciais. (TJSP, AI n. 2208779-38.2014.8.26.0000/Lins, 31ª Câm. de Dir. Priv., rel. Antonio Rigolin. j. 27.01.2015)

Art. 1.192. Recusada a apresentação dos livros, nos casos do artigo antecedente, serão apreendidos judicialmente e, no do seu § 1º, ter-se-á como verdadeiro o alegado pela parte contrária para se provar pelos livros.

Parágrafo único. A confissão resultante da recusa pode ser elidida por prova documental em contrário.

➥ Sem correspondência no CC/1916.
➥ Veja art. 20 do CCom.

Obstada a exibição dos documentos, determinará o juízo a apreensão destes, imputando os ônus da revelia à sociedade que deixar de atender a intimação para selecionar entre os livros o que melhor interessar à causa. Ademais, trata-se de presunção de veracidade relativa, podendo ser impugnada por prova documental em contrário.

Art. 1.193. As restrições estabelecidas neste Capítulo ao exame da escrituração, em parte ou por inteiro, não se aplicam às autoridades fazendárias, no exercício da fiscalização do pagamento de impostos, nos termos estritos das respectivas leis especiais.

➥ Sem correspondência no CC/1916.

Embora gozem os livros de determinado sigilo, a norma esclarece que tal medida não pode ser oposta às autoridades fazendárias, as quais terão acesso à escrituração social para a análise do pagamento de tributos, entre outras.

Art. 1.194. O empresário e a sociedade empresária são obrigados a conservar em boa guarda toda a escrituração, correspondência e mais papéis concernentes à sua atividade, enquanto não ocorrer prescrição ou decadência no tocante aos atos neles consignados.

➥ Sem correspondência no CC/1916.
➥ Veja art. 10, item 3, do CCom.
➥ Veja art. 4º DL n. 486/69 (escrituração e livros mercantis).

O empresário ou as sociedades empresárias podem ser suscitados a apresentar os livros a qualquer momento, desde que dentro do prazo prescricional para a prestação das contas.

659

Dessa forma, determina a lei sua conservação para a própria defesa do empresário. Em caso de extravio ou deterioração, a sociedade ou o empresário deverão publicar aviso em jornal de grande circulação, prestando esclarecimentos à Junta Comercial em quarenta e oito horas para a obtenção de novos livros.

■ Apelação cível. Ação cautelar de exibição de documentos. Brasil telecom. Prescrição. É possível a extinção do processo cautelar, inclusive de ofício, nos termos do art. 219, § 5º, do CPC. O dever de guarda dos documentos pela demandada, não pode superar o prazo prescricional para as ações que têm como objeto os atos neles consignados, nos termos do previsto no art. 1.194 do CC. Se de antemão é possível verificar que a tutela do direito material não se efetivará por estar operada a prescrição, cabível sua declaração na ação cautelar. Inteligência do art. 810 do CPC. Deram provimento ao apelo da ré e julgaram prejudicado o apelo da autora, em juízo de retratação. (TJRS, Ap. Cível n. 70.056.588.809, 23ª Câm. Cível, rel. Clademir José Ceolin Missaggia, j. 28.04.2015)

Art. 1.195. As disposições deste Capítulo aplicam-se às sucursais, filiais ou agências, no Brasil, do empresário ou sociedade com sede em país estrangeiro.

➡ Sem correspondência no CC/1916.

O estabelecimento de sucursal, filial ou agência por sociedade estrangeira em território nacional deverá observar as disposições deste Capítulo ("Da Escrituração"). Ademais, lembre-se sobre a necessidade de requerer autorização do poder público para tanto, devendo verificar a necessidade das publicações nos termos legais e, entre outras exigências, destacar pessoa brasileira ou estrangeira para permanecer responsável na solução das questões relativas à sociedade e para o recebimento de eventuais citações.

■ Competência recursal. Ação de cobrança. Cessão de quotas sociais. Matéria reservada às câmaras especializadas de direito empresarial. Ação de cobrança de débito oriundo de instrumento de cessão de quotas sociais. Assunção do ativo e passivo de sociedade pela U. Santa Bárbara D'Oeste. Ação proposta por ex-sócio. Matéria tratada no Livro II da Parte Especial do Código Civil (arts. 966 a 1.195). Matéria estranha à competência desta Subseção. Inexistência de discussão acerca dos serviços prestados por operadora de plano de saúde. Competência de uma das Câmaras Reservadas de Direito Empresarial. Recurso não conhecido, com determinação de remessa a uma das Câmaras de Direito Empresaria. (TJSP, Ap. n. 0011510-75.2008.8.26.0019/Americana, 3ª Câm. de Dir. Priv., rel. Carlos Alberto de Salles. j. 12.06.2015)

Tipos empresariais	Características	Amparo legal	Observação
Sociedade em nome coletivo	Constituída necessariamente por pessoas físicas. Igualdade entre os seus sócios; respondem solidária e ilimitadamente pelas obrigações sociais; a administração da sociedade cabe exclusivamente aos sócios; vedada nomeação de terceiros para tal função. Seu nome comercial obrigatório é firma ou razão social, composta pelo nome de qualquer sócio, acompanhado da expressão "& Cia"	Arts. 1.039 a 1.044 do CC	

(continua)

Código Civil comentado e anotado   Art. 1.195

(continuação)

Tipos empresariais		Características	Amparo legal	Observação
Sociedade em comandita simples		Constituída por dois tipos de sócios, sendo: pessoas físicas, responsáveis solidária e ilimitadamente pelas obrigações sociais, denominados comanditados ou comanditários, que respondem somente pelo valor de suas respectivas quotas; administrada pelo sócio comanditado	Arts. 1.045 a 1.051 do CC	
Sociedade em comandita por ações		Tem o capital dividido em ações e é regulada pelas mesmas normas relativas às sociedades anônimas; possui duas categorias de acionistas semelhantes aos sócios comanditados e aos comanditários das comanditas simples; é uma sociedade comercial híbrida, pois mistura aspectos da comandita e da sociedade anônima; é regida pelas normas correspondentes às sociedades anônimas, nos pontos que forem adequados; pode comerciar sob firma ou razão social, e o uso de denominação não lhe é vedado	Arts. 1.090 a 1.092 do CC	
Sociedade limitada		É aquela dedicada à atividade empresarial, composta por dois ou mais sócios que contribuem com moeda ou bens para a formação do capital social. A responsabilidade dos sócios está limitada à sua proporção no capital da empresa. Cada sócio, porém, tem obrigação com a sua parte do capital social, podendo ser chamado a integralizar quotas dos sócios que deixaram de integralizá-las; a administração é exercida por uma ou mais pessoas estipuladas em contrato ou ato separado. O termo Ltda. ou sociedade limitada é usado para designar o tipo de empresa que exige uma escritura pública ou contrato social que define quem são os sócios da empresa, quantos são e como as quotas de capital estão distribuídas entre eles. O nome empresarial pode ser de dois tipos: denominação social ou firma social; limitação da responsabilidade dos sócios	Arts. 1.052 a 1.087 do CC	
	Microempresa (EM)	São consideradas micro e pequena empresa a sociedade empresária, a sociedade simples e o empresário individual regularizados perante a junta comercial do estado e que corresponda a determinados requisitos específicos; pela Lei Geral da Micro e Pequena Empresa, uma empresa será considerada microempresa quando, no ano-calendário (ano em que houve operações) a receita bruta for igual ou inferior a R$ 240.000,00	Lei Complementar n. 123/2006, atentar para as alterações trazidas pela Lei Complementar n. 147/2014	

(continua)

661

(continuação)

Tipos empresariais		Características	Amparo legal	Observação
	Empresa de pequeno porte (EPP)	Lei Geral da Micro e Pequena Empresa: para ser considerada microempresa ou empresa de pequeno porte, esta deve ter faturamento bruto anual superior a R$ 240.000,00 e igual ou inferior a R$ 2.400.000,00; necessário registro perante a junta comercial do estado e que corresponda a determinados requisitos específicos	Lei Complementar n. 123/2006, atentar para as alterações trazidas pela Lei Complementar n. 147/2014	
	Empresa individual	Empresa individual ou empresário individual também pode ser considerado microempresa, com a diferença de que não há sociedade e, portanto, não há contrato social. Este tipo é ideal para algumas atividades, em particular no campo de prestação de serviços em que o profissional pode exercer individualmente a atividade sem precisar estabelecer uma sociedade limitada com outra pessoa; também se faz necessário o registro perante a junta comercial do estado e que corresponda a determinados requisitos específicos	Art. 966 do CC e Lei Complementar n. 123/2006	
	Sociedade anônima	Sociedade anônima (S/A) ou empresa jurídica de direito privado abriga a maioria dos empreendimentos de grande porte no Brasil; capital dividido em partes iguais chamadas ações, que podem ser negociadas em bolsa de valores sem a necessidade de uma escritura pública; as ações podem ser adquiridas pelo público em geral, que desse modo se torna sócio da empresa, sem com que passe a fazer parte do contrato social, como no caso das Ltda. A S/A pode ser de capital aberto ou capital fechado. Sua constituição difere caso seja aberta ou fechada, sendo sucessiva ou pública para a primeira, e simultânea ou particular para a segunda. Estrutura organizacional: assembleia geral, conselho de administração (facultativo no caso de companhia fechada), diretoria e conselho fiscal, com atribuições fixadas na lei	Lei n. 6.404/76, atentar quanto às modificações feitas pelas Leis ns. 9.457/97 e 10.303/2001 e arts. 1.088 e 1.089 do CC	

LIVRO III
DO DIREITO DAS COISAS

TÍTULO I
DA POSSE

■ Enunciado n. 492 da V Jornada de Direito Civil: "A posse constitui direito autônomo em relação à propriedade e deve expressar o aproveitamento dos bens para o alcance de interesses existenciais, econômicos e sociais merecedores de tutela".

CAPÍTULO I
DA POSSE E SUA CLASSIFICAÇÃO

Art. 1.196. Considera-se possuidor todo aquele que tem de fato o exercício, pleno ou não, de algum dos poderes inerentes à propriedade.

➡ Veja art. 485 do CC/1916.
➡ Veja art. 92 da Lei n. 4.504/64 (Estatuto da Terra).

O Código determina que aquele que exercer sobre determinado objeto, de maneira plena ou não, qualquer dos poderes inerentes à propriedade (art. 1.228), sendo eles os direitos de usar, gozar, dispor e de reaver o bem de quem quer que injustamente o detenha, será considerado possuidor deste. São elementos constitutivos da posse: *a*) o *corpus*, exterioridade da propriedade, que consiste no estado normal das coisas, sobre o qual desempenha a função econômica de servir e pelo qual o homem distingue quem possui e quem não possui; e *b*) o *animus*, que já está incluído no *corpus*, indicando o modo como o proprietário age em face do bem que é possuidor. Com isso, o *corpus* é o único elemento visível e suscetível de comprovação, estando vinculado ao *animus*, do qual é manifestação externa. A dispensa da intenção de dono na caracterização da posse permite considerar como possuidores, além do proprietário, o locatário, o comodatário, o depositário etc. O possuidor é aquele que tem o pleno exercício de fato dos poderes constitutivos inerentes ao domínio, como se fosse proprietário (locatário, comodatário, depositário etc.). O legislador, no art. 1.196, levou em consideração a concepção do jurista Ihering. Teoria objetiva da posse que nada mais é que a exteriorização do domínio, que se difere da teoria subjetiva de Savigny em que a posse é o poder de dispor, é a intenção de ter a coisa.

Função social da posse. Para concluir, a Constituição Federal, em seu art. 5º, XXIII, bem delineia a função social intrínseca à propriedade, declarando de forma expressa que "a propriedade atenderá a sua função social". Entrementes, a mesma Carta Magna não declarou de forma textual a função social da posse, mas o mesmo preceito pode ser extraído, como ilustração, dos arts. 183 e 191, cada qual orientando a mesma finalidade de incutir à terra possuída uma finalidade social.

"Art. 183. Aquele que possuir como sua área urbana de até duzentos e cinquenta metros quadrados, por cinco anos, ininterruptamente e sem oposição, utilizando-a para sua moradia ou de sua família, adquirir-lhe-á o domínio, desde que não seja proprietário de outro imóvel urbano ou rural."

"Art. 191. Aquele que, não sendo proprietário de imóvel rural ou urbano, possua como seu, por cinco anos ininterruptos, sem oposição, área de terra, em zona rural, não superior a

Arts. 1.196 e 1.197

cinquenta hectares, tornando-a produtiva por seu trabalho ou de sua família, tendo nela sua moradia, adquirir-lhe-á a propriedade."

- Enunciado n. 236 da III Jornada de Direito Civil: "Considera-se possuidor, para todos os efeitos legais, também a coletividade desprovida de personalidade jurídica".

- Enunciado n. 492 da V Jornada de Direito Civil: "A posse constitui direito autônomo em relação à propriedade e deve expressar o aproveitamento dos bens para o alcance de interesses existenciais, econômicos e sociais merecedores de tutela".

- Enunciado n. 563 da VI Jornada de Direito Civil: "O reconhecimento da posse por parte do Poder Público competente anterior à sua legitimação nos termos da Lei n. 11.977/2009 constitui título possessório".

- Apelação cível. Direito privado não especificado. Embargos de terceiro. Ilegitimidade ativa. Filhos do executado. Ausência de posse própria. A legitimação para a oposição de embargos de terceiros é conferida, segundo o art. 1.046 do CPC, ao efetivo possuidor do bem. E possuidor, na dicção do art. 1.196 do Código Civil, é "todo aquele que tem de fato o exercício, pleno ou não, de algum dos poderes inerentes à propriedade". Caso em que os embargantes, na condição de filhos do executado e residentes no imóvel, não são tidos como possuidores, pois não exercem posse própria, ante a condição de possuidor conferida ao seu genitor. Ilegitimidade ativa reconhecida. Acolheram a preliminar e extinguiram o processo. Unânime. (TJRS, Ap. Cível n. 70.064.623.820, 18ª Câm. Cível, rel. Pedro Celso Dal Prá, j. 18.06.2015)

Art. 1.197. A posse direta, de pessoa que tem a coisa em seu poder, temporariamente, em virtude de direito pessoal, ou real, não anula a indireta, de quem aquela foi havida, podendo o possuidor direto defender a sua posse contra o indireto.

➡ Veja art. 486 do CC/1916.

A **posse direta** é a do possuidor direto, que recebe o bem, por motivo de direito real, ou pessoal, ou de contrato. Assim, são os possuidores diretos: o usufrutuário, o depositário, o locatário e o credor pignoratício, pois todos conservam em seu poder a coisa que lhes foi transferida pelo dono, que, ao transferir a coisa, preservou para si a posse indireta.

A **posse indireta** é a do possuidor que cede o uso do bem a outrem. Assim, no usufruto, o nu-proprietário tem a posse indireta, porque concedeu ao usufrutuário o direito de possuir, conservando apenas a nua propriedade, ou seja, a substância da coisa. É, portanto, a de quem temporariamente concedeu a outrem (possuidor direto) o exercício do direito de possuir a coisa, enquanto durar a relação jurídica que o levou a isso. Extinta esta, readquire o possuidor indireto a posse direta.

As posses direta e indireta coexistem por haver uma relação jurídica entre o possuidor direto e o indireto. Assim, o locatário, por exemplo, tem a posse direta pelo período que durar a locação. Com a extinção do vínculo locatício, o possuidor indireto (locador) readquire a posse direta.

- Enunciado n. 76 da I Jornada de Direito Civil: "O possuidor direto tem direito de defender a sua posse contra o indireto, e este, contra aquele (art. 1.197, *in fine*, do novo Código Civil)".

Código Civil comentado e anotado   Arts. 1.197 e 1.198

■ Enunciado n. 502 da V Jornada de Direito Civil: "O conceito de posse direta referido no art. 1.240-A do Código Civil não coincide com a acepção empregada no art. 1.197 do mesmo Código".

■ Reintegração de posse servidão de águas. Procedência preliminar de ilegitimidade passiva e ativa *ad causam*. Rejeição. Ainda que os requeridos não sejam proprietários do imóvel, houve comprovação documental de que são arrendatários e utilizam o referido imóvel na qualidade de administradores do Hotel lá estabelecido. Não se infere, outrossim, ilegitimidade ativa no caso dos autos, eis que, mesmo que o imóvel de propriedade dos autores esteja locado, a posse direta não exclui a posse indireta destes, nos termos do art. 1.197 do CC. Preliminar rejeitada. Reintegração de posse servidão de águas. Procedência preliminar de cerceamento de defesa. Rejeição. O fato de os memoriais da parte recorrente terem sido juntados apenas após a prolação da r. sentença, não implica cerceamento de defesa em relação à parte ré, especialmente quando esta se limitou a reproduzir questões já apreciadas pelo d. magistrado da causa Preliminar rejeitada. Reintegração de posse. Servidão de águas. Interrupção da captação de água da mina no imóvel dos réus. Reintegração de posse procedente. Pretensão de reforma. Cabimento. No caso em tela, não houve comprovação da servidão de água alegada, bem como não se demonstrou cabalmente o uso contínuo de uma servidão aparente, sem justo título. Ausência de realização de prova pericial para se verificar a existência da aludida servidão, bem como da existência de vazão de água suficiente para abastecimento e utilização pelas partes em suas propriedades. Não ocorrência de esbulho possessório. Os atos de mera permissão ou tolerância não geram posse e não induzem na proteção possessória pretendida. Inteligência do art. 1.028 do CC. Sentença reformada. Recurso dos réus provido, ficando prejudicado o recurso adesivo. (TJSP, Ap. n. 0003351-17.2006.8.26.0601, 11ª Câm. de Dir. Priv., rel. Walter Fonseca, j. 19.03.2015)

Art. 1.198. Considera-se detentor aquele que, achando-se em relação de dependência para com outro, conserva a posse em nome deste e em cumprimento de ordens ou instruções suas.

Parágrafo único. Aquele que começou a comportar-se do modo como prescreve este artigo, em relação ao bem e à outra pessoa, presume-se detentor, até que prove o contrário.

➡ Veja art. 487 do CC/1916.

O **detentor** do bem, também conhecido como fâmulo da posse, é aquele que está na ocupação do bem a mando do real proprietário, ou seja, o detentor simplesmente detém o bem sem a intenção de ser dono, ao passo que o seu mandante é o possuidor – aquele que possui o bem com a intenção de ser dono. É importante salientar que o detentor deverá agir conforme instruções do possuidor para que conserve a posse nos moldes que aquele estabeleceu. Aquele indivíduo que se comportar como o art. 1.198 prescreve, será considerado detentor para todos os efeitos, porém é uma presunção relativa, pois poderá ser desconstituída mediante prova em contrário. Exemplos: caseiro, ou o filho em relação ao pai, empregado em relação ao empregador.

■ Enunciado n. 301 da IV Jornada de Direito Civil: "É possível a conversão da detenção em posse, desde que rompida a subordinação, na hipótese de exercício em nome próprio dos atos possessórios".

■ Enunciado n. 493 da V Jornada de Direito Civil: "O detentor (art. 1.198 do Código Civil) pode, no interesse do possuidor, exercer a autodefesa do bem sob seu poder".

■ Apelação cível. Embargos de terceiro. Massa falida. Posse. Bens imóveis. Ônus da prova. A prova é uma faculdade atribuída às partes, para que sejam comprovados os fatos alegados. Nesse viés, o ape-

665

Arts. 1.198 a 1.200 — Almeida Guilherme

lante não se desincumbiu do ônus que lhe competia, por força do art. 333, I, do CPC, de provar fato constitutivo de seu direito. No caso concreto, a recorrente é mera detentora do imóvel objeto da lide, nos termos do art. 1.198, parágrafo único, do CC. Apelo desprovido. (TJRS, Ap. Cível n. 70.064.035.603, 5ª Câm. Cível, rel. Isabel Dias Almeida, j. 29.04.2015)

Art. 1.199. Se duas ou mais pessoas possuírem coisa indivisa, poderá cada uma exercer sobre ela atos possessórios, contanto que não excluam os dos outros compossuidores.

➡ Veja art. 488 do CC/1916.

A **composse** se manifesta em virtude de contrato ou herança, quando duas ou mais pessoas se tornam simultaneamente possuidoras do mesmo bem, embora, por quota ideal, exercendo cada uma a posse sem embaraçar a da outra. O compossuidor poderá valer-se, isolada ou conjuntamente, da proteção possessória contra terceiro ou mesmo contra outro compossuidor que vier a perturbar sua posse.

Poderá ser exercida, isolada ou conjuntamente, contra terceiro ou até mesmo contra o outro compossuidor. A composse pode ser: a) simples (ou *pro indiviso*), quando as pessoas possuem um bem e não está determinado qual a parcela que compete a cada um, situação em que cada um terá uma parte ideal; b) *pro diviso*, quando há uma divisão de fato, mesmo que não haja uma divisão de direito, fazendo com que cada compossuidor tenha uma parte certa; e c) em mão comum, que, de acordo com a obra de Pontes de Miranda, é aquela em que todos se encontram ligados à coisa, mas nenhum dos sujeitos tem o poder fático, individualizado sobre a coisa (MIRANDA, Pontes de. *Comentários ao Código de Processo Civil*. v. 10, Rio de Janeiro: Forense, 1971, p. 112). *Vide*: TJSP, Ap. n. 0007280-24.2005.8.26.0268.

■ Apelação. Direito privado não especificado. Pretensão de declaração de ineficácia de acordo judicial em demanda distinta. A mera coabitação da apelada com seu companheiro no imóvel deste, sem que reste configurada a composse concebida no art. 1.199 do CC, não implica a obrigatoriedade de formação de litisconsórcio passivo necessário. Apelo provido. Unânime. (TJRS, Ap. Cível n. 70.062.332.051, 17ª Câm. Cível, rel. Gelson Rolim Stocker, j. 26.02.2015)

Art. 1.200. É justa a posse que não for violenta, clandestina ou precária.

➡ Veja art. 489 do CC/1916.

O possuidor deverá necessariamente obedecer aos ditames do artigo *sub examine*, não podendo a posse ser violenta, clandestina ou precária. Será considerada violenta a posse em que o possuidor, mediante violência física (*vis absoluta*) ou moral (*vis compulsiva*), toma para si a posse do bem que pertence a outrem. Será considerada clandestina a posse em que, mediante ocultamento, o legítimo possuidor desconhece a violação de sua posse. Será precária a posse que, nascida de uma posse legítima, se torna ilegítima.

■ Enunciado n. 302 da IV Jornada de Direito Civil: "Pode ser considerado justo título para a posse de boa-fé o ato jurídico capaz de transmitir a posse *ad usucapionem*, observado o disposto no art. 113 do Código Civil".

Código Civil comentado e anotado   Arts. 1.200 e 1.201

■ Manutenção de posse. Turbação. Imóvel rural que é utilizado por várias pessoas, sendo que cada um exerce posse mansa e pacífica em sua respectiva área. Ausência de prova da delimitação de cada área. Necessidade de maior dilação probatória. Ausência de prova constitutiva de direito que impede a cassação da liminar concedida. Inteligência do art. 1.200 do CC. Decisão mantida. Recurso não provido. (TJSP, AI n. 2061527-31.2014.8.26.0000, 13ª Câm. de Dir. Priv., rel. Heraldo de Oliveira, j. 12.8.2014)

Art. 1.201. É de boa-fé a posse, se o possuidor ignora o vício, ou o obstáculo que impede a aquisição da coisa.

Parágrafo único. O possuidor com justo título tem por si a presunção de boa-fé, salvo prova em contrário, ou quando a lei expressamente não admite esta presunção.

➥ Veja art. 490 do CC/1916.

Posse justa. É aquela que não for violenta, clandestina ou precária (art. 1.200 do CC).

Posse injusta. É aquela que for violenta, clandestina ou precária.

Posse de boa-fé. A boa-fé a que o legislador se refere no art. 1.201 é a subjetiva, ou seja, deriva da consciência do sujeito. Nesse caso, para que o possuidor seja considerado de boa-fé, é necessário que desconheça os vícios da coisa. É uma consciência negativa, ou seja, é derivada do desconhecimento do fato que originou o vício, bem como o próprio vício. Será presumidamente considerado possuidor de boa-fé aquele que possui um justo título que justifique a sua posse. Porém, é uma presunção relativa que admite prova em contrário ou então quando a lei expressamente não permita essa justificativa de posse. É importante ressalvar que, para esse conceito de posse de boa-fé, não será possível aplicar a desapropriação judicial.

Posse de má-fé. Aquela em que o possuidor, ainda que tenha título, tem ciência da ilegitimidade de sua posse. Este possuidor, desde o momento em que se constituiu a má-fé, responde pelos frutos colhidos e percebidos, assim como por aqueles que deixou de perceber por culpa sua, porém tem direito às despesas de produção e custeio (art. 1.216 do CC). O possuidor de má-fé responde pela perda e deterioração da coisa, mesmo que acidentais, salvo se provar que teriam ocorrido mesmo que em poder do reivindicante (art. 1.218 do CC).

Quanto às benfeitorias, será ressarcido apenas das necessárias, não terá direito a retê-las, muito menos de levantar as voluptuárias.

Obs.: o valor das benfeitorias se compensa com o dos danos, se existirem ao tempo da evicção (art. 1.221 do CC). O reivindicante indenizará o possuidor de boa-fé pelo valor atual. Já o reivindicante indenizará o de má-fé pelo valor atual ou custo (art. 1.222 do CC).

Posse provisória. Quando mais de uma pessoa se disser possuidora, a coisa será mantida em favor daquela que mantém a posse, desde que não tenha obtido de outra por modo vicioso, até que se resolva a questão (art. 1.211 do CC).

■ Enunciado n. 303 da IV Jornada de Direito Civil: "Considera-se justo título para presunção relativa da boa-fé do possuidor o justo motivo que lhe autoriza a aquisição derivada da posse, esteja ou não materializado em instrumento público ou particular. Compreensão na perspectiva da função social da posse".

■ Apelação. Compromisso de venda e compra de imóvel popular. Cessão dos direito a terceiro à revelia da companhia habitacional. Ausência de justo título à posse. Posse de má-fé. Descabimento do pedido indenizatório formulado, vez que ao possuidor de má-fé somente é cabível a reparação decorren-

Arts. 1.201 a 1.203 — Almeida Guilherme

te de benfeitorias necessárias. Art. 1.220 do CC. Realização de benfeitorias meramente úteis. Recurso a que se nega provimento. (TJSP, Ap. n. 0001246-37.2006.8.26.0417, 4ª Câm. Ext. de Dir. Priv., rel. Mauro Conti Machado, j. 17.10.2014)

▪ Reintegração de posse c/c perdas e danos. Imóvel objeto de procedimento de inventário ainda em tramitação. Autora e ré que, como coerdeiras, ostentam a condição de proprietárias e possuidoras do imóvel. Parágrafo único do art. 1.791 do CC. Ré que ocupa o imóvel desde antes do falecimento da antiga proprietária. Manutenção provisória daquele que detém a posse do bem. Art. 1.211 do CC. Inocorrência de esbulho possessório. Indenização que deve ser pleiteada em ação própria. Sentença mantida. Recurso desprovido. (TJSP, Ap. n. 0017165-29.2011.8.26.0114, 17ª Câm. de Dir. Priv., rel. Afonso Bráz, j. 22.05.2015)

Art. 1.202. A posse de boa-fé só perde este caráter no caso e desde o momento em que as circunstâncias façam presumir que o possuidor não ignora que possui indevidamente.

➥ Veja art. 491 do CC/1916.

O art. 1.202 deve ser analisado como complementação lógica do art. 1.201, pois prescreve que a presunção de boa-fé do possuidor cessa no exato momento em que este deixa de ser ignorante em relação aos vícios de sua posse, ou então pelo simples indício que faça presumir que deixou de ignorar a posse indevida. A má-fé surgirá a partir do momento em que o possuidor tiver o conhecimento dos vícios, e os ignorar.

Art. 1.203. Salvo prova em contrário, entende-se manter a posse o mesmo caráter com que foi adquirida.

➥ Veja art. 492 do CC/1916.

O art. 1.203 procura manter a posse com os mesmos caracteres com que foi adquirida, inadmitindo-se que por simples mudança comportamental se possa alterar a característica da posse. Ilustrando, não se poderá converter a posse justa em injusta por mera alteração de comportamento; na mesma esteira, não se modificará a posse de má-fé em posse de boa-fé, bem como as demais classificações da posse.

▪ Enunciado n. 237 da III Jornada de Direito Civil: "É cabível a modificação do título da posse – *interversio possessionis* – na hipótese em que o até então possuidor direto demonstrar ato exterior e inequívoco de oposição ao antigo possuidor indireto, tendo por efeito a caracterização do *animus domini*".

▪ Direito civil. Usucapião extraordinário. Usucapião *ad laborem*. Posse qualificada pelo trabalho. Origem da posse. Regime de mera detenção. Ausência de *animus domini*. Interversão da posse. Comprovação. Necessidade. Notificação judicial do proprietário ao posseiro. Interrupção do prazo da prescrição aquisitiva. Desconfiguração da mansidão da posse. Requisitos não evidenciados. Pedido improcedente. Sentença mantida. 1. A mera detenção não tem o condão de induzir à prescrição aquisitiva, eis que referida posse seja dotada de *animus* (segundo a teoria de Jhering), este elemento subjetivo está adstrito à *affectio tenendi*, obstaculizado o *animus domini* que seria necessário à aquisição do direito de proprie-

Código Civil comentado e anotado

Arts. 1.203 a 1.205

dade pelo decurso do tempo. 2. A posse mantém-se com as mesmas características que foi adquirida, exceto prova em contrário, nos termos do art. 1.203 do CC. A alteração da natureza e da qualidade jurídica da posse é denominada pela doutrina de "interversão da posse". Sobre referido fenômeno possessório, pode a qualidade da posse ser transmudada em razão de fato de natureza jurídica ou material. 3. A notificação judicial do proprietário ao possuidor, a fim de que desocupe a área ocupada, induza um só tempo a duas consequências jurídicas: a) interrupção do prazo de prescrição aquisitiva, nos termos do art. 202, V, do CC e b) a desconfiguração da mansidão e passividade da posse. 4. Não devidamente implementados os requisitos – notadamente e o temporal e a mansidão da posse – que seriam necessários à procedência do pedido, mantém-se integralmente a sentença que desacolheu a pretensão. (TJMG, Ap. Cível n. 1.0487.06.019107-8/003, 16ª Câm. Cível, rel. Des. Otávio Portes, j. 27.05.2015)

CAPÍTULO II
DA AQUISIÇÃO DA POSSE

Art. 1.204. Adquire-se a posse desde o momento em que se torna possível o exercício, em nome próprio, de qualquer dos poderes inerentes à propriedade.

➡ Veja art. 493 do CC/1916.
➡ Veja arts. 1.225, I, e 1.228 do CC.

Equipara-se ao proprietário aquele possuidor que, agindo em nome próprio, possa exercer os mesmos direitos que os daquele, e só será considerado legítimo possuidor a partir desse momento.

▪ Enunciado n. 301 da IV Jornada de Direito Civil: "É possível a conversão da detenção em posse, desde que rompida a subordinação, na hipótese de exercício em nome próprio dos atos possessórios".

Art. 1.205. A posse pode ser adquirida:
I – pela própria pessoa que a pretende ou por seu representante;
II – por terceiro sem mandato, dependendo de ratificação.

➡ Veja art. 494 do CC/1916.

A aquisição da posse poderá ocorrer pelo próprio interessado ou por seu representante, ou então por terceiro *sem* mandato, hipótese em que se fala do gestor de negócios que age em interesse de outrem, mesmo que não tenha sido incumbido nessa tarefa. Assim, com a ratificação do interessado, a posse obtida pelo gestor será considerada válida, a partir do momento em que se deu o ato aquisitivo (art. 873 do CC), e produzirá efeito *ex tunc*.

▪ Enunciado n. 77 da I Jornada de Direito Civil: "A posse das coisas móveis e imóveis também pode ser transmitida pelo constituto possessório".

▪ Enunciado n. 236 da III Jornada de Direito Civil: "Considera-se possuidor, para todos os efeitos legais, também a coletividade desprovida de personalidade jurídica".

669

Arts. 1.206 a 1.208   Almeida Guilherme

Art. 1.206. A posse transmite-se aos herdeiros ou legatários do possuidor com os mesmos caracteres.

➡ Veja art. 495 do CC/1916.

Em respeito ao art. 1.203, que prescreve que a posse deverá se manter com os mesmos caracteres do momento em que foi adquirida, o art. 1.206 repisa esse comando legal, deixando claro que a posse será mantida, assim como foi adquirida, em favor dos herdeiros e legatários do *de cujus,* que era o primitivo possuidor. Na hipótese de haver múltiplos herdeiros ou legatários, a posse será exercida no regime da composse, competindo a cada um a utilização do bem na medida de seu quinhão, desde que o bem seja indivisível.

Art. 1.207. O sucessor universal continua de direito a posse do seu antecessor; e ao sucessor singular é facultado unir sua posse à do antecessor, para os efeitos legais.

➡ Veja art. 496 do CC/1916.

No direito das sucessões, o sucessor singular é a pessoa que, por disposição testamentária expressa, recebe objeto ou bem concreto, individualizado, denominado legado. Já o sucessor universal é a pessoa que recebe a universalidade da herança. O art. 1.207 explica o que acontece com a posse quando o sucessor for universal, o qual continuará na posse de seu antecessor, e quando o sucessor for singular, em que a aquisição da posse consistirá em uma nova posse; contudo, esse herdeiro singular poderá unir sua posse com a de seu antecessor, objetivando, por exemplo, obter a propriedade pelo usucapião.

▪ Enunciado n. 494 da V Jornada de Direito Civil: "A faculdade conferida ao sucessor singular de somar ou não o tempo da posse de seu antecessor não significa que, ao optar por nova contagem, estará livre do vício objetivo que maculava a posse anterior".

▪ Possessória. Reintegração de posse. Comodato verbal configurado. Posse dos autores transmitida por herança. Art. 1.207 do CC. Mera tolerância dos possuidores que não permite proteção possessória. Posse precária. Esbulho caracterizado a partir do pedido para desocupação. Permanência da requerida no imóvel, não obstante a solicitação. Posse precária que não autoriza a proteção possessória ou mesmo a prescrição aquisitiva. Autor reintegrado na posse do imóvel. Sentença mantida. Recurso não provido. (TJSP, Ap. n. 0014543-44.2010.8.26.0006, 13ª Câm. de Dir. Priv., rel. Heraldo de Oliveira, j. 05.03.2015)

Art. 1.208. Não induzem posse os atos de mera permissão ou tolerância assim como não autorizam a sua aquisição os atos violentos, ou clandestinos, senão depois de cessar a violência ou a clandestinidade.

➡ Veja art. 497 do CC/1916.

A mera permissão ou tolerância ao uso do bem possuído não significa necessariamente que o permitido ou tolerado se tornou possuidor da coisa, de forma que a posse adquirida mediante violência ou grave ameaça, bem como aquelas advindas de clandestinidade também não serão admitidas como forma de aquisição da posse, a não ser que o legítimo possuidor

670

Código Civil comentado e anotado   Arts. 1.208 e 1.209

que teve sua posse esbulhada não manifeste sua vontade em reaver a posse, anuindo, portanto, com a posse indevida. Noutro giro, será possuidor aquele que permanecer na posse da coisa depois de cessados os ilícitos da violência ou da clandestinidade. Será possuidor mediante posse injusta, pois a violência e a clandestinidade maculam a posse desde seu início, o que não ocorre com a precariedade, pois esta jamais cessará.

■ Direito administrativo. Direito civil. Direito processual civil. Apelação. Agravo retido. Ausência de pedido de apreciação. Não conhecimento. Pedido de reconhecimento incidental de usucapião extraordinária. Matéria não tratada na inicial. Inovação recursal. Não conhecimento. Ação de manutenção de posse. Parcelamento de solo urbano. Loteamento. Abertura de vias públicas. Art. 22 da Lei n. 6.766/79. Domínio público. Art. 1.208 do CC. Atos de mera permissão ou tolerância. Proteção possessória. Inexistência. Indenização por danos morais e materiais. Descabimento. Recurso desprovido. Consoante disposto no art. 523, § 1º, do CPC, não se conhece do agravo retido, se a parte não requer, na apelação ou nas contrarrazões, sua apreciação pelo Tribunal. Não há como conhecer da parte do recurso em que o apelante pede o reconhecimento incidental da usucapião extraordinária, porque não houve pedido nesse sentido na inicial da ação, a qual envolve apenas a possibilidade de manutenção do recorrente na posse de imóvel. A partir do momento em que o loteamento é registrado, as vias e praças, os espaços livres e as áreas destinadas a edifícios públicos e outros equipamentos urbanos, constantes do projeto e do memorial descritivo, passam a ser de domínio do Município, conforme dispõe o art. 22 da Lei n. 6.766/79. A ocupação de bem público por particular decorre de mera permissão ou tolerância por parte da Administração, nos termos do art. 1.208 do CC, sendo, por isso, descabida a pretensão de manutenção de posse movida contra o ente público. Não havendo prática de ato ilícito por parte do Município, mostra-se descabido o pedido de condenação deste ao pagamento de indenização por danos morais e materiais. (TJMG, Ap. Cível n. 1.0710.09.021628-8/001, 4ª Câm. Cível, rel. Des. Moreira Diniz, j. 23.07.2015)

■ Apelação cível. Ação de reintegração de posse. Mera permissão. Detenção do bem. Notificação pessoal para desocupação. Desnecessária. Litigância de má-fé. Não ocorrência. Sentença mantida. 1. Com fulcro no que dispõe o art. 1.208 do CC, os atos de mera permissão ou tolerância não induzem a posse. 2. O que se conclui dos autos é que a apelante nunca foi possuidora do imóvel em que habita, mas tão somente detentora, em razão da permissão concedida ao seu ex-companheiro. 3. Não há necessidade que a notificação para desocupação de imóvel em ação de reintegração de posse seja pessoal, desde que tenha sido enviada para o endereço do imóvel objeto da ação. 4. Para que haja a condenação por litigância de má-fé, é imprescindível que se prove, nos autos, de forma cabal, que a parte estava agindo imbuída de dolo processual. 5. No caso em tela, não há prova de conduta desleal e maliciosa que ensejasse a condenação por litigância de má-fé. Os fatos ocasionados e os desentendimentos em questão são leves, não estando, assim, imbuídos de má-fé. Ausente, portanto, a punição. 6. Sentença mantida. (TJMG, Ap. Cível n. 1.0245.09.165988-9/002, 11ª Câm. Cível, rel. Des. Mariza Porto, j. 11.03.2015)

Art. 1.209. A posse do imóvel faz presumir, até prova contrária, a das coisas móveis que nele estiverem.

➡ Veja art. 498 do CC/1916.

Os bens que pertencerem ao imóvel e estiverem dentro de seus limites estão englobados presumidamente na posse daquele que possuir o imóvel, por conta dos bens reciprocamente considerados.

	Reintegração da posse	Manutenção da posse	Interdito proibitório
Finalidade	Proteção da posse	Proteção da posse	Tutela proibitória (prevenção)
Hipótese	Esbulho Perda total da posse	Turbação Perda parcial da posse	Ameaça à posse
Cabimento	Esbulho do possuidor por meio de violência, clandestinidade ou precariedade	Na ocorrência de ato de terceiro que implique limitação a quaisquer dos direitos inerentes à posse	Em situação de iminente ameaça de esbulho ou de turbação. Inexistência da moléstia materializada à posse
Previsão legal	Art. 1.210 do CC Art. 560 do CPC/2015 (antigo art. 926)	Art. 1.210 CC Art. 560 do CPC/2015 (antigo art. 926)	Art. 567 do CPC/2015 (antigo art. 932)

CAPÍTULO III
DOS EFEITOS DA POSSE

Art. 1.210. O possuidor tem direito a ser mantido na posse em caso de turbação, restituído no de esbulho, e segurado de violência iminente, se tiver justo receio de ser molestado.

§ 1º O possuidor turbado, ou esbulhado, poderá manter-se ou restituir-se por sua própria força, contanto que o faça logo; os atos de defesa, ou de desforço, não podem ir além do indispensável à manutenção, ou restituição da posse.

§ 2º Não obsta à manutenção ou reintegração na posse a alegação de propriedade, ou de outro direito sobre a coisa.

➥ Veja arts. 499, 501, 502 e 505 do CC/1916.

Esbulho. É o ato em que o possuidor permanece desprovido da posse injustamente, mediante emprego de violência, ou por clandestinidade, ou ainda por precariedade. O possuidor poderá intentar ação de reintegração de posse contra o molestador.

Turbação. É o ato em que o possuidor sofre embaraço na sua posse, sem perdê-la totalmente, pois ele apenas perde alguns dos direitos relativos ao bem. O possuidor poderá propor ação de manutenção de posse, comprovando a existência da posse e da turbação (art. 561 do CPC).

As ações de manutenção (turbação) ou de reintegração (esbulho) de posse somente podem ser dirigidas contra o sujeito que, efetivamente, praticou o ato ou contra terceiros que se encontram em poder do bem, sabedores dos vícios que maculam a posse adquirida. Ou seja, verifica-se a carência da ação por falta de legitimidade passiva no direcionamento de demanda interdita contra terceiro com justo título e boa-fé.

■ Súmula n. 487 do STF: "Será deferida a posse a quem evidentemente tiver o domínio, se com base neste for disputada".

■ Enunciado n. 78 da I Jornada de Direito Civil: "Tendo em vista a não recepção pelo novo Código Civil da exceptio proprietatis (art. 1.210, § 2º) em caso de ausência de prova suficiente para embasar decisão liminar ou sentença final ancorada exclusivamente no *ius possessionis*, deverá o pedido ser indeferido e julgado improcedente, não obstante eventual alegação e demonstração de direito real sobre o bem litigioso".

Código Civil comentado e anotado Art. 1.210

- Enunciado n. 79 da I Jornada de Direito Civil: "A *exceptio proprietatis*, como defesa oponível às ações possessórias típicas, foi abolida pelo Código Civil de 2002, que estabeleceu a absoluta separação entre os juízos possessório e petitório".

- Enunciado n. 238 da III Jornada de Direito Civil: "Ainda que a ação possessória seja intentada além de 'ano e dia' da turbação ou esbulho, e, em razão disso, tenha seu trâmite regido pelo procedimento ordinário (CPC, art. 924), nada impede que o juiz conceda a tutela possessória liminarmente, mediante antecipação de tutela, desde que presentes os requisitos autorizadores do art. 273, I ou II, bem como aqueles previstos no art. 461-A e parágrafos, todos do CPC".

- Enunciado n. 239 da III Jornada de Direito Civil: "Na falta de demonstração inequívoca de posse que atenda à função social, deve-se utilizar a noção de 'melhor posse', com base nos critérios previstos no parágrafo único do art. 507 do CC/1916".

- Enunciado n. 495 da V Jornada de Direito Civil: "No desforço possessório, a expressão 'contanto que o faça logo' deve ser entendida restritivamente, apenas como a reação imediata ao fato do esbulho ou da turbação, cabendo ao possuidor recorrer à via jurisdicional nas demais hipóteses".

- Manutenção de posse. Bem público. Posse anterior. Servidão administrativa. Prova. Domínio. Impossibilidade de oposição. Reconvenção. Declaratória de propriedade. Vedação legal. Art. 923 do CPC. Esbulho comprovado. Averbação da sentença na matrícula do imóvel. Ação possessória. Ausência de previsão legal. Honorários de sucumbência. Apelação à qual se dá parcial provimento. 1. Conforme disciplina o art. 923 do CPC, e o art. 1.210, do CC/2002, não se pode alegar domínio como defesa em ação possessória, motivo pelo qual se revela inadequada a propositura de reconvenção visando declarar o direito de propriedade. 2. O possuidor que se considera esbulhado em sua posse deve demonstrar a existência de posse anterior, o esbulho praticado, bem como a perda ou a continuação da posse, embora turbada. 3. A LRP disciplina as hipóteses em que se admite a averbação de decisões, recursos e seus efeitos, que tenham por objeto atos ou títulos registrados ou averbados, conforme arts. 172 e 246. (TJMG, Ap. Cível n. 1.0024.11.089036-5/003, 2ª Câm. Cível, rel. Des. Marcelo Rodrigues, j. 21.07.2015)

- Possessória. Reintegração. Esbulho decorrente da não desocupação após notificação de cessação do comodato verbal sobre pavimento inferior de imóvel usucapido. Pretensão julgada improcedente em primeiro grau de jurisdição, porque os autores não provaram posse anterior sobre a área litigiosa, não sendo suficiente a alegação de propriedade, fixando a verba sucumbencial em 10% sobre o valor atribuído à causa. Irresignação recursal de ambas as partes: a) dos autores, objetivando, em preliminar, a retificação do valor atribuído à causa e a concessão dos benefícios da justiça gratuita negados em decisão interlocutória anterior à sentença, bem como sustentaram a posse exercida no local; b) do réu, apenas para majorar a verba honorária para o patamar de 20% sobre o valor atribuído à causa. Valor da causa. Atribuição espontânea dos autores, sem que houvesse qualquer determinação de retificação pelo magistrado *a quo*. Alteração na fase recursal inadmissível. Justiça gratuita. Não demonstração de alteração da condição econômica do interessado, que inclusive arcou com as custas iniciais e os honorários periciais. Aplicação do art. 473 do CPC. Propriedade. Prova documental que aponta que os autores adquiriram o domínio sobre o terreno em que erigida edificação de três pavimentos, sendo o inferior ocupado pelo réu, por força de sentença prolatada em ação de usucapião. Posse. Tutela perseguida pelo réu com base na posse pura longeva, ou seja, sem discussão do domínio, corroborada por prova testemunhal, laudo pericial e até a própria admissão dos autores de que foi autorizado a erigir sua residência, às próprias expensas, antes do provimento judicial que outorgou a propriedade. Hipótese em que a posse deve ser mantida em seu *status quo*, nos termos do art. 1.211 do CC, ou seja, com a réu.

673

Arts. 1.210 a 1.213   Almeida Guilherme

Sucumbência. Arbitramento dos honorários que observou os parâmetros do § 3º do art. 20 do CPC, resultando em verba adequada ao trabalho do advogado. Sentença mantida. Apelações não providas. (TJSP, Ap. n. 0026322-05.2010.8.26.0003, 8ª Câm. Ext. de Dir. Priv., rel. Jacob Valente, j. 03.12.2014)

Art. 1.211. Quando mais de uma pessoa se disser possuidora, manter-se-á provisoriamente a que tiver a coisa, se não estiver manifesto que a obteve de alguma das outras por modo vicioso.

➡ Veja art. 500 do CC/1916.

O art. 1.211 busca fixar regra para determinação de quem ficará na posse do objeto em disputa possessória. Determina que, exceto nos casos em que estiver manifesto que aquele que detém o objeto o tenha obtido por meios viciosos, este deverá permanecer com a posse, até que seja resolvida a questão pelos meios cabíveis.

▪ Reintegração de posse c/c perdas e danos. Imóvel objeto de procedimento de inventário ainda em tramitação. Autora e ré que, como coerdeiras, ostentam a condição de proprietárias e possuidoras do imóvel. Parágrafo único do art. 1.791 do CC. Ré que ocupa o imóvel desde antes do falecimento da antiga proprietária. Manutenção provisória daquele que detém a posse do bem. Art. 1.211 do CC. Inocorrência de esbulho possessório. Indenização que deve ser pleiteada em ação própria. Sentença mantida. Recurso desprovido. (TJSP, Ap. n. 0017165-29.2011.8.26.0114, 17ª Câm. de Dir. Priv., rel. Afonso Bráz, j. 22.05.2015)

Art. 1.212. O possuidor pode intentar a ação de esbulho, ou a de indenização, contra o terceiro, que recebeu a coisa esbulhada sabendo que o era.

➡ Veja art. 504 do CC/1916.

O art. 1.212 trata da questão da boa-fé no caso de receptação de coisa esbulhada. Na hipótese de o terceiro ter recebido coisa esbulhada conscientemente, sabendo dos vícios existentes, este poderá ser réu em ação de esbulho cumulada ou não com a de indenização.

▪ Enunciado n. 80 da I Jornada de Direito Civil: "É inadmissível o direcionamento de demanda possessória ou ressarcitória contra terceiro possuidor de boa-fé, por ser parte passiva ilegítima diante do disposto no art. 1.212 do novo Código Civil. Contra o terceiro de boa-fé, cabe tão somente a propositura de demanda de natureza real".

▪ Enunciado n. 236 da III Jornada de Direito Civil: "Considera-se possuidor, para todos os efeitos legais, também a coletividade desprovida de personalidade juridical".

Art. 1.213. O disposto nos artigos antecedentes não se aplica às servidões não aparentes, salvo quando os respectivos títulos provierem do possuidor do prédio serviente, ou daqueles de quem este o houve.

➡ Veja art. 509 do CC/1916.

Código Civil comentado e anotado   Arts. 1.213 a 1.216

O disposto nos arts. 1.210 a 1.212 não se aplica às servidões desconhecidas, a não ser que estejam devidamente registradas.

■ Súmula n. 415 do STF: "Servidão de trânsito não titulada, mas tornada permanente, sobretudo pela natureza das obras realizadas, considera-se aparente, conferindo direito à proteção possessória".

Art. 1.214. O possuidor de boa-fé tem direito, enquanto ela durar, aos frutos percebidos. Parágrafo único. Os frutos pendentes ao tempo em que cessar a boa-fé devem ser restituídos, depois de deduzidas as despesas da produção e custeio; devem ser também restituídos os frutos colhidos com antecipação.

➡ Veja arts. 510 e 511 do CC/1916.

O possuidor de boa-fé terá direito aos frutos (naturais, civis ou industriais) percebidos ou colhidos, isto é, aqueles que possuem autonomia em relação ao bem principal, enquanto durar a sua posse. Porém, cessada a boa-fé, o possuidor deverá restituir os frutos pendentes (ainda não colhidos), ou seja, aqueles que estão acompanhando o bem principal; no entanto, o possuidor deverá ser ressarcido pelas despesas tidas com o bem. No caso dos frutos retirados por antecipação, estes serão restituídos a quem de direito possui, apenas com o cuidado de assegurar ao possuidor o reembolso dos dispêndios que teve com o bem.

■ Enunciado n. 302 da IV Jornada de Direito Civil: "Pode ser considerado justo título para a posse de boa-fé o ato jurídico capaz de transmitir a posse *ad usucapionem*, observado o disposto no art. 113 do Código Civil".

Art. 1.215. Os frutos naturais e industriais reputam-se colhidos e percebidos, logo que são separados; os civis reputam-se percebidos dia por dia.

➡ Veja art. 512 do CC/1916.

Os frutos naturais e industriais se tornam principais no momento em que houver a separação do bem principal. A seguir uma pequena classificação:
a) **frutos naturais**: são bens acessórios advindos da própria natureza;
b) **frutos industriais**: são aqueles que nascem por força da mecanização, produzidos por força humana;
c) **frutos civis**: são os rendimentos produzidos pela coisa frugífera, cujo uso foi cedido a outrem pelo proprietário e que se reputam percebidos no dia a dia.

Art. 1.216. O possuidor de má-fé responde por todos os frutos colhidos e percebidos, bem como pelos que, por culpa sua, deixou de perceber, desde o momento em que se constituiu de má-fé; tem direito às despesas da produção e custeio.

➡ Veja art. 513 do CC/1916.

675

Arts. 1.216 a 1.219   Almeida Guilherme

A posse de má-fé é ato ilícito (arts. 186 e 187 do CC), assim como quaisquer frutos advindos da malfadada posse, também serão maculados por tal ilicitude, impossibilitando que o possuidor de má-fé perceba tais frutos. E não é só: o possuidor de má-fé, além de não manter os frutos, deverá responder pelos eventuais que tenha percebido e indenizar o legítimo possuidor por aqueles frutos que deixou de aferir. Tais responsabilidades se originam no momento em que a má-fé foi constituída.

■ Súmula n. 445 do TST: "Inadimplemento de verbas trabalhistas. Frutos. Posse de má-fé. Art. 1.216 do Código Civil. Inaplicabilidade ao Direito do Trabalho. A indenização por frutos percebidos pela posse de má-fé, prevista no art. 1.216 do Código Civil, por tratar-se de regra afeta a direitos reais, mostra-se incompatível com o Direito do Trabalho, não sendo devida no caso de inadimplemento de verbas trabalhistas".

Art. 1.217. O possuidor de boa-fé não responde pela perda ou deterioração da coisa, a que não der causa.

➡ Veja art. 514 do CC/1916.

O possuidor que esteja na posse do bem de boa-fé não deverá ser responsabilizado pela destruição ou deterioração da coisa, desde que não tenha agido com culpa ou dolo para a ocorrência desses fatos. Se agiu com algum destes, deverá pagar indenização.

Art. 1.218. O possuidor de má-fé responde pela perda, ou deterioração da coisa, ainda que acidentais, salvo se provar que de igual modo se teriam dado, estando ela na posse do reivindicante.

➡ Veja art. 515 do CC/1916.

Em contraponto ao art. 1.217, o possuidor de má-fé será responsabilizado pela deterioração ou perda da coisa possuída, mesmo que não tenha agido com culpa. É caso de responsabilidade civil a modalidade objetiva, porém, são ressalvados os casos em que o possuidor ilegal conseguir provar que o evento teria ocorrido mesmo que estivesse na posse do legítimo possuidor.

Art. 1.219. O possuidor de boa-fé tem direito à indenização das benfeitorias necessárias e úteis, bem como, quanto às voluptuárias, se não lhe forem pagas, a levantá-las, quando o puder sem detrimento da coisa, e poderá exercer o direito de retenção pelo valor das benfeitorias necessárias e úteis.

➡ Veja art. 516 do CC/1916.

Por vedação ao enriquecimento sem causa (arts. 884 e 886 do CC), o art. 1.219 permite que o possuidor de boa-fé exija a indenização pelas benfeitorias úteis (art. 96, § 2º, do CC) e/ou necessárias (art. 96, § 1º, do CC), sendo o ressarcimento pelas voluptuárias uma faculdade do legítimo possuidor, de modo que, se optar por não indenizá-las, poderá o possuidor de boa-

676

Código Civil comentado e anotado   Arts. 1.219 e 1.220

-fé levantá-las, desde que não incorra em deterioração ou destruição do bem principal. Caso o legítimo possuidor não indenize as benfeitorias, poderá o possuidor de boa-fé reter o bem até que seja devidamente ressarcido dos investimentos realizados.

■ Súmula n. 158 do STF: "Salvo estipulação contratual averbada no Registro Imobiliário, não responde o adquirente pelas benfeitorias do locatário".

■ Enunciado n. 81 da I Jornada de Direito Civil: "O direito de retenção previsto no art. 1.219 do CC, decorrente da realização de benfeitorias necessárias e úteis, também se aplica às acessões (construções e plantações) nas mesmas circunstâncias".

■ Compromisso de venda e compra de bem imóvel. Ação de rescisão contratual c/c reintegração de posse e indenização. 1. Inadimplemento contratual. Falta de pagamento das prestações ajustadas pelas partes. Revelia. Presunção de veracidade dos fatos alegados. Rescisão e reintegração de posse corretamente decretadas. 2. Indenização por danos materiais. Arbitramento de indenização decorrente da indevida ocupação do imóvel pelo comprador. Preservação. Retroatividade da reparação civil. Pretendida incidência da verba à data do estabelecimento do contrato. Impossibilidade. Prescrição dos débitos anteriores à propositura da ação, respeitado o triênio estabelecido pelo art. 206, § 3º, do CC. Inviabilidade, ainda, da retenção pretendida pela autora. Composição dos prejuízos satisfeita com o arbitramento dos aluguéis. 3. Retenção por benfeitorias. Admissibilidade, ainda que patente a irregularidade das obras perante a esfera administrativa. Réu, na espécie, alçado à categoria de possuidor de boa-fé. Incidência do disposto no art. 1.219 do CC. Precedentes: Ap. Cível n. 0065971-90.2010.8.26.0224, desta Relatoria. Sentença preservada nos termos do art. 252 do RITJSP. Apelo improvido. (TJSP, Ap. n. 0042578-68.2012.8.26.0224, 3ª Câm. de Dir. Priv., rel. Donegá Morandini, j. 04.11.2014)

Art. 1.220. Ao possuidor de má-fé serão ressarcidas somente as benfeitorias necessárias; não lhe assiste o direito de retenção pela importância destas, nem o de levantar as voluptuárias.

➡ Veja art. 517 do CC/1916.

Ao possuidor de má-fé que realizar benfeitorias úteis não assistirá direito de indenização, possuindo este direito somente perante as benfeitorias necessárias, e em relação às voluptuárias, além de não receber a indenização, o possuidor não poderá levantá-las. Em contraponto aos sistemas aplicados ao possuidor de boa-fé, aquele que possuir de má-fé determinado bem não poderá reter o bem até que receba a indenização sobre as benfeitorias necessárias, hipótese em que a obrigação do legítimo possuidor em indenizar é meramente pessoal, não podendo ser o bem utilizado como forma de pressioná-lo a realizar o pagamento.

■ Súmula n. 335 do STJ: "Nos contratos de locação, é válida a cláusula de renúncia à indenização das benfeitorias e ao direito de retenção".

■ Apelação. Compromisso de venda e compra de imóvel popular. Cessão dos direitos a terceiro à revelia da companhia habitacional. Ausência de justo título à posse. Posse de má-fé. Descabimento do pedido indenizatório formulado, vez que ao possuidor de má-fé somente é cabível a reparação decorrente de benfeitorias necessárias. Art. 1.220 do CC. Realização de benfeitorias meramente úteis. Recurso a que se nega provimento. (TJSP, Ap. n. 0001246-37.2006.8.26.0417, 4ª Câm. Ext. de Dir. Priv., rel. Mauro Conti Machado, j. 17.10.2014)

677

Arts. 1.221 a 1.224 — Almeida Guilherme

Art. 1.221. As benfeitorias compensam-se com os danos, e só obrigam ao ressarcimento se ao tempo da evicção ainda existirem.

➡ Veja art. 518 do CC/1916.

Para que se indenize de forma justa, é necessário que se faça o cálculo da diferença entre os danos que o bem tenha sofrido e as benfeitorias que o possuidor tenha realizado; o resultado dessa subtração será o *quantum* a ser indenizado pelo legítimo possuidor (*vide* art. 944 do CC). É necessário que as benfeitorias existam no momento em que o possuidor perder a posse do bem para o legítimo possuidor, de maneira que se a benfeitoria se esvaiu no tempo e não exista mais, nada deverá ser indenizado.

Art. 1.222. O reivindicante, obrigado a indenizar as benfeitorias ao possuidor de má-fé, tem o direito de optar entre o seu valor atual e o seu custo; ao possuidor de boa-fé indenizará pelo valor atual.

➡ Veja art. 519 do CC/1916.

Na posse oriunda de má-fé, aquele que é obrigado a indenizar poderá optar por pagar o preço de custo da benfeitoria ou o seu valor de mercado atual, ao passo que na posse de boa-fé a indenização terá sempre por base o valor atual.

CAPÍTULO IV
DA PERDA DA POSSE

Art. 1.223. Perde-se a posse quando cessa, embora contra a vontade do possuidor, o poder sobre o bem, ao qual se refere o art. 1.196.

➡ Veja art. 520 do CC/1916.
➡ Veja art. 1.228 do CC/2002.

Independentemente da vontade do possuidor, a posse é considerada cessada no momento em que se perdem quaisquer dos direitos que são próprios da propriedade, em consonância com o art. 1.196 do CC.

■ Reintegração de posse. Ação extinta por falta de interesse de agir. Aplicação do art. 1.223 do CC. Sentença mantida. Recurso desprovido. (TJSP, Ap. n. 3001698-53.2013.8.26.0642, 20ª Câm. de Dir. Priv., rel. Luís Carlos de Barros, j. 16.03.2015)

Art. 1.224. Só se considera perdida a posse para quem não presenciou o esbulho, quando, tendo notícia dele, se abstém de retornar a coisa, ou, tentando recuperá-la, é violentamente repelido.

O correto parece ser "retomar" em vez de "retornar".

➡ Veja art. 522 do CC/1916.

Código Civil comentado e anotado   Arts. 1.224 e 1.225

Em caso de ausência do possuidor no momento do esbulho, será considerada perdida a posse quando este teve notícia da violação de seu direito e deixa de reivindicar a posse da coisa, ou então, quando ao retomá-la, tenha sido violentamente repelido. Cumpre esclarecer que a violência necessariamente deve ser ofensiva e injusta, seja de natureza física ou moral.

TÍTULO II
DOS DIREITOS REAIS

CAPÍTULO ÚNICO
DISPOSIÇÕES GERAIS

Art. 1.225. São direitos reais:
I – a propriedade;
II – a superfície;
III – as servidões;
IV – o usufruto;
V – o uso;
VI – a habitação;
VII – o direito do promitente comprador do imóvel;
VIII – o penhor;
IX – a hipoteca;
X – a anticrese;
XI – a concessão de uso especial para fins de moradia;
Inciso acrescentado pela Lei n. 11.481, de 31.05.2007.
XII – a concessão de direito real de uso; e
Inciso com redação dada pela Lei n. 13.465, de 11.07.2017.
XIII – a laje.
Inciso acrescentado pela Lei n. 13.465, de 11.07.2017.

➡ Veja art. 674 do CC/1916.

O art. 1.225 enumera os direitos reais que serão objeto de estudo em artigos específicos na sequência. Assim, tem-se: a *posse* (CC, arts. 1.196 a 1.224); a *propriedade* (CC, arts. 1.228 a 1.360); os *direitos reais de gozo ou fruição*: enfiteuse (CC, art. 2.038, e CC/1916, arts. 678 e 694), superfície (CC, arts. 1.369 a 1.377), servidão predial (CC, arts. 1.378 a 1.389), usufruto (CC, arts. 1.390 a 1.411); uso (CC, arts. 1.412 e 1.413), habitação (CC, arts. 1.414 a 1.416); os *direitos reais de garantia*: penhor (CC, arts. 1.419 a 1.437); hipoteca (CC, arts. 1.473 a 1.505); anticrese (CC, arts. 1.506 a 1.510); propriedade fiduciária (CC, arts. 1.361 a 1.368-B) e *direito real de aquisição*: compromisso de compra e venda (CC, arts. 1.417 e 1.418).

Não obstante os direitos reais já elencados, foram incluídos nesse rol os incisos que introduziram a *concessão de uso especial para fins de moradia*; a *concessão do direito real de uso*; e o *direito real de laje*, resultando o último na inclusão do art. 1.510-A no Código Civil, tendo sido os três últimos positivados no diploma civil por intermédio da Lei n. 11.481/2007.

■ Apelação cível. Ação de cobrança c/c indenização por lucros cessantes. Contrato de proposta de participação em empreendimento para compra de apartamento. Descumprimento do aditivo contratual avençado entre as partes, onde a ré se obrigou a entabular financiamento bancário para pagamento de parte do acordado. Cobrança. Prescrição quinquenal reconhecida, nos termos do art. 206, § 5º, I, do CC.

679

Arts. 1.225 a 1.227 — Almeida Guilherme

Não se considera ilíquida a dívida cuja importância, para ser determinada, depende apenas de operação aritmética. Ausência de prazo para o cumprimento da obrigação de fazer. A partir da notificação inicia-se a contagem do prazo prescricional. Lucros cessantes e aluguéis indevidos. A ré firmou contrato particular de promessa de compra do imóvel, o que lhe conferiu direito real, amparado no art. 1.225, VII, do CC, tornando sua posse justa. Apelo desprovido. (TJSP, Ap. n. 0003093-11.2008.8.26.0286, 4ª Câm. Ext. de Dir. Priv., rel. Silvério da Silva, j. 17.09.2014)

Art. 1.226. Os direitos reais sobre coisas móveis, quando constituídos, ou transmitidos por atos entre vivos, só se adquirem com a tradição.

➡ Veja art. 675 do CC/1916.

Maria Helena Diniz (*Curso de direito civil*, v. IV, p. 20) explica que a tradição é o meio aquisitivo de direitos reais sobre coisas móveis, constituídos ou transmitidos por atos *inter vivos*. Portanto, a *tradição* vem a ser a entrega da coisa móvel ao adquirente, com a intenção de lhe transferir, por exemplo, o domínio, em razão do título translativo da propriedade. O contrato, por si só, não é apto para gerar direito real, contém apenas um direito pessoal; só com a tradição é que essa declaração translatícia de vontade se transforma em direito real. Pode acarretar também a extinção de tais direitos, pois por intermédio dela o tradente (*tradens*) ou transmitente os perde, ao ter a intenção de transferi-los, e o adquirente (*accipiens*) adquire-os.

▪ Apelação cível. Embargos de terceiro. Presunção de boa-fé da adquirente. A transferência de bens móveis se dá com a tradição. Inteligência do art. 1.226 do CC. Comprovado, nos autos, que a averbação de restrição sobre o bem deu-se após a sua venda ao embargante, e ausente prova do conluio deste último com o executado, é de presumir-se a sua boa-fé. Mantida a procedência do pedido de levantamento da restrição lançada sobre o bem. Negaram provimento ao apelo. Unânime. (TJRS, Ap. Cível n. 70.062.424.148, 15ª Câm. Cível, rel. Otávio Augusto de Freitas Barcellos, j. 08.04.2015)

Art. 1.227. Os direitos reais sobre imóveis constituídos, ou transmitidos por atos entre vivos, só se adquirem com o registro no Cartório de Registro de Imóveis dos referidos títulos (arts. 1.245 a 1.247), salvo os casos expressos neste Código.

➡ Veja art. 676 do CC/1916.

Para aquisição dos direitos reais sobre imóveis, quando constituídos ou transmitidos por atos *inter vivos*, é necessário o registro de tais direitos no Cartório de Registro de Imóveis dos referidos títulos, com exceção feita aos casos em que o próprio Código dispensa o registro.

▪ Imissão de posse c/c fixação de aluguéis. Ação ajuizada pelos proprietários tabulares. Ocupação do imóvel a título precário. Procedência. Propriedade dominial que se adquire com o registro do título aquisitivo e que habilita os seus titulares a usar e usufruir do bem. Imissão na posse que é consequência da transmissão. Inteligência dos arts. 1.227, 1.228 e 1.245 do CC e da Súmula n. 487 do Col. STF. Valor do aluguel arbitrado que se mostra excessivo e comporta redução para 0,5% do valor de aquisição, atualizado pela Tabela Prática deste Eg. Tribunal. Sentença reformada. Recurso parcialmente provido. (TJSP, Ap. n. 1003127-32.2014.8.26.0003, 6ª Câm. de Dir. Priv., rel. Paulo Alcides, j. 02.07.2015)

Código Civil comentado e anotado

Art. 1.228

TÍTULO III
DA PROPRIEDADE

CAPÍTULO I
DA PROPRIEDADE EM GERAL

Seção I
Disposições Preliminares

Art. 1.228. O proprietário tem a faculdade de usar, gozar e dispor da coisa, e o direito de reavê-la do poder de quem quer que injustamente a possua ou detenha.

§ 1º O direito de propriedade deve ser exercido em consonância com as suas finalidades econômicas e sociais e de modo que sejam preservados, de conformidade com o estabelecido em lei especial, a flora, a fauna, as belezas naturais, o equilíbrio ecológico e o patrimônio histórico e artístico, bem como evitada a poluição do ar e das águas.

§ 2º São defesos os atos que não trazem ao proprietário qualquer comodidade, ou utilidade, e sejam animados pela intenção de prejudicar outrem.

§ 3º O proprietário pode ser privado da coisa, nos casos de desapropriação, por necessidade ou utilidade pública ou interesse social, bem como no de requisição, em caso de perigo público iminente.

§ 4º O proprietário também pode ser privado da coisa se o imóvel reivindicado consistir em extensa área, na posse ininterrupta e de boa-fé, por mais de cinco anos, de considerável número de pessoas, e estas nela houverem realizado, em conjunto ou separadamente, obras e serviços considerados pelo juiz de interesse social e econômico relevante.

§ 5º No caso do parágrafo antecedente, o juiz fixará a justa indenização devida ao proprietário; pago o preço, valerá a sentença como título para o registro do imóvel em nome dos possuidores.

➥ Veja art. 524 do CC/1916.

A propriedade é o direito assegurado pela lei que o proprietário (pessoa física ou jurídica) tem de usar, gozar e dispor de um bem, corpóreo ou incorpóreo, além de reaver de quem injustamente o detenha. Contudo, o direito à propriedade é limitado, porque este possui a finalidade de afastar o individualismo, coibir o uso abusivo da propriedade e garantir que esse direito seja utilizado para o bem comum, preservando a função econômico-social da propriedade (art. 5º, XXII, da CF), atrelada não só à produtividade do bem, mas também à justiça social e ao interesse coletivo. (*Vide*: Guilherme, Luiz Fernando do Vale de Almeida. *Força social do contrato e o contrato social – uma análise da crise econômica*. 2. ed. São Paulo, Saraiva, 2015.)

Elementos constitutivos: reduzindo a propriedade aos seus elementos essenciais, positivos, ter-se-á: direito de usar, gozar, dispor e reivindicar.

Jus utendi. Envolve o direito de usar da coisa; é o de tirar dela todos os serviços que pode prestar, dentro das restrições legais, sem que haja modificação em sua substância.

Jus fruendi. Implica o direito de gozar da coisa, exterioriza-se na percepção dos seus frutos e na utilização de seus produtos. É, portanto, o direito de explorá-la economicamente.

Jus disponendi. Compreende no direito de dispor da coisa; é o poder de aliená-la a título oneroso ou gratuito, abrangendo o poder de consumi-la e o de gravá-la de ônus reais ou de submetê-la ao serviço de outrem.

681

Rei vindicatio. Quer dizer direito de reivindicar a coisa, é o poder que tem o proprietário de mover ação para obter o bem de quem injusta ou ilegitimamente o possua ou detenha, em razão do seu direito de sequela.

O direito de propriedade não se confunde com o direito à propriedade que é mera pretensão (*vide* art. 5º, *caput*).

■ Enunciado n. 49 da I Jornada de Direito Civil: "A regra do art. 1.228, § 2º, do novo Código Civil interpreta-se restritivamente, em harmonia com o princípio da função social da propriedade e com o disposto no art. 187".

■ Enunciado n. 82 da I Jornada de Direito Civil: "É constitucional a modalidade aquisitiva de propriedade imóvel prevista nos §§ 4º e 5º do art. 1.228 do novo Código Civil".

■ Enunciado n. 83 da I Jornada de Direito Civil: "Nas ações reivindicatórias propostas pelo Poder Público, não são aplicáveis as disposições constantes dos §§ 4º e 5º do art. 1.228 do novo Código Civil".

■ Enunciado n. 84 da I Jornada de Direito Civil: "A defesa fundada no direito de aquisição com base no interesse social (art. 1.228, §§ 4º e 5º, do novo Código Civil) deve ser arguida pelos réus da ação reivindicatória, eles próprios responsáveis pelo pagamento da indenização".

■ Enunciado n. 304 da IV Jornada de Direito Civil: "São aplicáveis as disposições dos §§ 4º e 5º do art. 1.228 do Código Civil às ações reivindicatórias relativas a bens públicos dominicais, mantido, parcialmente, o Enunciado n. 83 da I Jornada de Direito Civil, no que concerne às demais classificações dos bens públicos".

■ Enunciado n. 305 da IV Jornada de Direito Civil: "Tendo em vista as disposições dos §§ 3º e 4º do art. 1.228 do Código Civil, o Ministério Público tem o poder-dever de atuação nas hipóteses de desapropriação, inclusive a indireta, que envolvam relevante interesse público, determinado pela natureza dos bens jurídicos envolvidos".

■ Enunciado n. 306 da IV Jornada de Direito Civil: "A situação descrita no § 4º do art. 1.228 do Código Civil enseja a improcedência do pedido reivindicatório".

■ Enunciado n. 307 da IV Jornada de Direito Civil: "Na desapropriação judicial (art. 1.228, § 4º), poderá o juiz determinar a intervenção dos órgãos públicos competentes para o licenciamento ambiental e urbanístico".

■ Enunciado n. 308 da IV Jornada de Direito Civil: "A justa indenização devida ao proprietário em caso de desapropriação judicial (art. 1.228, § 5º) somente deverá ser suportada pela Administração Pública no contexto das políticas públicas de reforma urbana ou agrária, em se tratando de possuidores de baixa renda e desde que tenha havido intervenção daquela nos termos da lei processual. Não sendo os possuidores de baixa renda, aplica-se a orientação do Enunciado n. 84 da I Jornada de Direito Civil".

■ Enunciado n. 309 da IV Jornada de Direito Civil: "O conceito de posse de boa-fé de que trata o art. 1.201 do Código Civil não se aplica ao instituto previsto no § 4º do art. 1.228".

■ Enunciado n. 310 da IV Jornada de Direito Civil: "Interpreta-se extensivamente a expressão 'imóvel reivindicado' (art. 1.228, § 4º), abrangendo pretensões tanto no juízo petitório quanto no possessório".

■ Enunciado n. 496 da V Jornada de Direito Civil: "O conteúdo do art. 1.228, §§ 4º e 5º, pode ser objeto de ação autônoma, não se restringindo à defesa em pretensões reivindicatórias".

Código Civil comentado e anotado

Arts. 1.228 e 1.229

- Enunciado n. 507 da V Jornada de Direito Civil: "Na aplicação do princípio da função social da propriedade imobiliária rural, deve ser observada a cláusula aberta do § 1º do art. 1.228 do Código Civil, que, em consonância com o disposto no art. 5º, XXIII, da Constituição de 1988, permite melhor objetivar a funcionalização mediante critérios de valoração centrados na primazia do trabalho".

- Enunciado n. 508 da V Jornada de Direito Civil: "Verificando-se que a sanção pecuniária mostrou-se ineficaz, a garantia fundamental da função social da propriedade (arts. 5º, XXIII, da CF e 1.228, § 1º, do CC) e a vedação ao abuso do direito (arts. 187 e 1.228, § 2º, do CC) justificam a exclusão do condômino antissocial, desde que a ulterior assembleia prevista na parte final do parágrafo único do art. 1.337 do Código Civil delibere a propositura de ação judicial com esse fim, asseguradas todas as garantias inerentes ao devido processo legal".

- Veja no art. 1.227 a seguinte decisão: TJSP, Ap. n. 1003127-32.2014.8.26.0003, 6ª Câm. de Dir. Priv., rel. Paulo Alcides, j. 02.07.2015.

- Direito das sucessões. Revogação de cláusulas de inalienabilidade, incomunicabilidade e impenhorabilidade impostas por testamento. Função social da propriedade. Dignidade da pessoa humana. Situação excepcional de necessidade financeira. Flexibilização da vedação contida no art. 1.676 do CC/1916. Possibilidade. 1. Se a alienação do imóvel gravado permite uma melhor adequação do patrimônio à sua função social e possibilita ao herdeiro sua sobrevivência e bem-estar, a comercialização do bem vai ao encontro do propósito do testador, que era, em princípio, o de amparar adequadamente o beneficiário das cláusulas de inalienabilidade, impenhorabilidade e incomunicabilidade. 2. A vedação contida no art. 1.676 do CC/1916 poderá ser amenizada sempre que for verificada a presença de situação excepcional de necessidade financeira, apta a recomendar a liberação das restrições instituídas pelo testador. 3. Recurso especial a que se nega provimento. (STJ, REsp m/ 1.158.679/MG, 3ª T., rel. Min. Nancy Andrighi, j. 07.04.2011)

Art. 1.229. A propriedade do solo abrange a do espaço aéreo e subsolo correspondentes, em altura e profundidade úteis ao seu exercício, não podendo o proprietário opor-se a atividades que sejam realizadas, por terceiros, a uma altura ou profundidade tais, que não tenha ele interesse legítimo em impedi-las.

➡ Veja art. 526 do CC/1916.

A propriedade abrange tanto o subsolo como o espaço aéreo, porém o art. 1.229 diz claramente que tal noção se limita até o espaço utilizável para o fim a que se destina o imóvel, não podendo o proprietário impedir que qualquer pessoa utilize o espaço aéreo e o subsolo em tais profundidades ou altitudes a ponto de o proprietário não possuir legítimo interesse de impedir a utilização.

- Reintegração de posse. O que o Município agravado parece pretender é que o Juízo decrete a desintegração dos agravantes, o que não é possível, ou os condene a flutuar, mas isto também só resolveria o problema se fosse a uma altura tal que o dono do solo não a utilizasse (art. 1.229 do CC). Tudo isso mostra que, em primeiro lugar, não há urgência na retirada dos agravantes do local onde se encontram. Isso porque não há perigo do tempo decretar o perdimento do bem, como ocorreria se o imóvel fosse particular. Ao menos essa urgência não foi mostrada na inicial da reintegratória. A agravada não apresentou argumentos capazes de demonstrar a urgência da referida medida liminar, no sentido de utili-

683

Arts. 1.229 a 1.232   Almeida Guilherme

zação imediata daquela propriedade com o fim de satisfazer necessidades voltadas ao interesse social, o que justificaria plenamente o improvimento deste recurso. Recurso provido. (TJSP, Ap. n. 2009679-05.2014.8.26.0000, 3ª Câm. de Dir. Públ., rel. José Luiz Gavião de Almeida, j. 16.09.2014)

Art. 1.230. A propriedade do solo não abrange as jazidas, minas e demais recursos minerais, os potenciais de energia hidráulica, os monumentos arqueológicos e outros bens referidos por leis especiais.

Parágrafo único. O proprietário do solo tem o direito de explorar os recursos minerais de emprego imediato na construção civil, desde que não submetidos a transformação industrial, obedecido o disposto em lei especial.

➥ Sem correspondência no CC/1916.

Por disposição de lei federal (art. 84 do Código de Minas e art. 176 da CF/88), a propriedade das jazidas, minas e demais recursos minerais, os potenciais de energia hidráulica e os monumentos arqueológicos são exclusivos da União, devendo o particular ser indenizado pela extração e utilização de sua propriedade, ou então se quiser os recursos minerais de emprego imediato na construção civil, sem ter que se sujeitar a uma transformação industrial.

Art. 1.231. A propriedade presume-se plena e exclusiva, até prova em contrário.

➥ Veja art. 527 do CC/1916.

A propriedade será plena e exclusiva quando o seu titular puder usar, gozar e dispor absolutamente, além de ter o direito de reivindicá-la de quem injustamente a detenha ou possua. Contudo, a propriedade possui presunção relativa de exclusividade e plenitude, até que terceiro venha reivindicá-la provando que é proprietário, coproprietário ou simplesmente que o atual proprietário do bem não o é em realidade; portanto, o titular terá a propriedade exclusiva, plena e ilimitada até que provem o contrário (*vide* art. 212 do CC, "Da Prova").

▪ Súmula n. 496 do STJ: "Os registros de propriedade particular de imóveis situados em terrenos de marinha não são oponíveis à União".

▪ Enunciado n. 503 da V Jornada de Direito Civil: "É relativa a presunção de propriedade decorrente do registro imobiliário, ressalvado o sistema Torrens".

Art. 1.232. Os frutos e mais produtos da coisa pertencem, ainda quando separados, ao seu proprietário, salvo se, por preceito jurídico especial, couberem a outrem.

➥ Veja art. 528 do CC/1916.

Os bens acessórios, em regra, devem seguir o destino do principal e no art. 1.232 não será diferente, salvo os casos em que a lei determinar ou o contrato prever outro destino ao bem acessório (*vide* art. 92 do CC).

Código Civil comentado e anotado   Arts. 1.233 a 1.235

Seção II
Da Descoberta

Art. 1.233. Quem quer que ache coisa alheia perdida há de restituí-la ao dono ou legítimo possuidor.

Parágrafo único. Não o conhecendo, o descobridor fará por encontrá-lo, e, se não o encontrar, entregará a coisa achada à autoridade competente.

➡ Veja art. 603 do CC/1916.

É devida obediência ao princípio da boa-fé nas relações sociais e jurídicas, em que seria descabido que determinado bem, ao ser encontrado por outrem e a sua propriedade for conhecida daquele que encontrou, não voltasse ao domínio de seu verdadeiro proprietário. E ainda em consagração à vedação do enriquecimento sem causa, aquele que encontrar o bem e desconhecer o seu verdadeiro dono deverá entregar a coisa achada a autoridade competente (*vide* arts. 884 a 886, que versam sobre "enriquecimento sem causa").

▪ Responsabilidade civil. Restituição de cachorro. Dano moral. A relação entre as pessoas deve ser pautada pelo respeito e urbanidade. A coisa encontrada deve ser restituída ao seu dono ou entregue à autoridade pública (CC, art. 1.233). O animal deve ser restituído ao proprietário. Na hipótese dos autos, os réus ofenderam a integridade física do autor, de maneira séria e grave, sem motivo justificado. O ato praticado contra a dignidade da pessoa deve ser reparado. O dano moral deve ser estabelecido com razoabilidade, de modo a servir de lenitivo ao sofrimento da vítima. Valor mantido. O dano material deve ser comprovado (CC, art. 403). Na hipótese, na sentença já foi reconhecido o dano efetivo. Agravo retido e apelação não providos (TJRS, Ap. Cível n. 0119271-37.2016.8.21.7000).

Art. 1.234. Aquele que restituir a coisa achada, nos termos do artigo antecedente, terá direito a uma recompensa não inferior a cinco por cento do seu valor, e à indenização pelas despesas que houver feito com a conservação e transporte da coisa, se o dono não preferir abandoná-la.

Parágrafo único. Na determinação do montante da recompensa, considerar-se-á o esforço desenvolvido pelo descobridor para encontrar o dono, ou o legítimo possuidor, as possibilidades que teria este de encontrar a coisa e a situação econômica de ambos.

➡ Veja art. 604 do CC/1916.

Aquele que achar determinada coisa e, além de achá-la, restituí-la, fará jus a uma recompensa superior a 5% do valor do bem achado, além das despesas que eventualmente houver experimentado com a conservação e transporte da coisa, salvo se o dono preferir abandonar o bem. Será usado como critério de fixação da recompensa a relação entre o esforço do descobridor, o grau de dificuldade de se ter encontrado o legítimo dono e a possibilidade econômica de ambos.

Art. 1.235. O descobridor responde pelos prejuízos causados ao proprietário ou possuidor legítimo, quando tiver procedido com dolo.

➡ Veja art. 605 do CC/1916.

685

Arts. 1.235 a 1.238   Almeida Guilherme

Caso haja dolo (arts. 145 e segs. do CC), o descobridor deverá indenizar (art. 186 e/ou 187 c/c o art. 927, *caput*, do CC) o proprietário (arts. 1.225, I, e 1.228 do CC) da coisa achada, caso tenha sofrido prejuízos, pagando-lhe as perdas e danos, incluindo dano emergente e lucro cessante (*vide* art. 944 do CC, que cessa sobre a indenização).

Art. 1.236. A autoridade competente dará conhecimento da descoberta através da imprensa e outros meios de informação, somente expedindo editais se o seu valor os comportar.

➡ Sem correspondência no CC/1916.

Uma vez entregue a coisa achada para a autoridade competente, deverá tal autoridade dar publicidade por meio da imprensa e outros meios de informação de grande visibilidade, expedindo editais somente se o valor comportar.

Art. 1.237. Decorridos sessenta dias da divulgação da notícia pela imprensa, ou do edital, não se apresentando quem comprove a propriedade sobre a coisa, será esta vendida em hasta pública e, deduzidas do preço as despesas, mais a recompensa do descobridor, pertencerá o remanescente ao Município em cuja circunscrição se deparou o objeto perdido.
Parágrafo único. Sendo de diminuto valor, poderá o Município abandonar a coisa em favor de quem a achou.

➡ Veja art. 606 do CC/1916.

Em congruência com o art. 1.236, caso após o prazo decadencial de sessenta dias contados a partir da data da publicação na imprensa que informou o achado de bem, ninguém se manifestar reivindicando o bem com justo título, será promovida a venda do bem em hasta pública (leilão), sendo descontados do preço o valor da recompensa do descobridor mais o valor das despesas, na forma do art. 1.234, e o valor remanescente será de propriedade do município no qual foi encontrado o bem.

CAPÍTULO II
DA AQUISIÇÃO DA PROPRIEDADE IMÓVEL

Seção I
Da Usucapião

■ Enunciado n. 497 da V Jornada de Direito Civil: "O prazo, na ação de usucapião, pode ser completado no curso do processo, ressalvadas as hipóteses de má-fé processual do autor".

Art. 1.238. Aquele que, por quinze anos, sem interrupção, nem oposição, possuir como seu um imóvel, adquire-lhe a propriedade, independentemente de título e boa-fé; podendo requerer ao juiz que assim o declare por sentença, a qual servirá de título para o registro no Cartório de Registro de Imóveis.
Parágrafo único. O prazo estabelecido neste artigo reduzir-se-á a dez anos se o possuidor houver estabelecido no imóvel a sua moradia habitual, ou nele realizado obras ou serviços de caráter produtivo.

Código Civil comentado e anotado   Art. 1.238

➡ Veja art. 550 do CC/1916.

A **usucapião** é o modo de aquisição originária da propriedade e de outros direitos reais (usufruto, uso, habitação, enfiteuse) pela posse prolongada da coisa com a observância dos requisitos legais. É uma aquisição do domínio pela posse prolongada. Para que se tenha a usucapião extraordinária, será preciso:

a) posse pacífica, ininterrupta exercida com *animus domini*;

b) decurso do prazo de quinze anos, mas tal lapso temporal poderá reduzir-se a dez anos se o possuidor estabeleceu no imóvel sua morada habitual ou nele realizou obras ou serviços produtivos. Considera-se aqui o efetivo uso do bem de raiz possuído como moradia e fonte de produção (posse-trabalho) para fins de redução de prazo para usucapião;

c) presunção *juris et de jure* de boa-fé e justo título, que não só dispensa a exibição desse documento como também proíbe que se demonstre sua inexistência. Tal usucapião não tolera a prova de carência do título. O usucapiente terá apenas de provar sua posse;

d) sentença judicial declaratória da aquisição do domínio por usucapião, que constituirá o título que deverá ser levado ao Registro Imobiliário, para assento.

Para que esta reste configurada, deve haver a posse prolongada por 15 anos, presunção absoluta de justo título e boa-fé. Deve-se apenas provar a posse. Se o possuidor estabelecer sua moradia no imóvel habitual ou torná-lo produtivo (posse trabalho ou posse *pro labore*), o prazo da usucapião será de 10 anos (art. 1.238 do CC). Sobre prazo, *vide* art. 2.029 do CC.

▪ Súmula n. 237 do STF: "O usucapião pode ser arguido em defesa".

▪ Súmula n. 263 do STF: "O possuidor deve ser citado pessoalmente para a ação de usucapião".

▪ Súmula n. 340 do STF: "Desde a vigência do Código Civil, os bens dominicais, como os demais bens públicos, não podem ser adquiridos por usucapião".

▪ Súmula n. 391 do STF: "O confinante certo deve ser citado pessoalmente para a ação de usucapião".

▪ Súmula n. 11 do STJ: "A presença da União ou de qualquer de seus entes, na ação de usucapião especial, não afasta a competência do foro da situação do imóvel".

▪ Súmula n. 119 do STJ: "A ação de desapropriação indireta prescreve em 20 (vinte) anos".

▪ Enunciado n. 564 da VI Jornada de Direito Civil: "As normas relativas à usucapião extraordinária (art. 1.238, *caput*, CC) e à usucapião ordinária (art. 1.242, *caput*, CC), por estabelecerem redução de prazo em benefício do possuidor, têm aplicação imediata, não incidindo o disposto no art. 2.028 do Código Civil".

▪ Apelação cível. Ação de desapropriação indireta. Regra de transição do art. 2.028 do novo CC. Aplicabilidade. Prazo prescricional de dez anos. Sentença mantida. Na desapropriação indireta, a ação indenizatória tem natureza real, sujeitando-se ao prazo prescricional vintenário. Súmula n. 119 do STJ. No caso concreto, aplicável a regra de transição prevista pelo art. 2.028 do CC/2002, o prazo prescricional para o ajuizamento de ação indenizatória por desapropriação indireta é de dez anos, na forma do art. 1.238, parágrafo único, do CC/2002. (TJMG, Ap. Cível n. 1.0689.13.000111-8/001, 8ª Câm. Cível, rel. Des. Paulo Balbino, j. 16.07.2015)

■ Processual civil. Terra devoluta. União federal. O Sítio M., como esclareceu a União, pertencia ao extinto Aldeamento Indígena Pinheiros-Barueri. O fato de ter sido extinto o Aldeamento Indígena afasta o interesse público da União, como já decidiu o Eg. STJ. Preliminar de incompetência absoluta afastada. Agravo retido não provido. Usucapião extraordinária qualificada pela posse-trabalho. Art. 1.238, parágrafo único, do CC. Considerando-se a aplicação do art. 2.029, do CC, o prazo de 12 anos completou-se no ano de 2005. A ação foi ajuizada, como visto, em setembro de 2009, de modo que há posse mansa e pacífica do bem há mais de 16 anos, tempo suficiente ao reconhecimento da prescrição aquisitiva. Sentença de procedência do pedido mantida. Recursos interpostos pela União não providos. (TJSP, Ap. n. 0042156-40.2009.8.26.0405, 10ª Câm. de Dir. Priv., rel. Carlos Alberto Garbi, j. 23.06.2015)

	Tempo	Embasamento legal	Requisitos
Usucapião extraordinária	15 anos	Art. 1.238, *caput*, do CC	Não é necessário haver boa-fé nem justo título. O principal requisito a se provar é a posse mansa, pacífica e ininterrupta pelo lapso temporal referido, qual seja, quinze anos
Usucapião extraordinária reduzida	10 anos	Art. 1.238, parágrafo único, do CC	Por ser subespécie da extraordinária, também não há necessidade de haver justo título nem boa-fé. Entretanto, para o autor conseguir a redução de cinco anos, é necessário que tenha feito no imóvel obras ou serviços de caráter produtivo, aumentando a utilidade daquele
Usucapião especial rural ou *pro labore*	5 anos	Art. 1.239 do CC	Imóvel até 50 hectares. O possuidor deve comprovar que fez da propriedade um bem produtivo, estabelecendo ali sua morada. O usucapiente não pode ser proprietário ou possuidor direto de outro imóvel, seja urbano ou rural
Usucapião especial urbana ou *pro habitatione*	5 anos	Art. 1.240 do CC	Não é necessário justo título nem boa-fé. O imóvel deve ser de até 250 m². Aqui também o possuidor não pode ser proprietário ou possuidor direto de outro imóvel, seja urbano ou rural
Usucapião familiar ou conjugal	2 anos, a contar do abandono do imóvel pelo cônjuge	Art. 1.240-A do CC	O imóvel que pertencia ao casal ou de um deles deve ser de até 250 m². É importante mencionar que o consorte possuidor do imóvel não pode, para efeitos dessa usucapião, ser possuidor de outro imóvel, seja na zona urbana ou rural
Usucapião ordinária	10 anos	Art. 1.242, *caput*	Difere da extraordinária reduzida, porque, nesse caso, o possuidor deve estar de boa-fé, ou seja, ignora qualquer obstáculo impeditivo. O possuidor deve ter, ainda, justo título
Usucapião ordinária reduzida	5 anos	Art. 1.242, parágrafo único, do CC	Bem adquirido onerosamente e teve registro cancelado, mas havia boa-fé do possuidor. Para valer-se dessa espécie, deve comprovar que mantém no imóvel sua morada ou realizou investimentos de interesse social ou econômico

(continua)

Código Civil comentado e anotado   Art. 1.238

(continuação)

	Tempo	Embasamento legal	Requisitos
Usucapião coletiva	5 anos	Art. 1.228, § 4º, do CC e art. 10 da Lei n. 10.257/2001 (Estatuto da Cidade)	Caberá esta espécie quando se tratar de áreas urbanas com mais de 250 m², ocupadas por população de baixa renda, não se sabendo precisar a delimitação de cada um. Referido prazo deve ser sem interrupção nem oposição. Nesse caso, é rito e sumário, sendo obrigatória a intervenção do MP
Usucapião extrajudicial	–	–	Com o CPC/2015 e a nova redação da Lei n. 6.015/73, a usucapião extrajudicial pode ser requerida diretamente no tabelionato

Modalidade de usucapião	Fundamento	Requisitos	Remissões
Extraordinária – 1	Decurso de tempo que causa a prescrição aquisitiva.	a) Posse *ad usucapionem*; b) Decurso de 15 anos, ininterruptos.	Art. 1.238, *caput*, do CC/2002
Extraordinária – 2	Prescrição aquisitiva minorada, por ter o possuidor dado destinação que atende à função social da propriedade.	a) Posse *ad usucapionem*; b) Transcurso de dez anos sem interrupção; c) Ter o possuidor constituído sua morada habitual no imóvel, ou nele realizado obras ou serviços de caráter produtivo.	Art. 1.238, parágrafo único, do CC/2002
Ordinária – 1	Prescrição aquisitiva.	a) Posse *ad usucapionem*; b) Decurso de dez anos contínuos; c) Justo título; d) Boa-fé.	Art. 1.242, *caput*, do CC/2002
Ordinária – 2	Prescrição aquisitiva.	a) Posse *ad usucapionem*; b) Decurso de cinco anos contínuos; c) Aquisição onerosa do imóvel usucapiendo, com base em registro regular, posteriormente cancelado; d) Ter o possuidor estabelecido moradia no imóvel ou nele realizado investimentos de interesse social e econômico.	Art. 1.242, parágrafo único, do CC/2002
Especial Rural (ou Constitucional Rural, ou *Pro Labore*)	Prescrição extintiva pelo fato de o proprietário não haver dado cumprimento à função social da propriedade; e prescrição aquisitiva, pelo benefício ao possuidor que a atendeu.	a) Posse *ad usucapionem*; b) Transcurso de cinco anos sem interrupção; c) Área possuída de no máximo 50 hectares localizada em zona rural (art. 1.239 do CC/2002); d) Propriedade rural que se tornou produtiva pelo trabalho do possuidor ou de sua família; e) Haver o possuidor tornado o imóvel sua moradia; f) Não ser o possuidor proprietário de imóvel rural ou urbano.	Art. 191 da CF; Lei n. 6.969/81 (LUE); art. 1.239 do CC/2002

(continua)

Arts. 1.238 e 1.239 — Almeida Guilherme

(continuação)

Modalidade de usucapião	Fundamento	Requisitos	Remissões
Especial Urbana Residencial Individual (ou Constitucional Urbana Individual)	Sanção ao proprietário por não dar cumprimento à função social da propriedade e benefício ao possuidor que a atendeu.	a) Posse *ad usucapionem;* b) Decurso de cinco anos sem interrupção; c) Área urbana de até 250 m²; d) Utilização para morada própria ou de sua família; e) Não ser o possuidor proprietário de imóvel rural ou urbano; f) Não ter o possuidor se valido desse benefício anteriormente.	Art. 183 da CF; arts. 9º, 11 e segs. do Estatuto da Cidade; art. 1.240 do CC/2002
Especial Urbana Residencial Coletiva (ou Constitucional Urbana Coletiva)	Sanção ao proprietário por não dar cumprimento à função social da propriedade e benefício aos possuidores que a atenderam.	a) Posse *ad usucapionem;* b) Decurso de cinco anos ininterruptos; c) Área urbana maior de 250 m²; d) Destine-se a ocupação à morada da população posseira; e) Sejam os possuidores de baixa renda; f) Não sejam os possuidores proprietários de imóvel rural ou urbano; g) Seja impossível identificar o terreno de cada possuidor, destacadamente.	Arts. 10 e segs. do Estatuto da Cidade
Especial Urbana Residencial Familiar	Sanção ao proprietário por não dar cumprimento à função social da propriedade e beneficiar pessoas que dividem posse com ex-cônjuge ou ex-companheiro que abandonou o lar.	a) Posse *ad usucapionem;* b) Transcurso de dois anos sem interrupção; c) Área urbana maior de 250 m²; d) Destine-se a ocupação à moradia familiar; e) Seja o possuidor de baixa renda; f) Não sejam os possuidores proprietários de imóvel rural ou urbano; g) Não ter o possuidor se valido desse benefício anteriormente.	Art. 1.240-A do CC/2002

Art. 1.239. Aquele que, não sendo proprietário de imóvel rural ou urbano, possua como sua, por cinco anos ininterruptos, sem oposição, área de terra em zona rural não superior a cinquenta hectares, tornando-a produtiva por seu trabalho ou de sua família, tendo nela sua moradia, adquirir-lhe-á a propriedade.

➥ Sem correspondência no CC/1916.

Não poderá ser beneficiado pela usucapião aquele que possuir outro imóvel, rural ou urbano. É relevante e essencial para configuração da usucapião a avaliação do *animus* do possuidor, ou seja, o possuidor que visa a ser beneficiado pela usucapião deve possuir o imóvel de até 50 hectares como se dono dele fosse, por cinco anos ininterruptos e sem oposição, desde que torne a terra produtiva com seu próprio labor ou da sua família, utilizando-o também como sua moradia.

Os imóveis públicos não estão sujeitos a usucapião pelo particular.

Código Civil comentado e anotado   Arts. 1.239 e 1.240

▪ Enunciado n. 312 da IV Jornada de Direito Civil: "Observado o teto constitucional, a fixação da área máxima para fins de usucapião especial rural levará em consideração o módulo rural e a atividade agrária regionalizada".

▪ Enunciado n. 313 da IV Jornada de Direito Civil: "Quando a posse ocorre sobre área superior aos limites legais, não é possível a aquisição pela via da usucapião especial, ainda que o pedido restrinja a dimensão do que se quer usucapir".

▪ Apelação cível. Usucapião rural. Confissão do autor. Condição de mero detentor do imóvel. Requisitos constitucionais e legais não comprovados. Manutenção da sentença de improcedência. Para a aquisição de propriedade pela usucapião rural, prevista no art. 191 da CF e também no art. 1.239 do CC, é necessária a comprovação dos seguintes requisitos: a) posse sobre o imóvel rural, com ânimo de dono, por cinco anos ininterruptos, sem oposição; b) área não superior a 50 ha (cinquenta hectares); c) produtividade da terra e moradia na mesma. Não exerce posse para fins de usucapião, com ânimo de dono, aquele que confessa conservar a coisa por mera tolerância do proprietário, para quem trabalhava. Ausente requisito legal e constitucional, a pretensão de usucapião deve ser rejeitada. (TJMG, Ap. Cível n. 1.0568.08.008666-9/004, 16ª Câm. Cível, rel. Des. Wagner Wilson, j. 22.07.2015)

Art. 1.240. Aquele que possuir, como sua, área urbana de até duzentos e cinquenta metros quadrados, por cinco anos ininterruptamente e sem oposição, utilizando-a para sua moradia ou de sua família, adquirir-lhe-á o domínio, desde que não seja proprietário de outro imóvel urbano ou rural.

§ 1º O título de domínio e a concessão de uso serão conferidos ao homem ou à mulher, ou a ambos, independentemente do estado civil.

§ 2º O direito previsto no parágrafo antecedente não será reconhecido ao mesmo possuidor mais de uma vez.

➡ Sem correspondência no CC/1916.

O art. 1.240 traz a previsão da Usucapião Especial Urbana, prevista tanto na Constituição Federal (art. 183) como no Estatuto da Cidade (arts. 5º e 14). Para que seja concedida a usucapião de área urbana, inferior a 250 m², é necessário que aquele que a requisita esteja na posse da área, de maneira pacífica, há cinco anos ou mais, de maneira ininterrupta, e que a área esteja sendo utilizada para moradia própria ou de sua família. Terá o domínio desta área se não tiver nenhum tipo de propriedade rural ou urbana. Além disso, o título é concedido a homem ou mulher, independentemente de seu estado civil, com observância da isonomia trazida pela Constituição de 1988. A concessão da usucapião é prevista apenas uma vez. Ao ser beneficiário de tal instituto, está precluso o direito de reivindicá-lo novamente.

O § 3º do art. 9º do Estatuto das Cidades traz a informação que "o herdeiro legítimo continua, de pleno direito, a posse de seu antecessor, desde que já resida no imóvel por ocasião da abertura da sucessão".

▪ Enunciado n. 85 da I Jornada de Direito Civil: "Para efeitos do art. 1.240, *caput*, do novo Código Civil, entende-se por 'área urbana' o imóvel edificado ou não, inclusive unidades autônomas vinculadas a condomínios edilícios".

Arts. 1.240 e 1.240-A

- Enunciado n. 313 da IV Jornada de Direito Civil: "Quando a posse ocorre sobre área superior aos limites legais, não é possível a aquisição pela via da usucapião especial, ainda que o pedido restrinja a dimensão do que se quer usucapir".

- Enunciado n. 314 da IV Jornada de Direito Civil: "Para os efeitos do art. 1.240, não se deve computar, para fins de limite de metragem máxima, a extensão compreendida pela fração ideal correspondente à área comum".

- Apelação cível. Ação de usucapião especial urbano. Ausência de comprovação dos requisitos legais dispostos no art. 1.240 do CC. Intimação para proceder a emenda da inicial não cumprida. Extinção da demanda por indeferimento da inicial. Nas ações de usucapião cumpre ao autor juntar os documentos essenciais para a comprovação de seu pedido, dentre eles a certidão negativa do Serviço de Registro de Imóveis referente a imóvel urbano e rural, consoante determina o art. 1.240 do CC. (TJMG, Ap. Cível n. 1.0470.13.007706-3/001, 9ª Câm. Cível, rel. Des. Márcio Idalmo Santos Miranda, j. 30.06.2015)

Art. 1.240-A. Aquele que exercer, por 2 (dois) anos ininterruptamente e sem oposição, posse direta, com exclusividade, sobre imóvel urbano de até 250 m² (duzentos e cinquenta metros quadrados) cuja propriedade divida com ex-cônjuge ou ex-companheiro que abandonou o lar, utilizando-o para sua moradia ou de sua família, adquirir-lhe-á o domínio integral, desde que não seja proprietário de outro imóvel urbano ou rural.

§ 1º O direito previsto no *caput* não será reconhecido ao mesmo possuidor mais de uma vez.

§ 2º (*Vetado.*)

➡ Sem correspondência no CC/1916.

Usucapião especial familiar. A Lei n. 12.424/2011, em seu art. 9º, acrescentou o art. 1.240-A ao Código Civil, dispondo que o cônjuge separado de fato que exercer por dois anos ininterruptamente e sem oposição, posse direta sobre imóvel urbano de até 250 m² poderá usucapi-lo quando: (i) utilizar para sua moradia ou de sua família; (ii) e não tiver outro imóvel, seja rural, seja urbano. Esse direito pessoal sobre o bem não poderá ser reconhecido mais de uma vez, conforme descreve o § 1º do art. 1.240-A, que não se chamou único, por conta do veto presidencial ao § 2º.

- Enunciado n. 498 da V Jornada de Direito Civil: "A fluência do prazo de dois anos previsto pelo art. 1.240-A para a nova modalidade de usucapião nele contemplada tem início com a entrada em vigor da Lei n. 12.424/2011".

- Enunciado n. 499 da V Jornada de Direito Civil: "A aquisição da propriedade na modalidade de usucapião prevista no art. 1.240-A do Código Civil só pode ocorrer em virtude de implemento de seus pressupostos anteriormente ao divórcio. O requisito 'abandono do lar' deve ser interpretado de maneira cautelosa, mediante a verificação de que o afastamento do lar conjugal representa descumprimento simultâneo de outros deveres conjugais, tais como assistência material e sustento do lar, onerando desigualmente aquele que se manteve na residência familiar e que se responsabiliza unilateralmente pelas despesas oriundas da manutenção da família e do próprio imóvel, o que justifica a perda da propriedade e a alteração do regime de bens quanto ao imóvel objeto de usucapião".

Código Civil comentado e anotado   Arts. 1.240-A a 1.242

■ Enunciado n. 500 da V Jornada de Direito Civil: "A modalidade de usucapião prevista no art. 1.240-A do Código Civil pressupõe a propriedade comum do casal e compreende todas as formas de família ou entidades familiares, inclusive homoafetivas".

■ Enunciado n. 501 da V Jornada de Direito Civil: "As expressões 'ex-cônjuge' e 'ex-companheiro', contidas no art. 1.240-A do Código Civil, correspondem à situação fática da separação, independentemente de divórcio".

■ Enunciado n. 502 da V Jornada de Direito Civil: "O conceito de posse direta referido no art. 1.240-A do Código Civil não coincide com a acepção empregada no art. 1.197 do mesmo Código".

Art. 1.241. Poderá o possuidor requerer ao juiz seja declarada adquirida, mediante usucapião, a propriedade imóvel.

Parágrafo único. A declaração obtida na forma deste artigo constituirá título hábil para o registro no Cartório de Registro de Imóveis.

➡ Sem correspondência no CC/1916.

O CPC inovou apresentando possibilidade de usucapião extrajudicial. O pedido deve ser feito em cartório de registro de imóvel, mediante comprovação de justo título, tipo e natureza da posse. Em caso de rejeição, é possível o requerimento via judicial.

Caso seja caracterizada a usucapião, poderá o possuidor requerer, por meio de ação própria, a declaração de propriedade. É caso de aquisição originária do bem, recebendo o possuidor, declarado proprietário, o bem desagravado de quaisquer ônus, de maneira que a sentença que o declarar proprietário servirá como título habilitado para o respectivo registro no Cartório de Registro de Imóveis.

■ Enunciado n. 315 da IV Jornada de Direito Civil: "O art. 1.241 do Código Civil permite que o possuidor que figurar como réu em ação reivindicatória ou possessória formule pedido contraposto e postule ao juiz que seja declarada adquirida, mediante usucapião, a propriedade imóvel, valendo a sentença como instrumento para registro imobiliário, ressalvados eventuais interesses de confinantes e terceiros".

Art. 1.242. Adquire também a propriedade do imóvel aquele que, contínua e incontestadamente, com justo título e boa-fé, o possuir por dez anos.

Parágrafo único. Será de cinco anos o prazo previsto neste artigo se o imóvel houver sido adquirido, onerosamente, com base no registro constante do respectivo cartório, cancelada posteriormente, desde que os possuidores nele tiverem estabelecido a sua moradia, ou realizado investimentos de interesse social e econômico.

➡ Veja art. 551 do CC/1916.

No caso previsto no art. 1.242, fala-se na posse ininterrupta, por dez anos, em área urbana ou rural, sem limite máximo de 250 m², desde que possuidor de justo título que comprovaria sua propriedade, mas que não o faz em razão de algum vício que possua o negócio jurídico ou o próprio documento. É necessário também que reste provada a boa-fé do possei-

693

Art. 1.242   Almeida Guilherme

ro. O parágrafo único do art. 1.242 prevê que se tal imóvel tiver sido adquirido a título oneroso, com base no registro do respectivo cartório, mas que por algum motivo houver sido
cancelado posteriormente e o adquirente tiver estabelecido moradia ou realizado investimentos de interesse econômico-social, o prazo para aquisição da usucapião será de cinco anos. Fala-se, no caso exposto pelo art. 1.242, em usucapião ordinária.

A posse prolongada com *animus domini*, pacífica, pelo período de 10 anos, com justo título e boa-fé, constitui modo de aquisição da propriedade. O prazo será reduzido para 5 anos,
se o imóvel tiver sido adquirido, onerosamente, com base em registro constante do cartório,
cancelado posteriormente, desde que os possuidores fixem morada ou realizem investimentos de interesse social e econômico (art. 1.242 do CC). Sobre prazo, *vide* art. 2.029 do CC.

- Súmula n. 340 do STF: "Desde a vigência do Código Civil, os bens dominicais, como os demais bens
públicos, não podem ser adquiridos por usucapião".

- Enunciado n. 86 da I Jornada de Direito Civil: "A expressão 'justo título' contida nos arts. 1.242 e 1.260
do CC abrange todo e qualquer ato jurídico hábil, em tese, a transferir a propriedade, independentemente de registro".

- Enunciado n. 564 da VI Jornada de Direito Civil: "As normas relativas à usucapião extraordinária (art.
1.238, *caput*, CC) e à usucapião ordinária (art. 1.242, *caput*, CC), por estabelecerem redução de prazo em
benefício do possuidor, têm aplicação imediata, não incidindo o disposto no art. 2.028 do Código Civil".

- Enunciado n. 569 da VI Jornada de Direito Civil: "No caso do art. 1.242, parágrafo único, a usucapião,
como matéria de defesa, prescinde do ajuizamento da ação de usucapião, visto que, nessa hipótese, o
usucapiente já é o titular do imóvel no registro".

- Usucapião. Apelo contra sentença de improcedência em razão do não preenchimento dos requisitos do art. 1.240 do CC. Autores possuidores de outros imóveis. Pedido de usucapião com fundamento nos arts. 1.241, 1.242 e 947 do CC. Não há vedação de concessão de usucapião a quem seja proprietário de outros imóveis. Apelo provido, para anular a sentença e determinar que o feito prossiga
em seus normais termos. (TJSP, Ap. n. 0002795-54.2010.8.26.0575, 13ª Câm. Ext. de Dir. Priv., rel.
Luiz Ambra, j. 15.05.2015)

- Apelação cível. Herdeiro aparente. Ação de nulidade de escrituras públicas de compra e venda e de
doação do ascendente comum a outros descendentes, com fundamentação, respectivamente, de ausência de consentimento do autor e de excesso sobre a legítima. Averbação da paternidade comum
posteriormente aos negócios jurídicos. Irrelevância. Eficácia retroativa à data do assento de nascimento. Nulidade das escrituras de compra e venda. Reconhecimento. Usucapião ordinário como matéria de
defesa. Requisitos do art. 1.242, do CC. Posse de má-fé. Doação inoficiosa. Necessidade de instrução
processual. Sentença cassada. Recurso provido parcialmente. Consoante disposto nos arts. 1.176 e
1.132, c/c o art. 145, VI, do CC/1916, são nulas "a doação quanto à parte, que exceder à de que o doador, no momento da liberalidade, poderia dispor em testamento" e "a venda de ascendente a descendente, sem o consentimento dos demais descendentes", pois "preterida solenidade que a lei considera essencial para a sua validade". A pretensão de nulidade de negócio jurídico é imprescritível. São
nulas as escrituras públicas de compra e venda entre ascendentes e descendentes, sem o consentimento do herdeiro cuja paternidade foi averbada posteriormente, pois celebradas contra legem. Indispensável para o deferimento da usucapião ordinária (art. 1.242 do CC), a comprovação de posse com

Código Civil comentado e anotado   Arts. 1.242 a 1.244

ânimo de dono, justo título e boa-fé e ausência de contestação. Na ação de nulidade de doação inoficiosa, incumbe ao herdeiro prejudicado comprovar que a alienação não respeitou a legítima. (TJMG, Ap. Cível n. 1.0166.13.001028-2/001, 16ª Câm. Cível, rel. Des. José Marcos Vieira, j. 06.11.2014)

Art. 1.243. O possuidor pode, para o fim de contar o tempo exigido pelos artigos antecedentes, acrescentar à sua posse a dos seus antecessores (art. 1.207), contanto que todas sejam contínuas, pacíficas e, nos casos do art. 1.242, com justo título e de boa-fé.

➥ Veja art. 552 do CC/1916.

Será computado, a título de contagem de prazo, o lapso temporal experimentado pelo antecessor daquele que está pleiteando a propriedade, ou seja, se o herdeiro estiver pleiteando a aquisição será contado o prazo que o autor da herança permaneceu no imóvel pacificamente e sem oposição.

■ Enunciado n. 317 da IV Jornada de Direito Civil: "A *accessio possessionis*, de que trata o art. 1.243, primeira parte, do Código Civil, não encontra aplicabilidade relativamente aos arts. 1.239 e 1.240 do mesmo diploma legal, em face da normatividade do usucapião constitucional urbano e rural, arts. 183 e 191, respectivamente".

■ Usucapião. Extinção do processo sem aferição do mérito. Inconformismo. Acolhimento. Acessio possessionis. Possibilidade de que seja somada à posse do autor a de seus antecessores, a fim de completar o prazo da prescrição aquisitiva. Inteligência dos arts. 1.207 e 1.243 do CC. Necessidade de abertura de instrução probatória, a fim de se possibilitar ao autor a comprovação do cumprimento dos requisitos legais da usucapião. Sentença anulada. Recurso provido. (TJSP, Ap. n. 0010512-67.2013.8.26.0590, 3ª Câm. de Dir. Priv., rel. Viviani Nicolau, j. 22.04.2015)

Art. 1.244. Estende-se ao possuidor o disposto quanto ao devedor acerca das causas que obstam, suspendem ou interrompem a prescrição, as quais também se aplicam à usucapião.

➥ Veja art. 553 do CC/1916.

As causas que impedem a usucapião são as que obstam que seu curso inicie e estão arroladas no Código Civil, arts. 197, I a III, 198, I, e 199, I e II. As causas suspensivas da usucapião são as que paralisam temporariamente o seu curso. Desaparecido o motivo da suspensão da usucapião, o prazo continuará a correr, computando-se o tempo decorrido antes dele. As causas que suspendem a usucapião são as mencionadas no Código Civil, arts. 198, II e III, e 199, III. As causas que interrompem a usucapião são as que inutilizam o tempo já corrido, de modo que seu prazo recomeçará a correr da data do ato que a interromper. Tais causas são as do Código Civil, art. 202, I a VI. As disposições atinentes ao devedor estendem-se ao possuidor em seus direitos e obrigações e estão previstas nos arts. 197 a 204 do Código Civil. Sobre prazo, *vide* art. 2.029 do CC.

■ Apelação cível. Ação de usucapião. Posse mansa pacífica e com *animus domini* pelo prazo legal. Não configurada. Existência de absolutamente incapaz no polo passivo. Causa interruptiva da pres-

695

Arts. 1.244 e 1.245 — Almeida Guilherme

crição aquisitiva. Art. 198, I, c/c 1.244, ambos do CC. Para aquisição do domínio pelo instituto da prescrição aquisitiva, é necessário que a posse tenha sido exercida pelo prazo legal, de forma mansa, pacífica, ininterrupta e com *animus domini*. Ausente qualquer destes requisitos, inviável a pretensão usucapienda. A existência de absolutamente incapaz no polo passivo da demanda representa óbice à pretensão usucapienda, já que, nos termos do art. 198, I, do CC, a prescrição não corre contra incapazes. (TJMG, Ap. Cível n. 1.0011.07.016380-0/001, 12ª Câm. Cível, rel. Des. Maria Luiza Santana Assunção, j. 15.04.2015)

Seção II
Da Aquisição pelo Registro do Título

Art. 1.245. Transfere-se entre vivos a propriedade mediante o registro do título translativo no Registro de Imóveis.

§ 1º Enquanto não se registrar o título translativo, o alienante continua a ser havido como dono do imóvel.

§ 2º Enquanto não se promover, por meio de ação própria, a decretação de invalidade do registro, e o respectivo cancelamento, o adquirente continua a ser havido como dono do imóvel.

➡ Veja arts. 530, I, 531, 533 e 535 do CC/1916.

Transfere-se entre vivos a propriedade mediante o registro do título translativo no Registro de Imóveis (conforme Lei n. 6.015/73 – Lei de Registros Públicos). Enquanto não se registrar o título translativo (leia-se escritura de compra e venda, por exemplo), o alienante continua a ser havido como dono do imóvel, ou enquanto não se promover, por meio de ação própria, a decretação de invalidade do registro e o respectivo cancelamento, o adquirente continua a ser havido como dono do imóvel.

■ Enunciado n. 87 da I Jornada de Direito Civil: "Considera-se também título translativo, para fins do art. 1.245 do novo Código Civil, a promessa de compra e venda devidamente quitada (arts. 1.417 e 1.418 do CC e § 6º do art. 26 da Lei n. 6.766/79)".

■ Apelação cível. Ação de despejo. Contrato de locação por tempo indeterminado. Alienação do imóvel. Denúncia do contrato pelo adquirente. Requisitos. Art. 8º da Lei n. 8.245/91. Propriedade imobiliária. Aquisição por título translativo. Registro no cartório de registro de imóveis. Necessidade. Prova do registro do título. Ausência. Ilegitimidade ativa. Reconhecimento. Extinção do processo sem resolução do mérito. Recurso prejudicado. Honorários advocatícios. Fixação. O art. 8º, da Lei n. 8.245/91, prevê como requisitos para o exercício da denúncia do contrato de locação pelo adquirente a notificação prévia do locatário, com prazo de 90 dias para a desocupação, e o registro do título, bem como que a denúncia seja exercida no prazo máximo de 90 dias, a contar da data desse registro. Consoante o disposto nos arts. 1.227 e 1.245, do CC, a transmissão da propriedade de bem imóvel por ato entre vivos opera-se com o registro do título translativo no Registro de Imóveis. Para a prova de aquisição de propriedade imobiliária por ato inter vivos, faz-se necessário demonstrar a transcrição no Registro Imobiliário, não sendo admitida a confissão quanto a fato dessa natureza. Inteligência do art. 302, I, do CPC. A ausência de demonstração de haver o Autor adquirido a propriedade do imóvel objeto do contrato de locação induz ao reconhecimento de sua ilegitimidade para o ajuizamento de ação de despejo por de-

Código Civil comentado e anotado   Arts. 1.245 a 1.248

núncia vazia. Extingue-se o processo, sem resolução de mérito, quando não concorrer qualquer das condições da ação, como a possibilidade jurídica, a legitimidade das partes e o interesse processual, em observância ao art. 267, VI, do CPC. Os honorários advocatícios devem ser fixados mediante apreciação equitativa do Juiz, considerados o grau de zelo do Advogado, o lugar de prestação do serviço, a natureza e importância da causa, o trabalho realizado e o tempo de duração do serviço. (TJMG, Ap. Cível n. 1.0702.13.081957-7/001, 18ª Câm. Cível, rel. Des. Roberto Vasconcellos, j. 14.07.2015)

Art. 1.246. O registro é eficaz desde o momento em que se apresentar o título ao oficial do registro, e este o prenotar no protocolo.

➡ Veja art. 534 do CC/1916.

A validade e eficácia do registro começa a ser eficaz no momento em que se apresentar o título ao oficial do registro, e este prenotar no protocolo.

Art. 1.247. Se o teor do registro não exprimir a verdade, poderá o interessado reclamar que se retifique ou anule.
Parágrafo único. Cancelado o registro, poderá o proprietário reivindicar o imóvel, independentemente da boa-fé ou do título do terceiro adquirente.

➡ Veja art. 860 do CC/1916.

O registro público possui presunção de veracidade, porém admitirá que seja provada tal veracidade; caso comprovada sua falta, o registro será cancelado e, independentemente de boa-fé ou do título do terceiro adquirente, poderá o proprietário reivindicar o imóvel (*vide* Lei n. 6.015/73).

■ Apelação cível. Ação de imissão de posse. Cerceamento de defesa. Inocorrência. Bem imóvel doado pelo município. Posse anterior do donatário. Existência. Prova da propriedade imobiliária. Ausência. Inadequação da via eleita. Falta de interesse de agir. Apelação à qual se nega provimento. 1. Não há falar em cerceamento de defesa ante o indeferimento da prova pericial quando o complexo probatório existente nos autos se mostra suficiente à composição da lide. 2. Na ação de imissão de posse, compete ao autor a prova da propriedade do imóvel, bem como a inexistência de gozo ou fruição da posse, que vem sendo exercida de forma injusta pela parte ré. 3. A ação de imissão na posse tem natureza petitória e visa proteger a posse que o proprietário do bem ainda não obteve, sendo requisitos para o seu ajuizamento a prova da propriedade imobiliária e a ausência de exercício da posse, sob pena de extinção do feito, sem resolução do mérito, por falta de interesse de agir. 4. Escritura pública ou instrumento particular não transfere o domínio. O sistema de publicidade registral imobiliária adotado no Brasil é misto (arts. 1.245, § 2º, e 1.247 do CC/2002). (TJMG, Ap. Cível n. 1.0002.13.000972-9/001, 2ª Câm. Cível, rel. Des. Marcelo Rodrigues, j. 07.04.2015)

Seção III
Da Aquisição por Acessão

Art. 1.248. A acessão pode dar-se:

Arts. 1.248 a 1.250 — Almeida Guilherme

I – por formação de ilhas;
II – por aluvião;
III – por avulsão;
IV – por abandono de álveo;
V – por plantações ou construções.

➡ Veja art. 536 do CC/1916.

O art. 1.248 enumera as cinco possibilidades de aquisição de propriedade por acessão, ou seja, pelo aumento de uma propriedade por causas naturais (incisos I a IV) ou humanas (inciso V). Os arts. 1.249 a 1.259 irão explicitar cada uma das hipóteses.

Subseção I
Das Ilhas

Art. 1.249. As ilhas que se formarem em correntes comuns ou particulares pertencem aos proprietários ribeirinhos fronteiros, observadas as regras seguintes:

I – as que se formarem no meio do rio consideram-se acréscimos sobrevindos aos terrenos ribeirinhos fronteiros de ambas as margens, na proporção de suas testadas, até a linha que dividir o álveo em duas partes iguais;

II – as que se formarem entre a referida linha e uma das margens consideram-se acréscimos aos terrenos ribeirinhos fronteiros desse mesmo lado;

III – as que se formarem pelo desdobramento de um novo braço do rio continuam a pertencer aos proprietários dos terrenos à custa dos quais se constituíram.

➡ Veja art. 537 do CC/1916.

O art. 1.249 disciplina a forma de divisão de novas terras, na forma de ilhas, formadas em rios. O inciso I fala sobre a divisão das ilhas formadas e que sejam cortadas por uma linha imaginária que passe pelo meio do rio. Nesse caso, as terras que fiquem de um lado dessa linha pertencem ao proprietário das terras que fazem fronteira com o rio daquele lado. O inciso II explicita a possibilidade de a ilha formada se encontrar totalmente de um dos lados dessa linha. Nesse caso, pertencerá somente àquele proprietário das terras daquele lado da margem do rio. O inciso III dispõe sobre a possibilidade de, pelo desdobramento de um braço do rio, uma ilha se formar. Nessa situação, a ilha formada pertencerá ao proprietário do terreno originário de onde esta se desprendeu.

Subseção II
Da Aluvião

Art. 1.250. Os acréscimos formados, sucessiva e imperceptivelmente, por depósitos e aterros naturais ao longo das margens das correntes, ou pelo desvio das águas destas, pertencem aos donos dos terrenos marginais, sem indenização.

Parágrafo único. O terreno aluvial, que se formar em frente de prédios de proprietários diferentes, dividir-se-á entre eles, na proporção da testada de cada um sobre a antiga margem.

Código Civil comentado e anotado   Arts. 1.250 a 1.252

➡ Veja arts. 538 e 540 do CC/1916.

Aluvião é o depósito de partículas em quantidade suficiente para se perceber a formação de novas terras, ao longo do curso de uma corrente de água; dessa forma, o acréscimo de terra pertencerá ao proprietário do imóvel no qual o acúmulo se formou. Caso tenha se formado na divisa entre dois terrenos, o aluvião será dividido até a fronteira de um imóvel com o outro.

Para registrar o aluvião é necessária a topografia da área e a alteração da própria matrícula do bem imóvel.

Subseção III
Da Avulsão

Art. 1.251. Quando, por força natural violenta, uma porção de terra se destacar de um prédio e se juntar a outro, o dono deste adquirirá a propriedade do acréscimo, se indenizar o dono do primeiro ou, sem indenização, se, em um ano, ninguém houver reclamado.

Parágrafo único. Recusando-se ao pagamento de indenização, o dono do prédio a que se juntou a porção de terra deverá aquiescer a que se remova a parte acrescida.

➡ Veja arts. 541 e 542 do CC/1916.

A **avulsão** se deriva de um evento natural que, por sua violência, chega a destacar porção de terra de outro imóvel a ponto de movê-lo até outro. Nesse caso, o dono do imóvel ao qual se juntou a nova porção de terra obterá a propriedade da terra acrescida, desde que indenize o dono. Caso não indenize, somente adquirirá a propriedade depois de transcorrido um ano da data da avulsão. Caso resolva não indenizar, o real proprietário poderá, em um ano, exigir que se remova a parte deslocada.

Subseção IV
Do Álveo Abandonado

Art. 1.252. O álveo abandonado de corrente pertence aos proprietários ribeirinhos das duas margens, sem que tenham indenização os donos dos terrenos por onde as águas abrirem novo curso, entendendo-se que os prédios marginais se estendem até o meio do álveo.

➡ Veja art. 544 do CC/1916.

Entende a doutrina que ocorre o fenômeno do álveo abandonado quando há mudança de curso das águas ou quando o rio seca, revelando novas terras que integrarão a propriedade dos proprietários ribeirinhos. O critério para se dividir a propriedade no caso de álveo abandonado é o mesmo utilizado para a formação de ilhas. As terras ficarão distribuídas entre os proprietários das margens, conforme estejam as novas terras divididas pela linha imaginária que divide o rio em dois e de acordo com a proporção dos terrenos detidos por esses proprietários. De maneira complementar, o art. 27 do Código de Águas dispõe ainda que, no caso de mudança da corrente feita propositalmente, por utilidade pública, deverá haver indenização, e a parte nova do terreno será entregue ao poder público expropriante. O Código Civil cuida dos casos naturais, já o Código das Águas cuida dos casos artificiais.

699

Arts. 1.252 a 1.255 — Almeida Guilherme

■ Apelação cível. 1. Saldo indenizatório proveniente de ação expropriatória. Reconstituição dos títulos registrários e sobreposição à planta expropriatória. Faixa remanescente submersa pelo deslocamento de eixo de córrego, interferindo em área aproveitável. Indenização descabida. Inteligência do art. 26 do Decreto Federal n. 24.643/34 (Código de Águas), c/c o art. 1.252 do CC. Comprometimento de área remanescente que teria ocorrido antes da prática do ato expropriatório. Desapropriação parcial de idêntica faixa de terreno em duas ações distintas. Condenação do ente expropriante ao pagamento de nova indenização. Inviabilidade. Incidência da regra jurídica do art. 309 do CC, que preserva o pagamento feito pelo solvens ao accipiens putativo. Improcedência da ação. Manutenção da sentença. 2. Recurso não provido. (TJSP, Ap. n. 0039072-83.2010.8.26.0053, 12ª Câm. de Dir. Públ., rel. Osvaldo de Oliveira, j. 22.10.2014)

Subseção V
Das Construções e Plantações

Art. 1.253. Toda construção ou plantação existente em um terreno presume-se feita pelo proprietário e à sua custa, até que se prove o contrário.

➡ Veja art. 545 do CC/1916.

As construções ou plantações em qualquer terreno deverão ser relativamente presumidas como de propriedade do dono do terreno, bem como os valores que foram dispendidos na construção ou plantação, sempre observando o princípio de que o acessório segue o principal.

■ Apelação cível. Ação de dissolução de união estável e partilha. Caso concreto. Divisão igualitária da residência (edificação) erigida sobre propriedade imóvel de terceiro alheio ao feito. Impossibilidade. Arts. 79 e 1.253 do CC. Precedentes. Apelo provido. (TJRS, Ap. Cível n. 70.059.092.411, 7ª Câm. Cível, rel. Sandra Brisolara Medeiros, j. 24.09.2014)

Art. 1.254. Aquele que semeia, planta ou edifica em terreno próprio com sementes, plantas ou materiais alheios, adquire a propriedade destes; mas fica obrigado a pagar-lhes o valor, além de responder por perdas e danos, se agiu de má-fé.

➡ Veja art. 546 do CC/1916.

Caso o proprietário de determinado terreno resolver plantar, semear ou edificar com material ou sementes alheias, será considerado proprietário dessas; porém, é necessário que seja pago o valor, se agiu de má-fé (art. 187 do CC). Além do valor dos materiais ou sementes, será devida também indenização por perdas e danos, mas caso o dono da terra esteja de boa-fé, este adquirirá a propriedade da construção e da plantação, devendo apenas ressarcir o proprietário de matéria-prima, pagando-lhe o valor do material e das sementes utilizados.

Art. 1.255. Aquele que semeia, planta ou edifica em terreno alheio perde, em proveito do proprietário, as sementes, plantas e construções; se procedeu de boa-fé, terá direito a indenização.

Código Civil comentado e anotado   Arts. 1.255 a 1.257

Parágrafo único. Se a construção ou a plantação exceder consideravelmente o valor do terreno, aquele que, de boa-fé, plantou ou edificou, adquirirá a propriedade do solo, mediante pagamento da indenização fixada judicialmente, se não houver acordo.

➡ Veja art. 547 do CC/1916.

Caso alguém plante, semeie ou faça algum tipo de construção em terreno alheio, perderá seu trabalho para o proprietário desse terreno. Caso, no entanto, tenha agido com boa-fé, terá direito à indenização pelo prejuízo que experimentou. O parágrafo único do art. 1.255 traz a possibilidade de o que foi acrescido ao terreno – plantação ou construção – ser mais valioso do que o terreno. Caso isso ocorra, estando este de boa-fé, adquirirá a propriedade do solo, pagando indenização acordada ou fixada em juízo.

■ Apelação cível. Interposição contra a sentença que julgou parcialmente procedentes os pedidos formulados na ação indenizatória por danos materiais e morais. Preliminar. Cerceamento de defesa não caracterizado. Insurgente, ademais, que não apresentou rol de testemunhas no prazo determinado. Mérito. Construção nova. Despesas decorrentes de acessão as quais comportam indenização, tanto mais diante da ausência de má-fé. Incidência do art. 1.255 do CC. Dano moral não configurado. Sentença mantida. (TJSP, Ap. n. 0006362-86.2010.8.26.0157, 33ª Câm. de Dir. Priv., rel. Mario A. Silveira, j. 27.07.2015)

■ Processual civil e tributário. Prequestionamento. Ausência. Reexame de provas. Ausência de má-fé da possuidora. Súmula n. 7/STJ. 1. É inadmissível recurso especial quanto à questão não apreciada pelo Tribunal de origem, a despeito da oposição de Embargos Declaratórios. Incidência da Súmula n. 211/STJ. 2. A verificação da alegada violação dos arts. 1.201 e 1.255 do CC necessita de reexame dos elementos fáticos-probatórios dos autos, não sendo possível aferir em Recurso Especial a existência ou ausência de boa-fé da possuidora, e rever a conclusão do Tribunal de origem sobre tais premissas esbarra na Súmula n. 7/STJ. 3. Agravo regimental não provido. (STJ, Ag. Reg. no AREsp n. 516.011/MG, 2ª T., rel. Min. Herman Benjamin, j. 21.08.2014, *DJe* 30.10.2014)

Art. 1.256. Se de ambas as partes houve má-fé, adquirirá o proprietário as sementes, plantas e construções, devendo ressarcir o valor das acessões.
Parágrafo único. Presume-se má-fé no proprietário, quando o trabalho de construção, ou lavoura, se fez em sua presença e sem impugnação sua.

➡ Veja art. 548 do CC/1916.

No caso de haver má-fé tanto por parte do proprietário como por parte daquele que plantou, semeou ou construiu, o proprietário do terreno adquire a propriedade do que foi acrescido a seu terreno, indenizando o que plantou ou construiu. A má-fé por parte do proprietário estará caracterizada se observou a outra parte proceder com o plantio, semeadura ou construção e não se opôs.

Art. 1.257. O disposto no artigo antecedente aplica-se ao caso de não pertencerem as sementes, plantas ou materiais a quem de boa-fé os empregou em solo alheio.

Parágrafo único. O proprietário das sementes, plantas ou materiais poderá cobrar do proprietário do solo a indenização devida, quando não puder havê-la do plantador ou construtor.

➡ Veja art. 549 do CC/1916.

Caso aquele que plantou, semeou ou construiu o tenha feito utilizando material de terceiro, e não próprio, o art. 1.257 explicita que receberá o mesmo tratamento do art. 1.256, ou seja, o proprietário dos materiais os perderá e receberá indenização pelo prejuízo, paga pelo que empregou os materiais em solo alheio.

Se não for possível o pagamento pelo que empregou os materiais, o proprietário destes poderá cobrar do proprietário do solo, que ficou com a propriedade desses materiais.

Art. 1.258. Se a construção, feita parcialmente em solo próprio, invade solo alheio em proporção não superior à vigésima parte deste, adquire o construtor de boa-fé a propriedade da parte do solo invadido, se o valor da construção exceder o dessa parte, e responde por indenização que represente, também, o valor da área perdida e a desvalorização da área remanescente.

Parágrafo único. Pagando em décuplo as perdas e danos previstos neste artigo, o construtor de má-fé adquire a propriedade da parte do solo que invadiu, se em proporção à vigésima parte deste e o valor da construção exceder consideravelmente o dessa parte e não se puder demolir a porção invasora sem grave prejuízo para a construção.

➡ Sem correspondência no CC/1916.

Caso, ao agir com boa-fé, o construtor invada área de terreno vizinho, e a parte ocupada não seja superior a 5% do terreno alheio e o valor desta construção seja superior à fração do terreno, o construtor adquire a faixa invadida, mediante pagamento de indenização pela parte adquirida e por eventual desvalorização do terreno, com a perda dessa faixa. O parágrafo único do art. 1.258 prevê que o construtor, agindo com má-fé, terá que pagar dez vezes as perdas e danos previstas no artigo citado e adquirirá a propriedade da faixa invadida se o valor da construção for significativamente superior à faixa do terreno e se não for possível a demolição sem grave prejuízo à construção.

▪ Enunciado n. 318 da IV Jornada de Direito Civil: "O direito à aquisição da propriedade do solo em favor do construtor de má-fé (art. 1.258, parágrafo único) somente é viável quando, além dos requisitos explícitos previstos em lei, houver necessidade de proteger terceiros de boa-fé".

▪ Apelação cível. Ação de reintegração de posse. Invasão de terreno por beiral de telhado do imóvel lindeiro em área ínfima. Demolição descabida. Dever de indenizar configurado. Reconvenção. Despejo de água pluvial sobre o prédio vizinho por ausência de calhas no telhado. Obrigação de fazer e de indenizar. Evidenciado que o telhado do imóvel da ré invadiu 0,22 m² do prédio da autora e que a demolição dessa área não comprometerá a estrutura da edificação, forçoso é o desfazimento da parte do beiral que invadiu o terreno lindeiro. Exegese do art. 1.258 do CC. Constatado que, em face do posicionamento do telhado da residência autora-reconvinda (em plano superior ao do prédio lindeiro) e da inexistência de calhas coletoras no lado em que os imóveis fazem confrontação, são despejadas águas pluviais dire-

Código Civil comentado e anotado   Arts. 1.258 e 1.259

tamente sobre a residência da ré-reconvinte, causando-lhe prejuízos, tem aquela o dever de indenizar, conforme disposto nos arts. 1.289 e 1.300 do CC. Apelo da autora provido e da ré desprovido. Unânime. (TJRS, Ap. Cível n. 70.063.789.242, 20ª Câm. Cível, rel. Dilso Domingos Pereira, j. 25.03.2015)

Art. 1.259. Se o construtor estiver de boa-fé, e a invasão do solo alheio exceder a vigésima parte deste, adquire a propriedade da parte do solo invadido, e responde por perdas e danos que abranjam o valor que a invasão acrescer à construção, mais o da área perdida e o da desvalorização da área remanescente; se de má-fé, é obrigado a demolir o que nele construiu, pagando as perdas e danos apurados, que serão devidos em dobro.

➡ Sem correspondência no CC/1916.

Caso a invasão do terreno alheio ultrapasse o limite de 5%, a aquisição da propriedade da faixa invadida se dará da mesma forma. Porém, deverá o construtor de boa-fé arcar com o pagamento também do valor que a invasão acrescer à sua construção. Se tiver agido com má-fé, deverá demolir sua construção, independentemente do valor que tenha, e pagar em dobro, perdas e danos ao dono do terreno.

Usucapião de bem imóvel	Usucapião de bem móvel
A usucapião é o modo de aquisição originária da propriedade e de outros direitos reais (usufruto, uso, habitação, enfiteuse) pela posse prolongada da coisa com a observância dos requisitos legais. É uma aquisição do domínio pela posse prolongada. Para que se tenha a usucapião extraordinária, será preciso: a) posse pacífica, ininterrupta exercida com *animus domini*; b) decurso do prazo de 15 anos, mas tal lapso temporal poderá reduzir-se a	Os requisitos para que o possuidor adquira o objeto neste caso são: a) *animus domini*, ou seja, a postura do que possui a coisa para agir como se dela fosse dono; o *animus* de agir como seu possuidor; b) posse pacífica e contínua, por três anos; c) possuir justo título. Neste caso, o pressuposto principal é a boa-fé do possuidor, seu desconhecimento de fato que lhe impeça de ser o possuidor da coisa que tem em seu poder (art. 1.260 do CC/2002).
dez anos se o possuidor estabeleceu no imóvel sua moradia habitual ou nele realizou obras ou serviços produtivos. Considera-se aqui o efetivo uso do bem de raiz possuído como moradia e fonte de produção (posse-trabalho) para fins de redução de prazo para usucapião; c) presunção *juris et de jure* de boa-fé e justo título, que não só dispensa a exibição desse documento como também proíbe que se demonstre sua inexistência. Tal usucapião não tolera a prova de carência do título.	Prevê o Código que, caso o possuidor detenha objeto móvel, por cinco anos, independentemente de possuir ou não título, e de agir com boa ou má-fé, adquirirá a posse do objeto por meio da usucapião. Os demais requisitos do artigo anterior se mantêm (art. 1.261 do CC/2002).
O usucapiente terá apenas de provar sua posse; d) sentença judicial declaratória da aquisição do domínio por usucapião, que constituirá o título que deverá ser levado ao Registro Imobiliário, para assento. Não poderá ser beneficiado pela usucapião aquele que possuir outro imóvel, rural ou urbano.	

(continua)

Arts. 1.259 e 1.260

(continuação)

Usucapião de bem imóvel	Usucapião de bem móvel
Art. 1.240: Previsão da usucapião especial urbana: para imóveis com área inferior a 250 m² será necessário que aquele que a requisita esteja na posse da área, de maneira pacífica, há cinco anos ou mais, de maneira ininterrupta, e que a área esteja sendo utilizada para moradia própria ou de sua família. Art. 1.240-A: Dispõe que o cônjuge separado de fato que exercer por dois anos, ininterruptamente e sem oposição, posse direta sobre imóvel urbano de até 250 m², poderá usucapi-lo. Caracterizada a usucapião, poderá o possuidor requerer, por meio de ação própria, a declaração de propriedade, recebendo o possuidor o bem desagravado de quaisquer ônus, de maneira que a sentença que o declarar proprietário servirá como título habilitado para o respectivo registro no Cartório de Registro de Imóveis. Art. 1.242: No caso previsto neste artigo, fala-se na posse ininterrupta, por dez anos, em sua área urbana ou rural, sem limite máximo de 250 m², desde que possuidor de justo título que comprovar a sua propriedade, mas que não o faz devido a algum vício que possua o negócio jurídico ou o próprio documento. Será computado, a título de contagem de prazo, o lapso temporal experimentado pelo antecessor daquele que está pleiteando a propriedade. As causas suspensivas da usucapião são as que paralisam temporariamente o seu curso. Desaparecido o motivo da suspensão da usucapião, o prazo continuará a correr, computando-se o tempo decorrido antes dele. As causas que interrompem a usucapião são as mencionadas no CC (arts. 198, II e III, e 199, III).	Aplicam-se à usucapião de bem móvel as disposições dos arts. 1.243 (possibilidade de somar ao tempo da posse do indivíduo o tempo de posse de seu antecessor) e 1.244 (aplicação das causas que obstam, suspendem ou interrompem a prescrição do tempo contado para que se adquira o bem por usucapião).

CAPÍTULO III
DA AQUISIÇÃO DA PROPRIEDADE MÓVEL

Seção I
Da Usucapião

- Súmula n. 237 do STF: "O usucapião pode ser arguido em defesa".

- Súmula n. 263 do STF: "O possuidor deve ser citado pessoalmente para a ação de usucapião".

Art. 1.260. Aquele que possuir coisa móvel como sua, contínua e incontestadamente durante três anos, com justo título e boa-fé, adquirir-lhe-á a propriedade.

➡ Veja art. 618 do CC/1916.

O art. 1.260 do Código Civil trata da *usucapião de coisa móvel*. Os requisitos para que o possuidor adquira o objeto neste caso são:

Código Civil comentado e anotado   Arts. 1.260 a 1.262

(i) *animus domini*, ou seja, a postura do que possui a coisa para agir como se dela fosse dono; o *animus* de agir como seu possuidor;

(ii) posse pacífica e contínua, por três anos;

(iii) possuir justo título; nesse caso, o pressuposto principal é o da boa-fé do possuidor, seu desconhecimento de fato que lhe impeça de ser o possuidor da coisa que tem em seu poder.

> ▪ Súmula n. 340 do STF: "Desde a vigência do Código Civil, os bens dominicais, como os demais bens públicos, não podem ser adquiridos por usucapião".

> ▪ Apelação cível. Ação de usucapião. Bem móvel. Posse do veículo há mais de três anos. Propriedade reconhecida. *Animus domini* caracterizado. CC, art. 1.260. Apelo provido. (TJRS, Ap. Cível n. 70.064.634.215, 13ª Câm. Cível, rel. Breno Pereira da Costa Vasconcellos, j. 28.05.2015)

Art. 1.261. Se a posse da coisa móvel se prolongar por cinco anos, produzirá usucapião, independentemente de título ou boa-fé.

> ➥ Veja art. 619, *caput*, do CC/1916.

Prevê o Código que, caso o possuidor detenha objeto móvel, por cinco anos, independentemente de possuir ou não título, e de agir com boa ou má-fé, adquirirá a posse do objeto por meio da usucapião. Os demais requisitos do art. 1.260 se mantêm.

Art. 1.262. Aplica-se à usucapião das coisas móveis o disposto nos arts. 1.243 e 1.244.

> ➥ Veja art. 619, parágrafo único, do CC/1916.

Aplicam-se à **usucapião de bem móvel** as disposições dos arts. 1.243 (possibilidade de somar ao tempo da posse do indivíduo o tempo de posse de seu antecessor) e 1.244 (aplicação das causas que obstam, suspendem ou interrompem o tempo contado para que se adquira o bem por usucapião).

> ▪ Apelação cível. Negócios jurídicos bancários. Ação revisional de contrato. Art. 359, I, do CPC. Veracidade dos fatos. Aplicabilidade, diante da ausência de juntada de contratos que demonstrem os juros praticados no período da normalidade contratual. Juros moratórios. Pactuados à taxa de 1% ao mês, nos termos dos arts. 1.062 e 1.262, do CC/1916 e pelo art. 406 do novo CC. Capitalização mensal. Permitida a cobrança em contratos bancários celebrados após o advento da medida provisória n. 1.963/2000, de 31.03.2000, desde que pactuada. Descaracterização da mora. Para que seja descaracterizada a mora, é necessário o reconhecimento da abusividade na cobrança dos encargos, dentro do período da normalidade contratual (antes da inadimplência). Reconhecida a abusividade dos juros remuneratórios e capitalização de juros. Correção monetária IGP-M. Na ausência de previsão contratual, o índice a ser aplicado é o IGP-M, que representa a inflação transcorrida e não traz prejuízo a qualquer das partes. Desconto em conta-corrente. Perfeitamente válidos, pois não se trata de penhora de vencimentos, mas exercício de disposição livremente pactuada. Cabível, todavia, a limitação ao que restou alterado com a revisão contratual. Repetição de indébito. Deferida a revisão do contrato e determinados novos valores devidos, é possível a repetição simples do indébito após a devida compensação, nos termos do art.

705

Arts. 1.262 a 1.266

369 do novo CC. Negaram provimento ao recurso do réu e deram parcial provimento ao recurso do autor. Unânime. (TJRS, Ap. Cível n. 70.057.548.034, 16ª Câm. Cível, rel. Ergio Roque Menine, j. 30.07.2015)

Seção II
Da Ocupação

Art. 1.263. Quem se assenhorear de coisa sem dono para logo lhe adquire a propriedade, não sendo essa ocupação defesa por lei.

➡ Veja art. 592 do CC/1916.

A **ocupação** é forma originária de aquisição de propriedade e não é proibida pelo ordenamento jurídico pátrio. Trata-se de assenhoramento de coisa sem dono – ou por ter sido abandonada ou por nunca ter sido reclamada por ninguém – para que este que a ocupou se torne seu legítimo dono.

Seção III
Do Achado do Tesouro

Art. 1.264. O depósito antigo de coisas preciosas, oculto e de cujo dono não haja memória, será dividido por igual entre o proprietário do prédio e o que achar o tesouro casualmente.

➡ Veja art. 607 do CC/1916.

É chamado de **tesouro**, para o art. 1.264, o depósito antigo, oculto, cujo dono não se possa identificar, de coisas preciosas. Quando for encontrado tal depósito em prédio e não for possível precisar a origem desse depósito, seu valor será dividido entre o proprietário do prédio em que se encontrar o tesouro e o indivíduo que o encontrar.

Art. 1.265. O tesouro pertencerá por inteiro ao proprietário do prédio, se for achado por ele, ou em pesquisa que ordenou, ou por terceiro não autorizado.

➡ Veja art. 608 do CC/1916.

A propriedade do tesouro encontrado pertencerá exclusivamente ao dono, caso ele mesmo o encontre, se foi encontrado em pesquisa por ele ordenada ou então caso tenha sido achado por terceiro não autorizado.

Art. 1.266. Achando-se em terreno aforado, o tesouro será dividido por igual entre o descobridor e o enfiteuta, ou será deste por inteiro quando ele mesmo seja o descobridor.

➡ Veja art. 609 do CC/1916.

Código Civil comentado e anotado   Arts. 1.266 a 1.268

No caso do terreno em que se encontrar o tesouro possuir um enfiteuta (titular do domínio útil) e não um proprietário, dar-se-á a divisão da mesma forma prevista pelo art. 1.264, como se o enfiteuta fosse proprietário do terreno.

Todavia, a enfiteuse não é mais considerada entre os direitos reais passíveis de constituição por particulares, tendo importância apenas para áreas de interesse público, como os terrenos da marinha. Em suma, melhor seria o legislador se limitar ao direito de superfície, mais restrito que a enfiteuse.

Seção IV
Da Tradição

Art. 1.267. A propriedade das coisas não se transfere pelos negócios jurídicos antes da tradição.

Parágrafo único. Subentende-se a tradição quando o transmitente continua a possuir pelo constituto possessório; quando cede ao adquirente o direito à restituição da coisa, que se encontra em poder de terceiro; ou quando o adquirente já está na posse da coisa, por ocasião do negócio jurídico.

➡ Veja arts. 620 e 621 do CC/1916.

A tradição é o momento pelo qual o negócio jurídico se completa, ou seja, a propriedade é transferida. Sem essa situação, não existe transferência de propriedade, lembrando que o negócio jurídico antes da transferência do domínio, em razão do título translativo, apenas produz direito real. Bem móvel irregular: carro, barco; já que é necessário o registro pessoal (art. 104, III, CC).

▪ Agravo de instrumento. Direito tributário. Execução fiscal. Exceção de pré-executividade. IPVA. Arrendamento mercantil. Transferência de propriedade não comprovada. Ocorrendo a transferência da propriedade móvel inter vivos mediante tradição (art. 1.267 do CC), irrelevante o registro junto à entidade de trânsito para caracterizar a propriedade e justificar a tributação pelo IPVA, pois este serve como medida de controle administrativo. No caso, não obstante tenha optado pela via da exceção de pré-executividade, não logrou a excipiente comprovar de plano a alienação do veículo, de tal sorte que improcede a alegação de ilegitimidade passiva. Negado seguimento ao recurso. (TJRS, AI n. 70.065.394.298, 22ª Câm. Cível, rel. Marilene Bonzanini, j. 25.06.2015)

Art. 1.268. Feita por quem não seja proprietário, a tradição não aliena a propriedade, exceto se a coisa, oferecida ao público, em leilão ou estabelecimento comercial, for transferida em circunstâncias tais que, ao adquirente de boa-fé, como a qualquer pessoa, o alienante se afigurar dono.

§ 1º Se o adquirente estiver de boa-fé e o alienante adquirir depois a propriedade, considera-se realizada a transferência desde o momento em que ocorreu a tradição.

§ 2º Não transfere a propriedade a tradição, quando tiver por título um negócio jurídico nulo.

➡ Veja art. 622 do CC/1916.

707

Arts. 1.268 a 1.270 — Almeida Guilherme

O art. 1.268 trata das situações em que ocorre a tradição, mas aquele que a detinha e a transmitiu ao adquirente de boa-fé não era seu legítimo proprietário (arts. 113 e 422 do CC). Nesses casos, a menos que se trate de oferta da coisa feita ao público, em leilão ou estabelecimento comercial, o que induziu o adquirente a erro, não existe alienação da propriedade transferida. Diz o § 1º que, se após a tradição o alienante de fato adquirir a propriedade do bem que transferiu, retroagem os efeitos da alienação à data em que ocorreu a tradição. O § 2º garante que, tratando-se de negócio jurídico nulo (*vide* arts. 166 e 167 do CC), não ocorre a transferência da propriedade.

■ Apelações cíveis. Ação declaratória. Renúncia de procurador. Venda de veículo a non domino. Ineficácia. Impossibilidade de entrega dos documentos para a transferência da propriedade junto ao Detran. Reconvenção. Danos morais e materiais. Devolução do bem ao proprietário. Havendo renúncia do procurador e, uma vez intimada a parte a constituir novo patrono, seu silêncio impõe a extinção do processo, ainda que a intimação tenha sido enviada para o endereço no qual a parte não reside mais, pois era dela o dever de manter seus dados atualizados. Art. 238, parágrafo único, do CPC. Colocação de veículo à venda, em revenda, pelo cunhado da proprietária do bem. Uma vez vendido o veículo, está caracterizada a venda a non domino, porquanto esta se originou de ato do cunhado da proprietária, o qual não possui a propriedade sobre o bem, tampouco qualquer autorização da proprietária para colocá-lo à venda. Ainda que o adquirente seja terceiro de boa-fé, descabida a concessão da proteção prevista na parte final do art. 1.268 do CC, uma vez que a revenda de carros não se apresentou como dona do bem, tanto que o autor reconheceu ter tido conhecimento prévio à concretização do negócio, de que o veículo pertencia à corré Ana. A alienação a *non domino* impede que a tradição produza a consequência jurídica de transferência do domínio. Ineficácia da venda perante terceiro. Reconvenção. Retorno ao *status quo ante*. Direito da proprietária em reaver o bem. Danos morais e materiais indevidos. Prejuízos não ocasionados pelo autor, que também figurou como vítima, no fato em exame. Prejuízos do adquirente de boa-fé, que devem ser resolvidos em perdas e danos. Sentença parcialmente modificada. Sucumbência redimensionada. O Julgador não está obrigado a se manifestar sobre todos os artigos de lei invocados pela parte. Prequestionamento descabido. Apelo da ré Calvet não conhecido. Apelo da corré Ana Carolina parcialmente provido. Unânime. (TJRS, Ap. Cível n. 70.048.813.430, 18ª Câm. Cível, rel. Elaine Maria Canto da Fonseca, j. 28.08.2014)

Seção V
Da Especificação

Art. 1.269. Aquele que, trabalhando em matéria-prima em parte alheia, obtiver espécie nova, desta será proprietário, se não se puder restituir à forma anterior.

➥ Veja art. 611 do CC/1916.

Caso alguém, ao trabalhar em matéria-prima em parte alheia, obtenha espécie nova, será proprietário desta, se não houver possibilidade de restituir a criação à forma anterior. Mas existindo a possibilidade de ser restituída à forma anterior, o dono da matéria-prima continuará proprietário.

Art. 1.270. Se toda a matéria for alheia, e não se puder reduzir à forma precedente, será do especificador de boa-fé a espécie nova.

Código Civil comentado e anotado

Arts. 1.270 a 1.272

§ 1º Sendo praticável a redução, ou quando impraticável, se a espécie nova se obteve de má-fé, pertencerá ao dono da matéria-prima.

§ 2º Em qualquer caso, inclusive o da pintura em relação à tela, da escultura, escritura e outro qualquer trabalho gráfico em relação à matéria-prima, a espécie nova será do especificador, se o seu valor exceder consideravelmente o da matéria-prima.

➥ Veja art. 612 do CC/1916.

Em hipótese semelhante à do art. 1.269, porém quando a matéria-prima é exclusivamente de outrem, se comprovada a boa-fé daquele que trabalhou a matéria-prima, passará ao especificador essa espécie nova. Diz o § 1º que, caso seja possível retornar à forma anterior ou caso não tenha agido o especificador com má-fé, a espécie nova pertencerá ao dono da matéria-prima. Nos casos em que o resultado final exceder em muito o valor da matéria-prima, independentemente de boa ou má-fé, será do especificador o produto final de seu trabalho. Como ensina Maria Helena Diniz: "Se da especificação resultar obra de arte, como a pintura em relação à tela, a escultura relativamente à matéria-prima, e a escritura e outro trabalho gráfico em relação à matéria-prima que os recebe, a propriedade da coisa nova será exclusiva do especificador, se seu valor exceder consideravelmente o da matéria-prima alheia. O órgão judicante deverá, então, averiguar se o valor da mão de obra é superior ao da matéria-prima" (DINIZ, Maria Helena. *Código Civil anotado*. 16. ed. São Paulo: Saraiva, 2012, p. 919).

Art. 1.271. Aos prejudicados, nas hipóteses dos arts. 1.269 e 1.270, se ressarcirá o dano que sofrerem, menos ao especificador de má-fé, no caso do § 1º do artigo antecedente, quando irredutível a especificação.

➥ Veja art. 613 do CC/1916.

Nas hipóteses dos arts. 1.269 e 1.270, será ressarcida ao antigo proprietário a matéria-prima na forma de indenização. A exceção se faz ao art. 1.270, § 1º, falando dos casos em que há má-fé por parte do especificador, em que não ficará com o objeto criado, não havendo porque se falar em indenização, já que geraria enriquecimento sem causa (arts. 884 a 886).

Seção VI
Da Confusão, da Comissão e da Adjunção

O correto parece ser "comistão" em vez de "comissão".

Art. 1.272. As coisas pertencentes a diversos donos, confundidas, misturadas ou adjuntadas sem o consentimento deles, continuam a pertencer-lhes, sendo possível separá-las sem deterioração.

§ 1º Não sendo possível a separação das coisas, ou exigindo dispêndio excessivo, subsiste indiviso o todo, cabendo a cada um dos donos quinhão proporcional ao valor da coisa com que entrou para a mistura ou agregado.

§ 2º Se uma das coisas puder considerar-se principal, o dono sê-lo-á do todo, indenizando os outros.

➥ Veja art. 615 do CC/1916.

Arts. 1.272 a 1.275

Conceitua a doutrina:

a) **confusão** como sendo a mescla de duas substâncias líquidas;

b) **comistão** – e não comissão, como consta erroneamente na redação do Código – como sendo a mistura de duas substâncias sólidas; e

c) **adjunção** como a sobreposição de um material sobre o outro.

Só ocorrerão essas hipóteses quando não for possível separar as substâncias confundidas, comistadas ou adjuntas. Caso a separação seja possível, haverá mera mistura. Ocorrendo, porém, uma das três hipóteses, diz o § 1º que será mantido o todo, indivisível, e cada um dos antigos proprietários será agora proprietário de um quinhão, correspondente à parte que tinha e que foi agregada ao todo.

A segunda hipótese, aventada pelo § 2º, versa sobre a possibilidade de uma das coisas envolvidas na confusão, comistão ou adjunção ser considerada a principal, em relação às demais. Nesse caso, o proprietário desta irá adquirir as demais coisas, indenizando os que ficaram sem seus bens.

Art. 1.273. Se a confusão, comissão ou adjunção se operou de má-fé, à outra parte caberá escolher entre adquirir a propriedade do todo, pagando o que não for seu, abatida a indenização que lhe for devida, ou renunciar ao que lhe pertencer, caso em que será indenizado.

O correto parece ser "comistão" em vez de "comissão".

➡ Veja art. 616 do CC/1916.

Caso tenha havido má-fé (arts. 186 e 187 do CC) por parte de um dos proprietários, aquele prejudicado deverá escolher entre ficar com o todo, indenizando o que agiu com má-fé, ou abdicar de sua parte, deixando este com o todo, recebendo então indenização por sua parte.

Art. 1.274. Se da união de matérias de natureza diversa se formar espécie nova, à confusão, comissão ou adjunção aplicam-se as normas dos arts. 1.272 e 1.273.

O correto parece ser "comistão" em vez de "comissão".

➡ Veja art. 617 do CC/1916.

Caso, com a junção dos objetos distintos, se formar uma matéria nova, será aplicada a regra da confusão, comistão ou adjunção, conforme arts. 1.272 e 1.273.

CAPÍTULO IV
DA PERDA DA PROPRIEDADE

Art. 1.275. Além das causas consideradas neste Código, perde-se a propriedade:
I – por alienação;
II – pela renúncia;
III – por abandono;
IV – por perecimento da coisa;

Código Civil comentado e anotado   Arts. 1.275 e 1.276

V – por desapropriação.

Parágrafo único. Nos casos dos incisos I e II, os efeitos da perda da propriedade imóvel serão subordinados ao registro do título transmissivo ou do ato renunciativo no Registro de Imóveis.

➡ Veja arts. 589, *caput* e § 1º, e 590 do CC/1916.

O art. 1.275 traz previsões em que é possível a perda da propriedade:

I – por alienação: a alienação é forma de se transmitir propriedade, seja pela compra e venda, pela troca ou permuta, pela doação, assim como poderá ser também por ato contrário à vontade do proprietário como a adjudicação, arrematação etc.;

II – pela renúncia: a renúncia se trata do direito que o proprietário tem de retirar determinada propriedade de seu patrimônio. Caso seja bem imóvel, por força do parágrafo único, deverá constar em sua matrícula o ato renunciativo emitido pelo proprietário renunciante;

III – por abandono: diferentemente da renúncia, o abandono é ato informal, dispensando, portanto, quaisquer atos registrais para que se opere eficácia;

(A configuração de abandono se dá pela presença de dois caracteres indispensáveis: a conduta objetiva de se abandonar algo que é de sua propriedade; e o caráter subjetivo, o *animus abandonandi*, a legítima vontade do proprietário em abandonar sua propriedade.)

IV – por perecimento da coisa: o perecimento da coisa refere-se principalmente aos casos em que a coisa perde sua utilidade ou característica principal, a ponto de ficar inutilizável ou irreconhecível;

V – por desapropriação: a perda da propriedade pela desapropriação ocorre pelo atendimento de um bem-estar público, ou então sob a forma de sanção. Na primeira, o poder público transfere compulsoriamente o bem de um particular para si, retribuindo-o com indenização justa e compatível em dinheiro. Na segunda, o poder público, em obediência à função social da propriedade, retira do particular a propriedade que não traz nenhum benefício social, seja direto ou indireto, indenizando-o mediante pagamento realizado em títulos da dívida pública.

■ Enunciado n. 565 da VI Jornada de Direito Civil: "Não ocorre a perda da propriedade por abandono de resíduos sólidos, que são considerados bens socioambientais, nos termos da Lei n. 12.305/2012".

Art. 1.276. O imóvel urbano que o proprietário abandonar, com a intenção de não mais o conservar em seu patrimônio, e que se não encontrar na posse de outrem, poderá ser arrecadado, como bem vago, e passar, três anos depois, à propriedade do Município ou à do Distrito Federal, se se achar nas respectivas circunscrições.

§ 1º O imóvel situado na zona rural, abandonado nas mesmas circunstâncias, poderá ser arrecadado, como bem vago, e passar, três anos depois, à propriedade da União, onde quer que ele se localize.

§ 2º Presumir-se-á de modo absoluto a intenção a que se refere este artigo, quando, cessados os atos de posse, deixar o proprietário de satisfazer os ônus fiscais.

➡ Veja art. 589, § 2º, do CC/1916.

O imóvel urbano abandonado com a intenção evidente de se desfazer deste será arrecadado ao município ou Distrito Federal, e será incorporado definitivamente ao patrimônio pú-

711

Arts. 1.276 e 1.277 — Almeida Guilherme

blico após transcorridos três anos. Caso o imóvel seja rural, será utilizada a mesma regra, porém o bem será arrecadado e posteriormente incorporado ao patrimônio da União e não mais dos municípios. A presunção de abandono será absoluta se o proprietário abandonar a posse do imóvel definitivamente e deixar de cumprir com suas obrigações fiscais.

■ Enunciado n. 242 da III Jornada de Direito Civil: "A aplicação do art. 1.276 depende do devido processo legal, em que seja assegurado ao interessado demonstrar a não cessação da posse".

■ Enunciado n. 243 da III Jornada de Direito Civil: "A presunção de que trata o § 2º do art. 1.276 não pode ser interpretada de modo a contrariar a norma-princípio do art. 150, IV, da Constituição da República".

■ Enunciado n. 316 da IV Jornada de Direito Civil: "Eventual ação judicial de abandono de imóvel, caso procedente, impede o sucesso de demanda petitória".

■ Ação ordinária. Arrecadação de bem vago, em decorrência de abandono por parte do titular do imóvel Inteligência do art. 1.276, § 2º, do CC, que estabelece a presunção absoluta da intenção de abandono no caso de dívida fiscal. Inconstitucionalidade da referida norma não configurada, porque conforme ao preceito constitucional que trata da função social da propriedade. Tese de contrariedade ao Enunciado n. 243 do Conselho de Justiça Federal que não se sustenta, porque presentes as condições necessárias para a arrecadação. Alegação de ausência de prazo para regularização da situação fiscal, a que estaria supostamente condicionada a arrecadação do bem vago, que não subsiste, à falta de previsão legal. Declaração da vacância do bem, com consequente arrecadação, que, entretanto, não implica a perda automática da propriedade, que somente se daria, nos termos do art. 1.276, *caput*, do CC, decorridos três anos, a contar do ato constitutivo da arrecadação. Recurso parcialmente provido. (TJSP, Ap. n. 0175104-31.2008.8.26.0000, 7ª Câm. de Dir. Públ., rel. Luiz Sergio Fernandes de Souza, j. 09.03.2015)

CAPÍTULO V
DOS DIREITOS DE VIZINHANÇA

Seção I
Do Uso Anormal da Propriedade

Art. 1.277. O proprietário ou o possuidor de um prédio tem o direito de fazer cessar as interferências prejudiciais à segurança, ao sossego e à saúde dos que o habitam, provocadas pela utilização de propriedade vizinha.

Parágrafo único. Proíbem-se as interferências considerando-se a natureza da utilização, a localização do prédio, atendidas as normas que distribuem as edificações em zonas, e os limites ordinários de tolerância dos moradores da vizinhança.

➡ Veja art. 554 do CC/1916.
➡ Veja art. 69 do Código das Águas.

O proprietário possui o direito de fazer cessar as interferências que se façam à sua posse e propriedade, no tocante à segurança, ao sossego e à saúde, provocadas pela utilização de propriedade vizinha. Ficam proibidas as interferências de acordo com a natureza da utilização do prédio, sua localização e observadas as normas de distribuição das edificações nas zonas urbanas.

712

Código Civil comentado e anotado   Arts. 1.277 a 1.280

■ Enunciado n. 319 da IV Jornada de Direito Civil: "A condução e a solução das causas envolvendo conflitos de vizinhança devem guardar estreita sintonia com os princípios constitucionais da intimidade, da inviolabilidade da vida privada e da proteção ao meio ambiente".

■ Direito de vizinhança. Nunciação de obra nova c/c pedido demolitório. Procedência parcial. Muro construído acima da altura máxima permitida; demolição parcial determinada. Laje de cobertura usada como terraço ou varanda; inadmissibilidade. Determinação de demolição do acesso a tal laje, que só pode ser utilizada como cobertura, permitida a construção de telhado, se o desejar o réu. Demais irregularidades na obra que não pertinem a direito de vizinhança, mas a posturas municipais e estaduais, a quem cabe a devida fiscalização. Aplicação do art. 1.277 do CC. Sucumbência recíproca reconhecida. Apelo provido parcialmente. (TJSP, Ap. n. 0228293-07.2011.8.26.0100, 34ª Câm. de Dir. Priv., rel. Soares Levada, j. 13.10.2014)

Art. 1.278. O direito a que se refere o artigo antecedente não prevalece quando as interferências forem justificadas por interesse público, caso em que o proprietário ou o possuidor, causador delas, pagará ao vizinho indenização cabal.

➡ Sem correspondência no CC/1916.

No caso de perturbação realizada por questão de interesse público, a interferência será mantida e caso tenha decorrido dela algum prejuízo, o proprietário prejudicado receberá as indenizações devidas.

Art. 1.279. Ainda que por decisão judicial devam ser toleradas as interferências, poderá o vizinho exigir a sua redução, ou eliminação, quando estas se tornarem possíveis.

➡ Sem correspondência no CC/1916.

Mesmo que o próprio Judiciário determine que as interferências devam ser toleradas, poderá o vizinho incomodado requerer que as diminuam quando for possível. Por exemplo, se a emissão de gases poluentes de uma indústria química for autorizada judicialmente, o vizinho lesado terá o direito de pleitear sua redução, do mesmo modo se a poluição for sonora ou de qualquer outro tipo que cause prejuízo ao vizinho lesado.

Art. 1.280. O proprietário ou o possuidor tem direito a exigir do dono do prédio vizinho a demolição, ou a reparação deste, quando ameace ruína, bem como que lhe preste caução pelo dano iminente.

➡ Veja art. 555 do CC/1916.

Ação de dano infecto. Ação em que o proprietário exige do dono do prédio vizinho a sua demolição ou reparação, quando este ameace ruína, bem como lhe preste caução pelo dano iminente, visando a assegurar o ressarcimento de prejuízos que advierem antes da demolição ou da reparação de prédio vizinho em ruína.

Arts. 1.281 a 1.285 — Almeida Guilherme

Art. 1.281. O proprietário ou o possuidor de um prédio, em que alguém tenha direito de fazer obras, pode, no caso de dano iminente, exigir do autor delas as necessárias garantias contra o prejuízo eventual.

➡ Veja art. 529 do CC/1916.

O proprietário ou possuidor pode exigir garantia do vizinho que realizará obras quando da iminência de dano.

Seção II
Das Árvores Limítrofes

Art. 1.282. A árvore, cujo tronco estiver na linha divisória, presume-se pertencer em comum aos donos dos prédios confinantes.

➡ Veja art. 556 do CC/1916.

Das árvores limítrofes. Estando na linha limítrofe, a árvore pertence em comum aos donos dos prédios conflitantes. Quando a árvore de um prédio invadir o vizinho, este está autorizado a podar os ramos e raízes até o plano vertical divisório. Os frutos que caírem em terreno particular alheio a este pertencem.

Art. 1.283. As raízes e os ramos de árvore, que ultrapassarem a estrema do prédio, poderão ser cortados, até o plano vertical divisório, pelo proprietário do terreno invadido.

➡ Veja art. 558 do CC/1916.

Caso as raízes e ramos de árvore ultrapassem a divisa do terreno, poderá o confrontante invadido cortá-las até o limite da divisa entre um terreno e outro.

Art. 1.284. Os frutos caídos de árvore do terreno vizinho pertencem ao dono do solo onde caíram, se este for de propriedade particular.

➡ Veja art. 557 do CC/1916.

Caso uma árvore frutífera venha a dar frutos e estes caiam em terreno alheio, a este pertencerá. O dispositivo só se aplica para o caso de propriedade particular.

Seção III
Da Passagem Forçada

Art. 1.285. O dono do prédio que não tiver acesso a via pública, nascente ou porto, pode, mediante pagamento de indenização cabal, constranger o vizinho a lhe dar passagem, cujo rumo será judicialmente fixado, se necessário.

Código Civil comentado e anotado   Arts. 1.285 e 1.286

§ 1º Sofrerá o constrangimento o vizinho cujo imóvel mais natural e facilmente se prestar à passagem.

§ 2º Se ocorrer alienação parcial do prédio, de modo que uma das partes perca o acesso a via pública, nascente ou porto, o proprietário da outra deve tolerar a passagem.

§ 3º Aplica-se o disposto no parágrafo antecedente ainda quando, antes da alienação, existia passagem através de imóvel vizinho, não estando o proprietário deste constrangido, depois, a dar uma outra.

➡ Veja arts. 559 e 560 do CC/1916.

Da passagem forçada. Quando o dono do prédio não tiver acesso à via pública, nascente ou porto, poderá constranger o vizinho a lhe oferecer passagem, mediante indenização. Não há confusão entre a "servidão do trânsito" (art. 1.378 do CC) com a "passagem forçada".

▪ Enunciado n. 88 da I Jornada de Direito Civil: "O direito de passagem forçada, previsto no art. 1.285 do CC, também é garantido nos casos em que o acesso à via pública for insuficiente ou inadequado, consideradas, inclusive, as necessidades de exploração econômica".

▪ Apelação. Passagem forçada. Requisitos. Art. 1.285 do CC. Existência de outra via de acesso. Imóvel não encravado. Não concessão. 1. "O dono do prédio que não tiver acesso à via pública, nascente ou porto, pode, mediante pagamento de indenização cabal, constranger o vizinho a lhe dar passagem, cujo rumo será judicialmente fixado, se necessário" (art. 1.285 do CC). 2. Não se concede a passagem forçada se o imóvel do postulante tiver outra via de acesso à via pública, não sendo, portanto, encravado, pois o direito de passagem forçada pressupõe a necessidade e não a comodidade do pretendente. (TJMG, Ap. Cível n. 1.0079.10.060743-5/001, 15ª Câm. Cível, rel. Des. Maurílio Gabriel, j. 02.07.2015)

Seção IV
Da Passagem de Cabos e Tubulações

Art. 1.286. Mediante recebimento de indenização que atenda, também, à desvalorização da área remanescente, o proprietário é obrigado a tolerar a passagem, através de seu imóvel, de cabos, tubulações e outros condutos subterrâneos de serviços de utilidade pública, em proveito de proprietários vizinhos, quando de outro modo for impossível ou excessivamente onerosa.

Parágrafo único. O proprietário prejudicado pode exigir que a instalação seja feita de modo menos gravoso ao prédio onerado, bem como, depois, seja removida, à sua custa, para outro local do imóvel.

➡ Sem correspondência no CC/1916.

Da passagem de cabos e tubulações. Trata-se de nova limitação à propriedade. Haverá uma tolerância de um vizinho para a passagem em suas terras, por via subterrânea, de cabos e tubulações de vizinho, de algum serviço de utilidade pública, mediante indenização. O que tolera a passagem poderá exigir que:
• a instalação seja a menos gravosa possível;
• seja removida para outro lugar de seu prédio, à sua custa;
• antes se façam obras de segurança no caso de a instalação se mostrar perigosa.

715

Arts. 1.286 a 1.288   Almeida Guilherme

■ Direito de vizinhança. Ação de obrigação de fazer. Retirada de tubulação. Servidão existente há 28 anos. Prova pericial. Viabilidade técnica da alteração da passagem por outro imóvel. Custo excessivamente oneroso. Ausência de obrigação por parte do proprietário do imóvel servido. Exegese do art. 1.286 do CC. Recurso improvido. Existindo há 28 anos autorização de servidão por parte da Autora, lhe resta, apenas, a remoção à sua custa, não podendo à requerida ser imposto tal ônus, uma vez que excessivamente oneroso, nos termos do art. 1.286, do CC, e, em especial, do seu parágrafo único. Direito de vizinhança. Ação de obrigação de fazer. Indenização por danos materiais e morais. Ausência de comprovação de danos a serem indenizáveis. Pedidos improvidos. Direito de vizinhança. Ação de obrigação de fazer. Pedido indenização do art. 1.286 do CC. Matéria não suscitada e nem debatida em primeiro grau. Impossibilidade de inovação em grau de recurso. Recurso não conhecido nessa parte. Não comporta análise do pedido em sede de recurso, quando a matéria não tenha sido suscitada em contestação. (TJSP, Ap. n. 0032934-88.2012.8.26.0196, 31ª Câm. de Dir. Priv., rel. Armando Toledo, j. 14.10.2014)

Art. 1.287. Se as instalações oferecerem grave risco, será facultado ao proprietário do prédio onerado exigir a realização de obras de segurança.

➥ Sem correspondência no CC/1916.

Caso as instalações ofereçam grave risco, o proprietário do prédio poderá exigir que sejam realizadas obras de segurança.

Seção V
Das Águas

Art. 1.288. O dono ou o possuidor do prédio inferior é obrigado a receber as águas que correm naturalmente do superior, não podendo realizar obras que embaracem o seu fluxo; porém a condição natural e anterior do prédio inferior não pode ser agravada por obras feitas pelo dono ou possuidor do prédio superior.

➥ Veja art. 563 do CC/1916.
➥ Veja art. 69 do Código das Águas.

Das águas. Há a obrigação do prédio inferior de receber as águas do superior. O proprietário de nascente ou de solo que receba águas pluviais, satisfeitas as suas necessidades, não pode impedir ou desviar a água para os prédios inferiores. O dono do prédio superior não poderá poluir a água que escoa para os demais. O proprietário tem o direito de construir obras para represamento de água, porém estará obrigado a indenizar o vizinho se as águas represadas o invadirem, deduzindo o valor do benefício obtido. Também é permitida, mediante indenização, a construção de canais em propriedade alheia (aquedutos). Nesse caso, havendo infiltração ou irrupção, assistir-lhe-á a devida indenização (art. 1.293 do CC).

■ Apelação cível. Responsabilidade civil do estado. Omissão. Autor que pretende condenação da ré em obrigação de fazer e ao pagamento de indenização em razão de desmoronamento de terras nos fundos de sua residência. Inadmissibilidade. Culpa exclusiva da vítima configurada. Excludente de responsabilidade estatal. Falha no serviço não comprovada (art. 333, I, do CPC). Imóvel construído em terreno

Código Civil comentado e anotado   Arts. 1.288 a 1.291

em declive. Inteligência do art. 1.288 do CC. Obra realizada de forma clandestina e sem qualquer observância das regras técnicas. Responsabilidade do autor pela regular manutenção do imóvel. Precedentes. Sentença reformada. Recurso provido. (TJSP, Ap. n. 0009731-62.2010.8.26.0198, 8ª Câm. de Dir. Públ., rel. Cristina Cotrofe, j. 29.07.2015)

Art. 1.289. Quando as águas, artificialmente levadas ao prédio superior, ou aí colhidas, correrem dele para o inferior, poderá o dono deste reclamar que se desviem, ou se lhe indenize o prejuízo que sofrer.

Parágrafo único. Da indenização será deduzido o valor do benefício obtido.

➡ Veja art. 564 do CC/1916.

Quando houver necessidade de se levar águas do prédio inferior ao prédio superior e estas resvalarem em sua propriedade, o dono do prédio inferior poderá reclamar que se desviem as águas ou o indenize em razão do prejuízo experimentado. Se houver indenização e o dono do prédio inferior tiver percebido algum tipo de benefício pelo escoamento de águas, esse benefício será abatido da indenização. Cite-se o contraste entre os dizeres do art. 1.289 do CC e o art. 92 do Código das Águas, pois enquanto o último trata apenas da indenização, o diploma civilista ainda oferece, além da indenização, o desvio das águas artificiais escoadas para o prédio inferior.

Art. 1.290. O proprietário de nascente, ou do solo onde caem águas pluviais, satisfeitas as necessidades de seu consumo, não pode impedir, ou desviar o curso natural das águas remanescentes pelos prédios inferiores.

➡ Veja art. 565 do CC/1916.
➡ Veja arts. 89 a 95 e 102 a 108 do Código das Águas que disciplinam a utilização e a destinação das nascentes e águas pluviais.

O proprietário de terras onde há nascente ou onde caem águas pluviais tem o direito de utilizar essas águas plenamente. Porém, havendo sobras, não poderá este impedir que as águas remanescentes atendam às necessidades dos prédios inferiores.

Art. 1.291. O possuidor do imóvel superior não poderá poluir as águas indispensáveis às primeiras necessidades da vida dos possuidores dos imóveis inferiores; as demais, que poluir, deverá recuperar, ressarcindo os danos que estes sofrerem, se não for possível a recuperação ou o desvio do curso artificial das águas.

➡ Sem correspondência no CC/1916.

De forma semelhante à prevista no art. 1.290, o dono de prédio superior não poderá poluir as águas que saem de sua propriedade e atingem os imóveis inferiores. Se houver poluição, deverá realizar a recuperação dessas águas; caso não seja possível tal recuperação ou o mero desvio do curso das águas, deverá ressarcir os danos causados.

717

Arts. 1.291 a 1.294   Almeida Guilherme

- Enunciado n. 244 da III Jornada de Direito Civil: "O art. 1.291 deve ser interpretado conforme a Constituição, não sendo facultada a poluição das águas, quer sejam essenciais ou não às primeiras necessidades da vida".

Art. 1.292. O proprietário tem direito de construir barragens, açudes, ou outras obras para represamento de água em seu prédio; se as águas represadas invadirem prédio alheio, será o seu proprietário indenizado pelo dano sofrido, deduzido o valor do benefício obtido.

➥ Sem correspondência no CC/1916.

Caso seja necessário, pela questão da exploração de determinadas atividades econômicas em sua propriedade, o proprietário que tenha águas passando por seu terreno – nesse caso, tanto sendo de prédio inferior como superior – poderá represar as águas, com construção de barragens, açudes ou outras obras. Deverá indenizar os proprietários de terrenos que sejam invadidos por essas águas represadas, com abatimento de eventuais valorizações tidas pelas obras.

Art. 1.293. É permitido a quem quer que seja, mediante prévia indenização aos proprietários prejudicados, construir canais, através de prédios alheios, para receber as águas a que tenha direito, indispensáveis às primeiras necessidades da vida, e, desde que não cause prejuízo considerável à agricultura e à indústria, bem como para o escoamento de águas supérfluas ou acumuladas, ou a drenagem de terrenos.

§ 1º Ao proprietário prejudicado, em tal caso, também assiste direito a ressarcimento pelos danos que de futuro lhe advenham da infiltração ou irrupção das águas, bem como da deterioração das obras destinadas a canalizá-las.

§ 2º O proprietário prejudicado poderá exigir que seja subterrânea a canalização que atravessa áreas edificadas, pátios, hortas, jardins ou quintais.

§ 3º O aqueduto será construído de maneira que cause o menor prejuízo aos proprietários dos imóveis vizinhos, e a expensas do seu dono, a quem incumbem também as despesas de conservação.

➥ Veja art. 567 do CC/1916.

O art. 1.293 autoriza a construção de canais através de prédios alheios, desde que não cause prejuízo grave aos vizinhos e mediante indenização ao vizinhos prejudicados, para o recebimento das águas indispensáveis às primeiras necessidades da vida.

- Enunciado n. 245 da III Jornada de Direito Civil: "Muito embora omisso acerca da possibilidade de canalização forçada de águas por prédios alheios, para fins da agricultura ou indústria, o art. 1.293 não exclui a possibilidade da canalização forçada pelo vizinho, com prévia indenização aos proprietários prejudicados".

Art. 1.294. Aplica-se ao direito de aqueduto o disposto nos arts. 1.286 e 1.287.

➥ Sem correspondência no CC/1916.

Em razão de suas semelhanças, quanto aos aquedutos, aplicam-se as disposições dos arts. 1.286 e 1.287, em relação às servidões de passagem e realização de obras de segurança.

Art. 1.295. O aqueduto não impedirá que os proprietários cerquem os imóveis e construam sobre ele, sem prejuízo para a sua segurança e conservação; os proprietários dos imóveis poderão usar das águas do aqueduto para as primeiras necessidades da vida.

➥ Sem correspondência no CC/1916.

Ao passar por prédios vizinhos, os aquedutos poderão ser cercados da maneira que o proprietário do prédio achar mais conveniente, por questões de segurança e conservação. Além disso, os proprietários dos prédios vizinhos poderão se utilizar das águas que passam por seus terrenos, para as primeiras necessidades da vida.

Art. 1.296. Havendo no aqueduto águas supérfluas, outros poderão canalizá-las, para os fins previstos no art. 1.293, mediante pagamento de indenização aos proprietários prejudicados e ao dono do aqueduto, de importância equivalente às despesas que então seriam necessárias para a condução das águas até o ponto de derivação.

Parágrafo único. Têm preferência os proprietários dos imóveis atravessados pelo aqueduto.

➥ Sem correspondência no CC/1916.

Com a existência de águas excedentes no aqueduto, é possível que outros as canalizem, com o devido pagamento de indenização aos proprietários prejudicados e ao próprio dono do aqueduto original. Têm preferência na realização dessas obras os proprietários de imóveis pelos quais o aqueduto passe.

Seção VI
Dos Limites entre Prédios e do Direito de Tapagem

Art. 1.297. O proprietário tem direito a cercar, murar, valar ou tapar de qualquer modo o seu prédio, urbano ou rural, e pode constranger o seu confinante a proceder com ele à demarcação entre os dois prédios, a aviventar rumos apagados e a renovar marcos destruídos ou arruinados, repartindo-se proporcionalmente entre os interessados as respectivas despesas.

§ 1º Os intervalos, muros, cercas e os tapumes divisórios, tais como sebes vivas, cercas de arame ou de madeira, valas ou banquetas, presumem-se, até prova em contrário, pertencer a ambos os proprietários confinantes, sendo estes obrigados, de conformidade com os costumes da localidade, a concorrer, em partes iguais, para as despesas de sua construção e conservação.

§ 2º As sebes vivas, as árvores, ou plantas quaisquer, que servem de marco divisório, só podem ser cortadas, ou arrancadas, de comum acordo entre proprietários.

§ 3º A construção de tapumes especiais para impedir a passagem de animais de pequeno porte, ou para outro fim, pode ser exigida de quem provocou a necessidade deles, pelo proprietário, que não está obrigado a concorrer para as despesas.

➥ Veja arts. 569, 571 e 588 do CC/1916.

Arts. 1.297 a 1.299 — Almeida Guilherme

Dos limites entre prédios e do direito de tapagem. Ao proprietário assiste o direito de cercar, murar, valar ou tapar de qualquer maneira o seu prédio. Presume-se o condomínio forçado das obras divisórias de propriedades confinantes, devendo os proprietários ou possuidores concorrerem com as despesas de construção e conservação. As plantas divisórias não poderão ser podadas ou cortadas sem o consentimento de ambos. A construção e a manutenção de tapume especial para impedir a passagem de animais deverão ser suportadas pelo proprietário dos animais. Quando houver confusão de limites, estes determinar-se-ão pela posse justa. Não se provando esta, o terreno contestado se dividirá em partes iguais. Não sendo possível a divisão, adjudicar-se-á a um deles, mediante a indenização do outro.

Ação demarcatória. O proprietário pode constranger o seu confinante a proceder à demarcação entre os dois prédios, a aviventar rumos apagados e a renovar marcos destruídos ou arruinados, repartindo-se as despesas.

■ Apelação cível. Direito de vizinhança. Imóveis limítrofes. Condomínio forçado. Muro divisório. Construção defeituosa. Reparos. Responsabilidade dos proprietários de ambos os imóveis. Inteligência dos arts. 1.297, 1.327 e 1.328 do CC. Os proprietários de imóveis limítrofes possuem o direito de promover a demarcação de seus terrenos, com o intuito de estabelecer a necessária divisão das propriedades, mas sendo responsáveis em iguais proporções pela administração e também pelos ônus decorrentes da construção e manutenção da divisa, já que, em relação a esta, tornam-se os confrontantes condôminos por meação. É o teor dos arts. 1.297, 1.327 e 1.328, todos do CC. Apurado, *in casu*, o defeito na construção do muro de arrimo que separa os prédios confinantes das partes litigantes, a ambas compete a obrigação de promover os reparos necessários. (TJMG, Ap. Cível n. 1.0024.10.180409-4/001, 18ª Câm. Cível, rel. Des. Arnaldo Maciel, j. 19.08.2014)

Art. 1.298. Sendo confusos, os limites, em falta de outro meio, se determinarão de conformidade com a posse justa; e, não se achando ela provada, o terreno contestado se dividirá por partes iguais entre os prédios, ou, não sendo possível a divisão cômoda, se adjudicará a um deles, mediante indenização ao outro.

➡ Veja art. 570 do CC/1916.

Em casos de impossibilidade de se determinar claramente os limites entre duas propriedades, mesmo com exame dos títulos e se atentando às demarcações, o juiz utilizará o critério da posse justa para estabelecer os limites. Não havendo também prova da posse justa, haverá divisão por igual dos terrenos contestados; e em caso de não ser possível, por questões de indivisibilidade, por exemplo, um dos proprietários adjudicará a outra propriedade, indenizando o outro.

Seção VII
Do Direito de Construir

Art. 1.299. O proprietário pode levantar em seu terreno as construções que lhe aprouver, salvo o direito dos vizinhos e os regulamentos administrativos.

➡ Veja art. 572 do CC/1916.

O proprietário poderá construir o que quiser, respeitados os direitos dos vizinhos e os regulamentos administrativos. É, portanto, um direito limitado. Não poderá construir obra que

Código Civil comentado e anotado   Arts 1.299 a 1.301

deite águas diretamente no prédio vizinho. É proibido abrir janelas, terraço ou varanda a menos de 1,5 m do terreno vizinho. As janelas cuja visão não incida sobre a linha divisória, bem como as perpendiculares não poderão ser abertas a menos de 75 cm. Portanto, permite-se a abertura de frestas para luz, desde que não sejam maiores de 10 cm de largura sobre 20 cm de comprimento e a mais de 2 m de altura. Em zona rural, a permissão para se construir é de no mínimo 3 m do terreno vizinho.

■ Apelação cível. Ação de nunciação de obra nova. Direito de vizinhança. Existência de janelas na divisa dos imóveis há vários anos. Construção de muro pelo nunciado. Possibilidade. Servidão de luz e ar. Inexistência. Nos termos do art. 1.299 do CC, o proprietário pode levantar em seu terreno as construções que lhe aprouver, salvo o direito de vizinhos, que impede apenas que se invada área contígua ou sobre ela se deitem goteiras, ou que, a menos de metro e meio se abram janelas, ou se faça eirado, terraço ou varanda, conforme imposição do art. 1.301 do CC. Constatada abertura irregular de janelas na divisa dos imóveis, e transcorrido o prazo de ano e dia do art. 1.302 do CC, para desfazimento das janelas, o confinante poderá levantar, a todo tempo, a sua casa ou contramuro, ainda que vede a claridade do imóvel vizinho, nos termos do art. 1.302, parágrafo único, do CC. Não há que se falar em servidão aparente, de luz e ar, a obrigar o recuo de metro e meio do prédio nunciado, tendo em vista que o reconhecimento de tal servidão, caracterizada como não aparente, dependeria de registro imobiliário, insuscetível de aquisição via usucapião, nos termos do art. 1.378 do CC. (TJMG, Ap. Cível n. 1.0570.10.001624-7/002, 16ª Câm. Cível, rel. Des. Aparecida Grossi, j. 27.05.2015)

Art. 1.300. O proprietário construirá de maneira que o seu prédio não despeje águas, diretamente, sobre o prédio vizinho.

➥ Veja art. 575 do CC/1916.

A lei estipula que a construção seja feita de maneira a se evitar que a água que escorre do beiral do telhado, oriunda das chuvas, caia sobre o terreno do vizinho.

Art. 1.301. É defeso abrir janelas, ou fazer eirado, terraço ou varanda, a menos de metro e meio do terreno vizinho.
§ 1º As janelas cuja visão não incida sobre a linha divisória, bem como as perpendiculares, não poderão ser abertas a menos de setenta e cinco centímetros.
§ 2º As disposições deste artigo não abrangem as aberturas para luz ou ventilação, não maiores de dez centímetros de largura sobre vinte de comprimento e construídas a mais de dois metros de altura de cada piso.

➥ Veja art. 573, § 1º, do CC/1916.

Determina o Código a distância mínima de um 1,5 m entre janelas, eirados, terraços ou varandas e o prédio vizinho. Os parágrafos do art. 1.301 determinam a vedação à construção de janelas a menos de 75 cm, excepcionando as aberturas de ar, com medidas de 10 cm por 20 cm.

■ Súmula n. 120 do STF: "Parede de tijolos de vidro translúcido pode ser levantada a menos de metro e meio do prédio vizinho, não importando servidão sobre ele".

721

Arts. 1.301 a 1.304 — Almeida Guilherme

■ Súmula n. 414 do STF: "Não se distingue a visão direta da oblíqua, na proibição de abrir janela, ou fazer terraço, eirado, ou varanda, a menos de metro e meio do prédio de outrem".

Art. 1.302. O proprietário pode, no lapso de ano e dia após a conclusão da obra, exigir que se desfaça janela, sacada, terraço ou goteira sobre o seu prédio; escoado o prazo, não poderá, por sua vez, edificar sem atender ao disposto no artigo antecedente, nem impedir, ou dificultar, o escoamento das águas da goteira, com prejuízo para o prédio vizinho.

Parágrafo único. Em se tratando de vãos, ou aberturas para luz, seja qual for a quantidade, altura e disposição, o vizinho poderá, a todo tempo, levantar a sua edificação, ou contramuro, ainda que lhes vede a claridade.

➥ Veja arts. 573, § 2º, e 576 do CC/1916.

Ação demolitória. O lesado pela construção de janelas, varandas, sacadas ou goteiras poderá, dentro do prazo de ano e dia após a conclusão da obra, exigir que se a desfaça, bem como que se desfaçam aqueles que apresentem irregularidades insanáveis que firam o regulamento municipal de construção ou que vão contrariamente ao Plano Diretor elaborado pelo município.

Ação de nunciação de obra nova. O proprietário que não se opôs à construção poderá ingressar, durante a construção, pedindo que no prédio vizinho seja obstado o levantamento de janela a menos de 1,5 m da linha divisória. A violação das normas dos arts. 1.299 a 1.313 do CC sujeitará o infrator à demolição das construções feitas, além de perdas e danos. A entrada em prédio vizinho é permitida para proceder a reparos (art. 1.313 do CC).

Art. 1.303. Na zona rural, não será permitido levantar edificações a menos de três metros do terreno vizinho.

➥ Veja art. 577 do CC/1916.

Este artigo estabelece a distância mínima entre edificações de dois terrenos de proprietários distintos, na zona rural. Não é permitido que se construa edifício a menos de 3 m do terreno do vizinho, independentemente de haver ou não outro edifício ali.

Art. 1.304. Nas cidades, vilas e povoados cuja edificação estiver adstrita a alinhamento, o dono de um terreno pode nele edificar, madeirando na parede divisória do prédio contíguo, se ela suportar a nova construção; mas terá de embolsar ao vizinho metade do valor da parede e do chão correspondentes.

➥ Veja art. 579 do CC/1916.

Em cidades, vilas e povoados em que a construção for feita sobre certo alinhamento, o dono de um terreno poderá edificar, escorando sua construção no vizinho, porém, deverá verificar se a parede suporta a nova construção. Deverá pagar ao vizinho metade do valor referente ao piso e à parede. Portanto, constituir-se-á o condomínio legal.

Código Civil comentado e anotado   Arts. 1.305 a 1.308

Art. 1.305. O confinante, que primeiro construir, pode assentar a parede divisória até meia espessura no terreno contíguo, sem perder por isso o direito a haver meio valor dela se o vizinho a travejar, caso em que o primeiro fixará a largura e a profundidade do alicerce.

Parágrafo único. Se a parede divisória pertencer a um dos vizinhos, e não tiver capacidade para ser travejada pelo outro, não poderá este fazer-lhe alicerce ao pé sem prestar caução àquele, pelo risco a que expõe a construção anterior.

➥ Veja art. 580 do CC/1916.

O que primeiro construir em linha contígua poderá construir apenas metade da espessura da parede, sem que perca o direito ao pagamento de metade do valor da parede, conforme o artigo anterior. Caso a parede divisória seja de um dos vizinhos e não suporte a construção de outra parede, apoiando-se sobre ela, o outro vizinho, para que construa, deverá prestar caução ao primeiro, em razão do risco de desmoronamento.

Art. 1.306. O condômino da parede-meia pode utilizá-la até ao meio da espessura, não pondo em risco a segurança ou a separação dos dois prédios, e avisando previamente o outro condômino das obras que ali tenciona fazer; não pode sem consentimento do outro, fazer, na parede-meia, armários, ou obras semelhantes, correspondendo a outras, da mesma natureza, já feitas do lado oposto.

➥ Veja art. 581 do CC/1916.

Quando os edifícios dividirem parede, o condômino pode utilizar sua metade da parede, desde que não coloque em risco a segurança ou separação entre os dois prédios, e desde que avise o vizinho com antecedência. O mesmo aplica-se à colocação de armários e realização de obras semelhantes; é necessária autorização do vizinho.

Art. 1.307. Qualquer dos confinantes pode altear a parede divisória, se necessário reconstruindo-a, para suportar o alteamento; arcará com todas as despesas, inclusive de conservação, ou com metade, se o vizinho adquirir meação também na parte aumentada.

➥ Sem correspondência no CC/1916.

É lícito que os vizinhos aumentem as paredes divisórias, inclusive reconstruindo-as, para suportar a construção do vizinho. No caso da realização de obras, arcará com todas as despesas, inclusive de conservação, ou apenas com a metade, se o vizinho adquirir meação da parte aumentada.

Art. 1.308. Não é lícito encostar à parede divisória chaminés, fogões, fornos ou quaisquer aparelhos ou depósitos suscetíveis de produzir infiltrações ou interferências prejudiciais ao vizinho.

Parágrafo único. A disposição anterior não abrange as chaminés ordinárias e os fogões de cozinha.

➥ Veja art. 583 do CC/1916.

Por uma questão de segurança e conservação, nas paredes divisórias entre vizinhos fica proibido encostar chaminés, fogões, fornos ou outros equipamentos que causem algum tipo de infiltração ou dano à parede que afete o vizinho. Fogões de cozinha e chaminés ordinárias são exceções a essa regra.

Art. 1.309. São proibidas construções capazes de poluir, ou inutilizar, para uso ordinário, a água do poço, ou nascente alheia, a elas preexistentes.

➡ Veja art. 584 do CC/1916.

É defeso que vizinhos realizem construções que possam poluir ou inutilizar águas de poços ou nascentes que existam antes do início dessas obras.

Art. 1.310. Não é permitido fazer escavações ou quaisquer obras que tirem ao poço ou à nascente de outrem a água indispensável às suas necessidades normais.

➡ Veja art. 585 do CC/1916.

Fica proibida a escavação em terrenos, que causem a retirada de água de poços ou nascentes de vizinhos.

Art. 1.311. Não é permitida a execução de qualquer obra ou serviço suscetível de provocar desmoronamento ou deslocação de terra, ou que comprometa a segurança do prédio vizinho, senão após haverem sido feitas as obras acautelatórias.

Parágrafo único. O proprietário do prédio vizinho tem direito a ressarcimento pelos prejuízos que sofrer, não obstante haverem sido realizadas as obras acautelatórias.

➡ Sem correspondência no CC/1916.

É vedado a um vizinho realizar obras que coloquem em risco, de alguma maneira, a construção do terreno vizinho, sem que sejam previamente realizadas obras que visem a prevenir tais riscos. O parágrafo único do art. 1.311 determina que, mesmo tais obras de prevenção tendo sido realizadas, se houver prejuízo ao vizinho, este tem direito a ser ressarcido.

■ Apelação direito de vizinhança. Ação de obrigação de fazer c/c indenizatória. Cerceamento de defesa. Não verificado. Deslizamento de terra causado por falhas estruturais dos imóveis vizinhos. Pedido de reparação dos danos morais e materiais infligidos aos autores, bem como de adoção das providencias necessárias para evitar novos eventos dessa natureza. Procedência da demanda. Laudo pericial atestando a veracidade das alegações trazidas em inicial. Argumentos dos recorrentes que não ilidem os fundamentos do laudo Conclusão do expert indicado pelo Juízo que deve prevalecer aos entendimentos dos Assistentes Técnicos das partes. Responsabilidade objetiva dos requeridos. Art. 1.311, parágrafo único, do CC. Danos morais. Redução dos valores fixados, em observância aos princípios da razoabilidade e proporcionalidade. Manutenção da verba honorária fixada em primeiro grau. Negado provimento ao recurso do réu José Martins e recurso dos réus Dedes e Simone Casagrande parcialmente provido. (TJSP, Ap. n. 0004216-67.2011.8.26.0309, 25ª Câm. de Dir. Priv., rel. Hugo Crepaldi, j. 26.03.2015)

Código Civil comentado e anotado   Arts. 1.312 a 1.314

Art. 1.312. Todo aquele que violar as proibições estabelecidas nesta Seção é obrigado a demolir as construções feitas, respondendo por perdas e danos.

➡ Veja art. 586 do CC/1916.

As violações às proibições estabelecidas na seção sobre direito de construir são punidas com a obrigação de demolir as obras irregulares realizadas. A demolição da obra não impede que o vizinho prejudicado receba as devidas reparações por perdas e danos.

Art. 1.313. O proprietário ou ocupante do imóvel é obrigado a tolerar que o vizinho entre no prédio, mediante prévio aviso, para:
I – dele temporariamente usar, quando indispensável à reparação, construção, reconstrução ou limpeza de sua casa ou do muro divisório;
II – apoderar-se de coisas suas, inclusive animais que aí se encontrem casualmente.
§ 1º O disposto neste artigo aplica-se aos casos de limpeza ou reparação de esgotos, goteiras, aparelhos higiênicos, poços e nascentes e ao aparo de cerca viva.
§ 2º Na hipótese do inciso II, uma vez entregues as coisas buscadas pelo vizinho, poderá ser impedida a sua entrada no imóvel.
§ 3º Se do exercício do direito assegurado neste artigo provier dano, terá o prejudicado direito a ressarcimento.

➡ Veja art. 587 do CC/1916.

Obrigação de indenizar por fatos permitidos por lei e não abrangidos pelo chamado risco social. Proprietário que penetra no imóvel vizinho para fazer limpeza, reformas e outros serviços considerados necessários – art. 1.313, § 3º, do CC – pode gerar responsabilidade extracontratual por atos lícitos. A obrigação de indenizar pode nascer de fatos permitidos por lei e não abrangidos pelo chamado risco social (art. 186 c/c o art. 927, *caput*, do CC).

CAPÍTULO VI
DO CONDOMÍNIO GERAL

Seção I
Do Condomínio Voluntário

Subseção I
Dos Direitos e Deveres dos Condôminos

Art. 1.314. Cada condômino pode usar da coisa conforme sua destinação, sobre ela exercer todos os direitos compatíveis com a indivisão, reivindicá-la de terceiro, defender a sua posse e alhear a respectiva parte ideal, ou gravá-la.
Parágrafo único. Nenhum dos condôminos pode alterar a destinação da coisa comum, nem dar posse, uso ou gozo dela a estranhos, sem o consenso dos outros.

➡ Veja arts. 623, 628 e 633 do CC/1916.

725

Arts. 1.314 e 1.315   Almeida Guilherme

Do condomínio geral. É o direito de propriedade que pode pertencer a vários sujeitos ao mesmo tempo, cada um possuindo uma parte ideal do todo. O condômino poderá defender a sua posse, reivindicando a coisa comum de terceiro. Cada condômino tem o direito de gravar a parte, se for divisível a coisa. Está, ainda, proibida a alteração da coisa comum. Cada comunheiro está obrigado a concorrer com as despesas de conservação ou divisão da coisa, na sua proporção. A divisão do condomínio, por meio da ação divisória (art. 1.320 do CC), poderá ser proposta a qualquer tempo, revelando-se imprescritível. O estado de indivisão só poderá permanecer pelo prazo de cinco anos, prorrogável por igual período. A venda da coisa comum está regulada pelo art. 1.322 do CC.

Administração do condomínio (art. 1.323 do CC). Espécies de condomínios. Os condomínios poderão ser convencionais (pela vontade das partes); incidentais ou eventuais (criados por fato alheio à vontade das partes, exemplo: doação em comum a mais de duas pessoas); ou legais ou forçados (aqueles que decorrem de imposição legal).

> ▪ Apelação. Cumprimento de sentença. Inadimplemento de obrigação acordada pelas partes nos autos de ação de separação consensual, que fora devidamente homologada por sentença. De acordo com a aludida proposta de acordo, o cônjuge varoa teria o usufruto do imóvel situado à Rua [...], n. 310, juntamente com os filhos do casal, até que o filho menor, Thiago Ferreira Pinto, completasse a idade de 21 anos. Completado o referido lapso temporal, o exequente procedeu à notificação extrajudicial de sua ex-esposa que se recusou a desocupar o imóvel, configurando-se, assim, o esbulho possessório. Ainda que não se discuta que a coisa litigiosa pertença ao exequente em condomínio com seus irmãos, falece, no caso, a imposição de litisconsórcio necessário, porquanto a pretensão executória envolve, tão somente, questão atinente à posse do imóvel. Tendo-se em vista que cada condômino, de forma autônoma, pode reivindicar a coisa de terceiro ou defender a sua posse (art. 1.314, *caput*, do CC), exsurge, entre eles, mero litisconsórcio facultativo. Revogação do decreto extintivo do feito. Recurso a que se dá provimento, com determinação. (TJSP, Ap. n. 1001923-27.2014.8.26.0625, 9ª Câm. de Dir. Priv., rel. Mauro Conti Machado, j. 30.06.2015)

Art. 1.315. O condômino é obrigado, na proporção de sua parte, a concorrer para as despesas de conservação ou divisão da coisa, e a suportar os ônus a que estiver sujeita.

Parágrafo único. Presumem-se iguais as partes ideais dos condôminos.

➥ Veja art. 624 do CC/1916.

O condômino, sendo dono da coisa em conjunto com outros, é obrigado a arcar com despesas de conservação da coisa ou sua divisão, na proporção da parte que detém no condomínio, da mesma forma que deve suportar qualquer ônus a que esta esteja sujeita. Caso não haja determinação ou especificação da fração pertencente a cada um dos condôminos, consideram-se iguais as partes.

> ▪ Ação de ressarcimento. Sentença proferida em ACP determinando a restauração de imóvel. Coproprietários. Um deles deu início à execução do projeto. Pretensão de ressarcimento da quota parte do outro. Revelia. Presunção de veracidade dos fatos. Alegações que não prosperam. Falta de documento essencial à propositura da ação. Escritura pública comprovando o condomínio. A ação não é real, mas pessoal. Ademais o próprio réu afirma que é condômino do autor. Alegação infundada acerca da infringência do art. 10 do CPC. Não há discussão no feito acerca da propriedade do bem imóvel descrito na inicial. A ação é pessoal. Não há se falar em litisconsórcio ativo necessário. O presente feito é de cunho

Código Civil comentado e anotado   Arts. 1.315 a 1.319

obrigacional. Art. 1.315 do CC. Alegação de ausência de interesse (art. 3º do CPC). Existência de uma sentença determinando que fosse feita a restauração do imóvel comum. O coproprietário não é obrigado a ficar aguardando a boa vontade do outro para dar início ao cumprimento da sentença. Não provimento. (TJSP, Ap. n. 0005362-92.2013.8.26.0562, 4ª Câm. de Dir. Priv., rel. Ênio Zuliani, j. 16.07.2015)

Art. 1.316. Pode o condômino eximir-se do pagamento das despesas e dívidas, renunciando à parte ideal.

§ 1º Se os demais condôminos assumem as despesas e as dívidas, a renúncia lhes aproveita, adquirindo a parte ideal de quem renunciou, na proporção dos pagamentos que fizerem.

§ 2º Se não há condômino que faça os pagamentos, a coisa comum será dividida.

➡ Sem correspondência no CC/1916.

Negando-se o condômino ao pagamento das despesas e dívidas, estará renunciando à parte ideal que possui no condomínio. Se os demais condôminos assumirem as dívidas do que se negou a pagar, a parte à qual renunciou será dividida entre estes condôminos que arcaram com as despesas, na proporção dos pagamentos. Se não houver por parte dos condôminos pagamento das dívidas que o primeiro se negou a pagar, a coisa comum será dividida e, na impossibilidade, vendida e as partes de cada um pagas na proporção em que detinham da coisa.

Art. 1.317. Quando a dívida houver sido contraída por todos os condôminos, sem se discriminar a parte de cada um na obrigação, nem se estipular solidariedade, entende-se que cada qual se obrigou proporcionalmente ao seu quinhão na coisa comum.

➡ Veja art. 626 do CC/1916.

Caso não haja discriminação da parte de cada condômino em dívida contraída por todos, tampouco a estipulação de solidariedade, presume-se que cada um tenha se obrigado proporcionalmente à parte que detém na coisa.

Art. 1.318. As dívidas contraídas por um dos condôminos em proveito da comunhão, e durante ela, obrigam o contratante; mas terá este ação regressiva contra os demais.

➡ Veja art. 625 do CC/1916.

Caso um dos condôminos contraia obrigação individualmente, mas esta aproveite a todos, o contratante estará obrigado a adimplir tal obrigação, mas terá direito de ação de regresso contra os demais condôminos, caso não arquem com o pagamento também.

Art. 1.319. Cada condômino responde aos outros pelos frutos que percebeu da coisa e pelo dano que lhe causou.

➡ Veja art. 627 do CC/1916.

727

Arts. 1.319 e 1.320 — Almeida Guilherme

Cada condômino responde perante os demais tanto pelas vantagens que recebe com frutos da coisa como por danos causados a ela.

■ Causa de pedir. Pedido. Modificação. Alegação de violação do art. 264 do CPC. Inocorrência. Não evidencia a violação do art. 264 do CPC quando a assertiva do apelante em suas razões recursais não desrespeita os limites da lide e os princípios do contraditório e da ampla defesa. Sentença. Apelação. Alegação de ausência de impugnação específica aos fundamentos da sentença. Inocorrência. Inocorre ausência de impugnação específica aos fundamentos da sentença quando o apelante não se limita a repetir os fundamentos contidos na inicial ou a apresentar alegações genéricas. Ademais, eventual inconsistência na fundamentação não tem o mesmo defeito da ausência de fundamentação específica. Cobrança de cotas-parte de aluguéis de coisa comum. Ilegitimidade dos locatários. Sentença extintiva. Para a demanda de cobrança de cotas-parte dos aluguéis de coisa comum, os locatários são partes ilegítimas para responderem pelo uso exclusivo do bem, devendo a ação ser dirigida em face dos condôminos que deveriam repassar os valores dos aluguéis aos demais coproprietários, consoante art. 1.319 do CC. Recurso de apelação conhecido e desprovido. (TJSP, Ap. n. 0041530-61.2012.8.26.0196, 8ª Câm. de Dir. Priv., rel. Alexandre Coelho, j. 29.07.2015)

■ Ação de arbitramento de aluguel. Herdeiro contra espólio. Imóvel em condomínio. Inventariante com posse exclusiva. Sentença de procedência. Afastamento das preliminares de falta de interesse de agir e ilegitimidade passiva. Ação proposta contra espólio. Aplicação do princípio finalístico e da economia processual. Petição inicial clara ao indicar que a ocupação está sendo feita exclusivamente pela inventariante, pessoa física, em nome próprio. Autor que tem interesse em requerer indenização pelo uso exclusivo de imóvel comum antes mesmo de finalizado o inventário. Herança que se transmite desde logo aos herdeiros, uma vez aberta a sucessão. Antes da partilha, há direito dos coerdeiros sobre propriedade e posse, que deve ser regulado pelas normas sobre condomínio (arts. 1.784 e 1.791, parágrafo único, do CC). Transmissão da herança ocorre pelo princípio de saisine. Prevalência da situação de condomínio. Direito do coproprietário exigir arbitramento de aluguel ao condômino que se utiliza do imóvel comum com exclusividade. Aluguel arbitrado com base em minucioso laudo pericial. Valor arbitrado a título de aluguel pela r. sentença deve ser dividido conforme o quinhão de cada herdeiro. Interpretação do disposto nos arts. 1.315, 1.319 e 1.326 do CC. Autor que deverá receber o correspondente a 1/3 do valor total da locação. Preliminares rejeitadas. Recurso provido. (TJSP, Ap. n. 0017739-37.2010.8.26.0001, 5ª Câm. de Dir. Priv., rel. Edson Luiz de Queiroz, j. 13.05.2015)

Art. 1.320. A todo tempo será lícito ao condômino exigir a divisão da coisa comum, respondendo o quinhão de cada um pela sua parte nas despesas da divisão.

§ 1º Podem os condôminos acordar que fique indivisa a coisa comum por prazo não maior de cinco anos, suscetível de prorrogação ulterior.

§ 2º Não poderá exceder de cinco anos a indivisão estabelecida pelo doador ou pelo testador.

§ 3º A requerimento de qualquer interessado e se graves razões o aconselharem, pode o juiz determinar a divisão da coisa comum antes do prazo.

➥ Veja arts. 629 e 630 do CC/1916.

A qualquer momento pode um dos condôminos exigir que a coisa comum seja dividida e sua parte transferida a ele. As despesas percebidas com a divisão serão de responsabilidade

Código Civil comentado e anotado   Arts. 1.320 a 1.322

de cada condômino, de acordo com sua quota na propriedade da coisa. É possível que haja acordo entre os condôminos para que a coisa se torne indivisível por 5 anos, passíveis de prorrogação.

Esse mesmo prazo de 5 anos é estabelecido como teto máximo para que o doador ou o testador fixem a indivisibilidade à coisa.

■ Condomínio. Extinção. Autores que possuem imóvel em condomínio com os requeridos e ajuizaram a presente demanda pretendendo sua extinção. Sentença de procedência. Requeridos que alegam não ter sido esgotados todos os meios para solução do litígio e sequer ter sido designada audiência preliminar prevista no art. 331 do CPC. Tratando-se de demanda que versa sobre direito disponível, a realização da solenidade não é obrigatória. Possibilidade do condômino desvincular-se do condomínio existente, exigindo a divisão da coisa comum, nos termos do art. 1.320 do CC. Necessidade de avaliação judicial, assegurado em fase de liquidação de sentença o contraditório, com a nomeação de assistente técnico e formulação de quesitos pelas partes, restando garantido o direito de preferência dos condôminos réus. Sentença confirmada nos termos do art. 252 do Regimento Interno do TJSP. Recurso não provido. (TJSP, Ap. n. 0002214-86.2013.8.26.0008, 8ª Câm. de Dir. Priv., rel. Helio Faria, j. 20.08.2014)

Art. 1.321. Aplicam-se à divisão do condomínio, no que couber, as regras de partilha de herança (arts. 2.013 a 2.022).

➥ Veja art. 641 do CC/1916.

Existe aplicação subsidiária das regras que envolvem partilha de herança, no tangente à divisão do condomínio.

Art. 1.322. Quando a coisa for indivisível, e os consortes não quiserem adjudicá-la a um só, indenizando os outros, será vendida e repartido o apurado, preferindo-se, na venda, em condições iguais de oferta, o condômino ao estranho, e entre os condôminos aquele que tiver na coisa benfeitorias mais valiosas, e, não as havendo, o de quinhão maior.

Parágrafo único. Se nenhum dos condôminos tem benfeitorias na coisa comum e participam todos do condomínio em partes iguais, realizar-se-á licitação entre estranhos e, antes de adjudicada a coisa àquele que ofereceu maior lanço, proceder-se-á à licitação entre os condôminos, a fim de que a coisa seja adjudicada a quem afinal oferecer melhor lanço, preferindo, em condições iguais, o condômino ao estranho.

➥ Veja art. 632 do CC/1916.

Na hipótese de manifestação de vontade pela divisão da coisa e não houver desejo de um de adjudicá-la, pagando os demais, haverá venda da coisa e o valor será repartido. Têm direito de preferência a estranhos os próprios condôminos e entre eles ainda, o que possuir benfeitorias mais valiosas no bem. Se nenhum dos condôminos tiver realizado benfeitorias e todos detiverem as mesmas partes na coisa, será realizada licitação entre estranhos que desejem a coisa e antes de entregue ao que ofereceu maior lance, haverá licitação entre os condôminos, para verificar se este oferece lance maior do que o estranho vencedor da primeira licitação, mantendo a preferência aos condôminos.

729

Arts. 1.322 e 1.323 — Almeida Guilherme

■ Extinção de condomínio. Indenização pelo uso exclusivo do imóvel. Alienação judicial. Justiça gratuita. 1. Não havendo entendimento entre as partes, a venda do imóvel em hasta pública é medida que se impõe com a procedência do pedido de extinção de condomínio, nos termos dos arts. 1.320 e 1.322, ambos do CC. 2. O pagamento do aluguel é devido desde a citação, porquanto o ato citatório é que constituiu em mora a requerida (art. 219 do CPC). 3. O valor do aluguel será calculado mediante perícia, já determinada pela sentença. Vale observar, todavia, que, para a fixação do valor do aluguel devido deverá ser considerada somente a parte do imóvel que a requerida ocupou com exclusividade. 4. A sentença considerou que cada um dos outros cinco herdeiros doou à requerida 1,1111% do imóvel considerado como um todo. Logo, a fração ideal a ser atribuída à requerida corresponde a 1/6 do imóvel havido com a herança, mais 5,5555% do imóvel, porquanto o percentual de 1,1111% deve ser calculado sobre o todo, e não sobre o quinhão que cabia a cada um. 5. A requerida alegou que é do lar, não exerce qualquer ocupação econômica, não recebe qualquer benefício previdenciário, que seu marido é o único provedor do lar, e seus filhos se encontram em idade estudantil. No entanto, a requerida nada informou a respeito da capacidade financeira de seu cônjuge e provedor do lar, de modo que, por ora, deve permanecer o indeferimento do pedido de gratuidade judiciária. 6. Recurso parcialmente provido para determinar que o aluguel é devido a partir da citação, bem como para observar a forma de cálculo do valor do aluguel e da fração ideal do imóvel a ser atribuída a cada um, nos termos explicitados, mantida, no mais, a sentença. (TJSP, Ap. n. 1001493-98.2014.8.26.0003, 10ª Câm. de Dir. Priv., rel. Carlos Alberto Garbi, j. 14.04.2015)

Subseção II
Da Administração do Condomínio

Art. 1.323. Deliberando a maioria sobre a administração da coisa comum, escolherá o administrador, que poderá ser estranho ao condomínio; resolvendo alugá-la, preferir-se-á, em condições iguais, o condômino ao que não o é.

➡ Veja arts. 635 e 636 do CC/1916.

Com deliberação da maioria sobre a administração do bem comum, os condôminos escolherão o administrador, que não necessariamente será membro do condomínio.

Decidido pela maioria dos condôminos pela locação da coisa comum, deverão os comunheiros acordar sobre o valor do aluguel, tendo preferência para o contrato de locação qualquer dos condôminos.

■ Indenização. Dano moral. Desocupação forçada do imóvel locado. Conduta praticada por apenas um dos proprietários. Regularidade da locação realizada pelo proprietário majoritário. Dano material e moral perpetrado exclusivamente pelo apelado Edison, que exigiu que os apelantes e seus pertences fossem retirados do imóvel, sem ao menos se certificar se a alegação destes (que o imóvel havia sido locado) correspondia com a verdade. Os danos decorrentes da conduta perpetrada pelo apelado Edison não podem ser compostos pelas demais demandadas, já que estas não contribuíram para a saída dos apelantes do imóvel. Tampouco pode ser atribuída à locadora do imóvel, Sra. Geni, e à imobiliária M. M. Assessoria qualquer responsabilidade pelo insucesso da locação, na medida em que esta não cometeu nenhum equívoco com relação à análise da documentação do imóvel locado, visto que aquela era detentora de 60% (sessenta por cento) do imóvel, razão pela qual, poderia locar o bem sem a anuência dos demais coproprietários, nos termos do art. 1.323 do CC c/c art. 125 do referido diploma legal.

730

Código Civil comentado e anotado

Recurso improvido. (TJSP, Ap. n. 0027426-63.2005.8.26.0114, 12ª Câm. Ext. de Dir. Priv., rel. Maria Lúcia Pizzotti, j. 29.08.2014)

Art. 1.324. O condômino que administrar sem oposição dos outros presume-se representante comum.

➥ Veja art. 640 do CC/1916.

Caso um dos condôminos comece a administrar o bem comum e os outros não se oponham, presume-se que concordaram e que este é o representante comum entre eles.

■ Apelação. Ação de prestação de contas. Ausência de cerceamento de defesa. Os documentos colacionados autos se mostram suficientes permitir o julgamento antecipado da lide. Inexistência de julgamento ultra petita. Conhecimento e julgamento da lide nos exatos termos do pedido formulado. Legitimidade de parte do requerido Milton. Evidenciado nos autos que o requerido ocupa, em caráter exclusivo, um dos imóveis em condomínio. Presunção de representante comum da coisa. Art. 1.324 do CC. Obrigação de prestar contas aos demais condôminos. Inocorrência de prescrição. A pretensão da autora é regulada pela regra geral do art. 177 do CC/1916, que se aplica ultrativamente sobre o prazo estabelecido no art. 205, do vigente diploma civil, por força da regra de transição do art. 2.028. Prescrição vintenária. Recurso a que se nega provimento. (TJSP, Ap. n. 9094833-76.2008.8.26.0000, 4ª Câm. Ext. de Dir. Priv., rel. Mauro Conti Machado, j. 17.10.2014)

Art. 1.325. A maioria será calculada pelo valor dos quinhões.
§ 1º As deliberações serão obrigatórias, sendo tomadas por maioria absoluta.
§ 2º Não sendo possível alcançar maioria absoluta, decidirá o juiz, a requerimento de qualquer condômino, ouvidos os outros.
§ 3º Havendo dúvida quanto ao valor do quinhão, será este avaliado judicialmente.

➥ Veja arts. 637 e 639 do CC/1916.

Para as deliberações, calcula-se a maioria não pelo número de indivíduos, mas pelos valores dos quinhões. Para as deliberações, que são obrigatórias, calcula-se por maioria absoluta. Se tal maioria não for alcançada, caberá ao magistrado decidir sobre a questão, a requerimento de qualquer dos condôminos, ouvidos os demais. Se não estiverem claros os valores dos quinhões, serão avaliados judicialmente.

Art. 1.326. Os frutos da coisa comum, não havendo em contrário estipulação ou disposição de última vontade, serão partilhados na proporção dos quinhões.

➥ Veja art. 638 do CC/1916.

Caso não haja determinação previamente estabelecida entre os condôminos, os frutos da coisa serão partilhados na proporção dos quinhões detidos por cada condômino.

Arts. 1.326 a 1.330   Almeida Guilherme

▪ Veja no art. 1.319 a seguinte decisão: TJSP, Ap. n. 0017739-37.2010.8.26.0001, 5ª Câm. de Dir. Priv., rel. Edson Luiz de Queiroz, j. 13.05.2015).

Seção II
Do Condomínio Necessário

Art. 1.327. O condomínio por meação de paredes, cercas, muros e valas regula-se pelo disposto neste Código (arts. 1.297 e 1.298; 1.304 a 1.307).

➥ Veja art. 642 do CC/1916.

O art. 1.327 faz mera referência aos artigos que disciplinam situações em que existe o condomínio por meação de paredes, cercas, muros e valas, pelo próprio Código, nos arts. 1.297, 1.298 e 1.304 a 1.307.

Art. 1.328. O proprietário que tiver direito a estremar um imóvel com paredes, cercas, muros, valas ou valados, tê-lo-á igualmente a adquirir meação na parede, muro, valado ou cerca do vizinho, embolsando-lhe metade do que atualmente valer a obra e o terreno por ela ocupado (art. 1.297).

➥ Veja art. 643 do CC/1916.

O proprietário que tem direito a construir paredes, cercas, muros e valas também tem o direito de adquirir a meação em parede, muro, cerca ou vala do vizinho, embolsando-lhe metade do valor da obra e do terreno que ocupa, conforme explícito no art. 1.297 do CC.

Art. 1.329. Não convindo os dois no preço da obra, será este arbitrado por peritos, a expensas de ambos os confinantes.

➥ Veja art. 644 do CC/1916.

Não entrando em acordo os vizinhos sobre o valor da obra, haverá arbitragem de peritos, pagos pelos dois.

Art. 1.330. Qualquer que seja o valor da meação, enquanto aquele que pretender a divisão não o pagar ou depositar, nenhum uso poderá fazer na parede, muro, vala, cerca ou qualquer outra obra divisória.

➥ Veja art. 645 do CC/1916.

Caso um dos condôminos deseje fazer a divisão, nos casos de parede, cerca, muro ou vala comuns, não poderá fazer uso desses se não tiver realizado o pagamento da meação mencionada no art. 1.328.

732

Código Civil comentado e anotado   Arts. 1.330 e 1.331

■ Ação demolitória c/c indenização. Decadência. Ocorrência na espécie. Muro divisório construído há mais de trinta anos. Inteligência do art. 576, do CC/1916. Área, ademais, ocupada pelo condomínio réu há mais de 30 anos. Usucapião reconhecida em favor do condomínio-réu. Doutrina e jurisprudência mais modernas que vêm se pronunciando favoravelmente ao reconhecimento da personalidade jurídica do condomínio edilício. Decadência do pleito demolitório mantida. Recurso desprovido. (TJSP, Ap. n. 9218913-20.2005.8.26.0000, 1ª Câm. de Dir. Priv., rel. De Santi Ribeiro, j. 10.01.2012)

■ Apelação cível. Dúvida. Registro de imóveis. Registro de carta de arrematação em nome de condomínio. Possibilidade. Ausência de personalidade jurídica que não obsta a efetivação do registro. Provida à apelação. Unânime. (TJRS, Ap. Cível n. 70.026.538.934, 18ª Câm. Cível, rel. Nara Leonor Castro Garcia, j. 13.11.2008)

CAPÍTULO VII
DO CONDOMÍNIO EDILÍCIO

■ Enunciado n. 89 da I Jornada de Direito Civil: "O disposto nos arts. 1.331 a 1.358 do novo Código Civil aplica-se, no que couber, aos condomínios assemelhados, tais como loteamentos fechados, multipropriedade imobiliária e clubes de campo".

■ Enunciado n. 90 da I Jornada de Direito Civil: "Deve ser reconhecida personalidade jurídica ao condomínio edilício".

■ Enunciado n. 91 da I Jornada de Direito Civil: "A convenção de condomínio ou a assembleia geral podem vedar a locação de área de garagem ou abrigo para veículos a estranhos ao condomínio".

Seção I
Disposições Gerais

Art. 1.331. Pode haver, em edificações, partes que são propriedade exclusiva, e partes que são propriedade comum dos condôminos.

§ 1º As partes suscetíveis de utilização independente, tais como apartamentos, escritórios, salas, lojas e sobrelojas, com as respectivas frações ideais no solo e nas outras partes comuns, sujeitam-se a propriedade exclusiva, podendo ser alienadas e gravadas livremente por seus proprietários, exceto os abrigos para veículos, que não poderão ser alienados ou alugados a pessoas estranhas ao condomínio, salvo autorização expressa na convenção de condomínio.

Parágrafo com redação dada pela Lei n. 12.607, de 04.04.2012.

§ 2º O solo, a estrutura do prédio, o telhado, a rede geral de distribuição de água, esgoto, gás e eletricidade, a calefação e refrigeração centrais, e as demais partes comuns, inclusive o acesso ao logradouro público, são utilizados em comum pelos condôminos, não podendo ser alienados separadamente, ou divididos.

§ 3º A cada unidade imobiliária caberá, como parte inseparável, uma fração ideal no solo e nas outras partes comuns, que será identificada em forma decimal ou ordinária no instrumento de instituição do condomínio.

Parágrafo com redação dada pela Lei n. 10.931, de 02.08.2004.

§ 4º Nenhuma unidade imobiliária pode ser privada do acesso ao logradouro público.

733

Arts. 1.331 e 1.332 — Almeida Guilherme

§ 5º O terraço de cobertura é parte comum, salvo disposição contrária da escritura de constituição do condomínio.

➡ Sem correspondência no CC/1916.

O condomínio edilício pressupõe uma situação jurídica de natureza complexa, em que o titular do direito conjuga em si o exercício da copropriedade sobre as partes comuns e do domínio exclusivo sobre as partes privativas, domínio este exercido nos limites da existência de diversas propriedades confinantes.

Conforme ensina Maria Helena Diniz:

Propriedade exclusiva: "A propriedade exclusiva tem por objeto a unidade autônoma (apartamento, terraço de cobertura, se isso estiver estipulado na escritura de constituição de condomínio, escritório, sala, loja ou sobreloja), sendo lícito ao seu titular não só ceder o seu uso, mas também alienar e gravar de ônus real cada unidade, sem o consenso dos demais condôminos".

Propriedade comum: "Abrange o solo em que se constrói o prédio, suas fundações, pilastras, telhado, vestíbulos, pórtico, escada, elevadores, rede geral de distribuição de água, esgoto, gás e eletricidade, muros, instalações de TV a cabo, telefone, portaria, calefação e refrigeração centrais, acesso ao logradouro público (rua, avenida etc.), do qual nenhuma unidade imobiliária pode ser privada, terraço de cobertura (salvo disposição contrária da escritura de constituição de condomínio), morada de zelador, em resumo, tudo o que se destina ao uso comum" (DINIZ, Maria Helena. *Código civil anotado*. 16. ed. São Paulo: Saraiva, 2012).

- Enunciado n. 246 da III Jornada de Direito Civil: "Fica alterado o Enunciado n. 90, com supressão da parte final: 'nas relações jurídicas inerentes às atividades de seu peculiar interesse'. Prevalece o texto: 'Deve ser reconhecida personalidade jurídica ao condomínio edilício'".

- Enunciado n. 247 da III Jornada de Direito Civil: "No condomínio edilício é possível a utilização exclusiva de área 'comum' que, pelas próprias características da edificação, não se preste ao 'uso comum' dos demais condôminos".

- Enunciado n. 320 da IV Jornada de Direito Civil: "O direito de preferência de que trata o art. 1.338 deve ser assegurado não apenas nos casos de locação, mas também na hipótese de venda da garagem".

- Ação de execução de título extrajudicial. Decisão que manteve a constrição de duas vagas de garagem de propriedade do executado. Bens que possuem matrículas autônomas no registro de imóveis. Pedido de desconstituição da penhora com base no art. 1.331, § 1º, do CC, com a redação dada pela Lei n. 12.607/2012. Convenção condominial que não autoriza a alienação a terceiros. Possibilidade de manutenção da penhora dos bens e posterior alienação em hasta pública, com a ressalva de que as vagas poderão ser adquiridas somente por condôminos. Recurso não provido, com observação. (TJSP, Ap. n. 2120481-70.2014.8.26.0000, 14ª Câm. de Dir. Priv., rel. Marcia Dalla Déa Barone, j. 27.08.2014)

Art. 1.332. Institui-se o condomínio edilício por ato entre vivos ou testamento, registrado no Cartório de Registro de Imóveis, devendo constar daquele ato, além do disposto em lei especial:

I – a discriminação e individualização das unidades de propriedade exclusiva, estremadas uma das outras e das partes comuns;

Código Civil comentado e anotado   Arts. 1.332 a 1.334

II – a determinação da fração ideal atribuída a cada unidade, relativamente ao terreno e partes comuns;
III – o fim a que as unidades se destinam.

➥ Sem correspondência no CC/1916.

A instituição do condomínio edilício está prevista no art. 1.332 do CC, podendo ocorrer por ato *inter vivos* ou *causa mortis*, devendo ser levado a registro no Cartório de Registro de Imóveis.

▪ Enunciado n. 504 da V Jornada de Direito Civil: "A escritura declaratória de instituição e convenção firmada pelo titular único de edificação composta por unidades autônomas é título hábil para registro da propriedade horizontal no competente registro de imóveis, nos termos dos arts. 1.332 a 1.334 do Código Civil".

Art. 1.333. A convenção que constitui o condomínio edilício deve ser subscrita pelos titulares de, no mínimo, dois terços das frações ideais e torna-se, desde logo, obrigatória para os titulares de direito sobre as unidades, ou para quantos sobre elas tenham posse ou detenção.
Parágrafo único. Para ser oponível contra terceiros, a convenção do condomínio deverá ser registrada no Cartório de Registro de Imóveis.

➥ Sem correspondência no CC/1916.

O art. 1.333 estabelece o quórum mínimo de dois terços das frações ideais para aprovação da convenção que estabelece o condomínio edilício. Com seu estabelecimento, ela se torna obrigatória a todos os que a aprovaram, os demais que não a aprovaram e os futuros proprietários, que se submetem a suas determinações. Para que seja oponível perante terceiros, faz-se necessário o registro no Cartório de Registro de Imóveis. Caso contrário, sua eficácia se dará unicamente perante os condôminos.

▪ Súmula n. 260 do STJ: "A convenção de condomínio aprovada, ainda que sem registro, é eficaz para regular as relações entre os condôminos".

▪ Enunciado n. 504 da V Jornada de Direito Civil: "A escritura declaratória de instituição e convenção firmada pelo titular único de edificação composta por unidades autônomas é título hábil para registro da propriedade horizontal no competente registro de imóveis, nos termos dos arts. 1.332 a 1.334 do Código Civil".

Art. 1.334. Além das cláusulas referidas no art. 1.332 e das que os interessados houverem por bem estipular, a convenção determinará:
I – a quota proporcional e o modo de pagamento das contribuições dos condôminos para atender às despesas ordinárias e extraordinárias do condomínio;
II – sua forma de administração;
III – a competência das assembleias, forma de sua convocação e *quorum* exigido para as deliberações;
IV – as sanções a que estão sujeitos os condôminos, ou possuidores;

735

Arts. 1.334 e 1.335   Almeida Guilherme

V – o regimento interno.

§ 1º A convenção poderá ser feita por escritura pública ou por instrumento particular.

§ 2º São equiparados aos proprietários, para os fins deste artigo, salvo disposição em contrário, os promitentes compradores e os cessionários de direitos relativos às unidades autônomas.

➡ Sem correspondência no CC/1916.

Constituição do condomínio. Está disciplinada pelos arts. 1.333 e 1.334, dando-se por meio de convenção de condomínio, que deverá ser subscrita por, pelo menos, dois terços das frações ideais, tornando-se obrigatória para os titulares de direitos sobre a unidade, ou para quantos sobre elas tenham posse ou detenção. A convenção será por escritura pública ou particular, devendo conter: a) a quota proporcional e o modo de pagamento das contribuições dos condôminos para atender as despesas ordinárias e extraordinárias; b) a forma de administração; c) a competência das assembleias, a forma de convocação e o quórum exigido para as deliberações; d) as sanções a que os condôminos e possuidores estão sujeitos; e, por fim, e) o regimento interno do condomínio.

▪ Súmula n. 260 do STJ: "A convenção de condomínio aprovada, ainda que sem registro, é eficaz para regular as relações entre os condôminos".

▪ Enunciado n. 248 da III Jornada de Direito Civil: "Art. 1.334, V: O quorum para alteração do regimento interno do condomínio edilício pode ser livremente fixado na convenção".

Art. 1.335. São direitos do condômino:

I – usar, fruir e livremente dispor das suas unidades;

II – usar das partes comuns, conforme a sua destinação, e contanto que não exclua a utilização dos demais compossuidores;

III – votar nas deliberações da assembleia e delas participar, estando quite.

➡ Sem correspondência no CC/1916.

Os direitos dos condôminos (art. 1.335 do CC) e os deveres dos condôminos (art. 1.336 do CC) estão disciplinados na lei. O Código Civil de 2002 minorou a multa aplicável em caso de inadimplemento, passando de 20 para 2% sobre o valor do débito (art. 1.336, § 1º, do CC). A reincidência no inadimplemento das obrigações condominiais sujeitará o infrator, com deliberação de três quartos dos condôminos, ao pagamento de multa correspondente até o quíntuplo do valor pago para as despesas condominiais, conforme a gravidade da falta, além de perdas e danos (art. 1.337 do CC). Verificada a impossibilidade de convivência, o condômino será multado em dez vezes o valor das despesas condominiais.

▪ Enunciado n. 566 da V Jornada de Direito Civil: "A cláusula convencional que restringe a permanência de animais em unidades autônomas residenciais deve ser valorada à luz dos parâmetros legais de sossego, insalubridade e periculosidade".

▪ Apelação cível. Despesas condominiais. Cobrança. Débitos anteriores à entrega das chaves. Posse exercida pela construtora à época da constituição das despesas. Ilegitimidade passiva da adquirente no concernente ao período que antecedeu sua imissão na posse, e assim porque a não disfrutar dos di-

736

Código Civil comentado e anotado   Arts. 1.335 e 1.336

reitos inerentes à condição de condômina. Art. 1.335 do CC. Precedentes. Existência, não bastasse, de cláusula contratual expressa acerca da responsabilidade pelo encargo a partir da entrega das chaves. Sentença mantida. Recurso improvido. (TJSP, Ap. n. 1007249-88.2014.8.26.0003, 12ª Câm. Ext. de Dir. Priv., rel. Tercio Pires, j. 30.01.2015)

Art. 1.336. São deveres do condômino:
I – contribuir para as despesas do condomínio na proporção das suas frações ideais, salvo disposição em contrário na convenção;
Inciso com redação dada pela Lei n. 10.931, de 02.08.2004.
II – não realizar obras que comprometam a segurança da edificação;
III – não alterar a forma e a cor da fachada, das partes e esquadrias externas;
IV – dar às suas partes a mesma destinação que tem a edificação, e não as utilizar de maneira prejudicial ao sossego, salubridade e segurança dos possuidores, ou aos bons costumes.
§ 1º O condômino que não pagar a sua contribuição ficará sujeito aos juros moratórios convencionados ou, não sendo previstos, os de um por cento ao mês e multa de até dois por cento sobre o débito.
§ 2º O condômino, que não cumprir qualquer dos deveres estabelecidos nos incisos II a IV, pagará a multa prevista no ato constitutivo ou na convenção, não podendo ela ser superior a cinco vezes o valor de suas contribuições mensais, independentemente das perdas e danos que se apurarem; não havendo disposição expressa, caberá à assembleia geral, por dois terços no mínimo dos condôminos restantes, deliberar sobre a cobrança da multa.

➡ Sem correspondência no CC/1916.

O art. 1.336, de maneira clara e autoexplicativa, traz o elenco de deveres que o condômino deverá respeitar. É importante observar as previsões de multa no caso de inadimplemento dos condôminos em relação às despesas comuns, que será de 2% sobre o valor do débito, e não mais de 20%.

▪ Enunciado n. 96 da I Jornada de Direito Civil: "Alteração do § 1º do art. 1.336 do CC, relativo a multas por inadimplemento no pagamento da contribuição condominial, para o qual se sugere a seguinte redação: 'Art. 1.336. [...] § 1º O condômino que não pagar sua contribuição ficará sujeito aos juros moratórios convencionados ou, não sendo previstos, de um por cento ao mês e multa de até 10% sobre o eventual risco de emendas sucessivas que venham a desnaturá-lo ou mesmo a inibir a sua entrada em vigor'. Não obstante, entendeu a Comissão da importância de aprimoramento do texto legislativo, que poderá, perfeitamente, ser efetuado durante a vigência do próprio Código, o que ocorreu, por exemplo, com o diploma de 1916, com a grande reforma verificada em 1919".

▪ Enunciado n. 505 da V Jornada de Direito Civil: "É nula a estipulação que, dissimulando ou embutindo multa acima de 2%, confere suposto desconto de pontualidade no pagamento da taxa condominial, pois configura fraude à lei (Código Civil, art. 1.336, § 1º), e não redução por merecimento".

▪ Apelação. Ação de cobrança. Ação de consignação em pagamento. Prescrição. Inocorrência. Débito condominial, acrescido de juros moratórios e a multa de 2% prescreve no prazo de cinco anos. Precedentes jurisprudenciais. Inteligência do art. 206, § 5º, I, do CC. Prescrição reconhecida na r. sentença afastada. Pagamento parcial do débito. Impossibilidade. Correção monetária e juros incidentes a partir do vencimento de cada parcela. Inteligência do art. 1.336, § 1º, do CC. Devedor e consignante, como

737

Arts. 1.336 a 1.338 — Almeida Guilherme

assentado em iterativa jurisprudência, não pode, após a contestação na consignatória, depositar menos que o reclamado pelo réu, se quiser se beneficiar do disposto no art. 899 do CPC. Depósito inferior ao reclamado. Sentença reformada. Recurso provido para julgar improcedente o pedido de consignação em pagamento e procedente o pedido de cobrança. (TJSP, Ap. n. 0106635-60.2009.8.26.0011, 29ª Câm. de Dir. Priv., rel. Neto Barbosa Ferreira, j. 08.04.2015)

Art. 1.337. O condômino, ou possuidor, que não cumpre reiteradamente com os seus deveres perante o condomínio poderá, por deliberação de três quartos dos condôminos restantes, ser constrangido a pagar multa correspondente até ao quíntuplo do valor atribuído à contribuição para as despesas condominiais, conforme a gravidade das faltas e a reiteração, independentemente das perdas e danos que se apurem.

Parágrafo único. O condômino ou possuidor que, por seu reiterado comportamento antissocial, gerar incompatibilidade de convivência com os demais condôminos ou possuidores, poderá ser constrangido a pagar multa correspondente ao décuplo do valor atribuído à contribuição para as despesas condominiais, até ulterior deliberação da assembleia.

➡ Sem correspondência no CC/1916.

O art. 1.337 traz determinação acerca de multas aos condôminos que não cumprem deveres condominiais ou apresentem comportamento antissocial, de forma reiterada em ambos os casos. Na ocorrência do primeiro, por deliberação de três quartos dos condôminos restantes, poderá ser compelido a pagar multa no valor de cinco vezes o montante pago como despesas condominiais. No caso de conduta antissocial, a multa pode chegar a dez vezes o valor pago como despesas condominiais. Tal multa poderá ser aplicada pelo síndico, desde que estipulado na convenção, devendo ser ratificada pela assembleia, pelo voto de três quartos dos condôminos.

▪ Enunciado n. 92 da I Jornada de Direito Civil: "As sanções do art. 1.337 do novo Código Civil não podem ser aplicadas sem que se garanta direito de defesa ao condômino nocivo".

▪ Enunciado n. 508 da V Jornada de Direito Civil: "Verificando-se que a sanção pecuniária mostrou-se ineficaz, a garantia fundamental da função social da propriedade (arts. 5º, XXIII, da CF e 1.228, § 1º, do CC) e a vedação ao abuso do direito (arts. 187 e 1.228, § 2º, do CC) justificam a exclusão do condômino antissocial, desde que a ulterior assembleia prevista na parte final do parágrafo único do art. 1.337 do Código Civil delibere a propositura de ação judicial com esse fim, asseguradas todas as garantias inerentes ao devido processo legal".

Art. 1.338. Resolvendo o condômino alugar área no abrigo para veículos, preferir-se-á, em condições iguais, qualquer dos condôminos a estranhos, e, entre todos, os possuidores.

➡ Sem correspondência no CC/1916.

É permitida a locação de garagem, preferindo-se em condições iguais, qualquer dos condôminos a estranhos, e, entre todos, os possuidores. Porém nada impede que o condomínio vede o aluguel de vagas para veículos a estranhos ao condomínio, desde que estabelecido em convenção. É importante lembrar que há o direito de preferência para os condôminos (proprietários e possuidores direitos).

738

Código Civil comentado e anotado   Arts. 1.338 a 1.341

■ Súmula n. 449 do STJ: "A vaga de garagem que possui matrícula própria no registro de imóveis não constitui bem de família para efeito de penhora".

■ Enunciado n. 320 da IV Jornada de Direito Civil: "O direito de preferência de que trata o art. 1.338 deve ser assegurado não apenas nos casos de locação, mas também na hipótese de venda da garagem".

Art. 1.339. Os direitos de cada condômino às partes comuns são inseparáveis de sua propriedade exclusiva; são também inseparáveis das frações ideais correspondentes as unidades imobiliárias, com as suas partes acessórias.

§ 1º Nos casos deste artigo é proibido alienar ou gravar os bens em separado.

§ 2º É permitido ao condômino alienar parte acessória de sua unidade imobiliária a outro condômino, só podendo fazê-lo a terceiro se essa faculdade constar do ato constitutivo do condomínio, e se a ela não se opuser a respectiva assembleia geral.

➥ Sem correspondência no CC/1916.

As áreas comuns e as áreas particulares do condomínio são inseparáveis. Não pode, portanto, um condômino vender sua fração ideal sem que o comprador tenha acesso às áreas comuns. Existe a permissão, conforme o art. 2º da Lei n. 4.591/64, que se aliene separadamente a parte acessória e a unidade imobiliária a outro condômino. No caso de terceiro estranho à relação, só é possível caso exista tal possibilidade descrita no ato constitutivo do condomínio e se a assembleia geral não for contrária. Um exemplo comum dessa espécie de alienação é a venda ou aluguel de vagas de garagem.

■ Condomínio. Pedido de regularização de obra. Reconvenção. Pedido de desfazimento de obra. Sentença de improcedência da ação principal e parcial procedência da reconvenção. Manutenção da sentença por seus próprios fundamentos (art. 252 do RITJSP). Apropriação, sem aprovação, de área comum do condomínio, em arrepio à convenção condominial e aos arts. 1.339 e 1.342 do CC. Recurso desprovido. (TJSP, Ap. n. 0015559-32.2011.8.26.0577, 9ª Câm. de Dir. Priv., rel. Piva Rodrigues, j. 02.12.2014)

Art. 1.340. As despesas relativas a partes comuns de uso exclusivo de um condômino, ou de alguns deles, incumbem a quem delas se serve.

➥ Sem correspondência no CC/1916.

Caso existam no condomínio áreas comuns, mas que sejam de uso exclusivo de um ou alguns condôminos, as despesas relativas a tais áreas serão exclusivas daqueles que a usam.

Art. 1.341. A realização de obras no condomínio depende:

I – se voluptuárias, de voto de dois terços dos condôminos;

II – se úteis, de voto da maioria dos condôminos.

§ 1º As obras ou reparações necessárias podem ser realizadas, independentemente de autorização, pelo síndico, ou, em caso de omissão ou impedimento deste, por qualquer condômino.

Arts. 1.341 a 1.343 — Almeida Guilherme

§ 2º Se as obras ou reparos necessários forem urgentes e importarem em despesas excessivas, determinada sua realização, o síndico ou o condômino que tomou a iniciativa delas dará ciência à assembleia, que deverá ser convocada imediatamente.

§ 3º Não sendo urgentes, as obras ou reparos necessários, que importarem em despesas excessivas, somente poderão ser efetuadas após autorização da assembleia, especialmente convocada pelo síndico, ou, em caso de omissão ou impedimento deste, por qualquer dos condôminos.

§ 4º O condômino que realizar obras ou reparos necessários será reembolsado das despesas que efetuar, não tendo direito à restituição das que fizer com obras ou reparos de outra natureza, embora de interesse comum.

→ Sem correspondência no CC/1916.

Para a realização de obras voluptuárias no condomínio, é necessária a aprovação de dois terços dos condôminos. Se obras úteis, o quórum é menor: apenas a maioria dos condôminos precisa aprová-las. As obras ou reparos necessários não precisam de aprovação prévia e podem ser realizadas pelo síndico ou em sua ausência ou impedimento, por qualquer condômino.

Nota: Nesse particular, deve-se observar ainda as disposições constantes na NBR n. 16.280/2004, as quais dão novas orientações quanto às reformas e edificações.

De todo modo, se o valor dessas obras ou reparos necessários for de valor muito alto e a necessidade for urgente, o síndico ou condômino que teve a iniciativa de realizá-las deverá dar ciência à assembleia imediatamente. Se essas obras ou reparos necessários forem de valor muito alto e não forem urgentes, deverão ser previamente aprovadas pela assembleia, convocada pelo síndico ou um dos condôminos. Cabe reembolso ao condômino que realizar, por sua própria conta, obras ou reparos necessários. Se forem de outra natureza, não há de se falar em reembolso.

Art. 1.342. A realização de obras, em partes comuns, em acréscimo às já existentes, a fim de lhes facilitar ou aumentar a utilização, depende da aprovação de dois terços dos votos dos condôminos, não sendo permitidas construções, nas partes comuns, suscetíveis de prejudicar a utilização, por qualquer dos condôminos, das partes próprias, ou comuns.

→ Sem correspondência no CC/1916.

Para a realização de obras em áreas comuns, é necessária a aprovação de dois terços dos votos dos condôminos. Fica vedada a construção em partes comuns que prejudiquem de alguma forma a utilização dessas partes comuns ou de partes próprias de condôminos.

Art. 1.343. A construção de outro pavimento, ou, no solo comum, de outro edifício, destinado a conter novas unidades imobiliárias, depende da aprovação da unanimidade dos condôminos.

→ Sem correspondência no CC/1916.

Para a construção de novo pavimento ou de outro edifício no terreno onde se encontra o condomínio já estabelecido, é necessária a aprovação da unanimidade dos condôminos, em

Código Civil comentado e anotado   Arts. 1.343 a 1.347

razão do alto custo, além do fato de que, depois da aprovação, os condôminos sofrerão uma redução proporcional da fração ideal do terreno correspondente a cada unidade, em virtude do aumento do número de condôminos.

■ Veja no art. 1.339 a seguinte decisão: TJSP, Ap. n. 0015559-32.2011.8.26.0577, 9ª Câm. de Dir. Priv., rel. Piva Rodrigues, j. 02.12.2014.

Art. 1.344. Ao proprietário do terraço de cobertura incumbem as despesas da sua conservação, de modo que não haja danos às unidades imobiliárias inferiores.

➡ Sem correspondência no CC/1916.

O proprietário do terraço de cobertura deve conservá-lo para que não cause danos às unidades imobiliárias que ficam nos pisos inferiores.

Art. 1.345. O adquirente de unidade responde pelos débitos do alienante, em relação ao condomínio, inclusive multas e juros moratórios.

➡ Sem correspondência no CC/1916.

O adquirente de unidade condominial responde pelos débitos do alienante junto ao condomínio, inclusive multas e juros moratórios, em razão de se tratar de obrigação *propter rem* (débito que acompanha o imóvel) (art. 1.345 do CC).

■ Embargos declaratórios. Despesas condominiais. Inobservância ao disposto em lei federal (art. 1.345 do CC) não verificada. Omissão inexistente. Pretensão norteada por propósito de rediscussão da matéria. Caráter marcadamente infringente. Inadmissibilidade. Hipóteses do art. 535 do CPC não caracterizadas. Prequestionamento. Via inadequada. Precedentes. Aclaratórios rejeitados. (TJSP, Ap. n. 4002901-73.2013.8.26.0564, 12ª Câm. Ext. de Dir. Priv., rel. Tercio Pires, j. 26.06.2015)

Art. 1.346. É obrigatório o seguro de toda a edificação contra o risco de incêndio ou destruição, total ou parcial.

➡ Sem correspondência no CC/1916.

O art. 1.346 é claro ao determinar a obrigatoriedade da aquisição de seguro contra incêndio ou destruição total ou parcial da edificação.

Seção II
Da Administração do Condomínio

Art. 1.347. A assembleia escolherá um síndico, que poderá não ser condômino, para administrar o condomínio, por prazo não superior a dois anos, o qual poderá renovar-se.

➡ Sem correspondência no CC/1916.

Arts. 1.347 e 1.348   Almeida Guilherme

O síndico, responsável pela administração do condomínio e sua representação, é escolhido pela assembleia e seu mandato poderá ter duração máxima de dois anos, passível sua renovação. Não é mandatório que o síndico seja condômino do edifício, sendo possível a contratação de alguém alheio ao condomínio para meramente administrá-lo.

Art. 1.348. Compete ao síndico:

I – convocar a assembleia dos condôminos;

II – representar, ativa e passivamente, o condomínio, praticando, em juízo ou fora dele, os atos necessários à defesa dos interesses comuns;

III – dar imediato conhecimento à assembleia da existência de procedimento judicial ou administrativo, de interesse do condomínio;

IV – cumprir e fazer cumprir a convenção, o regimento interno e as determinações da assembleia;

V – diligenciar a conservação e a guarda das partes comuns e zelar pela prestação dos serviços que interessem aos possuidores;

VI – elaborar o orçamento da receita e da despesa relativa a cada ano;

VII – cobrar dos condôminos as suas contribuições, bem como impor e cobrar as multas devidas;

VIII – prestar contas à assembleia, anualmente e quando exigidas;

IX – realizar o seguro da edificação.

§ 1º Poderá a assembleia investir outra pessoa, em lugar do síndico, em poderes de representação.

§ 2º O síndico pode transferir a outrem, total ou parcialmente, os poderes de representação ou as funções administrativas, mediante aprovação da assembleia, salvo disposição em contrário da convenção.

➡ Sem correspondência no CC/1916.

O art. 1.348 traz a descrição do rol de atribuições de um síndico. Cabe a ele convocar assembleia, representar o condomínio ativa e passivamente, até mesmo em juízo, informar a assembleia sobre procedimento judicial ou administrativo contra o condomínio, cumprir e compelir ao cumprimento das normas constantes na convenção, zelar pela conservação das áreas comuns e pela prestação dos serviços, elaborar orçamento de receita e despesas anualmente, cobrar as contribuições condominiais, impondo as multas cabíveis, realizar a prestação de contas anualmente, ou quando solicitado pela assembleia e realizar o seguro obrigatório da edificação. A assembleia pode instituir outro como representante do condomínio, restando ao síndico as demais atribuições. Pode o síndico, por iniciativa própria, transferir a outrem seus poderes de representação ou as funções administrativas, mediante deliberação da assembleia, exceto se houver disposição em contrário na convenção.

■ Condomínio. Ação de procedimento ordinário. 1. Cerceamento de defesa. Inocorrência. Correto julgamento antecipado da lide. Incidência do disposto no art. 330, I, do CPC. Requerimento genérico das provas pretendidas. Dilação probatória dispensável. Aplicação do art. 130 do CPC. 2. Litisconsórcio passivo. Interposição do apelo exclusivamente em face da corré. Não acolhimento. Peça recursal que se insurge contra o desfecho conferido a ambos os demandados. Indicação dos nomes dos recorridos, em sede de apelação, que se mostra irrelevante. 3. Condomínio com finalidade residencial. Admissão, pela autora, de que exerce atividade remunerada em sua unidade. Impossibilidade. Violação às regras condominiais (art. 1.336, IV, do CC). Aplicação de multa, na espécie, admitida. Eventual tolerância do Con-

Código Civil comentado e anotado
Arts. 1.348 a 1.350

domínio que não o inibe no cumprimento das disposições internas. Indenização moral indevida. Multa e restrição impostas à autora, na hipótese, que não se pautaram pela ilegalidade. Suposta perseguição que não se revela como motivo plausível para a configuração da lesão extrapatrimonial. Imperiosa manutenção da ordem junto à localidade, em especial o sossego, segurança e salubridade dos demais condôminos (art. 1.336, IV, do CC). Síndico, por sua vez, obrigado a "cumprir e fazer cumprir a convenção, o regimento interno e as determinações da assembleia" (art. 1.348, IV, do CC). Sentença preservada. Apelo improvido. (TJSP, Ap. n. 4000448-45.2013.8.26.0002, 3ª Câm. de Dir. Priv., rel. Donegá Morandini, j. 14.11.2014)

■ Ação indenizatória. Ação de cobrança formulada contra ex-síndico, por atos de gestão. Responsabilidade do ex-síndico, por ter aceito e permitido a locação para a instalação de uma antena de rádio no topo do edifício, sem autorização dos condôminos, aumentando as despesas do condomínio com energia elétrica. Sentença de procedência, condenando o réu ao pagamento de R$ 5.738,00. Data da distribuição da ação: 24.03.2010. Valor da causa: R$ 5.738,00. Recurso redistribuído a este Relator, em 09.05.2014, por força da Resolução n. 643/2014. Apela o réu, sustentando a preliminar de cerceamento de defesa, por ter sido indeferido o pleito de denunciação à lide da seguradora. Negando responsabilidade pelo aumento das despesas de energia elétrica. Descabimento. Ao ter permitido a instalação de aparelhos, que ensejaram aumento no consumo de energia, sem autorização dos demais condôminos, agiu em excesso de mandato, deixando de zelar pelos interesses da coletividade, devendo responder pelos prejuízos do condomínio. Inteligência do art. 1.348, V, do CC. Recurso improvido. (TJSP, Ap. n. 0453017-37.2010.8.26.0000, 5ª Câm. Ext. de Dir. Priv., rel. James Siano, j. 18.09.2014)

Art. 1.349. A assembleia, especialmente convocada para o fim estabelecido no § 2º do artigo antecedente, poderá, pelo voto da maioria absoluta de seus membros, destituir o síndico que praticar irregularidades, não prestar contas, ou não administrar convenientemente o condomínio.

➡ Sem correspondência no CC/1916.

Pode a assembleia, mediante prática de irregularidades, ausência de prestação de contas ou administração não conveniente ao condomínio, destituir o síndico, com voto da maioria absoluta dos membros.

Art. 1.350. Convocará o síndico, anualmente, reunião da assembleia dos condôminos, na forma prevista na convenção, a fim de aprovar o orçamento das despesas, as contribuições dos condôminos e a prestação de contas, e eventualmente eleger-lhe o substituto e alterar o regimento interno.
§ 1º Se o síndico não convocar a assembleia, um quarto dos condôminos poderá fazê-lo.
§ 2º Se a assembleia não se reunir, o juiz decidirá, a requerimento de qualquer condômino.

➡ Sem correspondência no CC/1916.

Estando dentro de suas atribuições, cabe ao síndico convocar a assembleia dos condôminos, anualmente, na forma prevista na convenção, para que haja aprovação do orçamento de despesas, contribuições dos condôminos e a prestação de contas, e eventualmente, substituição do síndico e alteração do regimento interno. Se o síndico não realizar a convocação, poderão os condôminos, reunidos em número que atinja um quarto dos condôminos, convocá-la.

Arts. 1.350 a 1.353 — Almeida Guilherme

Se não houver assembleia, a requerimento de qualquer dos condôminos, o juiz poderá receber as questões e decidi-las. Em relação ao direito de voto do locatário, este terá o direito de voto caso o locador não compareça na assembleia, e desde que tenha previsão em convenção. Caso não haja, a assembleia é que deverá decidir se aceita ou não o voto do locatário.

Art. 1.351. Depende da aprovação de 2/3 (dois terços) dos votos dos condôminos a alteração da convenção; a mudança da destinação do edifício, ou da unidade imobiliária, depende da aprovação pela unanimidade dos condôminos.
Artigo com redação dada pela Lei n. 10.931, de 02.08.2004.

➡ Sem correspondência no CC/1916.

Para mudança na convenção, são necessários votos favoráveis de dois terços dos condôminos. No caso de votação para mudança da destinação do edifício ou de unidade imobiliária, requer-se unanimidade de votos.

Art. 1.352. Salvo quando exigido *quorum* especial, as deliberações da assembleia serão tomadas, em primeira convocação, por maioria de votos dos condôminos presentes que representem pelo menos metade das frações ideais.
Parágrafo único. Os votos serão proporcionais às frações ideais no solo e nas outras partes comuns pertencentes a cada condômino, salvo disposição diversa da convenção de constituição do condomínio.

➡ Sem correspondência no CC/1916.

Exceto nas deliberações especiais, em que se exige quórum especial, as deliberações da assembleia dar-se-ão por maioria dos votos, presentes os condôminos que representem ao menos metade das frações ideais.

Art. 1.353. Em segunda convocação, a assembleia poderá deliberar por maioria dos votos dos presentes, salvo quando exigido *quorum* especial.
§ 1º Quando a deliberação exigir quórum especial previsto em lei ou em convenção e ele não for atingido, a assembleia poderá, por decisão da maioria dos presentes, autorizar o presidente a converter a reunião em sessão permanente, desde que cumulativamente:
I – sejam indicadas a data e a hora da sessão em seguimento, que não poderá ultrapassar 60 (sessenta) dias, e identificadas as deliberações pretendidas, em razão do quórum especial não atingido;
II – fiquem expressamente convocados os presentes e sejam obrigatoriamente convocadas as unidades ausentes, na forma prevista em convenção;
III – seja lavrada ata parcial, relativa ao segmento presencial da reunião da assembleia, da qual deverão constar as transcrições circunstanciadas de todos os argumentos até então apresentados relativos à ordem do dia, que deverá ser remetida aos condôminos ausentes;
IV – seja dada continuidade às deliberações no dia e na hora designados, e seja a ata correspondente lavrada em seguimento à que estava parcialmente redigida, com a consolidação de todas as deliberações.
Parágrafo e incisos acrescentados pela Lei n. 14.309, de 08.03.2022.

Código Civil comentado e anotado   Arts. 1.353 e 1.354

§ 2º Os votos consignados na primeira sessão ficarão registrados, sem que haja necessidade de comparecimento dos condôminos para sua confirmação, os quais poderão, se estiverem presentes no encontro seguinte, requerer a alteração do seu voto até o desfecho da deliberação pretendida.
Parágrafo acrescentado pela Lei n. 14.309, de 08.03.2022.

§ 3º A sessão permanente poderá ser prorrogada tantas vezes quantas necessárias, desde que a assembleia seja concluída no prazo total de 90 (noventa) dias, contado da data de sua abertura inicial.
Parágrafo acrescentado pela Lei n. 14.309, de 08.03.2022.

➥ Sem correspondência no CC/1916.

Quando não alcançado o quórum para instauração na primeira convocação, a assembleia se instaurará com o quórum existente e as deliberações dar-se-ão por maioria de votos dos presentes, exceto para quóruns de votações especiais.

De antemão, por sessão permanente entende-se a assembleia em que alguns assuntos não podem ser exauridos no ato da reunião e, assim, o presidente ou qualquer condômino do plenário propõe a interrupção dos trabalhos para continuidade em momento posterior. Assim, o § 1º deste artigo traz a hipótese em que, quando a deliberação exigir quórum especial previsto em lei ou em convenção e ele não for atingido, poderá o presidente, com a anuência da maioria, converter a assembleia na citada sessão permanente.

Agora, isso somente se dará se outras condições forem atendidas, como se houver a indicação da data e da hora da sessão que se seguirá, não podendo a nova reunião ultrapassar 60 (sessenta) dias de distância em relação àquela em que se instituiu a sessão permanente futura, devendo ainda ser identificadas as deliberações pretendidas, em razão do quórum especial não atingido.

Mais. Também devem estar expressamente convocados os presentes, e as unidades ausentes igualmente necessitam de convocação na forma prevista em lei, a fim de que se manifestem sobre a matéria em discussão.

É essencial que seja lavrada ata parcial, relativa ao segmento presencial da reunião da assembleia, da qual deverão constar as transcrições circunstanciadas de todos os argumentos até então apresentados relativos à ordem do dia, que deverá ser remetida aos condôminos ausentes.

Por fim, deve-se dar continuidade às deliberações no dia e na hora designados, e seja a ata correspondente lavrada em seguimento à que estava parcialmente redigida, com a consolidação de todas as deliberações.

Já o § 2º traz importante regramento, uma vez que determina que aqueles votos consignados na primeira sessão deverão ficar registrados, de modo que não se fará necessário o comparecimento dos condôminos para sua confirmação. No entanto, caso compareçam, eles poderão requerer a alteração do seu voto até o desfecho da deliberação pretendida.

Já a finalização factual da assembleia permanente deverá se dar em prazo máximo de 90 (noventa) dias, a contar de sua data de realização inicial. Entretanto, nesse intervalo de tempo a sessão permanente poderá ser prorrogada tantas vezes quantas forem necessárias.

Art. 1.354. A assembleia não poderá deliberar se todos os condôminos não forem convocados para a reunião.

➥ Sem correspondência no CC/1916.

745

Todos os condôminos devem ser convocados para a assembleia, para que possam participar das discussões pertinentes ao condomínio e exercerem o direito de voto; caso contrário, não terá poder deliberatório a reunião. Portanto, a falta de convocação geral resultará na invalidade da assembleia realizada.

Art. 1.354-A. A convocação, a realização e a deliberação de quaisquer modalidades de assembleia poderão dar-se de forma eletrônica, desde que:

I – tal possibilidade não seja vedada na convenção de condomínio;

II – sejam preservados aos condôminos os direitos de voz, de debate e de voto.

Caput e incisos acrescentados pela Lei n. 14.309, de 08.03.2022.

§ 1º Do instrumento de convocação deverá constar que a assembleia será realizada por meio eletrônico, bem como as instruções sobre acesso, manifestação e forma de coleta de votos dos condôminos.

Parágrafo acrescentado pela Lei n. 14.309, de 08.03.2022.

§ 2º A administração do condomínio não poderá ser responsabilizada por problemas decorrentes dos equipamentos de informática ou da conexão à internet dos condôminos ou de seus representantes nem por quaisquer outras situações que não estejam sob o seu controle.

Parágrafo acrescentado pela Lei n. 14.309, de 08.03.2022.

§ 3º Somente após a somatória de todos os votos e a sua divulgação será lavrada a respectiva ata, também eletrônica, e encerrada a assembleia geral.

Parágrafo acrescentado pela Lei n. 14.309, de 08.03.2022.

§ 4º A assembleia eletrônica deverá obedecer aos preceitos de instalação, de funcionamento e de encerramento previstos no edital de convocação e poderá ser realizada de forma híbrida, com a presença física e virtual de condôminos concomitantemente no mesmo ato.

Parágrafo acrescentado pela Lei n. 14.309, de 08.03.2022.

§ 5º Normas complementares relativas às assembleias eletrônicas poderão ser previstas no regimento interno do condomínio e definidas mediante aprovação da maioria simples dos presentes em assembleia convocada para essa finalidade.

Parágrafo acrescentado pela Lei n. 14.309, de 08.03.2022.

§ 6º Os documentos pertinentes à ordem do dia poderão ser disponibilizados de forma física ou eletrônica aos participantes.

Parágrafo acrescentado pela Lei n. 14.309, de 08.03.2022.

Atento às inovações tecnológicas, o legislador buscou dar maior dinamismo ao funcionamento das assembleias e pelo art. 1.354-A passou a entender como válidas a convocação, a realização e a deliberação de quaisquer modalidades de assembleia na sua forma eletrônica, desde que tal possibilidade não seja vedada pela convenção de condomínio e desde que sejam preservados aos condôminos os direitos de voz, de debate e de voto.

O § 1º esclarece que no instrumento de convocação deverá constar que a assembleia será realizada por meio eletrônico, bem como as instruções sobre acesso, manifestação e forma de coleta de votos dos condôminos.

Já a administração do condomínio não terá qualquer responsabilidade em razão de entraves decorrentes dos equipamentos de informática ou da conexão à internet dos condôminos ou de seus representantes, nem por quaisquer outras situações que não estejam sob seu controle.

Apenas e tão somente depois da somatória de todos os votos e da sua divulgação poderá ser lavrada a ata – igualmente eletrônica – e então será encerrada a assembleia geral.

O § 4º do art 1.354-A determina que a assembleia em sua modalidade eletrônica deverá seguir os ditames de instalação, funcionamento e encerramento previstos no edital de convo-

Código Civil comentado e anotado   Arts. 1.354-A a 1.357

cação, podendo ser feita também de forma híbrida, então com a presença física e virtual de condôminos concomitantemente no mesmo ato.

As regras de complementação atinentes às assembleias eletrônicas podem estar previstas no regimento interno do condomínio e definidas por intermédio de aprovação da maioria simples dos presentes em assembleia convocada para essa finalidade.

Por último, a documentação pertinente à ordem do dia pode ser disponibilizada de forma física ou eletrônica aos participantes.

Art. 1.355. Assembleias extraordinárias poderão ser convocadas pelo síndico ou por um quarto dos condôminos.

➡ Sem correspondência no CC/1916.

Assembleias extraordinárias, ou seja, aquelas convocadas para discutir assuntos excepcionais e não esperados, poderão ser convocadas pelo síndico ou, em caso de sua ausência, por 1/4 dos condôminos.

Art. 1.356. Poderá haver no condomínio um conselho fiscal, composto de três membros, eleitos pela assembleia, por prazo não superior a dois anos, ao qual compete dar parecer sobre as contas do síndico.

➡ Sem correspondência no CC/1916.

É facultado aos condôminos estabelecer um conselho fiscal, composto por três membros e eleitos pela assembleia, por prazo de dois anos, para fornecer pareceres sobre as contas apresentadas pelo síndico.

▪ Anulatória de assembleia geral extraordinária. Assembleia que se realizou com observância do quórum mínimo exigido para aprovação de modificação de convenção, conforme estabelecido no art. 1.351 do CC. Condôminos regularmente representados. Sentença de improcedência mantida. Recurso desprovido. (TJSP, Ap. n. 0217435-14.2011.8.26.0100, 10ª Câm. de Dir. Priv., rel. J. B. Paula Lima, j. 23.06.2015)

▪ Apelação cível. Ação de indenização com danos morais. Condomínio. Assembleia geral extraordinária. Quórum simples. Energia elétrica. Inadimplência. Dano moral. Inexistência. Meros aborrecimentos. Em Assembleia Geral Extraordinária em condomínio, não havendo quórum suficiente em primeira chamada, a reunião e suas deliberações serão tomadas pela maioria de votos, em segunda chamada, salvo se for exigível quórum especial, nos termos do art. 1.353, do CC. Para que se possa falar em dano moral, é preciso que a pessoa seja atingida em sua honra, sua reputação, sua personalidade, seu sentimento de dignidade, passe por dor, humilhação, constrangimentos, tenha os seus sentimentos violados. Inadimplência de contas de energia elétrica, por si só, não é capaz de ensejar obrigação de indenizar, configurando meros aborrecimentos. (TJMG, Ap. Cível n. 1.0024.12.046156-1/001, 9ª Câm. Cível, rel. Des. Pedro Bernardes, j. 13.08.2014)

Seção III
Da Extinção do Condomínio

Art. 1.357. Se a edificação for total ou consideravelmente destruída, ou ameace ruína, os condôminos deliberarão em assembleia sobre a reconstrução, ou venda, por votos que representem metade mais uma das frações ideais.

§ 1º Deliberada a reconstrução, poderá o condômino eximir-se do pagamento das despesas respectivas, alienando os seus direitos a outros condôminos, mediante avaliação judicial.

§ 2º Realizada a venda, em que se preferirá, em condições iguais de oferta, o condômino ao estranho, será repartido o apurado entre os condôminos, proporcionalmente ao valor das suas unidades imobiliárias.

➡ Sem correspondência no CC/1916.

Extinção do condomínio edilício. Ocorre pela destruição total do prédio ou pela ameaça de ruína, hipóteses em que em assembleia se deliberará sua reconstrução ou venda. Também poderá extinguir-se pela desapropriação. Caso seja feita a venda do condomínio, haverá o direito de preferência do condomínio em relação a estranho.

Art. 1.358. Se ocorrer desapropriação, a indenização será repartida na proporção a que se refere o § 2º do artigo antecedente.

➡ Sem correspondência no CC/1916.

Havendo desapropriação, a indenização será repartida conforme a proporção das unidades imobiliárias de cada condômino.

Seção IV
Do Condomínio de Lotes
Seção acrescentada pela Lei n. 13.465, de 11.07.2017.

Art. 1.358-A. Pode haver, em terrenos, partes designadas de lotes que são propriedade exclusiva e partes que são propriedade comum dos condôminos.
Caput acrescentado pela Lei n. 13.465, de 11.07.2017.

§ 1º A fração ideal de cada condômino poderá ser proporcional à área do solo de cada unidade autônoma, ao respectivo potencial construtivo ou a outros critérios indicados no ato de instituição.
Parágrafo acrescentado pela Lei n. 13.465, de 11.07.2017.

§ 2º Aplica-se, no que couber, ao condomínio de lotes:
Parágrafo, *caput,* com redação dada pela Medida Provisória n. 1.085, de 27.12.2021.

I – o disposto sobre condomínio edilício neste Capítulo, respeitada a legislação urbanística; e
Inciso com redação dada pela Medida Provisória n. 1.085, de 27.12.2021.

II – o regime jurídico das incorporações imobiliárias de que trata o Capítulo I do Título II da Lei n. 4.591, de 16 de dezembro de 1964, equiparando-se o empreendedor ao incorporador quanto aos aspectos civis e registrários.
Inciso acrescentado pela Medida Provisória n. 1.085, de 27.12.2021.

§ 3º Para fins de incorporação imobiliária, a implantação de toda a infraestrutura ficará a cargo do empreendedor.
Parágrafo acrescentado pela Lei n. 13.465, de 11.07.2017.

Código Civil comentado e anotado   Arts. 1.358-A a 1.358-C

A seção introduzida ao Código Civil em 2017 traz, em seu artigo único (art. 1.358-A), a determinação que dá conta da possibilidade de existência, em terrenos, de partes designadas de lotes que são propriedade exclusiva e partes que são propriedade comum dos condôminos. Já o § 1º determina que a respectiva fração ideal de cada condômino pode ou não ser proporcional à área do solo de cada uma das unidades autônomas, ao respectivo potencial construtivo ou a outros critérios indicados no ato de instituição.

Já o § 2º, recentemente introduzido por meio da Medida Provisória n. 1.085/2021, cuida de determinar que ao condomínio de lotes se aplica, no que couber, o disposto sobre condomínio edilício, devendo ser respeitada para tanto a legislação urbanística; e igualmente o regime jurídico das incorporações imobiliárias de que trata o Capítulo I do Título II da Lei n. 4.591, de 16 de dezembro de 1964, de modo a se equiparar o empreendedor ao incorporador quanto aos aspectos civis e registrários.

Por fim, o § 3º determina que, no que tange à incorporação imobiliária, a implantação de toda a infraestrutura fica a cargo do empreendedor.

CAPÍTULO VII-A
DO CONDOMÍNIO EM MULTIPROPRIEDADE

Capítulo acrescentado pela Lei n. 13.777, de 20.12.2018.

Seção I
Disposições Gerais

Seção acrescentada pela Lei n. 13.777, de 20.12.2018.

Art. 1.358-B. A multipropriedade reger-se-á pelo disposto neste Capítulo e, de forma supletiva e subsidiária, pelas demais disposições deste Código e pelas disposições das Leis n. 4.591, de 16 de dezembro de 1964 , e 8.078, de 11 de setembro de 1990 (Código de Defesa do Consumidor).

Artigo acrescentado pela Lei n. 13.777, de 20.12.2018.

O art. 1.358-B dispõe que a multipropriedade, objeto de inclusão ao diploma civilista pátrio em momento recente, é regida pelas regras do Capítulo VII-A, igualmente há pouco incorporado ao Código Civil.

Art. 1.358-C. Multipropriedade é o regime de condomínio em que cada um dos proprietários de um mesmo imóvel é titular de uma fração de tempo, à qual corresponde a faculdade de uso e gozo, com exclusividade, da totalidade do imóvel, a ser exercida pelos proprietários de forma alternada.

Parágrafo único. A multipropriedade não se extinguirá automaticamente se todas as frações de tempo forem do mesmo multiproprietário.

Artigo acrescentado pela Lei n. 13.777, de 20.12.2018.

O art. 1.358-C favorece a sociedade ao explicar textualmente o regime da multipropriedade. Não é sempre que o legislador tem o cuidado de invocar esforços para conceituar o expediente legal. Assim, em última instância, a multipropriedade é o regime de condomínio em que cada um dos proprietários de um mesmo imóvel é titular de uma fração de tempo, à qual

749

Arts. 1.358-D a 1.358-F

corresponde a faculdade de uso e gozo, com exclusividade, da totalidade do imóvel, a ser exercida pelos proprietários de forma alternada.

A referida multipropriedade não se extingue automaticamente se todas as frações de tempo forem do mesmo multiproprietário.

Art. 1.358-D. O imóvel objeto da multipropriedade:
I – é indivisível, não se sujeitando a ação de divisão ou de extinção de condomínio;
II – inclui as instalações, os equipamentos e o mobiliário destinados a seu uso e gozo.
Artigo acrescentado pela Lei n. 13.777, de 20.12.2018.

Destaca-se que o imóvel objeto da multipropriedade é indivisível, não se sujeitando a ação de divisão ou de extinção de condomínio, assim como inclui as instalações, os equipamentos e o mobiliário destinados a seu uso e gozo.

Art. 1.358-E. Cada fração de tempo é indivisível.
§ 1º O período correspondente a cada fração de tempo será de, no mínimo, 7 (sete) dias, seguidos ou intercalados, e poderá ser:
I – fixo e determinado, no mesmo período de cada ano;
II – flutuante, caso em que a determinação do período será realizada de forma periódica, mediante procedimento objetivo que respeite, em relação a todos os multiproprietários, o princípio da isonomia, devendo ser previamente divulgado; ou
III – misto, combinando os sistemas fixo e flutuante.
§ 2º Todos os multiproprietários terão direito a uma mesma quantidade mínima de dias seguidos durante o ano, podendo haver a aquisição de frações maiores que a mínima, com o correspondente direito ao uso por períodos também maiores.
Artigo acrescentado pela Lei n. 13.777, de 20.12.2018.

Acerca da fração do tempo, diga-se que ela é indivisível, e o período que corresponde ao espaço temporal mínimo será de sete dias, que poderá ser fixo, flutuante ou misto. Já o imóvel também é indivisível e não se sujeita à ação de extinção ou de divisão de condomínio, além do fato de necessariamente já incluir as instalações, os equipamentos e o mobiliário para o uso e o gozo do item.

Seção II
Da Instituição da Multipropriedade
Seção acrescentada pela Lei n. 13.777, de 20.12.2018.

Art. 1.358-F. Institui-se a multipropriedade por ato entre vivos ou testamento, registrado no competente cartório de registro de imóveis, devendo constar daquele ato a duração dos períodos correspondentes a cada fração de tempo.
Artigo acrescentado pela Lei n. 13.777, de 20.12.2018.

O legislador posicionou a constituição da multipropriedade de forma ampla, para que possa ser constituída tanto por ato *inter vivos* como por meio da expressão de última vontade,

Código Civil comentado e anotado   Arts. 1.358-F a 1.358-H

devendo o registro ser feito no cartório de imóveis competente, sendo necessário que conste o período que corresponde a cada fração de tempo.

Art. 1.358-G. Além das cláusulas que os multiproprietários decidirem estipular, a convenção de condomínio em multipropriedade determinará:

I – os poderes e deveres dos multiproprietários, especialmente em matéria de instalações, equipamentos e mobiliário do imóvel, de manutenção ordinária e extraordinária, de conservação e limpeza e de pagamento da contribuição condominial;

II – o número máximo de pessoas que podem ocupar simultaneamente o imóvel no período correspondente a cada fração de tempo;

III – as regras de acesso do administrador condominial ao imóvel para cumprimento do dever de manutenção, conservação e limpeza;

IV – a criação de fundo de reserva para reposição e manutenção dos equipamentos, instalações e mobiliário;

V – o regime aplicável em caso de perda ou destruição parcial ou total do imóvel, inclusive para efeitos de participação no risco ou no valor do seguro, da indenização ou da parte restante;

VI – as multas aplicáveis ao multiproprietário nas hipóteses de descumprimento de deveres.

Artigo acrescentado pela Lei n. 13.777, de 20.12.2018.

A convenção de condomínio em multipropriedade determinará os deveres de cada multiproprietário; o numerário de ocupantes; as regras de acesso do administrador, especialmente para que sejam observados os deveres de manutenção e limpeza; a criação de um fundo de reserva para a manutenção dos equipamentos; o regime aplicável em caso de perda ou de deterioração do imóvel; além das multas aplicáveis a cada um dos multiproprietários em caso de descumprimento de seus respectivos deveres.

Art. 1.358-H. O instrumento de instituição da multipropriedade ou a convenção de condomínio em multipropriedade poderá estabelecer o limite máximo de frações de tempo no mesmo imóvel que poderão ser detidas pela mesma pessoa natural ou jurídica.

Parágrafo único. Em caso de instituição da multipropriedade para posterior venda das frações de tempo a terceiros, o atendimento a eventual limite de frações de tempo por titular estabelecido no instrumento de instituição será obrigatório somente após a venda das frações.

Artigo acrescentado pela Lei n. 13.777, de 20.12.2018.

Vale dizer que o instrumento de instituição da multipropriedade ou a convenção de condomínio em multipropriedade pode estabelecer o limite máximo de frações de tempo no mesmo imóvel que poderão ser detidas pela mesma pessoa natural ou jurídica. Também merece destaque o fato de que, em caso de instituição da multipropriedade para posterior venda das frações de tempo a terceiros, o atendimento a eventual limite de frações de tempo por titular estabelecido no instrumento de instituição será obrigatório somente após a venda das frações.

Seção III
Dos Direitos e das Obrigações do Multiproprietário

Seção acrescentada pela Lei n. 13.777, de 20.12.2018.

751

Art. 1.358-I. São direitos do multiproprietário, além daqueles previstos no instrumento de instituição e na convenção de condomínio em multipropriedade:

I – usar e gozar, durante o período correspondente à sua fração de tempo, do imóvel e de suas instalações, equipamentos e mobiliário;

II – ceder a fração de tempo em locação ou comodato;

III – alienar a fração de tempo, por ato entre vivos ou por causa de morte, a título oneroso ou gratuito, ou onerá-la, devendo a alienação e a qualificação do sucessor, ou a oneração, ser informadas ao administrador;

IV – participar e votar, pessoalmente ou por intermédio de representante ou procurador, desde que esteja quite com as obrigações condominiais, em:

a) assembleia geral do condomínio em multipropriedade, e o voto do multiproprietário corresponderá à quota de sua fração de tempo no imóvel;

b) assembleia geral do condomínio edilício, quando for o caso, e o voto do multiproprietário corresponderá à quota de sua fração de tempo em relação à quota de poder político atribuído à unidade autônoma na respectiva convenção de condomínio edilício.

Artigo acrescentado pela Lei n. 13.777, de 20.12.2018.

São diversos os direitos do multiproprietário, devendo ser elencados, além daqueles previstos no instrumento de instituição e na convenção de condomínio em multipropriedade, o de *usar e gozar, durante o período correspondente à sua fração de tempo, do imóvel e de suas instalações, equipamentos e mobiliário*; o de *ceder a fração de tempo em locação ou comodato*; o de *alienar a fração de tempo, por ato entre vivos ou por causa de morte, a título oneroso ou gratuito, ou onerá-la, devendo a alienação e a qualificação do sucessor, ou a oneração, ser informadas ao administrador*; o de *participar e votar, pessoalmente ou por intermédio de representante ou procurador, desde que esteja quite com as obrigações condominiais* (em assembleia geral do condomínio em multipropriedade, o voto do multiproprietário correspondendo à quota de sua fração de tempo no imóvel; e em assembleia geral do condomínio edilício, quando for o caso, com o voto do multiproprietário correspondendo à quota de sua fração de tempo em relação à quota de poder político atribuído à unidade autônoma na respectiva convenção de condomínio edilício).

Art. 1.358-J. São obrigações do multiproprietário, além daquelas previstas no instrumento de instituição e na convenção de condomínio em multipropriedade:

I – pagar a contribuição condominial do condomínio em multipropriedade e, quando for o caso, do condomínio edilício, ainda que renuncie ao uso e gozo, total ou parcial, do imóvel, das áreas comuns ou das respectivas instalações, equipamentos e mobiliário;

II – responder por danos causados ao imóvel, às instalações, aos equipamentos e ao mobiliário por si, por qualquer de seus acompanhantes, convidados ou prepostos ou por pessoas por ele autorizadas;

III – comunicar imediatamente ao administrador os defeitos, avarias e vícios no imóvel dos quais tiver ciência durante a utilização;

IV – não modificar, alterar ou substituir o mobiliário, os equipamentos e as instalações do imóvel;

V – manter o imóvel em estado de conservação e limpeza condizente com os fins a que se destina e com a natureza da respectiva construção;

Código Civil comentado e anotado

Art. 1.358-J

VI – usar o imóvel, bem como suas instalações, equipamentos e mobiliário, conforme seu destino e natureza;

VII – usar o imóvel exclusivamente durante o período correspondente à sua fração de tempo;

VIII – desocupar o imóvel, impreterivelmente, até o dia e hora fixados no instrumento de instituição ou na convenção de condomínio em multipropriedade, sob pena de multa diária, conforme convencionado no instrumento pertinente;

IX – permitir a realização de obras ou reparos urgentes.

§ 1º Conforme previsão que deverá constar da respectiva convenção de condomínio em multipropriedade, o multiproprietário estará sujeito a:

I – multa, no caso de descumprimento de qualquer de seus deveres;

II – multa progressiva e perda temporária do direito de utilização do imóvel no período correspondente à sua fração de tempo, no caso de descumprimento reiterado de deveres.

§ 2º A responsabilidade pelas despesas referentes a reparos no imóvel, bem como suas instalações, equipamentos e mobiliário, será:

I – de todos os multiproprietários, quando decorrentes do uso normal e do desgaste natural do imóvel;

II – exclusivamente do multiproprietário responsável pelo uso anormal, sem prejuízo de multa, quando decorrentes de uso anormal do imóvel.

§ 3º *(Vetado.)*

§ 4º *(Vetado.)*

§ 5º *(Vetado.)*

Artigo acrescentado pela Lei n. 13.777, de 20.12.2018.

As obrigações do multiproprietário são muitas: pagar a contribuição condominial do condomínio em multipropriedade e, quando for o caso, do condomínio edilício, ainda que renuncie ao uso e gozo, total ou parcial, do imóvel, das áreas comuns ou das respectivas instalações, equipamentos e mobiliário; responder por danos causados ao imóvel, às instalações, aos equipamentos e ao mobiliário por si, por qualquer de seus acompanhantes, convidados ou prepostos ou por pessoas por ele autorizadas; comunicar imediatamente ao administrador os defeitos, avarias e vícios no imóvel dos quais tiver ciência durante a utilização; não modificar, alterar ou substituir o mobiliário, os equipamentos e as instalações do imóvel; manter o imóvel em estado de conservação e limpeza condizente com os fins a que se destina e com a natureza da respectiva construção; usar o imóvel, bem como suas instalações, equipamentos e mobiliário, conforme seu destino e natureza; usar o imóvel exclusivamente durante o período correspondente à sua fração de tempo; desocupar o imóvel, impreterivelmente, até o dia e hora fixados no instrumento de instituição ou na convenção de condomínio em multipropriedade, sob pena de multa diária, conforme convencionado no instrumento pertinente; permitir a realização de obras ou reparos urgentes.

O multiproprietário fica sujeito a multa no caso de descumprimento de qualquer de seus deveres. Também fica sujeito a multa progressiva e perda temporária do direito de utilização do imóvel no período correspondente à sua fração de tempo, no caso de descumprimento reiterado de deveres.

Finalmente, no que se refere à responsabilidade pelas despesas referentes a reparos no imóvel, bem como suas instalações, equipamentos e mobiliário, esta será de todos os multiproprietários, quando decorrentes do uso normal e do desgaste natural do imóvel, e exclusivamente do multiproprietário responsável pelo uso anormal, sem prejuízo de multa, quando decorrentes de uso anormal do imóvel.

Arts. 1.358-K a 1.358-M · Almeida Guilherme

Art. 1.358-K. Para os efeitos do disposto nesta Seção, são equiparados aos multiproprietários os promitentes compradores e os cessionários de direitos relativos a cada fração de tempo.
Artigo acrescentado pela Lei n. 13.777, de 20.12.2018.

Equiparam-se aos multiproprietários os promitentes compradores e os cessionários de direitos relativos a cada fração de tempo.

Seção IV
Da Transferência da Multipropriedade
Seção acrescentada pela Lei n. 13.777, de 20.12.2018.

Art. 1.358-L. A transferência do direito de multipropriedade e a sua produção de efeitos perante terceiros dar-se-ão na forma da lei civil e não dependerão da anuência ou cientificação dos demais multiproprietários.
§ 1º Não haverá direito de preferência na alienação de fração de tempo, salvo se estabelecido no instrumento de instituição ou na convenção do condomínio em multipropriedade em favor dos demais multiproprietários ou do instituidor do condomínio em multipropriedade.
§ 2º O adquirente será solidariamente responsável com o alienante pelas obrigações de que trata o § 5º do art. 1.358-J deste Código caso não obtenha a declaração de inexistência de débitos referente à fração de tempo no momento de sua aquisição.
Artigo acrescentado pela Lei n. 13.777, de 20.12.2018.

O art. 1.358-L dispõe que a transferência do referido direito de multipropriedade e a sua produção de efeitos perante terceiros se dá na forma da lei civil e não depende da anuência ou da ciência dos demais multiproprietários.

Pelo § 1º, não há que se falar em direito de preferência na alienação de fração de tempo, salvo se estabelecido no instrumento de instituição ou na convenção do condomínio em multipropriedade em favor dos demais multiproprietários ou do instituidor do condomínio em multipropriedade.

Já o § 2º nos parece errôneo na medida em que determina que o adquirente será considerado solidariamente responsável com o alienante pelas obrigações de que trata o § 5º do art. 1.358-J, uma vez que referido parágrafo foi vetado.

Seção V
Da Administração da Multipropriedade
Seção acrescentada pela Lei n. 13.777, de 20.12.2018.

Art. 1.358-M. A administração do imóvel e de suas instalações, equipamentos e mobiliário será de responsabilidade da pessoa indicada no instrumento de instituição ou na convenção de condomínio em multipropriedade, ou, na falta de indicação, de pessoa escolhida em assembleia geral dos condôminos.
§ 1º O administrador exercerá, além daquelas previstas no instrumento de instituição e na convenção de condomínio em multipropriedade, as seguintes atribuições:

Código Civil comentado e anotado   Arts. 1.358-M e 1.358-N

I – coordenação da utilização do imóvel pelos multiproprietários durante o período correspondente a suas respectivas frações de tempo;

II – determinação, no caso dos sistemas flutuante ou misto, dos períodos concretos de uso e gozo exclusivos de cada multiproprietário em cada ano;

III – manutenção, conservação e limpeza do imóvel;

IV – troca ou substituição de instalações, equipamentos ou mobiliário, inclusive:

a) determinar a necessidade da troca ou substituição;

b) providenciar os orçamentos necessários para a troca ou substituição;

c) submeter os orçamentos à aprovação pela maioria simples dos condôminos em assembleia;

V – elaboração do orçamento anual, com previsão das receitas e despesas;

VI – cobrança das quotas de custeio de responsabilidade dos multiproprietários;

VII – pagamento, por conta do condomínio edilício ou voluntário, com os fundos comuns arrecadados, de todas as despesas comuns.

§ 2º A convenção de condomínio em multipropriedade poderá regrar de forma diversa a atribuição prevista no inciso IV do § 1º deste artigo.

Artigo acrescentado pela Lei n. 13.777, de 20.12.2018.

O art. 1.358-M inicia os cuidados acerca da administração da multipropriedade. Ele é claro ao determinar que a administração do imóvel e de suas instalações, equipamentos e mobiliário será de responsabilidade da pessoa indicada no instrumento de instituição ou na convenção de condomínio em multipropriedade, ou, na falta de indicação, de pessoa escolhida em assembleia geral dos condôminos.

O § 1º do respectivo artigo discrimina as obrigações naturais ao cargo, além de outras instituídas *inter partes*. Fica definida como obrigação a coordenação da utilização do imóvel pelos multiproprietários durante o período correspondente a suas respectivas frações de tempo. Igualmente, compete ao administrador a determinação, no caso dos sistemas flutuante ou misto, dos períodos concretos de uso e gozo exclusivos de cada multiproprietário em cada ano. Também recai a ele manutenção, conservação e limpeza do imóvel; e a troca ou substituição de instalações, equipamentos ou mobiliário, incluindo (i) determinar a necessidade da troca ou substituição; (ii) providenciar os orçamentos necessários para a troca ou substituição; (iii) submeter os orçamentos à aprovação pela maioria simples dos condôminos em assembleia.

Além disso, o administrador ainda deve: efetuar a elaboração do orçamento anual, com previsão das receitas e despesas; efetuar a cobrança das quotas de custeio de responsabilidade dos multiproprietários; e, por fim, fazer o pagamento, por conta do condomínio edilício ou voluntário, com os fundos comuns arrecadados, de todas as despesas comuns.

Já o § 2º determina que a convenção de condomínio em multipropriedade poderá regrar de forma diversa a atribuição prevista no inciso IV do § 1º (que trata da obrigação de troca ou substituição de instalações, equipamentos ou mobiliário).

Art. 1.358-N. O instrumento de instituição poderá prever fração de tempo destinada à realização, no imóvel e em suas instalações, em seus equipamentos e em seu mobiliário, de reparos indispensáveis ao exercício normal do direito de multipropriedade.

§ 1º A fração de tempo de que trata o *caput* deste artigo poderá ser atribuída:

I – ao instituidor da multipropriedade; ou

Arts. 1.358-N a 1.358-P

II – aos multiproprietários, proporcionalmente às respectivas frações.

§ 2º Em caso de emergência, os reparos de que trata o *caput* deste artigo poderão ser feitos durante o período correspondente à fração de tempo de um dos multiproprietários.

Artigo acrescentado pela Lei n. 13.777, de 20.12.2018.

O art. 1.358-N dispõe que o instrumento de instituição poderá prever fração de tempo destinada à realização de reparos indispensáveis ao exercício normal do direito de multipropriedade no imóvel e em suas instalações, em seus equipamentos e em seu mobiliário.

Já a fração de tempo pode ser atribuída ao instituidor da multipropriedade ou aos multiproprietários, proporcionalmente às respectivas frações. Em caso de emergência, os reparos citados podem ser realizados durante o período correspondente à fração de tempo de um dos multiproprietários.

Seção VI
Disposições Específicas Relativas às
Unidades Autônomas de Condomínios Edilícios

Seção acrescentada pela Lei n. 13.777, de 20.12.2018.

Art. 1.358-O. O condomínio edilício poderá adotar o regime de multipropriedade em parte ou na totalidade de suas unidades autônomas, mediante:

I – previsão no instrumento de instituição; ou

II – deliberação da maioria absoluta dos condôminos.

Parágrafo único. No caso previsto no inciso I do *caput* deste artigo, a iniciativa e a responsabilidade para a instituição do regime da multipropriedade serão atribuídas às mesmas pessoas e observarão os mesmos requisitos indicados nas alíneas *a*, *b* e *c* e no § 1º do art. 31 da Lei n. 4.591, de 16 de dezembro de 1964.

Artigo acrescentado pela Lei n. 13.777, de 20.12.2018.

O condomínio edilício tem a faculdade de adotar o regime de multipropriedade, seja em parte, seja na totalidade de suas unidades. Isso se dará por meio de previsão no instrumento de instituição ou a partir de deliberação da maioria absoluta dos condôminos.

Vale dizer que, se a adoção da multipropriedade se der por meio de previsão no próprio instrumento de instituição, a iniciativa e a responsabilidade para a instituição do regime da multipropriedade serão atribuídas às mesmas pessoas e observarão os mesmos requisitos indicados nas alíneas *a*, *b* e *c* no § 1º do art. 31 da Lei n. 4.591, de 16 de dezembro de 1964.

Art. 1.358-P. Na hipótese do art. 1.358-O, a convenção de condomínio edilício deve prever, além das matérias elencadas nos arts. 1.332, 1.334 e, se for o caso, 1.358-G deste Código:

I – a identificação das unidades sujeitas ao regime da multipropriedade, no caso de empreendimentos mistos;

II – a indicação da duração das frações de tempo de cada unidade autônoma sujeita ao regime da multipropriedade;

III – a forma de rateio, entre os multiproprietários de uma mesma unidade autônoma, das contribuições condominiais relativas à unidade, que, salvo se disciplinada de forma di-

Código Civil comentado e anotado

Arts. 1.358-P e 1.358-Q

versa no instrumento de instituição ou na convenção de condomínio em multipropriedade, será proporcional à fração de tempo de cada multiproprietário;

IV – a especificação das despesas ordinárias, cujo custeio será obrigatório, independentemente do uso e gozo do imóvel e das áreas comuns;

V – os órgãos de administração da multipropriedade;

VI – a indicação, se for o caso, de que o empreendimento conta com sistema de administração de intercâmbio, na forma prevista no § 2º do art. 23 da Lei n. 11.771, de 17 de setembro de 2008, seja do período de fruição da fração de tempo, seja do local de fruição, caso em que a responsabilidade e as obrigações da companhia de intercâmbio limitam-se ao contido na documentação de sua contratação;

VII – a competência para a imposição de sanções e o respectivo procedimento, especialmente nos casos de mora no cumprimento das obrigações de custeio e nos casos de descumprimento da obrigação de desocupar o imóvel até o dia e hora previstos;

VIII – o quórum exigido para a deliberação de adjudicação da fração de tempo na hipótese de inadimplemento do respectivo multiproprietário;

IX – o quórum exigido para a deliberação de alienação, pelo condomínio edilício, da fração de tempo adjudicada em virtude do inadimplemento do respectivo multiproprietário.
Artigo acrescentado pela Lei n. 13.777, de 20.12.2018.

A adoção da multipropriedade por condomínios edilícios deve prever, além das demais obrigações contidas nos arts. 1.332, 1.334 e 1.358-G do Código Civil, as seguintes: (i) no caso de empreendimentos mistos, a identificação das unidades sujeitas ao regime da multipropriedade; (ii) a indicação da duração das frações de tempo de cada unidade autônoma sujeita ao regime da multipropriedade; (iii) a forma de rateio, entre os multiproprietários de uma mesma unidade autônoma, das contribuições condominiais relativas à unidade, que, a não ser que seja disciplinada de forma diferente no instrumento de instituição ou na convenção de condomínio em multipropriedade, será proporcional à fração de tempo de cada multiproprietário; (iv) a especificação das despesas ordinárias, cujo custeio será obrigatório, independentemente do uso e gozo do imóvel e das áreas comuns; (v) os órgãos de administração da multipropriedade; (vi) a indicação, se for o caso, de que o empreendimento conta com sistema de administração de intercâmbio, na forma prevista no § 2º do art. 23 da Lei n. 11.771, de 17.09.2008, seja do período de fruição da fração de tempo, seja do local de fruição, caso em que a responsabilidade e as obrigações da companhia de intercâmbio limitam-se ao contido na documentação de sua contratação; (vii) a competência para a imposição de sanções e o respectivo procedimento, especialmente nos casos de mora no cumprimento das obrigações de custeio e nos casos de descumprimento da obrigação de desocupar o imóvel até o dia e hora previstos; (viii) o quórum exigido para a deliberação de adjudicação da fração de tempo na hipótese de inadimplemento do respectivo multiproprietário; e (ix) o quórum exigido para a deliberação de alienação, pelo condomínio edilício, da fração de tempo adjudicada em virtude do inadimplemento do respectivo multiproprietário.

Art. 1.358-Q. Na hipótese do art. 1.358-O deste Código, o regimento interno do condomínio edilício deve prever:

I – os direitos dos multiproprietários sobre as partes comuns do condomínio edilício;

II – os direitos e obrigações do administrador, inclusive quanto ao acesso ao imóvel para cumprimento do dever de manutenção, conservação e limpeza;

III – as condições e regras para uso das áreas comuns;

Arts. 1.358-Q e 1.358-R   Almeida Guilherme

IV – os procedimentos a serem observados para uso e gozo dos imóveis e das instalações, equipamentos e mobiliário destinados ao regime da multipropriedade;

V – o número máximo de pessoas que podem ocupar simultaneamente o imóvel no período correspondente a cada fração de tempo;

VI – as regras de convivência entre os multiproprietários e os ocupantes de unidades autônomas não sujeitas ao regime da multipropriedade, quando se tratar de empreendimentos mistos;

VII – a forma de contribuição, destinação e gestão do fundo de reserva específico para cada imóvel, para reposição e manutenção dos equipamentos, instalações e mobiliário, sem prejuízo do fundo de reserva do condomínio edilício;

VIII – a possibilidade de realização de assembleias não presenciais, inclusive por meio eletrônico;

IX – os mecanismos de participação e representação dos titulares;

X – o funcionamento do sistema de reserva, os meios de confirmação e os requisitos a serem cumpridos pelo multiproprietário quando não exercer diretamente sua faculdade de uso;

XI – a descrição dos serviços adicionais, se existentes, e as regras para seu uso e custeio.

Parágrafo único. O regimento interno poderá ser instituído por escritura pública ou por instrumento particular.

Artigo acrescentado pela Lei n. 13.777, de 20.12.2018.

Na hipótese da adoção do regime de multipropriedade por condomínios edilícios, determina o art. 1.358-Q que o regimento interno do condomínio edilício deve prever os direitos dos multiproprietários sobre as partes comuns do condomínio edilício. Outrossim, deve prever os direitos e as obrigações do administrador, inclusive quanto ao acesso ao imóvel para cumprimento do dever de manutenção, conservação e limpeza. Outros deveres que o regimento deverá trazer são as condições e regras para uso das áreas comuns. Além disso, deve conter os procedimentos a serem observados para uso e gozo dos imóveis e das instalações, equipamentos e mobiliário destinados ao regime da multipropriedade, bem como determinar o número máximo de pessoas que podem ocupar simultaneamente o imóvel no período correspondente a cada fração de tempo. Também deve prever as regras de convivência entre os multiproprietários e os ocupantes de unidades autônomas não sujeitas ao regime da multipropriedade, quando se tratar de empreendimentos mistos. O regimento deve se ocupar de conter a forma de contribuição, destinação e gestão do fundo de reserva específico para cada imóvel, para reposição e manutenção dos equipamentos, instalações e mobiliário, sem prejuízo do fundo de reserva do condomínio edilício. Cabe ao regimento trazer a possibilidade de realização de assembleias não presenciais, inclusive por meio eletrônico, e os mecanismos de participação e representação dos titulares. Por fim, precisam constar no regimento o funcionamento do sistema de reserva, os meios de confirmação e os requisitos a serem cumpridos pelo multiproprietário quando não exercer diretamente sua faculdade de uso, assim como a descrição dos serviços adicionais, se existentes, e as regras para seu uso e custeio.

Já sobre a forma de constituição do dito regimento interno, determina o parágrafo único que poderá se dar por escritura pública ou por instrumento particular.

Art. 1.358-R. O condomínio edilício em que tenha sido instituído o regime de multipropriedade em parte ou na totalidade de suas unidades autônomas terá necessariamente um administrador profissional.

Código Civil comentado e anotado   Arts. 1.358-R e 1.358-S

§ 1º O prazo de duração do contrato de administração será livremente convencionado.

§ 2º O administrador do condomínio referido no *caput* deste artigo será também o administrador de todos os condomínios em multipropriedade de suas unidades autônomas.

§ 3º O administrador será mandatário legal de todos os multiproprietários, exclusivamente para a realização dos atos de gestão ordinária da multipropriedade, incluindo manutenção, conservação e limpeza do imóvel e de suas instalações, equipamentos e mobiliário.

§ 4º O administrador poderá modificar o regimento interno quanto aos aspectos estritamente operacionais da gestão da multipropriedade no condomínio edilício.

§ 5º O administrador pode ser ou não um prestador de serviços de hospedagem.

Artigo acrescentado pela Lei n. 13.777, de 20.12.2018.

O art. 1.358-R determina que, caso o condomínio edilício se valha do regime de multipropriedade, necessariamente a administração será feita por um profissional.

A respeito do prazo de duração do contrato, ele será livremente convencionado e o administrador do condomínio deverá ser o mesmo administrador de todos os condomínios em multipropriedade de suas unidades autônomas. Esse administrador será o mandatário legal de todos os multiproprietários, mas exclusivamente para a realização dos atos de gestão ordinária da multipropriedade, incluindo manutenção, conservação e limpeza do imóvel e de suas instalações, equipamentos e mobiliário. Importa destacar que o administrador pode alterar o regimento interno quanto aos aspectos estritamente operacionais da gestão da multipropriedade no condomínio edilício; ele pode ou não ser um prestador de serviços de hospedagem.

Art. 1.358-S. Na hipótese de inadimplemento, por parte do multiproprietário, da obrigação de custeio das despesas ordinárias ou extraordinárias, é cabível, na forma da lei processual civil, a adjudicação ao condomínio edilício da fração de tempo correspondente.

Parágrafo único. Na hipótese de o imóvel objeto da multipropriedade ser parte integrante de empreendimento em que haja sistema de locação das frações de tempo no qual os titulares possam ou sejam obrigados a locar suas frações de tempo exclusivamente por meio de uma administração única, repartindo entre si as receitas das locações independentemente da efetiva ocupação de cada unidade autônoma, poderá a convenção do condomínio edilício regrar que em caso de inadimplência:

I – o inadimplente fique proibido de utilizar o imóvel até a integral quitação da dívida;

II – a fração de tempo do inadimplente passe a integrar o *pool* da administradora;

III – a administradora do sistema de locação fique automaticamente munida de poderes e obrigada a, por conta e ordem do inadimplente, utilizar a integralidade dos valores líquidos a que o inadimplente tiver direito para amortizar suas dívidas condominiais, seja do condomínio edilício, seja do condomínio em multipropriedade, até sua integral quitação, devendo eventual saldo ser imediatamente repassado ao multiproprietário.

Artigo acrescentado pela Lei n. 13.777, de 20.12.2018.

Caso o multiproprietário incorra em inadimplemento da obrigação de custeio das despesas ordinárias ou extraordinárias, é cabível a adjudicação ao condomínio edilício da fração de tempo correspondente, na forma da lei processual.

Caso o imóvel objeto da multipropriedade seja parte integrante de empreendimento em que haja sistema de locação das frações de tempo no qual os titulares possam ou sejam obri-

Arts. 1.358-S a 1.359 — Almeida Guilherme

gados a locar suas frações de tempo exclusivamente por meio de uma administração única, repartindo entre si as receitas das locações independentemente da efetiva ocupação de cada unidade autônoma, pode a convenção do condomínio edilício regrar que, em caso de inadimplência: (i) o inadimplente fique proibido de utilizar o imóvel até a integral quitação da dívida; (ii) a fração de tempo do inadimplente passe a integrar o *pool* da administradora; e (iii) a administradora do sistema de locação fique automaticamente munida de poderes e obrigada a, por conta e ordem do inadimplente, utilizar a integralidade dos valores líquidos a que o inadimplente tiver direito para amortizar suas dívidas condominiais, seja do condomínio edilício, seja do condomínio em multipropriedade, até sua integral quitação, devendo eventual saldo ser imediatamente repassado ao multiproprietário.

Art. 1.358-T. O multiproprietário somente poderá renunciar de forma translativa a seu direito de multipropriedade em favor do condomínio edilício.

Parágrafo único. A renúncia de que trata o *caput* deste artigo só é admitida se o multiproprietário estiver em dia com as contribuições condominiais, com os tributos imobiliários e, se houver, com o foro ou a taxa de ocupação.

Artigo acrescentado pela Lei n. 13.777, de 20.12.2018.

O multiproprietário pode renunciar de forma translativa a seu direito de multipropriedade unicamente se em favor do próprio condomínio edilício. Já a referida renúncia de que trata o *caput* deste artigo só é admitida se o multiproprietário estiver em dia com as contribuições condominiais, com os tributos imobiliários e, se houver, com o foro ou a taxa de ocupação.

Art. 1.358-U. As convenções dos condomínios edilícios, os memoriais de loteamentos e os instrumentos de venda dos lotes em loteamentos urbanos poderão limitar ou impedir a instituição da multipropriedade nos respectivos imóveis, vedação que somente poderá ser alterada no mínimo pela maioria absoluta dos condôminos.

Artigo acrescentado pela Lei n. 13.777, de 20.12.2018.

Acerca do último artigo que trata da multipropriedade, diz o disposto contido no art. 1.358-U que as convenções dos condomínios edilícios, os memoriais de loteamentos e os instrumentos de venda dos lotes em loteamentos urbanos poderão limitar ou impedir a instituição da multipropriedade nos respectivos imóveis, vedação que somente poderá ser alterada no mínimo pela maioria absoluta dos condôminos.

CAPÍTULO VIII
DA PROPRIEDADE RESOLÚVEL

Art. 1.359. Resolvida a propriedade pelo implemento da condição ou pelo advento do termo, entendem-se também resolvidos os direitos reais concedidos na sua pendência, e o proprietário, em cujo favor se opera a resolução, pode reivindicar a coisa do poder de quem a possua ou detenha.

➥ Veja art. 647 do CC/1916.

Código Civil comentado e anotado   Arts. 1.359 e 1.360

Propriedade resolúvel. Pelo implemento de condição ou advento de termo, extingue-se a propriedade e os direitos reais concedidos na sua pendência (efeito *ex tunc*). Havendo a resolução da propriedade por outra causa superveniente, alheia ao título e posterior à transmissão do domínio, os efeitos serão *ex nunc* (art. 1.360 do CC).

■ Administrativo. Imóvel público doado a particular mediante condições. Descumprimento do encargo. Ação civil pública de reversão. Sentença de procedência que defere ao município a imediata reintegração na posse. Embargos de terceiro. Sublocatários que buscam a continuidade da relação locatícia ou indenização por benfeitorias/construções. Liminar negada. Decisão acertada. Resolução da doação que confere ao proprietário o poder de reivindicar a coisa de quem quer que a detenha ou possua (art. 1.916 do CC/1916; art. 1.359 do CC). Implementada a cláusula de resolução prevista na Lei Municipal que autorizou a doação e expressa a escritura pública, com transcrição no registro imobiliário, o Município pode reivindicar a coisa do poder de quem quer que a detenha ou possua. "[...] na disposição expressa do artigo, ocorre a resolução *pleno iure* dos direitos reais concedidos. Ao reconhecer ao proprietário o poder reivindicatório da coisa, o Código, por via de consequência, faz abstração daqueles direitos constituídos na constância da condição ou do termo, e, assim, pronuncia-se pelo efeito retro-operante, a um tempo anterior ao em que foram concedidos" (Pereira, Caio Mário da Silva. *Instituições de direito civil: direitos reais*. 19. ed. Rio de Janeiro: Forense, p. 97-8). Retenção por benfeitorias de duvidosa juridicidade. "4. O particular jamais exerce poderes de propriedade (art. 1.196 do CC) sobre imóvel público, impassível de usucapião (art. 183, § 3º, da CF). Não poderá, portanto, ser considerado possuidor dessas áreas, senão mero detentor. 5. Essa impossibilidade, por si só, afasta a viabilidade de indenização por acessões ou benfeitorias, pois não prescindem da posse de boa-fé (arts. 1.219 e 1.255 do CC). Precedentes do STJ. [...] 7. A indenização por benfeitorias prevista no art. 1.219 do CC implica direito à retenção do imóvel, até que o valor seja pago pelo proprietário. Inadmissível que um particular retenha imóvel público, sob qualquer fundamento, pois seria reconhecer, por via transversa, a posse privada do bem coletivo, o que está em desarmonia com o Princípio da Indisponibilidade do Patrimônio Público. 8. O art. 1.255 do CC, que prevê a indenização por construções, dispõe, em seu parágrafo único, que o possuidor poderá adquirir a propriedade do imóvel se 'a construção ou a plantação exceder consideravelmente o valor do terreno'. O dispositivo deixa cristalina a inaplicabilidade do instituto aos bens da coletividade, já que o direito público não se coaduna com prerrogativas de aquisição por particulares, exceto quando atendidos os requisitos legais (desafetação, licitação etc.). 9. Finalmente, a indenização por benfeitorias ou acessões, ainda que fosse admitida no caso de áreas públicas, pressupõe vantagem, advinda dessas intervenções, para o proprietário (no caso, o Distrito Federal). Não é o que ocorre em caso de ocupação de áreas públicas. 10. [...] Seria incoerente impor à Administração a obrigação de indenizar por imóveis irregularmente construídos que, além de não terem utilidade para o Poder Público, ensejarão dispêndio de recursos do Erário para sua demolição. 11. Entender de modo diverso é atribuir à detenção efeitos próprios da posse, o que enfraquece a dominialidade pública, destrói as premissas básicas do princípio da boa-fé objetiva, estimula invasões e construções ilegais e legitima, com a garantia de indenização, a apropriação privada do espaço público" (STJ, REsp n. 945.055/DF, 2ª T., rel. Min. Herman Benjamin, j. 02.06.2009). Presunção de boa-fé, ademais, derruída pelas circunstâncias do caso concreto. Embargantes que tinham ciência da demanda em que se buscava a reversão do imóvel ao município. Desocupação do imóvel por uma das empresas agravantes. Perda superveniente do objeto. Recurso não conhecido, no ponto, e parcialmente provido apenas para dilatar o prazo de desocupação. (TJSC, AI n. 2013.056299-5, 1ª Câm. de Dir. Públ., rel. Des. Paulo Henrique Moritz Martins da Silva, j. 07.10.2014)

Art. 1.360. Se a propriedade se resolver por outra causa superveniente, o possuidor, que a tiver adquirido por título anterior à sua resolução, será considerado proprietário per-

Arts. 1.360 e 1.361 — Almeida Guilherme

feito, restando à pessoa, em cujo benefício houve a resolução, ação contra aquele cuja propriedade se resolveu para haver a própria coisa ou o seu valor.

➡ Veja art. 648 do CC/1916.

Havendo resolução da propriedade por causa superveniente, o possuidor, que adquiriu a propriedade com título anterior à resolução, será o proprietário perfeito. Contra ele, a pessoa em cujo benefício houve a resolução moverá ação para haver a coisa ou seu valor equivalente.

CAPÍTULO IX
DA PROPRIEDADE FIDUCIÁRIA

➡ Veja Lei n. 9.514/97.

■ Enunciado n. 506 da V Jornada de Direito Civil: "Estando em curso contrato de alienação fiduciária, é possível a constituição concomitante de nova garantia fiduciária sobre o mesmo bem imóvel, que, entretanto, incidirá sobre a respectiva propriedade superveniente que o fiduciante vier a readquirir, quando do implemento da condição a que estiver subordinada a primeira garantia fiduciária; a nova garantia poderá ser registrada na data em que convencionada e será eficaz desde a data do registro, produzindo efeito *ex tunc*".

Art. 1.361. Considera-se fiduciária a propriedade resolúvel de coisa móvel infungível que o devedor, com escopo de garantia, transfere ao credor.

§ 1º Constitui-se a propriedade fiduciária com o registro do contrato, celebrado por instrumento público ou particular, que lhe serve de título, no Registro de Títulos e Documentos do domicílio do devedor, ou, em se tratando de veículos, na repartição competente para o licenciamento, fazendo-se a anotação no certificado de registro.

§ 2º Com a constituição da propriedade fiduciária, dá-se o desdobramento da posse, tornando-se o devedor possuidor direto da coisa.

§ 3º A propriedade superveniente, adquirida pelo devedor, torna eficaz, desde o arquivamento, a transferência da propriedade fiduciária.

➡ Sem correspondência no CC/1916.

Da propriedade fiduciária. Decorre da alienação fiduciária em garantia. Trata-se da propriedade resolúvel de coisa móvel infungível que o devedor (fiduciante), com escopo de garantia, transfere ao credor (fiduciário). Resolve-se o direito do adquirente com o pagamento da dívida garantida. Dá-se por instrumento público ou particular, devendo ter assento no Registro de Títulos e Documentos do domicílio do devedor. Em caso de veículos, na repartição competente para o licenciamento, anotando-se no certificado de registro. O devedor, na qualidade de depositário, ficará com a posse direta da coisa. Vencida a dívida, sem pagamento, o credor (fiduciário) venderá a coisa a terceiro, aplicando-se o preço no pagamento de seu crédito. Se não bastar o produto da venda, o devedor ficará obrigado pelo restante (art. 1.366 do CC). Não pode o credor ficar com a coisa em pagamento da dívida – pacto comissório (art. 1.365 do CC). Difere do penhor, pois neste o devedor conserva a propriedade e na propriedade fiduciária o devedor transmite a propriedade, que passa a ser resolúvel.

Código Civil comentado e anotado   Arts. 1.361 a 1.363

Não se confunde a propriedade fiduciária com a alienação fiduciária, já que a primeira é pautada em direito real e a segunda é o título.

■ Súmula n. 28 do STJ: "O contrato de alienação fiduciária em garantia pode ter por objeto bem que já integrava o patrimônio do devedor".

■ Súmula n. 92 do STJ: "A terceiro de boa-fé não é oponível a alienação fiduciária não anotada no Certificado de Registro do veículo automotor".

■ Empresarial. Recuperação judicial. Contrato de cédula de crédito bancário a ser garantido por alienação fiduciária de veículos. Necessidade de anotação da propriedade fiduciária no certificado de registro do veículo, portanto junto ao órgão licenciador, mostrando-se ineficaz o registro no Cartório de Títulos e Documentos. Inteligência do art. 1.361, § 1º, do CC e Súmula n. 192 do Col. STJ. Crédito que, pela falta do referido registro, deve ser incluído como quirografário. Inaplicabilidade dos ditames do art. 49, §§ 3º e 4º, da LRF. Recurso desprovido. (TJSP, AI. n. 2011513-09.2015.8.26.0000, 1ª Câm. Res. de Dir. Empr., rel. Teixeira Leite, j. 24.06.2015)

Art. 1.362. O contrato, que serve de título à propriedade fiduciária, conterá:
I – o total da dívida, ou sua estimativa;
II – o prazo, ou a época do pagamento;
III – a taxa de juros, se houver;
IV – a descrição da coisa objeto da transferência, com os elementos indispensáveis à sua identificação.

➥ Sem correspondência no CC/1916.

O contrato, que será o título da propriedade fiduciária, deverá ter, como elementos essenciais, o valor total da dívida ou ao menos sua estimativa, o prazo ou época do pagamento, taxa de juros, quando houver, e descrição do objeto transferido, com elementos que sirvam para sua identificação, além dos requisitos do art. 104 do CC e autonomia da vontade.

■ Impugnação de crédito. Recuperação judicial. Créditos oriundos de cédula de crédito bancário garantida por cessão fiduciária, submetida ao registro previsto no art. 1.361, § 1º, do CC. Contrato, no entanto, que não descreve o objeto da garantia, sendo impossível a sua identificação. Inobservância do art. 1.362, IV, do CC. Subsunção à recuperação judicial. Jurisprudência deste Eg. TJSP. Recurso improvido. (TJSP, AI. n. 2112204-65.2014.8.26.0000, 1ª Câm. Res. de Dir. Empr., Maia da Cunha, j. 11.09.2014)

Art. 1.363. Antes de vencida a dívida, o devedor, a suas expensas e risco, pode usar a coisa segundo sua destinação, sendo obrigado, como depositário:
I – a empregar na guarda da coisa a diligência exigida por sua natureza;
II – a entregá-la ao credor, se a dívida não for paga no vencimento.

➥ Sem correspondência no CC/1916.

O devedor é equiparado no art. 1.363 ao depositário. Assim, determina o Código que poderá usar a coisa, antes de vencida a dívida, sendo obrigado a empregar na guarda da coisa a

763

Arts. 1.363 a 1.365 — Almeida Guilherme

devida diligência e entregá-la imediatamente ao credor, caso a dívida não seja paga no vencimento.

Art. 1.364. Vencida a dívida, e não paga, fica o credor obrigado a vender, judicial ou extrajudicialmente, a coisa a terceiros, a aplicar o preço no pagamento de seu crédito e das despesas de cobrança, e a entregar o saldo, se houver, ao devedor.

➥ Sem correspondência no CC/1916.

O art. 1.364 traz a descrição do procedimento adotado pelo credor, caso não haja pagamento da dívida, após o vencimento, ou seja, inadimplida a obrigação. Deverá vender judicial ou extrajudicialmente o bem e utilizar o valor obtido para o pagamento da dívida. Caso haja saldo remanescente, deverá ser entregue ao devedor.

▪ Súmula n. 72 do STJ: "A comprovação da mora é imprescindível à busca e apreensão do bem alienado fiduciariamente".

▪ Súmula n. 245 do STJ: "A notificação destinada a mora nas dívidas garantidas por alienação fiduciária dispensa a indicação do valor do débito".

▪ Propriedade fiduciária. Alienação fiduciária de bens móveis entre particulares. Compra e venda de quotas de sociedade limitada, com garantia de alienação fiduciária sobre bens móveis infungíveis. Pedido de busca e apreensão dos bens objeto da garantia. Legitimidade de partes. Pedido juridicamente possível. Retirada de uma das sócias, autora da ação de busca e apreensão. Permanência do requerido como sócio. Ausência de recomposição da pluralidade de sócios no prazo de 180 dias previsto no art. 1.033, IV, do CC. Confusão do patrimônio da sociedade com o patrimônio particular do sócio. Irrelevante a discussão sobre o fato dos bens dados em garantia fiduciária serem de propriedade da sociedade empresária ou do sócio em particular. Extinção sem julgamento de mérito afastada. Prosseguimento do julgamento nos termos do art. 515, § 3º, do CPC. Havendo diversos diplomas especiais que regulam a propriedade fiduciária – entre eles, o DL n. 911/69 e a Lei n. 9.514/97 –, o instituto foi introduzido no CC pelos arts. 1.361 e seguintes, para regular a propriedade fiduciária sobre coisas móveis infungíveis, quando o credor fiduciário não for instituição financeira. Pedido de busca e apreensão. Possibilidade, nos termos da fundamentação. Os bens apreendidos deverão ser vendidos judicial ou extrajudicialmente e a autora deverá prestar contas da venda. Caso haja saldo da venda, deverá ser entregue ao devedor (art. 1.364 do CC.). Caso o produto da venda não for suficiente para saldar a dívida, continuará o devedor obrigado pelo restante (art. 1.366 do CC). Recurso parcialmente provido, com determinação. (TJSP, Ap. n. 0021272-71.2010.8.26.0011, 28ª Câm. de Dir. Priv., rel. Manoel Justino Bezerra Filho, j. 09.12.2014)

Art. 1.365. É nula a cláusula que autoriza o proprietário fiduciário a ficar com a coisa alienada em garantia, se a dívida não for paga no vencimento.
Parágrafo único. O devedor pode, com a anuência do credor, dar seu direito eventual à coisa em pagamento da dívida, após o vencimento desta.

➥ Sem correspondência no CC/1916.

Código Civil comentado e anotado   Arts. 1.365 a 1.368

➡ Veja art. 51, I, do CDC.

O *caput* do art. 1.365 estabelece a nulidade de cláusula que autorize o proprietário fiduciário a manter a coisa alienada em garantia, no caso de não adimplemento da obrigação. O parágrafo único, por sua vez, expressa que, com anuência do credor, o devedor poderá transferir o direito que tem à coisa em pagamento, após o vencimento da dívida.

■ Tributário. IPVA. Alienação fiduciária. Propriedade. Credor fiduciário. Responsabilidade solidária. 1. Na alienação fiduciária, a propriedade é transmitida ao credor fiduciário em garantia da obrigação contratada, sendo o devedor tão somente o possuidor direto da coisa. 2. Sendo o credor fiduciário o proprietário do veículo, o reconhecimento da solidariedade se impõe, pois se reveste da qualidade de possuidor indireto do veículo, sendo-lhe possível reavê-lo em face de eventual inadimplemento. 3. No mesmo sentido, *mutatis mutandis*: Ag. Reg. no REsp n. 1.066.584/RS, 1ª T., rel. Min. Benedito Gonçalves, j. 16.03.2010, *DJe* 26.3.2010; REsp n. 744.308/DF, 2ª T., rel. Min. Castro Meira, j. 12.08.2008, *DJe* 02.09.2008. Recurso especial improvido. (STJ, REsp n. 1.344.288/MG, 2ª T., rel. Min. Humberto Martins, j. 21.05.2015, *DJe* 29.05.2015)

Art. 1.366. Quando, vendida a coisa, o produto não bastar para o pagamento da dívida e das despesas de cobrança, continuará o devedor obrigado pelo restante.

➡ Sem correspondência no CC/1916.

Caso seja vendida a coisa e não reste saldo a ser entregue ao devedor e, sim, falte saldo a ser entregue ao credor, o devedor continuará obrigado ao pagamento da dívida restante.

Art. 1.367. A propriedade fiduciária em garantia de bens móveis ou imóveis sujeita-se às disposições do Capítulo I do Título X do Livro III da Parte Especial deste Código e, no que for específico, à legislação especial pertinente, não se equiparando, para quaisquer efeitos, à propriedade plena de que trata o art. 1.231.
Artigo com redação dada pela Lei n. 13.043, de 13.11.2014.

➡ Sem correspondência no CC/1916.

Da alteração dada pela Lei n. 13.043/2014, a propriedade fiduciária em garantia a bens móveis ou imóveis não se equipara à propriedade plena de que trata os arts. 1.225, I, 1.228 e 1.231 do CC.

Art. 1.368. O terceiro, interessado ou não, que pagar a dívida, se sub-rogará de pleno direito no crédito e na propriedade fiduciária.

➡ Sem correspondência no CC/1916.

Caso haja pagamento da dívida por terceiro, este sub-rogar-se-á no crédito e na propriedade fiduciária.

Arts. 1.368-A a 1.368-C

Art. 1.368-A. As demais espécies de propriedade fiduciária ou de titularidade fiduciária submetem-se à disciplina específica das respectivas leis especiais, somente se aplicando as disposições deste Código naquilo que não for incompatível com a legislação especial.
Artigo acrescentado pela Lei n. 10.931, de 02.08.2004.

➡ Sem correspondência no CC/1916.

Especifica o art. 1.368-A que o Código Civil irá regular apenas as disposições gerais das propriedades fiduciárias e nos casos em que não houver incompatibilidade com as leis especiais que disciplinam os institutos das demais espécies de propriedade fiduciária ou de titularidade fiduciária.

Art. 1.368-B. A alienação fiduciária em garantia de bem móvel ou imóvel confere direito real de aquisição ao fiduciante, seu cessionário ou sucessor.
Artigo acrescentado pela Lei n. 13.043, de 13.11.2014.
Parágrafo único. O credor fiduciário que se tornar proprietário pleno do bem, por efeito de realização da garantia, mediante consolidação da propriedade, adjudicação, dação ou outra forma pela qual lhe tenha sido transmitida a propriedade plena, passa a responder pelo pagamento dos tributos sobre a propriedade e a posse, taxas, despesas condominiais e quaisquer outros encargos, tributários ou não, incidentes sobre o bem objeto da garantia, a partir da data em que vier a ser imitido na posse direta do bem.

➡ Sem correspondência no CC/1916.

O direito real de aquisição no art. 1.368-B funciona como direito de prelação ao fiduciante, seu cessionário ou sucessor, ou seja, eles têm direito de preferência na aquisição do imóvel para se tornar proprietário (arts. 1.225, I, e 1.228 do CC).

▪ Ação de cobrança. Despesas condominiais. Indeferimento de penhora sobre imóvel objeto de alienação fiduciária. Ausência de ilegalidade. Possibilidade de penhora sobre os direitos que a agravada tiver sobre o imóvel, à luz do art. 1.368-B, do CC. Recurso improvido, com observação. (TJSP, AI n. 2054370-70.2015.8.26.0000, 34ª Câm. de Dir. Priv., rel. Nestor Duarte, j. 27.05.2015)

CAPÍTULO X
DO FUNDO DE INVESTIMENTO
Capítulo acrescentado pela Lei n. 13.874, de 20.09.2019.

Art. 1.368-C. O fundo de investimento é uma comunhão de recursos, constituído sob a forma de condomínio de natureza especial, destinado à aplicação em ativos financeiros, bens e direitos de qualquer natureza.
Caput acrescentado pela Lei n. 13.874, de 20.09.2019.
§ 1º Não se aplicam ao fundo de investimento as disposições constantes dos arts. 1.314 ao 1.358-A deste Código.
Parágrafo acrescentado pela Lei n. 13.874, de 20.09.2019.
§ 2º Competirá à Comissão de Valores Mobiliários disciplinar o disposto no *caput* deste artigo.
Parágrafo acrescentado pela Lei n. 13.874, de 20.09.2019.

Código Civil comentado e anotado   Arts. 1.368-C a 1.368-E

§ 3º O registro dos regulamentos dos fundos de investimentos na Comissão de Valores Mobiliários é condição suficiente para garantir a sua publicidade e a oponibilidade de efeitos em relação a terceiros.
Parágrafo acrescentado pela Lei n. 13.874, de 20.09.2019.

A Lei n. 13.874/2019 incluiu o Capítulo X no Título III do Livro III do Código Civil. A rigor, trata-se da figura do Fundo de Investimento, que o art. 1.368-C cuidou de trazer conceito, determinando se tratar da comunhão de recursos, constituído sob a forma de condomínio de natureza especial, destinado à aplicação em ativos financeiros, bens e direitos de qualquer natureza.

Mas o § 1º do artigo desde logo determina que não se aplicam ao fundo de investimento as disposições constantes dos arts. 1.314 (que cuida dos direitos inerentes ao proprietário em condomínio) e 1.358-A do diploma civilista pátrio (que cuida da multipropriedade).

Cabe à Comissão de Valores Mobiliários (CVM) disciplinar as questões atinentes ao fundo, e o registro dos regulamentos dos fundos de investimentos na Comissão de Valores Mobiliários é condição suficiente para garantir a sua publicidade e a oponibilidade de efeitos em relação a terceiros.

Art. 1.368-D. O regulamento do fundo de investimento poderá, observado o disposto na regulamentação a que se refere o § 2º do art. 1.368-C desta Lei, estabelecer:
I – a limitação da responsabilidade de cada investidor ao valor de suas cotas;
II – a limitação da responsabilidade, bem como parâmetros de sua aferição, dos prestadores de serviços do fundo de investimento, perante o condomínio e entre si, ao cumprimento dos deveres particulares de cada um, sem solidariedade; e
III – classes de cotas com direitos e obrigações distintos, com possibilidade de constituir patrimônio segregado para cada classe.
Caput e incisos acrescentados pela Lei n. 13.874, de 20.09.2019.
§ 1º A adoção da responsabilidade limitada por fundo de investimento constituído sem a limitação de responsabilidade somente abrangerá fatos ocorridos após a respectiva mudança em seu regulamento.
Parágrafo acrescentado pela Lei n. 13.874, de 20.09.2019.
§ 2º A avaliação de responsabilidade dos prestadores de serviço deverá levar sempre em consideração os riscos inerentes às aplicações nos mercados de atuação do fundo de investimento e a natureza de obrigação de meio de seus serviços.
Parágrafo acrescentado pela Lei n. 13.874, de 20.09.2019.
§ 3º O patrimônio segregado referido no inciso III do caput deste artigo só responderá por obrigações vinculadas à classe respectiva, nos termos do regulamento.
Parágrafo acrescentado pela Lei n. 13.874, de 20.09.2019.

O Fundo de Investimento pode estabelecer: (i) a limitação da responsabilidade de cada investidor ao valor de suas cotas; (ii) a limitação da responsabilidade, bem como parâmetros de sua aferição, dos prestadores de serviços do fundo de investimento, perante o condomínio e entre si, ao cumprimento dos deveres particulares de cada um, sem solidariedade; e (iii) as classes de cotas com direitos e obrigações distintos, com possibilidade de constituir patrimônio segregado para cada classe.

Art. 1.368-E. Os fundos de investimento respondem diretamente pelas obrigações legais e contratuais por eles assumidas, e os prestadores de serviço não respondem por essas obrigações, mas respondem pelos prejuízos que causarem quando procederem com dolo ou má-fé.

Arts. 1.368-E a 1.369   Almeida Guilherme

Caput acrescentado pela Lei n. 13.874, de 20.09.2019.

§ 1º Se o fundo de investimento com limitação de responsabilidade não possuir patrimônio suficiente para responder por suas dívidas, aplicam-se as regras de insolvência previstas nos arts. 955 a 965 deste Código.

Parágrafo acrescentado pela Lei n. 13.874, de 20.09.2019.

§ 2º A insolvência pode ser requerida judicialmente por credores, por deliberação própria dos cotistas do fundo de investimento, nos termos de seu regulamento, ou pela Comissão de Valores Mobiliários.

Parágrafo acrescentado pela Lei n. 13.874, de 20.09.2019.

O artigo determina que são os próprios fundos de investimento que respondem de forma direta pelas obrigações legais e contratuais por eles assumidas, ficando os prestadores de serviço desincumbidos de responsabilidade por tais obrigações. Porém, os prestadores de serviços respondem pelos prejuízos que causarem quando procederem com dolo ou má-fé.

Já se o fundo de investimento com limitação de responsabilidade não tiver patrimônio suficiente para responder por suas dívidas, são aplicadas as regras de insolvência previstas nos arts. 955 a 965 do Código Civil.

Por último, a insolvência pode ser requerida judicialmente por credores, por deliberação própria dos cotistas do fundo de investimento, nos termos de seu regulamento, ou pela Comissão de Valores Mobiliários.

Art. 1.368-F. O fundo de investimento constituído por lei específica e regulamentado pela Comissão de Valores Mobiliários deverá, no que couber, seguir as disposições deste Capítulo.

Artigo acrescentado pela Lei n. 13.874, de 20.09.2019.

O último artigo referente ao fundo de investimento determina que este, se constituído por lei específica e se regulamentado pela CVM, deverá, no que for aplicável, seguir as disposições do Código Civil.

TÍTULO IV
DA SUPERFÍCIE

Art. 1.369. O proprietário pode conceder a outrem o direito de construir ou de plantar em seu terreno, por tempo determinado, mediante escritura pública devidamente registrada no Cartório de Registro de Imóveis.

Parágrafo único. O direito de superfície não autoriza obra no subsolo, salvo se for inerente ao objeto da concessão.

➡ Sem correspondência no CC/1916.

Da superfície. É o direito real de fruição de coisa alheia, por meio do qual o proprietário concede a outrem (superficiário) o direito de construir ou plantar em seu terreno, por tempo determinado, a título gratuito ou oneroso, mediante escritura pública registrada no Cartório de Imóveis. Esse direito é transmissível por ato *inter vivos* ou *causa mortis*. Será extinta se, antes do termo final, o superficiário der destinação diversa ao terreno. Com a extinção, por qualquer de suas formas, o proprietário passará a ter a propriedade plena do imóvel. Em caso de desapropriação, a indenização será do proprietário e do superficiário, na proporção do direito real de cada um (art. 1.376 do CC).

Código Civil comentado e anotado   Arts. 1.369 a 1.372

■ Enunciado n. 93 da I Jornada de Direito Civil: "As normas previstas no Código Civil sobre direito de superfície não revogam as relativas a direito de superfície constantes do Estatuto da Cidade (Lei n. 10.257/2001) por ser instrumento de política de desenvolvimento urbano".

■ Enunciado n. 249 da III Jornada de Direito Civil: "A propriedade superficiária pode ser autonomamente objeto de direitos reais de gozo e de garantia, cujo prazo não exceda a duração da concessão da superfície, não se lhe aplicando o art. 1.474".

■ Enunciado n. 250 da III Jornada de Direito Civil: "Admite-se a constituição do direito de superfície por cisão".

■ Enunciado n. 321 da IV Jornada de Direito Civil: "O Código de Defesa do Consumidor é aplicável à relação jurídica entre a entidade de previdência privada e seus participantes".

■ Enunciado n. 568 da VI Jornada de Direito Civil: "O direito de superfície abrange o direito de utilizar o solo, o subsolo ou o espaço aéreo relativo ao terreno, na forma estabelecida no contrato, admitindo-se o direito de sobrelevação, atendida a legislação urbanística".

Art. 1.370. A concessão da superfície será gratuita ou onerosa; se onerosa, estipularão as partes se o pagamento será feito de uma só vez, ou parceladamente.

➡ Sem correspondência no CC/1916.

É facultado às partes decidir se a concessão de direito real de propriedade será feita a título oneroso ou gratuito. Caso o seja a título oneroso, podem acordar livremente se o pagamento se dará em parcela única ou em várias.

Art. 1.371. O superficiário responderá pelos encargos e tributos que incidirem sobre o imóvel.

➡ Sem correspondência no CC/1916.

Aquele que recebeu o direito de uso da superfície ficará responsável também pelos encargos e tributos que venham a incidir sobre o imóvel (taxa de luz, água, IPTU, ITR etc.).

■ Enunciado n. 94 da I Jornada de Direito Civil: "As partes têm plena liberdade para deliberar, no contrato respectivo, sobre o rateio dos encargos e tributos que incidirão sobre a área objeto da concessão do direito de superfície".

Art. 1.372. O direito de superfície pode transferir-se a terceiros e, por morte do superficiário, aos seus herdeiros.
Parágrafo único. Não poderá ser estipulado pelo concedente, a nenhum título, qualquer pagamento pela transferência.

➡ Sem correspondência no CC/1916.

769

Arts. 1.372 a 1.375   Almeida Guilherme

O superficiário poderá transferir o direito de uso de superfície a terceiro, e no caso de morte, haverá transmissão a seus herdeiros. O parágrafo único do art. 1.372 veda que o concedente exija qualquer tipo de pagamento em razão da transferência, buscando evitar a ocorrência de especulações.

Art. 1.373. Em caso de alienação do imóvel ou do direito de superfície, o superficiário ou o proprietário tem direito de preferência, em igualdade de condições.

➡ Sem correspondência no CC/1916.

O Código estabelece que, em caso de alienação do imóvel ou da área reservada ao direito de superfície, tem direito de preferência o superficiário no primeiro caso e o proprietário no segundo caso. Por exemplo, em casos em que o proprietário venha a alienar o imóvel, o superficiário terá preferência para realizar a compra, assim como em casos em que o superficiário querendo vender seu direito de superfície, o proprietário terá preferência, nas mesmas condições oferecidas a terceiros que desejassem adquirir os bens.

■ Enunciado n. 510 da V Jornada de Direito Civil: "Ao superficiário que não foi previamente notificado pelo proprietário para exercer o direito de preferência previsto no art. 1.373 do CC é assegurado o direito de, no prazo de seis meses, contado do registro da alienação, adjudicar para si o bem mediante depósito do preço".

Art. 1.374. Antes do termo final, resolver-se-á a concessão se o superficiário der ao terreno destinação diversa daquela para que foi concedida.

➡ Sem correspondência no CC/1916.

Uma das formas de extinção do direito real de superfície, antes do termo final estabelecido pelas partes, é caso o superficiário dê ao terreno destinação diversa da acordada quando da concessão.

Art. 1.375. Extinta a concessão, o proprietário passará a ter a propriedade plena sobre o terreno, construção ou plantação, independentemente de indenização, se as partes não houverem estipulado o contrário.

➡ Sem correspondência no CC/1916.

Caso nada tenha sido acertado entre as partes previamente, finda a concessão de superfície, o proprietário terá direito sobre o terreno antes cedido, as construções ou plantações ali realizadas, independentemente de indenização, desde que não haja estipulação diversa. Logo, essa extinção deverá ser averbada no Registro Imobiliário (art. 167, II, 20, da Lei n. 6.015/73).

770

Código Civil comentado e anotado   Arts. 1.376 a 1.378

Art. 1.376. No caso de extinção do direito de superfície em consequência de desapropriação, a indenização cabe ao proprietário e ao superficiário, no valor correspondente ao direito real de cada um.

➥ Sem correspondência no CC/1916.

Caso o imóvel como um todo seja desapropriado, causando a extinção do direito de superfície, tanto o superficiário como o proprietário serão indenizados proporcionalmente à fração do direito real de cada um.

▪ Enunciado n. 322 da IV Jornada de Direito Civil: "O momento da desapropriação e as condições da concessão superficiária serão considerados para fins da divisão do montante indenizatório (art. 1.376), constituindo-se litisconsórcio passivo necessário simples entre proprietário e superficiário".

Art. 1.377. O direito de superfície, constituído por pessoa jurídica de direito público interno, rege-se por este Código, no que não for diversamente disciplinado em lei especial.

➥ Sem correspondência no CC/1916.

Pessoas jurídicas de direito público interno (art. 41 do CC) podem também estabelecer direito real de superfície. As regras presentes no Código Civil serão aplicadas quando não houver disposição em lei especial.

TÍTULO V
DAS SERVIDÕES

▪ Súmula n. 120 do STF: "Parede de tijolos de vidro translúcido pode ser levantada a menos de metro e meio do prédio vizinho, não importando servidão sobre ele".

▪ Súmula n. 415 do STF: "Servidão de trânsito não titulada, mas tornada permanente, sobretudo pela natureza das obras realizadas, considera-se aparente, conferindo direito à proteção possessória".

▪ Súmula n. 56 do STJ: "Na desapropriação para instituir servidão administrativa são devidos os juros compensatórios pela limitação de uso da propriedade".

CAPÍTULO I
DA CONSTITUIÇÃO DAS SERVIDÕES

Art. 1.378. A servidão proporciona utilidade para o prédio dominante, e grava o prédio serviente, que pertence a diverso dono, e constitui-se mediante declaração expressa dos proprietários, ou por testamento, e subsequente registro no Cartório de Registro de Imóveis.

➥ Veja arts. 695 e 697 do CC/1916.

Das servidões prediais. Trata-se de direito real que recai sobre o prédio (serviente) em proveito de outro (dominante). É instituída por meio de declaração expressa dos proprietários

Arts. 1.378 e 1.379

ou por testamento, com registro no Cartório de Imóveis. Quanto às servidões, vigora o princípio da indivisibilidade, pois grava o prédio como um todo, não podendo ser dividida.

As servidões poderão ser classificadas em:

(i) aparentes: visíveis por sinais exteriores;

(ii) não aparentes: não se revelam por sinais exteriores;

(iii) contínuas: o direito é exercido independentemente de ato humano; e

(iv) descontínuas: necessitam da intervenção humana.

Art. 1.379. O exercício incontestado e contínuo de uma servidão aparente, por dez anos, nos termos do art. 1.242, autoriza o interessado a registrá-la em seu nome no Registro de Imóveis, valendo-lhe como título a sentença que julgar consumado a usucapião.

Parágrafo único. Se o possuidor não tiver título, o prazo da usucapião será de vinte anos.

➡ Veja art. 698 do CC/1916.

Caso exista **servidão aparente** – aquela visível a olho nu – e esta esteja estabelecida, com justo título, contínua e pacificamente por dez anos, nos termos estabelecidos pelo art. 1.242, o interessado pode registrá-la no Cartório de Registro de Imóveis, em seu nome, após o citado prazo de dez anos. Em caso de ação de usucapião, a sentença que julga consumada a usucapião servirá como título. Caso não possua título, o prazo para aquisição da usucapião dobra, sendo de vinte anos (usucapião extraordinária). Contudo, o Enunciado n. 251 da III Jornada de Direito Civil assim entendeu em relação ao prazo: "O prazo máximo para o usucapião extraordinário de servidões deve ser de 15 anos, em conformidade com o sistema geral de usucapião previsto no Código Civil".

▪ Súmula n. 415 do STF: "Servidão de trânsito não titulada, mas tornada permanente, sobretudo pela natureza das obras realizadas, considera-se aparente, conferindo direito à proteção possessória".

▪ Enunciado n. 251 da III Jornada de Direito Civil: "O prazo máximo para o usucapião extraordinário de servidões deve ser de quinze anos, em conformidade com o sistema geral de usucapião previsto no Código Civil".

▪ Apelação cível. Ação de manutenção de posse direito à passagem forçada. Ausência de encravamento. Imóvel acessível por estrada pública. Servidão de passagem. Inexistência de título. Não comprovação dos requisitos da usucapião. Mera tolerância de trânsito. Situação que não externa posse. Não há falar em direito de passagem forçada quando o imóvel que o sustenta não é encravado, por ter acesso direito por estrada pública. A servidão não se presume e exige a prova de sua constituição, seja por ato de vontade unilateral (testamento), seja bilateral (contrato), exigindo-se, em ambos os casos, o registro em Cartório de Registro de Imóveis de que trata o art. 1.378, do CC. A usucapião de servidão de passagem somente pode ser reconhecida se preenchidos os requisitos do art. 1.379 do CC: exercício inconteste e continuo da posse sobre servidão aparente por 20 anos. Nesse ponto, esclareço que, consoante já esclarecido [sic], o ônus da prova acerca da existência da servidão, que não se presume, era exclusivamente do requerente. A simples tolerância do trânsito de vizinho pelo proprietário do imóvel se enquadra na espécie de servidão não aparente, diante da ausência de sinais perceptíveis do exercício de posse por aquele. Consoante lição da doutrina, "A usucapião não se concretizará quando a servidão é despida de sinais exteriores de existência. As servidões não aparentes ou descontínuas só se adqui-

Código Civil comentado e anotado   Arts. 1.379 a 1.382

rem pelo registro, posto insuscetíveis de posse". O direito de passagem forçada é advindo das relações de vizinhança e consiste em um ônus imposto à propriedade de um vizinho para que o outro possa ter acesso à via pública, a uma nascente ou a um porto. Encontra previsão no art. 1.285 do CC/2002 e pressupõe o encravamento do prédio daquele que requer a passagem. Já a servidão de passagem é um direito real sobre coisa alheia, instituído para aumentar a comodidade e a utilidade do prédio dominante, não estando condicionado, portanto, à inexistência de saída para a via pública, fonte ou porto. Está previsto no art. 1.378 do CCB/2002 e constitui-se mediante declaração expressa dos proprietários, por testamento, ou até mesmo pelo exercício incontestado que leva à consumação pelo usucapião, como prescreve o art. 1.379, também da lei substantiva civil. Não se tratando de passagem forçada, torna-se irrelevante a discussão acerca do encravamento da propriedade rural do autor, restando apenas perquirir a eventual constituição de servidão. A Súmula n. 415, do STF, prescreve que: "Servidão de trânsito não titulada, mas tornada permanente, sobretudo pela natureza das obras realizadas, considera-se aparente, conferindo direito a proteção possessória". A ação de reintegração de posse tem como finalidade a retomada da posse, em caso de esbulho. Daí decorre que, para o manejo desta ação, devem estar devidamente comprovados a posse, o esbulho praticado pelo réu, sua data, além da consequente perda da posse. Demonstrados os requisitos indispensáveis, procede o pedido possessório. (TJMG, Ap. Cível n. 1.0049.14.000355-6/001, 17ª Câm. Cível, rel. Des. Leite Praça, j. 26.02.2015)

CAPÍTULO II
DO EXERCÍCIO DAS SERVIDÕES

Art. 1.380. O dono de uma servidão pode fazer todas as obras necessárias à sua conservação e uso, e, se a servidão pertencer a mais de um prédio, serão as despesas rateadas entre os respectivos donos.

➡ Veja art. 699 do CC/1916.

O dono do prédio serviente está obrigado a suportar as obras feitas pelo proprietário do prédio dominante, para garantir o uso e a conservação da servidão. Caso a servidão seja de mais de um prédio, os respectivos donos irão arcar com o rateio das despesas.

Art. 1.381. As obras a que se refere o artigo antecedente devem ser feitas pelo dono do prédio dominante, se o contrário não dispuser expressamente o título.

➡ Veja art. 700 do CC/1916.

Caso não haja nenhuma determinação no título que institui a servidão, a responsabilidade pela execução das obras mencionadas no art. 1.380 (conservação e uso) é do dono do prédio dominante.

Art. 1.382. Quando a obrigação incumbir ao dono do prédio serviente, este poderá exonerar-se, abandonando, total ou parcialmente, a propriedade ao dono do dominante.
Parágrafo único. Se o proprietário do prédio dominante se recusar a receber a propriedade do serviente, ou parte dela, caber-lhe-á custear as obras.

773

Arts. 1.382 a 1.384 — Almeida Guilherme

➡ Veja art. 701 do CC/1916.

Caso haja determinação no título que institui a servidão, obrigando o dono do prédio serviente a realizar as obras descritas no art. 1.380, este poderá exonerar-se dessa obrigação, abandonando, total ou parcialmente, a propriedade ao dono do prédio dominante. Se não aceitar o dono do prédio dominante a propriedade do prédio serviente, deverá então custear as obras.

Art. 1.383. O dono do prédio serviente não poderá embaraçar de modo algum o exercício legítimo da servidão.

➡ Veja art. 702 do CC/1916.

A servidão não pode receber nenhum tipo de oposição do dono do prédio serviente. Como ensina Maria Helena Diniz (*Curso de direito civil*, v. IV, p. 290), "O dono do prédio serviente terá o dever de respeitar o uso normal e legítimo da servidão, seja ela positiva ou negativa, de forma que, se vier a impedir o proprietário do prédio dominante de usufruir das vantagens decorrentes da servidão, diminuindo ou prejudicando seu uso, ou de realizar obras necessárias para sua conservação ou utilização, este poderá lançar mão da ação de manutenção de posse, de reintegração de posse e de interdito proibitório, para defender seus direitos. E o dono do prédio serviente, pelos incômodos e gravames que causar, poderá ter a obrigação de repor as coisas ao estado anterior, além de indenizar as perdas e danos que advierem".

■ Ação de reintegração de posse com pedido liminar. Servidão. Sentença satisfatoriamente fundamentada. Inexistência de nulidade. Acesso à garagem Realização de obras pelo requerido que promovem restrição de passagem pelo local. Necessidade de desfazimento. Obra que promoveu embaraço ao uso da servidão. Dicção do art. 1.383 do CC. Sentença de procedência parcial mantida. Recurso não provido. (TJSP, Ap. n. 0063753-05.2012.8.26.0100, 14ª Câm. de Dir. Priv., rel. Marcia Dalla Déa Barone, j. 11.03.2015)

Art. 1.384. A servidão pode ser removida, de um local para outro, pelo dono do prédio serviente e à sua custa, se em nada diminuir as vantagens do prédio dominante, ou pelo dono deste e à sua custa, se houver considerável incremento da utilidade e não prejudicar o prédio serviente.

➡ Veja art. 703 do CC/1916.

Por uma questão de conveniência, sem que haja qualquer prejuízo ao dono do prédio dominante, às suas próprias custas, poderá o dono do prédio serviente mover a servidão para outro local. Se houver possibilidade de incremento da utilidade e não houver prejuízo ao prédio serviente, o dono do prédio dominante poderá, arcando com as despesas, mover a servidão.

■ Apelação cível. Servidão. Ação de mudança de servidão. Requisitos do art. 1.384 do CC não preenchidos. As provas coligidas aos autos, não permitem o acolhimento do pedido de alteração do local da servidão, porquanto atestam que não há incremento da utilidade desta ao autor, além de afirmarem que a sua mudança trará prejuízo ao proprietário do imóvel serviente, indo de encontro ao disposto no art.

Código Civil comentado e anotado   Arts. 1.384 a 1.387

1.384 do CC. Apelação desprovida. Unânime. (TJRS, Ap. Cível n. 70.030.353.684, 18ª Câm. Cível, rel. Elaine Maria Canto da Fonseca, j. 30.10.2014)

Art. 1.385. Restringir-se-á o exercício da servidão às necessidades do prédio dominante, evitando-se, quanto possível, agravar o encargo ao prédio serviente.

§ 1º Constituída para certo fim, a servidão não se pode ampliar a outro.

§ 2º Nas servidões de trânsito, a de maior inclui a de menor ônus, e a menor exclui a mais onerosa.

§ 3º Se as necessidades da cultura, ou da indústria, do prédio dominante impuserem à servidão maior largueza, o dono do serviente é obrigado a sofrê-la; mas tem direito a ser indenizado pelo excesso.

➡ Veja arts. 704 a 706 do CC/1916.

As servidões deverão estar restritas às necessidades do prédio dominante.

Não é possível que se amplie a servidão, se instituída para um fim, abarcando outro. Nas chamadas servidões de passagem, as de maior trânsito incluem as de menor também, e caso sejam instituídas a de menor trânsito, não há que se falar em se sofrer também de maior trânsito. Caso seja necessário ampliar a servidão, o prédio serviente deverá suportá-la, mas cabe pedido de indenização pelo excesso.

■ Súmula n. 415 do STF: "Servidão de trânsito não titulada, mas tornada permanente, sobretudo pela natureza das obras realizadas, considera-se aparente, conferindo direito à proteção possessória".

Art. 1.386. As servidões prediais são indivisíveis, e subsistem, no caso de divisão dos imóveis, em benefício de cada uma das porções do prédio dominante, e continuam a gravar cada uma das do prédio serviente, salvo se, por natureza, ou destino, só se aplicarem a certa parte de um ou de outro.

➡ Veja art. 707 do CC/1916.

Não é possível a divisão de uma servidão, permanecendo esta caso os imóveis sejam divididos, tanto os dominantes como os servientes. Só deixará de gravar um dos imóveis que surgiram após a divisão se, por razão da natureza ou finalidade da servidão, não mais atingirem esse novo prédio.

CAPÍTULO III
DA EXTINÇÃO DAS SERVIDÕES

Art. 1.387. Salvo nas desapropriações, a servidão, uma vez registrada, só se extingue, com respeito a terceiros, quando cancelada.

Parágrafo único. Se o prédio dominante estiver hipotecado, e a servidão se mencionar no título hipotecário, será também preciso, para a cancelar, o consentimento do credor.

➡ Veja arts. 708 e 712 do CC/1916.

775

Arts. 1.387 e 1.388   Almeida Guilherme

Extinção das servidões. As servidões registradas somente extinguir-se-ão quando do cancelamento do registro do seu título constitutivo. Também poderão ser extintas pela desapropriação. São formas peculiares de extinção da servidão, independentemente do consentimento do prédio dominante: renúncia, perda da utilidade ou comodidade e resgate (art. 1.388 do CC). Extingue-se a servidão, ainda, pelas seguintes ocorrências: confusão entre os dois prédios, supressão de obras e não uso durante dez anos contínuos (art. 1.389 do CC). O cancelamento da servidão com existência de hipoteca se dará quando o prédio dominante estiver hipotecado, e para o cancelamento serão exigidos alguns requisitos como: o consenso expresso do credor hipotecário, a menção da servidão no título hipotecário, mesmo que tenha sido extinta pelas causas apresentadas nos arts. 1.388 e 1.389 do CC.

Art. 1.388. O dono do prédio serviente tem direito, pelos meios judiciais, ao cancelamento do registro, embora o dono do prédio dominante lho impugne:
I – quando o titular houver renunciado a sua servidão;
II – quando tiver cessado, para o prédio dominante, a utilidade ou a comodidade, que determinou a constituição da servidão;
III – quando o dono do prédio serviente resgatar a servidão.

➥ Veja art. 709 do CC/1916.

O dono do prédio serviente pode, judicialmente, requisitar o cancelamento do registro de servidão, quando o dono do prédio dominante houver renunciado à servidão, quando não houver mais na servidão utilidade ou comodidade ou quando o dono do prédio serviente resgatar a servidão. É possível que o dono do prédio dominante questione quaisquer dessas alegações.

▪ Apelação cível. Ação declaratória de cancelamento de servidão predial julgada em conjunto com ação de nunciação de obra nova. Consoante disposto no art. 1.388 do CC [...]. No caso em exame, não demonstrada pelos autores a cessação, para o prédio dominante, da utilidade ou comodidade que determinou a constituição da servidão, não há falar em cancelamento. As astreintes visam ao resultado prático da medida, sem caráter punitivo, mas sim preventivo, ao efeito de impedir o descumprimento da decisão judicial, pois seu objetivo é compensar eventual lesão que a parte possa sofrer em função de seu descumprimento. O juiz poderá, de ofício, modificar o valor ou a periodicidade da multa, caso verifique que se tornou insuficiente ou excessiva. Comprovado o descumprimento da liminar deferida na ação de nunciação de obra nova para o embargo da construção, vai mantida a multa imposta. A ausência de condenação dos autores, ora apelantes, na parte dispositiva da sentença em relação à multa consolidada pelo descumprimento da liminar de embargo da obra, não torna incabível a sua exigibilidade já que fixada em momento anterior, sendo possível a sua execução em autos apartados. O valor fixado, todavia, se mostra elevado, merecendo ser reduzido para R$ 7.500,00. Já o valor da multa diária fixada na sentença para o caso de descumprimento da obrigação de fazer vai mantido, pois fixado em patamar inferior ao adotado por esta Câmara, sendo impositiva apenas a limitação de incidência em 30 (trinta) dias. Ausentes as hipóteses previstas no art. 17 do CPC, vai desacolhido o pedido de condenação da parte apelada nas penas por litigância de má-fé. A determinação de majoração dos honorários advocatícios em caso de interposição de recurso deve ser afastada. Precedentes jurisprudenciais desta Corte. Deram parcial provimento à apelação. Unânime. (TJRS, Ap. Cível n. 70.059.545.665, 20ª Câm. Cível, rel. Walda Maria Melo Pierro, j. 11.03.2015)

776

Código Civil comentado e anotado   Arts. 1.389 a 1.391

Art. 1.389. Também se extingue a servidão, ficando ao dono do prédio serviente a faculdade de fazê-la cancelar, mediante a prova da extinção:
I – pela reunião dos dois prédios no domínio da mesma pessoa;
II – pela supressão das respectivas obras por efeito de contrato, ou de outro título expresso;
III – pelo não uso, durante dez anos contínuos.

➡ Veja arts. 710 e 711 do CC/1916.

O art. 1.389 traz outras hipóteses de extinção da servidão. É possível que, se houvesse servidão para comunicação de dois prédios dominantes, tenham estes se unido e não tenha mais utilidade a servidão. Pode haver extinção também em razão da supressão das obras da servidão, por efeito contratual ou outro título que expressamente declare essa supressão. Pode ser, por fim, que não haja uso da servidão por dez anos contínuos, situação em que se extinguirá.

TÍTULO VI
DO USUFRUTO

CAPÍTULO I
DISPOSIÇÕES GERAIS

Art. 1.390. O usufruto pode recair em um ou mais bens, móveis ou imóveis, em um patrimônio inteiro, ou parte deste, abrangendo-lhe, no todo ou em parte, os frutos e utilidades.

➡ Veja art. 714 do CC/1916.

Usufruto. É o direito real que confere ao usufrutuário os direitos de uso e gozo sobre coisa alheia (nu-proprietário). Pode recair em um ou mais bens, móveis (infungíveis e inconsumíveis) ou imóveis, em um patrimônio inteiro, ou em parte deste, abrangendo, no todo ou em parte, os frutos e utilidades. O usufruto de imóveis, que não resultar de usucapião, deverá ter registro no Cartório de Imóveis (Lei n. 6.015/73). O direito real de usufruto não pode ser alienado, mas o seu exercício poderá ser cedido a título gratuito ou oneroso (art. 1.393 do CC). O usufrutuário tem direito à posse, ao uso, à administração e à percepção de frutos. Porém, terá o dever de inventariar os bens móveis antes de assumir o usufruto.

Direito real sobre coisa alheia, temporário, intransmissível e inalienável, personalíssimo e impenhorável.

Art. 1.391. O usufruto de imóveis, quando não resulte de usucapião, constituir-se-á mediante registro no Cartório de Registro de Imóveis.

➡ Veja art. 715 do CC/1916.

Para a constituição do usufruto que não seja fruto de usucapião, é necessário seu registro no Cartório de Registro de Imóveis da situação do imóvel gravado. Com isso, o usufruto torna-se oponível contra terceiros, já que é direito real. *Vide* arts. 867 a 869 do CPC/2015.

777

Arts. 1.392 e 1.393   Almeida Guilherme

Art. 1.392. Salvo disposição em contrário, o usufruto estende-se aos acessórios da coisa e seus acrescidos.

§ 1º Se, entre os acessórios e os acrescidos, houver coisas consumíveis, terá o usufrutuário o dever de restituir, findo o usufruto, as que ainda houver e, das outras, o equivalente em gênero, qualidade e quantidade, ou, não sendo possível, o seu valor, estimado ao tempo da restituição.

§ 2º Se há no prédio em que recai o usufruto florestas ou os recursos minerais a que se refere o art. 1.230, devem o dono e o usufrutuário prefixar-lhe a extensão do gozo e a maneira de exploração.

§ 3º Se o usufruto recai sobre universalidade ou quota-parte de bens, o usufrutuário tem direito à parte do tesouro achado por outrem, e ao preço pago pelo vizinho do prédio usufruído, para obter meação em parede, cerca, muro, vala ou valado.

➡ Veja arts. 716 e 725 a 728 do CC/1916.

Uma vez que não há exceção ao preceito de que o acessório segue o principal, sendo estabelecido usufruto, este se estenderá aos acessórios e acrescidos, exceto se houver no título alguma determinação em contrário. Tratando-se os acessórios de coisas consumíveis, ao final do usufruto deverá o usufrutuário restituir em mesmo gênero, qualidade e quantidade as que não mais existirem e entregar as que existirem. Havendo florestas ou recursos minerais, deverá haver determinação entre o dono e o usufrutuário da maneira em que serão utilizados esses recursos. Há determinação que garante ao usufrutuário parte do tesouro achado no prédio e da meação em preço pago por parede, cerca, muro, vala ou valado.

Art. 1.393. Não se pode transferir o usufruto por alienação; mas o seu exercício pode ceder-se por título gratuito ou oneroso.

➡ Veja art. 717 do CC/1916.

O usufruto não poderá ser objeto de alienação, reforçando mais ainda seu caráter personalíssimo, porém o simples exercício poderá ser objeto de cessão, tanto gratuitamente como onerosamente.

▪ Agravo de instrumento. Processual civil. Ilegitimidade ativa da agravante. Não caracterização. Pedido de providências ao curador de idosa. Cobrança de aluguel de imóvel com usufruto da interditada. Impossibilidade. Conforme o disposto no art. 1.194 do CPC, "Incumbe ao órgão do Ministério Público, ou a quem tenha legítimo interesse, requerer, nos casos previstos na lei civil, a remoção do tutor ou curador". Desse modo, se o legítimo interessado, categoria na qual se inclui a filha da curatelada, pode requerer a remoção do curador, não há dúvida de que pode também requerer judicialmente providências por parte do curador que, em tese, seriam favoráveis a curatelada. O usufrutuário é titular do domínio útil do bem, uma vez que a ele são reservados os atributos de usar e fruir do bem. Em consonância com o disposto no art. 1.393 do CC, in casu, a usufrutuária, ora agravada, pode não só locar o imóvel, como dele fazer uso da forma que lhe aprouver, inclusive, ceder os seus direitos de uso e fruição a terceiro gratuitamente, ou seja, através de comodato. (TJMG, AI n. 1.0441.13.000561-0/001, 5ª Câm. Cível, rel. Des. Versiani Penna, j. 14.05.2015)

Código Civil comentado e anotado   Arts. 1.394 a 1.397

CAPÍTULO II
DOS DIREITOS DO USUFRUTUÁRIO

Art. 1.394. O usufrutuário tem direito à posse, uso, administração e percepção dos frutos.

➡ Veja art. 718 do CC/1916.

O art. 1.394 elenca os direitos garantidos ao usufrutuário, sendo eles a posse, o uso, a administração e a percepção dos frutos.

■ Agravo de instrumento. Ação de extinção de usufruto. Agravante, nua-proprietária do imóvel, pretende que os réus, usufrutuários do imóvel, sejam proibidos de locarem ou cederem o bem a terceiros. Ausência de verossimilhança ante o que dispõe o art. 1.394 do CC. O contraditório se impõe. Só a existência de prova inequívoca, que convença da verossimilhança das alegações da autora, é que autoriza o provimento antecipatório da tutela jurisdicional em processo de conhecimento. Agravo desprovido. (TJSP, AI. n. 2049283-36.2015.8.26.0000, 8ª Câm. de Dir. Priv., rel. Silvério da Silva, j. 08.07.2015)

Art. 1.395. Quando o usufruto recai em títulos de crédito, o usufrutuário tem direito a perceber os frutos e a cobrar as respectivas dívidas.
Parágrafo único. Cobradas as dívidas, o usufrutuário aplicará, de imediato, a importância em títulos da mesma natureza, ou em títulos da dívida pública federal, com cláusula de atualização monetária segundo índices oficiais regularmente estabelecidos.

➡ Veja art. 719 do CC/1916.

Se houver o usufruto sobre títulos de crédito, poderá também o usufrutuário perceber os frutos provenientes desses títulos, além de cobrar as dívidas a que se referem. O parágrafo único do art. 1.395 determina a destinação dada ao dinheiro, caso o usufrutuário cobre as dívidas: deverá aplicar a quantia em títulos da mesma natureza ou em títulos da dívida pública federal, com cláusula de atualização monetária.

Art. 1.396. Salvo direito adquirido por outrem, o usufrutuário faz seus os frutos naturais, pendentes ao começar o usufruto, sem encargo de pagar as despesas de produção.
Parágrafo único. Os frutos naturais, pendentes ao tempo em que cessa o usufruto, pertencem ao dono, também sem compensação das despesas.

➡ Veja art. 721 do CC/1916.

Salvo direito adquirido por outrem, os frutos pendentes ao começo do usufruto são do usufrutuário, sem que este tenha que arcar com as despesas de sua produção. Frutos pendentes, ao momento do fim do usufruto, pertencerão ao dono do bem, sem que o usufrutuário receba qualquer tipo de compensação, ressalvados os direitos de terceiro de receber frutos ou parte da safra, que os tenha adquirido do nu-proprietário antes de o usufruto constituir-se ou ter-se dado findo.

Art. 1.397. As crias dos animais pertencem ao usufrutuário, deduzidas quantas bastem para inteirar as cabeças de gado existentes ao começar o usufruto.

779

Arts. 1.397 a 1.401   Almeida Guilherme

➡ Veja art. 722 do CC/1916.

De forma análoga aos frutos, as crias de animais sobre os quais recaírem o usufruto – ou que se encontrem em propriedade em que haja o usufruto – serão do usufrutuário. Porém, ao final do usufruto, o usufrutuário deverá entregar ao proprietário o mesmo número de animais que havia no início do instituto. Dessa forma, deverá entregar alguns dos animais que tomou para si, se houverem morrido alguns dos previamente pertencentes ao proprietário.

Art. 1.398. Os frutos civis, vencidos na data inicial do usufruto, pertencem ao proprietário, e ao usufrutuário os vencidos na data em que cessa o usufruto.

➡ Veja art. 723 do CC/1916.

Na data em que tem início o usufruto, os frutos civis vencidos pertencerão ao proprietário. Aqueles, por sua vez, que estiverem vencidos no dia em que se encerre o usufruto, pertencerão ainda ao usufrutuário.

Frutos civis. Juros, rendimentos, aluguéis etc.

Art. 1.399. O usufrutuário pode usufruir em pessoa, ou mediante arrendamento, o prédio, mas não mudar-lhe a destinação econômica, sem expressa autorização do proprietário.

➡ Veja art. 724 do CC/1916.

Como fazem parte dos direitos do usufrutuário o uso, o gozo e a administração da coisa usufruída, ele poderá explorá-la pessoalmente ou mediante arrendamento. No entanto, para modificar a destinação econômica da propriedade, deverá obter autorização expressa do proprietário.

CAPÍTULO III
DOS DEVERES DO USUFRUTUÁRIO

Art. 1.400. O usufrutuário, antes de assumir o usufruto, inventariará, à sua custa, os bens que receber, determinando o estado em que se acham, e dará caução, fidejussória ou real, se lha exigir o dono, de velar-lhes pela conservação, e entregá-los findo o usufruto.

Parágrafo único. Não é obrigado à caução o doador que se reservar o usufruto da coisa doada.

➡ Veja arts. 729 e 731 do CC/1916.

A fim de garantir que, ao final do usufruto, a coisa seja entregue no estado em que estava, o usufrutuário deverá inventariar o que recebeu, às suas próprias custas, e prestar caução, se assim lhe exigir o proprietário, para que vele pela conservação e entrega do bem ao final. No caso de doador que faz cláusula de usufruto, não é obrigatório que haja caução.

Art. 1.401. O usufrutuário que não quiser ou não puder dar caução suficiente perderá o direito de administrar o usufruto; e, neste caso, os bens serão administrados pelo proprietário, que ficará obrigado, mediante caução, a entregar ao usufrutuário o rendimento deles,

Código Civil comentado e anotado   Arts. 1.401 a 1.404

deduzidas as despesas de administração, entre as quais se incluirá a quantia fixada pelo juiz como remuneração do administrador.

➡ Veja art. 730 do CC/1916.

Caso não seja possível que o usufrutuário preste caução – seja por impossibilidade ou caso não deseje –, não poderá administrar o bem, cabendo tal ônus ao proprietário, que se compromete a entregar os rendimentos do bem ao usufrutuário, mediante prestação de caução, deduzindo destes suas próprias despesas com a administração do bem, além de sua remuneração como administrador, fixada pelo magistrado.

Art. 1.402. O usufrutuário não é obrigado a pagar as deteriorações resultantes do exercício regular do usufruto.

➡ Veja art. 732 do CC/1916.

O usufrutuário estará obrigado a pagar por danos que tenha ocasionado ao bem, porém, não deverá quando houver deterioração natural por uso ordinário.

Art. 1.403. Incumbem ao usufrutuário:
I – as despesas ordinárias de conservação dos bens no estado em que os recebeu;
II – as prestações e os tributos devidos pela posse ou rendimento da coisa usufruída.

➡ Veja art. 733 do CC/1916.

O usufrutuário deverá arcar com as despesas de conservação do bem, no estado em que recebeu, e prestações (por exemplo, foros, pensões, seguros, despesas condominiais) e tributos (por exemplo, imposto sobre a renda, IPTU, ITR, taxas etc.) que advenham da posse ou rendimentos ocasionados pelo bem.

▪ Apelação. Extinção de usufruto. Arts. 1.403 e 1.410, VII, do CC. Usufruto estipulado por acordo homologado em ação de separação consensual. Ausência de cumprimento das obrigações do usufrutuário. Sentença mantida. Recurso improvido. (TJSP, Ap. n. 0007093-81.2005.8.26.0505, 13ª Câm. Ext. de Dir. Priv., rel. Mauro Conti Machado, j. 27.05.2015)

Art. 1.404. Incumbem ao dono as reparações extraordinárias e as que não forem de custo módico; mas o usufrutuário lhe pagará os juros do capital despendido com as que forem necessárias à conservação, ou aumentarem o rendimento da coisa usufruída.
§ 1º Não se consideram módicas as despesas superiores a dois terços do líquido rendimento em um ano.
§ 2º Se o dono não fizer as reparações a que está obrigado, e que são indispensáveis à conservação da coisa, o usufrutuário pode realizá-las, cobrando daquele a importância despendida.

➡ Veja art. 734 do CC/1916.

O proprietário deverá arcar com reparações extraordinárias ou de custo muito alto. O usufrutuário, por sua vez, pagará ao proprietário os juros do capital gasto com as reparações

781

Arts. 1.404 a 1.408 — Almeida Guilherme

ordinárias, necessárias à conservação do bem, ou aquelas feitas para aumentar o rendimento do bem. As despesas módicas são aquelas que são inferiores a dois terços do rendimento líquido proporcionado pelo bem em um ano. Caso o dono não realize os reparos necessários à conservação da coisa, o usufrutuário tem a faculdade de realizá-las, cobrando a importância respectiva do proprietário.

Art. 1.405. Se o usufruto recair num patrimônio, ou parte deste, será o usufrutuário obrigado aos juros da dívida que onerar o patrimônio ou a parte dele.

➡ Veja art. 736 do CC/1916.

Caso o usufruto recaia sobre alguma espécie de patrimônio, em sua totalidade ou parcialmente, o usufrutuário estará obrigado aos juros da dívida que onerar esse patrimônio ou parte dele (por exemplo, dívidas quirografárias ou hipotecárias).

Art. 1.406. O usufrutuário é obrigado a dar ciência ao dono de qualquer lesão produzida contra a posse da coisa, ou os direitos deste.

➡ Sem correspondência no CC/1916.

Em decorrência dos direitos que o proprietário detém sobre a propriedade, mesmo após instaurado o usufruto, o usufrutuário é obrigado a avisar o proprietário sobre qualquer lesão produzida contra a posse da coisa, por exemplo, o esbulho ou a turbação, ou os direitos do proprietário sobre o patrimônio.

Art. 1.407. Se a coisa estiver segurada, incumbe ao usufrutuário pagar, durante o usufruto, as contribuições do seguro.
§ 1º Se o usufrutuário fizer o seguro, ao proprietário caberá o direito dele resultante contra o segurador.
§ 2º Em qualquer hipótese, o direito do usufrutuário fica sub-rogado no valor da indenização do seguro.

➡ Veja art. 735 do CC/1916.

Havendo seguro (arts. 757 a 802 do CC) que incida sobre o patrimônio, o usufrutuário deverá pagá-lo. Se o usufrutuário fizer o seguro, o proprietário terá direito contra o segurador, ou seja, em caso de sinistro, receberá o valor da seguradora o proprietário e não o usufrutuário. Em qualquer dos casos, o direito do usufrutuário fica sub-rogado no valor da indenização do seguro.

Art. 1.408. Se um edifício sujeito a usufruto for destruído sem culpa do proprietário, não será este obrigado a reconstruí-lo, nem o usufruto se restabelecerá, se o proprietário reconstruir à sua custa o prédio; mas se a indenização do seguro for aplicada à reconstrução do prédio, restabelecer-se-á o usufruto.

➡ Veja art. 737 do CC/1916.

782

Código Civil comentado e anotado   Arts. 1.408 a 1.410

Caso se perca edifício sobre o qual existe usufruto, e não houver culpa do usufrutuário, ele não estará obrigado a reconstruí-lo e se o proprietário o fizer, estará extinto o usufruto. Porém, se houver a reconstrução em razão de indenização recebida pelo seguro, reconstruído o prédio, estará restaurado o usufruto.

Art. 1.409. Também fica sub-rogada no ônus do usufruto, em lugar do prédio, a indenização paga, se ele for desapropriado, ou a importância do dano, ressarcido pelo terceiro responsável no caso de danificação ou perda.

➡ Veja art. 738 do CC/1916.

Também há sub-rogação do direito do usufrutuário em casos de desapropriação, em que seja paga indenização pelo valor do imóvel desapropriado. Sendo assim, o usufrutuário, na vigência desse instituto, terá direito a usufruir dos rendimentos oriundos daquela indenização.

CAPÍTULO IV
DA EXTINÇÃO DO USUFRUTO

Art. 1.410. O usufruto extingue-se, cancelando-se o registro no Cartório de Registro de Imóveis:
I – pela renúncia ou morte do usufrutuário;
II – pelo termo de sua duração;
III – pela extinção da pessoa jurídica, em favor de quem o usufruto foi constituído, ou, se ela perdurar, pelo decurso de trinta anos da data em que se começou a exercer;
IV – pela cessação do motivo de que se origina;
V – pela destruição da coisa, guardadas as disposições dos arts. 1.407, 1.408, 2ª parte, e 1.409;
VI – pela consolidação;
VII – por culpa do usufrutuário, quando aliena, deteriora, ou deixa arruinar os bens, não lhes acudindo com os reparos de conservação, ou quando, no usufruto de títulos de crédito, não dá às importâncias recebidas a aplicação prevista no parágrafo único do art. 1.395;
VIII – pelo não uso, ou não fruição, da coisa em que o usufruto recai (arts. 1.390 e 1.399).

➡ Veja art. 739 do CC/1916.

Extinção do usufruto. Dá-se a extinção, com cancelamento do registro no Cartório de Imóveis, nas seguintes hipóteses: renúncia ou morte do usufrutuário; termo de sua duração; pela extinção da pessoa jurídica, em favor de quem se conceder o usufruto ou pelo decurso de trinta anos da data em que começou a exercê-lo; cessação do motivo que o origina; destruição da coisa; consolidação, haja vista que ninguém poderá ter usufruto sobre bem próprio; culpa do usufrutuário; e não uso da coisa em que recai o usufruto.

Consolidação. Ocorre quando concentrar-se em uma só pessoa a qualidade de usufrutuário e a de nu-proprietário.

▪ Enunciado n. 252 da III Jornada de Direito Civil: "A extinção do usufruto pelo não uso, de que trata o art. 1.410, VIII, independe do prazo previsto no art. 1.389, III, operando-se imediatamente. Tem-se por desatendida, nesse caso, a função social do instituto".

783

Arts. 1.410 a 1.413   Almeida Guilherme

- Ação de extinção de usufruto. Gravame pactuado vitaliciamente. Ausência de termo, condição ou motivação expressa no título instituidor do ônus real. Cessão gratuita do exercício possessório que não desborda das prerrogativas conferidas à usufrutuária. Hipóteses de extinção do usufruto taxativamente arroladas pelo art. 1.410 do CC não verificadas no caso. Recurso conhecido e desprovido. (TJSC, Ap. Cível n. 2014.079370-6, 6ª Câm. de Dir. Civil, rel. Des. Ronei Danielli, j. 30.06.2015)

Art. 1.411. Constituído o usufruto em favor de duas ou mais pessoas, extinguir-se-á a parte em relação a cada uma das que falecerem, salvo se, por estipulação expressa, o quinhão desses couber ao sobrevivente.

➡ Veja art. 740 do CC/1916.

No **usufruto simultâneo**, instituído em benefício de duas ou mais pessoas, extinguir-se--á, gradativamente, em relação a cada uma das que falecerem, salvo estipulação em contrário.

- Sociedade anônima. Usufruto de ações. Pedido de cancelamento. Extinção sem resolução do mérito. Litispendência descaracterizada. Ausência da tríplice identidade. Ação improcedente. Aplicação do § 3º do art. 515 do CPC. Usufrutuário que falece e deixa cônjuge supérstite. Inteligência do art. 740 do CC/1916 com correspondência no art. 1.411 do CC. Vigente. Observância do direito de acrescer. Improcedência. Apelo provido. (TJSP, Ap. n. 0216168-41.2010.8.26.0100, 1ª Câm. Res. de Dir. Empr., rel. Fortes Barbosa, j. 11.09.2014)

TÍTULO VII
DO USO

Art. 1.412. O usuário usará da coisa e perceberá os seus frutos, quanto o exigirem as necessidades suas e de sua família.
§ 1º Avaliar-se-ão as necessidades pessoais do usuário conforme a sua condição social e o lugar onde viver.
§ 2º As necessidades da família do usuário compreendem as de seu cônjuge, dos filhos solteiros e das pessoas de seu serviço doméstico.

➡ Veja arts. 742 a 744 do CC/1916.

Do uso. É o direito real de fruição que confere ao usuário a autorização de retirar, temporariamente, todas as utilidades, visando a atender as suas necessidades e de sua família. É um direito personalíssimo, não admite a transferência aos herdeiros. É um direito limitado em comparação ao usufruto, admitindo a aplicação das regras relativas ao usufruto que não sejam com ele incompatíveis. O § 2º do art. 1.412 deveria ser revisto porque não traz a amplitude da família excetuada no art. 226 da Constituição Federal/88.

Art. 1.413. São aplicáveis ao uso, no que não for contrário à sua natureza, as disposições relativas ao usufruto.

➡ Veja art. 745 do CC/1916.

Exceto quando contrário ao instituto do uso, aplicam-se as disposições relativas ao usufruto a este também, conforme o art. 1.410 do CC/2002.

Código Civil comentado e anotado

Arts. 1.414 a 1.417

TÍTULO VIII
DA HABITAÇÃO

Art. 1.414. Quando o uso consistir no direito de habitar gratuitamente casa alheia, o titular deste direito não a pode alugar, nem emprestar, mas simplesmente ocupá-la com sua família.

➡ Veja art. 746 do CC/1916.

Da habitação. É um direito real de fruição que consiste em habitar gratuitamente com sua família casa alheia. O seu titular não poderá alugar, nem emprestar o imóvel. Quando conferido a mais de uma pessoa, nenhuma poderá obstar o exercício das outras. Também, aplicam-se as regras do usufruto, no que não for contrário à sua natureza.

Direito real de habitação e suas delimitações. Oriundo do direito romano, no qual era considerado direito pessoal, o direito real de habitação está previsto a partir do art. 1.414 do Código Civil. É um direito real que limita o titular (habitador) a usar o bem (casa alheia) com a exclusiva finalidade de sua moradia e de sua família. Na definição de Orlando Gomes (*Direitos reais*, p. 131), "o direito real de habitação é o uso gratuito de casa de morada". É um direito personalíssimo (inalienável) que não admite transferência de titularidade e que tem finalidade certa, pois o titular não pode utilizar a coisa para fim diverso da moradia.

Art. 1.415. Se o direito real de habitação for conferido a mais de uma pessoa, qualquer delas que sozinha habite a casa não terá de pagar aluguel à outra, ou às outras, mas não as pode inibir de exercerem, querendo, o direito, que também lhes compete, de habitá-la.

➡ Veja art. 747 do CC/1916.

Se duas ou mais pessoas forem contempladas com o direito real de habitação, não poderá exigir uma da outra o pagamento de aluguel, e também não poderá impedir ou dificultar, uma à outra, de exercerem o direito a moradia.

Art. 1.416. São aplicáveis à habitação, no que não for contrário à sua natureza, as disposições relativas ao usufruto.

➡ Veja art. 748 do CC/1916.

O **direito real de habitação** se assemelha com o usufruto, porém sua abrangência é limitada pelo objeto, de modo que o objeto deste "usufruto" é somente o direito a moradia do beneficiário e sua família e a percepção de frutos necessários à sobrevivência.

TÍTULO IX
DO DIREITO DO PROMITENTE COMPRADOR

Art. 1.417. Mediante promessa de compra e venda, em que se não pactuou arrependimento, celebrada por instrumento público ou particular, e registrada no Cartório de Registro de Imóveis, adquire o promitente comprador direito real à aquisição do imóvel.

Arts. 1.417 e 1.418 — Almeida Guilherme

➥ Sem correspondência no CC/1916.
➥ Veja art. 463, parágrafo único, do CC/2002.

A **promessa de compra e venda** que não contenha cláusula de arrependimento, celebrada por instrumento público ou particular, registrada no Cartório de Imóveis, enseja o direito real à aquisição do imóvel pelo promitente comprador. O compromisso irretratável de compra e venda é o contrato pelo qual o comprometente vendedor se obriga a vender determinado imóvel, pelo preço e condições ajustadas ao compromissário comprador. Uma vez pago o preço, tem o compromissário comprador o direito real sobre o bem, podendo exigir a outorga da escritura definitiva. Na sua negativa, poderá ingressar com a ação de adjudicação compulsória, a fim de incorporar judicialmente o imóvel.

■ Súmula n. 76 do STJ: "A falta de registro do compromisso de compra e venda de imóvel não dispensa a prévia interpelação para constituir em mora o devedor".

■ Súmula n. 239 do STJ: "O direito à adjudicação compulsória não se condiciona ao registro do compromisso de compra e venda no cartório de imóveis".

■ Enunciado n. 253 da III Jornada de Direito Civil: "O promitente comprador, titular de direito real (art. 1.417), tem a faculdade de reivindicar de terceiro o imóvel prometido à venda".

Art. 1.418. O promitente comprador, titular de direito real, pode exigir do promitente vendedor, ou de terceiros, a quem os direitos deste forem cedidos, a outorga da escritura definitiva de compra e venda, conforme o disposto no instrumento preliminar; e, se houver recusa, requerer ao juiz a adjudicação do imóvel.

➥ Sem correspondência no CC/1916.

Adjudicação compulsória. O compromissário comprador que paga integralmente o preço estipulado no compromisso de compra e venda tem o direito de exigir que o compromissário vendedor lhe outorgue a escritura definitiva do imóvel. Caso o compromissário vendedor não o faça, o promitente comprador pode ajuizar ação de adjudicação compulsória (art. 1.418 do CC).

■ Súmula n. 239 do STJ: "O direito à adjudicação compulsória não se condiciona ao registro do compromisso de compra e venda no cartório de imóveis".

■ Enunciado n. 95 da I Jornada de Direito Civil: "O direito à adjudicação compulsória (art. 1.418 do novo Código Civil), quando exercido em face do promitente vendedor, não se condiciona ao registro da promessa de compra e venda no cartório de registro imobiliário (Súmula n. 239 do STJ)".

■ Apelação Cível. Ação de adjudicação compulsória. Imprescritibilidade do direito do promitente comprador. Requisitos do art. 1.418 do CC devidamente preenchidos. Pedido a ser acolhido por força no disposto no art. 461 do CPC. A falta de registro dos contratos não impede o acolhimento do pedido, por meio de declaração de vontade, conferindo-se prazo para outorga de escritura pública, sob pena de ser a ausência suprida por determinação judicial. Comprovou-se nos autos que houve o pagamento do valor acordado. As notas promissórias na posse do devedor presume a quitação da dívida, não existindo prova em

Código Civil comentado e anotado   Arts. 1.418 a 1.420

contrário. Apelo provido para, nos termos do art. 461 do CPC, no prazo de quinze dias, os réus outorga-rem a escritura definitiva aos autores, e, não ocorrendo, suprida está a declaração de vontade daqueles para regularização do registro, devendo constar os autores como atuais proprietários. Recurso provido. (TJSP, Ap. n. 0002073-74.2008.8.26.0224, 8ª Câm. de Dir. Priv., rel. Silvério da Silva, j. 21.07.2015)

TÍTULO X
DO PENHOR, DA HIPOTECA E DA ANTICRESE

CAPÍTULO I
DISPOSIÇÕES GERAIS

Art. 1.419. Nas dívidas garantidas por penhor, anticrese ou hipoteca, o bem dado em garantia fica sujeito, por vínculo real, ao cumprimento da obrigação.

➡ Veja art. 755 do CC/1916.

O penhor, a anticrese e a hipoteca são direitos reais de garantia, ou seja, vinculam a obriga-ção diretamente ao bem em caso de inadimplemento, independentemente de direitos pessoais.

Art. 1.420. Só aquele que pode alienar poderá empenhar, hipotecar ou dar em anticre-se; só os bens que se podem alienar poderão ser dados em penhor, anticrese ou hipoteca.

§ 1º A propriedade superveniente torna eficaz, desde o registro, as garantias reais es-tabelecidas por quem não era dono.

§ 2º A coisa comum a dois ou mais proprietários não pode ser dada em garantia real, na sua totalidade, sem o consentimento de todos; mas cada um pode individualmente dar em garantia real a parte que tiver.

➡ Veja arts. 756 e 757 do CC/1916.

Os **direitos reais em garantia** são equiparados à alienação no sentido de se conferir os mesmo efeitos de um a outrem, ou seja, caso a garantia seja executada, importará na sua alie-nação forçada, por isso foi equiparada à alienação. O bem condominial só poderá ser dado, em sua totalidade, com o consentimento de todos, porém cada um poderá, individualmente, dar em garantia real a parte que tiver, levando em consideração que seja um bem divisível.

▪ Enunciado n. 506 da V Jornada de Direito Civil: "Estando em curso contrato de alienação fiduciária, é possível a constituição concomitante de nova garantia fiduciária sobre o mesmo bem imóvel, que, entre-tanto, incidirá sobre a respectiva propriedade superveniente que o fiduciante vier a readquirir, quando do implemento da condição a que estiver subordinada a primeira garantia fiduciária; a nova garantia po-derá ser registrada na data em que convencionada e será eficaz desde a data do registro, produzindo efeito *ex tunc*".

▪ Cautelar para suspensão dos efeitos de hipoteca ajuizada pelo convivente. Indícios que apontam que a sua companheira, sem o seu consentimento, gravou a residência adquirida na constância da união. Interlocutório, que concedeu a liminar requerida na cautelar, mantido. Necessidade da anuência do con-vivente para a validade do ato. Precedentes. O CC impede que a coisa comum a dois ou mais proprie-tários seja dada em garantia real, na sua totalidade, sem o consentimento de todos (art. 1.420, § 2º).

787

Diante disso e porque demonstrado que a alienante e o agravado convivem em união estável, a qual, salvo disposição das partes em contrário, é regida pela comunhão parcial de bens, aliado ao fato que o imóvel foi adquirido em consórcio na constância da união, presume-se que a residência pertence a ambos, o que induz a necessidade da anuência dos conviventes para gravar o referido bem com ônus real. Recurso não provido. (TJSC, AI n. 2014.038070-5, 2ª Câm. de Dir. Civil, rel. Des. Gilberto Gomes de Oliveira, j. 26.02.2015)

Art. 1.421. O pagamento de uma ou mais prestações da dívida não importa exoneração correspondente da garantia, ainda que esta compreenda vários bens, salvo disposição expressa no título ou na quitação.

➡ Veja art. 758 do CC/1916.

Exceto com disposição expressa em sentido contrário, no título que institui o direito real de garantia ou na quitação, só haverá extinção do direito real com o pagamento integral da dívida, em razão da indivisibilidade da garantia real. Não importa se os pagamentos já realizados cobrem o valor do bem dado em garantia, ou no caso de vários bens, se os pagamentos vão gradativamente cobrindo os valores dos bens dados em garantia.

Art. 1.422. O credor hipotecário e o pignoratício têm o direito de excutir a coisa hipotecada ou empenhada, e preferir, no pagamento, a outros credores, observada, quanto à hipoteca, a prioridade no registro.
Parágrafo único. Excetuam-se da regra estabelecida neste artigo as dívidas que, em virtude de outras leis, devam ser pagas precipuamente a quaisquer outros créditos.

➡ Veja art. 759 do CC/1916.

Credores hipotecários e pignoratícios têm direito a realizar a venda em hasta pública do bem dado em garantia, em caso de inadimplência, e possuem preferência no pagamento e prioridade também no registro do imóvel, em caso de hipoteca. A exceção que se faz é quanto a outros créditos que, por força de lei, tenham prioridade no pagamento.

Art. 1.423. O credor anticrético tem direito a reter em seu poder o bem, enquanto a dívida não for paga; extingue-se esse direito decorridos quinze anos da data de sua constituição.

➡ Veja art. 760 do CC/1916.

A **anticrese** nada mais é que o usufruto vinculado a uma dívida, ou seja, é uma garantia prestada pela percepção de frutos de determinado bem. Ao exercer esse direito, o credor anticrético tem o direito de reter o bem até o solvimento completo da dívida, tendo a validade de quinze anos a partir da data da sua constituição.

Art. 1.424. Os contratos de penhor, anticrese e hipoteca declararão, sob pena de não terem eficácia:
I – o valor do crédito, sua estimação, ou valor máximo;
II – o prazo fixado para pagamento;

Código Civil comentado e anotado   Arts. 1.424 e 1.425

III – a taxa dos juros, se houver;
IV – o bem dado em garantia com as suas especificações.

➥ Veja art. 761 do CC/1916.

O art. 1.424 traz requisitos formais para que os contratos de penhor, anticrese e hipoteca tenham a devida eficácia, sendo eles a expressão do valor garantido; sua estimação ou o valor máximo dentro de uma dívida maior; o prazo para pagamento; data a partir de quando se pode exigir as garantias; taxa de juros incidente no atraso, se houver; e detalhamento do bem dado em garantia.

Art. 1.425. A dívida considera-se vencida:
I – se, deteriorando-se, ou depreciando-se o bem dado em segurança, desfalcar a ga-
rantia, e o devedor, intimado, não a reforçar ou substituir;
II – se o devedor cair em insolvência ou falir;
III – se as prestações não forem pontualmente pagas, toda vez que deste modo se achar
estipulado o pagamento. Neste caso, o recebimento posterior da prestação atrasada impor-
ta renúncia do credor ao seu direito de execução imediata;
IV – se perecer o bem dado em garantia, e não for substituído;
V – se se desapropriar o bem dado em garantia, hipótese na qual se depositará a parte
do preço que for necessária para o pagamento integral do credor.
§ 1º Nos casos de perecimento da coisa dada em garantia, esta se sub-rogará na inde-
nização do seguro, ou no ressarcimento do dano, em benefício do credor, a quem assistirá
sobre ela preferência até seu completo reembolso.
§ 2º Nos casos dos incisos IV e V, só se vencerá a hipoteca antes do prazo estipulado,
se o perecimento, ou a desapropriação recair sobre o bem dado em garantia, e esta não abran-
ger outras; subsistindo, no caso contrário, a dívida reduzida, com a respectiva garantia so-
bre os demais bens, não desapropriados ou destruídos.

➥ Veja art. 762 do CC/1916.

O art. 1.425 traz hipóteses de vencimento antecipado da dívida, podendo ocorrer quando:
(i) da deterioração ou depreciação do bem que foi dado em garantia e isso desfalcar o instituto da garantia em si, e o devedor, ao ser informado sobre o ocorrido, não substituir o bem ou reforçar a garantia;
(ii) houver insolvência ou falência do devedor;
(iii) as prestações não forem pagas pontualmente, quando houver tal estipulação no contrato que estabeleceu a obrigação. Há ressalva aqui: caso o credor receba as parcelas, mesmo atrasadas, estará renunciando à possibilidade de executar a totalidade da dívida, como se houvesse vencido;
(iv) houver perecimento do bem dado em garantia, sem que seja substituído;
(v) o bem dado em garantia for alvo de desapropriação. Nesse caso, parte necessária ao pagamento da dívida que este garantia será utilizada para pagamento integral ao credor. Caso haja o perecimento da coisa dada em garantia, observar-se-á a sub-rogação na indenização ou no ressarcimento do dano, em benefício do credor. Nas hipóteses previstas nos incisos IV e V do art. 1.425, só se considerará vencida a hipoteca se a dívida garantida com o bem que pereceu não tiver nenhum outro bem para garanti-la. Se houver, mantém-se a garantia, reduzida, com os demais bens.

789

Arts. 1.425 a 1.427 — Almeida Guilherme

■ Processo civil. Apelação cível. Revisão de contrato bancário. Financiamento de veículo automotor. Juros remuneratórios. Taxa contratada. Índice que supera a média de mercado em mais de 50%. Abusividade. É abusiva a taxa de juros remuneratórios contratada que ultrapassa em mais de 50% a taxa mensal média de mercado divulgada pelo Bacen. Capitalização de juros. Periodicidade inferior a um ano. Previsão contratual expressa. Recurso Repetitivo n. 973.827/RS. "É permitida a capitalização de juros com periodicidade inferior a um ano em contratos celebrados após 31.03.2000, data da publicação da MP n. 1.963-17/2000 (em vigor como MP n. 2.170-36/2001), desde que expressamente pactuada. A capitalização dos juros em periodicidade inferior à anual deve vir pactuada de forma expressa e clara. A previsão no contrato bancário de taxa de juros anual superior ao duodécuplo da mensal é suficiente para permitir a cobrança da taxa efetiva anual contratada" (STJ, REsp n. 973.827/RS, 2ª S., rel. Min. Luis Felipe Salomão, rel. p/ ac. Min. Maria Isabel Galloti, j. 08.08.2012). Cláusula de vencimento antecipado. Legalidade. Art. 1.425, III, do CC. Precedentes das câmaras de direito comercial. Não padece de nulidade a cláusula contratual que prevê, no caso de inadimplência do devedor, o vencimento antecipado do contrato, amparada que se encontra pelo art. 1.425, III, do CC. Tarifa de abertura de crédito e tarifa de emissão de carnê. Carência de suporte fático a autorizar declaração de abusividade. Carece do indispensável suporte fático a sentença que declara a abusividade de encargos não contratados, a respeito dos quais não há indicativo algum acerca da efetiva cobrança, e imputa à ré o pagamento dos respectivos ônus sucumbenciais. Pagamento indevido. Compensação ou repetição. Forma simples. Consoante a jurisprudência pacificada no STJ e neste Tribunal, é dever da instituição financeira repetir, na forma simples e com compensação se for o caso, o pagamento indevido, independentemente de comprovação do erro. Encargos abusivos. Cobrança no período de normalidade. Descaracterização da mora. Inscrição do nome do devedor em cadastro de inadimplentes [cancelamento/abstenção]. Manutenção na posse do bem. "O reconhecimento da abusividade nos encargos exigidos no período da normalidade contratual (juros remuneratórios e capitalização) descaracteriza a mora" (STJ, REsp n. 1.061.530/RS, 2ª S., rel. Min. Nancy Andrighi, j. 22.10.2008). Se não incorre em mora o devedor, seu nome não pode ser inscrito em cadastro de inadimplentes e tem ele o direito de permanecer na posse do bem, conforme assegurado pela avença. (TJSC, Ap. Cível n. 2015.018970-4, 1ª Câm. de Dir. Com., rel. Des. Janice Goulart Garcia Ubialli, j. 30.07.2015)

Art. 1.426. Nas hipóteses do artigo anterior, de vencimento antecipado da dívida, não se compreendem os juros correspondentes ao tempo ainda não decorrido.

➡ Veja art. 763 do CC/1916.

Mesmo a dívida vencendo antecipadamente, não se poderá cobrar os juros referentes ao tempo que ainda não passou.

Art. 1.427. Salvo cláusula expressa, o terceiro que presta garantia real por dívida alheia não fica obrigado a substituí-la, ou reforçá-la, quando, sem culpa sua, se perca, deteriore, ou desvalorize.

➡ Veja art. 764 do CC/1916.

Caso a garantia real seja prestada por terceiro e houver, por motivo alheio à sua vontade e no qual não concorra com culpa ou dolo, perda, desvalorização ou deterioração da coisa, este não terá obrigação de substituir esta garantia.

790

Código Civil comentado e anotado — Arts. 1.428 a 1.430

Art. 1.428. É nula a cláusula que autoriza o credor pignoratício, anticrético ou hipotecário a ficar com o objeto da garantia, se a dívida não for paga no vencimento.

Parágrafo único. Após o vencimento, poderá o devedor dar a coisa em pagamento da dívida.

➥ Veja art. 765 do CC/1916.

A cláusula que estipule que o credor pignoratício, anticrético ou hipotecário ficará com o objeto da garantia caso a dívida não seja paga é considerada nula de pleno direito. Porém, vencida a dívida, o devedor poderá dar em pagamento ao credor a coisa que servia como garantia.

■ Ação anulatória de ato jurídico. Imóvel dado em garantia de um empréstimo por um ajuste em pacto comissório. Hipoteca. Simulação. Art. 305 do CC. Terceiro interessado qualificado como qualquer pessoa que tenha interesse patrimonial na extinção da obrigação e, portanto, integra a relação obrigacional por estar indiretamente responsável pela solução do débito e assim sujeita-se aos efeitos do inadimplemento. Não há que se confundir interesse patrimonial com interesse afetivo, como no caso das relações familiares. Filhos aqui qualificados como terceiros não interessados e que como tal não se sub-rogam nos mesmos direitos do credor. Não há como dizer estivessem de boa-fé. Escritura de compra e venda nula na relação jurídica envolvendo a apelante e os pais dos cessionários. Art. 1.428 do CC reputa nula a cláusula que autoriza o credor pignoratício, anticrético ou hipotecário a ficar com o objeto da garantia, se a dívida não for paga no vencimento. Negócios tortuosos envolvendo ambos litigantes, de danos morais não se cuida. Sentença reformada para dar provimento parcial ao apelo no sentido de, confirmar a simulação e a eficácia *ex tunc*, com anulação da averbação R3 fls. 401/403 relativa à escritura de compra e venda do imóvel matriculado sob n. 31.375 do Registro Imobiliário de Jales, com o consequente cancelamento da hipoteca emergente das cédulas rurais pignoratícias R-04, 05 e 06, bem como das penhoras subsequentes e, retornando o imóvel desembaraçado à autora. Apelo parcialmente provido com observação. (TJSP, Ap. n. 0003530-48.2010.8.26.0297, 8ª Câm. de Dir. Priv., rel. Helio Faria, j. 12.11.2014)

Art. 1.429. Os sucessores do devedor não podem remir parcialmente o penhor ou a hipoteca na proporção dos seus quinhões; qualquer deles, porém, pode fazê-lo no todo.

Parágrafo único. O herdeiro ou sucessor que fizer a remição fica sub-rogado nos direitos do credor pelas quotas que houver satisfeito.

➥ Veja art. 766 do CC/1916.

Não é possível que o sucessor do devedor venha a realizar pagamento parcial da hipoteca ou penhor, limitando-se ao valor total de seu quinhão. Podem apenas realizar o pagamento da integralidade, em razão da indivisibilidade do direito real de garantia. Havendo a remissão, o herdeiro ou sucessor fica sub-rogado nos direitos do credor.

Art. 1.430. Quando, excutido o penhor, ou executada a hipoteca, o produto não bastar para pagamento da dívida e despesas judiciais, continuará o devedor obrigado pessoalmente pelo restante.

➥ Veja art. 767 do CC/1916.

Arts. 1.430 a 1.433 — Almeida Guilherme

A garantia pignoratícia ou hipotecária deve bastar para o solvimento da dívida garantida, porém se essas garantias forem insuficientes para saldar a dívida e suas despesas judiciais, continuará o devedor obrigado a quitar o restante mediante obrigação pessoal.

CAPÍTULO II
DO PENHOR

Seção I
Da Constituição do Penhor

Art. 1.431. Constitui-se o penhor pela transferência efetiva da posse que, em garantia do débito ao credor ou a quem o represente, faz o devedor, ou alguém por ele, de uma coisa móvel, suscetível de alienação.

Parágrafo único. No penhor rural, industrial, mercantil e de veículos, as coisas empenhadas continuam em poder do devedor, que as deve guardar e conservar.

➡ Veja arts. 768 e 769 do CC/1916.

Penhor é o direito real de garantia, consistente na tradição de coisa móvel, suscetível de alienação, a fim de garantir o pagamento do débito.

O penhor somente se prova por documento assinado por quem o recebe. Tal documento deve indicar o valor da dívida, causa, prazo para pagamento e valor. Quando o credor recebe a coisa, é considerado depositário do bem. É preciso também que haja entrega efetiva da coisa (exceção nos casos previstos na lei – cláusula *constituti*) e é possível a execução mediante venda judicial do bem empenhado. Existem algumas espécies de penhor que merecem ser mencionadas: penhor convencional (contratual), penhor legal, penhor rural, penhor industrial e mercantil, penhor de direitos e títulos de crédito, penhor de veículos.

Art. 1.432. O instrumento do penhor deverá ser levado a registro, por qualquer dos contratantes; o do penhor comum será registrado no Cartório de Títulos e Documentos.

➡ Veja art. 771 do CC/1916.

O contrato que estabelece o penhor deverá ser levado a registro, por qualquer das partes. O contrato de penhor comum, para que possa ser oposto perante terceiros, deverá ser levado a registro no Cartório de Títulos e Documentos.

Nesse instrumento deverão ser levados em conta os seguintes requisitos: a) identificação das partes contratantes; b) valor do débito ou sua estimação; c) bem onerado, com suas especificações, para que se possa individualizá-lo de modo exato; d) taxa de juros, se houver.

Seção II
Dos Direitos do Credor Pignoratício

Art. 1.433. O credor pignoratício tem direito:
I – à posse da coisa empenhada;
II – à retenção dela, até que o indenizem das despesas devidamente justificadas, que tiver feito, não sendo ocasionadas por culpa sua;

Código Civil comentado e anotado   Arts. 1.433 a 1.435

III – ao ressarcimento do prejuízo que houver sofrido por vício da coisa empenhada;

IV – a promover a execução judicial, ou a venda amigável, se lhe permitir expressamente o contrato, ou lhe autorizar o devedor mediante procuração;

V – a apropriar-se dos frutos da coisa empenhada que se encontra em seu poder;

VI – a promover a venda antecipada, mediante prévia autorização judicial, sempre que haja receio fundado de que a coisa empenhada se perca ou deteriore, devendo o preço ser depositado. O dono da coisa empenhada pode impedir a venda antecipada, substituindo-a, ou oferecendo outra garantia real idônea.

➥ Veja arts. 772, 773 e 774, III, do CC/1916.

O art. 1.433 traz expressos os direitos do credor pignoratício. O inciso I determina que o credor terá direito à posse da coisa dada em penhor. O inciso II autoriza que o credor mantenha a posse, até que seja indenizado pelas despesas, devidamente justificadas, em que tenha incorrido, se não tiverem sido ocasionadas por culpa sua. Há direito também a ressarcimento por prejuízo havido em razão de vício da coisa empenhada. Pode também promover a execução judicial ou venda amigável se houver permissão contratual ou autorização do devedor. Pode também apropriar-se dos frutos da coisa empenhada que se encontra com ele, além de promover a venda antecipada, com autorização judicial, quando houver receio fundado de perda ou deterioração da coisa, mediante depósito do preço. O dono da coisa empenhada poderá substituí-la ou oferecer outra garantia real idônea, a fim de evitar sua venda.

Art. 1.434. O credor não pode ser constrangido a devolver a coisa empenhada, ou uma parte dela, antes de ser integralmente pago, podendo o juiz, a requerimento do proprietário, determinar que seja vendida apenas uma das coisas, ou parte da coisa empenhada, suficiente para o pagamento do credor.

➥ Veja art. 772 do CC/1916.

O credor não pode ser forçado a devolver a coisa empenhada ou parte dela sem que tenha sido integralmente paga a dívida. O juiz poderá determinar, a requerimento do proprietário, que seja vendida apenas uma das coisas ou parte da coisa empenhada, de forma que seja suficiente o valor para realizar o pagamento do credor.

Seção III
Das Obrigações do Credor Pignoratício

Art. 1.435. O credor pignoratício é obrigado:

I – à custódia da coisa, como depositário, e a ressarcir ao dono a perda ou deterioração de que for culpado, podendo ser compensada na dívida, até a concorrente quantia, a importância da responsabilidade;

II – à defesa da posse da coisa empenhada e a dar ciência, ao dono dela, das circunstâncias que tornarem necessário o exercício de ação possessória;

III – a imputar o valor dos frutos, de que se apropriar (art. 1.433, inciso V) nas despesas de guarda e conservação, nos juros e no capital da obrigação garantida, sucessivamente;

IV – a restituí-la, com os respectivos frutos e acessões, uma vez paga a dívida;

793

Arts. 1.435 a 1.437   Almeida Guilherme

V – a entregar o que sobeje do preço, quando a dívida for paga, no caso do inciso IV do art. 1.433.

➡ Veja arts. 774 e 775 do CC/1916.

O art. 1.435, por sua vez, estabelece as obrigações do credor pignoratício. Deverá o credor pignoratício manter a custódia da coisa, na qualidade de depositário, e ressarcir ao dono no caso de perda ou deterioramento, caso seja culpado, podendo haver compensação na dívida, até a concorrente quantia, a importância da responsabilidade. Deverá também defender a posse da coisa empenhada e informar ao dono, caso seja necessário, o exercício de ação possessória. Deverá, por fim, imputar o valor dos frutos dos quais se apropriar, na forma do art. 1.433, V, nas despesas de guarda e conservação, nos juros e no capital da obrigação que está sendo garantida, sucessivamente. Deve restituir a coisa com seus frutos, quando paga a dívida. Por fim, deve entregar o que restar do preço, após paga a dívida, caso haja venda amigável ou execução judicial, na forma do art. 1.433, IV.

Seção IV
Da Extinção do Penhor

Art. 1.436. Extingue-se o penhor:
I – extinguindo-se a obrigação;
II – perecendo a coisa;
III – renunciando o credor;
IV – confundindo-se na mesma pessoa as qualidades de credor e de dono da coisa;
V – dando-se a adjudicação judicial, a remissão ou a venda da coisa empenhada, feita pelo credor ou por ele autorizada.
O correto parece ser "remição" em vez de "remissão".
§ 1º Presume-se a renúncia do credor quando consentir na venda particular do penhor sem reserva de preço, quando restituir a sua posse ao devedor, ou quando anuir à sua substituição por outra garantia.
§ 2º Operando-se a confusão tão somente quanto à parte da dívida pignoratícia, subsistirá inteiro o penhor quanto ao resto.

➡ Veja arts. 802 a 804 do CC/1916.

O art. 1.436 traz as formas de extinção do penhor. Ocorrerá extinção do penhor com o fim da obrigação que ensejou tal garantia, com o perecimento da coisa empenhada, com a renúncia do credor, com a confusão das pessoas do credor o do proprietário, ou com o bem sendo dado em adjudicação, remissão ou venda, pelo credor ou mediante sua autorização. A renúncia é presumida quando o credor consente na venda particular do penhor sem reserva de preço, ao restituir a posse ao devedor ou quando anuir à substituição dessa garantia por outra. Além disso, no caso de confusão quanto a parte da dívida, mantém-se o penhor quanto ao restante.

Art. 1.437. Produz efeitos a extinção do penhor depois de averbado o cancelamento do registro, à vista da respectiva prova.

➡ Sem correspondência no CC/1916.

Código Civil comentado e anotado   Arts. 1.437 a 1.439

A eficácia da extinção do penhor será da mesma espécie da constituição deste. Só haverá produção de efeitos da extinção após averbado o cancelamento no registro. Os efeitos entre as partes da extinção se darão no momento da extinção; perante terceiros, após o registro.

Seção V
Do Penhor Rural

Subseção I
Disposições Gerais

Art. 1.438. Constitui-se o penhor rural mediante instrumento público ou particular, registrado no Cartório de Registro de Imóveis da circunscrição em que estiverem situadas as coisas empenhadas.

Parágrafo único. Prometendo pagar em dinheiro a dívida, que garante com penhor rural, o devedor poderá emitir, em favor do credor, cédula rural pignoratícia, na forma determinada em lei especial.

➥ Veja art. 796 do CC/1916.

O **penhor rural** se constitui mediante instrumento público ou particular, com registro no Cartório de Registro de Imóveis na circunscrição das coisas dadas em penhor. Se o devedor houver prometido pagar sua dívida em dinheiro, sendo a coisa penhorada apenas a garantia, é possível que este emita cédula rural pignoratícia em favor do credor, conforme lei especial (Lei n. 492/1937).

■ Agravo de instrumento. Contratos agrários. Cédula de crédito bancário com garantia real. Penhor rural. Necessidade de registro imobiliário. Oponibilidade da garantia a terceiros. Manutenção da penhora. I. A conjugação do art. 1.438 do CC com o art. 42 da Lei n. 10.931/2004, art. 167, I, n. 15, e art. 169, *caput*, ambos da Lei de Registros Públicos, permite inferir a imprescindibilidade da averbação do penhor rural perante o Registro Imobiliário da circunscrição ou comarca em que estiver situada a propriedade agrícola onde se encontram os bens. II. Na hipótese, inexistindo o aludido registro, a garantia não se revela oponível a terceiros, o que autoriza a manutenção da penhora realizada sobre o bem de propriedade do executado, impondo-se a modificação da decisão vergastada. Agravo de instrumento provido. Decisão monocrática. (TJRS, AI n. 70.065.209.116, 20ª Câm. Cível, rel. Dilso Domingos Pereira, j. 15.06.2015)

Art. 1.439. O penhor agrícola e o penhor pecuário não podem ser convencionados por prazos superiores aos das obrigações garantidas.

Caput com redação dada pela Lei n. 12.873, de 24.10.2013.

§ 1º Embora vencidos os prazos, permanece a garantia, enquanto subsistirem os bens que a constituem.

§ 2º A prorrogação deve ser averbada à margem do registro respectivo, mediante requerimento do credor e do devedor.

➥ Veja arts. 782 e 788 do CC/1916.

As duas espécies de penhor existentes no penhor rural são: o **penhor agrícola** e o **penhor pecuário**. O penhor agrícola compreende bens relacionados a plantações e semelhantes. O penhor pecuário está relacionado aos animais rurais que possam ser dados como garantia do pa-

795

Arts. 1.439 a 1.442   Almeida Guilherme

gamento de dívida. Conforme o art. 1.439, com redação dada pela Lei n. 12.873/2013, o penhor agrícola não poderia ser fixado a prazo superior ao da obrigação garantida. E essa disposição se aplica ao penhor pecuário. Terminado o prazo, permanece a garantia enquanto subsistirem os bens.

Art. 1.440. Se o prédio estiver hipotecado, o penhor rural poderá constituir-se independentemente da anuência do credor hipotecário, mas não lhe prejudica o direito de preferência, nem restringe a extensão da hipoteca, ao ser executada.

➡ Veja art. 783 do CC/1916.

O penhor rural poderá incidir sobre prédio já hipotecado, sem que haja necessidade de anuência do credor hipotecário ou informação a este, pois em nada a instituição do penhor prejudica o direito de preferência do credor hipotecário, caso exista a execução do bem.

▪ Direito civil. Obrigações. Espécies de contratos. Seguro de vida e acidentes pessoais. Suicídio. Exclusão de risco. Sinistro ocorrido no período de carência. Inaplicável o prazo de carência de dois anos previsto no art. 798 do CC, pois não há prova de suicídio premeditado. Presunção de boa-fé do segurado. Súmulas ns. 61 do STJ e 105 do STF. Art. 1.440 do CC. Sentença de improcedência reformada. Recurso provido. (TJSP, Ap. n. 1005755-86.2014.8.26.0037, 12ª Câm. Ext. de Dir. Priv., rel. Alfredo Attié, j. 27.02.2015)

Art. 1.441. Tem o credor direito a verificar o estado das coisas empenhadas, inspecionando-as onde se acharem, por si ou por pessoa que credenciar.

➡ Sem correspondência no CC/1916.

É direito do credor, ao se instaurar o penhor, verificar o estado em que se encontram as coisas empenhadas, mediante sua própria inspeção ou de pessoa por ele designada.

Subseção II
Do Penhor Agrícola

Art. 1.442. Podem ser objeto de penhor:
I – máquinas e instrumentos de agricultura;
II – colheitas pendentes, ou em via de formação;
III – frutos acondicionados ou armazenados;
IV – lenha cortada e carvão vegetal;
V – animais do serviço ordinário de estabelecimento agrícola.

➡ Veja art. 781 do CC/1916.

O art. 1.442 discrimina os objetos sobre os quais poderá recair o penhor agrícola. São eles:
(i)   máquinas e instrumentos de agricultura;
(ii)   colheitas pendentes, ou em via de se formar;
(iii) frutos colhidos, acondicionados ou armazenados;
(iv) lenha cortada e carvão vegetal; e
(v)   animais de serviço ordinário de estabelecimento agrícola.

Código Civil comentado e anotado | Arts. 1.443 a 1.445

Art. 1.443. O penhor agrícola que recai sobre colheita pendente, ou em via de forma-ção, abrange a imediatamente seguinte, no caso de frustrar-se ou ser insuficiente a que se deu em garantia.

Parágrafo único. Se o credor não financiar a nova safra, poderá o devedor constituir com outrem novo penhor, em quantia máxima equivalente à do primeiro; o segundo pe-nhor terá preferência sobre o primeiro, abrangendo este apenas o excesso apurado na co-lheita seguinte.

➥ Sem correspondência no CC/1916.

Caso seja estabelecido penhor agrícola sobre colheita pendente e essa colheita, por algum motivo, se perca ou seus frutos se provem insuficientes para servir como garantia, a colheita imediatamente após esta a substituirá. Se por acaso o credor não financiar essa nova safra, o devedor poderá constituir penhor com outrem, com a quantia máxima sendo equivalente à do primeiro estabelecido e o segundo penhor terá preferência sobre o primeiro, e abrangerá somente o excesso apurado na colheita seguinte.

▪ Apelação. Seguro de dano. Veículo automotor. Roubo. Ação de cobrança cumulada com ressarcimen-to de danos, lucros cessantes e reparação de dano moral. Veículo localizado em outro estado na mes-ma data em que relatada a subtração do bem. Presença de evidências robustas a indicar a existência de fraude quanto ao alegado roubo do veículo segurado. Admissível a negativa da seguradora relativa-mente ao pagamento da indenização. Inteligência dos arts. 1.443 e 1.444 do CC. Fato impeditivo do di-reito do autor comprovado. Inteligência do art. 333, II, do CPC. Responsabilidade civil afastada. Ação improcedente. Sentença reformada. Litigância de má-fé. Caracterização. Multa fixada *ex officio* ao im-probus litigator. Recurso provido, com observação. (TJSP, Ap. n. 0185386-90.2006.8.26.0100, 32ª Câm. de Dir. Priv., rel. Luis Fernando Nishi, j. 16.10.2014)

Subseção III
Do Penhor Pecuário

Art. 1.444. Podem ser objeto de penhor os animais que integram a atividade pastoril, agrícola ou de laticínios.

➥ Sem correspondência no CC/1916.
➥ Veja arts. 61 e 62 do Decreto-lei n. 167/1967.

O art. 1.444 estabelece quais os animais podem integrar o penhor pecuário. São eles aque-les que integram a atividade pastoril, agrícola ou de laticínios. Quaisquer animais que, ainda que estejam na propriedade rural, não se encaixem nessa classificação, não poderão ser obje-to de penhor pecuário.

Art. 1.445. O devedor não poderá alienar os animais empenhados sem prévio consen-timento, por escrito, do credor.

Parágrafo único. Quando o devedor pretende alienar o gado empenhado ou, por ne-gligência, ameace prejudicar o credor, poderá este requerer se depositem os animais sob a guarda de terceiro, ou exigir que se lhe pague a dívida de imediato.

797

Arts. 1.445 a 1.448   Almeida Guilherme

➡ Veja arts. 785 e 786 do CC/1916.

O devedor só poderá alienar os animais, alvos do penhor pecuário, com a expressa anuência, por escrito, do credor. Caso o devedor pretenda alienar os animais empenhados ou, ao agir com negligência, coloque em risco o direito do credor, este poderá exigir que os animais fiquem na guarda de terceiro, ou ainda, que seja paga a dívida imediatamente.

Art. 1.446. Os animais da mesma espécie, comprados para substituir os mortos, ficam sub-rogados no penhor.

Parágrafo único. Presume-se a substituição prevista neste artigo, mas não terá eficácia contra terceiros, se não constar de menção adicional ao respectivo contrato, a qual deverá ser averbada.

➡ Veja art. 787 do CC/1916.

Caso morram animais que estão empenhados, é possível que o devedor compre novos animais para substituí-los, sendo presumida a existência de tal substituição para efeito entre as partes. Para que tal substituição tenha efeito perante terceiros, é necessário que haja um aditivo ao instrumento que estabeleceu o penhor, o que garante a eficácia contra terceiros em caso de substituição.

Seção VI
Do Penhor Industrial e Mercantil

Art. 1.447. Podem ser objeto de penhor máquinas, aparelhos, materiais, instrumentos, instalados e em funcionamento, com os acessórios ou sem eles; animais, utilizados na indústria; sal e bens destinados à exploração das salinas; produtos de suinocultura, animais destinados à industrialização de carnes e derivados; matérias-primas e produtos industrializados.

Parágrafo único. Regula-se pelas disposições relativas aos armazéns gerais o penhor das mercadorias neles depositadas.

➡ Sem correspondência no CC/1916.

O penhor industrial recai sobre as máquinas, aparelhos, materiais, instrumentos, instalados e em funcionamento, com ou sem acessórios, animais utilizados na indústria e usados na industrialização de carnes, couro e derivados. O penhor mercantil apenas se distingue do penhor industrial pela obrigação adquirida pelo comerciante ou empresário. O penhor de mercadorias depositadas em armazéns gerais está regulado em legislação especial (Decreto n. 1.102, de 21.11.1903).

Art. 1.448. Constitui-se o penhor industrial, ou o mercantil, mediante instrumento público ou particular, registrado no Cartório de Registro de Imóveis da circunscrição onde estiverem situadas as coisas empenhadas.

Parágrafo único. Prometendo pagar em dinheiro a dívida, que garante com penhor industrial ou mercantil, o devedor poderá emitir, em favor do credor, cédula do respectivo crédito, na forma e para os fins que a lei especial determinar.

798

Código Civil comentado e anotado   Arts. 1.448 a 1.452

➡ Sem correspondência no CC/1916.

A forma de constituição do penhor industrial ou mercantil é análoga à constituição do penhor agrícola ou pecuário. O instrumento que o institui deverá ser público ou particular e deverá ser registrado no Cartório de Registro de Imóveis da circunscrição em que se encontram as coisas empenhadas. Da mesma forma como no outro tipo de penhor, se o devedor houver prometido pagar em dinheiro, poderá emitir em favor do credor cédula de crédito, na forma determinada por lei especial.

Art. 1.449. O devedor não pode, sem o consentimento por escrito do credor, alterar as coisas empenhadas ou mudar-lhes a situação, nem delas dispor. O devedor que, anuindo o credor, alienar as coisas empenhadas, deverá repor outros bens da mesma natureza, que ficarão sub-rogados no penhor.

➡ Sem correspondência no CC/1916.

Não é permitido ao devedor, sem anuência por escrito do credor, alterar as coisas dadas em penhor, mudar-lhes sua situação de alguma forma, ou delas dispor. Caso o credor concorde com a alienação das coisas empenhadas, o devedor deverá providenciar outros bens da mesma natureza, que sub-rogar-se-ão no penhor.

Art. 1.450. Tem o credor direito a verificar o estado das coisas empenhadas, inspecionando-as onde se acharem, por si ou por pessoa que credenciar.

➡ Sem correspondência no CC/1916.

É possível também ao credor, assim como o é em caso de penhor agrícola ou pecuário, realizar inspeção das coisas dadas em penhor, por si mesmo ou mediante alguém que tenha sua autorização.

Seção VII
Do Penhor de Direitos e Títulos de Crédito

Art. 1.451. Podem ser objeto de penhor direitos, suscetíveis de cessão, sobre coisas móveis.

➡ Veja arts. 789 e 790 do CC/1916.

O Código deixa expressa a possibilidade de haver penhor sobre bens incorpóreos e não só sobre bens móveis e imóveis. Os direitos passíveis de penhor são, por exemplo, os direitos de propriedade industrial, direitos autorais, direitos sobre créditos e ações de companhias.

Art. 1.452. Constitui-se o penhor de direito mediante instrumento público ou particular, registrado no Registro de Títulos e Documentos.
Parágrafo único. O titular de direito empenhado deverá entregar ao credor pignoratício os documentos comprobatórios desse direito, salvo se tiver interesse legítimo em conservá-los.

799

Arts. 1.452 a 1.456   Almeida Guilherme

➥ Veja art. 791 do CC/1916.

O penhor sobre direito se constitui com instrumento particular ou público, e seu registro se dará no Cartório de Títulos e Documentos. É obrigação do devedor entregar ao credor pignoratício todos os documentos que comprovem o direito empenhado, exceto caso exista algum tipo de interesse legítimo em sua conservação.

Art. 1.453. O penhor de crédito não tem eficácia senão quando notificado ao devedor; por notificado tem-se o devedor que, em instrumento público ou particular, declarar-se ciente da existência do penhor.

➥ Veja arts. 792, II, e 794 do CC/1916.

Para que tenha eficácia entre as partes, é necessário que o devedor seja notificado acerca do penhor. A notificação pode ser entendida como a ciência dada pelo devedor em instrumento público ou particular, no qual declara estar ciente da existência do penhor.

Art. 1.454. O credor pignoratício deve praticar os atos necessários à conservação e defesa do direito empenhado e cobrar os juros e mais prestações acessórias compreendidas na garantia.

➥ Veja art. 792, I, do CC/1916.

Cabe ao credor a prática de todos os atos necessários à conservação e defesa do direito dado em penhor. É sua obrigação também a cobrança de juros e prestações acessórias que estejam compreendidas na garantia.

Art. 1.455. Deverá o credor pignoratício cobrar o crédito empenhado, assim que se torne exigível. Se este consistir numa prestação pecuniária, depositará a importância recebida, de acordo com o devedor pignoratício, ou onde o juiz determinar; se consistir na entrega da coisa, nesta se sub-rogará o penhor.

Parágrafo único. Estando vencido o crédito pignoratício, tem o credor direito a reter, da quantia recebida, o que lhe é devido, restituindo o restante ao devedor; ou a excutir a coisa a ele entregue.

➥ Sem correspondência no CC/1916.

O credor deve cobrar o crédito empenhado no momento em que se tornar exigível. Se for o caso de uma prestação pecuniária, deverá depositar a importância recebida pela orientação dada pelo devedor ou conforme determinação do magistrado. Tratando-se de entrega da coisa empenhada, haverá sub-rogação do penhor. Com o vencimento do crédito pignoratício, o credor tem direito a reter a quantia recebida dentro dos limites da dívida. Deverá, então, restituir o restante ao devedor. Poderá também realizar a venda judicial da coisa entregue a ele.

Art. 1.456. Se o mesmo crédito for objeto de vários penhores, só ao credor pignoratício, cujo direito prefira aos demais, o devedor deve pagar; responde por perdas e danos aos

Código Civil comentado e anotado   Arts. 1.456 a 1.459

demais credores o credor preferente que, notificado por qualquer um deles, não promover oportunamente a cobrança.

➥ Sem correspondência no CC/1916.

Se houver sobre o mesmo crédito mais de um penhor, o devedor deverá realizar o pagamento diretamente ao credor pignoratício que tenha direito de preferência sobre os demais. Responderá por perdas e danos aos demais credores aquele credor que, sendo notificado, não realizar a cobrança oportunamente.

Art. 1.457. O titular do crédito empenhado só pode receber o pagamento com a anuência, por escrito, do credor pignoratício, caso em que o penhor se extinguirá.

➥ Sem correspondência no CC/1916.

O titular do crédito poderá receber o pagamento com a anuência, por escrito, do credor pignoratício. Nesse caso, haverá a extinção do penhor.

Art. 1.458. O penhor, que recai sobre título de crédito, constitui-se mediante instrumento público ou particular ou endosso pignoratício, com a tradição do título ao credor, regendo-se pelas Disposições Gerais deste Título e, no que couber, pela presente Seção.

➥ Sem correspondência no CC/1916.

Para a constituição do penhor sobre título de crédito, é necessário instrumento público ou particular. Admite-se ainda o endosso pignoratício, com a entrega do título ao credor. Tal penhor é regido pelas disposições gerais do Título X ("Do Penhor, da Hipoteca e da Anticrese") do Livro "Das Coisas" do Código Civil, no que couber, pela Seção VII ("Do Penhor de Direitos e Títulos de Crédito"), aplicando-se ainda as regras gerais sobre títulos de crédito, presentes nas leis específicas.

Art. 1.459. Ao credor, em penhor de título de crédito, compete o direito de:
I – conservar a posse do título e recuperá-la de quem quer que o detenha;
II – usar dos meios judiciais convenientes para assegurar os seus direitos, e os do credor do título empenhado;
III – fazer intimar ao devedor do título que não pague ao seu credor, enquanto durar o penhor;
IV – receber a importância consubstanciada no título e os respectivos juros, se exigíveis, restituindo o título ao devedor, quando este solver a obrigação.

➥ Veja art. 792 do CC/1916.

O art. 1.459 descreve os direitos do credor, no caso de penhor que recaia sobre título de crédito. Dessa forma, o credor deve manter a posse do título e recuperá-la de quem quer que

Arts. 1.459 e 1.460 Almeida Guilherme

o detenha, utilizar os meios necessários, judiciais inclusive, para assegurar seus direitos e os do credor do título empenhado, fazer com que se intime o devedor de título que não se pague ao credor, na vigência do penhor, e receber o valor descrito no título, com juros, se houver, restituindo a quantia ao devedor, quando a obrigação estiver resolvida.

Art. 1.460. O devedor do título empenhado que receber a intimação prevista no inciso III do artigo antecedente, ou se der por ciente do penhor, não poderá pagar ao seu credor. Se o fizer, responderá solidariamente por este, por perdas e danos, perante o credor pignoratício.

Parágrafo único. Se o credor der quitação ao devedor do título empenhado, deverá saldar imediatamente a dívida, em cuja garantia se constituiu o penhor.

➥ Veja arts. 794 e 795 do CC/1916.

No momento em que o devedor do título é intimado, conforme art. 1.459, III, ou quando se der por ciente do penhor, fica defesa a realização do pagamento perante o credor. Caso realize o pagamento, responderá solidariamente por perdas e danos, perante o credor pignoratício. Caso o credor dê quitação ao devedor do título, deve imediatamente saldar a dívida que o penhor garantia.

▪ Apelação cível. Ação ordinária de responsabilidade obrigacional securitária. SFH. Seguro habitacional. Sentença de procedência. Insurgência ofertada pela ré. Intimação da CEF para manifestar eventual interesse na demanda, em conformidade com o entendimento do STJ. Pedido arredado. Contratos vinculados ao ramo 68 (apólices privadas). Expedição de ofício à Cohab. Cerceamento de defesa inocorrente. Informações almejadas que não possuem o condão de caracterizar a ilegitimidade da parte autora. Substituição do polo passivo, impossibilidade de discussão de contrato encerrado, prescrição. Temas enfrentados no saneador, mantido por este órgão fracionário. Não conhecimento do apelo no ponto. Mérito. Danos decorrentes de vícios de construção e não solucionados. Cláusula contratual. Previsão de cobertura. Interpretação mais favorável ao consumidor. Indenização devida. Acertada aplicação de multa decendial. Juros de mora corretamente aplicados. "A superveniência da MP n. 513/2010, que em seu art. 1º, I, dispõe ficar o Fundo de Compensação de Variações Salariais (FCVS) autorizado, na forma disciplinada em ato do Conselho Curador do Fundo de Compensação de Variações Salariais (CCFCVS), a assumir os direitos e obrigações do Seguro Habitacional do Sistema Financeiro da Habitação (SH/SFH), que contava com garantia de equilíbrio permanente e em nível nacional do Fundo em 31.12.2009, em nada altera a discussão entabulada. E assim, porque ainda não há notícias de que referida assunção de direitos e obrigações tenha se dado, não se podendo olvidar, ainda, da aparente inconstitucionalidade do ato, que seguindo as bases da enfadonha e inconstitucional MP n. 478/2009 (sendo diversos os precedentes nesse sentido), parece permitir a alteração da relação jurídica perfeita estabelecida entre seguradora e mutuários, possibilitando que eventuais indenização judiciais fixadas em face da seguradora sejam custeadas, ao final, por dinheiro público, em opção que claramente afronta o princípio da moralidade" (TJPR, AI n. 733846-1, 8ª Câm. Cível, rel. Des. Denise Krüger Pereira, j. 23.12.2010). (em TJSC, Ap. Cível n. 2011.055772-3, 3ª Câm. de Dir. Civil, rel. Des. Maria do Rocio Luz Santa Ritta, j. 15.09.2011). "Seguro habitacional. Responsabilidade da seguradora. Multa decendial. 1. A seguradora é responsável quando presentes vícios decorrentes da construção, não havendo como se sustentar o entendimento de que assim examinada a questão haveria negativa de vigência do art. 1.460 do antigo CC" (STJ, REsp n. 813.898/SP, 3ª T., rel. Min. Carlos Alberto Menezes Direito, j. 15.02.2007, *DJ* 28.05.2007). Ausência de conduta apta a justificar a condenação por litigância de má-fé (art. 17 do

Código Civil comentado e anotado   Arts. 1.460 a 1.465

CPC) e por ato atentatório ao exercício de jurisdição (art. 14 do CPC). Penalidades repelidas. Acolhimento do apelo no ponto. Recurso parcialmente conhecido e, nessa extensão, provido em parte. (TJSC, Ap. Cível n. 2013.037751-6, 4ª Câm. de Dir. Cível, rel. Des. Jorge Luis Costa Beber, j. 18.12.2014)

Seção VIII
Do Penhor de Veículos

Art. 1.461. Podem ser objeto de penhor os veículos empregados em qualquer espécie de transporte ou condução.

➡ Sem correspondência no CC/1916.

Qualquer veículo poderá ser objeto de penhor, independentemente de natureza ou finalidade, por exemplo: os automóveis, ônibus, caminhões, tratores, embarcações que não podem ser hipotecadas, como lanchas, *jet-skis*, barcos, aviões, entre outros. É importante lembrar que os equipamentos para a execução de terraplanagem e pavimentação não estão incluídos no penhor de veículos, uma vez que continuam a ser objeto de penhor industrial, conforme dispõe legislação especial.

Art. 1.462. Constitui-se o penhor, a que se refere o artigo antecedente, mediante instrumento público ou particular, registrado no Cartório de Títulos e Documentos do domicílio do devedor, e anotado no certificado de propriedade.
Parágrafo único. Prometendo pagar em dinheiro a dívida garantida com o penhor, poderá o devedor emitir cédula de crédito, na forma e para os fins que a lei especial determinar.

➡ Sem correspondência no CC/1916.

Para a constituição de penhor sobre veículos, é necessário instrumento público ou particular, com registro no Cartório de Títulos e Documentos do domicílio do devedor, com a respectiva anotação no certificado de propriedade do veículo. Caso o devedor tenha prometido o pagamento em pecúnia, poderá emitir cédula de crédito, na forma especificada por lei especial.

Art. 1.463. (*Revogado pela Lei n. 14.179, de 30.06.2021.*)

Art. 1.464. Tem o credor direito a verificar o estado do veículo empenhado, inspecionando-o onde se achar, por si ou por pessoa que credenciar.

➡ Sem correspondência no CC/1916.

O credor tem o direito a verificar o estado do veículo, realizando ele mesmo inspeções, ou poderá enviar alguém por ele autorizado para realizá-las.

Art. 1.465. A alienação, ou a mudança, do veículo empenhado sem prévia comunicação ao credor importa no vencimento antecipado do crédito pignoratício.

803

Arts. 1.465 a 1.468 — Almeida Guilherme

➡ Sem correspondência no CC/1916.

Caso o devedor aliene o veículo ou, por algum motivo, substitua o veículo empenhado sem que o credor tenha ciência, haverá o vencimento antecipado do crédito. Com isso, evita-se que alienante e adquirente, de má-fé, venham a prejudicar o credor pignoratício.

Art. 1.466. O penhor de veículos só se pode convencionar pelo prazo máximo de dois anos, prorrogável até o limite de igual tempo, averbada a prorrogação à margem do registro respectivo.

➡ Sem correspondência no CC/1916.

O prazo máximo de duração de penhor que recaia sobre veículos é de dois anos, podendo haver prorrogação até o limite máximo de mais dois anos. Tal prorrogação deverá ser averbada no registro de propriedade do veículo e no cartório onde houve o registro do instrumento público ou particular.

Seção IX
Do Penhor Legal

Art. 1.467. São credores pignoratícios, independentemente de convenção:
I – os hospedeiros, ou fornecedores de pousada ou alimento, sobre as bagagens, móveis, joias ou dinheiro que os seus consumidores ou fregueses tiverem consigo nas respectivas casas ou estabelecimentos, pelas despesas ou consumo que aí tiverem feito;
II – o dono do prédio rústico ou urbano, sobre os bens móveis que o rendeiro ou inquilino tiver guarnecendo o mesmo prédio, pelos aluguéis ou rendas.

➡ Veja art. 776 do CC/1916.

Credores pignoratícios. São aqueles credores que foram constituídos mediante penhor. Por serem depositários necessários, os estabelecimentos hoteleiros podem reter as bagagens, móveis, joias ou dinheiro que seus consumidores tiverem consigo, caso estes não paguem as despesas que ali tiveram. Os bens móveis que o rendeiro ou inquilino tiverem também são objeto de retenção realizado pelo dono do prédio, caso aqueles não paguem suas obrigações.

Art. 1.468. A conta das dívidas enumeradas no inciso I do artigo antecedente será extraída conforme a tabela impressa, prévia e ostensivamente exposta na casa, dos preços de hospedagem, da pensão ou dos gêneros fornecidos, sob pena de nulidade do penhor.

➡ Veja art. 777 do CC/1916.

Para que seja caracterizado e tenha eficácia o penhor legal nos casos de hospedagens, é necessário que o estabelecimento mantenha afixada tabela com os preços detalhados dos preços da hospedagem ou afins. Caso reste provado pelo hóspede que não havia tal tabela, o penhor será considerado nulo.

Código Civil comentado e anotado   Arts. 1.469 a 1.471

Art. 1.469. Em cada um dos casos do art. 1.467, o credor poderá tomar em garantia um ou mais objetos até o valor da dívida.

➥ Veja art. 778 do CC/1916.

O art. 1.469 deixa a critério do credor, nos dois casos de constituição de penhor legal, a escolha de um objeto que atinja o valor da dívida total ou mais de um objeto, requerendo de logo ao juiz a homologação do penhor legal.

Art. 1.470. Os credores, compreendidos no art. 1.467, podem fazer efetivo o penhor, antes de recorrerem à autoridade judiciária, sempre que haja perigo na demora, dando aos devedores comprovante dos bens de que se apossarem.

➥ Veja art. 779 do CC/1916.

O art. 1.470 determina que os credores do penhor legal poderão fazer efetivo o penhor quando identificarem perigo na demora, antes de recorrerem ao Judiciário. Deverão oferecer aos devedores os devidos comprovantes relativos aos bens que retiverem como forma de garantia pelo adimplemento da dívida.

▪ Apelação cível. Processual civil. Pedido de homologação de penhor judicial. Inépcia da inicial. Extinção na origem. (1) ausência de indicação dos bens a penhorar. Possibilidade de prévio ingresso de ação. Regra geral. Viabilidade do procedimento. A faculdade estabelecida no art. 1.470 do CC de penhora sponte propria pelo credor não afasta a possibilidade de prévio ingresso com ação judicial de homologação de penhor legal sem a descrição dos bens a serem penhorados. (2) Contrato de locação verbal. descrição do crédito. Inépcia afastada. A petição inicial deve ser instruída com conta pormenorizada do crédito a ser garantido, de acordo com o disposto no art. 874 do CPC. Ainda que fundada a pretensão em contrato verbal, existindo descrição do crédito decorrente de inadimplemento de aluguel por abandono do imóvel, não há falar em inépcia da inicial. Sentença desconstituída. Recurso provido. (TJSC, Ap. Cível n. 2015.034850-4, 5ª Câm. de Dir. Civil, rel. Des. Henry Petry Junior, j. 30.07.2015)

Art. 1.471. Tomado o penhor, requererá o credor, ato contínuo, a sua homologação judicial.

➥ Veja art. 780 do CC/1916.

Constituindo o penhor, os credores do penhor legal deverão requerer a homologação judicial do instituto. Caso não o façam, o penhor será considerado inexistente.

▪ Agravo regimental em ação rescisória. Art. 195 do Regimento Interno deste tribunal. Petição inicial da ação rescisória indeferida monocraticamente. Irresignação do autor. Aventada violação dos arts. 1.471, 1.472 e 1.473 da Lei n. 3.071/1916 (antigo CC). Petitório fundado no art. 485, V, do CPC. Decisão unipessoal que se pautou na inovação argumentativa. Inocorrência. Fundamentos que, não obstante a ausência de indicação expressa do comando normativo, serviram de supedâneo para chancelar a improcedência dos pedidos do autor. Todavia, não há a alegada violação do texto legal. Pronunciamento

805

Arts. 1.471 a 1.473 — Almeida Guilherme

judicial que, em face das circunstâncias trazidas a julgamento, aplicou um dos dispositivos em questão para fundamentar em sentido contrário ao almejado pelo demandante e, além disso, entendeu inaplicáveis os outros dois preceitos normativos invocados. Impossibilidade de redebater a matéria. Falta de interesse processual do requerente. Manutenção da decisão monocrática extintiva por fundamento diverso. Recurso desprovido. (TJSC, Ag. Reg. em Ag. Reg. n. 2014.076264-6, Grupo de Câm. de Dir. Civil, rel. Des. Rosane Portella Wolff, j. 08.07.2015)

Art. 1.472. Pode o locatário impedir a constituição do penhor mediante caução idônea.

➡ Sem correspondência no CC/1916.

A fim de evitar que alguns determinados bens sejam tomados pelo credor do penhor legal, o locatário poderá impedir que se constitua o penhor mediante caução considerada idônea.

▪ Apelação cível. Ação de cobrança de seguro de vida. Improcedência na origem. Agravos retidos. Comando do art. 523 do CPC não obedecido. Recursos não conhecidos. Apelo. Irresignação contra a sentença que reconheceu a nulidade do pacto securitário. Pleito de pagamento do prêmio aos herdeiros legítimos do falecido. Impossibilidade. Perícia grafotécnica que atestou a falsificação da assinatura lançada na proposta. Ausência de declaração válida de vontade por parte do de cujus. Inaplicabilidade da norma contida no art. 1.472 do CC/1916 em razão da ausência de justificativa. Negócio jurídico inexistente. Pleito indenizatório prejudicado. Sentença mantida. Recurso conhecido e desprovido. (TJSC, Ap. Cível n. 2010.059104-5, 5ª Câm. de Dir. Civil, rel. Des. Sérgio Izidoro Heil, j. 02.10.2014).

CAPÍTULO III
DA HIPOTECA

Seção I
Disposições Gerais

Art. 1.473. Podem ser objeto de hipoteca:
I – os imóveis e os acessórios dos imóveis conjuntamente com eles;
II – o domínio direto;
III – o domínio útil;
IV – as estradas de ferro;
V – os recursos naturais a que se refere o art. 1.230, independentemente do solo onde se acham;
VI – os navios;
VII – as aeronaves;
VIII – o direito de uso especial para fins de moradia;
Inciso acrescentado pela Lei n. 11.481, de 31.05.2007.
IX – o direito real de uso;
Inciso acrescentado pela Lei n. 11.481, de 31.05.2007.
X – a propriedade superficiária.
§ 1º A hipoteca dos navios e das aeronaves reger-se-á pelo disposto em lei especial.
Antigo parágrafo único renumerado pela Lei n. 11.481, de 31.05.2007.

Código Civil comentado e anotado

Arts. 1.473 a 1.475

§ 2º Os direitos de garantia instituídos nas hipóteses dos incisos IX e X do *caput* deste artigo ficam limitados à duração da concessão ou direito de superfície, caso tenham sido transferidos por período determinado.
Parágrafo acrescentado pela Lei n. 11.481, de 31.05.2007.

➥ Veja art. 810 do CC/1916.

Hipoteca. Direito real de garantia constituído por escritura pública registrada que grava bem imóvel do devedor de terceiro, sem tradição ao credor, conferindo a este direito de executar a garantia, pagando-se, preferencialmente, se inadimplente o devedor.

▪ Súmula n. 308 do STJ: "A hipoteca firmada entre a construtora e o agente financeiro, anterior ou posterior à celebração da promessa de compra e venda, não tem eficácia perante os adquirentes do imóvel".

Art. 1.474. A hipoteca abrange todas as acessões, melhoramentos ou construções do imóvel. Subsistem os ônus reais constituídos e registrados, anteriormente à hipoteca, sobre o mesmo imóvel.

➥ Veja art. 811 do CC/1916.

No caso de constituição de hipoteca, estão abrangidas todas as acessões, os melhoramentos e construções do imóvel hipotecado. Os ônus reais constituídos e registrados para o imóvel hipotecado, anteriormente à hipoteca, se mantêm. Como ensina Maria Helena Diniz (*Curso de direito civil*, v. IV, p. 321), "Se antes do assento da hipoteca já tiver sido registrado algum outro direito real sobre o mesmo imóvel (usufruto, anticrese, servidão etc.), os titulares desses direitos reais terão direito de preferência sobre o credor hipotecário na eventual execução".

Art. 1.475. É nula a cláusula que proíbe ao proprietário alienar imóvel hipotecado.
Parágrafo único. Pode convencionar-se que vencerá o crédito hipotecário, se o imóvel for alienado.

➥ Sem correspondência no CC/1916.

A hipoteca não causa nenhum estigma no imóvel que impeça sua alienação. Caso o imóvel venha a ser alienado, seu novo proprietário estará ciente do ônus com o qual o imóvel foi gravado e assumirá a obrigação no lugar do antigo proprietário. Assim, qualquer cláusula que vede tal alienação será considerada nula.

É possível, porém, que as partes convencionem que, mediante alienação, haverá o vencimento do crédito hipotecário.

▪ Apelação cível. Ação cominatória. Compromisso de compra e venda de bem imóvel. Almejada imposição de obrigação de fazer. Desmembramento e outorga de escritura pública. Fração inferior à legalmente permitida. Reconhecida carência de ação por impossibilidade jurídica do pedido. Extinção do processo sem apreciação do mérito (art. 267, VI, do CPC). Insurgimento da autora. Área insuscetível de desmembramento e de conseguinte adjudicação. Vedação que decorre de legislação federal e munici-

807

Arts. 1.475 a 1.478 — Almeida Guilherme

pal. Inteligência do art. 37 da Lei n. 6.766/79. Registro de hipoteca anterior à celebração do contrato. Leitura do art. 1.475, *caput*, do CC. Possibilidade de alienação que, todavia, resta prejudicada pelas proibições pretéritas. Sentença alterada apenas em parcela da fundamentação. Recurso conhecido e desprovido. (TJSC, Ap. Cível n. 2013.029101-0, Câm. Esp. Reg. de Chapecó, rel. Des. Luiz Cesar Schweitzer, j. 26.01.2015)

Art. 1.476. O dono do imóvel hipotecado pode constituir outra hipoteca sobre ele, mediante novo título, em favor do mesmo ou de outro credor.

➥ Veja art. 812 do CC/1916.

É possível constituir hipoteca sobre imóvel já hipotecado, com novo título, para o mesmo credor ou um terceiro, com a devida averbação no Cartório de Registro de Imóveis. O limite para constituição de hipotecas é a relação entre o valor do imóvel e o valor das dívidas garantidas. Assim, poderá o proprietário hipotecar seu imóvel, dando-o em garantia para dívidas que, somadas, atinjam o valor total da propriedade.

Art. 1.477. Salvo o caso de insolvência do devedor, o credor da segunda hipoteca, embora vencida, não poderá executar o imóvel antes de vencida a primeira.

Parágrafo único. Não se considera insolvente o devedor por faltar ao pagamento das obrigações garantidas por hipotecas posteriores à primeira.

➥ Veja art. 813 do CC/1916.

Caso seja constituída mais de uma hipoteca sobre o mesmo imóvel, o credor da segunda ou subsequentes não poderá exigir o pagamento sem que esteja vencida a primeira hipoteca. A exceção é caso ocorra insolvência do devedor, com a ressalva do parágrafo único, segundo o qual não pode ser considerado insolvente o devedor que não tenha realizado o pagamento das obrigações garantidas por hipotecas que sejam posteriores à primeira.

Art. 1.478. Se o devedor da obrigação garantida pela primeira hipoteca não se oferecer, no vencimento, para pagá-la, o credor da segunda pode promover-lhe a extinção, consignando a importância e citando o primeiro credor para recebê-la e o devedor para pagá-la; se este não pagar, o segundo credor, efetuando o pagamento, se sub-rogará nos direitos da hipoteca anterior, sem prejuízo dos que lhe competirem contra o devedor comum.

Parágrafo único. Se o primeiro credor estiver promovendo a execução da hipoteca, o credor da segunda depositará a importância do débito e as despesas judiciais.

➥ Veja art. 814 do CC/1916.

Não havendo o pagamento da primeira hipoteca por parte do devedor, no vencimento desta, o segundo credor poderá pleitear que seja extinta a primeira, mediante consignação em juízo da quantia destinada à primeira hipoteca e citação do credor para recebimento e do credor para realizar tal pagamento. Haverá sub-rogação do segundo credor nos direitos de receber o ressarcimento pela quantia disponibilizada ao primeiro credor, assim como o pagamento de sua par-

Código Civil comentado e anotado   Arts. 1.478 a 1.481

te, pelo devedor. Caso o primeiro credor esteja promovendo a execução dessa hipoteca, o credor da segunda realizará o depósito da quantia do débito e das despesas judiciais.

Art. 1.479. O adquirente do imóvel hipotecado, desde que não se tenha obrigado pessoalmente a pagar as dívidas aos credores hipotecários, poderá exonerar-se da hipoteca, abandonando-lhes o imóvel.

➡ Sem correspondência no CC/1916.

Ao adquirir um imóvel, o adquirente poderá exonerar-se do pagamento das dívidas aos credores, caso abandone o imóvel a estes ou a terceiros. Tal abandono não tem o significado de transferência de propriedade, apenas quer dizer que deixa o imóvel à ação dos credores para fins de excussão judicial, uma vez que não se operou a extinção da obrigação garantida.

Art. 1.480. O adquirente notificará o vendedor e os credores hipotecários, deferindo-lhes, conjuntamente, a posse do imóvel, ou o depositará em juízo.

Parágrafo único. Poderá o adquirente exercer a faculdade de abandonar o imóvel hipotecado, até as vinte e quatro horas subsequentes à citação, com que se inicia o procedimento executivo.

➡ Sem correspondência no CC/1916.

O adquirente irá notificar o vendedor e os credores, e lhes deferirá a posse do imóvel – ou realizará a posse deste em juízo. O adquirente poderá abandonar o imóvel, conforme o art. 1.479, até 24 horas após a citação, que dá início ao procedimento executivo.

Art. 1.481. Dentro em trinta dias, contados do registro do título aquisitivo, tem o adquirente do imóvel hipotecado o direito de remi-lo, citando os credores hipotecários e propondo importância não inferior ao preço por que o adquiriu.

§ 1º Se o credor impugnar o preço da aquisição ou a importância oferecida, realizar-se-á licitação, efetuando-se a venda judicial a quem oferecer maior preço, assegurada preferência ao adquirente do imóvel.

§ 2º Não impugnado pelo credor, o preço da aquisição ou o preço proposto pelo adquirente, haver-se-á por definitivamente fixado para a remissão do imóvel, que ficará livre de hipoteca, uma vez pago ou depositado o preço.

O correto parece ser "remição" em vez de "remissão".

§ 3º Se o adquirente deixar de remir o imóvel, sujeitando-o a execução, ficará obrigado a ressarcir os credores hipotecários da desvalorização que, por sua culpa, o mesmo vier a sofrer, além das despesas judiciais da execução.

§ 4º Disporá de ação regressiva contra o vendedor o adquirente que ficar privado do imóvel em consequência de licitação ou penhora, o que pagar a hipoteca, o que, por causa de adjudicação ou licitação, desembolsar com o pagamento da hipoteca importância excedente à da compra e o que suportar custas e despesas judiciais.

➡ Veja arts. 815 e 816, §§ 1º e 4º, do CC/1916.

809

Arts. 1.481 a 1.484 — Almeida Guilherme

O art. 1.481 traz a possibilidade de o adquirente extinguir a hipoteca, mediante o pagamento da dívida remanescente. O prazo para tal extinção é de trinta dias a contar do registro do título aquisitivo. Deverá citar os credores hipotecários e propor importância não inferior ao preço de aquisição. Se o credor impugnar o preço ou a importância oferecida, é realizada licitação, com a venda judicial do bem a quem oferecer o maior lance, com preferência ao adquirente do imóvel. Se não houver oposição quanto ao valor, será este fixado como sendo o valor para a remissão do imóvel. A hipoteca será encerrada mediante o pagamento ou depósito do preço fixado. Deve o adquirente arcar com eventuais despesas e desvalorização do imóvel causado por sua culpa, caso não haja remissão do imóvel e este esteja sujeito à execução. Caso o adquirente fique privado de seu imóvel em consequência de licitação ou penhora, cabe ação regressiva contra o vendedor.

Arts. 1.482 e 1.483. (*Revogados pela Lei n. 13.105, de 16.03.2015.*)

Art. 1.484. É lícito aos interessados fazer constar das escrituras o valor entre si ajustado dos imóveis hipotecados, o qual, devidamente atualizado, será a base para as arrematações, adjudicações e remições, dispensada a avaliação.

➡ Veja art. 818 do CC/1916.

É possível que os interessados dispensem a avaliação do imóvel, fazendo constar nas escrituras o valor ajustado dos imóveis hipotecados, que, devidamente atualizado, será usado como base de arrematações, adjudicações e remições.

▪ Agravo interno em agravo de instrumento. Decisão monocrática de provimento. Prequestionamento. Nada há a modificar na decisão monocrática que deu provimento ao recurso de agravo de instrumento anterior. Agravo de instrumento. Determinação de nova avaliação sobre imóveis penhorados por conta de garantia hipotecária. Dispensa. Aplicabilidade do art. 1.484 do CC. Na medida em que a dívida em execução foi garantida pela constituição de hipoteca dos imóveis que se encontram penhorados pelo juízo, em cuja escritura pública estava expressamente indicado o valor avaliado de cada um dos bens em questão, aplica-se à hipótese dos autos o art. 1.484 do CC, que dispõe que "é lícito aos interessados fazer constar das escrituras o valor entre si ajustado dos imóveis hipotecados, o qual, devidamente atualizado, será a base para as arrematações, adjudicações e remições, dispensada a avaliação". Nesse passo, prevalece a convenção havida entre as partes e resta dispensada a realização de nova avaliação sobre os imóveis, apenas sendo necessária a respectiva atualização. Não se cogita, ademais, da aplicação do art. 683, *caput* e II, do CPC ("é admitida nova avaliação quando: [...] se verificar, posteriormente à avaliação, que houve majoração ou diminuição no valor do bem") para fins de justificar a realização de nova avaliação, constante dos Embargos à Penhora opostos pelas agravadas, que foram considerados intempestivos e rejeitados na origem. É de ser considerado que não restou demonstrada a alegada alteração substancial na parte física dos imóveis ao ponto de causar majoração de seu valor, de modo a levar à conclusão pela necessidade de nova avaliação. Isso porque a diferença de valores havida por conta do tempo decorrido é de ser suprida com a mera realização de atualização monetária, que já encontra respaldo no dispositivo legal aplicável ao caso. E a avaliação particular acostada em sede de contrarrazões não se presta para o fim pretendido. Negado provimento ao agravo interno. (TJRS, Ag. n. 70.063.348.445, 16ª Câm. Cível, rel. Catarina Rita Krieger Martins, j. 26.02.2015)

Código Civil comentado e anotado — Arts. 1.485 a 1.487

Art. 1.485. Mediante simples averbação, requerida por ambas as partes, poderá prorrogar-se a hipoteca, até 30 (trinta) anos da data do contrato. Desde que perfaça esse prazo, só poderá subsistir o contrato de hipoteca reconstituindo-se por novo título e novo registro; e, nesse caso, lhe será mantida a precedência, que então lhe competir.
Artigo com redação dada pela Lei n. 10.931, de 02.08.2004.

➡ Veja art. 817 do CC/1916.

É possível prorrogação da hipoteca por trinta anos, contados a partir da data inicial do contrato. Estando perfeito tal prazo, só será possível que se substitua o contrato de hipoteca se for constituído novo título e novo registro. Nesse caso, será mantida a procedência que não lhe competir. Durante o decurso do prazo de trinta anos, as partes poderão prorrogar a hipoteca antes do vencimento do prazo. Com o término desse prazo, terá a preempção legal da hipoteca, e com isso o credor não mais poderá executar os bens.

Art. 1.486. Podem o credor e o devedor, no ato constitutivo da hipoteca, autorizar a emissão da correspondente cédula hipotecária, na forma e para os fins previstos em lei especial.

➡ Sem correspondência no CC/1916.

No momento da constituição da hipoteca, é possível que credor e devedor autorizem emissão de cédula hipotecária correspondente àquela dívida, de acordo com o previsto em lei especial.

Art. 1.487. A hipoteca pode ser constituída para garantia de dívida futura ou condicionada, desde que determinado o valor máximo do crédito a ser garantido.
§ 1º Nos casos deste artigo, a execução da hipoteca dependerá de prévia e expressa concordância do devedor quanto à verificação da condição, ou ao montante da dívida.
§ 2º Havendo divergência entre o credor e o devedor, caberá àquele fazer prova de seu crédito. Reconhecido este, o devedor responderá, inclusive, por perdas e danos, em razão da superveniente desvalorização do imóvel.

➡ Sem correspondência no CC/1916.

Hipoteca como garantia de dívida futura ou condicionada. É possível que a hipoteca seja estabelecida com base em dívida a se constituir ainda, ou em dívida condicionada, desde que seja estabelecido o limite máximo de créditos assegurado pela garantia real. Nesses casos, a execução da hipoteca depende de anuência prévia e expressa do devedor quanto ao cumprimento da condição ou ao montante da dívida. Havendo divergência entre devedor e credor, o credor deverá fazer prova de seu crédito. Com o reconhecimento do crédito, o devedor responderá pela dívida e por eventuais perdas e danos em razão de superveniência de desvalorização do imóvel.

811

Art. 1.488 e 1.489   Almeida Guilherme

Art. 1.488. Se o imóvel, dado em garantia hipotecária, vier a ser loteado, ou se nele se constituir condomínio edilício, poderá o ônus ser dividido, gravando cada lote ou unidade autônoma, se o requererem ao juiz o credor, o devedor ou os donos, obedecida a proporção entre o valor de cada um deles e o crédito.

§ 1º O credor só poderá se opor ao pedido de desmembramento do ônus, provando que o mesmo importa em diminuição de sua garantia.

§ 2º Salvo convenção em contrário, todas as despesas judiciais ou extrajudiciais necessárias ao desmembramento do ônus correm por conta de quem o requerer.

§ 3º O desmembramento do ônus não exonera o devedor originário da responsabilidade a que se refere o art. 1.430, salvo anuência do credor.

➡ Sem correspondência no CC/1916.

Conforme Silvio Venosa: "desse modo, torna-se um direito dos proprietários de cada unidade desmembrada do imóvel originário requerer que a hipoteca grave, proporcionalmente, cada lote ou unidade condominial, tanto que possuam eles legitimidade concorrente com o credor ou devedor para requerer essa divisão proporcional. A dúvida que o dispositivo não esclarece é saber se cada dono, isoladamente, pode requerer essa divisão no tocante a seu próprio quinhão. A melhor opinião é, sem dúvida, nesse sentido, pois exigir que todos o façam coletivamente, ou que a entidade condominial o faça, poderá retirar o alcance social da norma. Isso porque pode ocorrer que não exista condomínio regular instituído, como nos casos de loteamento, e principalmente porque todas as despesas judiciais ou extrajudiciais necessárias ao desmembramento correm por conta do requerente. Ainda que se convencionem em contrário, como menciona a lei, as custas e emolumentos de cunho oficial serão sempre pagas pelo interessado que requerer a medida, o qual poderá não ter meios ou não ter sucesso com a ação de regresso. Se fosse exigido que a integralidade da divisão proporcional fosse feita em ato único, o elevado custo inviabilizaria, sem dúvida, a medida, nessa situação narrada" (*Direito civil*, v. 5. São Paulo, Atlas, p. 129).

Seção II
Da Hipoteca Legal

Art. 1.489. A lei confere hipoteca:

I – às pessoas de direito público interno (art. 41) sobre os imóveis pertencentes aos encarregados da cobrança, guarda ou administração dos respectivos fundos e rendas;

II – aos filhos, sobre os imóveis do pai ou da mãe que passar a outras núpcias, antes de fazer o inventário do casal anterior;

III – ao ofendido, ou aos seus herdeiros, sobre os imóveis do delinquente, para satisfação do dano causado pelo delito e pagamento das despesas judiciais;

IV – ao coerdeiro, para garantia do seu quinhão ou torna da partilha, sobre o imóvel adjudicado ao herdeiro reponente;

V – ao credor sobre o imóvel arrematado, para garantia do pagamento do restante do preço da arrematação.

➡ Veja art. 827 do CC/1916.

Código Civil comentado e anotado   Arts. 1.489 a 1.492

Hipoteca legal. É aquela conferida por lei a certos credores que, em virtude de terem seus bens administrados por terceiros, merecem uma proteção especial. Conceder-se-á a hipoteca: às pessoas de direito público interno sobre o imóvel do serventuário que tenha o encargo de zelar pelo patrimônio público; ao filho sobre os imóveis do pai ou da mãe que passar a novas núpcias, antes de fazer o inventário e partilha; ao ofendido sobre o imóvel do delinquente, para garantir o pagamento dos danos e das despesas processuais; ao coerdeiro, para garantia de seu quinhão hereditário, sobre o imóvel adjudicado ao herdeiro reponente; ao credor sobre o imóvel arrematado, para garantia do pagamento do restante do preço da arrematação. Houve uma redução das hipóteses pelo atual Código Civil. A hipoteca legal poderá ser substituída por caução de títulos da dívida pública ou por outra garantia, a critério do juiz, a requerimento do devedor. Para ter validade contra terceiros, deve ser registrada e especializada. Não tem prazo determinado, pois dura enquanto perdurar a obrigação, devendo somente ser renovada a especialização (individuação do bem) após o prazo de vinte anos.

Art. 1.490. O credor da hipoteca legal, ou quem o represente, poderá, provando a insuficiência dos imóveis especializados, exigir do devedor que seja reforçado com outros.

➡ Veja art. 819 do CC/1916.

É lícito ao credor da hipoteca legal exigir que o devedor reforce a garantia com outros bens, desde que seja provada a insuficiência dos imóveis especializados.

Art. 1.491. A hipoteca legal pode ser substituída por caução de títulos da dívida pública federal ou estadual, recebidos pelo valor de sua cotação mínima no ano corrente; ou por outra garantia, a critério do juiz, a requerimento do devedor.

➡ Veja art. 820 do CC/1916.

É possível a substituição da hipoteca legal por caução de títulos da dívida pública, federal ou estadual, ou por outra garantia, arbitrada pelo juiz a requerimento do devedor.

Seção III
Do Registro da Hipoteca

Art. 1.492. As hipotecas serão registradas no cartório do lugar do imóvel, ou no de cada um deles, se o título se referir a mais de um.
Parágrafo único. Compete aos interessados, exibido o título, requerer o registro da hipoteca.

➡ Veja arts. 831 e 838 do CC/1916.

As hipotecas deverão ser registradas no cartório da situação do imóvel, e caso o título que institui a hipoteca se refira a mais de um imóvel, em cada um deles. Cabe a cada interessado, exibido o título, requerer que seja efetivado o registro da hipoteca.

813

Arts. 1.493 a 1.496   Almeida Guilherme

Art. 1.493. Os registros e averbações seguirão a ordem em que forem requeridos, verificando-se ela pela da sua numeração sucessiva no protocolo.

Parágrafo único. O número de ordem determina a prioridade, e esta a preferência entre as hipotecas.

➡ Veja art. 833 do CC/1916.

Os registros e averbações seguirão a ordem em que forem requeridos, verificando-se ela pela sua numeração sucessiva no protocolo. O número de ordem determina a prioridade, e esta a preferência entre as hipotecas, conforme já se verificava no art. 833 do CC/1916.

Art. 1.494. *(Revogado pela Medida Provisória n. 1.085, de 27.12.2021.)*

O texto anterior dispunha: "Art. 1.494. Não se registrarão no mesmo dia duas hipotecas, ou uma hipoteca e outro direito real, sobre o mesmo imóvel, em favor de pessoas diversas, salvo se as escrituras, do mesmo dia, indicarem a hora em que foram lavradas".

Art. 1.495. Quando se apresentar ao oficial do registro título de hipoteca que mencione a constituição de anterior, não registrada, sobrestará ele na inscrição da nova, depois de a prenotar, até trinta dias, aguardando que o interessado inscreva a precedente; esgotado o prazo, sem que se requeira a inscrição desta, a hipoteca ulterior será registrada e obterá preferência.

➡ Veja art. 837 do CC/1916.

Caso seja levado a registro o título de hipoteca que mencione uma anterior e esta não ter sido registrada, o oficial do registro sobrestará na inscrição da nova, após prenotá-la por até trinta dias, aguardando registro da primeira. Após esse prazo, não havendo registro da instituída primeiro, a posterior será registrada e passará a ter preferência.

Art. 1.496. Se tiver dúvida sobre a legalidade do registro requerido, o oficial fará, ainda assim, a prenotação do pedido. Se a dúvida, dentro em noventa dias, for julgada improcedente, o registro efetuar-se-á com o mesmo número que teria na data da prenotação; no caso contrário, cancelada esta, receberá o registro o número correspondente à data em que se tornar a requerer.

➡ Veja arts. 834 e 835 do CC/1916.

Caso exista dúvida sobre legalidade de registro de hipoteca requerido, o oficial fará prenotação. Se, após noventa dias, a dúvida se provar improcedente, o registro será feito normalmente, como se houvesse sido feito na data em que foi requerido. Caso a dúvida se confirme, a prenotação será cancelada e será registrada sob o número que receber à data em que for requerida novamente.

Código Civil comentado e anotado   Arts. 1.497 a 1.499

Art. 1.497. As hipotecas legais, de qualquer natureza, deverão ser registradas e especializadas.

§ 1º O registro e a especialização das hipotecas legais incumbem a quem está obrigado a prestar a garantia, mas os interessados podem promover a inscrição delas, ou solicitar ao Ministério Público que o faça.

§ 2º As pessoas, às quais incumbir o registro e a especialização das hipotecas legais, estão sujeitas a perdas e danos pela omissão.

➡ Veja arts. 828, 843 e 845 do CC/1916.

É requerido que as hipotecas legais sejam registradas e especializadas. Aquele que está obrigado a prestar garantia deverá registrar e especializar as hipotecas legais. Porém, interessados podem promover sua inscrição ou solicitar que o Ministério Público o faça. Tais pessoas, caso se omitam em realizar o registro e a especialização, responderão por perdas e danos que causem.

Art. 1.498. Vale o registro da hipoteca, enquanto a obrigação perdurar; mas a especialização, em completando vinte anos, deve ser renovada.

➡ Veja art. 830 do CC/1916.

O art. 1.498 altera o prazo da inscrição da hipoteca, sendo de trinta anos o do CC/1916 e de vinte anos o do Código em vigor.

Seção IV
Da Extinção da Hipoteca

Art. 1.499. A hipoteca extingue-se:
I – pela extinção da obrigação principal;
II – pelo perecimento da coisa;
III – pela resolução da propriedade;
IV – pela renúncia do credor;
V – pela remição;
VI – pela arrematação ou adjudicação.

➡ Veja art. 849 do CC/1916.

São formas de extinção da hipoteca:
(i) extinção da obrigação principal;
(ii) perecimento da coisa;
(iii) resolução da propriedade;
(iv) renúncia do credor;
(v) remição;
(vi) arrematação ou adjudicação;
(vii) cancelamento do registro da hipoteca à vista de prova de uma das causas extintivas.
Não paga a dívida, o imóvel será executado por meio do processo de execução, tendo início

815

Arts. 1.499 a 1.503 — Almeida Guilherme

com a penhora do bem gravado, com vistas a vendê-lo judicialmente. O produto da venda será utilizado no pagamento do crédito hipotecário. Havendo a penhora desse bem por outro credor, não poderá haver a arrematação ou adjudicação sem a devida citação do outro credor hipotecário (art. 1.501 do CC).

> ■ Enunciado n. 509 da V Jornada de Direito Civil: "A resolução da propriedade, quando determinada por causa originária, prevista no título, opera *ex tunc* e *erga omnes*; se decorrente de causa superveniente, atua *ex nunc* e *inter partes*".

Art. 1.500. Extingue-se ainda a hipoteca com a averbação, no Registro de Imóveis, do cancelamento do registro, à vista da respectiva prova.

➥ Veja arts. 850 e 851 do CC/1916.

O único modo de se extinguir a hipoteca é utilizando o mesmo modo que serviu para instituí-la, ou seja, como a hipoteca só será válida se devidamente registrada no Cartório de Registro de Imóveis à margem da respectiva matrícula, sua extinção também se dará por registro público no Cartório de Registro de Imóveis à margem da respectiva matrícula, desde que acompanhado de prova da extinção da garantia hipotecária.

Art. 1.501. Não extinguirá a hipoteca, devidamente registrada, a arrematação ou adjudicação, sem que tenham sido notificados judicialmente os respectivos credores hipotecários, que não forem de qualquer modo partes na execução.

➥ Veja art. 826 do CC/1916.

Para que seja extinta a hipoteca registrada, mediante arrematação ou adjudicação, é necessário que os credores hipotecários sejam notificados judicialmente, se não forem parte na execução.

Seção V
Da Hipoteca de Vias Férreas

Art. 1.502. As hipotecas sobre as estradas de ferro serão registradas no Município da estação inicial da respectiva linha.

➥ Veja art. 852 do CC/1916.

Hipoteca de vias férreas. É aquela incidente sobre as estradas de ferro, devendo ser registrada no município da estação inicial da respectiva linha. O credor hipotecário não poderá perturbar o regular funcionamento da ferrovia.

Art. 1.503. Os credores hipotecários não podem embaraçar a exploração da linha, nem contrariar as modificações, que a administração deliberar, no leito da estrada, em suas dependências, ou no seu material.

Código Civil comentado e anotado   Arts. 1.503 a 1.506

➡ Veja art. 853 do CC/1916.

É proibido aos credores hipotecários, de alguma maneira, atrapalhar a exploração da linha férrea, ou contrariar modificações decididas pela administração da linha, tendo em vista assegurar a continuidade do funcionamento das ferrovias.

Art. 1.504. A hipoteca será circunscrita à linha ou às linhas especificadas na escritura e ao respectivo material de exploração, no estado em que ao tempo da execução estiverem; mas os credores hipotecários poderão opor-se à venda da estrada, à de suas linhas, de seus ramais ou de parte considerável do material de exploração; bem como à fusão com outra empresa, sempre que com isso a garantia do débito enfraquecer.

➡ Veja art. 854 do CC/1916.

A hipoteca poderá abranger a linha ou estrada de ferro ou, ainda, a uma parte específica do percurso. É possível que os credores hipotecários se oponham à venda da estrada, das linhas e de seus ramais, ou de parte do material de exploração. Podem se opor também à fusão com outras empresas, se, com isso, houver diminuição da garantia do débito.

Art. 1.505. Na execução das hipotecas será intimado o representante da União ou do Estado, para, dentro em quinze dias, remir a estrada de ferro hipotecada, pagando o preço da arrematação ou da adjudicação.

➡ Veja art. 855 do CC/1916.

Caso haja execução de hipoteca de linha férrea, o representante da União ou do Estado de que faça parte será intimado para, em quinze dias, remir a estrada hipotecada, pagando o preço de arrematação ou adjudicação.

CAPÍTULO IV
DA ANTICRESE

Art. 1.506. Pode o devedor ou outrem por ele, com a entrega do imóvel ao credor, ceder-lhe o direito de perceber, em compensação da dívida, os frutos e rendimentos.
§ 1º É permitido estipular que os frutos e rendimentos do imóvel sejam percebidos pelo credor à conta de juros, mas se o seu valor ultrapassar a taxa máxima permitida em lei para as operações financeiras, o remanescente será imputado ao capital.
§ 2º Quando a anticrese recair sobre bem imóvel, este poderá ser hipotecado pelo devedor ao credor anticrético, ou a terceiros, assim como o imóvel hipotecado poderá ser dado em anticrese.

➡ Veja art. 805 do CC/1916.

Anticrese. É o direito real de garantia que consiste na transferência da posse de imóvel do devedor ao credor, com a finalidade de perceber-lhe os frutos, até o pagamento da dívida, juros e capital. O credor anticrético deverá prestar contas anualmente por meio de balanço de sua administração. Também, salvo estipulação em contrário, poderá arrendar o bem a terceiro. A anticrese deverá ser devidamente registrada, possuindo eficácia *erga omnes*, inclusive em face do adquirente do bem posterior ao seu registro (art. 1.509 do CC). A adquirente poderá efetuar o resgate antes do vencimento da dívida, pagando-a e imitindo-se na posse do imóvel.

Art. 1.507. O credor anticrético pode administrar os bens dados em anticrese e fruir seus frutos e utilidades, mas deverá apresentar anualmente balanço, exato e fiel, de sua administração.

§ 1º Se o devedor anticrético não concordar com o que se contém no balanço, por ser inexato, ou ruinosa a administração, poderá impugná-lo, e, se o quiser, requerer a transformação em arrendamento, fixando o juiz o valor mensal do aluguel, o qual poderá ser corrigido anualmente.

§ 2º O credor anticrético pode, salvo pacto em sentido contrário, arrendar os bens dados em anticrese a terceiro, mantendo, até ser pago, direito de retenção do imóvel, embora o aluguel desse arrendamento não seja vinculativo para o devedor.

➡ Veja art. 806 do CC/1916.

O credor anticrético pode administrar os bens dados em anticrese e fruir seus frutos e utilidades, inclusive locar o bem, mas deverá apresentar anualmente balanço, exato e fiel, de sua administração sob pena de perdas e danos. Caso o devedor anticrético não concorde com o que se contém no balanço, por ser inexato ou ruinosa a administração, poderá impugná-lo e, se o quiser, requerer a transformação em arrendamento, fixando o juiz o valor mensal do aluguel, o qual poderá ser corrigido anualmente. Ademais, o credor anticrético pode, salvo autonomia da vontade em contrário (art. 421 do CC), arrendar os bens dados em anticrese a terceiro, mantendo, até ser pago, direito de retenção do imóvel, embora o aluguel desse arrendamento não seja vinculativo para o devedor.

Art. 1.508. O credor anticrético responde pelas deteriorações que, por culpa sua, o imóvel vier a sofrer, e pelos frutos e rendimentos que, por sua negligência, deixar de perceber.

➡ Veja art. 807 do CC/1916.

O credor anticrético possui a responsabilidade pela conservação do bem, assim como a obrigação de extrair o máximo deste bem, que lhe foi dado em anticrese, de forma a perceber seus frutos em integridade, respondendo, em caso contrário, pelos frutos que por negligência deixou de perceber.

Art. 1.509. O credor anticrético pode vindicar os seus direitos contra o adquirente dos bens, os credores quirografários e os hipotecários posteriores ao registro da anticrese.

§ 1º Se executar os bens por falta de pagamento da dívida, ou permitir que outro credor o execute, sem opor o seu direito de retenção ao exequente, não terá preferência sobre o preço.

§ 2º O credor anticrético não terá preferência sobre a indenização do seguro, quando o prédio seja destruído, nem, se forem desapropriados os bens, com relação à desapropriação.

Código Civil comentado e anotado

Arts. 1.509 a 1.510-A

➤ Veja art. 808 do CC/1916.

O credor anticrético pode reivindicar os seus direitos contra o adquirente dos bens, os credores quirografários e os hipotecários posteriores ao registro da anticrese no caso de executar os bens por falta de pagamento da dívida, ou permitir que outro credor o execute, sem opor o seu direito de retenção ao exequente, que não terá preferência sobre o preço. Ademais, o credor anticrético não terá preferência sobre a indenização do seguro, quando o prédio for destruído, nem, se forem desapropriados os bens, com relação à desapropriação, tendo em vista a própria natureza desse instituto (*vide* comentário ao art. 1.506 do CC).

Art. 1.510. O adquirente dos bens dados em anticrese poderá remi-los, antes do vencimento da dívida, pagando a sua totalidade à data do pedido de remição e imitir-se-á, se for o caso, na sua posse.

➤ Sem correspondência no CC/1916.

Caso seja adquirido bem eivado do instituto da anticrese, será possível que, antes de vencida a dívida, o adquirente pague a totalidade desta na data do pedido de remição, sendo imitida sua posse, se for o caso.

TÍTULO XI
DA LAJE

Título acrescentado pela Lei n. 13.465, de 11.07.2017.

Art. 1.510-A. O proprietário de uma construção-base poderá ceder a superfície superior ou inferior de sua construção a fim de que o titular da laje mantenha unidade distinta daquela originalmente construída sobre o solo.

§ 1º O direito real de laje contempla o espaço aéreo ou o subsolo de terrenos públicos ou privados, tomados em projeção vertical, como unidade imobiliária autônoma, não contemplando as demais áreas edificadas ou não pertencentes ao proprietário da construção-base.

§ 2º O titular do direito real de laje responderá pelos encargos e tributos que incidirem sobre a sua unidade.

§ 3º Os titulares da laje, unidade imobiliária autônoma constituída em matrícula própria, poderão dela usar, gozar e dispor.

§ 4º A instituição do direito real de laje não implica a atribuição de fração ideal de terreno ao titular da laje ou a participação proporcional em áreas já edificadas.

§ 5º Os Municípios e o Distrito Federal poderão dispor sobre posturas edilícias e urbanísticas associadas ao direito real de laje.

§ 6º O titular da laje poderá ceder a superfície de sua construção para a instituição de um sucessivo direito real de laje, desde que haja autorização expressa dos titulares da construção-base e das demais lajes, respeitadas as posturas edilícias e urbanísticas vigentes.

Artigo e parágrafos acrescentados pela Lei n. 13.465, de 11.07.2017.

Produto da Lei n. 13.465/2017, houve a introdução do Título XI ao Livro III da Parte Especial do Código Civil. O Título, a rigor, abrigou a tentativa de regulamentação do passivo

819

Arts. 1.510-A a 1.510-C

fundiário rural e urbano em território nacional. Com isso, deu-se a previsão no art. 1.225 do *direito de laje* como um direito real e, mais adiante, a inclusão do referido Título XI (Da Laje).

Ora, sua adoção teve como finalidade a observância de um preceito de caráter social de melhor ocupação e otimização do espaço de moradia e, também, a possibilidade de regularização imobiliária e a sua maior desburocratização. Significa dizer que passa a haver maior dinamismo e flexibilização na legalização de unidades habitacionais construídas em uma mesma área.

Falando de outra forma, o direito de laje representa a cessão da superfície superior ou inferior de sua construção a fim de que o titular da laje mantenha unidade distinta daquela originalmente construída sobre o solo. Ou seja, o que se tem é que o proprietário poderá ceder parte do espaço físico do terreno, de modo que cada morador de unidade tenha uma escritura individual, fazendo com que aquele que habitar um pavimento possa ter documento regular e autônomo e aquele que residir em outro compartimento da unidade também possa ter outro documento regular e individualizado. Ao fim e ao cabo, cada um dos titulares poderá inclusive alienar ou eventualmente gravar na matrícula do imóvel.

A norma esclarece que o *direito de laje* contempla o espaço aéreo ou o subsolo de terrenos públicos ou privados, tomados em projeção vertical, como unidade imobiliária autônoma. Para tanto, diga-se, a unidade imobiliária autônoma vem a ser a unidade que possui acesso independente e isolamento funcional com matrícula própria para cada uma das unidades. Ademais, o titular do direito real de laje é aquele que responde pelos encargos e pelos tributos aplicados à unidade.

Os §§ 4º e 5º do art. 1.510-A esclarecem que a instituição do direito real de laje não implica a atribuição de fração ideal de terreno ao titular da laje ou a participação proporcional em áreas já edificadas e que os Municípios e o Distrito Federal poderão dispor sobre posturas edilícias e urbanísticas associadas ao direito real de laje.

O último parágrafo do art. 1.510-A determina que o titular da laje poderá ceder a superfície de sua construção para a instituição de um sucessivo direito real de laje, desde que haja autorização expressa dos titulares da construção-base e das demais lajes, respeitadas as posturas edilícias e urbanísticas vigentes.

Art. 1.510-B. É expressamente vedado ao titular da laje prejudicar com obras novas ou com falta de reparação a segurança, a linha arquitetônica ou o arranjo estético do edifício, observadas as posturas previstas em legislação local.
Artigo acrescentado pela Lei n. 13.465, de 11.07.2017.

Justamente por haver a regulamentação do direito de laje, determina o art. 1.310-B que é vedado ao titular da laje prejudicar com obras novas ou com falta de reparação a segurança, a linha arquitetônica ou o arranjo estético do edifício, observadas as posturas previstas em legislação local.

Art. 1.510-C. Sem prejuízo, no que couber, das normas aplicáveis aos condomínios edilícios, para fins do direito real de laje, as despesas necessárias à conservação e fruição das partes que sirvam a todo o edifício e ao pagamento de serviços de interesse comum serão partilhadas entre o proprietário da construção-base e o titular da laje, na proporção que venha a ser estipulada em contrato.
§ 1º São partes que servem a todo o edifício:

Código Civil comentado e anotado   Arts. 1.510-C a 1.510-D

I – os alicerces, colunas, pilares, paredes-mestras e todas as partes restantes que constituam a estrutura do prédio;

II – o telhado ou os terraços de cobertura, ainda que destinados ao uso exclusivo do titular da laje;

III – as instalações gerais de água, esgoto, eletricidade, aquecimento, ar condicionado, gás, comunicações e semelhantes que sirvam a todo o edifício; e

IV – em geral, as coisas que sejam afetadas ao uso de todo o edifício.

§ 2º É assegurado, em qualquer caso, o direito de qualquer interessado em promover reparações urgentes na construção na forma do parágrafo único do art. 249 deste Código.

Artigo acrescentado pela Lei n. 13.465, de 11.07.2017.

Em relação às despesas necessárias à conservação e fruição das partes que sirvam a todo o edifício e ao pagamento de serviços de interesse comum, estas devem ser partilhadas entre o proprietário da construção-base e o titular da laje, na proporção que venha a ser estipulada em contrato, sem prejuízo das normas aplicáveis aos condomínios edilícios.

O artigo ainda esclarece aquilo que serve como parte a todo edifício, sendo: (i) alicerces, colunas, pilares, paredes-mestras e todas as partes restantes que constituam a estrutura do prédio; (ii) telhado ou terraços de cobertura, ainda que destinados ao uso exclusivo do titular da laje; (iii) instalações gerais de água, esgoto, eletricidade, aquecimento, ar condicionado, gás, comunicações e semelhantes que sirvam a todo o edifício; e, por fim, (iv) em geral, as coisas que sejam afetadas ao uso de todo o edifício.

Fica assegurado, em qualquer caso, o direito de qualquer interessado em promover reparações urgentes na construção na forma do parágrafo único do art. 249 do Código Civil.

Art. 1.510-D. Em caso de alienação de qualquer das unidades sobrepostas, terão direito de preferência, em igualdade de condições com terceiros, os titulares da construção-base e da laje, nessa ordem, que serão cientificados por escrito para que se manifestem no prazo de 30 (trinta) dias, salvo se o contrato dispuser de modo diverso.

§ 1º O titular da construção-base ou da laje a quem não se der conhecimento da alienação poderá, mediante depósito do respectivo preço, haver para si a parte alienada a terceiros, se o requerer no prazo decadencial de 180 (cento e oitenta) dias, contado da data de alienação.

§ 2º Se houver mais de uma laje, terá preferência, sucessivamente, o titular das lajes ascendentes e o titular das lajes descendentes, assegurada a prioridade para a laje mais próxima à unidade sobreposta a ser alienada.

Artigo acrescentado pela Lei n. 13.465, de 11.07.2017.

Consagrando o direito de preferência, fica estabelecido que, em caso de alienação de qualquer das unidades sobrepostas, terão direito a ele, em igualdade de condições com terceiros, os titulares da construção-base e da laje, nessa ordem, que serão cientificados por escrito para que se manifestem no prazo de 30 (trinta) dias, salvo se o contrato dispuser de modo diverso.

Já o titular da construção-base ou da laje a quem não se der conhecimento da alienação pode, mediante depósito do respectivo preço, haver para si a parte alienada a terceiros, se fizer requisição no prazo decadencial de 180 (cento e oitenta) dias, contado da data de alienação.

Havendo mais de uma laje, a preferência, de forma sucessiva, se dá em favor do titular das lajes ascendentes e ao titular das lajes descendentes, assegurada a prioridade para a laje mais próxima à unidade sobreposta a ser alienada.

Art. 1.510-E

Almeida Guilherme

Art. 1.510-E. A ruína da construção-base implica extinção do direito real de laje, salvo:
I – se este tiver sido instituído sobre o subsolo;
II – se a construção-base não for reconstruída no prazo de 5 (cinco) anos.
Parágrafo único. O disposto neste artigo não afasta o direito a eventual reparação civil contra o culpado pela ruína.
Artigo acrescentado pela Lei n. 13.465, de 11.07.2017.

O art. 1.510-E ensina, sobre a extinção do direito de laje, que este se dará em caso de ruína da construção-base, a não ser que o direito real de laje esteja instituído sobre o subsolo ou se construção-base não for reconstruída no prazo de 5 (cinco) anos, sendo que o disposto no artigo não rechaça o direito a reparação civil em face do culpado pela ruína.

Direito real	Artigos do CC/2002	Conceito
Propriedade	1.228 a 1.360	Poder que o proprietário (pessoa física ou jurídica) tem de poder usar, gozar e dispor de um bem, corpóreo ou in corpóreo, além de reaver de quem injustamente o detenha.
Enfiteuse	678 a 694 (CC/1916) e 2.038 (CC/2002)	Também chamada de aforamento, é usada para ocupar e povoar terra nova.
Superfície	1.369 a 1.377	Direito real de fruição de coisa alheia por meio do qual o proprietário concede a ou trem (superficiário) o direito de construir ou plantar em seu terreno, por tempo determinado, a título gratuito ou oneroso, mediante escritura pública registrada no cartório de imóveis.
Servidão	1.378 a 1.389	Direito real que recai sobre o prédio (serviente) em proveito de outro (dominante).
Usufruto	1.390 a 1.411	Direito real que confere ao usufrutuário os direitos de uso e gozo sobre coisa alheia.
Uso	1.412 a 1.413	Direito real de fruição que confere ao usuário a autorização de retirar, temporariamente, todas as utilidades, visando a atender as suas necessidades e de sua família.
Habitação	1.414 a 1.416	Direito real de fruição que consiste em habitar gratuitamente com sua família casa alheia.
Penhor	1.419 a 1.437	Direito real de garantia, consistente na tradição de coisa móvel, suscetível de alienação, a fim de garantir o pagamento do débito.
Hipoteca	1.473 a 1.505	Direito real de garantia constituído por escritura pública registrada que grava bem imó vel do devedor de terceiro, sem tradição ao credor, conferindo a este direito de executar a ga rantia, pagando-se, preferencialmente, se inadimplente o devedor.
Anticrese	1.506 a 1.510	Direito real de garantia que consiste na transferência da posse de imóvel do devedor ao credor, com a finalidade de perceberlhe os frutos, até o pagamento da dívida, juros e capital.
Propriedade fiduciária	1.361 a 1.368-B	Decorre da alienação fiduciária em garantia. Trata-se da propriedade resolúvel de coisa móvel infungível que o devedor (fiduciante), com escopo de garantia, transfere ao credor (fi duciário). Resolvese o direito do adquirente com o pagamento da dívida garantida.

(continua)

822

(continuação)

Direito real	Artigos do CC/2002	Conceito
Direito real de aquisição: compromisso de compra e venda	1.417 a 1.418	A promessa de compra e venda que não contenha cláusula de arrependimento, celebrada por instrumento público ou particular, registrada no Cartório de Imóveis, enseja o direito real à aquisição do imóvel pelo promitente comprador. O compromisso irretratável de compra e venda é o contrato pelo qual o compromitente vendedor se obriga a vender determinado imóvel pelo preço e condições ajustadas ao compromissário comprador. Uma vez pago o preço, tem o compromissário comprador o direito real sobre o bem, podendo exigir a outorga da escritura definitiva.
Concessão de uso especial para fins de moradia	1.225, XI (inciso acrescentado pela Lei n. 11.481/2007)	Favor legal ofertado a quem possui como seu, por 5 anos sem interrupção e sem oposição, até 250 metros quadrados em imóvel público localizado em espaço urbano para a sua moradia ou a de sua família.
Concessão de direito real de uso	1.473, IX (inciso acrescentado pela Lei n. 11.481/2017)	Comparado a um usufruto com poderes mais restritos, permitindo o uso total do bem, mas apenas a fruição parcial do bem.
Laje	1.510-A a 1.510-E (artigos acrescentados pela Lei n. 13.465/2017)	Imóvel (construção-base) que cede a sua laje, superior ou inferior, gerando uma matrícula autônoma desta.

Atenção!
Retomando o que foi dito até aqui: Expostos nessa Parte Especial os Livros "Direito das Obrigações" e "Direito das Coisas", fácil é a diferenciação entre temas que confundem o operador do direito: "direito pessoal", "direito real", "obrigação pessoal" e "obrigação personalíssima". Assim, o direito pessoal e o direito real funcionam como gêneros. Já a "obrigação pessoal" e a "obrigação personalíssima" são espécies do direito pessoal.

O que se tem é que o direito pessoal consiste no vínculo jurídico entre as pessoas, a partir das obrigações resultantes dessa interação. Já o direito real consiste no vínculo jurídico entre a pessoa e a coisa.

Portanto, tendo em vista o vínculo entre pessoas e as obrigações advindas dessa relação, uma obrigação é pessoal quando não importa ao credor qual pessoa do devedor que a realiza, mas apenas e tão somente se a obrigação é realizada ou não. Por outro lado, a obrigação se mostra personalíssima (também chamada de *intuitu personae*) quando ela só pode ser cumprida por pessoa ou devedor específico.

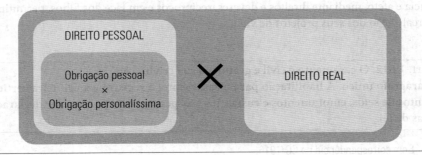

LIVRO IV
DO DIREITO DE FAMÍLIA

TÍTULO I
DO DIREITO PESSOAL

SUBTÍTULO I
DO CASAMENTO

CAPÍTULO I
DISPOSIÇÕES GERAIS

Art. 1.511. O casamento estabelece comunhão plena de vida, com base na igualdade de direitos e deveres dos cônjuges.

➡ Sem correspondência no CC/1916.

A lei estabelece igualdade jurídica entre marido e mulher quanto aos direitos e às obrigações, que consistem na fidelidade mútua, na coabitação, na assistência material e imaterial entre ambos em relação aos filhos (criar, amparar, educar e prepará-los para o futuro) e no respeito e consideração mútua. O casamento já tem sido considerado possível entre pessoas do mesmo sexo para uma parte da doutrina, com base na Resolução CNJ n. 175/2013, que dispôs sobre a habilitação, celebração de casamento civil, ou de conversão de união estável em casamento, entre pessoas de mesmo sexo.

Natureza jurídica do casamento:

(i) **Teoria contratualista.** O matrimônio é um contrato civil, regido pelas normas comuns a todos os contratos, aperfeiçoando-se apenas pela autonomia de vontade das partes, ou seja, dos nubentes.

(ii) **Teoria institucionalista.** O casamento é uma instituição social, refletindo uma situação jurídica que surge da vontade dos contraentes, mas cujas normas, efeitos e forma encontram-se preestabelecidos em lei.

(iii) **Doutrina eclética ou mista.** O casamento é um ato complexo, ou seja, é concomitantemente negócio jurídico (na formação) e instituição (no conteúdo). Desse modo, diante da natureza jurídica do casamento, pode-se defini-lo como sendo um negócio jurídico especial de direito de família no qual os cônjuges (marido e mulher) formam uma comunidade de existência e afeto, mediante direitos e deveres, recíprocos e em face dos filhos, permitindo, assim, a realização dos seus projetos de vida.

Art. 1.512. O casamento é civil e gratuita a sua celebração.

Parágrafo único. A habilitação para o casamento, o registro e a primeira certidão serão isentos de selos, emolumentos e custas, para as pessoas cuja pobreza for declarada, sob as penas da lei.

➡ Sem correspondência no CC/1916.

824

Código Civil comentado e anotado   Arts. 1.512 a 1.516

Ato nupcial gratuito. A celebração do ato nupcial preconizada por autoridade competente é realizada gratuitamente. O registro, a primeira certidão e a habilitação matrimonial são documentos custosos, ou seja, os selos, emolumentos e custas serão cobradas, salvo para aqueles cuja pobreza for comprovada, podendo ser utilizada a Lei n. 1.060/50.

Art. 1.513. É defeso a qualquer pessoa, de direito público ou privado, interferir na comunhão de vida instituída pela família.

➡ Sem correspondência no CC/1916.

O art. 1.513 proíbe qualquer pessoa, de direito público ou privado, de intervir na comunhão de vida constituída pela família, ou seja, o planejamento familiar é de livre decisão do casal, competindo ao Estado propiciar recursos educacionais e financeiros para o exercício desse direito.

Art. 1.514. O casamento se realiza no momento em que o homem e a mulher manifestam, perante o juiz, a sua vontade de estabelecer vínculo conjugal, e o juiz os declara casados.

➡ Veja art. 194 do CC/1916.

A **celebração do casamento** é antecedida da habilitação dos nubentes e revestida de solenidade prescrita pela lei, sem o que o casamento não se celebra validamente. A liberdade dos cônjuges é condição fundamental para a validade do casamento, devendo ser livre e espontânea.

Art. 1.515. O casamento religioso, que atender às exigências da lei para a validade do casamento civil, equipara-se a este, desde que registrado no registro próprio, produzindo efeitos a partir da data de sua celebração.

➡ Sem correspondência no CC/1916.

O **casamento religioso**, para ter efeitos civis, deverá ter os mesmos requisitos formais do art. 104, III, do Código Civil, ou seja, os mesmos requisitos formais do casamento civil. Em 1889, com a Proclamação da República, ocorreu a separação da Igreja do Estado e, com isso, estabeleceu-se o casamento civil no Brasil. Não demorou muito para que o país regulamentasse o casamento religioso, fazendo com que este gerasse efeitos civis, uma vez que atendesse a todas as exigências da lei para a validade do casamento civil. A própria Constituição Federal dispõe sobre a inviolabilidade da liberdade de crença, assegurando o livre exercício dos cultos religiosos (art. 5º, VI, da CF). Além disso, diz em seu texto que o casamento religioso tem efeito civil, nos termos da lei (art. 226, § 2º, da CF).

Art. 1.516. O registro do casamento religioso submete-se aos mesmos requisitos exigidos para o casamento civil.
§ 1º O registro civil do casamento religioso deverá ser promovido dentro de noventa dias de sua realização, mediante comunicação do celebrante ao ofício competente, ou por

825

Arts. 1.516 e 1.517 — Almeida Guilherme

iniciativa de qualquer interessado, desde que haja sido homologada previamente a habilitação regulada neste Código. Após o referido prazo, o registro dependerá de nova habilitação.

§ 2º O casamento religioso, celebrado sem as formalidades exigidas neste Código, terá efeitos civis se, a requerimento do casal, for registrado, a qualquer tempo, no registro civil, mediante prévia habilitação perante a autoridade competente e observado o prazo do art. 1.532.

§ 3º Será nulo o registro civil do casamento religioso se, antes dele, qualquer dos consorciados houver contraído com outrem casamento civil.

➡ Sem correspondência no CC/1916.

O **casamento religioso** deverá ser lavrado no livro de registro público, para que este produza efeitos civis, além da habilitação matrimonial perante autoridade competente.

Deve-se processar a habilitação matrimonial perante o oficial do registro civil, pedindo-lhe que forneça a respectiva certidão, para que assim se casem perante ministro religioso. A habilitação goza de prazo legal de validade de noventa dias. Mister relembrar que o prazo tratado é decadencial, pois é faculdade dos nubentes celebrar o ato nupcial. Esgotado o prazo, sem celebração do ato nupcial, decai o direito e surge a necessidade de uma nova habilitação.

Se o casamento religioso já tiver sido celebrado, seu registro poderá ser solicitado a qualquer momento, uma vez que os nubentes portem os documentos exigidos pelo art. 1.525 do CC, uma prova do ato religioso e o requerimento do registro.

Caso um dos nubentes já tenha realizado ato nupcial com outrem, o ato posterior será nulo mediante registro civil, por razão de bigamia, que constitui impedimento matrimonial.

CAPÍTULO II
DA CAPACIDADE PARA O CASAMENTO

Art. 1.517. O homem e a mulher com dezesseis anos podem casar, exigindo-se autorização de ambos os pais, ou de seus representantes legais, enquanto não atingida a maioridade civil.

Parágrafo único. Se houver divergência entre os pais, aplica-se o disposto no parágrafo único do art. 1.631.

➡ Veja arts. 183, XI e XII, 185 e 186 do CC/1916.

As condições necessárias para que o casamento tenha validade são: as condições naturais de aptidão física, como a puberdade, a aptidão e a sanidade mentais; e aptidão intelectual, e é por esse motivo que a lei proíbe que menores de 16 anos possam se casar, pois o legislador entendeu que os menores de 16 anos ainda não se tornaram púberes. Todavia, para que os maiores de 16 anos e menores de 18 anos possam celebrar o casamento é preciso que haja autorização dos pais ou de seus representantes legais. Se houver divergência entre os pais a respeito da anuência para que o filho menor realize o seu casamento, qualquer um deles poderá recorrer ao juiz para solucionar o desacordo (art. 1.631, parágrafo único, do CC). O Código Civil apresenta três espécies de capacidade: (i) capacidade civil; (ii) capacidade para ser empresário; e (iii) capacidade para o casamento. O art. 1.517 do Código Civil trata da capacidade do casamento, pautada na idade mínima de 16 anos, devendo ser representados pelos pais ou por seus

Código Civil comentado e anotado   Arts. 1.517 a 1.520

representantes legais. O Código fala expressamente em anuência de ambos os pais, exigência esta que se reflete pelo disposto no parágrafo único, em que há previsão de suprimento judicial da anuência de um dos pais dissidentes. Também é assim nos casos de autorização dos pais para que o menor viaje desacompanhado para o exterior, o que foi possibilitado pela publicação da Resolução CNJ n. 131/2011.

> ■ Enunciado n. 512 da V Jornada de Direito Civil: "O art. 1.517 do Código Civil, que exige autorização dos pais ou responsáveis para casamento, enquanto não atingida a maioridade civil, não se aplica ao emancipado".

Art. 1.518. Até a celebração do casamento podem os pais ou tutores revogar a autorização.
Artigo com redação dada pela Lei n. 13.146, de 06.07.2015.

➡ Veja art. 187 do CC/1916.

Para que aconteça o casamento de pessoa incapaz é imprescindível o consentimento de seu representante legal. Aqueles que possuem a competência para autorizar que menores de 16 anos ou aqueles que estão sujeitos à tutela ou curatela também possuem competência para revogar tal autorização, até a data da celebração do casamento. A revogação deverá ser feita por escrito e entregue ao oficial do registro, mas caso essa revogação aconteça no momento da celebração nupcial, poderá ser feita verbalmente, devendo constar no termo do casamento e o termo ser assinado pelo juiz de nubentes, pelo representante, pelas testemunhas e pelo oficial de registro.

Art. 1.519. A denegação do consentimento, quando injusta, pode ser suprida pelo juiz.

➡ Veja art. 188 do CC/1916.

O art. 1.519 comunica-se de certa forma com o art. 1.517, ao estabelecer que a negativa dos pais ou representantes legais em dar autorização para o casamento pode ser suprida pela autorização judicial. Há também a figura da denegação injusta de consentimento, demonstrando a necessidade de motivação da negativa em se conceder autorização para o casamento daqueles que são incapazes por si só para celebrar tal negócio jurídico. Assim sendo, caso exista motivo justo para que os pais ou responsáveis neguem autorização ao incapaz, recorrendo os nubentes ao judiciário, não obterão tal autorização por parte do juiz.

Art. 1.520. Não será permitido, em qualquer caso, o casamento de quem não atingiu a idade núbil, observado o disposto no art. 1.517 deste Código.
Artigo com redação dada pela Lei n. 13.811, de 12.03.2019.

➡ Veja art. 214 do CC/1916.

A Lei n. 13.811/2019 alterou o Código Civil pátrio de forma contundente. Isso porque, anteriormente à modificação, a redação da lei admitia de forma excepcional o casamento de

Arts. 1.520 e 1.521   Almeida Guilherme

quem ainda não tivesse alcançado a idade núbil (16 anos não completos) a fim de evitar imposição ou cumprimento de pena criminal ou em caso de gravidez. Sucede que o legislador retirou do ordenamento jurídico pátrio essa possibilidade, estabelecendo que em qualquer situação não é admitido o casamento daquele que ainda não completou 16 anos, devendo ser observados os dizeres do art. 1.517.

CAPÍTULO III
DOS IMPEDIMENTOS

Art. 1.521. Não podem casar:
I – os ascendentes com os descendentes, seja o parentesco natural ou civil;
II – os afins em linha reta;
III – o adotante com quem foi cônjuge do adotado e o adotado com quem o foi do adotante;
IV – os irmãos, unilaterais ou bilaterais, e demais colaterais, até o terceiro grau inclusive;
V – o adotado com o filho do adotante;
VI – as pessoas casadas;
VII – o cônjuge sobrevivente com o condenado por homicídio ou tentativa de homicídio contra o seu consorte.

➡ Veja art. 183 do CC/1916.

Impedimentos matrimoniais. São aqueles que impedem a realização de casamento válido.
Impedimentos dirimentes públicos ou absolutos. São aqueles baseados no interesse público, envolvem causas atinentes à instituição da família e à estabilidade social, podendo ser limitadas por qualquer interessado e pelo Ministério Público (arts. 1.521, I a VII, 1.548, I, e 1.549 do CC). Os impedimentos dividem-se em três categorias:
1) impedimentos resultantes de parentesco, que podem ser: pela consanguinidade, a fim de preservar a prole de tara fisiológica ou defeitos psíquicos; pela afinidade, a fim de preservar o afeto; e pela adoção, como decorrência natural do respeito e da confiança que deve haver na família;
2) impedimento de vínculo o qual deriva da proibição da bigamia; e,
3) impedimento de crime: não pode casar o cônjuge sobrevivente com o condenado, a fim de preservar o patrimônio e a própria moralidade social.
(Maria Helena Diniz, arts. 1.105 e 1.106 do CC, Saraiva)

▪ Enunciado n. 98 da I Jornada de Direito Civil: "O inciso IV do art. 1.521 do novo Código Civil deve ser interpretado à luz do Decreto-lei n. 3.200/41 no que se refere à possibilidade de casamento entre colaterais de 3º grau".

▪ União estável *post mortem*. Sentença que julgou improcedente o pedido. Concubinato impuro. Aplicação do art. 1.723, § 1º, do CC. 1. Na hipótese dos autos, a separação de fato entre o de cujus e sua esposa não restou comprovada, diante da divergência das provas produzidas pelas partes. O ônus da prova da separação de fato e de que o de cujus era livre para constituir união estável cabia à autora, nos termos do art. 333, I, do CPC. 2. De qualquer forma, na dúvida deve prevalecer o casamento. "A união estável não se constituirá se ocorrerem os impedimentos do art. 1.521; não se aplicando a inci-

Código Civil comentado e anotado   Arts. 1.521 a 1.523

dência do inciso VI no caso de a pessoa casada se achar separada de fato ou judicialmente" (art. 1.723, § 1º, do CC). 3. Sentença mantida. Recurso não provido. (TJSP, Ap. n. 0005796-47.2007.8.26.0609/Taboão da Serra, 10ª Câm. de Dir. Priv., rel. Carlos Alberto Garbi, j. 18.11.2014)

Art. 1.522. Os impedimentos podem ser opostos, até o momento da celebração do casamento, por qualquer pessoa capaz.

Parágrafo único. Se o juiz, ou o oficial de registro, tiver conhecimento da existência de algum impedimento, será obrigado a declará-lo.

➡ Veja art. 189 do CC/1916.

Oposição de impedimento. É ato praticado por pessoa legitimada a fim de resguardar o casamento. Pode ocorrer até o momento da celebração do casamento, por qualquer pessoa capaz (*vide* arts. 3º a 5º do CC). Se mesmo assim o casamento se consagrar, poderá o Ministério Público ou qualquer interessado demandar a declaração de nulidade do casamento (art. 1.549 do CC).

CAPÍTULO IV
DAS CAUSAS SUSPENSIVAS

Art. 1.523. Não devem casar:

I – o viúvo ou a viúva que tiver filho do cônjuge falecido, enquanto não fizer inventário dos bens do casal e der partilha aos herdeiros;

II – a viúva, ou a mulher cujo casamento se desfez por ser nulo ou ter sido anulado, até dez meses depois do começo da viuvez, ou da dissolução da sociedade conjugal;

III – o divorciado, enquanto não houver sido homologada ou decidida a partilha dos bens do casal;

IV – o tutor ou o curador e os seus descendentes, ascendentes, irmãos, cunhados ou sobrinhos, com a pessoa tutelada ou curatelada, enquanto não cessar a tutela ou curatela, e não estiverem saldadas as respectivas contas.

Parágrafo único. É permitido aos nubentes solicitar ao juiz que não lhes sejam aplicadas as causas suspensivas previstas nos incisos I, III e IV deste artigo, provando-se a inexistência de prejuízo, respectivamente, para o herdeiro, para o ex-cônjuge e para a pessoa tutelada ou curatelada; no caso do inciso II, a nubente deverá provar nascimento de filho, ou inexistência de gravidez, na fluência do prazo.

➡ Veja art. 183, XIII a XV, do CC/1916.

Impedimentos impedientes ou causas suspensivas. Estes impedimentos não invalidam o casamento, apenas o proíbem em determinadas situações. Aos infratores serão aplicadas sanções econômicas, tais como a imposição obrigatória do regime de separação de bens, a não ser que se prove ausência de prejuízo. As causas suspensivas têm por escopo evitar a confusão de patrimônios, a confusão de sangue e impedir núpcias de pessoas que se achem em poder de tutores e curadores. Os impedimentos podem ser arguidos pelos parentes em linha reta de um dos nubentes (consanguíneos ou afins), e pelos colaterais em 2º grau, sejam também consanguíneos ou afins (art. 1.524 do CC).

Arts. 1.524 a 1.526

Almeida Guilherme

Art. 1.524. As causas suspensivas da celebração do casamento podem ser arguidas pelos parentes em linha reta de um dos nubentes, sejam consanguíneos ou afins, e pelos colaterais em segundo grau, sejam também consanguíneos ou afins.

➡ Veja art. 190 do CC/1916.

Esses impedimentos, ou melhor, essas causas suspensivas, visam a impedir o ato nupcial por não ser conveniente, sem, contudo, o invalidar, apesar de se sujeitarem os infratores ao art. 1.523 a determinadas sanções de ordem econômica, principalmente a imposição do regime obrigatório de separação de bens (art. 1.641, I, do CC). Essas causas suspensivas interessam apenas aos familiares dos nubentes (consanguíneos ou afins) ou aos colaterais em segundo grau (consanguíneos ou afins).

■ Enunciado n. 330 da IV Jornada de Direito Civil: "As causas suspensivas da celebração do casamento poderão ser arguidas inclusive pelos parentes em linha reta de um dos nubentes e pelos colaterais em segundo grau, por vínculo decorrente de parentesco civil".

CAPÍTULO V
DO PROCESSO DE HABILITAÇÃO
PARA O CASAMENTO

Art. 1.525. O requerimento de habilitação para o casamento será firmado por ambos os nubentes, de próprio punho, ou, a seu pedido, por procurador, e deve ser instruído com os seguintes documentos:
I – certidão de nascimento ou documento equivalente;
II – autorização por escrito das pessoas sob cuja dependência legal estiverem, ou ato judicial que a supra;
III – declaração de duas testemunhas maiores, parentes ou não, que atestem conhecê-los e afirmem não existir impedimento que os iniba de casar;
IV – declaração do estado civil, do domicílio e da residência atual dos contraentes e de seus pais, se forem conhecidos;
V – certidão de óbito do cônjuge falecido, de sentença declaratória de nulidade ou de anulação de casamento, transitada em julgado, ou do registro da sentença de divórcio.

➡ Veja art. 180 do CC/1916.

O **processo de habilitação para o casamento** é feito perante o oficial do cartório de registro civil, onde os nubentes deverão dar entrada com os documentos necessários (art. 1.525 do CC), além de apresentarem requerimento por eles assinado ou a procuração. Estando em ordem os documentos, o oficial do registro lavrará os proclamas, mediante edital. Havendo urgência, o oficial poderá dispensar a publicação (art. 1.527 do CC).

Art. 1.526. A habilitação será feita pessoalmente perante o oficial do Registro Civil, com a audiência do Ministério Público.
Caput com redação dada pela Lei n. 12.133, de 17.12.2009.

Código Civil comentado e anotado   Arts. 1.526 a 1.528

Parágrafo único. Caso haja impugnação do oficial, do Ministério Público ou de terceiro, a habilitação será submetida ao juiz.
Parágrafo acrescentado pela Lei n. 12.133, de 17.12.2009.

➡ Veja art. 180 do CC/1916.

Atualmente, com a alteração do art. 1.526 pela Lei n. 12.133/2009, o juiz só é chamado para verificar a habilitação caso haja impugnação por parte do Ministério Público. Anteriormente, era necessária a homologação do juiz em todos os processos de habilitação.

■ Enunciado n. 120 da I Jornada de Direito Civil: "Proposição sobre o art. 1.526: Proposta: deverá ser suprimida a expressão 'será homologada pelo juiz' no art. 1.526, o qual passará a dispor: 'Art. 1.526. A habilitação de casamento será feita perante o oficial do Registro Civil e ouvido o Ministério Público'. Justificativa: desde há muito que as habilitações de casamento são fiscalizadas e homologadas pelos órgãos de execução do Ministério Público, sem que se tenha quaisquer notícias de problemas como, por exemplo, fraudes em relação à matéria. A judicialização da habilitação de casamento não trará ao cidadão nenhuma vantagem ou garantia adicional, não havendo razão para mudar o procedimento que extrajudicialmente funciona de forma segura e ágil".

Art. 1.527. Estando em ordem a documentação, o oficial extrairá o edital, que se afixará durante quinze dias nas circunscrições do Registro Civil de ambos os nubentes, e, obrigatoriamente, se publicará na imprensa local, se houver.
Parágrafo único. A autoridade competente, havendo urgência, poderá dispensar a publicação.

➡ Veja arts. 181 e 182 do CC/1916.

O objetivo da afixação do edital no domicílio dos nubentes é dar publicidade, garantindo a terceiros que possam opor impedimentos. O caso clássico de urgência apresentado pela doutrina é o de iminência de morte, situação em que é dispensada a afixação do edital pelo prazo estabelecido pela legislação.

■ Enunciado n. 513 da V Jornada de Direito Civil: "O juiz não pode dispensar, mesmo fundamentadamente, a publicação do edital de proclamas do casamento, mas sim o decurso do prazo".

Art. 1.528. É dever do oficial do registro esclarecer os nubentes a respeito dos fatos que podem ocasionar a invalidade do casamento, bem como sobre os diversos regimes de bens.

➡ Sem correspondência no CC/1916.

O Código buscou, com o art. 1.528, garantir que os nubentes, pessoas comuns, tivessem todas as informações necessárias concernentes aos fatos relativos à validade e à existência do casamento, e aos regimes de bens disponíveis e suas particularidades. O objetivo é garantir a plena validade e eficácia do ato, protegido pelo Direito e de grande importância, por ser um dos institutos formadores da família.

Art. 1.529. **Tanto os impedimentos quanto as causas suspensivas serão opostos em declaração escrita e assinada, instruída com as provas do fato alegado, ou com a indicação do lugar onde possam ser obtidas.**

➥ Veja art. 189 do CC/1916.

Os **impedimentos** podem ser: relativos – cuja violação provoca a nulidade relativa do casamento (tratados pelo CC como incapacidade matrimonial) e impedimentos absolutamente dirimentes, previstos no art. 1.521, que têm por objetivo: (a) impedir o casamento incestuoso; (b) preservar a monogamia; e (c) evitar o casamento motivado pelo homicídio. O artigo dispõe sobre a necessidade de comprovação da oposição dos impedimentos e das causas suspensivas do casamento. Portanto a pessoa que apresentar oposição de impedimento (art. 1.521 do CC) ou causa suspensiva (art. 1.523 do CC) deverá fazê-la em declaração escrita e assinada, fundamentada com as provas do fato alegado, ou com a indicação do lugar onde possam ser obtidas.

Art. 1.530. **O oficial do registro dará aos nubentes ou a seus representantes nota da oposição, indicando os fundamentos, as provas e o nome de quem a ofereceu.**
Parágrafo único. Podem os nubentes requerer prazo razoável para fazer prova contrária aos fatos alegados, e promover as ações civis e criminais contra o oponente de má-fé.

➥ Veja art. 191 do CC/1916.

Não pode haver anonimato para aqueles que opuserem causas impeditivas e suspensivas, sendo garantido o direito dos nubentes de promoverem ações cíveis e penais em face dos que, agindo de má-fé, sabendo serem falsos os fatos alegados, causarem prejuízo às partes.

Art. 1.531. **Cumpridas as formalidades dos arts. 1.526 e 1.527 e verificada a inexistência de fato obstativo, o oficial do registro extrairá o certificado de habilitação.**

➥ Veja art. 181, § 1º, do CC/1916.

O certificado de habilitação é a comprovação expedida pelo oficial do registro, sem o qual não será possível a celebração do casamento.

Art. 1.532. **A eficácia da habilitação será de noventa dias, a contar da data em que foi extraído o certificado.**

➥ Veja art. 181, § 1º, do CC/1916.

Logo após expedido o certificado de habilitação pelo Oficial do Registro, terão os nubentes o prazo de 90 dias para realizar o casamento. Se não respeitarem o prazo estabelecido, deverão dar início a novo processo de habilitação.

Código Civil comentado e anotado   Arts. 1.533 a 1.535

CAPÍTULO VI
DA CELEBRAÇÃO DO CASAMENTO

Art. 1.533. Celebrar-se-á o casamento, no dia, hora e lugar previamente designados pela autoridade que houver de presidir o ato, mediante petição dos contraentes, que se mostrem habilitados com a certidão do art. 1.531.

➡ Veja art. 192 do CC/1916.

O casamento dos contraentes, previamente habilitados, será celebrado em dia, hora e lugar previamente designados pela autoridade que presidirá o ato.

Art. 1.534. A solenidade realizar-se-á na sede do cartório, com toda publicidade, a portas abertas, presentes pelo menos duas testemunhas, parentes ou não dos contraentes, ou, querendo as partes e consentindo a autoridade celebrante, noutro edifício público ou particular.

§ 1º Quando o casamento for em edifício particular, ficará este de portas abertas durante o ato.

§ 2º Serão quatro as testemunhas na hipótese do parágrafo anterior e se algum dos contraentes não souber ou não puder escrever.

➡ Veja art. 193 do CC/1916.

A lei atribui ao casamento certas formalidades, em razão de sua grande importância dentro da sociedade. O art. 1.534 abrange a questão da publicidade, devendo o casamento ser celebrado a portas abertas durante todo ato, independente se for em edifício particular ou público. O casamento poderá ser feito tanto em sede do cartório como em casa particular, sendo o primeiro dotado de toda publicidade, necessitando de duas testemunhas, parentes ou não dos noivos. Em casa particular é necessária a presença de quatro testemunhas. Se um dos nubentes não souber escrever, o ato nupcial deverá ser realizado na presença de quatro testemunhas para maior segurança do ato. O ato nupcial é de ordem pública, ou seja, deverá ser pública a celebração do casamento, uma vez que a lei exige que durante a cerimônia as portas se mantenham abertas, sob pena de impugnações. Assim, permite o livre ingresso de qualquer interessado em opor algum impedimento matrimonial.

Art. 1.535. Presentes os contraentes, em pessoa ou por procurador especial, juntamente com as testemunhas e o oficial do registro, o presidente do ato, ouvida aos nubentes a afirmação de que pretendem casar por livre e espontânea vontade, declarará efetuado o casamento, nestes termos: "De acordo com a vontade que ambos acabais de afirmar perante mim, de vos receberdes por marido e mulher, eu, em nome da lei, vos declaro casados".

➡ Veja art. 194 do CC/1916.

Após a declaração de vontade livre e espontânea dos nubentes ou procurador especial de que pretendem se casar, o casamento só estará celebrado quando a autoridade celebrante os

833

declarar casados, em nome da lei. Quando qualquer dos nubentes se mostrar arrependido, declarar que não é de sua vontade ou recusar à solene afirmação de sua vontade, não lhe será permitido retratar-se no mesmo dia. O casamento poderá ser celebrado, ainda, por procuração, por instrumento público, com poderes especiais, possuindo eficácia por 90 dias. A revogação só pode ser dar por instrumento público e não necessita chegar ao conhecimento do mandatário; mas se houver a celebração do casamento sem que o mandatário ou o outro contraente tivesse ciência, responderá o mandante por perdas e danos.

Art. 1.536. Do casamento, logo depois de celebrado, lavrar-se-á o assento no livro de registro. No assento, assinado pelo presidente do ato, pelos cônjuges, as testemunhas, e o oficial do registro, serão exarados:

I – os prenomes, sobrenomes, datas de nascimento, profissão, domicílio e residência atual dos cônjuges;

II – os prenomes, sobrenomes, datas de nascimento ou de morte, domicílio e residência atual dos pais;

III – o prenome e sobrenome do cônjuge precedente e a data da dissolução do casamento anterior;

IV – a data da publicação dos proclamas e da celebração do casamento;

V – a relação dos documentos apresentados ao oficial do registro;

VI – o prenome, sobrenome, profissão, domicílio e residência atual das testemunhas;

VII – o regime do casamento, com a declaração da data e do cartório em cujas notas foi lavrada a escritura antenupcial, quando o regime não for o da comunhão parcial, ou o obrigatoriamente estabelecido.

➡ Veja art. 195 do CC/1916.

O intuito do art. 1.536 é garantir a correta identificação dos nubentes no livro de registro. São inseridos todos os dados exigidos pela legislação, em seguida, os agora cônjuges, juntamente com as testemunhas e o presidente do ato, assinarão o assento, dando fé do ato ali registrado. É importante ressaltar que a falta do assento não invalidará o ato, mesmo que se comprove o dolo ou a culpa por parte do oficial, pois existem outros meios para que se prove o casamento.

Art. 1.537. O instrumento da autorização para casar transcrever-se-á integralmente na escritura antenupcial.

➡ Veja art. 196 do CC/1916.

Quando se tratar de menor e este necessitar de autorização para o casamento, esta autorização será integralmente transcrita na escritura antenupcial.

Art. 1.538. A celebração do casamento será imediatamente suspensa se algum dos contraentes:

I – recusar a solene afirmação da sua vontade;

II – declarar que esta não é livre e espontânea;

Código Civil comentado e anotado   Arts. 1.538 a 1.540

III – manifestar-se arrependido.

Parágrafo único. O nubente que, por algum dos fatos mencionados neste artigo, der causa à suspensão do ato, não será admitido a retratar-se no mesmo dia.

➡ Veja art. 197 do CC/1916.

Um dos pressupostos mais importantes do casamento é a manifestação da vontade por parte dos nubentes. No momento da celebração, caso um dos noivos não demonstre o *animus* de contrair núpcias ou, ainda, demonstre que sua vontade está viciada por coação, o presidente do ato irá suspendê-la de pronto. O parágrafo único do art. 1.538 traz a determinação de que, caso ocorra alguma das hipóteses dos incisos, a retratação por parte do cônjuge que titubeou na manifestação da vontade só poderá ser feita após 24 horas da celebração que foi interrompida.

Art. 1.539. No caso de moléstia grave de um dos nubentes, o presidente do ato irá celebrá-lo onde se encontrar o impedido, sendo urgente, ainda que à noite, perante duas testemunhas que saibam ler e escrever.

§ 1º A falta ou impedimento da autoridade competente para presidir o casamento suprir-se-á por qualquer dos seus substitutos legais, e a do oficial do Registro Civil por outro *ad hoc*, nomeado pelo presidente do ato.

§ 2º O termo avulso, lavrado pelo oficial *ad hoc*, será registrado no respectivo registro dentro em cinco dias, perante duas testemunhas, ficando arquivado.

➡ Veja art. 198 do CC/1916.

Em caso de moléstia grave que acometa um dos nubentes ou ambos e que impeça o doente de locomover-se ao local da celebração do casamento e que seja de tal natureza que impossibilite o adiamento da cerimônia, o Código Civil prevê a possibilidade de o oficial do registro deslocar-se até o local em que se encontre o nubente ou os nubentes impedidos de se deslocarem até a sede do cartório. A presunção é que, nesse caso, todas as formalidades acerca da habilitação para o casamento já estejam superadas, havendo alteração no procedimento concernente unicamente à celebração. Pode acontecer que o oficial de registro esteja impossibilitado de se locomover até o local onde será realizado o ato nupcial, logo, deverá ser substituído por uma pessoa nomeada *ad hoc* pelo presidente do ato. O termo avulso que o oficial *ad hoc* lavrar será levado a registro e arquivado no período de cinco dias, diante de duas testemunhas.

Art. 1.540. Quando algum dos contraentes estiver em iminente risco de vida, não obtendo a presença da autoridade à qual incumba presidir o ato, nem a de seu substituto, poderá o casamento ser celebrado na presença de seis testemunhas, que com os nubentes não tenham parentesco em linha reta, ou, na colateral, até segundo grau.

➡ Veja art. 199 do CC/1916.

O **casamento** *in articulo mortis* ocorre quando um dos nubentes se encontrar em perigo de morte. É o chamado nuncupativo. Ocorre em situação em que o indivíduo esteja em ris-

835

Arts. 1.540 a 1.542

co de morte e não se preveja tempo hábil para o comparecimento do juiz de paz ou seu suplente, sendo então o casamento celebrado pelos próprios contraentes, na presença das seis testemunhas, na forma prevista pelo Código Civil. Nesse caso – também chamado de casamento *in extremis*, por analogia ao testamento *in extremis* – fica dispensada a formalidade da habilitação e publicação de editais, sendo esta a característica mais marcante desse tipo de celebração de casamento. Tanto é que, caso esteja presente um juiz de paz ou aquele que possui possibilidade de celebrar o casamento, ainda será tido como nuncupativo.

Art. 1.541. Realizado o casamento, devem as testemunhas comparecer perante a autoridade judicial mais próxima, dentro em dez dias, pedindo que lhes tome por termo a declaração de:

I – que foram convocadas por parte do enfermo;

II – que este parecia em perigo de vida, mas em seu juízo;

III – que, em sua presença, declararam os contraentes, livre e espontaneamente, receber-se por marido e mulher.

§ 1º Autuado o pedido e tomadas as declarações, o juiz procederá às diligências necessárias para verificar se os contraentes podiam ter-se habilitado, na forma ordinária, ouvidos os interessados que o requererem, dentro em quinze dias.

§ 2º Verificada a idoneidade dos cônjuges para o casamento, assim o decidirá a autoridade competente, com recurso voluntário às partes.

§ 3º Se da decisão não se tiver recorrido, ou se ela passar em julgado, apesar dos recursos interpostos, o juiz mandará registrá-la no livro do Registro dos Casamentos.

§ 4º O assento assim lavrado retrotrairá os efeitos do casamento, quanto ao estado dos cônjuges, à data da celebração.

§ 5º Serão dispensadas as formalidades deste e do artigo antecedente, se o enfermo convalescer e puder ratificar o casamento na presença da autoridade competente e do oficial do registro.

➡ Veja art. 200 do CC/1916.

Após a celebração do casamento nuncupativo, terá início procedimento para sua regularização. As testemunhas que acompanharam a celebração deverão atestar que observaram a cerimônia, que os nubentes expressaram a vontade livremente, que o doente parecia de fato em risco de morte, mas capaz de exprimir sua vontade e se determinar. O juiz irá verificar se o enfermo de fato não poderia comparecer e se não era realmente possível seguir o procedimento ordinário de habilitação para o casamento. Verificará se não existe causa impeditiva para o casamento e, estando a situação regular, ordenará que seja lavrado registro no Livro de Registro Civil, sendo os efeitos do casamento contados da data da celebração. Todo esse procedimento é dispensado caso o enfermo tenha se recuperado e compareça perante autoridade e ratifique o casamento.

Art. 1.542. O casamento pode celebrar-se mediante procuração, por instrumento público, com poderes especiais.

§ 1º A revogação do mandato não necessita chegar ao conhecimento do mandatário; mas, celebrado o casamento sem que o mandatário ou o outro contraente tivessem ciência da revogação, responderá o mandante por perdas e danos.

Código Civil comentado e anotado   Arts. 1.542 a 1.544

§ 2º O nubente que não estiver em iminente risco de vida poderá fazer-se representar no casamento nuncupativo.
§ 3º A eficácia do mandato não ultrapassará noventa dias.
§ 4º Só por instrumento público se poderá revogar o mandato.

➡ Veja art. 201 do CC/1916.

O casamento realizado por procuração é previsto pelo Código Civil de maneira desmotivada, ou seja, não existe juízo de valor que valide o casamento por procuração, avaliando o motivo que levou o nubente a outorgar o instrumento. Entende-se que tal possibilidade seja usada nos casos em que os nubentes estejam distantes e um deles não pode, por razão alheia à sua vontade, comparecer à cerimônia – exceção feita ao caso de este encontrar-se em iminente risco de morte, situação em que deve ser realizado casamento nuncupativo. A procuração deve ter poderes especiais para a aceitação do nubente em nome do outorgante. Além disso, deve obrigatoriamente ser feita por instrumento público e possui validade de 90 dias. A revogação do mandato deverá ser feita por instrumento público, sem a necessidade de chegar ao conhecimento do mandatário, mas caso o casamento seja celebrado sem o conhecimento do mandatário ou sem que o outro contraente tenha tido notícia da revogação, responderá o mandante por perdas e danos, além de o casamento correr o risco de ser anulado (art. 1.550, V e parágrafo único, do CC).

CAPÍTULO VII
DAS PROVAS DO CASAMENTO

Art. 1.543. O casamento celebrado no Brasil prova-se pela certidão do registro.
Parágrafo único. Justificada a falta ou perda do registro civil, é admissível qualquer outra espécie de prova.

➡ Veja art. 202 do CC/1916.

Prova-se o casamento realizado no Brasil por meio da certidão do registro. Na falta justificada (perda, extravio etc.), admitir-se-á qualquer outra espécie de prova. O casamento celebrado no exterior se prova pela lei do país onde se celebrou (*locus regit actum*).

Art. 1.544. O casamento de brasileiro, celebrado no estrangeiro, perante as respectivas autoridades ou os cônsules brasileiros, deverá ser registrado em cento e oitenta dias, a contar da volta de um ou de ambos os cônjuges ao Brasil, no cartório do respectivo domicílio, ou, em sua falta, no 1º Ofício da Capital do Estado em que passarem a residir.

➡ Veja art. 204 do CC/1916.
➡ Veja LINDB.

Tem validade o casamento de brasileiros celebrado fora do país, perante a autoridade local ou o cônsul brasileiro – observados os pressupostos de validade e as questões impeditivas. Para que surta efeitos no Brasil, deve-se realizar dentro de 180 dias do retorno de um ou ambos os cônjuges o registro do documento que faz prova deste casamento, perante o cartório do

837

Arts. 1.544 a 1.547 — Almeida Guilherme

domicílio que adotarão. Se celebrado por autoridade local no estrangeiro, na forma da lei do país, se por autoridade consular, por meio da certidão do assento no registro do consulado. Caso não haja cartório no domicílio escolhido pelos cônjuges, tal procedimento deve ser feito no 1º Ofício da Capital do Estado em que residirão.

O Código Civil não menciona sanção pela perda do prazo de 180 dias, porém, por analogia ao art. 1.516, entende-se que, não havendo registro no prazo, deverão proceder com nova habilitação e celebração, não surtindo efeitos, então, o casamento celebrado fora do país.

Art. 1.545. O casamento de pessoas que, na posse do estado de casadas, não possam manifestar vontade, ou tenham falecido, não se pode contestar em prejuízo da prole comum, salvo mediante certidão do Registro Civil que prove que já era casada alguma delas, quando contraiu o casamento impugnado.

➡ Veja art. 203 do CC/1916.

Posse do estado de casado. Constitui prova indireta de casamento. É a situação de um homem e uma mulher que ostentam pública e notoriamente uma relação de casados. Os requisitos para se comprovar a posse do estado de casados são três: a) a mulher deverá usar o nome do marido; b) ambos os cônjuges deverão referir-se como casados em público; e c) o reconhecimento dado pela sociedade em relação aos cônjuges. Não se pode contestar o casamento de pessoas (falecidas ou ou que não possam manifestar a sua vontade) que ostentam este estado, em benefício da prole comum, a não ser que se comprove, mediante certidão do registro, que uma delas era casada quando contraiu o casamento impugnado, pois será concubinato.

Art. 1.546. Quando a prova da celebração legal do casamento resultar de processo judicial, o registro da sentença no livro do Registro Civil produzirá, tanto no que toca aos cônjuges como no que respeita aos filhos, todos os efeitos civis desde a data do casamento.

➡ Veja art. 205 do CC/1916.

Nas situações em que for necessário que seja declarada a existência ou não de casamento por meio judicial, a sentença que reconhecer o matrimônio deverá ser lavrada no livro de Registro Civil, onde teria sido lavrado o registro do casamento. Será explicitada na sentença a data do casamento, e a partir desta data, passam a vigorar todos os efeitos do casamento para os cônjuges e para terceiros.

Art. 1.547. Na dúvida entre as provas favoráveis e contrárias, julgar-se-á pelo casamento, se os cônjuges, cujo casamento se impugna, viverem ou tiverem vivido na posse do estado de casados.

➡ Veja art. 206 do CC/1916.

Código Civil comentado e anotado   Arts. 1.547 a 1.550

Nesta situação, é importante atentar para que, na dúvida entre existência ou não de casamento, se pugne pelo princípio do *in dubio pro matrimonio*, no caso de casais que tiverem vivido na posse do estado de casado. Importante ressaltar que a existência de união estável e de posse do estado de casado são duas situações distintas e que não se confundem. No caso da união estável, a convivência é pública, porém, socialmente, entende-se que o casal é de conviventes, de companheiros. A posse do estado de casal se traduz como a aparência de matrimônio autêntico.

CAPÍTULO VIII
DA INVALIDADE DO CASAMENTO

Art. 1.548. É nulo o casamento contraído:
I – (*Revogado pela Lei n. 13.146, de 06.07.2015.*)
II – por infringência de impedimento.

➡ Veja art. 207 do CC/1916.

A nulidade incidirá sobre o ato nupcial quando for contraído com ignorância de defeito físico irremediável e por infringência do impedimento. Diante da nulidade do casamento, mesmo sem este ser putativo, conduzirá:

(I) comprovação da filiação;
(II) consideração da matrimonialidade dos filhos;
(III) manutenção do impedimento de afinidade;
(IV) proibição de casamento de mulher nos trezentos dias subsequentes à dissolução do matrimônio;
(V) atribuição de alimentos provisionais à mulher ou ao cônjuge necessitado enquanto aguarda a decisão judicial (art. 1.561 do CC).

Art. 1.549. A decretação de nulidade de casamento, pelos motivos previstos no artigo antecedente, pode ser promovida mediante ação direta, por qualquer interessado, ou pelo Ministério Público.

➡ Veja art. 208, parágrafo único, do CC/1916.

Em razão da importância da instituição casamento para a sociedade, é facultado ao Ministério Público, fiscal da lei, ajuizar ação declaratória de invalidade de casamento. Quanto a terceiros, não é qualquer pessoa que possui a legitimidade, limitando-se aos interessados e prejudicados pela existência de casamento nulo.

Art. 1.550. É anulável o casamento:
I – de quem não completou a idade mínima para casar;
II – do menor em idade núbil, quando não autorizado por seu representante legal;
III – por vício da vontade, nos termos dos arts. 1.556 a 1.558;
IV – do incapaz de consentir ou manifestar, de modo inequívoco, o consentimento;

839

Arts. 1.550 a 1.553 — Almeida Guilherme

V – realizado pelo mandatário, sem que ele ou o outro contraente soubesse da revogação do mandato, e não sobrevindo coabitação entre os cônjuges;

VI – por incompetência da autoridade celebrante.

§ 1º Equipara-se à revogação a invalidade do mandato judicialmente decretada.

Parágrafo renumerado pela Lei n. 13.146, de 06.07.2015.

§ 2º A pessoa com deficiência mental ou intelectual em idade núbia poderá contrair matrimônio, expressando sua vontade diretamente ou por meio de seu responsável ou curador.

Parágrafo acrescentado pela Lei n. 13.146, de 06.07.2015.

➡ Veja arts. 208 e 209 do CC/1916.

Será anulável o casamento contraído nas hipóteses trazidas pelo art. 1.550 do Código Civil. Será anulável o casamento contraído:

a) por quem não completou a idade mínima para casar;

b) pelo menor em idade núbil que não obtiver a autorização do representante legal;

c) com vício de vontade (erro essencial sobre a pessoa do outro cônjuge e coação);

d) pelo incapaz de consentir e manifestar, de modo inequívoco, o consentimento;

e) pelo mandatário, sem que ele ou outro contraente soubesse da revogação do mandato, não sobrevindo coabitação entre os cônjuges;

f) por incompetência da autoridade celebrante.

Art. 1.551. Não se anulará, por motivo de idade, o casamento de que resultou gravidez.

➡ Veja art. 215 do CC/1916.

A determinação do art. 1.551 pretende proteger a família formada com a gravidez de casamento anulável por motivo de idade mínima. É um caso expresso de convalidação.

Art. 1.552. A anulação do casamento dos menores de dezesseis anos será requerida:

I – pelo próprio cônjuge menor;

II – por seus representantes legais;

III – por seus ascendentes.

➡ Veja art. 213 do CC/1916.

A anulação do casamento do menor pode ser requerida pelo próprio cônjuge menor (180 dias após atingir a maioridade), pelo representante legal ou seus ascendentes (180 dias após a data da celebração do casamento) (arts. 1.552 e 1.555 do CC).

Art. 1.553. O menor que não atingiu a idade núbil poderá, depois de completá-la, confirmar seu casamento, com a autorização de seus representantes legais, se necessária, ou com suprimento judicial.

➡ Veja art. 211 do CC/1916.

Código Civil comentado e anotado   Arts. 1.553 a 1.556

O menor de 16 anos que contraiu núpcias instaurou um casamento anulável pela lei – se não houver as excludentes do art. 1.520. Porém, objetivando proteger a instituição familiar recém-iniciada, o Código Civil permite que, ao completar 16 anos, os nubentes antes menores possam ratificar o matrimônio perante o oficial do registro. Em razão da idade, para essa ratificação é necessária autorização dos pais ou responsáveis e, em sua ausência injustificada, suprimento judicial. Caso a ratificação seja feita após completar 18 anos, não há de se falar em autorização.

Art. 1.554. Subsiste o casamento celebrado por aquele que, sem possuir a competência exigida na lei, exercer publicamente as funções de juiz de casamentos e, nessa qualidade, tiver registrado o ato no Registro Civil.

➡ Sem correspondência no CC/1916.

Sendo a competência do celebrante um dos pressupostos de validade do casamento, se a cerimônia tiver sido celebrada por agente incompetente, é inexistente o negócio jurídico, sendo nulo. No entanto, buscando a preservação da família, afirma a lei que, caso o celebrante tenha se apresentado publicamente como juiz de casamentos, tenha procedido com o registro junto ao oficial de registro, havendo boa-fé das partes, será convalidado o ato.

Art. 1.555. O casamento do menor em idade núbil, quando não autorizado por seu representante legal, só poderá ser anulado se a ação for proposta em cento e oitenta dias, por iniciativa do incapaz, ao deixar de sê-lo, de seus representantes legais ou de seus herdeiros necessários.
§ 1º O prazo estabelecido neste artigo será contado do dia em que cessou a incapacidade, no primeiro caso; a partir do casamento, no segundo; e, no terceiro, da morte do incapaz.
§ 2º Não se anulará o casamento quando à sua celebração houverem assistido os representantes legais do incapaz, ou tiverem, por qualquer modo, manifestado sua aprovação.

➡ Veja art. 178, § 5º, III, do CC/1916.

No caso de casamento em que um cônjuge, ou ambos, era menor de 16 anos – e não exista determinação legal que exclua a ilicitude do ato, é possível ajuizamento de ação de anulação. O prazo para fazê-lo é decadencial de 180 dias, que serão contados aos legitimados para ajuizamento de maneira distinta. Para o nubente, após cessada a incapacidade; para seus responsáveis legais, a partir da data do casamento; para seus herdeiros legais, após a morte do incapaz, antes de cessada a incapacidade ou se cessada, decadencialmente, em até 180 dias após o óbito.

Art. 1.556. O casamento pode ser anulado por vício da vontade, se houve por parte de um dos nubentes, ao consentir, erro essencial quanto à pessoa do outro.

➡ Veja art. 218 do CC/1916.

A anulabilidade surtirá efeitos sobre o ato nupcial se for constatado erro essencial quanto à pessoa do outro cônjuge. É de suma importância frisar que o erro deve ser essencial para

841

Arts. 1.556 a 1.558 — Almeida Guilherme

mitigar o ato. Para que seja caracterizada a anulabilidade matrimonial por erro devem existir os seguintes pressupostos:

(i) anterioridade do defeito ao ato nupcial;

(ii) desconhecimento do defeito pelo cônjuge enganado;

(iii) insuportabilidade de vida em comum.

Art. 1.557. Considera-se erro essencial sobre a pessoa do outro cônjuge:

I – o que diz respeito à sua identidade, sua honra e boa fama, sendo esse erro tal que o seu conhecimento ulterior torne insuportável a vida em comum ao cônjuge enganado;

II – a ignorância de crime, anterior ao casamento, que, por sua natureza, torne insuportável a vida conjugal;

III – a ignorância, anterior ao casamento, de defeito físico irremediável que não caracterize deficiência ou de moléstia grave e transmissível, por contágio ou por herança, capaz de pôr em risco a saúde do outro cônjuge ou de sua descendência;

Inciso com redação dada pela Lei n. 13.146, de 06.07.2015.

IV – (*Revogado pela Lei n. 13.146, de 06.07.2015.*)

➡ Veja art. 219 do CC/1916.

O erro essencial sobre a pessoa do outro cônjuge constitui causa para a anulação do casamento. Considera-se erro essencial quanto à pessoa do outro cônjuge:

a) aquele que diz respeito à sua identidade, honra e boa fama, sendo que este dado conhecido posteriormente torne insuportável a vida em comum do consorte enganado;

b) a ignorância de crime anterior ao casamento que também torne insuportável a vida em comum (o CC/2002 *não* exige condenação criminal, com trânsito em julgado);

c) a ignorância, anterior ao casamento, de defeito físico irremediável, ou de moléstia grave e transmissível, por contágio ou herança, capaz de pôr em risco a saúde do outro cônjuge ou de sua descendência;

d) no Código Civil revogado, inciso IV do art. 219, considerava-se erro essencial sobre a pessoa do outro cônjuge, passível de se requerer a anulação do casamento, o defloramento da mulher, ignorado pelo marido. Não mais existe esta causa. Note-se que o erro essencial capaz de provocar a anulação do casamento deve estar revestido da anterioridade e da insuportabilidade da vida em comum ao cônjuge enganado.

> ▪ Apelação cível. Anulação de casamento. Inocorrência de erro essencial. Apelo provido. Nos termos do art. 1.557, I, do CC, erro essencial diz com questão relativa à identidade, à honra e à boa fama do cônjuge que, se conhecida antes da celebração do enlace, inviabilizaria o casamento. Ademais, depois do conhecimento da "questão", a vida em comum há de ter se tornado insuportável para justificar o pleito de anulação de casamento. Ausentes tais requisitos, não há falar em anulação de casamento. Apelo provido. (TJRS, Ap. Cível n. 70.064.817.703, 8ª Câm. Cível, rel. Alzir Felippe Schmitz. j. 16.07.2015)

Art. 1.558. É anulável o casamento em virtude de coação, quando o consentimento de um ou de ambos os cônjuges houver sido captado mediante fundado temor de mal considerável e iminente para a vida, a saúde e a honra, sua ou de seus familiares.

➡ Sem correspondência no CC/1916.

Código Civil comentado e anotado   Arts. 1.558 a 1.560

A coação para ensejar a anulação deve ser aquela em que o consentimento de um ou de ambos fora captado mediante temor de mal considerável e iminente para a vida, a saúde ou a honra, sua ou de seus familiares (art. 1.558 do CC).

Art. 1.559. Somente o cônjuge que incidiu em erro, ou sofreu coação, pode demandar a anulação do casamento; mas a coabitação, havendo ciência do vício, valida o ato, ressalvadas as hipóteses dos incisos III e IV do art. 1.557.

➡ Veja art. 210, I, do CC/1916.

Por ser de interesse do cônjuge sujeito da coação ou que tenha incidido em erro, ele é o legitimado para propor a ação de anulação do casamento. Entretanto, afirma o Código Civil que a coabitação convalida o ato inválido, se o cônjuge possuir ciência do vício, salvo nos casos de defeito físico irremediável, moléstia grave, doença transmissível ou doença mental grave que impeça a convivência do casal.

- ■ Responsabilidade civil. Autora que alega que seu marido contraiu novas núpcias com outra mulher em razão da negligência das requeridas. Pretensão inicial visando, além da reparação material e imaterial, a anulação do casamento realizado por seu marido com outra mulher. Ilegitimidade ativa da autora (art. 267, VI) no que concerne ao pedido visando a anulação do casamento. Ação que deve ter como titular o cônjuge enganado, ou seja, a outra mulher. Afronta ao disposto nos arts. 1.559, do CC, e 6º do CPC. Suposto dano causado à requerente, pelos requeridos, que somente poderá ser questionado após a declaração de nulidade do casamento. Extinção da ação que se impõe. Matéria de ordem pública. Inteligência do disposto no § 3º, do art. 267, do CPC. Ação, na origem, julgada procedente para decretar a nulidade do casamento. Sentença reformada para o fim de se julgar extinta a ação (art. 267, VI, do CPC). Recurso não conhecido. (TJSP, Ap. n. 0000308-38.2011.8.26.0491/Rancharia, 4ª Câm. de Dir. Públ., rel. Ana Liarte. j. 29.06.2015)

Art. 1.560. O prazo para ser intentada a ação de anulação do casamento, a contar da data da celebração, é de:
I – cento e oitenta dias, no caso do inciso IV do art. 1.550;
II – dois anos, se incompetente a autoridade celebrante;
III – três anos, nos casos dos incisos I a IV do art. 1.557;
IV – quatro anos, se houver coação.
§ 1º Extingue-se, em cento e oitenta dias, o direito de anular o casamento dos menores de dezesseis anos, contado o prazo para o menor do dia em que perfez essa idade; e da data do casamento, para seus representantes legais ou ascendentes.
§ 2º Na hipótese do inciso V do art. 1.550, o prazo para anulação do casamento é de cento e oitenta dias, a partir da data em que o mandante tiver conhecimento da celebração.

➡ Veja arts. 178, §§ 5º, II e III, e 7º, I, e 208 do CC/1916.

Será anulado o casamento por meio de ação anulatória, no prazo estabelecido na lei. Trata-se de prazo decadencial, sendo que, não proposta a ação, o casamento se tornará válido. Declarado nulo, os efeitos serão *ex nunc*.

843

Arts. 1.560 a 1.562   Almeida Guilherme

O prazo decadencial para propor a ação anulatória de casamento de pessoa incapaz de consentir ou manifestar, de modo inequívoco, o consentimento, será de 180 dias contados da data da celebração nupcial.

Quando o casamento for celebrado por autoridade incompetente, o prazo para a propositura da ação de anulação será de dois anos contados do dia em que se celebrou o casamento.

Para pleitear anulabilidade do casamento por erro essencial, o prazo de decadência será de três anos contados do dia da celebração do casamento.

O prazo para pedir anulação de casamento de pessoa coacta será de quatro anos contados da data em que se celebrou o ato nupcial.

O casamento dos menores de 16 anos terá prazo de 180 dias para pedir a anulação contados da data em que atingir 16 anos, quando o próprio menor intentar a ação, ou contados da data do casamento, quando os pais ou representante legal proporem a ação.

Agora, se o casamento for realizado pelo mandatário, sem que o mandante ou outro contraente tivessem conhecimento da revogação do mandato, o prazo para anulação é de 180 dias, a partir da data em que o mandante tiver ciência da celebração.

Como se tratam de prazos decadenciais, a não propositura da ação dentro do limite temporal acarretará validade do casamento, mas se o casamento for declarado nulo produzirá efeitos *ex nunc.*

Art. 1.561. Embora anulável ou mesmo nulo, se contraído de boa-fé por ambos os cônjuges, o casamento, em relação a estes como aos filhos, produz todos os efeitos até o dia da sentença anulatória.

§ 1º Se um dos cônjuges estava de boa-fé ao celebrar o casamento, os seus efeitos civis só a ele e aos filhos aproveitarão.

§ 2º Se ambos os cônjuges estavam de má-fé ao celebrar o casamento, os seus efeitos civis só aos filhos aproveitarão.

➥ Veja art. 221 do CC/1916.

Casamento putativo. Declarado nulo ou anulável o casamento, produzirá efeitos civis válidos em relação ao(s) consorte(s) e à prole, se houve boa-fé, até o dia da sentença anulatória. Se ambos o contraíram de má-fé, somente aos filhos aproveitarão os efeitos. Na hipótese de putatividade do casamento (art. 1.564 do CC), o cônjuge culpado perderá todas as vantagens havidas do cônjuge inocente, bem como estará obrigado a cumprir as promessas feitas no contrato ou pacto antenupcial.

Art. 1.562. Antes de mover a ação de nulidade do casamento, a de anulação, a de separação judicial, a de divórcio direto ou a de dissolução de união estável, poderá requerer a parte, comprovando sua necessidade, a separação de corpos, que será concedida pelo juiz com a possível brevidade.

➥ Veja art. 223 do CC/1916.

O objetivo da medida de separação de corpos é garantir a integridade física, moral e psicológica dos cônjuges que irão figurar em polos opostos em ações litigiosas, estando antes ca-

Código Civil comentado e anotado   Arts. 1.562 a 1.565

sados. É possível que tal medida seja solicitada ao magistrado tanto antes do ajuizamento da ação como no curso do processo.

Art. 1.563. A sentença que decretar a nulidade do casamento retroagirá à data da sua celebração, sem prejudicar a aquisição de direitos, a título oneroso, por terceiros de boa-fé, nem a resultante de sentença transitada em julgado.

➡ Sem correspondência no CC/1916.

A sentença que decreta nulidade tem efeito *ex tunc*, retroagindo à data da celebração do casamento nulo, apagando seus efeitos do mundo jurídico, como se nunca tivesse existido, mas sem prejudicar a aquisição de direitos, a título oneroso, por terceiros de boa-fé, nem a sentença resultante de decisão judicial transitada em julgado.

Art. 1.564. Quando o casamento for anulado por culpa de um dos cônjuges, este incorrerá:
I – na perda de todas as vantagens havidas do cônjuge inocente;
II – na obrigação de cumprir as promessas que lhe fez no contrato antenupcial.

➡ Veja art. 232 do CC/1916.

A natureza do art. 1.564 é sancionatória. Prevê punição ao cônjuge que ensejou a anulação do casamento, dando causa a tal situação, de maneira consciente e agindo com má-fé. Pela previsão do inciso I do artigo citado, toda e qualquer vantagem recebida do cônjuge inocente deverá ser restituída. Segundo o inciso II, deverá adimplir todas as obrigações assumidas perante o cônjuge, não se restringindo às feitas no contrato antenupcial, já que a disposição do art. 1.564 não é restritiva.

CAPÍTULO IX
DA EFICÁCIA DO CASAMENTO

Art. 1.565. Pelo casamento, homem e mulher assumem mutuamente a condição de consortes, companheiros e responsáveis pelos encargos da família.
§ 1º Qualquer dos nubentes, querendo, poderá acrescer ao seu o sobrenome do outro.
§ 2º O planejamento familiar é de livre decisão do casal, competindo ao Estado propiciar recursos educacionais e financeiros para o exercício desse direito, vedado qualquer tipo de coerção por parte de instituições privadas ou públicas.

➡ Veja art. 240 do CC/1916.
➡ Veja art. 226, §§ 5º e 7º, da CF.

É imprescindível o entendimento a respeito do matrimônio, pois esse gera diversos efeitos na esfera tanto pessoal como social dos respectivos cônjuges. O principal efeito é a constituição do estado de casado, fator esse de identificação social, criando, assim, a responsabilidade dos consortes pelos encargos dessa. Ao analisar os cônjuges na questão de representação da

845

Arts. 1.565 e 1.566 — Almeida Guilherme

unidade familiar, tanto na órbita civil como penal, chegamos à conclusão que ambos são representantes, mas não se representam reciprocamente. Outro efeito produzido pelo matrimônio é a emancipação do cônjuge menor de idade, tornando-o plenamente capaz (art. 5º, parágrafo único, II, do CC), além de estabelecer o vínculo de afinidade entre cada consorte e os parentes do outro (art. 1.595, §§ 1º e 2º, do CC).

Os cônjuges são plenamente responsáveis pela manutenção do núcleo familiar, pois é dever de ambos sustentar e contribuir com as despesas relativas ao casal e à prole. No caso de separação de fato ou judicial, ou divórcio, o dever de sustentar se figurará na forma de pensão alimentícia.

A adoção de sobrenome do cônjuge é livre para qualquer um deles, como também é livre a conservação de seu nome de solteiro. Porem, não é permitido que os nubentes abandonem seu próprio nome.

O planejamento familiar é de livre decisão do casal, competindo ao Estado apenas fornecer recursos educacionais e financeiros para o exercício desse direito, sendo vedado qualquer tipo de coerção por parte de instituições públicas ou privadas.

- ▪ Enunciado n. 99 da I Jornada de Direito Civil: "O art. 1.565, § 2º, do Código Civil não é norma destinada apenas às pessoas casadas, mas também aos casais que vivem em companheirismo, nos termos do art. 226, *caput*, §§ 3º e 7º, da Constituição Federal de 1988, e não revogou o disposto na Lei n. 9.263/96".

Art. 1.566. São deveres de ambos os cônjuges:
I – fidelidade recíproca;
II – vida em comum, no domicílio conjugal;
III – mútua assistência;
IV – sustento, guarda e educação dos filhos;
V – respeito e consideração mútuos.

➥ Veja art. 231 do CC/1916.

O casamento cria **deveres** para ambos os cônjuges. São eles:

a) **dever de fidelidade recíproca**, pois no Brasil é adotado o caráter monogâmico do casamento, considerando o adultério um ilícito civil, por constituir uma das causas de separação judicial (art. 1.573, I, do CC), mesmo não sendo mais considerado um ilícito penal, devido à revogação do art. 240 do CP;

b) **dever de viver em comum**, no domicílio conjugal, isto porque o casamento exige a coabitação, e a infração desse direito configura injúria grave, e pode resultar em separação judicial (art. 1.573, III, do CC), como também o abandono voluntário do lar conjugal sem motivo justo (art. 1.574, IV, do CC);

c) **dever de mútua assistência**, os cônjuges devem se apoiar um ao outro para enfrentar as diversidades da vida em casal, e o desrespeito a este direito constitui em injúria grave, acarretando a separação judicial (art. 1.573, III, do CC);

d) **dever de sustento, guarda e educação dos filhos**, ambos os pais têm o dever de sustentar, guardar e educar os filhos, a violação dessa obrigação configura crimes contra a assistência familiar (arts. 244 a 247 do CP); e por fim

e) **dever de respeito e consideração mútuos**, esta obrigação está intimamente ligada a sinceridade, a honra, a dignidade do cônjuge e da família, e, portanto, a sua violação constitui injúria grave, configurando motivo para separação judicial (art. 1.573, III, do CC).

Código Civil comentado e anotado   Arts. 1.566 a 1.569

■ Apelação cível. Ação revisional de alimentos. Exoneração. Descabimento. Redução do quantum alimentar alcançado a ex-cônjuge. A obrigação alimentar entre os cônjuges decorre do dever de mútua assistência, nos termos do art. 1.566, III, do CC, e permanece após o rompimento do vínculo conjugal. E, embora as disposições do art. 1.704 do CC estabeleçam a possibilidade do ex-cônjuge prestar alimentos ao outro, tal não exclui a análise do binômio alimentar para sua fixação. Na hipótese, adequado o redimensionamento dos alimentos, descabida, no entanto, a exoneração pretendida. Recurso provido em parte. (TJRS, Ap. Cível n. 70.065.031.213, 7ª Câm. Cível, rel. Liselena Schifino Robles Ribeiro, j. 29.07.2015)

■ Apelação cível. Ação de reconhecimento e dissolução de união estável. Alimentos. Binômio necessidade/possibilidade. Dever de mútua assistência. Os alimentos entre os companheiros têm caráter de mútua assistência (art. 1.566, III, do CC), encontrando-se amparados no dever da solidariedade familiar (arts. 1.694, 1.702 e 1.704, *caput*, do CC). A fixação dos alimentos em favor da ex-companheira exige a prova da impossibilidade desta em prover o próprio sustento. Negaram provimento ao agravo de instrumento. (TJRS, Ap. Cível n. 70.064.440.746, 8ª Câm. Cível, rel. Alzir Felippe Schmitz, j. 16.07.2015)

Art. 1.567. A direção da sociedade conjugal será exercida, em colaboração, pelo marido e pela mulher, sempre no interesse do casal e dos filhos.

Parágrafo único. Havendo divergência, qualquer dos cônjuges poderá recorrer ao juiz, que decidirá tendo em consideração aqueles interesses.

➡ Veja arts. 233 e 245 do CC/1916.

Será exercida, em colaboração, pelo marido e pela mulher, sempre no interesse do casal e dos filhos. Havendo divergência, qualquer dos cônjuges poderá recorrer ao juiz, que decidirá tendo em consideração aqueles interesses. O Código Civil de 2002, a exemplo da Constituição Federal de 1988, elimina a ideia de o marido ser o chefe da sociedade conjugal.

Art. 1.568. Os cônjuges são obrigados a concorrer, na proporção de seus bens e dos rendimentos do trabalho, para o sustento da família e a educação dos filhos, qualquer que seja o regime patrimonial.

➡ Veja arts. 233, *caput* e IV, e 277 do CC/1916.

Constitui obrigação de ambos os cônjuges, nas devidas proporções de seus bens e rendimentos do trabalho, o sustento da família e a educação dos filhos, qualquer que seja o regime de bens.

Art. 1.569. O domicílio do casal será escolhido por ambos os cônjuges, mas um e outro podem ausentar-se do domicílio conjugal para atender a encargos públicos, ao exercício de sua profissão, ou a interesses particulares relevantes.

➡ Veja art. 233, III, do CC/1916.

847

Arts. 1.569 a 1.571 — Almeida Guilherme

No Código Civil de 2002, também, não mais vigora a escolha de domicílio exclusivamente pelo marido. Agora, o domicílio do casal será escolhido por ambos.

O abandono voluntário, sem justo motivo, do domicílio conjugal, caracterizará injúria grave, permitindo a separação judicial (art. 1.573, III, do CC). *Vide* arts. 70 a 78 do Código Civil.

Art. 1.570. Se qualquer dos cônjuges estiver em lugar remoto ou não sabido, encarcerado por mais de cento e oitenta dias, interditado judicialmente ou privado, episodicamente, de consciência, em virtude de enfermidade ou de acidente, o outro exercerá com exclusividade a direção da família, cabendo-lhe a administração dos bens.

➡ Veja art. 251 do CC/1916.

A direção da família poderá ser exercida por apenas um dos cônjuges, se o outro estiver em lugar remoto ou não sabido, encarcerado por mais de 180 dias, interditado judicialmente ou privado, episodicamente, de consciência ou em virtude de enfermidade ou de acidente. Logo, o legislador só permitiu o exercício exclusivo da sociedade conjugal de um dos cônjuges na falta ou impedimento do outro.

CAPÍTULO X
DA DISSOLUÇÃO DA SOCIEDADE E DO VÍNCULO CONJUGAL

■ Enunciado n. 571 da VI Jornada de Direito Civil: "Se comprovada a resolução prévia e judicial de todas as questões referentes aos filhos menores ou incapazes, o tabelião de notas poderá lavrar escrituras públicas de dissolução conjugal".

Art. 1.571. A sociedade conjugal termina:
I – pela morte de um dos cônjuges;
II – pela nulidade ou anulação do casamento;
III – pela separação judicial;
IV – pelo divórcio.
§ 1º O casamento válido só se dissolve pela morte de um dos cônjuges ou pelo divórcio, aplicando-se a presunção estabelecida neste Código quanto ao ausente.
§ 2º Dissolvido o casamento pelo divórcio direto ou por conversão, o cônjuge poderá manter o nome de casado; salvo, no segundo caso, dispondo em contrário a sentença de separação judicial.

➡ Sem correspondência no CC/1916.

A **celebração do casamento** imediatamente produz dois efeitos: a criação do vínculo matrimonial e a sociedade conjugal.

O **vínculo matrimonial** é a relação entre os cônjuges e só poderá ser dissolvido pela morte de um dos cônjuges ou pelo divórcio. Já a sociedade conjugal é aquela formada por mulher, marido, filhos e patrimônio e o seu fim se consolidará com a separação judicial, deixando de existir os deveres de coabitação, fidelidade recíproca e o regime de bens, todavia, não extin-

Código Civil comentado e anotado   Arts. 1.571 e 1.572

gue o vínculo matrimonial, já que este será dissolvido com o divórcio. O art. 1.571 define casos de dissolução da sociedade conjugal e do vínculo matrimonial:

I – pela morte de um dos cônjuges;

II – pela nulidade ou anulação do casamento;

III – pela separação judicial;

IV – pelo divórcio.

A questão da utilização do nome de casado é tratada pelo Código Civil, em regra, pela manutenção do nome de casado, salvo se o contrário estiver disposto em sentença de separação judicial.

A Emenda Constitucional n. 66/2010 suprimiu o requisito de separação prévia por período inferior a um ano e se tratar de separação judicial ou superior a dois anos e se tratar de separação de fato. De acordo com a nova redação, o casamento pode ser dissolvido diretamente pelo divórcio, consensual ou litigioso.

■ Enunciado n. 121 da I Jornada de Direito Civil: "Proposição sobre o art. 1.571, § 2º: Proposta: dissolvido o casamento pelo divórcio direto ou por conversão, no que diz respeito ao sobrenome dos cônjuges, aplica-se o disposto no art. 1.578".

■ Enunciado n. 514 da V Jornada de Direito Civil: "A Emenda Constitucional n. 66/2010 não extinguiu o instituto da separação judicial e extrajudicial".

■ Enunciado n. 2 do IBDFAM: "A separação de fato põe fim ao regime de bens e importa extinção dos deveres entre cônjuges e entre companheiros".

Art. 1.572. Qualquer dos cônjuges poderá propor a ação de separação judicial, imputando ao outro qualquer ato que importe grave violação dos deveres do casamento e torne insuportável a vida em comum.

§ 1º A separação judicial pode também ser pedida se um dos cônjuges provar ruptura da vida em comum há mais de um ano e a impossibilidade de sua reconstituição.

§ 2º O cônjuge pode ainda pedir a separação judicial quando o outro estiver acometido de doença mental grave, manifestada após o casamento, que torne impossível a continuação da vida em comum, desde que, após uma duração de dois anos, a enfermidade tenha sido reconhecida de cura improvável.

§ 3º No caso do § 2º, reverterão ao cônjuge enfermo, que não houver pedido a separação judicial, os remanescentes dos bens que levou para o casamento, e se o regime dos bens adotado o permitir, a meação dos adquiridos na constância da sociedade conjugal.

➡ Sem correspondência no CC/1916.

A separação judicial poderá ser requerida por qualquer dos cônjuges, qualquer que seja o tempo de casamento. Pode ocorrer em três modalidades que serão vistas a seguir.

Separação sanção. Ocorre quando um cônjuge imputar ao outro ato que importe em grave violação dos deveres do casamento e torne insuportável a vida em comum (exemplos: adultério, conduta desonrosa, injúrias graves, sevícias etc.). Agora não há mais rol taxativo de causas que possam dar ensejo à separação. O Código Civil de 2002 permite que o juiz considere outros fatos que tornem insuportável a vida em comum (art. 1.573, parágrafo único, do CC).

849

Arts. 1.572 e 1.573   Almeida Guilherme

Separação falência. Ocorre quando o cônjuge provar a ruptura da vida em comum há mais de um ano e a impossibilidade de sua reconstituição.

Separação remédio. A separação também pode ser pedida por um dos cônjuges quando o outro estiver acometido de doença mental grave manifestada após o casamento, que torne insuportável a continuação da vida em comum, desde que, após duração de dois anos, a enfermidade tenha sido reconhecida de cura improvável.

■ Enunciado n. 100 da I Jornada de Direito Civil: "Na separação, recomenda-se apreciação objetiva de fatos que tornem evidente a impossibilidade da vida em comum".

■ Enunciado n. 122 da I Jornada de Direito Civil: "Proposição sobre o art. 1.572, *caput*. Proposta: dar ao art. 1.572, *caput*, a seguinte redação: 'Qualquer dos cônjuges poderá propor a ação de separação judicial com fundamento na impossibilidade da vida em comum'".

Art. 1.573. Pode caracterizar a impossibilidade da comunhão de vida a ocorrência de algum dos seguintes motivos:

I – adultério;

II – tentativa de morte;

III – sevícia ou injúria grave;

IV – abandono voluntário do lar conjugal, durante um ano contínuo;

V – condenação por crime infamante;

VI – conduta desonrosa.

Parágrafo único. O juiz poderá considerar outros fatos que tornem evidente a impossibilidade da vida em comum.

➥ Sem correspondência no CC/1916.

O art. 1.573 traz hipóteses que justificam a separação judicial litigiosa. Quanto ao inciso I, embora tenha havido a descriminalização da conduta pela Lei n. 11.106/2005, a prática do adultério, ou seja, o desrespeito ao dever conjugal de fidelidade por meio da manutenção de relações sexuais com outro, estranho ao casamento, ainda enseja separação judicial litigiosa. O inciso II trata da tentativa de morte praticada por um cônjuge em relação ao outro, o que indubitavelmente torna insuportável o convívio dos cônjuges. Apontadas no inciso III, as sevícias e a injúria grave referem-se à proteção à integridade física (no caso da primeira) e moral (a segunda) do cônjuge. Basta que o desrespeito, a agressão, se perfaça para que esteja configurada a infração ao dever conjugal de respeito. O abandono do lar conjugal, expresso no inciso IV, ocorre quando o cônjuge deixa o lar sem motivo justo. Embora esteja expresso o prazo de um ano, o juiz pode considerar abandono por período menor. Os dois incisos seguintes referem-se também à questão do respeito à honra do cônjuge. Atos praticados por um cônjuge que possam trazer prejuízo à imagem do outro dão causa à separação litigiosa. O parágrafo único autoriza que o juiz examine o caso concreto e avalie outras situações não previstas pelo artigo. Os incisos são meramente exemplificativos, não taxativos.

■ Enunciado n. 254 da III Jornada de Direito Civil: "Formulado o pedido de separação judicial com fundamento na culpa (art. 1.572 e/ou art. 1.573 e incisos), o juiz poderá decretar a separação do casal diante da constatação da insubsistência da comunhão plena de vida (art. 1.511) – que caracteriza hipótese

Código Civil comentado e anotado   Arts. 1.573 a 1.575

de 'outros fatos que tornem evidente a impossibilidade da vida em comum' – sem atribuir culpa a nenhum dos cônjuges".

■ Apelação. Direito civil. Família. Ação de divórcio. Partilha. Dano moral. 1. Sendo o casamento regido pelo regime da comunhão parcial, devem ser partilhados, de forma igualitária, os bens adquiridos a título oneroso, na constância da vida em comum. 2. Bem imóvel adquirido mediante financiamento ainda não quitado não pode ser objeto de partilha. Nesse caso, a partilha deve envolver o que foi efetivamente pago na vigência do matrimônio. 3. No âmbito do direito de família, não há a possibilidade de averiguação de responsabilidades patrimoniais pelo fim das relações familiares. O art. 1.573 do CC prevê que o adultério como causa que pode determinar a impossibilidade da vida em comum o que permite ao cônjuge pedir a separação judicial por grave violação dos deveres do casamento. Recurso parcialmente provido. (TJRS, Ap. Cível n. 70.060.982.071, 7ª Câm. Cível, rel. Liselena Schifino Robles Ribeiro, j. 24.09.2014)

Art. 1.574. Dar-se-á a separação judicial por mútuo consentimento dos cônjuges se forem casados por mais de um ano e o manifestarem perante o juiz, sendo por ele devidamente homologada a convenção.

Parágrafo único. O juiz pode recusar a homologação e não decretar a separação judicial se apurar que a convenção não preserva suficientemente os interesses dos filhos ou de um dos cônjuges.

➥ Sem correspondência no CC/1916.

Separação judicial por mútuo consentimento é a separação consensual, quando os cônjuges estão de acordo quanto aos termos da separação. O Código Civil de 2002 somente a admite para aqueles que forem casados há mais de um ano, manifestados perante o juiz e por este devidamente homologado. O Código Civil revogado previa o prazo mínimo de dois anos de casamento.

■ Enunciado n. 515 da V Jornada de Direito Civil: "Pela interpretação teleológica da Emenda Constitucional n. 66/2010, não há prazo mínimo de casamento para a separação consensual".

■ Enunciado n. 516 da V Jornada de Direito Civil: "Na separação judicial por mútuo consentimento, o juiz só poderá intervir no limite da preservação do interesse dos incapazes ou de um dos cônjuges, permitida a cindibilidade dos pedidos com a concordância das partes, aplicando-se esse entendimento também ao divórcio".

Art. 1.575. A sentença de separação judicial importa a separação de corpos e a partilha de bens.

Parágrafo único. A partilha de bens poderá ser feita mediante proposta dos cônjuges e homologada pelo juiz ou por este decidida.

➥ Sem correspondência no CC/1916.

Isso ocorre porque a separação judicial, diferente do divórcio, extingue apenas alguns dos deveres conjugais e a sociedade conjugal, mas não o vínculo matrimonial.

Arts. 1.575 a 1.577 — Almeida Guilherme

O regime de bens fica abolido, além do dever de coabitação e de fidelidade. O dever de mútua assistência é mantido, podendo-se mover ação de alimentos em face de um dos ex-cônjuges. A partilha de bens não precisa ser feita no momento da separação. Pode ser feita a qualquer instante.

▪ Enunciado n. 255 da III Jornada de Direito Civil: "Não é obrigatória a partilha de bens na separação judicial".

Art. 1.576. A separação judicial põe termo aos deveres de coabitação e fidelidade recíproca e ao regime de bens.

Parágrafo único. O procedimento judicial da separação caberá somente aos cônjuges, e, no caso de incapacidade, serão representados pelo curador, pelo ascendente ou pelo irmão.

➡ Sem correspondência no CC/1916.

Efeitos pessoais. Em relação às pessoas dos cônjuges, tem-se os seguintes efeitos: a separação põe termo aos deveres de coabitação e fidelidade recíproca e ao regime de bens.

Efeitos da separação. A separação judicial, em qualquer uma de suas modalidades, produz os efeitos seguintes: (i) extinção do regime de bens e (ii) extinção dos deveres de coabitação e fidelidade recíproca. Quanto ao nome, alimentos e guarda, os efeitos variam de acordo com a decisão e o tipo de separação judicial.

Regime de bens entre cônjuges. É o estatuto que rege os interesses patrimoniais dos cônjuges durante o casamento.

Art. 1.577. Seja qual for a causa da separação judicial e o modo como esta se faça, é lícito aos cônjuges restabelecer, a todo tempo, a sociedade conjugal, por ato regular em juízo.

Parágrafo único. A reconciliação em nada prejudicará o direito de terceiros, adquirido antes e durante o estado de separado, seja qual for o regime de bens.

➡ Sem correspondência no CC/1916.

Reconciliação. É o restabelecimento da sociedade conjugal. É possível, mediante requerimento de ambos os cônjuges, nos autos da separação judicial, qualquer que seja a causa da separação.

Possibilidade de reconciliação. Decretada a separação do casal, permite o art. 1.577 do CC a reconciliação do casal, com o restabelecimento da sociedade conjugal, desde que requerida pelos cônjuges ao juízo da separação, nos próprios autos, com a necessária averbação no Registro Civil.

▪ Direito de família. Separação judicial. Reconciliação. Art. 1.577 do CC. Morte do cônjuge varão. Interesse processual. 1. Protocolizada petição inicial na qual consta requerimento de restabelecimento do vínculo conjugal nos termos do art. 1.577 do CC, estando devidamente subscrita pelos interessados e pelo causídico comum por eles constituído e tendo sido regularmente instruído o feito, a superveniente morte de um dos cônjuges não obsta o deferimento do pedido. 2. Recurso especial conhecido e provido. (STJ, REsp n. 1.322.036/SP, 3ª T., rel. Min. João Otávio de Noronha. j. 12.05.2015, *DJe* 25.05.2015)

Código Civil comentado e anotado

Art. 1.578

Art. 1.578. O cônjuge declarado culpado na ação de separação judicial perde o direito de usar o sobrenome do outro, desde que expressamente requerido pelo cônjuge inocente e se a alteração não acarretar:
I – evidente prejuízo para a sua identificação;
II – manifesta distinção entre o seu nome de família e o dos filhos havidos da união dissolvida;
III – dano grave reconhecido na decisão judicial.
§ 1º O cônjuge inocente na ação de separação judicial poderá renunciar, a qualquer momento, ao direito de usar o sobrenome do outro.
§ 2º Nos demais casos caberá a opção pela conservação do nome de casado.

➥ Sem correspondência no CC/1916.

O cônjuge culpado perde o direito de usar o sobrenome do outro, desde que expressamente requerido pelo inocente, e desde que não acarrete prejuízo de identificação; manifesta distinção entre o seu nome e o dos filhos havidos do casamento; dano grave reconhecido na decisão judicial. O vencedor pode renunciar a qualquer tempo o nome do outro. Na separação consensual, o cônjuge pode ou não continuar a usar o nome; como o vínculo conjugal permanece, haverá o impedimento para um novo casamento.

■ Enunciado n. 124 da I Jornada de Direito Civil: "Proposição sobre o art. 1.578: Proposta: alterar o dispositivo para: 'Dissolvida a sociedade conjugal, o cônjuge perde o direito à utilização do sobrenome do outro, salvo se a alteração acarretar: I – evidente prejuízo para a sua identificação; II – manifesta distinção entre o seu nome de família e o dos filhos havidos da união dissolvida; III – dano grave reconhecido na decisão judicial'. E, por via de consequência, estariam revogados os §§ 1º e 2º do mesmo artigo".

■ Ação de separação judicial litigiosa. Partilha de bens. Dívida. Alimentos. Ex-mulher. Adequação do *quantum*. Plano de saúde. Prazo. Descabimento. Uso do nome de casada. Possibilidade. Distribuição dos ônus de sucumbência. 1. Apesar de no regime da separação convencional não haver comunicação de bens, tendo restado cabalmente comprovada, no caso, a contribuição da ré na aquisição do patrimônio, inclusive com indicação do nome dela no título aquisitivo, constando ela como garantidora da dívida e, ainda, coproprietária do bem imóvel dado como parte do pagamento do novo imóvel, é cabível a partilha igualitária do bem, como foi determinado na sentença. 2. A sub-rogação constitui exceção à regra da comunicabilidade e, sendo assim, não deve apenas ser alegada para excluir o bem da partilha, mas cabalmente comprovada pela parte que a alegou, o que ocorreu com relação ao veículo e ao imóvel localizado em Porto Alegre. 3. Considerando que não houve pedido de partilha dos móveis que guarnecem a residência, no decorrer da instrução, e que sobre eles não se manifestou o juízo *a quo*, descabido o pedido de partilha formulado em segundo grau. 4. Se nos últimos anos o varão era o provedor da família e a virago, que conta 53 anos de idade, está enfrentando sérios problemas de saúde, é forçoso reconhecer que necessita do amparo alimentar, inclusive do plano de saúde, sendo descabido o estabelecimento de termo final. 5. A conservação do nome de casado depende da opção do cônjuge *ex vi* do art. 1.578, § 2º, do CC, pois constitui direito da personalidade e a sua perda acarreta evidente prejuízo para a identificação. 6. Se os ônus de sucumbência levaram em conta o decaimento de cada uma das partes, não há motivo para a inversão dos encargos sucumbenciais. Recurso do autor desprovido e recurso da ré provido em parte. (TJRS, Ap. Cível n. 70.062 079.645, 7ª Câm. Cível, rel. Sérgio Fernando de Vasconcellos Chaves, j. 26.11.2014)

Arts. 1.579 a 1.581

Art. 1.579. O divórcio não modificará os direitos e deveres dos pais em relação aos filhos.
Parágrafo único. Novo casamento de qualquer dos pais, ou de ambos, não poderá importar restrições aos direitos e deveres previstos neste artigo.

➡ Sem correspondência no CC/1916.

O **divórcio** é a dissolução do vínculo matrimonial e diz respeito aos ex-cônjuges unicamente. O fato de não partilharem mais do matrimônio em nada altera sua condição como pais da prole. Além disso, o que foi estabelecido em relação à guarda e aos alimentos será mantido após o divórcio, caso este tenha sido precedido por separação judicial.

Art. 1.580. Decorrido um ano do trânsito em julgado da sentença que houver decretado a separação judicial, ou da decisão concessiva da medida cautelar de separação de corpos, qualquer das partes poderá requerer sua conversão em divórcio.
§ 1º A conversão em divórcio da separação judicial dos cônjuges será decretada por sentença, da qual não constará referência à causa que a determinou.
§ 2º O divórcio poderá ser requerido, por um ou por ambos os cônjuges, no caso de comprovada separação de fato por mais de dois anos.

➡ Sem correspondência no CC/1916.

O divórcio poderá ser requerido após um ano da sentença que houver decretado a separação judicial, ou da decisão concessiva da medida cautelar de separação de corpos. A seguir, as modalidades de divórcio.

Divórcio direto. Pode ser consensual ou litigioso, não precisando mais de separação de fato por dois anos. Não existe a necessidade de se ingressar com a separação judicial, entra-se direto com o divórcio. Pode ser:

(i) **consensual:** pedido feito por ambos os cônjuges que se encontram separados de fato há mais de dois anos;

(ii) **litigioso:** pedido feito por apenas um dos consortes, quando separado de fato há mais de dois anos.

Divórcio indireto. É a conversão da separação judicial em divórcio. Nesse caso, existe uma separação judicial prévia ou medida concessiva de separação de corpos. Pode ser:

(i) **consensual:** pedido feito por ambos os cônjuges para se converter a separação judicial, desde que decorrido mais de um ano daquela;

(ii) **litigioso:** por meio de jurisdição contenciosa, um dos cônjuges, não havendo consenso do outro, pede ao juiz que converta a separação judicial em divórcio, obedecendo-se ao mínimo de um ano da sentença de separação.

■ Enunciado n. 517 da V Jornada de Direito Civil: "A Emenda Constitucional n. 66/2010 extinguiu os prazos previstos no art. 1.580 do Código Civil, mantido o divórcio por conversão".

Art. 1.581. O divórcio pode ser concedido sem que haja prévia partilha de bens.

➡ Sem correspondência no CC/1916.

Código Civil comentado e anotado   Arts. 1.581 a 1.583

A partilha dos bens do casal pode ser realizada a qualquer momento, na separação, no divórcio ou mesmo após este. Tal determinação está em consonância com a Súmula n. 197 do STJ, de 08.10.1997.

▪ Súmula n. 197 do STJ: "O divórcio direto pode ser concedido sem que haja prévia partilha dos bens".

▪ Separação judicial consensual. Inexistência de partilha de bens. Possibilidade. 1. Tal como o divórcio, a separação pode ser decretada sem que haja prévia partilha de bens, consoante dispõe expressamente o art. 1.581 do CC, bem como o art. 1.121, § 1º, do CPC. 2. É possível relegar a partilha do patrimônio comum para momento posterior, conforme a conveniência e o interesse dos separandos. 3. As partes devem descrever na petição o universo patrimonial adquirido e que compõe a sociedade conjugal que está sendo desfeita, ainda que não disponham sobre a partilha dos bens. 4. Nesse caso, o valor da causa pode ser o valor de alçada, pois inexiste conteúdo econômico na ação, que é de valor inestimável. 5. Caso disponham acerca de obrigação alimentar, o valor da causa deve ser o de uma anuidade da prestação de alimentos. Recurso provido, em parte. (TJRS, AI n. 70.064.299.456, 7ª Câm. Cível, rel. Sérgio Fernando de Vasconcellos Chaves, j. 24.06.2015)

Art. 1.582. O pedido de divórcio somente competirá aos cônjuges.
Parágrafo único. Se o cônjuge for incapaz para propor a ação ou defender-se, poderá fazê-lo o curador, o ascendente ou o irmão.

➡ Sem correspondência no CC/1916.

Diferentemente da questão da anulação do casamento, em que existem outros legitimados para propor a ação, no que tange ao divórcio, a competência é exclusiva dos cônjuges ou curador, ascendente ou irmão, no caso de incapacidade. Isso porque não se trata do saneamento de vício ou questão de ordem pública, mas mera declaração de vontade do casal, que não mais deseja manter o vínculo conjugal.

CAPÍTULO XI
DA PROTEÇÃO DA PESSOA DOS FILHOS

Art. 1.583. A guarda será unilateral ou compartilhada.
Caput com redação dada pela Lei n. 11.698, de 13.06.2008.
§ 1º Compreende-se por guarda unilateral a atribuída a um só dos genitores ou a alguém que o substitua (art. 1.584, § 5º) e, por guarda compartilhada a responsabilização conjunta e o exercício de direitos e deveres do pai e da mãe que não vivam sob o mesmo teto, concernentes ao poder familiar dos filhos comuns.
Parágrafo acrescentado pela Lei n. 11.698, de 13.06.2008.
§ 2º Na guarda compartilhada, o tempo de convívio com os filhos deve ser dividido de forma equilibrada com a mãe e com o pai, sempre tendo em vista as condições fáticas e os interesses dos filhos.
Parágrafo acrescentado pela Lei n. 11.698, de 13.06.2008, e com redação dada pela Lei n. 13.058, de 22.12.2014.
I a III – (*Incisos revogados pela Lei n. 13.058, de 22.12.2014.*)

855

Art. 1.583   Almeida Guilherme

§ 3º Na guarda compartilhada, a cidade considerada base de moradia dos filhos será aquela que melhor atender aos interesses dos filhos.
Parágrafo acrescentado pela Lei n. 11.698, de 13.06.2008, e com redação dada pela Lei n. 13.058, de 22.12.2014.
§ 4º *(Vetado.)*
Parágrafo acrescentado pela Lei n. 11.698, de 13.06.2008.
§ 5º A guarda unilateral obriga o pai ou a mãe que não a detenha a supervisionar os interesses dos filhos, e, para possibilitar tal supervisão, qualquer dos genitores sempre será parte legítima para solicitar informações e/ou prestação de contas, objetivas ou subjetivas, em assuntos ou situações que direta ou indiretamente afetem a saúde física e psicológica e a educação de seus filhos.
Parágrafo acrescentado pela Lei n. 13.058, de 22.12.2014.

➡ Sem correspondência no CC/1916.

A guarda dos filhos obedecerá ao que os cônjuges acordarem, nos casos de dissolução do casamento, ressalvando-se o julgamento do magistrado, que pode decidir de maneira contrária ao estipulado pelas partes, tendo em vista o melhor para a criança. Guarda é um dever de assistência educacional, moral e material garantido em proveito do filho menor e do incapaz, para lhe garantir a sobrevivência e o perfeito desenvolvimento. No caso de separação ou divórcio consensual, os cônjuges irão dispor sobre a guarda dos menores, a ser homologada pelo juiz. Os pais poderão optar pela *guarda compartilhada*, em que o exercício do poder familiar se confere a ambos. A criança reside em uma única casa, mas o poder decisório em relação à educação e à religião, entre outros, é tomado conjuntamente pelos pais. Há previsão também da guarda unilateral, em que existe por parte do ex-cônjuge que não permaneceu com a guarda, o direito-dever de visitação e sustento, porém, com maior distanciamento se comparado à situação da guarda compartilhada.

▪ Enunciado n. 101 da I Jornada de Direito Civil: "Sem prejuízo dos deveres que compõem a esfera do poder familiar, a expressão 'guarda de filhos', à luz do art. 1.583, pode compreender tanto a guarda unilateral quanto a compartilhada, em atendimento ao princípio do melhor interesse da criança".

▪ Enunciado n. 518 da V Jornada de Direito Civil: "A Lei n. 11.698/2008, que deu nova redação aos arts. 1.583 e 1.584 do Código Civil, não se restringe à guarda unilateral e à guarda compartilhada, podendo ser adotada aquela mais adequada à situação do filho, em atendimento ao princípio do melhor interesse da criança e do adolescente. A regra aplica-se a qualquer modelo de família".

▪ Enunciado n. 11 do IBDFAM: "Na ação destinada a dissolver o casamento ou a união estável, pode o juiz disciplinar a custódia compartilhada do animal de estimação do casal".

▪ Agravo de instrumento. Ausência de preparo e de comprovação de ser beneficiária da AJG. Deserção configurada. A parte agravante não junta comprovante de preparo no ato da interposição deste agravo de instrumento, como exige o § 1º do art. 525, do CPC, nem demonstrou ser beneficiária da assistência judiciária gratuita. A comprovação do pagamento das custas deve vir junto com a interposição do recurso. Em que pese tratar-se de guarda de menor, o presente feito deve ser solvido pelas regras do CC, que trata da proteção dos filhos (arts. 1.583 e segs.), não fazendo jus, portanto, à isenção referente aos feitos que estão sob a égide do ECA. Negado seguimento. (TJRS, AI n. 70.064.379.266, 8ª Câm. Cível, rel. Luiz Felipe Brasil Santos, j. 17.04.2015)

Código Civil comentado e anotado

Art. 1.584

Art. 1.584. A guarda, unilateral ou compartilhada, poderá ser:
Caput com redação dada pela Lei n. 11.698, de 13.06.2008.

I – requerida, por consenso, pelo pai e pela mãe, ou por qualquer deles, em ação autô-noma de separação, de divórcio, de dissolução de união estável ou em medida cautelar;
Inciso acrescentado pela Lei n. 11.698, de 13.06.2008.

II – decretada pelo juiz, em atenção a necessidades específicas do filho, ou em razão da distribuição de tempo necessário ao convívio deste com o pai e com a mãe.
Inciso acrescentado pela Lei n. 11.698, de 13.06.2008.

§ 1º Na audiência de conciliação, o juiz informará ao pai e à mãe o significado da guar-da compartilhada, a sua importância, a similitude de deveres e direitos atribuídos aos geni-tores e as sanções pelo descumprimento de suas cláusulas.
Parágrafo renumerado e com redação dada pela Lei n. 11.698, de 13.06.2008.

§ 2º Quando não houver acordo entre a mãe e o pai quanto à guarda do filho, encontran-do-se ambos os genitores aptos a exercer o poder familiar, será aplicada a guarda compartil-lhada, salvo se um dos genitores declarar ao magistrado que não deseja a guarda do menor.
Parágrafo acrescentado pela Lei n. 11.698, de 13.06.2008, e com redação dada pela Lei n. 13.058, de 22.12.2014.

§ 3º Para estabelecer as atribuições do pai e da mãe e os períodos de convivência sob guarda compartilhada, o juiz, de ofício ou a requerimento do Ministério Público, poderá basear-se em orientação técnico-profissional ou de equipe interdisciplinar, que deverá vi-sar à divisão equilibrada do tempo com o pai e com a mãe.
Parágrafo acrescentado pela Lei n. 11.698, de 13.06.2008, e com redação dada pela Lei n. 13.058, de 22.12.2014.

§ 4º A alteração não autorizada ou o descumprimento imotivado de cláusula de guar-da unilateral ou compartilhada poderá implicar a redução de prerrogativas atribuídas ao seu detentor.
Parágrafo acrescentado pela Lei n. 11.698, de 13.06.2008, e com redação dada pela Lei n. 13.058, de 22.12.2014.

§ 5º Se o juiz verificar que o filho não deve permanecer sob a guarda do pai ou da mãe, deferirá a guarda a pessoa que revele compatibilidade com a natureza da medida, conside-rados, de preferência, o grau de parentesco e as relações de afinidade e afetividade.
Parágrafo acrescentado pela Lei n. 11.698, de 13.06.2008, e com redação dada pela Lei n. 13.058, de 22.12.2014.

§ 6º Qualquer estabelecimento público ou privado é obrigado a prestar informações a qualquer dos genitores sobre os filhos destes, sob pena de multa de R$ 200,00 (duzentos reais) a R$ 500,00 (quinhentos reais) por dia pelo não atendimento da solicitação.
Parágrafo acrescentado pela Lei n. 13.058, de 22.12.2014.

➡ Sem correspondência no CC/1916.

Há no art. 1.584 matéria procedimental sendo tratada, em artigo que complementa o es-tabelecido no art. 1.583. Ressalta-se a possibilidade da guarda ser determinada pelos pais e ho-mologada pelo juiz, assim como, em caso de necessidade, arbitrada pelo magistrado. No tipo guarda compartilhada, o filho deve ser dividido de forma equilibrada entre os pais. Traz a lei determinação de que, caso o juiz entenda que a guarda com o pai ou a mãe não é a melhor op-ção para a criança, poderá arbitrar a guarda a parente, considerando as relações de afetivida-de e afinidade.

857

Arts. 1.584 a 1.586 — Almeida Guilherme

- Enunciado n. 102 da I Jornada de Direito Civil: "A expressão 'melhores condições' no exercício da guarda, na hipótese do art. 1.584, significa atender ao melhor interesse da criança".

- Enunciado n. 333 da IV Jornada de Direito Civil: "O direito de visita pode ser estendido aos avós e pessoas com as quais a criança ou o adolescente mantenha vínculo afetivo, atendendo ao seu melhor interesse".

- Enunciado n. 334 da IV Jornada de Direito Civil: "A guarda de fato pode ser reputada como consolidada diante da estabilidade da convivência familiar entre a criança ou o adolescente e o terceiro guardião, desde que seja atendido o princípio do melhor interesse".

- Enunciado n. 518 da V Jornada de Direito Civil: "A Lei n. 11.698/2008, que deu nova redação aos arts. 1.583 e 1.584 do Código Civil, não se restringe à guarda unilateral e à guarda compartilhada, podendo ser adotada aquela mais adequada à situação do filho, em atendimento ao princípio do melhor interesse da criança e do adolescente. A regra aplica-se a qualquer modelo de família".

- Agravo de instrumento. Guarda compartilhada. Residência habitual materna e regime de convivência paterno-filial. A redação atual do art. 1.584, § 2º, CC (introduzido pela Lei n. 13.058/2014) dispõe que a guarda compartilhada é a regra há ser aplicada, mesmo em caso de dissenso entre o casal, somente não se aplicando na hipótese de inaptidão por um dos genitores ao exercício do poder familiar ou quando algum dos pais expressamente declarar o desinteresse em exercer a guarda. Caso em que a guarda compartilhada vai regulamentada, com fixação da residência habitual materna e regime de convivência paterno-filial em finais de semana alternados com pernoite. Deram parcial provimento. (TJRS, AI n. 70.065.020.422, 8ª Câm. Cível, rel. José Pedro de Oliveira Eckert. j. 16.07.2015)

Art. 1.585. Em sede de medida cautelar de separação de corpos, em sede de medida cautelar de guarda ou em outra sede de fixação liminar de guarda, a decisão sobre guarda de filhos, mesmo que provisória, será proferida preferencialmente após a oitiva de ambas as partes perante o juiz, salvo se a proteção aos interesses dos filhos exigir a concessão de liminar sem a oitiva da outra parte, aplicando-se as disposições do art. 1.584.
Artigo com redação dada pela Lei n. 13.058, de 22.12.2014.

➥ Sem correspondência no CC/1916.

Os arts. 1.583 e 1.584 tratam da determinação de guarda nos casos de separação. O mesmo se aplicará quando o juiz acatar o pedido de separação de corpos, movido por um dos cônjuges.

- Agravo de instrumento. Regulamentação de guarda. Pedido de fixação de guarda unilateral. Antecipação de tutela. Impossibilidade. Segundo a nova legislação aplicável, Lei n. 13.058/2014, não havendo motivo relevante que autorize a fixação liminar da guarda, esta somente será apreciada após a oitiva da parte contrária. Art. 1.585 do CC. Negaram provimento ao agravo de instrumento. (TJRS, AI n. 70.062.735.915, 8ª Câm. Cível, rel. Alzir Felippe Schmitz, j. 09.04.2015)

Art. 1.586. Havendo motivos graves, poderá o juiz, em qualquer caso, a bem dos filhos, regular de maneira diferente da estabelecida nos artigos antecedentes a situação deles para com os pais.

Código Civil comentado e anotado   Arts. 1.586 a 1.589

➡ Sem correspondência no CC/1916.

Reafirmando o já disposto anteriormente, o juiz possui a faculdade de arbitrar o melhor para o menor, referente à guarda dos filhos, independentemente do disposto no acordo homologado pelos pais ou pelo disposto nos arts. 1.583 a 1.585.

Art. 1.587. No caso de invalidade do casamento, havendo filhos comuns, observar-se--á o disposto nos arts. 1.584 e 1.586.

➡ Sem correspondência no CC/1916.

O art. 1.587 estende a proteção aos filhos ditos em casamento válidos àqueles frutos de uniões anuladas ou consideradas nulas, garantindo-lhes o direito de convier com seus genitores.

Art. 1.588. O pai ou a mãe que contrair novas núpcias não perde o direito de ter consigo os filhos, que só lhe poderão ser retirados por mandado judicial, provado que não são tratados convenientemente.

➡ Veja art. 329 do CC/1916.

O novo casamento do genitor guardião não implica a perda da guarda dos filhos, só podendo dele ser retirados mediante mandado judicial, comprovando-se que não são tratados adequadamente.

■ Enunciado n. 337 da IV Jornada de Direito Civil: "O fato de o pai ou a mãe constituírem nova união não repercute no direito de terem os filhos do leito anterior em sua companhia, salvo quando houver comprometimento da sadia formação e do integral desenvolvimento da personalidade destes".

Art. 1.589. O pai ou a mãe, em cuja guarda não estejam os filhos, poderá visitá-los e tê--los em sua companhia, segundo o que acordar com o outro cônjuge, ou for fixado pelo juiz, bem como fiscalizar sua manutenção e educação.
Parágrafo único. O direito de visita estende-se a qualquer dos avós, a critério do juiz, observados os interesses da criança ou do adolescente.
Parágrafo acrescentado pela Lei n. 12.398, de 28.03.2011.

➡ Sem correspondência no CC/1916.

Direito de visita. Aquele que não possuir a guarda, nos termos do art. 1.589, terá o direito de visita e o direito de fiscalizar a manutenção e educação do menor ou incapaz. O juiz poderá, havendo fundado motivo, suprimir este direito. Trata-se de um direito e não de uma obrigação, ademais o direito é do filho em ver o pai ou a mãe e do pai e da mãe em ver o filho. Inovação feita pela Lei n. 12.398/2011, estende-se o direito de visita aos avós, tendo em vista a importância dada pelo legislador moderno aos laços familiares socioafetivos.

859

Arts. 1.589 a 1.591 — Almeida Guilherme

■ Pedido de regulamentação de visitas. Avós paternos. Alienação parental praticada pelo genitor. Proximidade deste com os postulantes. Interesse do menor preponderante sobre os desejos dos progenitores. Pedido corretamente indeferido. Recurso desprovido. Conforme reza o art. 1.589 do CC, o direito de visitação estende-se aos avós, a critério do juiz, observados os interesses da criança ou do adolescente, centralizados no conflito de interesses, também a teor do art. 3° do ECA. Isso posto, havendo histórico de alienação parental pelo genitor, com quem os avós são próximos, e uma série de conflitos familiares em curso, desgastantes ao infante, é impertinente que se conceda a visitação na forma almejada, o que torna correto o indeferimento do pleito em primeiro grau. (TJSC, AI n. 2014.092069-5/Capital, rel. Des. Maria do Rocio Luz Santa Ritta, j. 28.07.2015).

Art. 1.590. As disposições relativas à guarda e prestação de alimentos aos filhos menores estendem-se aos maiores incapazes.

➡ Sem correspondência no CC/1916.

Em matéria jurídica, não há distinção entre os filhos menores e os maiores incapazes, pois ambos não podem se determinar e, por isso, o disposto a um quanto a alimentos estende-se ao outro.

■ Regulamentação de direito de visita avoenga. Neto que, embora tenha atingido a maioridade, é portador de enfermidade mental. Nomeação da genitora como curadora provisória em ação de interdição. Incidência das normas que disciplinam o instituto da curatela. Direito de visitação da avó inalterado. Exegese dos arts. 1.589 e 1.590 do CC. Mudança de domicílio da família, todavia, que implica sua readequação, a fim de atender à nova realidade das partes. Recurso conhecido e parcialmente provido. (TJSC, AI n. 2014.070436-9/Balneário Camboriú, rel. Des. Ronei Danielli, j. 28.04.2015)

SUBTÍTULO II
DAS RELAÇÕES DE PARENTESCO

CAPÍTULO I
DISPOSIÇÕES GERAIS

Art. 1.591. São parentes em linha reta as pessoas que estão umas para com as outras na relação de ascendentes e descendentes.

➡ Veja art. 330 do CC/1916.

Parentesco. Será natural ou civil, conforme resulte da consanguinidade ou outra origem.

Parentesco em linha reta. Pessoas que estão umas para com as outras na relação de ascendentes (pai, avós, bisavós, trisavós) e descendentes (filhos, netos, bisnetos, trinetos). Conta-se o parentesco pelo número de gerações (art. 1.594 do CC).

Parentesco em linha colateral ou transversal. Pessoas provenientes de um só tronco, sem descenderem uma da outra, até o quarto grau (art. 1.592 do CC). Conta-se o parentesco pelo número de gerações, subindo de um dos parentes até o ascendente comum, e descendo até encontrar o outro parente (art. 1.594 do CC). Ressalte-se que o Código Civil de 1916 estipulava o parentesco em linha colateral até o 6° grau.

Código Civil comentado e anotado   Arts. 1.591 a 1.593

Parentesco por afinidade. Cada cônjuge ou companheiro é aliado aos parentes do outro pela afinidade, limitando-se este parentesco aos ascendentes, descendentes e aos irmãos do cônjuge ou companheiro (art. 1.595 do CC). Importante salientar que, na linha reta, a afinidade não se extingue com a dissolução do casamento ou da união estável ("sogra, sempre sogra").

Art. 1.592. São parentes em linha colateral ou transversal, até o quarto grau, as pessoas provenientes de um só tronco, sem descenderem uma da outra.

➥ Veja art. 331 do CC/1916.

Os parentes em linha colateral ou transversal são aqueles que derivam de um mesmo tronco, sem descenderem uns dos outros, até quarto grau. Este foi o limite imposto pelo Código Civil de 2002, pois este entendeu que após o quarto grau não existe mais afinidade e que, por isso, não oferecerão qualquer auxílio às relações jurídicas. Isso significa que os filhos dos tios, os primos, também serão parentes em linha colateral, porém seus filhos, que popularmente são chamados de "primos de segundo grau", não são mais parentes pelas regras do direito civil.

Art. 1.593. O parentesco é natural ou civil, conforme resulte de consanguinidade ou outra origem.

➥ Sem correspondência no CC/1916.

O parentesco natural é o já mencionado anteriormente, que decorre de laços sanguíneos. O parentesco civil, por sua vez, abrange o adquirido pela adoção, o resultante da união estável, o decorrente de inseminação artificial e pela chamada "posse do estado de filho", o chamado parentesco socioafetivo.

■ Enunciado n. 103 da I Jornada de Direito Civil: "O Código Civil reconhece, no art. 1.593, outras espécies de parentesco civil além daquele decorrente da adoção, acolhendo, assim, a noção de que há também parentesco civil no vínculo parental proveniente quer das técnicas de reprodução assistida heteróloga relativamente ao pai (ou mãe) que não contribuiu com seu material fecundante, quer da paternidade socioafetiva, fundada na posse do estado de filho".

■ Enunciado n. 256 da III Jornada de Direito Civil: "A posse do estado de filho (parentalidade socioafetiva) constitui modalidade de parentesco civil".

■ Enunciado n. 519 da V Jornada de Direito Civil: "O reconhecimento judicial do vínculo de parentesco em virtude de socioafetividade deve ocorrer a partir da relação entre pai(s) e filho(s), com base na posse do estado de filho, para que produza efeitos pessoais e patrimoniais".

■ Enunciado n. 6 do IBDFAM: "Do reconhecimento jurídico da filiação socioafetiva decorrem todos os direitos e deveres inerentes à autoridade parental".

■ Enunciado n. 7 do IBDFAM: "A posse de estado de filho pode constituir paternidade e maternidade".

■ Enunciado n. 9 do IBDFAM: "A multiparentalidade gera efeitos jurídicos".

861

Arts. 1.593 a 1.595 · Almeida Guilherme

- Enunciado n. 21 do IBDFAM: "O reconhecimento voluntário da parentalidade socioafetiva de pessoa que não possua parentalidade registral estabelecida poderá ser realizado diretamente no ofício de registro civil, desde que não haja demanda em curso e independentemente de homologação judicial".

- Enunciado n. 29 do IBDFAM: "Em havendo o reconhecimento da multiparentalidade, é possível a cumulação da parentalidade socioafetiva e da biológica no registro civil".

- Enunciado n. 33 do IBDFAM: "O reconhecimento da filiação socioafetiva ou da multiparentalidade gera efeitos jurídicos sucessórios, sendo certo que o filho faz jus às heranças, assim como os genitores, de forma recíproca, bem como dos respectivos ascendentes e parentes, tanto por direito próprio como por representação".

- Enunciado n. 43 do IBDFAM: "É desnecessária a manifestação do Ministério Público nos reconhecimentos extrajudiciais de filiação socioafetiva de pessoas maiores de dezoito anos".

- Enunciado n. 44 do IBDFAM: "Existindo consenso sobre a filiação socioafetiva, esta poderá ser reconhecida no inventário judicial ou extrajudicial".

Art. 1.594. Contam-se, na linha reta, os graus de parentesco pelo número de gerações, e, na colateral, também pelo número delas, subindo de um dos parentes até ao ascendente comum, e descendo até encontrar o outro parente.

⟶ Veja art. 333 do CC/1916.

Para contagem de parentesco em linha reta, basta olhar a ascendência e descendência para determinar o grau. Assim, pai e filho são parentes em primeiro grau, avô e neto, em segundo grau. Este parentesco é infinito. Já a contagem do parentesco colateral pressupõe que se suba na árvore genealógica até encontrar o ascendente comum, para, em seguida, descer pelo outro ramo e contar o grau faltante. Assim, o sobrinho e o tio são parentes em terceiro grau, já que do neto ao avô (pai do tio), há dois graus de distância e descendo do avô a seu filho, o irmão do pai do neto avaliado, tem-se mais um grau.

Art. 1.595. Cada cônjuge ou companheiro é aliado aos parentes do outro pelo vínculo da afinidade.
§ 1º O parentesco por afinidade limita-se aos ascendentes, aos descendentes e aos irmãos do cônjuge ou companheiro.
§ 2º Na linha reta, a afinidade não se extingue com a dissolução do casamento ou da união estável.

⟶ Veja art. 334 do CC/1916.

O parentesco por afinidade é aquele que decorre do casamento ou união estável. São os sogros, sogras, cunhados, cunhadas, enteados e enteadas. A afinidade é um vínculo pessoal; logo, os afins de um companheiro ou cônjuge não são afins entre si, portanto não haverá afinidade entre concunhados, nem mesmo entre os parentes de um consorte ou convivente e os parentes do outro. Com o fim do casamento ou união estável, desaparecem todos os vínculos,

862

Código Civil comentado e anotado   Arts. 1.595 a 1.597

exceto os com ascendentes e descendentes, que permanecem a fim de manter impedimento para que se contraiam novas núpcias, ou seja, não se pode casar genro com sogra, madrasta com enteado etc.

■ Arrolamento. Abertura requerida pela irmã do cônjuge pré-morto da falecida. Parentesco por afinidade na linha colateral que se extingue com a morte de um dos cônjuges e, consequentemente, implica a ausência de direitos sucessórios. Art. 1.595, § 2º, do CC. Ilegitimidade ativa bem reconhecida. Recurso improvido. (TJSP, Ap. n. 1001214-15.2014.8.26.0003/São Paulo, 4ª Câm. de Dir. Priv., rel. Maia da Cunha. j. 11.12.2014)

CAPÍTULO II
DA FILIAÇÃO

Art. 1.596. Os filhos, havidos ou não da relação de casamento, ou por adoção, terão os mesmos direitos e qualificações, proibidas quaisquer designações discriminatórias relativas à filiação.

➡ Sem correspondência no CC/1916.

O Código Civil de 2002, em seu art. 1.596, repete o disposto no art. 227, § 6º, da Constituição Federal de 1988, que preceitua o princípio da igualdade jurídica de todos os filhos. Com base nesse princípio, não se faz mais distinção entre filho matrimonial, não matrimonial ou adotivo, quanto ao poder familiar, direito a alimentos, nome e sucessão.

Art. 1.597. Presumem-se concebidos na constância do casamento os filhos:
I – nascidos cento e oitenta dias, pelo menos, depois de estabelecida a convivência conjugal;
II – nascidos nos trezentos dias subsequentes à dissolução da sociedade conjugal, por morte, separação judicial, nulidade e anulação do casamento;
III – havidos por fecundação artificial homóloga, mesmo que falecido o marido;
IV – havidos, a qualquer tempo, quando se tratar de embriões excedentários, decorrentes de concepção artificial homóloga;
V – havidos por inseminação artificial heteróloga, desde que tenha prévia autorização do marido.

➡ Veja art. 338 do CC/1916.

Novidade se refere às novas hipóteses de presunção da paternidade. Quanto a estas, importante é lembrar dos conceitos científicos: inseminação artificial homóloga é aquela em que o marido fornece o sêmen. Já a heteróloga é aquela em que um terceiro doador fornece o material genético. Também, presumir-se-á a paternidade advinda dos embriões excedentários.

■ Enunciado n. 104 da I Jornada de Direito Civil: "no âmbito das técnicas de reprodução assistida envolvendo o emprego de material fecundante de terceiros, o pressuposto fático da relação sexual é substituído pela vontade (ou eventualmente pelo risco da situação jurídica matrimonial) juridicamente qualifi-

863

Art. 1.597   Almeida Guilherme

cada, gerando presunção absoluta ou relativa de paternidade no que tange ao marido da mãe da criança concebida, dependendo da manifestação expressa (ou implícita) da vontade no curso do casamento".

■ Enunciado n. 106 da I Jornada de Direito Civil: "Para que seja presumida a paternidade do marido falecido, será obrigatório que a mulher, ao se submeter a uma das técnicas de reprodução assistida com o material genético do falecido, esteja na condição de viúva, sendo obrigatório, ainda, que haja autorização escrita do marido para que se utilize seu material genético após sua morte".

■ Enunciado n. 107 da I Jornada de Direito Civil: "Finda a sociedade conjugal, na forma do art. 1.571, a regra do inciso IV somente poderá ser aplicada se houver autorização prévia, por escrito, dos ex-cônjuges para a utilização dos embriões excedentários, só podendo ser revogada até o início do procedimento de implantação desses embriões".

■ Enunciado n. 126 da I Jornada de Direito Civil: "Proposição sobre o art. 1.597, III, IV e V: Proposta: alterar as expressões 'fecundação artificial', 'concepção artificial' e 'inseminação artificial' constantes, respectivamente, dos incisos III, IV e V do art. 1.597 para 'técnica de reprodução assistida'. Justificativa: As técnicas de reprodução assistida são basicamente de duas ordens: aquelas pelas quais a fecundação ocorre *in vivo*, ou seja, no próprio organismo feminino e aquelas pelas quais a fecundação ocorre *in vitro*, ou seja, fora do organismo feminino, mais precisamente em laboratório, após o recolhimento dos gametas masculino e feminino. As expressões 'fecundação artificial' e 'concepção artificial' utilizadas nos incisos III e IV são impróprias, até porque a fecundação ou a concepção obtida por meio das técnicas de reprodução assistida é natural, com o auxílio técnico, é verdade, mas jamais artificial. Além disso, houve ainda imprecisão terminológica no inciso V quando trata da inseminação artificial heteróloga, uma vez que a inseminação artificial é apenas uma das técnicas de reprodução in vivo; para os fins do inciso em comento, melhor seria a utilização da expressão 'técnica de reprodução assistida', incluídas aí todas as variantes das técnicas de reprodução *in vivo* e *in vitro*".

■ Enunciado n. 127 da I Jornada de Direito Civil: "Proposição sobre o art. 1.597, III: Proposta: alterar o inciso III para constar 'havidos por fecundação artificial homóloga'. Justificativa: Para observar os princípios da paternidade responsável e dignidade da pessoa humana, porque não é aceitável o nascimento de uma criança já sem pai".

■ Enunciado n. 128 da I Jornada de Direito Civil: "Proposição sobre o art. 1.597, IV: Proposta: revogar o dispositivo. Justificativa: o fim de uma sociedade conjugal, em especial quando ocorre pela anulação ou nulidade do casamento, pela separação judicial ou pelo divórcio, é, em regra, processo de tal ordem traumático para os envolvidos que a autorização de utilização de embriões excedentários será fonte de desnecessários litígios. Além do mais, a questão necessita de análise sob o enfoque constitucional. Da forma posta e não havendo qualquer dispositivo no novo Código Civil que autorize o reconhecimento da maternidade em tais casos, somente a mulher poderá se valer dos embriões excedentários, ferindo de morte o princípio da igualdade esculpido no *caput* e no inciso I do art. 5º da Constituição da República. A título de exemplo, se a mulher ficar viúva, poderá, 'a qualquer tempo', gestar o embrião excedentário, assegurado o reconhecimento da paternidade, com as consequências legais pertinentes; porém o marido não poderá valer-se dos mesmos embriões, para cuja formação contribuiu com o seu material genético e gestá-lo em útero sub-rogado. Como o dispositivo é vago e diz respeito apenas ao estabelecimento da paternidade, sendo o novo Código Civil omisso quanto à maternidade, poder-se-ia indagar: se esse embrião vier a germinar um ser humano após a morte da mãe, ele terá a paternidade estabelecida, e não a maternidade? Caso se pretenda afirmar que a maternidade será estabelecida pelo nascimento, como ocorre atualmente, a mãe será aquela que dará à luz, porém, neste caso, tampouco a pa-

Código Civil comentado e anotado   Art. 1.597

ternidade poderá ser estabelecida, uma vez que a reprodução não seria homóloga. Caso a justificativa para a manutenção do inciso seja evitar a destruição dos embriões crioconservados, destaca-se que legislação posterior poderá autorizar que venham a ser adotados por casais inférteis. Assim, prudente seria que o inciso em análise fosse suprimido. Porém, se a supressão não for possível, solução alternativa seria determinar que os embriões excedentários somente poderão ser utilizados se houver prévia autorização escrita de ambos os cônjuges, evitando-se com isso mais uma lide nas varas de família".

■ Enunciado n. 129 da I Jornada de Direito Civil: "Proposição para inclusão de um artigo no final do Capítulo II, Subtítulo II, Capítulo XI, Título I, do Livro IV, com a seguinte redação: 'Art. 1.597-A: A maternidade será presumida pela gestação. Parágrafo único. Nos casos de utilização das técnicas de reprodução assistida, a maternidade será estabelecida em favor daquela que forneceu o material genético, ou que, tendo planejado a gestação, valeu-se da técnica de reprodução assistida heteróloga'. Justificativa: no momento em que o art. 1.597 autoriza que o homem infértil ou estéril se valha das técnicas de reprodução assistida para suplantar sua deficiência reprodutiva, não poderá o Código Civil deixar de prever idêntico tratamento às mulheres. O dispositivo dará guarida às mulheres que podem gestar, abrangendo quase todas as situações imagináveis, como as técnicas de reprodução assistida homólogas e heterólogas, nas quais a gestação será levada a efeito pela mulher que será a mãe socioevolutiva da criança que vier a nascer. Pretende-se, também, assegurar à mulher que produz seus óvulos regularmente, mas não pode levar a termo uma gestação, o direito à maternidade, uma vez que apenas a gestação caberá à mãe sub-rogada. Contempla-se, igualmente, a mulher estéril que não pode levar a termo uma gestação. Essa mulher terá declarada sua maternidade em relação à criança nascida de gestação sub-rogada na qual o material genético feminino não provém de seu corpo. Importante destacar que, em hipótese alguma, poderá ser permitido o fim lucrativo por parte da mãe sub-rogada".

■ Enunciado n. 258 da III Jornada de Direito Civil: "Não cabe a ação prevista no art. 1.601 do Código Civil se a filiação tiver origem em procriação assistida heteróloga, autorizada pelo marido nos termos do inciso V do art. 1.597, cuja paternidade configura presunção absoluta".

■ *Vide* RE n. 898.060 do STF, proferida pela Min. Cármen Lúcia, em que foi admitida a coexistência de parentalidades simultâneas: "A paternidade socioafetiva, declarada ou não em registro público, não impede o reconhecimento do vínculo de filiaçãoo concomitantemente baseado na origem biológica, com todas as suas consequências patrimoniais e extrapatrimoniais" (*Revista IBDFam*, edição 29, out./nov 2016).

■ Apelação cível. Ação anulatória de reconhecimento de paternidade impropriamente denominada negatória de paternidade. Alegação de indução em erro. Vício de vontade na origem do ato não comprovado. Ônus que incumbe à parte autora, conforme art. 333, I do CPC. Irrevogabilidade do reconhecimento voluntário de paternidade. Inteligência do art. 1.609 e 1.610 do CC. 1. A ação negatória de paternidade é exclusiva do marido da mãe e se presta para contestar a presunção pater is est que sobre ele recai em relação de prole havida na constância do casamento e nas hipóteses dos incisos do art. 1.597 do CCB. Não se tratando de filiação surgida em decorrência de presunção legal, porquanto inexistente o vínculo matrimonial ao tempo em que foi registrada a paternidade no assento de nascimento da requerida, cuida-se, em verdade, de ação anulatória de reconhecimento de paternidade. 2. O reconhecimento voluntário de paternidade – seja ele com ou sem dúvida por parte do reconhecente – é ato irrevogável e irretratável, conforme os arts. 1.609 e 1.610 do CC. Embora seja juridicamente possível o pedido de anulação do reconhecimento espontâneo, com fundamento no art. 1.604 do CC, para tanto é necessária comprovação de vício de vontade na sua origem. Precedentes do STJ. 3. Considerando que, no caso, o demandante não logrou êxito em comprovar a ocorrência de erro ou de qualquer outro vício de vontade apto a

Arts. 1.597 a 1.601 — Almeida Guilherme

nulificar o reconhecimento espontâneo de paternidade operado, não se desincumbindo a contento do ônus probatório que lhe competia, conforme o art. 333, I, do CPC, deve prevalecer a irrevogabilidade e irretratabilidade do ato, pois praticado de forma livre e consciente. Negaram provimento. Unânime. (TJRS, Ap. Cível n. 70.062.477.146, 8ª Câm. Cível, rel. Luiz Felipe Brasil Santos, j. 18.12.2014)

Art. 1.598. Salvo prova em contrário, se, antes de decorrido o prazo previsto no inciso II do art. 1.523, a mulher contrair novas núpcias e lhe nascer algum filho, este se presume do primeiro marido, se nascido dentro dos trezentos dias a contar da data do falecimento deste e, do segundo, se o nascimento ocorrer após esse período e já decorrido o prazo a que se refere o inciso I do art. 1.597.

➡ Veja art. 340 do CC/1916.

Os prazos do art. 1.597 do CC buscam evitar a *turbatio sanguinis* e assegurar tanto à mulher quanto ao homem sobre a procedência da prole. É uma presunção *juris tantum*, admitindo prova em contrário, conforme expresso pelo art. 1.598. É um artigo, de certa forma, em desuso crescente, em razão da facilidade e confiabilidade do exame de DNA para determinar a paternidade de uma criança.

Art. 1.599. A prova da impotência do cônjuge para gerar, à época da concepção, ilide a presunção da paternidade.

➡ Veja art. 342 do CC/1916.

Não há presunção de paternidade na prova pericial que vise a assegurar que o homem sofre de impotência *concipiente* (ou *generandi*) à época da concepção da criança. O art. 1.599 pode ser facilmente suprido pelo simples exame de DNA.

Art. 1.600. Não basta o adultério da mulher, ainda que confessado, para ilidir a presunção legal da paternidade.

➡ Veja art. 343 do CC/1916.

No mesmo espírito do art. 1.599, o art. 1.600 trata da presunção de paternidade, dizendo que esta não está afastada mesmo que a mulher tenha confessado adultério. Mais uma vez, toda a questão se resolve com a utilização do exame de DNA.

Art. 1.601. Cabe ao marido o direito de contestar a paternidade dos filhos nascidos de sua mulher, sendo tal ação imprescritível.
Parágrafo único. Contestada a filiação, os herdeiros do impugnante têm direito de prosseguir na ação.

➡ Veja arts. 344 e 345 do CC/1916.

Código Civil comentado e anotado   Arts. 1.601 a 1.603

Ao marido cabe o direito de contestar a paternidade dos filhos nascidos de sua mulher, sendo tal ação imprescritível.

No Código Civil de 1916 esta ação prescrevia em dois meses contados do nascimento, se presente o pai, e em três meses, se ausente, contados de sua volta à casa, ou os mesmos três meses, se lhe ocultaram o nascimento, contados da data do seu conhecimento do fato.

■ Enunciado n. 130 da I Jornada de Direito Civil: "Proposição sobre o art. 1.601: Redação atual: 'Cabe ao marido o direito de contestar a paternidade dos filhos nascidos de sua mulher, sendo tal ação imprescritível. Parágrafo único. Contestada a filiação, os herdeiros do impugnante têm direito de prosseguir na ação'. Redação proposta: 'Cabe ao marido o direito de contestar a paternidade dos filhos nascidos de sua mulher, sendo tal ação imprescritível. § 1º Não se desconstituirá a paternidade caso fique caracterizada a posse do estado de filho. § 2º Contestada a filiação, os herdeiros do impugnante têm direito de prosseguir na ação'".

■ Enunciado n. 258 da III Jornada de Direito Civil: "Não cabe a ação prevista no art. 1.601 do Código Civil se a filiação tiver origem em procriação assistida heteróloga, autorizada pelo marido nos termos do inciso V do art. 1.597, cuja paternidade configura presunção absoluta".

■ Enunciado n. 520 da V Jornada de Direito Civil: "O conhecimento da ausência de vínculo biológico e a posse de estado de filho obstam a contestação da paternidade presumida".

■ Apelação cível. Direito de família. Declaratória de inexistência de relação parental. Anulação de registro. Arts. 1.601 e 1.604 do CC. legitimidade ativa verificada. A ação declaratória de inexistência de relação parental, cumulada com anulação de registro, com base em erro ou falsidade pode ser pleiteada por qualquer pessoa que tenha interesse no seu reconhecimento. Inteligência do art. 1.604 do CC. V.V. A legislação pátria não possibilita a ação negatória de paternidade se esta é proposta por quem efetuou a declaração constante do registro. (TJMG, Ap. Cível n. 1.0433.14.043412-0/001-0434120-41.2014.8.13.0433(1), rel. Des. Moreira Diniz, j. 25.06.2015)

Art. 1.602. Não basta a confissão materna para excluir a paternidade.

➡ Veja art. 346 do CC/1916.

A mera declaração por parte da mãe de que um indivíduo não é o pai não basta para excluir a paternidade. Tal confissão, tácita ou expressa, não será aceita, juridicamente, como prova absoluta para exclusão da paternidade. O exame pericial irá elidir qualquer dúvida.

Art. 1.603. A filiação prova-se pela certidão do termo de nascimento registrada no Registro Civil.

➡ Sem correspondência no CC/1916.

A certidão de nascimento, que comprova o assento junto ao Cartório de Registro Civil, serve como prova de paternidade. Porém, é possível que haja algum tipo de fraude ou falsidade que tornem tal certidão inválida para os fins de comprovação de filiação, cabendo outros meios de prova para se determinar a filiação.

Arts. 1.603 a 1.605   Almeida Guilherme

- Enunciado n. 108 da I Jornada de Direito Civil: "No fato jurídico do nascimento, mencionado no art. 1.603, compreende-se, à luz do disposto no art. 1.593, a filiação consanguínea e também a socio-afetiva".

Art. 1.604. Ninguém pode vindicar estado contrário ao que resulta do registro de nascimento, salvo provando-se erro ou falsidade do registro.

➡ Veja art. 348 do CC/1916.

A despeito do estabelecido pelos artigos anteriores, em relação às provas de paternidade, diz o art. 1.604 que, salvo mediante prova de erro ou falsidade, o conteúdo do registro civil não poderá ser contestado.

- Apelação cível. Ação negatória de paternidade. Mera alegação de dúvida acerca da existência do vínculo biológico. Demanda proposta 35 anos depois que o autor declarou o nascimento do requerido perante o registro civil. Ausência de alegação de vício de consentimento capaz de macular o ato na origem. Impossibilidade jurídica do pedido. Extinção do processo. Precedentes do STJ. 1. O pedido de anulação do reconhecimento espontâneo de paternidade e consequente retificação do registro de nascimento é juridicamente possível, encontrando fundamento no art. 1.604 do CC, porém nas estritas hipóteses de falsidade do registro, ou de ocorrência de erro ou outro vício de vontade capaz de macular o ato em sua origem. Desse modo, a alegação de mera dúvida acerca da existência do vínculo biológico por parte de quem reconheceu o filho como seu – no caso, surgida somente 36 anos depois que o autor declarou o nascimento do requerido perante o Registro Civil – não se constitui causa de pedir apta possibilitar a tramitação de ação negatória de paternidade, quando a atribuição da paternidade decorre de reconhecimento voluntário. 2. Não se verificando da leitura da petição inicial a mais tênue alegação de erro ou qualquer outro vício de consentimento apto a anular o reconhecimento voluntário de paternidade operado, quando declarada pelo autor a paternidade perante o Registro Civil, é imperiosa a extinção do feito sem julgamento de mérito, com fulcro no art. 267, VI, do CPC, pois diante da causa de pedir declinada na inicial, o pedido é juridicamente impossível e não merece trânsito. Precedentes do STJ. Negaram provimento. Unânime. (TJRS, Ap. Cível n. 70.064.895.626, 8ª Câm. Cível, rel. Luiz Felipe Brasil Santos, j. 16.07.2015)

Art. 1.605. Na falta, ou defeito, do termo de nascimento, poderá provar-se a filiação por qualquer modo admissível em direito:
I – quando houver começo de prova por escrito, proveniente dos pais, conjunta ou separadamente;
II – quando existirem veementes presunções resultantes de fatos já certos.

➡ Veja art. 349 do CC/1916.

O art. 1.605 trata da possibilidade de se provar a filiação na ausência do registro. No primeiro caso, há possibilidade de se provar por meio de algum registro escrito deixado pelos pais. No segundo inciso, há a questão da posse do estado de filho, semelhante à posse do estado de casado. Ainda assim, como já dito em outras ocasiões, o exame de DNA é considerado apto, por doutrina e jurisprudência, a dirimir questões referentes à filiação.

Código Civil comentado e anotado   Arts. 1.605 a 1.607

- Enunciado n. 109 da I Jornada de Direito Civil: "A restrição da coisa julgada oriunda de demandas reputadas improcedentes por insuficiência de prova não deve prevalecer para inibir a busca da identidade genética pelo investigando".

Art. 1.606. A ação de prova de filiação compete ao filho, enquanto viver, passando aos herdeiros, se ele morrer menor ou incapaz.

Parágrafo único. Se iniciada a ação pelo filho, os herdeiros poderão continuá-la, salvo se julgado extinto o processo.

➡ Veja art. 350 do CC/1916.

O filho é parte legítima para propor ação de reconhecimento de paternidade ou maternidade – sendo o segundo caso mais raro, porém, possível. Sendo menor, será representado pelo genitor conhecido ou pelo guardião legal. Se tiver falecido menor ou incapaz, seus herdeiros (no caso, o genitor conhecido) terão legitimidade para propor a ação ou dar-lhe prosseguimento, caso este tenha falecido após iniciado o processo. A ação de prova de filiação será imprescritível (*RT* 750/777:220) se proposta pelo filho maior e capaz, mas, se este falecer menor ou sob interdição, seus herdeiros, que têm interesse moral e material, também poderão propô-la.

- Enunciado n. 521 da V Jornada de Direito Civil: "Qualquer descendente possui legitimidade, por direito próprio, para propor o reconhecimento do vínculo de parentesco em face dos avós ou de qualquer ascendente de grau superior, ainda que o pai não tenha iniciado a ação de prova da filiação em vida".

- Apelação. Direito processual civil. Família. Ação de investigação de paternidade. Extinção. Ilegitimidade ativa. Suposto pai biológico. A ação investigatória possui natureza personalíssima, sendo intuitivo que o legitimado para intentá-la seja o pretenso filho, prevendo, dessa forma, o art. 1.606, *caput*, do CC. Autor, sedizente pai biológico, não tem legitimidade para o ajuizamento da demanda. Recurso desprovido. (TJRS, Ap. Cível n. 70.065.094.807, 7ª Câm. Cível, rel. Liselena Schifino Robles Ribeiro, j. 16.06.2015)

CAPÍTULO III
DO RECONHECIMENTO DOS FILHOS

Art. 1.607. O filho havido fora do casamento pode ser reconhecido pelos pais, conjunta ou separadamente.

➡ Veja art. 355 do CC/1916.

Ação de investigação de paternidade/maternidade. É a que cabe aos filhos contra os pais ou seus herdeiros para demandar-lhes o reconhecimento do estado de filho (art. 227, § 6º, da CF; Lei n. 8.560/92).

- Súmula n. 301 do STJ: "Em ação investigatória, a recusa do suposto pai a submeter-se ao exame de DNA induz presunção *juris tantum* de paternidade".

869

Arts. 1.607 a 1.609 Almeida Guilherme

■ Enunciado n. 570 da VI Jornada de Direito Civil: "O reconhecimento de filho havido em união estável fruto de técnica de reprodução assistida heteróloga *a patre* consentida expressamente pelo companheiro representa a formalização do vínculo jurídico de paternidade-filiação, cuja constituição se deu no momento do início da gravidez da companheira".

Art. 1.608. Quando a maternidade constar do termo do nascimento do filho, a mãe só poderá contestá-la, provando a falsidade do termo, ou das declarações nele contidas.

➡ Veja art. 356 do CC/1916.

A maternidade, ao contrário da paternidade, é mais raramente contestada, por questão de notoriedade do período gestacional. No entanto, a presunção de maternidade também não é absoluta. A suposta mãe pode alegar a falsidade (material ou ideológica) do registro de nascimento, e com a apresentação das provas cabíveis, fazer a alteração, sendo excluída do registro como genitora.

■ Direito de família. Agravo de instrumento. Ação investigatória de paternidade. Existência de pai registral. Prévio ajuizamento de ação anulatória de registro civil. Desnecessidade. Realização de exame de DNA. Cabimento. Recusa de submissão ao exame genético. Presunção de veracidade. Enunciado n. 301 das Súmulas do STJ. Inteligência do art. 2º, parágrafo único, da Lei n. 12.004/2009. Desprovimento do recurso. A concomitância de pedidos de investigação de paternidade e de anulação do registro civil (e não de negatória de paternidade, eis que se trata de ação exclusiva do pai – art. 1.601 do CC) não encontra óbice no art. 292 do CPC, não se revelando razoável e tampouco consentâneo ao moderno escopo do processo que a investigação de paternidade seja precedida do ajuizamento da anulatória de registro civil prevista nos arts. 1.604 e 1.608 do CC. Havendo o julgador monocrático considerado prudente, na busca da verdade real, a determinação de pesquisa laboratorial e, sendo cabível a cumulação dos pedidos de investigação de paternidade e anulação de registro civil, razão não assiste aos herdeiros em se opor à sua realização. O Enunciado n. 301 da súmula do STJ, prevê que, "em ação investigatória, a recusa do suposto pai submeter-se ao exame de DNA induz presunção *juris tantum* de paternidade". Não obstante o enunciado se refira ao suposto pai, a hipótese recomenda interpretação analógica para estender a sanção aos herdeiros. Recurso improvido. (TJMG, AI n. 1.0470.10.002310-5/001-0511955-46.2014.8.13.0000(1), rel. Des. Barros Levenhagen. j. 13.11.2014)

Art. 1.609. O reconhecimento dos filhos havidos fora do casamento é irrevogável e será feito:
I – no registro do nascimento;
II – por escritura pública ou escrito particular, a ser arquivado em cartório;
III – por testamento, ainda que incidentalmente manifestado;
IV – por manifestação direta e expressa perante o juiz, ainda que o reconhecimento não haja sido o objeto único e principal do ato que o contém.
Parágrafo único. O reconhecimento pode preceder o nascimento do filho ou ser posterior ao seu falecimento, se ele deixar descendentes.

➡ Veja art. 357 do CC/1916.

Código Civil comentado e anotado   Arts. 1.609 a 1.612

O reconhecimento de filho pode ser voluntário, efetuado no registro de nascimento, por escritura pública ou escrito particular, a ser arquivado em cartório, testamento ou manifestação perante o juiz etc. O reconhecimento também poderá ser judicial, por meio das ações de investigação de paternidade ou de maternidade, qualquer delas podendo ser cumulada com petição de herança.

■ Enunciado n. 570 da VI Jornada de Direito Civil: "O reconhecimento de filho havido em união estável fruto de técnica de reprodução assistida heteróloga *a patre* consentida expressamente pelo companheiro representa a formalização do vínculo jurídico de paternidade-filiação, cuja constituição se deu no momento do início da gravidez da companheira".

■ Apelação cível. Família. Ação negatória de paternidade. Reconhecimento voluntário da paternidade. Arrependimento posterior. 1. A sentença de interdição possui somente efeitos *ex nunc*, nos termos do art. 1.184 do CPC. 2. O ato de reconhecimento de filho é irrevogável (art. 1º da Lei n. 8.560/92 e art. 1.609 do CCB). Se o autor registrou o réu como filho não pode pretender a desconstituição do vínculo, uma vez que presente a voluntariedade do ato. Recurso provido. (TJRS, Ap. Cível n. 70.063.783.930, 7ª Câm. Cível, rel. Liselena Schifino Robles Ribeiro, j. 29.04.2015)

Art. 1.610. O reconhecimento não pode ser revogado, nem mesmo quando feito em testamento.

➡ Sem correspondência no CC/1916.

Após externada a declaração de vontade, passará a ser irretratável ou irrevogável, mesmo por meio de testamento, apesar de este poder ser a qualquer momento revogado (art. 1.858 do CC).

Art. 1.611. O filho havido fora do casamento, reconhecido por um dos cônjuges, não poderá residir no lar conjugal sem o consentimento do outro.

➡ Veja art. 359 do CC/1916.

Tal disposição visa a, concomitantemente, proteger o instituto do matrimônio, a harmonia conjugal, enquanto assegura os direitos patrimoniais do filho tido fora do casamento. Não poderia a lei determinar que aquele filho, talvez fruto de adultério ou de caso anterior ao casamento, convivesse com o(a) atual cônjuge, sem consentimento do que não é genitor.

Art. 1.612. O filho reconhecido, enquanto menor, ficará sob a guarda do genitor que o reconheceu, e, se ambos o reconheceram e não houver acordo, sob a de quem melhor atender aos interesses do menor.

➡ Veja art. 360 do CC/1916.

Arts. 1.612 a 1.616 — Almeida Guilherme

Busca-se com esta disposição atender ao melhor interesse do menor, fazendo com que fique sob a guarda do genitor que o reconheceu e, se ambos os reconheceram, não havendo acordo, ficará a cargo do magistrado decidir o que será melhor ao menor.

Art. 1.613. São ineficazes a condição e o termo apostos ao ato de reconhecimento do filho.

➡ Veja art. 361 do CC/1916.

O ato do reconhecimento é puro e simples. O reconhecimento da filiação é ato que vincula diretamente o genitor e a prole. Assim como irretratável e irrevogável, não aceita nenhum tipo de condição ou termo, muito embora se trate de negócio jurídico unilateral.

Art. 1.614. O filho maior não pode ser reconhecido sem o seu consentimento, e o menor pode impugnar o reconhecimento, nos quatro anos que se seguirem à maioridade, ou à emancipação.

➡ Veja art. 362 do CC/1916.

O filho maior não pode ser reconhecido sem o seu consentimento, e o menor pode impugnar o reconhecimento, nos quatro anos que se seguirem à maioridade ou à emancipação.

Art. 1.615. Qualquer pessoa, que justo interesse tenha, pode contestar a ação de investigação de paternidade, ou maternidade.

➡ Veja art. 365 do CC/1916.

O art. 1.615 deixa claro que, em ação de investigação de paternidade, terceiros interessados possuem legitimidade para contestar a ação.

■ Súmula n. 149 do STF: "É imprescritível a ação de investigação de paternidade, mas não o é a de petição de herança".

Art. 1.616. A sentença que julgar procedente a ação de investigação produzirá os mesmos efeitos do reconhecimento; mas poderá ordenar que o filho se crie e eduque fora da companhia dos pais ou daquele que lhe contestou essa qualidade.

➡ Veja art. 366 do CC/1916.

O art. 1.616 aponta para a produção de efeitos por parte da sentença de ação de investigação de paternidade, que serão os mesmos do reconhecimento voluntário. O artigo citado garante ao menor reconhecido o direito de não morar com o que foi condenado na ação a reconhecê-lo, para proteger o menor de eventuais maus tratos.

Tal faculdade não exime, de forma alguma, que o genitor pague os devidos alimentos ao filho menor.

Código Civil comentado e anotado

Arts. 1.617 a 1.629

Art. 1.617. A filiação materna ou paterna pode resultar de casamento declarado nulo, ainda mesmo sem as condições do putativo.

➡ Veja art. 367 do CC/1916.

O art. 1.617 procura assegurar aos filhos os direitos que lhe são peculiares, independentemente de qualquer eventualidade que possa ter ocorrido com os pais, por exemplo, terem mantido entre si matrimônio nulo. A invalidação, a declaração e a nulidade, até mesmo de inexistência do casamento, não irão impedir que a prole tenha sua filiação determinada. A filiação será sempre mediante a lei, sendo por ela tutelada.

CAPÍTULO IV
DA ADOÇÃO

Art. 1.618. A adoção de crianças e adolescentes será deferida na forma prevista pela Lei n. 8.069, de 13 de julho de 1990 – Estatuto da Criança e do Adolescente.
Caput com redação dada pela Lei n. 12.010, de 03.08.2009.
Parágrafo único. *(Revogado pela Lei n. 12.010, de 03.08.2009.)*

➡ Veja art. 368 do CC/1916.

A **adoção** é o ato jurídico solene que estabelece um vínculo fictício de filiação, uma vez que adiciona novo indivíduo à família, na condição de filho. Para a realização desse ato há de se respeitar os requisitos legais, e faz-se importante ressaltar a independência de qualquer relação de parentesco consanguíneo.

Quanto à maneira pela qual esse instituto jurídico se efetiva, temos a Resolução CNJ n. 54/2008 que dispõe sobre a implantação e funcionamento do Cadastro Nacional de Adoção, buscando formar um banco de dados único e nacional com a finalidade de facilitar esse processo.

Ademais, deve-se salientar ainda as ampliações trazidas pelas Resoluções CNJ n. 93/2009 e n. 190/2014, sendo que a primeira criou o Cadastro Nacional de Crianças e Adolescentes Acolhidos, com a finalidade de fiscalizar as condições de atendimento e o número de crianças e adolescentes em regime de acolhimento institucional ou familiar no país, e a segunda garantiu a possibilidade de inclusão dos pretendentes estrangeiros habilitados nos tribunais.

Art. 1.619. A adoção de maiores de 18 (dezoito) anos dependerá da assistência efetiva do poder público e de sentença constitutiva, aplicando-se, no que couber, as regras gerais da Lei n. 8.069, de 13 de julho de 1990 – Estatuto da Criança e do Adolescente.
Artigo com redação dada pela Lei n. 12.010, de 03.08.2009.

➡ Veja art. 369 do CC/1916.

O Código Civil deixou de fixar a idade mínima de diferença entre adotante e adotado e delegou à Lei n. 8.069/90 o detalhamento do processo de adoção.

Arts. 1.620 a 1.629. *(Revogados pela Lei n. 12.010, de 03.08.2009.)*

873

Arts. 1.630 a 1.632 — Almeida Guilherme

CAPÍTULO V
DO PODER FAMILIAR

Seção I
Disposições Gerais

Art. 1.630. Os filhos estão sujeitos ao poder familiar, enquanto menores.

➡ Veja art. 379 do CC/1916.

Anteriormente chamado de pátrio poder, antes da igualdade entre homem e mulher e a equiparação entre os sexos, estende-se aos filhos menores e, por equiparação, aos incapazes e consiste no conjunto de direitos e deveres que os pais possuem em relação aos filhos, devendo estes prestar-lhe respeito e obediência, recebendo cuidado, alimentação, proteção, educação, entre outros. Os filhos, quando emancipados, saem da esfera do poder familiar.

▪ Enunciado n. 112 da I Jornada de Direito Civil: "Em acordos celebrados antes do advento do novo Código, ainda que expressamente convencionado que os alimentos cessarão com a maioridade, o juiz deve ouvir os interessados, apreciar as circunstâncias do caso concreto e obedecer ao princípio *rebus sic stantibus*".

Art. 1.631. Durante o casamento e a união estável, compete o poder familiar aos pais; na falta ou impedimento de um deles, o outro o exercerá com exclusividade.

Parágrafo único. Divergindo os pais quanto ao exercício do poder familiar, é assegurado a qualquer deles recorrer ao juiz para solução do desacordo.

➡ Veja art. 380 do CC/1916.

Na realidade, o poder familiar subsiste, mesmo finda a união estável ou o casamento. Mesmo tendo um dos pais a guarda e o outro exercendo direito de visita, ambos manterão o poder familiar na mesma medida de antes, e com os mesmos poderes, cada qual dos genitores. Em caso de discordância, independentemente da separação ou união dos genitores, sobre o exercício do poder familiar, o genitor que se sentir lesado poderá buscar o Judiciário para dirimir sua questão.

Art. 1.632. A separação judicial, o divórcio e a dissolução da união estável não alteram as relações entre pais e filhos senão quanto ao direito, que aos primeiros cabe, de terem em sua companhia os segundos.

➡ Veja art. 381 do CC/1916.

O art. 1.632 vem explicitar a interpretação feita do art. 1.631. Mesmo após findo o matrimônio ou a união estável, os pais permanecem com os mesmos poderes sobre os filhos que detinham antes, como se não houvesse separação entre eles.

Código Civil comentado e anotado | Arts. 1.632 a 1.634

Separação judicial. É instituto em desuso, no qual se extingue a sociedade conjugal e não o vínculo matrimonial.

Divórcio. Com a Emenda Constitucional n. 66/2010, o divórcio agora pode ser solicitado diretamente, sem a necessidade de separação prévia. Na ausência de filhos e de forma não litigiosa, é possível que seja obtido no cartório.

Dissolução da união estável. Mediante requerimento judicial ou com a separação de fato.

> ▪ Enunciado n. 28 do IBDFAM: "Havendo indício de prática de ato de alienação parental, devem as partes ser encaminhadas ao acompanhamento diagnóstico, na forma da Lei, visando ao melhor interesse da criança. O magistrado depende de avaliação técnica para avaliar a ocorrência ou não de alienação parental, não lhe sendo recomendado decidir a questão sem estudo prévio por profissional capacitado, na forma do § 2º do art. 5º da Lei n. 12.318/2010, salvo para decretar providências liminares urgentes".

Art. 1.633. O filho, não reconhecido pelo pai, fica sob poder familiar exclusivo da mãe; se a mãe não for conhecida ou capaz de exercê-lo, dar-se-á tutor ao menor.

➡ Veja art. 383 do CC/1916.

Sendo desconhecido o pai, o poder familiar será exercido unicamente pela mãe. Na ausência desta, um tutor será nomeado, exercendo o poder familiar em seu lugar.

Seção II
Do Exercício do Poder Familiar

Art. 1.634. Compete a ambos os pais, qualquer que seja a sua situação conjugal, o pleno exercício do poder familiar, que consiste em, quanto aos filhos:
Caput com redação dada pela Lei n. 13.058, de 22.12.2014.

I – dirigir-lhes a criação e a educação;
Inciso com redação dada pela Lei n. 13.058, de 22.12.2014.

II – exercer a guarda unilateral ou compartilhada nos termos do art. 1.584;
Inciso com redação dada pela Lei n. 13.058, de 22.12.2014.

III – conceder-lhes ou negar-lhes consentimento para casarem;
Inciso com redação mantida pela Lei n. 13.058, de 22.12.2014.

IV – conceder-lhes ou negar-lhes consentimento para viajarem ao exterior;
Inciso com redação dada pela Lei n. 13.058, de 22.12.2014.

V – conceder-lhes ou negar-lhes consentimento para mudarem sua residência permanente para outro Município;
Inciso com redação dada pela Lei n. 13.058, de 22.12.2014.

VI – nomear-lhes tutor por testamento ou documento autêntico, se o outro dos pais não lhe sobreviver, ou o sobrevivo não puder exercer o poder familiar;
Antigo inciso IV renumerado pela Lei n. 13.058, de 22.12.2014.

VII – representá-los judicial e extrajudicialmente até os 16 (dezesseis) anos, nos atos da vida civil, e assisti-los, após essa idade, nos atos em que forem partes, suprindo-lhes o consentimento;
Inciso com redação dada pela Lei n. 13.058, de 22.12.2014.

875

Arts. 1.634 e 1.635 — Almeida Guilherme

VIII – reclamá-los de quem ilegalmente os detenha;
Antigo inciso VI renumerado pela Lei n. 13.058, de 22.12.2014.
IX – exigir que lhes prestem obediência, respeito e os serviços próprios de sua idade e condição.
Antigo inciso VII renumerado pela Lei n. 13.058, de 22.12.2014.

→ Veja art. 384 do CC/1916.

O conteúdo do poder familiar envolve:
a) a criação e educação dos filhos;
b) o direito de guarda;
c) o consentimento para o casamento;
d) o consentimento para viagens ao exterior;
e) a nomeação de tutor;
f) a representação judicial e extrajudicialmente (representação para os filhos até dezesseis anos e assistência para os entre 16 e 18 anos);
g) busca e apreensão;
h) exigência de obediência, respeito e serviços compatíveis com a idade.

Havendo divergência, qualquer dos pais poderá recorrer ao Judiciário. Quando há a dissolução do casamento ou da união estável, não se perde o poder familiar, apenas o exercício daquele que não for ficar com a guarda. No Código Civil de 1916 era denominado de pátrio poder. Enquanto exercerem o poder familiar, os pais serão usufrutuários dos bens dos filhos e terão a sua administração (art. 1.689 do CC).

■ Apelação cível. ECA. Ação de destituição do poder familiar. Negligência. Genitores usuários de drogas. Ausência de condições dos pais e da família extensa. Cabível a destituição do poder familiar, imposta aos genitores que não cumpriram com os deveres insculpidos no art. 1.634 do CC e nos arts. 227 e 229 da CF, porquanto não apresentam condições de cuidarem dos filhos menores de idade. Além de usuários de drogas, não apresentam condições de zelar pelas necessidades materiais e emocionais dos filhos. Recurso desprovido. (TJRS, Ap. Cível n. 70.065.292.203, 7ª Câm. Cível, rel. Liselena Schifino Robles Ribeiro, j. 29.07.2015)

Seção III
Da Suspensão e Extinção do Poder Familiar

Art. 1.635. Extingue-se o poder familiar:
I – pela morte dos pais ou do filho;
II – pela emancipação, nos termos do art. 5º, parágrafo único;
III – pela maioridade;
IV – pela adoção;
V – por decisão judicial, na forma do art. 1.638.

→ Veja arts. 392 e 395, *caput*, do CC/1916.

A extinção do poder familiar se dará com a morte dos pais ou do filho, pela emancipação (art. 5º, parágrafo único), maioridade, adoção ou decisão judicial, nos termos do art. 1.638 do CC, por castigar imoderadamente o filho, deixá-lo em abandono, prática de atos contrários à moral e aos bons costumes e incidir, reiteradamente, nas faltas do art. 1.637 do CC.

Código Civil comentado e anotado   Arts. 1.635 a 1.637

- Enunciado n. 530 da VI Jornada de Direito Civil: "A emancipação, por si só, não elide a incidência do Estatuto da Criança e do Adolescente".

- Apelação cível. Destituição de poder familiar. Morte da apelante. Nos termos do art. 1.635, I, do CC, desde o óbito da mãe, está extinto o poder familiar. Portanto, inviável conhecer do apelo manejado pela genitora que veio a óbito antes de seu julgamento, razão pela qual julgado extinto o feito em relação à apelante. Extinção do feito, de ofício, prejudicado o recurso (TJRS, Ap. Cível n. 70.060.734.613, 8ª Câm. Cível, rel. Alzir Felippe Schmitz, j. 19.12.2014)

Art. 1.636. O pai ou a mãe que contrai novas núpcias, ou estabelece união estável, não perde, quanto aos filhos do relacionamento anterior, os direitos ao poder familiar, exercendo-os sem qualquer interferência do novo cônjuge ou companheiro.

Parágrafo único. Igual preceito ao estabelecido neste artigo aplica-se ao pai ou à mãe solteiros que casarem ou estabelecerem união estável.

➡ Veja art. 393 do CC/1916.

O poder familiar não é extinto nem suspenso no caso de separação dos pais e novas núpcias por quaisquer dos pais. Não cessam os deveres e direitos dos pais em relação aos filhos de relacionamento anterior, independentemente de qualquer situação matrimonial assumida por eles. O poder familiar é estabelecido entre cada genitor e cada filho, e não sofre nenhum tipo de intervenção por parte de terceiros.

- Enunciado n. 335 da IV Jornada de Direito Civil: "A guarda compartilhada deve ser estimulada, utilizando-se, sempre que possível, da mediação e da orientação de equipe interdisciplinar".

Art. 1.637. Se o pai, ou a mãe, abusar de sua autoridade, faltando aos deveres a eles inerentes ou arruinando os bens dos filhos, cabe ao juiz, requerendo algum parente, ou o Ministério Público, adotar a medida que lhe pareça reclamada pela segurança do menor e seus haveres, até suspendendo o poder familiar, quando convenha.

Parágrafo único. Suspende-se igualmente o exercício do poder familiar ao pai ou à mãe condenados por sentença irrecorrível, em virtude de crime cuja pena exceda a dois anos de prisão.

➡ Veja art. 394 do CC/1916.

Há no art. 1.637 a clara determinação de que o poder familiar não é absoluto e está intimamente ligado ao proceder correto e probo dos genitores, na gestão dos bens e na prestação das atividades essenciais ao crescimento e desenvolvimento dos menores.

Nesses casos, cabe a outros parentes ou ao Ministério Público intervir em favor deste menor. A mesma situação ocorre quando um dos genitores estiver impossibilitado de conviver com o filho, em razão de condenação por sentença irrecorrível, por mais de dois anos.

- Agravo de instrumento. ECA. Destituição do poder familiar. Suspensão. Decisão mantida. No caso, embora não encerrada a instrução, há fortes indícios de negligência e descaso dos genitores para com o desenvolvimento sadio dos filhos, restando ainda sinalizada a fragilidade dos vínculos afetivos estabeleci-

877

dos entre eles, com o que, por ora, deve ser mantida a compreensão do julgador singular, que suspendeu o poder familiar e as visitas, com base nos arts. 1.637, *caput*, do CC e 157 do ECA. Agravo de instrumento desprovido. (TJRS, AI n. 70.063.866.792, 8ª Câm. Cível, rel. Ricardo Moreira Lins Pastl, j. 07.05.2015)

Art. 1.638. Perderá por ato judicial o poder familiar o pai ou a mãe que:

I – castigar imoderadamente o filho;

II – deixar o filho em abandono;

III – praticar atos contrários à moral e aos bons costumes;

IV – incidir, reiteradamente, nas faltas previstas no artigo antecedente;

V – entregar de forma irregular o filho a terceiros para fins de adoção.

Inciso acrescentado pela Lei n. 13.509, de 22.11.2017.

Parágrafo único. Perderá também por ato judicial o poder familiar aquele que:

I – praticar contra outrem igualmente titular do mesmo poder familiar:

a) **homicídio, feminicídio ou lesão corporal de natureza grave ou seguida de morte, quando se tratar de crime doloso envolvendo violência doméstica e familiar ou menosprezo ou discriminação à condição de mulher;**

b) **estupro ou outro crime contra a dignidade sexual sujeito à pena de reclusão;**

II – praticar contra filho, filha ou outro descendente:

a) **homicídio, feminicídio ou lesão corporal de natureza grave ou seguida de morte, quando se tratar de crime doloso envolvendo violência doméstica e familiar ou menosprezo ou discriminação à condição de mulher;**

b) **estupro, estupro de vulnerável ou outro crime contra a dignidade sexual sujeito à pena de reclusão.**

Parágrafo acrescentado pela Lei n. 13.715, de 24.09.2018.

➥ Veja art. 395 do CC/1916.

O art. 1.638 traz as hipóteses de previsão legal da perda efetiva do poder familiar, que pode ocorrer para qualquer dos genitores. É uma sanção imposta, por sentença judicial, ao pai ou à mãe que praticar quaisquer uns dos atos que a justifiquem. Anteriormente, eram quatro as hipóteses de perda do poder familiar do pai ou da mãe que incorresse em alguma das previsões legais. Ocorre que no final da década de 2010, foram introduzidas outras situações que podem gerar a perda do poder familiar aos pais, em razão da Lei n. 13.509/2017 e, depois, em virtude da Lei n. 13.718/2018.

Assim, a perda do poder familiar se dá ao pai ou à mãe que castigam de forma imoderada a prole, ou que a deixe em situação de abandono latente, ou que pratique atos contra a moral ou os bons costumes, ou que incida de forma reiterada nas faltas previstas no art. 1.637.

Adicionada recentemente, a perda também se dá quando o pai ou a mãe entrega de forma irregular o filho para a adoção; ou quando o pai ou a mãe pratica com o parceiro com quem partilha o mesmo poder familiar homicídio. Igualmente, dá-se a perda do poder familiar ao pai que pratica feminicídio ou lesão corporal grave (ou ainda esta seguida de morte) quando se tratar de crime doloso envolvendo violência doméstica e familiar ou menosprezo ou discriminação à condição de mulher.

Outrossim, ocorre a perda do poder familiar daquele que o detém quando essa pessoa incorre em estupro ou outro crime contra a dignidade sexual sujeito à pena de reclusão contra aquele com quem se partilha o mesmo poder familiar.

Código Civil comentado e anotado   Art. 1.638

O que se nota é que o legislador prestigiou na positivação da norma e na alteração do Código Civil maneiras de lidar e de dirimir a evidente vulnerabilidade no direito material e a hipossuficiência no direito processual da mulher em relação ao homem.

A norma ainda estabelece a perda do poder familiar na hipótese de aquele que o detém praticar exatamente as mesmas condutas contra filho, filha ou outro descendente de homicídio, feminicídio ou lesão corporal de natureza grave ou seguida de morte, quando se tratar de crime doloso envolvendo violência doméstica e familiar ou menosprezo ou discriminação à condição de mulher; ou de estupro, estupro de vulnerável ou outro crime contra a dignidade sexual sujeito à pena de reclusão.

■ Enunciado n. 8 do IBDFAM: "O abandono afetivo pode gerar direito à reparação pelo dano causado".

Poder familiar	Guarda
Conjunto de regras – direitos e deveres (art. 1.634 do CC) – dado aos pais com relação aos bens e à pessoa dos filhos menores. Tais direitos e deveres com relação ao menor não emancipado são: I – dirigir-lhes a criação e a educação; II – exercer a guarda unilateral ou compartilhada nos termos do art. 1.584; III – conceder-lhes ou negar-lhes consentimento para casarem; IV – conceder-lhes ou negar-lhes consentimento para viajarem ao exterior; V – conceder-lhes ou negar-lhes consentimento para mudarem sua residência permanente para outro Município; VI – nomear-lhes tutor por testamento ou documento autêntico, se o outro dos pais não lhe sobreviver, ou o sobrevivo não puder exercer o poder familiar; VII – representá-los judicial e extrajudicialmente até os 16 (dezesseis) anos, nos atos da vida civil, e assisti-los, após essa idade, nos atos em que forem partes, suprindo-lhes o consentimento; VIII – reclamá-los de quem ilegalmente os detenha; IX – exigir que lhes prestem obediência, respeito e os serviços próprios de sua idade e condição.	Guarda é, via de regra, um atributo do poder familiar (art. 1.634, II, do CC), podendo ser unilateral ou compartilhada (art. 1.584 do CC). Trata-se de dever-direito atribuído a ambos os pais (se não estiverem divorciados ou separados) que, além de criar, devem guardar o menor e tê-los em sua companhia.
É atribuído a ambos os pais, em igualdade de condições, conforme previsto no art. 1.631 do CC.	A guarda nem sempre é atribuída a ambos os pais, podendo ser garantido a um deles somente o direito de visita. Logo, com o divórcio, a separação judicial ou a dissolução da união estável, o exercício da guarda por ambos fica prejudicado, devendo o juiz atribuir a guarda àquele que possuir melhor condição para exercê-la. Coloca-se, portanto, o interesse do menor em primeiro lugar.
O poder familiar é dado aos pais.	A guarda pode ser dada aos pais; a apenas um deles (nos casos de separação ou divórcio, levando em conta sempre o melhor interesse do menor); ou a terceiros (conforme dispõe o art. 1.584, § 5º, do CC).

(continua)

879

(continuação)

Poder familiar	Guarda
O poder familiar não pode sofrer divisões (respeitadas as hipóteses de extinção e suspensão deste, previstas no CC).	A guarda poderá ser: Unilateral: conforme o art. 1.583, § 1º, 1ª parte, do CC. É aquela dada a um dos cônjuges ou a terceiro, tendo o outro cônjuge direito de visitas. Compartilhada: Prevista no art. 1.583, § 1º, 2ª parte, do CC. A atribuição da guarda, nesses casos, é dada a ambos os genitores separados. Nesse caso, a guarda e companhia do menor é distribuída entre ambos. Tanto a guarda unilateral como a compartilhada podem ser requeridas (pelo pai e pela mãe, ou por qualquer deles, em ação autônoma de separação, de divórcio, de dissolução de união estável ou em medida cautelar, conforme o art. 1.584, I, do CC); ou decretada pelo juiz, levando-se em conta as necessidades do menor (art. 1.584, II, do CC).
O poder familiar poderá ser extinto ou suspenso, para um ou ambos os genitores. A extinção do poder familiar poderá se dar por intermédio de fato natural, ou de pleno direito ou, ainda, em virtude de decisão judicial. As hipóteses estão previstas no art. 1.635 do CC, sendo: I – pela morte dos pais ou do filho; II – pela emancipação, nos termos do art. 5º, parágrafo único; III – pela maioridade; IV – pela adoção; V – por decisão judicial, na forma do art. 1.638.	Como visto, a guarda busca satisfazer o interesse do menor. Isto é, é atribuída a quem possa criar, educar, desenvolver e manter saudáveis as condições físicas, morais e psicológicas do menor. O menor, enquanto incapaz, deverá estar com alguém (um dos genitores, ambos ou terceiros, como vimos), de modo que a guarda propriamente dita não poderá ser extinta ou suspensa, haja vista que o menor deve sempre estar sob supervisão. Contudo, é sabido que a guarda pode ser transferida quando aquele que a detém não estiver satisfazendo o objetivo da guarda, que é o de manter o menor no recesso do lar, criando-o e educando-o.
Com relação à decisão judicial, poderá ser decretada quando: "Art. 1.638. Perderá por ato judicial o poder familiar o pai ou a mãe que: I – castigar imoderadamente o filho; II – deixar o filho em abandono; III – praticar atos contrários à moral e aos bons costumes; IV – incidir, reiteradamente, nas faltas previstas no artigo antecedente; V – entregar de forma irregular o filho a terceiros para fins de adoção; VI – praticar contra outrem igualmente titular do mesmo poder familiar: *a)* homicídio, feminicídio ou lesão corporal de natureza grave ou seguida de morte, quando se tratar de crime doloso envolvendo violência doméstica e familiar ou menosprezo ou discriminação à condição de mulher; *b)* estupro ou outro crime contra a dignidade sujeito à pena de reclusão; VII – praticar contra filho, filha ou outro descendente: *a)* homicídio, feminicídio ou lesão corporal de natureza grave ou seguida de morte, quando se tratar de crime doloso envolvendo violência doméstica e familiar ou menosprezo ou discriminação à condição de mulher;	

(continua)

Código Civil comentado e anotado

Arts. 1.638 e 1.639

(continuação)

Poder familiar	Guarda
b) estupro ou outro crime contra a dignidade sexual sujeito à pena de reclusão". Já a suspensão possui um caráter temporário e somente se dá enquanto necessário. São hipóteses de suspensão aquelas previstas no art. 1.637, *caput* e parágrafo único, do CC, sendo: I – descumprimento dos deveres inerentes aos pais; II – um dos genitores, ou ambos, arruinar os bens dos filhos; III – um dos genitores, ou ambos, colocar em risco a segurança dos filhos; IV – um dos genitores, ou ambos, for condenado criminalmente, após transitada em julgado a sentença, em virtude de crime cuja pena exceda a dois anos de prisão.	

TÍTULO II
DO DIREITO PATRIMONIAL

SUBTÍTULO I
DO REGIME DE BENS ENTRE OS CÔNJUGES

CAPÍTULO I
DISPOSIÇÕES GERAIS

Art. 1.639. É lícito aos nubentes, antes de celebrado o casamento, estipular, quanto aos seus bens, o que lhes aprouver.

§ 1º O regime de bens entre os cônjuges começa a vigorar desde a data do casamento.

§ 2º É admissível alteração do regime de bens, mediante autorização judicial em pedido motivado de ambos os cônjuges, apurada a procedência das razões invocadas e ressalvados os direitos de terceiros.

➡ Veja arts. 230 e 256 do CC/1916.

Os nubentes têm liberdade para escolher, antes do casamento, o que lhes aprouver quanto ao regime de bens. Não desejando o regime de comunhão parcial, os nubentes deverão estipular o regime por meio do chamado pacto antenupcial, feito por escritura pública, com eficácia condicionada à realização do casamento (art. 1.653 do CC). O pacto, para produzir efeitos contra terceiros (efeito *erga omnes*), deverá ser registrado, em livro especial, no Registro de Imóveis do domicílio dos cônjuges. A novidade imposta pelo Código Civil de 2002 quanto ao regime de bens é a possibilidade de ser alterado o regime escolhido, desde que os cônjuges apresentem um motivo justo e requeiram uma autorização judicial para tanto. Frise-se que esta alteração somente será possível se não prejudicar terceiros (§ 2º do art. 1.639 do CC).

■ Enunciado n. 113 da I Jornada de Direito Civil: "É admissível a alteração do regime de bens entre os cônjuges, quando então o pedido, devidamente motivado e assinado por ambos os cônjuges, será ob-

881

Arts. 1.639 e 1.640   Almeida Guilherme

jeto de autorização judicial, com ressalva dos direitos de terceiros, inclusive dos entes públicos, após perquirição de inexistência de dívida de qualquer natureza, exigida ampla publicidade".

- Enunciado n. 131 da I Jornada de Direito Civil: "Proposição sobre o art. 1.639, § 2º: proposta a seguinte redação ao § 2º do mencionado art. 1.639: 'É inadmissível a alteração do regime de bens entre os cônjuges, salvo nas hipóteses específicas definidas no art. 1.641, quando então o pedido, devidamente motivado e assinado por ambos os cônjuges, será objeto de autorização judicial, apurada a procedência das razões invocadas e ressalvados os direitos de terceiros, inclusive dos entes públicos, após perquirição de inexistência de dívida de qualquer natureza, exigida ampla publicidade'".

- Enunciado n. 260 da III Jornada de Direito Civil: "A alteração do regime de bens prevista no § 2º do art. 1.639 do Código Civil também é permitida nos casamentos realizados na vigência da legislação anterior".

- Enunciado n. 262 da III Jornada de Direito Civil: "A obrigatoriedade da separação de bens, nas hipóteses previstas nos incisos I e III do art. 1.641 do Código Civil, não impede a alteração do regime, desde que superada a causa que o impôs".

- Enunciado n. 331 da IV Jornada de Direito Civil: "O estatuto patrimonial do casal pode ser definido por escolha de regime de bens distinto daqueles tipificados no Código Civil (art. 1.639 e parágrafo único do art. 1.640), e, para efeito de fiel observância do disposto no art. 1.528 do Código Civil, cumpre certificação a respeito, nos autos do processo de habilitação matrimonial".

Art. 1.640. Não havendo convenção, ou sendo ela nula ou ineficaz, vigorará, quanto aos bens entre os cônjuges, o regime da comunhão parcial.

Parágrafo único. Poderão os nubentes, no processo de habilitação, optar por qualquer dos regimes que este Código regula. Quanto à forma, reduzir-se-á a termo a opção pela comunhão parcial, fazendo-se o pacto antenupcial por escritura pública, nas demais escolhas.

➡ Veja art. 258, *caput*, do CC/1916.

Na ausência de convenção de regime ou sendo o mesmo nulo, vigorará o regime legal da comunhão parcial de bens. Optando por esta espécie, será reduzida a termo no assento do matrimônio. Sendo escolhido qualquer outro regime, deverá ser feito o pacto antenupcial, por meio de escritura pública.

Regime legal. É o imposto pela lei. São os regimes legais:

(i) comunhão parcial de bens: esse regime vigora quando não houver pacto antenupcial ou então quando este for nulo ou ineficaz;

(ii) separação legal ou obrigatória: nas hipóteses do art. 1.641.

- Súmula n. 377 do STF: "No regime de separação legal de bens, comunicam-se os adquiridos na constância do casamento".

- Enunciado n. 331 da IV Jornada de Direito Civil: "O estatuto patrimonial do casal pode ser definido por escolha de regime de bens distinto daqueles tipificados no Código Civil (art. 1.639 e parágrafo úni-

Código Civil comentado e anotado   Arts. 1.640 e 1.641

co do art. 1.640), e, para efeito de fiel observância do disposto no art. 1.528 do Código Civil, cumpre certificação a respeito, nos autos do processo de habilitação matrimonial".

Art. 1.641. É obrigatório o regime da separação de bens no casamento:
I – das pessoas que o contraírem com inobservância das causas suspensivas da celebração do casamento;
II – da pessoa maior de 70 (setenta) anos;
Inciso com redação dada pela Lei n. 12.344, de 09.12.2010.
III – de todos os que dependerem, para casar, de suprimento judicial.

➡ Veja art. 258, parágrafo único, do CC/1916.

A lei impõe como obrigatório o regime da separação de bens para algumas hipóteses, para preservar ou punir, conforme o caso. São elas: casamento contraído com inobservância das causas suspensivas da celebração do casamento (impedimentos impedientes – arts. 1.523 e 1.524 do CC); pessoa maior de 70 anos; todos aqueles que dependerem de suprimento judicial para se casarem. Ressalte-se que o Código Civil suprimiu o regime total de bens.

■ Súmula n. 377 do STF: "No regime de separação legal de bens, comunicam-se os adquiridos na constância do casamento".

■ Enunciado n. 125 da I Jornada de Direito Civil: "Proposição sobre o art. 1.641, II: Redação atual: 'da pessoa maior de sessenta anos'. Proposta: revogar o dispositivo. Justificativa: 'A norma que torna obrigatório o regime da separação absoluta de bens em razão da idade dos nubentes não leva em consideração a alteração da expectativa de vida com qualidade, que se tem alterado drasticamente nos últimos anos. Também mantém um preconceito quanto às pessoas idosas que, somente pelo fato de ultrapassarem determinado patamar etário, passam a gozar da presunção absoluta de incapacidade para alguns atos, como contrair matrimônio pelo regime de bens que melhor consultar seus interesses'".

■ Enunciado n. 261 da III Jornada de Direito Civil: "A obrigatoriedade do regime da separação de bens não se aplica a pessoa maior de sessenta anos, quando o casamento for precedido de união estável iniciada antes dessa idade".

■ Enunciado n. 262 da III Jornada de Direito Civil: "A obrigatoriedade da separação de bens, nas hipóteses previstas nos incisos I e III do art. 1.641 do Código Civil, não impede a alteração do regime, desde que superada a causa que o impôs".

■ Civil. Direito das sucessões. Cônjuge. Herdeiro necessário. Art. 1.845 do CC. Regime de separação convencional de bens. Concorrência com descendente. Possibilidade. Art. 1.829, I, do CC. Doação efetivada antes da vigência do novo Código Civil. Colação. Dispensa. 1. O cônjuge, qualquer que seja o regime de bens adotado pelo casal, é herdeiro necessário (art. 1.845 do CC). 2. No regime de separação convencional de bens, o cônjuge sobrevivente concorre com os descendentes do falecido. A lei afasta a concorrência apenas quanto ao regime da separação legal de bens prevista no art. 1.641 do CC. Interpretação do art. 1.829, I, do CC. 3. A doação feita ao cônjuge antes da vigência do CC/2002 dispensa a colação do bem doado, uma vez que, na legislação revogada, o cônjuge não detinha a condição de

883

Arts. 1.641 a 1.643 — Almeida Guilherme

herdeiro necessário. 4. Recurso especial desprovido. (STJ, REsp n. 1.346.324/SP, 3ª T., rel. Min. João Otávio de Noronha. j. 19.08.2014, *DJe* 02.12.2014)

■ Agravo de instrumento. Inventário. Cônjuge supérstite. Inclusão de herdeira/meeira. Casamento realizado sob o regime de separação obrigatória. Descabimento. Recurso não provido. 1. Não retroagem os efeitos da decisão proferida pelo Órgão Especial deste Eg. Tribunal reconhecendo a inconstitucionalidade de imposição do regime de separação obrigatória de bens previsto no art. 1.641, II, do CC. 2. Realizado o casamento sob o regime da separação obrigatória de bens, sem alteração por parte dos nubentes, durante o tempo de convivência, não deve a lei alçar ao cônjuge sobrevivente à condição de herdeiro, concorrendo com os descendentes, sob pena de clara violação ao regime de bens estipulado, nos termos do art. 1.829, I, do CC. 3. Recurso conhecido e não provido. (TJMG, AI n. 1.0520.12.003821-8/001-0693928-31.2014.8.13.0000(1), rel. Des. Raimundo Messias Júnior, j. 26.05.2015)

Art. 1.642. Qualquer que seja o regime de bens, tanto o marido quanto a mulher podem livremente:

I – praticar todos os atos de disposição e de administração necessários ao desempenho de sua profissão, com as limitações estabelecidas no inciso I do art. 1.647;

II – administrar os bens próprios;

III – desobrigar ou reivindicar os imóveis que tenham sido gravados ou alienados sem o seu consentimento ou sem suprimento judicial;

IV – demandar a rescisão dos contratos de fiança e doação, ou a invalidação do aval, realizados pelo outro cônjuge com infração do disposto nos incisos III e IV do art. 1.647;

V – reivindicar os bens comuns, móveis ou imóveis, doados ou transferidos pelo outro cônjuge ao concubino, desde que provado que os bens não foram adquiridos pelo esforço comum destes, se o casal estiver separado de fato por mais de cinco anos;

VI – praticar todos os atos que não lhes forem vedados expressamente.

➡ Veja arts. 246, *caput*, e 248 do CC/1916.

Regime da separação de bens. Estipulada pelos cônjuges a separação de bens, estes permanecerão sob a administração exclusiva de cada um dos cônjuges, que os poderá alienar ou gravar de ônus. Este regime pode ser legal e convencional. O primeiro é imposto por lei, nos casos do art. 1.641; o segundo por pacto antenupcial.

Art. 1.643. Podem os cônjuges, independentemente de autorização um do outro:

I – comprar, ainda a crédito, as coisas necessárias à economia doméstica;

II – obter, por empréstimo, as quantias que a aquisição dessas coisas possa exigir.

➡ Veja art. 247 do CC/1916.

O art. 1.643 não faz nenhuma menção, o que leva à interpretação que todos os regimes previstos pelo Código Civil são abarcados por essa determinação. O intuito é esclarecer que alguns bens, em razão de sua natureza, precisam de autorização do outro cônjuge para sua alienação, por exemplo, bens imóveis (art. 1.647, I). No caso de bens necessários à economia doméstica, dispensa-se a autorização. A mesma regra aplica-se aos bens corriqueiros dos

Código Civil comentado e anotado
Arts. 1.643 a 1.647

cônjuges, como roupas, acessórios e alimentos. Não há nenhuma necessidade de autorização para esses casos.

Art. 1.644. As dívidas contraídas para os fins do artigo antecedente obrigam solidariamente ambos os cônjuges.

➡ Veja art. 254 do CC/1916.

As dívidas contraídas em nome dos cônjuges, a fim de adquirir bens necessários à economia doméstica, darão ensejo à solidariedade passiva entre eles, ou seja, ambos se responsabilizarão diante da dívida. Tendo em vista que os atos foram realizados em favor do interesse familiar, o patrimônio dos cônjuges estará vinculado à dívida.

■ Embargos de terceiro. Penhora de imóvel casamento em regime de comunhão parcial de bens inexistência de prova quanto ao beneficiário da dívida contraída. 1. Presunção de que a dívida foi contraída para proveito comum (arts. 1.643 e 1.644 do CC). 2. Dever da embargante de demonstrar que não obteve nenhuma vantagem em decorrência da dívida exequenda, o que não resta minimamente caracterizado nos autos. Sentença mantida. Recurso improvido. (TJSP, Ap. n. 0000698-37.2013.8.26.0588/São José do Rio Pardo, 30ª Câm. de Dir. Priv., rel. Maria Lúcia Pizzotti, j. 17.12.2014)

Art. 1.645. As ações fundadas nos incisos III, IV e V do art. 1.642 competem ao cônjuge prejudicado e a seus herdeiros.

➡ Veja art. 249 do CC/1916.

O art. 1.645 trata da possibilidade de um dos cônjuges, que não deu autorização para a prática de atos para os quais o Código Civil exigia seu consentimento, ingressar com ação que invalide tais atos. Seus herdeiros também possuem essa legitimidade.

Art. 1.646. No caso dos incisos III e IV do art. 1.642, o terceiro, prejudicado com a sentença favorável ao autor, terá direito regressivo contra o cônjuge, que realizou o negócio jurídico, ou seus herdeiros.

➡ Veja art. 250 do CC/1916.

O art. 1.646 refere-se às situações em que um dos cônjuges gravou, alienou imóveis ou prestou fiança (arts. 818 a 839 do CC), aval ou fez doação sem a autorização do outro cônjuge. Nessas situações, pode o cônjuge não consultado pedir judicialmente a anulação dessas medidas. O terceiro prejudicado pela sentença favorável ao cônjuge que pediu anulação poderá ingressar com ação de regresso contra o cônjuge que não solicitou a autorização.

Art. 1.647. Ressalvado o disposto no art. 1.648, nenhum dos cônjuges pode, sem autorização do outro, exceto no regime da separação absoluta:
I – alienar ou gravar de ônus real os bens imóveis;

Art. 1.647   Almeida Guilherme

II – pleitear, como autor ou réu, acerca desses bens ou direitos;
III – prestar fiança ou aval;
IV – fazer doação, não sendo remuneratória, de bens comuns, ou dos que possam integrar futura meação.
Parágrafo único. São válidas as doações nupciais feitas aos filhos quando casarem ou estabelecerem economia separada.

➡ Veja arts. 235, 236, *caput*, e 242, II, do CC/1916.

Restrições à liberdade patrimonial. Nenhum dos cônjuges pode, sem autorização do outro, exceto no regime da separação absoluta: (i) alienar ou gravar de ônus real os bens imóveis; (ii) pleitear, como réu ou autor, acerca desses bens ou direitos; (iii) prestar fiança ou aval; (iv) fazer doação, não sendo remuneratória, de bens comuns, ou dos que possam integrar futura meação. Note-se que o art. 1.647 repete a exceção que constava do art. 236 do Código Civil de 1916, realizando a sua devida adequação, atribuindo validade às doações de bens móveis feitas aos filhos, em contemplação de casamento futuro, bem como aquelas feitas para que possam os filhos estabelecer-se com economia separada.

▪ Súmula n. 332 do STJ: "A fiança prestada sem autorização de um dos cônjuges implica a ineficácia total da garantia".

▪ Enunciado n. 114 da I Jornada de Direito Civil: "O aval não pode ser anulado por falta de vênia conjugal, de modo que o inciso III do art. 1.647 apenas caracteriza a inoponibilidade do título ao cônjuge que não assentiu".

▪ Enunciado n. 132 da I Jornada de Direito Civil: "Proposição sobre o art. 1.647, III, do novo Código Civil: Outorga conjugal em aval. Suprimir as expressões 'ou aval' do inciso III do art. 1.647 do novo Código Civil. Justificativa: exigir anuência do cônjuge para a outorga de aval é afrontar a Lei Uniforme de Genebra e descaracterizar o instituto. Ademais, a celeridade indispensável para a circulação dos títulos de crédito é incompatível com essa exigência, pois não se pode esperar que, na celebração de um negócio corriqueiro, lastreado em cambial ou duplicata, seja necessário, para a obtenção de um aval, ir à busca do cônjuge e da certidão de seu casamento, determinadora do respectivo regime de bens".

▪ Recurso especial. Direito patrimonial de família. União estável. Alienação de bem imóvel adquirido na constância da união. Necessidade de consentimento do companheiro. Efeitos sobre o negócio celebrado com terceiro de boa-fé. 1. A necessidade de autorização de ambos os companheiros para a validade da alienação de bens imóveis adquiridos no curso da união estável é consectário do regime da comunhão parcial de bens, estendido à união estável pelo art. 1.725 do CCB, além do reconhecimento da existência de condomínio natural entre os conviventes sobre os bens adquiridos na constância da união, na forma do art. 5º da Lei n. 9.278/96. Precedente. 2. Reconhecimento da incidência da regra do art. 1.647, I, do CCB sobre as uniões estáveis, adequando-se, todavia, os efeitos do seu desrespeito às nuanças próprias da ausência de exigências formais para a constituição dessa entidade familiar. 3. Necessidade de preservação dos efeitos, em nome da segurança jurídica, dos atos jurídicos praticados de boa-fé, que é presumida em nosso sistema jurídico. 4. A invalidação da alienação de imóvel comum, realizada sem o consentimento do companheiro, dependerá da publicidade conferida a união estável mediante a averbação de contrato de convivência ou da decisão declaratória da existência união estável no Ofício do Registro de Imóveis em que cadastrados os bens comuns, ou pela demonstração de má-fé do adquirente. 5. Hipótese dos autos em que não há qualquer registro no álbum imobiliário em

Código Civil comentado e anotado   Arts. 1.647 a 1.649

que inscrito o imóvel objeto de alienação em relação a copropriedade ou mesmo à existência de união estável, devendo-se preservar os interesses do adquirente de boa-fé, conforme reconhecido pelas instâncias de origem. 6. Recurso especial a que se nega provimento. (STJ, REsp n. 1.424.275/MT, 3ª T., rel. Min. Paulo de Tarso Sanseverino, j. 04.12.2014)

Art. 1.648. Cabe ao juiz, nos casos do artigo antecedente, suprir a outorga, quando um dos cônjuges a denegue sem motivo justo, ou lhe seja impossível concedê-la.

➡ Veja art. 237 do CC/1916.

Aqui o legislador busca delimitar que, caso o cônjuge se negue a dar sua autorização para os casos em que esta é necessária, esta recusa deverá ser justificada. Caso não haja justificativa ou o cônjuge em questão esteja impossibilitado de expressar sua vontade, poderá haver suprimento judicial desta autorização.

Art. 1.649. A falta de autorização, não suprida pelo juiz, quando necessária (art. 1.647), tornará anulável o ato praticado, podendo o outro cônjuge pleitear-lhe a anulação, até dois anos depois de terminada a sociedade conjugal.

Parágrafo único. A aprovação torna válido o ato, desde que feita por instrumento público, ou particular, autenticado.

➡ Veja art. 252 do CC/1916.

O art. 1.649 trata do prazo decadencial de dois anos, contado da dissolução da sociedade conjugal, para que o cônjuge que não deu a autorização necessária (art. 1.647) e teve o ato realizado mesmo sem seu consentimento ingresse com ação de anulação. Existe também a previsão da convalidação do ato, caso o cônjuge não consultado dê sua aprovação por meio de instrumento público ou particular, autenticado.

■ Processo civil. Julgamento antecipado do pedido nulidade inocorrência. Incumbe ao julgador o exame das provas necessárias e pertinentes ao julgamento na forma do art. 130 do CPC. Matérias em discussão que já foram reiteradamente examinadas por nossos tribunais, não sendo devidamente justificada a realização de prova pericial para o julgamento. Preliminar rejeitada. Processo civil continência exame dos documentos trazidos aos autos hipótese não verificada. Os elementos apresentados pela parte embargante não permitem concluir pela existência de relação do contrato em discussão com aqueles que são objeto de ação revisional em trâmite em outro juízo, não havendo menção nas cópias daquele processo ao contrato que embasa esta execução. Preliminar rejeitada. Execução cédula de crédito bancário requisitos do art. 28 da Lei n. 10.931/2004. Observância pelo exequente da análise dos documentos juntados à inicial da execução infere-se que houve atendimento à norma do art. 28 da Lei n. 10.931/2004, sendo possível a compreensão suficiente pelas executadas do valor cobrado, encargos incidentes, forma de atualização do débito e respectivo período Ausência de qualquer elemento mínimo de prova a respeito do alegado refinanciamento. Hipótese, ademais, que incumbia às executadas a demonstração de vício de consentimento ou qualquer outro fato a obstar a cobrança fundada na cédula de crédito bancário, o que não foi feito Executadas, além disso, que possuem acesso aos extratos da conta, não sendo devidamente justificado o contrário. Preliminar rejeitada. Execução cédula de crédito bancário capitalização mensal de juros previsão no instrumento admissibilidade. Infere-se dos autos

Arts. 1.649 a 1.651 — Almeida Guilherme

que o contrato em discussão foi celebrado após a MP n. 1.963-17/2000, reeditada sob o número 2.170-36/2001 e há de expressa previsão contratual quanto à capitalização de juros com periodicidade inferior à anual. Observância do decidido no Recurso Especial n. 973.827/RS, sob o rito dos recursos repetitivos (CPC, art. 543-C). Necessária observância também da decisão do STF no RE n. 592.377 quanto à validade da medida provisória que regula a capitalização de juros Hipótese, além disso, de cédula de crédito bancário, em que a legislação própria também admite a capitalização de juros com periocidade inferior a um ano. Recurso não provido. Execução cédula de crédito bancário juros remuneratórios. Conforme precedentes de nossos Tribunais e observando-se a Súmula vinculante n. 7 do STF, admissível a cobrança de juros remuneratórios em patamar superior a 12% ao ano. Não sendo, ademais, demonstrada a abusividade dessa cobrança, impõe-se a manutenção da taxa contratada para o período de normalidade recurso não provido. Execução cédula de crédito bancário aval pretendida declaração de nulidade por ausência de outorga uxória de quem o prestou inadmissibilidade. Nos termos dos arts. 1.647, III, e 1.649 do CC, a falta de outorga uxória para prestar aval seria anulável por meio de ação movida pelo cônjuge a quem cabia concedê-la na forma estatuída pelo seu art. 1.650, não se justificando o requerimento, para tal fim, de quem prestou o aval. Recurso não provido. (TJSP, Ap. n. 0012348-27.2012.8.26.0003/São Paulo, 15ª Câm. de Dir. Priv., rel. Luiz Arcuri, j. 06.04.2015)

Art. 1.650. A decretação de invalidade dos atos praticados sem outorga, sem consentimento, ou sem suprimento do juiz, só poderá ser demandada pelo cônjuge a quem cabia concedê-la, ou por seus herdeiros.

➡ Veja art. 239 do CC/1916.

Apenas o cônjuge, a quem cabia conceder a prática para os atos enumerados no art. 1.647 do CC, ou, se já falecido, seus herdeiros poderão pleitear a decretação judicial de invalidade dos negócios efetivados pelo outro ou sem suprimento judicial.

■ Locação de imóveis. Despejo por falta de pagamento cumulada com cobrança. Fiança sem outorga uxória da companheira do fiador. Vício. Nulidade. Arguição pelos próprios devedores. Partes ilegítimas. Decisão mantida. Apelo não conhecido. A teor do art. 1.650 do CC: "A decretação de invalidade dos atos praticados sem outorga, sem consentimento, ou sem suprimento do juiz, só poderá ser demandada pelo cônjuge a quem cabia concedê-la, ou por seus herdeiros". Locação de imóvel. Despejo por falta de pagamento cumulada com cobrança. Alargamento do prazo para pagamento dos locativos. Pacto moratório. Inexistência. Mera tolerância do credor. Extinção da fiança com desoneração do fiador. Impossibilidade. Art. 838, I, do CC. Inaplicabilidade. Locação de imóvel. Despejo por falta de pagamento. Condenação a valores indevidos. Alegação de pagamento. Ausência de prova. Descumprimento do art. 333, II, do CPC. Sentença mantida. Recurso improvido. (TJSP, Ap. n. 0004266-37.2011.8.26.0554/Santo André, 31ª Câm. de Dir. Priv., rel. Armando Toledo, j. 27.01.2015)

Art. 1.651. Quando um dos cônjuges não puder exercer a administração dos bens que lhe incumbem, segundo o regime de bens, caberá ao outro:
I – gerir os bens comuns e os do consorte;
II – alienar os bens móveis comuns;
III – alienar os imóveis comuns e os móveis ou imóveis do consorte, mediante autorização judicial.

➡ Veja art. 251, parágrafo único, do CC/1916.

Cada cônjuge é, em regra, responsável pela administração dos próprios bens. Caso alguma situação, alheia a sua vontade (p. ex., interdição, prisão, ausência), o impeça de exercer tal administração, o outro cônjuge ficará responsável por isso.

Art. 1.652. O cônjuge, que estiver na posse dos bens particulares do outro, será para com este e seus herdeiros responsável:
I – como usufrutuário, se o rendimento for comum;
II – como procurador, se tiver mandato expresso ou tácito para os administrar;
III – como depositário, se não for usufrutuário, nem administrador.

➥ Veja art. 260 do CC/1916.

Diante da impossibilidade da administração de bens pessoais por parte de um dos cônjuges, existindo ainda o vínculo da sociedade conjugal, o outro cônjuge que se encontrar na posse dos bens deverá se responsabilizar tanto perante o cônjuge como perante os herdeiros, visando à preservação dos interesses do impossibilitado.

CAPÍTULO II
DO PACTO ANTENUPCIAL

Art. 1.653. É nulo o pacto antenupcial se não for feito por escritura pública, e ineficaz se não lhe seguir o casamento.

➥ Veja art. 256 do CC/1916.

Pacto antenupcial. É o contrato realizado antes do casamento pelo qual os nubentes escolhem o regime de bens que vigorará durante o matrimônio, regime esse que será diverso ao da comunhão parcial de bens. Trata-se de ato solene, porque depende de escritura pública, sob pena de nulidade absoluta. É ainda um ato sob condição suspensiva, porque ineficaz se não se realizar o casamento.

Art. 1.654. A eficácia do pacto antenupcial, realizado por menor, fica condicionada à aprovação de seu representante legal, salvo as hipóteses de regime obrigatório de separação de bens.

➥ Sem correspondência no CC/1916.

Assim como é necessária a autorização para que o menor entre 16 e 18 anos se case, a eficácia do pacto antenupcial fica sujeita à aprovação de seus responsáveis. O representante legal deverá assistir o menor no ato da lavratura do pacto antenupcial.

Art. 1.655. É nula a convenção ou cláusula dela que contravenha disposição absoluta de lei.

Arts. 1.655 a 1.658   Almeida Guilherme

➡ Veja art. 257, II, do CC/1916.

Esta regra é uma repetição de um princípio que rege os negócios jurídicos de forma geral. Toda convenção de vontades é livre, desde que não contrarie disposição legal. E mais: o casamento tem disposições especiais, que lhe são particulares e que se aplicam de maneira diferente a de outros negócios jurídicos. Caso haja determinada conduta destinada ao matrimônio, na elaboração de um pacto antenupcial, esta irá se sobrepor às regras gerais do negócio jurídico.

Art. 1.656. No pacto antenupcial, que adotar o regime de participação final nos aquestos, poder-se-á convencionar a livre disposição dos bens imóveis, desde que particulares.

➡ Sem correspondência no CC/1916.

O art. 1.656 determina que é livre a determinação dos cônjuges, quanto a seus bens imóveis particulares, no regime da participação final nos aquestos, hipótese em que estará dispensada a outorga conjugal.

Art. 1.657. As convenções antenupciais não terão efeito perante terceiros senão depois de registradas, em livro especial, pelo oficial do Registro de Imóveis do domicílio dos cônjuges.

➡ Veja art. 261 do CC/1916.

O efeito do pacto antenupcial faz lei entre as partes, firmado por instrumento particular. Porém, para a oposição perante terceiros, para a incidência do efeito *erga omnes*, é exigência legal que seja registrado no Registro de Imóveis do domicílio dos nubentes.

CAPÍTULO III
DO REGIME DE COMUNHÃO PARCIAL

Art. 1.658. No regime de comunhão parcial, comunicam-se os bens que sobrevierem ao casal, na constância do casamento, com as exceções dos artigos seguintes.

➡ Sem correspondência no CC/1916.

Regime de comunhão parcial. Não havendo opção por outro regime, este é o que vigorará, por ser o regime legal (escolhido pela lei). Por ele, comunicam-se os bens adquiridos após casamento, excluindo-se os que cada cônjuge possuía ao casar, bem como os advindos por doação ou sucessão. O art. 1.659 do CC enumera os bens que são excluídos da comunhão parcial e o art. 1.660 prevê os bens que entram na comunhão.

Regime de comunhão parcial. Comunicam-se os bens adquiridos durante o casamento. *Vide* os bens excluídos da comunhão – art. 1.688 do CC.

▪ Apelação cível. Ação de reconhecimento e dissolução de união estável. Parcial procedência na origem. Irresignação da requerente. Partilha. Bem imóvel que restou edificado na vigência da união estável. Comunhão de esforços. Tese de contribuição financeira unilateral que não se aplica ao regime jurídico da

Código Civil comentado e anotado   Arts. 1.658 a 1.660

comunhão parcial de bens. Inteligência dos arts. 1.658 e 1.725, ambos do CC. Inexistência de oposição hábil aos bens móveis arrolados pelo apelado. Depoimento da apelante que, ao revés, admite a aquisição de mobílias e utensílios no interregno da convivência comum. Divisões necessárias. Alimentos. Subsistência do dever de mútua assistência. Possibilidade financeira da apelante. Necessidade do apelado que, além de possuir rendimentos inferiores, deixou o lar comum ao proveito da ex-companheira e enfrenta problemas de saúde. *Quantum* fixado que bem atende ao binômio. Estipulação, tão somente, de termo final da obrigação, tendo em vista o recebimento de indenização em decorrência da partilha do bem imóvel em que coabitavam. Sentença ajustada. Recurso parcialmente provido. (TJSC, Ap. Cível n. 2013.066900-0/Brusque, rel. Des. Eduardo Mattos Gallo Júnior, j. 10.02.2015)

Art. 1.659. Excluem-se da comunhão:
I – os bens que cada cônjuge possuir ao casar, e os que lhe sobrevierem, na constância do casamento, por doação ou sucessão, e os sub-rogados em seu lugar;
II – os bens adquiridos com valores exclusivamente pertencentes a um dos cônjuges em sub-rogação dos bens particulares;
III – as obrigações anteriores ao casamento;
IV – as obrigações provenientes de atos ilícitos, salvo reversão em proveito do casal;
V – os bens de uso pessoal, os livros e instrumentos de profissão;
VI – os proventos do trabalho pessoal de cada cônjuge;
VII – as pensões, meios-soldos, montepios e outras rendas semelhantes.

➡ Veja arts. 269 e 270 do CC/1916.

O art. 1.659 traz o rol de bens que ficam excluídos do regime da comunhão parcial, sendo eles:
(i) os bens que pertenciam ao cônjuge antes do casamento ou aqueles que foram sub-rogados em seu lugar – ou seja, foram comprados, após o casamento, utilizando-se de montante oriundo de bem que era exclusivamente do cônjuge, antes de contraído matrimônio;
(ii) os bens adquiridos pelo cônjuge;
(iii) as obrigações adquiridas pelos cônjuges, antes de contraírem núpcias;
(iv) obrigações provenientes de atos ilícitos não se comunicam, para não prejudicar o cônjuge inocente, a não ser que o fruto do ato ilícito tenha se revertido em favor do casal como um todo;
(v) bens pessoais, que são usados exclusivamente por cada cônjuge, por exemplo, instrumentos de trabalho, objetos pessoais, etc.;
(vi) remunerações de cada cônjuge, enquanto salário; e
(vii) pensões, aposentadorias e remunerações semelhantes, que têm caráter pessoal, e, assim como os salários, não integram a economia doméstica. A partir deste momento, passam a integrar a comunhão.

Art. 1.660. Entram na comunhão:
I – os bens adquiridos na constância do casamento por título oneroso, ainda que só em nome de um dos cônjuges;
II – os bens adquiridos por fato eventual, com ou sem o concurso de trabalho ou despesa anterior;
III – os bens adquiridos por doação, herança ou legado, em favor de ambos os cônjuges;

Arts. 1.660 e 1.661 — Almeida Guilherme

IV – as benfeitorias em bens particulares de cada cônjuge;
V – os frutos dos bens comuns, ou dos particulares de cada cônjuge, percebidos na constância do casamento, ou pendentes ao tempo de cessar a comunhão.

➡ Veja art. 271 do CC/1916.

No mesmo sentido do art. 1.659, o art. 1.660, de fácil compreensão, relata os bens que estão incluídos na comunhão parcial de bens. Todos os adquiridos a título oneroso, na constância do casamento e bens assemelhados, por sua natureza, fazem parte do rol de bens partilhados pelo casal que opta pelo regime da comunhão parcial.

■ Inventário. União estável. Início do relacionamento. Escritura pública. Valores de VGBL e pecúlio recebidos pela companheira, na qualidade de única beneficiária. Regime de bens. Falecido que era sexagenário ao tempo do início da convivência. Escritura pública lavrada em novembro de 2010. Aplicabilidade do art. 1.641, II, do CC (com redação anterior à Lei n. 12.344/2010). Separação legal de bens. Meação e direito à herança. Necessidade de prova do esforço comum. Recurso provido em parte. 1. Decisão que, nos autos do inventário dos bens deixados por C. F., acolheu a escritura pública colacionada aos autos pela agravada como prova do período da união estável mantida com o falecido e determinou: a) que as últimas declarações e a partilha fossem elaboradas nos termos ali descritos, com meação em favor da companheira, pelo regime de comunhão parcial de bens, a partir de 2004; e b) que há direito da agravada à herança quanto aos bens adquiridos onerosamente no decorrer da união estável, na proporção de um terço em relação aos quatro irmãos, herdeiros colaterais (art. 1.790, III, do CC); inclusive quanto aos frutos das aplicações financeiras que seriam sub-rogação de investimentos anteriores ao início do relacionamento, nos termos dos arts. 1.659, I, e 1.660, V, ambos do CC. O magistrado afastou o pedido de colação dos valores já levantados pela agravada a título de VGBL e seguro, entendendo, por primeiro, que não cabe colação quando o companheiro concorre com colaterais e, em segundo lugar, que tais valores não se tratam de herança, devendo ser realmente pagos ao beneficiário indicado, no caso, à agravada. 2. A escritura pública de união estável lavrada por livre disposição de vontade do falecido e da agravada é documento hábil a comprovar a data de início e o tempo de relacionamento havido entre o casal, sendo que eventuais oposições dos agravantes a este respeito devem ser deduzidas por meio de ação própria. 3. Valores recebidos pela convivente a título de VGBL e pecúlio. Capital estipulado que não se considera herança para todos os efeitos de direito. Art. 794 do CC. Precedentes. 4. Regime de bens a ser observado na meação e na partilha. Separação legal de bens. Redação originária do art. 1.641, II, do CC aplicável ao caso. O relacionamento entre a agravada e o falecido iniciou-se em abril de 2004, quando este já contabilizava 68 anos de idade, e a escritura pública entre a agravada e o *de cujus* foi lavrada em novembro de 2010, antes, portanto, da entrada em vigor da Lei n. 12.344/2010. 5. Só há que se falar em direito da agravada à meação quanto aos bens para cuja aquisição ela comprove o esforço comum. Apenas quanto a esses bens, ainda, a companheira será herdeira, nos termos do art. 1.790, III, do CC. 6. Recurso provido em parte. (TJSP, AI n. 2026771-59.2015.8.26.0000/Cafelândia, 9ª Câm. de Dir. Priv., rel. Alexandre Lazzarini, j. 30.06.2015)

Art. 1.661. São incomunicáveis os bens cuja aquisição tiver por título uma causa anterior ao casamento.

➡ Veja art. 272 do CC/1916.

Código Civil comentado e anotado   Arts. 1.661 a 1.663

Mesmo que a efetivação da aquisição do bem se dê na constância do casamento, caso o fato que levou a tal aquisição tenha se dado anteriormente ao matrimônio, não haverá comunicação entre o cônjuge adquirente e o outro.

Art. 1.662. No regime da comunhão parcial, presumem-se adquiridos na constância do casamento os bens móveis, quando não se provar que o foram em data anterior.

➡ Veja art. 273 do CC/1916.

A presunção não é absoluta, uma vez que admite prova em contrário. No entanto, a regra é que os bens móveis são tidos como adquiridos na constância do casamento.

■ Apelação cível. União estável. Reconhecimento e dissolução. Aplicação do regime de comunhão parcial de bens. Partilha. Art. 1.662 do CC. Alimentos. Filho menor. Binômio necessidade e possibilidade. Restando comprovada e declarada a existência e posterior dissolução da união estável havida entre as partes, aplica-se, com relação ao regime de bens, a comunhão parcial, nos termos do art. 1.725 do CC/2002. A teor do disposto no art. 1.662 do CC, presumem-se adquiridos na constância da união estável, os bens móveis pertencentes ao casal. Deve ser mantido o valor dos alimentos fixados em primeira instância quando não há como aferir dos autos capacidade financeira do alimentante em arcar com ônus superior àquele, tampouco necessidade do alimentante em recebê-lo. (TJMG, Ap. Cível n. 1.0024.11.184264-7/001-1842647-65.2011.8.13.0024(1), rel. Des. Dárcio Lopardi Mendes, j. 21.08.2014)

Art. 1.663. A administração do patrimônio comum compete a qualquer dos cônjuges.
§ 1º As dívidas contraídas no exercício da administração obrigam os bens comuns e particulares do cônjuge que os administra, e os do outro na razão do proveito que houver auferido.
§ 2º A anuência de ambos os cônjuges é necessária para os atos, a título gratuito, que impliquem cessão do uso ou gozo dos bens comuns.
§ 3º Em caso de malversação dos bens, o juiz poderá atribuir a administração a apenas um dos cônjuges.

➡ Veja art. 274 do CC/1916.

Refletindo situação jurídica de igualdade entre os sexos, reafirma o legislador que a administração dos bens comuns do casal compete a ambos os cônjuges. Reforça ainda a ideia de que a responsabilidade do cônjuge administrador se estende aos bens comuns do casal, assim como os bens particulares do próprio cônjuge que a contraiu. No caso, os bens particulares do cônjuge não administrador serão atingidos na proporção em que tiver obtido vantagem, na aquisição de dívida do outro. Além disso, é preciso anuência de ambos os cônjuges quando houver ato que implique em cessão de bem comum. Embora seja conjunta a administração dos bens, caso haja malversação, o cônjuge que se sentir lesado poderá buscar o Judiciário para conseguir determinação do magistrado, para que o outro seja afastado da administração.

■ Cumprimento de sentença. Despesas condominiais. Dívida de natureza *propter rem*. Responsabilidade solidária dos cônjuges. Inexistência de litisconsórcio necessário. Penhora da unidade autônoma do casal. Possibilidade. Inteligência dos arts. 1.663, § 1º, e 1.664 do CC. Decisão mantida. Multa de 10% prevista no art. 475-J do CPC. Necessidade de intimação do advogado da parte para sua incidência.

Arts. 1.663 a 1.667   Almeida Guilherme

Orientação jurisprudencial fixada pelo STJ. Decisão reformada agravo parcialmente provido. (TJSP, AI n. 0144544-67.2012.8.26.0000/São Paulo, 30ª Câm. de Dir. Priv., rel. Andrade Neto, j. 13.05.2015)

Art. 1.664. Os bens da comunhão respondem pelas obrigações contraídas pelo marido ou pela mulher para atender aos encargos da família, às despesas de administração e às decorrentes de imposição legal.

➡ Sem correspondência no CC/1916.

As despesas comuns, referentes à administração rotineira e doméstica, comprometem os bens comuns do casal, aqueles que integram a comunhão parcial.

▪ Veja a seguinte decisão no art. 1.663: TJSP, AI n. 0144544-67.2012.8.26.0000/São Paulo, 30ª Câm. de Dir. Priv., rel. Andrade Neto, j. 13.05.2015.

Art. 1.665. A administração e a disposição dos bens constitutivos do patrimônio particular competem ao cônjuge proprietário, salvo convenção diversa em pacto antenupcial.

➡ Sem correspondência no CC/1916.

Da mesma forma que os bens particulares do cônjuge não integram a comunhão parcial, sua administração compete unicamente ao proprietário, salvo determinação diversa estabelecida no pacto antenupcial.

▪ Enunciado n. 340 da IV Jornada de Direito Civil: "No regime da comunhão parcial de bens é sempre indispensável a autorização do cônjuge, ou seu suprimento judicial, para atos de disposição sobre bens imóveis".

Art. 1.666. As dívidas, contraídas por qualquer dos cônjuges na administração de seus bens particulares e em benefício destes, não obrigam os bens comuns.

➡ Veja art. 274 do CC/1916.

O patrimônio comum dos nubentes não ficará obrigado diante de débitos contraídos por interesse particular.

CAPÍTULO IV
DO REGIME DE COMUNHÃO UNIVERSAL

Art. 1.667. O regime de comunhão universal importa a comunicação de todos os bens presentes e futuros dos cônjuges e suas dívidas passivas, com as exceções do artigo seguinte.

➡ Veja art. 262 do CC/1916.

Código Civil comentado e anotado   Arts. 1.667 e 1.668

Regime de comunhão universal. Este regime importa na comunicação de todos os bens adquiridos antes ou depois do casamento, bem como as dívidas passivas, possuindo cada cônjuge o direito à metade de todo o patrimônio. Excluem-se da comunhão os bens enumerados no art. 1.668 do Código Civil.

■ Apelação cível. Ação de divórcio litigioso. 1. Benefício da gratuidade judiciária. Concessão. Verificação de carência financeira do apelante. Contexto probatório dos autos que indica insuficiência de recursos. Condição que não se confunde com estado de miserabilidade. Precedentes. Benefício concedido. 2. Parte da inconformidade que parte de premissa equivocada. Interpretação errônea do dispositivo sentencial. Pedido recursal não conhecido, porquanto já provido na própria decisão apelada. 3. Direito de família. Partilha de bens em ação de divórcio. Casamento regido pelo regime da comunhão universal. Art. 1.667 do CC. Partilha de todos os bens presentes e futuros dos cônjuges e suas dívidas passivas (CC, art. 1.667). Exceções previstas no art. 1.668 do CC cujo ônus da prova incumbe a quem alega. Inteligência do art. 333 do CPC. Inviabilidade de extensão da partilha sobre bens de terceiros. Pretensão que demanda ação própria. Apelo conhecido em parte e parcialmente provido. (TJRS, Ap. Cível n. 70.064.984.859, 7ª Câm. Cível, rel. Sandra Brisolara Medeiros, j. 29.07.2015)

Art. 1.668. São excluídos da comunhão:
I – os bens doados ou herdados com a cláusula de incomunicabilidade e os sub-rogados em seu lugar;
II – os bens gravados de fideicomisso e o direito do herdeiro fideicomissário, antes de realizada a condição suspensiva;
III – as dívidas anteriores ao casamento, salvo se provierem de despesas com seus aprestos, ou reverterem em proveito comum;
IV – as doações antenupciais feitas por um dos cônjuges ao outro com a cláusula de incomunicabilidade;
V – os bens referidos nos incisos V a VII do art. 1.659.

➥ Veja art. 263 do CC/1916.

Embora o regime seja o da comunhão universal, há alguns bens que, em certas situações, não se comunicam, não fazem parte do patrimônio comum. Prevê o Código esta possibilidade para os bens que tenham sido doados a um dos cônjuges com cláusula de incomunicabilidade, assim como bens doados por um cônjuge ao outro, com esta mesma espécie de cláusula. O mesmo aplica-se a dívidas contraídas por um dos cônjuges, antes do casamento, salvo se tiverem sido feitas em razão de seus preparos ou tiver se convertido em proveito comum. Não se comunicam também bens transferidos por fideicomisso, em razão de sua natureza breve na posse do fiduciário. Por fim, o Código remete ao art. 1.659, V a VII, excluindo-os também.

■ Ação de dissolução de união estável CC. Partilha de bens. Sentença de parcial procedência para reconhecer a união estável de 1997 a setembro de 2013, e determinar a partilha do imóvel e demais bens a serem apurados em sede de liquidação. Apela o réu alegando o cerceamento de defesa, pelo indeferimento à produção de prova oral; o imóvel, cuja partilha fora determinada, fora adquirido em período que os litigantes estavam separados e, inclusive, com a ajuda de recursos doados por sua genitora, sendo absolutamente incomunicável. Apela a autora sustentando a necessidade de apreciação do pedido de regulamentação de visitas da filha menor do casal, uma vez que a ação autônoma foi julgada extinta sem resolução do mérito; necessidade de inclusão na partilha da indenização trabalhista rece-

895

Arts. 1.668 a 1.671 — Almeida Guilherme

bida pelo réu na constância da união estável. Recurso do réu. Descabimento. Preliminar de cerceamento de defesa afastada. Desnecessidade da produção de prova oral, que não desarmaria a prova documental acostada aos autos. Magistrado é o destinatário das provas no processo, cabendo a ele a análise da pertinência de sua produção. Declaração de união estável, por escritura pública, lavrada em 2007, atestando o início da união em 1997, sem a existência de qualquer ressalva ou menção a períodos de separação. Impossibilidade de se presumir a separação, em contrariedade a manifestação de vontade exarada pelas partes em não mencionarem na declaração a interrupção da união. Alegação de doação de parte do valor para aquisição do imóvel adquirido na constância da união estável, desacompanhada de qualquer demonstração, sendo impossível também a sua presunção. Recurso da autora. A notícia de extinção da ação autônoma de regulamentação de visitas se deu após prolatada a sentença, e encerrada a prestação jurisdicional pelo juízo de origem. Pedido que não foi objeto da devida instrução probatória no bojo da demanda, em virtude da existência da ação autônoma. Impossibilidade de apreciação, sob pena de supressão de instância, estando àquela sentença, em fase recursal, pendente de julgamento, facultando-se, ainda, a propositura de nova ação. Impossibilidade de inclusão na partilha da indenização trabalhista percebida, dado o caráter personalíssimo das verbas percebidas destinadas a remunerar o trabalho laboral desempenhado pelo ex-convivente. Inteligência do arts. 1.659, VI, e 1.668 do CC. Recursos improvidos. (TJSP, Ap. n. 1080576-03.2013.8.26.0100/São Paulo, 5ª Câm. de Dir. Priv., rel. James Siano, j. 03.02.2015)

Art. 1.669. A incomunicabilidade dos bens enumerados no artigo antecedente não se estende aos frutos, quando se percebam ou vençam durante o casamento.

➡ Veja art. 265 do CC/1916.

Existe possibilidade para que não ocorra comunicação dos frutos, até em caso de bens incomunicáveis. Se houver cláusula de incomunicabilidade em relação aos frutos também, estes não farão parte da comunhão universal. Entretanto, caso não se estipule nada em contrário, os frutos civis, percebidos ou vencidos durante a constância do casamento, serão divididos e cada cônjuge terá direito à metade ideal deles.

Art. 1.670. Aplica-se ao regime da comunhão universal o disposto no Capítulo antecedente, quanto à administração dos bens.

➡ Sem correspondência no CC/1916.

O Código Civil relaciona os artigos, no que tange à questão da equiparação de capacidades dos dois cônjuges para a administração dos bens, comuns e particulares.

Art. 1.671. Extinta a comunhão, e efetuada a divisão do ativo e do passivo, cessará a responsabilidade de cada um dos cônjuges para com os credores do outro.

➡ Veja art. 268 do CC/1916.

Código Civil comentado e anotado   Arts. 1.671 a 1.674

No momento em que a sociedade conjugal é desfeita, ou seja, em que o regime de bens passa a inexistir entre os cônjuges, feita a partilha entre eles, estará extinta qualquer obrigação que um dos cônjuges possa ter adquirido em relação a credores do outro.

CAPÍTULO V
DO REGIME DE PARTICIPAÇÃO FINAL NOS AQUESTOS

Art. 1.672. No regime de participação final nos aquestos, cada cônjuge possui patrimônio próprio, consoante disposto no artigo seguinte, e lhe cabe, à época da dissolução da sociedade conjugal, direito à metade dos bens adquiridos pelo casal, a título oneroso, na constância do casamento.

➡ Sem correspondência no CC/1916.

Regime de participação final nos aquestos. Novidade trazida pelo Código Civil de 2002. Por este regime, cada cônjuge possui patrimônio próprio (bens que possuía ao se casar e adquiridos a título gratuito e oneroso após o casamento), cabendo a cada um, na época da separação, direito à metade dos bens adquiridos pelo casal, a título oneroso, na constância do casamento. Vigora, assim, um regime de separação de bens na constância do casamento e um regime de comunhão parcial na época da sua dissolução. Há dois patrimônios distintos, cada cônjuge administrando o seu próprio patrimônio, podendo alienar livremente os bens móveis. Se um dos cônjuges pagar dívidas em nome do outro (art. 1.679 do CC), quando da separação, tal dívida será atualizada e deduzida da meação do cônjuge devedor.

Por este regime, cada cônjuge mantém seu patrimônio próprio durante o casamento, com a livre administração dos seus bens, mas com a dissolução da sociedade conjugal partilha-se pela metade os bens que eles adquiriram a título oneroso durante o casamento. Trata-se, portanto, de um regime híbrido, porque durante o casamento vigora a separação de bens, mas com a dissolução da sociedade conjugal transforma-se num regime similar à comunhão parcial.

Art. 1.673. Integram o patrimônio próprio os bens que cada cônjuge possuía ao casar e os por ele adquiridos, a qualquer título, na constância do casamento.

Parágrafo único. A administração desses bens é exclusiva de cada cônjuge, que os poderá livremente alienar, se forem móveis.

➡ Sem correspondência no CC/1916.

O cônjuge mantém patrimônio particular, composto por aquele trazido antes do matrimônio e todo aquele adquirido por ele, enquanto durar o casamento. Cada qual será responsável também pela administração destes bens, podendo até mesmo alienar livremente os bens móveis. Entretanto, os imóveis, embora particulares, dependerão da autorização do outro cônjuge para serem vendidos.

Art. 1.674. Sobrevindo a dissolução da sociedade conjugal, apurar-se-á o montante dos aquestos, excluindo-se da soma dos patrimônios próprios:

897

I – os bens anteriores ao casamento e os que em seu lugar se sub-rogaram;

II – os que sobrevieram a cada cônjuge por sucessão ou liberalidade;

III – as dívidas relativas a esses bens.

Parágrafo único. Salvo prova em contrário, presumem-se adquiridos durante o casamento os bens móveis.

➦ Sem correspondência no CC/1916.

Em caso de dissolução da sociedade conjugal, é determinado o montante comum, os aquestos, que serão partilhados igualmente pelos ex-cônjuges. O art. 1.674 traz as exceções, os bens que não participam deste montante, sendo eles: (i) aqueles pertencentes a um dos cônjuges, antes do casamento; (ii) os recebidos pelos cônjuges, por sucessão ou liberalidade; e (iii) dívidas relacionadas a estes bens. Considera ainda, o Código, a presunção que bens móveis foram adquiridos na constância do casamento, até que se prove o contrário (p. ex.: fatura, contrato, nota fiscal, recibos etc. em nome de um dos cônjuges).

Art. 1.675. Ao determinar-se o montante dos aquestos, computar-se-á o valor das doações feitas por um dos cônjuges, sem a necessária autorização do outro; nesse caso, o bem poderá ser reivindicado pelo cônjuge prejudicado ou por seus herdeiros, ou declarado no monte partilhável, por valor equivalente ao da época da dissolução.

➦ Sem correspondência no CC/1916.

Após estabelecido o montante partilhável será verificado se houve bens doados por um dos cônjuges, sem autorização do outro. Havendo, o cônjuge prejudicado – ou seus herdeiros – poderá reivindicar o bem ou constará no montante o valor do bem, com correções monetárias, a ser restituído pelo cônjuge que realizou a doação.

Art. 1.676. Incorpora-se ao monte o valor dos bens alienados em detrimento da meação, se não houver preferência do cônjuge lesado, ou de seus herdeiros, de os reivindicar.

➦ Sem correspondência no CC/1916.

O art. 1.676 do Código Civil autoriza ao testador impor tal limitação (RIZZARDO, Arnaldo. *Direito das sucessões*, v. 1, p. 353), como a de *inalienabilidade temporária* ou *vitalícia*, gravando desta forma os bens do acervo e impedindo a sua alienação, sob pena de nulidade, ressalvadas as poucas hipóteses de exceção, como a desapropriação e a execução de dívidas oriundas do não pagamento de impostos incidentes sobre os mesmos imóveis. Conforme esclarece Maria Helena Diniz, "a cláusula de inalienabilidade é um meio de vincular os próprios bens em relação a terceiro beneficiário, que não poderá dispor deles, gratuita ou onerosamente, recebendo-os para usá-los e gozá-los; trata-se de um domínio limitado, motivo pelo qual a duração da proibição de alienar estes bens deixados a herdeiro ou a legatário não pode exceder a espaço de tempo superior à vida do instituído" (*Curso de direito civil brasileiro*, 14. ed. São Paulo: Saraiva, 2000, v. 6, p. 174). A restrição citada também aparece prevista no art. 1.723 do Código Civil, em que se inclui a incomunicabilidade.

Código Civil comentado e anotado

Arts. 1.677 a 1.681

Art. 1.677. Pelas dívidas posteriores ao casamento, contraídas por um dos cônjuges, somente este responderá, salvo prova de terem revertido, parcial ou totalmente, em benefício do outro.

➡ Sem correspondência no CC/1916.

Os bens adquiridos por cada cônjuge, na constância do casamento, são particulares de cada um e eles responderão pela obrigação, exceto se houver tido o outro proveito da obrigação.

Art. 1.678. Se um dos cônjuges solveu uma dívida do outro com bens do seu patrimônio, o valor do pagamento deve ser atualizado e imputado, na data da dissolução, à meação do outro cônjuge.

➡ Sem correspondência no CC/1916.

O regime de participação final nos aquestos visa a garantir a divisão igualitária do patrimônio ao final da sociedade conjugal, seja por morte ou separação/divórcio. Desta maneira, caso haja desequilíbrio, por parte de um dos cônjuges, adimplindo obrigação de outro, haverá desconto no montante deste outro, no momento da partilha.

Art. 1.679. No caso de bens adquiridos pelo trabalho conjunto, terá cada um dos cônjuges uma quota igual no condomínio ou no crédito por aquele modo estabelecido.

➡ Sem correspondência no CC/1916.

Este artigo reafirma que, no caso de bens adquiridos por ambos os cônjuges, no momento da partilha dos bens, haverá divisão igualitária.

Art. 1.680. As coisas móveis, em face de terceiros, presumem-se do domínio do cônjuge devedor, salvo se o bem for de uso pessoal do outro.

➡ Sem correspondência no CC/1916.

Em relação a dívidas assumidas perante terceiros, os bens móveis do casal, salvo se de uso pessoal do outro cônjuge, serão considerados propriedade do cônjuge devedor.

Art. 1.681. Os bens imóveis são de propriedade do cônjuge cujo nome constar no registro. Parágrafo único. Impugnada a titularidade, caberá ao cônjuge proprietário provar a aquisição regular dos bens.

➡ Sem correspondência no CC/1916.

O Código Civil utiliza como padrão para determinar a titularidade dos bens imóveis o registro constante na matrícula do imóvel, deixando de lado o exame sobre a contribuição de

Arts. 1.681 a 1.685 — Almeida Guilherme

cada um para a aquisição do bem. Caso tenha sido adquirido por um dos cônjuges e conste o outro como titular, o que se sente lesado poderá impugnar a titularidade, provando a aquisição regular dos bens.

Art. 1.682. O direito à meação não é renunciável, cessível ou penhorável na vigência do regime matrimonial.

➡ Sem correspondência no CC/1916.

O legislador buscou deixar a salvo o direito ao patrimônio, adquirido pelo cônjuge, após a convivência, a fim de garantir que o outro, em caso de má-fé, fizesse com que houvesse desistência da parte que lhe é cabida em seu favor.

Art. 1.683. Na dissolução do regime de bens por separação judicial ou por divórcio, verificar-se-á o montante dos aquestos à data em que cessou a convivência.

➡ Sem correspondência no CC/1916.

No caso da dissolução da sociedade conjugal ou do vínculo matrimonial, por divórcio ou separação, a data em que cessou a convivência é o marco para a divisão dos bens, sendo o montante dos aquestos daquela data utilizado na meação.

Art. 1.684. Se não for possível nem conveniente a divisão de todos os bens em natureza, calcular-se-á o valor de alguns ou de todos para reposição em dinheiro ao cônjuge não proprietário.
Parágrafo único. Não se podendo realizar a reposição em dinheiro, serão avaliados e, mediante autorização judicial, alienados tantos bens quantos bastarem.

➡ Sem correspondência no CC/1916.

No caso de bens que os cônjuges não desejem ou não possam, por sua natureza, dividir, haverá avaliação do valor destes e o cônjuge proprietário procederá com a reposição pecuniária para o outro cônjuge. Caso o cônjuge proprietário não possua quantia necessária à esta reposição, mediante autorização judicial, os bens serão avaliados e alienados.

Art. 1.685. Na dissolução da sociedade conjugal por morte, verificar-se-á a meação do cônjuge sobrevivente de conformidade com os artigos antecedentes, deferindo-se a herança aos herdeiros na forma estabelecida neste Código.

➡ Sem correspondência no CC/1916.

Em caso de morte de um dos cônjuges, a meação será na forma estabelecida para o regime de participação final nos aquestos, e o restante do patrimônio, partilhado da maneira tradicionalmente prevista no Código.

Código Civil comentado e anotado   Arts. 1.686 a 1.689

Art. 1.686. As dívidas de um dos cônjuges, quando superiores à sua meação, não obrigam ao outro, ou a seus herdeiros.

➡ Sem correspondência no CC/1916.

As dívidas dos cônjuges, salvo se tiverem revertido em proveito do outro, são de responsabilidade única do cônjuge devedor, não obrigando nem seu parceiro e, tampouco, seus herdeiros.

CAPÍTULO VI
DO REGIME DE SEPARAÇÃO DE BENS

Art. 1.687. Estipulada a separação de bens, estes permanecerão sob a administração exclusiva de cada um dos cônjuges, que os poderá livremente alienar ou gravar de ônus real.

➡ Veja art. 276 do CC/1916.

Regime convencional de separação de bens. Estipulado pelos nubentes. Por este regime não se comunicam os bens particulares anteriores ou posteriores ao casamento, havendo dois patrimônios distintos, cada um administrando o seu. Neste regime, cada um deve concorrer para as despesas da família, nas devidas proporções de seu patrimônio e fruto do trabalho.

Art. 1.688. Ambos os cônjuges são obrigados a contribuir para as despesas do casal na proporção dos rendimentos de seu trabalho e de seus bens, salvo estipulação em contrário no pacto antenupcial.

➡ Veja art. 277 do CC/1916.

O art. 1.688 expressamente declara que, mesmo no regime da separação de bens, cabe a ambos os cônjuges contribuir, na proporção de seus rendimentos, para a manutenção do lar conjugal.

SUBTÍTULO II
DO USUFRUTO E DA ADMINISTRAÇÃO
DOS BENS DE FILHOS MENORES

Art. 1.689. O pai e a mãe, enquanto no exercício do poder familiar:
I – são usufrutuários dos bens dos filhos;
II – têm a administração dos bens dos filhos menores sob sua autoridade.

➡ Veja arts. 385 e 389 do CC/1916.

Em razão da situação de incapacidade dos filhos – por questão de idade ou outros fatores –, durante o exercício do poder familiar, cabe aos pais a administração dos bens dos filhos, assim como são estes usufrutuários destes bens.

901

Arts. 1.689 a 1.692 — Almeida Guilherme

- Cumprimento de sentença. Danos morais referentes a acidente de veículo (transporte de passageiros). Menor. Pretensão da genitora representante do menor ao levantamento do montante. Cabimento. Ausência de motivos determinantes para o indeferimento. Afirmação da mãe, que goza de presunção de boa-fé, de que o montante será destinado à alimentação, educação e desenvolvimento do menor. Inteligência do art. 227 da CF c/c art. 1.689, I e II, do CC. Decisão reformada. Recurso provido. (TJSP, AI n. 2030579-72.2015.8.26.0000/São Paulo, 38ª Câm. de Dir. Priv., rel. Fernando Sastre Redondo, j. 12.06.2015)

Art. 1.690. Compete aos pais, e na falta de um deles ao outro, com exclusividade, representar os filhos menores de dezesseis anos, bem como assisti-los até completarem a maioridade ou serem emancipados.

Parágrafo único. Os pais devem decidir em comum as questões relativas aos filhos e a seus bens; havendo divergência, poderá qualquer deles recorrer ao juiz para a solução necessária.

➤ Veja arts. 380, parágrafo único, e 384, V, do CC/1916.

Até que os filhos menores completem 16 anos, são representados pelos pais. Entre os 16 e 18 anos, são assistidos. Cabe aos pais exercerem estas funções em relação aos filhos e, como já estabelecido em outras situações pelo Código Civil, em caso de divergência entre os pais, estes podem recorrer ao Judiciário para chegar a um consenso.

Art. 1.691. Não podem os pais alienar, ou gravar de ônus real os imóveis dos filhos, nem contrair, em nome deles, obrigações que ultrapassem os limites da simples administração, salvo por necessidade ou evidente interesse da prole, mediante prévia autorização do juiz.

Parágrafo único. Podem pleitear a declaração de nulidade dos atos previstos neste artigo:
I – os filhos;
II – os herdeiros;
III – o representante legal.

➤ Veja arts. 386 e 388 do CC/1916.

A fim de proteger o patrimônio dos filhos, o Código Civil veda aos pais o direito de alienar ou gravar de ônus real os imóveis de seus descendentes, salvo em atenção aos interesses da prole, com autorização judicial. Tanto a alienação quanto o gravame, se realizados, poderão ter sua nulidade requisitada judicialmente pelos próprios filhos, seus herdeiros e seus representantes legais.

Art. 1.692. Sempre que no exercício do poder familiar colidir o interesse dos pais com o do filho, a requerimento deste ou do Ministério Público o juiz lhe dará curador especial.

➤ Veja art. 387 do CC/1916.

Nos casos de conflito de interesses entre os pais e os filhos, por solicitação do filho ou do Ministério Público, poderá ser nomeado curador especial.

Código Civil comentado e anotado   Arts. 1.693 e 1.694

Art. 1.693. Excluem-se do usufruto e da administração dos pais:

I – os bens adquiridos pelo filho havido fora do casamento, antes do reconhecimento;

II – os valores auferidos pelo filho maior de dezesseis anos, no exercício de atividade profissional e os bens com tais recursos adquiridos;

III – os bens deixados ou doados ao filho, sob a condição de não serem usufruídos, ou administrados, pelos pais;

IV – os bens que aos filhos couberem na herança, quando os pais forem excluídos da sucessão.

➡ Veja art. 391 do CC/1916.

O art. 1.693 lista os bens excluídos tanto do usufruto como da administração dos pais, enquanto vigente o poder familiar. São eles aqueles de propriedade dos filhos tidos fora do casamento, antes de havido o reconhecimento; salários e remunerações percebidos pelo filho maior de 16 anos; bens doados aos filhos com cláusula que vede a administração e o usufruto; e bens que são parte da herança dos filhos, em sucessão da qual os pais tenham sido excluídos.

SUBTÍTULO III
DOS ALIMENTOS

▪ Súmula n. 226 do STF: "Na ação de desquite, os alimentos são devidos desde a inicial e não da data da decisão que os concede".

▪ Súmula n. 379 do STF: "No acordo de desquite não se admite renúncia aos alimentos, que poderão ser pleiteados ulteriormente, verificados os pressupostos legais".

▪ Súmula n. 1 do STJ: "O foro do domicílio ou da residência do alimentando é o competente para a ação de investigação de paternidade, quando cumulada com a de alimentos".

▪ Súmula n. 277 do STJ: "Julgada procedente a investigação de paternidade, os alimentos são devidos a partir da citação".

▪ Súmula n. 336 do STJ: "A mulher que renunciou aos alimentos na separação judicial tem direito à pensão previdenciária por morte do ex-marido, comprovada a necessidade econômica superveniente".

Art. 1.694. Podem os parentes, os cônjuges ou companheiros pedir uns aos outros os alimentos de que necessitem para viver de modo compatível com a sua condição social, inclusive para atender às necessidades de sua educação.

§ 1º Os alimentos devem ser fixados na proporção das necessidades do reclamante e dos recursos da pessoa obrigada.

§ 2º Os alimentos serão apenas os indispensáveis à subsistência, quando a situação de necessidade resultar de culpa de quem os pleiteia.

➡ Veja art. 396 do CC/1916.

O dever legal de prestar alimentos fundamenta-se na solidariedade familiar, sendo uma obrigação personalíssima devida pelo alimentante em razão de parentesco que o liga ao ali-

903

mentando, e em razão do dever legal de assistência em relação a cônjuge ou companheiro necessitado. O instituto jurídico dos alimentos visa a garantir a um parente, cônjuge ou convivente aquilo que lhe é necessário à sua manutenção, assegurando-lhe os meios de subsistência, compatíveis com sua condição social. Abrange também recursos para atender às necessidades de sua educação, principalmente se o credor de alimentos for menor (art. 1.701, *in fine*, do CC). Na relação jurídico-familiar, o parente que em princípio é devedor de alimentos poderá reclamá-los do outro se deles vier a precisar. A obrigação de prestar alimentos é recíproca entre ascendentes, descendentes, colaterais de segundo grau e ex-cônjuge, ou ex-companheiro, em caso de *união estável*, desde que tenha havido vida em comum ou prole, provando sua necessidade, enquanto não vier a constituir nova união (Leis ns. 8.971/94, art. 1º, *caput* e parágrafo único, e 9.278/96, art. 7º). Imprescindível será que haja proporcionalidade na fixação dos alimentos entre as necessidades do alimentando e os recursos econômico-financeiros do alimentante, sendo que a equação desses dois fatores deverá ser feita, em cada caso concreto, levando-se em conta que a pensão alimentícia será concedida sempre *ad necessitatem*.

■ Súmula n. 358 do STJ: "O cancelamento de pensão alimentícia de filho que atingiu a maioridade está sujeito à decisão judicial, mediante contraditório, ainda que nos próprios autos".

■ Enunciado n. 522 da V Jornada de Direito Civil: "Cabe prisão civil do devedor nos casos de não prestação de alimentos gravídicos estabelecidos com base na Lei n. 11.804/2008, inclusive deferidos em qualquer caso de tutela de urgência".

■ Enunciado n. 573 da VI Jornada de Direito Civil: "Na apuração da possibilidade do alimentante, observar-se-ão os sinais exteriores de riqueza".

■ Enunciado n. 20 do IBDFAM: "O alimentante que, dispondo de recursos econômicos, adota subterfúgios para não pagar ou para retardar o pagamento de verba alimentar, incorre na conduta descrita no art. 7º, inc. IV, da Lei n. 11.340/2006 (violência patrimonial)".

■ Apelação. Alimentos. O montante da pensão alimentícia deve ser fixado na proporção das necessidades do reclamante e dos recursos da pessoa obrigada. Art. 1.694, § 1º, do CC. Conquanto não se discuta que a pensão alimentícia arbitrada em um salário mínimo nacional se afigure, aparentemente, insuficiente para suprir todas as necessidades de uma criança, cumpre ressaltar que tal montante se coaduna com a capacidade financeira do alimentante que, além de possuir mais dois filhos menores, demonstrou, pelo menos, aparentemente estar desempregado. Recursos a que se negam provimento. (TJSP, Ap. 0029169-72.2013.8.26.0100/São Paulo, 9ª Câm. de Dir. Priv., rel. Mauro Conti Machado, j. 07.07.2015)

Art. 1.695. São devidos os alimentos quando quem os pretende não tem bens suficientes, nem pode prover, pelo seu trabalho, à própria mantença, e aquele, de quem se reclamam, pode fornecê-los, sem desfalque do necessário ao seu sustento.

➡ Veja art. 399 do CC/1916.

As necessidades do alimentando e possibilidades do alimentante formam o binômio reconhecido também no art. 1.694 do Código Civil. Assim, deve ser avaliada a capacidade finan-

Código Civil comentado e anotado   Arts. 1.695 a 1.697

ceira do alimentante, que deverá cumprir sua obrigação alimentar sem que ocorra desfalque do necessário a seu próprio sustento.

■ Enunciado n. 342 da IV Jornada de Direito Civil: "Observadas as suas condições pessoais e sociais, os avós somente serão obrigados a prestar alimentos aos netos em caráter exclusivo, sucessivo, complementar e não solidário, quando os pais destes estiverem impossibilitados de fazê-lo, caso em que as necessidades básicas dos alimentandos serão aferidas, prioritariamente, segundo o nível econômico-financeiro dos seus genitores".

■ Enunciado n. 572 da VI Jornada de Direito Civil: "Mediante ordem judicial, é admissível, para a satisfação do crédito alimentar atual, o levantamento do saldo de conta vinculada ao FGTS".

Art. 1.696. O direito à prestação de alimentos é recíproco entre pais e filhos, e extensivo a todos os ascendentes, recaindo a obrigação nos mais próximos em grau, uns em falta de outros.

➡ Veja art. 397 do CC/1916.

O direito a alimentos é recíproco entre pais e filhos, estendendo-se a todos os ascendentes, sempre prevalecendo o grau mais próximo. Na falta de descendentes, a obrigação alimentar passará aos irmãos. Não pode ultrapassar os colaterais de 2º grau. São pressupostos ao direito de alimentos: parentesco consanguíneo em linha reta ou colateral até 2º grau (não se deve alimentos por parentesco por afinidade); dissolução do vínculo conjugal (dever de sustento); e término da união estável.

■ Súmula n. 596 do STJ: "A obrigação alimentar dos avós tem natureza complementar e subsidiária, somente se configurando no caso de impossibilidade total ou parcial de seu cumprimento pelos pais".

■ Enunciado n. 522 da V Jornada de Direito Civil: "Cabe prisão civil do devedor nos casos de não prestação de alimentos gravídicos estabelecidos com base na Lei n. 11.804/2008, inclusive deferidos em qualquer caso de tutela de urgência".

■ Enunciado n. 10 do IBDFAM: "É cabível o reconhecimento do abandono afetivo em relação aos ascendentes idosos".

■ Enunciado n. 34 do IBDFAM: "É possível a relativização do princípio da reciprocidade, acerca da obrigação de prestar alimentos entre pais e filhos, nos casos de abandono afetivo e material pelo genitor que pleiteia alimentos, fundada no princípio da solidariedade familiar, que o genitor nunca observou".

Art. 1.697. Na falta dos ascendentes cabe a obrigação aos descendentes, guardada a ordem de sucessão e, faltando estes, aos irmãos, assim germanos como unilaterais.

➡ Veja art. 398 do CC/1916.

O art. 1.697 trata que os parentes podem exigir uns dos outros os alimentos de que necessitarem para subsistir, recaindo a obrigação nos mais próximos em grau, uns em falta dos ou-

905

Arts. 1.697 a 1.699 — Almeida Guilherme

tros. Entende-se por parente a pessoa que está ligada a outra por laços de consanguinidade ou de afinidade. É o que pertence à mesma família ou está ligado a ela. Segundo o grau de parentesco, que se anota entre os parentes, se mostram próximos, afastados ou remotos. Mede-se a proximidade ou afastamento pela distância de grau que separa os parentes. Assim, quanto menor o grau, mais próximo é o parente. Conforme pacificado pela doutrina e jurisprudência, não se aplica a regra de que os mais próximos excluem os mais remotos, pois os mais distantes podem ser compelidos a suprir os alimentos se aqueles não tiverem condições econômicas de fornecê-los ou, ainda, não tiverem condições de arcar com a totalidade do encargo, inclusive, e com base no artigo anterior (1.696 do CC), quando os parentes das classes anteriores não tiverem condições de suportar integralmente a obrigação, poderão ser chamados os das classes seguintes para arcar com a pensão, por exemplo, neto em face do avô ou o inverso.

Art. 1.698. Se o parente, que deve alimentos em primeiro lugar, não estiver em condições de suportar totalmente o encargo, serão chamados a concorrer os de grau imediato; sendo várias as pessoas obrigadas a prestar alimentos, todas devem concorrer na proporção dos respectivos recursos, e, intentada ação contra uma delas, poderão as demais ser chamadas a integrar a lide.

➡ Sem correspondência no CC/1916.

Entende-se aqui que, na ação de alimentos em que ficar constatado que o parente que deve alimentos em primeiro lugar não tem condições financeiras de arcar sozinho com as despesas, os parentes de grau imediato poderão ser chamados à lide para contribuir, na razão de suas possibilidades, com os alimentos.

■ Enunciado n. 523 da V Jornada de Direito Civil: "O chamamento dos codevedores para integrar a lide, na forma do art. 1.698 do Código Civil, pode ser requerido por qualquer das partes, bem como pelo Ministério Público, quando legitimado".

■ Embargos de declaração. Ação revisional de alimentos. Insurgência interposta contra v. acórdão que deu provimento a recurso de apelação, reformando julgamento de procedência de ação revisional de alimentos. Alegação de omissão quantos aos arts. 1.695, 1.696 e 1.699 do CC. Inexistência de qualquer dos vícios apontados no art. 535 do CPC. Dispositivos legais devidamente prequestionados. Embargos rejeitados. (TJSP, Emb. Decl. n. 0338641-63.2009.8.26.0100/São Paulo, 7ª Câm. de Dir. Priv., rel. Henrique Nelson Calandra, j. 28.01.2015)

Art. 1.699. Se, fixados os alimentos, sobrevier mudança na situação financeira de quem os supre, ou na de quem os recebe, poderá o interessado reclamar ao juiz, conforme as circunstâncias, exoneração, redução ou majoração do encargo.

➡ Veja art. 401 do CC/1916.

O princípio que rege os alimentos é o da *necessidade* de quem os pleiteia e a *possibilidade* de quem os presta (binômio: necessidade *versus* possibilidade). O valor será fixado de comum acordo ou judicialmente. Havendo alteração nas condições de quem supre ou de quem recebe, poderá se reclamar ao juiz, pedindo exoneração, redução ou majoração do valor.

Código Civil comentado e anotado   Arts. 1.699 a 1.702

■ Apelação cível. Ação de alimentos. Filho menor. Majoração. Binômio necessidade/possibilidade. Arts. 1.695 e 1.699 do CC. Haja vista a ausência de comprovação de pressuposto necessário à modificação dos alimentos fixados judicialmente. Possibilidade do alimentante. Não cabe a majoração da verba alimentar pretendida. Recurso desprovido. (TJRS, Ap. Cível n. 70.064.689.813, 7ª Câm. Cível, rel. Liselena Schifino Robles Ribeiro, j. 24.06.2015)

Art. 1.700. A obrigação de prestar alimentos transmite-se aos herdeiros do devedor, na forma do art. 1.694.

➡ Veja art. 402 do CC/1916, revogado pelo art. 23 da Lei do Divórcio (Lei n. 6.515/77).

Havendo morte do alimentante, a obrigação transfere-se aos herdeiros, que estarão obrigados somente até as forças da herança. Se o credor também for herdeiro do falecido, entende-se que as prestações futuras, além da restrição das forças da herança, dependerão da apuração da nova situação do credor, que poderá ter sido alterada em razão da participação na herança, conforme ensina Euclides de Oliveira (IBDFam).

■ Enunciado n. 343 da IV Jornada de Direito Civil: "A transmissibilidade da obrigação alimentar é limitada às forças da herança".

Art. 1.701. A pessoa obrigada a suprir alimentos poderá pensionar o alimentando, ou dar-lhe hospedagem e sustento, sem prejuízo do dever de prestar o necessário à sua educação, quando menor.
Parágrafo único. Compete ao juiz, se as circunstâncias o exigirem, fixar a forma do cumprimento da prestação.

➡ Veja art. 403 do CC/1916.

Pode ser prestado por meio da pensão ou dando-lhe hospedagem e sustento, em sua própria casa.

■ Súmula n. 277 do STJ: "Julgada procedente a investigação de paternidade, os alimentos são devidos a partir da citação".

■ Súmula n. 358 do STJ: "O cancelamento de pensão alimentícia de filho que atingiu a maioridade está sujeito à decisão judicial, mediante contraditório, ainda que nos próprios autos".

■ Enunciado n. 344 da IV Jornada de Direito Civil: "A obrigação alimentar originada do poder familiar, especialmente para atender às necessidades educacionais, pode não cessar com a maioridade".

■ Enunciado n. 572 da VI Jornada de Direito Civil: "Mediante ordem judicial, é admissível, para a satisfação do crédito alimentar atual, o levantamento do saldo de conta vinculada ao FGTS".

Art. 1.702. Na separação judicial litigiosa, sendo um dos cônjuges inocente e desprovido de recursos, prestar-lhe-á o outro a pensão alimentícia que o juiz fixar, obedecidos os critérios estabelecidos no art. 1.694.

Arts. 1.702 a 1.704   Almeida Guilherme

➡ Sem correspondência no CC/1916.
➡ Veja art. 19 da Lei do Divórcio (Lei n. 6.515/77).

Em relação aos alimentos entre os cônjuges, os efeitos também variam conforme o tipo de separação. Veja-se: (i) separação consensual: a petição inicial deve especificar se os alimentos serão ou não devidos. Se for omissa a esse respeito presume-se que o cônjuge não os necessita. Acrescente-se, ainda, que a omissão não é óbice para a homologação da separação judicial, a não ser em casos de extrema necessidade (*vide* Súmula n. 379 do STF e arts. 1.694, CC/2002, 1.707, CC/1916); e (ii) na separação-sanção: o cônjuge inocente receberá pensão do outro cônjuge caso precise.

▪ Enunciado n. 133 da I Jornada de Direito Civil: "Proposição sobre o art. 1.702: Proposta: alterar o dispositivo para: 'Na separação judicial, sendo um dos cônjuges desprovido de recursos, prestar-lhe-á o outro pensão alimentícia nos termos do que houverem acordado ou do que vier a ser fixado judicialmente, obedecidos os critérios do art. 1.694'".

▪ Apelação cível. Ação de reconhecimento e dissolução de união estável. Alimentos. Binômio necessidade/possibilidade. Dever de mútua assistência. Os alimentos entre os companheiros têm caráter de mútua assistência (art. 1.566, III, do CC), encontrando-se amparados no dever da solidariedade familiar (arts. 1.694, 1.702 e 1.704, *caput*, do CC). A fixação dos alimentos em favor da ex-companheira exige a prova da impossibilidade desta em prover o próprio sustento. Negaram provimento ao agravo de instrumento. (TJRS, Ap. Cível n. 70.064.440.746, 8ª Câm. Cível, rel. Alzir Felippe Schmitz, j. 16.07.2015)

Art. 1.703. Para a manutenção dos filhos, os cônjuges separados judicialmente contribuirão na proporção de seus recursos.

➡ Sem correspondência no CC/1916.
➡ Veja art. 20 da Lei do Divórcio (Lei n. 6.515/77).

A criação e a educação dos filhos, com a separação, será garantida por meio da prestação alimentícia. Cada cônjuge concorrerá com quantia proporcional aos seus recursos. O *quantum* será fixado de comum acordo, na separação consensual ou, na separação litigiosa, será arbitrado pelo juiz.

Art. 1.704. Se um dos cônjuges separados judicialmente vier a necessitar de alimentos, será o outro obrigado a prestá-los mediante pensão a ser fixada pelo juiz, caso não tenha sido declarado culpado na ação de separação judicial.
Parágrafo único. Se o cônjuge declarado culpado vier a necessitar de alimentos, e não tiver parentes em condições de prestá-los, nem aptidão para o trabalho, o outro cônjuge será obrigado a assegurá-los, fixando o juiz o valor indispensável à sobrevivência.

➡ Sem correspondência no CC/1916.
➡ Veja art. 19 da Lei do Divórcio (Lei n. 6.515/77).

O art. 1.704 trata da questão da condenação de culpa a um dos cônjuges no caso da separação judicial. O cônjuge inocente, caso necessite de alimentos, poderá receber pensão, fi-

Código Civil comentado e anotado   Arts. 1.704 a 1.707

xada pelo juiz, do cônjuge culpado. O cônjuge consagrado culpado, por sua vez, se necessitar de alimentos e não tiver nenhum outro parente que possa assumir a obrigação, receberá pensão do cônjuge inocente, fixada pelo juiz.

> ▪ Enunciado n. 134 da I Jornada de Direito Civil: "Proposição sobre o art. 1.704, *caput*. Proposta: alterar o dispositivo para: 'Se um dos cônjuges separados judicialmente vier a necessitar de alimentos e não tiver parentes em condições de prestá-los nem aptidão para o trabalho, o ex-cônjuge será obrigado a prestá-los mediante pensão a ser fixada pelo juiz, em valor indispensável à sobrevivência'. Revoga-se, por consequência, o parágrafo único do art. 1.704. § 2º 'Contestada a filiação, os herdeiros do impugnante têm direito de prosseguir na ação'".

Art. 1.705. Para obter alimentos, o filho havido fora do casamento pode acionar o genitor, sendo facultado ao juiz determinar, a pedido de qualquer das partes, que a ação se processe em segredo de justiça.

> ➡ Sem correspondência no CC/1916.

O filho havido fora do matrimônio poderá solicitar pagamento de pensão alimentícia ao genitor e é possível que o juiz determine segredo de justiça para o processo.

Art. 1.706. Os alimentos provisionais serão fixados pelo juiz, nos termos da lei processual.

> ➡ Sem correspondência no CC/1916.

Alimentos provisionais. São aqueles dados em caráter cautelar. São os fixados pelo juiz antes que tenha havido decisão efetiva da ação de alimentos, de separação, divórcio, nulidade ou anulação de casamento. O grande objetivo do estabelecimento de alimentos provisionais é a garantia do sustento do alimentando antes de decidida a matéria em discussão no judiciário.

> ▪ Enunciado n. 522 da V Jornada de Direito Civil: "Cabe prisão civil do devedor nos casos de não prestação de alimentos gravídicos estabelecidos com base na Lei n. 11.804/2008, inclusive deferidos em qualquer caso de tutela de urgência".

Art. 1.707. Pode o credor não exercer, porém lhe é vedado renunciar o direito a alimentos, sendo o respectivo crédito insuscetível de cessão, compensação ou penhora.

> ➡ Veja art. 404 do CC/1916.

É imprescritível, irrenunciável e impenhorável o direito de alimentos, abrangendo: alimentação, habitação, vestuário, medicamentos, estudo, diversão etc.

> ▪ Súmula n. 336 do STJ: "A mulher que renunciou aos alimentos na separação judicial tem direito à pensão previdenciária por morte do ex-marido, comprovada a necessidade econômica superveniente".

Arts. 1.707 a 1.709 — Almeida Guilherme

■ Enunciado n. 263 da III Jornada de Direito Civil: "O art. 1.707 do Código Civil não impede que seja reconhecida válida e eficaz a renúncia manifestada por ocasião do divórcio (direto ou indireto) ou da dissolução da 'união estável'. A irrenunciabilidade do direito a alimentos somente é admitida enquanto subsista vínculo de Direito de Família".

■ Obrigação de fazer. Acordo extrajudicial em que o apelante renunciou às prestações vencidas e vincendas de alimentos fixados por sentença judicial até a sua maioridade, o que afronta o disposto no art. 1.707 do CC. Em contraprestação da renúncia, o apelado obrigou-se a transmitir ao apelante um terreno de 240 m². O apelado tem somente a posse de uma gleba de terras, sem título de domínio ou matrícula no registro imobiliário. Não há base legal que permita destacar-se o lote prometido ao apelante. Ineficaz a renúncia aos alimentos, estaria quebrado o sinalagma do acordo extrajudicial. Logo, conclui-se o negócio jurídico como nulo. Cabe ao apelante excutir o seu crédito alimentar pela via adequada. Sentença mantida. Recurso improvido. (TJSP, Ap. n. 0002132-53.2014.8.26.0450/Piracaia, 1ª Câm. de Dir. Priv., rel. Paulo Eduardo Razuk, j. 17.03.2015)

Art. 1.708. Com o casamento, a união estável ou o concubinato do credor, cessa o dever de prestar alimentos.

Parágrafo único. Com relação ao credor cessa, também, o direito a alimentos, se tiver procedimento indigno em relação ao devedor.

➡ Sem correspondência no CC/1916.
➡ Veja art. 29 da Lei do Divórcio.

O casamento, a união estável ou o concubinato do ex-cônjuge, credor de alimentos, cessam o dever de prestar alimentos pelo ex-cônjuge, devedor. O procedimento indigno também cessa o dever.

■ Enunciado n. 264 da III Jornada de Direito Civil: "Na interpretação do que seja procedimento indigno do credor, apto a fazer cessar o direito a alimentos, aplicam-se, por analogia, as hipóteses dos incisos I e II do art. 1.814 do Código Civil".

■ Enunciado n. 265 da III Jornada de Direito Civil: "Na hipótese de concubinato, haverá necessidade de demonstração da assistência material prestada pelo concubino a quem o credor de alimentos se uniu".

■ Enunciado n. 344 da IV Jornada de Direito Civil: "A obrigação alimentar originada do poder familiar, especialmente para atender às necessidades educacionais, pode não cessar com a maioridade".

Art. 1.709. O novo casamento do cônjuge devedor não extingue a obrigação constante da sentença de divórcio.

➡ Sem correspondência no CC/1916.
➡ Veja art. 30 da Lei do Divórcio (Lei n. 6.515/77).

Complementando o art. 1.708, o art. 1.709 estabelece que, casando-se o devedor de alimentos, o credor continuará a receber os alimentos.

Código Civil comentado e anotado   Arts. 1.710 e 1.711

Art. 1.710. As prestações alimentícias, de qualquer natureza, serão atualizadas segundo índice oficial regularmente estabelecido.

➡ Sem correspondência no CC/1916.
➡ Veja art. 22 da Lei do Divórcio (Lei n. 6.515/77).

A fim de garantir o poder de compra e a finalidade da verba alimentícia, ou seja, o sustento do alimentando, o legislador expressa a possibilidade de aplicação de correção sobre o valor estabelecido pelo juiz.

SUBTÍTULO IV
DO BEM DE FAMÍLIA

▪ Súmula n. 205 do STJ: "A Lei n. 8.009/90, aplica-se à penhora realizada antes de sua vigência".

▪ Súmula n. 449 do STJ: "A vaga de garagem que possui matrícula própria no registro de imóveis não constitui bem de família para efeito de penhora".

Art. 1.711. Podem os cônjuges, ou a entidade familiar, mediante escritura pública ou testamento, destinar parte de seu patrimônio para instituir bem de família, desde que não ultrapasse um terço do patrimônio líquido existente ao tempo da instituição, mantidas as regras sobre a impenhorabilidade do imóvel residencial estabelecida em lei especial.
Parágrafo único. O terceiro poderá igualmente instituir bem de família por testamento ou doação, dependendo a eficácia do ato da aceitação expressa de ambos os cônjuges beneficiados ou da entidade familiar beneficiada.

➡ Veja art. 70 do CC/1916.

Bem de família. É uma parte do patrimônio dos cônjuges, protegido por lei, para que este não seja passivo de execução por dívidas futuras, pois na falta deste a base da entidade familiar ver-se-á abalada. O instituto tem como objetivo proteger o lar familiar, assegurando-o de penhoras ou possível alienação, salvo débitos que tenham origem de impostos relativos ao prédio. É de suma importância evitar a confusão feita entre o bem de família e a impenhorabilidade do único imóvel de família (Lei n. 8.009/90, arts. 1º, 2º e 4º, § 2º), bem como com a dos imóveis que o guarnecem. Vale lembrar que, de acordo com o art. 82 da Lei n. 8.245/91, o único bem do fiador é suscetível de penhora, o legislador afastou a impenhorabilidade do bem imóvel residencial no nome do fiador que concedeu fiança ante um contrato de locação (Lei n. 8.245/91). *Vide* art. 3º da Lei n. 8.009/90.

▪ Súmula n. 205 do STJ: "A Lei n. 8.009/90, aplica-se à penhora realizada antes de sua vigência".

▪ Súmula n. 364 do STJ: "O conceito de impenhorabilidade de bem de família abrange também o imóvel pertencente a pessoas solteiras, separadas e viúvas".

▪ Súmula n. 486 do STJ: "É impenhorável o único imóvel residencial do devedor que esteja locado a terceiros, desde que a renda obtida com a locação seja revertida para a subsistência ou a moradia da sua família".

911

Arts. 1.712 a 1.714 — Almeida Guilherme

Art. 1.712. O bem de família consistirá em prédio residencial urbano ou rural, com suas pertenças e acessórios, destinando-se em ambos os casos a domicílio familiar, e poderá abranger valores mobiliários, cuja renda será aplicada na conservação do imóvel e no sustento da família.

➡ Sem correspondência no CC/1916.

Pode o bem de família ser constituído:

a) pelos cônjuges, ou conviventes, mediante escritura pública ou testamento, destinando parte de seu patrimônio à moradia ou sustento da família, desde que não ultrapasse um terço dos bens líquidos existentes ao tempo da instituição. Consequentemente, quem possuir apenas um imóvel não poderá fazer uso dessa instituição, pois seu objeto não pode passar de um terço do patrimônio líquido;

b) por terceiro, por testamento ou doação, desde que ambos os cônjuges ou a entidade familiar, que foram beneficiados, aceitem expressamente a liberalidade.

▪ Súmula n. 449 do STJ: "A vaga de garagem que possui matrícula própria no registro de imóveis não constitui bem de família para efeito de penhora".

Art. 1.713. Os valores mobiliários, destinados aos fins previstos no artigo antecedente, não poderão exceder o valor do prédio instituído em bem de família, à época de sua instituição.

§ 1º Deverão os valores mobiliários ser devidamente individualizados no instrumento de instituição do bem de família.

§ 2º Se se tratar de títulos nominativos, a sua instituição como bem de família deverá constar dos respectivos livros de registro.

§ 3º O instituidor poderá determinar que a administração dos valores mobiliários seja confiada a instituição financeira, bem como disciplinar a forma de pagamento da respectiva renda aos beneficiários, caso em que a responsabilidade dos administradores obedecerá às regras do contrato de depósito.

➡ Sem correspondência no CC/1916.

O legislador limita o valor que pode ser utilizado para conversão de valores mobiliários em bem de família, não podendo ultrapassar o preço do próprio imóvel do bem de família. Aponta que tais valores devem estar minuciosamente discriminados no instrumento que institui o bem de família. Relata também a necessidade de registro em livro próprio, caso se trate de títulos nominativos e, por fim, possibilita que o instituidor do bem de família determine que a administração dos valores mobiliários seja feita por instituição financeira, além de determinar a maneira do pagamento da renda dos valores mobiliários aos beneficiários, tomando-se a responsabilidade dos administradores mesmo que em um contrato de depósito.

Art. 1.714. O bem de família, quer instituído pelos cônjuges ou por terceiro, constitui-se pelo registro de seu título no Registro de Imóveis.

➡ Veja art. 73 do CC/1916.

912

Código Civil comentado e anotado — Arts. 1.714 a 1.718

Para que seja oponível perante terceiros, o bem de família deverá conter averbação na matrícula no Registro de Imóveis.

Art. 1.715. O bem de família é isento de execução por dívidas posteriores à sua instituição, salvo as que provierem de tributos relativos ao prédio, ou de despesas de condomínio.

Parágrafo único. No caso de execução pelas dívidas referidas neste artigo, o saldo existente será aplicado em outro prédio, como bem de família, ou em títulos da dívida pública, para sustento familiar, salvo se motivos relevantes aconselharem outra solução, a critério do juiz.

➡ Veja art. 70, *caput*, do CC/1916.

A isenção de execução por dívidas durará enquanto viver um dos cônjuges ou, na falta destes, até que os filhos completem a maioridade (art. 1.716 do CC). A extinção da sociedade conjugal não extingue o bem de família. Porém, havendo término desta sociedade por falecimento, o cônjuge sobrevivente poderá pedir a extinção do bem de família e levá-lo a inventário. Importante dizer que o bem de família do Código Civil não se confunde com o bem de família da Lei n. 8.009/90, que trata da impenhorabilidade do único imóvel em que a família resida.

Art. 1.716. A isenção de que trata o artigo antecedente durará enquanto viver um dos cônjuges, ou, na falta destes, até que os filhos completem a maioridade.

➡ Veja art. 70, parágrafo único, do CC/1916.

O bem de família tem o intuito de garantir a moradia da unidade familiar. Nesse sentido, falecendo um dos cônjuges ou completando os filhos menores a maioridade, não haverá mais a isenção do art. 1.715. Entende-se que, em caso de filhos incapazes por motivo diferente da idade, permanece a isenção por quanto tempo a incapacidade se sustentar.

Art. 1.717. O prédio e os valores mobiliários, constituídos como bem da família, não podem ter destino diverso do previsto no art. 1.712 ou serem alienados sem o consentimento dos interessados e seus representantes legais, ouvido o Ministério Público.

➡ Veja art. 72 do CC/1916.

A finalidade do bem de família é a moradia familiar e só é possível alienação desse bem com consentimento do Ministério Público, ouvidos o menor envolvido ou seus representantes legais.

Art. 1.718. Qualquer forma de liquidação da entidade administradora, a que se refere o § 3º do art. 1.713, não atingirá os valores a ela confiados, ordenando o juiz a sua transferência para outra instituição semelhante, obedecendo-se, no caso de falência, ao disposto sobre pedido de restituição.

➡ Sem correspondência no CC/1916.

913

A disposição visa a proteger os valores mobiliários sob responsabilidade de entidades administradoras, no caso de falência e liquidação desta. Tais valores não podem ser penhorados, e o juiz ordenará a transferência para instituição assemelhada.

Art. 1.719. Comprovada a impossibilidade da manutenção do bem de família nas condições em que foi instituído, poderá o juiz, a requerimento dos interessados, extingui-lo ou autorizar a sub-rogação dos bens que o constituem em outros, ouvidos o instituidor e o Ministério Público.

➡ Sem correspondência no CC/1916.

Em caso de impossibilidade de manutenção do bem de família como foi constituído, poderá haver extinção ou sub-rogação dos bens, ouvidos o Ministério Público e aquele que instituiu o bem de família.

Art. 1.720. Salvo disposição em contrário do ato de instituição, a administração do bem de família compete a ambos os cônjuges, resolvendo o juiz em caso de divergência.
Parágrafo único. Com o falecimento de ambos os cônjuges, a administração passará ao filho mais velho, se for maior, e, do contrário, a seu tutor.

➡ Sem correspondência no CC/1916.

Compete a ambos os cônjuges a administração do bem de família, a menos que tenha havido determinação diferente no instrumento de instituição do bem de família. Na ausência de ambos os cônjuges, em caso de falecimento, a administração passa ao filho, se maior, ou a seu tutor, se menor.

Art. 1.721. A dissolução da sociedade conjugal não extingue o bem de família.
Parágrafo único. Dissolvida a sociedade conjugal pela morte de um dos cônjuges, o sobrevivente poderá pedir a extinção do bem de família, se for o único bem do casal.

➡ Sem correspondência no CC/1916.

Tendo em vista todas as outras obrigações que sobrevivem ao fim da sociedade conjugal, o bem de família permanece nesses casos cumprindo suas funções. Em caso de falecimento de um dos cônjuges, é facultado ao sobrevivente solicitar a extinção do bem, caso seja o único bem da família.

Art. 1.722. Extingue-se, igualmente, o bem de família com a morte de ambos os cônjuges e a maioridade dos filhos, desde que não sujeitos a curatela.

➡ Veja art. 70, parágrafo único, do CC/1916.

Com o falecimento de ambos os cônjuges e sendo os filhos capazes, está extinto o bem de família.

Código Civil comentado e anotado

Art. 1.723

TÍTULO III
DA UNIÃO ESTÁVEL

Art. 1.723. É reconhecida como entidade familiar a união estável entre o homem e a mulher, configurada na convivência pública, contínua e duradoura e estabelecida com o objetivo de constituição de família.

§ 1º A união estável não se constituirá se ocorrerem os impedimentos do art. 1.521; não se aplicando a incidência do inciso VI no caso de a pessoa casada se achar separada de fato ou judicialmente.

§ 2º As causas suspensivas do art. 1.523 não impedirão a caracterização da união estável.

➡ Sem correspondência no CC/1916.

A união estável (*more uxorio*) será reconhecida como entidade familiar se não ocorrerem os impedimentos do art. 1.521 e se as causas suspensivas do art. 1.523 não impedirem a união. Tendo em vista a não aplicação dos artigos caracterizados, faz-se indispensável os seguintes elementos para a caracterização da união estável: (I) diversidade de sexo; (II) ausência de matrimônio válido e de impedimento matrimonial entre os companheiros, não se aplicando, contudo, o art. 1.521, VI, do Código Civil, no caso de a pessoa se achar separada de fato ou judicialmente; (III) convivência *more uxorio* pública, contínua e duradoura; (IV) constituição de uma família.

União homoafetiva. No dia 04 de maio de 2011, os ministros do Supremo Tribunal Federal (STF) reconheceram juridicamente a validade da união estável entre pessoas do mesmo sexo, no julgamento da Ação Direta de Inconstitucionalidade (ADIn) n. 4.277 e a Arguição de Descumprimento de Preceito Fundamental (ADPF) n. 132. Entenderam os ministros que a Constituição veda discriminações de qualquer natureza e que o impedimento para que casais homossexuais tenham seu direito reconhecido é uma ofensa a tal princípio.

■ Enunciado n. 524 da V Jornada de Direito Civil: "As demandas envolvendo união estável entre pessoas do mesmo sexo constituem matéria de direito de família".

■ Enunciado n. 525 da V Jornada de Direito Civil: "Os arts. 1.723, § 1º, 1.790, 1.829 e 1.830 do Código Civil admitem a concorrência sucessória entre cônjuge e companheiro sobreviventes na sucessão legítima, quanto aos bens adquiridos onerosamente na união estável".

■ Enunciado n. 42 do IBDFAM: "O namoro qualificado, diferentemente da união estável, não engloba todos os requisitos cumulativos presentes no art. 1.723 do Código Civil".

■ Apelação. Direito civil. Família. Ação de reconhecimento e dissolução de união estável. Prova. Ausência. Mero namoro. 1. Não se reconhece a união estável quando ausentes os requisitos da união contínua, fidelidade, estabilidade, mútua assistência e ânimo de constituir família. Alegada união que não se reveste dos requisitos estatuídos no art. 1.723 do CC. 2. Comprovado que a publicidade do relacionamento era de namoro, ainda que com intimidade, mas ausente prova cabal da residência sob o mesmo teto e da intenção de constituir família, a improcedência da ação se impõe. Recurso desprovido. (TJRS, Ap. Cível n. 70.065.287.575, 7ª Câm. Cível, rel. Liselena Schifino Robles Ribeiro, j. 29.07.2015)

Arts. 1.724 a 1.726   Almeida Guilherme

Art. 1.724. As relações pessoais entre os companheiros obedecerão aos deveres de lealdade, respeito e assistência, e de guarda, sustento e educação dos filhos.

➡ Sem correspondência no CC/1916.

A relação entre os companheiros deverá ser regida pelo respeito, pela lealdade, pela assistência e pela responsabilidade de ambos pela guarda, pelo sustento e pela educação dos filhos.

Art. 1.725. Na união estável, salvo contrato escrito entre os companheiros, aplica-se às relações patrimoniais, no que couber, o regime da comunhão parcial de bens.

➡ Sem correspondência no CC/1916.

Quanto ao aspecto patrimonial, podem os companheiros elaborar contrato escrito (similar ao pacto antenupcial). Na sua ausência, aplica-se, no que couber, o regime da comunhão parcial de bens.

■ Enunciado n. 115 da I Jornada de Direito Civil: "Há presunção de comunhão de aquestos na constância da união extramatrimonial mantida entre os companheiros, sendo desnecessária a prova do esforço comum para se verificar a comunhão dos bens".

■ Enunciado n. 346 da IV Jornada de Direito Civil: "Na união estável o regime patrimonial obedecerá à norma vigente no momento da aquisição de cada bem, salvo contrato escrito".

■ Enunciado n. 30 do IBDFAM: "Nos casos de eleição de regime de bens diverso do legal na união estável, é necessário contrato escrito, a fim de assegurar eficácia perante terceiros".

■ União estável. Reconhecimento. Pedido de partilha das quotas sociais de empresa adquirida pela ré. Sentença que julgou parcialmente procedente o pedido para reconhecer a existência da união estável no período de 2007 a 2012 e afastou a partilha. Empresa adquirida pela ré na constância da união estável. Necessidade de partilha. Na união estável, salvo contrato escrito entre os companheiros, aplica-se às relações patrimoniais, no que couber, o regime da comunhão parcial de bens. Aplicação do art. 1.725 do CC. No caso dos autos, os documentos juntados comprovam que a ré adquiriu a autoescola em junho de 2007, de forma que reconhecida a união estável no início do ano de 2007, devem ser partilhadas as quotas sociais da empresa. Recurso provido para determinar a partilha das quotas sociais em igual proporção entre as partes. (TJSP, Ap. n. 0010312-06.2013.8.26.0220/Guaratinguetá, 10ª Câm. de Dir. Priv., rel. Carlos Alberto Garbi, j. 19.05.2015)

Art. 1.726. A união estável poderá converter-se em casamento, mediante pedido dos companheiros ao juiz e assento no Registro Civil.

➡ Sem correspondência no CC/1916.

A conversão da união estável em casamento será feita diante do pedido de ambos os companheiros, em comum acordo, ao juiz perante oficial do registro civil da circunscrição do seu domicílio. Não se deve afirmar que a união estável se equipara ao casamento, pois a conversão não poderia ser feita se os dois institutos fossem idênticos.

Código Civil comentado e anotado   Arts. 1.726 a 1.728

■ Enunciado n. 135 da I Jornada de Direito Civil: "Proposição sobre o art. 1.726: Proposta: a união estável poderá converter-se em casamento mediante pedido dos companheiros perante o Oficial do Registro Civil, ouvido o Ministério Público".

■ Enunciado n. 526 da V Jornada de Direito Civil: "É possível a conversão de união estável entre pessoas do mesmo sexo em casamento, observados os requisitos exigidos para a respectiva habilitação".

■ Enunciado n. 31 do IBDFAM: "A conversão da união estável em casamento é um procedimento consensual, administrativo ou judicial, cujos efeitos serão *ex tunc*, salvo nas hipóteses em que o casal optar pela alteração do regime de bens, o que será feito por meio de pacto antenupcial, ressalvados os direitos de terceiros".

Art. 1.727. As relações não eventuais entre o homem e a mulher, impedidos de casar, constituem concubinato.

➡ Sem correspondência no CC/1916.

O **concubinato impuro ou simplesmente concubinato** dar-se-á quando se apresentarem relações não eventuais entre homem e mulher, em que um deles ou ambos estão impedidos legalmente de se casar. Apresenta-se como: a) adulterino, se se fundar no estado de cônjuge de um ou de ambos os concubinos, por exemplo, se homem casado, não separado de fato, mantiver ao lado da família matrimonial uma outra; ou b) incestuoso, se houver parentesco próximo entre os amantes.

■ União estável. Pressupostos. *Affectio maritalis*. Coabitação. Publicidade da relação. Prova. Princípio da monogamia. 1. Não constitui união estável o relacionamento entretido sem a intenção clara de constituir um núcleo familiar. 2. A união estável assemelha-se a um casamento de fato e indica uma comunhão de vida e de interesses, reclamando não apenas publicidade e estabilidade, mas, sobretudo, um nítido caráter familiar, evidenciado pela *affectio maritalis*. 3. Não é permitido, no nosso ordenamento jurídico, a coexistência de dois casamentos ou de uma união estável paralela ao casamento ou de duas uniões estáveis paralelas. 4. Constituiu concubinato adulterino a relação entretida pela autora e o réu, pois ela própria reconheceu que o casamento dele com a esposa se manteve hígido no período que alega terem vivido em união estável. Inteligência do art. 1.727 do CC. 5. Não comprovada a entidade familiar, nem que a autora tenha concorrido para aquisição de qualquer bem, é improcedente a ação. Recurso desprovido. (TJRS, Ap. Cível n. 70.065.432.593, 7ª Câm. Cível, rel. Sérgio Fernando de Vasconcellos Chaves, j. 29.07.2015)

TÍTULO IV
DA TUTELA, DA CURATELA E DA TOMADA DE DECISÃO APOIADA

Título com denominação dada pela Lei n. 13.146, de 06.07.2015.

CAPÍTULO I
DA TUTELA

Seção I
Dos Tutores

Art. 1.728. Os filhos menores são postos em tutela:

917

I – com o falecimento dos pais, ou sendo estes julgados ausentes;
II – em caso de os pais decaírem do poder familiar.

➡ Veja art. 406 do CC/1916.

Tutela. *Munus* público que coloca um menor que não se acha sob o poder familiar (falecimento dos pais ou destituição) sob a guarda de um tutor, que o representará ou o assistirá nos atos da vida civil, bem como administrará os seus bens, lhe prestará alimentos etc. (art. 1.740 do CC).

Art. 1.729. O direito de nomear tutor compete aos pais, em conjunto.
Parágrafo único. A nomeação deve constar de testamento ou de qualquer outro documento autêntico.

➡ Veja art. 407 do CC/1916.

A nomeação de tutor compete aos pais, sendo feita por meio de testamento ou documento autêntico, chamada de tutela testamentária.

▪ Enunciado n. 528 da V Jornada de Direito Civil: "É válida a declaração de vontade expressa em documento autêntico, também chamado "testamento vital", em que a pessoa estabelece disposições sobre o tipo de tratamento de saúde, ou não tratamento, que deseja no caso de se encontrar sem condições de manifestar a sua vontade".

Art. 1.730. É nula a nomeação de tutor pelo pai ou pela mãe que, ao tempo de sua morte, não tinha o poder familiar.

➡ Veja art. 408 do CC/1916.

A determinação do art. 1.729, dando poderes aos pais para nomearem tutores aos filhos, existe em razão do poder familiar. Obviamente, se os pais não estavam no exercício do poder familiar, a nomeação do tutor é nula.

Art. 1.731. Em falta de tutor nomeado pelos pais incumbe a tutela aos parentes consanguíneos do menor, por esta ordem:
I – aos ascendentes, preferindo o de grau mais próximo ao mais remoto;
II – aos colaterais até o terceiro grau, preferindo os mais próximos aos mais remotos, e, no mesmo grau, os mais velhos aos mais moços; em qualquer dos casos, o juiz escolherá entre eles o mais apto a exercer a tutela em benefício do menor.

➡ Veja art. 409 do CC/1916.

Na ausência de nomeação, a tutela será deferida aos parentes consanguíneos, respeitando sempre a maior proximidade entre eles (tutela legítima). O juiz escolherá o tutor seguindo a ordem prevista em lei, mas poderá alterá-la para atender os interesses do menor. A ordem legal é a seguinte: a) os ascendentes, sempre preferindo o grau mais próximo ao mais remoto; b) os co-

Código Civil comentado e anotado · Arts. 1.731 a 1.734

laterais até terceiro grau, preferindo o mais próximo ao mais remoto e o mais velho ao mais novo. Em qualquer uma das situações, o juiz deverá observar a aptidão para exercer a tutela.

■ Apelação cível. Ação de tutela. Ação manejada por pessoa não descrita no rol do art. 1.731 do CC. Possibilidade. O art. 1.732 do CC preconiza que em caso de inexistência ou impossibilidade de se nomear parente consanguíneo como tutor, o encargo deve ser atribuído a pessoa idônea, sendo que a presente ação foi ajuizada com base nessa premissa. Deram provimento ao apelo para desconstituir a sentença. (TJRS, Ap. Cível n. 70.062.822.044, 8ª Câm. Cível, rel. Alzir Felippe Schmitz, j. 23.04.2015)

Art. 1.732. O juiz nomeará tutor idôneo e residente no domicílio do menor:
I – na falta de tutor testamentário ou legítimo;
II – quando estes forem excluídos ou escusados da tutela;
III – quando removidos por não idôneos o tutor legítimo e o testamentário.

➡ Veja art. 410 do CC/1916.

Caberá ao juiz nomear tutor, idôneo e com domicílio no mesmo local do menor, nos caso de falta de um tutor testamentário ou legítimo, quando estes mesmos forem excluídos ou escusados da tutela ou quando forem removidos por inidoneidade (tutela dativa).

Art. 1.733. Aos irmãos órfãos dar-se-á um só tutor.
§ 1º No caso de ser nomeado mais de um tutor por disposição testamentária sem indicação de precedência, entende-se que a tutela foi cometida ao primeiro, e que os outros lhe sucederão pela ordem de nomeação, se ocorrer morte, incapacidade, escusa ou qualquer outro impedimento.
§ 2º Quem institui um menor herdeiro, ou legatário seu, poderá nomear-lhe curador especial para os bens deixados, ainda que o beneficiário se encontre sob o poder familiar, ou tutela.

➡ Veja art. 411 do CC/1916.

Busca-se garantir, no melhor interesse dos menores, a tutela única, a fim de não acarretar nenhuma confusão quanto à administração dos bens e do exercício da tutela e da autoridade que substitui o poder familiar. Diz ainda o Código Civil que, caso haja em testamento a designação de mais de um tutor, será considerado efetivo o primeiro e sucessivamente os demais. Por fim, dispõe que, sendo instruído um menor como herdeiro ou legatário, aquele que o instituiu poderá nomear curador para os bens, mesmo que este menor esteja sob poder familiar ou possua tutor.

Art. 1.734. As crianças e os adolescentes cujos pais forem desconhecidos, falecidos ou que tiverem sido suspensos ou destituídos do poder familiar terão tutores nomeados pelo Juiz ou serão incluídos em programa de colocação familiar, na forma prevista pela Lei n. 8.069, de 13 de julho de 1990 – Estatuto da Criança e do Adolescente.
Artigo com redação dada pela Lei n. 12.010, de 03.08.2009.

➡ Veja art. 412 do CC/1916.

O intuito do legislador é garantir proteção ao menor que se encontra abandonado, em razão da ausência dos pais, seja por falecimento ou desaparecimento, seja porque estes apresentaram conduta de tal maneira reprovável que foram suspensos ou destituídos de seu poder familiar. Nesses casos, o juiz nomeará tutor ou procederá com a inclusão do menor no programa de colocação familiar, na forma prevista pelo Estatuto da Criança e do Adolescente (ECA).

Seção II
Dos Incapazes de Exercer a Tutela

Art. 1.735. Não podem ser tutores e serão exonerados da tutela, caso a exerçam:

I – aqueles que não tiverem a livre administração de seus bens;

II – aqueles que, no momento de lhes ser deferida a tutela, se acharem constituídos em obrigação para com o menor, ou tiverem que fazer valer direitos contra este, e aqueles cujos pais, filhos ou cônjuges tiverem demanda contra o menor;

III – os inimigos do menor, ou de seus pais, ou que tiverem sido por estes expressamente excluídos da tutela;

IV – os condenados por crime de furto, roubo, estelionato, falsidade, contra a família ou os costumes, tenham ou não cumprido pena;

V – as pessoas de mau procedimento, ou falhas em probidade, e as culpadas de abuso em tutorias anteriores;

VI – aqueles que exercerem função pública incompatível com a boa administração da tutela.

➡ Veja art. 413 do CC/1916.

O art. 1.735 traz as hipóteses em que as pessoas encontram-se impedidas de exercer a tutela e caso o façam, serão substituídas. Estão impedidos os que não possuem a administração dos próprios bens, os que possuam alguma obrigação para com o menor, inimigos do menor, condenados por crime de furto, roubo, estelionato ou falsidade, pessoas de caráter duvidoso ou os que exerçam função pública incompatível com o exercício da tutela.

▪ Agravo interno. Ação de interdição. Exigência de apresentação da certidão negativa criminal da pretensa curadora, nos termos do art. 1.735, IV, do CC, afastada. Recurso desprovido. (TJRS, Ag. n. 70.062.327.663, 7ª Câm. Cível, rel. Liselena Schifino Robles Ribeiro, j. 29.10.2014)

▪ Agravo de instrumento. Curatela. Interdição. Interdição provisória deferida. Necessidade de apresentação de certidão negativa criminal. Observância às formalidades do procedimento legal da interdição. 1. É indispensável a apresentação de certidão negativa criminal por aquele que pretende exercer a curatela, considerando a vedação de nomeação para o exercício do encargo dos "condenados por crime de furto, roubo, estelionato, falsidade, contra a família ou os costumes, tenham ou não cumprido pena", conforme previsto no art. 1.735, IV, do CC, dispositivo aplicável à curatela por força do art. 1.774 do mesmo diploma legal. 2. A circunstância de ser o genitor do interditando pretendente ao exercício da curatela não possui o condão de suprimir a necessidade de apresentação de certidão negativa criminal, tendo em vista que o parentesco existente não afasta o possível cometimento de crimes elencados no art. 1.735, IV, do CC, devendo ser rigorosamente observada tal formalidade, especialmente em atenção ao necessário resguardo dos interesses da pessoa incapaz, que deve contar com um curador comprovadamente idôneo e legalmente apto para o exercício do encargo. Deram provimento. Unânime. (TJRS, AI n. 70.060.120.862, 8ª Câm. Cível, rel. Luiz Felipe Brasil Santos, j. 25.09.2014)

Código Civil comentado e anotado   Arts. 1.736 a 1.738

Seção III
Da Escusa dos Tutores

Art. 1.736. Podem escusar-se da tutela:
I – mulheres casadas;
II – maiores de sessenta anos;
III – aqueles que tiverem sob sua autoridade mais de três filhos;
IV – os impossibilitados por enfermidade;
V – aqueles que habitarem longe do lugar onde se haja de exercer a tutela;
VI – aqueles que já exercerem tutela ou curatela;
VII – militares em serviço.

➡ Veja art. 414 do CC/1916.

Por se tratar de um *munus* público, existe a obrigatoriedade do ofício tutelar, mas algumas pessoas poderão se escusar, sendo estas elencadas neste art. 1.736 do Código Civil.

■ Enunciado n. 136 da I Jornada de Direito Civil: "Proposta: revogar o dispositivo. Justificativa: não há qualquer justificativa de ordem legal a legitimar que mulheres casadas, apenas por essa condição, possam se escusar da tutela".

■ Enunciado n. 528 da V Jornada de Direito Civil: "É válida a declaração de vontade expressa em documento autêntico, também chamado 'testamento vital', em que a pessoa estabelece disposições sobre o tipo de tratamento de saúde, ou não tratamento, que deseja no caso de se encontrar sem condições de manifestar a sua vontade".

Art. 1.737. Quem não for parente do menor não poderá ser obrigado a aceitar a tutela, se houver no lugar parente idôneo, consanguíneo ou afim, em condições de exercê-la.

➡ Veja art. 415 do CC/1916.

O art. 1.737 se refere à possibilidade de recusa da responsabilidade de tutela por parte de alguém que não é parente do menor, nas situações em que haja parente considerado idôneo que possa exercê-la.

Art. 1.738. A escusa apresentar-se-á nos dez dias subsequentes à designação, sob pena de entender-se renunciado o direito de alegá-la; se o motivo escusatório ocorrer depois de aceita a tutela, os dez dias contar-se-ão do em que ele sobrevier.

➡ Veja art. 416 do CC/1916.

No caso de recusa ao exercício da tutela, a justificativa deverá ser apresentada até dez dias após sua designação, sendo tal prazo decadencial. Se por alguma razão surgir motivo que o escuse do exercício da tutela após esta ter sido aceita, o prazo de dez dias começa quando do descobrimento da causa. Se não for alegada justificativa para se findar a tutela após estes dez dias, considera-se convalidado o ato.

921

Arts. 1.738 a 1.740 — Almeida Guilherme

O CPC/2015 traz em seu art. 760 o prazo de cinco dias, contado: "I – antes de aceitar o encargo, da intimação para prestar compromisso; II – depois de entrar em exercício, do dia em que sobrevier o motivo da escusa". Esta antinomia deverá ser levada aos tribunais para que seja analisada a possibilidade de recepção tardia pela questão cronológica legislativa.

Art. 1.739. Se o juiz não admitir a escusa, exercerá o nomeado a tutela, enquanto o recurso interposto não tiver provimento, e responderá desde logo pelas perdas e danos que o menor venha a sofrer.

➥ Veja art. 417 do CC/1916.

Cabe ao magistrado julgar cabível ou não a justificativa que visa a escusar o nomeado à tutela. Se não for aceita tal justificativa, o nomeado deverá exercer a tutela normalmente, havendo responsabilização por perdas e danos causados ao menor.

Seção IV
Do Exercício da Tutela

Art. 1.740. Incumbe ao tutor, quanto à pessoa do menor:
I – dirigir-lhe a educação, defendê-lo e prestar-lhe alimentos, conforme os seus haveres e condição;
II – reclamar do juiz que providencie, como houver por bem, quando o menor haja mister correção;
III – adimplir os demais deveres que normalmente cabem aos pais, ouvida a opinião do menor, se este já contar doze anos de idade.

➥ Veja art. 424 do CC/1916.

O art. 1.740 enumera os deveres do tutor no exercício da tutela. Cabe-lhe, em alguns aspectos, o exercício do poder familiar, porém, de maneira mais restrita. Deve, em regra, zelar pelo bem-estar do menor, chegando a ouvir sua opinião, completado este os 12 anos de idade.

▪ Apelação cível. Direito previdenciário. Inclusão de dependente no plano IPE-Saúde. Sobrinho sob curatela da segurada. Possibilidade. Honorários de sucumbência. Custas. 1. Considerando-se que a legislação estadual prevê a possibilidade de inclusão do tutelado como dependente do plano de saúde (art. 5º, V, da LC n. 12.134/2004) e a legislação federal equivale o instituto da tutela ao da curatela (arts. 1.740, 1.774 e 1781 do CC), nada obsta a inclusão, como dependente de segurada do IPE-Saúde, de sobrinho sob curatela. Precedentes jurisprudenciais. 2. Os documentos dos autos evidenciam a existência de dependência econômica, sendo correta a determinação de inclusão do curatelado como dependente da servidora pública segurada. 3. Os honorários de sucumbência foram fixados de acordo com o disposto no art. 20, §§ 3º e 4º, do CPC, não havendo que se falar em redução. 4. Em razão dos efeitos da ADI n. 70.038.755.864, permanece a isenção do Estado de pagar custas, devendo esse arcar apenas com as despesas, excluindo-se as de oficial de justiça. Recurso de apelação parcialmente provido. (TJRS, Ap. Cível n. 70.065.438.467, 2ª Câm. Cível, rel. João Barcelos de Souza Junior, j. 16.07.2015)

Código Civil comentado e anotado   Arts. 1.741 a 1.745

Art. 1.741. Incumbe ao tutor, sob a inspeção do juiz, administrar os bens do tutelado, em proveito deste, cumprindo seus deveres com zelo e boa-fé.

➡ Veja art. 422 do CC/1916.

Até que cesse a incapacidade do menor tutelado, cabe a seu tutor, sempre sob o olhar atento do magistrado, administrar os bens aos quais tem direito.

Art. 1.742. Para fiscalização dos atos do tutor, pode o juiz nomear um protutor.

➡ Sem correspondência no CC/1916.

O juízo poderá nomear um protutor a fim de fiscalizar o andamento do exercício da tutela, os atos de má administração, bem como possíveis descuidos do tutor. O protutor, pessoa idônea e competente, deverá exercer sua função com boa-fé, sob pena de ser responsabilizado solidariamente pelos atos praticados em detrimento do tutelado.

Art. 1.743. Se os bens e interesses administrativos exigirem conhecimentos técnicos, forem complexos, ou realizados em lugares distantes do domicílio do tutor, poderá este, mediante aprovação judicial, delegar a outras pessoas físicas ou jurídicas o exercício parcial da tutela.

➡ Sem correspondência no CC/1916.

O Código Civil abre a possibilidade de o tutor, com autorização do juiz e em casos especiais, delegar a outras pessoas, físicas ou jurídicas, o exercício parcial da tutela, no que lhes couber, em razão da especificidade técnica ou da localização do bem.

Art. 1.744. A responsabilidade do juiz será:
I – direta e pessoal, quando não tiver nomeado o tutor, ou não o houver feito oportunamente;
II – subsidiária, quando não tiver exigido garantia legal do tutor, nem o removido, tanto que se tornou suspeito.

➡ Veja arts. 420 e 421 do CC/1916.

Havendo nexo causal entre a ação ou omissão do juiz, no caso de prejuízo ao menor, poderá o magistrado ser responsabilizado. Se não tiver havido nomeação de tutor ou se tiver sido feita intempestivamente, tendo havido prejuízo, o magistrado sofrerá responsabilização direta e pessoal. Caso não tenha exigido garantia ou tenha deixado que o tutor permaneça na tutela, mesmo após superveniência de suspeição, haverá responsabilização subsidiária.

Art. 1.745. Os bens do menor serão entregues ao tutor mediante termo especificado deles e seus valores, ainda que os pais o tenham dispensado.

923

Arts. 1.745 a 1.747 — Almeida Guilherme

Parágrafo único. Se o patrimônio do menor for de valor considerável, poderá o juiz condicionar o exercício da tutela à prestação de caução bastante, podendo dispensá-la se o tutor for de reconhecida idoneidade.

➡ Veja arts. 419 e 423 do CC/1916.

Tendo em vista garantir que não haja nenhum tipo de desvio do patrimônio e na tentativa de ter controle efetivo sobre as atividades desenvolvidas pelo tutor na gestão dos negócios do menor, deverá haver descrição dos bens entregues ao tutor para o exercício da tutela. Além disso, sendo de valor considerável o patrimônio, o juiz poderá pedir caução como garantia.

▪ Apelação cível. Ação de interdição. Hipoteca legal. Art. 1.745, parágrafo único, do CC. Dispensa. Cabimento, no caso. 1. Possível a dispensa da prestação de garantia, nos termos do art. 1.745, parágrafo único, do CC (aplicável ao caso por força do seu art. 1.774), porquanto inexiste qualquer indício de má administração do patrimônio da interditada e porque a curadora vem exercendo o encargo desde agosto de 2013, contando com a aprovação dos demais irmãos, ora apelantes, o que revela que se trata de pessoa idônea. 2. Além disso, eventual alienação deverá ser obrigatoriamente precedida de autorização judicial (arts. 1.774 e 1.750 do CC), estando o curador legalmente obrigado à prestação de contas acerca de sua administração (art. 1.755 do CC). Apelação provida. (TJRS, Ap. Cível n. 70.062.709.654, 8ª Câm. Cível, rel. Ricardo Moreira Lins Pastl, j. 05.03.2015)

Art. 1.746. Se o menor possuir bens, será sustentado e educado a expensas deles, arbitrando o juiz para tal fim as quantias que lhe pareçam necessárias, considerado o rendimento da fortuna do pupilo quando o pai ou a mãe não as houver fixado.

➡ Veja art. 425 do CC/1916.

Tendo o menor os bens que lhe foram deixados pelos pais, serão estes usados para assegurar seu sustento e sua educação, arbitrando o juiz a quantidade necessária para atender essas condições.

Art. 1.747. Compete mais ao tutor:
I – representar o menor, até os dezesseis anos, nos atos da vida civil, e assisti-lo, após essa idade, nos atos em que for parte;
II – receber as rendas e pensões do menor, e as quantias a ele devidas;
III – fazer-lhe as despesas de subsistência e educação, bem como as de administração, conservação e melhoramentos de seus bens;
IV – alienar os bens do menor destinados a venda;
V – promover-lhe, mediante preço conveniente, o arrendamento de bens de raiz.

➡ Veja arts. 426 e 427, V e VI, do CC/1916.

O art. 1.747 lista outras competências do tutor, sendo elas a representação do tutelado até os 16 anos e sua assistência, dos 16 aos 18 anos, entre demais atividades que visem à administração dos bens detidos pelo menor e gerir sua rotina, financeiramente.

Código Civil comentado e anotado   Arts. 1.748 a 1.750

Art. 1.748. Compete também ao tutor, com autorização do juiz:
I – pagar as dívidas do menor;
II – aceitar por ele heranças, legados ou doações, ainda que com encargos;
III – transigir;
IV – vender-lhe os bens móveis, cuja conservação não convier, e os imóveis nos casos em que for permitido;
V – propor em juízo as ações, ou nelas assistir o menor, e promover todas as diligências a bem deste, assim como defendê-lo nos pleitos contra ele movidos.
Parágrafo único. No caso de falta de autorização, a eficácia de ato do tutor depende da aprovação ulterior do juiz.

➡ Veja art. 427 do CC/1916.

O legislador aponta outros atos que podem ser praticados pelo tutor, com a diferença que estes têm sua validade atrelada à autorização do juiz. O parágrafo único é o responsável por garantir que, em razão de urgência, se busque autorização judicial posterior ao ato, para convalidá-lo.

■ Agravo de instrumento. Ação de inventário. Alvará judicial. Curatela. Necessidade de autorização judicial. A atividade do curador sobre os bens e valores do interdito deve ser realizada mediante autorização judicial, na forma prevista nos arts. 1.748, II e V, e 1.781 do CC. Agravo de instrumento provido. (TJRS, AI n. 70.064.252.570, 7ª Câm. Cível, rel. Jorge Luís Dall'Agnol, j. 24.06.2015)

Art. 1.749. Ainda com a autorização judicial, não pode o tutor, sob pena de nulidade:
I – adquirir por si, ou por interposta pessoa, mediante contrato particular, bens móveis ou imóveis pertencentes ao menor;
II – dispor dos bens do menor a título gratuito;
III – constituir-se cessionário de crédito ou de direito, contra o menor.

➡ Veja art. 428 do CC/1916.

Os atos descritos no art. 1.749 têm sua prática vedada ao tutor, independentemente de este ter conseguido algum tipo de autorização judicial. Tais condutas, se estabelecidas, serão consideradas nulas.

■ Pedido de autorização judicial para doação de bem imóvel indeferido. Insurgência. Decisão que merece ser mantida como proferida. Parecer da Procuradoria Geral de Justiça pelo improvimento do recurso. Inexistência de vantagem para a interdita, mas apenas e tão somente para seus herdeiros. Existência de óbice legal. Arts. 1.749 e 1.781 do CC. Recurso improvido. (TJSP, AI n. 2214695-53.2014.8.26.0000/ Paraguaçu Paulista, 4ª Câm. de Dir. Priv., rel. Fábio Quadros, rel. 26.02.2015)

Art. 1.750. Os imóveis pertencentes aos menores sob tutela somente podem ser vendidos quando houver manifesta vantagem, mediante prévia avaliação judicial e aprovação do juiz.

➡ Veja art. 429 do CC/1916.

925

Arts. 1.750 a 1.753   Almeida Guilherme

O magistrado dará a devida autorização para a venda de imóveis pertencentes aos menores sob tutela, nas situações em que entenda haver manifesta vantagem econômica.

■ Agravo de instrumento. Interdição. Alvará para realização de permuta de imóvel pertencente à interdita. Permuta realizada durante o processo de interdição sem autorização judicial. Necessária prévia avaliação dos imóveis e aprovação judicial (art. 1.750 do CC). Recurso desprovido. (TJSP, AI n. 2093738-23.2014.8.26.0000/São Paulo, 8ª Câm. de Dir. Priv., rel. Cesar Luiz de Almeida, j. 22.10.2014)

Art. 1.751. Antes de assumir a tutela, o tutor declarará tudo o que o menor lhe deva, sob pena de não lhe poder cobrar, enquanto exerça a tutoria, salvo provando que não conhecia o débito quando a assumiu.

➡ Veja art. 430 do CC/1916.

Para evitar conflitos e confusões patrimoniais, o tutor, antes de assumir a tutela, deverá discriminar todos os débitos que o menor possuir com ele. Caso deixe de discriminar algum, existe a punição de não poder cobrar os débitos.

Art. 1.752. O tutor responde pelos prejuízos que, por culpa, ou dolo, causar ao tutelado; mas tem direito a ser pago pelo que realmente despender no exercício da tutela, salvo no caso do art. 1.734, e a perceber remuneração proporcional à importância dos bens administrados.
§ 1º Ao protutor será arbitrada uma gratificação módica pela fiscalização efetuada.
§ 2º São solidariamente responsáveis pelos prejuízos as pessoas às quais competia fiscalizar a atividade do tutor, e as que concorreram para o dano.

➡ Veja art. 431 do CC/1916.

Tendo agido com culpa ou dolo no exercício da tutela, e tendo causado prejuízo ao tutelado, o tutor responderá por perdas e danos. É colocado a salvo o direito de receber restituição pelo que foi gasto no exercício da tutela, além de receber remuneração pelo exercício de sua função. Há também previsão de gratificação ao protutor e de responsabilização solidária em caso de mais de um indivíduo ter concorrido para o prejuízo.

Seção V
Dos Bens do Tutelado

Art. 1.753. Os tutores não podem conservar em seu poder dinheiro dos tutelados, além do necessário para as despesas ordinárias com o seu sustento, a sua educação e a administração de seus bens.
§ 1º Se houver necessidade, os objetos de ouro e prata, pedras preciosas e móveis serão avaliados por pessoa idônea e, após autorização judicial, alienados, e o seu produto convertido em títulos, obrigações e letras de responsabilidade direta ou indireta da União ou dos Estados, atendendo-se preferentemente à rentabilidade, e recolhidos ao estabelecimento bancário oficial ou aplicado na aquisição de imóveis, conforme for determinado pelo juiz.

Código Civil comentado e anotado   Arts. 1.753 a 1.755

§ 2º O mesmo destino previsto no parágrafo antecedente terá o dinheiro proveniente de qualquer outra procedência.

§ 3º Os tutores respondem pela demora na aplicação dos valores acima referidos, pagando os juros legais desde o dia em que deveriam dar esse destino, o que não os exime da obrigação, que o juiz fará efetiva, da referida aplicação.

➡ Veja art. 432 do CC/1916.

O art. 1.753 é mais um artigo que traz disposições que visam a garantir a proteção ao patrimônio do tutelado. Como não deve o tutor manter em seu poder dinheiro do tutelado em quantia superior ao necessário para sobrevivência e educação, deve zelar pela aplicação destes valores, proporcionando rendimento a este capital.

Art. 1.754. Os valores que existirem em estabelecimento bancário oficial, na forma do artigo antecedente, não se poderão retirar, senão mediante ordem do juiz, e somente:

I – para as despesas com o sustento e educação do tutelado, ou a administração de seus bens;

II – para se comprarem bens imóveis e títulos, obrigações ou letras, nas condições previstas no § 1º do artigo antecedente;

III – para se empregarem em conformidade com o disposto por quem os houver doado, ou deixado;

IV – para se entregarem aos órfãos, quando emancipados, ou maiores, ou, mortos eles, aos seus herdeiros.

➡ Veja art. 433 do CC/1916.

Havendo aplicação do dinheiro do tutelado em instituição bancária, não será possível a retirada, senão mediante autorização judicial, avaliada a necessidade para tal.

Seção VI
Da Prestação de Contas

Art. 1.755. Os tutores, embora o contrário tivessem disposto os pais dos tutelados, são obrigados a prestar contas da sua administração.

➡ Veja art. 434 do CC/1916.

O tutor tem o dever de prestar contas ao tutelado de sua administração. A medida tem como finalidade a proteção dos interesses do maior, assim como indica a regularidade nos atos de administração do tutor.

▪ Apelação cível. Ação de interdição. Sentença de parcial procedência, com designação de curador de confiança do juízo. Recurso da autora. 1. Falecimento do curatelado. Objeto recursal relativo à titularidade do exercício da curatela. Esvaziamento decorrente de fato superveniente. 2. Efeitos imediatos da sentença declaratória de interdição, ainda que sujeita a recurso. Exegese do art. 1.773 do CC. Dever de prestar contas pela curadora nomeada em primeiro grau, conforme art. 1.755 e seguintes da lei civil.

927

Arts. 1.755 a 1.759

Retorno dos autos à origem para apresentação das contas ao juízo. 3. Recurso prejudicado. (TJSC, Ap. Cível n. 2012.051175-1/Blumenau, rel. Des. Raulino Jacó Brüning, j. 30.10.2014)

Art. 1.756. No fim de cada ano de administração, os tutores submeterão ao juiz o balanço respectivo, que, depois de aprovado, se anexará aos autos do inventário.

➡ Veja art. 435 do CC/1916.

A periodicidade do envio dos balanços feitos pelos tutores é anual e tais balanços serão anexados ao inventário, normalmente solicitados sob a forma mercantil pelos tribunais pátrios.

Art. 1.757. Os tutores prestarão contas de dois em dois anos, e também quando, por qualquer motivo, deixarem o exercício da tutela ou toda vez que o juiz achar conveniente.
Parágrafo único. As contas serão prestadas em juízo, e julgadas depois da audiência dos interessados, recolhendo o tutor imediatamente a estabelecimento bancário oficial os saldos, ou adquirindo bens imóveis, ou títulos, obrigações ou letras, na forma do § 1º do art. 1.753.

➡ Veja art. 436 do CC/1916.

Ainda com o intuito de garantir o melhor interesse do tutelado, a lei prevê a prestação de contas bianuais, que podem ser também realizadas quando o tutor deixar o exercício da tutela ou a critério da solicitação do magistrado. Tais contas, prestadas em juízo, serão avaliadas pelo magistrado e, em caso de saldo, a quantia deverá ser depositada em conta bancária ou ser utilizada para compra de bens imóveis ou títulos, obrigações ou letras, na forma do § 1º do art. 1.733 do mesmo diploma legal.

Art. 1.758. Finda a tutela pela emancipação ou maioridade, a quitação do menor não produzirá efeito antes de aprovadas as contas pelo juiz, subsistindo inteira, até então, a responsabilidade do tutor.

➡ Veja art. 437 do CC/1916.

Não basta a quitação expressa pelo então tutelado para exonerar o tutor de toda e qualquer responsabilidade. É preciso que o juiz avalie as contas apresentadas pelo tutor e as aprove.

Art. 1.759. Nos casos de morte, ausência, ou interdição do tutor, as contas serão prestadas por seus herdeiros ou representantes.

➡ Veja art. 438 do CC/1916.

Caso não seja mais possível ao tutor, por uma das hipóteses elencadas, promover a prestação de contas, seus herdeiros ou representantes ficarão responsáveis por fazê-lo, arcando, inclusive, com eventuais débitos que atingirem o patrimônio do tutor.

Código Civil comentado e anotado   Arts. 1.760 a 1.763

Art. 1.760. Serão levadas a crédito do tutor todas as despesas justificadas e reconhecidamente proveitosas ao menor.

➡ Veja art. 439 do CC/1916.

Há previsão expressa aqui de reversão em proveito do tutor das despesas em que tenha incorrido, consideradas pelo magistrado como tendo sido realizadas em proveito do menor e desde que sejam justificadas. A fim de garantir a transparência e a integridade do patrimônio do tutelado, há acompanhamento acirrado sobre as despesas feitas pelo tutor.

Art. 1.761. As despesas com a prestação das contas serão pagas pelo tutelado.

➡ Veja art. 440 do CC/1916.

Muito embora seja de responsabilidade do tutor a apresentação de contas e balanços, os encargos para a elaboração tanto de um quanto de outro ficam por conta do tutelado.

Art. 1.762. O alcance do tutor, bem como o saldo contra o tutelado, são dívidas de valor e vencem juros desde o julgamento definitivo das contas.

➡ Veja art. 441 do CC/1916.

"O tutor que, julgadas definitivamente as contas, não entrar com o alcance (saldo a favor do tutelado, que é o excedente da receita sobre a despesa) verificado pagará juros legais, contados da data do referido julgamento; igualmente, o pupilo que, após o julgamento definitivo das contas, não entrar com o saldo devedor acusado, em razão da despesa feita pelo tutor, incluindo a sua gratificação, deverá também pagar os juros devidos desde o julgamento. Isto é assim porque tanto o alcance do tutor como o saldo contra o tutelado são dívidas de valor e vencem juros, desde o trânsito em julgado da sentença que decidir a prestação de contas" (DI-NIZ, Maria Helena. *Código civil anotado*. 16. ed. São Paulo: Saraiva, 2012).

Seção VII
Da Cessação da Tutela

Art. 1.763. Cessa a condição de tutelado:
I – com a maioridade ou a emancipação do menor;
II – ao cair o menor sob o poder familiar, no caso de reconhecimento ou adoção.

➡ Veja art. 442 do CC/1916.

Em relação ao tutelado ou pupilo com a maioridade (18 anos) ou a emancipação do menor e também ao retornar ao poder familiar, nos casos de adoção e reconhecimento. Cessa a função de tutor quando (art. 1.764) expirar o termo, sobrevir escusa legítima ou for removido. O exercício mínimo da tutela é pelo prazo de dois anos (art. 1.765 do CC). No Código Civil de 2002 não há mais a obrigatoriedade da hipoteca de um bem imóvel do tutor ao tutelado, como garantia da boa administração.

929

Arts. 1.764 a 1.767

Art. 1.764. Cessam as funções do tutor:
I – ao expirar o termo, em que era obrigado a servir;
II – ao sobrevir escusa legítima;
III – ao ser removido.

➡ Veja art. 443 do CC/1916.

O art. 1.764 traz as hipóteses em que a tutela cessará em relação ao tutor, são elas: a) se expirar o termo em que era obrigado a servir; b) se sobrevir escusa legítima; e c) se for removida a tutela. Logo, as suas funções passarão ao seu substituto nomeado.

Art. 1.765. O tutor é obrigado a servir por espaço de dois anos.
Parágrafo único. Pode o tutor continuar no exercício da tutela, além do prazo previsto neste artigo, se o quiser e o juiz julgar conveniente ao menor.

➡ Veja art. 444 do CC/1916.

Como a tutela não pode ter previsão de se estender por tempo indeterminado, o art. 1.765 estabelece período de dois anos para o seu exercício. É possível que permaneça por igual período, após vencidos estes dois anos, se assim desejar e se o magistrado julgar conveniente. Como não há vedação legal, pode estender por mais dois anos, quando for mais proveitoso ao tutelado.

Art. 1.766. Será destituído o tutor, quando negligente, prevaricador ou incurso em incapacidade.

➡ Veja art. 445 do CC/1916.

As hipóteses de afastamento do tutor elencadas no artigo são referentes à negligência em relação ao tutelado e seus bens, o cometimento do crime de prevaricação (art. 319 do CP) assim como a instalação de incapacidade por parte do tutor.

▪ Apelação cível. Ação de destituição de curador. Improcedência na origem. Idosa acometida por esquizofrenia crônica. Curatela exercida pela filha. Estudo social que aponta que a interditada encontra-se bem cuidada. Curatelada que se manifesta em audiência pela manutenção da atual curadora. Ausência de elementos motivadores para sua remoção do encargo. Art. 1.766 do CC. Sentença mantida. Recurso desprovido. (TJSC, Ap. Cível n. 2014.014328-6, 6ª Câm. de Dir. Cível, rel. Eduardo Mattos Gallo Júnior, j. 26.01.2015)

CAPÍTULO II
DA CURATELA

Seção I
Dos Interditos

Art. 1.767. Estão sujeitos a curatela:

Código Civil comentado e anotado — Arts. 1.767 a 1.773

I – aqueles que, por causa transitória ou permanente, não puderem exprimir sua vontade;
Inciso com redação dada pela Lei n. 13.146, de 06.07.2015.
II – (*Revogado pela Lei n. 13.146, de 06.07.2015.*)
III – os ébrios habituais e os viciados em tóxico;
Inciso com redação dada pela Lei n. 13.146, de 06.07.2015.
IV – (*Revogado pela Lei n. 13.146, de 06.07.2015.*)
V – os pródigos.

➥ Veja art. 446 do CC/1916.

Inaugurando o capítulo da Curatela, o Código Civil foi sensivelmente alterado em virtude da adoção na legislação nacional da Lei n. 13.146/2015, que trata mais a fundo do Estatuto da Pessoa com Deficiência.

O art. 1.767 teve a sua redação alterada, fazendo constar que estão sujeitos à curatela aqueles que, por causa transitória ou permanente, não puderem exprimir sua vontade; assim como os ébrios habituais, os viciados em tóxico e, por último, os pródigos.

Como a lei põe a salvo, desde a concepção, os direitos do nascituro (art. 2º do CC e arts. 7º a 10 da Lei n. 8.069/90), falecendo o pai, estando grávida a mãe, não tendo o poder familiar, será nomeado um curador ao nascituro. A perda do poder familiar pela mãe, diga-se, dá-se quando a mãe é destituída do encargo relativamente aos filhos já nascidos, uma vez que a perda atinente a uma das proles atinge as demais (art. 1.779 do CC). Se nascer com vida, será nomeado ao menor um tutor.

A pedido do enfermo ou portador de deficiência física, ou de parentes próximos, poderá ser conferida essa curatela especial para cuidar de todos ou alguns de seus negócios ou bens. Esse não passará por processo de interdição.

▪ Apelação cível. Família e processual civil. Ação de interdição. Incapacidade. Improcedência na origem. Preliminar. 1. Nulidades. Perícia. Não intimação. Participação, todavia. Assistente técnico. Laudo pericial claro e conclusivo. Ausência de impugnação oportuna. Razões finais. Etapa ceifada. Prejuízo inexistente. Eivas inocorrentes. Embora a atecnia na supressão de prazo para as razões finais, essa mácula, por si só, não enseja a nulidade do processo, se daí não adveio prejuízo. Outrossim, a presença das partes e advogados à realização da audiência e prova pericial faz presumir sua ciência dos atos, os quais, ademais, não restaram impugnados via agravo retido nem em manifestação posterior. Finalmente, não apontada mácula no laudo pericial ou dano decorrente da não participação de assistente técnico à produção da prova, inexiste nulidade. "[...] A suposta nulidade somente pode ser decretada se comprovado o prejuízo para os fins de justiça do processo, em razão do princípio de que não há nulidade sem prejuízo (*pas des nullités sans grief*)" (STJ, REsp n. 1.153.076/GO, rel. Min. Luiz Fux. j. 16.03.2010). 2. Mérito. Interditando com 84 anos. AVC. Senilidade. Quadro superado. Laudo pericial conclusivo. Ausência de moléstia. Congruência com interrogatório judicial e estudo social. Hipóteses do art. 1.767 do CC ausentes. Se, apesar da avançada idade e problemas de saúde, o laudo pericial, interrogatório judicial e estudo social apontam a existência de discernimento para prática dos atos da vida civil, inexiste razão para a decretar-se a interdição. Sentença mantida. Recurso desprovido. (TJSC, Ap. Cível n. 2014.074184-8/Balneário Camboriú, rel. Des. Henry Petry Junior, j. 22.01.2015).

Arts. 1.768 a 1.773. (*Revogados pela Lei n. 13.105, de 16.03.2015.*)

Arts. 1.774 a 1.775-A

Art. 1.774. Aplicam-se à curatela as disposições concernentes à tutela, com as modificações dos artigos seguintes.

➡ Veja art. 453 do CC/1916.

Determina o Código Civil que sejam aplicadas as disposições da tutela também à curatela, havendo diferenciação no que tange seus arts. 1.775 a 1.778.

▪ Plano de saúde. Recusa da seguradora em inscrever curatelada como dependente de titular no plano. Abusividade. Instrução normativa e contrato que autorizam a inscrição de tutelado inválido, portanto com o mesmo viés protetivo, já que tanto os tutelados como os curatelados inválidos são aqueles que, embora tenham atingindo a maioridade, não são capazes para os atos da vida civil e por isso necessitam da assistência de seus representantes legais. Ademais, art. 1.774 do CC que equipara os institutos da tutela e curatela. Recurso provido. (TJSP, Ap. n. 0124599-85.2012.8.26.0100/São Paulo, 4ª Câm. de Dir. Priv., rel. Teixeira Leite, j. 29.01.2015)

Art. 1.775. O cônjuge ou companheiro, não separado judicialmente ou de fato, é, de direito, curador do outro, quando interdito.

§ 1º Na falta do cônjuge ou companheiro, é curador legítimo o pai ou a mãe; na falta destes, o descendente que se demonstrar mais apto.

§ 2º Entre os descendentes, os mais próximos precedem aos mais remotos.

§ 3º Na falta das pessoas mencionadas neste artigo, compete ao juiz a escolha do curador.

➡ Veja art. 454 do CC/1916.

Em caso de cônjuges ainda casados, um será automaticamente curador do outro, salvo disposição em contrário. Se não houver a figura do cônjuge, o legitimado será o pai ou a mãe do interdito. Não havendo ascendente, será nomeado o descendente mais apto. O juiz poderá escolher uma pessoa alheia a essas relações de parentesco, tanto quando não houverem ascendentes ou descendentes ou ainda, por exemplo, caso os ascendentes sejam muito idosos e os descendentes, incapazes.

▪ Interdição. Curatela compartilhada. Interditanda portadora de paralisia cerebral e epilepsia sintomática, considerada incapaz para o exercício dos atos da vida civil, conforme laudo médico. Requerimento de exercício da curatela por ambos os pais Inobstante a redação do art. 1.775, § 1º, do CC, possível o exercício compartilhado do encargo, desde que tal medida se revele de acordo com o melhor interesse do incapaz. No caso, os pais já se encarregam de cuidar da filha, vindo o deferimento da curatela nos moldes da inicial apenas ratificar a situação fática existente. Feito satisfatoriamente instruído por laudo médico particular idôneo a atestar a incapacidade do interditando. Possível o deferimento da curatela compartilhada desde já. Recurso provido. (TJSP, AI n. 2180578-36.2014.8.26.0000/São Bernardo do Campo, 1ª Câm. de Dir. Priv., rel. Rui Cascaldi, j. 28.04.2015)

Art. 1.775-A. Na nomeação de curador para a pessoa com deficiência, o juiz poderá estabelecer curatela compartilhada a mais de uma pessoa.

Artigo acrescentado pela Lei n. 13.146, de 06.07.2015.

➡ Veja art. 456 do CC/1916.

Código Civil comentado e anotado   Arts. 1.775-A a 1.779

O recém-incluído art. 1.775-A (também pela Lei n. 13.146/2015) assegura que, quando da nomeação de curador à pessoa com deficiência, o magistrado poderá estabelecer a curatela compartilhada a mais de uma pessoa.

Art. 1.776. (*Revogado pela Lei n. 13.146, de 06.07.2015.*)

Art. 1.777. As pessoas referidas no inciso I do art. 1.767 receberão todo o apoio necessário para ter preservado o direito à convivência familiar e comunitária, sendo evitado o seu recolhimento em estabelecimento que os afaste desse convívio.
Artigo com redação dada pela Lei n. 13.146, de 06.07.2015.

➥ Veja art. 457 do CC/1916.

O art. 1.777 (redação dada pela Lei n. 13.146/2015) trata das providências a serem tomadas quando aqueles que, por causa transitória ou permanente, não puderem exprimir sua vontade (art. 1.767, I), deixando expresso que essas pessoas receberão todo o apoio necessário para ter preservado o direito à convivência familiar e comunitária, sendo evitado o seu recolhimento em estabelecimento que os afaste desse convívio.

▪ Conflito de competência. Ação de internação de pessoa curatelada. Medida que se apresenta como desdobramento do exercício da curatela. Inteligência do art. 1.777 do CC. Conflito procedente. Competência do juízo que decretou a interdição. (TJSP, CC n. 0054893-53.2014.8.26.0000/Sertãozinho, Câm. Especial, rel. Eros Piceli, j. 16.03.2015)

Art. 1.778. A autoridade do curador estende-se à pessoa e aos bens dos filhos do curatelado, observado o art. 5º.

➥ Veja art. 458 do CC/1916.

Com a interdição, o interdito fica impossibilitado de versar sobre os próprios bens, e o mesmo ocorrerá em relação a seus filhos. Assim, para se evitar a nomeação de um tutor para o pai e um curador para o menor, fica o tutor responsável pela administração dos bens do filho até que cesse a incapacidade, conforme dispõe o art. 5º do Código Civil.

Seção II
Da Curatela do Nascituro e do Enfermo
ou Portador de Deficiência Física

Art. 1.779. Dar-se-á curador ao nascituro, se o pai falecer estando grávida a mulher, e não tendo o poder familiar.
Parágrafo único. Se a mulher estiver interdita, seu curador será o do nascituro.

➥ Veja art. 462 do CC/1916.

933

Em situação em que falecer o pai e, por alguma razão, a mãe estiver impedida de exercer o poder familiar, será nomeado curador ao nascituro (art. 2º do CC). Caso a mãe já tenha ela mesma um curador, este terá poderes sobre o nascituro (art. 2º do CC) também.

■ Apelação cível. Ação de sobrepartilha. Recurso da autora. Pedido de manutenção de medida restritiva sobre o automóvel do réu, para garantia do débito. Sentença de improcedência que, no entanto, determinou a baixa do gravame somente após o trânsito em julgado. Falta de insurgência do demandado para modificar o tópico. Ausência de interesse recursal. Recurso não conhecido neste aspecto. Tencionada conversão do julgamento em diligência. Inviabilidade. Falta de indicação da prova que a recorrente pretendia produzir. Reclamo desprovido no ponto. Mérito. Almejada divisão de valores percebidos pelo varão na constância do casamento. Regime da comunhão parcial de bens. Verbas trabalhistas. Ônus da autora em comprovar a sonegação dos valores pelo ex-cônjuge (art. 333, I, do CPC). Circunstância inexistente no caso concreto. Conjunto probatório que demonstra a reversão do montante em favor da família. Requisitos da sobrepartilha não configurados (art. 2.022, do CC, e art. 1.040, do CPC). Sentença mantida. Recurso desprovido no ponto. "Nos termos dos arts. 1.040 do CPC e 1.779 do CC/1916, é requisito para o aforamento da ação de sobrepartilha a existência de bens sonegados, litigiosos, de difícil ou morosa liquidação ou descobertos após a divisão do patrimônio, situados em lugar remoto da sede do juízo onde se processa o inventário" (AC n. 2007.030859-8, rel. Des. Luiz Carlos Freyesleben, j. 05.11.2009). Recurso conhecido em parte e, nesta extensão, desprovido. (TJSC, Ap. Cível n. 2013.002750-1/Tijucas, rel. Des. Gerson Cherem II, j. 26.02.2015)

Art. 1.780. (*Revogado pela Lei n. 13.146, de 06.07.2015.*)

Seção III
Do Exercício da Curatela

Art. 1.781. As regras a respeito do exercício da tutela aplicam-se ao da curatela, com a restrição do art. 1.772 e as desta Seção.

➡ Veja art. 453 do CC/1916.

O que for aplicável ao exercício da tutela aplicar-se-á ao exercício da curatela. As exceções são os casos de curadoria do pródigo (art. 4º do CC) e em relação à prestação de contas em caso de curatela sendo exercida pelo cônjuge em regime de comunhão universal de bens.

■ Alvará judicial para alienação de bem imóvel pertencente a maior incapaz. Arts. 1.750 c/c 1.781 ambos do CC. Indeferimento. Nos termos do art. 1.750 do CC, "os imóveis pertencentes aos menores sob tutela somente podem ser vendidos quando houver manifesta vantagem, mediante prévia avaliação judicial e aprovação do juiz", sendo que as regras quanto ao exercício da tutela são aplicadas em relação ao exercício da curatela (art. 1.781, do CC). Deve o interditado, representado por seu curador, comprovar de maneira segura a existência de manifesta vantagem financeira na alienação ou de suficiente necessidade; não basta, para tanto, a simples alegação. Provimento negado. (TJSC, Ap. Cível n. 2014.075018-4/Balneário Camboriú, rel. Des. Gilberto Gomes de Oliveira, j. 23.04.2015)

Código Civil comentado e anotado   Arts. 1.782 a 1.783-A

Art. 1.782. A interdição do pródigo só o privará de, sem curador, emprestar, transigir, dar quitação, alienar, hipotecar, demandar ou ser demandado, e praticar, em geral, os atos que não sejam de mera administração.

➥ Veja art. 459 do CC/1916.

O art. 1.782 determina que o pródigo (art. 4º, IV, do CC) ficará privado do exercício de alguns atos descritos no próprio artigo, mas sendo possível a ele executar atos de mera administração de seu patrimônio. Além disso, as atividades relativas à sua vida particular são de sua livre execução. Assim, o pródigo poderá trabalhar e constituir família, normalmente.

▪ Agravo de instrumento. Interdição. Liminar deferida pelo juízo de origem que nomeou curador provisório, ficando vedado, sem autorização judicial, a prática dos atos previstos nos arts. 1.772 e 1.782 do CC. A medida visa tão somente a proteção do próprio agravante interditado, em decorrência de seu suposto estado de saúde. Decisão que poderá ser afastada após a realização da perícia e interrogatório. Agravo desprovido. (TJSP, AI n. 2037032-54.2013.8.26.0000/Mogi-Mirim, 8ª Câm. de Dir. Priv., rel. Silvério da Silva, j. 30.09.2014)

Art. 1.783. Quando o curador for o cônjuge e o regime de bens do casamento for de comunhão universal, não será obrigado à prestação de contas, salvo determinação judicial.

➥ Veja art. 455 do CC/1916.

Em razão da própria natureza do regime, e da qualidade de bens comuns possuídos pelos cônjuges unidos sob o regime da comunhão universal, caso o cônjuge seja o curador, não estará obrigado a prestar contas, exceto por determinação judicial.

CAPÍTULO III
DA TOMADA DE DECISÃO APOIADA
Capítulo acrescentado pela Lei n. 13.146, de 06.07.2015.

Art. 1.783-A. A tomada de decisão apoiada é o processo pelo qual a pessoa com deficiência elege pelo menos 2 (duas) pessoas idôneas, com as quais mantenha vínculos e que gozem de sua confiança, para prestar-lhe apoio na tomada de decisão sobre atos da vida civil, fornecendo-lhes os elementos e informações necessários para que possa exercer sua capacidade.
Artigo acrescentado pela Lei n. 13.146, de 06.07.2015.
§ 1º Para formular pedido de tomada de decisão apoiada, a pessoa com deficiência e os apoiadores devem apresentar termo em que constem os limites do apoio a ser oferecido e os compromissos dos apoiadores, inclusive o prazo de vigência do acordo e o respeito à vontade, aos direitos e aos interesses da pessoa que devem apoiar.
§ 2º O pedido de tomada de decisão apoiada será requerido pela pessoa a ser apoiada, com indicação expressa das pessoas aptas a prestarem o apoio previsto no *caput* deste artigo.
§ 3º Antes de se pronunciar sobre o pedido de tomada de decisão apoiada, o juiz, assistido por equipe multidisciplinar, após oitiva do Ministério Público, ouvirá pessoalmente o requerente e as pessoas que lhe prestarão apoio.

Art. 1.783-A   Almeida Guilherme

§ 4º A decisão tomada por pessoa apoiada terá validade e efeitos sobre terceiros, sem restrições, desde que esteja inserida nos limites do apoio acordado.

§ 5º Terceiro com quem a pessoa apoiada mantenha relação negocial pode solicitar que os apoiadores contra-assinem o contrato ou acordo, especificando, por escrito, sua função em relação ao apoiado.

§ 6º Em caso de negócio jurídico que possa trazer risco ou prejuízo relevante, havendo divergência de opiniões entre a pessoa apoiada e um dos apoiadores, deverá o juiz, ouvido o Ministério Público, decidir sobre a questão.

§ 7º Se o apoiador agir com negligência, exercer pressão indevida ou não adimplir as obrigações assumidas, poderá a pessoa apoiada ou qualquer pessoa apresentar denúncia ao Ministério Público ou ao juiz.

§ 8º Se procedente a denúncia, o juiz destituirá o apoiador e nomeará, ouvida a pessoa apoiada e se for de seu interesse, outra pessoa para prestação de apoio.

§ 9º A pessoa apoiada pode, a qualquer tempo, solicitar o término de acordo firmado em processo de tomada de decisão apoiada.

§ 10. O apoiador pode solicitar ao juiz a exclusão de sua participação do processo de tomada de decisão apoiada, sendo seu desligamento condicionado à manifestação do juiz sobre a matéria.

§ 11. Aplicam-se à tomada de decisão apoiada, no que couber, as disposições referentes à prestação de contas na curatela.

➡ Sem correspondência no CC/1916.

O deficiente elege duas pessoas idôneas de sua confiança para auxílio nas decisões sobre atos da vida civil. O pedido é iniciativa do portador de deficiência mental, que estipula os limites de atuação dos apoiadores. A decisão de deferimento da tomada de decisão apoiada é do magistrado, auxiliado por equipe multidisciplinar, após oitiva do Ministério Público e das pessoas que prestarão apoio. A decisão dentro dos limites estipulados terá validade e efeitos sobre terceiros. Havendo divergência de opiniões em negócio jurídico com risco relevante, a decisão cabe ao juiz, ouvido o Ministério Público, inclusive, devendo ser analisado o grau de incapacidade. O apoiador pode ser afastado pelo juiz em caso de negligência (art. 186 do CC) ou de agir em contrariedade aos interesses do apoiado, bem como solicitar voluntariamente sua exclusão e, ainda, responsabilizá-lo civilmente, já que o mesmo responderá objetivamente por força dos arts. 932, II, c/c 933 do CC. O apoiado pode solicitar a qualquer tempo o término do acordo de decisão apoiada. É cabível a prestação de contas, nos mesmos moldes da curatela, ou seja, deve ser feita da forma mercantil.

	Tutela	Curatela
Definição	Conjunto de poderes e encargos conferidos por lei a um terceiro para a proteção de um *menor* que esteja fora do poder familiar	Encargo deferido por lei a alguém para reger a pessoa e administrar os bens de outrem que não pode fazer por si mesmo
Semelhanças	Presta-se ao papel fundamental de proteger pessoas incapazes que necessitam do auxílio de outrem para agir em seu nome e tomar decisões.	Presta-se ao papel fundamental de proteger pessoas incapazes que necessitam do auxílio de outrem para agir em seu nome e tomar decisões.
Diferenças	Destinada ao menor Pode ser testamentária, com nomeação do tutor pelos pais Abrange a pessoa e os bens do menor	Destinada ao maior e ao nascituro Deferida pelo juiz

LIVRO V
DO DIREITO DAS SUCESSÕES

TÍTULO I
DA SUCESSÃO EM GERAL

CAPÍTULO I
DISPOSIÇÕES GERAIS

Art. 1.784. Aberta a sucessão, a herança transmite-se, desde logo, aos herdeiros legítimos e testamentários.

➡ Veja art. 1.572 do CC/1916.

A palavra **sucessão**, em sentido amplo, significa o ato pelo qual uma pessoa assume o lugar de outra, substituindo-a na titularidade de determinados bens. Numa compra e venda, por exemplo, o comprador *sucede* o vendedor, adquirindo todos os direitos que a este pertenciam. Na hipótese, ocorre a sucessão *inter vivos*. No direito das sucessões, entretanto, o vocábulo é empregado em sentido estrito para designar tão somente a decorrente da morte de alguém, ou seja, a sucessão *causa mortis*. O referido ramo do direito disciplina a transmissão do patrimônio (o ativo e o passivo) do *de cujus* (o autor da herança) a seus sucessores. A Constituição Federal assegura, em seu art. 5º, XXX, o direito de herança, e o Código Civil disciplina o direito das sucessões em quatro títulos: "Da Sucessão em Geral", "Da Sucessão Legítima", "Da Sucessão Testamentária" e "Do Inventário e Partilha". No instante da morte do *de cujus*, abre-se a sucessão, transmitindo-se, sem solução de continuidade, a propriedade e a posse dos bens do falecido aos seus herdeiros sucessíveis, legítimos ou testamentários, que estejam vivos naquele momento, independentemente de qualquer ato.

A sucessão pode ocorrer *inter vivos* e *causa mortis*, mas quando se fala em direito das sucessões, este só pode ser entendido como a transmissão de um patrimônio, tanto ativo como passivo, em decorrência da morte. Adota-se, desde já, o princípio da *saisine* que consiste na transmissão da posse e da propriedade de que o *de cujus* era titular, aos seus herdeiros que a ele sobreviveram.

Portanto, o direito das sucessões vem a ser o conjunto de normas que regulamentam a transferência do patrimônio, ativo e passivo, do *de cujus* para os herdeiros, a título universal ou singular, passando o herdeiro a exercer a condição jurídica do falecido. Assim, a sucessão *causa mortis* se processa de duas maneiras: quando transmitida a título universal, isto é, a totalidade de um patrimônio, pouco importando a quantidade de herdeiros; e a sucessão a título singular, a qual ocorre mediante um testamento, em que o testador, em seu último ato de vontade, atribui um determinado bem de seu patrimônio, o legado, a uma pessoa, criando-se a figura do legatário, ou seja, o titular de direito.

▪ Súmula n. 590 do STF: "Calcula-se o Imposto de Transmissão *causa mortis* sobre o saldo credor da promessa de compra e venda de imóvel, no momento da abertura da sucessão do promitente vendedor".

▪ Apelação. Alvará judicial para levantamento de benefício previdenciário. Indeferimento. Incorformismo. Alegação de valor ínfimo e inexistência de bem imóvel. Consta da certidão de óbito que a *de cujus* deixou bens a inventariar. Direito possessório sobre bem imóvel adquirido pelo *de cujus*. Transmite-se

Arts. 1.784 a 1.787   Almeida Guilherme

aos herdeiros com a abertura da sucessão, mostrando-se cabível a partilha nos autos de inventário (art. 993, IV, letra *g*, do CPC e arts. 1.206 e 1.784, ambos do CC). Recurso desprovido. (TJSP, Ap. n. 0001192-76.2013.8.26.0142, 8ª Câm. de Dir. Priv., rel. Cesar Luiz de Almeida, j. 15.04.2015)

Art. 1.785. A sucessão abre-se no lugar do último domicílio do falecido.

➡ Veja art. 1.578 do CC/1916.

O lugar da abertura da sucessão é o último domicílio do autor da herança, porque se presume que aí esteja a sede principal dos negócios do falecido, embora o passamento se tenha dado em local diverso ou seus bens estejam situados em outro local. A abertura da sucessão no último domicílio do *auctor successionis* determina a competência do foro para os processos atinentes à herança (inventário, petição de herança) e para as ações dos coerdeiros legatários e credores relacionados com os bens da herança.

Tal hipótese só se aplica se morrerem juntos parentes sucessores recíprocos (art. 8º do CC), *v. g.*, pai e filho, e quando, concomitantemente, for impossível a fixação do momento exato da morte de cada um.

A sucessão testamentária é a oriunda de testamento válido ou de disposição de última vontade. Havendo herdeiros necessários (ascendentes ou descendentes), o testador só poderá dispor de metade da herança, pois a outra constitui a legítima.

A sucessão legítima ou *ab intestato* é resultante de lei nos casos de ausência, nulidade, anulabilidade ou caducidade de testamento.

Em relação aos herdeiros, estabelece o Código que *legítimo* é o indicado pela lei, em ordem preferencial.

■ Agravo de instrumento. Inventário. Incompetência reconhecida de ofício. Impossibilidade. Critério territorial. Competência relativa. Aplicação da Súmula n. 33 do STJ. Decisão reformada. Recurso provido. "A competência para o processo de arrolamento de bens e inventário, estabelecida nos arts. 96 da lei instrumental civil e 1.785 do CC é territorial e, por conseguinte, relativa, não podendo ser declinada de ofício, consoante dispõe o enunciado da Súmula n. 33 do STJ" (TJSC, CC n. 2014.020249-4/Içara, rel. Des. Joel Figueira Júnior, j. 29.04.2014). (TJSC, AI n. 2014.066638-2/Laguna, rel. Des. Eduardo Mattos Gallo Júnior, j. 13.01.2015)

Art. 1.786. A sucessão dá-se por lei ou por disposição de última vontade.

➡ Veja art. 1.573 do CC/1916.

Quando a sucessão ocorrer de ato de última vontade, expresso em testamento, esta se chamará sucessão testamentária, e quando a sucessão resultar de lei, porque o *de cujus* deixou de fazer o testamento, ou quando o testamento caducou, ou foi julgado nulo, por exemplo, casos em que não há a manifestação de última vontade, a lei determinará o destino do patrimônio do falecido, denominando-se sucessão legítima.

Art. 1.787. Regula a sucessão e a legitimação para suceder a lei vigente ao tempo da abertura daquela.

➡ Veja art. 1.577 do CC/1916.

Código Civil comentado e anotado   Arts. 1.787 a 1.789

A legitimação para suceder é a aptidão da pessoa para receber os bens deixados pelo *de cujus*. Não se confunde, portanto, com a capacidade para ter direito à sucessão. Trata-se da capacidade de agir relativamente aos direitos sucessórios, ou seja, da aptidão para suceder, aceitar ou exercer direitos do sucessor. Logo não teria tal *legitimidade para suceder*, por exemplo, o deserdado ou o indigno. A legitimidade ou capacidade para suceder diz respeito à qualidade para herdar do sucessível, não disciplinando as condições de que dependem a situação de herdeiro relativamente à herança do *de cujus*, tampouco à extensão dos direitos sucessórios. A lei vigente ao tempo da abertura da sucessão é que fixa a legitimação ou capacidade sucessória do herdeiro. Assim sendo, nenhuma alteração legal, anterior ou posterior ao óbito, poderá modificar o poder aquisitivo dos herdeiros, visto que a lei do dia do óbito rege o direito sucessório do herdeiro legítimo ou testamentário.

Art. 1.788. Morrendo a pessoa sem testamento, transmite a herança aos herdeiros legítimos; o mesmo ocorrerá quanto aos bens que não forem compreendidos no testamento; e subsiste a sucessão legítima se o testamento caducar, ou for julgado nulo.

➡ Veja arts. 1.574 e 1.575 do CC/1916.

Se o *de cujus* não fizer testamento, a sucessão será legítima, passando o patrimônio do falecido às pessoas indicadas pela lei, obedecendo-se à ordem de vocação hereditária (art. 1.829 do CC). A sucessão *ab intestato* apresentar-se-á como um testamento tácito ou presumido do *de cujus* que não dispôs, expressamente, de seus bens, conformando-se com o fato de que seus bens passam a pertencer àquelas pessoas enumeradas pela lei. Há possibilidade de existência simultânea da sucessão testamentária e legítima se o testamento não abranger a totalidade dos bens do falecido. A parte de seu patrimônio não mencionada no ato de última vontade é deferida aos herdeiros legítimos, na ordem de vocação hereditária. A sucessão legítima é a regra, e a testamentária, a exceção, visto que subsistirá a legítima se o testamento caducar, se for declarado nulo ou for revogado, considerando-se, então, que o *de cujus* faleceu *ab intestato* e seus herdeiros receberão toda a herança, tendo direito às suas legítimas e à parte disponível constante do testamento nulo, caduco ou revogado, expressa ou tacitamente.

■ Súmula n. 590 do STF: "Calcula-se o Imposto de Transmissão *causa mortis* sobre o saldo credor da promessa de compra e venda de imóvel, no momento da abertura da sucessão do promitente vendedor".

Art. 1.789. Havendo herdeiros necessários, o testador só poderá dispor da metade da herança.

➡ Veja art. 1.576 do CC/1916.

Os herdeiros necessários do falecido serão apenas seus descendentes (filhos, netos, bisnetos), ascendentes (pais, avós, bisavós) e cônjuge. Havendo herdeiros necessários, o testador só poderá dispor da metade de seus bens, resguardando-se assim a legítima de seus herdeiros necessários. "É herdeiro excepcional, já que só sucederá se nascer com vida, havendo um estado de pendência da transmissão hereditária, recolhendo seu representante legal a herança sob condição resolutiva. O já concebido no momento da abertura da sucessão adquire, desde logo, o domínio e a posse da herança, como se já fosse nascido; porém, como lhe falta perso-

939

Arts. 1.789 e 1.790 — Almeida Guilherme

nalidade, nomeia-se-lhe um curador ao ventre" (DINIZ, Maria Helena. *Curso de direito civil brasileiro:* direito das sucessões. 16. ed. São Paulo, Saraiva, 2002, v. 6, p. 43).

■ Agravo de instrumento. Direito das sucessões. Processual civil. Testamento com disposição da integralidade dos bens. Ausência de reconhecimento de união estável. Impossibilidade. Habilitação de companheiro indeferida no juízo a quo. Ausência de interesse no inventário até que reconhecida judicialmente sua condição. Recurso desprovido. Pode o autor da herança, ausentes herdeiros necessários e ou cônjuge/companheiro (art. 1.789 do CC), dispor por testamento da integralidade dos seus bens a quem lhe provier. Incabível em autos de habilitação em inventário o reconhecimento de união estável mantida com o de cujus. Pretendendo o reconhecimento de direito à meação, deve a companheira buscar as vias ordinárias para discutir a existência de tal relacionamento, bem como comprovar que os bens foram adquiridos na constância da relação. (AC n. 2001.024554-0/Balneário Camboriú, rel. Des. Jaime Luiz Vicari, j. 02.10.2008). Não cabe ao companheiro, apenas com indícios de união estável, se intitular como tal e exigir sua nomeação como inventariante a rigor do art. 990 do CPC. (TJSC, AI n. 2012.074503-9/Capital, rel. Des. Sebastião César Evangelista, j. 11.09.2014)

Art. 1.790. A companheira ou o companheiro participará da sucessão do outro, quanto aos bens adquiridos onerosamente na vigência da união estável, nas condições seguintes:
I – se concorrer com filhos comuns, terá direito a uma quota equivalente à que por lei for atribuída ao filho;
II – se concorrer com descendentes só do autor da herança, tocar-lhe-á a metade do que couber a cada um daqueles;
III – se concorrer com outros parentes sucessíveis, terá direito a um terço da herança;
IV – não havendo parentes sucessíveis, terá direito à totalidade da herança.

➡ Sem correspondência no CC/1916.

O companheiro sobrevivente terá direito de participar da sucessão *causa mortis* do outro, somente quanto aos bens adquiridos onerosamente da constância da união estável, nas seguintes condições: se concorrer com filho comum, fará jus a uma quota equivalente à atribuída por lei àquele; se concorrer com descendentes só do *de cujus*, terá direito de receber metade do que couber a cada um deles; e, se concorrer com outros parentes sucessíveis (ascendentes ou colaterais até o 4º grau), receberá um terço da herança. Não havendo parente sucessível, terá direito à totalidade do acervo hereditário, alusivo ao patrimônio obtido, de modo oneroso, durante a convivência. Incidente de arguição de inconstitucionalidade, em julgamento pelo STJ (REsp n. 1.135.354/PB), questiona a discriminação que há entre cônjuges e companheiros, que faz companheiros sobreviventes terem que concorrer com parentes distantes do *de cujus*, como sobrinhos-netos e tios-avôs.

Veja a conclusão do voto sobre a inconstitucionalidade da distinção de regimes sucessórios entre cônjuges e companheiros: "Dou provimento ao recurso para reconhecer de forma incidental a inconstitucionalidade do art. 1.790 do CC/2002, por violar a igualdade entre as famílias, consagrada no art. 226 da CF/88, bem como os princípios da dignidade da pessoa humana, da vedação ao retrocesso e da proteção deficiente. Como resultado, declaro o direito da recorrente a participar da herança de seu companheiro em conformidade com o regime jurídico estabelecido no art. 1.829 do Código Civil de 2002.

Assento, para fins de repercussão geral, a seguinte tese: "É inconstitucional a distinção de regimes sucessórios entre cônjuges e companheiros prevista no art. 1.790 do CC/2002, deven-

Código Civil comentado e anotado · Art. 1.790

do ser aplicado, tanto nas hipóteses de casamento quanto nas de união estável, o regime do art. 1.829 do CC/2002".

Verifica-se a análise do artigo em comento com o voto do ilustre Ministro Dr. Roberto Barroso, que motivado por procedimento incidental, proferiu decisão em sede de recurso que alcançou a Suprema Corte brasileira para julgar a inconstitucionalidade do art. 1.790 do Código Civil de 2002.

No campo do direito civil, o ano de 2016 trouxe diversas mudanças significativas: com a entrada em vigor do CPC/2015 foram modificadas as regras já tradicionais a respeito da capacidade, preconizadas nos arts. 3º e 4º do Código Civil; a Lei n. 13.257/2016 (Marco Legal da Primeira Infância) trouxe alterações na concessão da licença paternidade para os trabalhadores de empresas que aderirem ao Programa Empresa Cidadã; e ainda no tocante à paternidade, o Supremo Tribunal Federal decidiu pela possibilidade de reconhecimento de dupla paternidade, biológica e afetiva, no julgamento do RE n. 898.060/SC.

Outro importante tema do direito civil sobre o qual se debruçou o Supremo Tribunal Federal no ano de 2016 foi a inconstitucionalidade do art. 1.790 do Código Civil (RE n. 878.694/MG), que traz tratamento diferenciado entre cônjuges e companheiros em matéria de direito sucessório. Com sete votos favoráveis à declaração de inconstitucionalidade, o julgamento foi interrompido pelo pedido de vista do Min. Luiz Fux, devendo a formalização do resultado ocorrer apenas em 2017.

Conforme dispõe o art. 1.790 do Código Civil, o(a) companheiro(a) participará da sucessão do falecido quanto aos bens adquiridos onerosamente na vigência da união estável, na forma prevista nos incisos do referido artigo, ficando excluídos aqueles particulares, adquiridos a título gratuito.

Ou seja, o companheiro só terá direito à integralidade da herança se não houver quaisquer parentes sucessíveis, ou seja, colaterais até o quarto grau, enquanto o cônjuge sucederá na integralidade na falta de ascendente ou descendente apenas, nos termos do art. 1.829, III, c/c 1.838 do Código Civil, restando clara a diferença de tratamento legal entre ambos. Concorrendo com outros, ascendentes, descendentes ou colaterais também há diferenças: no caso de haver descendentes, não cabe ao companheiro a reserva da quarta parte da herança, estipulada pelo art. 1.832 ao cônjuge, por exemplo.

Em verdade, o companheiro sequer consta no rol de vocação hereditária, previsto no art. 1.829 do diploma civilista, sendo as normas relativas à sucessão do companheiro tratadas de forma apartada, como se algo excepcional fosse.

Verifica-se atualmente uma hierarquização dos tipos de família determinada pelo legislador civilista, de forma incompatível com o sistema constitucional, que reconhece e protege a união estável como entidade familiar (art. 226, § 3º, da CF/88).

Muito embora o próprio Código Civil traga em seu art. 1.723 uma definição de união estável, baseada na convivência duradoura, estabelecida com o propósito de constituir família, a proteção concreta conferida em relação àquela gozada pelas entidades familiares decorrentes do casamento ainda é inferior.

Estabelecer distinções entre cônjuge e companheiro significa não só uma violação a isonomia, mas também uma afronta à própria dignidade da pessoa humana. O momento sucessório é, por si só, envolto em um natural luto, decorrente da perda e, por decorrência do próprio texto legal, o companheiro ainda tem atualmente de se submeter a um regime diferenciado de sucessão, como se a relação construída pelo casal em vida fosse em algum aspecto inferior àquela chancelada pelo Estado mediante o instituto do casamento.

Conforme dados divulgados pelo Instituto Brasileiro de Geografia e Estatística (IBGE), em 2012, mais de um terço das uniões no Brasil são consensuais, com ou sem contrato, tendo o número aumentado exponencialmente no período analisado (2000 a 2002), enquanto o casamento formalizado, seja no civil, religioso ou ambos, tem diminuído ("Mais de um terço de uniões no país é consensual sem casamento, diz IBGE". Publicado em: 17.10.2012. Disponível em: http://g1.globo.com/brasil/noticia/2012/10/mais-de-um-terco-de-unioes-no-pais-e-consensual-sem-casamento-diz-ibge.html).

Trata-se de uma latente realidade social, devendo o Direito se aperfeiçoar, amoldando-se aos aspectos cotidianos, conforme a evolução da própria sociedade, que cria constantemente novas formas de relação jurídicas a serem tuteladas.

Conforme o relator do processo em comento, Ministro Luís Roberto Barroso, a desequiparação entre as diferentes entidades familiares seria um verdadeiro retrocesso, na contramão do que dispõe a Constituição Federal, sendo um verdadeiro anacronismo legislativo, razão pela qual entende pela inconstitucionalidade do dispositivo.

Ora, se a própria Carta Magna, sensível às evoluções sociais e às novas formas de família conferiu tratamento igualitário, não cabe ao legislador civilista promover distinções, eis que discriminatórias. Assim, a declaração de inconstitucionalidade do referido artigo é medida que se impõe, protegendo as relações jurídicas originadas com base em vínculos afetivos, ainda que não formalizadas mediante o instituto do casamento.

■ Enunciado n. 266 da III Jornada de Direito Civil: "Aplica-se o inciso I do art. 1.790 também na hipótese de concorrência do companheiro sobrevivente com outros descendentes comuns, e não apenas na concorrência com filhos comuns".

■ Enunciado n. 525 da V Jornada de Direito Civil: "Os arts. 1.723, § 1º, 1.790, 1.829 e 1.830 do Código Civil admitem a concorrência sucessória entre cônjuge e companheiro sobreviventes na sucessão legítima, quanto aos bens adquiridos onerosamente na união estável".

■ Enunciado n. 3 do IBDFAM: "Em face do princípio da igualdade das entidades familiares, é inconstitucional o tratamento discriminatório conferido ao cônjuge e ao companheiro".

■ Apelação cível. Ação de petição de herança, ajuizada pelos irmãos do falecido contra sua companheira, para a qual foram adjudicados os bens deixados pelo *de cujus*. Sentença de improcedência do pedido de anulação da adjudicação realizada nos autos de inventário, reconhecida a inconstitucionalidade do art. 1.790 do CC. Apelo dos autores. Acolhimento. Constitucionalidade do art. 1.790, do CC, que foi reconhecida pelo Órgão Especial deste Tribunal de Justiça. Precedentes desta Câmara. Autores que ostentam a condição de herdeiros do *de cujus*. Companheira que tem direito a um terço da herança em relação aos bens adquiridos onerosamente na constância da união estável, concorrendo com os colaterais. Adjudicação anulada. Inventário que deverá retomar sua tramitação, com a participação de todos os herdeiros. Sentença reformada. Recurso provido. (TJSP, Ap. n. 0004391-74.2011.8.26.0531/Santa Adélia, rel. Viviani Nicolau, j. 29.07.2015)

■ Inventário. União estável. Início do relacionamento. Escritura pública. Valores de VGBL e pecúlio recebidos pela companheira, na qualidade de única beneficiária. Regime de bens. Falecido que era sexagenário ao tempo do início da convivência. Escritura pública lavrada em novembro de 2010. Aplicabilidade do Art. 1.641, II, do CC (com redação anterior à Lei n. 12.344/2010). Separação legal de bens. Meação e direito à herança. Necessidade de prova do esforço comum. Recurso provido em parte. 1. Decisão que, nos autos do inventário dos bens deixados por Chotaro Fukutaki, acolheu a escritura pública colacionada aos autos pela agravada como prova do período da união estável mantida com o falecido e determinou: a) que as últimas declarações e a partilha fossem elaboradas nos termos ali des-

Código Civil comentado e anotado   Arts. 1.790 e 1.791

critos, com meação em favor da companheira, pelo regime de comunhão parcial de bens, a partir de 2004; e b) que há direito da agravada à herança quanto aos bens adquiridos onerosamente no decorrer da união estável, na proporção de um terço em relação aos quatro irmãos, herdeiros colaterais (art. 1.790, III, do CC), inclusive quanto aos frutos das aplicações financeiras que seriam sub-rogação de investimentos anteriores ao início do relacionamento, nos termos dos arts. 1.659, I, e 1.660, V, ambos do CC. O magistrado afastou o pedido de colação dos valores já levantados pela agravada a título de VGBL e seguro, entendendo, por primeiro, que não cabe colação quando o companheiro concorre com colaterais e, em segundo lugar, que tais valores não se tratam de herança, devendo ser realmente pagos ao beneficiário indicado, no caso, à agravada. 2. A escritura pública de união estável lavrada por livre disposição de vontade do falecido e da agravada é documento hábil a comprovar a data de início e o tempo de relacionamento havido entre o casal, sendo que eventuais oposições dos agravantes a este respeito devem ser deduzidas por meio de ação própria. 3. Valores recebidos pela convivente a título de VGBL e pecúlio. Capital estipulado que não se considera herança para todos os efeitos de direito. Art. 794 do CC. Precedentes. 4. Regime de bens a ser observado na meação e na partilha. Separação Legal de Bens. Redação originária do art. 1.641, II, do CC, aplicável ao caso. O relacionamento entre a agravada e o falecido iniciou-se em abril de 2004, quando este já contabilizava 68 anos de idade, e a escritura pública entre a agravada e o *de cujus* foi lavrada em novembro de 2010, antes, portanto, da entrada em vigor da Lei n. 12.344/2010. 5. Só há que se falar em direito da agravada à meação quanto aos bens para cuja aquisição ela comprove o esforço comum. Apenas quanto a esses bens, ainda, a companheira será herdeira, nos termos do art. 1.790, III, do CC. 6. Recurso provido em parte. (TJSP, AI n. 2026771-59.2015.8.26.0000/Cafelândia, 9ª Câm. de Dir. Priv., rel. Alexandre Lazzarini, j. 30.06.2015)

▪ Constitucional. Direito de família e sucessões. Incidente de inconstitucionalidade dos incisos III e IV do art. 1.790 do CC/2002. Não conhecimento. 1. O manifesto descabimento do recurso especial – que busca afastar a aplicação de lei federal sob o argumento de sua incompatibilidade com a Constituição –, contamina também o correspondente incidente de inconstitucionalidade, que não pode ser conhecido. 2. Incidente de inconstitucionalidade não conhecido. (STJ, REsp n. 1.135.354/PB, Corte Especial, rel. Min. Luis Felipe Salomão, rel. p/ ac. Min. Teori Albino Zavascki, j. 03.10.2012)

CAPÍTULO II
DA HERANÇA E DE SUA ADMINISTRAÇÃO

Art. 1.791. A herança defere-se como um todo unitário, ainda que vários sejam os herdeiros.

Parágrafo único. Até a partilha, o direito dos coerdeiros, quanto à propriedade e posse da herança, será indivisível, e regular-se-á pelas normas relativas ao condomínio.

➡ Veja art. 1.580 do CC/1916.

A **herança** é uma universalidade *juris* indivisível até a partilha, de modo que, se houver mais de um herdeiro, o direito de cada um, relativo à posse e ao domínio do acervo hereditário, permanecerá indivisível até que seja ultimada a partilha. Cada coerdeiro, antes da partilha, passa a ter o direito de posse e propriedade, que será regido pelas normas relativas ao condomínio. Logo, qualquer coerdeiro poderá, por exemplo, reclamar, mediante ação reivindicatória, a totalidade dos bens da herança, e não uma parte deles, de terceiro (art. 1.314 do CC) que indevidamente a detenha em seu poder, não podendo este opor-lhe, em exceção, o caráter parcial de seu direito nos bens da sucessão hereditária, em razão do princípio da indivisibilidade do direito dos herdeiros sobre a herança.

943

Portanto, a herança é uma universalidade de direito, e a lei, observando atentamente à possibilidade de o *de cujus* ter mais de um herdeiro, aponta que o direito destes, quanto ao domínio e à posse será indivisível até a partilha, pois somente a partir dela a parte devida a cada herdeiro se individualiza, cessando a indivisão. Todavia, essa indivisibilidade de que trata o parágrafo único do art. 1.791 traz uma consequência, a de que cada herdeiro possua o direito de reclamar a herança por inteiro, visto que a lei dá ao herdeiro legitimidade para tanto (art. 1.825 do CC).

■ Enunciado n. 40 do IBDFAM: "A herança digital pode integrar a sucessão do seu titular, ressalvadas as hipóteses envolvendo direitos personalíssimos, direitos de terceiros e disposições de última vontade em sentido contrário".

■ Reintegração de posse c/c perdas e danos. Imóvel objeto de procedimento de inventário ainda em tramitação. Autora e ré que, como coerdeiras, ostentam a condição de proprietárias e possuidoras do imóvel. Parágrafo único do art. 1.791 do CC. Ré que ocupa o imóvel desde antes do falecimento da antiga proprietária. Manutenção provisória daquele que detém a posse do bem. Art. 1.211 do CC. Inocorrência de esbulho possessório. Indenização que deve ser pleiteada em ação própria. Sentença mantida. Recurso desprovido. (TJSP, Ap. n. 0017165-29.2011.8.26.0114/Campinas, 17ª Câm. de Dir. Priv., rel. Afonso Bráz, j. 22.05.2015)

Art. 1.792. O herdeiro não responde por encargos superiores às forças da herança; incumbe-lhe, porém, a prova do excesso, salvo se houver inventário que a escuse, demonstrando o valor dos bens herdados.

➡ Veja art. 1.587 do CC/1916.

A responsabilidade do herdeiro não ultrapassa as forças da herança, isto é, ele não será responsável pelos débitos do falecido que superarem o valor de seu quinhão sucessório, nem será acionado pelas dívidas do espólio, porém a lei estabelece que o herdeiro prove o excesso, ou seja, este deverá, por qualquer via permitida, demonstrar que os bens herdados não suprem os débitos, a não ser que tenha inventário em andamento, justamente para fazer um levantamento do patrimônio, tanto ativo como passivo, do *de cujus*.

■ Ação de desconstituição de negócio jurídico cumulada com pedido condenatório. Agravo retido. Legitimidade da autora para integrar a presente demanda. Demonstração de existência de relação jurídica entre a autora e o requerido, a qual lhe assegura o direito de discutir a validade do ajuste. Demais argumentos relativos ao mérito que não influenciam na análise abstrata da legitimidade como condição da ação. Agravo retido não provido. Ação de desconstituição de negócio jurídico cumulada com pedido condenatório. Preliminar de coisa julgada. Afastamento. Coisa julgada formal que não se confunde com coisa julgada material. Não apreciação da questão relativa à validade dos contratos que geraram a emissão dos títulos levados à execução. Possibilidade de apreciação nesta esfera processual. Contrato de confissão de dívida, escritura pública e contrato de cessão de direitos e obrigações sobre bem imóvel. Vício de vontade caracterizado. Entrega de Títulos da Dívida Agrária inexistentes. Direitos sobre os títulos também inexistentes. Nulidade dos negócios jurídicos reconhecida. Inexistência de provas acerca da regularidade do objeto contratado. Ônus dos requeridos. Negócios jurídicos realizados com o intuito de utilização dos títulos para pagamento de dívidas tributárias. Vontade manipulada. Negócio jurídico nulo não revela ato jurídico perfeito. Ausência de violação. Cláusula de irre-

Código Civil comentado e anotado   Arts. 1.792 e 1.793

tratabilidade e irrevogabilidade que não impede a análise de validade dos contratos. Prova satisfatória de vinculação do contrato de cessão de direitos e obrigações sobre bem imóvel com o contrato de
confissão e dívida. Imóvel que foi, contudo, transferido para terceiro. Boa-fé a ser reconhecida. Ausência de qualquer anotação acerca da litigiosidade do bem junto ao registro imobiliário. Obrigação que
deve ser convertida em perdas e danos, Restituição do valor correspondente ao negócio jurídico anulado que coloca as partes na situação anterior e impossibilita o enriquecimento ilícito. Prejudicada a fixação de multa pelo descumprimento da obrigação de restituição do imóvel. Apelantes que figuram
como herdeiros do contratante primitivo. Limitação da responsabilidade dos herdeiros às forças da herança que deveria ser demonstrada pelos réus. Inexistência da abertura de inventário dos bens deixados pelo falecimento do contratante original. Inteligência do art. 1.792 do CC. Tardia contradita oferecida em relação às testemunhas ouvidas. Prova regular a produzir efeitos legais. Julgamento de
procedência dos embargos à execução de títulos vinculados aos contratos cuja nulidade se reconheceu. Impossibilidade de prosseguimento da execução vez que inexistente crédito em razão da nulidade dos negócios subjacentes. Responsabilidade pela verba de sucumbência à parte vencida. Atendimento ao princípio da causalidade. Valor dos honorários advocatícios que atende aos critérios do art.
20 do CPC. Recurso parcialmente provido. (TJSP, Ap. n. 0007240-86.1997.8.26.0344/Marília, 14ª Câm.
de Dir. Priv., rel. Marcia Dalla Déa Barone, j. 11.03.2015)

**Art. 1.793. O direito à sucessão aberta, bem como o quinhão de que disponha o coer-
deiro, pode ser objeto de cessão por escritura pública.**

**§ 1º Os direitos, conferidos ao herdeiro em consequência de substituição ou de direito
de acrescer, presumem-se não abrangidos pela cessão feita anteriormente.**

**§ 2º É ineficaz a cessão, pelo coerdeiro, de seu direito hereditário sobre qualquer bem
da herança considerado singularmente.**

**§ 3º Ineficaz é a disposição, sem prévia autorização do juiz da sucessão, por qualquer
herdeiro, de bem componente do acervo hereditário, pendente a indivisibilidade.**

➡ Sem correspondência no CC/1916.

O **direito à sucessão,** assim como qualquer outro direito patrimonial, pode ser transmitido, gratuita e onerosamente. Desse modo, a sucessão da herança consistirá na transferência
que o herdeiro fará do quinhão hereditário ou parte dele a terceiro após a abertura da sucessão, consistindo em um negócio jurídico *inter vivos.* Com a aceitação da herança, o herdeiro
não assumirá os encargos do *de cujus* além das forças do acervo hereditário, mas deverá provar, por qualquer dos meios admitidos, que os bens herdados têm valor inferior ao dos débitos, exceto se houver inventário em andamento contendo a avaliação dos bens recebidos. A
cessão da herança, gratuita ou onerosa, consiste na transferência que o herdeiro, legítimo ou
testamentário, faz a outrem de todo quinhão hereditário ou de parte dele, que lhe competirá
após a abertura da sucessão. A cessão só será válida após a abertura da sucessão, por ser nulo
qualquer ato negocial que envolva herança de pessoa viva. Só pode incidir no todo ou em parte sobre quinhão ideal do coerdeiro, visto que a herança é uma universalidade de direito, não
um conjunto de bens individualmente determinados.

■ Apelação cível. Adjudicação compulsória. Pleito fundado em instrumento particular de cessão de direitos hereditários. Extinção do processo sem aferição do mérito, por impossibilidade jurídica do pedido, eis que não se efetuou, de forma definitiva, a partilha dos bens deixados pelo autor da herança. Inconformismo dos autores. Superveniência da averbação do formal de partilha na matrícula imobiliária.

945

Arts. 1.793 a 1.795   Almeida Guilherme

Fato que deve ser levado em consideração pelo julgador, nos termos do art. 462 do CPC. Manutenção da extinção do processo sem resolução do mérito, por carência da ação, porém, por fundamentação diversa da lançada na sentença. Cessão de direitos hereditários que exige, para sua validade, a forma de instrumento público, nos termos do art. 1.793 do CC em vigor. Documento que ampara a pretensão dos autores que se consubstancia em instrumento particular. Configuração de falta de interesse processual. Precedente deste Eg. Tribunal de Justiça neste sentido. Negado provimento ao recurso. (TJSP, Ap. n. 0002843-06.2012.8.26.0102/Cachoeira Paulista, 3ª Câm. de Dir. Priv., rel. Viviani Nicolau, j. 24.06.2015)

Art. 1.794. O coerdeiro não poderá ceder a sua quota hereditária a pessoa estranha à sucessão, se outro coerdeiro a quiser, tanto por tanto.

➥ Sem correspondência no CC/1916.

O coerdeiro não pode, sem prévia autorização judicial, antes da partilha, por estar pendente a indivisibilidade da herança, ceder, a outrem, qualquer bem do acervo hereditário considerado singularmente, sob pena de ser ineficaz sua disposição. Somente poderá transferir sua quota-parte na massa hereditária sem especificar bens. Como a sucessão aberta é tida como coisa imóvel, a cessão da herança só poderá ser feita por meio de escritura pública. O cessionário assume, relativamente aos direitos hereditários, a mesma condição jurídica do cedente. Pertencerá ao cessionário tudo o que em virtude da herança seria do cedente; não, porém, o que foi conferido ao herdeiro em razão de substituição ou de direito de acrescer, que presumir-se-á não abrangido pela cessão anteriormente feita.

Art. 1.795. O coerdeiro, a quem não se der conhecimento da cessão, poderá, depositado o preço, haver para si a quota cedida a estranho, se o requerer até cento e oitenta dias após a transmissão.

Parágrafo único. Sendo vários os coerdeiros a exercer a preferência, entre eles se distribuirá o quinhão cedido, na proporção das respectivas quotas hereditárias.

➥ Sem correspondência no CC/1916.

Cessão onerosa de quota de herança não pode ser feita a estranho sem que o cedente a tenha oferecido aos coerdeiros para que exerçam o direito de preferência, tanto por tanto. O cessionário de quota de herança indivisa não poderá ser admitido no inventário sem que a cessão seja intimada aos coerdeiros, para usarem o seu direito de preferência, porque a herança, enquanto não se procede a partilha, é coisa indivisível, não podendo, por esse motivo, um dos coerdeiros ceder sua parte a estranho se algum dos outros coerdeiros a quiser, tanto por tanto.

Em caso de cessão onerosa feita a pessoa alheia à sucessão, sem que o cedente tenha ofertado aos demais coerdeiros o seu quinhão ideal para que exerçam seu direito de preferência, tanto por tanto, qualquer deles que, dentro de 180 dias após a transmissão, depositar a quantia, haverá para si a quota cedida a estranho. E, se vários coerdeiros o quiserem, entre eles se distribuirá o quinhão vendido, na proporção das respectivas quotas hereditárias.

▪ Apelação. Declaratória de nulidade de cessão de direitos hereditários. Inconformismo com a decisão que exclui a coautora da lide e reconheceu a decadência do direito. Exclusão bem decretada a inexistência de direito de preferência a quota hereditária que pertencia ao tio, do qual não é herdeira. Decadência bem reconhecida. Coerdeiro que não exerceu o seu direito de haver para si a quota cedida a es-

Código Civil comentado e anotado Arts. 1.795 a 1.797

tranho no prazo legal, 180 dias, conforme disposto no art. 1.795 do CC. Início da contagem do prazo que se inicia com a escritura pública. Ademais não era coerdeiro de todo quinhão que pretendia preferir, já que o quinhão era composto parte de herança advinda do pai comum do autor e do réu e parte advinda da mãe do réu que não é mãe do autor. Sentença mantida. Recurso improvido. (TJSP, Ap. n. 0005656-09.2012.8.26.0586/São Roque, 8ª Câm. de Dir. Priv., rel. Silvério da Silva, j. 16.04.2015)

Art. 1.796. No prazo de trinta dias, a contar da abertura da sucessão, instaurar-se-á inventário do patrimônio hereditário, perante o juízo competente no lugar da sucessão, para fins de liquidação e, quando for o caso, de partilha da herança.

➡ Veja art. 1.770 do CC/1916.

O **inventário** é o processo judicial tendente à relação, descrição, avaliação e liquidação de todos os bens pertencentes ao *de cujus* ao tempo de sua morte, para partilhá-los e distribuí-los entre seus sucessores, ou seja, o inventário é destinado a relacionar, levantar, avaliar e liquidar todos os bens deixados pelo *de cujus*, ativo e passivo, ao tempo de sua morte, a fim de partilhá-los e distribuí-los entre os seus herdeiros. O inventário pode ser um procedimento judicial ou extrajudicial, e só será obrigatório quando houver testamento, divergência entre os herdeiros ou algum deles for incapaz. Mas, se todos os herdeiros forem maiores, capazes e concordes, e não havendo testamento, a partilha e o inventário poderão ser feitos por escritura pública, a qual constituirá título hábil para o registro imobiliário, contanto que as partes interessadas estejam assistidas por um advogado comum, por advogados de cada uma delas ou por defensor público, cuja qualificação e assinatura constarão em ato notarial (art. 610, § 2º, do CPC/2015; art. 982, § 1º, do CPC/73, com alteração da Lei n. 11.441/2007).

O inventário deverá ser requerido no foro do último domicílio do autor da herança, ou no juízo competente (art. 48 do CPC/2015; art. 96 do CPC/73), por quem tenha legítimo interesse, dentro de um mês, a contar da morte do *de cujus*, concluindo-se dentro dos seis meses subsequentes ao seu requerimento. Como dificilmente os processos de inventário terminam dentro do prazo de seis meses, o parágrafo único (revogado desde 2007) do art. 983 do CPC/73 autoriza a dilatação desse lapso pelo magistrado, a requerimento do inventariante, desde que haja motivo justo. Se o excesso de prazo se der por ato culposo do inventariante, o juiz poderá providenciar sua remoção, se algum herdeiro o requerer, e, se for necessário, privá-lo-á, ainda, o magistrado de vintena (arts. 1.796, 1.987 e 1.989 do CC).

▪ Súmula n. 542 do STF: "Não é inconstitucional a multa instituída pelo Estado-Membro, como sanção pelo retardamento do início ou da ultimação do inventário".

Art. 1.797. Até o compromisso do inventariante, a administração da herança caberá, sucessivamente:
I – ao cônjuge ou companheiro, se com o outro convivia ao tempo da abertura da sucessão;
II – ao herdeiro que estiver na posse e administração dos bens, e, se houver mais de um nessas condições, ao mais velho;
III – ao testamenteiro;
IV – a pessoa de confiança do juiz, na falta ou escusa das indicadas nos incisos antecedentes, ou quando tiverem de ser afastadas por motivo grave levado ao conhecimento do juiz.

➡ Veja art. 1.779 do CC/1916.

947

Arts. 1.797 e 1.798

Até que o inventariante preste o compromisso (art. 617, parágrafo único, do CPC/2015; art. 990, parágrafo único, do CPC/73), a posse do espólio e a legitimidade para representá-lo, ativa e passivamente serão do administrador provisório (arts. 613 e 614 do CPC/2015; arts. 985 e 986 do CPC/73).

O administrador provisório é quem terá, até ser prestado o compromisso do inventariante, a posse do espólio e a legitimidade para representar ativa e passivamente a herança (arts. 613 e 614 do CPC/2015; arts. 985 e 986 do CPC/73). Com isso evitar-se-á que o espólio fique acéfalo e os bens sem cuidado por falta de administração produtiva, enquanto não se tiver a nomeação e a posse efetiva do inventariante. Essa administração competirá sucessivamente: *a)* ao cônjuge, ou companheiro, sobrevivente, se convivia com o *de cujus* ao tempo da abertura da sucessão; *b)* ao herdeiro que estiver na posse e administração dos bens, e se houver mais de um nessas condições, ao mais velho; *c)* ao testamenteiro; e *d)* à pessoa de confiança do juiz, na falta ou escusa dos indicados anteriormente, ou quando tiverem de ser afastados por motivo grave levado ao conhecimento do magistrado.

■ Locação. Embargos à execução. Título executivo judicial. Ação de despejo por falta de pagamento c/c cobrança, cuja execução foi iniciada antes das alterações processuais introduzidas pela Lei n. 11.232/2005. Falecimento do fiador no curso dos embargos à execução. Desnecessidade de habilitação dos herdeiros. Espólio representado pela filha que estava na posse e administração do único bem imóvel deixado pelo de cujus, na condição de administradora provisória. Inteligência dos arts. 43, 985 e 986 do CPC, c/c art. 1.797, II, do CC. Precedentes deste Eg. Tribunal de Justiça. Citação do fiador ocorrida na pessoa do locatário, uma vez que o contrato de locação continha cláusula pela qual fiador e locatário, reciprocamente, se nomeavam como mandatários. Nulidade da citação. Comprovado nos autos que o fiador, quando da assinatura do contrato, estava acometido de doença orgânico-psiquiátrica que retirava seu discernimento para os atos da vida civil. Recurso provido. (TJSP, Ap. n. 0015550-25.2006.8.26.0099/ Bragança Paulista, 32ª Câm. de Dir. Priv., rel. Caio Marcelo Mendes de Oliveira, j. 25.06.2015)

CAPÍTULO III
DA VOCAÇÃO HEREDITÁRIA

Art. 1.798. Legitimam-se a suceder as pessoas nascidas ou já concebidas no momento da abertura da sucessão.

➡ Veja arts. 1.717 e 1.718 do CC/1916.

O art. 1.798 aponta a regra geral sobre a legitimação para suceder, aplicada tanto à sucessão legítima como à sucessão testamentária. Portanto, estão legitimadas e aptas a suceder as pessoas nascidas ou já concebidas no momento de abertura da sucessão, que ao tempo do falecimento do autor da herança estejam vivas, ou pelo menos concebidas. Logo, as pessoas que ainda não foram concebidas ao tempo de abertura da sucessão não terão legitimação para suceder nem poderão herdar, exceto hipótese do art. 1.799, I, do CC.

A legitimação para suceder é a qualidade para que alguém possa invocar a sua vocação hereditária ou o seu direito de herdar por testamento. É, portanto, a aptidão da pessoa para receber os bens deixados pelo *de cujus*, que ao tempo do falecimento do autor da herança deve estar vivo, ou pelo menos concebido, para ocupar o lugar que lhe compete. A capacidade sucessória do nascituro é excepcional, já que só sucederá se nascer com vida, havendo um estado de pendência da transmissão hereditária, recolhendo seu representante legal a herança sob

Código Civil comentado e anotado   Arts. 1.798 e 1.799

condição resolutiva. O já concebido, no momento da abertura da sucessão, adquire desde logo o domínio e a posse da herança como se já fosse nascido, porém, como lhe falta personalidade, nomeia-se-lhe um curador ao ventre. Se nascer morto, será tido como se nunca tivesse existido. Se nascer com vida, terá capacidade ou legitimação para suceder.

- Enunciado n. 267 da III Jornada de Direito Civil: "A regra do art. 1.798 do Código Civil deve ser estendida aos embriões formados mediante o uso de técnicas de reprodução assistida, abrangendo, assim, a vocação hereditária da pessoa humana a nascer cujos efeitos patrimoniais se submetem às regras previstas para a petição da herança".

- Apelação cível. Embargos à execução. Ilegitimidade passiva. Título executivo judicial. Interesse processual. Sobre testamento. Ilegitimidade passiva. O processo de execução que deu origem ao feito ora em análise, efetivamente, tem em um dos polos o pai do ora embargante e a dívida primitiva decorre de uma nota promissória por este emitida. Isso não tem o condão de acolher o insurgimento do ora embargante, na medida em que, com o falecimento do executado, todos os direitos e deveres são transmitidos aos herdeiros, devendo haver a substituição da parte, quer pelos sucessores, quer pelo espólio. Inteligência dos arts. 43, do CPC, 1.798 e 1997, do CC. Necessidade de notificação: inexiste previsão legal a exigir notificação dos sucessores, na medida em que o art. 568, II, do CPC, dispõe que são sujeitos no polo passivo da execução "o espólio, os herdeiros e os sucessores do devedor", não havendo qualquer previsão legal a respeito da necessidade de notificação quando da substituição processual. Título executivo: a certidão narratória que instrui o feito executivo serve para amparar a pretensão do exequente, quando traz todos os elementos necessários capaz de demonstrar a existência do crédito exequendo, restando, inclusive, devidamente certificado pelo escrivão judicial, este portador de fé pública. Cálculo exequendo: considerando o caso em concreto, é fato que a certidão narratória dispensa apresentação do cálculo, ainda mais quando a impugnação ao valor não traz qualquer elemento plausível ao insurgimento. Excesso sequer demonstrado. Suspensão do feito: a dívida executada tem origem em decisão judicial transitada em julgado. Desnecessidade de suspender o andamento do feito quando processo análogo sequer contém as mesmas partes. Contrarrazões: litigância de má-fé: não se verifica nos autos qualquer resquício de litigância de má-fé da parte demandada, porquanto apenas se limitou a apontar fundamentação jurídica necessária em sua tese para afastar a reintegração de posse, ao invés de atuação procrastinatória. Prequestionamento: o prequestionamento de normas constitucionais e infraconstitucionais fica atendido nas razões de decidir deste julgado, o que dispensa manifestação pontual acerca de cada artigo aventado. Tampouco se negou vigência aos dispositivos normativos que resolvem a lide. Negaram provimento ao recurso de apelação. (TJRS, Ap. Cível n. 70.064.569.718, 19ª Câm. Cível, rel. Eduardo João Lima Costa, j. 25.06.2015)

Art. 1.799. Na sucessão testamentária podem ainda ser chamados a suceder:
I – os filhos, ainda não concebidos, de pessoas indicadas pelo testador, desde que vivas estas ao abrir-se a sucessão;
II – as pessoas jurídicas;
III – as pessoas jurídicas, cuja organização for determinada pelo testador sob a forma de fundação.

➡ Veja arts. 1.717 e 1.718 do CC/1916.

O Código dedica-se a algumas regras especiais à sucessão testamentária. O inciso I aponta uma importante exceção ao princípio de que somente as pessoas nascidas ou concebidas no

949

tempo do falecimento do autor da herança tenham legitimação para suceder, dizendo que é possível contemplar a prole futura ou eventual de determinada pessoa designada pelo testador e existente ao tempo de abertura da sucessão.

Terá capacidade para adquirir por testamento toda pessoa física ou jurídica existente ao tempo da abertura da sucessão, não havida como incapaz. Serão absolutamente incapazes para adquirir por testamento as pessoas não concebidas até a abertura da sucessão, exceto se a disposição testamentária se referir à prole eventual de pessoa designada pelo testador e existente ao tempo de sua morte. Para receber herança ou legado será preciso que o beneficiado seja nascido ou esteja ao menos concebido por ocasião do óbito do disponente. Mas a lei permite que se contemple prole futura de um herdeiro instituído e, em substituição fideicomissária, pessoa ainda não concebida. Assim sendo, se o herdeiro nomeado existir por ocasião da abertura da sucessão, o legado estará assegurado ao filho que futuramente vier a ter. Como têm personalidade jurídica, as pessoas jurídicas de direito público interno ou de direito privado podem ser beneficiadas por testamento. O testador, no ato de última vontade, poderá reservar bens livres à pessoa jurídica *in fieri*, cuja organização visa a criar fundação para a consecução de fins úteis, culturais e humanitários. A pessoa jurídica de direito externo está impedida de possuir ou adquirir no Brasil bens imóveis e os suscetíveis de desapropriação, não só por testamento, mas também por qualquer título, como compra e venda, doação, permuta, porque permiti-lo representaria um perigo para a soberania nacional, criando dificuldades ao seu pleno exercício, dado que nesses bens os governos estrangeiros poderiam instalar seus súditos.

■ Enunciado n. 268 da III Jornada de Direito Civil: "Nos termos do inciso I do art. 1.799, pode o testador beneficiar filhos de determinada origem, não devendo ser interpretada extensivamente a cláusula testamentária respectiva".

Art. 1.800. No caso do inciso I do artigo antecedente, os bens da herança serão confiados, após a liquidação ou partilha, a curador nomeado pelo juiz.

§ 1º Salvo disposição testamentária em contrário, a curatela caberá à pessoa cujo filho o testador esperava ter por herdeiro, e, sucessivamente, às pessoas indicadas no art. 1.775.

O correto seria art. 1.797 em vez de art. 1.775.

§ 2º Os poderes, deveres e responsabilidades do curador, assim nomeado, regem-se pelas disposições concernentes à curatela dos incapazes, no que couber.

§ 3º Nascendo com vida o herdeiro esperado, ser-lhe-á deferida a sucessão, com os frutos e rendimentos relativos à deixa, a partir da morte do testador.

§ 4º Se, decorridos dois anos após a abertura da sucessão, não for concebido o herdeiro esperado, os bens reservados, salvo disposição em contrário do testador, caberão aos herdeiros legítimos.

➥ Sem correspondência no CC/1916.

O art. 1.800 soluciona duas questões existentes no antigo Código Civil de 1916. A primeira abrange a titularidade do direito, enquanto não há o nascimento da prole eventual de pessoa designada pelo testador, e a outra questão é o prazo de eficácia da disposição testamentária.

O juiz nomeará um curador (art. 1.775, §§ 1º a 3º, do CC) para, provisoriamente, guardar e administrar os bens da herança da pessoa ainda não concebida, pois durante o período entre a morte do testador e o nascimento do beneficiário, os bens não podem permanecer sem dono. A legitimação para suceder do herdeiro esperado só será concedida se este nascer com

Código Civil comentado e anotado   Arts. 1.800 e 1.801

vida, e assim receberá a herança ou legado, com todos os rendimentos e frutos produzidos a partir da abertura da sucessão.

Se a disposição testamentária se referir à prole eventual de pessoa designada pelo testador, existente ao abrir a sucessão, como os bens não podem ficar sem dono durante o intervalo entre a morte do testador e o nascimento do beneficiário, os bens da herança serão confiados, após a liquidação, ou partilha, a curador nomeado pelo juiz, que, em regra, não havendo disposição testamentária em contrário, será a pessoa cujo filho o testador esperava ter por herdeiro, e, sucessivamente, se esta não o puder, uma das pessoas indicadas no art. 1.775, §§ 1º a 3º, do Código Civil, ou seja, seu cônjuge, ou companheiro, seu herdeiro, e, na falta deles, aquele que for escolhido pelo magistrado. A guarda provisória dos bens do herdeiro não concebido, na falta dessas pessoas, poderá ser, excepcionalmente, deferida ao testamenteiro. O curador nomeado para, provisoriamente, guardar bens da herança de pessoa ainda não concebida terá os mesmos poderes, obrigações e responsabilidades do curador dos incapazes. A deixa que beneficia prole eventual valerá, mas sua eficácia dependerá de que o herdeiro esperado seja concebido e nasça com vida (art. 1.798 do CC), pois sua legitimação para suceder é condicional, consolidando-se somente se nascer com vida, caso em que receberá a herança ou o legado, com todos os seus frutos e rendimentos produzidos a partir da morte do testador. Se, decorridos dois anos após a abertura da sucessão, o herdeiro esperado não for concebido, os bens que lhe foram destinados passarão aos herdeiros legítimos do autor da herança, salvo se o contrário estiver estipulado no testamento. Se o herdeiro não for concebido dentro do biênio previsto em lei, a verba testamentária caducará e a parte que lhe era cabível será devolvida aos herdeiros legítimos ou ao substituto testamentário, retroagindo, obviamente, aquela devolução à data da abertura da sucessão.

Art. 1.801. Não podem ser nomeados herdeiros nem legatários:

I – a pessoa que, a rogo, escreveu o testamento, nem o seu cônjuge ou companheiro, ou os seus ascendentes e irmãos;

II – as testemunhas do testamento;

III – o concubino do testador casado, salvo se este, sem culpa sua, estiver separado de fato do cônjuge há mais de cinco anos;

IV – o tabelião, civil ou militar, ou o comandante ou escrivão, perante quem se fizer, assim como o que fizer ou aprovar o testamento.

➡ Veja art. 1.719 do CC/1916.

O art. 1.801 enumera as pessoas que não têm legitimação na sucessão testamentária, ou seja, não podem ser nomeadas herdeiras ou legatárias.

Certas pessoas, por razões especiais, não podem receber por via de testamento, tendo incapacidade relativa. Entre elas: a) a pessoa que, a rogo, redigiu o testamento, ou seu cônjuge, ascendente, descendente e irmão, porque poderia abusar da confiança que lhe foi depositada, procurando beneficiar-se, ou a parente próximo; b) as testemunhas testamentárias (art. 228 do CC), evitando que possam influenciar a vontade do testador para dispor em seu favor; c) o concubino do testador casado, salvo se este, sem culpa sua, estiver separado de fato do cônjuge há mais de cinco anos; logo, o separado judicialmente, solteiro(a), viúvo(a), ou divorciado(a) poderá aquinhoar seu(ua) amante ou companheiro(a) livremente; d) o tabelião, civil ou militar, o comandante ou escrivão perante quem se fizer, assim como o que fizer ou aprovar testamento, porque não se acham de todo isentos de suspeição.

951

Arts. 1.801 a 1.804 — Almeida Guilherme

■ Súmula n. 447 do STF: "É válida a disposição testamentária em favor de filho adulterino do testador com sua concubina".

■ Enunciado n. 269 da III Jornada de Direito Civil: "A vedação do art. 1.801, III, do Código Civil não se aplica à união estável, independentemente do período de separação de fato (art. 1.723, § 1º)".

Art. 1.802. São nulas as disposições testamentárias em favor de pessoas não legitimadas a suceder, ainda quando simuladas sob a forma de contrato oneroso, ou feitas mediante interposta pessoa.

Parágrafo único. Presumem-se pessoas interpostas os ascendentes, os descendentes, os irmãos e o cônjuge ou companheiro do não legitimado a suceder.

➥ Veja art. 1.720 do CC/1916.

Se o testador beneficiar pessoa que não tenha capacidade ou legitimação testamentária passiva, nula será a disposição de última vontade, mesmo quando simular a forma de um contrato oneroso ou beneficiar interposta pessoa (pai, mãe, descendente, irmão e consorte ou companheiro do não legitimado para o testamento), hipótese em que se terá simulação relativa.

Art. 1.803. É lícita a deixa ao filho do concubino, quando também o for do testador.

➥ Sem correspondência no CC/1916.

A disposição testamentária será válida em favor de filho adulterino, do testador ou testadora com sua concubina ou concubino. Portanto, o testador casado, por exemplo, poderá beneficiar filho de sua amante no testamento, quando este for seu filho também. Inclusive, com base na igualdade dos filhos trazido pela Constituição Federal, não se entende mais tratar de filho adulterino como fora tratado anteriormente.

■ Súmula n. 447 do STF: "É válida a disposição testamentária em favor de filho adulterino do testador com sua concubina".

CAPÍTULO IV
DA ACEITAÇÃO E RENÚNCIA DA HERANÇA

Art. 1.804. Aceita a herança, torna-se definitiva a sua transmissão ao herdeiro, desde a abertura da sucessão.

Parágrafo único. A transmissão tem-se por não verificada quando o herdeiro renunciar à herança.

➥ Sem correspondência no CC/1916.

A aceitação da herança vem a ser o ato jurídico unilateral pelo qual o herdeiro, legítimo ou testamentário, manifesta livremente sua vontade de receber a herança que lhe é transmitida. A aceitação apenas confirma o direito que o falecimento do *de cujus* atribuiu ao herdeiro,

952

Código Civil comentado e anotado   Arts. 1.804 a 1.806

consolidando-o. Renúncia é o ato jurídico unilateral pelo qual o herdeiro declara expressamente que não aceita a herança a que tem direito, despojando-se de sua titularidade. Logo, a transmissão da herança ter-se-á por não verificada, diante da renúncia do herdeiro.

■ Agravo de instrumento. Exceção de pré-executividade. Pretensão de reforma de r. decisão que, acolhendo a exceção, excluiu do polo passivo da execução herdeiros que comprovaram renúncia à herança de coexecutado, falecido no curso da ação. Impossibilidade. Renúncia formalizada nos moldes do disposto no art. 1.806, do CC, produzindo os efeitos previstos no art. 1.804 do aludido *Codex*. Ausência de indícios da alegada intenção de fraudar credores. Agravo ao qual se nega provimento. (TJSP, AI n. 2022645-63.2015.8.26.000/Campinas, 24ª Câm. de Dir. Priv., rel. Claudia Grieco Tabosa Pessoa, j. 26.03.2015)

Art. 1.805. A aceitação da herança, quando expressa, faz-se por declaração escrita; quando tácita, há de resultar tão somente de atos próprios da qualidade de herdeiro.

§ 1º Não exprimem aceitação de herança os atos oficiosos, como o funeral do finado, os meramente conservatórios, ou os de administração e guarda provisória.

§ 2º Não importa igualmente aceitação a cessão gratuita, pura e simples, da herança, aos demais coerdeiros.

➥ Veja arts. 1.581 e 1.582 do CC/1916.

Será expressa a aceitação se resultar de declaração escrita, pública ou particular, do herdeiro manifestando seu desejo de receber a herança. A aceitação será tácita se inferida de prática de atos, positivos ou negativos, somente compatíveis à condição hereditária do herdeiro, que demonstrem a intenção de aceitar a herança, tais como: cobrança de dívidas de espólio, sua representação por advogado no inventário, transporte de bens da herança para o seu domicílio etc. Há atos que, embora sejam praticados pelo herdeiro, não revelam o propósito de aceitar a herança, tais como: atos oficiosos, como o funeral do finado, ou atos meramente conservatórios, a fim de impedir a ruína dos bens da herança, ou os de administração e guarda interina para atender a uma necessidade urgente, por serem meros obséquios, praticados por sentimento humanitário, sem qualquer interesse. A cessão gratuita, pura e simples, feita indistintamente a todos os coerdeiros, equivale à renúncia. Mas se o cedente ceder seu quinhão hereditário em favor de certa pessoa, devidamente individualizada, estará aceitando a herança, pois nesse caso se teria uma renúncia translativa, que, na verdade, é aceitação, por conter dupla declaração de vontade: a de aceitar a herança e a de alienar, mediante doação, à pessoa indicada sua quota hereditária.

■ Agravo de instrumento. Inventário. Renúncia de direitos hereditários por termo nos autos. Possibilidade. A renúncia pura e simples de direitos hereditários, em favor de coerdeiro, não importa em transmissão da herança ao herdeiro renunciante e pode ser realizada por termo judicial, nos termos dos arts. 1.805, § 2º, e 1.806, ambos do CC. A própria cessão de direitos tem sido admitida seja feita por termo nos autos, conforme entendimento jurisprudencial da Corte. Precedentes. Deram provimento. (TJRS, AI n. 70.061.303.046, 8ª Câm. Cível, rel. Rui Portanova, j. 02.10.2014)

Art. 1.806. A renúncia da herança deve constar expressamente de instrumento público ou termo judicial.

953

Arts. 1.806 a 1.808 — Almeida Guilherme

➡ Veja art. 1.581 do CC/1916.

Renúncia da herança. Ato jurídico pelo qual o herdeiro dispensa o direito à herança a que teria direito. Essa deve constar expressamente de instrumento público ou termo judicial. A renúncia na sucessão legítima implica o direito de acrescer dos outros herdeiros da mesma classe. Sendo de classe diversa, devolve-se aos da subsequente (art. 1.810 do CC). Não há como os filhos do renunciante herdarem por representação ou estirpe, podendo, eventualmente, ser chamados por direito próprio e por cabeça. Quando o herdeiro renunciar à herança para prejudicar credores, estes, com autorização judicial, poderão aceitá-la, no prazo de trinta dias da renúncia, até o montante do débito. O remanescente não volta para o herdeiro renunciante, mas sim a quem a renúncia aproveita. A aceitação e a renúncia são atos irrevogáveis, não poderão ser em parte, sob condição ou termo. Mas o herdeiro que suceder a título diverso poderá repudiar ou aceitar a ambos, ou aceitar um e repudiar o outro. Poderá haver a aceitação da herança pelos sucessores do herdeiro, quando este falecer antes de declarar se aceita a herança, salvo se pender condição suspensiva, ainda não verificada.

▪ Veja no art. 1.804 a seguinte decisão: TJSP, AI n. 2046347-38.2015.8.26.000/Campinas, 24ª Câm. de Dir. Priv., rel. Claudia Grieco Tabosa Pessoa, j. 30.04.2015.

▪ No mesmo sentido: TJSP, AI n. 2190110-34.2014.8.26.000/Campinas, 24ª Câm. de Dir. Priv., rel. Claudia Grieco Tabosa Pessoa, j. 26.02.2015.

Art. 1.807. O interessado em que o herdeiro declare se aceita, ou não, a herança, poderá, vinte dias após aberta a sucessão, requerer ao juiz prazo razoável, não maior de trinta dias, para, nele, se pronunciar o herdeiro, sob pena de se haver a herança por aceita.

➡ Veja art. 1.584 do CC/1916.

O Código estabelece que, se algum interessado desejar a manifestação de um herdeiro sobre a aceitação ou não da herança, deverá requerer ao juiz que seja estabelecido prazo inferior a trinta dias para tal manifestação. Permanecendo o herdeiro em silêncio, é considerada aceita a herança.

Art. 1.808. Não se pode aceitar ou renunciar a herança em parte, sob condição ou a termo.
§ 1º O herdeiro, a quem se testarem legados, pode aceitá-los, renunciando a herança; ou, aceitando-a, repudiá-los.
§ 2º O herdeiro, chamado, na mesma sucessão, a mais de um quinhão hereditário, sob títulos sucessórios diversos, pode livremente deliberar quanto aos quinhões que aceita e aos que renuncia.

➡ Veja art. 1.583 do CC/1916.

A herança é considerada, para o Direito, como um todo, não podendo então ser fracionada. Além disso, a renúncia é ato unilateral que não aceita termo ou condição para sua cessão e, no mesmo sentido, não pode haver renúncia condicionada ou com termo. Se, juntamente

954

Código Civil comentado e anotado   Arts. 1.808 a 1.811

com a herança, o herdeiro receber legados, não está obrigado a receber a herança e o legado. Poderá renunciar a um deles. Por fim, apresenta o § 2º do art. 1.808 que, caso na mesma sucessão, o herdeiro receba quinhões de títulos diversos, poderá livremente aceitar a um e renunciar a outro.

■ Agravo de instrumento. Direito tributário. Execução fiscal. Redirecionamento. Herdeiros. Venda e doação de parte dos bens do de cujus aos herdeiros antes da formalização da renúncia à herança (ocorrida após o redirecionamento). Incompatibilidade aparente. Exegese dos arts. 544 e 1.808 do CC. Mantidos no feito os sucessores do executado falecido. Decisão da origem conservada. Negaram provimento ao recurso. Unânime. (TJRS, AI n. 70062946132, 2ª Câm. Cível, rel. Laura Louzada Jaccottet, j. 15.04.2015)

Art. 1.809. Falecendo o herdeiro antes de declarar se aceita a herança, o poder de aceitar passa-lhe aos herdeiros, a menos que se trate de vocação adstrita a uma condição suspensiva, ainda não verificada.

Parágrafo único. Os chamados à sucessão do herdeiro falecido antes da aceitação, desde que concordem em receber a segunda herança, poderão aceitar ou renunciar a primeira.

➡ Veja art. 1.585 do CC/1916.

Caso o herdeiro venha a falecer antes de declarar a aceitação da herança, este direito é imediatamente transferido a seus herdeiros – desde que não exista alguma cláusula suspensiva que ainda não tenha se operado.

Só poderá esse herdeiro pronunciar-se sobre a aceitação daquele que lhe transferiu a herança se aceitar a herança à qual tem direito, uma vez que, renunciando à herança direta que receberia, não teria mais legitimidade para agir em nome do falecido.

Art. 1.810. Na sucessão legítima, a parte do renunciante acresce à dos outros herdeiros da mesma classe e, sendo ele o único desta, devolve-se aos da subsequente.

➡ Veja art. 1.589 do CC/1916.

Quando um dos herdeiros renuncia à sua parte na herança, a situação reverte-se ao *status* de não existência daquele herdeiro. Se havia herdeiros na mesma linha, sua parte acrescenta-se à deles. Sendo o único naquela linha sucessória, sua parte reverte-se para a linha subsequente.

■ Enunciado n. 575 da VI Jornada de Direito Civil: "Concorrendo herdeiros de classes diversas, a renúncia de qualquer deles devolve sua parte aos que integram a mesma ordem dos chamados a suceder".

Art. 1.811. Ninguém pode suceder, representando herdeiro renunciante. Se, porém, ele for o único legítimo da sua classe, ou se todos os outros da mesma classe renunciarem a herança, poderão os filhos vir à sucessão, por direito próprio, e por cabeça.

➡ Veja art. 1.588 do CC/1916.

Arts. 1.811 a 1.814 — Almeida Guilherme

Caso um herdeiro renuncie, será como se nunca tivesse existido e, dessa forma, seus descendentes não poderão representá-lo na sucessão. Porém, se o renunciante for o único no mesmo grau na linha sucessória ou se todos os herdeiros daquele grau renunciarem, seus herdeiros poderão participar desta sucessão por direito próprio e por cabeça.

Art. 1.812. São irrevogáveis os atos de aceitação ou de renúncia da herança.

➡ Veja art. 1.590 do CC/1916.

A decisão do herdeiro frente à herança é irretratável. Tendo expresso sua aceitação ou sua renúncia, não poderá revogar esse ato.

Art. 1.813. Quando o herdeiro prejudicar os seus credores, renunciando à herança, poderão eles, com autorização do juiz, aceitá-la em nome do renunciante.
§ 1º A habilitação dos credores se fará no prazo de trinta dias seguintes ao conhecimento do fato.
§ 2º Pagas as dívidas do renunciante, prevalece a renúncia quanto ao remanescente, que será devolvido aos demais herdeiros.

➡ Veja art. 1.586 do CC/1916.

Caso seja fato conhecido dos credores do herdeiro que este tenha recusado herança para praticar fraude contra credores – imaginando que não teria inicialmente patrimônio para saldar a dívida antes do recebimento da herança –, poderão, mediante autorização judicial, receber a parte da herança que cobre seus créditos. O prazo para que se habilitem para o recebimento é de trinta dias após saberem da renúncia e o valor restante da herança, caso haja, retornará ao principal para ser repartido entre os demais herdeiros.

■ Embargos de terceiro. Genitora beneficiária. Renúncia à herança feita pelo devedor. Penhora no rosto dos autos de arrolamento. Ação julgada improcedente. Herdeiro que já estava sendo demandado ao tempo da renúncia. Inferência das regras dispostas nos arts. 1.813 e 158 do CC. Desnecessidade de perquirir a má-fé. Recurso improvido, com observação. No ato da renúncia o herdeiro já é proprietário, sendo disposição que compromete a garantia geral de credores. Segundo as disposições da lei substantiva, arts. 1.813 e 158, do CC, infere-se a ineficácia da renúncia em relação ao devedor, sem que haja necessidade de comprovação de má-fé, consoante destacado em precedente do Col. STJ. A penhora não recaiu sobre bem imóvel específico, mas em quota do herdeiro, bem como observado pelo exequente a preservação do bem de família da genitora, o que se adverte desde já, bem como acerca da suspensão da execução em razão da gratuidade processual da embargante (Lei n. 1.060/50). (TJSP, Ap. n. 9000085-62.2011.8.26.0577/São José dos Campos, 32ª Câm. de Dir. Priv., rel. Kioitsi Chicuta, j. 16.04.2015)

CAPÍTULO V
DOS EXCLUÍDOS DA SUCESSÃO

Art. 1.814. São excluídos da sucessão os herdeiros ou legatários:

Código Civil comentado e anotado   Arts. 1.814 e 1.815

I – que houverem sido autores, coautores ou partícipes de homicídio doloso, ou tentativa deste, contra a pessoa de cuja sucessão se tratar, seu cônjuge, companheiro, ascendente ou descendente;

II – que houverem acusado caluniosamente em juízo o autor da herança ou incorrerem em crime contra a sua honra, ou de seu cônjuge ou companheiro;

III – que, por violência ou meios fraudulentos, inibirem ou obstarem o autor da herança de dispor livremente de seus bens por ato de última vontade.

➡ Veja art. 1.595 do CC/1916.

A indignidade vem a ser uma pena civil que priva do direito à herança não só o herdeiro, mas o legatário que cometeu atos criminosos ou reprováveis, taxativamente enumerados em lei, contra a vida, a honra e a liberdade do *de cujus*. Consideram-se indignos, sendo excluídos da sucessão, os herdeiros ou legatários que: a) houverem sido autores ou cúmplices em homicídio voluntário, ou em sua tentativa, contra a pessoa de cuja sucessão se tratar, seu cônjuge ou companheiro, ascendente ou descendente; b) acusarem o *de cujus* caluniosamente em juízo ou incorrerem em crime contra sua honra ou contra a de seu cônjuge ou companheiro; c) inibirem, por violência ou fraude, o *de cujus* de dispor livremente de seus bens em testamento ou codicilo, ou lhe impedirem a execução dos atos de última vontade.

■ Apelação. Ação de indignidade. Apelante que pretende excluir a viúva da partilha dos bens deixados pelo genitor, argumentando prática de maus-tratos. Hipóteses de exclusão por indignidade previstas no art. 1.814 do CC que são taxativas. Pena civil que não comporta interpretação extensiva. Sentença de improcedência mantida. Recurso improvido. (TJSP, Ap. n. 0019882-54.2012.8.26.0348/Mauá, 2ª Câm. de Dir. Priv., rel. José Joaquim dos Santos, j. 07.10.2015)

■ Inventário. Partilha. Herdeira. Exclusão indevida. Homologação judicial que não se reveste de imutabilidade. Petição de herança. Prazo prescricional. 1. Ausentes causas que implicassem a indignidade ou autorizassem a deserdação (art. 1.814 c/c o art. 1.962, ambos do CC), a suposta vontade do autor da herança é insuficiente para excluir o direito sucessório de determinado herdeiro. 2. A exclusão indevida de herdeiro legítimo e necessário do processo de inventário gera nulidade absoluta da partilha homologada judicialmente, que não se reveste de eficácia ou tampouco imutabilidade frente ao prejudicado. 3. O herdeiro indevidamente excluído da sucessão tem o prazo de dez anos, a contar da abertura da sucessão, para intentar ação de petição de herança objetivando a parcela do acervo hereditário à qual faz jus. (TJMG, Ap. Cível n. 1.0112.11.002455-4/002, rel. Des. Marcelo Rodrigues, j. 21.07.2015)

Art. 1.815. A exclusão do herdeiro ou legatário, em qualquer desses casos de indignidade, será declarada por sentença.

§ 1º O direito de demandar a exclusão do herdeiro ou legatário extingue-se em 4 (quatro) anos, contados da abertura da sucessão.

Parágrafo com redação dada pela Lei n. 13.532, de 07.12.2017.

§ 2º Na hipótese do inciso I do art. 1.814, o Ministério Público tem legitimidade para demandar a exclusão do herdeiro ou legatário.

Parágrafo acrescentado pela Lei n. 13.532, de 07.12.2017.

➡ Veja arts. 178, § 9º, IV, e 1.596 do CC/1916.

Este artigo descreve os casos de exclusão de herdeiro por indignidade. Nessas situações, a exclusão dar-se-á mediante sentença judicial. É exposto também o prazo decadencial para demandar em juízo a exclusão de herdeiro ou legatário, sendo este de quatro anos a contar a abertura da sucessão.

Também fica positivado, a partir da Lei n. 13.532/2017, que incluiu ambos os parágrafos ao presente artigo, que na hipótese do inc. I do art. 1.814, o Ministério Público tem legitimidade para demandar a exclusão do herdeiro ou legatário.

■ Enunciado n. 116 da I Jornada de Direito Civil: "O Ministério Público, por força do art. 1.815 do novo Código Civil, desde que presente o interesse público, tem legitimidade para promover ação visando à declaração da indignidade de herdeiro ou legatário".

Art. 1.816. São pessoais os efeitos da exclusão; os descendentes do herdeiro excluído sucedem, como se ele morto fosse antes da abertura da sucessão.

Parágrafo único. O excluído da sucessão não terá direito ao usufruto ou à administração dos bens que a seus sucessores couberem na herança, nem à sucessão eventual desses bens.

➡ Veja arts. 1.599 e 1.602 do CC/1916.

Havendo exclusão de um dos herdeiros por uma das causas previstas no art. 1.814, seus descendentes irão sucedê-lo como se tivesse falecido antes da abertura da sucessão. Ou seja, os herdeiros do excluído irão concorrer diretamente com aqueles que constavam no mesmo grau do excluído (irmãos, por exemplo). O parágrafo único do art. 1.816 inclui a determinação que o herdeiro excluído não poderá ter direito ao usufruto ou administração dos bens que seus sucessores venham a ter direito, caso sejam menores ou venham a falecer após terem recebido a herança no lugar no excluído.

Art. 1.817. São válidas as alienações onerosas de bens hereditários a terceiros de boa-fé, e os atos de administração legalmente praticados pelo herdeiro, antes da sentença de exclusão; mas aos herdeiros subsiste, quando prejudicados, o direito de demandar-lhe perdas e danos.

Parágrafo único. O excluído da sucessão é obrigado a restituir os frutos e rendimentos que dos bens da herança houver percebido, mas tem direito a ser indenizado das despesas com a conservação deles.

➡ Veja arts. 1.598 e 1.600 do CC/1916.

Os atos praticados pelo herdeiro, antes da sentença que o declara indigno são totalmente válidos perante os participantes do negócio jurídico que tenham agido com boa-fé. O mesmo pode-se dizer quanto aos atos de administração praticados por este. Porém, reserva-se aos demais herdeiros o direito de, caso prejudicados, ajuizarem ações de reparação por perdas e danos. Com a sentença que declara o herdeiro excluído da sucessão, este fica obrigado a restituir todos os frutos provenientes de bens da herança que tenham ficado em seu poder, tendo, todavia, direito a ser restituído caso tenha incorrido em despesas.

Código Civil comentado e anotado   Arts. 1.818 a 1.820

Art. 1.818. Aquele que incorreu em atos que determinem a exclusão da herança será admitido a suceder, se o ofendido o tiver expressamente reabilitado em testamento, ou em outro ato autêntico.

Parágrafo único. Não havendo reabilitação expressa, o indigno, contemplado em testamento do ofendido, quando o testador, ao testar, já conhecia a causa da indignidade, pode suceder no limite da disposição testamentária.

➡ Veja art. 1.597 do CC/1916.

O presente artigo expressa o caráter revogável da exclusão de herdeiro. Caso o ofendido que tenha dado causa à exclusão de um de seus herdeiros expressamente o reabilite por meio de testamento ou por outro meio idêntico, ele será admitido a suceder. A forma tácita de tal ato encontra-se na permanência do indigno em testamento do ofendido quando, ao elaborar o testamento, o ofendido já tivesse conhecimento da causa e mesmo assim tenha incluído o herdeiro. Nesse caso, haverá sucessão nos limites estabelecidos no testamento.

CAPÍTULO VI
DA HERANÇA JACENTE

Art. 1.819. Falecendo alguém sem deixar testamento nem herdeiro legítimo notoriamente conhecido, os bens da herança, depois de arrecadados, ficarão sob a guarda e administração de um curador, até a sua entrega ao sucessor devidamente habilitado ou à declaração de sua vacância.

➡ Veja art. 1.591 do CC/1916.

A herança jacente ocorre quando se abre a sucessão sem que o *de cujus* tenha deixado testamento ou haja conhecimento da existência de algum herdeiro. Corresponde a um acervo de bens, administrados por um curador – apesar de não possuir personalidade jurídica, a herança jacente possui legitimação ativa e passiva para comparecer em juízo, sendo representada por curador (art. 75, VI, do CPC/2015; art. 12, IV, do CPC/73) –, nomeado livremente pelo juiz (art. 1.819 do CC; art. 739 do CPC/2015; art. 1.143 do CPC/73): "A herança jacente ficará sob a guarda, conservação e administração de um curador até a respectiva entrega ao sucessor legalmente habilitado, ou até a declaração de vacância; caso em que será incorporada ao domínio da União, do Estado ou do Distrito Federal" até a habilitação dos herdeiros.

A jacência é, portanto, uma fase no processo com o propósito de declarar a vacância da herança, porque enquanto não se apresentarem herdeiros do falecido para reclamá-la, o Estado solicita a arrecadação dos bens, considerada até então jacente, passando a declará-la como vacante, e assim incorporando-se ao patrimônio do poder público.

Art. 1.820. Praticadas as diligências de arrecadação e ultimado o inventário, serão expedidos editais na forma da lei processual, e, decorrido um ano de sua primeira publicação, sem que haja herdeiro habilitado, ou penda habilitação, será a herança declarada vacante.

➡ Veja art. 1.593 do CC/1916.

959

Arts. 1.820 a 1.823   Almeida Guilherme

Será declarada a vacância da herança, se após um ano da primeira publicação do edital convocatório de interessados, não houver herdeiros habilitados. Após cinco anos da abertura da sucessão, o acervo hereditário será definitivamente incorporado ao patrimônio público (ao município ou Distrito Federal, se localizados nas respectivas circunscrições e à União, se situado em território federal). Os colaterais que não se habilitarem até a declaração de vacância, estarão excluídos da sucessão (art. 1.822, parágrafo único, do CC). A herança será imediatamente declarada vacante, quando todos os herdeiros chamados a suceder renunciarem à herança.

Art. 1.821. É assegurado aos credores o direito de pedir o pagamento das dívidas reconhecidas, nos limites das forças da herança.

➥ Veja art. 1.587 do CC/1916.

Frise-se que no período de jacência da herança, basta a simples habilitação para que o herdeiro receba seu quinhão sucessório, bem como é assegurado aos credores o direito de pedir o pagamento das dívidas reconhecidas, nos limites das forças da herança, habilitando-se no inventário ou mediante ação ordinária de cobrança.

Art. 1.822. A declaração de vacância da herança não prejudicará os herdeiros que legalmente se habilitarem; mas, decorridos cinco anos da abertura da sucessão, os bens arrecadados passarão ao domínio do Município ou do Distrito Federal, se localizados nas respectivas circunscrições, incorporando-se ao domínio da União quando situados em território federal.

Parágrafo único. Não se habilitando até a declaração de vacância, os colaterais ficarão excluídos da sucessão.

➥ Veja art. 1.594 do CC/1916.

Se decorridos cinco anos da abertura da sucessão não houver nenhum herdeiro habilitado ou habilitação pendente, os bens da herança vacante passarão ao domínio do município ou do Distrito Federal, se localizados nas respectivas circunscrições, ou ao domínio da União quando situados em território federal. Note-se que o prazo de cinco anos conta-se da abertura da sucessão, e não da sentença de declaração de vacância. Os colaterais ficarão excluídos da sucessão legítima até a declaração de vacância, se não promoverem a sua habilitação, passando a ser considerados renunciantes, mas pelo art. 743, § 2º, do CPC/2015 (art. 1.158 do CPC/73) só poderão reclamar o seu direito por ação direta de petição de herança (art. 1.824 do CC).

Art. 1.823. Quando todos os chamados a suceder renunciarem à herança, será esta desde logo declarada vacante.

➥ Veja art. 1.591 do CC/1916.

No caso de todos os herdeiros renunciarem à herança, desde logo será declarada a sua vacância e, consequentemente, não haverá o processo de jacência.

Código Civil comentado e anotado   Arts. 1.824 a 1.826

CAPÍTULO VII
DA PETIÇÃO DE HERANÇA

Art. 1.824. O herdeiro pode, em ação de petição de herança, demandar o reconhecimento de seu direito sucessório, para obter a restituição da herança, ou de parte dela, contra quem, na qualidade de herdeiro, ou mesmo sem título, a possua.

➥ Sem correspondência no CC/1916.

O herdeiro tem direito à herança desde a abertura da sucessão, e caso ocorra a sucessão e a sua devida distribuição, e mesmo assim ainda existam herdeiros que necessitem do reconhecimento do seu direito sucessório, estes poderão ingressar com uma ação de petição de herança – conhecida desde o direito romano, como *petitio hereditatis* – dentro do prazo prescricional de dez anos (art. 205 do CC) contado da abertura da sucessão, para que possam pleitear não apenas o reconhecimento de seu direito sucessório, mas também obter a restituição da herança, no todo ou em parte, contra quem a possua, na qualidade de herdeiro, ou mesmo sem título.

Caso ocorra a sucessão e a devida distribuição da herança e ainda haja herdeiros que necessitam do reconhecimento do seu direito sucessório, este poderá ingressar com ação de petição de herança, exigindo que sua parte, já distribuída entre outros herdeiros, lhe seja restituída.

▪ Súmula n. 149 do STF: "É imprescritível a ação de investigação de paternidade, mas não o é a de petição de herança".

Art. 1.825. A ação de petição de herança, ainda que exercida por um só dos herdeiros, poderá compreender todos os bens hereditários.

➥ Sem correspondência no CC/1916.

Qualquer herdeiro poderá requerer a totalidade da herança, pois conforme dispõe o art. 1.791 do mesmo diploma, a herança defere-se como um todo unitário, ainda que vários sejam seus herdeiros, portanto até a partilha a herança é indivisível. Caso um dos herdeiros, ainda não reconhecido, ingresse com ação de petição de herança, mesmo que seja o único a fazê-lo, poderá requerer que seja compreendida a totalidade da herança.

Art. 1.826. O possuidor da herança está obrigado à restituição dos bens do acervo, fixando-se-lhe a responsabilidade segundo a sua posse, observado o disposto nos arts. 1.214 a 1.222.

Parágrafo único. A partir da citação, a responsabilidade do possuidor se há de aferir pelas regras concernentes à posse de má-fé e à mora.

➥ Sem correspondência no CC/1916.

Nos casos de inclusão de novo herdeiro, após a sucessão realizada, tendo sido os bens alienados a terceiros, estes estarão obrigados a restituir os bens e sua responsabilidade será avaliada, quanto aos frutos e às benfeitorias, conforme avaliação de sua boa-fé ou má-fé.

961

Arts. 1.827 a 1.829 — Almeida Guilherme

Art. 1.827. O herdeiro pode demandar os bens da herança, mesmo em poder de terceiros, sem prejuízo da responsabilidade do possuidor originário pelo valor dos bens alienados.

Parágrafo único. São eficazes as alienações feitas, a título oneroso, pelo herdeiro aparente a terceiro de boa-fé.

➡ Sem correspondência no CC/1916.

É possível ao herdeiro que ingressa tardiamente na sucessão demandar os bens da herança, ainda que estes estejam em poder de terceiro, ficando ainda o possuidor originário responsável pelos valores de tais bens. O terceiro de boa-fé tem sua propriedade garantida.

Art. 1.828. O herdeiro aparente, que de boa-fé houver pago um legado, não está obrigado a prestar o equivalente ao verdadeiro sucessor, ressalvado a este o direito de proceder contra quem o recebeu.

➡ Sem correspondência no CC/1916.

O herdeiro que acreditava ser legítimo, ao pagar legado, não está obrigado a reembolsar ao verdadeiro sucessor. Cabe ao herdeiro retardatário a cobrança perante aquele que recebeu quantia.

TÍTULO II
DA SUCESSÃO LEGÍTIMA

CAPÍTULO I
DA ORDEM DA VOCAÇÃO HEREDITÁRIA

Art. 1.829. A sucessão legítima defere-se na ordem seguinte:

I – aos descendentes, em concorrência com o cônjuge sobrevivente, salvo se casado este com o falecido no regime da comunhão universal, ou no da separação obrigatória de bens (art. 1.640, parágrafo único); ou se, no regime da comunhão parcial, o autor da herança não houver deixado bens particulares;

II – aos ascendentes, em concorrência com o cônjuge;

III – ao cônjuge sobrevivente;

IV – aos colaterais.

➡ Veja art. 1.603 do CC/1916.

A **ordem de vocação hereditária** é, segundo Silvio Rodrigues (*Direito civil*, v. VI. São Paulo, Saraiva, p. 160), uma relação preferencial, estabelecida pela lei, das pessoas que são chamadas a suceder o finado. Na sucessão legítima convocam-se os herdeiros segundo tal ordem legal, de forma que uma classe só será chamada quando faltarem herdeiros da classe precedente. Assim sendo, por exemplo, se o autor da herança for viúvo e deixar descendentes e ascendentes, só os primeiros herdarão, pois a existência de descendentes retira da sucessão os ascendentes. Só se convocam os ascendentes se não houver descendentes. Se casado for, o consorte sobrevivente concorrerá não só com os descendentes, exceto se for casado sob o regime da comunhão universal, ou no da separação obrigatória de bens, ou se no de comunhão parcial, não havendo bens

Código Civil comentado e anotado   Arts. 1.829 a 1.831

particulares do falecido, mas também com os ascendentes do autor da herança. O cônjuge supérstite só herdará a totalidade da herança na ausência de descendente e de ascendente, e os colaterais até o quarto grau, se inexistirem descendentes, ascendentes e cônjuge supérstite.

- Enunciado n. 270 da III Jornada de Direito Civil: "O art. 1.829, I, só assegura ao cônjuge sobrevivente o direito de concorrência com os descendentes do autor da herança quando casados no regime da separação convencional de bens ou, se casados nos regimes da comunhão parcial ou participação final nos aquestos, o falecido possuísse bens particulares, hipóteses em que a concorrência se restringe a tais bens, devendo os bens comuns (meação) ser partilhados exclusivamente entre os descendentes".

- Enunciado n. 525 da V Jornada de Direito Civil: "Os arts. 1.723, § 1º, 1.790, 1.829 e 1.830 do Código Civil admitem a concorrência sucessória entre cônjuge e companheiro sobreviventes na sucessão legítima, quanto aos bens adquiridos onerosamente na união estável".

- Enunciado n. 3 do IBDFAM: "Em face do princípio da igualdade das entidades familiares, é inconstitucional o tratamento discriminatório conferido ao cônjuge e ao companheiro".

- Enunciado n. 15 do IBDFAM: "Ainda que casado sob o regime da separação convencional de bens, o cônjuge sobrevivente é herdeiro necessário e concorre com os descendentes".

- Registro de imóveis. Escritura de inventário extrajudicial. Adjudicação de imóvel à única ascendente. Existência, porém, de cônjuge sobrevivente, que, nos termos dos arts. 1.845, 1.829, II, 1.836, 1.837, do CC, concorre com a ascendente. Recurso desprovido. (TJSP, Ap. n. 0002567-61.2014.8.26.0083/Aguaí, Conselho Superior de Magistratura, rel. Elliot Akel, j. 30.07.2015)

Art. 1.830. Somente é reconhecido direito sucessório ao cônjuge sobrevivente se, ao tempo da morte do outro, não estavam separados judicialmente, nem separados de fato há mais de dois anos, salvo prova, neste caso, de que essa convivência se tornara impossível sem culpa do sobrevivente.

➡ Veja art. 1.611, *caput*, do CC/1916.

Ao cônjuge só será reconhecido direito sucessório se ao tempo da morte do outro não estavam separados judicialmente, nem separados de fato há mais de dois anos, salvo prova de que a convivência se tornara impossível sem culpa do sobrevivente. Quando o cônjuge concorrer com descendentes, terá direito a um quinhão igual ao dos que sucederem por cabeça. Quando o cônjuge concorrer com ascendentes, sua quota não poderá ser inferior à quarta parte da herança. Na falta de descendentes e ascendentes, o cônjuge herdará por inteiro.

- Enunciado n. 525 da V Jornada de Direito Civil: "Os arts. 1.723, § 1º, 1.790, 1.829 e 1.830 do Código Civil admitem a concorrência sucessória entre cônjuge e companheiro sobreviventes na sucessão legítima, quanto aos bens adquiridos onerosamente na união estável".

Art. 1.831. Ao cônjuge sobrevivente, qualquer que seja o regime de bens, será assegurado, sem prejuízo da participação que lhe caiba na herança, o direito real de habitação relativamente ao imóvel destinado à residência da família, desde que seja o único daquela natureza a inventariar.

Arts. 1.831 a 1.833   Almeida Guilherme

➡ Veja art. 1.611, § 2º, do CC/1916.

Este artigo versa sobre o direito real de habitação do cônjuge no imóvel da família, desde que esse imóvel seja o único do gênero. O direito existe até mesmo quando participar da divisão de bens. O mesmo ocorrerá na união estável com o companheiro ou companheira.

▪ Enunciado n. 117 da I Jornada de Direito Civil: "O direito real de habitação deve ser estendido ao companheiro, seja por não ter sido revogada a previsão da Lei n. 9.278/96, seja em razão da interpretação analógica do art. 1.831, informado pelo art. 6º, *caput*, da CF/88".

▪ Enunciado n. 271 da III Jornada de Direito Civil: "O cônjuge pode renunciar ao direito real de habitação, nos autos do inventário ou por escritura pública, sem prejuízo de sua participação na herança".

▪ Desnecessário o exame de cada ou mesmo de todos os artigos de lei mencionados pelas partes quando, de forma clara e expressa, o Colegiado optou por bem compreender os fatos, mencionando a sua subsunção, de forma justificada e por analogia [fl. 261] ao art. 1.831 do CC, o que por si só é bastante para afastar a alegada violação aos demais artigos de lei apontados pela embargantes de fl. 271. Quanto aos embargos de declaração de Alice [fl. 267], o Colegiado rejeitou o pedido de indenização relativo ao dano moral e fê-lo de forma explícita e motivada, realçando que a notificação das apeladas caracteriza exercício regular do direito afirmado pelas herdeiras, mas cuja postulação concreta só em juízo poderia ganhar cumprimento. É ônus de quem convive em Estado de Direito ao impor, pela lei, observância de métodos, previstos em lei, de apuração da verdade para a incidência da regra de conduta que melhor administre interesses conflitantes tal como o revelado no bojo dos autos. Embargos rejeitados. (TJSP, Emb. de Decl. n. 0054866-35.2012.8.26.0002/São Paulo, 9ª Câm. de Dir. Priv., rel. Piva Rodrigues, j. 27.01.2015)

Art. 1.832. Em concorrência com os descendentes (art. 1.829, I) caberá ao cônjuge quinhão igual ao dos que sucederem por cabeça, não podendo a sua quota ser inferior à quarta parte da herança, se for ascendente dos herdeiros com que concorrer.

➡ Sem correspondência no CC/1916.

Fazendo distinção, na sucessão, entre filhos comuns do casal e filhos apenas do *de cujus*, estabelece o artigo que, caso um cônjuge venha a falecer, deixando filhos apenas seus, de relacionamento diverso do tido com cônjuge atual, este cônjuge concorrerá com seus filhos de maneira igualitária, por cabeça. No entanto, havendo filhos comuns do casal, haverá reserva da quarta parte da herança para o cônjuge, se houver concorrência com três ou mais herdeiros, sendo o restante da herança dividido por quantos filhos houverem.

▪ Enunciado n. 527 da V Jornada de Direito Civil: "Na concorrência entre o cônjuge e os herdeiros do *de cujus*, não será reservada a quarta parte da herança para o sobrevivente no caso de filiação híbrida".

Art. 1.833. Entre os descendentes, os em grau mais próximo excluem os mais remotos, salvo o direito de representação.

➡ Sem correspondência no CC/1916.

Código Civil comentado e anotado   Arts. 1.833 a 1.836

Pela regra geral da sucessão, havendo herdeiro vivo, o seu sucessor na linha não será chamado a participar, com exceção da ocorrência do direito de representação, caso em que concomitantemente estarão os herdeiros sobreviventes e os de grau seguinte, representando os herdeiros falecidos.

Art. 1.834. Os descendentes da mesma classe têm os mesmos direitos à sucessão de seus ascendentes.

➡ Sem correspondência no CC/1916.

Note-se que o art. 1.834 deve ser interpretado em conjunto com a Constituição em vigor, que "é extremamente preocupada com a igualdade. Basta apontar o art. 5º, *caput*, por exemplo que se inicia exatamente com a afirmação do princípio de isonomia, e, não contente com isso, o constituinte ainda incluiu, entre os direitos invioláveis, o próprio direito à igualdade" (FERREIRA FILHO, Manoel Gonçalves. *Comentários à Constituição Brasileira de 1988*. 3. ed. São Paulo, Saraiva, 2000, p. 26).

Logo, se o *de cujus* tiver dois filhos, a herança será dividida em partes idênticas; se seus filhos vierem a falecer, deixando quatro netos, a herança, portanto, será dividida em partes iguais para cada um dos netos.

Art. 1.835. Na linha descendente, os filhos sucedem por cabeça, e os outros descendentes, por cabeça ou por estirpe, conforme se achem ou não no mesmo grau.

➡ Veja art. 1.604 do CC/1916.

No caso dos filhos do falecido, sejam eles legítimos, naturais ou adotados (todos igualados após a CF/88), são herdeiros por direito próprio, pois sucedem por cabeça. No caso de netos cujos pais com direito a herdar já faleceram, são herdeiros por direito de representação, e sucedem por estirpe.

Art. 1.836. Na falta de descendentes, são chamados à sucessão os ascendentes, em concorrência com o cônjuge sobrevivente.

§ 1º Na classe dos ascendentes, o grau mais próximo exclui o mais remoto, sem distinção de linhas.

§ 2º Havendo igualdade em grau e diversidade em linha, os ascendentes da linha paterna herdam a metade, cabendo a outra aos da linha materna.

➡ Veja arts. 1.606 a 1.608 do CC/1916.

Quando não existirem descendentes, em primeiro lugar serão chamados a suceder os ascendentes, em concorrência com o cônjuge. Os ascendentes da mesma classe têm os mesmos direitos à sucessão de seus ascendentes. Os ascendentes de grau mais próximo excluem os mais remotos, salvo direito de representação. Os filhos sucedem por cabeça, e os outros descendentes, por cabeça ou por estirpe, conforme se achem ou não no mesmo grau (art. 1.835 do CC).

▪ Veja a seguinte decisão no art. 1.829: TJSP, Ap. n. 0002567-61.2014.8.26.0083/Aguaí, Conselho Superior de Magistratura, rel. Elliot Akel, j. 30.07.2015.

965

Arts. 1.837 a 1.840   Almeida Guilherme

Art. 1.837. Concorrendo com ascendente em primeiro grau, ao cônjuge tocará um terço da herança; caber-lhe-á a metade desta se houver um só ascendente, ou se maior for aquele grau.

➥ Sem correspondência no CC/1916.

Os ascendentes serão chamados na ausência dos descendentes e concorrerão com o cônjuge. O grau mais próximo exclui o mais remoto, sem distinção de linhas (materna e paterna), não havendo entre os ascendentes o direito de representação. Havendo igualdade em grau e diversidade em linha, os ascendentes da linha paterna herdam a metade, a outra metade será deferida à linha materna (exemplo: sucessão de avós). Quando o consorte concorrer com ascendentes em 1º grau, àquele tocará um terço da herança. Será metade, se houver um só ascendente, ou se maior for o grau (art. 1.837 do CC).

Art. 1.838. Em falta de descendentes e ascendentes, será deferida a sucessão por inteiro ao cônjuge sobrevivente.

➥ Veja art. 1.611 do CC/1916.

Não havendo outros herdeiros, o cônjuge sobrevivente será o único destinatário da herança.

Art. 1.839. Se não houver cônjuge sobrevivente, nas condições estabelecidas no art. 1.830, serão chamados a suceder os colaterais até o quarto grau.

➥ Veja art. 1.612 do CC/1916.

Não havendo descendentes, ascendentes, nem cônjuge sobrevivente serão chamados a suceder os colaterais até o 4º grau (art. 1.839 do CC). Nessa sucessão, os mais próximos excluem os mais remotos, salvo o direito de representação conferido aos filhos de irmãos, que herdarão por estirpe. Os irmãos bilaterais recebem o dobro dos irmãos unilaterais (art. 1.841 do CC). Na ausência de irmãos, serão chamados os sobrinhos e, na ausência desses, os tios. Os sobrinhos herdam por cabeça, sendo que todos, bilaterais ou unilaterais, herdarão por igual (art. 1.843 do CC).

Art. 1.840. Na classe dos colaterais, os mais próximos excluem os mais remotos, salvo o direito de representação concedido aos filhos de irmãos.

➥ Veja art. 1.613 do CC/1916.

A **sucessão de colaterais** levará em consideração o princípio de que os mais próximos excluem os mais remotos. Todavia, haverá o direito de representação facultado estritamente aos filhos de irmãos. Assim, se o falecido deixar dois irmãos e sobrinhos, filhos de um irmão também falecido, a herança se dividirá em três partes, cabendo as duas primeiras partes aos irmãos e a terceira aos sobrinhos, que a dividirão entre si.

966

Código Civil comentado e anotado   Arts. 1.840 a 1.844

Determinação nos mesmos termos do art. 1.833, embora aquele falasse sobre parentesco em linha direta. Havendo irmãos do falecido que têm direito à herança, estes receberão. Seus filhos – sobrinhos do falecido – só poderão participar caso o herdeiro de fato, o irmão, tenha falecido também. Os chamados "sobrinhos netos" não participarão da sucessão.

Art. 1.841. Concorrendo à herança do falecido irmãos bilaterais com irmãos unilaterais, cada um destes herdará metade do que cada um daqueles herdar.

➡ Veja art. 1.614 do CC/1916.

Se, na sucessão, os irmãos do falecido forem os herdeiros, havendo bilaterais (filhos de mesmo pai e mãe) e unilaterais (apenas um dos progenitores é comum), os bilaterais terão direito ao dobro da parte reservada aos unilaterais.

Art. 1.842. Não concorrendo à herança irmão bilateral, herdarão, em partes iguais, os unilaterais.

➡ Veja art. 1.616 do CC/1916.

Se, na sucessão, concorrem apenas os irmãos unilaterais, não haverá distinção entre eles, no caso de serem consanguíneos ou uterinos, e, portanto, receberão igualmente a herança, vez que partilhará o acervo hereditário por cabeça.

Art. 1.843. Na falta de irmãos, herdarão os filhos destes e, não os havendo, os tios.
§ 1º Se concorrerem à herança somente filhos de irmãos falecidos, herdarão por cabeça.
§ 2º Se concorrem filhos de irmãos bilaterais com filhos de irmãos unilaterais, cada um destes herdará a metade do que herdar cada um daqueles.
§ 3º Se todos forem filhos de irmãos bilaterais, ou todos de irmãos unilaterais, herdarão por igual.

➡ Veja art. 1.617 do CC/1916.

Embora os sobrinhos e os tios do *de cujus* sejam ambos parentes de 3º grau, na falta de irmãos, primeiro herdarão os sobrinhos e apenas na ausência desses os tios do falecido.
A regra que se aplica aos irmãos bilaterais aplica-se da mesma maneira aos sobrinhos, filhos de irmãos bilaterais ou unilaterais. Os filhos de irmãos unilaterais receberão metade da parte reservada aos filhos de irmãos bilaterais, se houver os dois na sucessão. Havendo somente filhos de irmãos, unilaterais ou bilaterais, não haverá distinção.

Art. 1.844. Não sobrevivendo cônjuge, ou companheiro, nem parente algum sucessível, ou tendo eles renunciado a herança, esta se devolve ao Município ou ao Distrito Federal, se localizada nas respectivas circunscrições, ou à União, quando situada em território federal.

➡ Veja art. 1.619 do CC/1916.

967

Arts. 1.844 a 1.846   Almeida Guilherme

Não havendo descendentes, ascendentes, cônjuge, colaterais até 4º grau do falecido, que não deixou testamento, o poder público será chamado à sucessão, após a sentença de vacância. Os bens nas respectivas circunscrições passarão aos municípios ou ao Distrito Federal. Se situados em território federal, à União.

■ Ação de reconhecimento de união estável. Recurso de terceiro interessado. Apelação não recebida. Ausência de recurso da parte apelante. Preclusão. Recurso que sequer foi recebido ou processado. Recurso não conhecido. Ação de reconhecimento de união estável. Legitimidade passiva do Município para integrar a demanda. Notícia de que houve falecimento sem deixar herdeiros. Interesse da municipalidade. Citação de eventuais herdeiros por edital, com a nomeação de curador. Inexistência de irregularidade. Reconhecimento da união estável por ser a mesma duradoura, pública e com o intuito de constituir família. Prova satisfatória. Condição de herdeira outorgada à companheira mesmo em relação aos bens particulares. Inteligência do art. 1.844 do CC. Exclusão da responsabilidade do Município apelante pela verba de sucumbência. Não atendimento ao princípio da causalidade. Recurso parcialmente provido. Não se conhece do recurso interposto por Manjure e dá-se parcial provimento ao recurso do Município. (TJSP, Ap. n. 0022469-17.2012.8.26.0100/São Paulo, 3ª Câm. de Dir. Priv., rel. Marcia Dalla Déa Barone, j. 29.04.2015)

CAPÍTULO II
DOS HERDEIROS NECESSÁRIOS

Art. 1.845. São herdeiros necessários os descendentes, os ascendentes e o cônjuge.

➡ Sem correspondência no CC/1916.

As três primeiras classes (descendentes, ascendentes e cônjuge) constituem, pelo Código Civil, os **herdeiros necessários**, pertencendo-lhes, por direito, a metade dos bens da herança (legítima). Esses somente podem ser afastados da sucessão por indignidade ou deserdação.

Art. 1.846. Pertence aos herdeiros necessários, de pleno direito, a metade dos bens da herança, constituindo a legítima.

➡ Veja art. 1.721 do CC/1916.

Este artigo estabelece que metade do patrimônio do *de cujus* é destinado a integrar a chamada legítima. Isso significa que, caso deseje elaborar testamento, não é possível que o testador disponha de mais de metade de seu patrimônio para ser distribuído de acordo com sua vontade, caso esse possua herdeiros necessários.

Isso implica dizer que, na ausência de herdeiros necessários ou, caso existam, tenham sido declarados indignos, a disponibilidade do patrimônio do *de cujus* é absoluta.

■ Apelações cíveis. Ações conexas. Sentenças de improcedência. Ação visando a confirmação e cumprimento de testamento particular. Procedimento de jurisdição voluntária. Análise dos requisitos formais. Testamento redigido de próprio punho pelo testador, deixando todos os seus bens para a esposa. Requisitos timbrados no art. 1.876 do CC não cumpridos na exata literalidade da norma. Circunstâncias que, contudo, não invalidam o testamento. Possibilidade de mitiação do formalismo. Discricionariedade concedida ao juiz. Precedentes do STJ. Hipótese enfocada em que a existência do testamento e a manifestação de vontade do testador, tal como registrada no mencionado escrito, foram confirmadas pelas

Código Civil comentado e anotado   Arts. 1.846 e 1.847

testemunhas. Leitura do testamento pelo testador para uma delas. Reconhecimento das assinaturas, com a firma do autor do testamento chancelada por tabeliã. Autenticidade e veracidade do testamento incontestes. Possibilidade de confirmação. "Não há falar em nulidade do ato de disposição de última vontade (testamento particular), apontando-se preterição de formalidade essencial (leitura do testamento perante as três testemunhas), quando as provas dos autos confirmam, de forma inequívoca, que o documento foi firmado pelo próprio testador, por livre e espontânea vontade, e por três testemunhas idôneas, não pairando qualquer dúvida quanto à capacidade mental do de cujus no momento do ato. O rigor formal deve ceder ante a necessidade de se atender à finalidade do ato, regularmente praticado pelo testador." (REsp n. 828.616/MG, rel. Min. Castro Filho, 3ª T., j. 05.09.2006, *DJ* 23.10.2006, p. 313). Disposição de todo o patrimônio no testamento. Impossibilidade. Necessidade de preservação da legítima. Exegese do art. 1.846 da lei civil. Redução da disposição testamentária à metade dos bens da herança, tal como pleiteado na inicial. Pedido julgado procedente. Condenação de quatro dos herdeiros ao pagamento da verba sucumbencial em virtude da oposição de resistência. Recurso conhecido e provido. Ação de nulidade de ato jurídico. Demanda ajuizada por netos do *de cujus* em desfavor da viúva, almejando a declaração de nulidade de quatro contratos de plano de previdência privada firmados exclusivamente por ela. (1) Recurso dos autores. Inexistência de quaisquer das hipóteses de nulidade do ato jurídico. Exegese dos arts. 166 e 167 do CC. Planos de previdência firmados antes do óbito do extinto. Desnecessidade de outora marital. Valores provenientes de conta corrente conjunta. Possibilidade de movimentação bancária por qualquer dos titulares. Importes que, ademais, foram colacionados aos autos do inventário e integram os bens do espólio. Ausência de prejuízo aos demais herdeiros. Planos de previdência celebrados após o falecimento do *de cujus*. Tese de impossibilidade de disposição do patrimônio comum diante da abertura da sucessão. Situação que não gera a nulidade dos pactos, sobretudo porque a inventariante informou a sua existência nos autos do do inventário e eles integram o patrimônio a ser partilhado. Apelo conhecido e desprovido. (2) Apelo manejado pelo manejado pela ré. Insurgência em face da manutenção dos efeitos da tutela antecipada apesar da revogação da decisão que a concedeu. Manifesta incompatibilidade. Improcedência dos pedidos iniciais que culmina com a revogação da tutela antecipada. Contradição na manutenção dos seus efeitos. Recebimento de reclamo no efeito suspensivo que, ademais, não possui o condão de restabelecer a medida liminar. Recurso provido no ponto. "Caso o processo seja extinto sem resolução do mérito (CPC, 267) ou o pedido seja julgado improcedente (CPC, 269), a antecipação da tutela eventualmente concedida fica ipso facto sem efeito, independentemente de o juiz revogá-la na sentença, pois há incompatibilidade entre a improcedência ou a extinção do processo sem julgamento do mérito e a manutenção de tutela antecipada. O correto e coerente é que a sentença, ao julgar improcedente o pedido ou extinguir o processo com base no CPC, 267, revogue a tutela antecipada anteriormente concedida. É inadmissível, por incompatibilidade, o juiz não acolher a pretensão ou extinguir o processo e manter a tutela antecipada. [...] no conflito entre a parte que julgou improcedente ou extinguiu o processo e a que manteve a tutela antecipada, prevalece aquela, porque o resultado da improcedência ou da extinção do processo terá sido dado por cognição exauriente, enquanto a tutela antecipada, por cognição sumária." (NERY JÚNIOR, Nelson; NERY, Rosa Maria de Andrade. *Código de Processo Civil comentado e legislação extravagante*, 11. ed. rev., atual. e ampl., São Paulo: 2010, p. 906). Honorários advocatícios. Pedido de adequação da verba aos vetores timbrados no art. 20, § 3º, do CPC. Valor que bem remunera o trabalho desenvolvido pelo causídico e se encontra de acordo com aludidos pressupostos. Manutenção que se impõe. Recurso conhecido e parcialmente provido. (TJSC, Ap. Cível n. 2015.010651-1/ Mafra, rel. Des. Jorge Luis Costa Beber, j. 30.04.2015)

Art. 1.847. Calcula-se a legítima sobre o valor dos bens existentes na abertura da sucessão, abatidas as dívidas e as despesas do funeral, adicionando-se, em seguida, o valor dos bens sujeitos a colação.

Arts. 1.847 a 1.849   Almeida Guilherme

➡ Veja art. 1.722 do CC/1916.

Legítima constitui a porção de bens reservada aos herdeiros, não podendo dela dispor. Já a parte disponível corresponde à outra metade, em que o autor tem livre disposição.

A legítima será calculada da seguinte maneira: primeiro pagam-se as despesas com o funeral e as dívidas do *de cujus*, depois divide-se o patrimônio em duas partes iguais, sendo uma delas a quota disponível; em seguida adicionará a outra parte o valor das doações feitas, isto é, o valor dos bens sujeitos a colação; assim ter-se-á a legítima dos herdeiros necessários.

Art. 1.848. Salvo se houver justa causa, declarada no testamento, não pode o testador estabelecer cláusula de inalienabilidade, impenhorabilidade, e de incomunicabilidade, sobre os bens da legítima.

§ 1º Não é permitido ao testador estabelecer a conversão dos bens da legítima em outros de espécie diversa.

§ 2º Mediante autorização judicial e havendo justa causa, podem ser alienados os bens gravados, convertendo-se o produto em outros bens, que ficarão sub-rogados nos ônus dos primeiros.

➡ Veja art. 1.723 do CC/1916.

Não pode o testador, salvo justa causa, estabelecer cláusula de inalienabilidade, impenhorabilidade e incomunicabilidade sobre os bens da legítima. O testador não pode estabelecer a conversão dos bens da legítima em bens de espécie diversa. Com autorização judicial, os bens gravados podem ser alienados, convertendo-se o produto em outros bens, que ficarão sub-rogados nos ônus dos primeiros. Apesar de vedar, no § 1º do art. 1.848 – a interpretação das cláusulas limitativas é restritiva, exigindo que sejam expressas e inequívocas, de vez que criam obstáculos ao exercício de direitos aos herdeiros e legatários –, o estabelecimento de cláusula de conversão dos bens da legítima em outros de espécie diversa, a disposição apresenta praticidade reduzida ao inserir expressão de tão elevada subjetividade, como "justa causa", que certamente dificultará o andamento dos inventários.

▪ Súmula n. 49 do STF: "A cláusula de inalienabilidade inclui a incomunicabilidade dos bens".

Art. 1.849. O herdeiro necessário, a quem o testador deixar a sua parte disponível, ou algum legado, não perderá o direito à legítima.

➡ Veja art. 1.724 do CC/1916.

Não há interferência alguma no direito à legítima, por parte do herdeiro necessário, caso tenha sido também beneficiado por patrimônio, por ordem testamentária.

▪ Agravo de instrumento. Sucessões. Inventário. Disposição testamentária em favor de herdeiro necessário, que recai sobre parte disponível da herança. Pedido de elaboração de novo plano de partilha, com a exclusão da participação de herdeiro necessário na partilha, senão em relação ao bem que lhe tocou em razão do testamento. Disposição testamentária que não afasta o direito à legítima. Pedido de condenação da parte agravante às penas da litigância de má-fé. 1. Consoante o art. 1.724 do CC/1916, vigente à época da abertura da sucessão do autor da herança. Dispositivo que encontra correspondên-

970

Código Civil comentado e anotado   Arts. 1.849 a 1.852

cia no atual art. 1.849 do CC/2002, a disposição testamentária que recair sobre a parte disponível da herança, em favor de herdeiro necessário, não afasta o direito à legítima deste herdeiro beneficiário. Portanto, correto o plano de partilha que contempla o herdeiro necessário tanto com o quinhão que lhe cabe em razão da sucessão legítima quanto com o quinhão que lhe toca em razão da sucessão testamentária. 2. Não se confirma no agir processual dos agravantes a imputação feita pelo agravado, de prática de atos que caracterizariam aqueles como litigantes de má-fé, impondo-se o indeferimento do pleito de condenação às penas da litigância de má-fé, previstas no art. 18 do CPC. Rejeitada a preliminar contrarrecursal, negaram provimento. Unânime. (TJRS, AI n. 70.062.011.135, 8ª Câm. Cível, rel. Luiz Felipe Brasil Santos. j. 23.04.2015)

Art. 1.850. Para excluir da sucessão os herdeiros colaterais, basta que o testador disponha de seu patrimônio sem os contemplar.

➡ Veja art. 1.725 do CC/1916.

Os herdeiros colaterais até o 4º grau poderão ser afastados da sucessão, desde que o testador disponha, em favor de terceiros, a totalidade de seu patrimônio em testamento, uma vez que os colaterais são herdeiros legítimos e não necessários.

Para afastar herdeiros colaterais basta dispor da totalidade de seu patrimônio em testamento em favor de terceiro.

CAPÍTULO III
DO DIREITO DE REPRESENTAÇÃO

Art. 1.851. Dá-se o direito de representação, quando a lei chama certos parentes do falecido a suceder em todos os direitos, em que ele sucederia, se vivo fosse.

➡ Veja art. 1.620 do CC/1916.

Representação do incapaz de receber. Ocorre quando alguém é chamado à sucessão em lugar de parente mais próximo do *de cujus*, porém premorto, ausente ou incapaz de suceder. Os representantes herdam por estirpe, somente existindo na linha reta descendente. Exceção se dá na linha transversal, a representação em favor dos filhos de irmãos do falecido, quando com irmãos deste concorrerem. O renunciante à herança de uma pessoa poderá representá-la na sucessão de outra.

Art. 1.852. O direito de representação dá-se na linha reta descendente, mas nunca na ascendente.

➡ Veja art. 1.621 do CC/1916.

Direito de representação somente na linha reta descendente. É a possibilidade de os descendentes de um herdeiro do *de cujus* assumirem seu papel na sucessão, como se ele o fossem. Isso significa que, morto o filho do *de cujus*, seus netos poderão representar esse filho. No entanto, o que o artigo deixa claro é que não poderá haver representação na linha ascendente, ou seja, morto o filho do *de cujus*, sem deixar herdeiros, não poderá seu avô representá-lo.

971

Arts. 1.853 a 1.857   Almeida Guilherme

Art. 1.853. Na linha transversal, somente se dá o direito de representação em favor dos filhos de irmãos do falecido, quando com irmãos deste concorrerem.

➡ Veja art. 1.622 do CC/1916.

A limitação que se encontra na representação de parentes colaterais envolve os sobrinhos. Segundo o art. 1.853, possuem direito de representação os sobrinhos do *de cujus* quando seus outros tios estiverem participando da sucessão.

Art. 1.854. Os representantes só podem herdar, como tais, o que herdaria o representado, se vivo fosse.

➡ Veja art. 1.623 do CC/1916.

Quando ocorre o fenômeno da representação, os representantes assumem na sucessão o papel que ocuparia o falecido, se ele próprio estivesse participando da sucessão.

Art. 1.855. O quinhão do representado partir-se-á por igual entre os representantes.

➡ Veja art. 1.624 do CC/1916.

Caso venha a falecer um irmão do *de cujus* e este possua mais de um filho para representá-lo, seu quinhão será dividido de maneira igual por esses filhos.

Art. 1.856. O renunciante à herança de uma pessoa poderá representá-la na sucessão de outra.

➡ Veja art. 1.625 do CC/1916.

Cada herança é independente e, portanto, alguém que renuncia a herança do qual é herdeiro poderá tranquilamente agir como representante de outro, em outra.

TÍTULO III
DA SUCESSÃO TESTAMENTÁRIA

CAPÍTULO I
DO TESTAMENTO EM GERAL

Art. 1.857. Toda pessoa capaz pode dispor, por testamento, da totalidade dos seus bens, ou de parte deles, para depois de sua morte.
§ 1º A legítima dos herdeiros necessários não poderá ser incluída no testamento.
§ 2º São válidas as disposições testamentárias de caráter não patrimonial, ainda que o testador somente a elas se tenha limitado.

➡ Veja art. 1.626 do CC/1916.

Código Civil comentado e anotado   Arts. 1.857 a 1.859

O testamento não pode afetar a legítima dos herdeiros necessários, logo o testamento apenas poderá referir-se à parte disponível do patrimônio do *de cujus*, mas, se não houver herdeiros necessários ou legítimos, o testador poderá dispor da totalidade de seu patrimônio no testamento.

O testador poderá, caso queira, acrescentar em seu testamento disposições de caráter pessoal como: reconhecimento de filho, determinação sobre o funeral, reabilitação de indigno ou deserdação de herdeiros, entre outras.

■ Enunciado n. 528 da V Jornada de Direito Civil: "É válida a declaração de vontade expressa em documento autêntico, também chamado 'testamento vital', em que a pessoa estabelece disposições sobre o tipo de tratamento de saúde, ou não tratamento, que deseja no caso de se encontrar sem condições de manifestar a sua vontade".

■ Enunciado n. 16 do IBDFAM: "Mesmo quando houver testamento, sendo todos os interessados capazes e concordes com os seus termos, não havendo conflito de interesses, é possível que se faça o inventário extrajudicial".

Art. 1.858. O testamento é ato personalíssimo, podendo ser mudado a qualquer tempo.

➡ Veja art. 1.626 do CC/1916.

É ato revogável, o testamento posterior revoga o anterior. O testamento é ato pessoal, pois para ser realizado precisa da pessoa do testador, sem que haja qualquer interferência. Trata-se de um negócio jurídico unilateral, pois depende apenas da vontade do testador; é solene, já que para ser feito necessita de forma especial em lei; é gratuito, pois o testador não visa a qualquer vantagem; e por fim, o testamento é negócio revogável, pois mesmo tendo validade após a morte do testador, a vontade é livre, podendo ser modificado, no todo ou em parte, a qualquer momento, de maneira que o testamento posterior revoga o anterior.

Art. 1.859. Extingue-se em cinco anos o direito de impugnar a validade do testamento, contado o prazo da data do seu registro.

➡ Sem correspondência no CC/1916.

Impugnar o testamento significa pedir a declaração de nulidade (art. 166 do CC) ou requerer a anulação do testamento (art. 171 do CC). O prazo de decadência para impugnar a validade do testamento é de cinco anos contados da data de seu registro, feito mediante ordem judicial somente após a morte do autor da herança.

■ Apelação cível. Pretensão de registro e cumprimento de testamento público. Reconhecimento da nulidade do ato de disposição de vontade. Afronta ao art. 1.863 do CC. Testamento realizado pelo pai da autora juntamente com a sua esposa, em proveito de terceiros. Hipótese de testamento conjuntivo simultâneo. Prática expressamente vedada pela lei substantiva. Proteção ao caráter personalíssimo e unilateral da manifestação de última vontade. Situação que não conserva a liberdade de dispor do patrimônio individual e de redigir, modificar ou revogar as disposições testamentárias. Nulidade bem reconhecida pelo juízo singular. Exegese do art. 166, VII, do CC. A vontade de cada um, como ato personalíssimo que é, atuando como meio de deliberação testamentária, deve ser disposta através de instrumento próprio e individual, sendo vedada a prática dos pactos sucessórios, na exata interpretação da norma ins-

973

Arts. 1.859 a 1.862   Almeida Guilherme

crita no art. 1.863 do CC, que proíbe expressamente o testamento conjuntivo, seja ela simultâneo, recíproco ou correspectivo. Prazo quinzenal previsto no art. 1.859 do CC não consumado. Lapso temporal estipulado para viabilizar a impugnação de validade do testamento. Termo inicial. Data do registro do testamento após o óbito do testador. Contagem do prazo que sequer iniciou na hipótese enfocada. "Somente após a abertura da sucessão e da apresentação do testamento ao Juiz, com o atendimento das disposições dos arts. 1.128 e 1.133 do CPC, é que deve ocorrer o prazo quinquenal." (IMHOF, Cristiano. *Código Civil interpretado*. 5. ed. Florianópolis: Publicações On-line, 2013). Cumprimento dos requisitos insculpidos no art. 1.864 da lei civil que não elide o reconhecimento da nulidade. Recurso conhecido e desprovido. (TJSC, Ap. Cível n. 2014.090457-4/Indaial, rel. Des. Jorge Luis Costa Beber, j. 18.06.2015)

CAPÍTULO II
DA CAPACIDADE DE TESTAR

Art. 1.860. Além dos incapazes, não podem testar os que, no ato de fazê-lo, não tiverem pleno discernimento.
Parágrafo único. Podem testar os maiores de dezesseis anos.

➡ Veja art. 1.627 do CC/1916.

Tem capacidade para testar qualquer pessoa maior de 16 anos, que tiver discernimento. Por outro lado, serão incapazes para testar os menores de 16 anos, os incapazes e os que não tiverem pleno discernimento, ou não estiverem em seu juízo perfeito.

O testamento, sendo um negócio jurídico, submete-se à regra do art. 104 do CC, isto é, para que o negócio seja válido, requer agente capaz, objeto lícito e forma prescrita ou não defesa em lei. Logo, para ser válido o testamento, é necessário que o testador tenha capacidade testamentária.

A capacidade testamentária ativa é a regra e a incapacidade, exceção. Isso significa que só não podem testar as pessoas classificadas no art. 1.860 do Código Civil: além dos incapazes, os menores de 16 anos e os desprovidos de discernimento.

Art. 1.861. A incapacidade superveniente do testador não invalida o testamento, nem o testamento do incapaz se valida com a superveniência da capacidade.

➡ Veja art. 1.628 do CC/1916.

A vontade exprimida no testamento é aquela do momento em que é elaborado. Assim, sendo incapaz o que elabora testamento, este é inválido, independentemente do que possa se passar com a capacidade do testador. Da mesma forma, elaborado testamento por pessoa capaz, esse terá validade, independentemente do que ocorra com o testador.

CAPÍTULO III
DAS FORMAS ORDINÁRIAS DO TESTAMENTO

Seção I
Disposições Gerais

Art. 1.862. São testamentos ordinários:

Código Civil comentado e anotado   Arts. 1.862 a 1.864

I – o público;
II – o cerrado;
III – o particular.

➡ Veja art. 1.629 do CC/1916.

Formas ordinárias. Aquelas que podem ser adotadas por qualquer pessoa e em qualquer situação. São elas:
- testamento público (arts. 1.864 e segs. do CC);
- testamento cerrado (arts. 1.868 e segs. do CC);
- testamento particular (arts. 1.876 e segs. do CC).

Testamentos especiais. O Código enumera categoricamente três espécies:
- testamento marítimo (arts. 1.888 e segs. do CC);
- testamento aeronáutico (arts. 1.888 e segs. do CC);
- testamento militar (arts. 1.893 e segs. do CC).

Art. 1.863. É proibido o testamento conjuntivo, seja simultâneo, recíproco ou correspectivo.

➡ Veja art. 1.630 do CC/1916.

Por ser ato personalíssimo, não se admite o testamento *conjuntivo*, aquele feito por duas pessoas, ainda que sejam marido e mulher (art. 1.863 do CC); *simultâneo* ou de mão comum, quando dois testadores beneficiam terceira pessoa; *recíproco*, quando os testadores se beneficiam mutuamente; ou *correspectivo*, quando os testadores efetuam, num mesmo instrumento, disposições testamentárias em retribuição de outras correspondentes.

Seção II
Do Testamento Público

Art. 1.864. São requisitos essenciais do testamento público:
I – ser escrito por tabelião ou por seu substituto legal em seu livro de notas, de acordo com as declarações do testador, podendo este servir-se de minuta, notas ou apontamentos;
II – lavrado o instrumento, ser lido em voz alta pelo tabelião ao testador e a duas testemunhas, a um só tempo; ou pelo testador, se o quiser, na presença destas e do oficial;
III – ser o instrumento, em seguida à leitura, assinado pelo testador, pelas testemunhas e pelo tabelião.
Parágrafo único. O testamento público pode ser escrito manualmente ou mecanicamente, bem como ser feito pela inserção da declaração de vontade em partes impressas de livro de notas, desde que rubricadas todas as páginas pelo testador, se mais de uma.

➡ Veja art. 1.632 do CC/1916.

As formalidades trazidas pelo artigo são reflexos da forma estabelecida em lei para que o testamento público se perfaça.

Arts. 1.864 a 1.868 — Almeida Guilherme

Atendidas todas essas solenidades, entendeu o legislador que a vontade plena do testador estaria sendo atendida.

■ Apelação cível. Ação anulatória. Testamento público. Inexistência de herdeiros necessários. Herança deixada para a esposa de um sobrinho da falecida. Validade. Irresignação das irmãs da *de cujus*. Disposição de última vontade que atendeu ao disposto no art. 1.864 do CC. Incapacidade não comprovada. Prova testemunhal segura ao indicar a higidez mental da testadora. Sentença de improcedência confirmada. Apelo desprovido. (TJRS, Ap. Cível n. 70.063.117.006, 7ª Câm. Cível, rel. Sandra Brisolara Medeiros, j. 29.07.2015)

Art. 1.865. Se o testador não souber, ou não puder assinar, o tabelião ou seu substituto legal assim o declarará, assinando, neste caso, pelo testador, e, a seu rogo, uma das testemunhas instrumentárias.

➥ Veja art. 1.633 do CC/1916.

Caso o testador não saiba assinar ou esteja impedido por alguma razão, é possível que o tabelião ou seu substituto legal dê o documento por assinado, fazendo constar tal situação.

Art. 1.866. O indivíduo inteiramente surdo, sabendo ler, lerá o seu testamento, e, se não o souber, designará quem o leia em seu lugar, presentes as testemunhas.

➥ Veja art. 1.636 do CC/1916.

Existe possibilidade de o indivíduo, sendo totalmente surdo, testar por meio público. Se souber ler, irá ler o próprio testamento ao final; caso contrário, designará quem o leia em seu lugar.

Art. 1.867. Ao cego só se permite o testamento público, que lhe será lido, em voz alta, duas vezes, uma pelo tabelião ou por seu substituto legal, e a outra por uma das testemunhas, designada pelo testador, fazendo-se de tudo circunstanciada menção no testamento.

➥ Veja art. 1.637 do CC/1916.

A fim de se evitar fraudes, só é permitido que o deficiente visual seja testador por meio de testamento público, que lhe será lido em voz alta duas vezes pelo tabelião ou por seu substituto legal, ou por uma testemunha designada pelo testador, sob pena de nulidade do ato, para que ele tenha a possibilidade de averiguar o conteúdo do testamento.

Seção III
Do Testamento Cerrado

Art. 1.868. O testamento escrito pelo testador, ou por outra pessoa, a seu rogo, e por aquele assinado, será válido se aprovado pelo tabelião ou seu substituto legal, observadas as seguintes formalidades:

Código Civil comentado e anotado   Arts. 1.868 a 1.871

I – que o testador o entregue ao tabelião em presença de duas testemunhas;

II – que o testador declare que aquele é o seu testamento e quer que seja aprovado;

III – que o tabelião lavre, desde logo, o auto de aprovação, na presença de duas testemunhas, e o leia, em seguida, ao testador e testemunhas;

IV – que o auto de aprovação seja assinado pelo tabelião, pelas testemunhas e pelo testador.

Parágrafo único. O testamento cerrado pode ser escrito mecanicamente, desde que seu subscritor numere e autentique, com a sua assinatura, todas as páginas.

➥ Veja art. 1.638 do CC/1916.

O testamento cerrado é aquele escrito pelo testador, ou por outra pessoa a seu rogo, e por aquele assinado, e que será válido se o tabelião aprová-lo, observando os seguintes requisitos formais: a) o testamento poderá ser escrito mecanicamente, pelo testador ou por outra pessoa a seu rogo; b) deverá constar a assinatura do testador ou de alguém a seu rogo; c) o testador deverá entregar o testamento para o tabelião com a presença de duas testemunhas; d) será lavrado o auto de aprovação, dado pelo tabelião, na presença de duas testemunhas, e que em seguida o leia para o testador e testemunhas; e e) o auto de aprovação será assinado pelo tabelião, pelas testemunhas e pelo testador.

Art. 1.869. O tabelião deve começar o auto de aprovação imediatamente depois da última palavra do testador, declarando, sob sua fé, que o testador lhe entregou para ser aprovado na presença das testemunhas; passando a cerrar e coser o instrumento aprovado.

Parágrafo único. Se não houver espaço na última folha do testamento, para início da aprovação, o tabelião aporá nele o seu sinal público, mencionando a circunstância no auto.

➥ Veja art. 1.638, VII, VIII e XI, do CC/1916.

O auto de aprovação é o instrumento do tabelião que serve para autenticar o testamento cerrado. Este sinal deve ser afixado logo após a última palavra do testador, para certificar que nada foi acrescentado após a entrega ao tabelião.

Art. 1.870. Se o tabelião tiver escrito o testamento a rogo do testador, poderá, não obstante, aprová-lo.

➥ Veja art. 1.639 do CC/1916.

Não há nenhum obstáculo para que o aprove, tendo o tabelião escrito o testamento a rogo do testador. Ao redigi-lo, age como qualquer pessoa e, ao aprovar, como agente do Estado.

Art. 1.871. O testamento pode ser escrito em língua nacional ou estrangeira, pelo próprio testador, ou por outrem, a seu rogo.

➥ Veja art. 1.640 do CC/1916.

977

Arts. 1.871 a 1.875   Almeida Guilherme

No caso de testamento cerrado, não há impedimento para o idioma em que o testamento será elaborado, mesmo porque, até o momento da abertura do testamento, ninguém terá conhecimento de seu conteúdo.

Art. 1.872. Não pode dispor de seus bens em testamento cerrado quem não saiba ou não possa ler.

➡ Veja art. 1.641 do CC/1916.

Com o intuito de proteger o testador, é preciso que este saiba ler ou, ao menos, possa fazê-lo. Isso porque o testamento não é lido na presença de testemunhas e do testador e, portanto, pode ter conteúdo que este desconheça.

Art. 1.873. Pode fazer testamento cerrado o surdo-mudo, contanto que o escreva todo, e o assine de sua mão, e que, ao entregá-lo ao oficial público, ante as duas testemunhas, escreva, na face externa do papel ou do envoltório, que aquele é o seu testamento, cuja aprovação lhe pede.

➡ Veja art. 1.642 do CC/1916.

Pode o surdo-mudo testar por testamento cerrado, desde que o escreva de próprio punho e o assine, e que, entregando-o ao oficial, perante as testemunhas, declare que aquele é seu testamento por escrito, no próprio testamento ou em seu envoltório.

Art. 1.874. Depois de aprovado e cerrado, será o testamento entregue ao testador, e o tabelião lançará, no seu livro, nota do lugar, dia, mês e ano em que o testamento foi aprovado e entregue.

➡ Veja art. 1.643 do CC/1916.

O testamento cerrado fica em posse do testador. Após aprová-lo e cerrá-lo, o tabelião registra em livro próprio o lugar, dia, mês e ano em que o testamento foi aprovado. O testamento em mãos do testador deverá ser mantido fechado, pois caso o testador venha a abrir, o testamento cerrado será invalidado.

Art. 1.875. Falecido o testador, o testamento será apresentado ao juiz, que o abrirá e o fará registrar, ordenando seja cumprido, se não achar vício externo que o torne eivado de nulidade ou suspeito de falsidade.

➡ Veja art. 1.644 do CC/1916.

Após a morte do testador, o testamento deverá ser apresentado ao juiz, que o fará registrar e ordenará o seu cumprimento, se não houver qualquer vício que o torne nulo ou suspeito de falsidade.

Código Civil comentado e anotado

Arts. 1.876 a 1.878

Seção IV
Do Testamento Particular

Art. 1.876. O testamento particular pode ser escrito de próprio punho ou mediante processo mecânico.

§ 1º Se escrito de próprio punho, são requisitos essenciais à sua validade seja lido e assinado por quem o escreveu, na presença de pelo menos três testemunhas, que o devem subscrever.

§ 2º Se elaborado por processo mecânico, não pode conter rasuras ou espaços em branco, devendo ser assinado pelo testador, depois de o ter lido na presença de pelo menos três testemunhas, que o subscreverão.

➡ Veja art. 1.645 do CC/1916.

Não existe limitação para a elaboração do testamento particular, podendo ser manual ou por meio mecânico. Em ambos os casos, deverá haver a presença de pelo menos três testemunhas e deverá seu conteúdo ser lido. No caso da elaboração mecânica, exige-se que não haja qualquer tipo de rasura ou espaço entre os caracteres que ensejem algum tipo de fraude.

■ Apelação cível. Confirmação de testamento particular. Regularidade formal. Apesar de nem todas as testemunhas instrumentais lembrarem ao certo do conteúdo do testamento particular sob confirmação, afirmaram ter lido e assinado o referido documento, o qual preenche os demais requisitos legais dos arts. 1.876, § 2º, e 1.878 do CC, impondo-se, assim, a sua confirmação. Deram provimento ao apelo. (TJRS, Ap. Cível n. 70.060.875.176, 8ª Câm. Cível, rel. Alzir Felippe Schmitz, j. 18.12.2014)

Art. 1.877. Morto o testador, publicar-se-á em juízo o testamento, com citação dos herdeiros legítimos.

➡ Veja art. 1.646 do CC/1916.

O testamento particular também é colocado em execução no momento da morte do testador. Em juízo, ele será publicado e os herdeiros serão citados a comparecer.

Art. 1.878. Se as testemunhas forem contestes sobre o fato da disposição, ou, ao menos, sobre a sua leitura perante elas, e se reconhecerem as próprias assinaturas, assim como a do testador, o testamento será confirmado.

Parágrafo único. Se faltarem testemunhas, por morte ou ausência, e se pelo menos uma delas o reconhecer, o testamento poderá ser confirmado, se, a critério do juiz, houver prova suficiente de sua veracidade.

➡ Veja arts. 1.647 e 1.648 do CC/1916.

Após a abertura do testamento particular, as testemunhas que dele participaram são convocadas em juízo para atestarem sobre a disposição ou mesmo a leitura do testamento em sua presença. Ao reconhecerem suas próprias assinaturas, o testamento estará confirmado.

Arts. 1.878 a 1.881 — Almeida Guilherme

O parágrafo único do art. 1.878 abre uma exceção ao disposto no *caput*, em que se menciona a convocação de todas as testemunhas. Caso faltem testemunhas e uma delas reconhecer a assinatura, o testamento será confirmado se o juiz considerar que há provas suficientes para sua veracidade.

■ Apelação cível. Abertura de testamento particular. Cerceamento de defesa. Ao juiz, como destinatário da prova, incumbe decidir aquelas que servirão para seu convencimento e, consequentemente para o deslinde da controvérsia. Entendendo que a realização da prova é desnecessária ao julgamento do feito, porque há elementos nos autos para tanto, não merece reforma a decisão hostilizada. Registro de testamento particular. Ausência de requisitos legais. Documento escrito pelo próprio punho do firmatário, que está inacabado; além disso, não arrola testemunhas, descumprindo os requisitos previstos no art. 1.878 do CC. Documento que não registra circunstância excepcional a justificar a ausência de testemunhas, consoante prevê o art. 1.879 do CC. Gratuidade de justiça. Manutenção da benesse. Recursos desprovidos. (TJRS, Ap. Cível n. 70.060.424.249, 7ª Câm. Cível, rel. Jorge Luís Dall'Agnol, j. 27.08.2014)

Art. 1.879. Em circunstâncias excepcionais declaradas na cédula, o testamento particular de próprio punho e assinado pelo testador, sem testemunhas, poderá ser confirmado, a critério do juiz.

➡ Sem correspondência no CC/1916.

Em casos excepcionais, a serem analisados pelo juiz, admite-se testamento particular de próprio punho, sem presença de testemunhas. Tais circunstâncias deverão estar descritas no próprio testamento.

Art. 1.880. O testamento particular pode ser escrito em língua estrangeira, contanto que as testemunhas a compreendam.

➡ Veja art. 1.649 do CC/1916.

É possível que o testamento particular seja feito em língua estrangeira. Porém, é necessário que as testemunhas compreendam o seu conteúdo.

CAPÍTULO IV
DOS CODICILOS

Art. 1.881. Toda pessoa capaz de testar poderá, mediante escrito particular seu, datado e assinado, fazer disposições especiais sobre o seu enterro, sobre esmolas de pouca monta a certas e determinadas pessoas, ou, indeterminadamente, aos pobres de certo lugar, assim como legar móveis, roupas ou joias, de pouco valor, de seu uso pessoal.

➡ Veja art. 1.651 do CC/1916.

Código Civil comentado e anotado   Arts. 1.881 a 1.885

O codicilo é o ato de última vontade feito por pessoa capaz de testar, mediante escrito particular, datado e assinado, onde faz disposições especiais sobre o seu enterro, legado de móveis, roupas ou joias, de pouco valor, de seu uso pessoal, ainda, sobre esmolas de pouca monta a certas e determinadas pessoas, ou, indeterminadamente, aos pobres de certo lugar (art. 1.881 do CC).

Art. 1.882. Os atos a que se refere o artigo antecedente, salvo direito de terceiro, valerão como codicilos, deixe ou não testamento o autor.

➡ Veja art. 1.652 do CC/1916.

Ao dispor sobre seus desejos relativos à forma de seu enterro e ao destino de seus bens de valor irrisório ou de uso pessoal, havendo ou não testamento, tal ato será considerado codicilo. O codicilo valerá independentemente da existência de testamento e só será revogado por outro codicilo ou testamento posterior que não o confirmar ou modificar.

Art. 1.883. Pelo modo estabelecido no art. 1.881, poder-se-ão nomear ou substituir testamenteiros.

➡ Veja art. 1.653 do CC/1916.

O dispositivo garante que não seja preciso elaborar um novo instrumento caso haja necessidade de nomear novo ou substituir testamenteiros.

Art. 1.884. Os atos previstos nos artigos antecedentes revogam-se por atos iguais, e consideram-se revogados, se, havendo testamento posterior, de qualquer natureza, este os não confirmar ou modificar.

➡ Veja art. 1.654 do CC/1916.

O codicilo valerá independentemente na existência de testamento e só será revogado por outro codicilo ou por testamento posterior que não o confirmar ou modificar (art. 1.884 do CC).

Art. 1.885. Se estiver fechado o codicilo, abrir-se-á do mesmo modo que o testamento cerrado.

➡ Veja art. 1.655 do CC/1916.

Havendo disposição de vontade feita dessa forma, e sendo fechado, como o testamento cerrado, este seguirá o mesmo procedimento para sua abertura, ou seja, o juiz abrirá, da mesma maneira que o testamento cerrado, e, não havendo vício que impeça a sua validade, ordenará o seu cumprimento, fazendo-o registrar e arquivar pelo cartório ao qual foi distribuído.

Arts. 1.886 a 1.889 — Almeida Guilherme

CAPÍTULO V
DOS TESTAMENTOS ESPECIAIS

Seção I
Disposições Gerais

Art. 1.886. São testamentos especiais:
I – o marítimo;
II – o aeronáutico;
III – o militar.

➥ Sem correspondência no CC/1916.

Estas espécies especiais de testamentos são pouco usadas no direito brasileiro e têm validade devido à situação adversa em que são elaborados. Não estão sujeitos a todas as formalidades dos demais testamentos. O rol do artigo anterior é taxativo, e o Código não aceita exceções.

Art. 1.887. Não se admitem outros testamentos especiais além dos contemplados neste Código.

➥ Veja art. 1.631 do CC/1916.

Apenas os testamentos especiais mencionados no art. 1.886 são admitidos no Brasil.

Seção II
Do Testamento Marítimo e do Testamento Aeronáutico

Art. 1.888. Quem estiver em viagem, a bordo de navio nacional, de guerra ou mercante, pode testar perante o comandante, em presença de duas testemunhas, por forma que corresponda ao testamento público ou ao cerrado.
Parágrafo único. O registro do testamento será feito no diário de bordo.

➥ Veja art. 1.657 do CC/1916.

Em condições excepcionais, estando o indivíduo a bordo de navio nacional, poderá testar perante duas testemunhas e o comandante, em forma correspondente ao testamento público ou cerrado. Tal testamento será registrado no diário de bordo da embarcação.

Art. 1.889. Quem estiver em viagem, a bordo de aeronave militar ou comercial, pode testar perante pessoa designada pelo comandante, observado o disposto no artigo antecedente.

➥ Sem correspondência no CC/1916.

O determinado no art. 1.888, quanto ao testamento marítimo, aplica-se ao testamento aeronáutico, com a diferença de que o comandante poderá designar pessoa perante a qual o testa-

Código Civil comentado e anotado

Arts. 1.889 a 1.893

dor irá testar. Portanto, o testamento aeronáutico é facultado à pessoa que está em viagem, a bordo de aeronave militar ou comercial, que receie morrer, devido à piora de alguma doença ou acometido por algum mal súbito, manifestando a sua última vontade perante o comandante ou por pessoa por ele designada, na presença de duas testemunhas, aplicando-se a forma similar à do testamento público ou cerrado, devendo o testamento ser registrado no diário de bordo.

Art. 1.890. O testamento marítimo ou aeronáutico ficará sob a guarda do comandante, que o entregará às autoridades administrativas do primeiro porto ou aeroporto nacional, contra recibo averbado no diário de bordo.

➡ Veja art. 1.657, § 1º, do CC/1916.

O comandante da embarcação ou aeronave deverá guardar o testamento produzido em tais circunstâncias especiais até que se retorne ao solo brasileiro, quando deverá ser entregue aos cuidados da autoridade administrativa local, por meio de recibo averbado no diário de bordo.

Art. 1.891. Caducará o testamento marítimo, ou aeronáutico, se o testador não morrer na viagem, nem nos noventa dias subsequentes ao seu desembarque em terra, onde possa fazer, na forma ordinária, outro testamento.

➡ Veja art. 1.658 do CC/1916.

Em razão do caráter especial dessas espécies de testamento, há previsão expressa de sua ineficácia nos casos em que o testador não tenha falecido durante a viagem ou em noventa dias após o desembarque em solo brasileiro. Isso porque o caráter deste tipo de testamento é emergencial. Se a situação que levou à sua reprodução não se caracterizar, um testamento que siga os requisitos formais deverá ser elaborado pelo testador.

Art. 1.892. Não valerá o testamento marítimo, ainda que feito no curso de uma viagem, se, ao tempo em que se fez, o navio estava em porto onde o testador pudesse desembarcar e testar na forma ordinária.

➡ Veja art. 1.659 do CC/1916.

Só se aplica o benefício do testamento marítimo caso o testador esteja em situação emergencial, em que precise elaborar testamento, sob ameaça de morte, e em curso de viagem. Estando o navio em porto, no qual o testador poderia desembarcar e elaborar testamento seguindo os procedimentos ordinários, não terá validade o testamento marítimo.

Seção III
Do Testamento Militar

Art. 1.893. O testamento dos militares e demais pessoas a serviço das Forças Armadas em campanha, dentro do País ou fora dele, assim como em praça sitiada, ou que esteja de

Arts. 1.893 a 1.895

comunicações interrompidas, poderá fazer-se, não havendo tabelião ou seu substituto legal, ante duas, ou três testemunhas, se o testador não puder, ou não souber assinar, caso em que assinará por ele uma delas.

§ 1º Se o testador pertencer a corpo ou seção de corpo destacado, o testamento será escrito pelo respectivo comandante, ainda que de graduação ou posto inferior.

§ 2º Se o testador estiver em tratamento em hospital, o testamento será escrito pelo respectivo oficial de saúde, ou pelo diretor do estabelecimento.

§ 3º Se o testador for o oficial mais graduado, o testamento será escrito por aquele que o substituir.

➡ Veja art. 1.660 do CC/1916.

O **testamento militar** é reservado àqueles que estejam em situação de campanha e por alguma razão não possam estar diante do tabelião ou produzir testamento da maneira tradicional. É necessária a presença de duas testemunhas, ou ainda três, caso o testador não saiba ou não possa escrever, situação em que essa terceira testemunha assinará em seu lugar. Caso o testador pertença a alguma espécie de destacamento, testará perante o oficial que esteja comandando o grupo. Caso esteja em hospital, poderá testar mediante o oficial médico ou ainda o diretor do estabelecimento. Caso o testador seja o oficial mais graduado, aquele de patente exatamente inferior poderá ouvir o ato de testamento.

Art. 1.894. Se o testador souber escrever, poderá fazer o testamento de seu punho, contanto que o date e assine por extenso, e o apresente aberto ou cerrado, na presença de duas testemunhas ao auditor, ou ao oficial de patente, que lhe faça as vezes neste mister.

Parágrafo único. O auditor, ou o oficial a quem o testamento se apresente notará, em qualquer parte dele, lugar, dia, mês e ano, em que lhe for apresentado, nota esta que será assinada por ele e pelas testemunhas.

➡ Veja art. 1.661 do CC/1916.

O art. 1.894 trata do ato daquele que faz as vezes de tabelião, o oficial militar, que irá receber o testamento e que transcreverá nota em alguma parte do documento que seja assinada por ele e pelas testemunhas, dando ciência do recebimento.

Art. 1.895. Caduca o testamento militar, desde que, depois dele, o testador esteja, noventa dias seguidos, em lugar onde possa testar na forma ordinária, salvo se esse testamento apresentar as solenidades prescritas no parágrafo único do artigo antecedente.

➡ Veja art. 1.662 do CC/1916.

Seguindo o mesmo princípio dos testamentos marítimo e aeronáutico, o testamento militar caducará, perderá sua eficácia, caso, decorridos noventa dias do ato, de maneira contínua, o testador tenha estado em local onde fosse possível testar da maneira ordinária. O art. 1.895 apresenta a exceção que faz referência ao art. 1.894. Se o oficial tiver dado ciência do recebimento e assinado o testamento, juntamente com as testemunhas, o testamento terá validade mesmo após este período.

984

Código Civil comentado e anotado   Arts. 1.896 a 1.900

Art. 1.896. As pessoas designadas no art. 1.893, estando empenhadas em combate, ou feridas, podem testar oralmente, confiando a sua última vontade a duas testemunhas.

Parágrafo único. Não terá efeito o testamento se o testador não morrer na guerra ou convalescer do ferimento.

➡ Veja art. 1.663 do CC/1916.

Caso os militares que podem testar nas circunstâncias especiais desta Seção estejam feridos ou durante o combate, o testamento poderá assumir a forma oral. Como esperado, perde a eficácia tal testamento se o testador não falecer ou caso se recupere do ferimento.

CAPÍTULO VI
DAS DISPOSIÇÕES TESTAMENTÁRIAS

Art. 1.897. A nomeação de herdeiro, ou legatário, pode fazer-se pura e simplesmente, sob condição, para certo fim ou modo, ou por certo motivo.

➡ Veja art. 1.664 do CC/1916.

São aceitáveis quatro espécies de nomeação de herdeiro ou legatário: pura, segundo a qual há mera nomeação; sob condição, pela qual só será perfeita a nomeação dado o acontecimento de fato superveniente previsto; para certo fim ou modo, no qual há uma destinação específica dada à situação causada pela herança ou legado; e, por fim, por certo motivo, pelo qual o testador declara nomear o herdeiro ou legatário em razão de algo que este tenha feito em seu favor.

Art. 1.898. A designação do tempo em que deva começar ou cessar o direito do herdeiro, salvo nas disposições fideicomissárias, ter-se-á por não escrita.

➡ Veja art. 1.665 do CC/1916.

Exceto nos casos de fideicomisso, não se admite termo final ou inicial para os direitos do herdeiro.

Art. 1.899. Quando a cláusula testamentária for suscetível de interpretações diferentes, prevalecerá a que melhor assegure a observância da vontade do testador.

➡ Veja art. 1.666 do CC/1916.

Se houver cláusula dúbia, cuja interpretação seja questionada, prevalecerá o entendimento que melhor assegure o que parece ter sido a vontade do testador, no momento de sua declaração. Assim, deverá sempre buscar a vontade ou intenção do testador.

▪ Súmula n. 49 do STF: "A cláusula de inalienabilidade inclui a incomunicabilidade dos bens".

Art. 1.900. É nula a disposição:

985

Arts. 1.900 a 1.902   Almeida Guilherme

I – que institua herdeiro ou legatário sob a condição captatória de que este disponha, também por testamento, em benefício do testador, ou de terceiro;
II – que se refira a pessoa incerta, cuja identidade não se possa averiguar;
III – que favoreça a pessoa incerta, cometendo a determinação de sua identidade a terceiro;
IV – que deixe a arbítrio do herdeiro, ou de outrem, fixar o valor do legado;
V – que favoreça as pessoas a que se referem os arts. 1.801 e 1.802.

➥ Veja art. 1.667 do CC/1916.

O art. 1.900 traz as nulidades das disposições testamentárias em relação aos herdeiros ou legatários. Diz-se nula a disposição que exija que o herdeiro ou legatário também teste, deixando bens em favor do testador ou de terceiro indicado por ele. É nula também a disposição que faz referência à pessoa incerta, que não possa ser identificada, ou cuja identificação dependa de indicação de terceiro. Não tem validade também a cláusula que dá ao herdeiro ou legatário ou terceiro a responsabilidade pela fixação do valor deixado pelo *de cujus*. Por fim, não poderão ser favorecidas pessoas que, a rogo, escreveram o testamento, seu cônjuge ou companheiro, seus ascendentes e irmãos, as testemunhas do testamento; o concubino do testador casado, salvo se este, sem culpa sua, estiver separado de fato do cônjuge há mais de cinco anos; o tabelião, civil ou militar, ou o comandante ou escrivão, perante quem se fizer, assim como o que fizer ou aprovar o testamento; e pessoas não legitimadas a suceder, na forma dos arts. 1.801 e 1.802 deste Código.

Art. 1.901. Valerá a disposição:
I – em favor de pessoa incerta que deva ser determinada por terceiro, dentre duas ou mais pessoas mencionadas pelo testador, ou pertencentes a uma família, ou a um corpo coletivo, ou a um estabelecimento por ele designado;
II – em remuneração de serviços prestados ao testador, por ocasião da moléstia de que faleceu, ainda que fique ao arbítrio do herdeiro ou de outrem determinar o valor do legado.

➥ Veja art. 1.668 do CC/1916.

Os casos apresentados pelo art. 1.901 são variações das vedações do artigo anterior, mas que possuem amparo legal para terem validade. No caso de pessoa incerta, é possível quando esta deva ser determinada por terceiro, mas que possa ser identificada por ter sido mencionada pelo testador, sendo pertencente a uma família ou corpo coletivo ou estabelecimento que tenha sido designado. Além disso, é possível disposição que sirva como remuneração a quem cuidou do *de cujus*, em ocasião de doença que levou ao seu falecimento, situação esta em que se admite que o herdeiro arbitre a quantia devida a quem cuidou do *de cujus*.

Art. 1.902. A disposição geral em favor dos pobres, dos estabelecimentos particulares de caridade, ou dos de assistência pública, entender-se-á relativa aos pobres do lugar do domicílio do testador ao tempo de sua morte, ou dos estabelecimentos aí sitos, salvo se manifestamente constar que tinha em mente beneficiar os de outra localidade.
Parágrafo único. Nos casos deste artigo, as instituições particulares preferirão sempre às públicas.

Código Civil comentado e anotado   Arts. 1.902 a 1.906

➡ Veja art. 1.669 do CC/1916.

Se o testador restar silente quanto à instituição de caridade que deseja beneficiar ou a um grupo de pessoas carentes, quanto a sua localidade, se houver disposição genérica, entender-se-á que são aqueles do local do domicílio do *de cujus*. Há também preferência às instituições de auxilio de caráter particular sobre as públicas.

Art. 1.903. O erro na designação da pessoa do herdeiro, do legatário, ou da coisa legada anula a disposição, salvo se, pelo contexto do testamento, por outros documentos, ou por fatos inequívocos, se puder identificar a pessoa ou coisa a que o testador queria referir-se.

➡ Veja art. 1.670 do CC/1916.

O testamento deve ser claro, sem deixar margens a situações dúbias. Assim, se houver erro quanto à designação do herdeiro ou legatário ou quanto ao que é transmitido, a disposição de vontade será considerada anulável. A possibilidade de convalidação encontra-se na identificação da disposição correta pelo contexto do testamento, de outros documentos ou de fatos inequívocos, que possam identificar a pessoa ou a coisa a que o testador se refere.

Art. 1.904. Se o testamento nomear dois ou mais herdeiros, sem discriminar a parte de cada um, partilhar-se-á por igual, entre todos, a porção disponível do testador.

➡ Veja art. 1.671 do CC/1916.

Caso os herdeiros sejam nomeados sem a determinação da parte devida a cada um, o montante total será partilhado de maneira igual entre eles.

Art. 1.905. Se o testador nomear certos herdeiros individualmente e outros coletivamente, a herança será dividida em tantas quotas quantos forem os indivíduos e os grupos designados.

➡ Veja art. 1.672 do CC/1916.

Havendo no testamento designação de herdeiros individuais e grupos, as quotas da herança serão divididas como se os grupos fossem indivíduos e cada grupo receberá a mesma parte dada aos indivíduos designados, a menos que seja determinada quota certa para cada um.

Art. 1.906. Se forem determinadas as quotas de cada herdeiro, e não absorverem toda a herança, o remanescente pertencerá aos herdeiros legítimos, segundo a ordem da vocação hereditária.

➡ Veja art. 1.673 do CC/1916.

Caso a disposição testamentária distribua bens em quantia inferior ao total da herança do *de cujus*, o que remanescer voltará aos herdeiros legítimos, respeitando-se a ordem da vocação hereditária.

Art. 1.907. Se forem determinados os quinhões de uns e não os de outros herdeiros, distribuir-se-á por igual a estes últimos o que restar, depois de completas as porções hereditárias dos primeiros.

➡ Veja art. 1.674 do CC/1916.

Quando o testador determinar quantia certa a alguns de seus herdeiros e não a outros, receberão suas partes os que tiveram a quantia estabelecida e entre os demais, o restante da herança será repartida de maneira igualitária. Caso não sobrem bens, os herdeiros que foram nomeados sem a designação de seu quinhão, nada poderão reclamar.

Art. 1.908. Dispondo o testador que não caiba ao herdeiro instituído certo e determinado objeto, dentre os da herança, tocará ele aos herdeiros legítimos.

➡ Veja art. 1.675 do CC/1916.

Caso o testador exclua certo objeto específico, determinando que este não cabe ao herdeiro instituído, o objeto em questão será transmitido aos herdeiros legítimos, sendo considerado remanescente da herança.

Art. 1.909. São anuláveis as disposições testamentárias inquinadas de erro, dolo ou coação.
Parágrafo único. Extingue-se em quatro anos o direito de anular a disposição, contados de quando o interessado tiver conhecimento do vício.

➡ Sem correspondência no CC/1916.

A nulidade relativa ou anulabilidade do testamento, que não tem efeito antes de julgada por sentença nem se pronuncia de ofício, pode ser alegada somente pelo interessado, dentro do prazo decadencial de quatro anos, contando da data em que teve conhecimento do vício (art. 1.909, parágrafo único, do CC), e aproveita exclusivamente ao que a pleiteou, salvo o caso de solidariedade ou indivisibilidade (art. 177 do CC). Dar-se-á por vício oriundo de: erro substancial (arts. 138 a 142 do CC) na designação da pessoa do herdeiro, do legatário ou da coisa legada (art. 1.903 do CC); dolo (arts. 145 a 150 do CC), ou seja, artifício malicioso para induzir o testador em erro ou para mantê-lo no erro em que já se encontrava; e coação (arts. 151 a 155 do CC), que é o estado de espírito em que o disponente, ao perder a energia moral e a espontaneidade da vontade, elabora o testamento que lhe é exigido.

A anulação da disposição testamentária por vício de vontade está submetida ao prazo decadencial de quatro anos contados a partir do conhecimento do vício.

Código Civil comentado e anotado   Arts. 1.910 a 1.912

Art. 1.910. A ineficácia de uma disposição testamentária importa a das outras que, sem aquela, não teriam sido determinadas pelo testador.

➡ Sem correspondência no CC/1916.

Sendo uma disposição testamentária considerada ineficaz, não são todas as demais que seguirão a mesma sorte. Serão tidas como ineficazes também as que, sem a que deu origem à ineficácia, não teriam sido determinadas pelo testador no momento de sua manifestação de vontade. Caso uma das disposições testamentárias seja considerada ineficaz, as demais não a seguirão, prevalecendo a sua eficácia, a não ser que tenham alguma conexão entre si.

Art. 1.911. A cláusula de inalienabilidade, imposta aos bens por ato de liberalidade, implica impenhorabilidade e incomunicabilidade.

Parágrafo único. No caso de desapropriação de bens clausulados, ou de sua alienação, por conveniência econômica do donatário ou do herdeiro, mediante autorização judicial, o produto da venda converter-se-á em outros bens, sobre os quais incidirão as restrições apostas aos primeiros.

➡ Veja arts. 1.676 e 1.677 do CC/1916.

O art. 1.911 autoriza ao testador impor limitações, como a de *impenhorabilidade* e *incomunicabilidade*, gravando, dessa forma, os bens do acervo e impedindo a sua alienação. Conforme esclarece Maria Helena Diniz, "a cláusula de inalienabilidade é um meio de vincular os próprios bens em relação a terceiro beneficiário, que não poderá dispor deles, gratuita ou onerosamente, recebendo-os para usá-los e gozá-los; trata-se de um domínio limitado, motivo pelo qual a duração da proibição de alienar estes bens deixados a herdeiro ou a legatário não pode exceder a espaço de tempo superior à vida do instituído" (*Curso de direito civil brasileiro*, 14. ed. São Paulo, Saraiva, 2000, v. 6, p. 174).

■ Súmula n. 49 do STF: "A cláusula de inalienabilidade inclui a incomunicabilidade dos bens".

CAPÍTULO VII
DOS LEGADOS

Seção I
Disposições Gerais

Art. 1.912. É ineficaz o legado de coisa certa que não pertença ao testador no momento da abertura da sucessão.

➡ Veja art. 1.678 do CC/1916.

O legatário, diferentemente do herdeiro testamentário, recebe um bem particular, determinado, especificado pelo testador. O herdeiro recebe quota dos bens, na proporção determinada pelo testador.

989

Arts. 1.912 a 1.916   Almeida Guilherme

Determina o art. 1.912 que será considerado ineficaz (inexistente) o legado de bem que, por ocasião da morte do testador, tenha saído de seu patrimônio e não mais lhe pertença.

As disposições do testador, se não nulas ou ineficazes, fazem parte de sua vontade e condicionam, em algumas ocasiões, o recebimento de seu patrimônio pelos herdeiros e legatários. Em situações como essa, em que se determina a entrega de bem particular do herdeiro ou legatário a outrem, o não cumprimento desta disposição funciona como uma renúncia à herança ou legado.

Art. 1.913. Se o testador ordenar que o herdeiro ou legatário entregue coisa de sua propriedade a outrem, não o cumprindo ele, entender-se-á que renunciou à herança ou ao legado.

➡ Veja art. 1.679 do CC/1916.

O testador, em seu ato de última vontade, poderá dispor que o herdeiro ou legatário entregue coisa sua a terceiro, sublegatário, estabelecendo-lhe um encargo. Contudo, o herdeiro ou legatário poderá não cumprir a disposição do *de cujus*, dando a entender que a herança ou o legado foi renunciado e, dessa maneira, o bem permanecerá no patrimônio do legatário ou herdeiro.

Art. 1.914. Se tão somente em parte a coisa legada pertencer ao testador, ou, no caso do artigo antecedente, ao herdeiro ou ao legatário, só quanto a essa parte valerá o legado.

➡ Veja art. 1.680 do CC/1916.

Caso o testador disponha sobre coisa que seja apenas parcialmente sua, do legatário ou do herdeiro, cabe a ele dispor apenas sobre as partes que pertencem a essas pessoas. Qualquer manifestação sobre a parte de terceiro que não eles é tida como nula, pelo fato de ser bem alheio.

Art. 1.915. Se o legado for de coisa que se determine pelo gênero, será o mesmo cumprido, ainda que tal coisa não exista entre os bens deixados pelo testador.

➡ Veja art. 1.681 do CC/1916.

Nos casos em que o legado seja de coisa determinada pelo gênero, *v. g.*, uma casa, uma lancha, uma moto, um título, se o testador não possuir tal bem entre seu patrimônio, deverá ser reservada parte da herança para comprar tal bem e então entregá-lo ao legatário.

Art. 1.916. Se o testador legar coisa sua, singularizando-a, só terá eficácia o legado se, ao tempo do seu falecimento, ela se achava entre os bens da herança; se a coisa legada existir entre os bens do testador, mas em quantidade inferior à do legado, este será eficaz apenas quanto à existente.

➡ Veja art. 1.682 do CC/1916.

Código Civil comentado e anotado

Arts. 1.916 a 1.919

O art. 1.916 liga-se de certa forma ao art. 1.915. Se o testador singularizar um bem que será dado ao legatário, por exemplo, um determinado imóvel, em certo endereço, com sua matrícula determinada, e tal bem não estiver entre os seus no momento da abertura da sucessão, não poderá ser utilizada parte da herança para comprar bem semelhante. Nesse caso, não haverá eficácia em tal determinação. Além disso, caso sejam determinados bens e, em meio ao patrimônio do testador, encontre-se quantidade inferior à determinada, o legatário receberá apenas a parte constante do patrimônio do *de cujus*, sem que se use a herança para complementar.

Art. 1.917. O legado de coisa que deva encontrar-se em determinado lugar só terá eficácia se nele for achada, salvo se removida a título transitório.

➥ Veja art. 1.683 do CC/1916.

Ao determinar o testador que o legatário deverá receber certos bens que se encontrem em local por ele apontado, no momento da abertura do testamento, não se encontrando esses bens lá, não haverá substituição ou utilização da herança para aquisição de bens semelhantes. Se, no entanto, tiver sido removida a coisa a título transitório, será entregue no momento em que retornar ao local.

Art. 1.918. O legado de crédito, ou de quitação de dívida, terá eficácia somente até a importância desta, ou daquele, ao tempo da morte do testador.
§ 1º Cumpre-se o legado, entregando o herdeiro ao legatário o título respectivo.
§ 2º Este legado não compreende as dívidas posteriores à data do testamento.

➥ Veja art. 1.685 do CC/1916.

O legado pode constituir-se de crédito ou quitação de dívida. No caso do crédito, este terá eficácia somente quanto à importância à época da morte do testador e será cumprido com a entrega do título respectivo. Em relação à quitação de dívida, o valor perdoado pelo testador é aquele da época de sua morte. Isso quer dizer que, tendo a dívida sofrido o acréscimo de juros após a morte do testador, por exemplo, estes não estarão abarcados pela remissão.

Art. 1.919. Não o declarando expressamente o testador, não se reputará compensação da sua dívida o legado que ele faça ao credor.
Parágrafo único. Subsistirá integralmente o legado, se a dívida lhe foi posterior, e o testador a solveu antes de morrer.

➥ Veja art. 1.686 do CC/1916.

Caso o legatário seja também credor do testador, o legado não servirá para pagar a dívida, a menos que haja declaração expressa dessa finalidade no testamento. Se o débito entre legatário e testador for posterior ao testamento e a dívida tiver sido quitada, o legado permanecerá integralmente.

Arts. 1.920 a 1.923 — Almeida Guilherme

Art. 1.920. O legado de alimentos abrange o sustento, a cura, o vestuário e a casa, enquanto o legatário viver, além da educação, se ele for menor.

➥ Veja art. 1.687 do CC/1916.

Havendo legado que designe o pagamento de alimentos ao legatário, este incluirá sustento, cura, vestuário, abrigo e educação para menores.

Art. 1.921. O legado de usufruto, sem fixação de tempo, entende-se deixado ao legatário por toda a sua vida.

➥ Veja art. 1.688 do CC/1916.

Salvo disposição que fixe prazo para manutenção de usufruto sobre bem, considerar-se-á este vitalício.

Art. 1.922. Se aquele que legar um imóvel lhe ajuntar depois novas aquisições, estas, ainda que contíguas, não se compreendem no legado, salvo expressa declaração em contrário do testador.
Parágrafo único. Não se aplica o disposto neste artigo às benfeitorias necessárias, úteis ou voluptuárias feitas no prédio legado.

➥ Veja art. 1.689 do CC/1916.

No legado de imóveis, quando ajuntadas novas aquisições, ainda que contíguas, estas não farão parte do legado, salvo se o testador houver declarado expressamente que, nesse caso, agrega-se ao bem transmitido. As benfeitorias, sendo elas necessárias, úteis ou mesmo voluptuosas, estão inclusas no legado, pois o acessório acompanha o principal.

Seção II
Dos Efeitos do Legado e do seu Pagamento

Art. 1.923. Desde a abertura da sucessão, pertence ao legatário a coisa certa, existente no acervo, salvo se o legado estiver sob condição suspensiva.
§ 1º Não se defere de imediato a posse da coisa, nem nela pode o legatário entrar por autoridade própria.
§ 2º O legado de coisa certa existente na herança transfere também ao legatário os frutos que produzir, desde a morte do testador, exceto se dependente de condição suspensiva, ou de termo inicial.

➥ Veja art. 1.690 do CC/1916.

Exceto nos casos de existência de condição suspensiva, o legado pertence ao legatário a partir do momento da abertura da sucessão. No entanto, o legatário receberá a posse somente após autorização dos herdeiros. Os legatários são destinatários também dos frutos produ-

Código Civil comentado e anotado   Arts. 1.923 a 1.925

zidos pela coisa certa, designada a eles por legado, a partir da data da morte do testador, exceto se estiver estabelecido no testamento condição suspensiva ou termo inicial.

■ Agravo de instrumento. Sucessões. Inventário. Preliminar de não conhecimento por inépcia recursal. Prefacial afastada. Pretensão de deferimento da posse de imóvel deixado pelo autor da herança a três dos herdeiros necessários. Descabimento. Atual situação do bem não esclarecida nos autos do processo na origem. Imóvel que não é objeto de legado e cuja partilha, se for o caso, se dará em decorrência do deferimento da sucessão legítima. Pendência de discussão quando ao direito real e habitação invocado pelo cônjuge supérstite em contrarrazões. 1. Em que pese a redação do presente agravo de instrumento não se apresentar deveras clara e objetiva, verifica-se que a parte agravante atendeu aos requisitos previstos nos incisos do art. 524 do CPC, sendo possível inferir qual é o pedido de reforma veiculado no recurso. Nesse contexto, ainda que o recurso não tenha primado pela melhor técnica, impõe-se afastar a preliminar de não conhecimento arguida em contrarrazões. 2. Descabe deferir aos herdeiros agravantes, desde logo, a posse exclusiva de bem imóvel objeto do inventário, cuja atual situação nem sequer restou esclarecida nos autos do processo na origem – isto é, se o bem está sendo ocupado e, em caso positivo, por quem e a que título. Ademais, considerando que, diversamente do sustentado nas razões recursais, tal imóvel não se constitui objeto de legado, nem sequer tendo sido especificamente mencionado no testamento feito pelo autor da herança, não se cogita de aplicar o disposto no art. 1.923 do CC, segundo o qual "desde a abertura da sucessão, pertence ao legatário a coisa certa, existente no acervo, salvo se o legado estiver sob o condição suspensiva". 3. Não se cuidando de legado e tampouco estando abarcado por disposição testamentária, a partilha do imóvel em questão, se for o caso, depois de apuradas e satisfeitas as dívidas, se dará em decorrência do deferimento da sucessão legítima, observando-se a ordem de vocação hereditária. Até lá, nos exatos termos do parágrafo único do art. 1.791 do CC, "o direito dos coerdeiros, quanto à propriedade e posse da herança, será indivisível, e regular-se-á pelas normas relativas ao condomínio", revelando-se descabida a pretensão dos agravantes, que são apenas alguns dos herdeiros necessários do autor da herança, sobretudo porque ainda pendente de discussão a temática relativa ao direito real de habitação invocado pelo cônjuge supérstite nas contrarrazões. Rejeitada a preliminar contrarrecursal, negaram provimento. Unânime. (TJRS, AI n. 70.063.307.425, 8ª Câm. Cível, rel. Luiz Felipe Brasil Santos, j. 23.04.2015)

Art. 1.924. O direito de pedir o legado não se exercerá, enquanto se litigue sobre a validade do testamento, e, nos legados condicionais, ou a prazo, enquanto esteja pendente a condição ou o prazo não se vença.

➥ Veja art. 1.691 do CC/1916.

Se a validade do testamento estiver em discussão, o legatário não poderá exercer o direito de pedir o legado. O mesmo é aplicado caso exista prazo ou condição, o primeiro enquanto não vença e o segundo não se realize.

Art. 1.925. O legado em dinheiro só vence juros desde o dia em que se constituir em mora a pessoa obrigada a prestá-lo.

➥ Veja art. 1.693 do CC/1916.

Só haverá cobrança de juros no caso de legado em dinheiro a partir do momento em que se constituir a obrigação da pessoa em entregar tal legado.

993

Arts. 1.926 a 1.930 — Almeida Guilherme

Art. 1.926. Se o legado consistir em renda vitalícia ou pensão periódica, esta ou aquela correrá da morte do testador.

➡ Veja art. 1.694 do CC/1916.

Sendo o legado constituído de renda vitalícia ou pensão periódica, essas serão vencidas a partir da morte do testador.

Art. 1.927. Se o legado for de quantidades certas, em prestações periódicas, datará da morte do testador o primeiro período, e o legatário terá direito a cada prestação, uma vez encetado cada um dos períodos sucessivos, ainda que venha a falecer antes do termo dele.

➡ Veja art. 1.695 do CC/1916.

Tratando-se de quantia certa dada como legado, dividida em prestações periódicas, a primeira será devida na morte do testador e seguirá com a periodicidade estabelecida no instrumento, até seu término, mesmo que o legatário venha a falecer.

Art. 1.928. Sendo periódicas as prestações, só no termo de cada período se poderão exigir.
Parágrafo único. Se as prestações forem deixadas a título de alimentos, pagar-se-ão no começo de cada período, sempre que outra coisa não tenha disposto o testador.

➡ Veja art. 1.696 do CC/1916.

No caso de prestações periódicas, estas serão exigidas somente no termo de cada período. Se forem prestações a título de alimentos, serão pagas no início de cada período, salvo se o testador tiver determinado situação diferente no testamento.

Art. 1.929. Se o legado consiste em coisa determinada pelo gênero, ao herdeiro tocará escolhê-la, guardando o meio-termo entre as congêneres da melhor e pior qualidade.

➡ Veja art. 1.697 do CC/1916.

Se for deixada ao legatário pelo testador coisa determinável pelo gênero, dentro de seu patrimônio, cabe ao herdeiro escolher qual o legatário receberá, utilizando o melhor juízo para escolhê-la e o critério do meio-termo, entregando aquela que esteja intermediária entre o melhor e o pior bem.

Art. 1.930. O estabelecido no artigo antecedente será observado, quando a escolha for deixada a arbítrio de terceiro; e, se este não a quiser ou não a puder exercer, ao juiz competirá fazê-la, guardado o disposto na última parte do artigo antecedente.

➡ Veja art. 1.698 do CC/1916.

Complementando o art. 1.929, se o herdeiro não quiser ou puder escolher esse bem, caberá ao juiz escolher, ainda utilizando o critério do meio-termo.

Código Civil comentado e anotado

Arts. 1.931 a 1.935

Art. 1.931. Se a opção foi deixada ao legatário, este poderá escolher, do gênero determinado, a melhor coisa que houver na herança; e, se nesta não existir coisa de tal gênero, dar--lhe-á de outra congênere o herdeiro, observada a disposição na última parte do art. 1.929.

➡ Veja art. 1.699 do CC/1916.

Se a opção de escolher o bem determinado por seu gênero couber ao legatário, ele poderá sem restrições escolher o melhor entre aqueles constantes da herança. Se, por exemplo, tal bem não constar na herança, o herdeiro poderá entregar-lhe bem semelhante, utilizando-se do critério do meio-termo.

Art. 1.932. No legado alternativo, presume-se deixada ao herdeiro a opção.

➡ Veja art. 1.700 do CC/1916.

Nos legados alternativos, em que o testador afirma desejar que uma coisa ou outra sejam entregues ao legatário, a presunção é que o próprio legatário poderá escolher qual deseja.

Art. 1.933. Se o herdeiro ou legatário a quem couber a opção falecer antes de exercê-la, passará este poder aos seus herdeiros.

➡ Veja art. 1.701 do CC/1916.

Os herdeiros do legatário o sucedem caso este venha a falecer e lhe coubesse a escolha de coisa, em legado alternativo. Caso o herdeiro ou legatário a quem o testador designou a função de escolher um entre mais bens vier a falecer antes que possa fazer a escolha, o seu direito de opção será transmitido aos seus herdeiros.

Art. 1.934. No silêncio do testamento, o cumprimento dos legados incumbe aos herdeiros e, não os havendo, aos legatários, na proporção do que herdaram.

Parágrafo único. O encargo estabelecido neste artigo, não havendo disposição testamentária em contrário, caberá ao herdeiro ou legatário incumbido pelo testador da execução do legado; quando indicados mais de um, os onerados dividirão entre si o ônus, na proporção do que recebam da herança.

➡ Veja arts. 1.702 e 1.703 do CC/1916.

Se não houver determinação em outro sentido, cabe aos herdeiros o cumprimento do legado e, caso não existam herdeiros, cabe aos legatários na proporção de seus legados. Se forem nomeados tanto herdeiros como legatários, caberá a todos a responsabilidade sobre o cumprimento do legado, na proporção do que receberão.

Art. 1.935. Se algum legado consistir em coisa pertencente a herdeiro ou legatário (art. 1.913), só a ele incumbirá cumpri-lo, com regresso contra os coerdeiros, pela quota de cada um, salvo se o contrário expressamente dispôs o testador.

Arts. 1.935 a 1.939 — Almeida Guilherme

➡ Veja art. 1.704 do CC/1916.

Caso o testador tenha constituído legado sobre coisa pertencente a herdeiro ou legatário, cabe a este cumpri-lo, com possibilidade de direito de regresso contra os demais coerdeiros, na proporção de suas quotas, exceto se o testador tiver deixado disposição contrária.

Art. 1.936. As despesas e os riscos da entrega do legado correm à conta do legatário, se não dispuser diversamente o testador.

➡ Veja art. 1.705 do CC/1916.

Caso não haja declaração de vontade do testador dispondo de outra maneira, as despesas e riscos de entrega do legado correrão à despesa do próprio legatário.

Art. 1.937. A coisa legada entregar-se-á, com seus acessórios, no lugar e estado em que se achava ao falecer o testador, passando ao legatário com todos os encargos que a onerarem.

➡ Veja art. 1.706 do CC/1916.

O legatário receberá a coisa que lhe foi designada por legado, da forma como se encontrava no momento em que ocorreu a morte do testador. Essa coisa virá acompanhada de todo e qualquer encargo que possua, que será transmitido ao legatário também, como parte integrante do bem.

Art. 1.938. Nos legados com encargo, aplica-se ao legatário o disposto neste Código quanto às doações de igual natureza.

➡ Veja art. 1.707 do CC/1916.

Estende-se a aplicação das regras do Código quanto às doações com encargos aos legados eivados do mesmo instituto. Caso não seja cumprido o encargo imposto ao legado, o ato será revogado.

Seção III
Da Caducidade dos Legados

Art. 1.939. Caducará o legado:

I – se, depois do testamento, o testador modificar a coisa legada, ao ponto de já não ter a forma nem lhe caber a denominação que possuía;

II – se o testador, por qualquer título, alienar no todo ou em parte a coisa legada; nesse caso, caducará até onde ela deixou de pertencer ao testador;

III – se a coisa perecer ou for evicta, vivo ou morto o testador, sem culpa do herdeiro ou legatário incumbido do seu cumprimento;

IV – se o legatário for excluído da sucessão, nos termos do art. 1.815;

Código Civil comentado e anotado

Arts. 1.939 a 1.942

V – se o legatário falecer antes do testador.

➥ Veja art. 1.708 do CC/1916.

O art. 1.939 elenca as hipóteses de caducidade do legado, sendo elas:

(i) a modificação da coisa legada, pós-testamento, a ponto de não ter a forma que possuía ou ter sido alterada de tal maneira que não possa mais receber a mesma determinação;

(ii) a alienação, total ou parcial, da coisa legada, por parte do testador;

(iii) o perecimento ou evicção da coisa, sem culpa do herdeiro ou legatário que deveria cumprir o legado;

(iv) a exclusão do legatário da sucessão, nas hipóteses de indignidade do art. 1.815; e

(v) a morte do legatário, antes do testador.

Art. 1.940. Se o legado for de duas ou mais coisas alternativamente, e algumas delas perecerem, subsistirá quanto às restantes; perecendo parte de uma, valerá, quanto ao seu remanescente, o legado.

➥ Veja art. 1.709 do CC/1916.

Nas hipóteses em que houver disposição alternativa de legado, caso uma delas venha a perecer, automaticamente a outra será considerada o legado reservado ao legatário.

CAPÍTULO VIII
DO DIREITO DE ACRESCER
ENTRE HERDEIROS E LEGATÁRIOS

Art. 1.941. Quando vários herdeiros, pela mesma disposição testamentária, forem conjuntamente chamados à herança em quinhões não determinados, e qualquer deles não puder ou não quiser aceitá-la, a sua parte acrescerá à dos coerdeiros, salvo o direito do substituto.

➥ Veja art. 1.710, *caput*, do CC/1916.

Direto de acrescer. Ocorre quando um coerdeiro ou colegatário recebe o quinhão de outro, que não pôde ou não quis recebê-lo, desde que nomeados na mesma cláusula testamentária e em quinhões não determinados, não havendo indicação de substituto.

Art. 1.942. O direito de acrescer competirá aos colegatários, quando nomeados conjuntamente a respeito de uma só coisa, determinada e certa, ou quando o objeto do legado não puder ser dividido sem risco de desvalorização.

➥ Veja art. 1.710, parágrafo único, do CC/1916.

Terão direito de acrescer os colegatários em duas hipóteses: quando forem nomeados em conjunto, sem indicação de substituto, e quando incidir sobre uma só coisa, determinada e certa e que não pode ser dividida sem desvalorização.

997

Arts. 1.943 a 1.946 — Almeida Guilherme

Art. 1.943. Se um dos coerdeiros ou colegatários, nas condições do artigo antecedente, morrer antes do testador; se renunciar a herança ou legado, ou destes for excluído, e, se a condição sob a qual foi instituído não se verificar, acrescerá o seu quinhão, salvo o direito do substituto, à parte dos coerdeiros ou colegatários conjuntos.

Parágrafo único. Os coerdeiros ou colegatários, aos quais acresceu o quinhão daquele que não quis ou não pôde suceder, ficam sujeitos às obrigações ou encargos que o oneravam.

➥ Veja arts. 1.712 e 1.714 do CC/1916.

Se houver pluralidade de herdeiros ou legatários, e ficando um impossibilitado de suceder – por desistência, morte, exclusão ou não verificação de condição –, sua parte da herança será acrescentada às dos demais. Os encargos que possuía também serão igualmente transmitidos.

Art. 1.944. Quando não se efetua o direito de acrescer, transmite-se aos herdeiros legítimos a quota vaga do nomeado.

Parágrafo único. Não existindo o direito de acrescer entre os colegatários, a quota do que faltar acresce ao herdeiro ou ao legatário incumbido de satisfazer esse legado, ou a todos os herdeiros, na proporção dos seus quinhões, se o legado se deduziu da herança.

➥ Veja arts. 1.713 e 1.715 do CC/1916.

Caso não seja possível que se acresça quota aos demais herdeiros ou legatários, no caso do art. 1.943, a quota respectiva será transmitida para os herdeiros legítimos. No caso de legados, se não for possível acrescer aos legatários, a quota remanescente será destinada àquele que deveria satisfazer o legado ou ainda, aos demais herdeiros, se houve dedução do legado na herança.

Art. 1.945. Não pode o beneficiário do acréscimo repudiá-lo separadamente da herança ou legado que lhe caiba, salvo se o acréscimo comportar encargos especiais impostos pelo testador; nesse caso, uma vez repudiado, reverte o acréscimo para a pessoa a favor de quem os encargos foram instituídos.

➥ Sem correspondência no CC/1916.

No caso de haver acréscimo aos demais herdeiros ou legatários, esses não poderão recusar apenas o acréscimo, sem recusar sua parte da herança ou legado. No entanto, se esse acréscimo possuir encargos especiais determinados pelo testador, o acréscimo será revertido em favor da pessoa à qual os encargos foram instituídos.

Art. 1.946. Legado um só usufruto conjuntamente a duas ou mais pessoas, a parte da que faltar acresce aos colegatários.

Parágrafo único. Se não houver conjunção entre os colegatários, ou se, apesar de conjuntos, só lhes foi legada certa parte do usufruto, consolidar-se-ão na propriedade as quotas dos que faltarem, à medida que eles forem faltando.

➥ Veja art. 1.716 do CC/1916.

Código Civil comentado e anotado   Arts. 1.946 a 1.949

No caso de usufruto dado em legado a duas ou mais pessoas, faltando uma dessas pessoas nas hipóteses do art. 1.943, sua parte é acrescida aos colegatários. Porém, se os colegatários que restarem não tiverem parte no usufruto, as quotas da propriedade serão consolidadas na propriedade, conforme forem faltando os colegatários.

Haverá o direito de acrescer no caso de premoriência, renúncia, exclusão de um colegatário ou usufrutuário e se existir disposição conjunta do usufruto, sem distribuição de quinhões entre eles.

CAPÍTULO IX
DAS SUBSTITUIÇÕES

Seção I
Da Substituição Vulgar e da Recíproca

Art. 1.947. O testador pode substituir outra pessoa ao herdeiro ou ao legatário nomeado, para o caso de um ou outro não querer ou não poder aceitar a herança ou o legado, presumindo-se que a substituição foi determinada para as duas alternativas, ainda que o testador só a uma se refira.

➡ Veja art. 1.729 do CC/1916.

A substituição vulgar, também conhecida como direta ou ordinária, consiste em uma disposição testamentária na qual o testador substitui a pessoa do herdeiro ou legatário nomeado por outra, pois este ou aquele não puderam ou não quiseram aceitar a herança ou legado, em razão de morte ou renúncia. Trata-se da previsão de substituição, indicando certa pessoa para recolher a deixa, se o nomeado vier a faltar ou não quiser ou não puder aceitar a herança ou o legado. Poderá ser vulgar, recíproca ou coletiva. "A substituição é a disposição testamentária na qual o testador chama uma pessoa para receber, no todo ou em parte, a herança ou o legado, na falta ou após o herdeiro ou legatário nomeado em primeiro lugar, ou seja, quando a vocação deste ou daquele cessar por qualquer causa" (DINIZ, 2009, p. 1.352).

Art. 1.948. Também é lícito ao testador substituir muitas pessoas por uma só, ou vice-versa, e ainda substituir com reciprocidade ou sem ela.

➡ Veja art. 1.730 do CC/1916.

A substituição recíproca se dá quando dois ou mais herdeiros são indicados substitutos uns dos outros e não quiserem ou não aceitarem a herança. Denomina-se singular quando há apenas um substituto ao herdeiro ou legatário instituído, e coletiva quando existir pluralidade de substitutos simultâneos, sendo declarado no art. 1.948 ser lícita a substituição de muitas pessoas por uma só, ou vice-versa.

Art. 1.949. O substituto fica sujeito à condição ou encargo imposto ao substituído, quando não for diversa a intenção manifestada pelo testador, ou não resultar outra coisa da natureza da condição ou do encargo.

➡ Veja art. 1.731 do CC/1916.

Arts. 1.949 a 1.952 — Almeida Guilherme

Em caso de substituição, aquele que passou a figurar entre os herdeiros ou legatários irá receber todos os encargos que recaiam sobre quem substituiu, salvo se o testador tiver determinado de maneira distinta. O substituto recolherá a herança ou legado, com suas vantagens e encargos.

Art. 1.950. Se, entre muitos coerdeiros ou legatários de partes desiguais, for estabelecida substituição recíproca, a proporção dos quinhões fixada na primeira disposição entender-se-á mantida na segunda; se, com as outras anteriormente nomeadas, for incluída mais alguma pessoa na substituição, o quinhão vago pertencerá em partes iguais aos substitutos.

➡ Veja art. 1.732 do CC/1916.

Ocorrendo substituição recíproca entre diversos coerdeiros ou legatários, quando os herdeiros ou legatários forem instituídos em partes iguais, deverá ser entendido que os substitutos receberão, igualmente, a parte do quinhão hereditário vago; quando os herdeiros ou legatários forem instituídos de partes desiguais, entender-se-á que os substitutos receberão a mesma proporção dos quinhões fixada na primeira disposição; e, por fim, quando os herdeiros ou legatários forem instituídos e for incluída mais alguma pessoa na substituição, o quinhão vago pertencerá em partes iguais aos substitutos.

Seção II
Da Substituição Fideicomissária

Art. 1.951. Pode o testador instituir herdeiros ou legatários, estabelecendo que, por ocasião de sua morte, a herança ou o legado se transmita ao fiduciário, resolvendo-se o direito deste, por sua morte, a certo tempo ou sob certa condição, em favor de outrem, que se qualifica de fideicomissário.

➡ Veja art. 1.733 do CC/1916.

Substituição fideicomissária. Trata-se da instituição de herdeiro ou legatário (fiduciário), que deve transmitir a outra pessoa (fideicomissário) a certo tempo ou condição, ou mesmo com a sua morte, a herança ou o legado recebida do *de cujus* (fideicomitente). O Código Civil permite o fideicomisso somente em favor dos não concebidos ao tempo da morte do testador. Se, já nascido, este adquire a propriedade dos bens, convertendo-se em usufruto o direito do fiduciário (art. 1.952 do CC). Não se pode nomear substituto ao fideicomissário (art. 1.959 do CC). O fideicomisso caducará se o fideicomissário morrer antes do fiduciário, ou antes de realizar-se a condição resolutiva ou advento do termo, ocasião em que a propriedade será consolidada na pessoa do fiduciário. Também caducará se o fideicomissário renunciar à herança ou ao legado (art. 1.955 do CC).

■ Enunciado n. 529 da V Jornada de Direito Civil: "O fideicomisso, previsto no art. 1.951 do Código Civil, somente pode ser instituído por testamento".

Art. 1.952. A substituição fideicomissária somente se permite em favor dos não concebidos ao tempo da morte do testador.

Código Civil comentado e anotado

Arts. 1.952 a 1.956

Parágrafo único. Se, ao tempo da morte do testador, já houver nascido o fideicomissário, adquirirá este a propriedade dos bens fideicometidos, convertendo-se em usufruto o direito do fiduciário.

➥ Sem correspondência no CC/1916.

Admite-se a substituição fideicomissária apenas em favor de indivíduos não concebidos quando da morte do testador. No momento da morte do testador, se houver nascido o fideicomissário, este irá adquirir a propriedade dos bens e o direito do fiduciário será transformado em usufruto.

Art. 1.953. O fiduciário tem a propriedade da herança ou legado, mas restrita e resolúvel.
Parágrafo único. O fiduciário é obrigado a proceder ao inventário dos bens gravados, e a prestar caução de restituí-los se o exigir o fideicomissário.

➥ Veja art. 1.734 do CC/1916.

A propriedade que o fiduciário possui sobre a herança ou legado é restrita e resolúvel, porém poderá usar e dispor do bem fideicometido, a menos que o testador disponha de cláusula de inalienabilidade. Ele possui a obrigação de realizar o inventário dos bens e prestar caução de restituí-los, caso assim deseje o fideicomissário.

Art. 1.954. Salvo disposição em contrário do testador, se o fiduciário renunciar a herança ou o legado, defere-se ao fideicomissário o poder de aceitar.

➥ Sem correspondência no CC/1916.

Com a abertura da sucessão, o fiduciário deverá aceitar ou renunciar à herança ou ao legado. Havendo renúncia por parte do fiduciário, o fideicomissário poderá aceitar o legado ou a herança em seu lugar, salvo disposição contrária do testador.

Art. 1.955. O fideicomissário pode renunciar a herança ou o legado, e, neste caso, o fideicomisso caduca, deixando de ser resolúvel a propriedade do fiduciário, se não houver disposição contrária do testador.

➥ Veja art. 1.735 do CC/1916.

Após aberta a substituição fideicomissária, o fideicomissário pode renunciar à herança ou ao legado. Com isso, ocorre a caducidade do fideicomisso, salvo disposição diferente do testador, e a propriedade passa ao fiduciário.

Art. 1.956. Se o fideicomissário aceitar a herança ou o legado, terá direito à parte que, ao fiduciário, em qualquer tempo acrescer.

Arts. 1.956 a 1.960 — Almeida Guilherme

➥ Veja art. 1.736 do CC/1916.

Aceitando a herança ou legado, o fideicomissário terá direito a qualquer parte acrescida pelo fiduciário, a qualquer tempo desde o começo da sucessão até que seja transferido o legado ou herança ao fideicomisso.

Art. 1.957. Ao sobrevir a sucessão, o fideicomissário responde pelos encargos da herança que ainda restarem.

➥ Veja art. 1.737 do CC/1916.

Com a sucessão, cabe ao fideicomissário arcar com encargos da herança que ainda existirem.

Art. 1.958. Caduca o fideicomisso se o fideicomissário morrer antes do fiduciário, ou antes de realizar-se a condição resolutória do direito deste último; nesse caso, a propriedade consolida-se no fiduciário, nos termos do art. 1.955.

➥ Veja art. 1.738 do CC/1916.

Com a morte do fideicomissário antes do fiduciário ou antes da realização de condição resolutiva; com a morte do fideicomissário antes do fiduciário ou da realização de condição que estivesse atrelada à transmissão do bem, extingue-se a obrigação do fiduciário de transmitir-lhe o bem e a propriedade é transferida então ao fiduciário.

Art. 1.959. São nulos os fideicomissos além do segundo grau.

➥ Veja art. 1.739 do CC/1916.

Entre as transferências previstas neste instituto, é possível apenas que passe do fiduciário ao fideicomissário. O fideicomissário não pode transferir a terceiro e se o fizer, a cláusula será nula.

Art. 1.960. A nulidade da substituição ilegal não prejudica a instituição, que valerá sem o encargo resolutório.

➥ Veja art. 1.740 do CC/1916.

Caso exista tal previsão de transferência por parte do fideicomissário, que é nula conforme o artigo anterior, o instituto do fideicomisso não estará prejudicado. Subsistirá como se essa determinação não existisse. Então, terá o fiduciário a plena propriedade do bem fideicometido, sem qualquer encargo resolutório.

Código Civil comentado e anotado

Arts. 1.961 a 1.964

CAPÍTULO X
DA DESERDAÇÃO

Art. 1.961. Os herdeiros necessários podem ser privados de sua legítima, ou deserdados, em todos os casos em que podem ser excluídos da sucessão.

➡ Veja art. 1.741 do CC/1916.

É o ato pelo qual o *de cujus* exclui da sucessão, mediante testamento com expressa declaração da causa, herdeiro necessário, privando-o de sua legítima, por ter praticado qualquer ato taxativamente enumerado nos arts. 1.814, 1.962 e 1.963 do Código Civil.

Art. 1.962. Além das causas mencionadas no art. 1.814, autorizam a deserdação dos descendentes por seus ascendentes:
I – ofensa física;
II – injúria grave;
III – relações ilícitas com a madrasta ou com o padrasto;
IV – desamparo do ascendente em alienação mental ou grave enfermidade.

➡ Veja art. 1.744 do CC/1916.

Este artigo traz outras hipóteses de deserdação do descendente, feita pelo ascendente. Menciona o artigo a ofensa física praticada contra o ascendente, a realização de injúria grave, relações ilícitas mantidas com padrasto ou madrasta e desamparo a ascendentes incapazes, em razão de alienação mental ou enfermidade grave. Essas hipóteses, concomitante ao art. 1.814, autorizam a exclusão do descendente da sucessão.

Art. 1.963. Além das causas enumeradas no art. 1.814, autorizam a deserdação dos ascendentes pelos descendentes:
I – ofensa física;
II – injúria grave;
III – relações ilícitas com a mulher ou companheira do filho ou a do neto, ou com o marido ou companheiro da filha ou o da neta;
IV – desamparo do filho ou neto com deficiência mental ou grave enfermidade.

➡ Veja art. 1.745 do CC/1916.

No mesmo sentido, é possível que o descendente deserde os ascendentes. Além das hipóteses do art. 1.814, há também a prática de ofensa física ou injúria grave, as relações ilícitas com cônjuge ou companheiro do neto ou do próprio filho e desamparo de filho ou neto incapaz em razão de deficiência mental ou enfermidade grave.

Art. 1.964. Somente com expressa declaração de causa pode a deserdação ser ordenada em testamento.

Arts. 1.964 a 1.967 — Almeida Guilherme

➡ Veja art. 1.742 do CC/1916.

Para que a deserdação seja eficaz, deverá haver declaração expressa da causa, em testamento, obviamente, antes da morte do testador. Se o testamento for nulo, a deserdação será nula. É necessário que o testador especifique a causa legal que o levou a isso.

Art. 1.965. Ao herdeiro instituído, ou àquele a quem aproveite a deserdação, incumbe provar a veracidade da causa alegada pelo testador.

Parágrafo único. O direito de provar a causa da deserdação extingue-se no prazo de quatro anos, a contar da data da abertura do testamento.

➡ Veja arts. 178, § 9º, IV, e 1.743 do CC/1916.

Necessário será que haja comprovação da causa legal alegada pelo testador para decretar a deserdação, feita pelo herdeiro instituído ou por aquele a quem ela aproveita, por meio de ação ordinária a ser proposta dentro do prazo decadencial de quatro anos, contado da data da abertura do testamento.

CAPÍTULO XI
DA REDUÇÃO DAS DISPOSIÇÕES TESTAMENTÁRIAS

Art. 1.966. O remanescente pertencerá aos herdeiros legítimos, quando o testador só em parte dispuser da quota hereditária disponível.

➡ Veja art. 1.726 do CC/1916.

Quando o testamento versar sobre quota do patrimônio do testador inferior ao total que havia em disponibilidade para tal fim, o remanescente será entregue aos herdeiros legítimos.

Art. 1.967. As disposições que excederem a parte disponível reduzir-se-ão aos limites dela, de conformidade com o disposto nos parágrafos seguintes.

§ 1º Em se verificando excederem as disposições testamentárias a porção disponível, serão proporcionalmente reduzidas as quotas do herdeiro ou herdeiros instituídos, até onde baste, e, não bastando, também os legados, na proporção do seu valor.

§ 2º Se o testador, prevenindo o caso, dispuser que se inteirem, de preferência, certos herdeiros e legatários, a redução far-se-á nos outros quinhões ou legados, observando-se a seu respeito a ordem estabelecida no parágrafo antecedente.

➡ Veja art. 1.727 do CC/1916.

Este artigo dispõe sobre as providências a serem tomadas caso o testador verse no testamento por quota superior à disponível. De acordo com o § 1º, as quotas determinadas aos herdeiros instituídos serão diminuídas e transferidas aos herdeiros legítimos, até que reste respeitada a legítima. Não sendo isso suficiente, os legados serão atingidos também. Se o testador tiver previsto essa hipótese e tiver determinado herdeiros e legatários que deverão ter

Código Civil comentado e anotado   Art. 1.967

suas quotas reduzidas preferencialmente, assim será feito, atingindo primeiramente a herança e depois o legado.

■ Enunciado n. 118 da I Jornada de Direito Civil: "O testamento anterior à vigência do novo Código Civil se submeterá à redução prevista no § 1º do art. 1.967 naquilo que atingir a porção reservada ao cônjuge sobrevivente, elevado que foi à condição de herdeiro necessário".

■ Coexistência de testamento e cônjuge sobrevivente. Casamento realizado sob o regime da separação obrigatória de bens (art. 1.641, II, CC). Súmula n. 377 do STF. Possibilidade. Presunção do esforço em comum do casal. Direito real de habitação. Existência de mais de um imóvel residencial. Possibilidade de aplicação, ademais em relação ao imóvel de residência da viúva meeira. O disposto na Súmula n. 377 do STF vem sendo largamente aplicado e estendido, em qualquer que seja o regime de bens do casamento, sendo presumido o esforço comum. O fato de haver outros bens residenciais no Espólio, ainda não partilhados, não resulta exclusão do direito de habitação V.V Ementa: Inventário. Sucessão mista. Coexistência de testamento e cônjuge sobrevivente. Casamento realizado sob o regime da separação obrigatória de bens (art. 1.641, II, CC). Súmula n. 377 do STF. Inteligência. Exigência da prova do esforço comum para a comunicabilidade dos aquestos. Ausência no caso. Inexistência do direito de meação. Testamento particular elaborado antes do casamento do testador. Disposição que abrangia a totalidade do patrimônio do *de cujus*. Caducidade. Inocorrência. Mera redução do testamento até o limite da parte disponível. Art. 1.967 do CC. Direito de legítima assegurado à viúva, herdeira necessária. Direito real de habitação. Existência de mais um imóvel inventariando de natureza residencial. Imóvel que, além do mais, não servia de residência da família. A lei que regula o regime de bens é a da data da celebração do casamento, visto que, nos termos do art. 1.639, § 1º, do CC, "o regime de bens entre os cônjuges começa a vigorar desde a data do casamento". Adotar a data da morte como parâmetro de aferição do direito aplicável seria admitir a incidência retroativa de um regime diferente daquele conhecido pelos nubentes, em violação do ato jurídico perfeito e do princípio da segurança jurídica. Se o casamento foi realizado sob o regime da separação obrigatória de bens, sem qualquer objeção dos nubentes enquanto vigorou, não pode o cônjuge sobrevivente, depois de já extinto o matrimônio pela morte do varão, pretender transmudar, com efeito retroativo, o regime de bens para o da comunhão parcial, alegando a inconstitucionalidade do art. 1.641, II, do CC, ainda vigente no direito positivo. A hipótese feriria os mais elementares princípios da ordem constitucional. Em que pese a existência de entendimento em sentido contrário, a interpretação que se faz do Enunciado n. 377 da Súmula do STF é no sentido que a prova da comunhão de esforços é imprescindível para a comunicabilidade dos bens adquiridos onerosamente depois do casamento, pois, caso contrário, os efeitos do regime da separação legal de bens tornar-se-iam idênticos aos do regime da comunhão parcial, em desvirtuamento da opção legislativa, bem como porque tal orientação é a que melhor se compatibiliza com o escopo de impedir o enriquecimento ilícito de um dos consortes em detrimento do outro – o qual norteou a edição da referida súmula. O fato de o regime de bens do casamento do de cujus ter sido o da separação obrigatória de bens não impede o reconhecimento à viúva de direitos hereditários, porque "quando o cônjuge é chamado a suceder, assume a condição de herdeiro, independentemente do regime de bens do casamento, pois a lei nada refere ao conferir-lhe a qualidade de herdeiro necessário" (Maria Berenice Dias). No caso em que o de cujus, solteiro e sem ascendentes nem descendentes, redige testamento particular deixando todo o seu patrimônio a uma irmã, e, posteriormente, vem a se casar, não ocorre a caducidade do testamento, cujas causas estão previstas taxativamente nos arts. 1.973 e 1.974 do CC, mas apenas a redução das liberalidades até o montante da porção disponível, assegurando-se, assim, o direito do cônjuge à legítima, na condição de herdeiro necessário. (TJMG, AI n. 1.0024.12.282459-2/002, rel. Des. Eduardo Andrade, j. 02.09.2014)

Arts. 1.968 a 1.970 — Almeida Guilherme

Art. 1.968. Quando consistir em prédio divisível o legado sujeito a redução, far-se-á esta dividindo-o proporcionalmente.

§ 1º Se não for possível a divisão, e o excesso do legado montar a mais de um quarto do valor do prédio, o legatário deixará inteiro na herança o imóvel legado, ficando com o direito de pedir aos herdeiros o valor que couber na parte disponível; se o excesso não for de mais de um quarto, aos herdeiros fará tornar em dinheiro o legatário, que ficará com o prédio.

§ 2º Se o legatário for ao mesmo tempo herdeiro necessário, poderá inteirar sua legítima no mesmo imóvel, de preferência aos outros, sempre que ela e a parte subsistente do legado lhe absorverem o valor.

➥ Veja art. 1.728 do CC/1916.

Se o legado que for sujeito à redução for um imóvel, ocorrerá sua divisão proporcional. Se o imóvel for indivisível ou o excesso do legado corresponder a mais de um quarto do valor do imóvel, o legatário deixará todo o imóvel na herança, tendo o direito de reclamar dos herdeiros o valor que couber na metade disponível. Se a diferença for menor do que um quarto do valor, o legatário possui o direito de permanecer com o imóvel, transferindo aos herdeiros o valor. O legatário que também é herdeiro necessário possui o chamado direito de preferência, integrando o valor de sua legítima no mesmo imóvel, se o valor do imóvel for inferior à soma da legítima e do legado.

CAPÍTULO XII
DA REVOGAÇÃO DO TESTAMENTO

Art. 1.969. O testamento pode ser revogado pelo mesmo modo e forma como pode ser feito.

➥ Veja art. 1.746 do CC/1916.

A **revogação** é o ato pelo qual o testador conscientemente torna ineficaz testamento anterior, manifestando vontade contrária à que nele se acha expressa. Não é obrigatório que o novo testamento siga a forma do anterior, podendo um testamento público ser substituído por um particular ou vice-versa. O testamento pode revogar o codicilo.

Art. 1.970. A revogação do testamento pode ser total ou parcial.

Parágrafo único. Se parcial, ou se o testamento posterior não contiver cláusula revogatória expressa, o anterior subsiste em tudo que não for contrário ao posterior.

➥ Veja art. 1.747 do CC/1916.

O testador tem a liberalidade de revogar o testamento de maneira parcial ou total. No caso da revogação parcial, ou caso um testamento posterior não contenha cláusula revogatória expressa, tudo no primeiro testamento que não contrariar o posterior ou a revogação irá subsistir.

Código Civil comentado e anotado   Arts. 1.971 a 1.973

Art. 1.971. A revogação produzirá seus efeitos, ainda quando o testamento, que a encerra, vier a caducar por exclusão, incapacidade ou renúncia do herdeiro nele nomeado; não valerá, se o testamento revogatório for anulado por omissão ou infração de solenidades essenciais ou por vícios intrínsecos.

➡ Veja art. 1.748 do CC/1916.

O testamento revogatório produzirá seus efeitos mesmo que o testamento anterior caduque por exclusão, incapacidade ou renúncia do herdeiro nele nomeado. A caducidade consiste na ineficácia do testamento, ainda que válido. Se o testamento revogatório for anulado por omissão ou infração de solenidades essenciais ou por vícios intrínsecos, não poderá produzir efeitos, nem substituir o anterior, o qual pretende revogar.

Art. 1.972. O testamento cerrado que o testador abrir ou dilacerar, ou for aberto ou dilacerado com seu consentimento, haver-se-á como revogado.

➡ Veja art. 1.749 do CC/1916.

O testamento cerrado, para que tenha eficácia, deve ser aberto somente após a morte do testador. Caso seja violado pelo testador ou com seu consentimento, ter-se-á o testamento como revogado.

CAPÍTULO XIII
DO ROMPIMENTO DO TESTAMENTO

Art. 1.973. Sobrevindo descendente sucessível ao testador, que não o tinha ou não o conhecia quando testou, rompe-se o testamento em todas as suas disposições, se esse descendente sobreviver ao testador.

➡ Veja art. 1.750 do CC/1916.

O rompimento do testamento ocorre em casos supervenientes de uma situação que, de tal modo relevante, faça alterar a manifestação de vontade do testador. A ruptura do testamento pode ser considerada como a revogação presumida. O testamento será rompido se sobrevir descendente sucessível ao testador, que não o tinha ou não o conhecia quando testou, desde que o descendente sobreviva ao testador. O mesmo se dá quando ignorada a existência de outros herdeiros necessários (ascendente e cônjuge).

■ Apelação cível. Vício *extra petita*. Inocorrência. Alegada celebração de acordo. Não homologado. Inexigibilidade. Direito sucessório. Testamento público. Nascimento posterior de filho. Rompimento. Revogação tácita. Presunção de que o falecido agiria de forma diversa. A sentença que decide a causa dentro dos limites da causa de pedir e do pedido não padece de vício extra petita. A hipótese de rompimento do testamento prevista no art. 1.973 do CC firma sua incidência se, à época da disposição testamentária, o falecido não tiver prole ou não a conheça, não sendo possível pesquisa anímica da inten-

Arts. 1.973 a 1.977 — Almeida Guilherme

ção em face da presunção legal. Não provido. (TJMG, Ap. Cível n. 1.0342.10.010444-3/001, rel. Des. Judimar Biber, j. 30.04.2015)

▪ Veja no art. 1.968 a seguinte decisão: TJMG, AI n. 1.0024.12.282459-2/002, rel. Des. Eduardo Andrade, j. 02.09.2014.

Art. 1.974. Rompe-se também o testamento feito na ignorância de existirem outros herdeiros necessários.

➡ Veja art. 1.751 do CC/1916.

Estará inutilizado também o testamento que tenha sido feito ignorando o testador a existência de outros herdeiros necessários que deveriam participar da sucessão.

Art. 1.975. Não se rompe o testamento, se o testador dispuser da sua metade, não contemplando os herdeiros necessários de cuja existência saiba, ou quando os exclua dessa parte.

➡ Veja art. 1.752 do CC/1916.

Não há de se falar em rompimento do testamento se o testador dispuser unicamente de sua metade, não contemplando herdeiros necessários no testamento.

CAPÍTULO XIV
DO TESTAMENTEIRO

Art. 1.976. O testador pode nomear um ou mais testamenteiros, conjuntos ou separados, para lhe darem cumprimento às disposições de última vontade.

➡ Veja art. 1.753 do CC/1916.

Fica a cargo do testador nomear uma ou mais pessoas para que sejam encarregadas pela execução do testamento, sendo responsáveis pela sua realização e atendendo aos últimos desejos do *de cujus*. O testamenteiro é a pessoa responsável por cumprir as disposições de última vontade do testador, deferindo-lhe poderes e obrigações.

Art. 1.977. O testador pode conceder ao testamenteiro a posse e a administração da herança, ou de parte dela, não havendo cônjuge ou herdeiros necessários.

Parágrafo único. Qualquer herdeiro pode requerer partilha imediata, ou devolução da herança, habilitando o testamenteiro com os meios necessários para o cumprimento dos legados, ou dando caução de prestá-los.

➡ Veja art. 1.754 do CC/1916.

Código Civil comentado e anotado   Arts. 1.977 a 1.980

Quando a lei civil preceitua que, aberta a sucessão, o domínio e a posse da herança são transmitidas, desde logo, aos herdeiros legítimos e testamentários, há de entender o intérprete que tal transmissão só tem valor se houver aceitação por parte dos herdeiros legítimos e testamentários. Se assim não fosse, o art. 1.572 do Código Civil entraria em choque, colidiria com os preceitos que tratam da aceitação e da renúncia da herança (arts. 1.581 a 1.590 do CC). Quem renuncia não pode ser considerado tendo sido herdeiro do autor da herança. Com a renúncia, não foi acrescido o patrimônio do renunciante. Tratando-se, porém, de renúncia translativa, houve aceitação da herança, o que torna obrigatória a autorização marital. Nessa hipótese, será devido o imposto de transmissão *inter vivos*.

■ A renúncia da herança não se considera transmissão de propriedade, dádiva, liberalidade ou doação; o renunciante é considerado como se não existisse, ou melhor, como se não tivesse herdado. (STF, RE n. 7.792, 2ª T., rel. Min. Orozimbo Nonato, *RT* 114/780)

■ A renúncia à sucessão quando feita a favor de determinado beneficiário, pressupõe a aceitação dela pelo renunciante, razão pela qual é de calcular-se o imposto de transmissão na base em que este seria devido. (TJSP, AI n. 80.379, 2ª Câm. Cível, rel. Des. Paulo Barbosa, *RT* 264/390)

Art. 1.978. Tendo o testamenteiro a posse e a administração dos bens, incumbe-lhe requerer inventário e cumprir o testamento.

➡ Veja art. 1.755 do CC/1916.

O testamenteiro, além de cumprir as disposições estabelecidas no próprio testamento, deve requerer o inventário e praticar os atos necessários para a realização da partilha.

Art. 1.979. O testamenteiro nomeado, ou qualquer parte interessada, pode requerer, assim como o juiz pode ordenar, de ofício, ao detentor do testamento, que o leve a registro.

➡ Veja art. 1.756 do CC/1916.

O testamento, para que tenha eficácia, deverá ser registrado. Cabe ao próprio testador levar o testamento a juízo, e pode também o testamenteiro nomeado ou alguma parte interessada requerer que ele o faça. O juiz, de ofício, pode ordenar que o testador registre o testamento.

Art. 1.980. O testamenteiro é obrigado a cumprir as disposições testamentárias, no prazo marcado pelo testador, e a dar contas do que recebeu e despendeu, subsistindo sua responsabilidade enquanto durar a execução do testamento.

➡ Veja art. 1.757 do CC/1916.

O testamenteiro deve observar o prazo estipulado para o cumprimento das disposições testamentárias. Se não existir prazo, conforme o art. 1.983 do CC, este será de 180 dias, pror-

1009

rogável se houver motivo para tanto. Deve também prestar contas do que foi recebido e das despesas tidas. Mantém-se como responsável pelo tempo que durar a execução do testamento.

Art. 1.981. Compete ao testamenteiro, com ou sem o concurso do inventariante e dos herdeiros instituídos, defender a validade do testamento.

➡ Veja art. 1.760 do CC/1916.

O testamenteiro deve defender a validade do testamento, independentemente da manifestação do inventariante ou de herdeiros ali instituídos, ou dos legatários.

Art. 1.982. Além das atribuições exaradas nos artigos antecedentes, terá o testamenteiro as que lhe conferir o testador, nos limites da lei.

➡ Veja art. 1.761 do CC/1916.

O testamenteiro também pode receber outras incumbências do testador, conforme disposição do testamento. O limite dessas incumbências é a lei.

Art. 1.983. Não concedendo o testador prazo maior, cumprirá o testamenteiro o testamento e prestará contas em cento e oitenta dias, contados da aceitação da testamentaria. Parágrafo único. Pode esse prazo ser prorrogado se houver motivo suficiente.

➡ Veja art. 1.762 do CC/1916.

O prazo legal para cumprimento do testamento e prestação de contas, a partir do momento da aceitação da testamentária, é de 180 dias, podendo ser prorrogado o prazo, justificadamente. É possível, todavia, que o testador tenha concedido prazo superior a este. O prazo previsto no art. 1.983 será válido, então, no silêncio do testamento.

Art. 1.984. Na falta de testamenteiro nomeado pelo testador, a execução testamentária compete a um dos cônjuges, e, em falta destes, ao herdeiro nomeado pelo juiz.

➡ Veja art. 1.763 do CC/1916.

Caso o testador não tenha indicado testamenteiro no texto do testamento, caberá ao cônjuge a execução do testamento e, em sua falta, o juiz nomeará um dos herdeiros.

Art. 1.985. O encargo da testamentaria não se transmite aos herdeiros do testamenteiro, nem é delegável; mas o testamenteiro pode fazer-se representar em juízo e fora dele, mediante mandatário com poderes especiais.

➡ Veja art. 1.764 do CC/1916.

Código Civil comentado e anotado   Arts. 1.985 a 1.989

O encargo do testamenteiro é pessoal e não será transmitido a seus herdeiros. Não pode também ser delegado a terceiros. É possível, todavia, que, em juízo, o testamenteiro seja representado por mandatário com poderes especiais.

Art. 1.986. Havendo simultaneamente mais de um testamenteiro, que tenha aceitado o cargo, poderá cada qual exercê-lo, em falta dos outros; mas todos ficam solidariamente obrigados a dar conta dos bens que lhes forem confiados, salvo se cada um tiver, pelo testamento, funções distintas, e a elas se limitar.

➡ Veja art. 1.765 do CC/1916.

Caso tenha havido nomeação de mais de um testamenteiro e todos tenham aceitado o encargo, a menos que tenha havido, no testamento, determinação de funções específicas, qualquer um poderá exercer os poderes de testamenteiro. No entanto, a solidariedade quanto à prestação de contas dos bens confiados se mantém.

Art. 1.987. Salvo disposição testamentária em contrário, o testamenteiro, que não seja herdeiro ou legatário, terá direito a um prêmio, que, se o testador não o houver fixado, será de um a cinco por cento, arbitrado pelo juiz, sobre a herança líquida, conforme a importância dela e maior ou menor dificuldade na execução do testamento.
Parágrafo único. O prêmio arbitrado será pago à conta da parte disponível, quando houver herdeiro necessário.

➡ Veja art. 1.766 do CC/1916.

Se o testamenteiro não for herdeiro ou legatário, tem direito a prêmio, como forma de retribuição pelo serviço prestado na execução do testamento. Caso tal valor não seja fixado pelo testador, o juiz fixará no percentual de 1 a 5% do valor da herança líquida, de acordo com o valor da herança e a complexidade da execução do testamento. O pagamento deve ser feito em dinheiro.

Art. 1.988. O herdeiro ou o legatário nomeado testamenteiro poderá preferir o prêmio à herança ou ao legado.

➡ Veja art. 1.767 do CC/1916.

No caso de testamenteiro que seja também herdeiro ou legatário, poderá escolher o prêmio em vez da herança ou do legado. Não poderá, portanto, permanecer com ambos.

Art. 1.989. Reverterá à herança o prêmio que o testamenteiro perder, por ser removido ou por não ter cumprido o testamento.

➡ Veja art. 1.768 do CC/1916.

1011

Arts. 1.989 a 1.991 — Almeida Guilherme

Perdendo o testamenteiro sua posição, por não ter cumprido o testamento ou por ter sido removido, o prêmio que lhe era devido retornará à herança.

Art. 1.990. Se o testador tiver distribuído toda a herança em legados, exercerá o testamenteiro as funções de inventariante.

➥ Veja art. 1.769 do CC/1916.

Caso a herança se constitua unicamente de legados, o testamenteiro exercerá o papel de inventariante, pois com a abertura da sucessão, os bens não passarão de imediato aos legatários, precisando o testamenteiro administrar os bens que fazem parte do espólio.

Espécies de Sucessão	Características	Amparo legal
Legítima/ legal	É aquela definida por lei. Ocorre quando o falecido não deixou testamento ou codicilo, ou seja, as divisões e quinhões finais serão todos definidos segundo a legislação	Art. 1.788 do CC
Testamentária	É aquela advinda de disposição de última vontade do *de cujus* (como um testamento ou codicilo), seguindo, portanto, a divisão neles prevista	Art. 1.857 do CC

TÍTULO IV
DO INVENTÁRIO E DA PARTILHA

CAPÍTULO I
DO INVENTÁRIO

Art. 1.991. Desde a assinatura do compromisso até a homologação da partilha, a administração da herança será exercida pelo inventariante.

➥ Sem correspondência no CC/1916.

Os herdeiros do autor da herança adquirem de pleno direito, pelo simples fato de seu óbito, o que acarreta a abertura da sucessão, o domínio e a posse indireta dos bens do acervo hereditário, tendo o inventariante a posse direta desses bens com o escopo de administrá-los, inventariá-los e, oportunamente, partilhá-los entre os sucessores do *auctor successionis*. Para a escolha do inventariante, dever-se-á obedecer à enumeração do Código de Processo Civil (art. 990 do Código revogado e art. 617 do novo Código). Porém, tal ordem não será absoluta, pois, em casos especiais, o magistrado poderá alterar a gradação imposta legalmente. O juiz, em regra, nomeará o inventariante de acordo com a seguinte ordem: a) cônjuge sobrevivente casado sob o regime de comunhão, desde que convivendo com o outro ao tempo de sua morte, embora haja decisão admitindo não só a nomeação de esposo eclesiástico como inventariante, como também a de concubino ou de companheiro; b) herdeiro que se achar na posse e administração do espólio, se não houver cônjuge supérstite ou este não puder ser nomeado; c) qualquer herdeiro, se nenhum estiver na posse e administração do espólio, caso em que se poderá graduar a preferência pela idoneidade; d) testamenteiro, se lhe foi confiada a administração do espólio ou se toda a herança estiver distribuída em legados, por não ter o testador

Código Civil comentado e anotado   Arts. 1.991 a 1.993

cônjuge ou herdeiros necessários; e) inventariante judicial, se houver; f) pessoa estranha idônea, onde não houver inventariante judicial.

CAPÍTULO II
DOS SONEGADOS

Art. 1.992. O herdeiro que sonegar bens da herança, não os descrevendo no inventário quando estejam em seu poder, ou, com o seu conhecimento, no de outrem, ou que os omitir na colação, a que os deva levar, ou que deixar de restituí-los, perderá o direito que sobre eles lhe cabia.

➥ Veja art. 1.780 do CC/1916.

Trata-se da ocultação dolosa pelo herdeiro de bens que devam ser inventariados ou colacionados. A pena para o herdeiro sonegador será a perda do direito sobre aquele bem, que será restituído ao espólio e partilhado entre os demais herdeiros. Na sua impossibilidade, deverá pagar importância correspondente, além de perdas e danos. A mesma pena aplica-se ao inventariante sonegador. Referida pena só será aplicável por meio da ação de sonegados, a ser proposta pelos herdeiros legítimos ou testamentários, ou pelos credores da herança, no prazo de dez anos, ajuizada no foro do inventário.

Art. 1.993. Além da pena cominada no artigo antecedente, se o sonegador for o próprio inventariante, remover-se-á, em se provando a sonegação, ou negando ele a existência dos bens, quando indicados.

➥ Veja art. 1.781 do CC/1916.

Caso seja o inventariante o sonegador, ou se este continuar negando a existência de bens, será removido da sucessão e não terá mais acesso aos bens.

■ Apelação cível. Ação de sonegados. Preliminar de nulidade. Testemunha contraditada. Funcionário da parte ré. Suspeição não verificada. Rejeição. Benefícios da justiça gratuita. Pessoa física. Documentos que demonstram a possibilidade de a parte arcar com as custas do processo. Indeferimento. Decisão mantida. Mérito. Alegação de ocultação dolosa de bens móveis. Joias penhoradas junto à Caixa Econômica Federal. Resgate pela filha inventariante. Doação das peças à parte ré. Pagamento de metade do valor ao autor. Recibo de plena quitação. Ausência de prova que as peças valiam mais do que o valor pago. Manutenção da sentença. 1 – A mera alegação de que a testemunha é funcionário da parte ré, não a torna suspeita, mormente quando a contradita não apresenta elementos concretos para demonstrar a suspeição e a testemunha se compromete em juízo a relatar a verdade dos fatos. 2 – O juiz pode indeferir o pedido de concessão dos benefícios da justiça gratuita quando os documentos que instruem os autos demonstram que a parte tem condições de arcar com as custas e despesas processuais sem prejuízo ao próprio sustento e de sua família. 3 – Aberta a sucessão, incumbe ao inventariante e aos herdeiros prestar declarações, enumerando e descrevendo os bens que constituem o espólio que se encontrarem em seu poder, sendo que em caso de omissão dolosa de bens, resta caracterizada a sonegação, estando, via de consequência, sujeitos às sanções impostas nas redações dos arts. 1.992 e 1.993 do CC. 4 – Não resta caracterizada a sonegação de bens quando demonstrado nos autos que as

1013

Arts. 1.993 a 1.996   Almeida Guilherme

joias penhoradas junto à Caixa Econômica Federal foram resgatadas pela filha da falecida, que repassa ao autor montante equivalente à metade do valor das peças, mediante recibo dando plena e geral quitação, mormente quando ausente prova de que as joias penhoradas tinham valor superior ao recebido. (TJMG, Ap. Cível n. 1996680-76.2012.8.13.0024, rel. Des. Sandra Fonseca, j. 26.09.2014)

■ Agravo de instrumento. Ação de sonegados. Destituição da inventariante. Antecipação de tutela. Plano de partilha apresentado. Indícios de ocultação do patrimônio. Possibilidade. Recurso desprovido. O art. 1.993, do CC, prevê a possibilidade de remoção do inventariante, caso seja este o sonegador, provando-se a sonegação, ou negando ele a existência dos bens, quando indicados. Havendo o requerimento de partilha, é possível concluir pela existência da declaração de que não há mais bens a inventariar. Tendo em vista os fortes indícios de sonegação do patrimônio, é possível a remoção da inventariante, em sede de antecipação de tutela. (TJMG, AI n. 1.0479.13.004606-9/001, rel. Des. Edilson Fernandes, j. 27.01.2015)

Art. 1.994. A pena de sonegados só se pode requerer e impor em ação movida pelos herdeiros ou pelos credores da herança.

Parágrafo único. A sentença que se proferir na ação de sonegados, movida por qualquer dos herdeiros ou credores, aproveita aos demais interessados.

➡ Veja art. 1.782 do CC/1916.

A **ação de sonegados** é a medida judicial pela qual se solicita que bens ocultados dolosamente pelo inventariante sejam apresentados. Possuem legitimidade para requerer e impor ação de sonegados os herdeiros e os credores da herança. O resultado dessa ação aproveita a todos os interessados, não apenas os herdeiros ou credores.

Art. 1.995. Se não se restituírem os bens sonegados, por já não os ter o sonegador em seu poder, pagará ele a importância dos valores que ocultou, mais as perdas e danos.

➡ Veja art. 1.783 do CC/1916.

Caso o inventariante tenha ocultado os bens e, por alguma razão, não seja possível restituí-los, cabe ao inventariante pagar a importância pelo que ocultou, mais perdas e danos.

Art. 1.996. Só se pode arguir de sonegação o inventariante depois de encerrada a descrição dos bens, com a declaração, por ele feita, de não existirem outros por inventariar e partir, assim como arguir o herdeiro, depois de declarar-se no inventário que não os possui.

➡ Veja art. 1.784 do CC/1916.

Só pode ser arguida a sonegação do inventariante após este ter encerrado a descrição dos bens e apresentado declaração feita por ele de que são aqueles os únicos bens para inventariar e partilhar. Se o inventariante for herdeiro, é possível a arguição a partir do momento que ele declarar no inventário que não possui bens que devam entrar no inventário e serem posteriormente partilhados.

Código Civil comentado e anotado

Arts. 1.997 e 1.998

CAPÍTULO III
DO PAGAMENTO DAS DÍVIDAS

Art. 1.997. A herança responde pelo pagamento das dívidas do falecido; mas, feita a partilha, só respondem os herdeiros, cada qual em proporção da parte que na herança lhe coube.

§ 1º Quando, antes da partilha, for requerido no inventário o pagamento de dívidas constantes de documentos, revestidos de formalidades legais, constituindo prova bastante da obrigação, e houver impugnação, que não se funde na alegação de pagamento, acompanhada de prova valiosa, o juiz mandará reservar, em poder do inventariante, bens suficientes para solução do débito, sobre os quais venha a recair oportunamente a execução.

§ 2º No caso previsto no parágrafo antecedente, o credor será obrigado a iniciar a ação de cobrança no prazo de trinta dias, sob pena de se tornar de nenhum efeito a providência indicada.

➥ Veja art. 1.796 do CC/1916.

A herança responde pelo pagamento das dívidas. Feita a partilha, só respondem os herdeiros, cada qual em proporção da parte que na herança lhe coube.

O pagamento dos débitos do falecido anteriores ou posteriores à abertura da sucessão acontecerá no inventário, porém, quando feita a partilha, os herdeiros só responderão cada qual em proporção da parte que na herança lhe coube. Vale lembrar que, como a herança é uma universalidade de direito, só responderá pelas dívidas anteriores à partilha.

Pode acontecer que o credor do espólio tenha seu crédito impugnado no inventário; com isso, o juiz mandará reservar em poder do inventariante bens suficientes para o pagamento do débito, mas, para tanto, o credor será obrigado a iniciar a ação de cobrança dentro do prazo de trinta dias, sob o risco de perder eficácia o direito solicitado.

■ Agravo de instrumento. Ação indenizatória ajuizada em face do espólio. Homologação da partilha. Perda superveniente da legitimidade passiva. Substituição processual. Possibilidade. Art. 1.997, CC. Observância aos princípios da celeridade, economia e efetividade processual. À luz do art. 1.784, do CC, "aberta a sucessão, a herança transmite-se, desde logo, aos herdeiros legítimos e testamentário", instaurando-se entre os herdeiros "um verdadeiro condomínio sucessório, um estado de comunhão, relativamente aos bens do acervo hereditário, que só cessara com a partilha" (Carlos Roberto Gonçalves. *Direito civil brasileiro*, v. 7: direito das sucessões, 9. ed. Saraiva, 2014, p. 486). Depois de realizada a partilha, procedimento por meio do qual o condomínio sucessório é extinto por força de sentença, conferindo-se a cada herdeiro a sua quota-parte, a figura do espólio desaparece. Verificando-se a perda superveniente da legitimidade do espólio para figurar no polo passivo da ação indenizatória, merece acolhida a pretensão de substituição processual do ente despersonalizado pelos herdeiros do falecido, mormente diante dos termos do art. 1.997, *caput*, CC, e tendo em vista os princípios da celeridade, economia e efetividade processual. (TJMG, AI n. 1.0105.13.020427-1/001, rel. Des. Cláudia Maia, j. 23.07.2015)

Art. 1.998. As despesas funerárias, haja ou não herdeiros legítimos, sairão do monte da herança; mas as de sufrágios por alma do falecido só obrigarão a herança quando ordenadas em testamento ou codicilo.

➥ Veja art. 1.797 do CC/1916.

1015

Arts. 1.998 a 2.002 — Almeida Guilherme

O montante que compõe a herança irá arcar com as despesas feitas para fins funerários, independentemente de haver ou não herdeiros legítimos. As despesas com ritos religiosos feitos em homenagem ao falecido só poderão ser descontadas da herança se houver determinação em testamento ou codicilo. Caso contrário, os familiares arcarão com tais despesas.

Art. 1.999. Sempre que houver ação regressiva de uns contra outros herdeiros, a parte do coerdeiro insolvente dividir-se-á em proporção entre os demais.

➡ Veja art. 1.798 do CC/1916.

Em caso de coerdeiros e ação de regresso, ficando um dos coerdeiros em estado de insolvência, sua parte será dividida entre os demais.

Se um herdeiro efetuar o pagamento de dívida do monte da herança, terá o direito de ingressar uma ação regressiva contra os demais, para que possa cobrar deles o que gastou. Todavia, pode acontecer que um dos coerdeiros seja insolvente, logo, a parte será dividida proporcionalmente entre os demais.

Art. 2.000. Os legatários e credores da herança podem exigir que do patrimônio do falecido se discrimine o do herdeiro, e, em concurso com os credores deste, ser-lhes-ão preferidos no pagamento.

➡ Veja art. 1.799 do CC/1916.

Os credores da herança podem solicitar ao magistrado que haja discriminação do patrimônio do herdeiro e da herança para evitar confusões patrimoniais. Além disso, os credores da herança têm preferência no pagamento em relação aos credores do herdeiro.

Art. 2.001. Se o herdeiro for devedor ao espólio, sua dívida será partilhada igualmente entre todos, salvo se a maioria consentir que o débito seja imputado inteiramente no quinhão do devedor.

➡ Veja art. 1.800 do CC/1916.

Caso um dos herdeiros seja devedor do espólio, em regra, sua dívida será partilhada entre todos os demais coerdeiros, a menos que todos eles deliberem pela imputação da dívida unicamente ao quinhão do próprio devedor.

CAPÍTULO IV
DA COLAÇÃO

Art. 2.002. Os descendentes que concorrerem à sucessão do ascendente comum são obrigados, para igualar as legítimas, a conferir o valor das doações que dele em vida receberam, sob pena de sonegação.

Código Civil comentado e anotado   Arts. 2.002 e 2.003

Parágrafo único. Para cálculo da legítima, o valor dos bens conferidos será computado na parte indisponível, sem aumentar a disponível.

➡ Veja arts. 1.785 e 1.786 do CC/1916.

A **colação** é um ato promovido pelos herdeiros descendentes ou cônjuge de conferirem os bens da herança com outros bens que foram doados em vida pelo falecido, retornando ao monte, para se igualar às legítimas, sob pena de sonegação. As doações em vida constituem adiantamento de legítima. No Brasil, foi adotado o sistema da colação em substância, pela qual o mesmo bem deve ser trazido à colação, ou o seu valor correspondente à época da liberalidade (colação ideal). Estará dispensada da colação a liberalidade que saia da metade disponível, desde que não a exceda, computando-se o valor ao tempo da doação (art. 2.005 do CC), devendo constar expressamente no testamento ou no título da liberalidade. A colação também deverá ser feita pelos netos, quando herdarem de seus avós na representação de seus pais. Os gastos ordinários do ascendente com o descendente, tais como estudos, educação, sustento, vestuário etc. (art. 2.010 do CC), bem como as doações remuneratórias de serviços feitos aos ascendentes (art. 2.011 do CC) não serão colacionadas, porque não constituem liberalidade.

Art. 2.003. A colação tem por fim igualar, na proporção estabelecida neste Código, as legítimas dos descendentes e do cônjuge sobrevivente, obrigando também os donatários que, ao tempo do falecimento do doador, já não possuírem os bens doados.

Parágrafo único. Se, computados os valores das doações feitas em adiantamento de legítima, não houver no acervo bens suficientes para igualar as legítimas dos descendentes e do cônjuge, os bens assim doados serão conferidos em espécie, ou, quando deles já não disponha o donatário, pelo seu valor ao tempo da liberalidade.

➡ Veja arts. 1.785 e 1.787 do CC/1916.

Serve a colação para igualar a legítima dos descendentes e do cônjuge sobrevivente. Se, computados os valores das doações feitas a título de adiantamento da legítima, não forem encontrados no acervo bens suficientes para igualar a legítima do cônjuge sobrevivente e dos descendentes, os bens doados serão conferidos em espécie ou, se não dispuser deles, pagos por seu valor, ao tempo da doação.

▪ Agravo de instrumento. Inventário. Bens doados a título de adiamento de legítima. Colação. Definição da natureza do quinhão a ser recebido pelo herdeiro. Critério de avaliação dos bens objeto da colação. Correta a decisão agravada quando diz que, "exaurido o patrimônio imóvel com as doações, para igualar as legítimas, os beneficiários deverão pagar ao inventariante seu quinhão em dinheiro" (Inteligência do art. 2.003, parágrafo único, do CC). Contudo, ao determinar a remessa dos autos à contadoria, para calcular o quinhão do agravante "em espécie", "observado o disposto no art. 2.004" do CC, a decisão recorrida não debateu o tema na profundidade da controvérsia existente quanto ao ponto. Razão pela qual, tendo em conta que os herdeiros agravados — aqueles que tem o dever de colacionar os bens, em decisão confirmada pelo agravo 70.061.125.704 — não se manifestaram ainda no inventário, tampouco neste agravo em contrarrazões; a definição do critério da avaliação dos bens a colacionar deve ficar em aberto, sem resolução do mérito, para possibilitar uma decisão mais refletida, após o contraditório e ampla defesa. Portanto, no ponto em que o agravante deseja receber seu quinhão com a própria coisa objeto da doação, o recurso vai desprovido. Contudo, no tocante à inconformidade quan-

1017

Arts. 2.003 a 2.006 — Almeida Guilherme

to ao critério de avaliação dos bens colacionados por ocasião do ato de liberalidade (art. 2.004 do CC), o recurso vai parcialmente provido para deixar em aberto, sem resolução do mérito, a definição do critério de avaliação. Deram parcial provimento. (TJRS, AI n. 70.061.065.454, 8ª Câm. Cível, rel. Rui Portanova, j. 25.09.2014)

Art. 2.004. O valor de colação dos bens doados será aquele, certo ou estimativo, que lhes atribuir o ato de liberalidade.

§ 1º Se do ato de doação não constar valor certo, nem houver estimação feita naquela época, os bens serão conferidos na partilha pelo que então se calcular valessem ao tempo da liberalidade.

§ 2º Só o valor dos bens doados entrará em colação; não assim o das benfeitorias acrescidas, as quais pertencerão ao herdeiro donatário, correndo também à conta deste os rendimentos ou lucros, assim como os danos e perdas que eles sofrerem.

➡ Veja art. 1.792 do CC/1916.

Para o cálculo da herança, o valor do bem doado será aquele que foi atribuído no ato da liberalidade. Se no ato não constar o valor nem houver estimativa, será feito cálculo do quanto valia o bem à época da liberalidade. O valor calculado diz respeito unicamente ao valor do bem, excluindo-se assim as benfeitorias, que pertencerão ao herdeiro donatário, assim como os danos e perdas e os lucros ou rendimentos.

▪ Enunciado n. 119 da I Jornada de Direito Civil: "Para evitar o enriquecimento sem causa, a colação será efetuada com base no valor da época da doação, nos termos do caput do art. 2.004, exclusivamente na hipótese em que o bem doado não mais pertença ao patrimônio do donatário. Se, ao contrário, o bem ainda integrar seu patrimônio, a colação se fará com base no valor do bem na época da abertura da sucessão, nos termos do art. 1.014 do CPC, de modo a preservar a quantia que efetivamente integrará a legítima quando esta se constituiu, ou seja, na data do óbito (resultado da interpretação sistemática do art. 2.004 e seus parágrafos, juntamente com os arts. 1.832 e 884 do Código Civil)".

Art. 2.005. São dispensadas da colação as doações que o doador determinar saiam da parte disponível, contanto que não a excedam, computado o seu valor ao tempo da doação.

Parágrafo único. Presume-se imputada na parte disponível a liberalidade feita a descendente que, ao tempo do ato, não seria chamado à sucessão na qualidade de herdeiro necessário.

➡ Veja art. 1.788 do CC/1916.

Não entram na colação os bens que sejam parte da herança disponível. Presume a lei que integra a fração disponível da herança a liberalidade feita em favor do descendente que, à época, não seria chamado à sucessão na qualidade de herdeiro necessário.

Art. 2.006. A dispensa da colação pode ser outorgada pelo doador em testamento, ou no próprio título de liberalidade.

➡ Veja art. 1.789 do CC/1916.

Código Civil comentado e anotado   Arts. 2.006 e 2.007

O doador pode dar a dispensa da colação por meio do testamento ou do próprio título. O rol é taxativo, sendo considerada inválida a dispensa em quaisquer outros meios.

Art. 2.007. São sujeitas à redução as doações em que se apurar excesso quanto ao que o doador poderia dispor, no momento da liberalidade.

§ 1º O excesso será apurado com base no valor que os bens doados tinham, no momento da liberalidade.

§ 2º A redução da liberalidade far-se-á pela restituição ao monte do excesso assim apurado; a restituição será em espécie, ou, se não mais existir o bem em poder do donatário, em dinheiro, segundo o seu valor ao tempo da abertura da sucessão, observadas, no que forem aplicáveis, as regras deste Código sobre a redução das disposições testamentárias.

§ 3º Sujeita-se a redução, nos termos do parágrafo antecedente, a parte da doação feita a herdeiros necessários que exceder a legítima e mais a quota disponível.

§ 4º Sendo várias as doações a herdeiros necessários, feitas em diferentes datas, serão elas reduzidas a partir da última, até a eliminação do excesso.

➡ Veja art. 1.790, parágrafo único, do CC/1916.

Se o valor da liberalidade ultrapassar o disponível, haverá redução com base no montante dos bens à época da doação. A redução dos bens dar-se-á em espécie e, caso não mais se possua o bem, em dinheiro. Estão sujeitas também à redução as doações feitas a herdeiros necessários que excedam a legítima mais a quota disponível. No caso de diversas doações feitas a herdeiros necessários, em datas diferentes, começarão a ser reduzidas da última até aquela que eliminar o excesso.

■ Recursos especiais. Ação de sonegados. Bens imóveis adquiridos com valores prestados pelo *de cujus* e não declarados pelos herdeiros. Negativa de prestação jurisdicional afastada. Prescrição decenal contada a partir da data do encerramento do inventário. Citação do cônjuge. Desnecessidade ante a sonegação do valor dos bens, e não de imóveis. Inexistência de dolo. Afastamento da pena de perda dos bens. Restituição em dinheiro, pela metade, dos valores doados. Ilegitimidade ativa da viúva meeira para a ação de sonegados. 1. Afasta-se a alegação de negativa de prestação jurisdicional (CPC, art. 535) quando há suficiente motivação do acórdão recorrido, congruente com o dispositivo que deles decorreu, de modo a constituir julgamento válido. 2. É cabível o ajuizamento da ação de sonegados quando não trazidos à colação os numerários doados pelo pai a alguns dos herdeiros para a aquisição de bens imóveis. 3. A prescrição da ação de sonegados, de dez anos, conta-se a partir do encerramento do inventário, pois, até essa data, podem ocorrer novas declarações, trazendo-se bens a inventariar. 4. No caso de entrega de dinheiro pelo de cujus para a aquisição de bens imóveis, a sonegação é dos valores entregues, e não dos próprios imóveis, o que afasta o acionamento dos cônjuges em litisconsórcio necessário (CPC, arts. 10, § 1º, I, e 47). 5. A simples renitência do herdeiro, mesmo após interpelação, não configura dolo, sendo necessário, para tanto, demonstração inequívoca de que seu comportamento foi inspirado pela fraude. Não caracterizado o dolo de sonegar, afasta-se a pena da perda dos bens (CC, art. 1.992). 6. No regime da comunhão universal de bens, cada cônjuge tem a posse e propriedade em comum, indivisa de todos os bens, cabendo a cada uma metade ideal. Assim, entende-se que cada cônjuge contribui com metade das doações feitas, razão pela qual não se pode apontar como sonegada, no inventário do marido, a metade doada pela esposa. 7. Como a colação tem por escopo equalizar as legítimas dos herdeiros necessários, falece interesse jurídico à viúva meeira para o ajuizamento das ações de sonegados, visto que estes não serão acrescidos à sua meação. 8. Recursos especiais providos em parte. (STJ,

1019

Arts. 2.007 a 2.012

REsp n. 1.287.490/RS, 3ª T., rel. p/ o ac. Min. Sidnei Beneti, rel. Min. João Otávio de Noronha, j. 19.08.2014, *DJe* 08.09.2014)

Art. 2.008. Aquele que renunciou a herança ou dela foi excluído, deve, não obstante, conferir as doações recebidas, para o fim de repor o que exceder o disponível.

➥ Veja art. 1.790, *caput*, do CC/1916.

Herdeiros necessários que tenham renunciado à herança ou tenham sido excluídos dela deverão verificar se as doações recebidas não ultrapassam o disponível e, em caso afirmativo, devem repor esses bens.

Art. 2.009. Quando os netos, representando os seus pais, sucederem aos avós, serão obrigados a trazer à colação, ainda que não o hajam herdado, o que os pais teriam de conferir.

➥ Veja art. 1.791 do CC/1916.

Em caso de netos representando os pais na sucessão dos avós, deverão trazer à colação os bens que os pais deveriam conferir, mesmo que não tenham herdado ainda.

Art. 2.010. Não virão à colação os gastos ordinários do ascendente com o descendente, enquanto menor, na sua educação, estudos, sustento, vestuário, tratamento nas enfermidades, enxoval, assim como as despesas de casamento, ou as feitas no interesse de sua defesa em processo-crime.

➥ Veja art. 1.793 do CC/1916.

Despesas corriqueiras dos ascendentes com seus descendentes relativos a alimentos, sustento, educação, saúde, casamento ou mesmo defesa em processo-crime não entram como doação e, portanto, não integram a colação.

Art. 2.011. As doações remuneratórias de serviços feitos ao ascendente também não estão sujeitas a colação.

➥ Veja art. 1.794 do CC/1916.

Também não integram a colação as doações remuneratórias de serviços feitos a ascendentes, pois também não se tratam de liberalidade.

Art. 2.012. Sendo feita a doação por ambos os cônjuges, no inventário de cada um se conferirá por metade.

➥ Veja art. 1.795 do CC/1916.

Código Civil comentado e anotado   Arts. 2.012 a 2.015

Nos casos de doações realizadas por ambos os cônjuges, a colação deverá ocorrer igualmente no inventário de cada um deles, pois presume-se que cada doador realizou a liberalidade meio a meio (doação, arts. 538 a 564 do CC).

CAPÍTULO V
DA PARTILHA

Art. 2.013. O herdeiro pode sempre requerer a partilha, ainda que o testador o proíba, cabendo igual faculdade aos seus cessionários e credores.

➡ Veja art. 1.772 do CC/1916.

Partilha. É a divisão oficial do monte líquido, apurado durante o inventário, entre os sucessores do *de cujus*, para lhes adjudicar os respectivos quinhões hereditários. Qualquer herdeiro, cessionário e credor do herdeiro poderá, a todo tempo, pedir a partilha, para pôr termo à comunhão sobre a universalidade dos bens da herança.

Art. 2.014. Pode o testador indicar os bens e valores que devem compor os quinhões hereditários, deliberando ele próprio a partilha, que prevalecerá, salvo se o valor dos bens não corresponder às quotas estabelecidas.

➡ Sem correspondência no CC/1916.

O testador poderá indicar no testamento os bens e valores componentes dos quinhões hereditários, deliberando sua partilha, que prevalecerá, a não ser que o valor dos bens não corresponda às quotas estabelecidas. O testador sempre deverá respeitar a legítima de seus herdeiros necessários.

Art. 2.015. Se os herdeiros forem capazes, poderão fazer partilha amigável, por escritura pública, termo nos autos do inventário, ou escrito particular, homologado pelo juiz.

➡ Veja art. 1.772 do CC/1916.

O art. 2.015 permite a partilha amigável se os herdeiros forem maiores e capazes. Havendo acordo unânime, possível será a partilha amigável, que deverá ser feita mediante escritura pública, por termo nos autos ou por escrito particular homologado pelo juiz. Em qualquer caso será imprescindível a assinatura do instrumento por todos os interessados ou por procurador com poderes especiais.

■ Apelação cível. Registro de imóveis. Dúvida. Partilha amigável pela via administrativa. Necessidade de homologação judicial. Inteligência do art. 619-B da consolidação normativa notarial e registral – CNNR/RS. A partilha amigável dos bens é fruto da autonomia da vontade e representa um negócio jurídico, devendo seguir uma das formas dispostas no art. 2.015 do CC. Havendo testamento deixado pelo *de cujus*, faz-se necessária a atuação do magistrado para que a partilha, realizada através de tabelio-

1021

Arts. 2.015 a 2.018 — Almeida Guilherme

nato, seja eficaz. Art. 619-B da CNNR/RS. Sentença mantida. Negaram provimento ao apelo. Unânime. (TJRS, Ap. Cível n. 70.064.391.642, 17ª Câm. Cível, rel. Giovanni Conti, j. 28.05.2015)

Art. 2.016. Será sempre judicial a partilha, se os herdeiros divergirem, assim como se algum deles for incapaz.

➡ Veja art. 1.774 do CC/1916.

A partilha judicial será obrigatória quando os herdeiros divergirem ou se algum deles for menor ou incapaz, e facultativa entre capazes, caso sejam todos maiores e capazes (art. 5º), poder-se-á fazer extrajudicialmente.

Art. 2.017. No partilhar os bens, observar-se-á, quanto ao seu valor, natureza e qualidade, a maior igualdade possível.

➡ Veja art. 1.775 do CC/1916.

Para a validade da partilha, deverá ser observada a maior igualdade possível quanto ao valor, natureza e qualidade dos bens ao proceder à partilha (Súmula n. 152 do STF) na sucessão legítima, pois na testamentária prevalecerá a vontade do testador, respeitados os direitos dos herdeiros necessários. Portanto, os quinhões hereditários precisam ser equivalentes entre si quando proceder à partilha na sucessão legítima, pois na testamentária prevalecerá a vontade do testador.

■ Inventário. Partilha. Litígio. Proposta a partilha pelo inventariante, deve ser oportunizada a manifestação dos herdeiros e, somente após apuradas as reclamações, é que deve ser lançada a partilha. 1. Antes de deliberar a partilha, deve o julgador resolver os pedidos das partes acerca dos bens que devem constituir o quinhão de cada herdeiro e, após, deve remeter o feito ao partidor para organizar o esboço da partilha, sendo indispensável facultar às partes se manifestarem sobre o plano de partilha. 2. Somente depois de resolvidas as reclamações é que deverá a partilha ser lançada nos autos. Inteligência dos arts. 1.022 a 1.024, CPC. 3. Quando o esboço de partilha é oferecido pelo inventariante e existe litígio no feito, maior razão existe para que seja oportunizada a manifestação dos herdeiros e decididas as impugnações apresentadas. 4. Na partilha dos bens, deve ser observada quanto aos seus valores, natureza e qualidade, a maior igualdade possível. Inteligência do art. 2.017 do CC. 5. Se a avaliação dos bens está defasada, impõe-se a sua atualização, pois a partilha deve ser o mais equânime possível. Recurso parcialmente provido. (TJRS, AI n. 70.062.671.474, 7ª Câm. Cível, rel. Sérgio Fernando de Vasconcellos Chaves, j. 29.04.2015)

Art. 2.018. É válida a partilha feita por ascendente, por ato entre vivos ou de última vontade, contanto que não prejudique a legítima dos herdeiros necessários.

➡ Veja art. 1.776 do CC/1916.

O ascendente pode proceder com a partilha antes de sua morte, reservando a legítima para não prejudicar os herdeiros necessários e reservando parcela do patrimônio que seja su-

Código Civil comentado e anotado   Arts. 2.018 a 2.020

ficiente para sua subsistência. Também pode ser realizada a partilha por meio de testamento, desde que não seja prejudicada a sucessão dos herdeiros necessários.

Art. 2.019. Os bens insuscetíveis de divisão cômoda, que não couberem na meação do cônjuge sobrevivente ou no quinhão de um só herdeiro, serão vendidos judicialmente, partilhando-se o valor apurado, a não ser que haja acordo para serem adjudicados a todos.

§ 1º Não se fará a venda judicial se o cônjuge sobrevivente ou um ou mais herdeiros requererem lhes seja adjudicado o bem, repondo aos outros, em dinheiro, a diferença, após avaliação atualizada.

§ 2º Se a adjudicação for requerida por mais de um herdeiro, observar-se-á o processo da licitação.

➡ Veja art. 1.777 do CC/1916.

Bens que não caibam no quinhão de um herdeiro ou na meação do cônjuge serão vendidos e o valor dividido igualmente entre eles. É possível que seja adjudicado o bem em favor de todos, por um dos herdeiros ou pelo cônjuge sobrevivente, com pagamento do valor correspondente aos demais. Havendo a manifestação pela adjudicação por parte de mais de um herdeiro, será observado o processo de licitação para o caso.

■ Inventário. Pedido de alvará judicial para venda de imóvel pertencente ao espólio. Possibilidade. 1. O inventário é o processo judicial destinado a apurar o acervo hereditário e verificar as dívidas deixadas pelo *de cujus*, bem como as contraídas pelo espólio para, após o pagamento do passivo, estabelecer a divisão dos bens deixados entre os herdeiros, consistindo, assim, no procedimento destinado a entregar os bens herdados aos seus titulares, fazendo-os ingressar efetivamente no patrimônio individual dos herdeiros. 2. Tratando-se de um estado de administração patrimonial transitório, cabível liberar a venda do imóvel postulada, quando existem vários herdeiros e um único bem imóvel, que não comporta divisão cômoda, é cabível autorizar a sua alienação, mormente quando se trata de um imóvel antigo e que demanda gastos com sua conservação. Inteligência do art. 2.019 do CC. 4. Para que o bem seja alienado, é imprescindível que seja feita a avaliação judicial do bem, a fim de ser apurado o seu valor real e o valor deverá ser depositado em conta judicial, somente sendo admitida a liberação dos quinhões hereditários após a exibição das certidões negativas fiscais. Recurso provido. (TJRS, AI n. 70.060.950.078, 7ª Câm. Cível, rel. Sérgio Fernando de Vasconcellos Chaves, j. 24.09.2014)

Art. 2.020. Os herdeiros em posse dos bens da herança, o cônjuge sobrevivente e o inventariante são obrigados a trazer ao acervo os frutos que perceberam, desde a abertura da sucessão; têm direito ao reembolso das despesas necessárias e úteis que fizeram, e respondem pelo dano a que, por dolo ou culpa, deram causa.

➡ Veja art. 1.778 do CC/1916.

Herdeiros, cônjuge sobrevivente e inventariante que tenham consigo bens que fazem parte da herança deverão levar ao acervo os frutos percebidos desde o momento da abertura da sucessão. Eles terão direito de ser reembolsados no caso de despesas necessárias e úteis que tenham incorrido e responderão por danos causados por dolo ou culpa ao patrimônio que tinham em seu poder.

Arts. 2.021 a 2.025 — Almeida Guilherme

Art. 2.021. Quando parte da herança consistir em bens remotos do lugar do inventário, litigiosos, ou de liquidação morosa ou difícil, poderá proceder-se, no prazo legal, à partilha dos outros, reservando-se aqueles para uma ou mais sobrepartilhas, sob a guarda e a administração do mesmo ou diverso inventariante, e consentimento da maioria dos herdeiros.

➡ Veja art. 1.779, *caput*, do CC/1916.

Nos casos dos bens em locais remotos, distantes do juízo onde se processa o inventário, ou liquidação morosa ou difícil, haverá sobrepartilha, ou seja, uma nova partilha realizada depois da primeira. É possível que seja mantido o mesmo inventariante, havendo consenso entre os herdeiros. Caso contrário, será nomeado novo inventariante.

Art. 2.022. Ficam sujeitos a sobrepartilha os bens sonegados e quaisquer outros bens da herança de que se tiver ciência após a partilha.

➡ Veja art. 1.779 do CC/1916.

A sobrepartilha irá abarcar também os bens sonegados pelo inventariante e quaisquer outros de que se tenha conhecimento depois de encerrada a partilha.

CAPÍTULO VI
DA GARANTIA DOS QUINHÕES HEREDITÁRIOS

Art. 2.023. Julgada a partilha, fica o direito de cada um dos herdeiros circunscrito aos bens do seu quinhão.

➡ Veja art. 1.801 do CC/1916.

Com o encerramento da partilha pelo seu julgamento, o direito de cada um dos herdeiros fica limitado ao quinhão que lhe foi determinado.

Art. 2.024. Os coerdeiros são reciprocamente obrigados a indenizar-se no caso de evicção dos bens aquinhoados.

➡ Veja art. 1.802 do CC/1916.

Caso os bens dos herdeiros sejam perdidos em razão de decisão judicial, por causa anterior à morte ou à partilha, para que nenhum deles reste prejudicado, todos os herdeiros estão obrigados a indenizar-se, para que restem todos com o mesmo quinhão.

Art. 2.025. Cessa a obrigação mútua estabelecida no artigo antecedente, havendo convenção em contrário, e bem assim dando-se a evicção por culpa do evicto, ou por fato posterior à partilha.

Código Civil comentado e anotado   Arts. 2.025 a 2.027

➥ Veja art. 1.803 do CC/1916.

A obrigação prevista no artigo anterior não subsistirá tendo havido acordo em contrário entre os herdeiros ou evicção por culpa do evicto ou por fato ocorrido após encerrada a partilha.

▪ Prestação de serviços. Monitória. Embargos à monitória. Prescrição Reconhecimento da prescrição em primeiro grau, com extinção da ação. Afastamento. Inadimplemento configurado em 30.06.2001, sob a égide do CC/1916. Adoção do prazo prescricional de cinco anos previsto no art. 206, § 5º, I, do CC/2002, ante a regra de transição do art. 2.025 do mesmo *Codex*. Protesto do título que interrompeu o curso da prescrição. Exame do mérito. Inadimplemento comprovado. Prestação dos serviços comprovada. Procedência da monitória. Improcedência dos embargos. Recurso provido. (TJSP, Ap. n. 0114928-77.2008.8.26.0100/São Paulo, 25ª Câm. de Dir. Priv., rel. Claudio Hamilton, j. 11.06.2015)

Art. 2.026. O evicto será indenizado pelos coerdeiros na proporção de suas quotas hereditárias, mas, se algum deles se achar insolvente, responderão os demais na mesma proporção, pela parte desse, menos a quota que corresponderia ao indenizado.

➥ Veja art. 1.804 do CC/1916.

Na hipótese de indenização nos casos de evicção, todos os coerdeiros responderão e, se um deles se encontrar insolvente, os demais assumirão também sua parte.

CAPÍTULO VII
DA ANULAÇÃO DA PARTILHA

Art. 2.027. A partilha é anulável pelos vícios e defeitos que invalidam, em geral, os negócios jurídicos.
Caput com redação dada pela Lei n. 13.105, de 16.03.2015.
Parágrafo único. Extingue-se em um ano o direito de anular a partilha.

➥ Veja art. 1.805 do CC/1916.

Sendo a partilha um ato material e formal, requer a observância de certos requisitos formais, podendo ser invalidada pelas mesmas causas que inquinam de ineficácia os negócios jurídicos, por meio de ação de anulabilidade, intentada dentro do prazo decadencial de um ano se a partilha for amigável (art. 2.027, parágrafo único, do CC; art. 657 do CPC/2015; art. 1.029, parágrafo único, do CPC/73) ou de dois anos se judicial (art. 658 do CPC/2015; art. 1.030 do CPC/73).

▪ Ação de anulação de partilha. 1. Ocorrência de dolo. Falta de consistência da alegação. Verificação de equívoco na partilha, despido de qualquer má-fé. Ausência dos requisitos exigidos para a anulação previstos no art. 2.027 do CC. Equívocos na partilha, na diretriz do art. 1.028 do CPC, que reclamam retificação e não anulação. Improcedência bem reconhecida. 2. Retificação, de ofício, da partilha, nos autos da anulatória. Impossibilidade, já que a providência deve ser implementada nos autos do inventário, conforme expressamente previsto no art. 1.028 do CPC. Retificação afastada, com provimento do apelo neste ponto. Apelo parcialmente provido. (TJSP, Ap. n. 0045483-27.2008.8.26.0114/Campinas, 3ª Câm. de Dir. Priv., rel. Donegá Morandini, j. 13.04.2015)

LIVRO COMPLEMENTAR
DAS DISPOSIÇÕES FINAIS E TRANSITÓRIAS

O CC é dividido em três livros, a saber: Parte Geral (entre os arts. 1º e 232); Parte Especial, que se refere aos arts. 233 a 2.027; e, por último, a Parte Final e Transitória, entre os arts. 2.028 e 2.046.

A Parte Final e Transitória trata de negócios jurídicos em institutos que tiveram seu início respaldado pelo Código Civil de 1916, porém, com execução que adentra ao Código Civil de 2002.

Analisando mais detidamente os dispositivos normativos, ponderando-se a respeito dos arts. 2.028 ao 2.030, importa dizer que esses tratam dos prazos prescricionais e decadenciais, devendo ainda ser analisados os arts. 178, 179, 205, 206, parágrafos únicos dos arts. 1.238 e 1.242, e § 4º do 1.228, além dos arts. 177 e 178 do Código Civil de 1916.

Continuando, já os arts. 2.031 a 2.034 do Código Civil de 2002 e, mais adiante, o art. 2.037, cuidam, especificamente, do direito de empresa, tendo em vista a unificação do direito privado brasileiro por força do art. 2.045 que revoga a Primeira Parte do Código Comercial e ainda em função da interpretação da Jornada n. I do STJ, Enunciado n. 74.

Já o art. 2.035 cuida da função social do contrato e da função social da propriedade como cláusula geral de ordem pública, a partir da qual os negócios jurídicos devem respeitar tais preceitos, podendo, inclusive, ser aplicados *ex officio* pelo magistrado.

O art. 2.036, por sua vez, trata especificamente da aplicabilidade da Lei n. 8.245/91 (Lei do Inquilinato) quando houver tratamento para a locação de prédios urbanos, residenciais e não residenciais.

Entre os arts. 2.038 e 2.042 estão os institutos que serão alterados ou que se tornarão desconhecidos no ordenamento jurídico nacional. É o caso do regime de bens que passa do princípio da imutabilidade de bens para mutabilidade de bens e da proibição da constituição de enfiteuse e subenfiteuses.

Os arts. 2.043 a 2.046 cuidam da manutenção da ordem processual administrativa penal da *vacatio legis* do Código Civil e da revogação do Código Civil de 1916, e da Primeira Parte do Código Comercial de 1850.

Art. 2.028. Serão os da lei anterior os prazos, quando reduzidos por este Código, e se, na data de sua entrada em vigor, já houver transcorrido mais da metade do tempo estabelecido na lei revogada.

➡ Sem correspondência no CC/1916.

O art. 2.028 traz questão da mais relevantes para o direito privado nacional. Trata-se de uma regra de transição que leva em conta os prazos para que os direitos possam ser exercidos por seus legítimos titulares.

Pois bem, é natural supor que, quando o Código Civil hodierno entrou em vigor, no começo do século, muitos eram os episódios que tinham ocorrido antes de sua entrada em vigor – isto é, ainda no século anterior ou mesmo no ano de 2001 –, mas que poderiam contemplar seus respectivos ajuizamentos de ações já sob a salvaguarda da codificação hodierna e por seus respectivos prazos. E aí se teria a questão: uma vez nascido determinado direito à luz do Código Civil de 1916 e com o seu legítimo prazo, como ficariam essas situações

Código Civil comentado e anotado

Art. 2.028

já a partir da então nova codificação (leia-se: Código Civil de 2002)? Tal direito nascido teria o respaldo dos prazos daquele Código – pois que foi naquela data em que nasceu o direito referido –, ou o narrado direito estaria acobertado pelos prazos agora trazidos pelo recém-promulgado Código?

Foi sob esse pano de fundo que ganhou vida o art. 2.028 do Código Civil atual, que serviu como um expediente de transição, justamente para tratar das hipóteses em que nascido o direito de pretensão à luz da legislação predecessora, teria que ser vivenciada sob a égide da lei atual, ponderando, para tanto, quais seriam os prazos aplicados: os do Código Civil de 1916 ou os do Código Civil de 2002.

A resposta para esse questionamento caminha pela definição de uma regra geral, que mais tarde apresentará, também, a sua exceção.

Por uma questão de segurança jurídica, a norma geral é de que nascido um direito sob as regras daquele Código, os prazos referentes a tal direito serão regulados justamente por aquele Código.

Entretanto, a regra trazida pelo art. 2.028 do Código veio aplicando condicionantes para o uso dessa normativa geral, de tal sorte que só serão mantidos aqueles prazos se eles forem reduzidos pelo Código atual e se, quando da entrada em vigor do Código hodierno, já tiver transcorrido ao menos metade do prazo admitido pela lei anterior.

Para facilitar a interpretação, deve-se levar em conta que a codificação atual alterou muitos dos prazos de modo a diminui-los, como meio de se evitar um suposto "direito para a posteridade". Mesmo assim, quando da análise da transitoriedade dos prazos, há de se pesar se o prazo que antes se tinha amparado pelo Código de 1916 foi ou não reduzido pelo atual. E essa é uma ponderação lógica, pois que se por acaso o prazo para o exercício de um determinado direito for o mesmo para ambas as legislações não há de se falar em prejuízo com a entrada em vigor do Código atual em relação a esse particular. Sendo assim, portanto, o debate acerca da questão intertemporal dos prazos só ganha força na medida em que citado prazo é reduzido, de tal maneira que aquela pessoa que antes teria o prazo de, por exemplo, 20 anos para ingressar com a respectiva ação, atualmente teria, apenas, 2 anos para tanto.

Além disso, há, também, de se analisar se o prazo sob amparo do Código de 1916, quando da entrada em vigor do atual, já tinha se transcorrido mais de sua metade. Se sim, significa dizer que é merecedora a manutenção daquele prazo instituído por aquele Código. No entanto, se fora transcorrido quando da entrada em vigor da atual legislação menos do que a metade daquele espaço temporal e se – de novo, citado prazo foi reduzido –, há de se aplicar o prazo da codificação civilista de 2002.

Como exemplo, imagine que ocorreu um evento no ano de 1998, que fez nascer um direito de reparação que teria como prazo para a pretensão de ressarcimento o período de 20 anos. Assim, o término desse prazo seria alcançado no ano de 2018. Por óbvio, a metade desse prazo seria atingida no ano de 2008 (10 anos após o evento).

Logo, quando o Código de 2002 entrou em vigor, teria sido transcorrido o período de apenas quatro anos, muito menos do que os onze anos necessários para se ultrapassar a metade do prazo.

Assim sendo, mesmo que o Código atual tenha reduzido o prazo (primeira condição) para a pretensão de ressarcimento, não se teria cumprido a segunda condição, qual seja: a de cumprimento de ao menos metade do prazo que era regulado pelo Código de 1916. Como resultado, o prazo para a pretensão de ressarcimento passaria a ser o do novo Código e não se manteria o do anterior.

Para a permanência do prazo anterior, no ano de 2002 já teria de ter transcorrido mais da metade do prazo referente ao Código de 1916 para aquele enquadramento legal. No ano de

2002, ao menos 11 anos desde o evento ensejador do direito teria de ter sido transcorrido, de modo que o fato teria de ter ocorrido, no mínimo, no ano de 1991.

Não obstante o ponto traçado, tal prazo também teria de ter sido reduzido, consoante já detalhado.

Curioso notar que após toda essa explanação, há de se fazer considerações deveras importantes a respeito de tudo o que foi narrado, levando, possivelmente, o leitor à confusão. Isso porque o Superior Tribunal de Justiça tem interpretação ligeiramente distinta de parte do que foi aqui considerado.

O Superior Tribunal de Justiça interpreta que a contagem para a aplicação do prazo alterado pela nova codificação não se dá a partir do ano de 2002 – ano da promulgação do Código atual –, mas, sim, em verdade, a partir de sua entrada em vigor de fato, ou seja, a data de 11 de janeiro do no ano de 2003, já que o Superior Tribunal de Justiça leva em consideração o período de *vacatio legis* que acobertou a codificação.

Mais uma vez, servindo de ilustração, imagine que determinada pessoa adquiriu na data de 10 de fevereiro do ano 2000 um imóvel de seu pai. Quase 5 anos depois, em 21 de outubro de 2004, o irmão da pessoa adquirente pondera sobre a anulação da compra e venda.

De antemão, para o caso em comento, importa salientar que, àquele tempo, o Supremo Tribunal Federal já tinha se pronunciado afirmando que o prazo prescricional para a anulação de venda de ascendente à descendente seria o de 20 anos contados da data do negócio. Por essa lógica, o irmão da pessoa adquirente teria, a partir da realização do negócio (10.02.2000), 20 anos para tanto.

O Código Civil atual cumpriu a primeira condicionante para a aplicação do seu prazo: a redução de prazo, passando a ser de apenas dois anos aquele prazo que antes era de 20 anos. Naturalmente, seja no ano de 2002 ou no ano de 2003, não teria se transcorrido mais da metade do prazo prescricional estabelecido pela legislação anterior (eis que esse se daria em 10.02.2010). Isso, por si só, responde que o prazo a ser aplicado para o ingresso em juízo, com a entrada em vigor do novo Código, jamais poderia ser o da codificação anterior, mas ainda não responde se seria o prazo de 2 anos a partir de 2 anos após a realização do negócio; ou se seria de 2 anos a partir de 11 de janeiro de 2003.

Aqui, nesse particular, tudo o que foi explanado linhas acima levou o leitor a entender que o prazo deveria ser o de 2 anos contados da realização do negócio jurídico, isso é, 2 anos a partir de 11 de fevereiro de 2002, de modo que esse expiraria na data de 11 de janeiro de 2002.

No entanto, o Superior Tribunal de Justiça, conforme exemplo de suas decisões, a seguir, entende que o prazo de 2 anos se iniciaria em 1º de janeiro de 2003, de modo que o irmão da adquirente poderia propor a ação de anulação da venda até a data de 11 de janeiro de 2003.

■ Enunciado n. 50 da I Jornada de Direito Civil: "A partir da vigência do novo Código Civil, o prazo prescricional das ações de reparação de danos que não houver atingido a metade do tempo previsto no Código Civil de 1916 fluirá por inteiro, nos termos da nova lei (art. 206)".

■ Enunciado n. 299 da IV Jornada de Direito Civil: "Iniciada a contagem de determinado prazo sob a égide do Código Civil de 1916, e vindo a lei nova a reduzi-lo, prevalecerá o prazo antigo, desde que transcorrido mais de metade deste na data da entrada em vigor do novo Código. O novo prazo será contado a partir de 11 de janeiro de 2003, desprezando-se o tempo anteriormente decorrido, salvo quando o não aproveitamento do prazo já decorrido implicar aumento do prazo prescricional previsto na lei revogada, hipótese em que deve ser aproveitado o prazo já decorrido durante o domínio da lei antiga, estabelecendo-se uma continuidade temporal".

Código Civil comentado e anotado   Art. 2.028

■ Enunciado n. 564 da VI Jornada de Direito Civil: "As normas relativas à usucapião extraordinária (art. 1.238, *caput*, CC) e à usucapião ordinária (art. 1.242, *caput*, CC), por estabelecerem redução de prazo em benefício do possuidor, têm aplicação imediata, não incidindo o disposto no art. 2.028 do Código Civil".

■ Agravo interno. Agravo em recurso especial. Direito civil. Ação monitória. Instrumento de confissão de dívida. Prescrição. Interpretação da regra de transição do art. 2.028 do CC. Termo inicial: data da entrada em vigor do novo Código. Precedentes. Ato supostamente praticado com excesso de poderes pelo administrador. Necessidade de interpretação de cláusula do estatuto da sociedade. Aplicação da Súmula n. 5/STJ. 1. Pacífica a jurisprudência dessa Corte no sentido de que, havendo redução do prazo, o termo inicial da prescrição será fixado na data da entrada em vigor do novo CC. Interpretação do art. 2.028 do CC. 2. Avaliar a procedência da alegação de que o administrador da Sociedade teria praticado atos para além de seus poderes demandaria a exegese dos Estatutos da Sociedade, o que é inviável em sede de recurso especial (Súmula n. 5/STJ). 3. Agravo regimental a que se nega provimento. (STJ, Ag. Reg. no AREsp n. 488.895/SP, Corte Especial, rel. Min. Laurita Vaz, j. 17.09.2014)

■ Direito civil. Indenização. Acidente de trânsito. Prescrição. Art. 2.028. Regra de transição. Prazo. Termo inicial. Data de vigência do CC. 1. Em se tratando de responsabilidade civil extracontratual decorrente de acidente de trânsito, a jurisprudência do STJ é tranquila quanto a ser trienal o prazo de prescrição da pretensão indenizatória (art. 206 , § 3º , do CC), tendo início na data em que o novo diploma entrou em vigor, nos termos da regra de transição prevista no art. 2.028. 2. A tese recursal no sentido de que o prazo prescricional deveria se iniciar na data da ciência inequívoca da extensão do dano não socorre o recorrente. Consta da inicial que tal ciência teria ocorrido em 06.01.2003, quando os médicos legistas atestaram o grau de lesão. Porém, no caso, está sendo considerada uma data até posterior a isso, que é o dia 11.01.2003, quando o CC/2002 entrou em vigor, o que é mais benéfico ao recorrente e, ainda assim, não tem o alcance de afastar a prescrição. 3. Agravo não provido. (STJ, Ag. Reg. no AREsp n. 444.375/ES, 4ª T., rel. Min. Luis Felipe Salomão, j. 27.03.2014)

■ Agravo regimental no recurso especial. Companhia estadual de distribuição de energia elétrica – CEEE. Financiamento para a instalação de rede elétrica. Prescrição. Regra de transição (art. 2.028 do CC/2002). Aplicação do prazo prescricional previsto no art. 206, § 5º, I, do novo CC. Termo inicial. 1. Conforme o entendimento jurisprudencial do STJ, reafirmado em julgamento sob o rito dos recursos repetitivos, "prescreve em 20 (vinte) anos, na vigência do CC/1916, e em cinco anos, na vigência do CC/2002, a pretensão de cobrança dos valores aportados para a construção de rede de eletrificação rural, posteriormente incorporada ao patrimônio da CEEE/RGE, respeitada a regra de transição prevista no art. 2.028 do CC/2002" (REsp n. 1.063.661/RS, rel. Min. Luis Felipe Salomão, 2ª S., *DJe* 08.03.2010). 2. O prazo prescricional em curso, quando diminuído pelo novo CC, só sofre a incidência da redução a partir da sua entrada em vigor, quando cabível (art. 2.028). Nesse caso, a contagem do prazo reduzido se dá por inteiro e com março inicial no dia 11.01.2003, em homenagem à segurança e à estabilidade das relações jurídicas (REsp n. 717.457/PR, rel. Min. Cesar Asfor Rocha, 4ª T., *DJ* 21.05.2007). 3. Agravo regimental a que se nega provimento. (STJ, Ag. Reg. no REsp n. 1.212.305/RS, 4ª T., rel. Min. Maria Isabel Gallotti, j. 03.05.2011)

	Prazos do CC/1916	Prazos do CC/2002
Aplicação	Se os prazos por essa legislação instituídos não tiverem sido reduzidos ou se, mesmo que o foram, ao menos metade do referido prazo já tiver se transcorrido quando da entrada em vigor do Código Civil de 2002	Se o prazo estabelecido pelo Código Civil de 2002 reduziu aquele trazido pela codificação de 1916 e se não se transcorreu mais da metade quando da entrada em vigor do Código Civil de 2002

1029

Arts. 2.029 e 2.030

Art. 2.029. Até dois anos após a entrada em vigor deste Código, os prazos estabelecidos no parágrafo único do art. 1.238 e no parágrafo único do art. 1.242 serão acrescidos de dois anos, qualquer que seja o tempo transcorrido na vigência do anterior, Lei n. 3.071, de 1º de janeiro de 1916.

➡ Sem correspondência no CC/1916.

O art. 1.238, parágrafo único, do Código Civil de 2002 retrata o prazo do usucapião extraordinário, já o art. 1.242, parágrafo único, prevê o prazo do usucapião ordinário. Pelo art. 2.029, os prazos de usucapião extraordinário e ordinário sofrerão acréscimo, por mais dois anos após a vigência do Código Civil de 2002, pouco importando o tempo transcorrido sob o amparo da lei civil de 1916.

O art. 1.238, parágrafo único, do Código Civil de 2002 refere-se ao prazo de usucapião extraordinário, que será de dez anos, se o possuidor houver estabelecido no imóvel a sua moradia habitual, ou nele realizado obras ou serviços de caráter produtivo. Já o art. 1.242, parágrafo único, do mesmo Código dispõe sobre o prazo de usucapião ordinário, que será de cinco anos se o imóvel tiver sido adquirido, onerosamente, com base no registro constante do respectivo cartório, cancelado posteriormente, desde que os possuidores nele tiverem estabelecido a sua moradia, ou realizado investimentos de interesse social e econômico. Esses prazos de usucapião suportarão, até dois anos após a entrada em vigor do Código de 2002, um acréscimo de dois anos, sem levar em consideração o tempo transcorrido sob o amparo da lei civil de 1916. Portanto, até 11 de janeiro de 2005 os prazos de usucapião serão de 12 e 7 anos, respectivamente.

Em respeito ao conceito de "posse-trabalho", que se concretiza na execução de obras ou serviços de cunho produtivo ou na execução de investimentos de interesse social e econômico, buscando acatar ao princípio da função social da propriedade, não se aplicará o disposto no art. 2.028 do Código Civil de 2002, durante os dois primeiros anos consecutivos de vigência do novo Código Civil. Após esses dois anos, o art. 2.029 do Código Civil de 2002 não mais terá aplicabilidade, pois se trata de uma norma transitória.

Art. 2.030. O acréscimo de que trata o artigo antecedente, será feito nos casos a que se refere o § 4º do art. 1.228.

➡ Sem correspondência no CC/1916.

A posse traduzida em trabalho criador, concretizado em obras ou serviços produtivos e pela construção de uma morada, poderá fazer com que, se for ininterrupta e de boa-fé, o proprietário fique privado de sua área. O prazo previsto para tanto é mais de cinco anos, e sofrerá acréscimo de dois anos se a situação que lhe deu origem teve início antes da vigência do Código Civil de 2002 ou durante a *vacatio legis,* ou seja, até 11 de janeiro de 2005 o prazo ali estabelecido não será de cinco anos, mas de sete anos. O art. 1.228, § 4º, do *Codex* dispõe: "O proprietário também pode ser privado da coisa se o imóvel reivindicado consistir em extensa área, na posse ininterrupta e de boa-fé, por mais de cinco anos, de considerável número de pessoas, e estas nela houverem realizado, em conjunto ou separadamente, obras e serviços considerados pelo juiz de interesse social e econômico relevante".

Com fundamento na função social da propriedade, e protegendo o conceito "posse-trabalho", o art. 1.228, § 4º, trata da perda da propriedade pelo proprietário, em razão de um nú-

Código Civil comentado e anotado   Arts. 2.030 a 2.032

mero considerável de pessoas que detenham a posse, ininterrupta e de boa-fé, por mais de cinco anos, do imóvel, e que a partir deste construam suas moradias e realizem obras ou serviços
produtivos, devendo ser considerados pelo juiz de interesse social e econômico relevantes. O
prazo de cinco anos até 11 de janeiro de 2005 sofrerá um acréscimo de dois anos se a situação
que lhe deu origem teve início antes da vigência do Código Civil de 2002 ou durante a *vacatio legis*, isto porque se trata de um novo instituto jurídico, sem correspondência no Código
Civil de 1916.

**Art. 2.031. As associações, sociedades e fundações, constituídas na forma das leis an-
teriores, bem como os empresários, deverão se adaptar às disposições deste Código até 11
de janeiro de 2007.**
Caput com redação dada pela Lei n. 11.127, de 28.06.2005.

**Parágrafo único. O disposto neste artigo não se aplica às organizações religiosas nem
aos partidos políticos.**
Parágrafo acrescentado pela Lei n. 10.825, de 22.12.2003.

➥ Sem correspondência no CC/1916.

O art. 2.031 recebeu nova redação pela Lei n. 10.838/2004 e depois pela Lei n. 11.127/2005.
Concede um prazo de dois anos para uma empresa constituída sob a égide das leis anteriores,
ou seja, a Lei n. 3.071, de 1º de janeiro de 1916 – Código Civil e a Parte Primeira do Código
Comercial, Lei n. 556, de 25 de junho de 1850, adaptarem-se ao regramento do Código de
2002. Esse prazo serve, também, para os empresários, que eram regidos anteriormente pelo
Código Comercial.

O art. 2.031 concede para associações, sociedades, fundações e empresários, com exceção das organizações religiosas e partidos políticos, um prazo de quatro anos, contado a partir da entrada em vigor do Código Civil de 2002, constituídas sob égide das leis anteriores, isto
é, a Lei n. 3.071, de 1º de janeiro de 1916, e a Parte Primeira do Código Comercial, Lei n. 556,
de 25 de junho de 1850, para que estes possam se adaptar ao regramento da nova lei civil, que
estabeleceu algumas mudanças, para que possam continuar produzindo seus efeitos jurídicos.

▪ Enunciado n. 73 da I Jornada de Direito Civil: "Não havendo a revogação do art. 1.160 do Código Civil nem a modificação do § 2º do art. 1.158 do mesmo diploma, é de interpretar-se este dispositivo no
sentido de não aplicá-lo à denominação das sociedades anônimas e sociedades Ltda., já existentes,
em razão de se tratar de direito inerente à sua personalidade".

▪ Enunciado n. 394 da IV Jornada de Direito Civil: "Ainda que não promovida a adequação do contrato
social no prazo previsto no art. 2.031 do Código Civil, as sociedades não perdem a personalidade jurídica adquirida antes de seu advento".

▪ Enunciado n. 395 da IV Jornada de Direito Civil: "A sociedade registrada antes da vigência do Código Civil não está obrigada a adaptar seu nome às novas disposições".

**Art. 2.032. As fundações, instituídas segundo a legislação anterior, inclusive as de fins
diversos dos previstos no parágrafo único do art. 62, subordinam-se, quanto ao seu funcionamento, ao disposto neste Código.**

1031

Arts. 2.032 a 2.035   Almeida Guilherme

➥ Sem correspondência no CC/1916.

Fundações são universalidades de bens, personalizadas pela ordem jurídica, em consideração a um fim estipulado pelo fundador, sendo este objetivo imutável e seus órgãos servientes, pois todas as resoluções estão delimitadas pelo instituidor, e passam a ser subordinadas aos arts. 44, III, 45 e 62 a 69 do Código Civil de 2002. Verifica-se que o parágrafo único do art. 62 não é taxativo, haja vista que podem existir fundações com fins diversos daqueles previstos no art. 2.032, ou seja, a fundação poderá ter fins diversos dos fins religiosos, morais, culturais ou de assistência.

Art. 2.033. Salvo o disposto em lei especial, as modificações dos atos constitutivos das pessoas jurídicas referidas no art. 44, bem como a sua transformação, incorporação, cisão ou fusão, regem-se desde logo por este Código.

➥ Sem correspondência no CC/1916.

Modificações dos atos constitutivos das pessoas jurídicas referidas no art. 44 do Código Civil de 2002, bem como qualquer tipo de reorganização societária, passarão a ser regidas pelo Código Civil de 2002 – arts. 1.113 a 1.122. Essa alteração do contrato social dará origem ao chamado contrato modificativo, por não implicar constituição de nova sociedade. Esse contrato modificativo deverá ser averbado, cumprindo-se todas as formalidades do art. 998 do Código Civil de 2002, à margem da inscrição da sociedade no Registro competente (arts. 45, 999, parágrafo único, e 1.048).

Art. 2.034. A dissolução e a liquidação das pessoas jurídicas referidas no artigo antecedente, quando iniciadas antes da vigência deste Código, obedecerão ao disposto nas leis anteriores.

➥ Sem correspondência no CC/1916.

Se o processo de dissolução e liquidação da pessoa jurídica se der antes da entrada em vigor do Código de 2002, dever-se-á seguir o disposto nas leis anteriores. De outra forma não poderia ser, diante da prática de atos já consumados, sob o amparo da norma vigente ao tempo em que se efetuaram. Assim sendo, a dissolução e a liquidação estarão aptas a produzir todos os seus efeitos, embora efetivadas em conformidade com a lei anterior, sob o império da nova norma. A segurança da dissolução e da liquidação é um modo de garantir também direito adquirido pela proteção concedida ao seu elemento gerador, pois, se a novel norma as considerasse inválidas, apesar de alguns atos já terem sido consumados sob o comando da precedente, os direitos deles decorrente desapareceriam, prejudicando interesses legítimos e causando a desordem social.

Art. 2.035. A validade dos negócios e demais atos jurídicos, constituídos antes da entrada em vigor deste Código, obedece ao disposto nas leis anteriores, referidas no art. 2.045, mas os seus efeitos, produzidos após a vigência deste Código, aos preceitos dele se subordinam, salvo se houver sido prevista pelas partes determinada forma de execução.

Código Civil comentado e anotado   Arts. 2.035 a 2.037

Parágrafo único. Nenhuma convenção prevalecerá se contrariar preceitos de ordem pública, tais como os estabelecidos por este Código para assegurar a função social da propriedade e dos contratos.

➡ Sem correspondência no CC/1916.

Os negócios e atos jurídicos constituídos antes da entrada em vigor do Código Civil de 2002, ou seja, no período da *vacatio legis*, em razão da obrigatoriedade do Código Civil de 1916 durante esse lapso temporal, obedecerão às normas referidas no art. 2.045 do Código Civil de 2002, pois o Código de 2002 ainda não produziu quaisquer efeitos, apesar de já estar publicado oficialmente. Consequentemente, os atos e negócios jurídicos praticados durante a *vacatio legis* conforme as antigas normas serão tidos como válidos. Portanto, não há como negar que nesse espaço entre a publicação e o início da vigência do Código de 2002 as relações jurídicas ficarão sob a égide das normas vigentes anteriormente. Ademais, não se pode confundir contrato em curso com o em curso de constituição. A lei atual apenas poderá alcançar este e não aquele, por ser ato jurídico perfeito. Se o contrato ou ato jurídico estiver em curso de formação por ocasião da entrada em vigor da nova lei, esta se lhe aplicará, por ter efeito imediato.

■ Enunciado n. 300 da IV Jornada de Direito Civil: "A lei aplicável aos efeitos atuais dos contratos celebrados antes do novo Código Civil será a vigente na época da celebração; todavia, havendo alteração legislativa que evidencie anacronismo da lei revogada, o juiz equilibrará as obrigações das partes contratantes, ponderando os interesses traduzidos pelas regras revogada e revogadora, bem como a natureza e a finalidade do negócio".

■ Enunciado n. 396 da IV Jornada de Direito Civil: "A capacidade para contratar a constituição da sociedade submete-se à lei vigente no momento do registro".

Art. 2.036. A locação de prédio urbano, que esteja sujeita à lei especial, por esta continua a ser regida.

➡ Sem correspondência no CC/1916.

A locação de imóvel urbano, que é regida pela Lei n. 8.245, de 18 de outubro de 1991, ora em vigor, é o contrato pelo qual uma das partes (locador), mediante remuneração paga pela outra (locatário), se compromete a fornecer-lhe, durante certo lapso de tempo, determinado ou não, o uso e gozo de imóvel destinado à habitação, à temporada ou à atividade empresarial. Se o prédio locado tiver por finalidade a exploração agrícola ou pecuária, ter-se-á locação de prédio rústico, regida pelo Estatuto da Terra, ou melhor, pelas Leis ns. 4.504/64 e 4.947/66 e o Decreto n. 59.566/66.

Art. 2.037. Salvo disposição em contrário, aplicam-se aos empresários e sociedades empresárias as disposições de lei não revogadas por este Código, referentes a comerciantes, ou a sociedades comerciais, bem como a atividades mercantis.

➡ Sem correspondência no CC/1916.

1033

Pelo art. 2.037, verifica-se que a nova legislação civil reunificou parcialmente as normas gerais de direito privado, especialmente nos campos do direito das obrigações e do direito das sociedades. Note-se que o direito comercial permanecerá regulando a atividade da empresa e das obrigações mercantis a partir das normas do Código Civil de 2002 (arts. 966 a 1.195) e de legislações esparsas como a Lei de Falências e a Lei das Sociedades Anônimas.

Art. 2.038. Fica proibida a constituição de enfiteuses e subenfiteuses, subordinando-se as existentes, até sua extinção, às disposições do Código Civil anterior, Lei n. 3.071, de 1º de janeiro de 1916, e leis posteriores.

§ 1º Nos aforamentos a que se refere este artigo é defeso:

I – cobrar laudêmio ou prestação análoga nas transmissões de bem aforado, sobre o valor das construções ou plantações;

II – constituir subenfiteuse.

§ 2º A enfiteuse dos terrenos de marinha e acrescidos regula-se por lei especial.

➥ Sem correspondência no CC/1916.

Diante do entendimento majoritário de que a enfiteuse, pela sua tônica medieval, deve ser eliminada, o Código Civil de 2002 passou, com o escopo de extingui-la, paulatinamente, a tratá-la nas disposições transitórias, proibindo, para tanto, a constituição de novas enfiteuses e subenfiteuses, por considerá-las obsoletas, sem contudo ofender as situações constituídas sob o império do Código Civil de 1916, atendendo ao princípio da irretroatividade da lei, resguardando direitos adquiridos, por ordem do comando constitucional. Com isso, evitar-se-ão conflitos de interesses, pois prescreve que as já existentes, até sua extinção, reger-se-ão pelo Código Civil de 1916 e pelas leis posteriores.

Art. 2.039. O regime de bens nos casamentos celebrados na vigência do Código Civil anterior, Lei n. 3.071, de 1º de janeiro de 1916, é o por ele estabelecido.

➥ Sem correspondência no CC/1916.

A essência das relações econômicas entre marido e mulher está, sem dúvida, no regime matrimonial de bens sujeito às normas vigentes por ocasião da celebração das núpcias. Assim sendo, o Código Civil de 1916 (arts. 256 a 314) continuará, apesar de, passando a *vacatio legis*, estar revogado, a produzir efeitos jurídicos, tendo eficácia sem, contudo, ter vigência.

▪ Enunciado n. 260 da III Jornada de Direito Civil: "A alteração do regime de bens prevista no § 2º do art. 1.639 do Código Civil também é permitida nos casamentos realizados na vigência da legislação anterior".

Art. 2.040. A hipoteca legal dos bens do tutor ou curador, inscrita em conformidade com o inciso IV do art. 827 do Código Civil anterior, Lei n. 3.071, de 1º de janeiro de 1916, poderá ser cancelada, obedecido o disposto no parágrafo único do art. 1.745 deste Código.

➥ Sem correspondência no CC/1916.

Código Civil comentado e anotado   Arts. 2.040 a 2.042

Este dispositivo prevê a hipótese de cancelamento da hipoteca legal, devidamente regis-trada, dos bens dos tutores ou curadores, obedecido o disposto no art. 1.745, parágrafo único, do Código Civil de 2002. Os bens do menor só serão entregues ao tutor após inventário e ava-liação constantes de um termo. Tal providência é necessária para que se conheça com preci-são qual o patrimônio do menor. Serão especificados os bens móveis e imóveis, bem como os ativos e passivos, devendo ser acrescentados os bens adquiridos durante o exercício da tutela, para que o tutor possa entregá-los quando encerrada, ou na hipótese de substituição. Caso o patrimônio do menor seja de valor considerável, o parágrafo único prevê a necessidade de o magistrado exigir do tutor caução bastante para garantir os bens do tutelado. Poderá, entre-tanto, dispensá-la, quando o tutor for de reconhecida idoneidade.

Ocorrida a hipótese do art. 1.745 do Código Civil de 2002, a hipoteca legal constituída sob a égide do Código Civil de 1916 poderá ser dispensada, e, consequentemente, para sua ex-tinção, ter-se-á de proceder ao cancelamento de seu assento registrário, pois tal extinção só terá efeito contra terceiros depois de averbada no registro respectivo (art. 251 da Lei n. 6.015/73).

Art. 2.041. As disposições deste Código relativas à ordem da vocação hereditária (arts. 1.829 a 1.844) não se aplicam à sucessão aberta antes de sua vigência, prevalecendo o dis-posto na lei anterior (Lei n. 3.071, de 1º de janeiro de 1916).

➥ Sem correspondência no CC/1916.

As normas do Código Civil de 2002 relativas à ordem da vocação hereditária apenas se aplicarão à sucessão aberta após a sua vigência. A legitimação ou capacidade para suceder, ou seja, a aptidão para herdar os bens deixados pelo *de cujus* ou a qualidade de suceder na heran-ça, reger-se-á pela lei vigente ao tempo da abertura da sucessão, em caso de sucessão legítima, seguindo-se a ordem da vocação hereditária nela estipulada.

A lei atual, que alterou as normas relativas à ordem de vocação hereditária, deverá ser aplicada apenas aos casos de abertura da sucessão que se derem com sua entrada em vigor e jamais antes dela, ou melhor, durante a *vacatio legis*.

Tanto a capacidade para suceder como a sucessão legítima ou testamentária reger-se-ão por lei vigente na abertura da sucessão, pois nenhum direito existirá sobre herança de pessoa viva, uma vez que só se poderá falar em direito adquirido após o óbito do *auctor successionis*, momento determinante da abertura da sucessão e da lei disciplinadora dos direitos sucessó-rios. Todavia, supérflua é a ressalva do art. 2.041 diante do princípio geral de que a lei vigente ao tempo da abertura da sucessão a regula, bem como a capacidade para suceder.

Art. 2.042. Aplica-se o disposto no *caput* do art. 1.848, quando aberta a sucessão no prazo de um ano após a entrada em vigor deste Código, ainda que o testamento tenha sido feito na vigência do anterior, Lei n. 3.071, de 1o de janeiro de 1916; se, no prazo, o testador não aditar o testamento para declarar a justa causa de cláusula aposta à legítima, não sub-sistirá a restrição.

➥ Sem correspondência no CC/1916.

A validade intrínseca do testamento rege-se pela lei vigente ao tempo da morte do testa-dor. Assim sendo, se, após um ano da vigência do Código Civil de 2002, mesmo que o ato de

1035

Arts. 2.042 a 2.044 — Almeida Guilherme

última vontade tenha sido feito sob o império do Código Civil de 1916, o testador não fez nele nenhum aditamento, declarando a justa causa que o levou a impor cláusula de inalienabilidade, impenhorabilidade e incomunicabilidade sobre os bens da legítima, com o seu óbito, não subsistirão tais restrições legitimárias, aplicando-se, então, o art. 1.848 do Código Civil em vigor. Não mais prevalecerá a vontade do testador, mas o justo motivo para validar a cláusula restritiva da legítima, ante a obrigatoriedade da indicação da razão pela qual se a limita, podendo o órgão judicante averiguar se a causa alegada é justa ou não. A finalidade da lei foi conceder ao testador um tempo razoável para tornar possível a restrição aos bens da legítima, prevista em testamento celebrado antes da vigência do Código de 2002. Não tomando, tempestivamente, as devidas providências, cairá por terra a limitação por ele imposta aos seus herdeiros necessários.

Art. 2.043. Até que por outra forma se disciplinem, continuam em vigor as disposições de natureza processual, administrativa ou penal, constantes de leis cujos preceitos de natureza civil hajam sido incorporados a este Código.

➥ Sem correspondência no CC/1916.

Continuam tendo vigor as disposições de natureza processual, administrativa ou penal contidas em normas, cujos preceitos de ordem civil foram incorporados ao Código Civil de 2002, até que por outra forma sejam disciplinadas. Nada obsta, juridicamente, a que leis adjetivas administrativas e penais continuem vigorando e incidindo nas questões intimamente relacionadas com o direito civil.

Art. 2.044. Este Código entrará em vigor um ano após a sua publicação.

➥ Veja art. 1.806 do CC/1916.

O intervalo entre a data de publicação do Código Civil e sua entrada em vigor, ou seja, a data em que o Código Civil começa a irradiar seus efeitos, é chamado *vacatio legis*. A contagem do prazo para a entrada em vigor da lei que estabelece período de vacância far-se-á com a inclusão da data da publicação e do último dia do prazo, entrando em vigor no dia subsequente ao da sua consumação integral (art. 8º da Lei Complementar n. 95/98, com a redação da Lei Complementar n. 107/2001).

A contagem do prazo para entrada em vigor da lei que estabelece período de vacância far-se-á com a inclusão da data da publicação e do último dia do prazo, entrando em vigor no dia subsequente ao da sua consumação integral (art. 8º, § 1º, da Lei Complementar n. 95/98, com a redação da Lei Complementar n. 107/2001, e art. 20 do Decreto n. 4.176/2002).

▪ Enunciado n. 137 da I Jornada de Direito Civil: "Proposta: alteração do art. 2.044 para que o prazo da vacatio legis seja alterado de um para dois anos. Justificativa: impende apreender e aperfeiçoar o Código Civil brasileiro instituído por meio da Lei n. 10.406, de 10 de janeiro de 2002, tanto porque apresenta significativas alterações estruturais nas relações jurídicas interprivadas, quanto porque ainda revela necessidade de melhoria em numerosos dispositivos. Propõe-se, por conseguinte, a ampliação do prazo contido no art. 2.044, a fim de que tais intentos sejam adequadamente levados a efeito. Far-se-á, com o lapso temporal bienal proposto, hermenêutica construtiva que, por certo, não apenas aprimo-

1036

Código Civil comentado e anotado   Arts. 2.044 e 2.045

rará o texto sancionado, como também propiciará à comunidade jurídica brasileira e aos destinatários da norma em geral o razoável conhecimento do novo Código, imprescindível para sua plena eficácia jurídica e social. Atesta o imperativo de refinamento a existência do projeto de lei de autoria do Relator Geral do Código Civil na Câmara dos Deputados, reconhecendo a necessidade de alterar numerosos dispositivos. Demais disso, é cabível remarcar que diplomas legais de relevo apresentam lapso temporal alargado de vacatio legis. Sob o tempo útil proposto, restará ainda mais valorizado o papel decisivo da jurisprudência, evidenciando-se que, a rigor, um código não nasce pronto, a norma se faz código em processo de construção".

■ Enunciado n. 164 da III Jornada de Direito Civil: "Tendo início a mora do devedor ainda na vigência do Código Civil de 1916, são devidos juros de mora de 6% ao ano, até 10 de janeiro de 2003; a partir de 11 de janeiro de 2003 (data da entrada em vigor do novo Código Civil), passar a incidir o art. 406 do Código Civil de 2002".

Art. 2.045. Revogam-se a Lei n. 3.071, de 1º de janeiro de 1916 – Código Civil e a Parte Primeira do Código Comercial, Lei n. 556, de 25 de junho de 1850.

➥ Veja art. 1.807 do CC/1916.

Com sua entrada em vigor, o Código Civil de 2002 revoga, expressamente, no seu art. 2.045, o Código de 1916, ab-rogando-o, e a Parte Primeira do Código Comercial (Lei n. 556, de 25.06.1850, arts. 1º a 456), derrogando-o, sem fazer qualquer menção às demais normas que com ele colidem, hipótese em que se teria revogação tácita. Consequentemente, ter-se-á revogação tácita sempre que houver incompatibilidade entre a lei nova e a antiga, pelo simples fato de que a nova passa a regular parcial ou inteiramente a matéria tratada pela anterior, mesmo que nela não conste a expressão "revogam-se as disposições em contrário", por ser supérflua. Se assim é, operar-se-á a revogação tácita quando o Código Civil de 2002 contiver disposições incompatíveis com legislação civil e mercantil anterior a ele. Esse princípio da revogação tácita de lei anterior pela posterior requer um exame cuidadoso, para averiguar quais as disposições da novel norma que são, total ou parcialmente, incompatíveis com as antigas. E, sendo duvidosa a incompatibilidade, as duas leis deverão ser interpretadas por modo a fazer cessar a antinomia, pois as leis, em regra, não se revogam por presunção.

■ Enunciado n. 74 da I Jornada de Direito Civil: "Apesar da falta de menção expressa, como exigido pelas Leis Complementares ns. 95/98 e 107/2001, estão revogadas as disposições de leis especiais que contiverem matéria regulada inteiramente no novo Código Civil, como, *v. g.*, as disposições da Lei n. 6.404/76, referente à sociedade comandita por ações, e do Decreto n. 3.708/19, sobre sociedade de responsabilidade limitada".

■ Enunciado n. 75 da I Jornada de Direito Civil: "A disciplina de matéria mercantil no novo Código Civil não afeta a autonomia do Direito Comercial".

■ Enunciado n. 164 da III Jornada de Direito Civil: "Tendo início a mora do devedor ainda na vigência do Código Civil de 1916, são devidos juros de mora de 6% ao ano, até 10 de janeiro de 2003; a partir de 11 de janeiro de 2003 (data da entrada em vigor do novo Código Civil), passar a incidir o art. 406 do Código Civil de 2002".

Art. 2.046

Almeida Guilherme

Art. 2.046. Todas as remissões, em diplomas legislativos, aos Códigos referidos no artigo antecedente, consideram-se feitas às disposições correspondentes deste Código.

➥ Sem correspondência no CC/1916.

Com a entrada em vigor, o Código Civil de 2002 revogará, também, todas as normas gerais anteriores relativas às matérias de direito civil e mercantil por ele abrangidas e com ele incompatíveis, e não só o Código Civil de 1º de janeiro de 1916 e a parte primeira do Código Comercial de 25 de junho de 1850 (art. 2.045 do CC) (DINIZ, Maria Helena. *Código Civil comentado*, p. 1.411).

As remissões, feitas na legislação civil e mercantil, ao Código Civil de 1916 e ao Código Comercial, arts. 1º a 456, estender-se-ão às que lhes forem correspondentes deste novo Código Civil (DINIZ, Maria Helena. *Código Civil comentado*, p. 1.411).

O Código Civil foi sancionado em 10 de janeiro de 2002 pelo ex-presidente Fernando Henrique Cardoso.

Brasília, 10 de janeiro de 2002;
181º da Independência e 114º da República.

FERNANDO HENRIQUE CARDOSO

ÍNDICE ALFABÉTICO-REMISSIVO

ACESSÃO
Arts. 1.248 a 1.259
Aluvião – art. 1.250
Álveo abandonado – art. 1.252
Avulsão – art. 1.251
Construções e plantações – arts. 1.253 a 1.259
Ilhas – art. 1.249

ACHADO
Tesouro – arts. 1.264 a 1.266

AÇÕES
Sociedade em comandita por ações – arts. 1.090 a 1.092

ADIMPLEMENTO
Obrigações – arts. 304 a 388

ADJUNÇÃO
Propriedade móvel – arts. 1.272 a 1.274

ADMINISTRAÇÃO
Bens de filhos menores – arts. 1.689 a 1.693
Condomínio edilício – arts. 1.347 a 1.356
Condomínio voluntário – arts. 1.323 a 1.326
Herança – arts. 1.791 a 1.797
Sociedade limitada – arts. 1.060 a 1.065
Sociedade simples – arts. 1.010 a 1.021

ADOÇÃO
Arts. 1.618 e 1.619

AGÊNCIA
Distribuição – arts. 710 a 721

ÁGUAS
Arts. 1.288 a 1.296

ALEATÓRIO
Contratos – arts. 458 a 461

ALIMENTOS
Arts. 1.694 a 1.710

ALTERNATIVA
Obrigações alternativas – arts. 252 a 256

ALUVIÃO
Art. 1.250

ÁLVEO
Abandonado – art. 1.252

ANÔNIMA
Sociedade – arts. 1.088 e 1.089

ANTICRESE
Arts. 1.506 a 1.510
Penhor, hipoteca e anticrese. Disposições gerais – arts. 1.419 a 1.430

ANULAÇÃO
Partilha – art. 2.027

APOSTA
Jogo – arts. 814 a 817

AQUESTOS
Regime de participação final – arts. 1.672 a 1.686

AQUISIÇÃO
Posse – arts. 1.204 a 1.209
Propriedade imóvel – arts. 1.238 a 1.259
Propriedade móvel – arts. 1.260 a 1.274

ARRAS
Arts. 417 a 420

ÁRVORES
Limítrofes – arts. 1.282 a 1.284

ASSOCIAÇÕES
Arts. 53 a 61

ASSUNÇÃO
Dívida – arts. 299 a 303

ATO
V. ATOS JURÍDICOS
V. ATOS UNILATERAIS

ATOS JURÍDICOS
Coação – arts. 151 a 155

Índice alfabético-remissivo

Dolo – arts. 145 a 150
Erro ou ignorância – arts. 138 a 144
Ilícitos – arts. 186 a 188
Lícitos – art. 185
Prova – arts. 212 a 232

ATOS UNILATERAIS
Enriquecimento sem causa – arts. 884 a 886
Gestão de negócios – arts. 861 a 875
Pagamento indevido – arts. 876 a 883
Promessa de recompensa – arts. 854 a 860

AUSÊNCIA
Arts. 22 a 29
Curadoria dos bens do ausente – arts. 22 a 25
Sucessão definitiva – arts. 37 a 39
Sucessão provisória – arts. 26 a 36

AUSENTE
V. AUSÊNCIA

AUTORIZAÇÃO
Sociedade – arts. 1.123 a 1.141

AVULSÃO
Art. 1.251

BEM DE FAMÍLIA
Arts. 1.711 a 1.722

BENS
V. BEM DE FAMÍLIA
V. REGIME DE BENS
Bens coletivos – arts. 89 a 91
Bens considerados em si mesmos – arts. 79 a 91
Bens consumíveis – arts. 85 e 86
Bens de filhos menores – arts. 1.689 a 1.693
Bens divisíveis – arts. 87 e 88
Bens fungíveis – arts. 85 e 86
Bens imóveis – arts. 79 a 81
Bens móveis – arts. 82 a 84
Bens públicos – arts. 98 a 103
Bens reciprocamente considerados – arts. 92 a 97
Bens singulares – arts. 89 a 91
Curadoria do ausente – arts. 22 a 25
Tutelado – arts. 1.753 e 1.754

CABOS
Passagem de cabos e tubulações – arts. 1.286 e 1.287

CADUCIDADE
Legados – arts. 1.939 e 1.940

CAPACIDADE
Arts. 1º a 10
Casamento – arts. 1.517 a 1.520
Empresário – arts. 972 a 980
Testar – arts. 1.860 e 1.861

CAPITAL
Aumento e redução. Sociedades limitadas – arts. 1.081 a 1.084

CARACTERIZAÇÃO
Empresário – arts. 966 a 971

CASAMENTO
Capacidade – arts. 1.517 a 1.520
Causas suspensivas – arts. 1.523 e 1.524
Celebração – arts. 1.533 a 1.542
Disposições gerais – arts. 1.511 a 1.516
Dissolução da sociedade e do vínculo conjugal – arts. 1.571 a 1.582
Eficácia – arts. 1.565 a 1.570
Impedimentos – arts. 1.521 e 1.522
Invalidade – arts. 1.548 a 1.564
Processo de habilitação – arts. 1.525 a 1.532
Proteção da pessoa dos filhos – arts. 1.583 a 1.590
Provas – arts. 1.543 a 1.547

CAUSAS INTERRUPTIVAS
V. PRESCRIÇÃO

CAUSAS SUSPENSIVAS
V. PRESCRIÇÃO
Casamento – arts. 1.523 e 1.524

CELEBRAÇÃO
Casamento – arts. 1.533 a 1.542

CESSÃO
Crédito – arts. 286 a 298

CISÃO
Sociedades – arts. 1.113 a 1.122

CLÁUSULA PENAL
Arts. 408 a 416

CLÁUSULA RESOLUTIVA
Arts. 474 e 475

COAÇÃO
Arts. 151 a 155

CODICILO
Arts. 1.881 a 1.885

COISA
V. BENS
V. COISA CERTA
V. COISA INCERTA
Locação – arts. 565 a 578
Transporte – arts. 743 a 756

COISA CERTA
Obrigações – arts. 233 a 242

COISA INCERTA
Obrigações – arts. 243 a 246

COLAÇÃO
Inventário – arts. 2.002 a 2.012

COLIGADAS
Sociedades – arts. 1.097 a 1.101

COMANDITA
Comandita por ações – arts. 1.090 a 1.092
Comandita simples – arts. 1.045 a 1.051

Código Civil comentado e anotado

Índice alfabético-remissivo

Sociedade – arts. 1.045 a 1.051
Sociedade por ações – arts. 1.090 a 1.092

COMISSÃO
Arts. 693 a 709
Propriedade móvel – arts. 1.272 a 1.274

COMODATO
Arts. 579 a 585

COMPENSAÇÃO
Arts. 368 a 380

COMPRA E VENDA
Cláusulas especiais – arts. 505 a 532
Disposições gerais – arts. 481 a 504
Preempção ou preferência – arts. 513 a 520
Retrovenda – arts. 505 a 508
Venda a contento e da sujeita a prova – arts. 509 a 512
Venda com reserva de domínio – arts. 521 a 528
Venda sobre documentos – arts. 529 a 532

COMPRADOR
Direitos do promitente – arts. 1.417 e 1.418

COMPROMISSO
Arts. 851 a 853

COMUM
Sociedade – arts. 986 a 990

COMUNHÃO
V. REGIME DE BENS
Comunhão parcial – arts. 1.658 a 1.666
Comunhão universal – arts. 1.667 a 1.671

CONDIÇÃO
Arts. 121 a 137

CONDOMÍNIO
V. CONDOMÍNIO EDILÍCIO
V. CONDOMÍNIO VOLUNTÁRIO
Geral – arts. 1.314 a 1.330
Necessário – arts. 1.327 a 1.330

CONDOMÍNIO EDILÍCIO
Arts. 1.331 a 1.358
Administração – arts. 1.347 a 1.356
Disposições gerais – arts. 1.331 a 1.346
Extinção – arts. 1.357 e 1.358

CONDOMÍNIO VOLUNTÁRIO
Arts. 1.314 a 1.326
Administração – arts. 1.323 a 1.326
Direitos e deveres dos condôminos – arts. 1.314 a 1.322

CONDÔMINOS
V. CONDOMÍNIO

CONFUSÃO
Arts. 381 a 384
Propriedade móvel – arts. 1.272 a 1.274

CÔNJUGES
V. REGIME DE BENS

CONSELHO FISCAL
Sociedade limitada – arts. 1.066 a 1.070

CONSIGNAÇÃO
Pagamento – arts. 334 a 345

CONSTITUIÇÃO DE RENDA
Arts. 803 a 813

CONSTRUÇÃO
Arts. 1.253 a 1.259
Direito de construir – arts. 1.299 a 1.313

CONTA DE PARTICIPAÇÃO
Sociedade – arts. 991 a 996

CONTADOR
Preposto – arts. 1.177 e 1.178

CONTRATO
V. CONTRATO ESTIMATÓRIO
V. CONTRATO SOCIAL
V. CONTRATOS EM ESPÉCIE
Cláusula resolutiva – arts. 474 e 475
Contrato com pessoa a declarar – arts. 467 a 471
Contrato preliminar – arts. 462 a 466
Contratos aleatórios – arts. 458 a 461
Disposições gerais – arts. 421 a 471
Distrato – arts. 472 e 473
Estipulação em favor de terceiro – arts. 436 a 438
Evicção – arts. 447 a 457
Exceção de contrato não cumprido – arts. 476 e 477
Extinção – arts. 472 a 480
Formação – arts. 427 a 435
Promessa de fato de terceiro – arts. 439 e 440
Resolução por onerosidade excessiva – arts. 478 a 480
Vícios redibitórios – arts. 441 a 446

CONTRATO ESTIMATÓRIO
Arts. 534 a 537

CONTRATO SOCIAL
Sociedade simples – arts. 997 a 1.000

CONTRATOS EM ESPÉCIE
Agência e distribuição – arts. 710 a 721
Comissão – arts. 693 a 709
Compra e venda – arts. 481 a 532
Compromisso – arts. 851 a 853
Constituição de renda – arts. 803 a 813
Contrato estimatório – arts. 534 a 537
Corretagem – arts. 722 a 729
Depósito – arts. 627 a 652
Doação – arts. 538 a 564
Empreitada – arts. 610 a 626
Empréstimo – arts. 579 a 592

1041

Fiança – arts. 818 a 839
Jogo e aposta – arts. 814 a 817
Locação de coisas – arts. 565 a 578
Mandato – arts. 653 a 692
Prestação de serviço – arts. 593 a 609
Seguro – arts. 757 a 802
Transação – arts. 840 a 850
Transporte – arts. 730 a 756
Troca ou permuta – art. 533

COOPERATIVA
Sociedade – arts. 1.093 a 1.096

CORRETAGEM
Arts. 722 a 729

CRÉDITO
V. TÍTULOS DE CRÉDITO
Cessão – arts. 286 a 298

CREDOR PIGNORATÍCIO
V. PENHOR

CURADORIA
Bens do ausente – arts. 22 a 25

CURATELA
Arts. 1.767 a 1.783
Exercício – arts. 1.781 a 1.783
Interditos – arts. 1.767 a 1.778
Nascituro e do enfermo ou portador de deficiência física – arts. 1.779 e 1.780
Tomada de decisão apoiada – art. 1.783-A

DAÇÃO EM PAGAMENTO
Arts. 356 a 359

DANOS
V. PERDAS E DANOS
Seguro – arts. 778 a 788

DECADÊNCIA
V. PRESCRIÇÃO
Arts. 207 a 211

DEFEITOS
Coação – arts. 151 a 155
Dolo – arts. 145 a 150
Erro ou ignorância – arts. 138 a 144
Estado de perigo – art. 156
Fraude contra credores – arts. 158 a 165
Invalidade do negócio jurídico – arts. 166 a 184
Lesão – art. 157
Negócio jurídico – arts. 138 a 165

DEFICIENTE FÍSICO
Curatela – arts. 1.779 e 1.780

DELIBERAÇÕES DOS SÓCIOS
Sociedades limitadas – arts. 1.071 a 1.080

DEPÓSITO
Arts. 627 a 652
Necessário – arts. 647 a 652
Voluntário – arts. 627 a 646

DESCOBERTA
Propriedade – arts. 1.233 a 1.237

DESERDAÇÃO
Arts. 1.961 a 1965

DEVERES
Condôminos – arts. 1.314 a 1.322
Usufrutuário – arts. 1.400 a 1.409

DIREITOS
V. DIREITOS DE VIZINHANÇA
V. DIREITOS REAIS
Condôminos – arts. 1.314 a 1.322
Construção – arts. 1.299 a 1.313
Credor pignoratício – arts. 1.433 e 1.434
Personalidade – arts. 11 a 21
Promitente comprador – arts. 1.417 e 1.418
Sócios. Sociedade simples – arts. 1.001 a 1.009
Tapagem – arts. 1.297 e 1.298
Usufrutuário – arts. 1.394 a 1.399

DIREITOS DE VIZINHANÇA
Arts. 1.277 a 1.313
Águas – arts. 1.288 a 1.296
Árvores limítrofes – arts. 1.282 a 1.284
Direito de construir – arts. 1.299 a 1.313
Limites entre prédios e direito de tapagem – arts. 1.297 e 1.298
Passagem de cabos e tubulações – arts. 1.286 e 1.287
Passagem forçada – art. 1.285
Penhor – arts. 1.451 a 1.460
Representação – arts. 1.851 a 1.856
Uso anormal da propriedade – arts. 1.277 a 1.281

DIREITOS REAIS
Arts. 1.225 a 1.227

DISPOSIÇÕES FINAIS E TRANSITÓRIAS
Arts. 2.028 a 2.046

DISSOLUÇÃO
Casamento – arts. 1.571 a 1.582
Sociedade limitada – art. 1.087
Sociedade simples – arts. 1.033 a 1.038

DISTRATO
Arts. 472 e 473

DISTRIBUIÇÃO
Agência – arts. 710 a 721

DÍVIDA
Assunção – arts. 299 a 303
Pagamento. Inventário – arts. 1.997 a 2.001
Remissão – arts. 385 a 388

DIVISÍVEL
Obrigações divisíveis e indivisíveis – arts. 257 a 263

DOAÇÃO
Arts. 538 a 564

Disposições gerais – arts. 538 a 554
Revogação – arts. 555 a 564

DOLO
Arts. 145 a 150

DOMICÍLIO
Arts. 70 a 78

EFEITOS
Fiança – arts. 827 a 836
Legado – arts. 1.923 a 1.938
Posse – arts. 1.210 a 1.222

EFICÁCIA
Casamento – arts. 1.565 a 1.570

EMPREITADA
Arts. 610 a 626

EMPRESÁRIO
Capacidade – arts. 972 a 980
Caracterização e da inscrição – arts. 966 a 971

EMPRÉSTIMO
Arts. 579 a 592
Comodato – arts. 579 a 585
Mútuo – arts. 586 a 592

ENCARGO
Arts. 121 a 137

ENFERMO
Curatela – arts. 1.779 e 1.780

ENRIQUECIMENTO
Sem causa – arts. 884 a 886

ERRO
Arts. 138 a 144

ESCRITURAÇÃO
Sociedade – arts. 1.179 a 1.195

ESPECIFICAÇÃO
Propriedade móvel – arts. 1.269 a 1.271

ESTABELECIMENTO
Arts. 1.142 a 1.149

ESTADO DE PERIGO
Art. 156

ESTIMATIVA
Contrato estimatório – arts. 534 a 537

ESTIPULAÇÃO EM FAVOR DE TERCEIRO
Arts. 436 a 438

ESTRADA DE FERRO
V. VIAS FÉRREAS

ESTRANGEIRA
Sociedade – arts. 1.134 a 1.141

EVICÇÃO
Arts. 447 a 457

EXCEÇÃO
Contrato não cumprido – arts. 476 e 477

EXERCÍCIO
Curatela – arts. 1.781 a 1.783

Poder familiar – art. 1.634
Servidões – arts. 1.380 a 1.386

EXTINÇÃO
Condomínio edilício – arts. 1.357 e 1.358
Contrato – arts. 472 a 480
Fiança – arts. 837 a 839
Hipoteca – arts. 1.499 a 1.501
Mandato – arts. 682 a 691
Obrigações – arts. 304 a 388
Penhor – arts. 1.436 e 1.437
Poder familiar – arts. 1.635 a 1.638
Servidões – arts. 1.387 a 1.389
Usufruto – arts. 1.410 e 1.411

FAZER
Obrigações – arts. 247 a 249

FIANÇA
Arts. 818 a 839
Disposições gerais – arts. 818 a 826
Efeitos – arts. 827 a 836
Extinção – arts. 837 a 839

FIDUCIÁRIA
Propriedade – arts. 1.361 a 1.368-B

FILHO
Bens de menores – arts. 1.689 a 1.693
Filiação – arts. 1.596 a 1.606
Poder familiar – arts. 1.630 a 1.638
Proteção – arts. 1.583 a 1.590
Reconhecimento – arts. 1.607 a 1.617

FORMAÇÃO
Contrato – arts. 427 a 435

FRAUDE CONTRA CREDORES
Arts. 158 a 165

FUNDAÇÕES
Arts. 62 a 69

FUSÃO
Sociedades – arts. 1.113 a 1.122

GERENTE
Preposto – arts. 1.172 a 1.176

GESTÃO DE NEGÓCIOS
Arts. 861 a 875

HABILITAÇÃO
Casamento – arts. 1.525 a 1.532

HABITAÇÃO
Arts. 1.414 a 1.416

HERANÇA
V. SUCESSÃO
Aceitação e renúncia – arts. 1.804 a 1.813
Administração – arts. 1.791 a 1.797
Garantia dos quinhões hereditários – arts.
2.023 a 2.026
Jacente – arts. 1.819 a 1.823
Petição – arts. 1.824 a 1.828

HERDEIROS
V. HERANÇA
V. SUCESSÃO

HIPOTECA
Arts. 1.473 a 1.505
Disposições gerais – arts. 1.473 a 1.488
Extinção – arts. 1.499 a 1.501
Hipoteca legal – arts. 1.489 a 1.491
Penhor, hipoteca e anticrese. Disposições gerais – arts. 1.419 a 1.430
Registro – arts. 1.492 a 1.498
Vias férreas – arts. 1.503 a 1.505

IGNORÂNCIA
Arts. 138 a 144

ILHAS
Art. 1.249

IMPEDIMENTOS
Casamento – arts. 1.521 e 1.522

IMPUTAÇÃO
Pagamento – arts. 352 a 355

INADIMPLEMENTO
Obrigações – arts. 389 a 420

INCORPORAÇÃO
Sociedades – arts. 1.113 a 1.122

INDENIZAÇÃO
Arts. 944 a 954
Obrigação de indenizar – arts. 927 a 943

INDIVISÍVEL
Obrigações divisíveis e indivisíveis – arts. 257 a 263

INSCRIÇÃO
Empresário – arts. 966 a 971

INSTITUTOS COMPLEMENTARES
Escrituração – arts. 1.179 a 1.195
Prepostos – arts. 1.169 a 1.178
Registro – arts. 1.150 a 1.154

INTERDITOS
Curatela – arts. 1.767 a 1.778

INVALIDADE
Casamento – arts. 1.548 a 1.564
Negócio jurídico – arts. 166 a 184

INVENTÁRIO
Art. 1.991
Colação – arts. 2.002 a 2.012
Pagamento das dívidas – arts. 1.997 a 2.001
Sonegados – arts. 1.992 a 1.996

JOGO
Aposta – arts. 814 a 817

JUROS
Legais – arts. 406 e 407

LEGADOS
Arts. 1.912 a 1.940

Caducidade – arts. 1.939 e 1.940
Disposições gerais – arts. 1.912 a 1.922
Efeitos do legado e do seu pagamento – arts. 1.923 a 1.938

LESÃO
Art. 157

LIMITES
Árvores limítrofes – arts. 1.282 a 1.284
Prédios e direito de tapagem – arts. 1.297 e 1.298

LIQUIDAÇÃO
Sociedade – arts. 1.102 a 1.112

LOCAÇÃO
Coisas – arts. 565 a 578

LUGAR
Pagamento – arts. 327 a 330

MANDATO
Arts. 653 a 692
Disposições gerais – arts. 653 a 666
Extinção – arts. 682 a 691
Judicial – art. 692
Obrigações do mandante – arts. 675 a 681
Obrigações do mandatário – arts. 667 a 674

MORA
Arts. 394 a 401

MÚTUO
Arts. 586 a 592

NACIONAL
Sociedade – arts. 1.126 a 1.133

NÃO FAZER
Obrigações – arts. 250 e 251

NASCITURO
Curatela – arts. 1.779 e 1.780

NEGÓCIO
V. NEGÓCIO JURÍDICO
Gestão – arts. 861 a 875

NEGÓCIO JURÍDICO
Arts. 104 a 184
Condição, termo e encargo – arts. 121 a 137
Defeitos do negócio jurídico – arts. 138 a 165
Disposições gerais – arts. 104 a 114
Invalidade do negócio jurídico – arts. 166 a 184
Representação – arts. 115 a 120

NOME
Empresa – arts. 1.155 a 1.168

NOMINATIVO
Título de crédito – arts. 921 a 926

NOVAÇÃO
Arts. 360 a 367

OBRIGAÇÕES
Adimplemento e extinção – arts. 304 a 388
Alternativas – arts. 252 a 256

Credor pignoratício – art. 1.435
Dar – arts. 233 a 246
Dar coisa certa – arts. 233 a 242
Dar coisa incerta – arts. 243 a 246
Divisíveis – arts. 257 a 263
Fazer – arts. 247 a 249
Inadimplemento – arts. 389 a 420
Indenizar – arts. 927 a 943
Indivisíveis – arts. 257 a 263
Mandante – arts. 675 a 681
Mandatário – arts. 667 a 674
Modalidades – arts. 233 a 285
Não fazer – arts. 250 e 251
Sócios. Sociedade simples – arts. 1.001 a 1.009
Solidárias – arts. 264 a 285
Transmissão – arts. 286 a 303

OCUPAÇÃO
Propriedade móvel – art. 1.263

ONEROSIDADE
Resolução por onerosidade excessiva – arts. 478 a 480

ORDEM
Título de crédito – arts. 910 a 920

PACTO
Antenupcial – arts. 1.653 a 1.657

PAGAMENTO
Arts. 304 a 333
A quem se deve pagar – arts. 308 a 312
Consignação – arts. 334 a 345
Dação em pagamento – arts. 356 a 359
Dívidas – arts. 1.997 a 2.001
Imputação – arts. 352 a 355
Indevido – arts. 876 a 883
Lugar do pagamento – arts. 327 a 330
Objeto do pagamento e sua prova – arts. 313 a 326
Quem deve pagar – arts. 304 a 307
Sub-rogação – arts. 346 a 351
Tempo do pagamento – arts. 331 a 333

PARENTESCO
V. RELAÇÕES DE PARENTESCO

PARTILHA
Arts. 2.013 a 2.022
Anulação – art. 2.027
Garantia dos quinhões hereditários – arts. 2.023 a 2.026

PASSAGEM
Cabos e tubulações – arts. 1.286 e 1.287
Forçada – art. 1.285

PENAL
V. CLÁUSULA PENAL

PENHOR
V. PENHOR RURAL
Arts. 1.431 a 1.472
Constituição – arts. 1.431 e 1.432

Direitos do credor pignoratício – arts. 1.433 e 1.434
Disposições gerais – arts. 1.419 a 1.430
Extinção – arts. 1.436 e 1.437
Obrigações do credor pignoratício – art. 1.435
Penhor de direitos e títulos de crédito – arts. 1.451 a 1.460
Penhor de veículos – arts. 1.461 a 1.466
Penhor industrial e mercantil – arts. 1.447 a 1.450
Penhor legal – arts. 1.467 a 1.472

PENHOR RURAL
Arts. 1.438 a 1.446
Disposições gerais – arts. 1.438 a 1.441
Penhor agrícola – arts. 1.442 e 1.443
Penhor pecuário – arts. 1.444 a 1.446

PERDA
V. PERDAS E DANOS
Posse – arts. 1.223 e 1.224
Propriedade – arts. 1.275 e 1.276

PERDAS E DANOS
Arts. 402 a 405

PERIGO
V. ESTADO DE PERIGO

PERMUTA
Troca – art. 533

PERSONALIDADE
Arts. 1º a 10
Direitos – arts. 11 a 21

PESSOAS
V. PESSOAS JURÍDICAS
V. PESSOAS NATURAIS
Domicílio – arts. 70 a 78
Seguro – arts. 789 a 802
Transporte – arts. 734 a 742

PESSOAS JURÍDICAS
Arts. 40 a 69
Associações – arts. 53 a 61
Disposições gerais – arts. 40 a 52
Fundações – arts. 62 a 69

PESSOAS NATURAIS
Arts. 1º a 39
Ausência – arts. 22 a 39
Capacidade – arts. 1º a 10
Direitos da personalidade – arts. 11 a 21
Personalidade – arts. 1º a 10

PLANTAÇÃO
V. PRESTAÇÃO DE CONTAS
Arts. 1.253 a 1.259

PODER FAMILIAR
Arts. 1.630 a 1.638
Disposições gerais – arts. 1.630 a 1.633
Exercício – art. 1.634
Suspensão e extinção – arts. 1.635 a 1.638

Índice alfabético-remissivo

PORTADOR
Título de crédito – arts. 904 a 909

POSSE
Aquisição – arts. 1.204 a 1.209
Classificação – arts. 1.196 a 1.203
Efeitos – arts. 1.210 a 1.222
Perda – arts. 1.223 e 1.224

PRAZO
Prescrição – arts. 205 e 206

PRÉDIOS
V. LIMITES

PREEMPÇÃO
Preferência – arts. 513 a 520

PREFERÊNCIA
Preempção – arts. 513 a 520
Privilégios creditários – arts. 955 a 965

PRELIMINAR
Contrato preliminar – arts. 462 a 466

PREPOSTOS
Arts. 1.169 a 1.178
Contabilista e outros auxiliares – arts. 1.177 e 1.178
Disposições gerais – arts. 1.169 a 1.171
Gerente – arts. 1.172 a 1.176

PRESCRIÇÃO
Arts. 189 a 206
Causas que impedem ou suspendem – arts. 197 a 201
Causas que interrompem – arts. 202 a 204
Decadência – arts. 207 a 211
Disposições gerais – arts. 189 a 196
Intercorrente – art. 206-A
Prazos – arts. 205 e 206

PRESTAÇÃO
Serviço – arts. 593 a 609

PRESTAÇÃO DE CONTAS
Tutela – arts. 1.755 a 1.762

PRIVILÉGIOS CREDITÓRIOS
Arts. 955 a 965

PROCESSO
Habilitação para o casamento – arts. 1.525 a 1.532

PROMESSA
Fato de terceiro – arts. 439 e 440
Recompensa – arts. 854 a 860

PROMITENTE COMPRADOR
Direitos – arts. 1.417 e 1.418

PROPRIEDADE
V. PROPRIEDADE IMÓVEL
V. PROPRIEDADE MÓVEL
Aquisição da propriedade móvel – arts. 1.260 a 1.274
Condomínio edilício – arts. 1.331 a 1.358

Almeida Guilherme

Condomínio geral – arts. 1.314 a 1.330
Condomínio necessário – arts. 1.327 a 1.330
Condomínio voluntário – arts. 1.314 a 1.326
Descoberta – arts. 1.233 a 1.237
Direitos de vizinhança – arts. 1.277 a 1.313
Disposições preliminares – arts. 1.228 a 1.232
Geral – arts. 1.228 a 1.237
Perda – arts. 1.275 e 1.276
Propriedade fiduciária – arts. 1.361 a 1.368-B
Propriedade resolúvel – arts. 1.359 e 1.360

PROPRIEDADE IMÓVEL
Acessão – arts. 1.248 a 1.259
Aquisição – arts. 1.238 a 1.259
Registro do título – arts. 1.245 a 1.247
Usucapião – arts. 1.238 a 1.244

PROPRIEDADE MÓVEL
Achado do tesouro – arts. 1.264 a 1.266
Aquisição – arts. 1.260 a 1.274
Confusão, comissão e adjunção – arts. 1.272 a 1.274
Especificação – arts. 1.269 a 1.271
Ocupação – art. 1.263
Tradição – arts. 1.267 e 1.268
Usucapião – arts. 1.260 a 1.262

PROTEÇÃO
Filhos – arts. 1.583 a 1.590

PROVA
Arts. 212 a 232
Casamento – arts. 1.543 a 1.547
Pagamento – arts. 313 a 326
Venda a contento e sujeita a prova – arts. 509 a 512

QUOTAS
Sociedade limitada – arts. 1.055 a 1.059

RECOMPENSA
Promessa – arts. 854 a 860

RECONHECIMENTO
Filhos – arts. 1.607 a 1.617

REGIME
V. REGIME DE BENS

REGIME DE BENS
Comunhão parcial – arts. 1.658 a 1.666
Comunhão universal – arts. 1.667 a 1.671
Disposições gerais – arts. 1.639 a 1.652
Pacto antenupcial – arts. 1.653 a 1.657
Participação final nos aquestos – arts. 1.672 a 1.686
Separação de bens – arts. 1.687 e 1.688

REGISTRO
Hipoteca – arts. 1.492 a 1.498
Propriedade imóvel – arts. 1.245 a 1.247
Sociedade – arts. 1.150 a 1.154

RELAÇÕES COM TERCEIROS
Sociedade simples – arts. 1.022 a 1.027

Código Civil comentado e anotado

Índice alfabético-remissivo

RELAÇÕES DE PARENTESCO
Adoção – arts. 1.618 e 1.619
Disposições gerais – arts. 1.591 a 1.595
Filiação – arts. 1.596 a 1.606
Poder familiar – arts. 1.630 a 1.638
Reconhecimento dos filhos – arts. 1.607 a 1.617

REMISSÃO
Dívidas – arts. 385 a 388

RENDA
Constituição – arts. 803 a 813

REPRESENTAÇÃO
Arts. 115 a 120

RESERVA DE DOMÍNIO
Venda – arts. 521 a 528

RESOLUÇÃO
Onerosidade excessiva – arts. 478 a 480
Sociedade limitada – arts. 1.085 e 1.086
Sociedade simples em relação a um sócio – arts. 1.028 a 1.032

RESOLÚVEL
Propriedade – arts. 1.359 e 1.360

RESPONSABILIDADE CIVIL
Indenização – arts. 944 a 954
Obrigação de indenizar – arts. 927 a 943

RETROVENDA
Arts. 505 a 508

REVOGAÇÃO
Doação – arts. 555 a 564
Testamento – arts. 1.969 a 1.972

ROMPIMENTO
Testamento – arts. 1.973 a 1.975

SEGURADO
V. SEGURO

SEGURADOR
V. SEGURO

SEGURO
Arts. 757 a 802
Dano – arts. 778 a 788
Disposições gerais – arts. 757 a 777
Pessoa – arts. 789 a 802

SEPARAÇÃO
V. DISSOLUÇÃO
Bens – arts. 1.687 e 1.688

SERVIÇOS
Prestação – arts. 593 a 609

SERVIDÕES
V. SERVIDÕES PREDIAIS

SERVIDÕES PREDIAIS
Constituição – arts. 1.378 e 1.379
Exercício – arts. 1.380 a 1.386
Extinção – arts. 1.387 a 1.389

SINAL
Arts. 417 a 420

SOCIEDADE
V. SOCIEDADE ANÔNIMA
V. SOCIEDADE DEPENDENTE DE AUTORIZAÇÃO
V. SOCIEDADE LIMITADA
V. SOCIEDADE SIMPLES
Autorização – arts. 1.123 a 1.141
Cisão – arts. 1.113 a 1.122
Coligadas – arts. 1.097 a 1.101
Comandita por ações – arts. 1.090 a 1.092
Comandita simples – arts. 1.045 a 1.051
Comum – arts. 986 a 990
Conta de participação – arts. 991 a 996
Cooperativa – arts. 1.093 a 1.096
Disposições gerais – arts. 981 a 985
Dissolução da sociedade e do vínculo conjugal – arts. 1.571 a 1.582
Escrituração – arts. 1.179 a 1.195
Estrangeira – arts. 1.134 a 1.141
Fusão – arts. 1.113 a 1.122
Incorporação – arts. 1.113 a 1.122
Liquidação – arts. 1.102 a 1.112
Nacional – arts. 1.126 a 1.133
Não personificada – arts. 986 a 996
Nome coletivo – arts. 1.039 a 1.044
Nome empresarial – arts. 1.155 a 1.168
Personificada – arts. 987 a 1.141
Prepostos – arts. 1.169 a 1.178
Registro – arts. 1.150 a 1.154
Transformação – arts. 1.113 a 1.122

SOCIEDADE ANÔNIMA
Caracterização – arts. 1.088 e 1.089

SOCIEDADE DEPENDENTE DE AUTORIZAÇÃO
Arts. 1.123 a 1.141
Disposições gerais – arts. 1.123 a 1.125
Sociedade estrangeira – arts. 1.134 a 1.141
Sociedade nacional – arts. 1.126 a 1.133

SOCIEDADE LIMITADA
Arts. 1.052 a 1.087
Administração – arts. 1.060 a 1.065
Aumento e redução do capital – arts. 1.081 a 1.084
Conselho fiscal – arts. 1.066 a 1.070
Deliberações dos sócios – arts. 1.071 a 1.080
Disposições preliminares – arts. 1.052 a 1.054
Dissolução – art. 1.087
Quotas – arts. 1.055 a 1.059
Resolução da sociedade em relação a sócios minoritários – arts. 1.085 e 1.086

SOCIEDADE SIMPLES
Arts. 997 a 1.038
Administração – arts. 1.010 a 1.021
Contrato social – arts. 997 a 1.000

Direitos e obrigações dos sócios – arts. 1.001 a 1.009

Dissolução – arts. 1.033 a 1.038

Relações com terceiros – arts. 1.022 a 1.027

Resolução da sociedade em relação a um sócio – arts. 1.028 a 1.032

SÓCIO

V. SOCIEDADE

Deliberações na sociedade limitada – arts. 1.071 a 1.080

Direitos e obrigações na sociedade simples – arts. 1.001 a 1.009

Resolução da sociedade limitada – arts. 1.085 e 1.086

Resolução da sociedade simples – arts. 1.028 a 1.032

SOLIDÁRIA

V. SOLIDARIEDADE

Obrigações solidárias – arts. 264 a 285

SOLIDARIEDADE

Ativa – arts. 267 a 274

Disposições gerais – arts. 264 a 266

Passiva – arts. 275 a 285

SONEGADOS

Arts. 1.992 a 1.996

SUB-ROGAÇÃO

Pagamento – arts. 346 a 351

SUBSTITUIÇÕES TESTAMENTÁRIAS

Arts. 1.947 a 1.960

Substituição fideicomissária – arts. 1.951 a 1.960

Substituição vulgar e recíproca – arts. 1.947 a 1.950

SUCESSÃO

V. HERANÇA

V. SUCESSÃO LEGÍTIMA

V. SUCESSÃO TESTAMENTÁRIA

Disposições gerais – arts. 1.784 a 1.790

Excluídos da sucessão – arts. 1.814 a 1.818

Sucessão definitiva – arts. 37 a 39

Sucessão provisória – arts. 26 a 36

Vocação hereditária – arts. 1.798 a 1.803

SUCESSÃO LEGÍTIMA

Direito de representação – arts. 1.851 a 1.856

Herdeiros necessários – arts. 1.845 a 1850

Ordem da vocação hereditária – arts. 1.829 a 1.844

SUCESSÃO TESTAMENTÁRIA

Capacidade de testar – arts. 1.860 e 1.861

Codicilos – arts. 1.881 a 1.885

Deserdação – arts. 1.961 a 1965

Direito de acrescer entre herdeiros e legatários – arts. 1.941 a 1.946

Disposições testamentárias – arts. 1.897 a 1.911

Formas ordinárias do testamento – arts. 1.862 a 1.880

Legados – arts. 1.912 a 1.940

Redução das disposições testamentárias – arts. 1.966 a 1.968

Revogação do testamento – arts. 1.969 a 1.972

Rompimento do testamento – arts. 1.973 a 1.975

Substituições – arts. 1.947 a 1.960

Testamenteiro – arts. 1.976 a 1.990

Testamento cerrado – arts. 1.868 a 1.875

Testamento em geral – arts. 1.857 a 1.859

Testamento particular – arts. 1.876 a 1.880

Testamento público – arts. 1.864 a 1.867

Testamentos especiais – arts. 1.886 a 1.896

SUPERFÍCIE

Arts. 1.369 a 1.377

SUSPENSÃO

Poder familiar – arts. 1.635 a 1.638

TAPAGEM

Direito – arts. 1.297 e 1.298

TEMPO

Pagamento – arts. 331 a 333

TERCEIRO

Estipulação em favor de terceiro – arts. 436 a 438

Promessa de fato de terceiro – arts. 439 e 440

Relações com terceiros. Sociedade simples – arts. 1.022 a 1.027

TERMO

Arts. 121 a 137

TESOURO

Achado – arts. 1.264 a 1.266

TESTAMENTEIRO

Arts. 1.976 a 1.990

TESTAMENTO

Arts. 1.857 a 1.859

Arts. 1.862 a 1.880

Deserdação – arts. 1.961 a 1965

Disposições testamentárias – arts. 1.897 a 1.911

Redução das disposições testamentárias – arts. 1.966 a 1.968

Revogação do testamento – arts. 1.969 a 1.972

Rompimento do testamento – arts. 1.973 a 1.975

Substituições – arts. 1.947 a 1.960

Testamenteiro – arts. 1.976 a 1.990

Testamento cerrado – arts. 1.868 a 1.875

Testamento marítimo e testamento aeronáutico – arts. 1.888 a 1.892

Testamento militar – arts. 1.893 a 1.896

Testamento particular – arts. 1.876 a 1.880

Testamento público – arts. 1.864 a 1.867

Testamentos especiais – arts. 1.886 a 1.896

Código Civil comentado e anotado   Índice alfabético-remissivo

TÍTULOS DE CRÉDITO
Disposições gerais – arts. 887 a 903
Penhor – arts. 1.451 a 1.460
Título à ordem – arts. 910 a 920
Título ao portador – arts. 904 a 909
Título nominativo – arts. 921 a 926

TOMADA DE DECISÃO APOIADA
Art. 1.783-A

TRADIÇÃO
Propriedade móvel – arts. 1.267 e 1.268

TRANSAÇÃO
Arts. 840 a 850

TRANSFORMAÇÃO
Sociedades – arts. 1.113 a 1.122

TRANSMISSÃO DAS OBRIGAÇÕES
Assunção de dívida – arts. 299 a 303
Cessão de crédito – arts. 286 a 298

TRANSPORTE
Arts. 730 a 756
Coisas – arts. 743 a 756
Disposições gerais – arts. 730 a 733
Pessoas – arts. 734 a 742

TROCA
Permuta – art. 533

TUBULAÇÕES
Passagem de cabos e tubulações – arts. 1.286
e 1.287

TUTELA
Arts. 1.728 a 1.766
Bens do tutelado – arts. 1.753 e 1.754
Cessação da tutela – arts. 1.763 a 1.766
Escusa dos tutores – arts. 1.736 a 1.739
Exercício da tutela – arts. 1.740 a 1.752
Incapazes de exercer a tutela – art. 1.735
Prestação de contas – arts. 1.755 a 1.762
Tomada de decisão apoiada – art. 1.783-A
Tutores – arts. 1.728 a 1.734

TUTELADO
V. TUTELA

TUTORES
V. TUTELA

UNIÃO ESTÁVEL
Arts. 1.723 a 1.727

USO
Arts. 1.412 e 1.413
Anormal da propriedade – arts. 1.277 a 1.281

USUCAPIÃO
Propriedade imóvel – arts. 1.238 a 1.244
Propriedade móvel – arts. 1.260 a 1.262

USUFRUTO
Bens dos filhos menores – arts. 1.689 a 1.693
Deveres do usufrutuário – arts. 1.400 a 1.409
Direitos do usufrutuário – arts. 1.394 a 1.399
Disposições gerais – arts. 1.390 a 1.393
Extinção – arts. 1.410 e 1.411

USUFRUTUÁRIO
V. USUFRUTO

VEÍCULOS
Penhor – arts. 1.461 a 1.466

VENDA
V. COMPRA E VENDA
Contento e sujeita a prova – arts. 509 a 512
Preempção ou preferência – arts. 513 a 520
Reserva de domínio – arts. 521 a 528
Retrovenda – arts. 505 a 508
Sobre documentos – arts. 529 a 532

VIAS FÉRREAS
Hipoteca – arts. 1.503 a 1.505

VÍCIO REDIBITÓRIO
Arts. 441 a 446

VÍNCULO CONJUGAL
Dissolução – arts. 1.571 a 1.582

VIZINHANÇA
V. DIREITOS DE VIZINHANÇA

VOCAÇÃO HEREDITÁRIA
V. SUCESSÃO
V. SUCESSÃO LEGÍTIMA

VOLUNTÁRIO
V. CONDOMÍNIO VOLUNTÁRIO